ALL-NEW

정치학 강의 4

- 연습문제편 -

[제5판]

신 희 섭 편저

法 文 社

『정치학강의 4권: 연습문제편』 제5판 머리말

책을 개정하게 되었다. 4판에서 기출문제집과 연습문제집을 분리하여 출판한 뒤 사용하다 이번에 5판으로 개정하게 되었다. 정치학이 빨리 바뀌는 과목은 아니다. 하지만 점진적이지만 크게 바뀐다. 개정의 취지는 세 가지를 보완하기 위한 것이다.

첫째, 이론을 보완하였다. 정치학 이론이 빠르게 바뀌지는 않는다. 하지만 수험적 추세가 변하기도 하고, 주목받는 이론이 등장하기도 한다. 이 때문에 비교정치와 국제정치 관련된 새로운 이론들을 많이 도입하였다. 5급공채에서 비교정치는 계속 주제가 발전하고 있다. 이를 따라잡기 위해서는 이론적 보강이 필요하다. 입법고시에서는 국제정치학이 난이도가 높은 주제들을 출제한다. 5급공채는 국제정치학에서 상대적으로 주제의 난이도가 들쑥날쑥 한다. 이론 변화가 크다 보니 비교정치와 국제정치는 새로운 문제에 새로운 이론들이 많이 들어갔다.

둘째, 주제들을 보완하였다. 그간 기출문제에서 민주주의와 사상에서는 큰 부침이 있지 않았다. 정치경제학도 마찬가지다. 그래서 이 분야들은 몇 가지 주제만 보완했다. 주제 변화가 상대적으로 큰 비교정치와 국제정치에서 기존 주제 중에서 오래된 것들을 빼고 새로운 주제들을 추가했다. 그래서 책이 전체적으로 다루는 범위가 넓어졌다.

셋째, 문제 스타일에도 변화가 있었고 이 부분을 보완하고자 했다. 2019년 시험부터 <제시문>으로 구성된 문제들이 출제되기도 한다. 이런 유형의 문제는 간단한 정보를 주고 이를 기반으로 논리를 세우라는 것이다. 이번 개정판에서는 이런 유형의 문제들에도 대처할 수 있는 능력을 키우고자 했다.

2004년 첫 번째 책을 출간한 뒤 5판이 되었다. 시간도 20년이나 흘렀고 그 기간만큼 한국정치와 국제정치도 많은 사건이 있었다. 학계의 논의도 더 풍성해진 부분도 있다. 이 책은 이런 현상적 변화들을 반영하고, 이론적 변화를 수용해 수험생들이 논리적인 답안을 구성할 수 있게 도움을 주고자 한다. 하지만 수험생들이 정치학의 이론과 입증 방법을 체계적으로 이용한 글쓰기로 자신이 원하는 합격이라는 목표를 이루게 도와주려는 취지는 2004년 이후 변함없다. 모쪼록 이 책을 보는 이들의 빠른 합격을 기원한다.

2025년 2월 21일
편저자 신희섭

차 례

PART I 정치학의 도구

3. 정치경제론 ························ **457**

PART Ⅲ 민주주의

PART IV 정치제도와 과정

정치학의 도구

PART I. 정치학의 도구

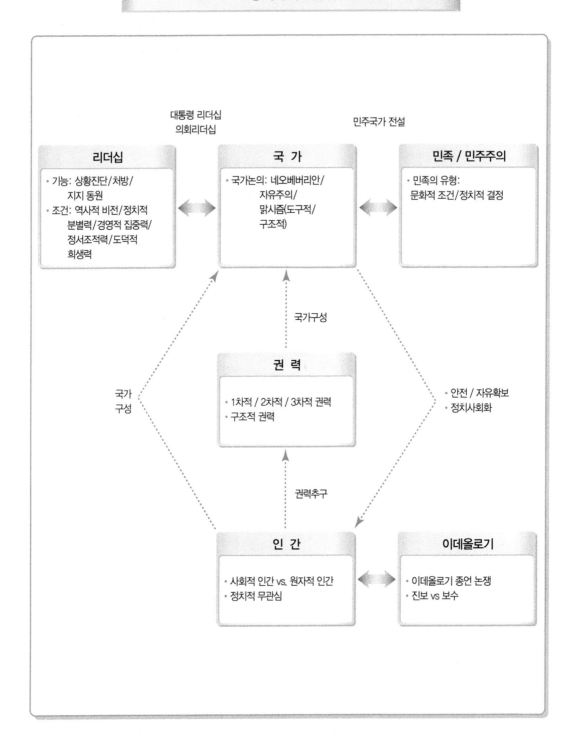

제001문 정치학의 과학적 접근법: 행태주의

정치학(political science)에서 과학(science)을 강조하는 연구방법의 내용과 한계를 상술하고, 그 한계를 보완하기 위한 방법을 제시하시오. (20점)

 문제의 맥락과 포인트

방법론과 관련된 문제가 출제된 경우는 거의 드물다. 하지만 정치학이라는 학문의 토대를 중요하게 여기는 경우 작은 문제로 물어볼 수는 있다. 정치학이 political science라고 할 때 political을 강조하는 현실적이고 실용적인 입장이 있고 science를 강조하는 방법론 지향적인 입장이 있다. 자연과학과 달리 규범이 작동하는 현실정치에서 과연 자연과학과 같은 객관성을 담보하면서 연구가 가능해질 것인가가 이 문제의 가장 핵심질문(core question)이다.

Ⅰ 서 론

최근 정치현상은 예측과 설명의 범위를 넘어서는 경우들이 있다. 대표적으로 9.11테러가 있다. 학문적으로 볼 때 정치학(political science)은 과거에는 정치적인 측면(political)에 초점을 맞추어 정치적인 문제를 어떻게 해결할 것인가에 집중한 반면 현대 정치학으로 들어오면서 과학적인 측면(science)에서 학문적인 방법론에 집중하였다. 그러나 이런 과학적 접근의 한계에 대한 논의가 진행되면서 최근에는 정치와 과학 사이의 관계를 재정립하고자 하는 시도가 늘고 있는데 정치현실 중시적 입장과 방법론 중시적 입장 각각의 주장을 살펴보도록 한다.

Ⅱ 행태주의적 접근: 가정과 특징

첫째, 가치와 사실의 분리. 가치와 사실을 분리한 뒤 사실관계를 분석할 수 있다고 주장한다. 행태주의자들은 자연과학의 사회과학화 가능성을 믿는다. 사회현상에서 가치의 문제를 고려하지 않아도 되기 때문에 규범의 영역인 정치사상은 배제시킬 수 있다. 주관성을 가지는 가치의 문제는 객관적인 분석의 문제에서 배제될 수밖에 없다.

둘째, 법과 제도에서 인간으로 관심이 전환되었다. 행태주의에서는 인간 개개인의 행위가 중요하다고 본다. 제도와 법이 어떻게 작동하는가보다 실제 사회현상의 주체인 인간이나 집단이 어떻게 행동하는지를 아는 것이 중요하다.

셋째, 사회현상의 규칙성과 체계적 법칙을 강조. 사회현상은 반복적으로 일어나기 때문에 반복된 패턴을 파악하면 일반적이고 보편적인 설명이 가능. 반복성은 일반화를 가능하게 하기 때문에 일반화된 가설을 만들고 이를 입증할 수 있는 것이다.

넷째, 계량화와 측정가능성. 행태주의자들에게 믿을 수 있는 것은 측정 가능한 것이다. 따라서 수량화와 계량화를 통해 믿을 수 있는 가시성을 확보해야 한다.

Ⅲ 행태주의에 대한 비판과 보완: 후기 행태주의 접근과 역사적 접근

첫째, 후기 행태주의는 행태주의의 가치배제적 성격을 비판한다. 후기 행태주의는 행태주의가 가지고 있던 오류를 보완하고자 했다. 특히 가치와 윤리를 배제한 분석방법을 보완하고자 했다. 1969년 데이비 이스턴의 연설을 기점으로 한 후기 행태주의는 정치에서 가치문제의 고려가 필수임을 주장했다. 또한 분석의 내용을 중시한다. 내용을 중시한 측면은 다시 이론이 사회문제 해결에 있어서의 '적실성(relevance)'이 중요하다고 본다. 논리의 엄밀함보다 이론이 현상을 얼마나 잘 설명할 수 있는가의 문제인 적실성이 중요하다고 본 것이다. 마지막으로 사회과학이론이 사회문제를 변화시켜야 한다면 이런 변화를 위한 이론가와 지식인의 행동중심성을 강조하였다. 이런 경향은 지식인의 역할 논쟁이 불거지게 만들었다.

둘째, 역사적 접근도 행태주의와 입장이 다르다. 행태주의 접근이 '설명(explanation)'을 기반으로 한 사회 과학화를 추구한다면 역사적 접근은 '이해(understanding)'의 방법을 추구한다. 역사학적 접근을 택하는 이들은 보편적인 법칙의 창출과 이를 통한 '설명'과 예측에 기반을 둔 과학적 이론의 한계가 있기 때문에 특정한 사건들의 의미와 '맥락'을 '이해'함으로써 역사적 교훈을 찾는 것이 중요하다고 주장한다. 이는 사회현상의 보편성을 강조하는 설명위주의 정치학이 가지는 한계를 인정하고 사회현상의 특수성,

지도자의 중요성과 지도력, 역사속의 우연적인 요소 등을 강조하면서 특정 사건들의 구체적인 사례분석을 통해 사건의 맥락을 해석하는 연구를 늘릴 필요가 있다고 주장한다.

Ⅳ 결 론

위의 논의에도 불구하고 우리는 사회과학의 과학성과 객관성을 거부해서는 안 된다. 물론 사회현상을 완벽하게 자연현상처럼 이해하는 것은 불가능하다. 사회현상의 우연적 요소와 맥락적 요소 그리고 가치의 문제 등이 100% 객관적인 사실 탐구를 어렵게 한다. 그러나 이것이 과학적 탐구가 불가능하다고 주장하는 것은 아니다. 과학적 탐구의 한계가 있음을 인정하고 가능한 범위 내에서 설명을 받아들이는 것이 중요하다.

기출문제와 연결

제1문 2014년 5급 2번(행태주의적 연구와 대안) / 2012년 5급 2번(양적접근과 질적접근 비교) / 2003년 5급 2번(정치학의 과학적 연구방법)

제002문 **합리적 선택이론과 기대효용이론**

정치현상을 분석하는 데 있어서 인간의 합리성을 통해서 인간의 행동을 설명하는 합리적 선택이론이 많이 사용되고 있다. 인간의 합리성에 기반하여 비용과 혜택을 통한 계산이 인간의 행동의 근간을 이룬다는 합리적 선택이론은 직관적 설명력의 장점과 함께 과도한 단순화의 단점이 있다. 한편 기대효용이론은 대표적인 합리적 선택이론의 가정을 차용해 현상을 설명하는 이론이다. 다음 질문에 답하시오. (40점)

(1) 합리적 선택이론의 가정상 과학적 태도, 인간관과 합리성 가정, 방법론의 입장을 서술하시오. (15점)

(2) 합리적 선택이론의 가정들에 대한 비판을 설명하시오. (10점)

(3) 기대효용이론이 내용을 소개하고 이에 대한 대안이론을 제시하고 현실설명력의 관점에서 이론적 타당성을 비교하시오. (15점)

이 문제는 합리적 선택이론의 방법론을 합리적 결정이론을 기반으로 하는 기대효용이론과 연결하였다. 방법론 문제와 기대효용이론이라는 구체적인 이론을 연결해서 어려운 문제이다. 두 개의 다른 문제를 준비한다고 생각하고 정리할 문제이다.

Ⅰ 서 론

고르바쵸프가 언론을 개방한 글라스노스트와 개혁을 주장한 페레스트로이카는 합리적인 선택이었을까? 이것은 그의 합리적인 이성에 기반을 둔 판단이었을까 아니면 당시 상황과 역사적인 힘에 의한 어쩔 수 없는 결정이었을까? 고르바초프의 결정을 기대효용이론의 관점에서 이익과 비용의 합리적 계산으로 보는 것이 타당한지 제한적인 합리성을 기반으로 설명하는 것이 타당한지는 현재에도 "정치적현상의 설명에 있어서 합리적 선택이론이 어느 정도 타당한지?"를 평가하는 중요한 사례가 된다.

● 대안 목차

2000년 미국에서 있었던 페레스트로이카 논쟁은 정치학계의 지나친 합리주의와 행태주의에 대한 비판에서 출발했다. 행태주의가 가정하고 있는 방법론을 사용해서 인간의 합리성을 전제로 하고 있는 합리적 선택이론은 그런 점에서 방법론 논쟁의 중심에 서있다고 할 수 있다. 합리적 선택이론의 학문의 토대들을 다루고 구체적인 이론으로서 기대효용이론의 연구성과와 그 반론을 통해서 합리적 선택이론의 현실유용성을 평가한다.

Ⅱ 합리적 선택이론의 가정들

1. 합리적 선택의 과학관

합리적 선택이론은 인과적 설명의 가능성을 주장한다. 인과성을 통해서 사전적인 원인과 사후적인 결과를 설명하고 이를 통해 예측할 수 있다고 주장한다. 특히 방법론적 개인주의를 차용하여 개인들의 동기(motive)를 통해서 사회적 행동을 설명할 수 있다고 주장한다. 즉 모든 사람은 이성을 통해서 특정한 목표를 가지고 행동하며 이러한 동기를 찾으면 어떤 행동과 결정의 원인을 파악할 수 있다는 것이다. 또한 사회적 행동은 개인의 선택에 의해서 만들어진다는 것이다.

이러한 인과적 설명의 가능성은 자연주의 철학에 기반을 둔다. 자연주의는 인간이 주관을 배제하고 자연현상을 객관적으로 인식할 수 있다는 가정을 기반으로 한다. 따라서 사회현상 역시 자연주의에 기반할 경우 자연과학과 동일한 가정에 기반해서 설명이 가능하다. 이러한 자연주의는 가치와 사실의 절대적인 분리가능성을 전제로 한다. 인간의 주관성은 객관적인 판단의 준거인 이성에 의해서 사실만을 판단하는 것을 방해하지 않는다.

2. 합리적 선택의 인간관과 합리성

합리적 선택이론은 인간인 개인을 존재론상 중요하게 다룬다. 합리성을 보유한 주체는 인간이기 때문이다. 합리주의자들은 인간은 단기적 이익(국지적 최고점)에서 장기적 이익(포괄적 최고점)을 구분하여 단기적 이익만을 추구하지 않고 장기적 이익을 위해 단기적인 이익을 포기 할 수 있다고 가정된다. 즉 인간의 합리성이란 더 큰 이익과 작은 이익을 구분할 수 있으며 미래 가치를 계산할 수 있다고 가정한다.

합리주의자들은 인간이 자신의 의도 뿐 아니라 다른 행위자의 선택에 대한 예측도 가능하다고 본다. 즉 자신과 타인의 선택이 어떻게 되어 서로에게 이익이 될지를 알 수 있다는 것이다. 게임이론에서 상대방과 자신의 선호를 알고 있다는 가정이 대표적이다. 하지만 합리주의는 인간의 선택에 있어 구조의 중요성을 인정한다는 점에서 의지주의와 차이가 있다. 즉 구조적 제약이 인간행동을 제약하는 것이다. 예를 들어 사슴사냥게임의 상황과 죄수의 딜레마 게임 상황은 인간의 합리적 선택에서 선택지를 제약한다.

합리적 선택이론에서 가정하는 인간의 합리성은 수단적 합리성, 도구적 합리성을 상정한다. 이는 합리성이 자신의 목표를 산출할 수 있는 수단으로서의 의미를 가진다는 것이다. 이러한 합리성에 근거해 인간은 불확실한 상황에서 기대효용의 극대화를 꾀한다. 이때 인간들이 고려하는 것은 이익과 비용이고 이익과 비용은 외부적으로 주어진 것으로 간주된다. 즉 이익과 비용의 '외생성'으로 인해 이익과 비용은 고정된다. 대표적인 경우가 경제학의 무차별곡선으로 선호를 고정시키는 것이다.

3. 방법론

합리주의는 추상화된 일반적인 가정과 인과관계를 구분한다. 즉 가정이 있고 인과관계가 있는 것이다. 예를 들어 1기압이라는 '가정'에서 물은 100도에서 끓는 것(인과관계: 가열 → 물의 기화)이다. 합리주의는 이렇게 일반화된 가정을 통해 간결성(parsimony)을 추구한다.

합리주의는 보편적인 합리성을 견지하기 때문에 설명의 일반화와 보편화가 가능하다. 즉 어떤 사회에서나 어떤 시기에나 이론은 설명될 수 있다. 이것은 인간의 합리성이 보편적이라고 믿기 때문이다.

또한 합리주의는 연역적 이론이다. 연역적인 가정들에서 이론을 설명하기 때문에 가정에 따라 사실관계가 불일치 할 경우 가정에 대한 검토를 통해서 이론을 보완해갈 수 있다. 즉 가정을 약간 수정하면서 이론을 조정해간다. 반면에 귀납이론은 반증사례가 나올 경우 설명력이 무너지게 된다.

Ⅲ 합리적 선택이론에 대한 비판

1. 과학관에 대한 비판

합리적 선택이론이 상정하는 사실과 가치가 분리된 상태에서 합리성에 기반을 둔 선택을 한다는 것은 현실 상황에 비추어 맞지 않는다. 인간은 행동을 하고 사고를 함에 있어서 가치와 규범이 끼어들기 때문에 양자를 분리하는 것은 문제가 있다. 구성주의적 방법론을 사용하거나 정성적 방법을 사용하는 이론가들은 합리주의가 가정하는 가치와 사실관계의 구분 가능성이라고 하는 자연주의 방식에 회의적이다. 왜냐하면 인간은 인간이 의미를 부여한 의미구조라고 하는 사회구조속에서 존재하기 때문이다. 따라서 일련의 인간의 행동과 선택은 사회구조에서 있어서 맥락적인 것이다. 예를 들어 절을 하는 것이 동양과 서양에서 다른 의미를 가지는 것처럼 같은 행동도 다른 사회적 맥락에서는 의미가 다르다.

2. 인간관과 합리적 가정에 대한 비판

합리주의의 주장과 달리 현실에서의 인간은 상호유기적인 관계이다. 따라서 자유주의의 합리주의가 인간을 원자적으로 분리하여 사회와 절연된 상태에서 선택을 한다고 하는 가정은 인간의 상호유기성을 무시하는 것이다. 이러한 비판은 특히 공동체의 역사성을 강조하는 공동체주의에서 강하게 제기된다. 구성주의입장에서도 마찬가지이다. 인간이 어떤 의미를 갖추고 행동하는 것은 행동에 대해 인간 상호간에 의미를 부여했기 때문인데 이것은 인간이 상호적이라는 가정에 기반한 것이다.

또한 합리성의 가정에서 도구적 합리성은 문제가 있다. 인간이 상호 연대적인 존재라면 인간들의 합리성은 사회적인 측면에서 고려되는 '성찰적' 합리성이 될 것이다. 즉 비판적으로 사고 하고 오로지 경제적 이익만 고려하는 것이 아니라 사회적 관계속에서 합리성을 추구한다는 것이다.

3. 방법론상 개체주의적 연역이론에 대한 비판

합리주의는 방법론상 역사와 공동체에 대한 고려가 없다는 점도 문제이다. 인간은 역사 속에서 누적적으로 경험을 축적해가며 그 역사적 과정에서 자신이 살고 있는 공동체가 중요하다. 공동체주의자 맥킨타이어가 제시하였듯이 인간은 자신을 역사라는 '서사구조(narative order)'속에서 파악한다. 즉 서사라는 역사이야기 속에서 자신을 이해하는 것이다. 따라서 공동체적 요소나 역사의 구조적인 요소가 인간선택에 영향을 미치는 것을 합리주의는 간과하고 있다.

Ⅳ 기대효용이론과 대안이론의 현실설명력평가

1. 기대효용이론

기대효용이론은 합리적 선택이론의 가정을 차용해서 인간의 행동을 설명하는 대표적인 이론이다. 이 이론은 3가지 중요한 가정을 가지고 있다. 첫째, 개인들의 주관적 효용을 파악할 수 있다는 것이다. 폰 노이만과 모르겐스타인은 개인들이 가기고 있는 선호를 척도화하여 이를 계산할 수 있다고 보았다. 합리성을 가지고 객관적인 판단이 가능하다는 것이다. 이것은 게임이론에서 개인들의 주관적 선호가 수치화되어 효용으로 나타나는 것과 같다.

둘째, 인간의 의사결정은 각 행동들이 가져올 수 있는 기대효용값을 계산하고 이것을 대등하게 비교함으로써 가장 기대효용값이 높은 안을 선택한다고 가정한다. 개인들은 어떤 행동의 성공에 대한 기대치와 그 행동에서 얻게 되는 효용의 값을 계산할 수 있다고 본다. 이렇게 계산된 여러 방안들을 병렬적으로 비교하여 선택한다. 이익의 극대화(interest maximization)을 가정하는 기대효용이론은 대안간의 합리적 비교를 통해 최적의 방안을 선택한다고 본다.

셋째, 기대효용은 어떤 행동이 발생할 수 있는 가능성과 그에 따른 효용이 계산될 수 있다는 가정을 가지고 있다. 인간의 행동은 심리적 영향이 없이 각 행동 가져오게 될 가능성과 효용의 산술적인 계산이 가능하다는 것이다. 만약 어떤 국가가 전쟁을 할 것인지를 결정한다면 다음과 같은 수식에 의해서 선택은 결정된다. EU(W) − EU(L) = 국가의 선택과 행동. 즉 위의 식은 국가가 전쟁에서 이길확률(E)과 효용을 계산하였을 때 이에 대한 기대비용과의 계산 즉 패배했을 가능성과 비용을 계산하여 결정된다.

2. 전망이론

기대효용이론에 대한 반론으로 심리학에서 제시된 모델이다. 기대효용이론은 어떠한 상황에서도 행위자는 합리성을 기반으로 하여 기대치를 계산하고 동일한 효용구조에서 선택을 한다고 본다. 하지만 전망이론은 행위자의 심리를 반영해야 한다고 주장한다. 행위자가 미래가 어둡지 않다고 볼 때 긍정적인 미래의 전망에서는 행위자는 보수적인 선택을 한다고 본다. 만약 100%의 확률로 300만원을 얻을 수 있는 A안과 80%의 확률로 400만원을 얻지만 20%는 아무것도 얻지 못할 B안이 있을 때 대체적으로 사람들은 확실하게 300만원을 얻을 수 있는 A안을 선택한다.

반면에 미래에 대한 손실이 예상될 때는 위험한 선택도 불사한다. 예를 들어 확실하게 300만원을 손해를 보게 되는 C안과 80%의 확률로 1000만원을 손해보는 방안과 20%로 아무것도 잃어버리지 않는 D안이 있을 때 많은 이들은 D안을 선택한다. 손실의 영역에서는 위험을 감내하더라도 약간의 희망이라도 손해를 안보는 방안이 있다면 이런 방안을 선택한다는 것이다.

전망이론은 기대효용이라면 선택했어야 할 이익영역에서의 B안과 손실영역에서의 C안 대신에 미래전망을 포함한 선택을 각기 다른 영역에서 한다는 점을 제시한다. 이러한 주장을 통해 인간이 미래에 대한 선호를 단지 계산만 하는 것이 아니라 상황에 따라 다른 심리가 작용한다고 주장한다. 이러한 접근을 통해서 좀 더 현실적인 인간을 상정한다.

3. 이론간 현실설명력

기대효용이론은 대체로 정책결정자들의 선택을 일반화하기 용이하다. 실제 복잡한 정책결정에 있어서 기대효용이론은 정책결정자의 행동은 단순히 예상하고 설명하게 해주는 장점이 있다. 게다가 국가이익을 극대화하거나 개인의 이익을 극대화하고자 하는 개인들의 성향이 전제가 될 수 있기 때문에 현실설명력이 높다고 할 수 있다.

하지만 구체적인 현실상황에서 정책결정을 하는 자연인은 각 상황에 따라 다른 심리를 가질 수 있다. 또한 정보에는 한계가 있으며 시간도 제약이 되어 있기 때문에 개인은 이익극대화를 꾀할 수 없다. 그런 점에서 전망이론은 심리가 작동할 수 있는 상황과 제한된 정보상황에서 설명력이 높은 이론이다.

Ⅴ 결 론

합리적 선택이론은 개인들이 어떠한 결정을 내리는지를 명확하게 해준다는 장점이 있다. 부분적으로 가정의 엄밀함이나 구조적 요소의 고려가 적은 문제가 있지만 개인들이 그러한 조건하에서 어떻게 판단을 내리는 지 설명해 주고 그에 대해 예측을 가능하게 해준 다는 점에서 의미 있는 연구방법이다.

제003문 **합리적 선택이론과 촛불집회**

정치학에서 합리적 선택이론은 개인의 '합리성(rationality)'이라는 개념을 토대로 정치현상을 설명한다. 그러나 최근 한국에서 SNS를 이용한 시민사회(Civil Society)의 강화는 개인의 이익극대화라는 '합리성'의 개념으로는 설명하기 어렵다. 시민사회의 사적인 이익을 넘어서는 '공공선'에 대한 인식확대와 새로운 국가공동체를 구성하려는 다양한 담론의 형성은 합리적 선택이론을 보완 또는 대체하고자 한다. 다음 질문에 답하시오. (총 35점)

(1) 합리적 선택이론의 가정과 내용을 설명하시오. (15점)

(2) 합리적 선택이론을 보완 혹은 대체하려고 하는 주장들을 이론적으로 설명하고 한국 시민사회를 사례로 이 주장들의 설득력을 논하시오. (20점)

🔑 **문제의 맥락과 포인트**

방법론에서 다시 출제될 수 있는 문제가 합리성에 대한 정의와 작동방식이다. 합리적 선택이론을 구체적인 현실에 대입하여 설명력을 확인해보는 방식으로 출제될 수 있다. 그런데 촛불집회와 대통령 탄핵이라는 전대미문의 사건을 설명하기에는 합리적 선택이론은 설득력이 높지 않다. 이 문제는 방법론과 한국정치를 대입한 문제이다. 이 문제에서는 방법론상 합리적 선택이론을 구체적으로 설명할 수 있는지와 한국의 시민사회라는 사례에 대입해 볼 때 설명력이 낮은 것을 입증하는 것이 중요하다.

Ⅰ 서 론

2016년과 2017년에 이은 촛불집회는 한국의 시민사회(Civil Society)의 영향력을 다시 한 번 보여주었다. 시민사회의 국정농단에 따른 대의민주주의와 공화주의 없는 공화국에 대한 비판과 함께 새로운 공동체를 구성하자는 요구는 탄핵으로 이어졌다. 한국 시민사회가 이기적인 중산층에서 적극적인 시민사회로의 전환한 것은 경제적인 차원에서의 합리적 선택이 아닌 다른

이론적 설명을 필요로 한다.

Ⅱ 합리적 선택이론의 가정과 내용

1. 합리적 선택의 가정: 방법론중심

합리적 선택이론은 '인식론'의 차원에서 양적 접근 방법과 행태주의를 대표하는 이론이다. 합리적선택 이론은 사회현상을 개인의 합리성을 통해서 인과적으로 설명이 가능하다고 본다. 이런 설명이 가능하기 위해서는 사실과 가치가

분리된다는 전제가 성립하여야 한다. 행태주의가 가정하고 있듯이 사실과 가치의 분리가 가능하며 이것은 자연과학적인 방법을 통해서 사회과학의 접근에 도입할 수 있다는 것이다. 이것은 객관적으로 존재하는 사실을 주관적인 인식과 가치관에 의해 방해받지 받지 않고 알 수 있을 뿐 아니라 이것을 계산하여 행동에 옮길 수 있다.

합리적 선택이론은 '존재론'에서 인간을 강조하면서 개인중심의 설명을 한다. 합리적 선택이론은 방법론적 개인주의를 차용하여 개인들의 동기(motive)를 통해서 사회적 행동을 설명할 수 있다고 주장한다. 즉 모든 사람은 합리성을 통해서 특정한 목표와 동기를 가지고 행동하며 이러한 동기를 찾으면 그런 행동과 결정의 원인을 파악할 수 있다는 것이다. 또한 사회적 행동은 개인의 선택에 의해서 만들어진다는 것이다. 개인들의 합리적 선택의 합으로써 사회적 선택이 가능하게 되는 것이다.

2. 합리적 선택이론의 내용: 이익극대화

합리적 선택이론은 개인들이 이익을 극대화하기 위해 행동을 한다고 주장한다. 합리적 선택이론은 구체적인 내용을 설명하는 이론이 아니라 형식논리로 구축되어 있다. 따라서 형식논리차원에서 이익극대화를 위한 행동은 다시 몇 가지 가정으로 이루어졌다.

첫째, 완전정보를 가정한다. 이 부분에서는 현실적인 정도에서의 완전정보로 가정을 완화할 수도 있다. 즉 주어진 조건에서 가장 최적의 판단을 할 수 있는 정도의 정보면 합리적 판단이 가능하다는 것이다.

둘째, 합리성을 가진 개인을 상정한다. 이때 합리성은 내용을 가진 개념이라고 보다는 선호의 일관성을 가정한다. 즉 사안에서 선호도가

A> B이고 B> C라면 A> C라는 '전이성'이 있어야 한다.

셋째, 개인의 자신의 선호와 상대의 선호를 알 수 있다. 합리적 선택이론은 개인들의 주관적 효용을 파악할 수 있다고 본다. 합리적 선택이론을 만들어 낸 폰 노이만과 모르겐스타인은 개인들이 가기고 있는 선호를 척도화하여 이를 계산할 수 있다고 보았다. 이것은 게임이론에서 개인들의 주관적 선호가 수치화되어 효용으로 나타나는 것과 같다.

넷째, 개인들은 각 선택이 가져올 효용을 계산할 수 있으며 비교를 통해 더 나은 이득을 선택할 수 있다. 인간의 의사결정은 각 행동들이 가져올 수 있는 효용을 계산하고 이것을 대등하게 비교함으로써 가장 효용이 높은 안을 선택한다. 개인들은 어떤 행동의 성공에 대한 기대치와 그 행동에서 얻게 되는 효용의 값을 계산할 수 있다. 이렇게 계산된 여러 방안들에 대해서는 사전적인 선호나 주관이 개입하지 않기 때문에 대안간의 병렬적 비교가 가능하다. 이때 이익의 극대화(interest maximization)는 대안간의 합리적 비교를 통해 최적의 방안을 선택한다고 본다.

Ⅲ   합리적 선택이론에 대한 비판: 한국 시민사회를 중심으로

1. 자유주의의 공적공간의 확장: 롤즈의 공적 이성과 공정성

롤즈는 자유주의의 이성관을 공적이성으로 확장하였다. 그는 개인들이 가진 합리성이라는 것이 오로지 경제적 영역에서 도구적인 합리성만은 아니라고 주장하였다. 롤즈는『정치적 자유주의』에서 경제적 자유만이 아니라 정치적 자

유가 가능하다고 보았다. 정치적 자유는 공적이 성을 가지고 사회문제에 대한 논의를 해갈 수 있는 자유이다. 즉 자유를 소유권차원에서만 이 해하는 것이 아니라 공공선이 무엇인가를 논의 할 수 있는 정치적 차원에서 이해한다.

사회적 행위자들은 자신의 공동체가 운영되는 공공선이 무엇이야 하는가에 대해 자유롭게 토의할 수 있다. 자유가 보장되는 상황에서 개인들은 순전히 개인의 영역이 되는 사적 공간인 포괄적 교의에 대해서는 논의를 배제하고 타협 가능한 공적이슈를 논의해 갈 수 있다.

2016년 한국의 시민사회는 국정농단 사태를 보면서 국가라는 공동체가 운영되는 방식에 대해 불만을 가지게 되었고 새로운 공동체를 만드는 것에 대한 높은 열망과 참여를 보였다. 연인원 1700만 명이 참여한 촛불시위는 시민단체 (Civil Organization)만이 아닌 시민사회가 있었기에 가능한 것이었다. 촛불시위는 새로운 민주주의의 모습을 보여주었다. 학생들이 주도한 한국 민주주의에 대한 토론은 공적인 가치에 대한 합의하는 모습을 보여준다. 시민사회가 제기한 담론은 이후 대기업 갑질, 여성에 대한 성폭력의 문제, 흙수저와 금수저로 대표되는 분배적정의의 문제들에도 연결된다. 이것들을 유추해서 보면 자유주의를 완전히 거부하는 것이 아니라 자유를 지지하면서도 정치적 논의를 확장하는 것으로 볼 수 있다. 롤즈의 정치적자유주의를 통해서 설명할 수 있는 부분이다.

2. 토론의 공간과 성찰성: 하버마스의 공론의 장

합리성이 경제적 차원의 도구적 이성이라면 성찰성은 사회적 이성이다. 성찰성은 사회적 차원의 합리성을 의미한다. 경제적 차원의 합리성은 자신의 이익을 계산할 수 있는 가정이다. 이

는 외생적 이익의 규정을 가정한다. 반면에 성찰성은 자신의 이익을 계산하는 것이 외생적으로 이익을 결정하는 것이 아니라 내생적으로 결정하는 것을 의미한다. 토의를 통해서 진실로 들어난 것만을 믿는 것이다.

하버마스의 심의민주주의는 성찰성을 통해서 사회구성원들이 심의를 통해서 공공선을 결정하는 이론이다. 공적인 부분의 언어인 담론이 결정되는 공간이 있다고 할 때 담론의 공간에서 공동체가 무엇이 되어야 하는지에 대한 논의를 결정함으로써 자유주의의 이기적 개인 가정을 벗어날 수 있다. 이러한 의사소통을 위해서는 '공중성', '공개성', '자유와 평등의 원칙'이 전제가 되어야 한다. 공적인 문제를 공개적으로 논의하며 참여자들은 자유로울 뿐 아니라 평등해야 한다는 것이다.

한국의 시민사회는 1987년 이후 확장된 공간을 가지고 있다. 민주화이후에도 2004년 탄핵을 거부하는 촛불집회나 2008년 미국산 소고기 문제 등에서 시민사회는 공적담론의 공간을 확장하면서 내부에서 논의를 이끌었다. 2000년대부터 보수-혁신논쟁을 '진보-보수'로 바꾸면서 정치적 이슈를 확장해왔다. 최근 갑질문제, 미투 운동도 정치적 담론의 미시화차원에서 이해할 수 있다. 그런 점에서 한국 시민사회는 제 3의 영역으로 확장되어 있고 이 공간은 개인의 경제적 이익을 넘어서는 공적공간으로서의 의미를 가진다.

특히 SNS라는 새로운 미디어와 인터넷의 온라인공간이 오프라인 공간으로 연결되면서 새로운 담론의 공간을 열어주었다. 이것은 기존의 폐쇄적인 공적인 공간을 확장하면서 '공개성'을 늘린 것이다. 또한 국정농단을 보면서 이것이 "국가라는 공동체일 수 있는가"의 문제를 제기하여 '공중성'을 높였다. 또한 기층권력을 강화하면

서 '자유와 평등'의 조건이 좋아졌다는 점도 고려될 수 있다.

3. 공화적 질서와 시민적 덕성: 공화주의

자유주의의 합리성에 대해서 공화주의의 시민성이 대체할 수 있다. 시민성은 공동체내에서 우리의식을 가진 사회적 존재로서 개인을 바라본다. 합리성이 도구적인 이성과 원자적 개인을 가정한다면 공화주의의 시민성은 공동체를 위한 공적덕성이 무엇인지와 사회적 주체로서 개인을 강조한다. 최근 '비지배 자유'를 강조하는 약한 공화주의의 경우 비지배라는 조건을 가지는 것이 중요하다고 본다. 비지배라는 조건을 가지려면 시민적 대등성을 확보해야 한다. 이를 위해서는 시민들은 법 앞에서 자유롭고 평등해야 한다. 또한 이들은 공화국 즉 '우리의 것(res publica)'을 만들어 내는 것에 대한 관심이 높아야 하며 적극적인 참여를 해야 한다.

한국의 시민사회가 요구하는 것도 공동체의 공적인 덕성이다. 분배적 정의를 이룰 때 한 사회는 시민적 대등성을 가질 수 있다. 금수저 흙수저논의는 한국 사회의 계급적 대립을 보여주는 것이다. 갑질도 마찬가지이다. 미투운동 역시 남성과 여성 계급의 대립이다. 이런 상황에서 공화국의 공적덕성은 무엇이 되어야 하는가의 논의가 필요하다. 약한 공화주의는 그런 점에서 자유주의의 합리성 개념을 대체하고자 한다.

4. 평 가

합리적 선택이론이 가정하고 있는 합리성은 사안들을 단순화하여 개인들의 선택을 설명할 수 있다는 점에서 유용한 이론이다. 그럼에도 불구하고 지나친 개인의 원자화가정과 개체들의 도구적 합리성의 극대화를 상정했다는 점에서 문제가 있다. 자유주의의 공적이성이나 성찰성

은 그런 점에서 원자적 개인의 합리성을 부정했다기보다는 원자적 존재를 사회적 존재로 만들면서도 합리성을 유지하고자 한 이론들이다. 합리성을 공적 이성이나 성찰성으로 전환하여 개인과 사회의 접점을 찾고자 한 것이다. 반면에 공화주의는 원자적 존재를 사회적 존재로 만들면서 개인의 경제적 이익이 아닌 공적 가치를 강조했다는 점에서 자유주의를 대체하고자 한다.

한국 시민사회의 현재 요구는 원자적 차원의 개인이나 도구적 합리성과 경제적 이익으로만 설명될 수 없다. 하지만 이들 시민들이 탄핵이후 자신의 사적공간으로 돌아갔다는 점에 기대서 볼 때 공화주의적인 시민으로까지 확장하는 것은 어렵다고 보인다. 다만 사회적 담론의 공간을 확대하고 사회적 주제를 논의하는 하버마스의 심의민주주의나 롤즈의 심의민주주의가 지향점으로 보인다.

Ⅳ 결 론

2016-2017년의 촛불시위와 탄핵으로 이어지는 과정에서 시민사회는 이기적 개인의 사적 영역의 탐닉이 아닌 사회적 주체로서 공공선을 향유하고 논의하려는 적극적인 주체로서의 의미를 가진다. 정부와 국가의 실패와 국가와 시장의 연대를 경험한 한국 시민사회는 공적인 논의를 이끌어가는 주체로서 역할을 가지고 있다.

제004문 **비교와 최대유사체계와 최대상이체계**

비교정치학(comparative politics)은 방법론을 토대로 발전하였다. 비교정치학은 방법론을 토대로 하여 국가간의 차이와 유사성을 비교하면서 제도의 개선방안을 모색하고자 한다. 다음 질문에 답하시오. (20점)

(1) 정치학에서 통계나 사례연구가 아닌 '비교(comparative)'방법을 사용하는 이유에 대해 설명하시오. (5점)

(2) 비교정치학의 최대유사체계 디자인과 최대상이체계 디자인의 원리를 설명하고 둘 사이의 차이를 비교정치관점에서 설명하시오. (15점)

 문제의 맥락과 포인트

비교정치를 할 때 왜 비교를 하는지를 묻는 문제이다. 게다가 비교연구에서 가장 기본적인 방법론이 최대유사체계와 최대상이체계이다. 간혹 모의고사로 질문이 나오는 문제라 대비하는 문제이다.

Ⅰ 서 론

정치학에서 제도적인 수정이나 정치개혁은 반드시 다른 제도와의 관련성을 고려해야 한다. 어떠한 제도가 좀 더 바람직한가를 알기 위해서는 제도의 어느 부분이 확실히 어떤 효과가 있는지 알아야 한다. 이런 목표에서 나온 것이 비교방법론이다. 이중 체제적 요소 간 비교나 체제 내부적인비교에 사용되는 방법으로써 최대유사체계와 최대상이체계의 의미를 파악하도록 한다.

Ⅱ 비교방법사용의 이유

정치학에서는 통계를 사용하는 방법과 비교를 사용하는 방법과 사례연구방법등이 있다. 이중에서 비교라는 방식을 사용하게 되는 것은 통계를 돌리기 어려울 정도의 제한된 사례라는 조건과 사례연구가 가진 특수성에 기반한 연구를 뛰어넘어 일반화를 추구하려는 목적 때문이다. 통계는 일반화가 가능하게 해주는 장점이 있지만 사례의 수가 많아야 한다. 하지만 국가들은 200개정도에 불과하고 이들이 가진 제도와 특성들은 부분적이다. 따라서 사례들을 통계로 돌려 일반화된 명제를 만들기는 어렵다. 반면에 사례연구는 특수성과 맥락을 볼 수 있게 하지만 일반화가 어렵다. 따라서 어떤 제도의 효과가 각 국가에 한정되는 단점이 있다.

그런 점에 비추어 볼 때 비교방법은 제한된 수의 사례를 통한 일반화를 가능하게 한다. 비교를 통해서 어떤 사례에서 나타나는 공통된 특성과 맥락의 차이를 구분함으로써 제도들의 효과가 일반화될 수 있다. 이를 통해 다른 나라의 제도들을 자국에 도입할 수 있는지를 평가할 수 있다.

Ⅲ 최대유사체계와 최대상이체계분석 비교

1. 최대유사체계분석법

존 스튜어트가 사용한 '차이법'을 사용. 즉 다른 것(설명요소)이 다른 것(결과)을 설명하는 방식이다. 이런 설명은 유사한 특성들이 많은 경우 체제의 차이점이 되는 요소로 설명하는 방식이다. 따라서 유사한 속성이 많은 지역수준에서 설명하고자 한다.

예를 들어 최대유사체계의 경우 대만과 한국의 IMF 외환위기 경험의 유무를 설명할 수 있다. 단기자본이나 소국경제등 다른 요소가 두 나라 사이에 비슷한 가운데 국가별 기업의 소유형태에 따라 설명하는 방법이 다르기 때문에 대기업중심의 한국은 외환위기를 맞았고 가족 기업중심의 대만은 피해갈 수 있었다.

이런 접근의 장점은 유사한 속성을 가진 지역연구에서 활용할 수 있다는 점이다. 반면에 단점은 체계를 고정(자유민주주의)하는 경우 이것이 적용범위를 한정한다는 점과 분석의 수준이 체계적인 특성으로 고정되어 체제내의 개별 행위자들의 요소를 설명하지 못한다는 점을 들 수 있다.

2. 최대상이체계분석법

최대상이체계법은 '일치법'을 사용한다. 즉 같은 것(설명요소)이 같은 것(결과)을 설명하는 방식을 사용하고 있다. 이 설명은 차이가 많은 이질적 체제에서 어떻게 동일한 결과가 나타나

게 되었는가를 설명한다.

실제 사례로는 프랑스와 영국과 미국 등의 자유민주주의 혁명이 일어난 나라들을 연구했던 배링턴 무어(B. Moore)의 연구를 들 수 있다. 배링턴 무어는 농민과 부르주아의 관계를 통해서 민주주의가 부르주아의 작품이라는 점을 입증했다. 다른 특성이 있는 이들 나라에서 공통된 '부르주아의 Impulse'라는 요소를 통해서 민주주의를 설명하였다.

이 분석방법은 분석수준을 유연하게 적용하는 점이 특징이다. 개체수준의 설명으로 설명할 수 있고 만약 실패할 경우 체계수준으로 다시 설명할 수 있다. 따라서 최대상이체계와 최대유사체계를 만든 쉐보르스키와 튜니는 비교연구에 있어서 최대상이체계 분석디자인의 유용성이 높다고 주장하였다.

Ⅳ 결 론

'부족한 사례와 많은 변수'라는 구조적인 문제를 가진 비교연구에 있어서 무엇이 중요한 설명요소인가를 찾는 작업이 가장 중요한 작업이라고 하겠다. 따라서 기본적인 방법론인 최대유사체계 디자인과 최대 상이체계디자인에 대한 고찰은 무엇보다도 중요하다.

〈제시문〉

　미국의 대중국 정책변화는 몇 가지 요인에 기인한다. 첫째, 미국의 WTO 가입과 교류확대를 통한 민주주의 구축이라는 대중국 포용정책의 정책적 실패이다. 둘째, 미중간 상대적 권력배분의 변화로 중국의 성장과 미국의 상대적 쇠퇴 때문이다. 셋째, 미국내 대중국 인식의 변화로 미국인의 부정적 인식이 높게 나타나고 있다.

　미국은 중국에 대한 정책을 '포용(engagement)'정책에서 '공급망 통제'정책으로 변화하고 있다. 미국의 이러한 변화는 무역이론을 통해서 설명할 수 있다. 다음 질문에 답하시오. (총 40점)

(1) 〈제시문〉을 참고하여 미국이 '포용정책'에서 '공급망 통제'라는 강경정책을 변화한 이유를 자유주의, 현실주의, 구성주의의 일반 국제정치학 이론들을 통해 설명하시오. (15점)

(2) 보호주의 정책인 공급망 통제정책(무역전쟁)에 관한 이론에는 국내적 차원의 이론(대표적 이론들로 개인의 무역선호, 요소중심 설명이론, 대통령의 무역자유주의 선호이론 등)과 양국간 무역정치이론(대표적으로 죄수의 딜레마 게임이론)과 국제체계 차원(대표적으로 패권안정이론)의 이론이 있다. 각 차원에서 대표 이론 내용을 설명하고, 각각 이론이 미중 관계 적용할 때 타당한지 설명하시오. (25점)

* 개인의 무역 선호이론: 개인이 자유무역이나 보호무역으로 보는 손익에 따라 무역정책을 지지함.

* 대통령의 무역자유주의 선호이론: 대통령이 선거구가 크고 더 많은 유권자를 상대하기 때문에 의회에 비해 자유무역을 선호함.

Ⅰ. 서　　론
Ⅱ. 미국의 보호주의 정책 설명: 일반이론을 통한 분석
　1. 자유주의: 삼각평화이론
　2. 현실주의: 상대적 국력이론
　3. 구성주의: 정체성의 변화
Ⅲ. 미중 무역전쟁에 관한 이론과 현실적용가능성
　1. 무역관련 이론

　(1) 국내정치 차원: 요소 모델
　(2) 양국간 모델: 죄수의 딜레마 게임
　(3) 국체체계 설명: 패권이론
　2. 미국의 대중국정책 적용가능성
　　(1) 요소 모델: 설득력 높음
　　(2) 양국간 모델로서 죄수의 딜레마 게임: 설명력 낮음
　3. 평가: 결론을 대신하며

　　문제의 맥락과 포인트

　국제정치학에서 방법론은 분석수준에서 출제된다. 이 문제는 분석수준을 이용해서 미국의 보호주의 정책을 설명하기 위한 문제이다. 김석우 교수님의 논문 "무역전쟁의 운명: 미중 무역전쟁에 대한 이론적 설명과 적용"의 논리를 토대로 만든 문제이다. 2024년 트럼프 대통령이 재선되면서 다시 미국의 보호주의가 중요하게 대두되고 있다. 국제정치학으로도 난이도가 높은 주제지만 분석수준을 활용해서 미국의 정책을 구체적으로 다룬다고 생각하고 정리할 주제이다.

Ⅰ 서 론

바이든 정부는 대중국 공급망 통제정책을 강화하고 있다. 이런 정책이 만들어진 것은 미국과 중국의 국력 격차 축소에 기인한다. 다만 무역에 있어서 국내적 측면과 양국간 차원과 국제체제 차원의 요인들이 복합적으로 작용하여 나타난 것이기에 구체적인 무역관련 이론을 살펴보고 미중관계 적용할 수 있는지 논한다.

Ⅱ 미국의 보호주의 정책 설명: 일반 이론을 통한 분석 (15점)

공급망 통제정책은 보호주의 강화로 볼 수 있다. 무역에 관한 구체적 분석에 앞서 일반이론을 통해 미국이 대중국 정책 변화를 설명한다.

1. 자유주의: 삼각평화이론 (5점)

신칸트학파의 3가지에 입각한 정책이 대중국에 실패한 것이다. 자유주의의 신칸트학파는 3가지가 평화를 만든다고 주장한다. 민주주의, 상호의존, 제도가 평화를 만드는 것이다.

미국의 대중국정책은 민주주의, 상호의존, 제도차원에서 실패했다. 우선 중국을 민주화하지 못했다. 이는 상호의존의 증대를 통해 자본주의가 강화되어 민주화를 의도했지만 실패했다. 국제기구에 가입도 했고, 상호의존도 늘어났지만 궁극적으로 중국은 부유한 국가가 되면서 현상타파 국가가 되었다.

2. 현실주의: 상대적 국력이론 (5점)

상대적 국력이론에 따르면 미국과 중국의 경제교류는 중국을 상대적 국력을 강화하였다. 1978년 개혁개방시기 중국의 GDP는 전세계에서 1.8%였다. 그런데 중국은 2021년 17.7%까지 성장했다. 10배가량 성장한 것이다.

상대적 국력가설은 자연상태라는 무정부상태에서 국가는 위치를 중시한다고 가정한다. 이런 가정에 따르면 상대적 이익을 강화하는 무역과 경제교류는 상대 국가의 국력 강화로 이어진다. 이는 생존 가능성의 약화로 이어진다. 따라서 생존을 중시하는 신현실주의의 입장에서 상대적 국력을 고려하는 국가는 무역을 축소한다. 미국은 2001년 31%의 GDP가 2021년 24%로 축소되었다. 따라서 미국은 중국과의 교역을 축소한 것이다.

3. 구성주의: 정체성의 변화 (5점)

구성주의는 미국의 대중국 비호감도가 높아진 것으로 설명할 수 있다. 미국인은 중국을 위협으로 인식하고 있고, 미국 의회와 대통령도 대중국 정책이 변화가 필요하다고 본 것이다. 2020년 퓨리서치 센터의 여론조사는 중국의 경제력이 미국에 심각한 위협이라고 답한 미국인이 63%였다. 2018년에는 40%였고, 2019년에는 46%와 비교된다.

미국 대통령들의 인식도 대중국정책을 변화시킨다. 구성주의에서는 정체성이 이익을 규정하고 이에 따라 적절한 정책을 선택한다고 주장한다. 그런 점에서 트럼프 대통령은 미국우선주의라는 가치관을 가지고 있었고, 중국을 가장 위협적인 수정주의 국가로 보았다. 2017년 트럼프 정부의 국가안보보고서(NSS)는 중국을 수정국가로 규정했다. 이런 인식은 바이든 대통령에도 이어지고 있다. 2022년 바이든 정부의 국가안보보고서(NSS)에서는 중국을 유일한 경쟁자(the only competitor)로 규정했다. 이들 안보보고서는 미국의 안보정책을 수립하는 최고위층의 대중국인식을 보여주는 것이다.

Ⅲ 미중 무역전쟁에 관한 이론과 현실 적용가능성 (총 25점)

앞선 일반이론보다 구체적으로 무역정책을 결정하는 이론을 통해 미국이 왜 중국에 보호주의 정책을 사용하는지 살펴본다. 공급망 통제 정책은 무역에서 보호주의 정책으로 이를 무역전쟁으로 규정한다. 보호주의는 자국 시장을 보호하기 위해 관세 등의 장벽으로 높이는 것으로 규정할 수 있다.

1. 무역관련 이론 (12점)

(1) 국내정치 차원: 요소 모델 (4점)

요소 모델은 특정 요소의 분포도에 따라 무역정책을 지지한다는 이론이다. 스톨퍼-사무엘슨 모델은 요소의 부존도가 높을수록 자유무역을 지지한다고 본다. 가격경쟁력이 높기 때문이다. 반면 요소부존도는 보호무역을 지지한다. 다만 이 모델은 요소 이동성이 높은 경우에 적용된다.

반면 리카르도-바이너 모델은 요소 이동성이 낮은 경우에 적용할 수 있는 모델이다. 이 모델은 산업별로 자유무역에 따른 수혜가 결정된다. 즉 수출산업은 자유무역의 혜택을 지지한다는 것이다. 수입대체산업은 계급과 상관없이 피해를 보기에 자유무역을 반대한다.

● 대안 목차

(1) 국내무역 정치이론 (3점)

개인의 무역선호형성, 투표행위, 무역정책 결정이론이다. 개인은 유권자로서 무역정책을 지지하거나 거부할 수 있다. 개인의 소득과 고용은 무역에 영향을 받는다. 자유무역이 자신의 고용을 어렵게 하는 경우 개인은 보호주의 정책을 지지하게 된다.

(2) 대통령의 무역자유주의 이론 (3점)

대통령은 더 넓은 유권자들로부터 지지를 받는다.

따라서 의회보다 보호주의의 압력을 덜받는다. 게다가 대통령은 안보 등을 고루 고려해야 한다. 선거구의 크기가 전국이기 때문에 작은 이익집단이 영향을 미치기 어렵다. 따라서 대통령이 자유무역을 더 지지하는 것이다. 1934년 제정된 상호무역협정법은 국제무역에 관한 의회의 헌법적 권한을 양도했다. 이후 미국 대통령은 더욱 자유무역을 지지한다.

(2) 양국간 모델: 죄수의 딜레마 게임 (4점)

죄수의 딜레마 게임은 양 당사자가 왜 배신을 할 수밖에 없는지를 설명한다. 이 모델은 국가의 선호가 정해져 있다. 국가의 선호는 상대가 배신했을 때도 배신하는 것을 선호한다. 또한 상대가 협력할 때도 배신하는 것을 선호한다.

이 모델에 따르면 미국과 중국은 상호간 배신 전략을 선택한다. 이는 양국이 모두 상대방이 협력할 때도 배신하는 것이 유용하기 때문이다. 상대적으로 더 많은 이익을 확보할 수 있다고 보기 때문이다.

상황을 도표로 설명하면 상대적으로 설명과 해석이 유용하다. 죄수의 딜레마 게임의 내용을 표로 그리면 다음과 같다.

		을 배신(자백)	을 협력(석방)
갑	배신	2, 2*	4, 1
갑	협력	1, 4	3, 3

위의 그림에서는 갑과 을 모두 가장 좋은 전략인 압도전략과 게임의 해가 되는 균형점이 모두 배신에서 형성된다. 상대방이 배신을 한다고 가정했을 때 자신의 최적의 선택이 배신전략이며 상대방이 협력을 할 경우에도 최적의 선택은 배신전략이 된다. 따라서 어떤 경우에도 최선의 전략은 배신이 된다. 상대방도 동일한 논리가

작동한다. 이렇게 선택된 것은 개인들이 가장 효용이 높은 것을 선택한 것이 아니라 파레토 열등한 상황을 선택하게 된 것이다.

하지만 이 모델은 4가지 비판을 받는다. 첫째, 무역이 장기적 게임이지 단기의 1회성 게임이 아니다. 둘째, 미국과 중국이 대등한 관계가 아니라 미국이 강자고 중국이 상대적 약자다. 이런 경우는 뻥치기 게임(called bluff game)이 더 타당하다. 즉 미국은 죄수의 딜레마 게임을 사용하고 상대방은 치킨게임으로 대응하는 것이다. 셋째, 무역이 안보에 영향을 주는 안보외부효과가 작동한다. 넷째, 미중관계는 교착상태에 가깝다. 이러한 비판에도 불구하고 미중관계를 분석하는 데 있어 죄수의 딜레마는 단순한 설명을 가능하게 하는 장점이 있다.

(3) 국체체계 설명: 패권이론 (4점)

패권이론에 따르면 무역은 패권에 의해 결정된다. 패권국가의 국력이 높을수록 개방성이 높아지는 것이다. 이런 경우 패권의 국력이 하락할 때 개방성은 떨어진다.

킨들버거의 논리는 능력과 의지 두 가지를 모두 갖추어야 한다. 만약 능력이 약화되면 개방성을 늘리는 것은 어렵다. 공공재 성격상 무임승차 국가들이 많기 때문에 패권국가의 공공재 제공이 불가능하면 자유무역은 지켜지기 어렵다. 1930년대 대공황의 지속이 대표적이다.

2. 미국의 대중국정책 적용가능성 (10점)

(1) 요소 모델: 설득력 높음 (3~4점)

요소 모델은 두 가지로 설명이 가능하다. 첫째, 미국의 요소부존도에서 낮은 부존도를 가진 노동자들이 중국과의 교역으로 피해를 보았기 때문에 이들이 중국에 대한 보호주의를 지지한다. 미국 노동자들은 중국의 WTO 가입으로 인

해 7만개의 기업이 미국에서 중국으로 이주하면서 일자리를 빼앗겼다. 이들 노동자들은 미국의 보호주의와 미국 우선주의를 지지하는 트럼프 대통령을 선택했다. 이후 바이든 대통령이 당선되고고 미국이 보호주의와 공급망통제정책을 선택하게 하였다.

둘째, 미국 자본세력의 세계시장 점유율이 떨어지면서 이들이 중국에 대한 공급망통제정책을 지지한다. 즉 중국의 성장으로 인해 미국의 부존도가 높은 자본의 수익이 하락하는 것이다. 이는 스톨퍼−사무엘슨 모델의 설명력을 입증한다.

다른 한편 대중국 수출이 수입보다 적은 것도 산업간 모델의 설명력이 높다는 것을 보여준다. 수입대체 산업을 기반으로 대중국 견제정책을 지지하는 것이다. 이는 요소에 기초하여 자본진영이나 수출산업 중심으로 대중국 봉쇄정책을 지지하게 할 것이다.

● 대안 목차

(1) 국내무역 정치이론: 설득력 높음 (2~3점)

미국 개인들이 중국과의 개방으로 인해 손해를 많이 보았다. 특히 미국 중서부의 제조업 중심 지역의 개인들이 피해를 많이 보았다. 러스트 벨트가 만들어진 것이 대표적이다. 이들이 트럼프를 통해 보호주의 정책을 지지했다. 따라서 향후 미국의 대중국 봉쇄정책을 지지할 것으로 예상된다.

(2) 대통령의 무역자유주의 이론: 설명력 낮음 (2~3점)

미국의 대통령은 무역에서 자유무역을 지지해왔다. 하지만 트럼프와 바이든 대통령은 대중국 견제를 위해 보호주의 정책을 지지한다. 이는 미국 유권자들이 대중국 인식이 변화했기 때문이기도 하다. 따라서 기존 이론은 대중국봉쇄정책을 설명하는 설명력이 약하다.

(2) 양국간 모델로서 죄수의 딜레마 게임: 설명력 낮음 (3~4점)

죄수의 딜레마 게임은 미중관계 설명에 한계가 있다. 무역에서는 1회성게임을 하지 않기 때문이다. 미국은 중국에 대해 제한적인 영역에서 보호주의 정책을 사용한다. 미국의 물가 때문에 중국 물건이 필요하다. 따라서 죄수의 딜레마 게임의 설명력은 한계가 있다.

비판적인 입장의 이론들 역시 이론적 설명력에는 한계가 있다. 반복게임으로 설명하는 것도 한계가 있다. 장기적 협력보다는 경쟁이 지속될 것이기 때문이다. 이런 논리로 교착게임의 설명도 한계가 있다. 무역안보연계는 매우 높은 설명력을 가진다. 앞서 본 일반이론에서 상대적 국력을 좀 더 구체화하여 설명할 수 있기 때문이다.

(3) 국체체계 설명으로 패권이론: 설명력 높음 (3~4점)

패권이론은 설명력이 높다. 미국의 패권국가로서 능력이 약화되고 있기 때문이다. 2차 대전이 종결될 때 전세계 제조업의 50%에 육박한 미국의 국력은 이제 24%로 축소되었다. 2001년 기준 미국은 전세계 GDP의 31%에서 2021년 24%까지 축소되었다. 반면 중국은 2001년 WTO 가입 당시 4%에서 2021년 17.7%까지 성장했다.

미국의 국력 하락은 자유무역이라는 공공재 공급을 어렵게 한다. 또한 미국 입장에서 패권 지위를 유지하기 위해서 보호주의 정책으로 공급망 통제정책을 사용한다. 최근 미국의 공급망 통제정책으로 중국의 경제성장이 더디게 되었다. 2021년에서 2022년 사이 중국은 1,000억불 정도의 성장을 기록했다, 반면 같은 시기 미국은 3조 달러의 성장을 기록했다. 이런 수치로 볼 때 미국은 보호주의 정책을 지속할 것으로 예상된다.

3. 평가: 결론을 대신하며 (3점)

미국의 보호무역정책으로서 공급망 통제 정책은 지속될 가능성이 높다. 이는 앞서 분석한 국내적 요인, 국가요인, 국제체계 요인 등이 복합적으로 작용한 결과다. 미국 대통령 모델과 게임이론의 설명력이 약하지만 복합적인 요인들이 작동하여 미국이 보호주의정책을 선택하고 유지할 수 있게 해준다. 이는 향후 공급망 통제 정책의 지속에도 동일하게 영향을 미칠 것으로 예측된다. 앞서 본 일반론과 구체적 무역 이론을 통틀어 볼 때 미국은 중국을 견제하기 위해 공급망 통제 정책에 기초한 무역정책을 지속할 것이다.

정치학에서 가장 핵심적인 개념은 권력이다. 모겐소(H. J. Morgenthau)는 국제정치학이 경제학 등과 다른 독자적 영역이 있다고 주장하면서 권력으로 정의되는 국가이익이 국제정치의 본질임을 주장했다. 이는 국제정치에 있어서도 권력이 가장 중요함을 알려준다. 권력 논의는 최근 미국의 전략국제문제 연구소(CSIS)에서 발간한 스마트파워보고서에서 보이는 것처럼 스마트파워(Smart Power)라는 개념으로 발전을 거듭했다. 스마트파워는 경성권력과 연성권력을 결합하여 사용하는 것의 중요성을 제시한다. (총 40점)

(1) 국제정치에 있어서 권력은 왜 중요한지와 전통적 의미의 권력인 경성권력(hard power)은 어떤 특징을 가지고 있는지 설명하시오. (10점)

(2) 새로운 권력으로서 연성권력(Soft Power)은 어떤 특징을 가지고 있는지 설명하시오. (10점)

(3) 연성권력과 경성권력을 결합하는 스마트파워(Smart Power)의 논의 배경과 특징과 구체적인 방안을 설명하시오. (10점)

(4) 스마트파워 논의는 한국외교정책에 어떤 함의를 주는지 논하시오. (10점)

Ⅰ. 서론 – 권력의 변화와 지속
Ⅱ. 전통 권력의 중요성과 특징
  1. 권력의 국제정치적 중요성
  2. 전통 권력의 특징
Ⅲ. Soft Power의 특징
  1. 연성권력의 개념과 특성
  2. 연성권력의 자원

〈대안 목차〉
  1. 경성권력의 중요성 지속

2. 21세기 권력의 새로운 특성

Ⅳ. Smart Power 논의
  1. Smart Power 논의의 배경
  2. Smart Power의 의미과 특징
  3. Smart Power 강화 방안
Ⅴ. Smart Power의 외교정책적 함의
  1. 한국의 현 국력과 문제점
  2. 한국의 Smart Power 논의의 함의
Ⅵ. 결 론

문제의 맥락과 포인트

권력과 관련해 이번 문제는 과거에 중시하던 경성권력과 최근 부각된 연성권력의 의미를 구분하고 2008년에 탄생한 경성권력과 연성권력을 통합한 스마트파워로 연관시킨 문제이다. 이 문제는 경성권력의 의미와 특징, 연성권력의 의미와 특징을 설명하고 향후 논의가 더 발전하게 된 스마트파워와의 관계를 이론적인 관점에서 설명하는 것이 핵심이다. 여기에 더해 이론논의가 한국 외교정책에 어떤 함의를 보여주는 것으로 정책과 연관시키면 된다. 과거 부시행정부의 외교가 주로 힘에 기반한 것과 그로 인해 주변 국가들로부터 리더십 부족을 비판받은 것과 관련이 있다. 오바마 정부의 첫 국무장관인 힐러리 클린턴은 미국이 스마트파워를 중심으로 한 외교로 전환하겠다고 말했다. 따라서 스마트파워 논의는 미국이 향후 경성권력 뿐 아니라 연성권력을 중시하는 외교를 통해서 어떻게 리더십을 가진 국가로 거듭날지를 보여준다. 외교정책에 주는 함의를 찾아내는 것이 이 문제의 가장 중요한 포인트이다.

Ⅰ 서론 – 권력의 변화와 지속

정치학의 독특성은 권력의 속성에 있다. 따라서 권력은 국제정치학의 본질을 관통하는 요소이다. 『Politics Among Nations』에서 모겐소의 주장처럼 국가이익의 변화는 권력관계의 변화를 의미한다. 시간과 공간에 따라서 권력 관계 역시 변화한다. 이런 점에서 전통적인 권력을 넘어 연성권력을 강조하고 그것을 다시 뛰어넘어 스마트파워를 강조한다는 것이 어떤 원인에 기인하고 실제 스마트파워를 운용하는 방식이 구체적으로 어떤 것인지를 파악하는 것이 중요하다. 특히 안보문제에 민감한 상황인 대한민국의 경우 스마트파워라는 이론적·정책적 자원을 어떻게 활용하는가는 현실적으로 중요한 문제이다.

Ⅱ 전통 권력의 중요성과 특징

1. 권력의 국제정치적 중요성

권력은 국제정치학의 독자적 영역을 구축해준다. 현실주의는 토마스 홉스(Hobbes)의 이론을 계승한다. 사회관계에 관한 홉스의 이론에 따르면 인간의 자연 상태는 무정부상태이다. 이 상태를 극복하고 '급작스러운 죽음'의 공포에서 벗어나기 위해서 개인들은 사회를 형성하면서 폭력을 관리하기 위한 거대한 권력체인 '리바이어던'이라고 하는 국가를 구성한다. 이런 과정을 거치면서 국내 질서는 위계질서가 되고 안정을 달성할 수 있게 된다고 본다. 즉 권력은 국가로 집중되는 것이다.

하지만 개인이 아닌 국가를 기본 단위로 하는 국제질서는 무정부상태인 아나키를 벗어날 수 있는 사회적 계약을 체결하지 못한다. 또한 내부적으로 강력한 국가인 리바이어던의 형성은 정치공동체 구성원들이 국가에 폭력을 사용할 수 있도록 권위와 힘을 집중시킴으로써 외부적으로 다른 (정치공동체인)국가의 불안감을 증폭시킨다. 존 허츠(J. Hertz)가 개념화한 안보딜레마를 불러오게 되는 것이다.

무정부상태인 국제질서에서는 안보에 대한 불안감을 해결하고 자국의 국민과 영토와 주권을 수호하기 위해서 국가는 자구(self-help)체계의 원리를 따르게 되고 이는 기본적으로 권력에 의존할 수밖에 없다. 이로 인해 국제정치에서 기본 단위인 국가의 생존과 국민의 안전과 안보의 확보는 권력에 의존할 수밖에 없게 되는 것이다. 이는 정치에 대한 가장 유명한 정의인 이스턴(D. Easton)의 "가치의 권위적 배분"이라는 개념과 다른 국제정치만의 논리를 보여준다.

위계적 질서인 국내정치에서는 국가가 권위적으로 공동체의 분배기능을 수행하지만 국제정치에서는 어느 국가나 조직도 이런 권위를 부여받지 못했다. 따라서 부족한 자원과 가치에 대한 투쟁에서 국가는 개별적 '인간신'(by T. Hobbes)이 되어서 자신의 힘으로 이런 투쟁을 수행한다. 홉스(T. Hobbes)는 근대 국가를 신성을 대체한 '인간신' 또는 'Mortal God'으로 칭했다. 따라서 국제정치는 신을 대체한 '인간신들'인 국가들의 전쟁이자 향연인 것이다. 여기서 가장 핵심적 수단은 두말할 나위 없이 권력이 된다.

2. 전통 권력의 특징

첫째, 국가 중심성. 국제 정치에서 근대적 권력은 국가의 전유물이다. 따라서 권력은 국가에 의해서 추구되어지고 행사되어진다. 주권의 논리는 국내적으로 최고성과 대외적 배타성을 상정함으로써 국가의 권력 독점을 정당화한다.

둘째, 물리적 속성의 중요성. 전통적 권력은 권력의 강제적 속성인 1차원적 속성을 기반으로 한다. 강제력은 경제력과 이를 통해서 지원받는 군사력의 중요성을 상정한다. 경제적 제재와 군사적 압박을 통해서 상대방으로 하여금 내가 하고자 하는 바를 강제할 수 있는 것이다.

셋째, 강제적 측면의 관계성. 전통적인 권력론의 입장은 강제적 권력에 초점을 두는 전통을 가지고 있다. 권력은 영합적(zero-sum: 한 사람이 가지게 되면 다른 사람의 몫이 줄어드는 관계)관계를 상정한 상태에서 권력을 다룬다. 따라서 이런 상황에서 합리적인 계산을 하는 국가는 자연스레 관계적 측면에서 강제적 관계의 양상을 띨 수밖에 없다. 이는 강대국의 약소국에 대한 관계나 지배국의 식민지에 대한 관계 등으로 대표된다.

Ⅲ Soft Power의 특징

1. 연성권력의 개념과 특성

앞선 문제에서 사용한 설명방식을 이용하면 연성권력은 세 가지 특징을 가지고 있고 세 가지 자원이 중요해진다. 연성권력이란 상대방의 선호를 변화시킬 수 있고 그를 통해서 자신이 얻고자 하는 것을 얻는 것을 의미한다. 연성권력의 특징 세 가지는 군사, 경제, 사회문제를 포괄하는 범위의 포괄성, 국가와 민간까지 공동으로 가질 수 있다는 점, 비경합성이라는 특징을 가진다는 점이다.

2. 연성권력의 자원

연성권력의 자원 3가지는 첫째, 문화. 둘째,

정치적 가치관. 셋째, 대외정책이다.

● 대안 목차[1]

1. 경성권력의 중요성 지속

21세기의 새로운 환경 속에서도 권력은 여전히 중요하다. 권력은 전통적 의미의 기능을 수행하는 데 있어서도 중요할 뿐 아니라 새로운 변화된 환경에 적응하는 데 있어도 새로운 양태와 주체측면에서 중요하다.

21세기의 다양한 환경 변화와 환경의 영향에 대한 논쟁에도 불구하고 국제정치의 근본적인 조건은 변화가 없다. 국가 대 국가의 대립이 아닌 테러리스트와의 관계조차도 강제할 수 있는 국제적 권위체의 부족은 아직도 국가로 하여금 폭력을 독점하여 문제를 해결하고자 하는 요구와 필요를 불러일으킨다. 따라서 양태와 정도의 차이는 있다 하더라도 전통적으로 중시되던 경제력과 군사력에 기반을 둔 국가 중심적 권력의 중요성은 무시할 수 없다.

2. 21세기 권력의 새로운 특성

새로운 환경의 변화는 전통적 권력 외에도 새로운 권력에의 필요성을 증대시킨다. 권력이 중요하다는 점에서는 권력의 지속을 보이지만 보유주체와 양태 그리고 관계 측면의 3가지 측면에서 불연속적인 특성을 보여준다.

첫째, 다층적 행위자로의 확장. 연성권력은 국가의 주도성에서 벗어나 다양한 행위자로 권력 주체가 확산된다. 위로는 국제기구, 지역기구에서 아래로는 지방단체와 NGO와 같은 단체와 개인들까지 권력을 향유하고 행사할 수 있게 되었다. 이는 나이(J. Nye)의 '3차원적 체스판 이론'을 연상시킨다. 이 이론에 따르면 가장 상층부(체스판)인 안보 영역에서는 국가의 주도성이 강하지만 두 번째 층위인 경제 영역과 가장 하위의 초국가적 영역에서는 개인과 민간조직 등의 영향력이 증대하고 있다고 한다.

둘째, 지식과 문화의 중요성의 부각. 과거에는 경제력과 군사력의 일차원적 권력이 중시되었다면 현대

1) 하지만 위의 목차를 사용하지 않고 앞의 전통적 권력의 특징과 대비해서 특징을 다시 정리해 볼 수 있다. 만약 새로운 방식으로 정리해서 앞의 전통적 권력과 대비한다면 소프트 파워는 아래의 목차로 해석될 수 있다.

에는 지식과 문화를 위시한 권력의 연성적 측면과 구성적 측면이 주목을 받고 있다. 새로운 형태로서 연성권력은 강제성보다는 포섭적 속성이나 상호구성적인 특성을 지니고 있다. 또한 국가의 독점성만을 주장하지 않는다.

셋째, 구성적 측면의 관계성의 강조. 좀 더 넓게 해석한다면 현대의 새로운 양태의 권력인 연성권력은 강제의 구조적 속성 뿐 아니라 개체와 개체간의 상호구성적 관계에 주목한다. 권력을 통한 상호정체성의 변화와 규칙의 변화를 담아내고 이를 체화한다는 특징을 가지고 있다.

Ⅳ Smart Power 논의

1. Smart Power 논의의 배경

2007년 미국의 국제전략문제연구소는 스마트파워 위원회를 공화당과 민주당 인사들로 구성하였다. 연구소는 스마트파워에 관한 리포트를 제출하면서 국제사회에서 미국의 영향력 하락의 문제를 제기하였다. 미국이 대테러전쟁에서의 독단적인 외교로 대외 신뢰가 저하되었고 동맹에 대한 양자 택일식의 접근이 문제가 있다는 점을 지적하였다.

보고서는 과거 미국이 가지고 있던 연성권력 요인을 무시하고 미국은 경성권력에만 지나치게 의존한 경향이 미국의 대외 신뢰를 하락하게 만들고 더 나아가 미국의 안보를 위협하였다는 점을 주장하였다. 그리고 미국의 대테러전은 실제 아이디어와 관념의 전쟁이라는 점을 강조했다. 위원회는 관념 전쟁인 대테러전에서 미국은 경성권력만으로는 승리할 수도 없고 테러리스트들의 도전에 대처하지 못한다고 말했다.

조셉 나이는 2008년까지의 상황은 미국 정책 결정자가 연성권력을 단지 문화적인 힘 정도로 이해한 오류에서 비롯되었다고 본다. 실제 연성권력은 다른 사람들에게 매력적으로 보이게

하는 것으로 문화적인 권력을 뛰어넘는 것이다. 따라서 2008년 현재 시점에서 보고서를 낸 이유는 부시 정부 다음 정부에서는 연성권력을 강화하여 연성권력과 경성권력을 결부시킨 Smart Power를 잘 사용하도록 권고하기 위해서이다.

2. Smart Power의 의미와 특징

스마트파워는 연성권력과 경성권력을 결합한 권력을 의미한다. 따라서 연성권력만을 강조하여 경성권력을 무시하는 것도 아니고 경성권력만을 강조하여 연성권력을 무시하는 것도 아니다. 과거 냉전기에 미국은 실제로 연성권력과 경성권력을 골고루 잘 사용한 경험을 가지고 있다. 냉전기의 미국은 소련을 봉쇄하고 공격을 억지하는 경성권력과 함께 마샬플랜과 패전국독일과 일본을 민주주의국가로 바꾼 연성권력을 가지고 있었다.

실제 사례를 보면 2004년 동남아시아 쓰나미 피해 때 미해군이 보여준 구조하는 모습은 미해군이라는 경성권력이 어떻게 연성권력을 강화시키는가도 보여준다. 1991년 미국이 이라크로부터 쿠웨이트를 보호했을 때 경성권력의 사용은 연성권력을 강화해주었지만 2003년 이라크 공격시에 미국의 더 강력해진 경성권력은 연성권력을 약화시켰다. 따라서 관건은 필요한 경성권력과 필요한 연성권력을 어떻게 조합하는가 하는 점이다. 이 부분에서 스마트파워는 리더십을 강조한다.

3. Smart Power 강화 방안

구체적인 방안으로는 다섯 가지가 제시되었다. 첫째, alliances, partnership and Institution의 강조. 즉 동맹국가들과의 동맹은 아니지만 파트너십을 가진 국가들과의 관계를 중요하게 강조한다. 또한 국제제도 역시 중요하게 여기면

서 제도를 활용하겠다는 것이다. 둘째, Global Development의 강조. 즉 국제개발을 지원하겠다는 것이다. 셋째, 공공외교인 Public Diplomacy를 강조한다. 외교통상부가 정의한 공공외교는 '연성권력을 통해서 상대국 국민에게 자국의 정보를 제공하고 이해시킴으로써 국익을 증진하는 것'이다. 넷째, 경제통합인 Economic Integration이 중요하다. 마지막 다섯째로 기술과 혁신(Technology and Innovation)이 중요하다.

정리하자면 스마트파워의 의미는 연성권력적 의미와 경성권력적 의미로 구분할 수 있다. 첫째, 연성권력의 유산으로서 Smart Power이다. Smart Power는 미국외교 정책 특히, 이라크전쟁 이후 미국의 일방주의와 군사주의적 정책으로 인해 생긴 국제사회의 불만을 해소하기 위한 것이다. 연성권력이 탈냉전기 미국이 어떻게 적은 경성권력 사용의 비용으로 국제질서를 안정적으로 관리하는가의 문제였다면 Smart Power는 미국의 제국구축 혹은 미국외교의 오만함 등으로 표현되는 미국의 외교 독주로 인해 생겨난 불만을 해소하고 국제사회의 지지를 확보하기 위한 것이다.

둘째, 경성권력 강조의 Smart Power이다. Smart Power는 미국의 경성권력을 무시하지 않는다. 오히려 미국의 경성권력 자산을 잘 사용할 필요성을 강조한다. 특히 테러 등의 위협에 대한 인식이 여타 국가들과 다른 미국의 경우 경성권력을 통해서 미국의 국토와 안보를 확보하는 것이 무엇보다 중요하다. 따라서 경성권력을 사용하는 것을 강조한다. 단 경성권력의 사용에 있어서도 시의 적절한 사용이 요구된다고 주장한다.

Ⓥ Smart Power의 외교정책적 함의

1. 한국의 현 국력과 문제점

한국은 국력을 평가할 때 사용하는 D.I.M.E (Diplomacy, Intelligence & Information, Millitary, Economy)기법으로 볼 때 경제력은 GDP기준 세계 13위이고 군사력은 군사예산으로 10위에 달하는 강국(2008년 기준)이다. 그러나 외교력과 정보능력(대북 정보에서 전략정보 100%, 전술정보 97%를 미국에 의존)이 약하다.

특히 문제가 되는 것은 한국이 그동안 대미 중심적이고 안보중심적인 외교를 수행했고 주변 지역중심의 편중된 외교를 수행함으로 인해 한국의 경성권력에 미치는 연성권력을 가지지 못했다는 점이다. 네덜란드와 같은 중견국가(middle power)와 비교해도 한국의 외교력은 처진다.

문제는 주변 국가들이 21세기 시대의 새로운 국가 목표를 설정하고 그 비전에 맞추어 외교정책 틀을 바꾸어가고 있다는 점이다. 예를 들어 일본은 '지식 정보화 강국'이라는 비전(vision)으로 오랜 경기침체를 돌파하고자 하고 있으며 안보리 상임이사국 진출을 노리고 있다. 일본의 안보리 진출은 패전국의 멍에를 벗어나서 새로운 지도국가가 될 수 있게 한다는 점에서 매우 강력한 연성권력이 될 것이다. 여기에 더해 일본은 동남아, 중앙아시아, 동유럽 국가들과의 협력관계를 개선하면서 에너지와 같은 여러 분야의 실용적 외교를 수행하며 지도력을 인정받고 있다. 이는 과거 일본이 부유하지만 외교력이나 지도력이 없는 국가라는 이미지에서 탈피하는 것으로 보인다.

중국은 2020년까지 '소강사회'(적절하게 분배를 이룬 사회)를 건설하고 2050년까지 '대동사회'(모두가 만족하는 분배구조를 이룬 사회)를 건설하려고 한다. 성장만이 문제가 아니라 분배를 이루는 이상적 국가목표를 제시하여 가장 많은 인구를 가지고 사회주의정치를 유지한 채 발전하는 중국식 모형의 우수성을 보이겠다는 것이 중국의 목표이다. 여기에 더해 과학기술의 발전으로 빈부격차를 줄이며 막대한 달러보유량을 가지고 경제적으로 원조정책과 공자학원 같은 문화적 접근을 동시에 구사하고 있다.

인도 역시 vision2020을 수립하여 GDP에서 세계 4위를 달성하는 목표를 수립하고 있다. 또한 '신비동맹실리외교'를 통해서 주변 강국들 사이에서 협력만 있고 견제가 없는 균형추 역할을 수행하고자 한다.

이런 주변 국가들의 정책은 한국으로 하여금 전통적인 권력에 대한 집착보다는 새로운 권력 접근이 필요하다는 점을 다시 한번 일깨워주고 있다.

2. 한국의 Smart Power 논의의 함의

한국은 G15(세계 15대 파워그룹)에 들어가는 것을 목표로 하고 있다. 우리의 경성권력자원과 IT인프라에도 불구하고 15위권 진입이 낙관적이지만은 않은 것은 한국이 국제사회에 대한 기여가 부족하기 때문이다. 하지만 한국은 주변의 중·일이라는 군사강국의 존재와 북한의 핵과 재래식 무기의 위협이라는 안보적 문제를 가지고 있다. 따라서 이런 관점에서 Smart Power가 한국에 주는 함의 역시 크다고 하겠다.

한국에서 스마트파워를 키우기 위해서는 우선 비전을 지역에 한정하기보다는 지구적인 문제로 키워야 한다. 지구온난화, 핵확산방지, 인신매매 등 global issue에 기여해야 한다. 브루킹스 연구소의 마이클 오핸런 연구원은 한국이 아프가니스탄, 수단, 콩고 등의 국제분쟁지역에서 전후 재건과 번영과정에 기여해야 한다고 주장한다.

여기에 더해서 한국은 한미동맹을 강화할 필요가 있다. 중국의 위협에 대한 안보적 대비나 외교적 입지강화전략으로서 한국은 미국과의 현재 동맹을 강화·발전시킬 필요가 있다. 하지만 이 과정에서 한미동맹은 주변 국가들의 우려와 불신의 대상이 되어서는 안 된다. 다른 국가들에게 한국의 선의(good will)를 보일 필요가 있다. 이를 위해서는 한국의 추구가치가 국제적 가치와 부합한다는 점을 외부에 인식시킬 필요가 있다.

한국은 중·일과 대비해서 침략의 경험이 없다는 역사적 장점을 살릴 필요가 있다. 경성권력의 부족한 부분을 한국의 지도력을 통해서 메워가는 방안모색도 중요하다. 이를 위해서는 외교력이 관건이고 외교력은 다시 얼마나 많은 원조자금과 같은 경제적 수단을 가지고 있는가와 평화봉사단과 같은 민간 영역에 대한 국가차원의 지원과 민간부분 지도력에 달려있다고 할 수 있다.

마지막으로 비전통안보 분야와 에너지, 기후 분야 등에서 한국의 입지를 키우기 위한 민간부문과의 협력과 공조가 필요하다.

● 대안 목차

1. 한국의 상황분석

첫째, 리더십측면, 리더십의 부족.
둘째, 권력의 자원측면, 연성권력의 부족.

2. 한국에 대한 항의

첫째, 리더십 강화.
둘째, 연성권력강화.

Ⅵ 결 론

Smart Power는 국제정치에 있어 두 가지 의미를 가진다. 첫째, 이론적 측면이다. 현실주의와 자유주의 수렴으로서 Smart Power는 미국의 실용주의적 관점과 부합하는 이론 체계를 구성하는 것이다. 그런 점에서 이론적으로 한국에 실용주의의 중요성을 알려준다. 또한 정책적 측면에서는 스마트파워는 정책에 있어서 강온양면책을 제시한다. 현실주의가 사용하던 정책 수단들인 동맹이나 군사력 등을 중시하면서도 자유주의의 중시요소들인 공공외교, 다자주의 등도 중요한 수단으로 모색된다. 그런 점에서 한국외교의 유연성을 증대하는 데 Smart Power가 중요한 전략자원이라고 할 수 있다.

 기출문제와 연결

제5문 2012년 입시 3번(국제패권의 경성권력과 연성권력) / 2011년 5급 1번(중국성장과 베이징컨센서스) / 2003년 입시 2-2번(국제질서안정을 위한 군사조치의 유효성과 정당성 논쟁)

제007문 **연성권력과 공공외교관점에서 한국외교의 지향점**

21세기 국제정치 영역에서 '연성권력(soft power)'의 중요성이 갈수록 증가하는 추세이다. 국제정치의 본질을 힘의 관계로 볼 때 연성권력은 경성권력과 다른 특징과 기능을 가지고 있다. 전통적인 강대국들이 주변국가들로 포진하고 있는 동북아시아에서 대한민국은 경성권력과 함께 연성권력을 증대시켜 외교적인 역량을 강화할 필요가 있다. 중진국(middle power)으로서 대한민국 역할에 대해 균형자(balancer), 촉진자(facilitator), 중재자(mediator), 중개자(intermediator), 가교국가, 규범창조국가, 회의주최자(convener), 창발자(initiator) 등 다양한 논의가 있다. 다음 질문에 답하시오. (총 40점)

(1) 군사력과 같은 '경성권력(hard power)'에 대비되는 연성권력의 개념 및 특징과 연성권력 자원을 설명하시오. (15점)

(2) 한국의 연성권력 증대를 위한 구체적인 방안들을 공공외교를 중심으로 논하시오. (15점)

(3) 중진국으로 한국 역할에 대한 다양한 논의를 통해 동북아시아에서 한국외교의 지향점을 논하시오. (10점)

 문제의 맥락과 포인트

연성권력 논의가 한국 공공외교에 대한 관심으로 이어졌다. 또한 최근 중진국 혹은 중견국가 논의 역시 이러한 연성권력 증대라는 맥락에서 이해할 수 있다. 중견국가로서 한국외교가 지향할 바가 무엇인지를 구체적으로 서술하는 것이 중요한 포인트이다.

Ⅰ 서 론

조셉 나이(J. Nye)는 1990년 『Bound to Lead』에서 연성권력(soft power)을 국제정치에 소개하면서 미국이 다가오는 시대에는 경성권력(hard power)만으로 부족하고 연성권력을 통해 국제질서를 "이끌어야할 운명"이 있다고 주장했다. 그리고 그는 2008년 『Powers to Lead』를 통해서 연성권력과 경성권력을 효과적으로 사용할 수 있는 smart power를 제시하였고 국제정치에서 미국의 부족해진 연성권력과 필요한 '리더십'을 역설했다. 연성권력은 경성권력 강국들이 모인 동북아시아에서 한국에 주는 함의가 크다. 대한민국의 외교적 지향점이 무엇인지를 정하기 위해 연성권력의 의미와 자원 및 전략을 논해본다.

Ⅱ 연성권력의 개념 및 자원과 경성권력과의 관계

CF.

앞선 문제에서의 이론과 동일

1. 연성권력의 개념과 특성
2. 연성권력의 자원
3. 연성권력과 경성권력과의 관계

Ⅲ 공공외교의 개념

1. 전통외교와의 구분

공공외교는 전통외교와 구분할 수 있다. 전통외교가 국가나 국제 행위자의 대표들 사이의 관계라면 공공외교는 다른 사회의 일반대중 및 비공식적인 특정 집단, 기구, 개인을 대상으로 한다. 또한 전통외교는 그 목적이 국제문제를 평화적으로 푸는 기술로서 주요한 기능이 협상을 통해 국제관계를 관리하는 것이었다. 그러나 공공외교는 타국가 정부에 대해서가 아니라 타국가 사회에 대한 자국 이미지를 개선하기 위해 여론을 조작 또는 조정하는 것이다. 즉 상대국가의 '의견을 장악하는 힘'이다. 전통 외교가 주로 국력(경성권력)인 군사력과 경제력이 뒷받침하는 것이라면 공공외교는 소프트파워를 중심으로 한다.

공공외교를 개념화하는 다른 방법으로 유사개념과 구분하는 방법도 있다. 프로파간다(propaganda)는 선전이라는 넓은 의미에서 공공외교를 포함하지만 좁게 보면 타국 대중을 속이고 조작한다는 점에서 공공외교와 다르다. 또 다른 개념으로 국가브랜드 구축이 있다. 국가브랜드 구축은 자국 이미지 해외 홍보에 동원가능한 모든 힘을 동원하는 것이지만 공공외교는 외교 행위자들에 국한된다. 물론 공공외교는 국가브랜드를 구축하는 한 가지 방식으로 볼 수 있다. 하지만 공공외교가 외교 영역에 초점을 둔다면 국가브랜드 구축은 마케팅 영역이다. 마지막으로 문화적 관계도 공공외교와 구분해야 한다. 공공외교는 문화적 관계를 증진하기 위해 정부가 노력할 수 있지만, 문화적 관계는 외교관들을 초월하는 것이라는 점에서 공공외교와 차이가 있다.

2. 공공외교의 개념과 특성

공공외교는 1960년대 중반 플레처 스쿨의 학장이자 전직 미국 외교관이었던 에드먼드 걸리언이 처음 만든 용어이다. 냉전기에 만들어진 이 용어는 미국의 생활방식을 타국에 알리는 것을 목적으로 하였다. 그런 점에서 공공외교는 문화홍보와 뚜렷이 구분되는 것은 아니었다.

공공외교를 좀 더 명확하게 하기 위해 먼저 공공외교의 주체성에 대해서 살펴보자. 폴 사프(Paul Sharp)에 따르면 공공외교란 "국민들의 이익을 증진하고 가치를 높이기 위하여 다른 국가의 국민들과 직접적인 관계를 맺는 과정"을 말한다. 대체로 공공외교란 "국가 목표와 정책뿐 아니라 사상과 이상, 제도와 문화에 대한 이해 증진을 위하여 정부가 타국 대중과 의사소통하는 행위"로 규정할 수 있다. 이런 정의는 공공외교가 과거 외교와 완전히 다른 것은 아니라는 점을 잘 보여준다. 즉 과거 외교를 거부하는 것이라기보다는 과거 외교의 목적과 같은 국가이익을 증진하기 위한 상대 국가 민간에 대한 의

사소통행위라는 보완적인 의미로 볼 수 있다. 하지만 공공외교 주체와 관련해서 좀 더 자유적인 입장에서는 공공외교 주체를 국가로 한정하지 않고 비국가행위자인 국제기구나 비정부기구 혹은 다국적기업도 공공외교 행위자로 파악해야 한다고 주장한다.

다음으로 공공외교 대상에 대해 살펴보자. 공공외교는 타국 정부가 아니라 타국 대중을 그 대상으로 삼는다. 그런 점에서 국내 대중에 대한 외교의 '국내 사회화'와는 구분된다. 하지만 이런 구분도 아주 명확하게 단절된 것으로 받아들일 수는 없다. 국내 사회가 타국 사회에 영향을 주어 일국의 공공업무와 공공외교가 서로 연관되기 때문이다. 예를 들어 영국 외무성은 자국 내의 온건한 무슬림 기구들과 함께 영국의 대중동정책에 관해 상의하기도 한다. 따라서 국내 대중에 대한 정책이 공공외교의 타국 대중에 대한 정책에도 영향을 미치는 것이다.

세 번째로 공공외교의 방향성을 살펴볼 수 있다. 공공외교는 일방향성을 가진다. 즉 일국의 정부가 타국의 민간에 대해 일방적으로 자국에 대한 긍정적인 정보를 전달하는 것이다. 하지만 단지 정보를 퍼뜨리고 해외언론을 통제하는 것만이 아니라 타국 대중에게 직접적으로 다가가는 추세를 보여주고 있다.

3. 공공외교와 연성권력 증대 전략

첫째, 국제회의 개최를 통한 회의소집자로서의 이미지 구축 전략을 들 수 있다. 2010년 G20 정상회의와 2012년 핵안보정상회의 개최는 한국의 이미지 제고에도 도움이 되지만 한국의 국제회의 주최능력을 신장하는데도 도움이 된다. 여러 국제회의를 개최하고 그에 따른 인프라를 구축하는 것은 한국이 국제무대에서 연성권력뿐 아니라 규범 창출에 있어서 주도적인 역할을 할

수 있게 하는 규범력을 증대시킨다.

> **CF.**
>
> 다만 국제회의 개최는 전통외교로 분류해야 하고, 연성권력 증대방안이다.

둘째, 문화외교를 통해 연성권력을 증대할 수 있다. 정부와 비정부부문에서의 외교력을 통해 문화적 접근을 해야 한다. 최근 싸이가 한국의 이미지를 개선하는 것이나 박지성, 조수미씨와 같이 스포츠나 문화계 인사들이 한국에 대해 좋은 이미지를 구축하는 것 역시 공공외교에 속하며 이것은 연성권력을 강화하여 국가가 외교를 수월하게 하는 것이다. 미국과 중국, 일본 등 주요 선진국들은 국가 이미지 업그레이드를 위한 전략의 일환으로 해외에서 현지 대중을 사로잡기 위한 다양한 공공외교를 앞다퉈 추진하고 있다.

주변 강대국들도 국가 이미지를 강화하기 위한 공공외교에 주목하고 있다. 9·11 사태를 계기로 공공외교를 핵심 외교 목표로 추진하고 있는 미국은 국무부에 '공공외교 및 공보담당 차관'직을 신설하고, 그 아래에 문화·교육 차관보, 홍보조정관, 공보차관보 등 3개 차관보를 설치했다. 한편 중국은 주요 2개국(G2)으로 부상하면서 세계 각국으로 확산되는 '중국 위협론'을 불식시키기 위해 2010년 공공외교를 주요 대외전략으로 공표하고 경제발전 성과와 함께 세계평화에 기여하는 이미지를 만들고 있다. 일본은 외무성이 공공외교를 총괄 조정하고, 일본재단(Japan Foundation)이 구체적 사업을 시행하고 있다. 일본은 재정적 능력에 비해 정치적 리더십이 부족하다는 이미지를 개선하기 위한 노력을 하고 있는 것이다. 문화외교에 일찌감치 눈을 뜬 프랑스는 프랑스 언어 문화교육원인 '알리앙스 프랑세즈'를 통해 프랑스어 보급 사업에 주력해 왔다. 호주와 캐나다 등은 중진국 지위에 맞

는 선택과 집중의 공공외교를 추진해 성과를 거뒀으며, '청정자연', '평화' 등 국가이미지를 쌓기 위해 경쟁하고 있다.

최근 한국도 공공외교에 주안점을 두고 외교적 노력을 가하고 있다. 2012년에는 마영삼 초대 공공외교 대사가 임명됐고 공공외교를 전담하는 부서인 '공공외교정책과'가 외교부 내에 설치됐다. 외교부는 먼저 한국의 긍정적인 이미지를 설정하는 것을 최우선 과제로 삼았다. 호주와 뉴질랜드가 '자연 무공해', '노르웨이는 '평화'의 이미지가 떠오르듯이 '다이나믹 코리아, 글로벌 코리아'를 뛰어넘을 한국의 대표적 이미지를 찾겠다는 것이다. 한국식 발전모델이 개도국의 롤모델이 되고 있기 때문에 한국의 급속한 경제성장을 알리는 것에도 주목하고 있다. 또한 한국 드라마와 영화, K팝 등 아시아와 중동, 동유럽과 남미지역까지 확산된 한류, 스포츠 강국 이미지 등의 콘텐츠를 내세워 공공외교를 구사한다는 전략이다. 한식 세계화나 한류 진흥을 위한 지원에도 역량을 발휘하고 있다.

셋째, 국제기여외교를 해야 한다. 공적원조에 있어서 한국은 OECD 국가 중 유일하게 수혜국에서 수여국으로 바뀌었다. 과거의 경험과 현재발전의 이미지를 이용하여 한국의 국제적 공여를 늘림으로써 연성권력을 강화해야 한다. 한편으로 평화유지군 파병과 인도적 지원 및 재건 업무를 확대하여 한국이 국제 사회에서 받은 지원을 되돌려주는 것이 필요하다.

넷째, 정보화 분야들에서 규칙제정자나 규범 창출자 외교를 해야 한다. 한국은 정보화 인프라를 이용하여 이 분야에서 새롭게 창출되는 표준을 구축하는데 있어서 표준제정자나 규범구축자의 역할을 수행할 필요가 있다. 새로운 분야에서 한국의 입지를 강화하는 것이 필요하다. 마찬가지로 한반도 상황에 비추어 인간안보와

같은 분야에서 한국의 학문적이고 실천적인 입지를 강화해야 한다.

Ⅳ 한국 외교의 지향점

1. 한국 외교의 지향점들

한국외교의 몇 가지 지향점들을 살펴보자.

첫째, 균형자(balancer)는 강한 권력을 기반으로 하며 동맹의 공약에 제약을 받지 않는다. 노무현 정부에서 2005년에 표방한 정책이다.

둘째, 촉진자(facilitator)는 국제 사회나 국제 외교 무대에서 새로운 이슈를 만들어 내고 이러한 이슈를 정착시키는 것을 지원하는 국가를 의미한다. 제도 구축과 규범 창출 등에 있어서 주도적인 역할을 통해 제도와 규범의 정착을 돕는다.

셋째, 중재자(mediator)는 국제 분쟁에서 분쟁 당사국 사이에서 대화를 할 수 있게 하며 분쟁 해결을 지원하는 역할을 수행한다. 해법을 제시할 수도 있고 제시된 해법에 대한 대안을 제안할 수도 있다.

넷째, 중개자(intermediator)는 당사자들 사이를 연결해 주는 역할을 한다. 거간꾼 역할처럼 국가들 사이에서 의견과 이해를 조율하면서 국가들의 공유된 이익을 증대시킬 수 있다.

다섯째, 가교국가 역시 주변 국가들 사이의 이해를 조율하는 것으로 중재자와 중개자 역할을 하는 것을 의미한다. 한반도 가교론이 대표적이다. 전통적으로 한반도는 지리적으로 볼 때 대륙(중국)과 해양(일본)을 잇는 가교 역할을 담당해 왔다. 따라서 한반도는 동북아시아의 물류 중심지가 되기에 가장 좋은 위치에 있다. 미중 갈등과 중일 갈등에서 한국은 대륙과 해양세력 사이의 이해 조정과 완충적 역할을 해야 한다.

여섯째, 규범창조국가는 국제정치에서 규범

권력과 관련이 있다. 규범을 구축하는 것으로 캐나다가 인간안보등에서 규범을 구축하는 것이 대표적이다.

일곱째, 회의주최자(convener)는 국제회합을 주최함으로써 국제법과 규범을 지키고 의제를 모을 수 있다. 의제결정력과 함께 회의의 중심에 서면서 연성권력을 강화할 수 있다.

여덟째, 창발자(initiator)는 새로운 이슈를 만들면서 주도권을 가지는 국가를 의미한다. 규범이나 규칙이나 제도를 창출하거나 새로운 환경에서 새로운 이슈를 만드는 국가이다.

2. 한국의 상황적 조건과 권력 조건

한국의 역할을 정하기 위해서는 한국을 둘러싼 상황이 어떤지를 먼저 고려해야 한다. 그리고 한국의 목표를 이룰 수 있는 수단으로 권력 자원이 어떻게 분포되어 있는지를 파악해야 한다.

먼저 한국을 둘러싼 상황은 크게 고정적인 것과 변동적인 것으로 나누어 볼 수 있다. 강대국과 대륙세력 및 해양세력의 대립이라는 지정학적 분포라는 고정적인 상황을 먼저 고려하면 한국이 처한 조건은 가혹한 제약이자 기회 요건이 된다. 한편 변동 차원에서는 세계화와 정보화라는 거시적 변동과 미중 간 패권경쟁가능성이라는 중범위적 변동가능성과 북한의 위협과 붕괴가능성이라는 미시적 변동가능성을 고려해야 한다. 이러한 요인들은 한국의 전략적 선택을 장기와 중기 단기로 구분하는 체계적인 계산과 대비를 필요로 한다.

한국의 권력자원을 고려할 때 한국은 하드파워 중심의 전략을 구사하기 어렵다. 경제력과 군사력이라는 종합 권력이 다른 국가들에 비해서 약하다는 제약조건은 한국이 "자신의 체급보다 강력한 펀치를 날리기" 위해 연성권력을 좀 더 집중하게 만든다.

3. 한국의 외교적 목표

한국이 하기 어려운 선택지는 '균형자'이다. 균형자는 경성권력이 필요하며 동맹의 유연성이 필요하다. 그러나 이것은 한국이 선택할 수 있는 입장이 아니다. 또한 '창발자'는 한국이 고려할 수 있으나 국력이라는 요인과 연관될 수 있다. 제도 구축과 유지에는 경성권력이 필요하다. 한국은 중견국가들과의 연대를 통해 제도구축에 나설 수 있다. 이것은 '규범창출자'의 역할과 중복된다. 인간안보 등의 주제에서 한국은 중견국가들과 협력하여 제도와 규범 구축에 나설 수 있다. 이런 점에서 '회의소집자' 역할을 적극적으로 모색할 수 있다.

'중재자'와 '중개자'와 '가교 역할'을 수행할 수 있다. 동북아라는 주변 상황의 불확실성과 잠재적인 갈등 가능성으로 인해 한국은 중재와 중개 역할을 수행할 필요가 있다. 이를 위해서는 외교력이 중요하다. 특히 지역국가들과의 인적 네트워크를 활용할 필요가 있다.

'촉진자'로서 한국은 변화하는 새로운 이슈들에서 강대국들과 중견국들의 이해를 조율하고 이슈에서 한국의 발언권을 높일 필요가 있다. 환경 분야 등에서 협력이 부진한 상황에서 한국은 환경 이슈를 적극적으로 이끌고 가면서 국가들의 인식에 변화를 가져오는 역할을 수행할 수 있다.

Ⅴ 결 론

한국의 촉진자, 중개자, 회의 소집자 역할을 소화하기 위해서는 외교부가 복합적인 국제정치 변화에 대한 인식과 함께 외교 콘트롤 타워 역할을 수행할 수 있어야 한다.

제008문 민주주의에서 권위의 중요성

다원성이 강화되는 현대사회에서 공동체의 민주적 운영을 위해서는 권위가 필요하다. 한편 정보화 사회는 '탈권위'를 강조하기도 한다. 최근 한국은 정치, 경제, 사회적으로 권위의 붕괴가 목격되고 있다. 다음 질문에 답하시오.

(1) 민주주의와 권위의 관계를 설명하고 민주주의에서 권위가 중요한 이유를 설명하시오. (20점)

(2) 한국의 다양한 사회적 변화요인들을 들어 공적공간과 사적공간에서 권위가 붕괴한 원인을 논하시오. (20점)

(3) 한국의 정치발전을 위해서는 어떠한 권위가 필요한지 논하시오. (10점)

 문제의 맥락과 포인트

권위주의가 붕괴되고 민주정부가 들어선지 30년이 지났다. 기존 권위주의에서 가지고 있던 비권위적 요소를 제거하는 것이 중요하던 시기를 지나 현재 한국정치에 있어서 민주적 권위를 확보해야 하는 문제가 가장 중요한 문제가 되어있다. 노무현 정부에서 탈권위를 내세웠는데 이것은 기존의 잘못된 권위를 제거하는 것에 도움이 되었지만 민주주의 사회에서 필요한 일상적인 권위까지 약화된 측면이 크다. 그런 점에서 이 문제는 권위가 무엇이며 왜 민주주의 사회에서 권위가 필요한가를 묻고 있다. 특히 정치지도자의 리더십이 중요하게 된 현 상황에서 권위는 리더십의 중추가 되겠다. 핵심은 권력이 아닌 권위와 민주주의 정부의 리더와의 관계를 연결하는 데 있다.

I 서 론

최근 한국정치는 멘토의 시대가 되었다. 이것은 기성권위와는 다른 새로운 권위에 대한 사회적 요구를 의미한다. 즉 도덕성과 능력이라는 기준이 전통적인 권위보다 더 강조되는 것이다. 특히 SNS를 통한 멘토들의 영향력은 더욱 커졌다. 이런 현상은 한국사회의 사회적 변동과 한국사회가 요구하는 새로운 리더십의 상이 무엇인가를 고민하게 만든다.

II 권위의 민주주의와의 관계와 중요성

1. 민주주의에서 권위의 필요성

정치현실에서 권력과 권위를 '강제력'과 '동

의'로 구분할 수 있다면 현실에서 권위는 더욱 중요한 의미를 가지게 된다. 민주주의는 다수의 지배이자 치자를 피치자로 연결시켜주는 장치이다. 이런 점에서 '동의'에 기반을 둔 권위는 민주주의의 작동에 있어서 적나라한 권력이 없는 상황에서도 정치체제를 작동시키게 해주는 민주주의 핵심적 원리이다. 지도자와 추종자간의 관계를 통해 추종가 자신의 정치체제인 민주주의에 대한 신뢰를 가져오게 하여 정치체제의 존속과 정당성을 보장해주는 것이다.

2. 민주주의와 권위간의 관계양태

현대가 민주주의 시대라고 할 때 민주주의 시대에 권위는 어떤 작동을 하며 다시 민주주의는 어떻게 권위에 영향을 미치는지를 살펴볼 필요가 있다. 민주주의와 권위사이의 관계는 일방향적이지 않다. 그런 점에서 민주주의와 권위사이의 관계를 상호호응적일 수 있는 가능성과 상호충돌적일 수 있는 가능성을 균형적으로 볼 필요가 있다.

먼저 민주주의와 권위간의 상호호응적 관계를 설명할 수 있는 근거를 본다. 민주주의와 권위의 관계가 상호보완적이고 호응적이라는 입장은 3가지 이론에 기반한다. 첫째, 루소(J. J. Rousseau)의 자기지배적 민주주의. 둘째, 자유주의의 개인의 동의에 기반한 권위. 셋째, 심의의 제도화를 통한 권위가 각각의 입장이다. 이 세 가지 입장을 간단히 요약하면 다음과 같다.

첫째, 자기지배적 민주주의는 인민의 일반의지에 의한 지배를 주장한다. 이것은 자신이 피치자이자 치자가 되는 동일성원리를 통해 민주주의를 이해한다. 따라서 권위는 자신에게 자신이 부여하는 것으로 민주주의의 원리적인 요소이다.

둘째, 자유주의는 자신에 의해 동의의 부여를 이론적으로 주장한다. 자신이 동의해서 부여한 권위를 따르는 것은 개인의 판단에 의한 것이므로 민주주의에 부합한다.

셋째, 심의민주주의는 심의적 장치를 거쳐서 인민의 도전이 가능하게 만들어지는 절차를 강조한다. 심의 장치는 민주주의에 인민의 참여와 자기 결정권을 부여한다. 따라서 심의 장치는 민주주의를 작동시킬 수 있는 절차적 정당성을 부여하며 그 자체로서 권위를 확보한다.

이에 반해서 민주주의와 권위간의 상호충돌적 관계의 입장은 다른 논리를 가지고 있다. 양자 부정적인 입장에는 두 가지 대표적인 이론이 있다. 첫째, 한나 아렌트(H. Arendt)류의 공화주의입장과 둘째, 신보수주의이론이 각각 그 것이다.

첫째, 아렌트는 자기결정권을 강조한다. '자발성'은 인간을 인간답게 만드는 근본적인 조건이다. 그런데 권위는 이러한 자발성을 침해할 수 있다. 특히 권위가 사회적 윤리로 받아들여져 개인의 판단을 뛰어 넘게 될 경우 윤리적인 권위는 하나의 검증되지 않은 교의가 된다. 이런 경우 자발적인 정치참여는 사라지게 된다는 점에서 권위는 민주주의에 부정적이 되는 것이다.

둘째, 신보수주의 이론은 민주주의가 권위를 파괴한다고 본다. 민주주의는 다수의 지배이고 이것은 수적인 논리를 앞세워 기존의 가치와 권위를 파괴한다. 이 입장은 민주주의의 과잉을 우려한다. 민주주의가 본질적인 가치를 가진 것이 아니라 단지 수에 의해 가치를 결정해 가는 것이라고 한다면 민주주의는 보수적 가치와 상충될 수밖에 없다.

3. 민주주의와 권위관계에 대한 평가

위에서 본 민주주의와 권위의 다양한 관계는

민주주의와 권위가 편안한 동거를 하는 것만은 아니라는 점을 보여준다. 민주주의 강화가 권위의 강화로 이어지는 것이 아닐 수도 있으며 권위의 강화가 민주주의 약화로 이어질 수도 있는 것이다. 따라서 권위와 민주주의 관계의 동반적 성장을 위해서는 인위적인 노력이 필요하다는 것이다. 그런 점에서 민주주의가 권위를 강화하고 다시 권위가 민주주의를 발전시키기 위해서는 의도적인 노력과 계획이 필요한 것이다. 다음 절은 이러한 노력의 일환으로 어떤 민주주의 장치들이 모색될 필요가 있는지를 살펴 볼 것이다.

Ⅲ 권위하락에 대한 사회적 요인들

권위가 붕괴된 영역은 공적영역에서 사적영역을 포함한다. 첫째, 국가권위의 붕괴. 둘째, 의회를 포함한 정치대표체계권위의 붕괴. 셋째, 사법부권위의 붕괴. 넷째, 교육제도의 권위 붕괴. 다섯째, 시민사회권위약화. 여섯째, 가족권위의 붕괴. 반면에 시장권위는 오히려 강화된 면이 있다. 위의 다양한 영역에서의 권위 붕괴의 원인을 살펴본다.

1. 경제적 영역에서의 압축성장

압축성장은 기존의 권위를 무시할 뿐 아니라 도덕적인 권위를 약화시킨다. 한국사회는 해방과 한국전쟁이후 빠른 속도의 압축성장을 해왔다. 압축성장으로 인한 성과는 높은 경제성장과 중산층의 확대를 들 수 있다. 하지만 압축적 성장으로 인해 사회는 속도가 강조되고 무한경쟁사회가 되었다. '빨리빨리'가 사회의 중요한 문화를 이룩하게 되면서 속도와 빠른 결과가 과정을 무시하게 되었다. 또한 누가 빨리 사회에서 기득권층에 올라가는지와 그렇지 못하면 사회의 열패자로 낙인찍는 무한경쟁을 강조하게 되었

다. 이러한 속도경쟁과 무한경쟁속에서 권위는 성취에 의한 결과에 의해 보장되는 것이지 과정의 정직함은 중요한 기준이 아니게 되었다. 최근 공직자임명과정에서 드러나는 부패는 빠른 성장속에서 도덕성의 기준이 무시되었던 것을 보여준다.

2. 정치적 영역에서의 정치변동과 대표성의 위기

한국사회에서 빠른 정치적 변동들은 국가와 대표체계에 대한 권위를 붕괴시켰다. 5.16 군사쿠데타와 5.17 신군부등장은 정치적 변동이 비합법적이고 비제도적인 방식으로 이루어질 수 있다는 점을 보여주었다. 한편 권위주의에서 물리적 힘에 의한 정치변동과 배신을 통한 권력장악등은 대표자에 대한 정당성을 약화시키는 결과를 가져왔다. 이후 국가와 정부를 구성한 정당이 구축한 병영국가문화와 행동방식은 야당에도 적용되어 민주화 이후에도 민간지도자의 보스정치를 유지하게 하면서 대표성과 정당성 약화를 지속시켰다.

한편 단순다수제와 대통령제도가 결합된 승자독식구조는 한국정치에서 승자와 패자를 구분하면서 한국을 경쟁사회로 만들었다. 그레고리 헨더슨(G. Henderson)이 묘사한대로 한국은 중앙의 권력을 향해 소용돌이치면서 경쟁하는 '소용돌이 정치(the politics of vortex)'로 운영되어왔다. 과도한 경쟁과 권부의 상층부에서 하층부를 향한 하향식정치는 정치대표에 대한 권위를 낮추어왔다. 밀실인사와 코드인사가 대표적인 사례라고 할 수 있겠다.

또 다른 요인으로 한국정치에서 신군부가 보여준 행동은 정치적인 배신이 권력을 장악할 수 있는 하나의 방식이라는 점을 보여주면서 정치적 권위를 약화시켰다. 권좌를 장악하는 과정에

서의 하극상이나 신군부를 키워준 정치세력에 대한 박해등은 정치권력층에서의 배신을 통해서 한국사회에 권력을 위한 배신을 무감각하게 만들었다. 민간지도부의 잦은 당적 교체등도 이런 배신의 문화를 보여주면서 한국사회의 불신을 가져왔다.

3. 역사적 요인으로서 분단체제와 반공주의의 구축

분단체제는 반공주의라는 획일화된 이념을 강조하면서 정치적 권위와 사회적 권위를 약화시켰다. 분단체제는 한국 정치에서 이데올로기의 결정화(crystalization)를 가져왔고 소통구조의 분절화를 야기했다. 이로서 한국의 정치적 대표체계에서 담론의 자유는 제약되었고 사회적 구조에서 반공주의는 헤게모니를 구축했다. 생각의 다원화는 획일화된 이념구조속에서 표출되기 어려웠으며 이 과정은 민주적으로 사회적 갈등을 걸러내지 못하게 함으로써 권위구조를 약화시켰다.

4. 사회적 요인으로서 정보화와 교육수준의 확대와 세대격차

사회적 요인들에 의해 전통적인 권위는 도전받고 있고 새로운 권위에 대한 요구는 증대하고 있다. 정보화는 개인화를 가져오고 새로운 조직화를 이룩하게 한다. 과거와 달리 조직과 조직속에서 만남과 교육이 되던 방식에 더해 인터넷과 SNS를 기반으로 하는 의사소통구조의 확보는 새로운 문화를 구축하면서 과거의 정치적 권위와 사회적 권위에 도전한다. 한편 인터넷의 익명성의 공간과 네트워크 문화속에서 감성의 영역이 중요해지면서 새로운 도덕성과 접근성이라는 기준에 따른 권위가 중시되고 있다. 특히 대학진학률은 2008년 83.8%로 정점을 찍은 뒤

현재 83%정도로 세계에서 가장 높다. 이것은 높은 교육수준으로 전통적으로 중요시되던 지적권위를 약화시켰다. 특히 인터넷의 영향은 정보확보방법을 개선해 정보축적을 높이면서 기성권위를 하락시키는 한편 높은 지적기준이라는 권위의 기준을 향상시키기도 하고 있다.

5. 외적 영역에서의 변화와 충격

외부영역에서의 변화가 한국사회의 권위구조에도 영향을 미치고 있다. 특히 한국은 냉전과 한국전쟁을 거치면서 내부적인 갈등을 거쳤다. 전쟁은 기존 사회구조를 변동시켰고 이 과정은 적나라한 생존경쟁속에서 전통적인 신분질서를 무너뜨렸을 뿐 아니라 생존을 위해서는 사회의 상층부로 향해 가게 만들었고 외부행위자인 미국과의 관계 속에서 권력을 근원을 만들어주기도 했다. 하지만 민주화과정을 거치면서 대외관계에 의존한 권위는 상대적으로 도전을 받게 되었다. 또한 동아시아 외환위기를 거치면서 기존에 구축된 국가에 의한 발전 신화가 무너지면서 국가에 대한 권위 역시 하락하게 되었다.

Ⅳ   한국정치발전을 위한 권위

1. 제도적 권위와 리더십의 필요성

한국정치를 발전시키기 위해서는 제도적인 권위와 함께 리더십이 중요하다. 막스 베버(M. Weber)는 권위의 3요소로 '전통', '카리스마', '법과 제도'를 들었다. 근대 이후 민주주의에서 정당성은 합리주의적인 '법과 제도'에서 나온다. 민주주의가 제도적인 사회갈등의 조절장치이고 사회의견 수렴장치라고 할 때 민주주의는 사회의견을 제도적으로 걸러내면서 지도자를 통해서 국가를 구성한다. 이런 점에서 사회적 갈등을

공정하게 걸러내는 것으로 제도적 권위가 중요하게 된다. 그러나 한편으로 '카리스마'로 무장한 지도력도 중요하게 된다. 이것을 해석하면 제도를 운영하는 주체로서 지도자의 리더십이 제도운영의 성패를 결정한다는 것이다.

현재 한국에서 권위가 부족한 것은 제도적 권위의 부족보다는 인적 리더십의 부족이 크다. 먼저 제도를 통한 대표성과 응답성과 책임성을 높여서 제도자체에 대한 사회적 권위인정이 필요하다. 국가의 신뢰도와 의회의 신뢰도 하락뿐 아니라 최근 사법부의 신뢰도 하락은 민주주의를 작동시키는 공적 제도에서 권위하락을 그대로 보여준다. 가장 극명한 사례로는 천안함 폭침에서 정부의 발표에 대한 사회적 불신을 들 수 있다.

하지만 베버의 주장에서 본 것처럼 민주주의를 운영하는 데 있어서는 제도적 권위의 구축과 함께 인적권위의 구축이 수반되어야 한다. 민주주의 특히 대통령제를 통한 정치운영은 '인지성(identification)'이 중요하다. 인지성이란 내가 누구를 뽑는지를 알고 지도자를 선택하는 것을 의미한다. 지도자에 대한 인적인 접근을 가능하게 하는 것은 지도자의 리더십에 대한 기대를 증폭시키는 것이다. 그런 점에서 한국에서는 특히나 제도적 권위와 함께 리더십이 중요해진다.

2. 권위 구축을 위한 리더십의 요소들

인적 리더십에서 필요한 요소는 무엇인지가 중요해진다. 현재 한국정치를 이끌기 위해서는 소통, 도덕성, 통합력이 중요하다. 이 요소들은 한국정치의 문제점에서 도출해 볼 수 있다. 한국리더십에서 문제가 되는 부분은 크게 세 가지이다. 첫째, 통합력의 부재. 둘째, 소통의 부족. 셋째, 도덕성의 결여가 각각 그것이다. 통합력의 부재는 점차 진보 보수로 나뉘면서 극단적 대립으로 가는 현상이 대표적이다. 무상급식에 대한 주민투표가 가장 대표적인 사례이다. 소통의 부재는 소고기문제와 친서민정책등에서 나타났다. 도덕성의 결여는 매 정부 후반기의 친인척 비리의 문제가 대표적이다. 최근 대통령측근들의 땅 보유, 주식문제 등이 대표적이다.

위의 3가지 문제에 대한 해법은 리더십이 통합, 소통, 도덕성을 겸비하는 것으로 해결되어야 한다. 이 중 먼저 중요한 것은 사람들의 감성을 읽어내고 동질감을 이끌어내면서 정치를 사회와 구분하지 않게 하는 것이다. 이런 점에서 도덕성이 중요하다. 그리고 소통이 되어야 도덕성이 사회에 영향을 미칠 수 있다. 마지막으로 사회 갈등을 해결하는 통합력이 중요하다. 그런 점에서 관건은 어떻게 추종자를 불러 모아서 민주주의에 대한 정당성을 높이는가 이다.

Ⅴ 결 론

역동적인 사회변화속에서 한국의 권위 하락은 제도적 개선과 함께 새로운 리더십을 필요로 한다. 권력이 아닌 권위를 가진 리더십이 되기 위해서는 위에서 본 것처럼 '통합적 리더십'과 '소통적 리더십'과 '도덕적 리더십'이 필요하다. 그 중에서도 최근 한국정치는 소통의 리더십필요성이 얼마나 중요한지를 보여주고 있다. 한국 정치리더에게 더 많은 소통이 요구되는 이유이다.

제009문 낮은 투표율과 민주주의의 관계

민주화 이후 투표율의 지속적인 하락이 문제가 되고 있다. 낮아진 투표율은 대의민주주의 작동에 문제가 있음을 의미한다. 하지만 낮은 투표율이 민주주의 전체의 문제는 아니며 이것은 대의민주주의와 정당민주주의에 대한 실망을 의미한다는 주장도 있다. 정치에 대한 참여에서 대의민주주의의 참여는 줄어들고 있지만 새로운 유형의 참여가 늘고 있다는 것이다. 다음 질문에 답하시오. (총 50점)

(1) 정치참여차원에서 낮은 투표율의 원인을 분석하시오. (20점)

(2) 낮은 투표율과 대의제 기제에의 저참여를 전체민주주의의 관점에서 어떤 측면에 영향을 미치게 되는지 설명하시오. (15점)

(3) 낮은 투표율 문제에 대한 해결 방안을 논하시오. (15점)

Ⅰ. 서 론
Ⅱ. 투표율저하와 대의제정치에의 저참여 원인
  1. 사회경제적 조건: 세대의 효과
  2. 합리적 선택이론
  3. 정치의 효능감 저하
  4. 정치 제도적 효과
Ⅲ. 투표율 저하와 대의제 저참여의 민주주의에 대한 영향
  1. 대의민주주의의 문제들
    (1) 대의민주주의의 대표성의 하락

    (2) 대의민주주의에 응답성과 책임성의 하락
    (3) 대의민주주의의 경쟁성 악화
  2. 다른 유형의 민주주의에 대한 영향
    (1) 새로운 참여민주주의의 양태
    (2) '다른 수단에 의한 정치'의 강화
  3. 민주주의 정치문화에 대한 영향
Ⅳ. 낮은 투표율에 대한 해결 방안
  1. 정치적 효능감의 회복
  2. 제도의 변화
Ⅴ. 결 론

문제의 맥락과 포인트

이 문제는 정치참여에 관한 이론들을 정리하여 구체적인 투표라는 정치참여와 연관시키는 것을 요구하고 있다. 또한 참여부재와 민주주의의 관계를 단편적인 입장이 아니라 전체민주주의 입장에서 보는 것에 의미를 두고 있다. 답안을 좀 더 좋은 답안으로 만드는 것의 핵심은 얼마나 현상을 구체적으로 분석할 수 있는가에 달려있다. 그런 점에서 앞의 문제와 비교하면서 정리하면 '답안구체화'의 의미를 좀 더 명확하게 알 수 있을 것이다.

 ## Ⅰ 서 론

1987년의 민주화는 대통령을 직접선거를 통해서 뽑겠다는 것을 기치로 하여 전개되었다. 정치공동체의 운명을 자신이 결정하겠다는 자율(self-rule)에 대한 의지가 민주주의를 가져온 것

이다. 그러나 민주화 이후 지속적인 투표율의 하락이 문제가 되고 있다. 반면에 촛불시위나 인터넷을 이용한 블로깅 등 다른 방식의 정치적 의사표현과 참여는 증대하였다. 그렇다면 왜 대의민주주의에 대한 참여는 줄어들고 있고 다른 방식의 정치참여는 증대하는 것인가?

Ⅱ 투표율저하와 대의제정치에의 저참여 원인

1. 사회경제적 조건: 세대의 효과

정치참여를 설명하는 첫 번째 요인은 사회경제적 조건이다. 교육, 소득, 직업, 연령, 성별 등과 같은 개인의 사회경제적 조건이 정치 참여를 결정한다고 보는 것이다. 이 중에서도 연령과 관련된 세대효과(generation effect)와 자원동원이론이 투표율의 문제를 설명할 수 있다. 일반적으로 낮은 연령이 정치적 무관심을 가지는 것으로 나타난다. 한국에서도 18대 총선에서 20대와 30대의 투표율이 낮게 나타났다. 하지만 19대 총선은 낮은 투표율에도 불구하고 수도권의 젊은 유권자들의 투표율은 18대에 비해 상승했다. 이것은 연령과 관련된 세대효과가 다른 요소에 의해 완화될 수 있다는 것을 보여준다. 사회경제적 요인 중에 자원동원이론은 자금, 시간, 지식 등과 같은 자원을 많이 가진 개인의 참여가 높다는 점을 보여준다. 이것은 일반적으로 연령이 높아질수록 자원동원능력이 높아진다고 보지만 교육 수준에 의해서도 달라질 수 있다는 점을 보여준다. 최근 젊은 유권자들에 대한 투표 독려는 정치적 지식과 같은 자원동원능력에 변화를 가져온다.

2. 합리적 선택이론

개인의 합리적 선택을 설명하는 모델의 대표적인 이론이 다운즈(A. Downs)의 모델이다. 다운즈 모델은 'R=P×B−C'라는 공식으로 구성된다. 여기서 R(Reward)은 개별 유권자가 얻는 보상을 의미하며 P(Probability)는 유권자의 한 표가 선거 결과에 결정적 영향을 줄 수 있는 확률을 의미한다. B(Benefit)는 자신이 지지하는 후보가 당선되었을 때 얻는 이득을 의미하고 C(Cost)는 투표에 소요되는 비용을 의미한다. 이 공식에서 R>0일 경우에는 투표에 참여한다. 이것은 보상으로 얻는 이익이 비용보다 크다는 것을 의미한다.

하지만 현실적으로 이 모델은 문제가 있다. 개인이 선거에 영향을 줄 수 있는 확률인 P가 거의 0에 가깝기 때문이다. 따라서 이득이 실제로 크다고 해도 P×B는 0에 가깝게 된다. 그런 경우 비용 C는 항상 P×B보다 클 수밖에 없기 때문에 R<0, 즉 보상이 마이너스가 되는 상황이 발생한다. 이것은 투표를 하지 않는 것이 합리적인 '투표의 역설'을 발생시킨다. 하지만 이 모델에 따른 결과와는 다르게 대부분의 사람들은 정치에 참여하고 있다. 이를 해결하기 위해서 다운즈의 모델은 '집단적 이해(collective interest)'와 '선택적 유인(selective incentives)'이라는 부수적인 방식을 사용해서 이론을 보완한다. 여기서 '선택적인 유인'이란 참여 과정 그 자체에서 얻어지는 효용이라는 측면에서 과정적인 유인으로, 선거 결과를 기다리는 데서 오는 흥미나 정당활동을 통해서 배우는 정치에 대한 흥미 같은 것이다. 이는 직접적인 정치 참여를 통해서만 얻어지는 것이다. '집단적인 이해'란 개인의 정치 참여가 공공재를 가져다 줄 수 있는 확률을 이성적으로 생각할 수 있는 것보다 훨씬 높이 평가하는 것을 말한다.

집단적 이해를 통한 이론의 보강설명은 핑켈(Finkel)과 밀러(Müller)에 의해 더욱 발전하였다. 이들에 따르면 다음 조건들이 참여를 증대시킨다고 보았다. (1) 정부나 정치체제에 의해 제공되는 현재의 공공재 공급에 높은 수준으로 불만을 가지고 있고, (2) 요구되는 공공재를 공급받기 위한 공동의 노력이 성공할 수 있을 것이라고 믿으며, (3) 그들 개인의 참여가 집단적 노력이 성공할 수 있는 확률을 증대시킨다고 믿으면 개개인들이 저항행위에 참여할 가능성이 높다는 것이다. 특히 이 가운데 (1)과 (3)이 결합되면 집단행위가 성공할 가능성이 높다. 한국 현실에서 볼 때 합리적 설명은 수정된 모델에 의해서 설명될 수 있다. '선별적인 이해'의 설명처럼 투표를 통한 참여에서 느끼는 만족감이 크며 SNS와 미디어를 통한 여론조사들의 도움을 받아 개인들의 참여가 성공할 확률이 높다고 생각하는 것이다. 또한 현재 정치운영과 정부의 정책에 불만이 높으며 이것이 SNS들의 도움을 통해 집단적인 이해를 높이는 것이다. 하지만 이런 설명은 합리적인 계산에 의한 이익(interest) 즉 이득(benefit)에 대비해서 비용(cost)를 계산하는 것만이 아니라 효능감(efficacy)이 높아진다는 문화적 요인에 의한 설명을 해야 한다.

3. 정치의 효능감 저하

연령요인이나 합리적 선택은 결국 개인이 정치체제에 대해 느끼는 효능감에 의해 영향을 받는다. 효능감은 정치체제에 대한 만족도를 의미한다. 개인들이 선거를 하고 자신의 지지도를 표출하는 것은 공적인 것에 대한 참여에의 가치와 만족감이 있기 때문이다. 즉 자신들의 의사가 반영되어서 정치체제가 움직이기를 원하는 것이다. 정치문화적인 차원에서 정치에 대한 신뢰와 함께 정치에 대한 인식을 다루는 효능감은 정치참여 특히 대의제 민주주의에 대한 참여인 투표율을 설명하는 중요한 요소이다.

젊은 세대들의 투표율 저하와 대의제 기제에 대한 참여의 저하는 이러한 효용감의 하락에 기인한다. 이는 정치체제가 부여해주는 대표감과 자신의 이익반영가능성과 그에 따른 구체적이고 현실적인 정책제시가능성에 달려있다고 할 수 있다. 그런데 만일 이런 기대가 좌절된다면 정

치적 참여의 부족은 무정치적이기보다는 탈정치적이라 볼 수 있다. 이는 정치체제에 대한 기대저하를 가져올 수 있다. 이에 대한 반응은 그로 인한 대의 기제에 대한 참여의욕의 상실이나 역으로 다른 기제에 대한 참여욕구의 분출로 나타날 수 있다.

4. 정치 제도적 효과

정치적 효능감에 영향을 주는 것은 정치제도와 관련된 요소들이다. 이 중에서 정당과 선거제도가 주는 효과가 크다. 또한 정치과정에 영향을 미치는 것으로 미디어 역시 정치효능감에 영향을 미친다.

첫째, '정당제도'요인을 볼 수 있다. 먼저 정당은 제도화를 통해서 변화된 환경 속에서 새로운 요구를 반영하고 결집하여 표출해야 한다. 이에 따라서 정당은 사회의 시민들과 국민들을 정치체제로 연결해주도록 뿌리내릴 수 있어야 한다. 또한 분화된 요구를 다룰 수 있는 복잡성을 가지고 있어야 한다. 그런데 정당이 이런 요구조건을 반영시키지 못한다면 이해의 반영을 이루기 어렵다. 그리고 이를 효과적으로 반영하여 정책으로 만들고 대표하기 어렵다. 이런 경우 정당은 사회와 유리되며 사회는 대의기제에 대한 기대를 낮추고 참여를 줄일 것이고 투표율은 하락하게 될 것이다. 한국정치에서 무당파 층이 많은 것이나 진성당원이 부족한 것은 자신들의 이해를 반영할 수 있는 정당이 없다고 생각하기 때문이다. 또한 정당정치가 제도화가 되지 않았기 때문에 정당이외의 다른 장치를 모색하는 것이다.

둘째, '선거제도'요인을 볼 수 있다. 선거제도는 실제 유권자의 의사를 반영하는 가장 핵심적인 기제이다. 듀베르제가 말하듯이 선거를 통한 대표성에 대한 '심리적 효과'와 '제도적 효과'는 정당에도 영향을 미치지만 유권자의 선호도 표

출에도 영향을 미친다. 상대다수제도는 다수당에 유리하게 작용하므로 소수의 의사를 가진 유권자는 사표가 될 것으로 생각하여 투표를 안 하게 될 것이다. 게다가 상대다수제도와 카르텔 정당이 결합되면 현 정당정치에 대해 실망한 시민들이나 새로운 요구를 가진 시민들이 투표를 안 할 가능성이 높다. 그런 점에서 한국의 선거제도가 상대다수제로 거대정당에 유리하며 비례대표의석수가 너무 적은 것은 소수의 의사가 반영되기 어려운 측면이 있다.

셋째, 정당과 미디어에 의한 정치의제의 형성(framing)도 고려할 수 있다. 정당들이 선거 전략을 어떻게 짜고 이것을 미디어를 통해 어떤 방식으로 전달하는지 역시 투표율에 영향을 미친다. 정당이 선거 전략을 네거티브로 짤 경우 한국정당정치에 대한 실망이 큰 유권자들은 회의감이 증대하여 투표를 포기할 수 있다. 17대 대선에서 보인 민주당의 이명박후보에 대한 BBK 의혹제기나 이번 19대 총선에서 보인 정권심판론의 경우 부정적 선거 전략이 수도권의 젊은 유권자를 불러 모으는 데는 성공했지만 투표율의 전반적인 견인에는 성공하지 못했다. 그리고 미디어가 정치적 의제를 어떤 프레임으로 설정하는지 역시 투표율에 영향을 미친다. 19대 총선에서 김용민 후보의 막말파문은 진보에 대한 지지도를 떨어뜨릴 뿐 아니라 선거 참여율을 낮추게 하였다.

Ⅲ 투표율 저하와 대의제 저참여의 민주주의에 대한 영향

1. 대의민주주의의 문제들

(1) 대의민주주의의 대표성의 하락

투표율의 하락은 대의민주주의에서 대표를 선발하는 유권자들의 수가 준다는 것이다. 이것은 대표에 대한 대표성하락의 문제를 가져온다. 현재 한국의 낮은 투표율과 20여개 이상의 정당의 선거 참여는 조직력을 갖춘 집단에 의한 정치적 동원에 의해서 얼마든지 대표를 결정할 수 있다는 것을 의미한다. 특히 지역주의가 강한 영남과 호남에서 경선과정에 특정 조직이 개입함으로 실질적으로 몇몇 집단에 의해서 대표를 결정하게 되는 문제가 생겼다. 18대 총선 투표율 46.1%나 19대 총선 54.3%는 과반수에 가까운 유권자들이 자신의 대표선출을 포기했다는 것이다 그런 점에서 볼 때 의회의 대표성은 떨어지는 것이며 정당성 역시 하락할 수밖에 없다.

(2) 대의민주주의의 응답성과 책임성의 하락

투표율의 저하는 좀 더 적은 유권자들의 강력한 선호만을 반영할 수 있다. 따라서 대표들은 이들의 강력한 선호에 대해서만 응답할 뿐 민주주의 구성원 전체의 의견에 대해 응답하지 않는다. 따라서 이익집단과 같은 소수 세력에 의해 대의민주주의의 대표들이 볼모로 잡혀 정치를 운영할 수 있다. 이런 경우 대의민주주의의 응답성은 하락하고 이것은 시민들의 정치효능감을 하락시키는 악순환을 만들게 된다. 또한 응답성이 떨어질 때 이에 대한 책임 추궁이 가능해야 하는데 대표성이 약하고 강력한 선호를 가진 조직화된 집단에 의해 정치가 주도될 경우 책임 추궁은 인민 전체의 의사에 의한 것이 아니라 소수 집단에 의한 것이 된다. 특히 대의민주주의를 위임민주주의로 이해하고 책임 추궁장치로 소환제도를 사용하게 되면 소수 집단의 영향력에 대표가 끌려 다니게 만든다. 지방정치에서 주민소환제도가 악용될 경우에서 생겨나는 문제이다.

(3) 대의민주주의의 경쟁성 악화

대의민주주의에 대한 낮은 참여는 새로운 정치세력진입을 불가능하게 한다. 정당은 카르텔화하여 보수적인 상태의 경쟁구도를 변화시키지 않는다. 따라서 대의민주주의의 가정 중 하나인 완전경쟁시장의 논리는 깨진다. 따라서 시민들은 자신들의 이해에 일치하는 대표를 선출할 수 없으며 선거는 최악의 후보를 걸러내는 장치로서 기능하게 된다. 이것은 대의민주주의가 대표를 통한 더 나은 정치체제 구성이라는 원리와 부합하지 않게 된다.

2. 다른 유형의 민주주의에 대한 영향

(1) 새로운 참여민주주의의 양태

대의정치제도에의 참여 저하가 곧바로 민주주의의 관심저하와 정치에 대한 무관심 증대라고만 이야기할 수는 없다. 투표율이 낮아진 것은 대의기제에 대한 관심이 낮아졌다는 것을 의미한다. 하지만 새로운 참여에 의해 정치에 대한 관심은 오히려 다른 방향으로 이전된 면이 있다. 인터넷을 이용한 젊은 층의 새로운 이슈제기와 이슈 확대를 통한 정치담론의 변화를 꾀하고자 하는 움직임이 강해졌다. 과거 오프라인에서의 시위와는 다르게 최근 참여유형은 SNS 등을 이용하여 개인과 개인이 온라인에서 이어지면서 온라인상의 새로운 정체성을 가지게 된다. 그리고 온라인에서 오프라인으로 연결되기도 한다. 2008년의 촛불 시위가 대표적이다. 투표율의 하락이 다른 민주주의 장치를 강화하는 것은 아니지만 기존 정당정치에 대한 불만과 대의민주주의에 대한 실망이 새로운 유형의 저항이나 비판으로 이어지면서 대의제의 낮은 참여와 새로운 기제에 대한 참여증대가 공존하고 있다.

그러나 이러한 참여는 '신유목 민주주의'라고 지칭되어 불리는 것처럼 정주성(안정적으로 지지가 나타나면서 정치적 갈등선이 일정하게 유지되는 현상)이 약하다. 즉 정체성을 변화해가면서 새로운 저항과 참여를 만들어내고 거시적인 정치(민족과 국가와 같은 주제에 대해 관심을 가짐)보다 미시적인 정치(위생문제와 삶의 질문제)에 관심을 가진다. 또한 이성적인 참여보다는 정서적인 참여를 강조한다. 또한 쌍방향적 의사소통을 강조한다. 하지만 이러한 신유목적인 형태로 보이는 정치참여는 한편으로 민주주의의 체제 운영에 대한 안정성을 부여하기 어렵다는 문제를 가지고 있다. 즉 시민의 선호가 급격하게 바뀌어서 장기적인 공동체 운영과 원칙수립을 어렵게 할 수 있다.

(2) '다른 수단에 의한 정치'의 강화

대의기제의 관심 저하는 시민들의 정치적 해결에 대한 기대를 '다른 수단'으로 전환시킨다. 특히 다른 수단으로 언론과 사법부가 정치의 중요한 영역을 차지하게 된다. 다른 수단에 의한 정치의 중심 축인 언론과 사법부가 정치적 의견을 가지는 것이 문제가 되지는 않는다. 하지만 이들의 결정은 민주적 대표성을 가지는 것이 아니라는 점과 이들에 대한 책임추궁장치가 없다는 점은 문제가 된다.

3. 민주주의 정치문화에 대한 영향

대의 민주주의에 대한 저참여는 결국 정치제도의 제도화 부족으로 이어진다. 또한 사회적 갈등 해결능력의 약화로 연결된다. 그런 점에서 볼 때 한국정치에서 정치적 제도의 미비와 양극화로 대표되는 경제적 분배의 편중은 사회적 갈등과 위화감의 확산을 가져온다. 이렇게 사회적 수준으로의 영향은 다음과 같이 정치문화에 대해 두 가지 역할을 수행할 수 있다.

첫째는 사회성원들의 관용과 타협의 정신을 떨어뜨린다. 또한 이런 구조 속에서의 특정 정치인과 경제주체들의 지대(rent)추구는 부패에 대한 심리를 자극할 수 있다. 따라서 정치문화의 갈등적 속성을 강화시키고 한탕주의 속성을 강화시킨다. 2012년 5월 현재 문제가 되고 있는 공직자 비리문제나 사학비리 문제 저축은행장의 재산도피문제 등은 한국사회의 사회적 자본인 신뢰를 하락시킨다.

한편 둘째로는 기존 제도외의 제도에 대한 관심을 증대시킬 수 있다. 이로 인해서 새로운 참여와 대표기제를 추구할 수 있다. 예를 들어 시민운동과 권리되찾기 운동 등을 들 수 있다. 이는 첫째 효과와 반대로 기존 대의기제가 아닌 새로운 기제에 대한 기대감을 상승시킨다. 이를 통해서 참여와 관용의 문화를 증진시킬 수 있다. 그런 점에서 볼 때 대의민주주의에 대한 신뢰는 하락할 것이고 시민사회와 새로운 정치주체에 대한 신뢰는 상승하게 된다. 2011년 박원순 서울시장의 당선이나 안철수 현상이 이를 대표한다.

Ⅳ 낮은 투표율에 대한 해결 방안

1. 정치적 효능감의 회복

위에서 본 것처럼 정치 효능감이 투표율에 가장 결정적인 영향을 미친다. 정치에 대한 신뢰와 정치에 대한 만족감을 느끼게 되면 연령효과에도 불구하고 투표율은 상승하게 될 것이다. 정치적 효능감을 높이는 방법은 정치제도와 연결되어 있다. 정치제도개선을 통해서 시민들이 정치에 대해 신뢰를 높인다면 투표율은 증대하게 될 것이다. 또한 정보화사회의 특성인 쌍방향성 미디어들을 통해서 대의정치에 대한 접근

성을 높일 수 있게 하는 것도 효능감을 증대하는 방안이다. 정부에 대한 접근 가능성이나 정당과 정치인에 대한 접근 가능성을 높이는 것이 고려될 필요가 있다.

2. 제도의 변화

유권자들의 효능감은 결국 정당의 제도화와 정치운영에 달려있다. 그리고 정당운영은 다시 선거에 달려있다. 먼저 정당의 경우에는 헌팅턴의 제도화 지표 중 정당자체의 적응성과 복잡성 등을 키워서 제도화를 해야 한다. 이를 통해서 정당 자체가 사회의 요구와 이익을 반영하고 표출할 필요가 있다. 여기에 더해서 정당의 구성원인 정치인들의 도덕적 해이를 저지할 수 있는 제도적 장치가 필요하다. 또한 정당간의 체계적 수준에서 정당이 과점적 카르텔화되어 정치시장의 신규진입을 저해하는 것을 완화시킬 필요가 있다.

이는 결국 정당의 내부적 개혁에 의해서도 가능하지만 선거제도 등의 외부적 수정을 통해서도 가능해진다. 그러므로 선거제도에서의 변화를 통해서도 대표제도의 문제와 정치참여의 하락을 막을 수 있다. 가령 비례대표제도를 통해서 새로운 요구의 반영을 가능하게 한다거나 결선 투표제를 통해서 소수세력의 연합책이나 타협 등에 대한 관심을 증대시켜 참여도를 증가시킬 수 있다.

구체적인 방안을 살펴보자. 비례대표제도를 독일식(전체의석수에서 정당득표율을 곱하여 의석수를 산정하는 방식)으로 변경하는 방법은 정당에 대한 대표성을 증대시킬 것이다. 또한 비례의석을 늘리는 것 역시 신규정당의 진입을 유도할 수 있다. 그리고 선거 경비를 국고로 하여 정치자금 문제를 해결해주는 방안도 고려해 볼 수 있다. 결선투표제도는 진실한 투표를 할 수 있

는 1차 투표와 자신의 지지후보를 선택하거나 자신이 떨어뜨릴 후보를 배제하는 방식의 2차 투표를 통해서 투표율을 증대할 수 있다. 2012년 4월과 5월에 치러진 프랑스의 결선투표제도는 이를 잘 보여준다.

당내 경선을 어떻게 치를 것인지도 투표율에 영향을 미친다. 미국의 몇 개 주에서 하는 오픈 프라이머리 제도는 정당원이 아닌 유권자들이 참여하여 후보를 결정하는 제도이다. 이 방식은 유권자들에게 정당정치에 대해 관심을 가지게 하는 방법이다. 1997년 한나라당에서 처음 경선제도를 사용하였지만 오픈 프라이머리 제도는 아니었고 2002년 민주당에서 당원과 유권자들이 참여하는 방법을 사용해서 관심을 끄는 데 성공했던 사례가 있다.

하지만 오픈 프라이머리는 흥행을 보장할지 모르는데 비해서 몇 가지 문제를 가지고 있다. 첫째, 역선택의 문제가 있다. 상대 당에서 취약한 후보가 당선될 수 있도록 조직적인 개입을 통해 '나쁜 후보'를 경선에서 당선시킬 수 있다. 이런 경우 실제 투표율은 떨어질 수 있다. 둘째, 정당원들의 지분이 사라지기 때문에 정당원들의 참여를 줄일 수 있고 정당정치를 더욱 악화시킨다. 셋째, 부정선거를 만들 여지가 높다. 통합진보당의 비례대표 경선과정에서 드러난 문제가 재연될 수 있다. 그렇게 되면 경선의 관심이 오히려 실제 투표에서는 관심 하락으로 이어질 수 있다.

마지막으로 의무투표제도를 고려해 볼 수 있다. 이 방안은 정치적 자유를 제약한다는 비판이 있지만 일정한 규정을 두어 투표를 못하는 경우를 예외적으로 규정한다면 사용할 수 있는 방안이다. 호주나 벨기에에서는 의무투표제를 사용하고 있고 90%대의 투표율을 보이고 있다.

Ⅴ 결 론

대의제 참여는 줄고 새로운 정치참여가 늘어나는 것은 궁극적으로 정당민주주의에 대한 실망에 기인한다. 즉 민주주의 전체적인 실망보다는 정당민주주의에 대한 실망이 큰 것이다. 실제 대의제에 대한 투표율의 저하의 주요계층과 새로운 운동의 주요계층이 일치한다는 점은 정당민주주의에 대한 실망이 크다는 점을 보여주는 것이다. 일관되게 같은 시민이 대의제를 포기하고 참여기제로만 간다고 보기는 어렵다. 하지만 낮은 대의제 참여와 높은 새로운 기제에 대한 참여층이 일치할 가능성이 높은 것은 투표율하락이 무조건 정치적 무관심으로 치환되어서는 안 된다는 것을 말한다. 공동체 전체의 민주주의를 위해서 대의민주주의의 운영방식에 수정을 가하는 것과 새로운 참여통로를 만들어내는 작업을 동시에 진행해야 하는 이유이다.

기출문제와 연결

제9문 2013년 5급 3번(합리적 선택과 투표참여) / 2006년 5급 2번(투표에 영향을 미치는 요인)

제010문 **정치 참여이론으로 보는 한국의 정치 참여**

민주주의는 인민의 참여를 전제로 한다. 인민의 민주주의에 대한 참여가 민주주의에 대표성을 부여하고 응답성을 요구하며 그에 따른 책임성을 추궁할 수 있기 때문이다. 그러나 정치에 대한 과도한 참여는 정치에 과도한 요구와 함께 강력한 이해집단 간의 충돌을 가져올 수도 있다. 다음 질문에 답하시오. (총 50점)

(1) 정치 참여의 개념과 다양한 참여의 유형에 대해 설명하시오. (10점)

(2) 정치 참여를 설명하는데 있어서 '사회경제적 요인', '문화 요인', '제도적 요인', '합리적 결정 요인'들을 각각 설명하시오. (15점)

(3) 정치 참여에 대해 긍정적으로 보는 입장과 부정적으로 보는 입장을 설명하고 한국의 사례에 비추어 어느 입장이 바람직한지 논하시오. (15점)

(4) 정당과 선거제도와 같은 제도적인 정치 참여와 촛불시위나 인터넷블로깅 등의 비제도적인 정치 참여가 한국에서 어떻게 나타나고 있는지 설명하고 양자는 어떤 관계를 가지는 것이 바람직한지 논하시오. (10점)

 **문제의 맥락과 포인트**

정치 참여가 너무 많으면 문제가 된다던 1970년대식의 참여과잉과 과잉민주주의(hyper democracy)의 위기론과 달리 1990년대 이후에는 정치 참여의 부재와 민주주의의 위기가 지적된다. 그렇다고 하면 참여가 많아서 위기가 되는 것과 참여가 적어서 위기가 되는 것은 어떤 설명논리에 의해 가능한가의 문제가 제기된다. 이 부분을 논쟁으로 만들어서 참여와 민주주의와의 관계를 규정하고 한국 상황이라는 기준으로 판단을 하는 것이 이 문제에 가장 핵심이다. 이 판단을 내리기 위해 참여의 개념과 유형들 그리고 참여를 결정하는 요소들에 관한 이론적 논의를 탄탄하게 만들면서 답안을 구성해가야 한다. 또한 제도적인 참여와 비제도적인 참여를 한국의 2002년 이후 나타난 촛불시위 등의 사안을 적용하여 관계규정하도록 요구하고 있다. 주류 정치학이 제도적인 참여를 강조하는데 비해 제도의 보수적인 속성을 강조하면서 새로운 요구를 반영하기를 바라면서 비제도적인 참여를 강조하는 입장도 있다. 이 문제를 실제 풀 경우에는 이 부분을 얼마나 현실적인 사례를 동원하여 구체화하면서 제도와 비제도 간의 관계를 규정하는가가 답안의 차이를 만들 것이다.

I 서 론

민주화 이후 지속적인 투표율의 하락은 대의 민주주의 위기론을 불러일으키고 있다. 반면에 인터넷에 기반한 정치나 정치에 대한 풍자 그리고 시위 등과 같은 비전통적인 참여는 증대하고 있다. 따라서 정치 참여를 전통적인 대의민주주의에 지나치게 국한하지 않는다면 한국의 정치와 민주주의를 파악하는데 있어서 좀 더 거시적이고 균형적인 접근이 가능할 것이다. 이런 문제 의식에 기반해 참여의 원인과 민주주의와의 관계를 살펴보고 이 속에서 한국의 정치 참여문제를 고려해 보고자 한다.

II 정치 참여의 개념과 유형

1. 정치 참여의 개념

정치참여는 광의로 규정하는지 협의로 규정하는지에 따라 입장차이가 있다. 먼저 광의적 정치 참여는 모든 사회변화를 꾀하는 행동을 의미한다. 정치 참여의 범위가 늘어난다는 장점과 지나치게 많은 영역이 정치에 들어온다는 단점이 있다.

협의적 정치 참여는 정부의 공직자 선출과 공공정책의 결정에 영향을 주기 위해 행사하는 개인들과 집단들의 모든 자발적인 활동을 의미한다. 하지만 이런 협의의 규정은 정보 획득이나 비목적적 행동이 포함되지 못하는 한계가 있다. 정치참여를 넓게 정의할 경우 제도적 참여와 비제도적 참여를 고려할 수 있게 해주기 때문에 정치참여는 넓게 정의할 필요가 있다.

2. 정치 참여의 유형

정치참여에 대한 유형은 여러 가지로 구분될

수 있다. 먼저 '직접적인 참여 vs. 간접적인 참여'로 구분할 수 있다. 이것은 정치적 대표가 있는가 없는가에 따른 기준이다. 최근 정치현상에서는 대표가 없는 직접적인 참여가 늘어나는 추세이다. 비제도적 참여 역시 직접적인 참여라고 볼 수 있다.

다음으로 '전통적인 참여 vs. 비전통적인 참여'의 구분이 있다. 이것은 정당이나 선거라는 전통적인 제도정치에 참여하는가 아니면 서명, 시위와 같은 비전통적인 활동에 참여하는가를 기준으로 한 구분이다.

최근 정치에는 참여 민주주의, 직접민주주의, 일상성 민주주의와 같은 급진과 중도진보적 성향의 민주주의가 확대되면서 전통적인 대의민주주의에서의 참여와는 다른 참여가 증대하는 현상이 나타나고 있다. 따라서 참여의 다양한 유형화와 참여개념의 확장은 이런 참여 범위 확대를 파악하는 데 있어서 중요한 이론적 도구이자 정책수단이 된다.

III 참여에 대한 이론적 설명

1. 정치 참여에 관한 사회경제적 접근

참여를 교육, 소득, 직업, 연령, 성별 등의 개인의 사회경제적 조건을 통해 설명하는 접근방식이다. 대표적인 모델로 '사회경제적 지위모델'과 '자원동원이론'이 있다. '사회경제적 지위모델'은 일반적으로는 사회경제적 지위가 높을수록, 교육수준이 높을수록, 소득이 높을수록, 그리고 블루칼라보다는 화이트칼라에서 정치 참여가 높게 나타난다고 한다. '자원동원이론'은 자금, 시간, 지식등과 같은 자원을 많이 가진 개인의 참여가 높으며, 특히 교육 수준이 중요한 요인으로 나타난다는 점을 밝혔다.

이런 논의는 대부분 사회경제적 지위가 개인의 정치참여에 대한 자원과 비용에 영향을 미친다는 논리에 기초한다. 즉 사회경제적 자원이 많다는 것은 자금, 시간, 지식 등에서 다른 사람과 소통할 수 있는 능력이 많다는 것이고 이는 적은 비용으로 정치에 참여할 수 있다는 것이다. 이런 점에서는 개인의 합리적 선택이론과 일맥상통한다.

중요한 것은 사회경제적 특성이 정치 참여에 직접 영향을 미칠 수도 있지만 정치적, 심리적 태도나 사회적 관계를 매개로 하여 영향을 줄 수도 있다는 점이다. 이런 매개고리를 중심으로 설명하는 모형으로는 시민 자발성 모형이 있다. 이 모형은 개인들이 참여하고 있는 직장조직, 사회조직, 교회조직 등과 같은 조직적 자산이 정치참여와 밀접한 관련이 있다고 주장한다.

2. 정치 참여에 관한 정치문화적 접근

정치참여를 문화론적으로 설명할 때 '정치적 관심'이나 '정치적 효능감' 그리고 '정치적 신뢰'라는 요인이 정치 참여에 중대하게 영향을 미친다고 본다. 문화론의 연장선상에서 최근에는 '사회자본론'이 중요하게 부상하고 있다. 사회자본은 "공유된 목표를 보다 효율적으로 추구할 수 있도록 해주는 것"으로 "네트워크, 규범, 신뢰와 같은 사회생활의 특성"을 지칭한다. 미국의 연구에서는 정치 참여의 감소는 사회자본의 쇠퇴와 연관된다는 점이 밝혀졌다.

사회자본이 반드시 정치 참여에 긍정적인 기능만을 하는 것은 아니다. 예를 들어 자발성이 약한 단체의 경우는 오히려 단체 참여가 정치 참여의 저하를 가져올 수 있다. 또한 정치제도에 대한 신뢰가 강하면 오히려 정치참여에 대한 동기는 약화된다.

3. 정치 참여에 대한 제도론적 접근

정치참여를 제도와 연관시켜서 보는 접근이다. 어떤 제도를 구비하고 있는가에 따라 정치 참여에 영향을 미친다는 것이다. 제도는 개인의 합리적인 결정을 위한 이익과 비용을 계산하는 데 있어서 중요한 역할을 수행한다. 즉 개인은 제도의 유무와 제도의 효과를 자신의 이익달성에 있어서 중요한 요소로 파악하는 것이다.

개인들의 이득을 높이는 제도의 선택은 참여를 고양시킬 수 있다. 17대 총선에서 처음 1인 2표 제도를 사용하여 지역후보와 정당 투표를 달리하게 만든 것이 대표적인 사례이다. 이전까지 1인 1표제로 개인의 지역선거가 정당에 대한 지지로 이어졌던 것에서 1인 2표 제도는 지역선거와 정당선거를 다르게 할 수 있게 만들었다. 따라서 제도변경은 개인들의 정당선호를 반영할 수 있게 했다. 국민승리 21과 민노당에 대한 지지율이 2%대에서 17대 총선에서 13%대로 증가한 것처럼 진보정당의 지지율이 상승한 것은 제도변경효과가 크다는 점을 보여주는 것이다. 어떤 제도를 가지고 있는가에 따라 사회경제적 수준에서 유권자들에게 다른 인센티브를 제시할 수 있다는 점을 잘 보여주는 사례이다.

4. 정치 참여에 대한 합리적 선택이론적 접근

합리적 선택이론의 대표적인 모델인 다운스의 모델은 'R=P×B−C'로 표현된다. 여기서 R은 개별 유권자가 얻는 보상이고 P는 유권자의 한 표가 선거 결과에 결정적 영향을 줄 수 있는 확률을 의미하며 B는 자신이 지지하는 후보가 당선되었을 때 얻는 이득 그리고 C는 투표에 소요되는 비용을 의미한다. 이때 개인의 계산이 R>0 일 경우 투표에 참여한다.

그러나 선거에 영향을 줄 수 있는 확률인 P는 거의 0에 가깝다. 따라서 이득이 크다고 해도 P×B는 0에 가깝다. 따라서 비용 C는 항상 P×B보다 클 수밖에 없기 때문에 '투표의 역설'이 발생한다.

그러나 현실에서는 대부분의 사람들이 정치에 참여하고 있는 '참여의 역설'이 나타난다. 이에 대한 부분적인 해석은 '집단적 이해(collective interest)'와 '선택적 유인(selective incentives)'이다.[2]

Ⅳ   정치 참여와 민주주의의 관계

1. 정치 참여의 민주주의 폐해

인민의 정치참여를 민주주의의 위험성으로 파악하고 있는 보수적인 입장의 이론들이 있다. 대표적으로 헌팅턴의 '과잉민주주의(hyper democracy)'는 인민의 폭발적인 참여가 민주주의를 위태롭게 만든다고 본다. 또 다른 이론가 루시안 파이 역시 제3세계 국가들에서 참여의 증대는 정치적 위기를 가져올 수 있다고 보았다.

민주주의에 대한 보수적인 관점에서 일반대중의 정치 참여가 가져올 위험성을 강조하는 이들 이론의 가장 대표적인 이론은 슘페터식의 엘리트민주주의 이론이다. 여기서 일반대중은 선거를 통해서 지도자를 선출하는 것으로 민주주의의 권리와 역할을 다한다고 본다.

2. 정치 참여와 민주주의 증진

참여 민주주의자들은 민주주의는 정치 참여 없이 불가능하다는 점을 지적한다. 일반대중의 민주주의에 대한 참여 부재는 민주주의를 민주주의로 만들 수 없다. 민주주의를 넓게 정의하

면 인민의 자기지배가 된다. 자기 지배를 위해서 인민의 자기 참여가 필수가 되어야 함은 말할 필요가 없다.

3. 평 가

위의 논의를 종합적으로 고려할 때 정치 참여 없이는 민주주의를 이룩할 수 없다는 결론에 도달할 수 있다. 물론 "부주의"하거나 "과도한" 참여가 문제가 될 수도 있다. 그러나 이것은 민주주의의 비용이다. 초기 민주주의에서 자신들의 요구를 주장하고 관철하기 위한 노력은 사회를 갈등적이고 혼란스럽게 할 수 있다. 그러나 이것은 민주주의가 만들어지기 이전에 경험하지 못했던 갈등이 일순간에 폭발적으로 분출되면서 생긴 문제이다. 또한 이런 참여에 따른 갈등과 혼란은 그 사회가 건강해지기 위한 징표일 수 있다. 문제는 이 갈등과 혼란을 어떻게 민주적인 제도 속에서 용해시키는가이다. 제도를 통해서 문제를 풀 수 있을 것이라는 기대는 제도화에 대한 요구를 증대할 것이고 이런 요구는 민주주의의 참여 분출로 생긴 갈등과 혼란을 학습효과를 통해서 풀어나갈 수 있게 한다.

Ⅴ   한국에서의 정치 참여

1. 제도적인 정치 참여

최근 제도적인 정치 참여의 하락이 눈에 띈다. 특히 정당과 선거를 기반으로 한 대의민주주의에 대한 제도적인 참여가 부족하다. 이는 정당에 대한 효능감의 부족에 기인한다. 하지만 제도적인 측면에서 지방자치제도나 개인들의 청원이나 헌법소원과 같은 법적구제 등의 제도적인 참여부분은 증대하고 있다. 또한 언론 등의

---

2) 이론의 확장은 앞의 문제를 참고하면 된다.

제도적인 이용도 중요해지고 있다. 이를 종합적으로 보면 대의민주주의 제도들에 대한 불신과 저참여는 다른 제도에 대한 참여를 가져오고 있고 이는 '다른 수단에 의한 정치'가 증가하고 있음을 의미한다.

2. 비제도적인 정치 참여

시위나 운동 등의 전통적인 비제도적인 정치 참여는 과거 민주화 이전부터 현재까지 지속되고 있다. 한국은 비제도적인 정치 참여에 있어서 획기적인 역사를 가지고 있다. 1960년 4.19 혁명은 국가건설과 자유민주주의 도입 이후 12년 만에 학생중심의 운동을 통해 권위주의정부를 퇴진 시킨 전세계적인 사건이다. 또한 1987년 민주화 운동에서는 학생들이 중심이 되어 민주주의를 가져왔다.

이런 민주주의에 대한 열정과 동력은 운동이라고 하는 집단적인 장치를 통해서 발휘된다. 2002년 장갑차 사건과 2004년 노무현 대통령 탄핵 문제 그리고 2008년 미국산 소고기 수입문제에서 나타난 촛불 시위 혹은 촛불 집회는 다시 비제도적인 정치 참여 장치에 대한 관심을 증대시키고 있다. 오프라인에서 이런 현상은 온라인에서 정치패러디나 정치 블로그를 만드는 것과 같은 온라인 정치와도 밀접하게 관련이 된다.

3. 제도와 비제도적 정치 참여의 관계

민주주의를 넓게 보게 되면 제도적인 방식의 민주주의와 비제도적인 방식의 민주주의가 모두 중요하다. 제도적인 민주주의에 대한 참여의 하락은 비제도적인 민주주의의 민중적 동력과 같이 고려할 필요가 있다. 제도와 운동의 동력이 결합되어 새로운 제도를 창출하거나 기존 제도의 변화를 가져올 수 있다. 하지만 운동의 비제도적인 민주주의는 자칫하면 민주주의를 표방한 민중주의로 귀결될 가능성이 있으며 이는 보수적인 제도참여와 충돌할 수 있다. 이 경우 운동적 에너지와 제도적 민주주의는 충돌하게 된다.

이상적인 견지에서 운동이라는 인민의 에너지 발현은 제도정치에 대한 변화의 추동력으로 작용하는 것이 바람직하다. 그런 견지에서 비제도적인 정치 참여가 반드시 제도권 정치내로 편입될 필요는 없으며 제도에 대한 끊임없는 긴장 장치로 기능하는 것이 필요하다.

Ⅵ 결론: 한국의 정치 참여

한국에서 정치 참여는 대의제도에서는 낮아지나 새로운 유형의 참여는 증대하고 있다. 이것은 정치적 수요와 공급의 불일치를 의미한다. 정치적 요구는 증대하고 있고 새로운 방식의 문젯거리들을 던지고 있다. 반면에 대의정치기제들은 이 문제에 대해 적절한 대안을 공급하지 못하고 있다. 따라서 현재 나타나는 정치 참여의 다른 방식은 변화하고 있는 환경과 새로운 세대 그리고 새로운 요구방식을 풀어나가는데 있어서 수요와 공급의 불일치와 긴장을 보여주고 있다. 관건은 제도 속으로 이런 요구들을 – 모든 주제를 다 포함할 수는 없지만 – 포함시키는 것이다. 제도정치의 변화 속에서 비제도적인 방식의 문제 풀이 기제를 공존하게 하는 방식이 한국의 민주주의 발전을 위한 방안이다.

SNS와 민주주의 정치참여

2012년 한국의 대통령선거와 2011년 중동의 자스민 혁명은 소셜네트워크(SNS)의 역할을 잘 보여준다. SNS는 시민의 정치참여를 증대시키고 있다는 점에서 민주주의의 전제가 되는 참여문제를 부각시켜 준다. 또한 SNS는 정치에 대한 '관심'과 '정보' '정치효능감'에 영향을 미쳐 민주적 시민들의 참여를 높여준다. 다른 한편 SNS에 의한 정치참여가 민주주의에 여러 가지 폐해를 가져온다는 주장도 제기되고 있다. 다음 질문에 답하시오.

(1) 정치참여의 의미를 설명하고 참여를 가져오는 '사회경제적 요인', '문화 요인', '제도적 요인', '합리적 결정 요인'들을 통해 정치참여를 이론적으로 설명하시오. (15점)

(2) SNS를 통한 정치참여의 특징을 설명하고 SNS가 정치참여를 가져오게 하는 요인들을 구체적인 사례를 들어 설명하시오. (15점)

(3) SNS에 의해 정치참여가 증대하는지와 증대한다면 민주주의에 대해 긍정적으로 기여하는지 부정적으로 기여하는지를 논하시오. (20점)

 문제의 맥락과 포인트

정치참여에 있어서 SNS가 중요한 이슈가 되었다. 2010년 지방선거나 2012년 총선과 대선에서 SNS를 활용한 정치참여 확대 운동이 실제로 성과가 있었다. 하지만 이러한 열의는 최근 선거에서는 약한 편이다. SNS를 이용한 정보 확보가 기대보다 정치적 결과를 만들지 못하는 것이 아닌가에 대한 회의감이 있다. 이런 상황에서 과연 SNS는 정치참여 증대를 통해 민주주의를 강화할 수 있는지가 논의의 핵심이다.

Ⅰ 서 론

2010년 기준으로 트위터 이용자수는 226만 명이고 페이스북 이용자수는 230만 명이다. 이들은 SNS를 통해서 투표독려를 하거나 새로운 사회 이슈에 대한 논의 방향을 주도하면서 시민들의 정치참여에 영향을 미친다. 한 여론조사에 따르면 개인들에 의한 정보공유를 기반으로 하는 SNS를 통해 선거 후보 선택에 영향을 받은 사람들이 국민의 85%에 달하는 것으로 나온 것은 SNS의 영향력을 보여주는 것이다. 그러나 같은 조사에서 SNS가 주는 정보에 대해 신뢰한다는 것은 14.1%로 나타났다. 이것은 현재 한국의 SNS와 관련된 정치 현황을 보여준다. 과연 SNS가 일반적으로 정치참여를 증대시키는지와 그러한 정치참여가 민주주의에 대해 바람직한지 문제가 된다.

Ⅱ   정치참여의 개념과 참여에 관한 이론들

1. 정치참여의 개념

정치참여는 광의로 규정하는지 협의로 규정하는지에 따라 입장 차이가 있다. 먼저 광의적 정치참여는 모든 사회변화를 꾀하는 행동을 의미한다. 정치참여 범위가 늘어난다는 장점과 지나치게 많은 영역이 정치에 들어온다는 단점이 있다.

협의적 정치참여는 정부의 공직자 선출과 공공정책 결정에 영향을 주기 위해 행사하는 개인들과 집단들의 모든 자발적인 활동을 의미한다. 하지만 이런 협의의 규정은 정보 획득이나 비목적적 행동이 포함되지 못하는 한계가 있다. 정치참여를 넓게 정의할 경우 제도적 참여와 비제도적 참여를 고려할 수 있게 해주기 때문에 정치참여는 넓게 정의한다.

2. 정치참여에 대한 이론적 설명 비교

(1) 정치참여에 관한 사회경제적 접근

(2) 정치참여에 관한 정치문화적 접근

(3) 정치참여에 대한 제도론적 접근

(4) 정치참여에 대한 합리적 선택이론적 접근

Ⅲ   SNS를 통한 정치참여의 특징과 참여증대요인들

1. SNS를 통한 정치참여의 특징

SNS를 통한 정치적 기능은 크게 공급자 중심과 수요자 중심으로 나눌 수 있다. 공급자 중심기능은 소셜 네트워크를 통해서 정치인들과 정치집단과 이해그룹이 유권자와 시민에게 정치적 지지를 구하거나 정책을 홍보하는 것을 의미한다. 반대로 수요자 중심적 기능은 유권자와 시민이 SNS를 이용해서 정치인과 정치집단에게 행동을 요구하거나 의사소통을 하는 것을 의미한다. SNS를 통한 정치적 기능은 양자의 입장이 연결되어 있으며 쌍방향성을 가진다.

SNS를 통한 정치참여의 특징은 6가지 정도를 들 수 있다. 6개의 특징은 각각 다음과 같다. 첫째, 오프라인상으로 정치공간을 확장했다는 점. 둘째, 정치적 의도성이 없는 행동도 정치영역에 들어왔다는 점. 셋째, 조직이 아닌 개인중심으로 정치적 정보를 주고받는다는 점. 넷째, 새로운 가치관과 미시적 정치를 바탕으로 한다는 점. 다섯째, 인적인 연대감을 바탕으로 한다는 점. 여섯째, 정치담론형성의 유력자들인 개인들이 부각된다는 점이다. 이러한 특징들은 공간으로서 정치영역의 확대와 정치적 의제의 확대와 정치적 주체에서 조직이 아닌 개인의 중요성 부각이라는 측면으로 정리할 수 있다.

2008년 미국산 소고기에 관한 촛불 집회는 온라인상의 이슈부각과 오프라인의 행동이 결합되었다는 점에서 정치공간의 확대를 보여준다. 또한 이 사례는 과거 민주화와 같은 거대담론에서 소고기 위생문제와 같은 소비와 위생의 세부적인 이슈와 의제가 확대된 것을 보여준다. 마지막으로 개인들간의 연결이 중요하다는 점도 부각된 사례이다. 물론 이 사례가 SNS보다는 인터넷을 기반으로 한 정치라는 좀 더 커다란 부분과 연결된 사례이지만 소셜 네트워크의 중요성이 잘 보여진 사례이기도 하다.

2. SNS를 통한 참여증대 요인들[3)]

SNS가 정치참여를 가능하게 하는 것은 몇 가지 인지적 과정을 거치게 되어 정치적 행동변화로 이어지기 때문이다. 첫 번째 과정은 얻게 된 정보를 메시지로 처리할 것인지를 정하는 과정이다. 먼저 정치에 관련된 정보가 인터넷과 SNS를 통해서 확보하게 되면 이 정보를 정치적 행동을 결정하게 하는 중요한 정보로 사용할 것인지 아니면 정보를 걸러서 버릴 것인지를 정해야 한다. 이런 점에서 정보를 처리하는 개인의 능력이 중요하다. 또한 정치와 관련된 참여를 해야 하는지에 대한 동기부여가 되는 정서나 의무감이 부여되는 것 역시 정치에 관해 새로운 정보를 얻고 이것을 가공하거나 확보하는 것에 의미를 부여하게 한다.

이처럼 정보처리를 할 수 있는 능력과 동기가 메시지 처리여부를 결정하고 나면 개인들은 획득된 정보를 통해서 인지에 변화가 일어나야 한다. 즉 확보된 정보를 중요하게 여겨 이것을 정치적 행동변화를 결심해야 한다. 인지 변화에 영향을 주는 것은 3가지이다. 첫째, 관심이고 둘째, 지식과 정보이며 셋째, 정치효능감이다.

먼저 관심의 차원에서 SNS를 통해 관심이 생긴 경우와 원래 관심이 있는데 SNS에 의한 정보가 확대되는 경우가 있을 수 있다. 이 중 정치참여와 관련해 중요한 부분은 정치에 대해 멀게 생각하고 참여에 소극적이었던 이들이 정치에 적극적으로 정치에 관심을 가지고 참여하게 되

는 것이다. 투표와 관련된 인증샷으로 투표를 독려하는 현상과 그 투표독려에 의해 투표율이 증대한 것에서 후자가 대표적으로 관심을 증대하게 하는 것이다. 이 부분은 앞의 정치참여 이론과 관련해서 사회경제적 조건으로서의 환경변화 특히 교육적인 효과와 연관된다. 또한 정치참여에 관한 새로운 문화현상으로도 설명될 수 있다. 대표적으로 '개념투표'와 같은 용어는 젊은 세대의 새로운 문화현상이다.

두 번째로 지식과 정보가 확대되는 것 역시 정치참여를 늘리는 계기가 된다. 최근 연구들에서는 한국과 미국의 대학생들을 조사한 결과 SNS의 이용이 시민참여와 사회운동 모두에서 긍정적인 효과가 나타나고 있다는 점을 보여준다. SNS를 이용하는 이용자들이 온라인 정치참여에 더 적극적인 것도 나타난다. 관련 정보와 지식의 확대는 정치에 대한 관심의 증대와 함께 정치참여에도 변화를 가져오는 것이다.

세 번째로 정치효능감 역시 투표에 영향을 미친다. 정치효능감은 자신이 정치적 변화를 가져올 수 있거나 정치에 기여할 수 있다는 믿음이다. 이러한 효능감의 증대는 합리적인 선택에 영향을 미친다. 민주주의 시민으로서 참여를 통한 시민덕성의 확보라는 만족감이나 자신이 정치체제의 구성에 영향을 미쳤다는 만족감이나 정당과 후보자와의 일체감의 확인이 개인들의 합리적 선택에 만족감의 증대를 통해서 정치적 행동으로 나서게 했다는 것이다. 게다가 개인들 간의 정보공유는 투표에 따른 결과를 예측하는 확률에도 영향을 미친다. 앞서 본 합리적 선택 모델에서처럼 '집단적 이해'라는 변수를 통해서 확률계산을 높여서 정치적 이익의 크기를 높이는 방식이다. 투표독려활동이 대표적인 사례라

---

3) 정일권, "SNS를 통한 정치참여", 한국언론학회 편, 『정치적 소통과 SNS』(파주: 나남, 2012), pp.121-128.

고 하겠다.

Ⅳ 정치 참여와 민주주의의 관계

1. SNS의 정치참여증대가능성

SNS를 통한 정치참여가 증대하는 것으로 보여진다. 앞선 여론조사들에서 후보자 선택에 영향을 받았다는 점이나 투표독려운동이후 19대 총선이나 18대 대선에서의 투표율 증대가 대표적인 사례이다. 하지만 한정된 SNS이용자들의 숫자와 이들이 원래도 정치와 사회문제에 관심이 있는 사람들일 가능성이 높다는 점에서 비판이 제기되기도 한다.

하지만 SNS를 직접적으로 이용하는 이용자뿐 아니라 이들의 의견이 포탈사이트를 통해서 다른 이들에게 영향을 미친다는 점과 SNS를 이용하는 주도 세력이 포탈사이트에서도 이슈를 획정하고 담론을 결정해 가는 주도층이라는 점을 감안하면 SNS가 정치참여를 증대하게 하는 데 영향력이 있다고 볼 수 있다. 반면에 SNS를 이용하는 이용층이 주로 젊은 층에 몰려있지만 18대 대선에서 보여진 것처럼 50대의 투표율과 이들의 SNS이용율간의 상관관계는 앞으로 SNS를 이용하는 이용자가 더 늘어날수록 SNS에 의한 정치 참여증대도 높아질 것으로 예상된다.

2. SNS의 민주주의에 대한 영향논의

SNS에 의한 정치참여 증대는 앞서 본 참여에 관한 이론중 제도주의 모델이 제시하는 대의민주주의 제도들의 문제점과 연관된다. 대의민주주의가 공급자 중심의 민주주의라는 점에서 수요자 중심의 민주주의와 현실적인 이슈를 다루는 민주주의의 필요성이 인터넷의 공간에서 개인들간 접촉을 확대하는 SNS를 통한 정치참여를 가져오는 것이다. 이런 점에서 SNS는 참여민주주의와 직접민주주의를 확대하게 한다. 시민의 참여와 인민의 참여를 핵심으로 하는 참여민주주의와 직접민주주의를 통해서 대표성이 낮았던 부분의 대표성을 증대하고 정치적 의제에서 배제되었던 의제를 확대할 수 있다. 대표적으로 중학교과 고등학교의 두발자유화와 같은 이슈가 제기된 것을 들 수 있다. 다른 한편으로 소통의 중요성을 부각시키면서 심의민주주의의 가능성을 높일 수도 있다.

그러나 다른 한편 SNS를 통한 정치참여의 증대는 민주주의에 대한 부정적인 영향을 가져올 수 있다. SNS를 통한 소통의 민주주의는 SNS의 짧은 메시지로 인해서 심의에 있어서 숙고성이 부족할 수 있다. 몇 가지 단어로 이루어져 급속하게 퍼지기 때문에 숙고의 여지 없이 감성적으로만 받아들일 수 있기 때문이다. 또한 친밀한 그룹으로만 의견이 전달되기 때문에 다른 진영과 상대방의 의견을 듣지 않고 이견을 배제하는 경향이 높아질 수 있다. 이런 점에서 '군론'[4]이 정치의 중심이 될 수 있다. 즉 입은 열지만 귀는 닫는 것이다. 이렇게 불통의 정치를 만들어서 민주주의에 대해 역행할 수 있다. 이런 경우 현재 한국 민주주의가 지역과 이념으로 분열된 상태를 온라인상에서 다시 한번 분열을 강화하는 계기가 될 수 있다.

두 번째는 SNS를 통한 포퓰리즘의 강화가 우려된다. 인터넷에서 특히 소셜네트워크 분야에서 이슈를 주도하는 이들이 있고 이들이 발언이 사회적으로 크게 의미를 재생산하고 재해석함으로써 정치의 다양한 측면보다는 개인적이고

---

4) 박승관, "한국사회와 소통의 위기: 소통의 역설과 공동체의 위기". 임혁백 외, 『한국사회의 소통위기』(서울: 커뮤니케이션북스, 2011), 정일권, *Ibid.*, p.130. 재인용.

감정적 요소를 통해 사회적 이슈를 만들어 내면서 배제된 소수가 다수의 의견을 이루는 것으로 사회적 이슈를 해석할 수 있다. 다른 한편 책임 없는 정치적 수사들의 난립을 가져와서 민주주의를 형애화시킬 수 있다. 영향력이 큰 위치에 있는 개인들로 이루어진 소수 집단이 거의 언제나 전체집단을 이끄는 '소수세력효과(minority power effect)'를 가져올 수 있다.[5]

3. 정치 참여와 민주주의 증진에 대한 평가

위의 논의 중 민주주의에 대한 우려부분이 현실성이 없는 것은 아니다. '숙고없는 민주주의'와 '익명성에 기반을 둔 민주주의'와 대중적 요구에 편승하는 포퓰리즘 가능성이 있기 때문이다. 하지만 민주주의의 근간은 참여에 있고 이 참여를 증대하는 다양한 방안 중 SNS를 통한 방법이 최근 투표율 상승을 이끌어 낸 것처럼 SNS는 정치참여에 긍정적으로 기여한다. 또한 SNS에 의해서만 정치적 결정을 하는 것이 아니라 다른 정보들을 얻어서 판단한다는 점과 중요한 정보는 토론프로그램이나 다른 매체에서 나오는 전문적인 자료를 의지할 수 있다는 점에서 심의민주주의의 악화만을 주장할 필요는 없다. 또한 모든 민주주의가 포퓰리즘적인 요소가 있다는 점과 인민의 의사를 반영하는 것이 민주주의의 이상 중 하나라는 점에서 비추어 볼 때 SNS와 포퓰리즘의 연관성을 들어 민주주의의 방해자로 보기는 어렵다. 다양한 의견이 결집될 수 있는 다양한 루트를 사회적으로 구축하는 것이 필요하다. 그런 점에서 SNS는 민주주의를 운영하는 다양한 방식들 중 하나이다.

V 결 론

한국에서 정치 참여는 대의제도에서는 저참여와 SNS와 촛불시위로 상징화되는 새로운 유형의 참여 증대로 나타나고 있다. 이것은 정치적 수요와 공급의 불일치를 의미한다. 사회에서 정치적, 사회적, 경제적 요구는 증대하고 있고 새로운 방식의 이슈들은 늘고 있다. 이런 상황에서 제도정치가 포괄하지 못하는 이슈들을 제기하면서 정치 공급자와 정치 수요자간 쌍방향적인 소통을 만들어 내는데 있어서 SNS의 기능은 큰 의미를 가진다. 부정적인 몇 가지 기능 역시 사회가 해소해나갈 것으로 굳건한 시민사회에 기대를 걸 수 있다.

---

5) 정인권, *Ibid.*, p.131.

제012문 디지털네트워크정치와 민주주의 간의 관계

최근 SNS로 대표되는 네트워크 정치는 시민의 참여를 증대시키는 측면이 있다. 참여를 기반으로 하는 민주주의를 발전시킬 것이라는 예측이 있는 반면에 민주주의에 크게 기여하기 어려울 것이라는 주장도 있다. 다음 질문에 답하시오. (총 50점)

(1) SNS로 대표되는 디지털 네트워크 정치의 특징을 설명하시오. (10점)

(2) 디지털 네트워크 시대 시민의 특성에 대해 설명하시오. (10점)

(3) 디지털 네트워크 시대에 대의민주주의가 가지는 문제점을 논하시오. (15점)

(4) SNS는 민주주의에 기여할 수 있는지 논하시오. (15점)

I. 서   론
II. 디지털 네트워크의 특징
  1. 권력구조측면
  2. 시민성과 정체성측면
  3. 참여와 의사결정측면
  4. 행동과 갈등양식측면

〈대안 목차〉
II. 디지털 네트워크의 특징
  1. 탈중심성 vs. 중심성
  2. 개방성 vs. 폐쇄성
  3. 연결성과 상호작용성 vs. 일방향성

III. 네트워크 시대의 시민의 특징
  1. 개인적 속성의 강화와 자아중심성
  2. 의무적인 시민에서 관여적 시민으로 변화

  3. 사적 공간과 공적 공간의 공유
  4. 집단지성의 발현
  5. 개인주의의 강화와 사소한 정치에의 집중 문제
IV. 디지털 시대의 대의민주주의문제점
  1. 거대 담론중심의 조직 기반정치과 대표성의 부족
  2. 공적공간과 사적공간의 구분에 따른 참여부족과 응답성 / 책임성약화
  3. 공동체의 공감대 확보의 어려움
  4. 수동성과 자기지배의 약화
V. SNS와 민주주의 발전의 관계
  1. 대의민주주의에 대한 측면
  2. 참여민주주의에 대한 측면
  3. 평 가
VI. 결   론

 문제의 맥락과 포인트

앞의 문제인 SNS의 연장선상에 있는 문제이다. 최근 정치에서 시민들의 모습과 대의민주주의와의 관계를 다룬 뒤 민주주의를 좀 더 폭넓게 이해할 때 민주주의에 주는 영향을 보려는 문제이다. 민주주의를 어떤 방식으로 이해하는지를 묻고 있는 문제이다.

Ⅰ 서 론

국제의원연맹이 주관한 국제여론조사에 따르면 국가에 대한 신뢰는 응답자중의 평균 44%를 기록하였지만 한국의 경우는 18%로 나타났다. 최근 이코노미스트나 Polity Ⅳ나 세계은행의 민주주의 평가에 따를 때 한국은 완전한 민주주의국가로 분류되나 국가의 신뢰도는 하락하고 있다. 정부신뢰도는 1996년 62%에 달했으나 2003년 26%, 2007년 33%로 낮아져왔다. 국가를

구성하는 다른 기관으로 국회에 대한 신뢰도 역시 1996년 49%, 2003년 15%, 2007년 18%로 하락해왔다. 사법부에 대한 신뢰는 1996년 70%, 2003년 58%였으나 올해 48%로 떨어져왔다. 민주주의가 공고화되면서 국가기관들에 대한 신뢰도가 낮아졌다는 점은 대의민주주의 기제에 대한 투표율 하락으로도 나타난다. 그러나 최근의 SNS에 의한 정치문화의 변화와 정치과정의 변화는 대의민주주의에 대한 새로운 희망을 던져주고 있다. 대의민주주의의 위기가 논의되는 상황에서 SNS로 대표되는 네트워크 정치가 민주주의의 발전을 가져올 것인지를 논의하는 것은 큰 의미를 가진다.

CF.

실제 서론의 분량은 이것보다 줄어야 함.

Ⅱ 디지털 네트워크의 특징

1. 권력구조측면

권력구조는 집단과 노드를 기반으로 하였던 '중심성'에서 네트워크를 중심으로 하는 '탈중심성'을 특징으로 한다. 과거 위계적 구조에서 권력이 하향식으로 작동했다면 탈중심적인 구조가 되면서 권력은 수평적으로 작동하게 되었다. 또한 과거 권력이 명령과 권위구조에 의존했다면 네트워크시대의 권력은 자발성을 핵심으로 한다. 촛불시위의 참여나 투표독려운동은 자발적 권력의 작동을 잘 보여준다.

2. 시민성과 정체성측면

과거 정치는 이성과 합리성을 기반으로 한 합리주의가 중심이었다면 네트워크시대의 정치는 감성적 측면이 강조된다. 오프라인에 기반을 둔 전통적인 정치가 합리주의에 기반한 '수의 정치'와 '타협의 정치'였다면 네트워크시대의 정치는 '설득과 동의의 정치'가 중심이 된다. 권력이 수직적인 측면에서 수평적인 측면으로 변화했다는 것은 리더와 추종자사이의 관계가 중시된다는 것이며 리더와 추종자 역시 네트워크에 기반하기 때문에 다른 형태의 리더와 추종의 관계가 중시된다. 최근 멘토와 멘티의 관계로서 리더상이 변화하는 것이 대표적인 예가 된다.

3. 참여와 의사결정측면

과거 정치가 집단중심의 동원구조를 기반으로 한다면 네트워크시대의 정치는 개인이 중심이 되면서 협의구조가 중요하게 된다. 정치에 있어서 조직과 집단보다 개인중심의 정치가 중요하게 되면서 집단의 수를 과시하는 동원의 정치와 수에 기반한 다수결주의 정치보다는 개인들간의 협의와 심의가 중요하게 된다. 천성산 터널공사 문제나 제주도 강정마을의 해군기지 건설의 사례는 협의와 심의 부족이 문제가 되면서 시민단체의 반발을 가져왔다.

4. 행동과 갈등양식측면

과거 정치가 민족과 계급을 중심으로 한 거대 담론중심의 정치였다면 네트워크시대의 정치는 생활세계중심의 이슈가 중심이 된다. 과거에는 계급에 기반한 거대한 담론 중심으로 정치 균열이 만들어지고 동원되면서 집단화를 이루어 표를 확보했지만 네트워크시대의 정치는 개인들이 정치에 중심이 되면서 위생이나 교육과 같은 생활이슈가 중심이 된다. 2008년 미국산 소고기 반대 촛불집회는 이러한 미시담론의 정치를 잘 보여준다.

● 대안 목차

Ⅲ 네트워크 시대의 시민의 특징

1. 개인적 속성의 강화와 자아중심성

개인들이 네트워크의 중심이 되면서 주변인이나 반주변인이 아닌 자기 중심성을 가지게 된다. 자아가 중요하게 되면서 구조로서 국가에 속한 개인이나 국가의 구성원으로서 개인으로서 공동체주의 속의 개인의 의미를 약화시키면서 개인주의적 자아가 강해진다. 이에 따라 일방적으로 생산관계 속의 부품으로서 한 개인이나 소비의 객체로서 개인이 아니라 문화를 구축하고 문화를 만들어 내는 개인으로서의 자아가 강화된다. 1인 미디어로서 블로그등이 개인들을 네트워크 세상의 주체로 만든다.

2. 의무적인 시민에서 관여적 시민으로 변화

네트워크 시대에 시민은 객체적이고 의무적 관점의 구성원에서 주체적이고 참여적 관점의 구성원으로 변화한다. 공동체주의적 관점에서 시민은 공동체에 우선할 수 없다. 참여는 의무이며 책임을 수반한다. 또한 선거와 같은 기존 제도에 대한 참여가 중요하다. 반면에 네트워크 시대의 시민은 직접적인 참여가 강조된다. 주체적인 차원에서 정부정책결정과 의사결정과정에 영향력을 행사하고자 하는 행동으로서의 참여가 강조된다. 참여는 의무가 아니며 자신의 의사 표출 행동이다. 1인 시위나 댓글 달기등의 온라인상의 항의나 오프라인으로 항의하거나 청원하는 것은 대표적으로 시민의 직접행동성을 보여준다.

3. 사적 공간과 공적 공간의 공유

네트워크 시대의 시민은 과거 자유주의와도 다르다. 과거 자유주의는 공적 공간과 사적 공간을 구분한다. 사적 공간의 확보를 위해 공적 공간을 명확하게 하고 공적 공간의 개입을 법치주의를 통해 규칙화한다. 그러나 네트워크 시대의 정치에서는 사적 공간과 공적 공간의 구분보다 혼합이 더 중요하게 된다. 사적인 놀이와 공적인 참여가 구분되지 않는 것이다. 정치인에 대한 비판과 희화화는 사적인 놀이와 공적인 비판을 모두 담고 있는 것이다.

4. 집단지성의 발현

디지털시대의 정치 특성 중 하나는 개인이 중심이 되지만 한편으로 개인들이 자발적으로 조직화함으로써 이성을 극대화한다는 점이다. 집단지성이 발휘되는 것이다. 위키피디아의 경우 개인들은 혼자서의 지식이 부족하지만 여럿이 모이면 큰 힘을 낼 수 있다고 보고 개인들의 지성을 합쳐서 사전을 구성한다. 이것은 디지털시대가 지극히 개인적으로만 작동하는 것은 아닐 수 있다는 점을 보여주는 것이다.

5. 개인주의의 강화와 사소한 정치에의 집중 문제

디지털시대 시민들의 특성이 온라인을 중심으로 하는 개인중심이라는 점은 정치의 조직화 부족을 가져올 수 있는 단점도 있다. 사적공간의 세부적인 일을 공동체 중심의 이슈로 확장하는 것은 현존하는 거대한 갈등 구조를 은폐하거나 무관심하게 만들 수 있다. 또한 사소한 것에 집중하여 사소한 사적인 갈등을 공적 갈등으로 오해할 수 있게 해준다. 예를 들면 연예인을 중심으로 한 프로포폴주사의 경우 개인적인 문제를 사회적 문제로 확대하게 하는 면이 있다.

Ⅳ 디지털 시대의 대의민주주의문제점

1. 거대 담론중심의 조직 기반정치과 대표성의 부족

대의민주주의는 대표와 유권자를 구분한다. 유권자의 이해관계가 그대로 대표에 반영될 수 있다는 입장에서 대의민주주의는 그 사회가 가진 갈등을 제도권 정치에서 타협을 통해서 풀고자 한다. 따라서 대표는 사회적 갈등선을 그대로 반영해야 하기 때문에 선거 경쟁에서 거대한 사회 담론구조를 중심으로 표를 모은다. 갈등을 반영하거나 갈등을 동원하는 경우 모두 거대 담론 중심으로 정치적 대표와 유권자를 구분한다.

거대 담론 중심의 대의정치는 유권자들을 수로 구분하여 표를 중심으로 정치적 타협을 하기 때문에 거대 담론으로 사회를 구분한다. 지역, 이념이나 계급등으로 정치적 구분선을 나눈다. 따라서 이러한 거대 담론에 포함되지 못하는 이슈는 대의민주주의에서 관심을 가지기 어렵다. 세부적이거나 미시적인 이슈나 소수자의 정치가 대표되지 못하는 문제가 있다.

2. 공적공간과 사적공간의 구분에 따른 참여부족과 응답성/ 책임성약화

대의민주주의가 이론적으로 기반을 둔 것은 자유주의이다. 자유주의에 따라 정치인과 유권자는 구분되고 공적 공간과 사적 공간 역시 구분된다. 따라서 사적 공간과 공적 공간으로 나누어진 상태에서 정치적 분업이 작동하면서 시민은 선거에 참여하는 것으로 정치적 역할을 다한다. 이에 따라 정치참여는 단지 선거와 같은 제도적 참여에만 국한되면서 공적인 영역의 작동은 시민의 범위를 넘어서게 된다. 따라서 민주주의의 핵심인 자기 지배는 자유주의에 의해 약화되면서 대표에 의한 간접적 지배에 국한되게 된다.

유권자는 단지 선거를 통해서 대표를 심판하는 것으로 대표에게 영향을 줄 뿐이다. 민주주의의 응답성이 약하게 될 경우에도 이에 대한 책임을 추궁하는 것이 어렵게 되는 것은 참여할 수 있는 기반이 약하기 때문이고 대표와 유권자 간의 소통의 기제가 약하기 때문이다. 단지 대표는 유권자와 정부를 매개해 줄 뿐이기 때문이다.

3. 공동체의 공감대 확보의 어려움

대의민주주의는 사적 공간에서의 공동체와 공적 공간의 공동체를 구분한다. 사적 공간과 공적 공간이 구분되어짐에 따라 사적 공간의 작동 방식과 달리 공적 공간은 작동하지 않는다. 많은 유권자는 자신의 대표와 면대면으로 접촉할 수 있는 기회가 없고 미디어와 홍보매체를 통해서 만날 뿐이다. 공적 공동체를 작동시키는 정부와 국회와 사법부는 제도적인 정치로 인식되어 진다. 따라서 제도장치에 의한 비인격적 정치와 비인격적인 대표들을 선별하는 것은 결국 이성에 의존하게 되는 것이다.

그러나 공동체는 인적인 집단이고 이들을 유지하게 하는 것은 인적인 유대감이다. 따라서 대의민주주의는 인적 공간의 인적인 요소로서 감성이 작동하기 어렵게 만들면서 공동체의 유대감보다는 의무적인 공동체 구성원으로서의 인식이 남게 되는 것이다.

4. 수동성과 자기지배의 약화

대의민주주의의 가장 큰 문제는 민주주의를 자기 지배의 구현이라는 목적보다는 자기 지배의 현실적인 구현이라는 방식에 집중하게 함으로써 민주주의 구성원을 수동적인 주체로 만든다. 민주주의가 인민의 지배라는 공식에 의해 객체성이 아닌 주체성을 보유하게는 하지만 적극적인 시민보다는 수동적 시민으로 머물게 한다. 이로 인해 수동적으로 자기 지배를 관철하는 것에 만족하는 시민으로서 시민상을 구축한다. 시민의 자기 지배를 구축하기 위한 노력이 약화되면서 민주주의의 가장 중요한 원리인 '자기지배'는 형해화된다.

특히 불완전한 대표체계의 경우 유권자는 불완전한 대표들 중에서 최악의 후보를 가려내는 선거로 공동체운영을 결정해야 한다. 이런 경우 대안부족으로 인해 선거는 더 나은 정치체제 구축이나 더 나은 대표선출이 아닌 최악의 선택을 막는 방어적 성격으로 변한다. 시민들은 대의민주주의 대표들에 대한 신뢰는 점차 저하되게 된다. 이는 참여의 하락으로 이어지고 대표에 대한 통제부족으로 이어지면서 다시 대표에 대한 신뢰 저하로 연결되는 악순환구조가 된다.

Ⓥ SNS와 민주주의 발전의 관계

1. 대의민주주의에 대한 측면

SNS는 대의민주주의를 보완하는 면이 있다. 첫 번째로 대의민주주의의 참여의 문제에 도움을 줄 수 있다. 네트워크를 통한 투표율 증대운동이나 선거운동에서 보는 것처럼 네트워크는 정보를 전달함으로써 유권자들의 대표선출에 영향을 미친다.

두 번째로 대의민주주의의 대표성의 증대와 의제통제 능력을 증대시킨다. 대의민주주의가 가지는 일방적인 하향식의 정보전달 구조를 피하면서 상향식으로 유권자와 시민을 통해 정치인과 대표에게 정보를 줄 수도 있고 이들을 통제할 수도 있다. 특히 SNS를 통해서 인적인 접촉을 통해 빠른 시간에 정보가 전달되기 때문에 대의민주주의에서 의제를 설정하거나 의제를 통제할 수 있다.

세 번째로 응답성을 확보하고 책임성을 추궁할 수 있게 한다. 과거 대의민주주의는 선거 시기에만 정치를 이슈화하였다. 루소의 로크에 대한 비판처럼 "선거시기에만 주권자가 되는" 대의민주주의는 시민이 대표를 통제하기 어려웠다. 하지만 인터넷을 기반으로 한 정치는 정치를 일상화하고 일상적으로 네트워크를 통해 정보를 주고 받는다. 공직자의 비리나 비행을 즉각적으로 이슈화함으로써 대의민주주의가 가지는 낮은 응답성과 부족한 책임성을 추궁할 수 있게 한다.

2. 참여민주주의에 대한 측면

다른 한편 SNS에 의한 정치는 참여 민주주의를 강화하게 한다. 프랭크 헨드릭스(F. Hendricks)에 따르면 민주주의는 의사결정권자와 민주적 의사결정 방식이라는 두 가지 기준에 의해 나뉘어질 수 있다. 대의민주주의가 의사결정권자를 간접적인 대표를 중심으로 하면서 집합적 의사결정구조 방식을 택한다면 참여민주주의는 시민이 직접의사를 결정하면서 의사결정 방식이 통합적이다. 따라서 참여민주주의는 '시민에 의한' '심의와 토의를 중심'으로 합의하는 민주주의이다.

그런 점에서 SNS에 의한 정치는 '시민에 의

한' 직접적인 참여를 증대시킨다. 네트워크를 통해서 시민 개인들은 정치의 중심으로 복귀한다. 시민은 대의민주주의에서 유권자(voter)만이 아니라 참여민주주의에서 발언자(speaker)로 민주주의에 기여한다. 또한 대의민주주의에서 구경꾼(spectator)에서 참여민주주의에서의 참여자(player)가 되기를 바란다. 의무적인 참여가 아닌 자기 주도적인 참여가 되면서 감성적 정치와 놀이의 정치에서 주역이 되는 것이다. 한국사회의 열풍이 되었던 '나는 꼼수다'의 경우는 감성과 놀이를 중심으로 정치를 비판하면서 정치를 일상화했다.

다른 한편, SNS에 의한 정치는 의사결정 구조에 있어서 토의와 심의를 통해 정치적 결정을 할 수 있도록 영향을 준다. 대의민주주의가 선호집약적 민주주의에 기반한다면 참여민주주의는 합의형구조에 기반한다. 개인들의 협의를 통한 합의가 진행될 때 정당성을 가질 수 있다. 수평적인 방식의 정치구조에서 설득과 동의가 중요해지기 때문이다. 이명박 정부의 미국산 소고기 수입문제나 4대강 사업문제는 설득이나 소통이 부족한 정치에 대한 반대를 가장 극명하게 보여주었다.

3. 평 가

위의 두 가지 요인측면에서 볼 때 SNS로 상징화되는 네트워크의 활성화와 정치에의 이용은 민주주의에 긍정적으로 기여한다. 하지만 민주주의가 공동체의 가장 중요한 이슈들을 해결해가는 결정구조이자 합의구조로 이해하자면 민주주의는 공동체가 합의해 나갈 갈등들을 먼저 골라내야 한다. 그런 점에서 대의민주주의를 거부하면서 참여민주주의로만 가는 방향으로 네트워크를 활용하는 것은 현실적으로 어렵다. 대의민주주의를 수정하고 보완하는 데 있어서 직접적

인 기능으로서 SNS가 대의민주주의 책임 추궁성이나 대표성 증대기능에 주목하는 이유이다. 한편 참여민주주의를 통해서 대의민주주의가 고려하지 못했던 소수의 정치를 반영하는 것은 대의민주주의 간접적인 보완으로서 의미를 가진다.

Ⅵ 결 론

민주주의의 공고화에도 불구하고 정부에 대한 낮은 신뢰는 대의민주주의 기제들에 대한 낮은 신뢰에 기반한다. 네트워크의 발전에도 불구하고 19세기 말의 민주주의 장치를 이용하는 것에 일정한 한계가 있다는 것을 보여주는 것이다. 따라서 네트워크시대의 발전에 있어서 다양한 민주주의 장치를 혼합적으로 사용하는 것이 필요하다. SNS는 이러한 혼합통치에 긍정적으로 기여하고 있다. 현실적으로 지나친 개인주의화를 주의하면서 새로운 정치의 가능성의 여러 측면을 민주주의 안으로 포함하는 것이 중요하다.

제013문 한중일 민족주의와 구성주의 관점의 해법

민족주의(nationalism)는 민족(nation)을 중시하는 정치적 이념이다. 민족구성을 개인들의 합리적 선택으로 설명하는 '주관론 입장'과 달리 민족구성을 역사, 문화, 혈연집단의 집단주의로 설명하는 '객관론 입장'이 있다. 최근 한-중-일이 민족주의로 인해 갈등하고 있는 상황에서 민족주의에 따른 폐해를 축소할 방안을 모색하는 것은 중요하다. 다음 질문에 답하시오. (총 40점)

(1) 근대화론과 시원론의 입장에서 민족주의의 의미를 설명하고 신현실주의와 구성주의관점에서 민족주의가 가지는 역할을 비교하시오. (15점)

(2) 한-중-일에서 민족주의가 강화되는 원인을 각각 설명하고 민족주의강화가 동북아시아 지역질서에 미치는 영향에 대해서 논하시오. (15점)

(3) 구성주의 관점에서 제안하는 동북아시아의 민족주의 완화방안의 적실성을 논하시오. (10점)

민족주의를 국제정치주제로 확장한 문제이다. 민족문제는 국내문제이지만 민족주의가 확대될 경우에는 대외적인 대항물이 있기 때문에 국제정치와도 쉽게 연관된다. 동북아의 불안정을 설명하는 하나의 이론으로서 민족주의의 이론과 동북아의 특수한 현황을 구체화시키는 것이 관건이다. 마지막으로 동북아에서 민족주의를 완화하기 위한 어떤 노력이 필요할 것인지를 고려하면 배타적인 민족주의의 완화라는 숙제를 풀 수 있을 것이다.

I 서 론

빌리 브란트 서독총리의 폴란드 방문과 그의 사과정책은 이후 서독이 독일을 통일하고 유럽에서 강대국으로서 지도력을 발휘할 수 있도록 주변 국가들과의 민족주의적 갈등을 축소하는 데 결정적인 역할을 하였다. 반면 보통국가화를 꾀하는 아베 일본 총리와 일본 정부의 고등학교

학습지도요령 개정 초안은 왜곡된 역사와 민족주의 강화정책 사용의 대표적 사례로 서독의 지역리더십과 대비된다. 민족주의를 '학습화된 관념'이라고 볼 때 민족주의를 완화하기 위해 국가와 지도자의 구성주의적 노력이 효과적인지를 한-중-일 관계 속에서 살펴본다.

대안: 경제적 합리성 강조를 위한 서론

2013년 4월 23일로 일본의 초당파의원 100여명이 야스쿠니 신사를 참배했다. 일본은 개인적 차원의 참배라고 했지만 대한민국과 중국 정부는 이에 대해 항의하였다. 한편 일본 최대 재계단체인 게이단렌 회장은 더 이상 한·중·일 관계가 악화되지 않도록 배려해야 한다고 주장했다. 이 사안은 민족주의의 정서와 경제적 이익사이의 차이를 극명하게 보여준다. 최근 영토문제 등을 통해 동북아시아에서 강화되고 있는 민족주의를 약화시킬 수 있는 방법을 알아보기 위해 민족주의가 중국과 일본에서 강화되는 원인을 살펴보고 국내적 대외적 영향도 고려한다.

Ⅱ 민족주의의 의미와 민족주의의 기능

1. 민족주의의 두 가지 접근과 민족주의의 의미

민족주의는 정치적 실체인 국가(state)와 사회적이고 역사적 실체인 민족(nation)을 일치시키려는 운동 혹은 정치적 사조를 의미한다. 즉 문화적 공동체와 정치공동체를 단일화하려는 운동을 의미하며 이렇게 구성된 민족국가(nation-state)를 가치의 중심에 설정하는 이념이다. 민족주의는 민족구성원이라는 문화적이고 관념적 요인을 강조함으로써 국가라는 공동체에 공동체감과 소속감을 부여하면서 정치공동체의 유지와 재생산에 기여한다. 이렇게 민족주의는 민족을 구성하고 민족의식을 형성하는 것이다.

민족주의가 만들어진 민족이라는 관념을 중심으로 한다면 민족관념이 어떻게 구성되고 형성되는지를 다루는 데는 크게 두 가지 이론적 설명이 있다. 먼저 민족주의는 크게 역사나 문화 언어 등의 객관적 조건을 통해서 만들어진 것으로 보는 '시원론적 접근'이 있다. 이 입장에 따를 때 민족주의는 특정 개인의 선택이전에 존재했던 역사, 언어, 혈족 집단이 중요하다. 이러한 객관적 조건들에 대한 자부심이 민족주의를 통해 개인들을 집단적인 의식을 가지게 한다. 시원론의 민족주의는 역사나 언어라는 공유된 해석을 통해서 공동체의식을 형성하는데 이때 역사나 언어는 우리의식(we-feelingness)을 만들기 위해 의도적으로 적대세력(antagonist)을 만든다. 이것은 민족주의를 배타적이고 국수적으로 이해하고 형성하도록 규범화한다. 이런 점에서 시원론은 민족주의가 주변 국가들과의 배타성을 강조하면서 대립의식을 가지게 하는 잠재력이 있다.

두 번째로는 민족주의를 개인들의 정치적 결정으로 보는 근대화론이 있다. 민족이라는 공동체 구성은 이성을 가진 이들이 더 나은 공동체를 만들기 위한 자신의 선택이다. 미국이 영국으로부터 독립을 이룬 것은 합리성과 의지의 산물이다. 근대화론은 공동체를 선택의 산물로 보기 때문에 우리의식을 만들기 위한 역사와 언어 혈족 집단의 신성화와 같은 장치를 필요로 하지는 않는다. 따라서 정서적이나 관념적으로 주변 국가와 대립할 여지가 적다.

2. 민족주의의 역할비교: 신현실주의 vs. 구성주의

앞서 정의한 것처럼 민족주의를 만들어진 관념으로서 다만 역사와 같은 객관적 조건을 해석하면서 만들었는가 혹은 합리성에 기초하여 개인들의 선택이 만들었는가의 차이가 있다면 민족주의는 관념의 영역이며 개체의 영역이다. 그런 점에서 구조를 강조하고 물질관계를 강조하는 신현실주의에서 민족주의의 기능은 고려되기 어렵다. 신현실주의에서는 무정부상태와 생존을 추구하는 합리적단위로서 국가가 있다. 그리고 구조의 압박으로 행위자의 행동은 결정이 된다. 따라서 관념과 개인단위를 강조하는 민족주의가 설명할 수 있는 공간이 없다.

반면에 구성주의는 민족주의의 역할이 강하다고 주장한다. 구성주의는 한 국가를 하나의 합리성에 의해 지배받는 단위로 생각하지 않는다. 구성주의는 국가를 하나의 문화적 실체로 본다. 따라서 한 국가가 가진 문화와 규범들이 한 국가의 정체성을 만들며 이 국가가 다른 국가와의 관계 속에서 공유하는 문화와 아이디어가 상호간의 정체성을 구성한다.

그런 점에서 구성주의는 민족주의가 만들어지고 구성된 규범과 해석이라는 점을 강조한다. 이렇게 만들어진 우리의식은 상대방과의 관계를 규정하게 한다. 이때 우리의식을 강조하는 객관론의 입장은 타자와의 대립적인 정체성형성을 만든다. 또한 우리의식을 국가 내부의 사회에서 강조함으로써 외부적인 우리의식의 형성 즉 지역정체성공유를 방해한다. 게다가 국수주의와 배타주의적인 관념과 규범의 형성은 상호정체성을 홉스식 정체성으로 구성하게 함으로써 적대적인 문화와 함께 적대적인 안보의식을 가지게 한다. 게다가 이러한 배타주의는 국내 정치의 문제를 등한시하고 왜곡할 수 있으며 '희생양가설'에서 말하는 내부갈등의 외부화라는 지속적인 갈등의 재생산을 만들 수 있다.

심화 민족주의의 기능

민족주의는 공동체를 구성하는 원리로서 '우리'라고 하는 공동체감을 중시한다. 이는 '우리'라고 하는 부분에 대한 내부적인 기능도 작동하지만 반면에 우리를 위해 타자가 필요하다는 점에서 외부적인 기능으로 대외적 기능도 작동하게 한다. 따라서 민족주의는 대내적 기능과 대외적 기능의 두 가지 측면을 보아야 한다.

첫째, 대내적 기능은 공동체감을 가지게 한다는 점

과 배타성으로 귀결될 수 있다는 점을 들 수 있다. 먼저 민족주의는 민족이라는 공동체의식을 통해서 공동체내에서 분열된 정체성과 이해관계를 하나로 통합할 수 있게 한다. 개인으로서의 삶은 짧지만 민족이라는 집단적 정체성을 향유하게 함으로써 민족주의는 세속적 삶에서의 소속감과 공동체에 대한 정체성을 가지게 하며 내세의 삶에 대한 불안에서의 해방을 가져다주는 '구원적 시간(messianic time)'을 제공한다. 구원적 시간이란 인간의 유한성을 민족주의가 공동체를 통해 시간적 범위를 넓혀줌으로서 기도교적 구원과 다른 미래에 대한 영속성을 보장하는 것을 의미한다. 이로서 인간은 민족을 종교시대 이후의 새로운 안식처로 여기게 되는 것이다.

정치공동체는 정치공동체 이전에 공동체로서의 소속감이 있을 때 정치적 분배와 권력 작동이 가능하다. 그런 점에서 민족주의는 정치공동체가 정치적으로 작동하면서 공동체를 유지하는데 있어서 공공재 산출에 나설 수 있게 해줄 뿐 아니라 권위의 원천을 제공한다. 특히 국방이나 조세 등에 있어서 민족주의는 '나(I)'를 확장해 '우리(we)'로 이해하게 함으로써 정치체제가 필요로 하는 공공재화창출을 수월하게 한다. 프랑스혁명에서 서양역사 처음으로 국민군대를 만들어서 프랑스를 지키려고 했던 것이 대표적인 사례가 된다.

하지만 공동체의식의 창출이 우리라고 하는 정체성에 기반을 두기 때문에 우리라는 의식구조를 넘어서기 어렵고 우리의 외부에 대해서 배타적이 되기 쉽다. 민족주의는 이성적 사고가 아니라 정체성의 정치를 통한 감성에 호소하는 정치이다. 따라서 자아의 확장으로서 우리를 인식하는 것은 소속의 배타성이라는 요소를 만들어내고 이것은 우리와 다른 그들을 만들어 낸다. 따라서 대내적으로 우리와 정체성을 나누기 어렵다고 여기는 사람들을 소외시키고 배척한다. 대표적으로 다문화를 받아들이기 어렵게 한다. 또한 무역이나 이민문제를 거부하게 함으로써 효율적인 생산을 거부하기도 한다.

둘째, 대외적 기능은 앞선 배타성이 확장되어 나타난다. 우리를 강화하기 위해 그들을 의도적으로 배타적인 구조로 인식하게 만들 수 있다. '관심전환가설' 혹은 '희생양가설'의 주장처럼 국가가 민족주의를 강화하여 국내정치의 갈등을 은폐하기 위해 외부위협을 의도적으로 만들거나 대외적인 갈등을 조장할 수 있다. 이러한 대외적 배타성의 강화는 민족주의를 국수주의로 만들어 극단적으로는 전쟁으로 이끌 수 있다. 1차 세계대전이 발칸 지역의 민족주의에서 촉발되었다는 점은 민족주의의 위험성을 잘 보여준다.

Ⅲ 한중일 민족주의의 강화원인과 동북아 지역질서에 대한 영향

1. 한중일의 민족주의 강화원인

한국의 민족주의는 저항적 민족주의로 인한 사회적 차원의 잠재력과 정치세력의 민족주의이용을 원인으로 들 수 있다. 한국은 조선후기 일본의 제국주의 침탈과정에 대한 저항에서 민족주의를 받아들였다. 이때 저항적 차원에서 민족주의가 들어왔고 객관론을 통해서 민족주의 관념을 형성하였다. 이렇게 만들어진 민족주의는 일본과의 관계 속에서 언제든지 분출되고 폭발할 수 있는 여지를 가지고 있다.

이런 상황에서 한국의 정치지도세력은 민족주의를 활용해서 정치를 해결해왔다. 보수 세력은 북한문제에 대한 남한의 우위와 남한중심의 통일정책을 강조하는 데 있어서 민족주의를 사용해왔다. 통일을 민족주의의 감정차원에서 접근한 것이 대표적이다. 또한 국내정치 갈등에서 새로운 대안제시가 안될 경우 민족주의를 활용하기도 하였다. 이명박 대통령이 임기 말에 독도를 방문한 것을 사례로 들 수 있다.

이는 진보세력입장에서도 동일하다. 북한에 대한 접근에 있어서 힘에 의한 통일보다 관계개선을 통한 장기적인 접근은 한민족으로서 객관적인 접근을 포기하지 않으면서도 경제적 이익을 고려하는 근대화적 접근을 동시에 보여주는 사례이다.

중국의 민족주의는 공산당 일당 독재체제의 유지와 관련된다. 중국은 경제적 자유를 인정하지만 정치적 자유를 인정하지 않고 있다. 이런 상황에서 중국의 경제성장에 따른 중산층의 향상은 중국의 권위주의가 중국내에서 정당성을 인정받는 중요한 뿌리이다. 이런 상황에서 중국 정부는 내부적인 갈등을 완화하고 불만을 외부로 돌리기 위해서 민족주의를 이용하고 있다.

불균등한 자원배분구조에 의해 빈부격차가 처지는 것은 정치적 갈등을 야기할 수 있다. 특히 사회주의의 평등주의가 남아있는 상황에서 중국은 빈부격차가 정치적 갈등이 될 수 있다. 따라서 정치적인 갈등을 완화하기 위해 민족주의를 사용하고 있는 것이다. 우선 민족주의는 국내적 정당화의 기반이 되고 중국인이라는 소속감을 부여한다. 또한 다원화를 통한 다양성을 민족주의 내에서 은폐하기 좋다. 따라서 중국은 과거 중국의 역사를 '치욕의 100년'으로 설정하고 이 역사를 부정하는 것과 경제적인 자신감을 가지고 민족주의를 이용하고 있다. 최근 중국의 군사력강화정책과 영토분쟁이나 동북공정문제는 중국민족주의를 통해서 정치적인 갈등의 다른 방향으로 전환하기 위한 정책으로 볼 수 있다. 사회주의의 공동체의식의 자리를 민족주의가 대체하고 있는 것이다.

일본의 민족주의는 과거 유산과 경제적 정체상태로 설명할 수 있다. 일본의 민족주의는 전통적으로 일본은 소그룹중심의 집단주의 문화가 강하다. 일본은 가족을 가장 중요한 사회단위로 하는 가족주의 국가이다. 일본은 가족주의가 천황을 매개로 해서 국가로 확장된 것으로 이해한다. 게다가 이런 가족국가의 정서는 2차 대전이후에도 정후처리에서 일본의 중심 층은 여전히 남아있으며 현 일본 엘리트층의 70%는 메이지시대의 엘리트층이다. 따라서 일본의 민족주의강화는 과거 국가의 역사와 가족의 역사로의 회귀로 볼 수 있다. 중국이 공산혁명과 문화혁명을 통해서 전통과 단절되어 있다는 점과 비교할 수 있다.

일본 민족주의의 또 다른 요소는 일본의 경제적 정체상태이다. 일본 경제는 1990년 들어와서 '잃어버린 10년'을 이야기하는 것처럼 후퇴하였다. 이런 상황에서 북한의 위협 등을 명분으로 하여 일본은 우경화로 진행하려고 한다. 이러한 복고지향적인 낭만주의적 민족주의가 일본을 보수적이면서 민족주의의적인 행동을 하도록 한다. 야스쿠니신사 참배의 경우가 대표적인 낭만적이고 회고적인 민족주의로 경제 상황 악화 이후 일본에서 강화된 모습이다.

심화 **일본 문화 보완**

일본의 문화가 가져온 심리적 특성은 '다테(たて)사회의 특성'이다. 다테사회에서 일본인들은 개인이 없고 집단으로서 '파벌'을 중심으로 한 일체화된 사회를 이룬다는 것이다. 즉 일본인은 서구식 개인주의를 받아들이지 못하며 소집단 혹은 사회학적 용어인 프라이머리 그룹(primary group, 一義集團)을 중심으로 하여 더 큰 집단으로 속해 들어간다는 것이다. 일본인은 개인으로서는 생기가 없고 긴장하지만 소집단에 있을 때 사교를 즐길 수 있다. 어떤 개인이 더 큰 조직에 속해 들어갈 때는 반드시 자신의 소조직을 통해서 들어가는 것이지 개인자격으로 들어갈 수는 없다.

일본사회가 이렇게 다테사회적 특성을 가진 것은 일본의 가족주의국가라는 사고방식에서 기인하였다. 천황을 중심으로 한 가족으로 파악하는 일본식 사고방식은 오야(親: 부모)와 고(子: 자식)의 관계로 확장되어 오야붕-꼬붕(親分子分)관계가 사회로 확장된 것이다. 이런 특성은 일본이 현재도 자본주의경제체제라는 근대주의를 받아들이면서 여전히 봉건적 유습이 남아 있다는 것을 의미한다. 가족국가관이 사회로 확장되면서 소집단 중심으로 대집단에 속하게 되는 사회의 특징은 리더십이 작동하기 어렵다는 특징을 가져온다. 즉 소집단은 언제든지 마음에 들지 않을 때 대집단에서 나간다. 게다가 대집단의 장은 자신이 속한 소집단에 제약을 받게 된다. 이런 일본사회의 특징은 개인이 사라지고 조직이 개인의 책임을 떠맡으면서도 조직자

체들을 총괄하는 상위조직을 마치 오케스트라의 지휘자처럼 만들지 못한다는 것이다.

2. 한중일 민족주의 강화의 동북아에 대한 영향

한국의 민족주의와 중국과 일본의 보수화된 민족주의로 인해서 동북아에 미치는 영향은 크게 네 가지로 구분해 볼 수 있다. 네 가지는 각각 다음과 같다. 첫째, 영토분쟁과 외교적 대립의 강화. 둘째, 군사력증강과 군사적 긴장의 강화. 셋째, 경제적 우위를 둘러싼 경쟁. 넷째, 역사와 교과서문제를 둘러싼 사회적 갈등이다.

먼저 영토분쟁은 한일간 독도분쟁, 한중간 이어도 분쟁, 중일간 센카쿠 열도 분쟁을 들 수 있다. 영토분쟁은 영토가 가지는 상징성으로 인해 민족주의를 자극한다. 특히 객관적인 입장에서 역사를 강조할 때 민족주의는 폭발적이 된다. 예를 들어 중국명 다오위다위 일본명 센카쿠 열도를 둘러싼 영토분쟁은 경제적 자원과 함께 영토가 가지는 민족주의적 속성을 자극한다. 이로 인해 최근 중일간의 외교적 갈등이 첨예화되고 있으며 이것은 군사적 긴장으로 연결된다.

동북아시아 국가들 간의 해군력증강도 한 가지 결과이다. 한국은 대양해군화에 장애가 있지만 장기적으로는 대양 해군화를 계획하고 있다. 중일간의 대양해군화와 해군력증강은 대표적인 민족주의의 자부심강화와 연결되기도 한다.

세 번째로 중일간 경제적 우위를 둘러싼 경쟁이 있다. 중국은 ASEAN+3를 중심으로 아세안국가들을 통해서 지역 내의 경제적 우위를 점하고자 한다. 반면에 일본은 EAS(동아시아 정상회의 East Asia Summit)과 치앙마이이니셔티브에 관심을 가지고 있다. 이것은 지역 내의 경제주도권에 대한 다툼으로 민족주의의 자부심이 이 지역에 대한 이해관계와 함께 작동하고 있다.

마지막으로 사회적 수준에서 역사와 교과서 문제로 인한 갈등 역시 자라나는 아이들과 청소년들에게 민족주의를 통한 배타성을 심어주고 있는 것이다. 한국의 교과서편제나 중국의 동북공정과 일본의 역사교과서 지침 제시는 독일과 프랑스의 공동역사 집필과의 차이를 보여준다.

Ⅳ 동북아 민족주의를 약화하는 방안

1. 구성주의정책 방안과 그 효과: 사회적 정체성교류를 위한 교육

구성주의는 관념의 구성이라는 요인을 통해 민족주의의 형성과 민족주의의 약화를 설명할 수 있다. 구성주의가 제안하는 방안은 크게 두 가지로 첫째, 관념을 변화시킬 수 있는 교육과 둘째, 정치인들의 정책을 들 수 있다.

첫째, 민족주의를 약화시킬 수 있는 방법으로 교육정책을 들 수 있다. 앞서 본 것처럼 민족주의는 객관론에 기초하여 역사, 혈연집단, 언어라는 공유된 지식을 통해 만들어진 것이다. 이러한 요인들은 '우리의식'을 폐쇄적인 민족정체성으로 만든다. 따라서 해결책 역시 폐쇄성을 만든 관념과 지식의 변화를 통해서 이룰 수 있다.

이를 위한 방안으로는 관념을 변화시키고 아이디어를 바꾸는 교육을 통한 상호정체성의 변화가 있다. 특히 상호정체성이 의도적으로 변화할 수 있는 공동의 담론과 담론을 통한 교육과 재교육작업이 중요하다. 구체적으로 유럽에서 프랑스와 독일이 공동으로 역사교과서를 만드는 노력처럼 동북아시아도 어린이 교육에 있어서 민족주의의 사고방식을 완화하고 상호적인 인식을 할 수 있게 하는 것이 필요하다. 그런 점에서 교육제도와 문화적 교류를 지원하고 상호이해를 높일 수 있는 인적교류를 확대하는 방안을 모색

할 수 있다. 여기에 더해 Campus Asia정책처럼 한-중-일 대학생들의 교류를 만든 방안도 진행 중에 있다. 또한 성인들에 대한 새로운 담론을 통한 재교육 방안도 모색될 수 있다. 일본 다시보기-중국 다시보기 등의 정책을 통해서 상호정체성의 변화를 꾀할 수 있다.

두 번째 방안은 지도자의 노력에 의한 방안이다. 제니퍼 린드(J. Lind)가 『Sorry State』에서 분석했듯이 국가지도자의 진정성 있는 사과는 상대국가의 나쁜 기억을 지우고 좋은 기억으로 변화를 가져온다. 이것은 양국의 관계를 개선할 수 있는 토대가 된다. 이런 조건에서 국가들의 교류 확대는 과거와 달리 진행될 수 있다. 서론에서 언급한 빌리 브란트 총리의 유태인들과 유럽인들에 대한 나치 독일 만행에 대한 사과는 통일 이후에도 독일에 대한 두려움을 줄이고 독일이 유럽의 지도국가가 될 수 있게 한다. 그러나 이런 정책이 한 번의 사과에 의해서 만들어지는 것이 아니라 정부의 지속적인 노력이 수반되어야 한다. 이것은 독일인들이 대체로 자신들의 과거를 반성하고 이것을 정부가 표출하는 것을 지지하기 때문에 가능한 것이다. 반면에 일본 지도자들의 진정성있는 사과가 부족하고 이를 지지하는 정책의 지속되지 못하는 것은 일본의 정체성의 변화부족이라고 볼 수 있다.

2. 구성주의 정책방안에 대한 반론과 재반론

구성주의 정책방안이 제안한 교육정책과 지도자들의 사과정책이 효과를 가지기 어렵다는 반론이 있다. 교육정책을 통해서 그 효과를 보기에는 시간이 많이 걸리며 정책 목표 달성가능성이 명확하지 않다는 것이다. 교육정책은 다양한 사회세력들에 의해서 만들어지기 때문에 원하는 정체성의 공유와 완화된 적대감을 만들기

가 쉽지 않다는 것이다. 또한 지도자들의 사과
는 정권이 바뀔 경우 그 지속성을 담보하기 어
렵다는 비판이다.

그러나 민족주의가 구성된 관념과 지식에 의
한 것이라고 할 때 이것을 해결하는 것은 합리
성의 부여보다는 관념의 재구성이라 할 수 있다.
한국에서 쪽발이, 떼놈이라고 일본과 중국을 비
하하는 발언을 하는 것은 여전히 열등감의 다른
표현이라고 할 수 있다. 이런 점에서 관념을 재
구성하고 새로운 담론을 만드는 것이 이 지역에
서 객관론에 기초한 민족주의를 완화하는 방안
이다.

Ⅴ 결 론

역사, 언어, 혈연집단이라는 객관론에 근거
한 한-중-일의 민족주의가 '학습화된 과정'의
산물이라면 구성주의가 말하는 재구성된 관념과
지식을 통해 이 관념을 완화하는 것이 중요할
뿐 아니라 가장 정확한 해결책이 될 것이다. 이
를 위해서는 이 지역의 지식인들과 지도자들의
새로운 지역정체성과 상호정체성을 구성하려는
노력이 중요하다.

현대 정치는 공동체 속에서 다양한 인종주의의 공존 문제를 다문화주의 속에서 다루고 있다. 한국 역시 외국인 노동자나 외국인과의 결혼으로 인한 다문화주의에 대한 관심 역시 증가하고 있다. 다음 질문에 답하시오. (총 30점)

(1) 다문화주의의 등장배경과 다문화주의의 개념과 의미를 설명하시오. (10점)

(2) 자유주의와 다문화주의의 관계에 대해 논하시오. (10점)

(3) 다문화주의와 민족주의간의 관계에 대해 논하시오. (10점)

 문제의 맥락과 포인트

앞의 15번 문제가 민족주의 관점에서 다문화문제를 다루었다면 16번 문제는 다문화문제를 직접적으로 다루고 있다. 다문화는 한국정치에서 폭발력이 강한 주제이다. 아직 시험에 나오지는 않았지만 반드시 다루어질 문제이다. 한국 정부는 다문화주의를 강하게 옹호하고 있다. 그러나 유럽 국가들과 호주는 다문화정책 실패를 인정하고 새로운 방안을 모색하고자 한다. 이런 사례들은 다문화주의가 관대함이나 진보적 이상주의에서 만들어지고 자리 잡을 수 있는 것이 아니라는 점을 보여준다. 특수한 문화가 한국에서 자리 잡기 위해서는 다문화가정과 다문화인들이 자신들의 문화뿐 아니라 한국의 문화와 가치관도 받아들이려는 노력이 필요하다. 그런데 한국 정부는 한국인들이 가진 선입견에만 매달리고 있는 면이 있다. 혈연적 민족주의를 믿고 있는 한국에서 정치적 결단과 관용에 기반을 둔 다문화주의를 받아들이게 하는 것이 쉽지는 않다. 따라서 현실적으로 그것을 가능하게 하는 방안을 좀 더 구체적으로 설명하는 것이 다문화문제에서 차별화의 방안이다.

I 서 론

다원화와 문화적 다원주의의 가치와 주장 속에서 보편적인 가치와 원칙이 있고 이것을 중요하게 받아들여야 한다는 주장은 충돌한다. 그런데 개체의 다양성과 다원적 가치의 인정과 유지 속에서도 보편적인 질서와 가치관을 통해서 사회를 유지하는 것이 필요하다. 그런 관점에서 볼 때 다른 족(ethnie)구성원의 문화와 이들의 가치관을 어떻게 볼 것인가? 인간의 보편성과 자유의 보편성을 강조하는 자유주의와 문화의 특수성과 역사성을 강조하는 다문화주의는 어떤 관계를 맺을 수 있는가? 한국의 강한 혈연적 요소를 중시하는 민족주의는 다른 혈연공동체를 인정하는 다문화주의를 어떻게 바라볼 것인가? 이러한 다양한 충돌가능성 속에서 한국의 다문화정책은 어떤 방향성을 가져야 할 것인가는 매우 시의적절한 문제이다.

Ⅱ 다문화주의의 배경과 의미

1. 다문화주의의 배경

전 세계적으로 이주 혹은 이민의 문제가 중요해지고 있다. 따라서 이주나 이민의 문제는 사회의 문제가 되고 있으며 이들 이주민들이 정착지에서 정착하는데 있어서 자신들의 문화와 정착지의 문화와 민족주의가 충돌할 수 있다. 이런 이주문제는 노동시장을 확대함으로써 국가들의 경제 성장률을 증대시켜주기도 하고 경제적으로 어려운 시기에 국가들에게 일종의 완충 장치를 제공하기도 한다.

국제적인 결혼의 증대로 인해서 문화와 인종과 언어 등이 혼합되는 현상도 나타나고 있으며, 이주의 증대와 국제결혼의 문제는 국가중심적인 시각과 영토와 주권의 배타성 시각과 민족우월주의 시각에 대한 커다란 도전이 되고 있다.

한국의 경우도 이주노동자 문제와 국제결혼 문제로 인해 다문화문제가 중요하게 부각되고 있다. 한국은 1980년대를 지나면서 외국으로의 노동 유출([예] 중동건설기 한국인 노동자들)에서 외국노동력의 유입이 많아지는 것으로 전환되었다. 2006년 3월 현재 체류 중인 외국인 규모는 80만 3,000명으로 전체 인구의 2%에 해당되며 이 중 53만 7천명이 90일 이상 장기체류자들이다. 국제결혼율도 급증하여 2005년 기준 13.6%로 4만 건이 넘어가고 있다.

2. 다문화주의의 의미와 내용

다문화주의는 광의로 규정할 경우 "상이한 국적, 체류자격, 인종, 문화적 배경, 성, 연령, 계층적 귀속감 등에 관계없이, 모든 인간이 인간으로서의 보편적 권리를 향유하고, 각각의 특수한 삶의 방식을 존중하며 공존할 수 있는, 다원주의적인 사회, 문화, 제도, 정서적 인프라를 만들어 내기 위한 집합적인 노력"을 뜻할 수 있다 (사단법인 '국경 없는 마을'의 정의). 그러나 협의로 규정할 경우 "자유민주주의에 대한 광범위한 합의와 지지가 선결된 조건에서 다양한 문화적 주체들의 특수한 삶의 권리(politics of difference)에 대한 제도적 보장(by Kymlicka)"을 뜻한다. 이밖에도 "지구화 시대, 보편적인 인권에 대한 광범위한 합의와 지지를 토대로 비국적자 및 체류자격 미비자를 포함하는 방식으로 민족국가 시민권을 '탈민족국가'적인 방식으로 재규정하려는 시도"를 뜻할 수도 있다.

정치적인 지향성과 관련하여 "상호존중, 합리적 대화, 정치적 권리라는 세 가지 요건의 실현을 통해서 시도되는 민주주의 심화 프로젝트"를 뜻할 수도 있다. 또한 '좌와 우' '진보와 보수'라는 고전적인 이분법적 정치이념의 경계를 무효화시키는 새로운 정치 이데올로기를 뜻할 수도 있다.

Ⅲ 다문화주의와 자유주의 관계

1. 자유주의와 다문화주의 공존가능성

킴리카(Kymlicka)는 "자유는 최적 선택의 자유로 정당화되고 이런 최적 선택을 위해서는 선택지의 확대가 필요하다"고 주장했다. 따라서 문화적 다양성을 인정하고 이 속에서 개인이 문화적인 선호와 가치관을 선택한다면 이것은 자유주의를 정당화하면서도 다문화주의와의 공존을 가능하게 한다. 즉 문화적 다양성을 확보하는 조건에서 개인의 선택이 가능하고 그 선택을 통해서 문화문제를 다루게 된다면 자유와 다문화가 공존하는 것이 가능하다.

2. 자유주의와 다문화주의의 상충성

다문화주의는 특수성을 지향하는 반면에 자유주의는 보편성을 지향한다. 다문화주의는 소수의 문화가 특별하고 이를 보호하는 것이 중요하다고 주장한다. 문화가 인간을 만들어 내기 때문에 소수 문화를 유지하는 것이 정체성을 유지하는 것이며 이런 입장을 대표하는 것이 공동체주의 입장이다. 반면에 자유주의는 인간의 이성에 의해서 사회가 구성된다는 입장이다. 따라서 '보편적인 이성'을 갖춘 개체에 의한 자유로운 선택이 중시된다.

하지만 자유주의는 서구의 합리주의를 기반으로 하면서 다문화를 인정한다는 점에서 문화제국주의적 요소가 있다. 자유주의의 문화제국주의적 요소는 다문화주의의 소수문화를 획일적인 자유주의 문화로 수렴시켜 버린다. 하지만 이 자유주의 문화 역시 북대서양에서 나온 하나의 문화일 뿐이다. 즉 자유주의가 상정하고 있는 개체의 우위성(개인이 공동체보다 중요할 수 있다는 입장)과 중립성도 북대서양국가들에서 받아들여지는 하나의 문화이론이자 주장일 뿐이다.

3. 관계의 평가

자유주의가 지나치게 보편적 개인을 강조하면서 문화적 요소를 무시할 경우 자유주의는 다문화주의와 충돌할 것이다. 반면에 자유주의가 다원적 입장의 관용에 기초할 경우 다양한 문화의 공존가능성이 높다.

Ⅳ 다문화주의와 민족주의

1. 배타적 민족주의의 문제

배타적 의식의 민족주의와 다양성을 인정해야 하는 다문화주의는 충돌한다. 특히 우파적인 관점에서 민족문제를 문화와 혈연공동체로 이해할 경우 자신들의 문화와 혈연공동체에 대한 도전이자 순수성의 왜곡을 가져오는 것이기 때문에 다문화주의는 거부되어야 한다. 게다가 유럽에서 군국주의로 이어지는 제국주의적 민족주의와는 가해－피해자 관계가 되기 때문에 다문화주의는 '피해자－패배자－2등 국민'이라는 인식을 가져온다.

유럽에서 다문화주의에 대해서 부정적인 인식은 다문화주의가 선호의 문제라는 점과 다문화주의가 자국의 문화체계를 무너뜨린다는 걱정을 포함하고 있다. 특히 자국의 언어를 사용하지 않아서 공동체의 유대가 깨어지는 것도 문제이다. 미국에서 스페인어를 사용하는 집단이 늘어나면서 사회문제가 되는 것은 언어의 사용문제와 함께 경제적 슬럼화와 범죄율의 증가 등의 사회적 문제를 동반하기 때문이다. 2012년 미국에서 한국인 이민자들의 총기난사사고 등은 이렇게 적응하지 못한 다문화가정의 문제를 적나라하게 보여준다.

한국의 민족주의는 과거 일본의 민족주의를 따왔고 그 과정에서 혈연의식이 강해졌다. 따라서 한국의 민족주의는 다문화를 받아들이기 어렵다. 또한 한국의 민족주의는 사대적인 의식이 강하다. 이런 사대 의식 속에서 서구민족에 대해서는 열등감을 가지는 경우가 있고 그 반대로 동남아시아인들에 대해서는 우리보다 낮은 민족으로 인식하면서 우월감을 느끼려는 경향도 나타난다. 이런 측면들은 한국에서 다문화주의가 민족주의와 상충할 수 있다는 점을 보여준다.

2. 민족주의와 다문화주의의 공존 가능성

반면에 자유를 강조하는 입장에서 관용과 공존이라는 가치를 중요하게 여긴다면 민족주의와 다문화주의가 조화되어질 수도 있다. 예를 들어 자유주의적 민족진영의 경우 자유주의를 강조한다면 다른 다문화주의도 자유로운 선택을 용인할 수 있으며 이런 경우 민족주의와 다문화주의가 공존할 수 있다.

민족주의를 정치적 결정으로 이해하면서 개인의 선택에 주안점을 둔다면 민족을 선택하는 것처럼 다문화주의 역시 개인의 선택의 문제로 볼 수 있다. 프랑스식 민족주의(정치적 결단으로서의 민족)는 귀화와 같은 개인의 정치적 결정이 내려졌다면 다문화가정도 결국 한국이라는 공동체에서 같이 살아가는 것으로 선택한 것으로 받아들일 수 있게 만든다. 그런 점에서는 개인의 선택을 강조하는 점에서 민족주의와 다문화주의의 공존이 가능해진다.

3. 민족주의와 다문화주의의 관계설정

민족주의의 배타성은 긍정적인 기능도 있지만 부정적인 기능도 있다. 특히 타자를 설정하고 그에 대한 대응으로 우리를 강화하기 시작할 경우 타자는 안티테제가 되고 우리민족의 적이자 고통의 뿌리가 된다. 하지만 이러한 안티테제의 설정은 건강한 공동체를 무너뜨리는 씨앗이 된다. 언제든지 다른 집단이 타자가 될 수 있고 공동체는 신뢰보다는 불신이 중요한 문화로 자리잡을 것이기 때문이다. 독일에서 유태인에 대한 학살사례가 대표적이다.

우리정부의 다문화에 대한 '묻지마' 식의 옹호와 홍보도 문제이다. 문화적 선택을 정부가 강제하는 것은 문화적 공존을 넘어서 타문화에 대한 선택의 자유를 무시하는 것이다. 또한 다문화에 대한 무비판적인 태도는 사회구성원들의 문제해결 능력을 오히려 저하시킨다. 언어문제나 문화적 차이로 인해서 생길 수 있는 갈등을 현실화하고 이것을 개인들에 의해서 현실적으로 해결할 수 있는 방안을 모색하는 것이 무엇보다 중요하다. 그러나 다문화주의의 무비판적인 태도와 일방적인 옹호는 정부가 사회로 하여금 스스로 해결할 수 있는 갈등 조정력을 약화시킬 수 있다는 점에서 문제가 있는 것이다.

다문화주의에 대한 과도한 공포와 이로 인한 범죄 관련 괴소문을 믿는 것 등도 문제가 된다. 하지만 무조건적인 다문화를 강제하는 홍보도 문제가 된다. 앞서 본 것처럼 가장 좋은 방법은 같이 살아가는 방식을 서로 배우는 것이다. 다문화가정과 원주민가정이 서로 살아가고 공존하는 방식을 배워가는 것이 관용의식의 전제이다.

Ⅴ 결 론

한국에서 다문화는 이제 선택문제가 아니다. 같이 살아가는 공존이 중요하기 때문에 다문화에 대한 사회적 이해를 높이는 것이 필요하다. 그리고 이것은 현실에 토대를 두고 시작되어야 한다. 자유로운 선택과 관용의 정신이 필요하지만 다문화가정과의 실제 관계 속에서 관용의 정신이 만들어지기도 한다. 한국에 다원주의관점의 접근이 필요한 이유가 되겠다.

기출문제와 연결

제14문 2014년 5급 3번(한국의 다문화주의 정책 평가) / 2008년 5급 1번(세계화로 인한 국내갈등 극복방안)

신제도주의의 이론적 발전

다음 〈제시문〉을 참고하여 답하시오. (총 30점)

〈제시문〉[6]

　제도가 외부적 위기에 의해서만 변화하는 것이 아니라 '내부적 변화'도 가능하다는 것을 보여주는 사례들이 있다. 1970년대 중화학공업 육성을 위한 제도들인 중화학공업추진기획단과 경제기획원 중심의 제도적 충돌은 5공화국 출범과 함께 경제기획원 중심 정책결정제도로 복원되었다. 또한 1970년대 중화학공업 분야의 과잉투자를 가져온 국제통제금융제도는 효율성이 상실되어 소멸하게 된다. 이외에도 독일의 금융 관례의 확산은 제도개혁을 가져온 사례가 있다.

　제도에서 '정치적 과정'이 중요하다는 점을 보여주는 사례들도 있다. 1996년 미국의 통신법은 대기업의 반발과 의회의 거부가 있었지만, 미국의 정치제도 속에서 의회의 정치적 타협과 지지를 얻어내고, 이익집단들로부터 사회적 합의를 이끌어내서 통과되었다. 한편 1990년대 한국의 통신시장자유화를 위한 노력은 독립규제위원회를 중심으로 이루려 했지만, 정부와 집권당의 지지를 받지 못하면서 비공식적 국가제도로서의 정부 개입 관행을 변경시키지 못하고 실질적으로 기존 정부주도 통신거버넌스를 유지하게 되었다.

　제도에서 '이념' 역시 중요하다. 1997년 금융위기 이후 관치금융문제를 해결하려고 했지만, 과거 금융정책 이념이 남아서 금융규제에 실패하였다. 1990년대 우루과이라운드와 함께 농산물시장 개방이라는 정책 이념이 도입되면서 한국에서는 농산물시장 개방을 두고 관련 부처들과 산업세력이 다투었지만, 결국 한국 정부는 농산물 개방을 끝까지 반대하였다.

　정치학에서도 정치경제와 거버넌스 분야 등에서 신제도주의를 활용한 연구가 활발하다. 신제도주의는 초기에는 합리적제도주의, 역사적제도주의, 사회적제도주의로 나뉘어서 연구가 진행되었다. 이후 제도의 변화방식, 제도에 영향을 주는 정치적 과정, 그리고 제도변화에 대한 이념의 역할로 연구가 확대되었다. (총 30점)

(1) 초기 신제도주의 연구가 사용한 합리적 선택 제도주의, 역사적 제도주의, 사회적 제도주의의 이론적 내용을 비교하시오. (15점)

(2) 〈제시문〉을 활용하여 신제도주의 연구를 보완하기 위한 '제도의 변화방식', '제도에 영향을 주는 정치적 과정', 그리고 '제도변화에 대한 이념의 역할'을 구체적으로 설명하시오. (15점)

Ⅰ. 서 론
Ⅱ. 신제도주의 모델 비교
　1. 합리적 선택제도주의: 제도의 합리적 행위자에 대한 영향
　2. 역사적 제도주의: 경로의존성에 따른 설명
　3. 사회적 제도주의: 정체성에 기초한 제도
Ⅲ. 신제도주의의 이론적 발전 방향
　1. 제도의 내부적인 변화
　2. 정치적 과정
　3. 이념의 역할
Ⅳ. 결 론

---

6) 이종찬, "제도변화에 대한 이론적 고찰: 후기 신제도주의의 쟁점과 한계", 「한국정치학회보」 48집 1호.

문제의 맥락과 포인트

정치학에서 신제도주의는 빈번하게 다루는 주제는 아니다. 하지만 정치학 범위안에 있고 엄밀하게 따지면 제도를 분류하는 주제이면서 다소 방법론적 차원의 분석을 요구한다. 그래서 비교정치에 분류하지 않고 〈PART I. 정치학의 도구〉에서 다룬다. 시험에서 출제되면 정치학에서는 불의타 문제에 가깝다. 행정학에서 다룬 내용을 부분적으로 차용해서 글을 구성할 수 있을 것이다.

Ⅰ 서 론

정치경제분야에서 신제도주의가 중요한 분석 도구가 되었다. 이러한 신제도주의는 정치제도 분석에서도 적극적으로 활용되고 있다. 다만 1980년대 초기 모델과 비교해 최근에는 모델 간의 종합과 이론적 통합이 시도되고 있다. 이론적 발전을 '제도의 변화방식', '제도에 영향을 주는 정치적 과정', 그리고 '제도변화에 대한 이념의 역할'을 중심으로 설명한다.

Ⅱ 신제도주의 모델 비교

1980년대 들어 기존 정치이론을 대체하기 위한 노력으로 제도주의이론이 발전하였고, 이들 신제도주의이론은 기존 다원주의이론이나 마르크스주의 이론이 무시한 제도들의 특성을 통해 이론적 설명력과 예측력을 높이고자 노력했다. 특히 이 3가지 모델은 제도가 행위자들의 행위를 직접 결정하기보다는 특정한 양태의 선택을 하게 하는 행위의 맥락을 제공했다. 즉 독립변수보다는 매개변수로 상정하였다.

1. 합리적 선택제도주의: 제도의 합리적 행위자에 대한 영향

합리적 선택제도론은 합리적 선택이론이 가진 문제점을 해결하기 위해 제도의 역할을 강조한다. 즉 경제학의 기본적 가정인 행위자 중심 모형만으로 설명하기 어려운 정치현실을 설명하는 데 있어서 제도가 미치는 영향을 설명한 것이다. 즉 제도는 매개변수로서 개인들의 합리적 선택에 영향을 미치는 것이다.

합리적 선택이론은 개인을 중심으로 방법론적 개인주의에 토대를 두고, 개인의 안정적인 선호, 효용극대화의 가정, 효율성에 대한 관심, 최적성과 균형점의 추구, 이론건설을 위한 수학적 모형등에 관심을 둔다.[7] 하지만 이러한 합리적 선택이론은 이론의 예측과 현실이 불일치하는 문제가 있다. 즉 유권자들의 합리적 선택에 따른 예측에도 불구하고 실제 현상에서는 투표를 하는 행위와 같은 집단행위문제를 해결하는 현실을 설명하지 못했다. 또한 다양한 균형점 중에서 특정 선호를 선택하는 것을 설명하지 못하는 문제도 있다.

합리적 선택 제도주의에서는 인간을 제한적 합리성을 가진 존재로 보고, 완전정보를 거래비용으로 대체하면서 시장의 논리를 조직개념으로 보완해서 설명한다. 이때 제도는 "선호의 응집"이나, "규칙, 과정, 그리고 제도적 배열의 틀"로 설명된다. 정리하자면 제도는 제도가 없을 때 발생할 수 있는 사회적 딜레마를 해결하고 행위자들의 행위를 담보하기 위한 기제로 정의된다.[8]

합리적 선택제도주의를 가장 잘 보여준 연구는 미국의 의안발의자 모델이다. 의회 의원이 아니라 위원회를 의안발의자로 가정하고 의안의 내용 및 과정을 통제하는 규칙들이 의회정책선택에 어떤 영향을 미쳤는지를 설명한다. 그 결과 위원회 제도가 그 위원회에 의해 대표되는 이익을 선호하는 방향으로 치우친다는 것을 보였다. 이외에 주인－대리인 문제를 해결하는 데 있어서 제도의 중요성을 강조한다. 제도의 성격과 기능이 어떤지에 따라 유권자와 대리인 사이의 문제가 풀려가는 방법이 다른 것이다. 즉 선거법, 입법부와 행정부의 권력 분포 및 공식 비공식적 관계, 당원과 당지도부 간의 선거규칙 등이 여기에 해당한다.[9]

2. 역사적 제도주의: 경로의존성에 따른 설명[10]

역사적 제도주의는 사회체제의 발전경로에 초점을 두고 제도의 역사적 측면을 강조한다. 특히 제도가 가진 경로 의존성을 중심으로 제도가 미치는 효과를 분석한다. 이는 국가마다 각기 다른 제도들이 만들어지고, 이 제도들이 미치는 효과의 차이에 관심을 가지는 것이다. 스타인모(Steinmo)의 연구는 영국, 미국, 스웨덴에서 이익집단의 힘보다는 헌법이 조세부담에 더 영향을 많이 미쳤다는 사례를 제시하여 제도의 경로의존성을 보여주었다.

이들은 제도를 '정체 혹은 정치경제의 조직 구조에 내재한 공식적 비공식적 과정, 통상적인 절차, 규범과 관습'으로 정의한다. 역사적 제도주의에서는 제도는 비공식적 규칙과 규범은 물론 문화까지를 포함한 거의 모든 과정과 절차를 포괄한다. 특히 구제도론과 비교해 제도에서 관계적인 측면을 강조한다. 또한 중간 수준의 제도들을 강조하는 것도 특징적이다. 중간 제도가 거시적인 구조와 행위자들을 매개해준다.

역사적 제도주의는 세 가지 특징을 보인다. 첫째, 역사 속에서 관찰되는 현실 세계의 특정한 문제들을 구체적으로 이해하고 설명하는 데 관심을 가진다. 국가마다 차이를 보이는 사건들의 거시적인 조망을 제공한다. 둘째, 시간의 분석적 중요성에 주목하여 역사로 투영된 시간이 사회현상에 미치는 영향을 분석한다. 구체적으로는 경로의존성을 통해서 분석한다. 셋째, 맥락과 구성을 중시한다. 여러 가지 제도들 속에서 나타나는 우연적이거나 의도하지 않은 정치적 결과도 중시한다.

3. 사회적 제도주의: 정체성에 기초한 제도[11]

사회학적 제도주의는 조직의 행태와 절차가 문화로부터 형성된 사회적 관례에서 나오는 것에 초점을 둔다. 사회학적 제도주의는 합리적 선택제도주의나 역사적 제도주의보다 더 비공식적인 제도들을 분석대상으로 삼는다. 이러한 제도에는 문화, 규범, 관례, 의미체계, 상징체계 등이 포함된다. 특히 정체성에 기반을 둔 행위자

---

8) 김기석, ibid.
9) 김기석, ibid.
10) 김기석, ibid.
11) 이종찬 "제도변화에 대한 이론적 고찰: 후기 신제도주의의 쟁점과 한계", 「한국정치학회보」 48집 1호. pp.166－167.

에 미치는 영향을 분석한다.

사회학적 제도주의는 새로운 관계를 수용하면서 제도의 형성과 공급이 만들어진다고 본다. 즉 정체성이 만들어지고 이것이 집단의 선호체계에 변화를 가져온다. 이러한 새로운 선호체계가 관례를 만들고, 이것이 비공식적인 제도를 만든다.

Ⅲ 신제도주의의 이론적 발전 방향[12)

초기 제도주의는 주로 제도에 초점을 두어 분석하였고, 위기상황에서 만들어진 제도를 분석하였다. 따라서 제도 자체적으로 점증적으로 제도가 변화하는 부분에 대한 설명이 약하고, 제도를 두고 펼쳐지는 정치적 과정이 반영되지 못했으며, 마지막으로 행위자들이 가진 이념이 미친 효과를 설명하지 못하는 약점이 있었다. 이에 대한 구체적인 보완작업이 무엇인지 살펴본다.

1. 제도의 내부적인 변화

신제도주의가 발전하면서 제도가 외부적 충격에 의해서만 변화하는 것이 아니라. 내부적인 요인에 의해서 변화하는 것도 설명하게 되었다. 제도 변화는 크게 두 가지가 있다. 첫째, 급진적이고 단절적이고 의도적인 외부적 제도변화다. 경제위기 등에 의해 기존 제도가 대체되는 것이 대표적이다. 둘째, 점진적으로 제도가 내부적인 과정을 통해서 변화하는 것이다. 구성원들은 기존 제도의 문제점이 있으면 이를 변화시킨다.

이러한 변화방향에는 크게 3가지가 있다. 첫째, 제도의 구속력이 약해서 대체되는 사례다. 기존 제도와 다른 제도가 만들어지고 이들 간의

경쟁이 있다가 새로운 제도로 대체되는 것이다. 위의 제시문에서 1970년대 중화학공업사업을 지원하기 위한 중화학공업추진 기획단의 운영방식이 결국은 경제기획원 중심으로 대체되었거나 복원된 사례다.

둘째, 제도가 쇠퇴하는 경우도 있다. 제시문에서 국가통제금융제도의 경우 부정적인 효과만 창출해서 결국은 소멸하게 된 사례가 여기에 해당한다.

셋째, 제도의 전환사례다. 기존 제도가 타당하지 않게 되면 새로운 해석등을 이용해 제도를 운영할 수 있다.

2. 정치적 과정

신제도주의는 정치적 과정을 포괄하면서 발전하고 있다. 제도는 이해당사자들 사이의 이해 조정과정을 반영하면서 변경되고 발전한다. 즉 정치적 타협이 제도 발전에 있어서 중요하다. 이 과정에서 두 가지가 중요해진다. 첫째, 어떤 행위자가 제도를 공급하고 주도권을 가지는 지 여부다. 둘째, 외부적인 위기가 없는 경우에도 지배연합 내부에서 제도를 의도적으로 변경하는 경우다.

제시문의 두 번째 단락의 사례들처럼 국가가 제도를 만들고 운영할 때 결국 정치제도들이 어떻게 이해관계를 조정해주는 지가 중요하다. 통신법의 사례에서처럼 의회의 제도화, 이익집단 정치등이 작동한다. 한국의 1990년대 통신시장 자유화를 위한 독립규제 위원회 사례도 정부와 정당이 어떤 이해관계를 가지는지가 중요한지를 잘 보여준다.

---

12) 이종찬, ibid, pp.167-178.

3. 이념의 역할

제도를 운영하는 데 있어서 행위자가 가진 이념도 매우 중요하다. 행위주체들의 선택은 그 선택을 가져오는 신념 체계가 중요하다. 제도에 대한 선택 자체가 특정 이념을 반영한 것일 수 있다. 이념은 제도를 선택하는데도 영향을 미치지만, 제도변화를 만들어낼 때 방향을 지시하는 데도 영향을 미친다.

제시문의 세 번째 단락의 사례처럼 금융위기 극복에 있어서 관치금융을 해결하자는 담론에 대해 여전히 관치 금융을 강조하는 이념이 개혁을 방해할 수 있다. 이는 제도선택에서 이념이 가져오는 영향을 적나라하게 보여준다.

새로운 이념이나 전문적 지식도 영향을 미친다. 전문적인 지식은 새로운 이념을 만들 수 있다. 위의 사례에서 실패했지만, 시장자유화의 논리는 우루과이 라운드를 받아들일 때 중요한 이념적 자원이었다. 하지만 한국에서는 농업 분야는 보호해야 한다는 이념이 자유무역 이념보다 중요하게 작동한 것이다.

Ⅳ 결 론

신제도주의는 매개변수로서 제도를 통해 행위자, 역사, 정체성을 연결하는 시도를 하고 있다. 여기에 더해 정치과정과 이념을 도입해서 이론적 설명력을 확장하고자 한다.

제016문 COVID-19와 공공재에 대한 대응방안

COVID-19는 세계화로 인해 바이러스와 인류간 상호삭용의 양상을 변화시켰다. 1870년대 이후 세계화가 크게 3단계(World Bank 구분으로 1870년-1913년 1단계, 2차대전 직후부터 1970년대 초반 2단계, 1980년대부터 현재 3단계)로 구분된다고 할 때 COVID-19는 3단계에서의 글로벌가치사슬(Global value Chain)의 연계와 노동과 관광으로 대표되는 인적이동과 연계된다. 한편 COVID-19 해결과 같은 '인류공동재화(common goods)'를 창출하기 위해서는 국가간 협력이 요구된다. 다음 질문에 답하시오. (45점)

(1) 세계화에 대한 국가의 개입정도를 세계화론자(자유주의자), 국제화론자(국가주의자), 조정론자(역사사회학파)의 입장에서 비교하시오. (15점)

(2) 국내적 관점에서 바람직한 전염병의 확산을 통제하기 위한 국가의 역할과 시민사회와의 관계를 논하시오. (15점)

(3) 국제적 관점에서 '인류공동재화'를 창출할 수 있는 방안의 가능성에 대해 논하시오. (15점)

 문제의 맥락과 포인트

2019년 코로나19가 창궐하였고 2023년까지 인류를 새로운 위기로 몰아넣었다. 시간이 지나서 코로나라는 주제 자체는 현안 이슈에서 제외될 수 있겠지만, 국가의 기능과 국제적 협력 그리고 위험사회의 현실성 등에서 출제가능한 이슈로는 남아있다. 이 문제는 세계화라는 틀에서 공공재의 문제를 해결하기 위한 방법이라는 일반론을 한번 점검하기 위한 주제다. 또한 세계화에 대한 자유주의, 현실주의, 역사사회학파의 다른 입장을 구체적으로 이해해보려는 주제다.

I 서 론

2021년 5월 17일 기준으로 미국은 코로나19로 인한 확진자 수가 3,369만 명이고 누적사망자 수는 5만 5천 900여 명이다. 패권 국가이자 선진국이라 불리는 미국이 가장 많은 확진자와 사망자 수를 냈다는 것은 미국식 자유주의의 개방성 때문이다. 그런 점에서 코로나19는 국가

간 통제와 국가 내의 위생과 의료체계 구축과 같은 '국가의 역할'이 무엇인지에 대해 국내적 국제적 차원의 관심을 불러일으키고 있다. (핵심: 국가의 역할논의)

II 세계화에 대한 국가의 개입 정도 비교

세계화(Globalization)는 세계사회(globality)로 과는 과정을 묘사하기 위한 개념으로 이는 비국가행위자의 역할증대와 국가행위자의 역할감소를 가정하고 있다. 따라서 이론적 논쟁을 위해 자유주의 관점에서 세계화를 규정하고 이에 대한 각기 다른 입장의 논리를 살펴본다. (조작작업)

1. 세계화론자: 국가 개입의 축소와 비국가행위자의 자율성 강조

자유주의자들은 세계화라는 현상에서 국가의 역할은 제한되고 비국가행위자의 역할을 증대한다고 본다. 세계화가 국민국가 단위의 정치를 넘어서 새로운 정치경제공동체로서 세계사회를 가정하고 있는 만큼 이러한 새로운 정치경제질서에서는 새로운 행위자들이 중요하게 된다는 것이다. 자유주의자들은 근대국가 단위의 정치체제가 가지는 관료제도와 상비군 그리고 지정학적인 이익에 의한 투쟁이 궁극적으로는 국가의 문제라고 본다. 따라서 국가의 개입 정도가 높아진다는 것은 자유주의의 핵심행위자인 개인의 자유를 침해하게 된다. (새로운 공동체로서 세계사회)

세계화를 강조하는 자유주의는 인간의 이성과 인간의 자유를 위해서 또 다른 공동체 수립이 필요하다고 보는 것이다. 역사적으로 볼 때 근대국가는 1500년대에 만들어진 것이지 초역

사적인 실체가 아니다. 따라서 로버트슨의 주장처럼 시간과 공간이 압축되는 상황으로서 세계화가 진행된다는 것은 과거 정치공동체의 단위로서 국민국가의 크기를 뛰어넘을 수 있게 되었다는 것이다. 따라서 인간을 중심으로 새로운 공동체가 필요하고 이러한 공동체 구성이 가능하게 되었다면 국가의 기능은 이제 중요하지 않게 되는 것이다. (인간 자유 확보를 위한 새로운 공동체와 국민국가의 퇴조)

자유주의는 시장과 국가 중에서 시장이 우월하다고 본다. 개인 이성을 통해서 구성된 시장은 합리성을 극대화하며, 이를 통해 개인들의 이익을 구현해준다. 그러나 국가는 민주주의나 사회주의 혹은 공화주의의 논리를 통해 시장에 대해 개입하고 간섭하고자 한다. 이는 국가가 지대추구(rent-seeking) 적이거나 효용 극대화보다는 분배 극대화를 위해 행동하게 함으로써 시장의 효율성을 붕괴시킨다. 그런 점에서 국가의 개입은 필요악의 관점에서 최소화되어야 한다. (국가와 시장의 대비. 분량이 많아지면 이 부분은 안 써도 됨)

2. 국제화론: 국가 주도적인 개입과 비국가행위자에 대한 통제

국제화론은 국가주의자들의 주장으로 국가에 의한 통제를 강조한다. 국가주의자들은 국가가 국내정치에서 주도적인 역할을 해야 한다고 본다. 베버주의자들과 네오 베버주의자들이 대표적인 국가주의에서는 국가는 계획 합리성을 통해서 '국가 자율성'과 '능력'을 가지고 통치한다. 따라서 국가는 세계화가 아닌 국가들이 계획된 혹은 관리된 교류의 증대를 받아들이는 것이다. (자율성과 능력을 통한 국가의 개입 논리)

국가주의자들은 정치는 국가의 공간이라고 본다. 정치공동체는 다양한 세력들이 다양한 가

치를 두고 경쟁하는 공간이다. 따라서 이런 경쟁에서 갈등이 필연적이라면 국가는 이러한 갈등을 관리하고 질서와 안정을 만들 필요가 있다. 게다가 사적 이익을 추구하는 개인들만으로는 공공재 창출이 어렵다. 따라서 국가는 공공재를 만들고 이를 관철할 수 있어야 한다. **(국가의 정치에서 개입의 논리)**

국가주의자들은 시장에 대해서도 국가의 개입이 필요하다고 본다. 시장은 자기 완결적인 존재가 못 된다. 시장은 몇 가지 점에서 실패할 수밖에 없다. 규모의 경제가 작동하고, 수요와 공급이 자연히 일치되지 못한다. 따라서 시장질서에 대한 국가의 개입은 장기적인 경제성장을 보장한다. **(국가의 시장 기능. 앞의 자유주의에서 뺐으면 여기서도 삭제)**

3. 조정론: 국가의 역할 조정

조정론자들은 국가의 역할이 변화하고 있고, 변화해야 한다고 주장한다. 조정론은 주로 역사사회학에서 등장했다. 마이클 만(M. Mann)이나 찰스 틸리(C. Tilly)는 국가를 하나의 고정된 실체로 파악하지 않고 역사 속에서 어떤 역할을 수행하면서 변화했는지를 설명했다. 찰스 틸리의 경우 "국가가 전쟁을 만들고, 전쟁이 국가를 만든다"라는 명제를 통해서 국가와 전쟁이라는 역사 속 관계를 설명한다. 마이클 만은 국가의 초기 기능을 도둑집단과 비교해서 국가의 기능에서 정당화 기능이 강조되면서 도둑집단과 달리 권위를 포함한 권력을 가진다고 주장했다. **(조정론의 주장과 역사사회학파 소개. 이 부분에서 이론이 약하면 조정론의 주장을 강화해서 구성할 수 있음. 이론이 있으면 더 논리가 탄탄해짐)**

조정론자의 핵심주장은 국가의 기능을 역사적으로 분류해볼 때 초역사적인 기능과 역사적인 기능으로 구분된다는 것이다. 국가는 5가지 기능을 수행한다. 첫째, 대규모 전쟁을 수행 기능(이를 위해서는 폭력독점, 재원 마련과 관료제도 형성, 외교정책독점), 둘째, 영토 내의 의사소통구조구성(도로나 통신망과 공용어 제정), 셋째, 정치적 민주주의의 경쟁의 장 마련(우파와 좌파 간 투쟁의 장을 제공), 넷째, 사회적 기본권 배분(복지정책을 통해 기본적 생활할 수 있게 함), 다섯째, 거시경제계획 및 경제개입정책(케인스주의를 통한 제한적 자유주의사용). 이 중에서 첫째와 둘째는 초역사적인 기능으로 이것은 국가가 지속해서 유지한다. 반면에 셋째, 넷째, 다섯째는 역사적인 기능으로 20세기 들어와서 만들어진 기능들이다. 즉 이 기능은 시간이 지나면서 더 사회적 요구가 없을 때 사라질 수 있다. 그런 점에서 국가의 기능과 개입영역은 선택이 된다. **(국가기능의 측면 구체화)**

Ⅲ 국내적 관점에서 국가와 시민사회의 역할

전염병의 확산과 통제를 위한 국가의 기능은 결국 어느 정도 개입할 것인지의 문제로 이는 개인의 자율성을 침해하는 문제다. 따라서 국가와 개인의 역할 규정에 대한 논리가 필요하기에 앞서 자유주의와 국가주의와 역사사회학의 이론적 논리를 통해서 설명한다. **(조작작업: 앞의 이론과 연결)**

1. 자유주의 세계화론자: 국가 개입 최소화

자유주의에서 국가의 개입은 필요하지만 최소화되어야 한다고 본다. 로크와 같은 자유주의 이론에서도 국가는 최소한의 필요악이다. 따라서 국민의 안전이라는 자유를 보호하기 위해서 국가의 개입과 간섭은 정당화된다. 그러나 국가의 개입은 최소화되어야 한다. 국가의 개입은 국가의 간섭을 여기하고 이는 개인의 자유를 침해하게 된다. 이는 국가의 권력과 권한을 강화하여 더 개입적이고 강압적인 국가를 만들 수 있다. 따라서 두 가지 점에서 위험하다. **(국가의 개입인정 but, 제한 필요 논리)**

첫째, 국가의 개입 기준이 모호하다는 점이다. 국가가 어떤 질병에 대해 간섭하고 이를 국민 복지 차원에서 다룬다면 선택의 문제를 남긴다. 다른 질병은 배제되고 특정 질병에 재원을 사용하게 되면 그 개입의 기준이 모호하게 된다.

둘째, 국가의 개입은 한 번 증대하면 이후 축소되지 않는다는 점이다. 국가의 개입이 증대하고 난 뒤에는 경로 의존성이 생긴다. 이번 코로나바이러스 이후에도 증원된 질병 관리체계나 의료체계는 계속 유지해야 한다. 이는 국가의 재원을 통해서 충당할 경우 국가에 대한 국민의 세금 부담은 늘어나게 될 것이고 이 과정은 지속할 것이다. **(두 가지 반박지점)**

이를 정리하면 위생과 보건의 이름으로 국가의 역할을 증대할 것이다. 그런데 이런 국가 개입은 완전주의 국가(국가를 신처럼 완전한 존재로 가정하는 국가가정)를 상정한다. 하지만 국가는 전염병과 같은 전문적인 내용에서 정확히 알 수 없거나 혹은 국가의 권력을 활용해서 이익을 추구하고자 하는 이들에 의해 휘둘릴 수 있다. **(국가 개입 부정 논리 정리)**

따라서 국가의 개입은 최소화하고 개인들을 중심으로 문제를 해결하도록 하는 것이 바람직하다. 개인위생을 철저히 하고, 개인마다 타인에게 불편을 주지 않도록 하는 것이 필요하다. 하지만 개인에게 지나치게 자유를 구속해서는 안 된다. 전염성이 높지만, 치명성이 낮은 바이러스에 대해 개인들의 면역력이 높아질 수 있으므로 개인들에게 자유재량을 부여해야 한다. **(개인의**

자율성 보장. 단 국가의 개입 최소화 다음 문단으로 갈 수 있음. 즉 국가 역할 + 개인의 역할로 구성 가능)**

2. 국가주의 국제화론자: 국가 개입의 정당화

국가주의 입장에서는 국가의 개입을 늘려야 한다. 국가는 질병과 위생의 문제를 공공의 문제로 다루어야 한다. 국가는 이러한 문제에서 시민들을 보호해야 한다. 계획 합리성에 기초한 체계적인 관료제도는 최대한의 정보를 이용하여 공공의 문제를 해결해야 한다. 정치는 '이익, 역할, 부담'의 3가지를 분배하는 것이다. 이때 국가는 질병과 같은 부담의 문제를 해결해야 한다. **(국가 개입의 근거로서 계획 합리성)**

국가는 다른 국가로부터의 이동이 빈번해진 세계화에 대해 유일하게 통제력을 가질 수 있다. 따라서 이동의 자유가 질병의 확산을 가져왔기 때문에 이 부분에서 탈세계화 정책(deglobalization)을 만들어야 한다. 세계화의 악영향을 통제해야 한다. **(탈세계화의 주체로서 국가)**

홉스식 현실주의에 따르면 국가의 기본적인 기능은 국민의 생명을 보호하는 것이다. 국민의 생명을 보호하기 위해 국가는 공권력을 사용한다면 사스, 메르스, 코로나 등 최근 질병 확산이 빈번해지고 있는 상황에서 국가의 대응기능은 확대될 필요가 있다. 국가는 위생검역체계를 강화할 필요가 있다. 또한, 의료체계가 대응력이 높고 위기 상황에서 작동할 수 있도록 만들 필요가 있다. 이번 코로나 위기에서 한국 정부의 K 방역이 상대적으로 다른 국가들보다 감염자를 통제함으로써 확진자 수와 사망자 수를 줄였다는 점이 대표적이다. **(생명 보호자로서 국가와 구체적인 위생검역체계구비 필요)**

3. 역사사회학파의 조정론자: 국가의 새로운 역할 추가

조정론자는 국가의 역할이 이제 새로 추가되고 있다고 본다. 위생과 검역은 이제 국가에 새롭게 해결해야 하는 안보가 된 것이다. 과거 국가는 전통적인 안보에 매달렸다. 근대국가는 폭력사용을 통해 국가이익을 극대화했기 때문에 전통적인 안보관인 국가안보와 군사안보에 집중하였다. 그러나 냉전기 강대국 간의 전쟁은 없었다. 탈냉전기 국가 간 전쟁보다는 국가 내의 내전에 의해 더 많은 이들이 사망한다. 따라서 안보는 국제화되었고, 주변국의 국가위기가 자국에 영향을 주게 되었다. 시리아 사태로 유럽에서 난민 문제가 등장하고, 범죄와 인종혐오문제가 발생한 것이 대표적이다. **(국가의 역할 확대)**

그런데 사스, 메르스, 신종플루, 코로나와 같은 질병이 빈번해지면서 국가는 이제 안보관을 확장할 필요가 생겼다. 공포와 부족으로부터 자유를 만들어야 하는 '인간 안보'가 부상한다. 국가 차원이 아니라 인간 차원에서 국가는 어떻게 개인들에게 불안을 줄여줄 것인지 정책을 구성해야 한다. 안보가 불안이 줄어있는 상태라고 할 때 불안은 전적으로 국가만의 문제가 아니다. 인간 안보 차원에서 보건안보와 위생안보와 같이 문제들을 해결해 주어야 한다. 또한, 세계화로 인해 사회가 연계된 상황에서 질병이 퍼지는 것이기 때문에 한 국가만의 문제가 아닌 '국제안보'와 '포괄안보'를 결합한 국제제도의 구축도 필요하다. **(인간 안보와 국제안보로 확장)**

국가는 예방이 치료보다 중요한 이러한 감염병 문제를 해결하기 위한 국내적 제도 구축과 국제적 제도 구축에 집중할 필요가 있다. 코로나사태가 보여준 것처럼 국가 내의 계급 분열에서 더 치명적인 약자들의 보호를 위해 나설 필요가 있다. 따라서 역사적인 기능으로서 방역과 위생관리가 추가될 필요가 있다. **(국내적 국제적 제도 구축의 필요성)**

4. 평가: 역사사회학파의 논리 타당

세계화를 완전히 거부할 수 없다면 세계화의 부정적 영향은 통제해야 한다. 이를 위해서는 국가의 개입이 필요하다. 국가주의 입장과 역사사회학파의 논리가 이런 점에서 타당하다. 특히 역사사회학에서는 사회적인 측면을 강조한다. 이는 사회적 타협과 합의가 가능하다는 것이다. **(역사사회학파의 논리차용)**

국가의 개입은 개인의 자유 침해를 동반할 여지가 있다. 또한, 자유주의에서 지적한 국가의 선택적 개입 문제와 개입 이후의 역할 유지라는 문제도 있다. 이런 점에서 사회적 타협과 합의가 중요하다. 2차대전으로 인해 자유방임주의의 문제점을 경험하고 케인스주의식 제한적 자유주의가 사회적으로 타협되어 '연계된 자유주의(embedded liberalism)'를 받아들인 것처럼 사회적 타협을 이루어낼 수 있다면 국가의 개입은 정당화된다. 그리고 이러한 개입은 국가 내의 공동체 구성원의 생명과 안전을 지킬 수 있다. **(사회적 타협의 중요성)**

만약 사회적 차원에서 국가의 개입기능을 인정하게 된다면 국제적인 공조체계를 만드는 것도 타협이 될 수 있다. 그런 점에서 국제적인 차원에서 국가들이 협력할 수 있게 하는 것이 중요하다. 다음 목차에서는 국제적 협력을 논의한다. **(국제문제와 연결고리를 제공)**

● 대안 목차 1

  1. 국가의 개입인정: 국가주의

  2. 국가의 개입 거부: 자유주의

  3. 국가의 개입인정: 역사사회학파

  ⇨ 3단 논법식 구성(정반합). 역사사회학으로 정리

● 대안 목차 2

  1. 국가의 개입 거부: 자유주의

  2. 국가의 개입인정: 국가주의와 역사사회학파

  ⇨ 2단 논법식 구성(반대 논리와 자신의 논리). 단순하게 구성할 수 있음, 다만 국가주의와 역사사회학의 관계 정리가 필요.

Ⅳ 인류 공동의 재화 창출 가능성 논의

만약 사회적 차원에서 국가의 개입기능을 인정하게 된다면 국제적인 공조체계를 만드는 것도 타협이 될 수 있다. 그런 점에서 국제적인 차원에서 국가들이 협력할 수 있게 하는 것이 중요하다. 다음 목차에서는 국제적 협력을 논의한다. (조작작업으로 이 문단을 이 위치에서 사용 가능. 전체적으로 논리를 연결하기는 두괄식이 더 유용함)

1. 인류 공동의 재화 창출의 어려움

코로나19와 같은 인류 전체를 위협하는 전염병은 해결이 필요하다. 이를 해결하는 것은 인류에게는 모두 혜택을 주는 것이다. 즉 치료제를 개발하거나 백신을 개발하여 더 많은 국가와 시민들이 안전하게 되는 것은 기후변화로부터 인류 전체를 지키는 것처럼 중요한 공유재이다.

(공유재로 정의)

그러나 백신과 치료제는 현재 사용재이다. 즉 개발한 국가나 개발한 기업의 이익을 위해 판매되는 재화이다. 백신의 경우 주로 미국회사들이 만들었고, 아스트라제네카와 옥스퍼드대가 공동으로 개발한 경우가 있다. 이외에는 중국과 러시아가 국영기업을 통해 만든 백신이 있다. 코백스 퍼실리티(약칭 코백스)가 있어 국제적으로 백신을 나누기로 되어 있지만, 미국은 주로 자국민들에게 우선 접종을 하고 있다. 또한, 경제력이 되는 국가들 특히 동맹국들에 먼저 백신 판매를 허용하고 있다. (사용재로서 백신과 의료체계)

백신과 치료제를 포함해 위생과 의료 보건체계를 관리할 새로운 제도가 필요하다. 현실적으로 문제를 해결할 수 있고, 그럴 의지를 가진 국가들이 동참하여 이런 문제를 사적인 문제보다는 인류 공공의 문제로 생각하고 해결하는 것이 필요하다. (새로운 제도 필요)

여기서 확실하게 해둘 것은 의료 보건을 통해 개인들의 안전을 확보하게 하는 것이 '공유재(common goods)'에 해당한다는 점이다. 공유재는 비배제성으로 인해 무임승차의 유혹이 있다. 하지만 경합성으로 인해 누군가 사용하면 다른 이는 사용하지 못한다. 따라서 백신은 어떤 국가의 누군가가 빨리 사용하게 되면 다른 국가의 국민은 사용하지 못한다. 그런 점에서 공공재보다 더 약탈적인 소비가 일어난다. (백신의 공유재로 구체화와 개념 정의)

따라서 '공유재의 비극' 논의와 마찬가지로 공유재를 해결하는 방식이 필요하다. 무임승차를 피하면서도 자국중심주의를 피해서 인류에게 공통의 이익이 돌아갈 방안을 모색해야 한다. (창출 가능성 논의로 연결)

2. 인류 공동의 재화 창출 가능성

첫째 주장은 인류 공동의 재화를 창출할 가능성이 크다는 것이다. 특히 이것은 두 가지로 가능해질 수 있다. 먼저 패권 국가에 의해서 가능한 방안이다. 다음 오스트롬이 제시한 대로 자발적 거버넌스를 활용하는 방안이다. **(창출 가능성 논리)**

킨들버거식 패권이론에 따르면 선의의 패권 국가가 주도하여 공유재를 제공할 수 있다. 패권국가는 이러한 공유재인 안전을 제공함으로써 국제적 위상과 평판이 좋아질 수 있다. 또한, 이런 보건과 의료문제가 해결되어야 국제적 자유무역이 되살아난다. 자유무역의 부활은 패권 국가에도 이익이 된다. **(킨들버거식 구체화)**

엘리노 오스트롬은 자율규제방안을 제시하였다. 이 방안을 전염병 문제에 대입하면 기업이나 시민들의 자발적인 절제 즉 사용재의 이익 극대화를 피하는 것이다. 기업들도 사안의 중요성과 인류애적인 인도주의에 기초하여 백신 문제와 치료제 문제를 공유하는 것이 가능하다. **(오스트롬식 구체화)**

하지만 둘째 주장은 인류 공동의 재화 창출 가능성이 작다는 것이다. 앞의 두 가지 논거는 실현 가능성이 떨어지기 때문이다. 이를 구체적으로 살펴본다. **(창출 가능성 부정)**

먼저 패권 국가인 미국은 공유재를 제공할 의지가 약하다. 게다가 미국은 이번 위기의 가장 피해국이다. 그리고 위기를 해결하는 과정에서 패권국가로서 연성 권력과 정당성이 훼손되었다. 향후 미국이 패권국가로서 문제를 해결하려고 주도하여도 다른 국가들로부터 정당성을 인정받기 쉽지 않다. **(패권국가 미국의 의지 부족과 정당성 약화)**

또한, 미중간 경쟁의 심화도 문제다. 이번 위기를 계기로 미국은 중국과의 상호의존을 줄이고자 한다. 탈동조화현상(decoupling)이 발생하고 있다. 이는 미국이 이후 미국과 동맹국들과 협력을 하는 분화된 세계화를 추구하게 할 것이다. 중국 역시 중국과 교역을 하는 국가들을 중심으로 미국을 대체하려 할 가능성이 크다. 신냉전에 대한 우려가 만들어지고 있으므로 미국의 전세계적인 리더십을 기대하기 어렵다. **(미·중 대립의 문제)**

게다가 오스트롬이 말한 자율규제는 현실적으로 더욱 기대하기 어렵다. 미국 기업들은 이번 사태에서만 사용할 수 있는 백신을 만드는데 큰 비용을 들였다. 게다가 수익도 높은 이러한 의료품을 공유재로 확장하여 다른 국가들에 제공하는 것을 거부한다. 특허의 일시적 포기도 어렵다. 따라서 자율규제는 현실적으로 기대하기 어렵다. **(오스트롬식 자율규제의 어려움)**

따라서 이러한 관점에서 가장 현실적인 방안은 과두제적인 방식의 해결책을 찾는 것이다. 패권이론을 대체하기 위해 제시된 던칸 스나이덜(D. Snidal)의 과두제모델은 일정한 수의 국가가 문제를 해결하는 것이 무임승차를 막으면서 현실적으로 해결책을 찾는 방안이라고 제시한다. 이를 위해서는 구체적으로 G20의 역할을 확대하는 방안이 있다. G20은 G7의 선진국을 중심으로 하고 여기에 중견 국가들을 합류하게 하여 2008년 미국발 금융위기를 해결하기 위해서 만들어진 제도다. 이 제도를 반드시 금융체제에 한정할 필요가 없으므로 의료분야의 협력에 활용해 볼 수 있다. 의료와 관련 정보를 상호제공하고 이를 통해 질병 예방과 위기관리의 공동관리방식 등으로 문제를 해결할 수 있다. **(대안으로서 K-group 이론)**

과두제 모델에 따를 때 패권국가 혹은 강대국 그리고 중견국가들이 실질적으로 의료체계

문제에서 핵심적인 행위자들이다. 이들의 영향력을 최대화하고 정보를 공유하는 것은 향후 백신 개발, 치료제 개발뿐 아니라, 위기 감지와 공동관리에서도 중요한 역할을 수행할 수 있다. 또한, 미국은 정당성의 약화를 이러한 제도에서 적극적 역할을 통해 보완할 수 있다. (대안의 구체화)

마지막으로 국내정치에서 사회적 합의를 통한 국가의 역할을 인정했다면, 국제정치에서도 이러한 사회적 합의를 국제 사회적 합의로 확대해볼 수 있다. 질병에 대한 인도주의적 관점에서 국제공동체적 책무를 강조하는 담론을 구성하여 국제적 협력을 모색한다면 국내에서의 국가 혹은 정부 역할과 국제에서의 국가 혹은 정부 역할을 조율할 수 있다. (국내 논리와 국제논리의 연결)

● 대안 목차 1

공유재의 의미 조작 정의로 구성

1. 공동재화 창출 가능 – 패권이론

2. 재화 창출 어려움 – 패권 불가. 죄수의 딜레마 게임

3. 평가

● 대안 목차 2

공유재 의미 조작 정의로 구성

1. 죄수의 딜레마이론 – 협력 어려움

2. 패권이론 – 협력 가능

3. 과두제 모델 – 협력 가능

⇨ 이론 3가지로 논리 구성, 결론 도출

● 대안 목차 3

공유재 의미 조작 정의로 구성

1. 상호의존이론과 안보갈등 축소

2. 상대적 이익과 부정적 안보외부효과

3. 과두제 모델/ 구성주의 모델

⇨ 현실주의와 자유주의간 대립으로 가능. 구성주의를 대입하여 문제해결도 가능함

Ⅴ 결 론

세계화의 인구이동으로 인해 빨라진 코로나19의 확산은 국가의 통제강화를 해야 하며 국가간 협력이 필요하다. 국가 내에서는 사회와의 타협을 통한 정부의 역할 강화를 받아들이고, 국제정치에서는 중견 국가의 역할을 인정하는 G20의 제도화와 같은 방안을 활용해 볼 수 있다.

1. 정치사상

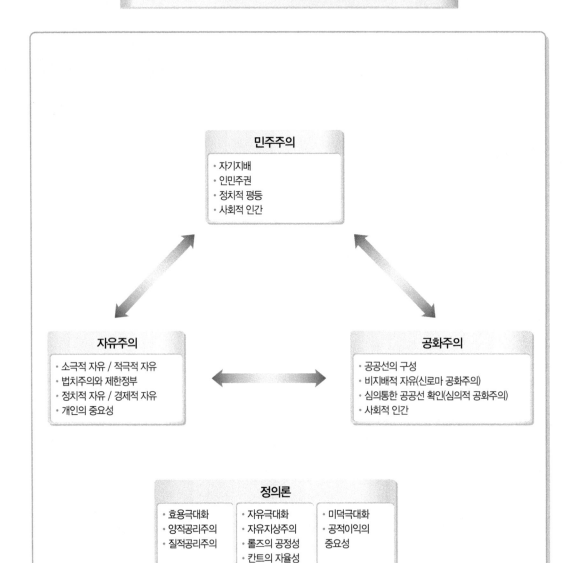

민주주의
- 자기지배
- 인민주권
- 정치적 평등
- 사회적 인간

자유주의
- 소극적 자유 / 적극적 자유
- 법치주의와 제한정부
- 정치적 자유 / 경제적 자유
- 개인의 중요성

공화주의
- 공공선의 구성
- 비지배적 자유(신로마 공화주의)
- 심의통한 공공선 확인(심의적 공화주의)
- 사회적 인간

정의론

• 효용극대화 양적공리주의 질적공리주의	• 자유극대화 자유지상주의 롤즈의 공정성 • 칸트의 자율성	• 미덕극대화 • 공적이익의 중요성

제001문 한국에서 공익과 사익의 관계

정치는 공공선(public goods)을 강조하는 국가와 사익(private goods)을 강조하는 인간과 개인사이의 관계에 의해 구성된다. 정치이론들은 각자 공공선과 사익간의 관계에서 차이를 보인다. 한국정치 역시 공공선과 사익간의 관계에서 우선성을 두고 논쟁이 있다. 다음 질문에 답하시오. (총 30점)

(1) 자유주의, 민주주의, 공화주의, 공동체주의 각각의 관점에서 사익과 공익을 어떻게 보는지 설명하시오. (15점)

(2) 현재 한국에서 필요한 공익과 사익의 관계에 대해 논하시오. (15점)

Ⅰ. 서 론
Ⅱ. 분석도구들: 공익과 사익관점에서 이론들 비교
　1. 자유주의: 사익중심의 공익결정
　2. 민주주의: 공익의 결정과정 중시
　3. 공화주의: 공익의 결정과정 중시
　4. 공동체주의: 선험적 공익결정

Ⅲ. 한국의 바람직한 공익과 사익의 관계
　1. 사익 우선적 입장: 자유주의와 절차적 민주주의
　2. 공익 우선적 입장: 공동체주의이론과 실질적 민주주의입장
　3. 사익과 공익의 조화 입장: 현대적 공화주의
Ⅳ. 결 론

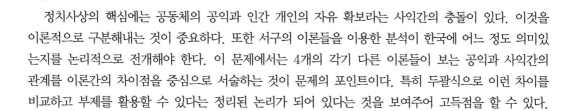

문제의 맥락과 포인트

정치사상의 핵심에는 공동체의 공익과 인간 개인의 자유 확보라는 사익간의 충돌이 있다. 이것을 이론적으로 구분해내는 것이 중요하다. 또한 서구의 이론들을 이용한 분석이 한국에 어느 정도 의미있는지를 논리적으로 전개해야 한다. 이 문제에서는 4개의 각기 다른 이론들이 보는 공익과 사익간의 관계를 이론간의 차이점을 중심으로 서술하는 것이 문제의 포인트이다. 특히 두괄식으로 이런 차이를 비교하고 부제를 활용할 수 있다는 정리된 논리가 되어 있다는 것을 보여주어 고득점을 할 수 있다.

Ⅰ 서 론

문재인 정부가 들어서서 공공 부문의 비정규직문제를 해결하면서 민간 부분의 비정규직 문제해결까지 확대하려는 노력이나 최저임금 인상 논의는 사익과 공익간의 논의를 대표한다. 신자유주의가 강화되면서 공동체의 공공선이 약화되어 있는 현재 한국 상황에서 사익과 공익간의 관계를 어떻게 규정할 것인지를 살펴본다.

Ⅱ 분석도구들: 공익과 사익관점에서 이론들 비교

1. 자유주의: 사익중심의 공익결정

자유주의는 개인의 자유를 강조하기 때문에 사적인 이익을 중심으로 정치를 이해한다. 개인들의 사적이익에 앞서는 공익은 없다. 개인들의 이익의 합으로서 공공선이 있다. 따라서 사익이 공익보다 중요할 뿐 아니라 공익은 사적이익을 결정하는 과정에서 만들어진다. 특정한 공적이익이 선험적으로 결정될 수 없을 뿐 아니라 개

인의 이익을 넘어서는 공익도 없는 것이다.

2. 민주주의: 공익의 결정과정 중시

민주주의는 공공선을 결정해 가는 과정을 강조한다. 민주주의는 자유주의와 결합하는 경우 사적인 이익들이 결정과정을 거치면서 공공선을 만든다. 반면에 민주주의를 루소식의 실질적 민주주의로 연결해서 이해하면 공공선은 이미 결정되게 된다. 그러나 민주주의를 다수결주의로 이해하는 방식에 의하면 민주주의는 다원적 결정과정을 따른다.

3. 공화주의: 공익의 결정과정 중시

현대적 공화주의는 공익을 중시하면서도 공익의 실체설의 입장이 아니라 과정설의 입장에서 이해한다. 공익은 사회적 심의과정을 거치면서 결정되는 것이다. 특히 신로마 공화주의는 비지배적자유를 강조함으로써 공공선과 사적이익을 연결하게 만들었다. 따라서 공익만을 강조하는 것이 아니라 사적인 이익과의 관계 속에서 공익을 강조한다는 특징이 있다.

4. 공동체주의: 선험적 공익결정

공동체주의는 공공선이 이미 결정되어 있다고 본다. 사회가 중요하게 여기는 가치로서 공공선은 정해져 있고 시민들은 이러한 공공선을 배우는 것이다. 아리스토텔레스는 대표로 하는 매킨타이어의 경우 인간이 가진 목적론을 부활시켜 인간이 추구해야 할 도덕적 가치를 강조한다. 인간은 사회적 가치를 공동체 내에서 가지는 존재로 사회내의 narrative라는 서사구조 속에서 자신의 역할을 하는 것이 중요하다.

Ⅲ 한국의 바람직한 공익과 사익의 관계

1. 사익 우선적 입장: 자유주의와 절차적 민주주의

한국에서 여전히 권위주의가 남아있다는 점에서 개인의 자유가 더욱 보호되어야 한다. 자유주의는 사적인 이익이 보장되고 법치주의에 의해서 예측가능성이 높아질 때 공동체가 유지될 수 있다고 본다. 또한 자유주의의 보호가 민주주의 보호로 연결된다고 본다. 민주주의 역시 다수결주의로 이해할 경우 사적인 이익의 결정과정을 통해서 공익이 결정된다.

2. 공익 우선적 입장: 공동체주의이론과 실질적 민주주의입장

한국에서 공동체주의자들이나 실질적 민주주의를 강조하는 이들은 공익을 더욱 강조한다. 이들은 공익을 주장함으로써 소유권 중심의 경제적 접근을 약화시키고자 한다. 공동체유지를 위해서는 시민에게 최소한의 경제, 사회적 권리가 보장되어야 한다. 따라서 사적인 이익을 보장할 경우에는 공동체유지가 어렵기 때문에 사적인 이익에 간섭은 정당화된다.

3. 사익과 공익의 조화 입장: 현대적 공화주의

사익만을 강조하거나 공익만을 강조하는 접근에는 문제가 있기에 공익과 사익을 조정하는 접근이 한국에는 가장 절실하다. 한국에서 양극화문제와 신자유주의의 강화나 다문화에 대한 배타적인 접근은 지나친 자유주의 강화 특히 경제적 자유주의의 강화로 인해 생긴 폐해가 된다. 공동체주의의 선험적인 공공선 우월적 접근은

자유로운 개인들의 거부를 받을 수 있을 뿐 아
니라 다원적 시대와 불일치하는 측면이 있다.
그런 점에서 신로마 공화주의나 심의적 공화주
의가 상정하는 개인의 자유와 이익을 공공선으
로 맞추려는 노력이 필요하다. 특히 경제적 양
극화나 다문화주의와 같은 주제를 해결하는데
있어서 '비지배적 자유'의 개념은 어떻게 국가가
적극적으로 경제와 사회영역에 개입하여 공공선
의 문제를 해결할 것인지에 대한 실마리를 제공
한다.

Ⅳ 결 론

한국의 천민자본주의라고 칭해지는 신자유
주의의 강화 혹은 경제적자유주의의 강화는 자
유주의의 왜곡을 가져왔고 이를 해결하기 위해
서는 공화주의의 이론적 보완이 필요하다. 공화
주의가 말하는 공공선의 구성을 구체화하는 교
육을 통해서 한국 현재 사회문제를 해결하는 것
의 단초를 마련할 수 있다.

제002문 정치사상이론별 국가이론

정치학은 국가와 인간의 관계를 다룬다. 구체적으로 정치학은 국가가 왜 필요한지와 무엇을 할 것인지에 대한 입장 차이들을 다룬다. 국가의 필요성에 대해서는 절대적으로 국가의 필요성을 주장하는 파시즘에서 국가의 필요성을 부정하는 무정부주의까지 넓은 스펙트럼 내 이론들이 있다. 한편 국가의 역할에 대해서는 정치적 역할, 경제적 역할, 사회적 역할에 대한 입장 차이를 가지고 있다. 다음 질문에 답하시오. (총 40점)

(1) 무정부주의, 자유지상주의, 민주주의, 공화주의, 공동체주의, 파시즘의 국가관을 설명하시오. (20점)

(2) 현대 국가의 역할은 무엇이 되어야 하는지에 대해 논하시오. (20점)

 **문제의 맥락과 포인트**

정치학의 본질은 국가에 있다. 국가가 무엇을 해야 하는지를 설명하는 데 있어서 이론적인 구분을 하는 것이 중요하다. 특히 이론들 중 현대 한국이 선택할 수 없는 것이 무엇이고 무엇을 선택하는 것인지를 골라내는 것을 결론 부분에서 언급하여 한국적 의미를 구체화하는 것이 포인트이다.

Ⅰ 서 론

현재 대한민국이라는 국가가 다문화주의정책, 복지정책, 안보정책의 다양한 역할을 수행한다. 최근 한국정치에서 진보와 보수의 정치적 투쟁은 국가의 역할에 대한 논쟁이기도 하다. 현재 시점에서 대한민국이라는 국가의 역할은 무엇이 되어야 하는지를 살펴본다.

Ⅱ 국가의 필요성논의: 이론별 비교

1. 무정부주의

무정부주의는 국가를 필요로 하지 않는다. 무정부주의는 개인들의 자유를 강조하기 때문에 국가라는 공동체 자체를 필요로 하지 않는다. 무정부주의는 개인들의 자유를 극단적으로 강조하기 때문에 공동체를 구성하는 것 자체를 부정한다.

무정부주의입장에서 국가는 어떠한 경우에도 필요하지 않을 뿐 아니라 도덕적으로 정당하지 않다. 개인들에게 필요한 공공선은 개인들 간의 합의에 의해서도 만들 수 있다. 국가를 만들게 되면 국가는 권력을 가지고 개인들의 사적 공간에 개입을 하게 된다. 이런 국가의 개입은 개인의 자유와 개인의 도덕을 무시하게 된다. 게다가 국가라는 권력체는 개인의 필요와 관계없이 사용되기 때문에 전제적이 된다.

2. 자유지상주의

자유지상주의도 국가는 필요악으로 본다. 개인의 자유를 극대화해야 한다고 믿는 자유지상주의는 자유주의 중에서도 자유를 극단적으로 강조하는 이론이다. 개인의 자유 특히 소유권을 강조하는 입장에서 소유권은 천부인권으로 파악된다. 국가는 소유권을 보장하기 위한 존재로서만 필요로 한다.

개인들은 국가를 필요악의 정도에서 인정하게 된다. 개인들은 자신들의 소유권을 유지하기 위한 정도에서 사회적 질서를 유지하기 위한 권위체로 국가를 필요로 한다. 하지만 경제적 소유권과 질서 유지를 넘어서 까지 국가가 개입하는 것은 거부된다.

3. 민주주의

민주주의에서 국가는 필수적이다. 민주주의는 인민들이 자기지배를 구현하는 것이다. 인민이 자기가 자기 삶을 통제하기 위해서는 국가라는 공동체를 구성해야 한다. 공동체로서 국가를 구성해야 구성원들이 원하는 것을 이룰 수 있다. 인간은 혼자 살 수 있는 존재가 아니기에 공동체를 구성해야만 한다. 이때 공동체인 국가가 무엇을 할 것인지와 어떤 가치를 사회적 가치로 결정할 것인지는 민주주의의 절차적 차원의 제도를 가지고 있어야 실제 현실화될 수 있다.

민주주의에서 사회구성원들은 민주주의를 구현하기 위한 국가라는 공동체의 권력장치를 받아들여야 한다. 민주주의에서 권력이 중요하다. 그리고 권력의 보유주체로서 국가가 중요하다. 민주주의에서는 사회적 가치를 결정했을 때 사회적 가치로 탈락한 다양한 세력이 있다. 이들이 사회질서를 받아들이게 하기 위해서는 권력이 중요하며 권력보유체로서 국가가 중요하다. 국가는 정치적 영역, 경제적 영역, 사회적 영역에서 사회적 가치를 결정하기 때문에 국가의 역할에 대한 범위는 확장될 수 있다.

4. 공화주의

공화주의에서 국가는 개인의 자유 확보와 공공선을 동시적 달성에 있어서 필요하며 필수적이다. 우선 뒤의 공동체주의와 구분하기 위해 공화주의는 약한 공화주의를 의미하고 공동체주의는 강한공화주의를 의미한다고 구분을 한다. 약한 공화주의는 공공선을 중시하면서도 개인들의 자유를 거부하지 않는다. 공화주의에서는 개인들이 자유를 확보하기 위해 참여를 하며 공공선을 구성한다고 본다. 그런 점에서 공화주의에서 국가는 공공선을 달성하면서도 개인의 자유를 보호하는 데 필수적이다.

공화주의의 대표적인 이론인 신로마 공화주의는 '비지배'를 강조한다. 비지배는 권력의 자의적 행사를 거부하기 위한 개념이다. 공화주의에서 공화국의 구성원들은 특정 계급에 의해 다른 특정계급이 지배되지 않아야 한다. 이를 관철하기 위한 것은 법을 구성하는 데 있어서 모든 구성원들이 참석함으로써 법의 지배를 구현하는 것이다. 현대적 해석을 가미한 신로마 공화주의는 법치주의를 통해서 정치, 경제, 사회문제에 개입하여 비지배를 구현하고자 한다.

5. 공동체주의

공동체주의에서 국가는 공공선을 구현하는 데 있어서 가장 핵심적인 역할을 수행한다. 공동체주의는 강한공화주의로 정치참여를 강조하며 공공선을 강조한다. 공동체주의의 대표적인 이론가인 아리스토텔레스의 입장에 따르면 '인간은 정치적 동물'이다. 인간은 정치공동체에 참여하는 것이 필연적일 뿐 아니라 자연스러운 현상이다. 인간은 정치 즉 국가 활동에 참여함으로써 동물이 아닌 인간으로서의 특성을 가지게 된다.

공동체주의는 인간의 '목적(telos)'을 강조한다. 인간은 인간으로서 목적이 있다. 아리스토텔레스에게 인간의 목적은 행복추구에 있다. 인간은 다른 인간과의 삶속에서 자신을 완성할 수 있다. 공동체에 대한 참여는 인간의 본질이 되는 것이다. 그런 점에서 인간의 정치적 공동체로서 국가는 인간의 본질과 관련된 모든 사안을 다룬다. 정치, 경제, 사회 모든 분야에서 국가는 공동체의 공공선을 유지할 수 있게 개입해야 한다.

6. 파시즘

공동체주의의 가장 극단적인 형태가 파시즘이다. 파시즘은 전체를 위해 개인을 희생할 수 있다고 본다. 공동체에서 개인이 중요한 것이 아니라 공동체전체의 유지를 위한 필요에 의해서 중요하게 된다. 파시즘은 민족과 국가를 개인위에 둔다. 공공선을 위해서 개인의 자유를 인정하지 못하게 된다.

개인들의 입장에서 개인의 자유는 중요하지 않다. 공동체의 유지 자체가 가장 중요하기 때문에 개인은 공동체를 위해 개인의 자유를 포기할 수 있어야 한다. 파시즘에 따르면 국가는 모는 사안에 대해 개입할 수 있다. 개인들의 자유로운 공간이 없기 때문에 개인의 자유를 위한 국가의 간섭 배제와 국가 개입의 제한은 의미가 없다.

Ⅲ 현대 국가의 역할논의: 이론별 비교

1. 소극적 국가역할

앞서 본 이론들 중에서 무정부주의, 자유지상주의, 민주주의가 국가의 역할을 소극적으로 본다. 국가의 역할이 아예 거부되는 무정부주의를 제외하고 자유지상주의와 민주주의관점에서 국가의 역할에 대해 다룬다. 특히 민주주의는 절차적 차원의 민주주의로 한정하여 다룬다.

자유지상주의와 절차적 민주주의는 국가의 개입을 최소화하여 한다고 본다. 하지만 자유지상주의보다 민주주의에서 국가의 역할은 좀 더 확대될 수 있다.

소극적으로 국가의 역할을 보는 입장에서 국가는 정치적 영역에 역할이 제한될 필요가 있다. 사적 공간이 되는 경제영역은 개인들의 공간이기 때문에 국가의 개입은 절제되어야 한다. 국가는 공공재로서 소유권의 보장, 법적 질서를 통한 사회 안정의 확보, 안전 확보라는 역할이 중요하다. 공공재로서 언어, 표준절차 등을 표준화함으로써 사회가 작동할 수 있는 전제요건을 충족시켜주면 된다.

절차적 민주주의 역시 자유주의를 토대로 한 이론이기 때문에 국가의 역할은 제한될 필요가 있다. 국가는 사적공간을 보장해주는 제한된 역할을 수행해야 한다. 개인들의 자유 확보가 절대적인 가치이면서 이들의 자유를 보장하기 위한 공동체구성과 국가의 운영이 절차적 민주주의가 지향하는 바이다. 따라서 국가의 역할을 사적공간의 질서를 위배하는 독과점이나 사회질서붕괴를 가져올 수 있는 대내외적 위협을 제거하는 것이다. 또한 절차적 평등을 제시함으로써 구성원들 간의 국가에 대한 정당성을 인정받는 것이 중요하다.

2. 적극적 국가역할

반면에 공화주의, 공동체주의, 파시즘이 적극적인 국가의 역할을 강조한다. 그러나 파시즘은 개인의 자유를 부정한다는 점에서 지향할 수 있는 정치체제가 아니기에 논의에서 제외하고 공화주의와 공동체주의를 중심으로 국가의 역할에 대해 논의 한다.

공화주의는 '비지배'를 통해서 국가의 정치, 경제, 사회에 대한 개입을 주장한다. 예속과 예종은 정치적 차원의 문제만은 아니다. 예속과 예종이 없는 상태를 비지배 상태라고 볼 때 예속과 예종을 제거하는 것이 중요하다. 신로마 공화주의를 재해석한 필립 페팃은 권력에서 자의적 통치를 배제하는 것이 단순히 정치영역에만 국한된 것은 아니고 경제영역과 사회영역에서도 중요하다고 보았다. 경제적으로 시장으로부터 자신의 생계 여탈권이 자의적으로 결정되면 안 되기 때문에 비정규직의 보호와 함께 복지를 통해 직업적인 운으로부터 인간다운 삶을 살 수 있게 해야 한다. 사회적으로 차별과 억압으로부터 자유롭게 해주어야 한다. 예를 들어 다문화가정이나 성적 소수자 등도 사회적인 차별에서 자유로워야 한다.

공동체주의 역시 국가의 개입을 사회적 차원까지 확대하기를 원한다. 공동체주의에서 국가는 완전주의국가로 상정된다. 완전주의 국가는 도덕문제까지 완전하게 판단할 수 있는 국가를 의미한다. 공화주의는 국가의 절대선으로서 가정인 완전주의 가정을 통해서 국가가 도덕적인 문제까지 개입해야 한다고 본다. 공동체주의로 분류되는 마이클 샌델은 인간복제와 관련된 사안들의 경우는 국가가 도덕적으로 명확히 거부해야 하는 것이다. 인간의 목적에 부합하지 않는 부분에 대해 국가는 도덕적 판단을 해야 하며 국가의 권력은 공공선을 달성하기 위해 사용되어야 하는 것이다.

3. 평 가

최근 한국의 경우 국가는 역할이 확대될 상황에 처해 있다. 초고령화 사회로 가고 있으며 4차 산업혁명으로 인한 변화를 맞이하고 있다. 이런 상황에서 진보와 보수라는 이념과 계층간 대립을 해결할 필요도 있다. 이런 상황에서 공동체 구성원들이 공동체에서 개인들의 자유를 확보하고 인간다운 삶을 살기 위해서는 국가는 적극적인 역할이 모색되어진다. 다만 이를 위해서는 국가의 예산이라는 제약이 있다는 점과 국가의 과도한 개입으로 인해 개인들이 국가와 복지에 의존하게 되는 부작용이 있으므로 이런 부작용을 축소하는 노력과 같이 국가 역할증대가 확대될 필요가 있다.

Ⅳ 결 론

대한민국은 현대 다양한 분야의 적극적인 국가의 역할을 필요로 한다. 과거 국가건설기와 한국전쟁을 거치면서 안보국가의 기능을 맡아왔다. 1960년대 이후 산업화를 거치면서 경제 국가를 구축했고 1987년 이후 민주주의로의 전환으로 민주주의국가가 되었다. 현재 시점에서 복지국가를 넘어서는 새로운 국가의 기능이 요구되고 있다. 국가의 기능과 역할에 대한 구체적인 이론적 논의가 함께 정책적 의미가 고려되는 이유이다.

근대정치사상에서 사회계약론은 자연상태와 인간관에 기초한 '국가의 구성원리'와 안전과 자유 확보와 같은 '국가의 기능(혹은 역할)'을 이전 시대와 달리 설명한다. 다음 질문에 답하시오. (30점)

(1) 사회계약론의 역사적 의미를 왕권신수설과 비교해서 설명하시오. (6점)

(2) 홉스, 로크, 루소의 사회계약론을 비교하시오. (24점)

 문제의 맥락과 포인트

근대 사상의 핵심은 인간이 국가를 만든다는 사회계약론에 있다. 최근 입법고시에서 홉스와 로크를 비교하는 문제가 출제되었다. 여기서 더 확장한 이슈가 홉스, 로크. 루소를 비교하는 주제이다.

Ⅰ 서 론

근대 정치사상은 공동체로부터 개인을 분리하고 개인을 중심으로 정치를 설명한 홉스에서 기원한다. 이는 전통적인 정치사상 즉 국가 구성원리로부터 분리를 의미한다. 홉스 이후의 사회계약론은 개인들의 정치적 동기를 통해 국가를 구성하고 국가의 기능을 도출했다는 점에서 의미가 있다. 홉스 이후 로크와 루소의 사회계약론을 비교해본다.

Ⅱ 사회계약론의 역사적 의미 (6점)

사회계약론은 근대 정치 사상을 중세 사상의 국가 구성원리인 왕권신수설과 구분시켜준다. '국가 구성원리'와 '국가의 기능'차원에서 구분해본다.

1. 국가 구성원리 (3점)

사회계약론은 인간에 의해 국가를 만들었다는 점에서 신이 국가를 만들었다는 왕권신수설과 구분된다. 사회계약론은 개인을 공동체와 분리시켰다는 점에서 의미가 있다. 자유주의의 기초가 되는 개인을 정치의 중심에 둔다는 점에서 중세와 근대를 구분한다. 왕권신수설이 국가를 신이 만들었다고 하는 중세적 개념이었다면, 사회계약론은 자유로운 개인들에 의해서 국가가 만들어졌다는 것이다. 여기서 핵심은 신성이라는 신앙이 중심인 세상에서 이성을 강조하면서 국가를 구성한 것이다.

2. 국가의 기능 (3점)

사회계약론에서 국가의 기능은 왕과 교회를 위한 것이 아니라 국민을 위한 국가로 바뀌었다는 것이다. 중세 국가와 절대왕정체제에서 국가는 교회와 절대적인 군주를 중심으로 한 국가였다. 그러나 개인을 중심으로 하고 자유주의가 탄생하게 되면서 국가의 기능은 국민을 위한 것으로 바뀌게 된다.

Ⅲ 사회계약론의 비교 (이론별 8점)

사회계약론은 '국가 구성원리'와 '국가의 기능'혹은 '국가의 역할'을 중심으로 비교할 수 있다.

1. 홉스의 사회계약론

홉스 이론은 국가 구성원리는 자연상태와 인간관에 기초해서 만들어진다. 홉스는 자연상태를 무정부상태로 규정했다 무정부상태는 전쟁상태와 같다. 만인이 만인에 대해 투쟁하는 것이다. 이런 상황에서 인간은 합리성과 권력욕구를 가지고 있다. 인간은 죽어야 그치는 권력추구욕구를 가진다. 이러한 권력 추구욕구는 다른 상대보다 우위에 서고자 한다. 한편 인간은 주어진 삶을 살려고 하는 점에서 평등하다. 즉 단명을 피하고자 한다.

홉스이론에서 자연권과 자연법이 중요하다. 자연권은 자신을 생명을 보호하게 만드는 권리다. 즉 self-preservation의 권리다. 자연법은 자연이 인간에게 규정해준 법칙이자 규범이다. 인간이 다른 인간의 생명을 해치면 안되다는 것이 대표적이다. 문제는 자연권과 자연법이 충돌할 때 자연권이 우선한다는 점이다. 즉 인간은 자신의 생존 보호가 가장 중요해진다.

만인이 만인에 대해 투쟁하는 경우 개인들의 생명과 안전은 보장되지 못한다. 이 지점에서 개인에게 합리성이 중요하게 된다. 개인들은 생존을 위해 개인들간의 사회계약이 필요해진다.

개인들간의 사회계약을 구체화하고 약속 불이행을 막기 위해 강력한 중앙정부를 만들게 된다. 이렇게 해서 중앙정부가 만들어진다.

홉스 이론에서 국가의 기능은 개인들에게 안전을 보장해주는 것이다. 홉스 이론이 만들어지던 당시 청교도 혁명시기였다. 무정부상태에 가까운 내전상황에서 개인들에게 안전을 보장해주는 중앙정부의 존재가 핵심적이다. 따라서 홉스가 만든 국가는 자유를 위한 국가이기 보다 국민의 안전을 보장하는 국가이다. 이로 인해 강력한 권력을 가진 국가를 구성하게 되는 것이다. 이는 저항권이 소극적으로만 인정되는 것으로 확인할 수 있다.

2. 로크의 사회계약론

로크의 국가구성원리는 자연상태와 인간에서 출발한다. 로크 역시 사회계약을 위해 자연상태를 가정한다. 로크의 자연상태는 불편한 상태이다. 홉스와 달리 자연상태가 전쟁상태는 아니다. 다만 중앙정부가 없어 통치력을 활용할 수 없는 불편한 상황이다. 이런 상황에서 인간은 합리적이지만 제한적으로 합리성을 가진다. 즉 인간은 합리성을 가지지만 때에 따라 합리성이 작동하지 않는다.

로크 이론에서는 소유권이 중요하다. 개인이 가진 노동력을 활용해서 공유재인 재화를 사용재로 만들 수 있다. 이렇게 사용재가 만들어진 것은 자신의 소유물이 된다. 이때 소유권은 신체, 생명, 재산을 포괄하는 개념이다. 개인은 소유권을 보호하는 것이 중요하다. 하지만 자연상태에서는 도둑이 들어 자신의 재산을 강탈할 수 있다.

이런 상황을 제거하기 위해 개인들은 사회계약을 통해 정부를 만들기로 한다. 이렇게 개인들간의 합의에 의해 정부가 구성되는 것이다.

개인들의 자유로운 합의가 정부를 구성하는 것이다.

로크의 국가 기능 혹은 국가 역할은 개인의 자유를 보장하는 것이다. 이를 위해 국가는 필요악으로서 필요한 존재지만 제한되어야 한다. 개인의 자유를 보장하기 위해 국가는 필요하다. 하지만 국가가 너무 강력해지면 개인의 자유를 제약할 수 있다. 이를 제한하기 위해서는 국가는 제한되어야 한다. 로크는 2권 분립론과 저항권이론에 기초해 국가를 제한하였다.

3. 루소의 사회계약론

루소의 국가 구성원리는 자연상태와 인간관에서 출발한다. 루소는 자연상태를 평화로운 상태로 규정한다. 오히려 사회상태가 인간을 타락하게 만든다는 점에서 홉스와 로크의 자연상태와 구분된다. 인간 역시 자연상태에서는 선하다. 인간은 자기애(amour de soi)와 동정심(pity)을 가진다. 인간은 자신에 대한 애정 뿐 아니라 타인에 대한 애정을 가진다는 점에서 공화주의적이다.

인간이 사회상태가 되어 타락한다. 이렇게 타락한 인간을 구제할 수 있는 방안은 새로운 국가를 구성하는 것이다. 이를 위해서는 인민들의 주권을 보장해주는 것이 필요하다. 루소의 이론이 만들어질 당시 자본주의가 발전하면서 다수의 노동자들이 만들어진다. 이들은 사회구조에 속박되어 있다. 따라서 루소는 이러한 권력을 가지지 못한 인민들에게 자유와 평등을 부여함으로서 주권자로 만들고자 했다.

국가의 구성원리는 인민주권론에 기초한다. 인민에게 주권을 부여하는 것이다. 다만 인민은 교육 수준이 낮기 때문에 합리적 의사결정이 어렵다. 따라서 이들 개개인의 의사보다는 집합적 의사가 중요하다. 이를 루소는 일반의지라고 한다. 일반의지는 개인 의사의 총합이 아니라 전체의 의사로 규정된다. 일반의지는 구체적으로 입법자에 의해 구현된다. 즉 일반의사를 확인하여 이를 입법으로 전환하는 것이다.

루소의 국가 기능은 인민에게 주권을 부여하고 평등을 부여하는 것이다. 국가는 홉스처럼 강력한 주권의 보유나 로크의 유산자의 자유와 소유권을 보장하는 것이 중요한 것이 아니다. 일반 민중인 인민에게 실제 자유를 부여하고 평등을 부여하는 것이 중요하다. 이를 통해서 인민주권을 구현하여 민주주의를 만드는 것이다. 국가는 인민의 의사를 통해 구현되기 때문에 국가 기능은 인민에게 주권을 부여하고(of the people) 인민이 주권을 행사하고(by the people) 인민을 위해 기능하는(for the people) 것이다.

Ⅳ 결   론

사회혜약론은 근대 이전과 근대를 구분하게 만든다는 점에서 혁명적인 이론이다. 이론가 마다 국가의 기능에 차이가 있는 것은 시대상황과 이론가의 중심 가치가 달랐기 때문이다. 그런 점에서 현대 국가들은 사회계약론에 영향을 받고 있다.

제004문 로크 이론의 구체화

명예혁명(1688년) 이후 로크는 1689년 『통치론』을 통해 근대 정치 사상에서 근대적 '자유'개념을 만들었다. 사회계약을 통해 국가를 구성하면서도 개인에게는 자유를 부여하고자 한 것이다. 다음 질문에 답하시오. (총 40점)

(1) 정치사상적 측면에서 로크 사회계약론이 나오게 된 시대적 배경을 설명하고, 인간관과 자연 상태 등의 개념을 이용해서 국가가 구성되는 원리를 설명하시오. (20점)

(2) 개인에게 자유를 부여하면서도 정부가 권위를 유지할 수 있는 방법을 제한정부 혹은 권력 분립이론 관점과 저항권 차원에서 설명하시오. (10점)

(3) 로크 이론에서 저항권과 소유권의 진보적인 측면과 보수적인 측면을 통해 현대적 의미를 설명하시오. (10점)

문제의 맥락과 포인트

정치사상에서는 사상사적으로 논쟁이 되는 주제들이 있다. 대표적으로 마키아벨리를 군주주의자로 볼 것인지 공화주의자로 볼 것인지를 들 수 있다. 이 문제도 그런 유형의 문제이다. 로크는 근대적 자유의 시작이다. 그런데 로크 이론은 보수적 이론과 자유적 이론 두 가지로 해석된다. 입법고시에서 로크 이론이 나왔기 때문에 앞으로 더 출제될 수 있으니 로크 이론을 구체화해둘 필요가 있다.

Ⅰ 서 론

한국정치는 자유주의의 영향을 받아 국가를 만들었고, 민주화를 이루기도 했다. 그러나 자유주의세력은 한편으로 보수세력으로 비판받기도 한다. 이는 자유주의의 진보적 성격과 보수적 성격에 기인하는 측면이 크기 때문에 근대 자유주의이론을 만든 로크를 통해 양면적 성격을 살펴본다.

Ⅱ 자유주의자 로크 이론의 배경과 국가 구성의 원리

정치사상에서는 맥락주의(contextualist)입장에서 사상가의 배경을 살펴보고 사상의 내용을 해석하기도 한다. 맥락주의에 기초해 로크의 이론적 배경을 살펴본다.

1. 사회적 배경

로크 이론이 등장할 당시의 배경은 두 가지

를 볼 수 있다. 첫째, 명예혁명기간의 영국 정치 상황이다. 명예혁명을 거치면서 영국은 청교도 혁명과 달리 국가구성에 있어서 급진적인 혁명이 필요하지는 않게 되었다. 청교도혁명이라는 내전에서는 왕권강화주의와 개혁파간이 대립이 치열했고, 이런 상황에 대한 해결을 위해서도 강력한 국가가 필요했다. 이는 홉스의 절대적 국가관에 의해 설명된다. 반면 명예혁명은 개신교도인 오렌지 공이 영국에 들어오고 카톨릭 교도인 제임스 2세가 달아나면서 막을 내렸다. 이는 혁명이 유혈사태 없이 완성될 수 있다는 점을 증명한 것이다. 따라서 국가의 구성도 홉스와 달리 유혈사태나 내전에 대한 부담없이 이루어질 수 있었다.

둘째, 부르주아 입장을 반영하고 의회의 권한을 강화하고자 했다. 로크는 의회주의자로서 영국 의회인 휘그를 통해 왕권을 제한하고자 했다. 이 당시 새로운 신분층인 부르주아들의 입장을 반영하기 위해서는 의회에 대표를 보내고 이들을 통해 왕에 대한 견제가 가능하게 만들어야 했다. 즉 새로운 계층이 신분제에 의한 권력이 아니라 자신들의 노력에 의해 사회권력을 가질 수 있도록 하였다.

2. 사회계약론: 국가구성의 논리

로크는 국가를 구성하는 논리를 홉스와 같이 사회계약을 통해서 설명하였다. 국가이전 상태인 자연상태는 "완전한 자유의 상태"이다. 자연 상태에서 자유란 "사람들이 타인의 허락을 구하거나 그의 의지에 구애받지 않고 자연법의 테두리 안에서 스스로 적당하다고 생각하는 바에 따라 자신의 행동을 규율하고 자신의 소유물과 인신(person)을 처분할 수 있음"을 의미한다.[1]

그는 이성을 가진 인간을 설정했는데 인간의 이성은 신에 의해 부여받은 것이다. 이성적 존재인 인간은 이성이 명하는 바에 따라 자연법을 준수하고 사회계약을 통해 공동체를 구성하며 공동체의 법률을 따르는 것에 동의를 하게 된다. 이성을 가진 인간은 자연상태에서 자신의 소유물과 인신을 처분할 수 있는 자유를 가진다.

또한 자연 상태에서 인간은 평등하다. 이때 자연 상태에서 자유는 방종을 의미하지 않는다. 방종을 의미한다고 본 필머의 주장처럼 인간의 방종을 빼앗는 것이 아닌 것이다. 로크의 자연상태는 홉스의 전쟁상태로서 자연 상태와도 다르다. 로크의 자연 상태에서 사람들은 각자 자유와 평등을 누릴 뿐 아니라 서로 돕고 선의로 대하는 평화로운 상태에 있다. 이런 상태에서 왜 사람들은 사회계약을 하는지에 대해 로크는 자연 상태에서 개인의 재산 및 권리 향유가 안전하고 확실하지 못하다는 결함이 있기 때문이라고 보았다. 이런 결함을 해결하고자 인간은 사회계약을 하게 된다.

로크의 사회 계약은 다음과 같은 순서를 거친다. 첫째, 일정한 수의 사람들이 서로 결합해 하나의 사회를 형성하고 둘째, 각자 자신이 가지고 있는 자연법의 집행권을 포기하며 셋째, 모든 사건에서 공동체가 제정한 법에 따라 보호를 호소할 수 있는 공동체의 수중에 양도하는 것이다.

사회계약을 통해서 개인이 가진 (자연법위반 행위에 대한) 재판권과 처벌권을 공동체에 양도한다. 이렇게 하여 공동체가 수행하는 재판권과 집행을 위한 공권력의 사용은 자신이 양도한 것으로 시민들의 동의에서 나온 것이다. 이때 공동체는 홉스처럼 제3자를 가져온 것이 아니라

---

1) 존 로크, 『통치론』(강정인, 문지영 옮김), p.12; 문지영, "7. 존 로크—자유주의의 사상적 토대", 『서양근대정치사상사: 마키아벨리에서 니체까지』(서울: 책세상, 2007), p.274.

사회구성원들이 만든 집단이 된다. 따라서 권한을 위임받은 공동체의 대표와 인민사이에는 위계관계가 없다. 계약과정에서 권력을 위임받은 입법자와 집행권자는 계약의 구속을 받으며 맡겨진 책임과 의무를 다해야 한다.

사회계약을 통해 공동체를 만들고 공동체의 운영을 위해 입법자와 집행자가 될 대표를 위임함으로써 국가가 구성된다. 국가의 구성은 인민들의 동의에 의해서 만들어진 것이다. 이것은 홉스가 안전을 위해 절대적인 국가를 만든 것과 다르다. 국가의 목적은 법을 제정함으로써 시민들의 자유를 확보하게 하는데 있다. 국가는 동의할 수 있는 정도에서 법을 통해 자유를 구속할 수 있다. 이것은 자유의 확보를 강조할 뿐 아니라 자유가 제한될 수 있는 공간을 명확히 한다는 점에서 중요하다. 국가는 제한된 권력을 행사하며 동의에 의한 정당성이 중요하게 되는 것이다. 이런 동의와 정당성은 이후 저항권의 논리적 근거가 된다.[2]

로크이론이 풀어야 할 가장 어려운 과제는 계약 당사자가 아닌 이들이 왜 계약을 지속적으로 준수하는가이다. 즉 계약을 하여 국가를 구성하지 않은 계약당사자의 자손들이 왜 국가계약의 동의를 받아들이는 가에 있다. 이 문제를 로크는 명시적 동의와 묵시적 동의로 풀어낸다. 명시적 동의는 사회계약의 주체들에 관련되어 있다. 반면에 후손들은 자신들의 선조들이 만든 국가 공동체에서 토지의 상속, 구입, 허가등을 통해 묵시적으로 공동체에 남아있으려는 동의를 하고 있다는 것이다. 명시적 동의와 달리 묵시적 동의는 언제든지 공동체를 떠날 수 있다는 점에 차이를 두고 있다.

로크는 자연권으로 자유를 강조했다. 자연법에 제한을 받기는 하지만 국가는 자연권에 기초해서 만들어진다. 또한 자연권에서 추구되는 자유를 위해 만들어진다.

로크가 주장하는 자유는 '소유권(property)'을 중심으로 한다. 사회계약의 목적은 자신의 재산을 보존하기 위한 것이다. 사적인 노동을 통해서 확보하게 된 개인의 재산을 보호하는 것이다. 국가의 목적은 이러한 개인들이 가진 자유를 확보하는 것이다.

여기서 로크의 소유권은 폭넓은 개념이다. 이것은 유형의 자산과 무형의 자산을 포함할 뿐 아니라 생명과 자유를 포함한다. 로크가 보호하고자 한 것은 정부의 자의적 간섭에 의한 소유권인데 이때 소유권은 재산과 함께 재산을 넘어서 생명과 자유를 포함한다. 이후에 로크는 재산을 자산(estate)로 좁혀서 설명하지만 그가 자유를 이야기하고자 한 부분은 전적으로 재산만은 아니었다. 공동체의 재산보호 목적은 좀 더 확대되어 궁극적으로 공동체의 평화와 안전을 보장하는 것을 포함한다. 이런 관점에서 국가의 법과 권력은 공동선을 분별하고 공동체전체의 이익을 도모하는 것이 된다. 로크의 자유 개념은 공동체가 추구할 것이 전적으로 사적이익만이 아니라 공공선까지로 확장할 수 있는 기반을 제공한다.

Ⅲ 로크 이론에서 자유 확보를 위한 제한된 국가

로크 이론에서 국가는 자유를 보호하기 위해 필수적인 존재이다. 그러나 한편으로 국가는 권력의 집합체로서 개인의 자유를 위협한다. 따라서 국가의 권력은 제한될 필요가 있다. 두 가지

---

2) 문지영, *ibid.*, p.280.

방법으로 설명할 수 있다.

1. 권력분립이론

정부는 개인에게 자유를 부여하면서도 질서를 유지하기 위해 권력이 제한되어야 한다. 제한정부론은 권력의 분립에 의해서이루어질 수 있다. 권력의 제한은 과거 공화주의에서 귀족세력과 시민세력에 의해 왕권이 부정하거나 제한하면서 만들어진 체제다. 즉 공화국은 한 세력에 의해 사회가 지배되지 않는다. 시민세력은 귀족세력을 견제하고 귀족 세력은 시민세력을 견제한다.

독재자가 나타나지 못하게 함으로서 권력을 제한하는 것이 제한정부의 논리다. 이는 공화주의에서는 귀족세력에 의한 견제나 시민세력에 의한 견제에 의해 가능했다. 하지만 자유주의에서는 이를 국가의 권력구분을 통해 해결하고자 했다.

로크 이론은 국가의 권력을 두 개로 구분한다. 행정권을 맡은 권력과 입법권을 맡튼 권력을 나누는 것이다. 권력이 한 집단에 의해 지배되면 견제를 받지 않기 때문에 개인의 자유는 침해받는다. 따라서 국가의 권력은 나눌 필요가 있다. 법을 제정하는 권력과 법을 집행하는 권력을 구분하는 것이다. 다른 집단에 의해 법을 제정하고 집행할 수 있다면 국가의 권력 행사는 제한되고 개인의 자유는 보호될 수 있다.

로크는 이권분립론을 제시했다. 입법부를 행정부와 독립시켜 행정부를 견제하게 하는 것이다. 영국에서 의회를 강화하여 행정부는 견제하는 의회제도를 강조한 것이다. 또한 법치주의를 통해 왕도 법앞에서 평등하게 만들었고 이를 의회가 견제하게 만든 것이다. 앞서 배경설명에서 본 것처럼 영국의 당시 시대상황을 반영한 것이며 로크의 개인적 상황도 반영한 것이다.

2. 저항권이론

이권분립론에 기초해 권력을 제한하는 것에 한계가 있을 때 개인은 자유를 지키기 위해서 저항권을 사용할 수 있다. 저항권은 자유를 확보하기 위해 최후에 사용할 수 있는 권리이다. 개인들이 국가를 만들 때 자유라는 목적을 달성하기 위해 국가를 구성했다. 그런데 만약 국가가 개인들의 목적달성에 실패한다면 개인은 저항권을 사용해 최종적으로 자신의 자유를 방어할 수 있다.

저항권이론은 맹자의 천명사상에 영향을 받았다. 유교에서 맹자는 군주가 하늘의 뜻인 천명을 따르지 않을 때 역성혁명이 가능하다고 주장했다. 이는 농업국가의 민본주의에 기초한 것이다. 로크는 맹자의 이론에서 저항권을 차용해 개인의 자유를 보호할 수 있는 논리를 구성했다.

Ⅳ 자유주의자 로크 이론의 양면성과 그 의미: 저항권과 소유권

로크는 자유주의의 창시자로서 그의 이론을 통해서 자유주의가 진보와 보수 양면성을 가지고 있다는 점을 파악한다.

1. 자유주의와 진보적 입장: 사회계약과 저항권

로크 이론의 진보적인 측면은 인간에 의해 국가가 구성되며 그 인간이 자신의 목적에 따라 국가를 부정할 수 있다는 점이다. 이때 '진보적(progressive)'이라는 것은 인류 역사가 더 발전적으로 나간다는 의미이다. 미국이 독립을 쟁취하는 것과 비민주주의 국가에서 민주주의로의 전환을 만들 때 저항권은 현대에도 의미를 가진다.

로크는 사회계약의 관점에서 인민에 의한 국

가 구성을 이론화하였다. 로크는 인민에 의한 계약이 국가를 만들었으며 그렇게 구성된 국가는 인민의 소유권을 보호하여야 하는 목적을 가진다. 국가의 구성취지는 국가자체의 이익이 있는 것이 아니라 인민의 소유권(생명, 재산, 자유를 포함)을 보호하기 위한 것이다.

로크 이론의 진보적인 입장은 사회계약에서 국가의 목적과 국가에 대한 거부가 가능하다는 점이다. 먼저 진보적입장의 첫 번째 해석은 '인간에 의한 국가 건설'이다. 국가는 인민을 위해 존재하는 것이지 그 자체의 실체적인 이익이 있어서 존재하는 것이 아니다. 로크의 소유권에 기초한 자유는 공동체의 목적을 새로 구성했다는 점에서 '진보적(progressive)'이다. 과거 국가는 왕과 귀족들이 중심이 된 체제였는데 이것을 인민이라고 하는 부르주아 층을 위한 체제로 변화시켰다는 점에서 역사적으로 진일보하였다. 필머(R. Filmer)의 '왕권신수설'이라는 정치의 종교적 정당화를 거부하고 인간의 주체적인 의지를 가지고 공동체를 만들었다는 점에서도 로크 이론은 진보적이다.

진보적 입장의 두 번째 해석은 '저항권'을 통한 정부와 국가에 대한 거부이다. 로크는 소유권을 위한 사회계약에서 국가 혹은 정부가 인민과의 약속을 위반할 경우 인민은 사회계약 위반 책임을 물어 거분권을 행사할 수 있다고 보았다. 맹자의 역성혁명이론에서 영향을 받은 로크의 이론은 인민에 의해 정부가 구성된다면 인민에 의해 정부가 바뀔 수도 있다는 논리로 나갔다. 이는 기존 체제의 정당성이 약화되었을 때 새로운 인민들에 의해 혁명이 가능하다는 논리를 제공한다. 실제로 로크의 이론은 미국의 독립혁명에 영향을 미쳤다. 새로운 체제를 만들 수 있으며 이를 위해 기존 체제를 거부할 수 있다는 논리 역시 인간에 대한 '진보적(progressive)' 발전

과 개혁을 설명하는 것이다.

2. 자유주의와 보수적 입장: 소유권의 측면

로크 이론은 '보수적(conservative)'인 입장도 가지고 있다. 그의 이론에서 소유권의 논리가 대표적이다. 로크는 자연상태에서 인간은 자연물에 자신의 노동을 더해 자신이 소유물을 만든다. 자연에 의해서 공유물로 있었던 사물에 자신의 노동이 더해져서 이것이 자신의 소유권을 만들게 된다. 소유권적 자유주의는 현대 자유지상주의 즉 경제적 자유주의를 강화하는데 사용되고 있다. 이는 보수세력의 자본주의의 절대화와 국가 개입거부의 논리로 사용되고 있다.

소유권은 재산뿐 아니라 인민의 생명과 자유를 포함한다. 이는 원래 전제주의에 대한 저항의 차원에서 만들어진 개념이다. 그러나 자유주의자들 즉 자본가들이 시간이 지나 사회의 주류세력이 되면 소유권은 보수적 관점이 된다. 자신의 소유권을 지키기 위해 정부를 통해서 소유권유지에 우호적인 법안들을 만들게 되기 때문이다.

소유권에 기초한 논리는 이후 자유지상주의자 노직에 의해서 계승된다는 점도 소유권논리의 보수성을 보여준다. 소유권의 논리는 자신이 소유한 재산을 자신이 처분할 수 있는 권리와 이를 양도할 수 있는 권리 두 가지 권리를 포함한다. 이는 양도를 통해 부의 세습을 가져올 수 있다. 자유주의의 경제적 측면만 강화되면 사회적 부의 재분배는 정치적 의제에서 빠지고 소유권을 보호하기 위한 자본주의국가의 운영기제만 강조된다.

Ⅴ 결 론

로크 자유주의 이론의 두 가지 측면으로 인

해 자유주의는 진보와 보수의 두 가지 성격을
가진다. 이는 현재도 자유주의가 민주화의 진보
적 측면과 자본주의 강화라는 보수적 측면을 모
두 보여주는 것과도 연관된다.

제005문 **자유주의와 한국정치의 문제점**

최근 한국은 정치, 경제, 사회적으로 여러 가지 문제에 봉착해 있다. 한국 정치가 해결해야 하는 문제로 지적되는 것은 정치적으로는 기존 대의민주주의가 자유주의에 중심을 두면서 정치적인 것에 대한 무관심의 증대와 투표율의 하락을 들 수 있다. 경제적으로는 시장 자본주의의 증대와 양극화에 따른 불평등의 심화가 문제가 되고 있으며 사회적으로는 다문화주의 등이 문제로 지적되고 있다. 이러한 현실적 문제에 기반을 두고 새로운 한국 민주주의의 원칙을 정립하고자 하는 새로운 시도와 주장들이 다양하게 나타나고 있다. 다음 물음에 답하시오. (총 40점)

(1) 자유주의이론의 기본적인 원리들을 설명하시오. (20점)

(2) 자유주의의 강화로 인해서 생긴 한국의 구체적인 문제점들을 사례를 통해서 설명하시오. (10점)

(3) 자유주의를 보완하고 수정하기 위한 대안이론을 제시하고 어떠한 방식으로 대안이 될 수 있는지 설명하시오. (10점)

 문제의 맥락과 포인트

이 문제부터는 현대 정치사상의 이념논쟁을 집중적으로 다룬다. 한국은 자유민주주의 국가이다. 따라서 우리는 자유주의를 먼저 다루어야 한다. 자유주의의 원리와 문제점을 살펴보는 문제다. 이 문제를 통해서 자유주의의 원리를 이해해서 다른 응용문제를 해결하기 위한 것이다.

Ⅰ 서 론

한국정치는 정치이념을 설명할 수 있는 정치이론의 부족이 문제가 된다. 이것은 정치이론의 부재로 정치적 공급자인 정당정책이 실종되고 정치적 수요자들의 이론적 기반에 따른 선택의 부족으로 나타난다. 정치적 대표성의 저하, 정강 부재의 정치, 양극화와 재벌의 시장 강화, 학교폭력의 문제들은 절제되지 않는 자유주의의 이면을 보여준다. 그렇다면 자유주의는 어떤 원리에 의해 운영되며 자유주의의 어떤 측면이 한국의 사회에서 문제로 나타나고 있는가에 대한 해법은 무엇인지를 살펴본다.

Ⅱ 자유주의의 기본 원리

1. 개인주의

자유주의의 근간은 인간에 대한 인식론적 접근과 그에 기반을 둔 존재론의 문제이다. 인간의 보편적 이성(universal reason)에 대한 신념과 인간의 개체성(individuality)이 중요하다. 인간이 이성을 가짐으로서 자신의 독자적인 삶의 방식을 선택할 수 있고 이로 인해서 존재론적으로 사회보다 개인이 중요할 수 있음을 자유주의 이론은 제시한다.

이것은 과거 중세의 '실질 대표론'을 거부하는 것이다. 과거에는 대부분의 인민은 부분적인 판단능력을 가진다고 하여 실제 판단은 성직자나 정치적 지배자가 수행해야 한다고 주장했다. 기독교의 우월성과 국가의 우월성이 통용되는 이론적 근거였다. 그러나 근대 인간의 합리성이 이론화되면서 개인들이 사회자체보다 중요하게 되었다. 개체성은 사회로부터 출발하는 정치가 아닌 개인으로부터 출발하는 정치를 의미한다.

개인의 우월성을 인정하는 개인주의를 설명하기 위한 위의 설명은 데카르트의 논리로 정리된다. 데카르트는 "나는 생각한다. 고로 존재한다(cogito, ergo sum)"를 이야기함으로써 근대의 시대를 열었다. 데카르트의 '생각한다'의 "cogito"는 인간의 이성이 참과 거짓을 구분할 수 있음을 전제한다. 신앙에 의한 것이 아니라 나의 이성을 통한 진리의 판별은 신의 영역에서 인간의 영역으로 주체를 전환시킨다. 내가 생각하기에 나의 존재를 알 수 있다는 이 기가 막힌 발상은 인식의 주체로서 인간을 상정함으로써 중세의 신성의 시대와 시대적 결별을 하게 된다. 생각할 수 있다는 인식론이 나의 존재를 알려주기 때문에 인식론이 존재론에 선행한다.

2. 인권의 중요성

근대 자유주의를 구성하는 핵심은 인간이 자연으로부터 부여받은 천부적인 권리를 가진다는 것이다. 이는 전정치적인(pre-political) 것으로 정치체제의 유형과 관계없이 정치 이전에 이미 존재하고 있는 것이다. 따라서 자연권이론 혹은 천부인권이론에 따라서 개인이 보유한 권리가 중요하다는 점이 전제가 될 때 개인의 자유가 구성될 수 있다.

로크의 소유권(property)의 개념은 개인이 왜 자신의 재산을 신으로부터 자신의 독자적인 것으로 부여받았는지를 보여준다. 즉 신에 의해 부여된 공공재에 자신의 노동력이 부가됨으로써 자신의 권리가 된다는 로크의 소유권논리는 인간 개인의 소유적인 권리가 신의 권리에 의해서도 보장될 수 있음을 보여준다. 따라서 국가는 어떤 경우에도 신이 부여한 것에 소유권을 이전한 개인의 재산을 자의적으로 빼앗을 수 없는 것이다.

3. 법의 지배와 권력 분립

인권을 보호하기 위해서는 국가의 간섭 영역을 확립하는 것이 무엇보다 중요하다. 자유주의는 공사영역을 명확하게 구분할 수 있다고 본다. 공적 영역에 있는 국가의 사적영역에 대한 개입을 명확하게 하는 것이 법을 통해서 간섭의 규칙과 범위를 명확하게 하는 것이다. 국가의 개입 영역을 확정하는데 있어서 안정성을 강조하는 '법의 지배'가 중요하다. 또한 법을 통해서 권력을 나눔으로써 권력간의 경쟁을 통해서 개인의 자유를 확보하고 국가 개입의 남용을 막는 것이 중요하다. 권력을 나누는 것은 개인의 자유를 확보하는 데 있어서 필수적인 것이다.

4. 대의제도

자유주의에서 개인들의 자유로운 선택은 자신의 대표를 통해서 이루어진다. 공적영역과 사적영역이 구분된다고 보는 자유주의 입장에서 사적영역의 자율성을 확보하기 위해서는 공적인 부분과 분리하는 것이 필요하다. 공사간의 업무분담이 되는 것이다. 개인들은 직접 공적인 업무와 국가 활동에 참여하는 것이 아니라 공익창출을 위한 활동을 자신들의 의사를 대표하는 대의기구를 통해서 달성하고자 한다.

5. 국가와 사회의 분리

앞서 본 것처럼 자유주의는 개인의 자유를 중시하면서 개인의 사적인 영역과 국가의 공적인 영역을 구분한다. 따라서 사적 영역의 공간인 사회와 공적영역의 공간인 국가는 구분된다. 자유주의에서 시민사회이론이 발전할 수 있었던 것은 사적공간과 공적공간이 구분되면서 상호간의 자율성을 보장하기 때문이다.

6. 국가의 중립성

자유주의는 가치상대주의를 표방한다. 가치상대주의는 개인들이 가지는 가치는 어느 것이 더 우월함이 전제되지 않고 동등하다는 점을 의미한다. 이러한 가치 상대주의로 말미암아 국가는 개인들의 가치와 가치추구에 대해서 중립적인 입장을 취해야 한다. 국가가 인위적으로 자신이 중요하다고 생각하는 가치를 내세우면서 개입하는 것은 국가의 중립성이 깨지는 것이다. 반완전주의 입장의 자유주의이론은 완전주의입장(신학에서 신이 전지(全知)한 존재로 상정되고 이에 따라 가장 중요한 가치판단을 할 수 있다고 보는 설명)과 충돌한다.

Ⅲ 한국의 자유주의의 문제점들

1. 자유주의와 정치적 참여의 빈곤

자유주의로 인해 한국에서 나타나는 문제는 개인의 자유강조와 투표율저하와 정치적 무관심의 증대현상이 있다. 즉 정치적 아노미현상(가치관 붕괴에 따른 목적의식의 상실과 공허감의 증대)이 증대하고 있다. 특히 젊은 층의 투표율 저하현상이 눈에 띄게 증대하고 있다. 하지만 이에 대한 반론도 있다. 투표율저하 자체가 정치적 의사표현이라는 점과 다른 수단을 통한 참여(인터넷을 통한 표현, 촛불시위와 같은 직접적인 참여 등)의 증대가 있기 때문에 대의기제에 대한 참여 부재는 문제시 될 수 있지만 전체적인 정치적 참여의 문제는 아니라는 비판이다.

2. 경제적 양극화와 재벌의 시장 다각화

2011년과 2012년 '빵집 논란'으로 대표되는 재벌2세와 3세의 중소기업업체의 영역에 대한 확장은 경제적 시장의 논리가 공존과 공생의 논리를 압도한다는 점을 보여준다. 자유주의의 경제논리는 효율성을 강조하면서 재벌의 영역 확장을 부정적으로만 보지는 않는다. 자유주의는 경제적인 문제를 개인의 문제로 치환한다. 이런 논리에서 자유주의는 경제적 양극화를 개인의 능력문제로 본다. 2010년 이명박 대통령이 제시한 '공정사회론'은 공정성이라는 조건의 평등 속에서만 사회적 – 경제적 문제를 해결하려고 한다.

3. 공교육의 붕괴와 학교폭력

한국에서 자유주의의 오해는 다원성 부재의 이기주의로 나타나고 있다. 특히 다원성의 결여는 다른 이에 대한 인권을 고려하지 않는 행동으로 나타난다. 특히 청소년들에 대한 인권 존중의 왜곡된 결과와 공교육에서의 권위붕괴는 사적 교육시장의 확대와 함께 학교폭력의 수위를 높이고 있다. 사적교육시장의 확대는 부의 세습화로 인해 가난의 대물림과 세대이전으로 저소득층의 사회적 계층변화에 대한 포기 현상을 가져올 수 있게 한다. 또한 집단이기주의를 통한 왕따현상이나 왕따 학생에 대한 폭력행사는 자유주의의 잘못된 이해와 교육에 근거한다.

Ⅳ 대안이론과 한국의 해법

1. 공화주의와 한국: 공화주의 전통과 이론의 부재

공화주의는 공공선을 강조하며 시민적 덕성을 강조한다. 특히 신로마 공화주의는 '비지배성'이라는 부분을 강조함으로써 인간과 인간사이의 사회적 관계를 공동체주의와 자유주의와는 다른 관점에서 설명할 수 있게 한다. 신로마 공화주의는 자유주의가 지나치게 개인을 강조하는 부분을 수정하게 한다. 한편으로 공동체주의가 가진 선험적 가치의 규정과 공동체우선성으로 인한 전체주의화의 우려를 해결할 수 있게 한다.

신로마 공화주의는 인간을 사회적 존재로 파악한다. 사회적 존재인 인간은 군집이 필요하지만 자연적으로만 이루어지는 것은 아니라고 생각한다. 인간공동체를 유지하기 위한 노력이 필요하다. 그런데 인간공동체는 반드시 권력이 작동하기 마련이며 이러한 권력이 예속관계를 이루면 안 된다. 공동체구성원으로서 인간은 다른 인간에게 예속되지 않는 자유가 필요하다. 이러한 비지배성을 구축했을 때 인간들은 공동체에서 자유로울 뿐 아니라 공공선을 구축할 수 있다. 개인의 문제뿐 아니라 사회적 문제를 같이

해결하려는 노력은 인간에게 시민적 덕성을 강조한다. 사회적 존재로서 시민들은 공동체를 위한 공적인 가치를 추구하게 된다.

공화주의는 한국에서 조심스럽게 접근된다. 한국적 유교에 대한 해석은 공화주의적 요소를 가질 수 있기 때문이다. 유교와 공화주의의 연결은 공화주의를 어떻게 이해하는가에 달려있다. 공화주의와 공동체주의를 가치의 선험성이라는 기준으로 구분하자면 한국에서 유교는 선험적 가치를 강조하는 입장으로 공화주의보다는 공동체주의로 분류될 수 있다. 그런 점에서 한국에서는 공화주의이론의 발전 역사가 길지 않다. 또한 공화주의가 한국에 도입된 것도 역사가 짧기 때문에 한국에서 자유주의와 민주주의에 대한 보완적 가치 혹은 독자적 가치로서 의미가 있는지 여부는 따져볼 필요가 있다.

2. 한국 민주주의에 대한 해법제시

첫째, 정치적 문제에 대해 공화주의는 해법을 제시한다. 먼저 공공선을 강조함으로써 공공선을 구성하는 정치공동체에 대해 관심을 가지게 한다. 시민적 덕성이란 공동체가 운영되는 방식을 고민하고 운영에 참여하는 것을 강조한다. 따라서 정치적 무관심과 투표의 문제는 권리의 문제가 아니라 시민적 덕성이 갖춰야 할 의무의 문제이다.

또한 공화주의는 3권분립의 문제에 대해서도 해법을 제시한다. 공화주의는 어떠한 가치를 어떠한 제도적인 틀 속에 넣을 것인지를 논의하는 것이 '비지배'라는 조건을 만드는데 중요하다. 따라서 권력의 분립을 통해 비지배조건을 형성하는 문제를 풀어내는데 일조한다. 이것은 경제적 양극화로 인한 경제적 지배와 차별의 문제와 다문화사회에서 사회적 차별을 법을 통해서 해소하는 것이 진정한 해법이 될 수 있다는

점을 제시한다.

다음으로 공화주의는 북한과의 통일을 고려한 헌법 모색에서 연방주의안에 대한 방안을 제시한다. 북한과의 통일에 있어서 남한의 경제력과 인구수로 보았을 때 북한에 대한 지배를 막기 위해서는 통일한국을 연방주의적으로 운영해야 한다. 연방주의는 권력을 나누어 북한지역의 남한지역에 대한 예종의 문제를 해소할 수 있다.

정치적인 부분에서 마지막으로 공화주의는 심의적 요소를 강조한다. 공공선에 대해 무엇이 공공선인지를 선험적으로 결정하지 않으려면 공공선에 대한 사회적 심의가 필요하다. 특히 법의 제정이 예속을 막을 수 있으려면 사회적 심의를 통해 정치적 제도와 법을 구성해야 한다.

둘째, 공화주의는 경제적 양극화 문제를 해결할 수 있는 실마리를 준다. 신로마 공화주의에서 말하는 '비지배'가치는 시장영역에서 나타나는 예종의 문제에 관심을 가지게 한다. 따라서 비지배를 관철하기 위해서는 공익을 창출하기 위해 국가의 시장영역에 대한 간섭과 법에 따른 규칙이 필요하다. 공화주의는 국가가 공공선을 위해 사적공간에 대해 개입할 수 있는 여지를 가져다 준다. 예를 들어 국가는 시장 절제를 위한 '공정 해고법'을 제정하거나 비정규직과 정규직의 격차를 줄이는 방안을 제시할 수 있다. 공화주의는 신자유주의와 시장의 강화에 의해 강력해진 시장 주체들로부터 약자를 보호할 수 있는 여지를 만들어 준다.

셋째, 공화주의는 사회적 문제를 해결하는 방안을 제시한다. 공화주의가 제시하는 '비지배' 가치는 다문화가정과 탈북자 문제에 대해 접근하는 자유주의 방식을 거부한다. 사회경제적으로 그리고 정치적으로 다문화가정과 탈북자들은 한국 사회에서 비지배적 자유를 가지기 어렵다. 사회적 차별과 분배적 차별을 받는 이들에 대해

공화주의는 법적공동체가 현연적공동체 보다 중요할 수 있다는 점을 알려준다. 공화주의는 법을 통해서 이들에 대한 비지배적 자유를 확보할 수 있는 공간을 만들어주는 것 뿐 아니라 대한민국 내부의 배타적인 족적인 공동체의식을 약화시키기 위한 시민적덕성에 대해 고려하게 한다. 연대의식을 통한 사회의 연결을 통해서 개인들 간의 원자적 사회의 배제와 차별에 대한 폭력성을 약화할 수 있다.

Ⅴ 결 론

공화주의는 한국의 자유주의가 가지는 문제를 해결하면서 자유민주주의라고 하는 주류제도의 내용을 보완할 수 있다. 한국자유주의는 다원주의가 부족한 자유주의의 형태를 띠고 있으며 이로 인해 자유민주주의는 이론적으로 불균형한 상태에서 작동한다. 한국의 부족한 공동체성을 확보하면서 인민의 지배를 관철하기 위해서는 공화주의적 이론에서 공동체를 복원하기 위한 자원을 확보하는 것이 좋은 방안이 된다. 그런 점에서 신로마 공화주의가 말하는 비지배적 자유를 확보하기 위한 구체적인 제도방안 모색의 노력이 필요하다.

 기출문제와 연결

제4문 2009년 5급 1번(다수결주의 : 자유주의의 다수결주의에 대한 제한기능) / 2008년 5급 2번(서구 자유주의와 동양 유교주의 비교) / 2007년 5급 1번(자유와 평등의 관계) / 2005년 입시 1번(자유주의와 민주주의의 관계)

제006문 자유와 평등과 민주주의의 연관성

현대 민주주의는 자유주의에 기초한 대의민주주의를 중심으로 운영되고 있다. 대의민주주의에 대한 문제점들이 제기되면서 민주주의의 '발전 혹은 질적 심화'가 요구되고 있다. 그러나 민주주의 발전방식을 둘러싸고 실질적 민주주의 강화론과 절차적 민주주의 강화론이 논쟁 중이다. 여기에 대해 정치적 자유주의는 절충안을 제시하고자 한다. 다음 질문에 답하시오. (총 50점)

(1) 자유의 두 가지 측면인 '소극적 자유'와 '적극적 자유'와, 평등의 두 가지 측면인 '절차적(또는 형식적) 평등'과 '실질적 평등'의 의미를 비교하시오. (20점)

(2) 절차적 민주주의와 실질적 민주주의에서 두 가지 가치는 어떻게 조합되는지 설명하고, 두 민주주의 이론이 상정하는 '가치의 대등성 혹은 가치의 우선성'과 '민주주의의 적용 영역'에 대해 비교하시오. (18점)

(3) '정치적 자유주의'의 이론 내용을 소개하고, 정치적 자유주의가 '가치의 대등성', '자유', '평등', '민주주의 영역'의 기준에서 절차적 민주주의와 실질적 민주주의 간 논쟁에서 어떤 의미가 있는지 논하시오. (12점)

Ⅰ. 서 론
Ⅱ. 자유와 평등의 이론들 비교
 1. 자유 이론: 소극적 자유와 적극적 자유
  (1) 소극적 자유: 간섭배제와 소극적 국가
  (2) 적극적 자유: 자기 지배와 적극적 국가
 2. 평등이론: 형식적(절차적) 평등과 실질적 평등
  (1) 형식적(절차적) 평등: 법 앞의 평등과 국가의 동등한 대우
  (2) 적극적 자유: 자기 지배와 적극적 국가
Ⅲ. 민주주의 간 결합: 가치의 우선성과 민주주의 영역의 범위
 1. 절차적 민주주의와 실질적 민주주의: 가치 간의 결합과 민주주의 유형
 2. 절차적 민주주의와 실질적 민주주의의 차이: 가치의 대등성과 민주주의 영역
  (1) 절차적 민주주의: 가치의 대등성과 정치영역에 한정
  (2) 실질적 민주주의: 가치의 우선성과 민주주의 영역확장
Ⅳ. 롤즈(J. Rawls)의 정치적 자유주의의 대안
 1. 롤즈의 정치적 자유주의 이론
 2. 정치적 자유주의의 의미
Ⅴ. 결 론

 문제의 맥락과 포인트

자유의 두 가지 형태와 평등의 두 가지 형태가 만나서 절차적 민주주의와 실질적 민주주의를 이룬다. 민주주의가 지향하는 자유와 평등을 살펴보는 문제로, 사상에서 가치논쟁을 민주주의와 연결하는 문제이다.

Ⅰ 서 론

통계청 자료에 따르면 한국의 상위 10%의 1 인당 순자산은 2017년 13억 1,916만 원에서 2021년 17억 9,369만 원으로 4년간 36%가 증가했고, 코로나 사태가 심각해진 2020년의 15억

8,610만 원과 비교해도 2억 원 이상 증가했다. 반면 하위 10%는 2017년 −666만 원에서 2021년 −818만 원으로 4년간 22% 감소했으며 코로나 직격탄을 맞은 2020년에는 −1,212만 원으로 가파르게 하락했다. 단골 주제지만 한국의 경제적 양극화는 COVID-19를 거치면서 더 커졌다. 이런 상황에서 정부가 재분배정책을 사용해야 할 때 어떤 민주주의 이론에 근거할 수 있는지는 중요한 문제다.

● **대안 목차**

2022년 3월 9일 대선 결과 한국정치는 이념, 지역주의, 세대에 이어 젠더 문제까지 4개의 사회균열을 확인하였다. 이처럼 복잡해지는 한국정치 상황을 풀어가기 위해서 민주주의의 질적 개선이 필요한바, 절차적 민주주의와 실질적 민주주의의 이론적 토대를 살펴보고 정치적 자유주의가 제안하는 방안이 하나의 대안이 될 수 있는지 고려해본다.

Ⅱ 자유와 평등의 이론들 비교

자유와 평등은 각각 두 개의 다른 이론을 가지고 있다. 각기 다른 자유와 평등관이 만나서 각기 다른 민주주의인 절차적 민주주의와 실질적 민주주의를 구축한다. 또한, 자유와 평등은 개인과 국가의 역할에 대한 이론이기에 개인 측면과 국가 측면으로 분석한다.

1. 자유 이론: 소극적 자유와 적극적 자유

(1) 소극적 자유: 간섭배제와 소극적 국가

소극적 자유는 '간섭의 배제'를 의미한다. '개인 차원'에서는 개인의 자유를 강조하는 것이다. 자유를 확보하기 위해서 국가의 개입을 축소해야 한다는 것이다. 이 이론은 개인을 강조하는 자유주의를 토대로 해 도출된 자유관이다. 자유

주의가 개인들에게 부여된 자유가 중요하게 된 것은 존 로크의 자유주의 이론이다. 존 로크는 소유권(property)을 주장하였고, 이는 생명, 자유, 재산인 소유권을 포괄적으로 규정한 것이다. 이는 당시 부르주아들의 자유에 대한 국가의 간섭을 배제하기 위해 만들어진 것이다.

국가 차원에서 소극적 자유는 소극적 국가와 권력분립을 중시한다. 즉 자유로운 인민들은 국가를 만들어서 사회공동체를 운영해야 하지만, 국가가 너무 커져서 압제자가 되지도 못하게 해야 한다. 국가의 개입은 법에 따라 규정되어야 하고, 사적인 부분에 대한 개입은 금지된다. 또한, 정치적으로 대의기구인 의회를 구성하여 행정권을 견제함으로써 개인 자신들의 자유를 보호해야 한다. 즉 대의민주주의를 통한 견제가 중요하다. 이를 위해 로크는 '2권 분립론'을 몽테스키외는 '삼권 분립론'을 만들었다.

(2) 적극적 자유: 자기 지배와 적극적 국가

적극적 자유는 '자기 지배'의 구현을 의미한다. 개인적 차원에서 사회구조인 차별에서 자유를 확보하기 위해 만든 이론이다. 이 이론은 공리주의자 토마스 힐 그린(T. H. Green)에 의해서 만들어졌고, 사회주의와 공화주의자들에 의해서도 지지받고 있다. 인민이 자기 삶을 지배하는 것을 목표로 한다면 자기 삶을 자신이 원하는 방식대로 살 수 있도록 사회 구조적인 차별과 억압 같은 장애물을 제거하는 것이다. 이때 인민은 대체로 힘을 가지지 않은 이들로, 힘을 가진 이들이 만든 사회구조에 영향을 많이 받는다. 따라서 이들이 자신들의 삶을 살 수 있도록 하려면 국가가 나서서 사회구조를 변화시켜주어야 한다. 예를 들어 2012년에 있었던 노동자에게 투표 시간 연장방안이 제안된 것을 들 수 있다. 이는 루소의 "자신의 몸을 팔아야 투표

를 할 수 있는" 조건을 개선하겠다는 것이다.

국가차원에서 적극적 자유를 위해서는 적극 국가론에 따른 국가의 개입이 중요하다. 인민이 가져야 할 자유는 국가의 간섭배제가 아니라 국가가 나서서 인민들이 자신의 삶을 지배할 수 있는 조건을 구성해주어야 한다. 이에 따라 국가는 다양한 영역에서 인민들이 자유로울 수 있는 조건을 형성하기 위해 자기 지배 원리의 실현으로서의 자유이다. 최저임금에서 작업장 민주주의까지 민주주의 공간을 넓히고, 국가의 개입을 확장하고자 한다.

2. 평등이론: 형식적(절차적) 평등과 실질적 평등

(1) 형식적(절차적) 평등: 법 앞의 평등과 국가의 동등한 대우

형식적 평등(equality)은 법 앞의 평등을 의미한다. 개인적으로는 모든 개인을 동등하게 대우하는 것이다. 자유주의는 합리성에 기초해 모든 개인이 선호하는 가치는 동등해진다. 만약 모든 개인의 선호가 우열을 가릴 수 없이 동등하면서 개인들에게 사회적 가치의 배분과 사회적 의사결정의 제도는 동등하게 보장되어야 한다. 자유주의에서 인민들은 자유를 보장하기 위해서는 정치 결정에 참여해야 한다. 이때 자유주의는 모든 개인이 사회적 가치를 결정하기 위해서는 제도와 법 앞에서 평등해야 한다고 본다.

형식적 평등론에서 국가는 법적이고 제도적인 장치를 통해서 인민들의 평등을 보장해야 한다. 경제나 사회 문제에서 문제를 해결하기 위해서는 절차를 통한 합의가 중요하고, 국가는 이런 합의를 평등하게 이루었을 때 개입할 수있다. 국가가 개입한다고 할 때 국가는 특정 집단이나 특정 계층에 유리하게 개입할 수 없다.

(2) 실질적 평등: 결과적 평등과 국가의 특정 가치를 위한 개입

실질적 평등(equity)은 결과를 만들어내려는 평등이다. 개인적으로 불평등하게 분배된 능력이나, 분배된 자산이 다른 개인들에게 유사한 결과를 만들기 위한 평등이다. 즉 태생적으로나 사회적으로 불리한 자에게 정치적 유리하게 대우하는 것이다. 실질적 평등을 강조하는 사회주의나 급진적 공화주의에 따르면 실질적 평등은 자기 지배라는 자유를 확보하기 위해 필수적이다.

실질적 평등은 국가의 특정 가치를 보완하고 개선하기 위한 개입을 강조한다. 선천적인 차이나 사회 구조적인 차이를 극복하기 위해서는 국가의 의도적인 개입과 교정이 필요하다. 이를 통해 불리한 자원을 가진 이들이 어느 정도 동등한 자원을 가지고 사회생활을 할 수 있게 만들기를 원한다. 앞서 본 것처럼 실질적 평등은 조건이 아닌 결과로서 보장되어야 한다. 민주주의가 조건이나 내용을 다룰 때 민주주의는 어떤 정도의 평등성이 담보되어야 하는가의 기준을 가지고 있어야 한다. 민주주의가 인민의 자기 지배를 가능하게 하는 것이 되기 위해서는 정치적 평등뿐 아니라 정치적 결정 이전의 조건으로서 경제적 조건과 사회적 조건에서 평등 달성이 필요하다. 따라서 실질적 민주주의는 경제적 조건과 사회적 조건에서 일정 정도 개선의 기준이 만들어진다. 최저임금제 확대시행 논의나 기본소득제 논의가 여기에 해당한다.

Ⅲ 민주주의 간 결합: 가치의 우선성과 민주주의 영역의 범위

1. 절차적 민주주의와 실질적 민주주의: 가치 간의 결합과 민주주의 유형

자유주의가 지지하는 소극적 자유와 형식적 평등이 만나 절차적 민주주의를 이룬다. 반면 공리주의, 사회주의, 공화주의에서 지지하는 적극적 자유와 실질적 평등이 만나 실질적 민주주의를 이룬다.

자유주의는 개인을 강조하며, 개인의 자유를 중시한다. 개인의 자유를 위해서는 국가의 개입은 축소될 필요가 있고, 국가의 결정에 개인이 관여해야 한다. 국가의 관여하는 데 있어서 제도와 법이 평등해야만 개인이 가진 합리성에 기초한 판단을 보장된다. 따라서 개인 위주의 자유주의는 개인의 자유와 개인에게 절차적 평등을 보장하고, 국가를 최소화하는 것으로 개인과 국가 간 관계를 구축한다.

반면 공화주의나 공리주의에서는 개인을 원자적이기 보다 사회적으로 규정한다. 사회적 개인들을 둘러싼 사회구조가 중요하기 때문에 개인의 자유는 특정 행위자로부터의 자유보다는 구조적 제약에서 자유로운 것이 중요하다. 과거 신분제와 마찬가지로 자본주의가 새로운 신분제를 만들었을 때 이 자본주의의 노동자로 살아가는 인민들에게 필요한 자유는 스스로 규정한 삶, 즉 인간답게 사는 삶이다. 이를 위해 자유와 결과를 보장해 주는 국가의 개입은 필수적이다. 국가의 개입은 이들을 위한 것이기에 정당화된다.

2. 절차적 민주주의와 실질적 민주주의의 차이: 가치의 대등성과 민주주의 영역

(1) 절차적 민주주의: 가치의 대등성과 정치 영역에 한정

절차적 민주주의는 사회적 가치에 대한 대등성을 전제한다. 자유주의를 기반으로 한 절차적 민주주의에서 개인들이 지향하는 가치 중 어느 가치가 다른 가치보다 우월할 수 없다. 합리성이 개인 선호 결정의 기준이고, 모든 이가 합리성을 보유하고 가치를 선택했다면 이들의 선호 선택은 정당화된다. 만약 특정 가치를 우월하게 여긴다면, 특정 가치가 우월해야 하는 이유가 있어야 하며 또한 특정 가치에 우선성을 부여하는 결정자가 있어야 한다. 자유주의가 가정하는 인간의 합리성을 전제로 할 때 특정 가치가 우선한다는 것은 다른 가치를 선택한 이의 합리성보다 이 가치를 선택한 이의 합리성이 우월하다는 것이다. 그러므로 특정 개인이 가진 가치 사이에서 어떤 가치가 우선시될 것인지에 선취적 기준은 없다. 또한, 이를 결정하는 결정자가 있다면 이것은 개인의 합리성이라는 전제를 무시하는 것이다. 즉 자유와 개체성이 침해되는 것이다.

특정 가치를 우선시한다면 다른 가치를 선호하는 이들의 가치는 자연스럽게 열등한 것이 된다. 그러나 인식론이 중요한 자유주의에서 개인의 합리성이 존재하는 한 어떤 가치가 우월하고 어떤 가치가 열등하다는 것을 선제적으로 결정할 수는 없다. 따라서 개인들의 선호 중 사회적으로 어떤 가치를 우선시할 것인지를 정해야 한다. 이때 민주주의는 선제적 가치 우선성을 배제하고 특정 시기의 공동체가 지향할 가치가 무엇인지를 정하는 것이다. 민주주의는 이러한 가치를 주기적으로 결정하는 공적인 절차인 것이다. 한국의 최근 선거에서 환경보호나 소수자 문제의 이슈화는 이런 점에서 다수가 지향하는 가치는 아니지만, 공적 가치로 논의할 수 있다.

절차적 민주주의는 정치의 영역으로 민주주의가 작동하는 범위를 좁게 파악한다. 절차적 민주주의는 고전적 민주주의의 제도 관점에 기원을 두고 있다. 아테네 민주주의는 정치체제로서 민주주의에서 출발했다. 이때 민주주의는 현대적 관점에서 정치체제로서 민주주의라는 의미가 있다. 민주주의가 어떠해야 하는가의 이념적 측면보다는 민주적인 결정을 위해 어떤 추첨제도를 가질 것인지와 어떻게 입법, 행정, 사법을 인민들이 이룰 것인지가 중요했다. 이런 점에서 그리스의 민주주의도 절차적이고 제도적인 차원을 강조하였다. 다만 이 시기의 민주주의가 결정하는 영역은 현대보다 넓어서 공동체 전체에 관련된 부분에는 차이는 있다.

현대의 절차적 민주주의는 근대자유주의에 이론적 기반을 두고 있다. 자유주의는 사적 영역과 공적 영역의 구분을 전제로 한다. 사적 영역과 공적 영역이 구분될 때 민주주의에 따른 결정은 전적으로 국가 공동체의 문제에 국한된다. 따라서 자유주의의 핵심에는 공적 공간을 축소하여 사적 공간에서 개인들의 자유를 보호하는 것이다. 이로 인해 경제 영역과 문화 영역으로서 사회영역에 대해 국가가 개입하는 것은 배제되어야 한다. 한동안 논의되었던 인간유전자 복제를 둘러싼 논쟁에 자유주의는 덜 개입하고자 했다.

(2) 실질적 민주주의: 가치의 우선성과 민주주의 영역확장

실질적인 민주주의는 특정한 가치를 우선한다. 민주주의를 실질적으로 이해하는 것은 민주주의가 '인민의 지배'라고 할 때, 실질적으로 인민의 지배를 보장하는 것이다. 실질적 민주주의는 직접민주주의, 사회주의의 급진적 민주주의에 영향을 받았다. 이러한 이론적 기반을 따를 때 민주주의가 실질적으로 된다는 것은 인민이 '자기 지배'를 관철할 수 있다는 것이다. 자기 지배로서 민주주의인 실질적 민주주의에서 인민은 국가와 사회의 노예가 아니라 정치체제의 주인으로서 주체적인 입장에서 민주주의 정치체제에 참여해야 한다.

이때 민주주의는 어떤 방식으로서 민주주의 주체가 참여할 수 있게 할 것인지에 대한 내용을 다루게 된다. 즉 '자기 지배'라는 내용을 구체화하기 위해서는 어떤 조건이 충족되었을 때 자기 지배가 구현되는 것인지를 결정해야 한다. 민주주의의 조건인 민주주의가 어떤 방식으로 작동하는 것이 바람직한가의 내용을 다루게 되면 민주주의는 그 내용의 좋음과 나쁨을 판단할 기준이 필요하게 된다. 민주주의가 판단의 기준을 가지고 운영된다는 것은 이미 특정 가치가 우선시된다는 것이다.

특정 가치를 사회적 가치로 우선하게 될 때 개인들의 다양한 가치 중에서 어떤 가치가 우선하게 될지를 결정해야 한다는 문제가 발생한다. 그러나 사회적인 결정 이전에 특정 개인의 특정 가치를 우선시한다면 이것은 이미 어떤 가치를 더 중시해야 할지를 결정하는 '결정자'가 있다는 문제에 직면한다. 예를 들어 루소가 제기하는 인민민주주의의 경우에 '일반의지'에 의한 결정을 강조하지만, 일반의지를 확인하는 입법자가 필요한 이 대표적이다. 이런 입법자의 가장 큰 문제는 무엇이 사회적 가치인지를 결정하는 사회적 합의나 사회적 결정 이전에 이미 중요한 특정 개인이나 특정 집단이 강조하는 가치가 있다는 점이다. 이는 다른 이들에게는 자기 결정의 자유를 침해한다.

실질적인 민주주의는 민주주의의 범위를 확대하여 이해한다. 자기 지배를 관철하고자 할 때의 민주주의로서 실질적 민주주의는 민주주의의 범위를 사적 영역을 포함하며 경제적 부분과 사회적 부분에 제한을 두지 않는다. 인민이 스스로 삶에 주인이 되며 이것이 사회적 공동체의 주인이 되기 위해서는 민주주의가 정치적 결정을 내려야 하는 그것뿐 아니라 경제 영역과 사회영역에서 주인이 되어야 한다. 경제적인 노예상태에서 정치적 결정을 자유롭게 한다고 해서 인민이 '자기 결정권(self-determination)'과 '자기 지배(self-rule)'을 가지는 것이 아니기 때문이다. 민주주의가 전 영역으로 넓어진다고 하면 작업장 민주주의, 가정 내 민주주의, 국제적 민주주의와 같이 모든 영역에서 민주주의가 실현되어야 한다. 예를 들어 한미동맹도 실질적인 민주주의 확보를 방해하면 수정하거나 폐지할 수 있다.

Ⅳ 롤즈(J. Rawls)의 정치적 자유주의의 대안

절차적 민주주의가 민주주의의 범위가 좁다는 문제가 있고, 실질적 민주주의는 개인의 자유를 무시하고 정당성이 약한 국가의 개입을 강화할 수 있다는 문제가 있다. 이런 점에서 절충적 입장에서 롤즈의 정치적 자유주의가 민주주의의 '발전 혹은 질적 상승'을 가져올 수 있는지 살펴본다. 단 '민주주의 발전 혹은 질적 상승'은 절차적 제도가 완비된 상황에서 경제적 측면이나 사회적 측면에서 불평등성을 완화하는 것을 의미한다.

1. 롤즈의 정치적 자유주의 이론

롤즈의 정치적 자유의 핵심은 공적 자율성을

가진 공적 공간을 이용해서 사회적 논의를 해나간다는 것이다. 이때 인간은 '공적 이성'을 가지고 있다. 공적 이성이란 공동체와 사적 이성과 달리 공동체와 관련된 이해를 판단할 수 있는 이성이다. 경제적 자유주의의 원자적 인간관을 벗어나 사회적 인간관의 관점을 차용하면서 공적 이성을 통해서 사회적 합의에 도달할 수 있다.

정치적 자유주의는 정치적 결정을 통해서 사회 문제를 해결할 수 있고, 이를 위해서는 공적인 심의가 진행되는 공적인 공간이 필요하다. 즉 법과 제도를 통해서 문제를 해결하면서 개인에게 자유를 부여하고, 사회적 심의를 거치면서 사회 문제에 대한 타협을 이루는 것이다. 이때 중요한 것이 중립성(neutrality)이다. 여기서 중립성은 도덕적 중립성이 아니라 의견이 일치하지 않는 사람 간에 타협 가능성을 의미한다. 즉 심의를 통해 사회적 합의를 해갈 가능성이 있다는 것이다. 즉 종교나 도덕적으로 다른 가치를 가진 이들 사이에서도 정치적 차원의 이성을 활용해서 합의점을 찾을 수 있다.

정치적 자유주의는 공적 공간이 존재하기에 국가의 기능은 심의하고 사회 구성원들의 공론을 모으는 것이다. 이런 과정에서 재분배 정책과 같이 타협 가능한 정책에 대한 사회적 합의가 만들어질 수 있다. 『정의론』에서 말하는 사회계약을 통한 재분배정책도 사회적 합의를 통해서 만들 수 있다.

2. 정치적 자유주의의 의미

정치적 자유주의는 민주주의에 대한 두 이론 간에 접점을 제시하고자 한다. 이러한 취지가 의미 있으려면 논쟁이 되는 4가지에 대해 대안이 될 수 있는지를 살펴보는 것이 필요하다.

첫째, 가치의 우선성이다. 정치적 민주주의

는 특정 가치를 우선시하지 않는다. 특정 가치를 우선하지 않고 이를 공론의 장에서 심의를 거쳐서 결정한다. 포괄적 교의나 사적인 영역을 배제하고, 공적인 주제만 심의하는 것이 대표적이다. 이 과정은 두 가지 의미가 있다. 심의를 거치면서 공동체의 정당성을 확보할 수 있다. 다만 심의민주주의가 결정을 위한 도구로 전락할 수 있지만 그런데도 심의를 거쳐 민주주의가 형해화하는 것을 막을 수 있다. 둘째, 특정 가치가 우선이 되어 민주주의에서 지배자가 발생하는 것을 막는다.

둘째, 자유를 보호한다. 실질적 민주주의가 '인민을 위한(for the people)' 정치를 명분으로 하여 '인민에 의한 정치(by the people)'나 '인민의 정치(of the people)'를 배제하는 것을 막을 수 있다. 이는 '자유를 위한 자유 상실' 문제를 제기하는데 정치적 민주주의는 인간에게 심의할 수 있는 사적 자율성과 공적 자율성도 부여한다. 롤즈는 자유주의의 소극적 자유 개념을 지키면서도 소유권보다는 확장하여 공적인 논의를 할 수 있는 정치적 자유로 이를 강조한다.

셋째, 평등의 논리도 보완할 수 있다. 결과를 만드는 실질적 평등은 결과를 결정하는 이를 만들어 실질적으로 평등을 무너뜨린다. 정치적 자유주의의 핵심은 공적 공간에 대한 접근을 통하는 모든 과정의 평등이 보장된다는 것이다. 또한, 이렇게 사회적 합의로 만들어진 정책이 평등을 지향한다면 이 정책의 정당성을 높인다. 롤즈의 '합당성(reasonableness)'과 '공정성(fairness)'의 개념이 여기서 중요하다. 공정성은 사회적 분배가 절차적인 과정을 거쳐 약한 자에게 유리하게 이루어졌다면 평등하다는 개념이다.

넷째, 영역의 확장성도 있다. 정치적 자유주의는 경제적 자유주의가 지나치게 경제문제에 한정해서 이론을 편다는 점을 문제시한다. 소유

권만을 보호하기 위한 자유지상주의의 문제점을 수정하기 위해 자유주의 내에서 지형을 넓혀 분배적 정의를 실현할 수 있는 공적 공간을 만들고자 한다. 이에 더해 『정의론』에서 제시한 자유의 원칙과 차등의 원칙에 기초한 사회계약과 재분배정책으로 경제적 차원까지 확대할 수 있다.

정치적 자유주의는 개인의 '자유'를 포기하지 않으면서도 사회적 합의를 통해 '정당성'을 확보하며, 국가의 '개입영역'을 넓힐 수 있다. 그런 점에서는 보완 이론으로서 의미가 있다. 다만 지나치게 사변적인 점이나 무지의 베일과 같은 은유를 이용한 논리나 사회계약의 달성 가능성에 대한 낙관주의의 비판이 있다. 그런데도 지나치게 좁은 민주주의관이나 자유를 무시하면서 민주주의를 확대하려는 입장의 문제점을 수정할 수 있다.

Ⅴ 결 론

롤즈의 정치적 자유주의는 민주주의 발전 혹은 질적 심화를 위해 보완적인 역할을 할 것으로 기대할 수 있다. COVID-19로 양극화가 심화하는 한국 사회에서 사회적 합의를 만드는 데 일조할 수 있다.

3가지 자유의 의미와 비지배자유와 한국

자유에는 '소극적 자유'와 '적극적 자유'가 있다. 양 이론은 탄생의 배경과 내용의 차이 뿐 아니라 정책처방 역시 다르다. 두 가지 자유에 대해 최근 '비지배자유'가 다른 주장을 내세워 현실변화를 꾀하고자 한다. 이 이론은 정치참여의 부족과 사회적 양극화와 같은 사회현실을 개선할 수 있다고 주장한다. 다음 질문에 답하시오. (총 40점)

(1) 자유들이 주장하는 내용들을 각각 비교하시오. (20점)

(2) '비지배자유'는 한국 정치에 변화를 가져올 수 있는지 논하시오. (20점)

 문제의 맥락과 포인트

공화주의가 학계의 관심을 많이 받고 있다. 마키아벨리를 재해석하는 신로마 공화주의가 논쟁의 중심에 있다. 신로마 공화주의에서 말하는 비지배자유가 무엇이며 기존 두 가지 자유와 무엇이 다른지를 설명하는 것이 이론적으로 중요하다. 하지만 이론만이 문제가 아니며 한국에서 던져주는 의미를 구체화하는 것이 이 문제에서 고득점하는 포인트이다.

 Ⅰ 서 론

한국에서 경제민주화는 사적영역인 경제를 공적공간으로 만들기 위한 노력의 전형이다. 경제민주화를 관철하기 위해서 국가의 간섭은 정당화되어야 하며 이때 '공공선' 차원에서 개인들 간의 '자유'와 양립할 수 있어야 한다. 비지배자유는 공공선과 자유의 양립을 가능하게 할 수 있는지 살펴본다.

Ⅱ 자유들 간의 내용 비교

1. 소극적 자유

소극적 자유는 '간섭의 배제'를 의미한다. 간섭의 배제는 국가와 공권력이 사적인 영역에 대해 개입하는 것을 막고자 하는 것이다. 자유주의의 초기부터 주장되어 온 개념이다. 개인의 사적공간과 공적인 국가의 공간을 구분하며 사적공간을 최대한 보호하고자 하는 자유주의는 주안점을 '사적 공간 > 공공선과 국가 공간'으로 설정한다. 소극적 자유는 국가의 개입을 최소화하여 사적공간을 최대화하고자 한다. 그런데 국가의 자의성은 예측가능성을 넘어서 사적인 공간을 침해한다. 따라서 자유란 국가의 최소화에 의해서 가능하다.

소극적 자유에 기반을 둔 정책은 국가 개입의 최소화에 있다. 자유방임주의가 전형적인 국가가 사용할 수 있는 정책이다. 국가는 최소한의 공공재를 만들고 규칙을 강제할 수 있는 정도에서 개입해야 한다. 이외의 개입은 개인들의 자유침해에 해당한다. 하지만 이런 국가의 개입 최소화는 개인들이 처한 사회적 억압과 차별을 무시하고 구조적인 제약을 경시한다는 문제가 있다.

2. 적극적 자유

적극적 자유는 '자기 지배'를 강조한다. 앞서 본 소극적 자유가 사회 내 구조적 조건을 무시하고 단지 국가가 개입만을 안하는 것을 문제 삼으면서 국가의 적극성을 강조한다. 실제 재산이 부족하고 교육을 받지 못한 일반 인민들이 처한 상황을 개선하는 것이 다수의 지배라고 한다면 이들이 스스로의 삶에 주인이 되게 해주는 것이 필요하다. 이로 인해 후기공리주의자인 토마스 힐 그린(T. H. Green)은 국가가 적극적으로 사회적 약자들의 문제에 개입하는 '적극적 자유'라는 개념을 만들어냈다. 이것은 루소식 일반의지와 유사하게 인민이 자신들의 삶을 실현할 수 있는 '자기완성'을 강조한다. 자기완성을 위해서는 사회적 차별과 억압의 배제가 필요하다.

정책적으로 볼 때 국가는 사회의 구조적 모순을 해결하기 위해서 '적극성'을 가져야 한다. 복지를 늘리는 적극적 국가를 강조하게 된다. 적극적으로 개인과 개인사이의 권력관계를 개선하는 것이 필요하기 때문에 국가는 약자를 위해 강자에 반하는 정책도 마다하지 않아야 한다. 그러나 적극적 자유는 '자기 지배'를 강조하지만 실제로는 자기가 자기를 지배할 수 없는 상황을 만들 수 있다. 루소의 '일반의지'처럼 누군가는 자기 지배를 실현할 수 있는 방법을 제시하는 이가 있을 것이다. 이런 경우 자기 지배를 실현할 수 있는 방법과 실현이 되었는지를 평가하는 우월한 이를 인민위에 두게 된다. 따라서 실제 인민은 이들의 판단을 따름으로서 자유롭지 않게 될 수 있다.

3. 비지배자유

비지배자유는 '예속과 예종으로부터의 자유'를 주장한다. 신로마 공화주의는 자유주의와 공동체주의 사이에 가교를 놓고자 한다. 이 이론은 자유와 참여간의 간극을 축소하고자 한다. 이런 논리에 기반해 자유주의가 가진 두 가지 자유의 개념을 거부한다. '소극적 자유'는 예속 상태에서 자비로운 주인을 만나는 노예의 비유처럼 예속자체를 거부할 수 없다는 단점이 있다. 반면에 '적극적 자유'는 실제 인민이 자유를 가지지 못하고 자신들의 의사를 결정하는 '결정자'혹은 '지도자(guardian)'를 만들게 될 수 있다. 그런 점에서 자유의 핵심에는 지배받지 않는 것이 필요하다. 지배받지 않는다면 국가의 '자의성'을 탈피할 수 있을 뿐 아니라 스스로가 자기 삶의 주인이 되어 '자기지배'를 관철할 수 있다.

비지배자유는 정책적으로 법치주의를 강조한다. 법을 제정할 때 참여함으로써 실제 공동체 운영에 계급적이고 계층적인 차이를 반영할 수 있는 것이다. 법규정에 있어서 모든 사람이 법 앞에 평등을 향유함으로써 공공선을 창출할 수 있을 뿐 아니라 공동체의 정체성이 생기게 된다. 그러나 비 지배 자유의 개념적 확장성에도 불구하고 과연 이 자원이 정치현상을 개선하는 데 유용한지는 구체적인 현실에 적용하여 생각해 볼 수 있다.

Ⅲ 비지배자유와 한국정치 변화가능성 논의

1. 정치현실의 변화가능성

신로마 공화주의의 비지배자유는 정치현실에 변화를 가져올 수 있다. 크게 정치 현실에서 변화를 가져올 수 있는 부분은 정치참여의 부족, 양극화와 사회적 갈등의 심화, 사회소수자의 문제를 들 수 있다.

먼저 비지배자유는 정치참여를 증대할 수 있다. 비지배를 관철하기 위해서는 스스로 의도적으로 정치에 참여해야 한다. 법의 제정과 공공선의 재구성에 참여함으로써 자신이 예속과 예종을 해결할 수 있다. 따라서 '자유'를 원하면 '참여'는 필수적으로 이루어져야 한다. 최근 20대의 낮은 투표율과 대의민주주의에 대한 회의론을 줄일 수 있다.

비지배는 양극화와 사회적 갈등의 완화를 가져올 수 있다. 양극화는 사회내 예속과 예종을 만들 수 있다. 정규직과 비정규직의 갈등에서 비정규직으로 대표되는 사회적 약자 계층을 보호하고 노인빈곤 문제를 해결하는 데 있어서 비지배는 자유와 함께 '공공선'의 차원에서 다룰 수 있다.

다문화주의, 탈북자, 성적소수자와 같은 사회적 소수자문제를 다루는 데 있어서도 비지배는 효과적이다. 로마 시대 이민족을 끌어안고 제국을 운영할 수 있었던 것처럼 '법 앞에의 평등'은 모든 구성원들에게 공동체의 정당성을 부여한다. 현대에 와서도 법을 통해 이들이 사회적으로 예속과 예종관계에서 탈피하여 2등 시민이 되지 않게 해야 한다.

2. 정치현실의 변화곤란

비지배자유는 실제 과장된 부분이 많고 정책을 만들기에 추상적인 부분이 많다는 점에서 현실정치를 개혁하는 데 유용하지 않다. 비지배가 공격한 다른 자유들이 실제로는 비지배를 강조한 이들의 오해에서 비롯된 것이다. 비지배는 특히 소극적 자유를 과도하게 넓게 보았다. 소극적 자유는 모든 자의성을 배제하는 것이 아니라 정치적 자의성을 배제하는 것이다. 이것은 실제 예속과 예종의 문제를 배제하는 것이다. 그러므로 소극적 자유를 배제한 비지배만의 독특성이 있는 것은 아니다. 다른 말로 하면 소극적 자유로도 얼마든지 예속과 예종이라는 지배관계의 변화를 가져올 수 있다.

두 번째로 비지배자유는 현실 정치를 개혁하기에 이론적 자원이 정교하지 않다. 비지배를 관철해야 하는 이유가 명확하지 않으며 어떻게 구현할 지도 정확하지 않다. 어떤 부분을 예속과 예종으로 볼 것인지는 어려운 문제이다. 예를 들어 부모와 어린 자식 간에는 예속과 예종이 있을 수 있는데 이 상황을 무턱대고 거부할 수는 없는 것이다. 그리고 비지배를 관철하기 위해서 법을 제정하지만 과연 모든 이들이 합의할 수 있는 법안을 만들 수 있으며 이 과정에서 눈에 보이지 않는 '비결정권력'이나 '구조적권력'을 배제하고 법이 만들어 질 수 있는지 의문이다. 또한 사회적 구조라는 것이 궁극적으로 해결되지 않는 것이고 다만 모습을 바꾸는 것이라면 비지배자유는 현재 양극화와 같은 사회적 차별문제를 해결하겠다는 슬로건에 불과할 수 있다.

3. 평 가

비지배자유는 최근 논의가 발전하고 있는 개

넘이다. 그런 점에서 앞으로 이론적 발전을 기대할 수 있다. 그리고 이론적 발전과 정교화가 진행되면서 현실 정책변화가능성도 개선될 수 있다. 아직 모호한 부분이 있지만 조금씩 개선을 꾀할 수 있는 이론이다.

Ⅳ 결 론

비지배자유는 자유를 포기하지 않으면서도 비지배를 관철시킬 수 있는 공간을 만들고 있다. 자유와 참여의 관계 정립과 자유와 공공선의 정립이라는 관계 정립을 통해서 자유를 포기하지 않으면서 공공선을 재구성하려고 노력하고 있다. 부분적인 수정과 보완을 통해서 더 체계적인 논의가 진행될 것이다.

제008문 정치적 자유와 경제적 자유의 관점에서 보는 한국정치

자유주의는 내부적으로 구분될 수 있다. '정치적 자유'를 강조하는 입장과 '경제적 자유'를 강조하는 입장으로 크게 대별된다. 다음 질문에 답하시오.

(1) 경제적자유주의와 정치적자유주의의 탄생배경을 설명하시오. (10점)

(2) 경제적자유주의와 정치적자유주의의 이론적 내용을 비교하시오. (15점)

(3) 두 가지 이론을 토대로 한국정치상황을 사례를 도입해서 분석하고 한국적 의미를 설명하시오. (15점)

 문제의 맥락과 포인트

한국의 자유주의가 문제가 있다는 지적이 있다. 이로 인해 민주주의와 공화주의 등 다른 이론들로 자유주의의 문제를 치유하고자 하는 학문적인 흐름이 있다. 하지만 자유주의 자체적으로도 문제를 해결할 수 있다는 반론도 있다. 자유주의를 정치적 자유주의로 확대해서 이해하면 자유주의만으로도 사회문제를 해결하는 능력을 증대할 수 있다는 것이다. 그런 점에서 양자를 어떻게 이해하고 있는지를 묻고 있는 문제이다. 즉 자유주의의 두 가지 이론의 입장 차이를 파악하는 것을 목표로 한 문제이다. 먼저 보수적 관점으로 '시장'의 자유를 강조하는 경제적 자유주의와 진보적인 입장으로 정의를 강조하면서 '포럼'에서 정치적 목소리를 통한 자유의 확보를 주장하는 정치적 자유주의가 어떻게 충돌하고 상호보완 하는지에 대한 자유주의 간 논쟁을 파악하는 것을 묻고 있다. 여기에 더해 현실적으로 양 이론이 한국정치 문제를 어떻게 해결할 수 있는지에 대한 현실함의를 가진 문제이다.

I 서 론

한국에서 좌와 우의 대립은 이념기반이 무엇인가와 별개로 두 개의 진영이 상대방에 대해서 가지는 관용의 부족으로 볼 수 있다. 관용의 부족은 사회전반에 만연되어 있다. 한국이 자유민주주의를 수용했음에도 불구하고 관용부족이 나타나는 것은 한국 자유주의가 경제적 자유주의에 경도된 측면이 강하다. 그렇다면 경제적자유주의의 폐해를 자유주의내에서 수정할 수 있는 방법은 무엇인가?

Ⅱ 경제적 자유주의와 정치적 자유주의의 출현배경

1. 경제적 자유주의 – 산업혁명

경제적 자유주의의 출현은 산업혁명 또는 자본주의 혁명에 의한 사적 소유권과 이를 교환하고 매개하는 시장이 형성되면서 만들어졌다. 따라서 경제적 자유주의는 자본주의 체제에서 새롭게 등장한 신흥 자본가계층 혹은 사인계층들의 (국가와 사회로부터)사적 소유권을 확보하고 이러한 소유권의 질서를 시장을 통해서 교환하고자 하는 이념이다. 따라서 경제적 자유주의는 시장자본주의 한분파인 개인주의적 자유주의를 지칭한다.

자유주의의 출현배경은 과학과 기술력의 발전이라는 환경의 변화 속에서 생겨난 인간이성에 대한 믿음과 이로부터 인간진보의 확신에 기인한다. 즉 과거의 소수에 의한 지식과 합리성은 개인을 소수와 소수가 지배하는 사회에 종속시켰으나 이제 인간은 보편적 이성을 향유할 수 있게 되었고 이를 통해서 개인 스스로 판단과 결정을 내릴 수 있는 존재가 된 것이다.

이러한 인식론과 존재론적 근거 속에서 개인을 중시하는 자유주의는 자유방임적 경제사상을 추구하면서 자본주의와 결합하게 된다. 즉 개인의 권리를 위해서 국가의 개입을 최소화하는 것은 자유주의자뿐만 아니라 자본가들에게도 중요한 일이었다. 따라서 경제적 자유주의는 시장의 우월성을 인정하고 여기에 대한 국가의 개입에 대해서 부정적이다.

2. 정치적 자유주의 – 시민혁명

정치적 자유주의 역시 근대의 산물이다. 이것은 근대의 시민혁명이라는 시대적 배경에 근거한다. 시민혁명이 자유, 평등, 박애를 보편적 이상으로 내걸면서 정의와 정당성이라는 문제의식이 지배하는 '포럼(forum)'을 이론적 토대로 하는 정치적 자유주의 사상을 출현시켰다. 또한 산업혁명으로부터도 영향을 받았다. 왜냐하면 이 두 혁명의 발생의 근원이 동일하기 때문이다. 그러나 이 둘 사이는 사적 영역의 자율성과 공적 영역의 자율성이라는 두 가지 상충하는 목표를 띄기 때문에 긴장한다.

그러나 자유주의가 공유하는 두 가지 배경과 사상기저 속에서 자유주의의 초기형태는 국가로부터 자유로운 개인의 창출이었다. 여기에 더해서 자신의 재산권과 그에 따른 시민적 자유의 확보였기 때문에 초기 자유주의에서 경제적 자유주의와 정치적 자유주의의 확연한 구분은 어렵다. 또한 자유주의의 주도층이 신흥 상공인이었으므로 경제적 자유주의의 입장이 더 강했다고 볼 수 있다. 이러한 경향에 의해서 정치적 자유주의는 실제 이론화가 지연되다가 20세기에 들어오면서 경제적 자유주의의 한계와 문제점을 지적하면서 본격적인 출발을 보인다.

따라서 18세기의 사상가들은 이론적 선구자로 볼 수는 있으나 확립자로 파악할 수는 없다. 정치적 자유주의의 초기 선각자와 이론가들은 인간의 보편적 권리, 다양한 정치적 자유(언론, 출판, 집회, 결사의 자유), 국가와 교회의 분리를 주장했다.

Ⅲ 양이론의 내용

1. 경제적 자유주의 – 사적 자율성의 확보

경제적 자유주의는 자유주의이론의 선각자들에 의해 점진적으로 구축되었다. 로크의 사유재산의 보호에 대한 자연법적 절대성의 부여는 이후 경제적 자유주의의 중요한 기반을 형성하게 된다. 경제적 자유주의는 이후 맨더빌(Bernard Mandville)과 스미스(Adam Smith)에 의해서 발전된다. 맨더빌은 사회적 규범이 사적인 이해를 지양하고 공공선을 위해서 사적 이해를 희생시키는 억압수단으로 파악했다. 스미스는 국가권력을 통해서 사회의 복지 증진이 불가능하고 이는 시장에 의존해야 된다고 주장했다. 하지만 스미스는 맨더빌이 보여준 도덕과 경제의 엄격한 분리를 거부하고 '동의감(sympathy)'이라는 상호 친화적 감성을 통해서 경제 활동의 이기적 행위의 균형을 잡고자 했다. 즉 그는 경제적 영역에서 시장을 우선시 했지만 사회적인 부분의 고려가 없는 냉혹한 이기적 개인주의자는 아니었다.

경제적 자유주의를 구체화한 아담 스미스나 맨더빌을 좀 더 살펴보자. 맨더빌(Bernard Manderville)은 도덕과 경제를 구분한다. 그는 공화주의의 위선성을 비판하면서 도덕이 개인을 억압한다고 보고 경제 영역에서 도덕을 배제시키려 한다.

반면에 스미스(Adam Smith)는 경제 활동에 필요한 정직과 정의감 등의 덕목을 중요성을 인정한다. 그에게 정의는 재산권 및 계약을 존중하는 것이라고 보았다. 따라서 이러한 영역 외의 국가의 개입에 대해서는 회의적이었다.

시민혁명은 민주주의 확대를 지향했으나 산업혁명은 자본가 위주의 자본주의를 지향했으므로 양자는 갈등하였다.

경제적 자유주의는 '사적 자율성'의 실현에 관심을 가진다. 생산과 분배의 효율성 및 소유권의 문제에 관심을 가지며 시장을 그 주요한 풀이기제라고 본다. 또한 분석단위를 개인에 두고 있다.

그러나 경제적 자유주의는 경제학의 개인주의 방법론을 사용하고 도구적 이성의 관념을 가지기 때문에 공동체의 관념이 부족하다는 비판을 받는다. 또한 정치의 분배와 정의의 논리를 경제의 도구적 합리성과 동일하게 합리적이라고 볼 수 있는가하는 비판을 받을 수 있다.

2. 정치적 자유주의 – 공적 자율성의 확보

정치적 자유주의의 철학적 기반은 칸트의 규범론에 기반을 두고 있다. 칸트의 철학적 업적은 근대적인 현상인 가치영역들의 분리를 해내었고 이것에 철학적 토대를 부여했다는 것이다. 즉 예술과 도덕과 과학을 분리된 영역으로 구분하여 각각의 독자적 목적과 가치를 인정하고 이들 사이의 관계를 설정하려 했다는 것이다.

정치적 자유주의는 '공적 자율성'확보에 관심을 가진다. 프랑스혁명의 이념지표였던 자유와 평등과 박애의 실현을 목표로 한다. 경제적 자유주의가 시장이라는 기제를 중시한다면 정치적 자유주의는 평등한 개인들이 자신의 의사를 주장하고 다른 이들과 타협할 수 있는 '토론의 장(forum)'을 중시한다. 그러므로 분석단위를 개인보다는 집단에 두고 있다는 특징을 가진다.

정치적 자유주의의 핵심 개념은 '중립성(neutrality)'이다. 이는 견해가 불일치하는 상황에서 정치적 결사체를 구성해서 자신들의 의사를 주장하고 다른 집단과의 토론을 통한 타협을 중시한다. 이는 집단의 극단적 이해의 불일치나 소수의 무시와 다수의 전제는 사회의 공존과 안정을 달성하기 어렵게 하기 때문이다. 그러나 이러한 중립성이라는 것이 도덕 자체에 대한 중립이나 가치상대주의를 의미하지는 않는다. 그보다는 합의점을 찾고자 하는 '도덕적 의지의 표현'으로 볼 수 있다. 그러므로 최소한의 공통된 도덕관에 의존할 필요가 있다. 이는 정당화의 규범적 기반이 존재하며 이것은 '합리적 대화'와

'평등한 존중'에 의해서 달성될 수 있다.

이들이 관심사항은 "자유롭고 평등한 시민들이 양립 불가능한 종교, 철학, 도덕 교의로 나뉜 경우, 지속적인 안정과 정의를 유지하는 사회가 어떻게 가능한가?"에 있다.(CF. 롤즈의 보편적 정의)

이들이 주장하는 민주적 정치사회는 어떤 구체적인 궁극적인 목표나 목적을 가지고 있지 않다는 점에서 결사체와 차이를 보인다. 또한 공적이성에 따라 전체적 통합에의 열망에 의해 지배되지 않는다. 이것은 결사체가 포괄적인 종교적, 철학적, 도덕적 교의에 의해 지배되는 것과 다르다. 그러므로 감성이나 통합의 열기의 정치적 낭만주의를 배제하고자 한다.

이론의 체계화는 롤즈의 정의론에 의해서 이룩된다. 롤즈는 자유주의가 개인의 자유를 인정하면서도 사회적 공공선에 도달할 수 있다고 보았다. 이를 위해서는 개인에게 사적인 문제와 개인과 사회가 공유하는 문제로 구분될 수 있어야 한다. 포괄적교의라고 하는 사적공간은 공적인 토론의 영역이 아니다. 이를 제외한 문제들에 대해 공적이성을 통해서 사회적 합의를 만들어낼 수 있다. 롤즈의 이론은 절차적평등으로서 공정성을 강조하면서 사회적 합의를 이룩하고자 한다.

롤즈는 원초적 상태와 무지의 베일을 가정한다. 이러한 조건에서 사회적 합의인 사회적계약이 이룩된다. 사회를 구성하는 초기상태인 원초적상태와 자신의 능력과 지위등과 관련해서 아무것도 모르는 무지의 장막 즉 무지의 베일이 있다고 가정한다. 이런 상황에서 두 가지 원칙에 기반한 사회적 합의가 도달된다. 첫 번째 자유의 원칙이다. 이를 통해 개인들은 기본권을 보장받는다. 두 번째는 기회균등의 원칙과 차등의 원칙이다. 기회균등의 원칙은 사회경제적 불평등은 공정학기회가 보장될 때 정당화된다는 것이다. 두 번째 차등의 원칙은 사회에서 가장 약자에게 이익이 돌아가는 경우에는 사회적 경제적 불평등을 인정하는 것이다. 이런 원칙속에서 롤즈는 개인들이 맥시민 전략을 통해서 사회계약을 이룩할 수 있다고 보았다.

롤즈의 이론이 주는 핵심은 사적인 개인들의 가치를 강조하면서도 공적인 토의를 통해서 공적가치를 발견할 수 있다는 것이다. 사적자유와 공공선의 연결은 공적이성이라고 하는 이성에 의해서 이룩될 수 있으며 이것은 포럼을 통해서 발견하고 확인할 수 있다.

Ⅳ 양이론과 한국

1. 경제적 자유주의와 한국

경제적 자유주의는 한국에서 산업화와 경제성장 그리고 자유주의 세력을 기반으로 한 민주주의의 구축을 이룩했다는 점에서 긍정적이다. 소유권을 보장함으로써 시장을 구축하였고 사적공간의 확보를 위해서 공적공간에서의 자유 즉 민주주의를 구축하는데 기여하였다.

반면에 경제적 자유주의는 한국에서 시장적 자유주의를 강화함으로써 나타나는 폐들을 만들었다. 규제되지 않는 시장질서와 공공선보다 사적이익의 강화로 나타나는 양극화가 대표적이다. 대기업의 무차별적인 시장 영역으로의 확대와 도덕부재의 문제등이 지적될 수 있다. 2014년 12월 대한항공 땅콩리턴의 사례가 전형적이다.

공적인 문제를 사적인 것으로 치환하는 경제적 자유주의는 교육의 문제를 사적인 공간으로 축소한다. 교육은 소득과 직결된다는 논리로 전적으로 개별적인 교육을 강조함으로써 한국사회를 양분화하며 공공선 보다는 사적 지위를 강조한다.

2. 정치적 자유주의와 한국

정치적 자유주의는 공적가치에 대한 합의를 필요로 한다. 이를 위해서는 관용이 필요하다. 관용을 통해서 다원주의가 확보될 수 있으며 다원주의를 기반으로 공적가치를 논의할 수 있다. 따라서 한국에서 정치적 자유주의는 관용부족과 공적가치에 대한 합의부족이 문제임을 보여준다.

가장 대표적인 것으로 국회에서의 폭력행사나 인터넷 여론 사냥과 같은 사회내의 폭력을 들수 있다. 의회는 대표들을 통해 사회적 합의에 도달하는 곳이다. 그러나 국회에서 의사진행을 방해하고 전기톱을 사용하거나 직접적인 폭력을 사용하는 것은 대표들간에 관용과 공적이성이 부재함을 의미한다.

3. 한국에서 자유주의의 정립

우선 한국자유주의의 가장 큰 문제는 경제적 자유주의의 지나친 강조이다. 따라서 천민자본주의로 지칭되는 '경제적자유주의＝자본주의'등식을 변화시키는 것이 우선적으로 중요하다. 그런 점에서 자유주의 외부의 이론적 자원보다 자유주의내 정치적자유를 강조함으로 자유주의의 지나친 사적가치의 함몰을 막을 수 있게 하는 것이 필요하다. 이를 위해서는 사회적 합의장치들을 많이 만드는 것과 함께 정치적다양성에 대한 가치공유와 교육이 필요하다.

Ⓥ 결   론

자유주의를 구분하고자 하는 서구 자유주의자들의 노력은 한국에 던지는 함의가 크다. 보수 세력에 의한 자유주의의 이념적 협소함을 극복하고 자유주의를 저항의 논리나 국가를 약화하고 정치를 배제하는 논리에서 벗어나서 경제적 자유를 추구하는 것으로부터 해방시켜야 한다. 이를 통해서 자유주의가 한국정치에 대한 사실적이고 올바른 이해와 함께 만들어야 할 이념형태로서의 한국 정치를 형성하기 위한 이념적 모태로 자리 잡게 할 수 있을 것이다.

대한민국은 자유민주주의 국가이다. 자유민주주의는 자유주의와 민주주의가 결합된 정치체제를 의미한다. 이론적으로 자유주의와 민주주의는 다른 근거에 기반하고 있고 현실적으로 양자는 상호강화와 상호갈등의 측면을 가지고 있다. 민주주의와 자유주의의 이론적 내용을 설명하고 양자간의 관계를 논하시오. 민주주의와 자유주의가 한국에서 현실적으로 어떤 관계로 나타나고 있는지 설명하고 바람직한 관계에 대해서 논하시오. (50점)

(1) 민주주의의 주요한 가정과 민주주의를 구성하는 구성요소들을 설명하시오. (10점)

(2) 자유주의의 주요한 가정과 자유주의를 구성하는 구성요소들을 설명하시오. (10점)

(3) 자유주의와 민주주의간의 긍정적 관계와 부정적 관계를 설명하시오. (15점)

(4) 한국에서 자유주의와 민주주의간의 관계가 현실적으로 어떻게 나타나는지를 설명하고 바람직한 관계양태에 대해서 논하시오. (15점)

Ⅰ. 서   론
Ⅱ. 민주주의의 기본 원리
  1. 인민의 자기지배
  2. 평등성
  3. 공익의 중요성
Ⅲ. 자유주의의 기본 원리
  1. 보편적이성과 개체성의 중요
  2. 개인의 자유와 인권의 강조
  3. 공사영역의 구분과 국가와 사회의 분리와 권력 분립
  4. 대의제도
  5. 가치상대성과 국가의 중립성
Ⅳ. 자유주의와 민주주의의 관계

1. 자유주의와 민주주의 조화와 타협가능성
  (1) 자유주의의 민주주의 강화
  (2) 민주주의의 자유주의강화
2. 자유주의와 민주주의의 갈등관계
  (1) 자유주의의 민주주의에 대한 저해
  (2) 민주주의의 자유주의에 대한 저해
3. 평가: 자유주의와 민주주의의 관계 논의의 의미
Ⅴ. 한국에서의 자유주의와 민주주의간의 관계
  1. 한국에서 자유주의와 민주주의간 갈등
  2. 한국에서 자유주의와 민주주의간 조화
  3. 평가: 한국에서 자유주의와 민주주의간 관계
Ⅵ. 결   론

 문제의 맥락과 포인트

이데올로기의 조합으로서 가장 기본적인 문제가 자유주의와 민주주의의 관계이다. 자유민주주의로 어떻게 조화될 수 있는지와 어떤 원리가 자유민주주의를 끊임없이 긴장하게 했는지를 모두 설명하는 것이 관건인 문제이다. 박수헌 선생님의 논문이 이 주제를 논리적으로 가장 탄탄하게 정돈하고 있어서 이 논문의 요약에 민주주의의 환경변화라는 아이디어를 덧붙이는 방식으로 양이데올로기의 조화와 긴장을 설명하였다. 최근 자유주의와 민주주의 이념에 대한 관심이 가장 고조되어 있기 때문에 양 이데올로기의 이론적 전제를 기억해두는 것은 다른 주제로 이어가는데 있어서도 대단히 중요하다.

Ⅰ 서 론

자유주의와 민주주의가 법의 지배를 중심으로 충돌하는 현상이 늘어나고 있다. 자유주의와 민주주의를 극단적인 이념형으로 구분할 때 '한국의 자유주의＝보수'와 '한국의 민주주의＝진보'라는 이념 논쟁도 파악할 수 있다. 그렇게 볼 때 민주주의의 기본원리와 자유주의의 기본 원리는 무엇이고 이 원리들이 각각 어떻게 상호간에 긴장과 조화를 만들어 내는 가를 파악하는 것이 중요하다. 신자유주의를 대표로 하는 자유주의강화와 절차적 수준의 민주주의로 대표되는 민주주의의 약화라는 문제를 가지고 있다고 평가되는 한국에서 양 이론이 어떤 관계를 형성하는 것이 중요한지를 모색해본다.

Ⅱ 민주주의의 기본 원리

1. 인민의 자기지배

민주주의는 자기 지배 즉 정책 결정에 대한 인민의 참여를 의미한다. 이것은 인민주권으로 표현된다. 인민주권은 인민의 삶에 대한 인민의 결정 즉 자기 결정을 의미한다. 따라서 자율적인 자기 지배(self-rule)이 중요한 것이다. 원칙적인 인민의 자기지배방식은 다양하다. 대의민주주의가 아닌 직접 민주주의는 가장 이념적으로 자기 지배에 가깝다.

2. 평등성

인민의 지배는 인민의 평등을 전제로 함. 인민은 자신의 endowment(부여된 자산이나 운)나 talent(자신에게 부여된 능력)와 관계 없이 인간으로서 동등한 정치적결정권을 부여 받는다. 민주주의의 자기지배원리에 따라 자신의 지배를 확립하고 자기 결정권을 가지기 위해서는 동등한 인간의 상정이 중요하다.

3. 공익의 중요성

민주주의는 공익 확보를 목표로 함. 정치체제를 어떻게 구성하고 어떻게 자신의 지배를 확립하는가의 문제에서 있어서 다양한 사회구성원의 이익을 확보하는 것이 무엇보다 중요함. 사회구성원으로서 개인에서 출발한 민주주의가 정당화되기 위해서는 개인들의 이해 추구가 공적인 이해추구로 귀결되어야 함.

Ⅲ 자유주의의 기본 원리

1. 보편적이성과 개체성의 중요

인간의 보편적 이성(universal reason)에 대한 신념과 개체성(individuality)이 자유주의의 핵심이다. 인간이 이성을 가짐으로서 자신의 독자적인 삶의 방식을 선택할 수 있고 이로 인해서 존재론적으로 사회보다 개인이 중요할 수 있음을 제시함. 데카르트의 합리성명제는 인간의 이성과 존재론적 우위를 확보하게 한다.

2. 개인의 자유와 인권의 강조

근대 자유주의를 구성하는 핵심은 자유와 인권을 보유한다는 것이다. 자연권논리와 천부인권논리는 자유와 인권을 정당화한다. 홉스에서 시작한 사회계약론의 가장 중요한 핵심은 인간이 국가를 만든 다는 것이고 이것의 토대는 인간이 보유한 자연권에 있다. 특히 자유를 이론화한 로크에 와서 소유권의 개념이 중요하게 되었다. 사적재산확보의 근거를 얻게 되면서 공적영역으로서의 국가와 사적영역으로서의 사회가 구분된다.

3. 공사영역의 구분과 국가와 사회의 분리 와 권력 분립

자유주의는 공적인 영역과 사적인 영역을 구분한다. 공적영역을 최소화하고 사적영역을 최대화하고자 한다. 따라서 공적공간인 국가의 사적공간이 사회와 가정에 대한 개입을 최소화하고자 한다. 국가의 개입최소화를 위해서는 명확한 개입의 원칙이 필요하다. 이것이 법치주의를 만들게 되었다. 즉 법에 의해서 통치되지 않는다면 국가의 간섭에 대해 정당성을 부여하지 않겠다는 것이다. 그리고 법치가 작동하기 위해서는 권력은 분화되고 각 권력에 의해 타 권력은 견제되어야 한다. 몽테스키외의 권력분립논리는 자유확보의 중요성에서 탄생하게 된다.

4. 대의제도

자유주의에서 공사의 구분은 공적 공간에 대한 사적공간의 개입을 배제하는 것도 필요하게 된다. 하지만 공적공간에서 국가를 운영하는 이들을 사적공간에 있는 인민이 통제하지 못할 경우 인민은 전제적 권력앞에서 자유를 확보하지 못할 것이다. 따라서 인민은 자신을 대표할 사람을 공적공간에 보냄으로서 자신의 이익을 보장받고 자신의 자유를 확보하고자 한다. 이렇게 해서 대의제도라는 대표를 통한 정치적 결정으로 귀결된다. 그리고 다시 공적공간과 사적공간은 역할을 분담하게 된다.

5. 가치상대성과 국가의 중립성

자유라는 가치를 강조하는 자유주의는 가치상대주의를 표방한다. 어떤 가치에도 특별한 우선권을 부여하지 않는 것이다. 따라서 가치 상대주의는 개인들이 가지는 가치는 어느 것이 더 우월함이 전제되지 않고 동등하다는 점을 받아들이는 것이다. 이런 입장에서 볼 때 국가 역시 특정한 가치에 편향되어서는 안된다. 국가는 사적 공간의 가치를 반영하는 것이지 국가가 독자적으로 사적 공간의 가치를 형성하면 안된다. 따라서 국가는 불완전주의입장에서 중립성을 지녀야 한다.

Ⅳ 자유주의와 민주주의의 관계

1. 자유주의와 민주주의 조화와 타협가능성

(1) 자유주의의 민주주의 강화

첫째, 개인의 자유를 강조함으로써 자유로운 개인들의 민주적 선택을 돕는다. 개인에게 부여된 자유는 민주적 공동체 이전에 개인에게 선험적으로 부여된 것이다. 따라서 정치적 결정이전에 전정치적인 자유가 확보됨으로써 개인들은 공동체의 민주적 결정에 있어서 자유로운 결정을 보장받는다.

둘째, 자유주의는 소수자의 보호와 민주적 결정의 불가침적 영역을 구성한다. 자유주의는 민주적 결정이 침해하기 어려운 영역을 설정함으로써 민주주의의 다수의 전제가능성을 완화한다.

셋째, 자유주의는 다원주의를 통해서 민주주의에 있어서 견제기능을 구현할 수 있게 한다. 자유주의는 가치 다원성을 전제로 다원적 집단에 의한 정치를 가능하게 한다. 다원적 집단의 보장은 민주주의내에 역동성을 부여할 뿐 아니라 다원적 집단간 경쟁을 가능하게 한다.

넷째, 자유주의의 법치주의와 헌정주의는 민주주의의 정부 운영방식에 예측가능성을 부여한다. 자유주의는 정부를 제한하고자 하며 이것은 법치주의와 헌정주의를 통해서 구현된다. 이렇게 구현된 법치주의와 헌정주의는 민주적 결정 구조에 있는 참가자들에게 예측가능성을 부여하여 정부에 대한 신뢰를 부여할 수 있다.

다섯째, 절차적 정당성을 보장함으로써 공정성을 제공한다. 자유주의의 공정성은 민주주의에 대한 최소한의 합의인 '전환가능성'과 '불확실성의 제도화'를 가능하게 함으로써 민주적 결정구조에 속할 수 있게 한다.

(2) 민주주의의 자유주의강화

민주주의는 인민의 자기지배를 통해서 자유를 현실화시킨다. 적극적 자유란 자신의 원하는 것을 실현시킬 수 있는 자기지배를 의미한다. 그런데 민주주의는 구체적인 방식으로 자기 지배를 실현함으로써 적극적 자유를 보장한다.

민주주의는 평등한 참여를 보장하고 자기 지배를 실현함으로써 정부의 과도한 개입을 막고 개인들의 자유로운 선택에 근거한 정치운영을 가능하게 한다. 인민들의 정치참여를 통해서 자유를 파괴할 수 있는 정부의 과도화를 막을 수 있다.

민주적 결정방식을 통해서 자유주의의 사회적 선택을 가능하게 한다. 민주주의는 인민들의 평등한 결정을 가능하게 함으로써 자유주의가 가지는 폐해인 이익적 개인들의 가치간 불통약성문제를 해결할 수 있다. 인민들의 참여를 통한 민주적 결정은 개인들의 가치를 집단적으로 선택하게 하고 이러한 과정을 일상화함으로써 가치간의 대립에도 불구하고 사회적 가치결정을 따를 수 있게 한다. 즉 일시적 정부를 구성하여 자신에게 합치되지 않는 정책결정에 대해서도 따를 수 있게 한다. 이것은 민주적 결정과정에서 공공선을 발견해감으로써 자유주의의 자신의 가치와 공공선 사이의 긴장을 해소할 수 있게 해준다.

2. 자유주의와 민주주의의 갈등관계

(1) 자유주의의 민주주의에 대한 저해

자유주의가 상정하는 원자적 개인관은 민주주의가 상정하는 사회적 개인관과 다르다. 따라서 자유주의의 개체성의 강조는 사회적개체성이 확보되지 못할 경우 공동체 구성에 저해를 가져올 수 있다. 즉 사회적 타협이 불가하고 무임승차를 하는 개인들이 자유주의를 통해서 민주주의의 공동체운영방식을 불가능하게 만들 수 있다.

자유주의의 공정성에 기반한 평등관은 민주주의가 작동할 수 있는 조건을 다루기 어렵고 이로 인해 경제적 사회적 조건을 변화시키는 것에 강하게 저항할 수 있다. 민주주의는 작동에 필요한 경제적−사회적 조건이 있는데 자유주의는 이런 조건개선을 위한 공동체의 간섭을 거부한다.

(2) 민주주의의 자유주의에 대한 저해

민주주의가 다수의 지배를 관철하고자 하여 민중주의나 전체주의로 이어질 경우 개인의 자유는 사라진다. 민주적 결정을 신성화하고 민주적 결정을 통해서 개인의 자유조차도 무시하게 되면 민주주의는 자유주의의 적이 된다.

민주주의를 결과적 평등으로 이해하고 민주주의를 실질적 민주주의로 이해하여 민주주의의 내용을 문제시하면 자유주의의 가치 중립성이 깨진다. 민주주의가 내용의 문제로 간주되면 민주주의는 공공선을 위한 기본적인 방향을 이미 설정하게 된다. 그러나 이것은 자유주의가 가지고 있는 가치의 선험적 판단 배제와 모순된다.

3. 평가: 자유주의와 민주주의의 관계 논의의 의미

자유주의와 민주주의가 편한 동거관계만을 구축하는 것은 아니지만 반드시 갈등하는 것도 아니기 때문에 이론적으로 정리될 수 있는 관계 유형은 다양하다. 양 이념은 이념적 근거가 다르다. 자유주의는 개인의 자유에 기반하여 정부의 규제에 초점을 두는 반면에 민주주의는 인민의 정치참여를 위해 정부의 구성에 초점을 둔다. 그런 점에서 자유주의와 민주주의는 갈등의 여지를 가진다. 하지만 자유주의와 민주주의간의 친화성 역시 가능하다. 자유주의의 자유확보는 정치적 자유와 시민적 자유를 보호함으로써 민주주의의 인민의 지배가능성을 높인다. 또한 민주주의의 자기지배원리는 개인들의 실질적인 자유를 확보할 수 있게 해준다. 그런 점에서 이론적인 갈등과 조화의 가능성의 공존은 현실에서 자유주의와 민주주의의 논리중 무엇을 더 강조하면서 어떤 관계를 구축하는가에 의해서 자유민주주의의 현실적인 양태를 다르게 한다.

Ⅴ   한국에서의 자유주의와 민주주의간의 관계

1. 한국에서 자유주의와 민주주의간 갈등

자유주의와 민주주의간 긴장과 갈등은 자유주의의 여러가지 차원에서 나타난다. 첫째, 정치적으로 자유주의가 강화되면서 사인화가 강화되고 이에 따라 정치적 무관심과 대의민주주의에 대한 참여저하로 나타난다. 사적인 자유의 강화와 자유에 대한 탐닉은 개인에 대한 강조와 공동체에 대한 무관심으로 이어진다. 특히 공동체의 공간이 커지면서 커진 공동체와 개인의 소외가 강화되면서 사적인 공간에 탐닉하는 경우가 늘어나고 이는 민주주의가 필요로 하는 사회적인 사회의식과 연대감을 약화시킨다. 이에 따라 민주주의가 필요로 하는 사회적 합의의 전제조건을 충족하지 못하게 한다.

둘째, 경제적으로 자유주의는 신자유주의가 강화되면서 경쟁구조의 심화와 경제의 개인화를 강화한다. 자유주의는 개인의 능력과 의지에 의해서 경제적 성과가 결정된다고 본다. 이에 따라 경제적 부를 강조하는 경쟁의 심화는 개인들의 능력에 따른 결과주의의 입장이 강화되게 한다. 하우스푸어와 렌트푸어 에듀푸어는 이렇게 강화된 경쟁구조에서 밀려나는 개인들을 더욱 개인화시킨다. 이런 과정에서 양극화로 대표되는 사회적 갈등은 민주주의가 필요로 하는 연대감을 붕괴시키면서 사회를 '우리와 그들'로 구분한다.

셋째, 사회적으로 자유주의와 다문화주의의 갈등이 강화된다. 개인들의 선호를 강조하는 자유주의입장에서 다문화주의에 대한 사회적 가치를 부여하는 것은 개인들의 선호에 강제를 만들 수 있다. 한국의 자유주의는 다원성에 대해 관대하지 않은 경우가 많다. 다원주의의 공존가능성을 받아들이지 않고 개인주의의 가치를 강조하는 경우 다문화주의는 사회적가치의 강요로 받아들여 질 수 있다.

넷째, 도덕성의 약화와 사회적 규율의 쇠퇴 문제를 들 수 있다. 자유주의는 공동체에서의 도덕성에 주의를 기울이지 않는다. 개인화의 강화와 도덕적 상대주의를 강조하면서 사회적 규율이 점차 중요성이 밀려난다. 한국의 경우 도덕문제를 유교문제로 치부하면서 전통과의 단절을 시도하여 도덕과 사회적 규율을 근거없는 개인에 대한 규제로 인식하고 도덕자체에 대한 문제제기를 한다.

다섯째, 민주주의의 작동방식이 자유를 침해하는 경우가 있다. 민주주의가 다수의 지배로 관철될 경우 민주주의는 수의 논리가 지배하게 된다. 특히 민주주의를 다수의 위임으로 볼 경우 위임된 권력의 행사는 모호한 공적공간과 사적공간의 구분공간을 파고들어 정치적 권력의 사적 유용으로 나타난다. 진보－보수정부로 구성된 지난 정부들에서 권력의 나누고 인사문제를 결정한 예들은 공적공간에 대한 권력의 독점을 가져오면서 진보와 보수간의 갈등을 더욱 강화시켰다.

2. 한국에서 자유주의와 민주주의간 조화

한국에서 자유주의가 민주주의를 강화한 측면이 있다. 한국의 자유주의의 확대 특히 법의 지배확대는 민주주의가 작동할 수 있는 정치적 공간에 대한 자유를 부여하였다. 헌법재판소의 헌법소원제도는 헌법에 의해서 보호되는 자유의 범위를 명확히 하고 사회적 공감대를 이끌어내면서 민주주의의 인민이 지배할 수 있는 인민의 공간을 확대해주었다.

자유주의의 다원주의화와 민주주의의 평등성 강조가 조화되면서 사회의 다원성확보에 기여하였다. 다양한 조직들의 구성은 사적인 이익의 추구를 통해서 사회적인 갈등을 담아낼 수 있는 기회를 형성하였다. 한국사회의 다양한 이익집단의 형성은 한편으로 갈등을 늘렸지만 다른 한편으로 한국사회의 갈등이 반영될 수 있는 전제조건을 형성하였다.

한편으로 민주주의의 공론의 공간확대는 자유의 확대를 가져오기도 하였다. 민주주의공간에서 다문화주의에 대한 논의확대, 양극화해소를 위한 복지논쟁, 소수자의 문제와 인정의 정치필요성의 증대에 대한 논의가 늘어나면서 자유의 적극적인 의미가 부각되기도 하였다. 사회경제적 평등성이 필요하다는 공감대가 확대되면서 담론의 공간에서 공적공간의 확대에 기여하면서 적극적자유가 강조되게 하였다.

3. 평가: 한국에서 자유주의와 민주주의간 관계

자유주의와 민주주의의 관계는 상호보완적 측면이 있는가 하면 상호갈등적 측면도 있다. 하지만 자유민주주의로의 수렴가능성은 양자가 상호 조정할 수 있으며 상호강화하는 방향으로 갈 수 있는 파트너일 수 있음을 보여준다. 하지만 한 가지 방향의 지나친 강화는 자유민주주의를 위험에 빠뜨릴 수 있다. 특히 최근 한국사회에서처럼 자유의 지나친 강화는 민주적 공간을 지나치게 축소할 수 있다. 그런 점에서 자유주의의 폐해를 줄이는 민주적 실천의 노력이 요구된다. 그러나 한국은 최근 민주주의를 대의정치적이기 보다는 시장적 관점에서 이해하고 작동시키려는 측면이 강하다. 미국식 정당개편과 함께 공적공간의 축소와 논의의 배제가 눈에 띄게 증가하고 있다. 이런 점에서 민주주의의 공적 공간을 확장하고 민주적 결정을 통한 사회경제적 여건의 개선가능성을 제시하는 것이 필요하다.

Ⅵ 결 론

위의 논의에서 본 것처럼 한국에서는 민주주의를 좀 더 구축하는 방향에서 자유주의의 폐해를 해독하려는 노력이 필요하다. 한국에서 자유주의와 민주주의 관계는 편안한 동거만은 아니다. 자유주의가 개인적 이기주의와 시장만능주의로 이해되면서 자유주의의 관용성이나 다원성이 약화된다는 점과 민주주의를 절차적 수준으로 한정하여 이해하면서 민주적 절차마저도 무시되는 경우들은 한국의 자유주의와 민주주의의 조합이 아직 얼마나 어려운 문제인지를 보여준다. 공공성에 대한 관심과 공동체의 유지를 위한 사회경제적 조건의 변화와 함께 민주주의의

토론의 공간을 확보함으로써 시장만능주의적 사
고와 원자적 개인의 위태로움의 문제를 해결하
는 것이 필요하다.

비자유주의 민주주의와 자유주의 비민주주의

최근 많은 국가에서 민주주의가 위기란 주장들이 나오고 있다. 자민족중심의 극우주의와 대중 선동적 민중주의가 강화되는 것이 위기의 징후로 볼 수 있다. 이들 국가들에서는 민중주의 지도자와 대중이 법치주의를 무시하는 현상이 나타나거나, 법치주의를 이용하여 민주적 결정을 무시하는 현상들도 나타나고 있다. 다음 질문에 답하시오. (총 40점)

(1) 자유주의가 민주주의에 긍정적으로 기여하는 기제들을 설명하고, 민주주의가 자유주의에 긍정적으로 기여하는 기제들을 설명하시오. (15점)

(2) 민주주의 위기론에서 제시되는 '비자유주의 민주주의'와 '자유주의 비민주주의'의 의미를 설명하고, 이들이 어떻게 민주주의에 위기를 가져오는지 논하시오. (15점)

(3) 위의 논의를 바탕으로 민주주의 위기를 해결하는 방안들을 경제측면, 제도측면, 문화측면에서 약술하시오. (10점)

 문제의 맥락과 포인트

트럼프의 등장 그리고 2024년 재선은 자유주의와 민주주의가 어떻게 왜곡된 모습으로 만날 수 있는지를 보여준다. 향후 몇 년간은 미국 민주주의를 보면서 민주주의 위기론이 제기될 것이다. 이때 자유주의와 민주주의가 서로 왜곡된 상태로 만날 수 있다. 즉 비자유주의 민주주의와 자유주의 비민주주의가 그것이다. 사상에서 이런 주제가 어떻게 다루어지는지 살펴본다.

Ⅰ 서 론

2018년과 2019년 초까지 유럽에서 극우 정당들의 지지율이 높게 나왔다. 네오 나치에 준하는 '오스트리아 자유당'이 17~21% 지지율을 보였고. 폴란드에서는 '폴란드 법과 정의'당이나 헝가리의 '헝가리 피데스' 정당은 극우 정당으로

서 여당이 되었다. 프랑스의 '국민전선', 독일의 '독일을 위한 대안'이나 영국의 '브렉시트당과 영국독립당' 등이 10%에서 20%의 지지를 받았다. 이런 현상은 미국에서 대중 선동적인 대통령 트럼프의 당선과 함께 '자유민주주의'에 대한 위기가 아닌가 하는 우려를 낳고 있다. 자유민주주의가 자유주의와 민주주의가 상호 보완적

일 때 건전하고 안정적인 정치가 운영된다고 전제하고 민주주의의 위기를 해결하는 방안을 모색한다.

Ⅱ　자유주의와 민주주의의 상호 보완 관계

자유주의와 민주주의가 상호 보완하는 '기제'를 우선적으로 규정함으로써 자유주의와 민주주의 분리가 가져오는 문제점을 짚어본다. 이를 위해 '기제'의 의미를 원리와 제도로 확장하여 설명한다.

1. 자유주의의 민주주의 보완

자유주의는 보편적 이성을 가진 개인의 자유를 보호함으로써 국가 공동체로부터 개인의 중요성을 인정하게 하며 국가의 폭력성과 과도한 억압을 방지해보려는 이론이다. 이러한 취지에서 자유주의는 몇 가지 원리와 제도를 통해서 국가가 과도해지는 것을 막고 이를 통해 권력자가 인간 위의 군림하는 것을 막고자 한다.

첫째, 개인의 자유와 인권을 강조한다. 자유주의는 합리성에 의해 개인 존재의 중요성이 인정된다. 그런 점에서 개인의 개체성이 인정될 때 그 개인의 선택은 존중되며 외부로부터의 간섭을 받지 않을 자유를 가지게 된다. 또한, 이런 논리의 연장선에서 인권을 보호하게 된다. 이 원리는 민주주의가 '다수의 지배'로 이해될 때 어떤 다수도 개입할 수 없는 자유와 인권의 공간을 만들어 국가를 통제하게 한다. 이러한 논리는 자연 법으로도 침해해서는 안 되는 공간을 구성하고 소수자를 보호하게 만들어 사회적 가치 결정 이후에도 소수의 자유를 무시할 수 없게 만든다.

둘째, 자유주의는 권력분립제도와 대의 제도

를 통해서 국가의 약탈성을 제어한다. 국가는 공공재 제공을 위해 필요하지만, 어느 단계에서 국가가 그 필요성을 넘어서 과도하게 권력을 가졌는지 알기 어렵다. 그런 점에서 민주주의가 자칫 '다수의 지배'와 '인민의 지배'를 명분으로 입법을 통해 사회구조를 급격하게 바꾸려고 하며, 국가가 폭력을 이용해서 이러한 목적을 관철하려고 할 때 자유주의의 권력분립과 대의제도는 중간에 안전판 역할을 한다. 우선 대의제도는 더 나은 사람을 의회에 보내 인민들의 모호한 이익을 구체화하는 것이다. 이때 대표는 오직 자신의 지역 이익에 의존해서 행동하지 않고 국가 전체의 이익을 위해 행동하게 만든다. 그리고 권력분립은 입법부의 과도화나 집행부의 과잉개입에 대해 다른 권력 부처가 견제할 수 있도록 함으로써 자칫 민주주의가 가질 수 있는 폭력성을 견제한다.

셋째, 자유주의는 가치 상대성과 국가의 중립성을 가정함으로써 민주 정부가 가질 수 있는 다원적 가치의 경시 문제를 해결할 수 있게 한다. 앞서 본 것처럼 합리성이 존재의 선호를 만든다면, 모든 이들이 합리적일 때 그들이 합리적으로 도출한 어떤 가치도 다른 이의 가치에 비해 열등하거나 우월하지 않다. 그런 점에서 권력의 총아인 국가는 특정 가치를 우선시하지 않음으로서 민주주의가 가진 결정성 이면의 폭력성을 통제할 수 있다. 즉 다수결주의에 따라 사회적 가치가 결정되면 그 가치는 타당하고 우월하며 포기된 가치는 틀렸고 열등한 것이 아니게 만든다. 자유주의의 다원주의는 사회구성원들이 지지하는 여러 가치가 다원적인 경쟁구조에서 다음에 다시 경쟁하고 선택될 수 있게 만들어 준다.

2. 민주주의의 자유주의 보완

민주주의는 복잡한 규정에도 불구하고 '다수의 지배(rule of majority)'를 구현하는 장치이며, '인민에 의한 지배(rule by the people)'라고 규정할 수 있다. 그런 점에서 '다수의 지배'와 '인민에 의한 지배'를 중심으로 자유주의를 보완할 방안을 설명한다.

첫째, '다수의 지배'는 특정 가치를 지지하는 개인들이 모여 사는 공동체에서 무엇을 사회적 가치로 규정하고 달성할 것인지를 결정하게 해준다. 개인들이 생존하고 자신이 원하는 일을 하기 위해서는 국가가 필요하다. 즉 개인의 자유는 국가가 존재할 때 보호받을 수 있다. 그런데 국가는 무엇을 중요한 가치로 두고 국가에 모인 자원을 사용할 것인지를 정해야 한다. 그런 점에서 민주주의는 사회구성원들 사이에서 누가 다수인지를 구체적으로 규정하게 해준다. 이렇게 다수가 결정될 때 공동체가 지향해야 할 사회적 가치가 결정되고 국가의 존재 의미가 생긴다. 그런 점에서 민주주의는 개인들의 자유를 보장해주는 장치이다.

둘째, 인민에 의한 지배는 다시 두 가지 방식으로 자유주의를 보완한다. 첫 번째로 '인민'을 정치체제에서 중요하게 드러낸다. 자유주의는 자본주의의 정당화 논리이다. 따라서 자유주의에서 말하는 자유는 부유한 개인들의 자유에 국한될 수 있다. 그러나 민주주의에서 인민은 태어난 자연인 모두를 의미한다. 즉 자본주의에서 자본을 소유하지 않은 사람도 인민이다. 그렇게 보면 자유주의를 통해 자유를 보호받는 부유한 이들을 제외한 자본주의에서 소외된 이들을 민주주의는 '인민'이라는 이름으로 보호한다. 이는 자유주의가 자본주의와 등치 되어 생길 수 있는 부의 양극화와 사회 양극화에 대한 하나의

백신 역할을 한다. 정치적 권리 부여는 경제적 자원 부족에도 불구하고 정치체제를 정당하다고 믿고 체제를 유지할 수 있게 하기 때문이다.

두 번째로 인민에 '의한 지배'를 구체화한다. 인민에 의해서 구체적으로 사회적 가치를 결정하는 제도 장치를 만드는 것이다. 이 과정에서 인민은 실질적으로 자신의 정치체제와 정치공동체의 운명을 결정할 수 있다. 그런데 이러한 제도는 어떤 특정계층이나 계급에 유리하지 않다. 아담 쉐보르스키가 언급한 대로 '불확실성이 제도화'되는 것이다. 누군가가 다른 누군가에 의해 사전에 지배당할 때 개인에게는 자유가 사라진다. 그런 점에서 구체적인 지배 방식의 구현은 현실적으로 개인들에게 자유를 유지함으로써 민주주의는 자유주의를 보완한다.

Ⅲ '비자유주의 민주주의'와 '자유주의 비민주주의'의 의미와 민주주의 위협

경제위기의 상시화, 이로 인한 중산층의 약화와 관용의 상실, 극우 정당과 민중주의 지도자들의 SNS를 이용한 민족주의의 활용이 민주주의의 위기를 만들어가고 있다. 이런 상황은 자유민주주의에서 자유주의와 민주주의를 분리하고 양자가 상호를 공격하게 만든다.

1. '비자유주의 민주주의'와 '자유주의 비민주주의'의 의미

비자유주의적 민주주의는 민주주의를 이용하지만, 자유주의가 강조하는 가치를 인정하지 않기 때문에 개인의 자율성이나 존엄성이 보장받을 수 없는 상태를 말한다. 이 개념은 파리드 자카리아가 『자유의 미래』에서 규정한 개념으로 민주주의의 과잉과 자유주의적 견제가 부족한

것을 의미한다. 예를 들어 1990년대 중반 인도에서 힌두교를 중심으로 다수파를 결성한 뒤 소수파인 이슬람교도들을 차별하고 학대하는 일이 벌어졌다. 이런 상황은 민주주의의 다수결주의를 지지하되 자유주의의 소수자 보호, 인권의 존중이라는 규범을 무시하는 것이다.

비자유주의 민주주의를 가장 극단적으로 보여주는 것이 포퓰리즘이다. 포퓰리즘은 정치를 단순하게 만든다. 자유주의를 통해 만드는 '권력분립'과 '견제와 균형의 원리'를 더 많은 지지를 받았다는 이유로 무시하는 위임통치를 구현한다. 개인의 자유는 대중의 공공선 앞에서 무력화된다. 필리핀의 두테르테가 자경단을 앞세워 마약상들에게 공정한 재판의 기회도 주지 않고 총살해버린 것이 대표적인 사례다. 또한, 포퓰리즘은 인민과 지도자를 인간 대 인간의 관계로 만들어 정치 제도들인 의회와 정당을 무시한다. 미국 트럼프 대통령이 대표적인 사례이다.

비자유주의 민주주의는 관용의 정치문화, 제도화된 정당정치가 부족한 것이 만들어낸 결과이자 다시 이것을 재생산하는 원인이다. 비자유주의 민주주의에서 대중들은 자신들이 결정하는 것이 어떠한 제한도 받지 말아야 하며, 중간의 타협점을 거부한다. 지도자와의 인적인 유대를 통해 점차 제도 정치를 부식하게 만든다. 아르헨티나의 페론 대통령 시대나 브라질의 룰라 대통령 시기가 대표적이다.

반면에 자유주의 비민주주의는 역으로 자유주의를 지지하지만, 민주주의는 거부하려는 입장이다. 이러한 입장은 개인들에게 부여되는 자유 특히 소유권적 자유의 절대성을 강조한다. 소유권적 자유를 침해하는 민주적 결정은 받아들일 수 없다는 것이다. 자유지상주의나 무정부주의적 자유주의에서 주장하는 이론으로 이들은 민주주의는 소유권을 인정하는 자유주의의 적으로 규정한다.

자유주의를 민주주의로부터 지키는 방법은 '다수의 지배'인 인민들에 의한 의사결정과 이를 통한 의회 입법을 무력화하는 것이다. 즉 이미 규정된 헌법과 기존 법질서를 통해 소유권과 기득권을 보호하고 유지하는 것이다. 따라서 이들이 지지하는 민주주의는 법치적 민주주의이다. 법의 지배가 인민의 지배에 대해 우위에 있는 정도에서만 민주주의를 받아들이는 것이다.

2. 민주주의에 대한 위협

'비자유주의 민주주의'나 '자유주의 비민주주의'가 민주주의에 위협이 된다고 할 때 대상이 되는 '민주주의'를 규정할 필요가 있다. 이때 민주주의는 자유주의와 민주주의가 결합한 자유주의 민주주의로 규정하고 논의한다.

자유민주주의는 위에서 본 것처럼 자유주의가 민주주의를 보완하고 민주주의가 자유주의를 보완하는 형태의 민주주의이다. 그런데 양자가 경제위기, 중산층의 붕괴와 민주주의에 대한 거부 혹은 무관심, 그리고 제도 정치를 무시하는 포퓰리스트들의 등장 때문에 양자의 거리가 벌어지는 것이다. 즉 자유주의가 민주주의를 거부하고 민주주의는 민중주의 입장에서 자유주의를 거부하는 것이다.

문제는 이 두 가지 현상이 한 국가 안에서 벌어질 수 있다는 것이다. 아스차 뭉크는 『위험한 민주주의』에서 민주주의국가들에서 부자들은 '자유주의 비민주주의'처럼 반민주주의를 지지하고 대중들은 비자유적 민주주의를 지지한다고 했다. 이런 과정에서 포퓰리스트 지도자들은 기술관료들과 손을 잡고 정치문제를 해결해가는 것이다. 가장 문제가 되는 것은 점차 대의 민주주의의 핵심인 의회와 이를 구성하는 정당이 사라지는 것이다.

제도 정치의 부재가 자유민주주의가 받는 가장 큰 위협이다. 현대 정치는 제도 정치다. 이것은 인간에 대한 불신과 예측 가능한 정치체제를 만들자는 취지에서 제시된 것이다. 그러나 민중주의 지도자는 이런 제도를 우회한다. 기술관료는 이러한 제도적 통제장치의 외부에 있으므로 책임을 물을 수 없다. 결국은 어떤 정치적 결과에 대해서도 책임을 물을 수 없게 된다.

게다가 자유주의를 지지하는 이들과 민주주의를 지지하는 이들로 사회가 갈라서는 상황에서 이를 중재하거나 중화해줄 제도마저 약화되면 정치적 투쟁의 양태는 달라진다. 정치는 선거제도와 정당제도와 같은 제도를 통한 경쟁에서 사람 vs. 사람 혹은 집단 vs. 집단의 대결이 된다. 촛불집회와 태극기집회가 대립하던 상황이 대표적이다. 그런 점에서 민주주의를 극단화하여 최종적으로 붕괴시킬 것이다.

Ⅳ 민주주의 위기론 해결책

이 문제 해결의 핵심은 대의 제도를 살리는 것이다. 하지만 문제의 원인이 경제위기의 상시화와 그에 따른 중산층의 약화와 관용의 파괴기 때문에 경제적 차원, 제도 차원, 그리고 최종적으로 문화가 보완하는 방안을 설명한다.

1. 경제 측면

경제위기가 문제의 원인이라면 경제위기의 상시화를 막아야 한다. 이를 위해서는 두 가지를 생각해볼 수 있다. 우선 패권이론에 따라 미국이 패권 국가로서 무역 자유화 등을 통해 더 넓은 시장을 열어주고 자유 교역을 강화하는 것이다. 그러나 미국의 국내정치로 인해 어렵다면 현재 사용되고 있는 국제제도들을 이용하고 주도적인 국가들이 나서서 이 제도들을 강화하면

서 국제기구와 국제 NGO들과 연계하는 글로벌 거버넌스를 활용하는 것이다.

2. 제도 측면

이 위기의 본질은 자유민주주의의 제도 붕괴에 있다. 따라서 우선적으로 자유민주주의의 중심에 있는 정당정치를 복원하는 것이 중요하다. 정당제도화를 통해 유권자들에게 정당이 문제를 해결할 수 있으며 정당보다 더 나은 존재를 생각하지 못하게 해야 한다. 이를 위해서는 헌팅턴이 말한 제도화 지표로서 복잡성을 늘리고, 자율성과 응집성을 높이면서 적응성을 높여야 한다. 또한, 체계 수준에서 정당이 제도화되어 유권자들로부터 더 많은 지지를 받아야 한다.

3. 문화 측면

관용을 통해 민주주의와 자유주의의 가교를 만들어 주어야 한다. 중산층의 붕괴는 자유민주주의의 '중용(mean)'이 무너지는 것이다. 이것이 '방관자적 민주주의'를 만들었다면 시민과 중산층이 '관여적인 민주주의'로 이해하고 참여하게 만들어야 한다. 핵심은 정치사회화에 있으며 교육에 있다. 담론의 새로운 구성, 사회적 교육의 강화 특히 뉴미디어와 같은 편향적 매체가 아닌 매체들에 의한 교육이 필요하다.

Ⅴ 결 론

민주주의 위기의 해결책은 제도 정치의 복원에 있다. 그런 점에서 정당정치를 복원하고 의회가 사회적 담론을 담아내는 장치로 기능하게 만드는 제도화가 중요하다.

제011문 법치주의와 사법의 정치적 역할논의

최근 한국정치에 있어서 헌법재판소를 비롯한 사법부의 위상이 강화되는 현상은 법치주의의 강화라는 측면과 대의민주주의의 약화라는 측면을 모두 보여준다. 사법부의 강화는 '다른 수단에 의한 정치'를 보여주는 대표적인 예로 비판을 받기도 하지만 자유와 기본권의 강화라는 면에서 민주주의의 교정장치로 기능하기도 한다. 다음 질문에 답하시오. (총 40점)

(1) 법치주의의 기본원리를 설명하시오. (10점)

(2) 법치주의를 구현하기 위한 사법부의 사법심사에 대한 적극적 입장과 소극적 입장에 대해 설명하시오. (10점)

(3) 민주주의 원리의 관점에서 민주주의와 법치주의가 충돌할 수 있는 경우를 설명하시오. (10점)

(4) 위의 이론적 검토를 통해서 볼 때 사법부가 정치적 역할을 가지는 것에 대해 자신의 입장을 밝히시오. (10점)

 문제의 맥락과 포인트

법치주의 문제의 심화문제이다. 법치주의를 원리적으로 구분하고 이들의 정치적 의미를 설명하고 민주주의도 다시 분화하여 분화된 법치주의와 분화된 민주주의간의 관계 조합을 시도한 문제이다. 이론적으로는 세분화를 시도하여 이런 조합들로 한국의 법치주의와 민주주의가 긴장하게 만든 헌법재판소의 재판과 사법부의 강화라는 최근 몇 가지 현안을 분석하는 것이 핵심이다. 가장 중요한 것은 한국 현실 분석으로 이를 위해 이론적인 토대를 탄탄히 하고자 하는 문제이다.

I 서 론

권위주의 시절 법의 지배는 최소한의 자유보장이라는 측면과 정권의 권력행사 추인이라는 두 가지 측면을 가졌다. 반면 민주화 이후 법의 지배의 강화와 사법부의 위상강화는 사법부의 정치적 결정권의 증대로 인한 '다른 수단에 의한 정치' 혹은 '사법 전문가주의'라는 측면의 비판과 법치주의 강화를 통한 민주주의의 견제라는 장점을 모두 가지고 있다. 2004년 수도 이전과 대통령탄핵 문제로 대표되는 사법부의 강화현상에서 사법부의 정치적 역할 증대를 어떻게 보아야 할 것인가라는 현실적인 문제를 풀기 위해 법치주의와 민주주의 간 관계를 살펴본다.

Ⅱ 법치주의의 기본 원리

1. 법치주의의 기본 원리

법치주의는 넓은 의미에서 '법의 최고성', 인치에 대비되는 법치, '법 앞의 평등', '최고법으로서 헌법의 구속' 및 이를 위한 '위헌 심사 가능성'을 의미한다. 그리고 법치주의는 무엇을 강조하는가에 따라 '형식적 법치주의'와 '실질적 법치주의'로 나뉜다. 양자의 핵심적 차이는 형식적 법치주의는 법의 내용과 관계없이 '법의 공포 방식'에 초점을 두는데 비해 실질적 법치주의는 '법의 내용'을 문제삼는 것이다.

2. 법치주의의 두 가지 입장: 형식적 법치주의 vs. 실질적 법치주의

법치주의를 구성하는 두 가지 입장을 조금 더 들여다보자. '형식적 법치주의'는 국가의 모든 작용은 개인이 아닌 법에 의해 지배되어야 한다고 주장한다. 그러나 실제 법의 활동주체는 인간이기 때문에 인간이 법제정과 법집행을 담당할 때 인격적 요소가 발현되거나 권력자체가 법보다 우위에 서는 경우(정치지도자가 법관의 인사 등에 관여하여 권력을 행사하는 경우)가 있다. 형식적 법치주의는 인격적 요소의 발현이나 권력의 법에 대한 우위를 방지하기 위해서 '권력의 법기속 및 권력 분립', '법의 명확성 원칙', '소급효금지 원칙(정치적으로 법률적 처벌의 시한을 결정

하는 것)' 등을 중시한다. 이런 형식적 법치주의는 인적인 요소를 배제함으로써 법의 예측 가능성을 높이고 법의 안정성을 확보할 수 있다. 하지만 법의 내용이 얼마나 정당한가와 얼마나 도덕적인가 하는 가치를 담지 못한다는 비판을 받는다.

이에 비해 '실질적 법치주의'는 법 내용의 정당성을 확보하고자 한다. 법 내용이 정당하기 위해서는 민주적 요청에 부합해야 하며 기본권을 침해하지 않아야 하고 사회적 공통의 가치와 공공선을 보장하는 방식으로 법이 운용되어야 한다. 이 세 가지 요청을 따른다는 것은 국민의 자기지배를 실현시키거나 대표선출을 통해서 법을 만든다는 것, 법으로도 침해할 수 없는 영역으로서의 기본권을 존중한다는 것, 공공선을 최대한 반영하는 것을 의미한다.

Ⅲ 사법소극주의 vs. 사법적극주의

1. 사법심사

사법부의 소극주의와 사법부의 적극주의를 설명하기 이전에 왜 이런 사법부의 역할이 문제가 되는지를 먼저 파악해야 한다. 사법부가 사법심사를 하기 때문에 사법의 소극주의와 적극주의가 나뉘게 된 것이다. 따라서 사법심사부터 간단히 다룬다.

헌법에서는 헌법의 해석이 중요하다. 헌법은 골격을 만들어 둔 것이고 이것을 토대로 법이 헌법정신에 부합하는지를 다루어야 하기 때문에 법을 해석하는 데 있어서 헌법해석이 중요하다. 그리고 헌법해석에 대한 입장이 갈린다. 헌법을 해석할 때 헌법의 문구들을 중심으로 있는 그대로 해석하자는 입장이 '문언주의'입장이고 헌법 제정시 제정권자들의 목표와 취지를 중심으로

해석하자는 것이 '원의주의'입장이다. 양자가 헌법해석을 통해 헌정주의를 지키겠다는 취지는 동일하다.

헌법이 어떤 구체적 사안에서 어떻게 기능을 할 것인지는 미리 정해져 있는 것은 아니다. 헌법이 만들어질 때 자기집행력을 못 가졌기 때문이다. 형법처럼 법 규정이 만들어지고 이것이 강제될 수 있는 것이 아니라 헌법은 누군가에 의해 구체적 사안에서 그 의미와 취지가 해석되어야 한다. 따라서 어떤 법과 관행이 헌법에 위배되었는지에 따라 그 법과 관행을 제거할 것을 정하고 헌법에 규정된 가치를 구현시킬 필요가 있다. 이렇게 사법심사권은 사법부에 놓이게 된다.

'사법심사(judicial review)'에 대해 스미스(G. Smith)는 '정당의 관심이 배제된 채 헌법의 권위적 해석을 부여하는 일반적이거나 특별한 법원의 권력'이라고 정의했다. 이런 사법심사는 세 가지 영역을 포함한다. 첫째, 특별한 법들이 헌법에 부합하는지 아닌지를 판단한다. 둘째, 국가와 시민들 간의 기본적 자유에 관한 갈등을 해결한다. 셋째, 정부 내의 여러 기관간의 갈등을 해결한다.[3] 사법심사를 할 때 헌법은 재판관이라고 하는 인간에 의해 심사가 진행된다. 따라서 재판관은 법이 구현하고자 하는 정의에 가깝기 위해서 다른 권력기관과 재력으로부터 영향을 받지 않으려고 하면서도 여론의 향방에도 주의를 기울일 수밖에 없다. 따라서 본질적으로 제기되는 문제는 헌법의 적용과 해석에 있어서 법관이 객관적으로 판단할 수 있는가 하는 점이다.

CF.

실제 답안에서는 사법심사에 관해서는 헌법해석과 사법심사의 필요성을 간단히 약술할 것!!

---

[3] 해롤드 & 해롭, *ibid*, p.440.
[4] 해롤드 & 해롭, *ibid*, pp.445–446.

2. 사법소극주의

법치주의에서 법의 엄격한 적용을 구현하고자 하는 입장이다. 법치주의가 구현되는 영역을 법에 규정된 영역으로 좁히는 입장이다. 따라서 정치적 함의나 판사의 입장을 배제하고 헌법에 규정된 방식대로 해석을 하려는 입장이기도 하다.

3. 사법적극주의

사법부가 공공정책에 영향을 주기 위해 협소한 법적결정을 초월해서 과감하게 법적 판결을 위하는 것을 '사법적극주의(Judicial Activism)'라고 한다. 사법적극주의는 3가지 이유로 확대되고 있다. 첫째, 민주적 통제기제가 부족하다는 점에서 법적규제를 옹호하는 사람들이 늘어났고, 둘째, 재판부를 기득권의 수호자로 여겼던 좌파의 이데올로기가 약화되었고, 셋째, 국제인권법등의 발전이 재판부로 하여금 개입할 수 있는 여지를 넓혔기 때문에 사법적 적극주의가 확대되고 있다.[4]

민주주의 국가들에서 사법부는 점차 자기 강화적으로 확장되고 있다. 특히 민주주의에서 정당과 정치인들에 대한 기대와 실망이 약화되면서 점차 사법부에 대한 기대는 늘고 있고 사법의 정치적 개입의 여지는 확대되고 있다. 이렇게 사법적극주의를 가장 높게 표방하는 국가가 미국이다. 미국은 성문법, 연방주의, 사법적 독립, 분리되지 않은 행정법원, 접근가능성이 높은 법원, 판례법에 의한 판단에 기반을 둔 법적 체계, 판사들에 대한 높은 존경이라는 사법적극주의를 수행할 수 있는 모든 조건을 보여준다.

Ⅳ 민주주의의 관점에서 법치주의

1. 민주주의의 기본 원리[5]

첫째, 인민의 지배와 자기 지배에 따른 자기 결정권.

둘째, 인민으로서의 평등성.

셋째, 공익의 중요성과 공익설정.

2. 법치주의와 민주주의의 충돌

법치주의는 민주주의와 갈등한다. 법치주의에 따라 법을 해석하고 적용하는 것은 사법부이다. 사법부는 법률전문가들에 의해 운용된다. 따라서 법률전문가들이 법을 해석하고 적용함으로써 다수의 지배를 실현하고자 한 대의기구인 입법부가 만든 법을 무효화할 수 있다. 이때 우리는 전문가들 소수가 인민다수를 지배하는 것을 보게 된다. 궁극적으로 이것은 법치주의가 민주주의의 다수지배 대신에 소수의 지배를 관철시킴으로써 민주주의의 정당성의 근원을 무너뜨린다. 여기에 더해 법치주의가 형식적인 부분만을 강조하고 법의 안정화를 유지하려고 한다면 법의 내용은 무시당할 것이다. 만약 다수의 시민들이 법의 내용을 바꾸고자 하는 민주주의의 요구와 민중적 동력을 결집하여 새로운 법안을 입법부를 거쳐 통과시킨다고 해도 법치주의의 중심인 사법부는 이법에 대해 사법심사를 거쳐 법을 무효화할 수 있다. 이는 법적안정화라는 이름의 사법적 보수화를 가져올 것이다. 따라서 이런 극단적인 경우 법치주의는 민주주의와 충돌한다.

헌정주의와 민주주의 사이의 긴장은 사법부가 민주적인 입법부가 제정한 법률을 위헌이라고 선언할 수 있는 최종적인 권한을 행사하기 때문에 만들어진다. 이런 점에서 갈등은 불가결하다. 이런 구조적인 갈등에 대해 진보적 민주주의자들과 보수주의자들은 입장을 달리한다. 진보적 민주주의자들은 헌법을 강조하는 법치주의는 정부로 하여금 최초의 헌법제정자들과 현재의 유권자들이라는 두 명의 주인들을 섬기도록 강요하고 있다고 비판한다. 이에 반해 보수주의자들은 헌정주의가 민주주의라고 하는 어리석고 잔인한 대중들이 지배할 수 있는 정치에 대해 어느 정도의 해독제가 될 수 있다고 본다.

Ⅴ 사법부의 정치적 역할 증대에 대한 입장

1. 사법부의 정치적 역할 증대 반대입장의 주장

첫째, 민주주의의 판단에 따른 심사와 판단은 법이 할 것이 아니라 다시 투표에 물어야 한다. 법은 사후적인 것만을 담을 뿐이고 법에 의한 지배는 이미 만들어진 법의 체계 안에서만 정당성이 부여된다. 따라서 새로이 바뀌는 세대와 새로운 가치를 담기에 법은 부족하다. 따라서 민주주의에 의해 결정된 새로운 가치를 법이 판단하는 것은 올바르지 않다.

둘째, 법의 지배는 소수의 전문가들에게 의해 다수의 정치적 결정이 무시당하게 되는 것이

---

5) 앞의 문제에 이미 설명되어 있기 때문에 핵심 개념만 적는다.

다. 이는 소수의 지배이자 전문가주의의 폐해를 그대로 양산한다. 따라서 법의 지배가 민주주의에 아무런 제한 없이 침입하여 민주적 결정을 뒤집지 않게 하여야 한다.

2. 사법부의 정치적 역할 증대 찬성입장의 주장

첫째, 사법부는 다수의 독재를 방지한다. 법의 지배는 민주주의의 남용 즉 인민 지배의 남용을 억제할 수 있다. 따라서 사법부의 정치적 역할은 긍정적으로 보아야 한다.

둘째, 사법부는 헌법에 관한 판단을 내리는 데 있어서 정치적 결정을 내릴 수 있다. 헌법의 해석은 결국 헌법해석에 관한 법전문가에게 맡기는 것이 필요하다. 따라서 법의 지배가 헌정주의를 지킬 수 있도록 하는 정치적 판단이 필요하다. 사법부가 일반법의 영역을 정치적으로 해석하는 것이 아니라 헌법과 관련된 정치적 사안을 해석하는 것이기 때문에 이 부분에서 사법부의 정치적 해석은 존중될 수 있다.

셋째, 사법부의 공정성과 그에 따른 정의는 사법부를 존중받을 수 있게 하는 권위를 부여한다. 그리고 이러한 권위에 의존해서 정치문제에 대한 공정한 해석은 행정부와 입법부와는 다른 입장에서 존중될 수 있다.

3. 평 가

사법부가 정치적 결정을 내리는 것은 비단 한국만의 문제는 아니다. 이것은 전 세계적인 현상이다. 전 세계적인 현상이라는 것이 곧바로 정당성을 부여하는 것은 아니지만 그만큼 보편성을 확보하고 있다는 것이다. 3권을 분리시켰을 때 사법부만이 정치적 결정을 못하게 만들기 위해서 권력을 분립시킨 것은 아니라는 점을 기억해야 한다. 이보다는 공정성을 보장하기 위해

서 민주적 결정이나 민주주의의 열기로부터 독립시켜놓은 것이다.

또한 '다른 수단에 의한 정치'의 부상은 실제 원수단의 운영부족과 다른 수단의 강화라는 두 가지가 동시에 존재하는 것이다. 따라서 '다른 수단의 정치'이전의 원수단이 되는 민주주의 기제에 좀 더 정당성이 부여될 수 있는 대표성과 효율성을 강구하는 것이 필요하다. 그런 점에서 사법부의 정치적 결정에도 귀를 기울일 수 있다.

Ⅵ 결 론

법치주의는 민주주의가 다수의 독재로 가지 않게 막아주는 방파제이다. 하지만 민주주의의 요구가 정책으로 귀결되는 것을 막기도 한다. 사법부의 정치 역량강화는 다른 나라들에서 사법부에 대한 견제를 어떻게 하는가의 차이에서 나타나는 것처럼 결국 민주주의 내에서 정할 수 있는 문제이다. 영국처럼 의회주의를 강화하는 나라에서는 다시 입법을 하는 방식으로 사법부의 결정을 번복하게 할 수 있다. 한국에서 사법부의 정치적 위상강화 문제도 결국 제도정치에 대한 신뢰가 어느 정도인가와 민주적 결정방식에 대한 신뢰가 어느 정도인가에 의해 결정될 수 있는 문제이다. '다른 수단에 의한 정치'보다 더 걱정할 것은 원 대표체계를 어떻게 기능적으로 복원할 것인가이다.

제012문 사법부의 정치적 역할증대의 의미논쟁

2015년 통합진보당의 해산과 2017년 대통령 탄핵은 한국정치의 민주주의와 법치주의의 관계를 반영한다. 절차적 차원의 대의민주주의에 대한 신뢰저하는 사법부의 정치적 역할증대라는 법치주의 강화로 나타나고 있다. '사법부 입법'과 '사법부 정책결정'과 '다른 수단에 의한 정치'와 '권리신장 사법화'는 사법부의 정치에 대한 개입증대현상이다. 사법부의 정치적 개입증대는 민주주의의 약화를 가져오는 반면 기본권보장을 통해 자유주의의 강화를 가져온다. 다음 질문에 답하시오. (총 50점)

(1) 자유주의 관점과 공화주의 관점과 민주주의의 관점에서 법치주의를 비교하시오. (25점)

(2) 사례를 들어 사법부의 정치적 역할증대 현상들의 의미와 문제점을 설명하고 사법부의 정치적 역할확대에 대한 본인의 입장을 논하시오. (25점)

 문제의 맥락과 포인트

2004년 헌법재판소의 두 건의 판결(대통령 탄핵, 행정수도이전)이후 사법부의 정치적 개입에 대한 논쟁이 부각되었다. 이 문제는 사법부를 대표로 하는 법치주의를 자유주의, 공화주의, 공동체주의의 이론에서 보는 관점이 어떻게 다른지를 설명하는 것이 가장 중요하다. 이론 분석에 기초하여 사법부의 정치적 개입을 어떻게 의미 규정할 것인지를 논리적으로 연결하는 것이 문제의 포인트이다.

Ⅰ 서 론

2017년 헌법재판소의 대통령 탄핵은 대의민주주의에 대한 법치주의의 역할에 있어서 최종결정을 통한 사회적 갈등해소라는 긍정적 측면과 민주주의에 의한 해결방안 대체라는 부정적 측면을 모두 보여준다. 현 시점에서 법의 지배를 강조하는 법치주의와 민주주의 사이의 관계를 살펴보고 사법부의 정치적 역할증대에 대해 평가한다.

Ⅱ 법치주의의 이론적 토대

1. 자유주의와 법치주의

자유주의는 사적 영역의 보장을 위해 법치주의를 강조한다. 자유주의는 근대에 들어오면서 상인층에 의해 만들어진 이념이다. 자유주의를 만든 이들은 국가의 자의적 개입으로부터 자신의 소유권을 확보하고자 했다. 자유주의는 인민의 동의에 의해 만들어진 법에 대해서만 국가의 간섭과 개입이 가능하다고 본다. 자유주의는 법치주의를 기본권이 보장되는 사적공간과 공적공간을 구분하고 공적 영역의 권력 사용의 근거이자 개입의 최대한을 규정하는 것으로 본다. 실제 자유주의를 가장 최초로 구축한 영국에서는 1215년 마그나 카르타(Magna Carta, Magna Carta Libertatum,／ the Great Charter of Freedoms, 대헌장이라고도 함)과 1628년 이후 권리청원과 함께 1688년 명예혁명 뒤 1689년의 권리장전을 거치면서 법치주의에 기초한 정치를 구축하였다. 이와 함께 법을 제정하는 의회를 중심으로 한 정치를 확립하게 되었다.

자유주의에서 법치주의는 자유에 반하는 개념이다. 자유는 개인들이 하고자 하는 바를 달성하는 것이다. 이를 위해서는 간섭과 개입이 없어야 한다. 간섭과 개입은 자신이 원하는 일을 하지 못하게 하는 것이다. 그러나 개인들로 구성된 사회가 운영되기 위해서는 자유의 내재적 한계도 중요하지만 자유에 대한 제한도 필요하다. 개인의 행동이 사회적 피해를 가져오기 때문에 법을 통해서 사회적 규제를 만들게 된다. 그러나 법에 의해 만들어진 사회적 선도 궁극적으로는 개인의 자유를 위한 것이기에 자유주의 입장에서는 법에 대한 명확한 규정이 필요하다. 즉 법이 자유를 제한한다고 해도 법은 자의성을 배제하고 예측가능성을 높이기 위해 법을 구성하는데 있어서 개인들이 선출한 대표가 법을 구성해야 한다. "대표없이 과세없다"는 프랑스 혁명의 원리가 이를 가장 잘 대변한다.

법치주의는 입헌주의를 특징으로 한다. 법치주의는 헌법이라는 상위규범과 사회적 합의를 바탕으로 법을 운영하게 한다. 이를 통해 법치주의는 공공선을 달성이전에 개인의 천부인권을 보장하는 것이다. 법치주의는 민주주의가 가져올 수 있는 다수의 독재상황에서 다수결에 의해 결정된 민주주의의 법률도 천부인권을 규정한 헌법을 위배할 수 없게 한다. 사법심사는 법률에 대한 헌법의 위배여부를 통해 개인의 자유를 보호한다. 이것은 사법심사를 담당하는 사법부를 자유주의의 최종보루로 만든다.

2. 공화주의와 법치주의

공화주의는 자기지배로서 법치주의를 강조한다. 공화국은 공동체 구성원 모두의 정치체제이다. 이 정치체제에서 공화국의 주인으로서 시민은 대등하다. 만약 어느 계급이 다른 계급보다 우월하고 권력을 독점적으로 보유하고 있다면 이것은 공화국이 아니다. 따라서 공화주의의 핵심이 되는 권력의 대등성을 확보하기 위해서는 공화국에서 구성원들은 법을 제정하는 데 참여해야 한다. 자신이 스스로를 규정하게 될 법을 제정하는데 평등하게 참여했다면 공화국은 대등한 구성원들 간의 정치체제를 완성하게 된다.

강한 공화주의나 약한 공화주의 모두 시민은 자신들의 정치체제의 주인이다. 시민적 참여가 공공선을 만들며 법률은 이러한 공공선을 구성하기 위한 것이다. 이 점은 자유주의가 법치주의를 바라보는 관점과는 다른 관점이다. 공권력의 사용이 되는 법의 간섭을 최소화하여 개인의 불간섭이라는 자유를 확보하고자 하는 자유주의는 법을 자유의 반대편에 설정한다. 공화주의에서 법은 자유를 확보하기 위한 수단이 되며 공공선을 달성하면서도 개인들이 자유롭게 만드는 장치가 된다.

공화주의에서 법치주의는 공화국이 지향한 공동체의 공공선이 무엇이어야 하는가의 내용을 다룬다. 시민들의 참여를 통해 공공선을 구체화 한다. 이 과정에서 정치참여는 법제정의 참여이 며 법집행에 대한 참여이며 시민배심원을 통한 법해석에 대한 참여이다. 이런 공공선의 구체화 과정이 신로마 공화주의에서는 특정계급에 의한 지배의 배제이자 예속의 배제가 되는 '비지배'자 유를 완성시킨다.

3. 민주주의와 법치주의

자유주의와 공화주의 법치주의에 대한 명확 한 개념과 달리 민주주의는 법치주의에 대해 양 반된 입장을 가지고 있다. 이것은 민주주의가 정치체제로서의 의미인 절차적 차원의 이해와 이념으로서의 의미인 실질적 차원의 이해가 구 분되기 때문이다.

먼저 민주주의가 법치주의에 대해 상호 독립 적 관계 혹은 조화적 관계를 규정할 수 있다. 법 치주의와 민주주의는 상호독립적일 수 있다. 민 주주의는 인민의 지배를 의미하고 법치주의는 법의 지배라는 점에서 상호독립적일 수 있다. 민주주의는 어떤 제도를 구축하여 인민의 의사 를 묻고 다수의 의사에 도달하게 한다. 또한 민 주주의는 정치체제로서 인민의 다수지배를 절차 적으로 보장한다. 다수의 지배는 공동체구성원 중 특정 계급과 특정 권력자인 소수가 절대적 권력을 가지고 공동체의 운영을 규정하는 것을 방지한다.

이에 비해 법치주의는 법을 통한 지배를 통 해서 국가 권력의 자의적인 영역을 배제하고 국 가의 개입의 범위와 근거를 제시한다. 이것은 민주주의가 다수의 의사를 결정하는 것과 달리 민주주의로 구성된 법이 적용되는 영역을 한정 하고 구체화하는 것이다. 법치주의가 강조하는 법적 안정성은 사람이 아닌 법이 지배한다는 인 식을 통해 정의를 실현한다. 즉 법치주의는 인

적인 요소를 배제하고 법에 의해 통치함으로써 자의성을 제거하는 것이다. 이는 민주주의가 인 민의 지배라는 점과 다른 것이다.

이런 점에서 민주주의와 법치주의는 상호보 완적이다. 민주주의에 의해 결정된 공익이 법으 로 구체화되기 때문이다. 다수인민에 의해서 구 성된 법에 의한 국가 통치는 통치에 대한 구성 원들의 정당성을 확보하도록 한다.

그러나 민주주의와 법치주의는 충돌하기도 한다. 특히 민주주의를 인민의 통치와 자기 지 배를 달성하는 데 있어서 적극적인 자유와 실질 적인 평등을 강조하는 실질적 민주주의입장에서 는 법치주의와 충돌이 빈번하다. 법치주의가 강 화되면 사법부의 강화를 넘어 자칫 법 만능주의 를 가져 올 수 있다. 이때 사법부는 특히 법률 전문가들로 구성되어 있기에 엘리트주의로의 귀 결될 수 있다. 이것은 민주주의를 인민의 지배 이자 대중의 지배로 이해하는 입장과 충돌한다.

민주주의가 다수의 민중에 의해 정책을 결정 하고 헌법을 개정하며 헌법이 부여한 천부인권 을 사회적 권리로 인정하여 기본권에 손을 댈 경우 민주주의는 입헌주의에 기초한 법치주의와 충돌한다. 법치주의는 자유주의가 강조하는 천 부인권을 보호하고자 하며 이때 사법부는 자유 보호의 최종보루가 된다. 사법부나 헌법재판소 의 재판관들은 민주주의가 만든 법률안과 행정 부의 집행에 문제를 제기한다. 이 경우 사법부 의 재판관들이 민주주의가 결정한 법률을 폐기 할 수 있는데 이때 민주주의의 다수의 지배라는 가치는 사법부의 소수의 지배와 충돌하게 된다. 또한 민주주의는 현재 공동체의 가치를 현재 구 성원들이 결정하는 것이다. 그런데 헌법은 기존 에 만들어진 규칙이다. 이렇게 헌법이라는 기존 에 만들어진 규칙을 따르면서 현재 의회에서 구 성한 법률을 거부하는 것은 실제 민주주의공동

체에서 누가 주인이어야 하는지에 대해 대립하게 만든다. 과거의 가치가 현재의 가치를 구속할 수 없다고 보는 실질적 민주주의자들은 민주주의의 확장을 위해 헌법도 수정할 수 있다고 본다.

민주주의를 강조하는 입장에서 볼 때 더욱 문제가 되는 것은 사법부가 국민의 대표가 아니라는 점이다, 국민의 대표가 아니기에 사법부에 대해 책임을 추궁할 수 있는 방법이 없다. 정치적 결정에서 배제되어 있는 사법부를 민주적으로 통제하는 것은 불가능하다. 따라서 통제받지 않는 권력이 만들어지며 이것은 정치학의 본원적인 문제인 보호자 문제를 야기한다. 즉 "Who guards guardian?"의 문제를 제기하는 것이다

자유주의를 토대로 한 절차적 민주주의가 법치주의와 충돌할 가능성이 낮은 반면에 실질적 민주주의는 법치주의와 충돌할 가능성이 높다. 이점은 민주주의와 자유주의간 불편한 동거의 기본적인 논리구조와 같다. 법치주의를 떠받치고 있는 자유주의관점에서 실질적 민주주의는 실체가 없는 민주주의의 논리를 가지고 법치주의와 자유주의를 공격하는 것이다. 민주주의자들이 자기 지배가능성을 높이기 위해 '적극적 자유'를 이야기하고 '실질적 평등' 혹은 '결과적 평등'을 보장하라고 하지만 이 논리에는 문제가 있다. 자기가 자기를 지배한다는 것이 구체적으로 어느 정도 수준의 지배가능성을 의미하는 것인지와 결과적 평등이 노력을 달리한 모든 이들에게 똑 같은 분배를 하라는 것인지와 같은 평등 충족의 기준을 제시하지 못하기 때문이다.

실제로 이런 추상적인 민주주의의 이해는 정치를 극단화시킬 수 있다. 자유주의가 보호하고자 하는 사적 공간을 제거할 수 있다. 내용과 기준이 없는 민주주의의 구호는 제어되지 않는 민중주의와 민중적 독재가 가져올 수 있다. 이것

은 가장 민주적인 정치체제로 불린 바이마르공화국에서 히틀러와 같은 영웅주의를 기치로 전체주의가 만들어진 사례를 통해 입증할 수 있다. 이런 경우 민주주의는 독재를 위한 논리로 작동하게 된다. 개인의 자유를 무시하고 집단만을 강조하는 전체주의는 그런 점에서 자유주의의 적이기만 한 것이 아니라 민주주의의 적도 된다.

4. 평 가

법치주의를 바라보는 관점들에는 차이가 있다. 이것은 현실에서 사법부를 중심으로 하는 법치주의가 다른 이념들과 어떻게 만나는 지에 따라 현실에서 사법부의 정치 개입정도가 결정된다. 다음 절에서는 한국에서 사법부의 역할증대를 통해서 민주주의와의 관계를 살펴본다.

Ⅲ 사법부의 정치적 역할증대 현상들: 의미와 문제점

1. 사법부의 정치적 역할증대 현상들과 평가

(1) 사법부 입법

사법부 입법이란 헌법재판소가 의회에서 제정된 법률에 대해 위헌판결을 내림으로써 법률의 존립 근거를 제거함으로써 사법부가 실질적인 입법권을 행사하는 것을 의미한다. 사법부가 입법부의 기능을 대체하는 것이다. 이 현상은 미국이나 한국에서 오랜 동안 사용되어 온 현상이다. 사법부 입법이 가지는 문제는 국민의 위임을 받은 기관의 합의 및 제정 법률을 대표성이 없는 사법부가 판결을 통해서 무효화시킨다는 것이다. 또한 사법부에 책임을 추궁할 수 없다는 점도 문제이다. 사법부 입법의 가장 대표적인 사례는 2014년 인구편차와 관련된 선거법

에 대한 헌재의 판결과 기초의회의원선거에서 특정정당의지지 표방금지에 관한 판결과 비례대표제에 대한 한정위헌판결로 1인 2표로 바꾸게 만든 것을 들 수 있다. 이 사례들은 의회가 만들 법안을 사법부가 판결을 통해 강제한 것을 보여준다.

(2) 사법부 정책결정

사법부가 판결을 통해서 정부의 중요정책을 결정하는 것을 의미한다. 즉 사법부가 행정부의 기능을 대체한 것이다. 사법부가 행정부의 정책결정을 대체할 경우 사법부가 실질적으로 입법을 한 것과 다름없다는 문제점이 있다. 또한 사법부는 정책변경에 따른 비용이나 책임을 지지 않는다는 문제점도 있다. 대표적인 사례는 행정수도이전특별법에 대한 위헌 판결이 있다. 국민들에게 대선공약으로 대표성을 얻은 행정부의 정책결정을 철회한 대표적인 경우라고 할 수 있다.

(3) 다른 수단에 의한 정치

'다른 수단에 의한 정치'란 정치세력이 권력경쟁을 선거와 같은 민주적 결정수단을 사용하지 않고 사법부를 사용하는 것을 의미한다. 긴스버그와 세프터는 2차 대전 이후 전 세계적으로 선거의 장에서의 경쟁은 감소한 반면에 형사법제도와 같은 강력한 무기의 활용은 늘어난다고 하였다. 이들은 RIP모델을 통해 대의민주의라는 수단이 아닌 사법부를 이용한 정치를 '다른 수단에 의한 정치'라고 개념화했다. 대표적인 경우로 여당이 '사정(司正)'정국을 만드는 것과 야당이 특검 제도를 사용하는 것을 들 수 있다. 이 경우들은 다수의 지배와 인민의 지배라는 정치적 수단을 통해서 의견의 조정을 추구하지 않고 사법기관에 의존해서 권력을 행사하는 것이다. 이런 행동은 민주주의에 대한 기대를 더욱 저하시키는 문제가 있다.

(4) 권리신장의 사법화

권리신장의 사법화는 사법부의 기본권을 향상시키는 것을 의미한다. 한국에서도 민주화이후 시민사회의 분화와 의식의 성숙과 함께 사법부가 사회의 기본권을 향상시켜왔다. 1987년 헌법이 설립한 헌법재판소가 권리 구제형 헌법소원을 통해서 기본권을 수호하는 것이나 국가인권위원회의 활동을 들 수 있다. 하지만 권리보호라는 긍정적 기능과 함께 한국의 2001년 낙선운동에 대한 판결에서처럼 정치적 권리를 약화시키는 경우도 있다. 이런 경우 사법부가 인민의 의사보다는 소수자의 체제수호에 주안점을 두는 문제가 있다.

2. 사법부의 정치적 역할증대에 대한 입장

(1) 사법부의 정치적 역할증대에 따른 영향

사법부의 정치적 역할증대가 민주주의에 대해 기여하는 부분이 있다. 개인의 자유보호가 될 때 인민은 자유롭게 자신의 결정을 할 수 있다. 그런 점에서 권리신장의 사법화가 대표하는 사법부의 정치적 역할증대는 민주주의의 토대로서 자유와 평등을 보호해준다. 또한 민주적기관 간의 권한이 충돌할 때 최종 해석권자로서 사법부는 민주주의를 보호한다. 2017년 헌법재판소의 판결은 진보와 보수로 치환될 수 있는 정치적 갈등을 해소하였다, 낮은 신뢰의 민주주의대표기관들이 만들지 못한 법을 실질적으로 제정함으로써 민주주의의 제도장치를 보완한다. 2014년 헌법재판소의 인구 비례에 충족하지 못한 지역선거구를 개편할 것과 함께 비례대표제도를 수정하라고 한 것이 대표적인 사례이다.

그러나 사법부의 정치적 기능의 강화 즉 사법부의 정치적 역할증대 혹은 '정치의 사법화'는 네 가지 문제를 가져올 수 있다. 사법부가 정치에 개입하는 것을 포괄적으로 정치의 사법화 즉 정치영역에 대한 사법부의 개입증대라고 할 수 있다. 이런 점에서 정치의 사법화는 몇 가지 문제를 가진다. 첫째, 정치의 사법화는 법의 지배와 민주주의의 원리를 동시에 위협할 수 있다. 법의 지배가 민주주의의 기능을 대체할 경우 민주주의도 훼손되지만 법의 지배가 존립할 수 있는 공간도 훼손된다. 둘째, 정치의 사법화는 분배적 정치의 실현을 악화시킬 수 있다. 사법부는 기득권세력으로서 분배구조에 대해 비우호적인 판결을 내려 사회분배구조를 악화시킬 수 있다. 셋째, 사법부의 강화는 입법 활동을 제약함으로써 입법부의 정치적 역량을 약화시킬 수 있다. 넷째, 정치의 사법화로 인해 정치가 범죄화될 수 있다. 또한 정치인을 무능한 인간으로 낙인찍는 문제가 있다.

(2) 대안: 원수단으로서 대의민주주의 작동가 능성의 증대방안 모색

사법부의 정치역할증대 혹은 정치의 사법화 현상은 사법부가 정치무대에서 역할이 늘어난 것이면서 한편으로 정치적 대표기관들에 대한 실망이 증대한 것이다. 따라서 가장 중요한 해결책은 다른 수단이 아닌 원수단을 강화하는 것이다.

사법부가 정치적 결정을 내리는 것은 비단 우리만의 문제는 아니다. 이것은 전 세계적인 현상이다. 전 세계적인 현상이라는 것이 곧바로 정당성을 부여하는 것은 아니지만 그만큼 보편적인 현상이라는 것이다. 3권을 분리 시켰을 때 사법부만이 정치적 결정을 못하게 만들기 위해서 권력을 분립시킨 것은 아니다. 3권 분립에서 사법부를 독립시킨 것은 공정성을 보장하기 위한 것이다. 그런 점에서 사법부의 정치적 역할 증대를 거부만 할 것은 아니다.

한편 '다른 수단에 의한 정치'의 부상은 실제 대의민주주의 기관인 원수단의 운영부족이란 측면과 다른 수단의 강화라는 2가지 측면이 동시에 존재하는 것이다. 따라서 다른 수단의 정치 이전의 원수단이 되는 민주주의 기제에 좀 더 정당성이 부여될 수 있는 대표성과 효율성을 강구하는 것이 필요하다.

Ⅳ 결 론

한국에서도 대의기관들인 원수단을 강화하는 것이 중요하다. 법치주의는 민주주의가 다수의 독재로 가지 않게 막아주는 방파제이다. 하지만 민주주의의 요구가 정책으로 귀결되는 것을 막기도 한다. 사법부의 정치 역량강화는 다른 나라들에서 사법부에 대한 견제를 어떻게 하는가의 차이에서 나타나는 것처럼 결국 민주주의 내에서 정할 수 있는 문제이다. 영국처럼 의회주의를 강화하는 나라에서는 다시 입법을 하는 방식으로 사법부의 결정을 번복하게 할 수 있다. 한국에서 사법부의 정치적 위상강화 문제도 결국 제도정치에 대한 신뢰가 어느 정도인가와 민주적 결정방식에 대한 신뢰가 어느 정도인가에 의해 결정될 수 있는 문제이다. '다른 수단에 의한 정치'보다 더 걱정할 것은 원 대표체계를 어떻게 기능 복원할 것인가이다.

아리스토텔레스의 "인간은 정치적 동물(Zoon Politikon)이다"라는 명제의 의미를 설명하고 이에 관해 논하시오. (35점)

 문제의 맥락과 포인트

아리스토텔레스의 '정치적 동물로서 인간'의 명제는 현재 공동체주의 입장의 이론적 기반을 세우고 있는 명제이다. 무엇보다도 공동체가 왜 인간 존재의 본질인가를 통해서 인간과 국가 사이를 연결하고 자 한 아리스토텔레스의 사상체계를 파악하고, 이것이 어떻게 현대의 공동체주의로 연관되었고 그로 인해 윤리적인 입장에서 정치를 파악하는데 유용하게 되었는지를 파악하는 것이 중요한 포인트이다.

Ⅰ 서 론

아리스토텔레스의 명제인 '인간은 정치적 동물이다'는 정치라는 영역에의 참여가 인간의 본질임을 의미한다. 즉 인간의 사회영역에서 공적인 부분의 참여가 인간의 조건을 충족시킨다는 것이다. 그렇다면 인간의 존재 의의와 사회성이 과연 정치에의 참여에 달려 있을 것인가?

위의 문제를 해명하기 위해서 이하에서는 아리스토텔레스의 명제의 사상적 배경을 살펴보고 명제의 내용을 살펴보도록 하겠다. 그리고 이 주장에 대한 비판들을 살펴봄으로써 현재 우리는 어떤 판단을 내릴 수 있는가를 알아보도록 한다.

Ⅱ 아리스토텔레스주장의 근거

1. 인식론

아리스토철학의 출발은 지식과 지식을 획득할 수 있는 인간에서부터 출발한다. 아리스토텔레스는 궁극적 진리를 추구할 수 있고 알 수 있는가라는 형이상학적 주제에 대해서 플라톤과 다른 대답을 제시한다. 즉 플라톤이 궁극적 지식인 Idea와 이에 대한 인지를 사변적으로 주장한데 비해서 아리스토텔레스는 궁극적 진리와 현실이 동떨어진 것이 아님을 주장한다. 현실을 동굴의 우상 속의 거짓이나 오류가 아닌 마주 보아야 할 실체임을 주장한다. 따라서 현실에 대한 관찰과 설명을 통한 점진적 지식의 축적이 가능하며 필요한 것이다.

그렇다면 이러한 현실 속의 경험적 지식의 축적은 어떻게 가능해지는가? 아리스토텔레스는

4원인설을 통해서 이를 설명한다. 플라톤이 보편적 진리인 Idea와 그 밖의 실체들인 doxa를 구분한 것과 달리 그는 보편을 이루는 '형상인'과 개별 실체를 구성하고 있는 '질료인'을 나누고 있다. 또한 실체를 구성시키고 변화시키는 '운동인'과 그 실체의 존재 근거인 유용성이 되는 '목적인'으로 나누고 있다. 따라서 플라톤이 오로지 진리는 Idea라는 불변적인 원리에 둔 데 비해서 보편적 특성과 개별성 그리고 변화 가능성과 그 목적과 방향을 설정함으로써 실제 현상을 파악할 수 있게 되었다.

2. 인간론

아리스토텔레스의 인식론에 비추어볼 때 인간은 보편적 속성인 형상인과 개별적 특수성을 보일 수 있는 질료인으로 구성되어 있다. 이런 인간의 특성은 인간이 동물과 마찬가지로 육체를 가지고 있으면서 그 육체적 욕구와 감정을 지니는 것이다. 이는 인간과 동물의 질료에 해당하는 것으로 각각의 형태 등에서 차이를 가질 수 있다. 반면에 인간은 동물이 지닐 수 없는 고유한 특성을 가진다. 이것은 불변의 속성으로 인간을 구성하는 이성, 즉 사고할 수 있는 능력이다. 이것은 인간의 고유한 형상인이다. 그러나 인간은 죽기 때문에 신의 영역에 도달할 수는 없다.

따라서 플라톤이 Idea를 아는 것에 인간의 의미를 둔 것에 비해서 아리스토텔레스는 인간의 욕구와 감정 등의 동물적 특성과 지식을 알아낼 수 있는 이성이라는 인간만의 특성을 함께 제시한다. 이로써 동물적 본성을 통제함으로써 인간적 덕성(Virtue)을 달성할 수 있다.

3. 윤리관

다음으로 인간의 궁극적 목적을 살필 필요가

있다. 아리스토텔레스에 따르면 인간의 궁극적 목표는 행복(Eudaimonia)이다. 이 행복이란 성공과 번영을 의미한다. 즉 자신이 가질 것을 가지고 달성한 상태가 행복이다. 이 성공과 행복은 Virtue에 의해서 달성될 수 있다. 여기서의 이 Virtue를 달성하는 것이 아리스토텔레스의 윤리학이다.

그에게 있어서 Virtue는 이성을 통해서 욕망을 '절제'할 때 나타난다. 또한 덕 있는 행동을 알아낼 수 있는 '지식'과 이를 습관화하는 '실천'이 중요하다. 그러므로 실제 덕 혹은 도덕적 덕성은 플라톤과 같이 추상적으로 나타날 수 없고 구체적인 사회 속에서 실제로 그리고 구체적으로 나타난다. 그리고 그 사회는 당시의 국가를 의미하므로 국가 내에서의 관계 속에서 나타난다. 이는 인간이 도덕적이기 위해서 그것을 가능케 해주는 정치체제를 필요로 함을 의미한다. 이로써 아리스토텔레스의 윤리학과 정치학은 하나의 짝을 이루게 된다.

4. 정치관

인간 존재의 의의인 행복이 덕성의 추구이며 이것이 국가의 정치체제 속에서 가능하다는 점은 인간을 구속한다. 즉 인간은 그 인간으로서의 특성인 이성을 향유하고 그것을 가지고 자신의 행복을 추구하기 위해서는 공동체 속에 존재해야 하며 공동체 특히 polis 속에서 살아야만 하는 것이다. 인간은 국가 내에서만 살아야 하는 것이다. 만약 인간이 국가를 벗어나서 살아갈 수 있다면 그것은 짐승이거나 신일 것이다. 그러므로 필연적으로 인간은 정치적 동물인 것이다.

인간이 생존해야만 하는 폴리스는 다른 집단을 인정한다. 이것은 이들 집단들의 부분적 이해가 존재할 수 있음을 인정한 것이다. 그러나 폴리스는 이러한 부분들의 이익을 포괄하는 보편적 이익과 보편적 선을 지향한다. 따라서 인간 뿐 만 아니라 집단들도 포괄적 공동체인 폴리스를 기반으로 형성된다.

　아리스토텔레스는 인간의 정치적 속성과 집단의 국가 귀속성의 문제에서 이들 간의 개체를 인정하면서도 개체와 사회가 어떻게 공존할 수 있는가에 대한 질문에 대해서 '시민(Citizenship)'의 개념과 '유사한 가치체계의 공유'와 '상호 보상의 원칙'을 통해서 해답을 던진다. 먼저 시민개념은 일정한 지위를 인정받은 공동체로 상호간의 우애(Friendship)를 가지고 있다. 'Friendship'은 같은 가치관을 공유하고 공감대를 가지고 있음을 지칭하는 개념이다. 따라서 '시민'의 지위와 'Friendship'은 '유사한 가치체계의 공유'를 내포하고 있다. 여기에 더해 불균등한 재산 상태와 이익을 인정하고 이 속에서 각각 '질'적으로 합당한 보상, 즉 교환을 한다면 공동체의 통합도 달성될 수 있다고 보았다. 이렇게 달성된 공동체의 통합은 인간들과 집단들을 공존할 수 있고 화합할 수 있게 하여 정치질서의 안정을 제공한다.

Ⅲ 아리스토텔레스 명제에 대한 비판

1. 고대 정치사상가들 – 헬레니즘과 에피쿠로스

　폴리스의 붕괴와 대제국 로마의 성립은 정치사상에 있어서도 폴리스적인 공동체사상과 다른 새로운 정치사상을 요청하는 것이었다. 헬레니즘 문화와 함께 정치적인 것과 윤리적인 것은 분리되었으며, 윤리적인 것은 정치에의 참여나 관심에서가 아니라 무관심 또는 반항에서 발견해야 했다.

　개인을 중심으로 출발한 에피쿠로스 사상에 따르면 사회생활의 단위는 개인이고 국가는 인간의 자기만족을 위한 기구에 불과한 것이다. 따라서 국가는 개인과 독립된 실재도 아니요, 인간은 본성이 정치적 동물이 아닌 것이다. 인간의 본성은 이기적 쾌락의 추구에 있기 때문에 인간의 인간다움은 사적인 영역에서 발견되는 것이고 현명한 사람은 정치사회에 민감하지 않는 것이 좋다고 하여 무관심을 함양하고 이로써 '마음의 평정(Ataraxia)'을 얻는 것이다. 이는 아리스토텔레스의 명제에 대한 비판인 동시에 폴리스 국가철학에 대한 전면적 비판인 것으로 에피쿠로스의 근본철학은 정치사회로부터의 철수인 것이다.

　또한 로마 말기의 세네카도 그 사상의 핵심을 자아에 두고 정치사회와 외적인 가치가 아니라 다만 자아 그 자체를 중시했다. 이는 정치현실과 인간내면이 분열하는 말기의 상황을 반영하는 것이었다.

2. 근대 정치사상가들 – 보댕과 홉스

　중세의 보편국가가 붕괴하고 과도적인 절대국가가 새로운 정치단위로 등장하는 시대의 대표적인 사상가였던 보댕도 아리스토텔레스의 명제에 반론을 제기하였다. 아리스토텔레스는 국가를 자기가 살던 폴리스에 국한시켜봤기 때문에 너무 시야가 좁은 것이며 현실성을 결여하였고 이에 공적인 일에 참여하는 본능적 정치동물이라는 시민성(citizenship)의 부적당성이 지적될 수 있었다. 보댕에 의하면 정치참여가 시민이 되기 위한 필수조건이 아니라는 것이다. 그에 따르면 정치에의 참여보다 더 중요한 것은 절대군주에 대한 복종인 것이다. 이는 탈정치적, 비정치적 반정치적 시민의 존재 가능성을 시사하는 것이었다.

홉스는 개인주의적이고 이기적인 인간관으로서 아리스토텔레스의 명제를 부정하였다. 인간의 본능적 자연권(생존을 기키기 위한 자기 보존의 권리)이 남발하는 자연 상태는 도덕적, 법적 진공의 상태로 인간은 타고난 정치적 동물이 아니라 정치사회에 맞게 만들어진다는 것이다. 홉스의 인간관은 공동체의식을 결여하고 철저히 자기보존을 추구하는 반정치적, 반공동체적, 반공리적인 것으로 공동체에 참가 본능을 지니고 공동이익에 기여하는 정치적 동물인 아리스토텔레스의 인간관과 반대되는 것이었다.

3. 현대적 비판 – 정치적 무관심

현대적 의미의 정치적 무관심 현상 또한 아리스토텔레스의 명제를 비판하는 근거가 되는 것이다. 현대의 정치적 무관심이 나타나는 요인은 현대가 과도한 정치화의 시대라는 데서 찾을 수 있다. 정치가 사적인 영역에 이르기까지 모든 부분에 영향을 미침으로써 정치의 주제가 개인생활에 중요함에도 불구하고 사회의 복잡화로 정치중요성에 대한 인식이 불가능하고 거대한 정치권력 앞에 무력감과 함께 무관심이 배태되는 것이다. 이러한 정치적 무관심은 정치화에 의한 수동적인 것이 아니라 인간의 주체적 인식이나 행동의 결여를 의미한다는 데서 인간이 본능적인 정치적 동물이라는 아리스토텔레스의 명제에 반하는 본질이 있는 것이다.

위에 살펴본 바와 같이 아리스토텔레스의 Zoon Politikon에 대한 비판은 그 시대의 정치적 상황과 시대적 배경에 관련하여 비판될 수 있는 조건적 명제인 것이다.

Ⅳ 결 론

아리스토텔레스의 명제의 이해는 아리스토

텔레스 당시의 시대적 상황에 대한 고려가 있어야 한다. 즉 아리스토텔레스가 살던 시기의 도시국가인 폴리스와 그 속에서 미분화된 사유재산제도 그리고 노예제도의 존재 등은 직접적인 정치적 참여를 가능케 해주는 여건이 되었다. 따라서 생산자 층이 아닌 시민이 정치에 참여하지 않는 것은 시민이라는 존재의 의미에 반하는 것이다. 즉 사적인 경제관념이 적었던 시대에 공적 운영을 위한 논의와 국가의 방어는 시민들의 필수적인 몫이었다.

그러나 시대가 변했고 사회 환경이 달라졌다. 이제 자본주의가 진척되었고 직업과 사회적 분화가 예전과 달리 폭발적으로 증가했다. 또한 현실적으로 정치적 공론의 형성보다 경제 문제 등이 더 중요하게 되었다. 게다가 많은 경우에 인민들은 정치적 사안에 대한 지식이 부족하다. 따라서 과거 아리스토텔레스시기와 동일한 인간의 정치활동이 필요성과 귀속성을 주장할 수는 없다. 단 인간과 집단의 활동 속에서 가치와 이해의 충돌과 조정을 위한 정치의 필요성과 중요성은 지금도 동일하다고 할 것이다.

기출문제와 연결

제12문 2008년 5급 2번(서구 자유주의와 동양 유교주의 비교 : 공동체주의관점에서의 유교해석가능)

제014문 자유주의와 공동체주의의 관계

공동체를 중시하는 공동체주의와 개인을 중시하는 자유주의적 사상체계가 존재한다. 양자의 대립과 조화관계를 논하고 두 가지 이념체계의 21세기의 바람직한 관계에 대한 자신의 견해를 밝히시오. (40점)

 문제의 맥락과 포인트

자유주의와 공동체주의 논쟁은 미국에서 있었던 이데올로기 논쟁이다. 이 논쟁은 개인과 공동체의 중요성에 대한 미국 논쟁이지만 동일한 고민을 가진 한국에도 시의 적절한 이론 논쟁이자 현실 정책 논쟁이다. 이론적으로는 보편적인 차원에서 왜 개인이 중요한가와 왜 공동체가 더 중요한가에 대한 설명이 되어야 한다. 여기에 더해 좀 더 난이도 있는 질문이 된다면 한국에서 유교가 가지는 공동체주의적 의미를 포함해서 한국적 자유주의와 공동체주의 논의도 생각해 볼 수 있다. 이 문제에서는 목차를 구분하지 않고 답안을 구성하였다. 통목차로 구성한 답안을 써 보는 것도 답안쓰기에서는 한 번 훈련해 볼 수 있다.

Ⅰ 서 론

개인의 자유에 대한 지나친 강조는 공동체의 존재와 그에 따른 공적 덕성이나 공익의 창출을 필연적으로 저해하는가? 공동체에 대한 강조는 개인의 자유를 무시함으로써 필연적으로 전체주의로 흐르는가? 이에 따라 개인의 자유를 해방시킨 자유주의와 개인들의 총합으로서 공익과 사회의 덕성을 중시하는 공동체주의는 화합할 수 없는 것인가? 이와 같은 문제의식 하에 개인의 자유에 치중한 자유주의에 대한 공동체 주의의 비판을 살펴보고 공동체주의에 대한 자유주의의 반박을 살핌으로써 공동체주의와 자유주의 간의 관계를 살피도록 한다.

Ⅱ 자유주의에 대한 공동체주의의 주장

공동체주의는 현대사회의 문제들 중 공동체에 대한 덕의 상실, 공동체의 와해와 공동체 운리의 실종과 개인적 이기주의의 심화와 사회의 파편화 등이 개인의 자유를 지나치게 강조하는 자유주의에 기인한다고 비판한다.

이런 비판은 1960년대까지 자본주의 황금기를 구가하던 세계질서가 깨어지면서 서구의 실증주의에 대한 신념체계가 흔들리고 이 와중에 서구복지사회에 대한 합의가 붕괴되면서 서로 우열을 가리기 힘든 다양한 가치관이 과연 어떻게 정치공동체 내에서 평화적으로 공존할 수 있는지 여부에 대한 질문으로 1970년대 이후 표출되었다.

학술적으로는 롤즈의 『정의론』이 1971년에 나오면서 자유주의의 이념체계가 의무론적 분배체계와 그에 따른 정의관을 주장한 데 대해서 1980년대 들어와 맥킨타이어 등의 공동체주의자들의 비판으로부터 자유주의와 공동체주의의 논쟁이 야기되었다.

공동체주의는 인간본성에 대해 가지고 있는 자유주의자들의 본질적인 낙관적 가정을 비판하였고 자유주의자들이 존재론적으로 개인의 자유에 강조점을 둠으로써 개인의 자유와 특권을 위해서 공동체와 공동선의 중요성을 격하시켰다고 비판했다. 또한 자유주의자들이 생각하는 것처럼 개인의 자기 정체성이라는 것이 과연 개인 스스로에 의해서 자족적으로 형성될 수 있는가에 의문을 가지면서 사회와의 관계 속에서 자신의 정체성을 파악할 수 있고 가치체계를 인식할 수 있다고 주장한다. 이는 개인이 사회라고 하는 구체적이고 특수한 문화로부터 자유롭지 못하며 이에 대한 영향에 의해서 인식할 수 있으므로 자유주의가 주장하는 인식의 중립성이나 개인자유의 보편성과 그에 따른 진리의 획득에 대해 의구심을 보인다. 이에 따라서 자유주의자들이 구체적인 문화의 특수성을 무시하는 추상화와 보편화의 방법론적 오류를 범하고 있다고 비판한다.

자유주의와 공동체주의의 논쟁은 대체로 세 가지 단계를 거치면서 진행되어 왔다. 첫 번째는 개인의 자아의 형성에 관한 문제와 자유주의적 자아의 추상적 성격과 자유주의의 보편적 방법론의 문제에 관한 것으로 이는 자유주의가 공동체주의의 '사회성 명제'를 일정 부분 수용하면서 인간의 사회적 성격에 대한 수용으로 대체적으로 결론지어졌다.

두 번째 단계는 다양한 가치관과 삶의 방식들 사이에서 자유주의가 과연 중립을 지키는 것이 가능한가와 그것이 과연 바람직한가의 문제에 관한 것이었다. 이는 자유주의자들이 '절대적 중립성(strong neutrality)'보다 '한정 중립성(weak neutrality)'을 추구하는 것으로 결론지어졌다. 즉 이는 자유주의자들의 중립성의 범위가 일정 부분으로 한정되어 있음을 의미한다. 이는 자유주의자들이 이론 전개를 하는 방향에서의 몇 부분에서만의 중립성 유지가 가능함을 주장하는 것이다.

세 번째 논쟁은 자유주의 자체 내의 논쟁으로서 자유주의자들이 자유라는 단일 가치만을 표방하면서 계속 자유주의자로 남을 수 있는가 하는 것이다. 이것은 이후에 자유주의와 공동체주의 간의 논쟁으로서 자유라는 자유주의의 최고의 가치체계와 자유의 구체적인 실천 방향을 지시하는 목적론과의 결합가능성여부에 대한 질문이다.

위의 논쟁들을 통해서 공동체주의가 주장하는 것은 자유주의가 주장하는 개인의 존재론적 강조와 그로 인한 가치의 상대성에 대한 인정 그리고 개인들 모두가 공유할 수 있는 보편성과 추상성을 지닌 가치와 정의체계가 가능하지 않다는 것이다. 또한 이러한 것들이 사회와 유리된 채 선험적으로 개인에 의해 발견될 수 있는 것이 아니라고 주장한다. 즉, 사회에 의해서 개인이 만들어지기 때문에 사회라는 요소가 중요하다는 것이다.

공동체주의자들은 개인들의 원자화된 존재론과 인식론에 의해 사회문제에 접근하는 것이 아니라 개인이 속한 공동체와 그 사회의 윤리적 규범과 역사성, 전통, 공동체의 유대 속에서 사회문제에 접근해야 한다고 주장한다. 즉 개인들의 총합으로 구성된 사회에 대한 분석과 그에 대한 가치체계의 부여가 없이는 현대사회는 공공의 선과 덕을 형성할 수 없다고 본다.

개인들은 그 특수한 사회의 존재로서 사회의 영향을 받으면서 개인들의 이익에만 봉사하는 도구적 합리성이나 이기심을 뛰어넘어 타자와의 공동의 선과 사회적 이익을 만들 수 있는 존재이다. 정치공동체는 이러한 개인들의 적극적 참여와 토론에 의해서 시민적 덕목과 자아를 실현하는 본질적인 가치를 갖는다고 주장한다.

공동체주의는 개인들의 사회성과의 관계의 인정과 복원을 통해 현대 사회의 문제점인 개인의 이기주의와 상대적 가치관의 범람, 이에 따른 사회혼란과 불평등의 심화와 같은 자유주의로부터 파생된 문제들을 해결코자 한다.

Ⅲ 자유주의의 대응

위의 비판에 대해서 자유주의자들은 자신들의 정의론 등이 공동체주의자가 주장하듯이 보편적이고 추상적으로 접근 가능하여 모든 역사에 공히 적용되는 것이 아니라 근대입헌주의의 정치문화에 좀 더 적용 가능한 특수적 형태임을 주장한다.(롤즈)

또한 사회에 대한 고려 없이 개인에 대한 고려를 선행한다는 비판에 대해서 '공적 이성'에 의해서 사회성원 모두가 중첩적으로 합의가 가능하다고 보는 근대자유주의의 시민이 자신들의 분석의 토대임을 들어 자유주의의 사회적 맥락을 방어한다.(롤즈)

또한 보편주의자들의 공동체에 대한 우위는 아리스토텔레스, 루소, 마르크스로 이어지는 절대적 진리와 공동체에 대한 절대적 우선성으로 인한 전체주의로의 회귀가능성을 들면서 공동체에 대한 지나친 강조가 사회에 존재하는 다양한 가치를 무시하고 사회의 차별성을 국가권력을 통해서 억제하면서 획일주의로 가는 것에 반대한다고 한다. 자유주의자들은 사회의 기본구조

속에서 다양한 결사체와 공동체의 가치는 필수적일 뿐만 아니라 실현가능함을 들어서 개인과 사회의 조화를 모색할 수 있음을 보인다. 이에 따르면 다양한 규모의 사회적 연합체와 공동체는 개인과의 병립 가능성을 보인다고 한다.

롤즈는 또한 공동체주의자들이 자유주의에 가하는 편향성의 공격을 수긍하면서 정치적 자유주의는 효과와 영향의 중립성을 확보할 수는 없을 지라도 어떤 사상보다도 '목적의 중립성(neutrality of aim)'은 비교적 잘 달성할 수 있다고 반박한다. 즉 자유주의가 지향하는 자유로운 사상이라는 목적을 지켜내는 데 있어서는 충분히 중립적이라는 것이다.

이상을 정리하면 자유주의도 공동체주의가 비판하는 것처럼 사회로부터 유리된 개인의 강조나 존재론적으로 개인의 절대적 우위와 인식론상 사회에 대해 선재하는 보편적 진리의 완전성을 주장하지만은 않는다. 자유주의도 사회의 중요성과 개인의 사회에 대한 귀속을 인정하며 사회의 특수한 유습과 전통에 의한 영향 등을 인정한다.

하지만 공동체주의가 주장할 수 있는 하나의 절대적 진리, 이에 따른 보수주의적 입장이나 극단화된 전체주의의 가능성을 비판한다. 즉 공동체라는 가치를 위해서 근대인간이 부여받은 자신의 자유와 권리 그리고 다원성을 무시하는 것을 주의한다. 또한 공동체의 중요성으로 인해서 공동체의 관행에 대한 무비판적 태도나 남성우월적 시각의 무비판적 습득이나 맹종을 비판한다.

또한 공동체주의자들이 회귀하고자 하는 공동체라는 것이 과연 어느 정도의 범주인가 하는 문제와 함께 이렇게 중요성을 인정받은 다양한 규모의 공동체와 국가와의 관계설정에 대해서도 의구심을 던진다.

Ⅳ 결론을 대신하며: 21세기 자유주의와 공동체주의의 관계

공동체주의는 사회에 만연된 개인주의와 그로 인한 사회적 합의의 부재라는 문제에 대해서 공동체라는 대안체계를 통해서 개인들이 도구적 합리성에서 벗어나 성찰적일 수 있으며 그에 따라 토론이나 합의를 통해서 사회와의 의사소통이 가능함을 보인다. 이를 통해서 공공선을 달성할 수 있으며 무력해진 개인을 사회로 돌려놓았다는 점에서 의미를 가진다.

그러나 이들의 논의 역시 자칫하면 정치학으로부터 멀어져 철학의 단순한 형이상학에 빠져들 우려가 있다. 만일 이들이 형이상학에 매몰되어 현실을 도외시한 채 공론에 그친다면 자신들의 중요가치인 공동체를 회복하는 것은 더욱 어려울 것이다. 다음으로 공동체주의는 공동체를 어떠한 범위로 설정할 것인가 하는 문제와 그 공동체의 중요성에도 불구하고 공동체가 가지는 포악함과 획일성으로의 유혹을 벗어나려는 노력을 해야 한다. 공동체의 획일성에 대한 위험은 결국 개인의 자유와 다원성에 대한 인정 속에서 개인들의 가치의 공유와 인정 속에서 가능할 것이다. 따라서 공동체주의의 위험은 자신의 노력이 아닌 자유주의의 견제 속에서 가능해질 것이다.

자유주의는 개인의 자유와 권리의 인정이라는 장점이 있는 반면에 존재들의 소속감과 그 속에서 형성될 수 있는 정체성의 상실이라는 문제에 직면하게 된다. 자유주의가 이룬 인권과 자유 그리고 관용과 타협이라는 원리는 개인의 중요성을 부각시켰다. 문제는 이렇게 자유로워진 개인들의 사회와의 조화를 어떻게 이루어 낼 것인가 하는 점이다. 아리스토텔레스의 지적처럼 인간이 인간다워지기 위해서는 사회 속에서 다양한 가치들 사이를 매개하는 정치의 필요성이 존재하기 때문이다.

21세기는 더욱 복잡해지는 사회가 될 것이다. 개인주의적 성향이 더 강해질 수 있는 충분한 사회적 환경 속에 있으며 반면에 정보화의 도움이나 참여기제의 확대 그리고 지역공동체의 활성화 노력 속에서 사회와의 조화가능성도 적지 않다. 따라서 21세기 역시 개인에 대한 자유와 권리의 충분한 보장 속에서 강제에 의한 공동체로의 획일화가 아닌 개인들의 공동체로의 회귀와 사회와의 소통의 장을 형성하는 데 더욱 주안점을 두어야 한다. 개인들 간의 가치관은 더욱 크게 벌어질 수 있으며 새로운 가치 체계를 두고 새로운 이해집단은 경쟁할 것이다. 이들 각각에 대한 인정 속에서 자발적으로 절충점을 찾으면서 사회적 경쟁과 조화를 이루는 것이 21세기의 공동체가 지향해야 하는 방향이라 생각한다.

제015문 한국의 법치주의, 공화주의, 공동체주의와 민주주의 공고화

1987년 이후 한국 정치에는 권위주의와 다원주의가 혼재해 있다. 한국 민주주의의 공고화 방향을 법치주의, 공화주의, 공동체주의 입장에서 비교해 보시오. (40점)

– 출제위원 출제 의뢰 문제

Ⅰ. 서 론	Ⅲ. 민주주의 공고화를 위한 방안: 법치주의, 공동
Ⅱ. 한국 민주주의의 문제	체주의, 공화주의
1. 권위주의의 문제	1. 법치주의
2. 다원주의의 문제	2. 공동체주의
	3. 공화주의
	Ⅳ. 결 론

 문제의 맥락과 포인트

한국 정치에서 민주화 이후에도 남아 있는 권위주의의 문제와 자유주의의 다원주의 문제를 현실에서 찾아내는 것이 중요한 문제이다. 그리고 이런 문제들을 해결하기 위해서 민주주의는 어떤 다른 이론들로부터 도움을 받아야 하는가를 다룬다. 법치주의, 공화주의, 공동체주의가 각각 권위주의 요소와 자유주의의 다원주의 문제를 어떻게 해결하는지를 설명해야 한다. 논리적으로 볼 때 앞의 문제점에 대한 분석이 전체 답안을 좌우하게 된다.

 Ⅰ 서 론

한국은 1987년 민주화 이후 20년 이상의 시간이 지났다. 이 시간 동안 한국은 절차적 측면에서 민주주의 공고화를 이루었다. 헌팅턴의 기준인 두 차례 정권교체(two-turn over)를 거쳤다는 것은 절차적 측면에서 민주주의 공고화의 문턱을 넘어섰다는 것이다. 그러나 한국은 민주주의의 내용면에서 여전히 해결해야 할 숙제들이 남아있다. 구체적으로 어떤 문제가 있으며 어떤 방식으로 해결할 수 있는지를 법치주의, 공동체주의, 공화주의라는 이론적 자원을 통해서 찾아보는 것이 필요하다.

Ⅱ 한국 민주주의의 문제

1. 권위주의의 문제

한국 정치에는 권위주의의 유산이 남아 있다. 특히 가산주의(家産主義, patrimonialism)적 요소가 강하다. 가산주의는 가신정치, 인치주의, 세습정치, 패거리정치, 후원－수혜정치, 지역할거정치로 대표되며 사익을 추구하는 정치를 의미한다. 가산주의는 조선 후기적 요소로서 붕당이 파당정치가 된 측면이 강하다. 이로 인해 정치가 공공성보다는 사당화되는 경향이 있다.

가산주의는 민주화인사들에서도 발견된다. 민주화를 이룩한 3김 정치는 대표적인 가산주의의 문제를 가지고 있다. 가산주의는 조직의 경화와 위계화, 외부와 내부의 구분을 특징으로 한다. 가산주의는 개별정당수준에서 보스정치와 정당체계수준에서 지역정당구조를 만들었다. 이로 인해 정당이 사회에 대한 대표성과 응답성이 떨어지는 문제를 가져왔다.

2012년 통합진보당의 비례대표직 결정 과정을 둔 진보정당 내부의 갈등과 중앙위원회의 폭력 사태를 보면 진보정당과 민주화 세력이 권위주의 시절 자신들이 배웠던 투쟁노선을 그대로 사용하고 있다는 것을 잘 보여준다. 즉 권위주의에 대응하기 위해 민주적 결정 과정보다는 권위주의적 결정 과정과 해결방식을 사용하고 있는 것이다.

2. 다원주의의 문제

한국의 민주화는 자유주의적 민주화로 구축되었다. 민주화를 지향한 온건파에 의한 권위주의 온건파와의 협약에 의한 민주화로 귀결된 것이다. 따라서 민주주의를 절차적 수준으로 한정하고자 하는 이들이 주도하면서 민주주의 급진파의 실질적 민주주의의 요구가 배제된 보수적 민주화, 민주주의를 절차적 수준의 민주주의로 좁힌 상태에서의 민주화로 귀결되었다.

자유주의적 민주화의 문제점은 민주주의를 절차로 좁힘으로서 민주주의의 내용이 문제가 될 수 있게 되었다는 점이다. 또한 자유주의의 절차적 평등은 출발경쟁의 조건을 고려하지 않기 때문에 사회를 과도한 경쟁으로 이끌 수 있다. 즉 초기에 부여된 자원과 능력이라는 운에 의한 요소는 무시된 채 경쟁을 하게 되는 것이다. 특히 자본주의의 강화를 강조하는 신자유주의적 민주주의에서 시장질서의 강화는 시장의 강자와 시장의 약자를 구분하고 이들에게 각기 다른 선취점을 부여한다. 초기 조건의 불리함이 결과에 영향을 미치게 되는 것이다.

자본주의적 민주주의의 문제는 다원성의 약화를 가져온다는 점이다. 다원주의의 작동은 다원적 조직과 조직들 간의 경쟁성이 보장될 때 가능하다. 그러나 시장주의적 다원주의는 시장에 강한 힘을 부여함으로써 다원주의적 경쟁 자체가 불가능하게 만들 수 있다.

마지막으로 다원주의는 개인과 사적조직의 강화를 특징으로 한다. 개인과 사적조직의 강화는 공동체의 공공성 약화를 가져올 수 있다. 그런 점에서 다원주의는 공공성이 강조되는 공적 공간을 축소하고 사적공간을 확장함으로써 공동체 유지를 위한 공적 공간과 공론의 장이 가지는 기능을 약화시킨다.

Ⅲ 민주주의 공고화를 위한 방안: 법치주의, 공동체주의, 공화주의

1. 법치주의

법의 강화와 자유의 보호를 강조하는 법치주의는 법의 강화를 통해 인치적 요소에 의한 자의성을 배제하는 것을 핵심으로 한다. 법치주의는 자유주의를 실제적으로 구현함으로써 민주주의의 기본적인 조건인 자유를 보장함으로써 민주주의의 다수의 지배가 관철될 수 있게 한다. 또한 다수의 지배가 다수의 폭정으로 가는 것을 방지하는 안전판의 역할을 한다.

하지만 법치주의는 소수의 지배의 다른 말이 될 수 있다. 법관과 법전문가를 중심으로 대의기구를 우회할 수 있다는 점을 감안하면 법치주의가 엘리트주의로 귀결될 가능성이 크다. 최근 '제왕적 사법부'라는 비판도 이런 입장에 근거한다.

2. 공동체주의

인간이 공동체로부터 영향을 받는다는 점에서 공동체의 가치를 중시하고 이것을 계승하는

것이 중요하다. 인간 개인의 지적 능력의 유한
성을 감안할 때 공동체는 인간 이성의 유한성을
집단으로 보충해 준다. 하지만 공동체주의는 선
험적으로 특정 가치를 강조한다는 점에서 개인
의 자유를 무시하고 집단적 가치를 무조건적 흡
수하게 만드는 집단주의의 단점이 있다. 이것이
집단유기체설과 같이 혼합되면 파시즘으로 갈
수 있다.

한국에서 유교적 전통질서나 국가주의와 민
족주의의 무조건적인 강조는 한국 민주주의가
지녀야 할 다원성을 무시하는 결과를 가져올 수
있다. 이는 가치의 개방성을 전제하는 민주주의
와도 어울리지 않으며 개인의 인권을 강조하는
자유주의와는 상치된다.

3. 공화주의

인간의 개성을 강조하면서도 공동체의 가치
를 향해 나갈 수 있다는 점으로 공화주의를 이
해한다면 공화주의는 자유주의와 공동체주의의
논쟁에서 절충점이자 가교를 형성할 수 있다.
개인을 무시할 수 없는 현대적 환경과 다원성을
존중하면서도 공동체의 가치지향성을 저버리지
않을 수 있다는 점에서 공화주의는 자유주의와
공동체주의에 대한 하나의 대안이 될 수 있다.

이러한 공화주의의 자원으로 심의적 요소를
도입함으로써 현대적으로 공화주의를 변형할 수
있다. 심의를 통해 개인의 자율성과 집단적 가
치에의 자기 복종과 권위 부여를 동시에 이룰
수 있는 것이다.

다른 이론적 자원으로 신로마 공화주의가 말
하는 '비지배의 자유'도 고려할 수 있다. 비지배
의 자유는 예속의 상태를 거부하는 것으로서 자
유의 부여 이전에 자유로울 수 있는 조건을 마
련한다는 의미를 가진다.

Ⅳ 결 론

민주주의가 자기 지배를 원칙으로 한다면 민
주주의를 운영하기 위한 조건은 자기지배를 관
철할 수 있는 기회를 제공해야 한다. 그런 점에
서 볼 때 법치주의는 사회질서의 안정과 민주주
의에 안정성을 부여할 수 있다. 하지만 지나치
게 법치주의에 의존하면 사회의 경직화와 보수
화를 가져올 수 있다. 반면에 공동체주의는 한
국의 가산주의를 강화할 여지가 있다. 따라서
공화주의의 심의성을 도입함으로써 연대의식을
구축할 필요가 있다. 그런 점에서 법치주의의
안정성과 공화주의의 공공성이 민주주의를 축으
로 보완하는 것이 민주주의 공고화에 기여할 것
이다.

제016문 **자유주의, 공동체주의, 신로마 공화주의**

한국의 정치에서 문제로 지적되는 것은 정치적으로는 기존 대의민주주의가 자유주의에 중심을 두면서 정치적인 것에 대한 무관심의 증대와 투표율의 하락을 들 수 있다. 경제적으로는 시장 자본주의의 증대와 양극화에 따른 불평등의 심화가 문제가 되고 있으며 사회적으로는 다문화주의 등이 문제로 지적되고 있다. 이러한 현실적 문제에 기반을 두고 새로운 한국 민주주의의 원칙을 정립하고자 하는 새로운 시도와 주장들이 다양하게 나타나고 있다. 다음 물음에 답하시오. (총 40점)

(1) 자유주의에 기반을 둔 다원적 민주주의이론의 원리와 공동체주의(시민적 공화주의)이론의 원리를 가치와 인간관의 측면과 참여라는 정치사회적 입장의 차원에서 비교서술하고 각각의 문제점은 무엇인지 설명하시오. (20점)

(2) 자유주의와 공동체주의에 대해 신로마 공화주의이론은 어떤 점에서 차이가 있는지 설명하고 현재 한국 민주주의의 문제를 푸는 데 있어서 신로마 공화주의가 주는 함의를 설명하시오. (20점)

I. 서 론
II. 다원주의적 민주주의론(시장 사회 모델) vs. 공동체주의
 1. 인간관의 측면과 가치
 2. 정치사회적 관점
 3. 문제점
III. 신로마적 공화주의와 민주주의의 대안 가능성

1. 신로마 공화주의의 가정들
 (1) 인간관의 측면과 가치
 (2) 정치사회적 관점
2. 공화주의와 한국
 (1) 공화주의 전통과 이론의 부재
 (2) 한국 민주주의에 대한 해법 제시
IV. 결 론

 문제의 맥락과 포인트

정치일반 이론인 정치사상에서 현재 무엇이 중요한가하는 질문에 '민주주의의 원리에서 어떻게 자유주의에 기반을 둔 다원적 민주주의를 교정하고 좀 더 바람직한 형태의 민주주의로 이끌 것인가'라는 주제라고 답하는 것을 어느 누구도 거부하지 못할 것이다. 특히 최근 공동선이 미리 존재한다고 가정하는 공동체주의 입장에 대한 반발과 자유주의에 기반을 둔 민주주의 이론에 대한 반박을 동시에 하는 공화주의가 부상하면서 공화주의가 민주주의 개선에 있어서의 중심이 될 수 있다는 주장이 부각되고 있다. 한국에서는 공화주의가 논의된 것이 얼마 안 되었다는 점을 고려할 때, 신로마 공화주의는 대단히 선진적인 이론이다. 한편 아직 신로마 공화주의를 이야기하기에는 이론 검증이 안 되었기 때문에 성급하다는 주장도 있다. 따라서 신로마 공화주의를 공화주의의 하나의 범주로 보고, 좀 더 큰 틀인 공화주의로 이해하면서 답안을 만들 수 있다. 현실정치에서 공화주의의 기본적인 아이디어가 현실문제를 해결하기에 부족한 다원적 민주주의를 어떻게 보완할 것인가를 이론적으로 정립하는 것이 우선적인 문제이다. 한국정치의 구체적인 현실 사례를 가져다 답안을 구체화하면 좀 더 좋은 답안이 될 것이다.

I 서 론

자유주의의 개인적 자유와 공동체주의의 공적인 덕에 대한 지나친 강조로부터 새로운 사회적 가치를 담아낼 수 있지 않을까? 소극적 자유의 간섭의 부재에 따른 자유 개념의 협소함과 적극적 자유의 자기 지배에 따른 전체주의의 위험성을 약화시키면서 예속으로부터의 자유를 도출하는 것은 어떤 의미를 가지는가? 한국의 사회적 가치로서 비지배적 자유는 어떤 의미를 가지는가? 그리고 공화주의의 한국적 도입은 바람직할 것인가? 이런 질문에 답하기 위해 다원주의이론과 공동체주의이론을 검토하고 신로마 공화주의 이론이 어떤 현실적인 대안을 제시할 수 있는지 확인한다.

II 다원주의적 민주주의론(시장 사회 모델) vs. 공동체주의

1. 인간관의 측면과 가치

자유주의는 원자적 인간을 상정한다. 자유주의에서는 인간의 개체성 자체가 중요하다. 존재론상 인간이 사회에 우월한 것으로 설명될 수 있다. 인간이 추구하는 가치로는 안전과 자유의 확보가 중요하다. 이론적으로 홉스의 생명보존의 권리와 로크의 재산권이 중요하게 된다. 이런 입장은 자유에서 '소극적 자유'를 강조한다. 소극적 자유의 핵심은 간섭의 부재이다.

반면에 공동체주의는 사회적이고 상호의존적인 인간을 상정하며, 인간의 사회적 존재를 가정한다. 아리스토텔레스의 '인간은 정치적 동물'명제가 대표적이며 인간에게 중요한 가치는 사회의 선험적 가치에 의해 규정된다. 즉 사회가 중요하게 생각하는 공동체의 가치가 개인의

가치에 우선시된다. 아리스토텔레스에게 있어 중요한 가치는 인간의 행복 추구(eudaimonia)이고 이것은 시민의 시민성과 우애(friendship)에 의해 나타나게 된다. 즉 미덕을 갖춘 동등한 존재인 시민들로부터 인정받게 될 때 인간은 행복을 느끼는 것이다. 그리고 그 때 인간은 인간의 목적인 행복추구가 가능해지는 것이고 인간으로서 완성되는 것이다.

2. 정치사회적 관점

자유주의는 보편주의를 가정하고 인간의 보편성을 상정하므로 사회보다 개인이 중요하게 된다. 따라서 사회에 대한 참여는 개인의 선택의 문제가 된다. 또한 이것의 옳고 그름 역시 주관주의로 인해 최종적인 판단은 개인에게 귀속된다.

반면에 공동체주의는 사회의 우월성과 공동체 문화의 특수성을 인정하므로 사회의 특수성과 사회의 가치가 개인을 형성한다고 본다. 따라서 이러한 사회의 가치를 형성하고 사회가치를 획득하기 위한 정치 참여는 필수적이다. 논리적 결과로 정치 참여는 그 자체로서 목적이 된다.

3. 문제점

자유주의의 문제점은 첫째, 개인의 지나친 강조가 가져오는 개인화와 원자화의 문제를 들 수 있다. 사회적인 요소를 무시함으로써 개인들 간의 사회의 조화를 어렵게 만드는 문제가 있다. 둘째, 주관주의로 인해 도덕적 상대주의의 경향성이 높아진다. 모든 개인의 가치관이 타당하다면 가치상대주의에 빠지게 되고 사회적 기준이 사라지게 된다. 세 번째, 국가의 중립성 강조로 인해 개인의 사회적 권리 보장에 대한 국가의 역할을 등한시할 수 있다.

반면에 공동체주의의 문제점은 첫째, 사회의 선험적 중요성 강조로 인해 개인의 자율성 침해 여지가 높다는 점을 들 수 있다. 이에 따라 인민의 의사를 강조하면서 전체적인 인민의 의사나 전체적인 선호를 사회 공학적으로 강요할 가능성이 있다. 둘째, 객관주의로 인한 사회의 다원성을 침해할 여지가 높고 부분을 인정하지 못하는 전체주의화 경향의 문제가 발생할 수 있다. 셋째, 완전주의를 강요함으로써 국가가 도덕 문제에 관여하여 정치와 도덕을 분리시키지 못하는 문제가 제기될 수 있다. 공적 영역과 사적 영역이 구분되지 못하는 문제가 발생할 수 있다.

Ⅲ 신로마적 공화주의와 민주주의의 대안 가능성

신로마 공화주의는 '자유주의 vs. 공동체주의 논쟁'에서 자유주의의 지나친 원자화와 전체주의 위험을 지적하면서 새로운 대안으로서 '소극적 자유'나 '적극적 자유'가 아닌 제 3의 자유로서 '비지배'라는 가치를 등장시킨다.

1. 신로마 공화주의의 가정들

(1) 인간관의 측면과 가치

신로마 공화주의는 인간을 상호의존적 존재로 간주한다. 개체의 중요성을 인정하되 인간과 사회의 관계에서 인간과 사회를 화합하고자 한다. 사회에서 인간은 군집의 필연성은 인정되나 군집의 자연성은 거부된다. 신로마 공화주의도 인간의 개인적 가치에서 출발하기 때문에 인간이 모여 사는 것은 필연적이지만 반드시 자연적으로 인간이 사회적일 필요는 없다는 것이다. 개인의 욕망실현을 위해서 공동체가 필요한 것이다. 따라서 인간은 사회를 만들기 위해서 노력해야 한다.

인간이 강조하는 가치로는 '비지배적 자유'가 중요한데 비지배적 자유는 예종과 예속의 굴레가 없는 것을 의미한다. 노예에 대해서 간섭이 없다고 자유가 확보된 것이 아닌 것은 노예가 지배받고 있기 때문이다. 따라서 지배라는 조건으로부터의 자유가 중요한 것이다. 비지배적 자유를 확보하기 위해서는 '법의 지배'를 통해 누구나가 법의 지배를 받게 할 필요가 있다. 법을 만드는 것에 참여한다면 자신이 만든 법에 자신이 복종하는 것으로 이것은 자기지배를 실현하는 것이다. 또한 신로마 공화주의는 절차적으로 정치에 대한 다수에 의한 통치를 중요하게 여긴다. 그리고 사회경제적인 측면에서 사회적 권리를 보장하는 것이 중요하다고 주장한다.

(2) 정치사회적 관점

신로마 공화주의가 볼 때 정치에 대한 참여는 그 자체로서 목적이 아니라 자유를 지키기 위한 수단이 된다. 공동체주의가 주장하는 것처럼 정치 참여 자체가 목적이 아니라 자신의 목소리를 내는 것이 목적이다. 그리고 참여는 자기 지배를 관철하기 위한 수단이 되는 것이다.

2. 공화주의와 한국

(1) 공화주의 전통과 이론의 부재

한국적 유교에 대한 해석에 따르면 유교의 전통에는 공화주의적 요소가 있다. 그러나 이는 공화주의를 어떻게 이해하는가에 달린 것이다. 실제 한국에서 유교의 문제는 국가에 대한 충성과 가족에 대한 헌신과 자기도덕성이라는 선험적 가치를 강조하는 입장이기 때문에 공화주의보다는 공동체주의의 가치를 강조하는 입장이다.

이론적으로 볼 때 공화주의이론의 발전 역사가 길지 않고 한국에 도입된 것도 역사가 짧기 때문에 한국에서 공화주의가 자유주의와 민주주의에 대한 보완적 가치 혹은 독자적 가치로서 의미가 있는지 여부는 따져보아야 한다. 신로마 공화주의가 비지배라는 새로운 가치를 주장하는 것은 눈여겨볼 수 있다. 하지만 이것이 한국 정치현실을 개선하는 데 얼마나 중요하게 기능할지는 따져보아야 한다.

(2) 한국 민주주의에 대한 해법 제시

첫째, '비지배' 가치와 다문화가정과 탈북자 문제. 사회적・경제적・정치적 차원에서 볼 때 다문화가정과 탈북자들은 한국 사회에서 비지배적 자유를 가지기 어렵다. 사회적 차별은 경제적 어려움으로 이어진다. 소수자로서 자신들의 이익을 결집해 줄 수 있는 정치 세력도 없다. 따라서 정치적으로 이들에 대한 법적 관심을 가지게 하는 문제뿐 아니라 경제적 조건과 정치적 참여를 유도하는 데 공화주의가 기여할 수 있는 부분이 많다. 19대 총선에서 필리핀계 다문화 여성인 이자스민이 새누리당의 비례의원이 되었다. 시작이기는 하지만 이러한 정치적 노력이 사회경제적 변화를 이끌 수 있는지 주목해 볼 필요가 있다.

둘째, '비지배' 가치와 경제적 분배의 문제. 비지배적 자유는 경제적 예속문제도 볼 수 있게 해 준다. 예를 들어 시장을 규제하기 위해 '공정해고법'을 제정하는 것이나 동반성장위원회가 동반성장지수를 만드는 것을 들 수 있다. 비지배적 자유는 신자유주의와 시장의 강화에 의해 강력해진 시장 주체들로부터 시장의 약자를 보호할 수 있는 여지를 만들어 준다.

셋째, 3권 분립의 문제. 공화주의에서 어떠한 가치를 어떠한 제도적인 틀 속에 넣을 것인지를 논의하는 것이 비지배라는 조건을 만드는 데 중요하다. 따라서 권력의 분립을 통해 비지배 조건을 형성하는 문제를 풀어내는 데 일조할 수 있다. 정치적으로도 소수의 보호를 위한 정치적 견제 구조는 비지배적 자유를 보장할 수 있게 한다.

넷째, 북한과의 통일을 고려한 헌법 모색에서의 연방주의. 김정은 체제로 3대 세습된 북한에서 급변 사태나 점진적인 붕괴가 예측된다. 그런 상황에서 남북한의 통일이나 장기적인 관점에서의 북한과의 통일에 있어서 연방주의를 제도적으로 고려할 수 있다. 남한의 인구가 5,000만이고 북한 인구가 2,430만(U.S. Census Bureau, 2010년)이기 때문에 북한은 통일 이후 구조적인 소수가 될 것이다. 따라서 통일된 한반도에서는 연방주의를 통해 중앙과 지방으로 권력을 나누어 북한 지역의 남한 지역에 대한 예종의 문제를 해소할 수 있다.

다섯째, 심의민주주의의 요소. 신로마 공화주의도 심의적 요소를 강조한다. 따라서 심의를 통한 민주주의로 정치적 제도와 법을 구성할 수 있다.

Ⅳ 결 론

신로마 공화주의는 자유주의와 공동체주의의 대립에 있어서 하나의 대안이 될 수 있다. 개인의 자유를 무시하지 않으면서 사회를 구성할 수 있게 함으로써 공동체의 공공성을 향유할 수 있게 해 준다. 또한 위에서 본 것처럼 경제 문제나 사회적인 문제를 해결하는 데 있어서도 하나의 대안을 제시할 수 있다. 문제는 비지배적 자유를 어떻게 구체적인 제도 안에 포함시킬 것인가 하는 점이다. 이것이 제도 모색으로 논의가 옮겨져야 할 이유이다.

 기출문제와 연결

제15문 2014년 5급 3번(마키아벨리의 비루트)

제017문 능력주의의 명암

COVID-19가 사회공동체 구성원을 온라인과 오프라인으로 분리하는 '디지털화(Digitalization)'를 통해 민주적 공동체가 필요로 하는 '사회적 연대(Social Solidarity)'와 '시민적 덕성(Civic virtu)'을 약화시킨다는 평가가 있다. 반면 자유주의가 강조하는 '능력주의(Meritocracy)'는 이러한 위기상황의 계층분화 현상을 개인 '능력'의 문제로 평가한다. 능력주의가 신분적 세습이 아닌 개인 능력에 따른 분배를 강조했다는 장점에도 불구하고, 능력주의는 새로운 세습이란 점에서 사회 차원에서 분배적 '불공정성'과 함께 '계층 이동성'에서 비판을 받고 있다. 다음 질문에 답하시오. (총 40점)

(1) 자유주의 관점에서 '능력주의(Meritocracy)'의 의미를 설명하고, 신분적 세습제도의 문제점을 비판했던 자유주의가 '능력주의'를 분배적 정의의 기준으로 채택할 수 있는 근거들을 설명하시오. (12점)

(2) 다양한 정치이론들을 통해 자유주의가 강조하는 능력주의의 문제점을 설명하시오. (14점)

(3) 민주적 공동체 유지에 있어 능력주의는 분배적 정의의 기준으로 유용한지와 양자 간 조화가 능한 방안을 논하시오. (14점)

I. 서 론
II. 능력주의의 의미와 분배적 정의의 유용성
　1. 능력주의의 의미
　2. 정당화 논리: 개인 중심 효율성과 노력에 의한
　　 정당성
III. 능력주의와 공동체 사회에 대한 폐해
　1. 사회적 분배에서 불공정성 문제 제기
　2. 계층이동 불가능
　3. 민주주의 사회에서 시민적 덕성의 저해

4. 분노 사회의 출현
5. 포퓰리스트의 등장
IV. 능력주의와 민주적 사회의 조화가능성
　1. 능력주의의 여전한 유용성: 대안의 부재
　2. 보완해야 할 이유: 새로운 세습제도와 운에 의
　　 한 통치
　3. 능력주의와 사회의 조화방안: 능력주의의 부분
　　 적인 수정
V. 결 론

 문제의 맥락과 포인트

이 주제부터는 사상에서 특정 이슈를 다룬다. 자유주의에서 최근 중요하게 부상한 주제가 능력주의다. 능력에 기초해 자원을 배분받는 능력주의가 하나의 새로운 귀족 계급을 만든다는 비판에서 출발한 논쟁이다.

I 서 론

세계 상위 부자 6명의 부가 전 세계 가난한 사람 36억 명이 가진 부의 크기가 같다. 이런 심각한 불평등은 코로나 19에 의한 디지털화로 더

욱 심화하고 있다. 코로나19나 빈번해진 경제위기로부터 민주주의 사회 유지와 자유주의가 강조하는 '능력주의(meritocracy)'사이에 조화가능성이 있는지 살펴본다.

● **대안 목차 1**

코로나로 인한 디지털화와 사사화의 문제가 심각해지고 있다. 이는 공공선의 상실문제와 함께 능력주의에 따른 패배주의 문제를 일으킨다. 이에 자유주의에 기초한 능력주의를 수정할 수 있는지를 논의해 본다.

● **대안 목차 2**

한나 아렌트는 사사화(privatization)가 공동체 사회를 파괴하고, 개인을 원자화하여 결국 전체주의의 노예로 만들었다고 고발하였다. 코로나19에 의한 디지털 계급화는 지리적 계급화에 더해 디지털 공간도 계급화하고 있다. 그런 점에서 계급화를 권장할 수 있는 능력주의를 어떤 관점에서 파악할 것인지는 민주주의 사회에서 중요한 문제이다.

● **대안 목차 3**

한국에서 '강남'으로 상징화되는 지리적 분화는 점차 계층분화를 의미해가고 있다. 여기에 코로나 19라는 위기는 디지털계층분화마저 강화하고 있다. 자유주의를 옹호하는 논리로 능력주의를 어떻게 보아야 할 것인지를 논의할 이유다.

● **대안 목차 4**

마이클 샌델의 책 『The Tyranny of Merit』과 대니얼 마코비츠의 『The Meritocracy Trap』은 미국 사회가 가진 능력주의 자체에 문제를 제기한다. 불공정성과 지나친 경쟁 문제를 제기하는 이 책들은 한국 사회에도 같은 문제를 제기할 수 있다. 그러나 능력주의를 완전히 대체할 수 있는 이론적 자원이 없는 상황에서 능력주의를 어떤 수정을 해야 할 것인지가 문제의 핵심이다.

Ⅱ **능력주의의 의미와 분배적 정의의 유용성**

능력주의는 자유주의이론의 분배적 정의를 충족시키는 논리다. 현재까지 분배적 정의의 원리가 될 수 있는 이유를 살펴본다.

1. 능력주의의 의미

능력주의는 능력을 강조하는 '사회체제운영원리'이자 이론이다. 이는 개인의 능력(merit 혹은 talent)을 강조한다. 즉 개인의 능력이 그 개인의 사회적 성취를 만든다는 것이다. 따라서 능력주의는 개인의 자유와 그에 따른 능력 발휘를 중시하는 이념으로 자유주의 이전사회에서 강조했던 신분제적 '세습'구조를 거부한다. 즉 왕과 귀족의 신분제에 따른 사회적 가치의 배분 방식을 거부한다. **(정의)**

능력주의는 자유주의에서 도출되었다. 자유주의는 개인의 합리성에 의해 개인의 개체성을 강조하면서 개인을 사회의 중심에 두었다. 이는 cogito, ergo sum으로 대표된다. 개인은 합리적 이성에 따라 독립적인 판단이 가능하고, 이는 교회나 국가라는 외부적인 제약으로부터의 개인의 선택의 자유를 강조하게 만들었다. 따라서 모든 선택은 개인의 자유의지에 의해서 만들어지는 것이고, 그 결과 역시 개인의 몫이 된다. **(자유주의와 연결)**

능력주의는 자유주의에서 나오면서 '자수성가론'과 '운의 제거'를 강조하였다. 마이클 샌델은 그의 저서 『The Tyranny of Merit』에서 능력주의의 핵심을 자수성가론과 운의 제거라고 분석하였다. 자유주의는 자신의 능력이 사회적 신분 상승과 성공의 원동력이 된다고 본다. 즉 자신이 자신을 사회적으로 더 높은 지위와 더 높은 성취를 이루게 한다. 이를 위해서는 신분제 사회에서의 태생적인 귀족이라는 '운'을 제거해야 한다. 즉 '태생=성취'로 이어지지 못하게 하는 것이다. 이는 태생이라는 사회적 구조가 개인의 자유에 우선하기 때문이다. **(구체화 논리: 자수성가론과 운의 제거. 샌델 인용)**

2. 정당화 논리: 개인 중심 효율성과 노력에 의한 정당성

능력주의는 노력과 기량에 기초한 근면성이 중요하다고 본다. 『The Meritocracy Trap』에서 대니얼 마코비츠는 능력주의를 노력과 기량을 강조하는 것으로 규정하였다. 사회적 가치의 분배에 있어서 개인의 노력과 기량을 기준으로 한 점에서 '효율성'을 강조하며, 외부의 개입이 없이 성취를 이룬다는 점에서 '정당성'을 강조한다. ('능력주의=노력+기량 ⇨ 근면성'의 조작 작업)

두 가지가 능력주의를 채택한 이유다. 첫 번째로 능력주의는 능력을 통해 성취를 얻는 것을 '효율성 혹은 생산성의 논리'다. 두 번째로 개인의 자유로운 노력과 자유시장 경제에 의한 교환에 따른 '정당화 논리'다. (근 거 두 가지)

첫 번째 효율성 혹은 생산성 논리는 개인에게 외부적 제약이 없는 경우, 개인들은 생산과 소비에 있어서 가장 효과적으로 이루어낸다는 것이다. 따라서 자유주의에 기초한 능력주의는 개인에 의한 더 많은 생산과 더 많은 소비를 보장한다. 특히 자유주의는 소유권이론을 통해 개인에게 소유권을 부여함으로써 더 많이 생산하고 더 많이 소비할 수 있게 만들었다. 로크에 따르면 이 과정에서 자연은 공유물이 되고, 노동 자체가 개인의 소유물인 인민을 자신의 노동을 첨가해서 사적 소유권을 극대화할 수 있게 된다. **(효율성 논리 부연)**

두 번째로 '정당성의 논리'는 개인의 의지와 노력을 강조한다. 이것은 사회적 제도에 의해 분배가 이루어지는 것이 아니라 개인 의지 때문에 분배가 된다. 마찬가지 논리로 자유주의가 강조하는 효율성을 극대화할 수 있는 제도인 시장에 의해 교환이 되기 때문에 국가의 개입이 없다는 점에서도 정당화된다. 자유주의에 따르면 가장 중요한 개인에 의해 만들어진 성과기 때문에 그 자체적으로 정당화된다. 자연적으로 수요와 공급을 보장하는 시장에 의한 분배가 인위적인 개입과 통제를 통한 국가에 의한 분배보다 정당하다는 것이다. **(정당성 논리. 분배적 정당성으로 더 구체화도 가능)**

> **보완: 샌델의 능력주의 정당화 논리**
>
> **1. 기독교적 전통: 칼뱅의 소명설**
> 칼뱅의 주장. 신의 구원이라는 소명은 현재 능력과 부유함에 의해 규정됨.
> 막스 베버의 소명으로서 직업관. 베버식 직업관도 능력과 신의 은총을 연결함.
>
> **2. 자유주의의 성과주의**
> 능력에 따른 성과를 개인의 검약과 노력의 척도로 이해

Ⅲ 능력주의와 공동체 사회에 대한 폐해

능력주의는 개인만을 강조하기에 '공동체'를 강조하는 공화주의 이론과 민주주의 이론의 관점에서 분배적 정의에 부합하지 않는다. 다만 능력주의 자체가 가진 불공정성 문제가 파급해서 가져오는 문제점도 확장해서 분석한다.

1. 사회적 분배에서 불공정성 문제 제기

능력주의는 사회에서 부의 분배적 불평등을 정당화한다. 공화주의가 볼 때 자유주의가 강조하는 시장주의 관점에서 교환되는 가치를 강조하기에 능력주의는 시장 만능주의로 귀결될 수 있다. 이는 더 많은 생산을 만들 수 있지만, 분배적으로는 불평등하게 된다. 20대 80의 사회를 만들고 있는 것도 시장주의다. 능력주의는 이러한 시장주의를 옹호할 뿐 아니라 절대시한다. 이

는 공동체의 유대감을 붕괴시킨다. **(부의 불평등)**

공화주의에 볼 때 문제는 능력주의가 실제 완전히 개인의 능력에 의한 것이 아니라는 점이다. 부모의 소득이 교육수준과 직업을 결정하는 경우가 많기 때문이다. 이것은 자유주의 능력주의의 신화라고 볼 수 있다. 소유권적 자유주의가 능력주의를 통해 경제적 자유를 분배 정의의 단일한 기준으로 만드는 것이다. **(능력주의의 문제점: 부모의 능력개입)**

민주주의론 자들의 '민주주의는 인민들에 의한 정치'라는 기준에서도 불공정성은 문제다. 평등한 인민들의 공동체가 좀 더 민주적이라는 점에서 능력주의에 따른 불공정성은 문제가 된다. 특히 이러한 불공정성은 구성원들의 공동체에 대한 불만을 누적시키고, 공동체의 정당성을 약화한다. **(불공정성과 민주주의 약화)**

2. 계층이동 불가능

능력주의는 사회적 계층 이동성을 떨어뜨린다. 능력주의가 강화되면서 현재 상위층은 자신들의 지위를 유지하고 자식들에게 이를 계승하기 위해 교육에 투자를 많이 한다. 이는 계층 간 통로를 막는다. 더 높은 부모의 소득이 자식의 교육수준과 직업과 소득을 보장한다. **(계층 이동성 약화)**

능력주의는 능력을 강조되면서 더 좋은 학교가 더 좋은 직업이 더 높은 소득을 보장한다. 따라서 능력주의는 지나친 성적 만능주의와 학벌주의를 강조한다. 실제 미국 명문대학의 경우 중하위층의 진학비율이 6%이고 최하위층 3%이다. 이는 계층이동 자체를 불가능하게 한다. **(구체적인 논리로 학업의 중요성과 입증)**

능력주의는 자본보유와도 관련된다. 즉 자본을 많이 가진 계층은 그대로 자신의 계층을 유지할 수 있다. 토미 피케티는 임금증가율의 경

우 1.5%이고 자본수익률은 4~5%대라고 밝혔다. 이 역시 계층의 이동이 불가능하다는 것을 방증한다. **(구체적인 논리로 자본보유와 입증)**

공화주의나 민주주의론자들은 이런 극단적인 자본주의 발전이 공화국과 민주주의 체제를 위협한다고 본다. 사회적 계층이 만들어지고, 이것이 계급화되는 경우 공화국이 지향하는 국가는 우리의 것(res publica)는 사라진다. 특정 계급에 의한 사회구조적 권력의 독점은 신로마 공화주의가 우려하는 지배와 피지배관계를 만들 수 있다. 민주주의에서도 인민에게 권력이 존재하지 않고 엘리트에 의한 사회권력 자원의 독점은 정치체제의 정당성을 심각하게 약화시킨다. **(이론적 비판)**

3. 민주주의 사회에서 시민적 덕성의 저해

능력주의는 능력 만능주의를 만든다. 즉 '능력주의＝승리주의'의 공식을 만든다. 이는 자본주의 사회에서 승자와 패자를 구분하며 승자에게 명예를 주지만 패자에게는 모욕을 준다. 능력 부족이 결국 사회적 실패한 원인이 되기 때문이다. **(능력을 통한 사회 구분)**

공화주의가 볼 때 가장 문제는 사회책임에서 개인책임으로 담론을 구성한다. 복지국가에서 개인주의를 강조하는 사회로 간다. 이것은 시민적 덕성을 저해한다. 시민적 덕성은 공동체를 전제로 한다. 그러나 능력주의는 공동체보다는 개인에게 모든 책임을 돌린다. 이는 한나 아렌트의 '사사화(privatization)'의 문제로 이어질 수 있다. 공동체를 위한 토의와 담론을 어렵게 만들기 때문에 사회변화는 지극히 제한된다. 한국 사회에서 3포 사회나 5포 사회 혹은 금수저 흙수저 논의가 대표적이다. **(공동체의 상실과 사사화의 문제)**

4. 분노 사회의 출현

분배적 정의관의 부작용 사례 중 하나는 사회적 유대의 약화와 함께 분노사회를 만든다는 것이다. 능력주의는 능력 있는 '최상층'과 그렇지 않은 '나머지 층'을 구분한다. 능력 있는 최상층은 자신들의 능력을 자부심을 느끼고 본다. 반면 나머지 층은 최상층으로 갈 수 없으므로 이들에 대해 부패라는 논리로 공격하거나 공격을 한다. 반면 최상층은 자신들의 자리를 유지하기 위해 치열한 경쟁을 해야 한다. 이러한 경쟁은 이들 최상층을 버티기 위한 경쟁으로 불안하게 만들고 신경질적으로 만든다. 이 또한 분노를 유발한다. 결국, 사회구성원 모두는 분노하게 된다. **(계층분화와 계층 간 분노의 강화)**

분노 사회는 사회적 타협의 여지를 축소한다. 이는 민주주의와 공화주의의 '연대(solidarity)'나 '우애(friendship)'를 제거한다. 결국, 사회의 윤활유인 타협과 관용이라는 민주주의 문화를 제거하여 더 적나라한 대립으로 유도한다. 최근 한국 사회가 분노사회화 하는 것을 사례로 들 수 있다. **(관용과 문화의 공간 축소)**

5. 포퓰리스트의 등장

분배적 정의론의 약화에 따른 부작용중 다른 하나는 민중주의 정치 강화다. 능력주의는 사회를 갈라놓는다. 잘사는 최상위층과 그렇지 않은 나머지 층으로 구분한다. 이런 대립의 공간에 선동가들이 등장한다. 민주주의에서 패자들을 모아 승자와 체제 운영원리를 공격하는 것이다. 미국의 트럼프 현상과 영국의 브렉시트가 대표적인 사례다. **(포퓰리즘의 등장과 사례입증)**

민주주의와 민중주의는 다르다. 민주주의가 인민에 의해 지배되는 체제이면서 책임성에 의해 작동하는 체제라면 민중주의는 인민을 위한 지배체제에 불과하다. 이렇게 민주주의의 제도가 무시되는 민중주의로 인해 민주주의와 공화국은 더욱 위험해진다. **(민주주의와 민중주의 분리)**

⚫ **대안 목차**

공동체는 공화주의와 민주주의의 이상으로 '시민성' '연대와 유대' '공동체를 위한 토의' '덕성을 갖춘 지도자'와 '절차적 평등'을 정한다. 능력주의가 이들 이상을 어떻게 약화하는지 살펴본다.

1. 시민성
2. 연대와 유대
3. 공동체를 위한 토의
4. 덕성을 갖춘 지도자
5. 절차적 평등: 공정성

Ⅳ 능력주의와 민주적 사회의 조화가능성

능력주의가 개인을 강조하는데 비해 공화주의와 민주주의는 사회공동체와 국가를 강조하기에 긴장관계에 있다. 이런 긴장에도 불구하고 능력주의가 사회적 가치 분배기준으로 유용한지와 능력주의와 공동체 유지 간의 긴장을 완화할 수 있는 방안을 모색해본다.

1. 능력주의의 여전한 유용성: 대안의 부재

능력주의를 토대로 한 분배적 정의관과 사회 운영원리는 완전히 배제할 수 없다. 근대에서 자유주의를 거부하면서 민주주의를 운영할 수는 없다. 20세기 기간 동안 공동체주의에서 분기한 사회주의 정치실험이 실패한 원인은 개인의 창의성을 무시하고 시장을 거부했기 때문이다. 따라서 개인의 합리성과 개체성을 강조하는 자유주의는 현대 정치공동체에서 거부될 것이 아니라 존중되어야 한다. **(능력주의의 중요성)**

문제는 자유주의가 능력주의를 강조한다고 해서 이를 대체할 이론과 이념이 없다는 것이다. 대체할 수 있는 것은 공화주의이지만 공화주의는 자칫하면 사회주의가 했던 실수를 반복하게 할 수 있다. 따라서 자유주의를 대체하기보다는 보완하는 이론이 되어야 한다. (**대체이론의 부재**)

개인에게 자유를 부여하고 창의성을 고취하는 것은 여전히 중요하다. 그리고 자신의 노력으로 자신의 운명을 결정하려는 자세 역시 중요하다. 따라서 이것은 제거되거나 부정되어서는 안 된다. 다만 문제가 있다면 절제되어야 한다. (**능력주의의 개인 강화에 대한 절제 필요**)

2. 보완해야 할 이유: 새로운 세습제도와 운에 의한 통치

능력주의의 두 가지 수정해야 할 문제점이 있다. 능력주의의 첫 번째 문제점은 능력주의가 하나의 세습구조가 되었다는 점이다. 그리고 이런 세습이 구조가 되면서 세부적으로 두 가지 사회 문제를 가져온 것이다. 첫째, 사회를 지나치게 경쟁적으로 만든다. 이는 공동체를 거주지역과 같이 지리적으로, 계층적으로 구분한다. 둘째, 모든 문제를 개인으로 치환한다.

능력주의의 수정해야 할 두 번째 문제점은 능력주의가 운과 관련된다는 점이다. 자유주의에서 제기하는 개인주의에도 운은 따르기 마련이다. 능력 역시도 일부 운이기 때문이다. 좋은 머리, 좋은 신체적 능력도 전적으로 자신의 노력만으로 만들어지는 것은 아니기 때문이다. 그런데도 이것을 전적으로 개인화하면 모든 사회적 문제는 사사화된다. 따라서 능력주의는 이러한 문제를 개선해야 한다. 롤즈가 언급한 대로 능력이 완전히 개인의 문제가 아니고 사회적 운과 관련된다면 이런 사회적 운을 최소화하기 위한 노력이 필요한 것이다. (**두 가지 문제점으로**

축소하여 논리 연결고리 구성)

3. 능력주의와 사회의 조화방안: 능력주의의 부분적인 수정

능력주의를 인정하되 부분적으로 수정하여 공동체를 공존을 가능하게 할 수 있는 민주주의와 공화주의와 접점을 찾아야 한다. 이를 위해서는 우선 사상적으로는 시민적 공공선(마이클 샌델 주장)을 키울 필요가 있다. 시장에 의해서만 공동체가 운영되는 것이 아니라는 점에서 시민성을 강화하는 것이 필요하다. (**마이클 샌델식 공화주의와 시민성**)

이를 위해서는 공동체 구성원이 만날 장소와 만나서 대화를 나누는 것이 중요하다. 이를 통해 사회적 평등을 구축할 필요가 있다. 극단적 대립을 완화하는 것이 필요하다. 서로에 대한 이해와 타협을 위해서는 개인을 시민으로 만들 필요가 있다. (**시민적 담론의 필요**)

한나 아렌트가 활동(action)으로서 대화를 강조하면서 시민 간의 공통점을 강조한 것처럼 공통점을 상호인정하는 것이 중요하다. 인간으로서의 공통점, 시민적 공통점, 자식을 키우는 부모의 공통점과 같은 상호인정과정에서 상호 간에 다름을 배우는 것이 필요하다. 이것이 계층적인 인정을 만들고, 시민적 유대와 연대를 만들 수 있다. 공립어린이집, 공교육제도, 군대, 직장 등이 이러한 공간이 될 수 있다. (**아렌트의 사사화 제거를 위한 활동으로써 대화**)

좀 더 구체적으로는 다음과 같은 방안들도 고민해볼 수 있다. 대니엘 마초비츠가 주장한 대로 '교육 ⇨ 직업 ⇨ 소득 ⇨ 능력에 기초한 새로운 귀족 계급 구성'의 고리를 줄이려면, 먼저 교육제도를 수정해야 한다. 최고급 교육에 대한 개방성을 늘리는 것이다. 최고 명문 학교와 대학에서 입시경쟁을 완화하는 것이 필요하고, 좀 덜 경쟁적으로 만들 필요가 있다. 경쟁에 더 많은 돈이 들어가기 때문에 교육이 계급화되는 것이라면 공교육제도의 내실 있게 할 필요가 있다. 다음으로 고소득 직업군과 저소득 직업군 사이의 중간 숙련도급 근로자를 키워야 한다. 엘리트 근로자에게만 집중된 생산과 부가 중간층에도 돌아가게 할 필요가 있다. 투자적으로 교육에 들어가는 비용은 재산세에서 면제된다. 미국에서 명문대 합격으로 이어지는 능력 상속은 1,000만 불 정도의 재산 양도와 같다. **(마코비츠의 구체적인 방안)**

그런 점에서 마초비츠는 미국 학교들이 소득 분포의 2/3에 해당하는 가정 출신 학생들을 절반 이상 입학시키지 않으면 세금 면제 혜택을 받지 못하는 방안을 제안하기도 했다. 아니면 학교의 입학정원을 확대하는 방식을 제안한다. 그리고 사회보장에 지원하는 세금이 상한성이 정해져 있고 이것 때문에 기업으로서는 고소득자를 고용하면 비용이 절감된다. 즉 더 기업이 보조하지 않아도 되는 것이다. 이런 제도를 수정하면 중위 소득자를 고용할 가능성이 늘어난다. 즉 교육과 직업부문에서 민주적 평등을 구현할 방안을 모색해야 한다. **(구체적인 방안의 부연)**

한국의 현실에서도 부분적으로 교육제도와 직업 제도에 대해 논의가 필요하다. 하지만 한국의 경우 능력주의를 완전히 배제하기는 힘들다. 수많은 교육제도 개편안이 결국 더 입시를 치열하게 만들었다는 점을 고려하면 경쟁을 줄이기 위한 사회적 방안과 타협이 필요한데 구체적인 방안 모색은 쉽지 않다. **(한국 현실로 연결)**

Ⅴ 결 론

개인을 강조하는 능력주의는 사회적 경제발

전과 개인의 자부심 증대라는 차원에서 여전히 중요한 원리다. 하지만 새로운 부의 세습과 연결되고 운에 영향을 받는다는 점과 사사화의 문제를 가지고 있기에 이에 대한 부분적인 수정이 필요하다. 한국도 민주적 공동체의 유지를 위해 교육 문제와 직업문제에 대한 사회적 담론의 변화가 필요하다. **(능력주의의 수정 필요로 결론)**

제018문 자유지상주의, 롤즈, 공화주의의 정의

글로벌 금융위기와 코로나19 이후 사회적 양극화가 심화되고 있다. 사회유지에 있어서 분배적 정의가 중요하다면 양극화 문제의 해결책 모색이 중요하다. 공화주의는 사회구성원의 동등성이 구현되는 비지배적자유를 강조한다. '비지배적 자유'가 구현되기 위해서는 제도적 측면(교육과 정보 제공)과 물질적 측면(통신과 교통과 식량확보)의 '사회기반'과 재난으로부터의 '보장'과 약자보호와 범죄로부터의 '보호'라는 3가지 조건이 중요하다. 다음 질문에 답하시오. (40점)

(1) 사회 유지에 있어서 교정적 정의와 분배적 정의가 왜 중요한지 설명하고 (8점), 노직의 소유 권적 자유주의 이론의 핵심적 내용과 소유권 절대화가 가져올 수 있는 문제점을 설명하시 오. (10점)

(2) 롤즈의 분배적 정의를 구현하는 두 개의 원칙을 설명하고, 분배적 정의를 이루는 '공정성 (fairness)'이 소유권적 자유주의의 '절차적 평등'과의 차이를 설명하시오. (12점)

(3) 공화주의가 '비지배적 자유'를 구현하기 위해 제시하는 3가지 '조건'이 왜 중요한지를 설명 하고, 이 조건 구현이 (롤즈를 포함한) 자유주의의 평등과의 차이를 비교하시오. (10점)

 문제의 맥락과 포인트

이 문제는 정의를 다룬다. 정의론은 어떤 입장인지에 따라 각기 다른 주장이 가능한 주제이다. 자유지상주의와 롤즈의 평등주의적 자유주의 그리고 공화주의 이론을 정의라는 차원에서 비교해본다. 따라서 정의를 배우는 것과 함께 각 이론의 차이점을 구분하는 데 주안점을 두고 풀어볼 문제다.

I 서 론

부동산 가격 급등과 코로나19로 인한 자영업자들의 폐업증가 등으로 경제적 양극화는 심화되고 있다. 한편 2020년 코로나19로 인해 정부의 분배정책으로 소득격차는 역대 최저수준으로 바뀌었다. 이는 '사회적 차원의 정의'를 달성하

는 데 있어 정부의 역할이 중요하다는 점을 방증한다. '사회적 차원의 정의'를 달성하는 데 있어서 정부의 역할을 정당화하기 위해 롤즈와 공화주의의 논리를 살펴본다.

Ⅱ 정의의 중요성과 자유주의 지상주의의 주장과 문제점

평등은 정의를 어떻게 규정할 것인지의 문제이자 기준이다. 정의는 고정적 정의와 분배적 정의가 있고, 이 중 정치학이 분배적 정의를 주로 다루는 이유를 살펴보고 자유지상주의에서부터 정의관을 살펴본다.

1. 사회유지에 있어서 정의의 중요성: 질서와 안정성 유지 (8점)

정의는 그리스 시대에서부터 논의된 주제로 교정정의와 분배정의로 구분된다. 교정정의와 분배정의는 사회의 질서를 유지하고 안정을 확보하는 데 있어 중요하다.

우선 교정정의는 한 사회 구성원이 질서를 위반했을 때 이에 대해 어느 정도로 처벌하는 것이 타당한지를 다룬다. 교정정의는 사회내 질서를 유지하고 법이 지켜지는 데 있어서 중요하

다. 국가 공동체가 유지되기 위해서는 공동체 구성원들 사이에 질서가 중요하다. 이를 위해 법을 제정하고 이를 강제하는 것이다. 한 구성원의 방종이나 제약 없는 자유에 따른 행동은 다른 구성원의 자유와 행복을 방해하거나 침해한다. 모든 구성원들이 사회질서에 대해 만족감을 가지고 살게 하기 위해서는 질서유지 특히 법의 지배가 관철되는 것이 중요하다.

그런데 질서를 위반하고 법 규칙을 깨뜨린 경우 이를 처벌하지 않으면 다른 사람들도 질서를 위반하고 법을 유명무실화할 수 있다. 따라서 질서 위반과 법위반에 대해서는 처벌이 필요하다. 법위반에 대한 처벌을 다루는 것이 교정정의다. 즉 위반한 법의 중요한 정도만큼 처벌을 받게 하는 것이 사회 질서를 유지하게 하면서 법적인 안정성을 유지하는 데 필요한 것이다. 즉 합당하고 정의로운 것이다.

다음은 분배적 정의다. 분배적 정의는 사회구성원들이 사회의 부와 재화 그리고 지위와 역할에 더해 부담을 어떻게 나누는지를 다룬다. 분배적 정의는 구성원들이 자기에게 합당한 몫을 부여받거나 역할지워지지 않았다면 사회 유지를 거부할 수 있다. 즉 사회에서 분배적 정의가 왜곡되었거나 달성될 수 없다고 하면 사회와 국가의 정당성을 부정하게 된다. 그런 점에서 분배적 정의는 사회를 정당성을 가지고 유지하고 정부가 작동하는 데 있어서 가장 중요하다.

분배적 정의는 사회구성원이 사회와 개인을 위해 노력해서 부와 재화를 창출했다면 이것을 사회적 차원에서 어떻게 분배할 것인지 기준을 정하는 것이다. 만약 한 사람이 노동을 통해 부를 획득했다면 이것인 전적으로 개인 노동의 산물로 볼 것인지 아니면 이 사람이 노동을 할 수 있게 도와준 이들과 이들 노동이 부를 산출할 수 있게 해준 공동체의 몫을 따로 떼어낼 것인

지가 중요하다.

부부 사이에 한 사람이 직장에 다니고 한 사람이 가사 노동을 할 때 직장에 다니는 이의 월급이 전적으로 직장에서 일한 사람의 몫으로 볼 것인지 아니면 가사노동의 도움이 있었다고 인정하고 두 사람의 몫으로 볼 것인지를 규정하는 것이다. 사회에서 노동과 자본이 있다면 한 기업의 이익을 노동과 자본이 나누는 것처럼 사회구성원들 사이의 부와 재화 그리고 중요한 직위와 관련된 역할을 나누는 것이다.

그런 점에서 분배적 정의는 사회구성원들이 부, 역할, 부담을 나누는 데 있어서 정의롭고 공정하다고 여기게 만드는 기준이다. 정치학에서의 정의는 분배적 정의를 주로 다룬다. 이는 기준을 설정하기 어렵기 때문이다. 즉 참여하는 이들의 역할과 중시하는 가치관이 다르기 때문이다. 따라서 개인을 강조하는 자유주의와 공동체와 국가를 강조하는 공동체주의 혹은 사회주의 그리고 공리주의가 있고, 이 중간에서 절충점을 찾으려는 롤즈의 자유주의와 약한 공화주의 혹은 신로마 공화주의가 있다.

2. 노직의 소유권이론의 핵심내용과 문제점 (10점)

노직은 소유권을 절대적 권리로 규정하였다. 노직은 자유지상주의의 대표이론가로 소유권을 강조한 이론가다. 이는 로크의 소유권이론에 기초하여, 소유권을 천부인권으로 규정한 것이다. 로크의 이론은 신이 부여한 공유물에 자신의 노동력을 더하면 소유권이 만들어진다는 것이다. 따라서 신이 부여한 사물을 자신의 사적 재화로 만들었기에 이것은 하늘이 부여한 권리가 되는 것이다.

노직의 소유권이론의 핵심적 내용은 크게 두 가지로 구성된다. 첫째, 자신이 보유한 소유권의 절대성이다. 즉 자신이 가진 재산은 절대적인 권리이고, 자연권이기 때문에 실정법에서 이것을 부정할 수 없다. 또한 과도한 소유권에 대한 제한은 천부인권을 무시하는 것이다.

둘째, 소유권 이전의 자유다. 소유권이 전적으로 개인의 것이라면 국가는 이것에 간섭할 수 없다. 따라서 소유권은 처분과 이전에 있어서도 자유롭다. 소유권이 이전되는 것이 자유롭다면 자신의 소유권은 자신의 가족들에게 상속될 수 있다. 그리고 상속을 하는 데 있어서 국가의 개입은 부정된다.

소유권을 지나치게 강조하는 노직 이론은 다음과 같은 문제점을 가진다고 비판받는다. 첫째, 소유권이론은 개인과 국가 사이의 관계만 다룬다. 소유권은 개인의 권리이고 이는 국가가 간섭하면 안되는 권리다. 그러나 소유권의 강화는 사회적 문제를 만든다. 즉 소유권의 집중은 사회적 불평등의 문제를 일으킨다. 전세계 가장 부유한 부자 5명의 재산이 전세계 가난한 이들 50%의 재산보유와 유사하다. 이는 사회적 불평등문제를 제기한다.

둘째, 사회적 불평등은 민주주의를 약화시킨다. 공정하지 않은 사회에서 공동체를 위한 공공선의 구성은 어렵다. 이는 사회를 분화하고, 갈등을 강화한다. 극단적인 상황에서 자유주의는 부정된다.

셋째, 소유권의 강화가 다른 개인들의 자유를 침해할 수 있다. 소유권의 강화는 부의 축적과 세습을 가능하게 한다. 이런 상황은 특정계층이 한 사회의 권력을 집중하게 함으로써 다른 계층을 지배하게 만든다. 다른 계층의 사회적 안위를 위해 필요한 자산에의 접근을 거부하기 때문이다.

III 롤즈의 분배적 정의달성원칙과 공정성(Fairness)

롤즈는 정의론을 통해 자유주의 내에서 사회적 정의를 달성할 수 있는 방안을 제시하였다. 이를 가능하게 한 것은 두 가지 원칙으로 이를 중심으로 공정성을 도출해서 자유주의를 지나치게 좁게 규정한 자유지상주의의 정의관을 거부한다.

1. 롤즈의 두 가지 원칙: '자유의 원칙'과 '기회균등의 원칙'과 '차등의 원칙' (6~8점)

롤즈는 분배적 정의를 달성하기 위해서 사회적 계약의 방안을 제시하였다. 새로운 사회계약을 통해서 좀 더 공정한 사회를 구성할 수 있다고 본 것이다. 새로운 사회계약이 가능하기 위해서는 사회계약론의 가정으로서 '원초적 상태'가 전제되고 '무지의 베일'이 깔린다. 즉 최초의 상태가 있고 이 상황에서 개인은 자신과 타인의 선호에 대해 모르는 것이다. 이 조건이 있을 때 사회적 가치 배분은 공정한 배분이 될 수 있다.

이런 조건에서 두 가지 원칙에 대한 사회적 합의에 도달할 수 있다. 첫째, 자유의 원칙이다. 둘째, 기회균등의 원칙과 차등의 원칙이 충족될 때 사회경제적 불평등은 정당화된다. 이를 구체화하면 다음과 같다. 각 개인은 온전히 충분한 체제에서 동등한 기본적 자유에 대한 평등한 권리를 지닌다, 이 체계는 모두를 위한 자유의 유사한 체계와 양립가능하다. 사회경제적 불평등은 다음 두 가지 조건을 만족시켜야 한다. 첫째, 그러한 불평등은 공전한 기회의 평등이라는 조건 아래 모두에게 개방되어 있는 직책과 지위에 결부되어야 한다. 둘째, 그러한 불평등은 사회의 최소 수혜자에게 최대 이익을 주기 위한 것이어야 한다.

롤즈의 원칙은 우선 개인에게 자유를 부여하고, 사회적 불평등문제를 제거하는 것이다. 사회는 완벽하게 평등적으로 갈 수 없다. 사회적 불평등은 용인되지만 이것이 용인되기 위해서는 정당화의 근거가 필요하다. 이런 정당화의 근거가 '공정성(fairness)'이다.

공정성은 사회구성원들에게 기회를 충분히 제공하고, 약자에게는 최대 이익을 주도록 사회적 합의가 이루어졌을 때 구현할 수 있다. 공정성은 사회가 어찌 될지 모르는 상황에서 위험을 최소화하기 위한 전략으로 선택될 수 있다.

2. 공정성과 소유권적 자유주의의 '절차적 평등'과 비교: 사회차원의 정의 (4~6점)

절차적 평등은 국가가 법적인 차원에서 평등을 구현하는 것이다. 소유권적 자유주의에서 절차적 평등은 오직 기회를 균등하게 보장하는 것이다. 자유주의는 국가의 중립성을 규정한다. 국가가 특정 가치를 우선시하면 안 된다. 중립적인 국가는 개인들에게 중립적으로 기회를 부여하면 된다.

따라서 소유권적 자유주의에서 개인의 소유권에 개입하지 않으면서 개인들은 오직 국가에 대해서만 평등을 주장할 수 있다. 이는 사회적 차원에서의 평등을 문제시하지 않고 국가에 대한 접근 가능성에만 문제를 삼는다. 즉 국가를 구성하는 데 있어서 평등해야 하고, 법치주의에 의해 보호받는 데 있어서 차별을 당하지 않는 것이다.

롤즈의 공정성은 국가에 접근할 수 있는 차원에서만 평등을 의미하지는 않는다. 롤즈의 공정성은 사회적 분배문제를 다룬다. 즉 사회차원에서도 평등이 필요한 것이다. 국가에 대해 중립성을 가지지만 사회적 분배에 있어서 극단적으로 불공정할 경우 개인들의 자유 자체도 위협받을 수 있다. 게다가 극단적으로 실질적 평등을 주장할 경우 자유주의 자체가 붕괴할 수도 있다.

그런 점에서 자유주의 스스로 자유주의가 가진 평등주의의 문제점을 수정하는 것이 롤즈에게서 중요하다. 사회차원에서의 공정성은 개인의 자유를 무시하지 않으면서도 사회적 분배문제에서 타협점을 찾을 수 있게 한다. 이런 점에서 소유권은 사회적 타협을 통해서 제한받거나 규제될 수 있다. 이 부분이 소유권적 자유주의가 강조하는 절차적 평등과의 가장 큰 차이다.

Ⅳ 공화주의 정의관과 자유주의 평등관과의 차이

위의 제시문에서는 공화주의 정의가 사회적 차원과 국가에 대한 정치적 차원으로 구분되었다. 그리고 공화주의는 비지배자유라는 단일 가치가 중요하다고 보기 때문에 따로 평등관을 만들지 않았다. 다만 자유가 구현되기 위해서는 특정한 사회적 조건이 필요하다고 보았기 때문에 이 부분에 초점을 두고 설명한다.

1. 공화주의의 비지배자유 구현을 위한 조건들 (5~6점)

공화주의에서 비지배자유가 발현되기 위해서는 특정한 조건들이 필요하다. 제시문에서 나온 대로 사회기반이 없거나 보장이 되지 않고 보호가 되지 않는 상황에서 개인은 자유로울 수 없기 때문이다.

신로마 공화주의는 비지배자유를 중시한다. 비지배자유는 국가의 자의적 통치에서의 자유와 함께 사회구성원 간 자의성에서도 자유를 의미한다. 즉 정치적인 차원에서의 자유와 사회적인 차원에서의 자유가 필요하다. 만약 국가가 개인들에 대해 자의적인 통치를 하지 않는다 해도 특정 계층이나 집단에 의해 지배를 받게 된다면 이것은 공화주의의 가치에 부합하지 않는다. 공화국은 res＋publica, 즉 우리의 것이어야 한다. 이때 우리가 존재할 수 없다면 공화국이 될 수 없는 것이다.

따라서 신로마 공화주의는 공화국에서 가장 중요한 가치는 비지배적 자유를 확보하는 것이다. 이때 사회적으로 어떤 개인이 다른 개인에 지배받지 않으려면 3가지가 필요하다.

첫째, 사회적 기반이 있어야 한다. 이것은 다시 두 가지 측면이 있다. 첫 번째 시민이 이용할 수 있는 교육과 훈련과 정보를 제공하는 제도에 접근할 수 있는 제도적 측면이다. 학교가 대표적이다. 두 번째 교통수단과 통신수단과 그리고 식량과 에너지 자원에 대한 접근을 의미하는 물질적 측면이다. 여기서 사회적 차원에서 개인들에게 필요한 경우 재산권은 제한될 수 있다. 즉 재산권은 자연법적인 연원이 있는 것이 아니라 사회적 자원이자 권리가 되는 것이다. 특히 최근 지적 소유권이나 천연자원에 대한 소유권의 경우에 있어서 재산권을 천부인권으로 보는 것이 아니라 사회적 권리로 보는 것이다. 이를 위해 국가는 개입하고 규제를 할 수 있다.

둘째, 재난으로부터의 보장이 필요하다. 만약 재난에 의해서 개인이 사회적 구성원으로 활동할 수 없다면 이 역시 비지배적 자유를 가지는 것이 못 된다. 따라서 거주와 식량과 의료에 대한 지원을 받을 수 있어야 한다. 또한 법정에서 원고나 피고가 될 경우 때 정부로부터 사법적 안전을 지원받아야 한다. 국선변호사 제도가 대표적이다. 또한 사회구성원으로서 노후보장도 필요하다.

개인이 다른 개인에 선의와 자선에 의존할

수 있다. 하지만 이것은 그 자선가의 의지에 지배받는 것이기 때문에 문제가 있다. 그런 점에서 치매 문제나 초고령화에 대한 국가적 차원의 대비가 중요하다.

금융안전망을 만드는 것도 중요하다. 최근 코인 시장에 뛰어든 이들의 자산이 매우 예측가능성이 떨어지면서 불안전해진 측면이 있는데 이런 분야에 국가가 개입하여 공동체를 위해 규제 정책을 사용할 필요도 있다.

셋째, 보호가 중요하다. 여기서 보호는 protection이 아니라 insulation 즉 특정 강자로부터 분리시켜주는 것이다. 먼저 약자들의 보호가 필요하다. 예를 들어 갑질하는 고용주나 폭력을 행사하는 남편으로부터의 보호가 대표적이다. 또한 기업과 같은 집단으로부터의 보호도 중요하다. 이러한 보호는 '특수보호'에 속한다. 이와 대비하여 범죄로부터 보호인 '일반보호'도 중요하다. 범죄자를 사회구성원으로 받아들이는 것도 중요하다.

2. 공화주의의 조건들과 자유주의의 평등관 비교 (4~5점)

자유주의를 폭넓게 규정하여 롤즈를 포함할 때 공화주의는 자유주의의 평등관과 차이가 크다. 첫째, 평등을 하나의 독립적인 가치로 규정하지 않는다. 자유주의는 자유와 대등한 정도에서 평등이 중요하다. 그러나 공화주의는 독립적 가치로서 자유만이 중요하다. 그러나 자유를 구현하기 위한 전제조건으로서 조건들이 중요하지 평등이 자유와 대등한 위치에서 중요하지 않다.

둘째, 사회적 차원을 폭넓게 확대한다. 자유주의는 국가에 대한 평등이나 분배적인 차원에서의 평등만을 다룬다. 그러나 공화주의에서 조건들은 자유를 구현하기 위해 개인간의 관계나 운의 문제 등을 포괄적으로 다룬다. 따라서 공화주의의 조건이 더욱 폭이 넓다.

셋째, 적극적 자유와 실질적 평등을 언급하지 않고도 실질적인 차원에서 평등을 다룰 수 있다. 공화주의의 3가지 조건이 구현되면 결과를 동일하게 하지는 않지만 지배받지 않을 정도로는 평등을 구현할 수 있는 장점이 있다. 이는 자유주의의 협소한 평등과 차이를 보인다.

Ⅴ　결　　론

사회적인 차원의 정의를 구현하기 위해서는 자유주의의 공정성이나 공화주의의 비지배자유 구현을 위한 조건이 중요하다.

제019문 공동체주의와 민주주의 우선주의 입장에서 국가의 개입

자유주의는 개인의 자유와 시장의 자유를 강조하면서 국가의 중립성을 강조한다. 반면에 도덕적 문제나 시장운영에 대해 국가의 적극적 개입이 필요하다는 반론도 있다. 이 논쟁에서 타협점을 찾으려는 이론도 있다. 이에 대해 다음 질문에 답하시오. (총 40점)

(1) 공동체주의 입장에서 도덕적 문제에 대한 국가의 개입 정당화 근거를 설명하고, 도덕적 문제에 대한 국가의 개입이 타당한지 논하시오. (20점)

(2) 민주주의 우선주의 입장에서 국가의 시장 개입을 정당화하는 근거를 설명하고, 시장에 대한 국가 개입이 타당한지 논하시오. (20점)

I. 서 론
II. 국가의 도덕성 문제에 대한 개입 가능성
  1. 공동체주의 입장
  2. 자유주의 반박
  3. 대안: 신로마 공화주의
III. 국가의 시장에 대한 개입 가능성
  1. 민주주의 우선적 자유주의 벨라미
  2. 자유지상주의의 반박
  3. 평가: 균형적 자유주의 롤즈
IV. 평 가

문제의 맥락과 포인트

국가의 도덕적 이슈에서 개입이 타당한지는 공동체주의와 자유주의의 중요한 논쟁이다. 이 주제에서 확장해서 시장에 대한 개입을 민주주의 관점에서는 어떻게 정당화하는지를 다뤄본다.

I 서 론

COVID-19는 국가의 방역에 대한 개입의 중요성을 보여주었지만, 이 과정에서 국가의 개입에 대해 논쟁이 생기기도 했다. 전염병에 대한 통제와 위생 강화 조치라는 공공선을 달성하는 것에 대해서도 다원화된 사회에서는 의견이 다르다. 그런 점에서 도덕 문제와 시장개입이라는 주제에서 자유와 국가의 공권력 개입 간 견해 차이가 크다고 할 수 있다. 도덕성과 시장개입에서 대한 국가의 적극적 개입이 필요한지 논해본다.

II 국가의 도덕성 문제에 대한 개입 가능성

국가의 적극적 개입 필요성에 대해서는 공동체주의와 자유주의 간 도덕성에 대한 논쟁을 우선적으로 살펴볼 수 있다. 그리고 이에 대한 절충적인 입장으로 공화주의 이론을 다룬다.

1. 공동체주의 입장

공동체주의는 국가가 도덕문제에 대해 개입해야 한다고 주장한다. 공동체주의는 국가를 완전주의 국가 관점에서 파악한다. 이때 완전주의란 신과 같은 존재로 취급하는 것이다. 이런 입장에 따르면 국가는 도덕적인 기준을 가지고 있으며 이를 통해 사적 영역에서의 도덕성 문제에 개입할 수 있다. 예를 들어 마이클 샌델이 인간 유전자 복제를 거부하자고 주장한 것을 들 수 있다.

공동체주의가 도덕 문제에 대해 적극적 개입을 강조할 수 있는 것은 목적론(telos)을 부활시켰기 때문이다. 대표적인 공동체주의 이론가 맥킨타이어는 아리스토텔레스의 목적론을 현대 정치철학으로 끌어들였다. 그는 아리스토텔레스의 '인간은 정치적 동물' 명제를 부활시켜 인간의 도덕적 기준을 제시하였다. 인간의 목적은 행복에 있고, 행복은 공동체에서 우애(friendship)를 나눈 이들 사이에서 시민적 덕성을 실천함으로써 확보할 수 있는 것이다.

이때 윤리적 존재가 정치적으로도 중요하다는 것이다. 윤리적인 덕성을 발휘할 수 있는 정치체제가 좋은 정치체제인 것이다. 즉 좋은(good) 정치체제를 만드는 것이 옳은(right) 것이다. 좋은 것이 올바른 것이 되기에 좋은 정치공동체는 올바른 공동체, 즉 도덕적 공동체가 되는 것이다.

공동체주의에서는 이러한 기준이 명확하다. 맥킨타이어에 따르면 시민적 덕성이 중요하다. 공공선을 달성하려는 시민의식이 중요한 것이다. 또한 아리스토텔레스 윤리학 주장처럼 이를 실현시키는 것이 중요하다. 그리고 미덕은 관행과 서사구조 그리고 도덕적 전통에 의해서 만들어지는 것이다. 즉 과거에 만들어진 공동체의 활동 양식이나 전통을 따르는 것이 필요하다. 그리고 전체 역사속에서 자신의 위치를 자리매김하면서 공동체속의 정체성을 키우는 것이 중요하다.

2. 자유주의의 반박

자유주의는 공동체주의 입장을 거부한다. 자유주의에서 공공선의 선험적 규정을 받아들이기 어렵기 때문이다. 자유주의는 인식론을 중시하며 인식론이 존재론을 만든다. 즉 합리적 사고가 개체의 중요성을 규정한다. 합리적일 때 개체성을 발현되는 것이다. 개체성은 의존되지 않는다는 의미의 '독립성'과 스스로가 결정할 수 있다는 '자율성'과 자신이 주인이 된다는 '주체성'으로 이루어진다. 이는 독립적으로 자신의 이성에 따라 자신의 운명을 결정하며, 인생과 세상의 주인공으로 살아간다는 것이다.

자유주의의 이런 원자적인 인식론과 존재론은 공동체가 더 우월하다는 공동체주의 사고를 받아들이기 어렵다. 자유주의가 탄생한 배경처럼 구질서가 신분제적인 사회가 옳은 것이 아니기 때문이다. 개인들이 도덕적으로 옳고 그름을 판단하는 것이 중요하다. 게다가 합리성과 개체성이 보장되는 경우 개인의 자유는 공공선보다 우월하다. 만약 공공선의 선험적 규정을 받아들인다면 개인의 개체성이 무너질 뿐 아니라 합리성이 무너진다.

자유주의에서 좋은 것이 반드시 옳은 것은 아니어도 된다. 개인에게 좋은 것이 반드시 올바른 것이 아니어도 좋다. 즉 이성을 강조하면 이성에 따른 도덕적 기준이 중요해지기 때문에 보편적 도덕 기준이 없어진다. 이것은 개인 윤리에는 도움이 되지만 사회윤리에는 유용하지 않다.

3. 대안: 신로마 공화주의

신로마 공화주의는 공동체의 도덕성과 개인의 자유를 조화하고자 한다. 이를 통해 개인의 자유를 무시하지 않으면서도 공동체의 도덕성을 세우고자 한다. 신로마 공화주의가 볼 때 존재론상 개체보다 사회를 우선시하고 이에 기초해 선험적 가치를 강조한다. 이는 자유주의를 기반으로 하는 현대 공동체들에서 받아들이기 어렵다. 한편 자유주의도 극단적인 형태를 취하면 문제가 많다고 본다. 개인을 강조하면 지나치게 원자화되고 이는 공동체와 공동체 유지를 위한 덕성을 구성하기 어렵게 한다. 게다가 인식론에 초점을 둔 도덕론은 도덕적 무정부상태를 만들 수 있다.

신로마 공화주의는 자유주의와 공동체주의 의 논쟁에서 중간 가교를 놓고자 한다. 신로마 공화주의는 개인과 공동체를 상호관계로 규정한 다. 공동체가 없이 개인이 없고, 개인 없이 공동 체가 만들어질 수 없기 때문이다. 이런 관계는 신로마 공화주의의 인간관에서 구체화된다. 인간 은 군집이 필연적이지만 자연적인 것은 아니다. 즉 개인들에게 공동체 구성에 대해 참석 여부가 자유인 것이다. 다만 군집이 필요하기 때문에 개인들은 공동체 구성을 위해 노력해야 한다.

신로마 공화주의에서 추구하는 가치는 자유 다. 이때 자유는 '비지배자유'이다. 이것은 특정 계급이나 사회집단이 다른 계급이나 사회집단을 지배하는 것, 즉 주인과 노예의 관계를 배제해 야 한다. 이것은 법구성을 통해서 실현가능하다. 모든 시민이 국가운영을 위해 법구성에 참여할 수 있다면 자신이 만든 법에 자신이 따르게 되 는 것이다. 이때 공공선은 심의를 통해서 만들 어진다. 즉 사전적으로 규정되는 것이 아니라, 깊은 토의를 거쳐 합의되는 것이다. 이렇게 합 의된 공공선이 법으로 구현되는 것이다. 이를 통해 공공선과 개인의 자유는 타협이 된다.

이렇게 구성된 법에 따라 국가는 통치할 수 있다. 법에 근거한 통치는 시민들에게 정당성을 가진다. 자신이 만든 법이기 때문이다. 이를 통 해 공동체의 도덕 문제에 대한 합의가 가능하고 정부는 적극적인 개입이 가능해진다. 한국의 경 우 다문화주의에 대한 합의나 성소수자에 대한 사회적 인정과 법적 인정 여부가 사례가 될 수

있다.

1. 대안 평가: 하버마스의 심의민주주의 이론
하버마스의 공론장을 통한 심의도 개인의 자유 를 인정하면서 공동체의 도덕문제를 결정할 수 있 다. 원자력공론조사 위원회의 경우가 원자력이라는 에너지 자원을 사용하는 것이 효율성과 함께 환경 파괴라는 도덕성과 관련되어 있는 사례.

1. 대안 평가: 롤즈의 심의민주주의 이론

Ⅲ 국가의 시장에 대한 개입 가능성

국가의 적극적 개입과 관련된 두 번째 주제 는 시장에 대해 어느 정도 개입할 것인지와 관 련된다. 민주주의 우선적 입장의 벨라미를 기반 으로 논의한다.

1. 민주주의 우선적 자유주의자 벨라미

민주주의의 관점에서 시장에는 개입이 필요 하다. 시장은 민주주의 공동체 유지에 중요하지 만, 민주주의 공동체의 일부다. 시장의 자유 역 시 민주주의에 의해 보장되는 것이다. 만약 시 장의 자유만을 강조하면 시장은 약탈적이 될 수 있다. 즉 시장은 이익극대화를 위해 다른 행위 자의 자유를 침해한다. 한국에서 2013년 대기업 의 동네 빵집 논쟁처럼 시장 주도적인 행위자의 자유는 소상인의 자유를 침해할 수 있다. 이 시 기 동반성장위원회를 만들어서 대기업의 시장 확장을 규제한 것처럼 시장의 자유는 다른 이의 자유를 위해 개입이 필요하다.

민주주의가 분배를 규정하고 이를 관철하는 것이 중요하다. 특히 민주주의의 숙의장치들을 활용해서 시장에 대해 개입하는 것이 필요하다. 소수와 약자의 권리는 민주주의를 통해서 보장 할 수 있다. 이런 점에서 민주주의 우선적 자유

주의는 현실주의 자유주의 즉 힘에 기초한 자유주의라고 할 수 있다.

> ### 1. 대안: 폴라니의 국가의 시장 개입
> 폴라니는 정치경제학 관점에서 국가의 개입이 시장을 규율해야 한다고 보았다. 민주주의가 유지되기 위해서는 국가가 시장에 개입해야 한다고 보았다. 대공황시기 국가들의 선택 중 미국의 자유주의 수정한 방안이 소련의 사회주의화나 독일의 전체주의화보다 유용했다.
> 폴라니는 『거대한 변환』에서 곡물법 폐지와 같은 국가의 법 제정 혹은 법의 폐지 같은 정책이 국가내 시장을 변화시켰다. 지주계급이 농업을 포기하고, 산업화세력이 될 수 있게 하여 영국은 산업화를 더욱 강화할 수 있었다.
>
> ### 2. 대안: 참여 민주주의로서 작업장 민주주의
> 민주주의를 작업장까지 확장할 필요가 있다. 이를 통해 시장규제가 가능하고, 시장 규제는 민주주의의 토대를 만들 수 있다. 독일에서 '직원 평의회'를 사용한 작업장 민주주의나, 미국의 직원지주제가 대표적이다.

2. 자유지상주의의 반박

자유지상주의에 따르면 국가의 개입은 거부된다. 하이예크에 따르면 국가는 인위적인 조직이다. 반면 시장은 자발적인 질서이자 자연발생적 질서이다. 게다가 시장은 지식을 활용하는 공간이다. 시장이 좀 더 완전무결하다고 할 수 있다.

시장이나 국가 모두 실패할 수 있고, 실패한 경험이 있다. 그러나 실패의 피해가 다르다. 시장의 실패는 상대적으로 충격이 적은 반면 국가의 실패는 구성원 모두에게 영향을 미친다. 또한, 국가는 의도적인 개입을 하기에 사회 선호를 왜곡시킨다.

그런 점에서 국가의 시장에 대한 개입은 거부되어야 한다. 국가의 역할은 시장 약탈적 행위자가 등장하여 질서를 위반하는 지를 규제하는 정책을 만드는 것으로 국한되어야 한다. 국가가 적극적으로 개입하는 복지정책은 관료제도를 비효율적이고 억압적으로 만든다. 또한 복지정책은 수혜자를 복지의존적인 존재로 만든다. 그런 점에서 국가의 시장에 대한 적극적 개입은 거부된다.

3. 평가: 균형적 자유주의 롤즈

롤즈는 자유주의에 토대를 두고도 국가가 경제에 개입할 수 있는 여지를 만든다. 국가는 분배적 정의를 실현할 수 있다. 이는 사회구성원들의 합의에 기초해서 이루어질 수 있다. 그런 점에서 자유주의를 거부하지 않는다. 또한 국가의 개입도 용인한다.

롤즈는 재분배 정책을 위해 새로운 사회계약을 제안했다. 공동체의 재분배가 문제라면 구성원들은 공동체의 재분배체계를 변화시킬 수 있다. 이때 모든 개인에게 자유를 부여해야 한다. 그리고 공정한 합의를 통해 재분배규칙을 규정하는 것이다.

사회계약은 원초적 상태의 가정과 개인들의 선호를 모른다는 가정인 무지의 베일이 중요하다. 이런 전제에서 자유보장이 1원칙이다. 1원칙이 충족되면 다음 사회구성원들에게 기회를 균등하게 배분해야 한다. 그리고 사회적 운을 최소화하기 위해서 차등의 원칙이 작동한다. 차등의 원칙이란 부의 배분이 사회적으로 가장 약자에게 돌아가는 것이다. 이는 사회적 자원 배분이 태생과 같은 운에 영향을 받기 때문에 운을 제거하기 위한 것이다.

롤즈의 재분배 규칙이 심의를 통해서 정해지면 국가의 개입은 정당화된다. 즉 합의된 재분배 방식을 위해 국가는 조세 관련 정책과 복지

정책을 사용하면서 적극적으로 개입할 수 있다. 이런 상황에서도 국가의 개입은 개인의 자유보장 속에서 만들어진 자발적 합의이기 때문에 자유주의와 크게 충돌하지 않을 수 있다.

Ⅳ 평 가

지금까지 본 것처럼 개인과 국가, 시장과 국가 사이에서는 공동체주의나 민주주의 우선주의만도 문제이고, 자유주의의 개인 중시적 태도나 자유지상주의의 문제점이 있다. 그런 점에서 신로마 공화주의에서 심의적인 차원에서 민주적 결정과 롤즈의 심의를 통한 국가의 시장 개입을 통한 논리가 설득력 있다.

헌법은 사회적 현실과 기본권 간 근본적 약속이다. '헌정주의'의 입장에서 헌법을 통해 기본권을 보호하고자 하는 '자유주의'와 사회적 현실을 반영하려는 '공화주의'는 갈등할 여지가 있다. 한편 한국의 1987년 헌법에 대한 개헌 논의가 진행중이다. 개헌의 핵심은 '권력분립'과 '견제와 균형'이라는 통치구조와 '분배적 불평등'에 대한 사회적 요구를 반영하는지 여부이다. 다음 질문에 답하시오. (총 40점)

(1) 자유주의와 공화주의의 원리를 소개하고, 기본권과 국가권력에 대한 입장을 비교하시오. (15점)

(2) 자유주의의 헌정주의 원리와 공화주의의 헌정주의 원리를 설명하고, 이에 바탕하여 한국의 1987년 헌법개정 필요성과 방향을 논하시오. (25점)

 문제의 맥락과 포인트

자유주의와 공화주의이론의 비교 문제다. 특히 난이도를 높인 문제다. 이 문제는 헌법에 기초한 통치를 다루기 위해 헌정주의를 어떻게 볼 것인지를 비교하는 문제이다. 여기서 확대해 개헌논의도 함께 다룬다.

Ⅰ 서 론

COVID-19와 함께 최근 부동산 가격상승은 한국 사회를 갈등하게 만들고 있다. 이런 상황에서 한국 사회문제를 해결하기 위해서는 '사회적 합의'에 기초한 국가의 개입이 필요하다. 그런 점에서 개헌을 통한 국가 권력 구조와 사회적 불평등문제를 어떻게 볼 것인지에 대한 이론적 논의가 필요하다.

Ⅱ 자유주의와 공화주의의 원리와 국가 권력과 기본권의 입장

개헌을 위해서는 헌법의 중요구성요소인 기본권과 국가권력간 관계를 규정하는 이론적 논의가 먼저 필요하다. 이를 위해서 자유주의와 공화주의의 개인과 국가의 관계, 사익과 공익간의 문제를 중심으로 설명한다.

1. 분석틀: 자유주의와 공화주의의 원리

자유주의는 개인이 국가를 구성한다는 입장

이다. 합리성에 기초한 개인들은 자신들의 필요 때문에 국가를 구성한다. 따라서 국가는 개인을 보호하고 개인의 이익과 필요를 충족하기 위해 존재하는 것이다. 개인들의 사회적 선택 때문에 구성된 국가는 개인의 총합이다.

이를 가능하게 하는 것은 개인의 합리성이다. 개인은 합리적 존재로 그 합리성을 기반으로 자신의 선택을 하게 된다. 이렇게 선택된 사회적 가치는 개인의 합리성이 무시될 수 없다는 전제에서 정당화된다.

합리성이 개체의 개체성을 보장하기에 자유주의에서는 개인을 강조하고, 개인의 이익을 강조한다. 따라서 개인의 이익을 사회적으로 결합한 것이 공공선 즉 공익이 된다. 독자적인 공익은 존재하지 않고 개인들의 의사에 의해 합의된 것이 사회적 가치가 된다.

공화주의는 국가와 공동체를 강조하는 입장이다. 공화주의는 발전적 공화주의(그리스 공화주의)와 보호 공화주의(이탈리아 공화주의)로 구분된다. 발전적 공화주의가 지나치게 공익의 선험적 우선성을 강조하기 때문에 이하에서는 보호 공화주의를 통해서 공화주의를 설명한다.

공화주의는 개인에 의해 국가가 구성되지만, 국가가 개인에게 영향을 미칠 수 있다고 본다. 즉 개인은 사회성을 가지고 사회성에 의해 영향을 받지만, 개인의 자유 역시 중요하다. 이로 인해 개인과 국가 간에는 상호성을 가지게 된다.

개인은 사회적 합리성을 가정한다. 공화주의는 성찰적인 차원에서 합리성을 다룬다. 따라서 사회문제를 해결할 수 있는 여지를 가진다.

공화주의는 사익과 공익 사이에서 자유를 강조하면서도 공익을 창출할 수 있다고 본다. 신로마 공화주의자 필립 페팃은 공화주의의 핵심 가치를 '비지배성'으로 상정한다. 비지배성은 자의적 통치에서 배제되는 것이다. 즉 특정 계급

에 의해 다른 계급이 지배를 받는 것이다. 이러한 상황을 막고 모든 계급 간의 이익이 보장되기 위해서는 공공선을 구성하는 것이 중요하다. 즉 심의를 통한 법의 구성으로 자유를 확보하는 것이다. 법이 공익을 구성하게 하고, 자신이 그 법을 만들어 자신이 구속됨으로써 개인의 자유와 함께 공공선을 달성할 수 있다.

2. 기본권과 국가권력에 대한 입장

자유주의에서 기본권은 절대적이다. 자유주의에서 기본권은 천부인권이며 전정치적(prepolitical)이다. 로크 이래로 자유주의에서 개인의 자유는 국가를 뛰어넘어 보장받는 것이다. 따라서 국가의 권력은 이러한 기본권을 침해하면 안 된다.

로크의 소유권은 그런 점에서 절대적 권리라고 할 수 있다. 신에 하사품인 공유물에 자신의 노동을 가해 이를 사적 소유물로 만든 이상, 이 소유권에 대해 국가가 개입할 여지는 없다. 다만 국가는 개인의 소유권 보호에 대한 정당한 몫으로 일정한 세금을 거둘 수 있다.

개인의 기본권을 천부인권으로 만들었을 때, 국가권력은 개인의 권력에 간섭할 수 없어야 한다. 자유주의에서 국가는 개인에 대립하는 존재이다. 즉 국가가 강력해지면 개인의 자유는 침해된다. 따라서 국가권력은 제한될 필요가 있다.

자유주의에서 국가권력의 제한은 '권력분립'을 통해서 이룰 수 있다. 국가의 권력은 각 권력의 입장으로 구분될 필요가 있다. 하나의 세력이 모든 권력을 가지면 자의적이며 전제적으로 되기 때문에 권력은 나누어야 한다.

공화주의에서 기본권은 사회적이다. 공화주의에서 시민의 권리는 중요하다. 하지만 이것은 천부인권은 아니고, 사회를 구성했기 때문에 부여되는 것이다. 만약 사회가 없다면 개인에게 자유는 부여되기 어렵다. 즉 자연과 투쟁해야

하고 안전보장이 되지 않는 상황에서 개인은 자유로울 수 없다. 따라서 사회와 국가가 있을 때 개인은 안전을 보장받으면서 자유로울 수 있다.

이는 자유와 기본적인 권리가 사회적이라는 것이다. 따라서 공화국에서 기본권을 어디까지 인정하고 어떤 부분에 개입할 것인지는 사회가 규정하는 것이다. 심의과정을 통해서 공동체의 문제를 관리하는 것이다. 공화주의는 사적 소유권의 문제에 집착하지 않기 때문에 이 부분 역시 사회적 권리로 규정할 수 있다.

공화주의에서 사회적 권리를 만들고 이를 집행하기 위해서는 국가가 중요하다. 이때 국가의 권력은 제한되는 것이 아니라 구성된다. 즉 시민들의 합의를 통해서 국가의 권력이 어디까지 개입할 것인지를 결정할 수 있다. 시민참여를 통해서 만든 법이 구현되는 데 있어서 국가가 중요하기 때문이다.

공화주의에서 국가권력은 '견제와 균형의 원리'를 따른다. 국가는 한 계급에 의해 지배되면 안 된다. 다양한 계급 간의 힘이 반영될 때 공화국이 된다. 이는 국가권력에서 상호견제가 가능해야 한다. 로마에서 호민관과 원로원이 있었던 것처럼 공화국은 각기 계급을 대표하는 권력기구를 가지고 이를 통해 권력을 제어한다. 이로써 자의적 통치, 전제적 통치를 막을 수 있다.

Ⅲ 헌정주의와 개헌 방향

'헌정주의(constitutionalism)'는 헌법을 통해 사회구성원들의 계약을 구체화하고, 입법에 따른 정치적 결과를 통제하는 것이다. 이에 대해 자유주의와 공화주의는 앞의 이론에서 보았듯이 '헌정주의 자체'에서도 차이를 보인다.

1. 이론별 헌정주의의 비교

첫째, 자유주의의 헌정주의를 살펴본다. 자유주의는 헌법을 통해 기본권의 보호를 중요하게 본다. 자유주의는 법치주의를 강조한다. 법을 통해 민주주의의 열정과 정서적인 측면을 통제하고자 한다. 이를 위해서는 근본적인 규범으로서 헌법이 필요하다. 헌법은 보편적인 규범에 대한 사회적 약속이다.

자유주의에서 헌정주의는 합리성을 가정하는 자유주의에서 큰 변동이 없다. 개인들이 합리적일 때 개인들은 자신들의 천부인권을 헌법을 통해서 보호받고자 할 것이다. 이때 합리성에도 변화가 없고, 기본권에도 변화가 없다면 헌법은 보편적인 속성을 가진다. 즉 현재 타당한 것이 미래에도 타당한 것이다. 따라서 헌법 개정은 어렵다.

헌정주의는 권력의 통제에 초점을 두어 헌법심사를 통해서 기본권을 보호하고자 한다. 헌법의 근본적 가치에 법률이 위배될 경우 법률은 무효가 되어야 한다. 이를 위해서는 사법부가 헌법심사를 수행하며, 사법부는 자유 확보의 최종 보루가 된다. 만약 대의민주주의 기관인 의회와 행정부가 충돌할 때 사법부는 헌법을 최종 수호하는 입장에서 양자 대립을 조정하고 결정할 수 있다.

법률제정과 법률 시행은 민주주의의 원리를 반영한다. 인민들의 열정은 사회적 변화와 경제 분배구조를 변화시키고자 한다. 이것은 개인의 소유권을 침해한다. 개인 소유권은 천부인권이라는 점에서 헌법은 이를 명시하여 입법으로부터 보호할 필요가 있다.

자유주의는 헌법을 통해 민주주의의 이름을 한 국가의 개입을 최소화하고자 한다. 법치주의의 연장선상에서 헌정주의는 기본권을 통해 국가의 권력을 분리하고 국가 간섭의 영역을 최소화하고자 한다.

둘째, 공화주의의 헌정주의를 살펴본다. 공화주의는 헌법을 통해 사회적 권리인 기본권을 구체화한다. 공화주의에서도 법치주의를 강조한다. 공화주의의 법치주의는 공화국에서 필요한 자유를 확보하기 위해 시민들의 참여를 강조한다. 공적 덕성을 고려하는 성찰적인 시민들은 자신들의 공동체를 운영하기 위한 법을 제정하는 것이 시민에게 중요하다. 법치주의는 자신이 자신의 삶을 주관하는 방안이기 때문이다.

공화주의에서 헌정주의는 계급타협의 구체화이다. 법을 제정하는 구성의 원리를 확대하면 공화국에서 헌법을 만드는 것이 된다. 계급에 의해서 구성된 헌법은 사회적 약속이다. 따라서 사회적 권리인 개인들의 권리를 다시 규정하면서 사회적 공공선을 확정할 수 있다. 이는 사회적 환경변화와 그에 따른 개인들의 가치를 최대한 적극적으로 헌법에 반영할 수 있다.

공화주의 헌정주의에서 사법부의 우월성은 보장되지 않는다. 로마공화국에서 결정을 원로원에서 한 것처럼 중요한 결정은 사회의 의견을 반영하는 의회나 행정부에서 하는 것이 타당하다. 천부인권이 아닌 사회적 권리로서 기본권을 확인하기 위해 민주주의 절차에서 빗겨있는 사법부에 의존할 필요는 없는 것이다. 중요한 것은 사회구성원들의 의사를 확인하는 것이다.

특히 공화주의 현실주의에서 주장하는 것처럼 "시민은 투표하고 심의는 엘리트가 한다"가 타당하다면 실질적으로 공화국의 운영은 대의기관을 통해서 수행할 수 있는 것이다. 이는 국가가 공공선을 위해서 개입할 수 있는 공간을 늘린다. 자유주의 법치주의와 달리 공화주의 법치주의는 '구성의 원리'가 중요하기 때문이다. 즉 국가의 개입과 간섭의 영역은 넓어져야 한다.

2. 한국 1987년 헌법의 개정 필요성과 방향

이 논의는 먼저 헌법개정의 필요성을 논의한 후 개정이 필요하다면 그 방향을 정해야 한다. 우선 1987년 헌법의 개정 필요성을 살펴보자.

(1) 개헌 필요성

자유주의 입장에서는 헌법개정이 최소한에서 필요하다고 본다. 한국 헌법은 1987년 민주화로의 전환이라는 과정에서 급속하게 이루어졌다. 이 때문에 주로 대통령제의 직선제에만 초점을 맞추었다. 따라서 제도적인 권력분립이 제대로 되어 있지 않다. 또한, 기본권의 보장기능을 강화할 필요도 있다. 급하게 헌법이 개정되다 보니 기본권 관련 부분이 논쟁이 생긴다. 그런 차원에서 기본권 부분을 좀 더 구체화하는 것이 중요하다. 이것은 개인의 자유 확보를 위해서 중요하다.

정치적 자유주의자 롤즈의 경우는 이보다 좀 더 확장되게 헌법을 개정할 필요가 있다. 한국의 권력 구조도 문제지만 한국의 불공정한 분배구조도 문제다. 따라서 개인에게 자유를 부여하고, '공적이성'에 기반하여 분배적 정의에 대한 새로운 합의를 이룰 수 있다.

정치적 자유주의에서는 심의를 통해 사회적 합의를 하고자 한다. 개인적 차원의 포괄적 교의를 제외하고 사회적 타협이 가능한 부분에 대한 사회적 타협이 필요하다. 우선 개인들에게 자유를 부여한 상황에서 평등한 분배구조를 만들 필요가 있다. 이를 위해 사회계약은 '원초적 상태'를 가정하고 '무지의 베일'을 가정할 필요가 있다. 헌법개정에서도 특정 계층의 이익이 아니라 공동체 구성원으로서 가장 최악의 상황을 피할 수 있는 방향으로 헌법을 고칠 필요가 있다. 이를 위해서는 롤즈의 두 번째 원칙으로서 '기회균등의 원칙'과 '차등의 원칙'을 구현할 필요가 있다. 이런 과정은 사회적 차원에서 합당성을 만들어낼 것이다.

공화주의에서도 헌법개정은 필요하다. 이는 사회적 환경변화에 따른 것이다. 1987년은 정보사회도 아니고 세계화와 지역주의를 받아들일 때도 아니다. 또한, 다문화주의의 압력도 적었다. 30년이 지난 현실에서 사회적 가치를 두고 시민적 덕성을 약화할 수 있는 분배적 불평등문제도 있다. 공화주의 관점에서는 이러한 관점에서 개헌할 필요가 있다.

공화주의 역시 심의를 통해서 사회적 합의를 반영할 필요가 있다. 공화주의도 민주주의의 장치로서 심의를 강조한다. 개인들의 자유를 보장하고 사회적 공익을 구성하기 위해서는 구성원으로서의 심의가 중요하기 때문이다.

(2) 개헌 방향: 권력 구조와 사회적 환경변화 차원

우선 자유주의에서는 통치형태에 초점을 두고 개헌을 해야 한다고 본다. 사회적 환경변화는 자칫 기본권의 침해를 가져오기 때문에 주의해야 한다. 한국의 통치형태는 대통령제와 내각제 요소가 많이 섞여 있다. 이는 행정부에 대한 과도한 권력집중을 가져올 수 있다. 따라서 대통령제가 좀 더 국민의 자유 보호에 유용하다는 점에서 대통령제도를 유지하면서 내각제에 따라 행정부에 권력이 집중되는 측면을 약화할 필요가 있다.

통치형태에서 대통령제도를 연임제도로 만들 필요가 있다. 대통령에 대한 책임을 추궁할 수 있게 하는 것이 개인들의 자유를 보장한다면 현재 단임제 제도에는 문제가 많다. 당정분리를 하면 대통령에 대해서는 개인적으로도 제도적으로도 책임을 물을 수 없다. 이런 경우 최고 권력자에 대해 무책임할 수 있는 자유를 부여하는

것과 같다.

제도적으로 권력분립을 더 강하게 하려고 의회의 권력을 강화하여 행정부를 견제해야 한다. 현재 헌법은 권력분립이 정확하지 않다. 이는 제왕적 대통령을 만들기도 하고, 식물국회를 만들기도 한다. 따라서 인민의 대표인 의회의 권한을 강화하여 행정부를 견제하는 것이 필요하다. 지역민들의 의견을 반영하는 의원들을 통해 행정부를 견제하기 위해서는 의회의 대정부견제 기능을 강화해야 한다.

반면에 정치적 자유주의에서는 사회적 환경변화를 반영하는 것이 필요하다고 본다. 앞서 본 것처럼 한국 사회도 불평등이 높다. 한국의 지니계수는 OECD 기준으로 2019년 0.345에 해당한다. 칠레 0.46이나 멕시코의 0.458이나 미국의 0.39보다는 낮다. 그러나 한국은 1995년이 가장 낮았는데 0.26이었고, 1997년 외환위기 이전 0.2830이었다가 1998년 0.3175로 높아진 상황과 비교해도 많이 높아졌다. 그런 점에서 불평등의 문제를 해결하기 위해 사회경제적 조건에 대해서도 사회적 합의를 해야 한다.

공화주의도 정치권력과 사회문제에 대한 폭넓은 개헌이 필요하다고 본다. 정치권력에서 견제와 균형의 원리를 구현할 필요가 있다. 이를 위해서는 대통령제도의 원형에 충실할 필요가 있다. 또한, 대통령에게 책임을 추궁할 수 있도록 중임제도를 도입할 필요가 있다. 그리고 사회적 합의를 위한 의회의 활성화를 이룰 필요가 있다. 특히 의회의 심의기능을 강화할 필요가 있다.

공화주의에서는 사회환경변화를 감안하면 사회경제적 조항을 손볼 필요가 있다. 공화주의에서 강조하는 비지배자유를 구현하기 위해서는 시민들의 경제적 불평등성을 완화하기 위한 보완조치가 필요하다. 그리고 이번 개헌에서는 북

한 문제에 대한 현실적인 통일과 통일 이후 방
안에 관한 규정을 담을 필요가 있다.

(3) 평가

이상의 논의를 종합하면 헌법은 개정할 필요
가 있다고 정리할 수 있다. 다만 개정의 구체적
인 방향에서는 경제적 자유주의라고 칭해지는
일반적인 자유주의가 권력구조에 손을 대는 정
도를 원한다면 정치적 자유주의와 공화주의에서
는 사회구조에도 손을 댈 것을 주장한다. 현재
한국 사회는 부의 불평등문제가 있고, 향후 통
일문제도 고려해야 하므로 사회경제적 부분도
개정해두는 것이 필요하다. 다만 이 구체적인
제도는 심의 장치를 이용하는 것이 필요하다.

Ⅳ 결 론

자유주의와 공화주의 이론을 통해서 볼 때
한국의 1987년 헌법은 개정이 필요하다. 다만
그 개정 범위와 방안을 두고는 자유주의와 공화
주의는 다른 의견을 가진다. 하지만 심의 장치
를 통해 개인들의 자유를 보장하면서 사회적 타
협을 찾아가는 방향에서는 타협점도 있다.

제021문 한국 진보와 보수의 특수성

〈제시문〉

'진보'와 '보수'라는 이념은 보편성을 가지지만 특수성도 가진다. '진보'는 진보할 것이라는 계몽주의적 믿음을 공유하면서도 진보의 방향에 대해서는 다양한 의견을 가진다. '보수'는 사회의 전통과 역사를 강조하면서도, 영국식 보수주의와 미국식 신보수주의처럼 각 사회의 특수성에 대한 자부심을 특징으로 한다.

한국의 2015년 여론조사에서 응답자들은 자신의 주관적 이념성향에 대해 진보 21%, 중도 49%, 보수 30%였다. 반면 2020년 조사에서는 진보 31%, 중도 43%, 보수 26%라고 응답자의 비율이 바뀌었다. 이는 진보정당이 정권을 잡는지 보수정당이 정권을 잡는지에 따라 진보적이거나 보수적인 응답자 비율이 늘어나는 경향을 보여준다.[6]

"2015~2016년까지 이익갈등 혹은 정체성 갈등에 포함되었던 정당 갈등 및 이념 갈등에 대한 태도가 2020년 조사는 별도의 독립적인 요인으로 분화되었다는 것이다. 즉 2015년 3차 조사까지 '양대 정당 갈등'은 '세대갈등'과 함께 '이익갈등' 차원으로 분류되어왔다. 정당 갈등은 주로 세대갈등 및 기득권 계층과 하위 계층 간의 계급 갈등 인식과 높은 상관성을 보인 반면, 이념 갈등은 지역과 성 갈등 인식과 강한 상관관계를 보여왔다. 한국에서의 이념이 서구의 계급균열을 반영하기보다는 대북안보 이슈나 소수자 인권과 관련한 사회 이슈를 반영하거나 한국의 진보이념은 사회경제적 진보정책보다 냉전 권위주의 시대에 민주화운동을 뒷받침하고 정당화해온 역사적 유산으로 보인다."[7]

한국은 '진보와 보수' 이념이 정치의 중심에 있다. 그러나 한국의 '진보와 보수'는 이론적 보편성보다는 현실적 특수성이 강하다는 평가를 받고 있다. 이는 '진보와 보수' 이념이 이론적이기보다는 심리적 측면이나 주관적 인식 측면이 강하기 때문이다. 다음 질문에 답하시오. (총 40점)

(1) 자유주의 이론의 진보적 측면과 보수적 측면을 설명하시오. (12점)

(2) 영국식 보수주의와 미국식 보수주의의 공통점과 차이점을 설명하시오. (12점)

(3) 위의 이론들의 양면적 속성과 〈제시문〉을 토대로 한국의 '진보와 보수' 지지층이 유동적인 원인과 한국 정치에 대한 영향을 논하시오. (16점)

I. 서 론
II. 자유주의 이론의 진보적 측면과 보수적 측면
 1. 자유주의의 진보적 측면
 2. 자유주의의 보수적 측면
 3. 평가: 자유주의의 보편성과 특수성 공존
III. 보수주의의 공통점과 차이점
 1. 영국식 보수주의와 미국식 보수주의의 공통점: 역사와 전통의 강조

2. 영국식 보수주의와 미국식 보수주의의 차이점: 영국식 패권과 미국식 패권반영
 3. 평가: 보수주의의 보편성과 특수성 공존
IV. 한국의 이념정치의 유동성과 한국적 의미
 1. 한국 정치에서 이념 유동성의 원인
 2. 한국 정치에 미치는 의미
V. 결 론

---

6) 강우창, "한국인의 이념 정체성과 민주주의에 대한 태도", 이숙종 편, 『2020 한국인의 정체성』 (서울: 성균관대학교출판부, 2020), pp.188-189.

7) 정한울, "한국인이 보는 사회갈등구조의 변화와 정치·이념 양극화의 실상", 이숙종 편, 『2020 한국인의 정체성』 (서울: 성균관대학교출판부, 2020), p.139.

　한국은 최근 이념 정치가 강화되고 있다. 이때 진보-보수의 이론적 기준이 필요하다. 그런데 한국은 현실에서 이념과 이론적 기준 상의 차이가 있다. 이를 체계적으로 구분하는 문제이다.

Ⅰ　서　론

　2020년 총선과 2021년 재보궐선거에서의 정당 지지율의 변화는 한국 정치에서 이념정치의 특성을 보여준다. 진보와 보수의 적극적인 지지층과 유동적인 지지층 그리고 중도층 사이에서 한국 정치가 1년 만에 정당 지지율이라는 정당체계의 안정성이 얼마나 약한지를 보여준다. 이러한 현상은 한국의 이념정치의 '특수성'에도 기인하는바 진보와 보수라는 이념이 가지는 보편성과 특수성을 통해 한국 정치에 주는 의미를 살펴본다.

Ⅱ　자유주의 이론의 진보적 측면과 보수적 측면

　자유주의의 양면적 속성은 로크의 이론에서 가장 잘 드러나기 때문에 로크의 이론을 통해서 양면적 속성을 설명한다.

1. 자유주의의 진보적 측면

　로크의 사회계약론에서 저항권은 자유주의의 진보적인 성향을 나타낸다. 그가 말한 저항권은 중앙정부에 대해 거부할 수 있는 권리다. 이러한 권리는 혁명을 통해 체제를 변혁할 수 있다는 점에서 진보적이고 급진적이다. 구체적인 논의는 다음과 같다.

　로크의 사회계약론은 인간의 불완전한 이성의 가정과 자연상태는 불편한 상태라는 가정에서 출발한다. 이러한 조건에서 인간은 신이 부여한 '공유물'에 자신의 노동이라는 '노력'을 더한다. 자신의 노동이 더해져서 자신의 소유물이 생긴다. 이것은 개인에게 소유권(property)을 제공한다. 소유권은 신체, 재산, 생명의 자유를 의미한다. 이러한 소유권을 타인으로부터 보호하기 위해 개인들은 국가와 계약을 체결한다. 이런 사회계약에서 국가가 개인과의 약속을 위반할 경우 개인은 약속위반에 대해 저항할 수 있는 것이다. 그리고 실제 이 저항권은 미국이 영국으로부터 독립할 때 원용한 바 있다.

2. 자유주의의 보수적 측면

　자유주의가 보수적인 측면을 보이는 것은 '소유권'에 집중하기 때문이다. 소유권은 자신의 노동을 통해 더 많은 재산을 불릴 수 있게 한다. 신흥상인들의 경제적 이익과 정치적 이해관계를 반영한 로크의 소유권 이론은 과거 신분제에서 귀족들의 세습에 의한 특권을 거부하고 검약함과 부지런함을 무기로 이들 신흥상인의 이익을 정당화하였다.

　하지만 자유주의가 경제적 자유주의로 축소되고, 이런 신자유주의에 의해서 시장적 자유주의가 마치 자유주의의 모든 것인 듯 받아들여지는 것은 자유주의를 지나치게 보수화한다. 노직(R. Nozick)과 같은 자유지상주의에서 소유권만을 강조하는 경우 국가라는 사회에는 개인만이 존재하고, 사회적 대화와 관용이나 배려와 같은 사회적 요인은 사라지게 된다.

3. 평가: 자유주의의 보편성과 특수성 공존

자유주의의 두 가지 측면이 있다는 것은 이론적으로 자유주의를 오직 진보라는 틀로만 이해하게 하는 것은 아니라는 점이다. 자유주의가 강조하는 자유는 보편적이지만 그 자유의 구체적인 내용과 사회에서의 해석은 특수할 수 있다. 또한, 시대에 따라 자유주의가 기존 신분제 국가에 저항할 때는 진보적이었지만 자본주의 세계에서 자유주의는 새로운 기득권이 되면서 보수적으로 되는 것이다.

Ⅲ 보수주의의 공통점과 차이점

영국식 보수주의는 에드먼드 버크식 보수주의가 대표할 수 있고, 미국식 보수주의는 신보수주의가 대표할 수 있다는 가정하에서 공통점과 차이점을 분석한다.

1. 영국식 보수주의와 미국식 보수주의의 공통점: 역사와 전통의 강조

양자는 역사적인 면과 전통을 강조한다는 공통점이 있다. 먼저 영국식 보수주의자 에드먼드 버크는 편견(prejudice)을 강조했다. 그가 말한 편견은 인간의 감성을 토대로 하여 전수되어 온 역사적 관행과 유산을 의미한다. 이는 자유주의의 합리성에 기초한 새로운 국가 구성을 거부하고, 전통에 따라 점진적인 국가의 발전을 강조하는 것이다.

미국의 신보수주의 역시 국가를 강조하고, 윤리를 강조한다. 이들은 자유주의의 개인주의가 미국 청교도주의 도덕성을 붕괴시킨다고 보고, 이것을 사회차원에서 바로잡고자 한다. 사회화가 중요하며, 사회화의 핵심에는 가족과 교회가 있다.

영국과 미국식 보수주의는 사회가 세운 기준이 개인의 합리성보다 더 중요하다는 점에서도 동일하다. 즉 앞서 강조한 가치가 사회적 도덕이며 이러한 도덕이 사회 유지에는 중요하다. 이때 보수주의(conservatism)는 보수라는 영어 'conserve'가 중요하다. 이때 'conserve' 즉 무엇을 유지하고 지키는 것을 강조한다는 점에서 보편적이다.

2. 영국식 보수주의와 미국식 보수주의의 차이점: 영국식 패권과 미국식 패권반영

그러나 영국과 미국의 보수주의 역시 특수성에서는 차이가 있다. 영국은 19세기 프랑스 혁명기 프랑스의 혁명이 광기로 가고, 독재로 흘러가는 것을 보면서 자신들의 체제와 체제유산을 강조하였다. 영국은 의회제도를 만들었고, 의회 내에 정당들이 있었다. 또한, 권리장전에서부터 명예혁명까지 왕도 구속하는 '법치주의'의 원리를 만들었다. 따라서 영국의 보수주의는 영국적 특성을 강조하였다.

반면 미국의 신보수주의는 냉전과정에서 만들어진 산물이다. 어빙 크리스톨과 같은 신보수주의는 최초 사회주의를 지향했지만 냉전 이후 민주당으로 전향했다가 닉슨 정부 이후 다시 공화당으로 전향했다. 이들은 냉전 시기 미국의 대소련 봉쇄정책을 지지하였다. '악의 제국'이라는 소련을 상대로 미국 더 높은 군사력을 가져야 하며 시장의 자율성을 부여하는 미국식 논리를 받아들였다. 이는 당시 패권 국가인 미국의 특성을 반영하는 것이다.

3. 평가: 보수주의의 보편성과 특수성 공존

보수주의 역시 보편성을 가지는 한편 특수성도 가진다. 보수주의의 보편성은 보수라는 이념이 기존의 가치와 관행과 역사를 강조한다는 것이다. 지키고 유지할만한 것을 전수하겠다는 의미는 보편성을 보여준다. 반면 각 국가의 역사적 맥락을 고려할 때 자부심을 내세울 만한 시대 상황을 반영했다는 점에서는 특수성이 강하다.

Ⅳ 한국의 이념정치의 유동성과 한국적 의미

1. 한국 정치에서 이념 유동성의 원인

한국 유권자들에게 이념의 유동성은 다음과 같은 이유 때문이다. 첫째, 이론적인 차원과 보편적인 차원보다는 심리적인 차원과 정체성 차원에서 이해하기 때문이다. 한국의 진보주의자들과 보수주의자들이 이론에서는 체계적인 논리를 가지고 있지 못한 면이 있다. 이는 보수에서 특색이 강하다. 한국의 보수는 세력으로는 존재하지만, 이론으로 존재하지 못하는 것이다.

한국에서 보수가 이론적으로 약한 것은 한국의 특성을 담는 이론이 약하기 때문이다. 한국의 유교는 도덕성을 강조했지만, 19세기 조선이 일본을 침략을 당할 때 힘의 논리에 약해 국가를 빼앗겼다. 이후 한국의 보수는 식민지 시절과 권위주의 시절 권력에 기대서 이익을 누렸기에 이런 상황을 체계적으로 정리하기 어렵다.

이런 특성은 이론이나 보편적인 논리로서 보수를 이해하기보다는 심리나 성향상 보수를 이해하게 만든다. 따라서 특정 사건이나 상황에서 심리적인 변화가 발생하면 보수와 진보의 이념 전환이 빨라지는 것이다.

둘째, 진보의 이론적 출처가 서양과 다르기 때문이다. 한국에서 진보는 자유주의 진보주의자들과 사회주의 진보주의자들로 구분된다. 과거 민주화를 이끌었던 민주주의 온건파인 김영삼, 김대중과 같은 정치지도자들은 자유주의 진

보주의자들이다. 반면 1980년대 학생운동의 진보는 NL(National Liberation: 민족해방전선)과 PD(People Democracy: 민중민주주의) 계열로 이는 사회주의의 영향을 받았다. 따라서 전자는 서양과 유사하게 진보를 제도를 통해서 이루고자 하는 절차적 민주주의를 지향한다. 반면에 후자는 실질적 민주주의를 지향한다. 이러한 진보진영의 이론적 근거 차이는 한국에서 진보진영을 다양하게 분리하게 만들기도 하고 자유주의 진보가 보수주의로 전환하게 만들기도 한다.

셋째, 진보와 보수가 가진 특수성 때문이다. 진보와 보수는 지향점이다. 어떤 시기에 어떤 가치를 지킬 것인지는 당시 시대 상황에 따라 유동적으로 될 수 있다. 앞서 이론에서 본 것처럼 자유주의가 진보에서 보수로 바뀐 것은 시대 상황이 바뀌고 사회 중심세력이 달라졌기 때문이다. 그런 점에서 한국의 유권자들도 진보와 보수 자체의 특수성 때문에 이념적으로 유동적이라고 할 수 있다. 이것은 한국의 특수성이라기보다 진보와 보수라는 이념이 가진 속성으로 볼 수 있다.

2. 한국 정치에 미치는 의미

제시문에서 보는 것과 같이 한국 정치에서 이념은 지역주의를 압도하는 사회균열이다. 그런데 이러한 정당 경쟁은 이러한 이념을 기반으로 하고 있었다. 또한, 지역주의도 하나의 지지 확보전략으로 사용해왔다.

정당정치에서 이념에 기초한 선거전략은 그간 매우 잘 작동해왔다. 진보와 보수를 표방한 정당은 유권자들을 단순화하고 안정적인 득표전략으로 정당 체계 차원에서 양당제를 고수해왔다. 2016년 선거에서 국민의 당이 민주당 계열을 분리해 다당을 만든 것을 제외하면 대체로 한국 정당은 유효정당이 2개 정도 되는 양당제

를 유지해왔다.

그러나 유권자들이 이념에 있어서 유동적으로 되면 정체성 투표가 부분적으로 붕괴하게 된다. 맨스브릿지의 이론에서 '자이로스코적 투표(자이로스코처럼 유권자가 유사한 정체성을 가진 후보에 투표)'인 지역이나 이념과 같은 정체성 투표가 변화할 수 있다는 것이다. 이는 유권자 중 중도파와 일부 유동적인 이념지지를 보이는 유권자들은 이슈에 따라 합리적 선택을 할 수도 있게 되었다는 것이다.

게다가 제시문에서 보는 것처럼 정당 경쟁이 점차 지역이나 이념과 관계없이 작동하기 시작하면 유권자들과 정당은 더욱 유리될 가능성이 있다. 즉 정당이 '정치사회'화하여 독립적인 이익을 추구할 수 있다. 이것은 진성당원이 부족하여 개별 정당 차원에서 정당의 유력자나 열성 당원들에 의해 운영되는 정당이 점차 유권자와 멀어지는 결과를 가져올 수도 있다.

최근 '정당 분극화'의 경우는 정당 간 거리가 점차 멀어지는 것이다. 미국의 온전한 양당제 경쟁이 점차 정당 간 색을 달리 해가는 것처럼 한국의 거대 양당 역시 정당 경쟁을 치열하게 진행하고 있다.

그런데 이것은 정부 형태와 정당 체계라는 요인에 의해서 더욱 강화되고 있다. 대통령제는 기본적으로 대통령소속 정당에 거의 모든 권력을 부여한다. 이에 따라 대통령선거가 모든 선거를 압도하면서 게임은 점차 'all-or-nothing'으로 전환된다. 한국에서 10년 주기로 교체되고 있는 정권은 대통령에게 부여된 권력을 장악하도록 정당을 극단으로 몰아세운다. 이런 상황은 의원내각제와 같은 연립정부가 필요하지 않다. 또한, 다당제에서 중간의 '중추(pivot)' 역할을 수

행할 제3의 당도 한국에는 없다.

게다가 한국의 정당은 규율이 강하다. 아직 지역이나 이념 차원에서 정체성 투표를 많이 하는 한국 유권자들에게 특정 정당의 특정 지역 공천은 '공천＝당선'을 의미한다. 이렇게 정당 규율이 강할 경우 정당은 원내의 의원들을 일사천리로 이끌어 나갈 수 있다.

이러한 '대통령제＋양당제＋강한 규율의 정당'은 정당을 더욱 원심적으로 분리한다. 제시문에서 본 것처럼 그 동력은 지역에서 이념으로 그리고 점차 정당 경쟁 자체로 바뀌고 있다. 하지만 사회에는 극단적으로 진보와 보수를 지지하는 이들이 전체 유권자의 40% 정도 된다. 따라서 다른 60%의 유권자들은 정당의 극화를 따라가지 않는다. 이는 향후 한국 정치에서 정당과 유권자의 유리를 더욱 격화시킬 수 있다. 게다가 이념적으로 유동적인 유권자가 많아질수록 정당은 자체적인 경쟁구조를 통해 정당 위주로 지지를 끌어들일 수 있으므로 정당과 유권자의 분리는 심화할 수 있다.

Ⅴ 결 론

한국에서 진보와 보수는 정서적인 이해와 특수한 이해라는 측면이 강하다. 이는 향후 한국 유권자의 유동성 증대와 정당의 분극화로 인해 유권자와 정당 간의 분리 현상을 강화할 수 있다.

한국 보수의 특징 구체화[8]: (좀 더 구체적인 논리와 사례 정리용)

첫째, 정치적 보수주의와 철학적 보수주의간의 원초적 모순이 있다. 한국은 보수 세력이 근대화를 추진하면서 보수 세력이 의식화된 전통주의로서의

---

8) 강정인, Ibid., pp.44-57.

철학적 보수주의를 발전시킬 수 없었다. 게다가 한국은 광복이후 일본의 제국지배 경험을 거부해야 하였기에 과거 전통을 거부하는 자기 부정을 할 수밖에 없었다. 이것이 한국의 보수주의를 철학적인 차원에서 이론발전을 하지 못하게 하였다. 게다가 한국은 보수파들이 국가건설과 산업화의 과정에서 빠른 변화와 급진성을 보여주었고 이것은 보수가 자신을 부정하는 논리적 모순을 가져오게 하였다. 산업화의 과정은 전통부정을 통해 근대화와 연결되니 보수주의의 논리가 만들어지기 힘들었다.

둘째, 세계사적 시간과 한국의 시간이 불일치하는 현상이 있다. 한국은 일본의 지배에서 벗어나기 위해 자유주의의 해방논리와 사회주의의 해방논리를 가지고 있었다. 그러나 1945년 해방과 동시에 한국에서 자유주의와 사회주의는 냉전으로 인해 대립하게 되었다. 냉전과 1950년 한국전쟁으로 한국은 자유주의를 보수의 이론으로 하고 사회주의를 적대적 세력으로 규정하면서 반공을 국시로 하였다. 이것은 한국 내 민족좌파와 민족우파는 민족주의노선을 세계사적인 시간의 냉전논리로 제거해버린 것이다. 그리고 보통선거권의 부여는 피를 흘리지 않고 대중민주주의로 확대된 결정적인 사건임에도 불구하고 냉전시기 세계적 시간에서 이미 늦어 있었기에 중요한 사건이 아닌 보통사건으로 규정되게 된 것이다.

셋째, 한국 보수가 보수하고자 하는 기존 질서의 모호성이 있다. 보수주의가 지키고자 하는 것은 기존 질서와 현상이다. 이때 한국은 자유민주주의를 표방했지만 실제로는 권위주의를 유지해왔다. 1987년 이전까지 보수의 핵심적 체제는 권위주의였다. 권위주의가 민주주의에 대척점인데도 불구하고 실제 권위주의를 유지하면서도 표면적으로 자유민주주의를 거부하지 못한 것이다. 이것은 이념과 현실의 괴리를 만들었다. 블로흐가 말한 비동시성의 동시성이 일어난 것이다. 권위주의가 현실을 지배하지만 민주주의를 버릴 수 없었던 입장에서 체제의 정당성은 경제발전과 산업화에 있었고 이로 인해 보수는 산업화를 통한 경제성장과 권위주의 유지라는 보수 입장의 모순된 논리를 가질 수밖에 없었다. 그러나 표면적인 자유민주주의라고 해

도 이것을 지켜야 하는 입장에서 자유민주주의의 최소한의 절차를 무시하기 어려운 딜레마를 가질 수밖에 없었다. 이런 입장은 2016년 태극기 집회에서 보여준 이중적 성격과 유사하다. 태극기를 통해 국가와 지도자와 동일시하고 권위주의를 민주주의의 원리로 받아들이는 것은 한국 보수의 문제이기도 하지만 보수와 수구가 구분되지 않는 문제이기도 하다.

넷째, 반공주의와 발전주의를 토대로 한다는 점도 지적될 수 있다. 윌슨(F. Wilson)은 미국보수주의의 2차적 특징을 반공주의와 발전주의라고 하였다. 미국이 기존 질서인 자유민주주의의 실현과 유지라는 보수주의적 1차 사명보다 반공이라는 정치철학과 이를 유지하기 위한 경제철학으로서 발전주의를 더 강조했다는 것이다. 대한민국 역시 한국전쟁이후 반공주의와 발전주의를 중심으로 하여 정치와 경제를 운영했기 자유민주주의를 표방한 이상과 불일치하게 된 것이다. 이것은 다섯째 냉전과 분단이라는 역사적 요인과 결부된다. 한국 전쟁과 냉전의 강화는 한국 에서 진보와 보수간 대립을 통한 이론적인 발전을 가져오기보다 보수를 헤게모니화하고 진보를 반공의 적인 빨갱이로 몰아내게 하였다. 이로 인해 보수주의는 한결 이론적 정립화가 더디게 된 것이다.

그런 점에서 한국 보수의 특징은 이론적 무정형성과 함께 보수와 수구의 구분이 되지 않음으로서 보수가 차지해야 할 전통의 논리를 강조하기 어렵다는 것이다. 한국의 경제발전과 민주화 30년 이하는 장점을 한국의 전통으로 삼고 이제는 한국 보수가 지켜야 할 가치로 내세울 수 있음에도 불구하고 권위주의를 여전히 보수의 가치로 믿는 수구입장과 분리가 되지 않고 있다는 점은 한국 보수 발전을 저해하고 있는 것이다.

한국진보의 특성은 사회변혁에 있어서 주도적이지 못하다는 점과 지역과 연결되어 있다는 점이다. 먼저 앞서 본 것처럼 한국의 진보는 보수가 주도한 이슈들에 대한 저항논리를 발전시켰다. 게다가 운동권의 분열과 노동조합의 분열과 같은 노동세력과 민중부분의 분열은 진보를 하나의 세력이 아니게 만들었고 그래서 단일한 정책제안을 통한 사회

개혁을 어렵게 하였다. 보수정당과 보수정권의 실책에도 불구하고 진보진영의 정당들은 의석수에 있어서 대체로 다수를 이루지 못하였다.

또한 이념의 경향이 실제 (영남-호남)지역과 연결되어 있지 않지만(영남-호남)지역적 색채라는 프레임에서 벗어나지 못하는 모습을 보였다. 2016년 총선에서 국민의 당이 민주당에서 나와 기존 평민당을 기반으로 한 호남 지역구의 의원들을 영입하면서 제 3당이 된 것은 지역이라는 사회적 균열을 반영하여 선거정치를 하면서 이념적 구획선을 복잡하게 하고 있다는 것이다.

마지막으로 진보 역시 이념에 있어서 선명성이 약하다. 이것은 진보가 지향하는 가치가 자유주의와 사회주의 그리고 민중민주주의와 함께 새로운 정치로서 여성과 환경 등의 다양한 이론들 사이에서 경계선 설정을 잘하지 못하고 있기 때문이다. 진보 역시 혁신주의와의 구분을 통해서 정체성을 명확히 하지 못하면서 정책혼선을 거치고 있고 이것이 정당제도화를 가로 막고 있기도 하다.

진보와 보수의 역사성과 보편성

1. 진보와 보수의 역사성

서구에서 진보와 보수의 이념적 대립은 역사적인 과정을 거쳐서 만들어졌다. 이것은 진보와 보수라는 개념에 시간이 더해지면서 그 의미가 변하였다는 것이다. 따라서 서구의 진보와 보수의 의미를 구체화하고 특정하기 이전에 진보와 보수라는 이념 자체가 가지는 역사성과 변화가능성이 있다는 점을 명확히 할 필요가 있다.

서구에서 진보이념은 자유주의에서 시작하였다. 자유주의는 기득권세력인 군주와 귀족에 대항하기 위해 합리주의를 내세우면서 천부인권사상을 통해서 국가를 인간에 의한 구성물로 만들었다. 또한 로크의 저항권에 힘입어 미국 독립혁명과 프랑스 대혁명을 이룩하면서 기존 질서를 와해하고 새로운 질서를 만들었다. 자유주의의 진보 논리는 계몽주의와 실증주의적 사고로 무장하고 영국, 프랑스, 미국의 논리를 다른 국가들에게 확대했다. 이 과정은 자유주의가 가지는 인류보편적 속성인 합리성

과 소극적 자유와 절차적 평등이라는 이론을 통해서 확장이 가능하게 된 것이다.

진보의 이론은 19세기 다윈의 진화론이 사회학에서 스펜서에 의해 사회진화론으로 도입되면서 타 국가와 타 공동체로 확장의 논리를 더 강화하였다. 진보는 더 나은 세계로 나갈 수 있다는 철학적 믿음과 함께 그것을 가능하게 해주는 정치적 이론과 대의민주주의 장치를 통한 투표권의 확대와 대표를 통한 정당한 과세와 같은 제도장치로 발전하였다.

프랑스 혁명으로 대표되는 자유주의의 진보라는 이론에 대한 저항으로 보수주의(conservatism)가 탄생했다. 보수주의는 역사성을 강조하면서 자유주의의 합리성에 기초한 혁신과 저항을 거부하였다. 그러나 자유주의자들이 사회주류가 되면서 자유주의는 진보의 이념이 아니라 보수의 이념으로 변화한다. 특히 노동자와 여성까지를 포괄하는 민주주의 이론의 발전과 사회주의이론의 공격에 대해 자유주의는 소유권을 강조하면서 재산권을 유지하기 위한 보수주의로 전향한다. 대공황이후 케인즈주의의 공격으로 소유권이 천부인권보다는 사회권이 되면서 자유주의는 신자유주의라는 논리를 통해 개인의 소유권과 시장질서의 우위를 강조하는 이론이 되면서 보수주의 입장을 강화하게 된다.

2. 보편적 기준으로서 진보와 보수

진보(progressive)는 미래의 더 나은 상태를 향한 개선을 의미한다. 진보는 자유주의와 사회주의와 같은 특정한 이념이라고 할 수는 없다. 진보는 '진보의 사상' 즉 진보할 것이라고 믿는 근본적인 가정인 계몽주의의 토대와 함께 어떤 방식으로 진보할 것인지를 다루는 '진보적 사상'이라는 이념을 포함하는 개념이다. 이런 측면에서 진보란 역사적 운동이자 법칙과 이를 이루기 위한 인간의 의도적인 노력으로서 사회변동을 담고 있다.

진보에는 진보적 사상이라는 이데올로기가 포함된다. 즉 어떤 방식으로 진보를 달성할 것인지를 두고 이론적 지향이자 운동의 목표로서 이데올로기가 진보 내에 포함된다. 따라서 진보라는 이념에는 자유주의, 민족주의, 사회주의와 같은 다양한 이론들이 포함될 수 있다. 하지만 이들 사이에도 공

유하는 믿음이 있다. 이들은 서양의 기독교적 사고와 역사관에 기초하여 필연적으로 인류가 앞으로 나가간다고 보았고 이런 인류의 역사는 직선적이며 현재 상황보다는 상행으로 가는 경향이 있다고 보았다. 또한 인간의 노력에 의해 앞으로 나가는 것이 가능해진다는 믿음이 있다. 진보의 이론은 자연과학의 찰스 다윈에 영향을 받았다. 자연의 적자생존의 논리가 사회에도 적용되어 사회진화론으로 진전이 되었고 이것은 강자와 약자 그리고 우월한 문명과 열등한 문명을 구분하는 데 사용되었다. 이것은 이후 자유주의의 제국주의화 진보 이념의 제국주의화를 가져왔다.

시드니 폴라드는 진보와 보수를 발전단계에 대한 믿음으로 규정하였다. 총 4단계로 구성된 발전관은 다음과 같다. 첫째, 과학의 발전, 둘째, 과학발전에 따른 물질관계의 발전(즉 산업화), 셋째, 물질적 관계개선에 따른 사회적, 정치적 조직의 발전, 넷째, 인간의 완성으로서 도덕성과 자유와 평등의 달성이다. 이때 진보는 4가지를 모두 이룰 수 있을 것이라는 신념과 믿음 가지고 있다. 이에 비해 보수주의 대표적인 이론가인 버크의 경우는 과학의 발전, 경제발전을 인정하면서도 사회, 정치적 발전은 점진적으로 이루어지는 것이며 이것은 합리성이 만들어내는 것이 아니라 역사와 경험을 통해서 이루어진다고 보았다. 반면에 인간의 완성에 대해서는 부정적이었다는 점에서 진보의 입장과 획을 긋는다.

서구에서 구체적으로 진보주의는 19세기에는 자유주의가 지향했으며 19세기 중엽부터 20세기는 사회주의가 주도하였다. 그러나 1968년 68혁명 이후 진보주의는 생태주의, 여성주의, 일국중심의 민주주의를 뛰어넘으려는 전지국적 민주주의와 같은 이념으로 확대되었다. 또한 네글리와 하트가 주장하듯이 자본주의라는 '제국(empire)'으로부터 다양한 정체성을 가진 이들이 자신들의 정체성을 지키기 위한 '다중(multitude)'으로의 단결을 모색하고도 있다.

이에 비해 보수주의는 이론적으로 프랑스 혁명 이후 에드먼드 버크의 반박에 의해 체계화되었다. 보수주의는 권위를 강조하고 기존의 가치를 지지하며 역사와 관행 그리고 전통을 강조하는 입장이자 성향이자 정치적 가치체계를 의미한다. 보수주의는 정치적 이론의 의미도 있지만 가치관과 생활자세로서도 작동하는 것이다. 역사적으로 보수주의는 반대의 논리로 만들어졌다. 프랑스혁명과 계몽철학과 자유주의의 합리성을 거부하고 산업화를 통한 기계화에 저항며서 국가의 중앙집중화와 함께 지역사회의 파괴 등을 거부하는 것이다.

변화에 대해 반동적이고 저항적이라는 점은 보수주의가 특정 정치 이론 이전에도 작동했을 수 있다는 의미이기도 하다. 이론적으로 보면 에드먼드 버크가 보수주의를 체계화하였다. 그는 편견(prejudice)을 통해서 전치현상을 설명하였다. 편견은 관행, 전통, 경험으로 이루어져있다. 이것은 인간이 원자적이고 무연고적인 입장에서 사회와 분리된 상태에서 합리성에 의해서 자신의 선호를 판단하고 이에 따라 행동한다는 자유주의를 거부하는 것이다. 프랑스혁명이 보여준 것은 이성을 통한 발전이 아니라 무질서라는 점에서 기존 질서의 거부가 새로운 역사의 진보를 만들지는 못한다는 것이다.

하지만 보수주의가 반동주의(reactionary)를 의미하는 것은 아니다. 반동주의는 과거를 지향하면서 역사적인 진보자체를 거부하는 것이다. 반면에 보수는 역사적인 진보를 인정하되 점진적인 진보를 주장하는 것이며 근본적인 인간의 완성이라는 것에 대해서는 부정적인 것이다.

보수주의는 변혁과 혁신이라는 급격한 변화에 대한 반대의 논리이며 각 국가들 마다 처한 상황에서의 역사적 맥락에 따라 지향점이 다르기도 하다. 영국은 프랑스 대혁명의 열풍에 비껴서 있었기 때문에 보수가 온건한 입장을 가진다. 반면에 프랑스는 대혁명이라는 사회변혁을 경험하였기에 보수파들은 자신들의 기득권을 지키는 것에 대해 수구적이고 반동적인 입장을 가지게 된다. 국가구성이 늦고 산업화의 후발주자였던 독일의 경우는 시원론적 민족주의를 이용하여 강한 국가와 유기체적 국가관을 가지면서 반자유주의 성향을 가지게 된다. 미국은 사회주의에 직접적인 영향이 없었다가 대공황을 거치면서 국가의 확대와 함께 시장에 대한 간섭을 경험한 뒤 보수는 고전적 자유주의의 입장을 견지하고 신자유주의를 강조하면서 진보 쪽의 뉴딜식 자유주의와 대립한다.[9]

---

9) 강정인, "한국보수의 비교사적 특징: 서구와의 비교", 『보수와 진보의 대화와 상생』(파주: 나남, 2010), pp.39-40.

제022문 **한국의 보수세력과 보수주의의 특징**

한국정치에서 '보수'는 "보수세력은 있으나 보수주의이론은 없다"는 비판을 받는다. 진보와 보수 간의 갈등을 사회적 균열로 하고 있는 한국 정치에서 보수에 대한 명확한 이해는 중요하다. 다음 질문에 대해 답하시오. (총 30점)

(1) 유럽의 전통적 '보수주의(conservatism)'이론을 세계, 인간, 민주주의에 대한 입장으로 대별하여 설명하시오. (15점)

(2) 한국 보수 세력의 특징을 보수주의이론과 비교하여 평가하시오. (15점)

 문제의 맥락과 포인트

이 문제는 기출문제 편에도 수록된 문제를 변형한 것이다. 진보와 보수를 좀 더 구체적으로 구분하는 것이 핵심이다. 앞의 진보−보수 문제에서처럼 한국적 특수성을 강조하는 것이 중요한 포인트이다.

Ⅰ **서 론**

2016년 이후 태극기 집회는 한국 정치에서 보수와 수구의 구분이 어렵다는 점을 보여준다. 점진적인 변화를 통한 사회발전이라는 보수와 달리 반공주의와 친미주의만을 통해서 정치를 운영하고자 하는 현상은 이론이 부족한 한국 보수주의의 문제점을 그대로 드러낸다. 한국정치의 특징을 살펴보기 위해서 유럽에서 출현한 보수주의의 이론과 한국 정치의 보수세력과 비교를 해본다.

Ⅱ **유럽보수주의 이론**

유럽의 보수주의는 '전통적보수주의'라고 하고 미국의 네오콘(neocon)이라고 하는 보수주의를 현대 보수주의라고 구분하고 유럽의 보수주의를 중심으로 분석한다.

1. 세계관

보수주의는 세계가 이성에 의해서 급격하게 변화하는 것이 아니라 인간의 역사와 경험에 의해서 점진적으로 변화하는 것으로 본다. 유럽의 보수주의는 프랑스 혁명을 기점으로 이성에 기초한 혁명주의를 거부하기 위해 탄생했다. 보수주의는 세계 질서는 역사, 종교와 재산, 사회질서와 같은 경험들의 축적에 의해 이끌어진다고 보았다.

에드먼드 버크는 이것은 편견(prejudice)이라고 보았다. 그는 이러한 편견에 의해서 사회가 발전해야 하지 이성을 기초로 하여 절대적인 입법자, 지식인을 강조하는 인민민주주의의 급진성에 의해서 사회가 발전할 수는 없다고 보았다.

보수주의에 따르면 세계는 하나이다. 또한 질서가 있는 것이다. 안정과 질서가 있는 세계는 하나로 운영되어야 한다. 이런 세계관에 따를 때 사회의 안정과 질서를 파괴하는 것은 악한 것이다. 이러한 무질서는 사회질서를 위해 통합되어져야 한다.

2. 인간관

보수주의에서 인간은 불평등하며 불완전하다. 인간은 모두 다른 능력과 천성을 가지고 태어난다. 또한 인간은 신이 아니기 때문에 죽을 뿐 아니라 전지전능하지 못하다. 따라서 불완전한 인간은 다른 이들이 만들어둔 사회의 규칙과 질서를 따르면서 살아야 한다. 마찬가지 논리로 인간은 종교를 믿고 신의 뜻을 따라야 한다.

인간은 불완전하기 때문에 악해질 수 있다. 이렇게 질서를 벗어나는 인간은 사회의 규범과 규칙에 의해서 관리를 해야 한다. 사회질서의 안정을 위해 인간은 교육되고 통제되어야 한다.

보수주의의 인간관은 이성을 기반으로 인간의 독립성과 평등성을 내세운 자유주의이론과 대척점에 선다. 인간은 무연고적 자아처럼 태어나지 않는다. 인간은 자신이 나고 자란 사회 환경에 영향을 받을 수 밖에 없다. 사회계약론자들 특히 루소가 말하는 이성은 인위적 것이고 자연스러운 것이 아니다.

3. 민주주의에 대한 관점

보수주의는 엘리트주의를 지지한다. 이들은 인간의 불평등성에 기초하여 통치하는 자와 통치당하는 자는 다르다고 보았다. 보수주의는 자격이 있는 개인이 사회를 이끌어야 한다고 보았다. 보수주의는 민주주의를 한다고 해도 대표에 의해서 인민들의 열정을 절제해야 한다고 보았다. 의회민주주의를 강조한 것이나 대의민주주의를 강조한 것은 엘리트에 의한 인민의 열정의 여과가 중요하기 때문이다.

보수주의의 입장에서 민주주의를 받아들인다고 해도 인민에 의해 직접적으로 통치되는 방식을 피하고자 한다. 의회를 통해서 대표자들이 정치를 수행하는 방식으로 민중의 열정을 통제하고자 한다.

Ⅲ 한국 보수세력의 정치적 특징: 전통보수주의와의 비교

1. 이론적 무정형성

한국의 보수주의세력은 이론적인 지향점을 가지지 못하였다. 한국 보수주의 세력은 보수주의를 논리적으로 설명하는 이론이 약하다. 한국은 보수주의가 지배헤게모니를 가지고 있다. 보수주의는 조선시대 노론에서부터 시작하여 일제 치하에서도 권력의 상층부를 차지하였고 해방 이후에도 지속적으로 권력의 중심에 있었다. 그러나 이 헤게모니를 쥐고 있는 보수층은 체계적으로 자신의 입장을 구체화하는 이론을 가지지 못했다.

한국의 보수주의가 이론을 체계화하지 못한 것은 보수주의 이론이 영국이나 미국과 같은 패권국가 혹은 강대국에서 자신들의 체제를 강고히 하고 이 체제를 옹호하는 논리임에도 한국과 같은 주변부국가에서 기득권을 옹호하기 보수주의를 이념적으로 선택했기 때문이다. 버크가 보수주의를 만들 때 영국은 가장 번영을 누리던 시기였다. 미국의 보수주의가 만들어지던 때도 미국이 세계 패권국가일 때였다. 그런 점에서 보수주의는 강대국이 자신들의 이념과 체제를 자랑하고 유지하고자 할 때 사용할 수 있는 이념이다. 그런데 한국의 보수는 조선의 몰락과 일본의 지배와 주변부에서 산업화를 할 때 지배세력으로 있었다. 따라서 시대를 이끌고 가는 체제나 이념으로서 자랑 할 수 있는 것이 빈약했다. 이로 인해 보수하고 지킬 수 있는 것을 이론적으로 끌어들이기가 어려웠다.

이념을 만들기보다 보수주의는 선진국가인 영국이나 미국 혹은 일본으로부터 이론을 도입해서 한국을 설명하는 방식으로 체제유지 논리를 만들었다. 예를 들어 개화기에 유기체사상을 받아들인 유길준의 경우 사회적 다위니즘을 도입했다. 일본제국주의 시절에는 객관론에 근거한 민족주의를 받아들였다. 해방 이후 패권국가인 미국의 대통령제도를 받아들였고 군부권위주의 시절에는 근대화이론을 받아들여서 '선경제후민주주의'를 주장하기도 했다. 이러한 사실들을 볼 때 한국의 보수는 한국정치에서 한국사회의 유기체이론, 지도자관, 세계관과 변화의 속도와 변화의 양상에 대한 체계적인 설명이 만들지 못하고 다른 국가들의 이론들을 가지고와서 설명을 한 것이다. 이로 인해 체계적인 이론이 정립되어 있지 못한 것이다.

2. 안티테제로서 반공주의에 대한 집중

한국의 보수주의가 체계적인 이론으로 무장하지 못한 상황은 한국의 보수주의를 반공주의에 집중하게 만들었다. 이론적으로 사회와 국가가 무엇에 집중할 것이고 어떤 가치를 강조할

것인지를 체계화하지 못했을 때 가장 손쉬운 방법은 안티테제(antithese)를 만드는 것이다. 즉 변증법에서 무엇을 만들겠다가 아니라 무엇을 부정하겠다는 논리를 세우는 것이다.

한국의 보수주의는 그런 점에서 북한의 위협을 강조하는 방식으로 반공주의를 하나의 이념적 자원으로 만들었다. 한국은 일본제국주의 시절 사회주의가 유입되어 왔고 이 사회주의의 논리가 해방과 동시에 국가 분단으로 이어졌다. 국가분단과 한국전쟁으로 이어지는 국가형성기의 과정과 민족형성기의 과정을 거치면서 한국은 사회주의 위협에 대항하는 것이 중요해졌다. 따라서 한국의 보수는 북한에 대한 반공주의를 중심으로 결집된다.

앨버트 허쉬만은 보수주의가 서구에서 지배할 때 새로운 이론들을 거부하면서 기존 질서를 유지하거나 반동으로 가는 논리들을 체계적으로 분석하였다. 그는 역효과명제(진보는 오히려 결과적으로 역효과만을 가져올 것이다), 무용명제(그래봐야 체제는 바뀌지 않는다), 위험명제(진보를 따르면 체제를 위험하게 만든다)의 3가지 명제가 보수를 지탱했다고 본다. 한국의 보수 역시 이 명제를 충실히 따르면서 이론적 보수 보다는 정향성 보수, 심리적 보수 혹은 수구-반동과 보수의 혼용을 따르고 있는 것이다.

반공주의의 문제는 무엇을 이루겠다가 아니라 무엇을 거부하겠다는 점이다. 무엇을 거부하는 논리는 반대의 논리에는 타당하지만 새로운 시대를 이끌어갈 자원을 제공하지 못한다. 안티테제로서 기능함으로써 한국의 보수는 북한에 맞서기 위해 산업화를 이끌었지만 이후 새로운 지표를 설정하지 못하고 있다. 이러한 이론의 부족은 진보와의 논쟁을 실질적 정책대결로 이끄는 것을 어렵게 한다.

3. 민족주의와 민주주의에 대한 부정적인 인식

한국의 보수는 수성의 논리를 가지고 외부위협을 강조해왔다. 따라서 외부위협을 제거하고 권력을 유지하기 위해서 민주주의를 대신하여 권위주의를 옹호한다. 민주주의보다 권위주의에 대한 옹호는 산업화이후 민주화 시대에 와서 시대적 좌표를 제시하지 못하고 지도자와 인민간의 관계 설정이 모호하게 되었다.

일제 시대의 권력을 유지한 이들이나 해방과 전쟁이후 미국과의 관계에 집중한 보수세력들은 한국의 민족주의보다 이들 외부세력을 더 선호한다. 이것은 전통적 보수가 자신의 민족을 가장 중요하게 여기면서 하나의 유기체로서 세상을 이해하는 방식과 다르다. 보수 세력 중에 일부는 민족주의를 좌파의 이론으로 여기고 민족주의를 거부하는 것이다.

4. 미국식 보수주의와의 유사성과 차이점

한국 보수주의 중 뉴라이트계열은 신자유주의를 토대로 하여 시장을 강조하는 보수를 강조한다. 이들은 미국의 신보수주의인 네오콘의 입장과 유사하다. 시장을 강조하면서 작은 국가를 지향한다. 이들은 과거 운동권과 진보세력에서 전향한 이들이다. 이들의 보수주의는 2004년에 출범하면서 김대중-노무현 정부의 햇볕정책, 국가보안법과 사립학교법개정을 거부하는 논리를 구축하였다.

그럼에도 불구하고 미국의 네오콘과 한국 뉴라이트는 차이점이 크다. 미국 네오콘은 자유주의를 거부하고 신보수주의를 통해 가정과 교회를 개인보다 강조하고 적극적인 안보를 추구하는 국가를 만들고자 했으며 사회문제에 대해 개입하는 국가를 주문한다. 반면에 한국의 뉴라이트는 자유주의를 표본으로 하여 시장을 강조하면서 국가의 개입을 부정하면서 북한에 대한 부정을 다른 한 축으로 삼고 있다. 미국의 보수주의를 끌고 왔다는 점 역시 한국 보수주의가 이론적으로 취약하다는 한 가지 증거이다.

5. 한국 보수주의의 자산과 미래

한국의 보수주의는 건국이라는 과정을 만들었고 산업화를 이룩했다는 점에서 역사적 자산을 가지고 있다. 한국은 1945년 해방과 함께 1948년 국가건설에 성공했다. 분단 이후 북한과 전쟁을 하면서 단일 민족구성에는 실패했지만 한국은 이후 산업화에 성공하였다. 한국은 농업국가(전체 산업에서 농업이 차지하는 비율이 50% 이상인 국가)에서 산업국가(전체 산업에서 농업이 20% 미만인 국가)를 19년 만에 이룩하였다. 이러한 속도는 전세계에서 유래가 없는 것이다. 따라서 빠른 산업화라는 자산을 가지고 있다. 2018년 국민소득 30,000불 시대를 만든 것 역시 보수주의자들의 역사적인 자산이다.

산업화를 이룩한 것을 넘어서 민주화에도 영향을 주었다. 산업화의 의도하지 않았던 결과로서 중산층이 형성되고 학생운동세력이 만들어졌으며 이것은 이후 1987년 민주화를 이룩하는 자양분이 되었다. 민주화과정에서도 정통보수 야당이나 보수 신문들의 역할도 있었다. 따라서 적극적인 민주화세력은 아니었지만 자유민주주의로의 전환에도 보수가 기여했다. 이것도 보수주의의 자양분이 될 수 있다.

한국의 보수와 수구가 구분되지 않는 문제를 해결하려는 노력도 있다. 수구가 변화 자체를 거부하는 논리라면 보수는 부분적인 변화를 받아들인다. 한국의 보수진영을 넓게 보려는 입장에서 한국의 보수를 수구와 구분함으로써 민주화와 새로운 시대의 변화를 받아들일 수 있는 입장을 만들려는 것 역시 보수의 자산이 될 수 있다. 이러한 보수의 내부적 분화는 기존 보수세력내의 권력형부정부패, 정경유착이라는 부패 문제를 털어내고 깨끗한 보수를 만들고자 하는 입장으로 볼 수 있다. 대통령탄핵시기 새누리당에서 바른 정당이 떨어져 나온 것은 보수내의 분화의 한 움직임이라고 볼 수 있다.

한국의 보수파가 한국적 보수주의를 만들 수 있는 자산은 근대에서만 찾을 필요는 없다. 한국의 선비정신이나 홍익인간의 이념은 한국적인 공화주의를 만들 수 있는 자산이 된다. 지식과 실천을 강조하면서 현실과 연결하려는 노력으로서 선비정신은 실천적인 지식의 중요성을 강조하면서 점진적인 변화를 모색할 수 있게 해줄 수 있다. 널리 인간을 이롭게 한다는 홍익인간의 정신은 공동체에 대한 범위를 확장하여 다문화시대를 포용할 수 있게 해줄 수 있다. 그런 점에서 한국의 보수는 좀 더 넓은 역사 속에서 이론적 자원을 확보하려고 하 필요가 있다.

Ⅳ 결 론

한국의 보수세력은 보수주의의 이론적 틀을 갖추지 못한 채 역사 속에서 변용되어 왔다. 민주화 30년을 넘어선 한국 정치에서 보수의 새로운 가치와 이론 틀을 제시하기 위한 노력이 있을 때 한국정치의 진보－보수간 정치의 발전을 모색할 수 있다.

현대 정치는 '분배'의 문제뿐 아니라 '차이'에 대한 '인정'이 중요하게 되었다. 다양한 소수자들에 대한 사회적 편견과 차별을 제거하기 위한 노력으로 인정의 정치가 논의되고 있다. 특히 한국에서는 강한 민족주의 정서로 인해 '다문화'와 다문화가정을 받아들이는 것이 어렵다. 다문화주의는 다원주의와의 문제, 민족주의와의 문제, 국가의 중립성문제, 분배문제의 문제등과 관련될 뿐 아니라 정체성의 정치를 고려하게 한다. 다음 질문에 답하시오. (총 50점)

(1) 다문화주의가 등장한 배경과 다문화주의의 의미를 설명하시오. (10점)

(2) 다문화주의와 관련된 정치적 쟁점들을 설명하시오. (20점)

(3) 차이에 대한 '인정의 정치'의 의미를 설명하시오. (10점)

(4) 다문화주의에 대한 '인정의 정치'가 가질 수 있는 장단점을 논하고 다문화주의에 대한 본인의 입장을 서술하시오. (10점)

 문제의 맥락과 포인트

여성 문제를 포함해서 소수자의 문제를 고려하자는 일반정치 이론으로 '차이'의 문제를 고려하자는 인정 이론이 있다. 현대 사상이 주로 좌와 우 사이의 분배 문제라는 '경제'적인 측면에서 자유와 평등을 추구했다면 인정의 정치는 '사회'적인 차이를 인정함으로써 인간의 존엄성을 인정하자는 이론이다. 인정의 이론은 여성 문제와 다문화 문제 성적 소수자의 문제 등과 같은 사회적 약자로 취급되는 이들을 정치적 문제로 끌어들이고자 하는 이론이다. 따라서 최근 이론들로 이론의 핵심을 이해하고 그것이 가지는 정치적 의미를 기술하는 것이 첫 번째 답안쓰기의 작업이 될 것이고 이것의 현실적 함의를 기술하는 것이 두 번째 작업이 될 것이다. 이 문제에서는 사회적 고려의 부족과 경제적 재분배 문제를 연관시킨 뒤, 이를 다문화주의와 연결시키려고 하였다. 최근 다문화가정의 증대와 우리 민족주의의 배타성이라는 현안을 통해서 민주주의의 협소함을 우려하는 목소리가 늘고 있다. 따라서 다문화주의의 의미를 탄탄하게 정리해서 기술하는 것까지 이어가는 것이 이 문제에서는 또 다른 핵심 사안이다. 그리고 이것이 민주주의로 어떻게 연결되는지 답안을 쓰는 내내 연결하려고 해야 한다.

Ⅰ 서 론

사회가 다원화되면서 문화적 다원주의의 가치를 인정하자는 주장이 확대되고 있다. 특히 노동 이주민과 결혼 이주민의 증대와 함께 다문화가정이 늘면서 문화적 다원화의 문제는 정치공동체에 새로운 과제가 되고 있다. 다문화주의는 사회적 '인정의 정치'와 '분배의 정치'를 포괄하는 주제가 되고 있다. 다문화주의 문제가 가지는 다양한 정치적 의미를 통해서 한국에서 다문화주의를 어떻게 받아들일 것인지 살펴본다.

● **대안 목차**

2011년 노르웨이에서 총기난동사건은 다문화주의의 실패를 대표한다. 이후 영국, 호주, 프랑스의 정상들은 연이어 자신들의 다문화정책이 실패했음을 공인했다. 결혼이주민과 노동이주민이 증가하면서 다문화를 사회적문제로 만들어가고 있는 한국에서 이러한 정책 실패를 반복하지 않기 위해서는 어떠한 노력이 필요한지 알아본다.

Ⅱ 다문화주의의 배경과 의미

1. 다문화주의의 배경

전 세계적으로 이주 혹은 이민의 문제가 중요해지고 있다. 따라서 이주나 이민의 문제는 사회의 문제가 되고 있으며 이들 이주민들이 정착지에서 정착하는데 있어서 자신들의 문화와 정착지의 문화와 민족주의가 충동할 수 있다. 이런 이주문제는 노동시장을 확대함으로써 국가들의 성장률을 증대시켜주기도 하고 경제적으로 어려운 시기에 국가들에게 일종의 완충장치를 제공하기도 한다.

국제적인 결혼의 증대로 인해서 문화와 인종과 언어 등이 혼합되는 현상도 나타나고 있다.

이런 이주의 증대와 국제결혼의 문제는 국가중심적인 시각과 영토와 주권의 배타성시각과 민족우월주의 시각에 대한 커다란 도전이 되고 있다.

한국의 경우도 이주노동자 문제와 국제결혼 문제로 인해 다문화문제가 중요하게 부각되고 있다. 한국은 1980년대를 지나면서 외국으로의 노동 유출(ex, 중동건설기 한국인 노동자들)에서 외국노동력의 유입이 증대하게 되었다. 2006년 3월 현재 체류중인 외국인 규모는 80만 3,000명으로 전체 인구의 2%에 해당된다. 이 중 53만 7천명이 90일 이상 장기체류자들이다. 국제결혼율도 급증하여 2005년 기준 13.6%로 4만 건이 넘어가고 있다.

2. 다문화주의의 의미와 내용

다문화주의는 광의로 규정할 경우 "상이한 국적, 체류자격, 인종, 문화적 배경, 성, 연령, 계층적 귀속감 등에 관계없이, 모든 인간이 인간으로서의 보편적 권리를 향유하고, 각각의 특수한 삶의 방식을 존중하며 공존할 수 있는, 다원주의적인 사회, 문화, 제도, 정서적 인프라를 만들어 내기 위한 집합적인 노력"을 뜻할 수 있다(사단 법인 국경없는 마을의 정의). 그러나 협의로 규정할 경우 "자유민주주의에 대한 광범위한 합의와 지지가 선결된 조건에서 다양한 문화적 주체들의 특수한 삶의 권리(politics of difference)에 대한 제도적 보장"(by Kymlicka)을 뜻한다. 이밖에도 "지구화 시대, 보편적인 인권에 대한 광범위한 합의와 지지를 토대로 비국적자 및 체류자격 미비자를 포함하는 방식으로 민족국가 시민권을 '탈민족국가'적인 방식으로 재규정하려는 시도를 뜻할 수도 있다.

정치적인 지향성과 관련하여 "상호존중, 합리적 대화, 정치적 권리라는 세 가지 요건의 실현을 통해서 시도되는 민주주의 심화 프로젝트"

를 뜻할 수도 있다. 또한 '좌와 우' '진보와 보수'라는 고전적인 이분법적 정치이념의 경계를 무효화시키는 새로운 정치 이데올로기를 뜻할 수도 있다.

Ⅲ 다문화주의와 관련된 정치적 문제들

1. 자유주의 다원주의와 다문화주의의 관계

자유주의와 다문화주의는 조화로운 관계를 설정하기도 하지만 갈등적인 관계가 되기도 한다. 다문화주의는 인종적 소수자들의 문화를 인정하자는 것이다. 이것은 개인의 자유뿐 아니라 그 개인이 속한 공동체의 문화적 다양성 역시 존중하자는 것이다. 자유주의가 확장되면서 다원주의입장에서 문화적 도덕적 다양성을 받아들인다고 하면 자유주의는 다문화주의를 끌어안을 수 있다. 특히 개인들이 속한 문화를 자유롭게 받아들임으로써 사회적 다양성을 가져올 수 있다면 자유주의는 다문화주의를 받아들일 수 있다.

반면에 다문화주의에 대해 자유주의가 상충되는 측면도 있다. 먼저 자유주의는 존재론적으로 개인을 강조한다. 이렇게 개인을 강조하는 자유주의 입장에서 특정한 문화적 공동체나 인종적 공동체가 가지는 문화적 요소나 관습 혹은 규율은 개인의 자유를 무시할 수 있다고 본다. 예를 들어 프랑스에서 아랍여성들에게 부르카착용을 금지한 것은 아랍의 문화가 개인의 자유를 무시할 뿐 아니라 자유주의 국가 프랑스의 가치와도 어울리지 않기 때문이다. 그런 점에서 다문화주의는 자유주의와 상충될 수 있다.

다른 한편으로 자유주의 특히 유럽 자유주의는 합리주의를 기반으로 한다. 따라서 자유주의가 받아들일 수 있는 다문화주의는 합리주의에 기반을 둔 정도에 불과하다. 이런 합리주의적

자유주의가 받아들일 수 있는 한계를 넘어선다면 자유주의는 다문화주의를 거부한다. 그런데 이런 입장은 자유주의가 가지고 있는 보편성에 기반한 서유럽 문화가 기본적으로 다른 문화에 우선한다는 입장을 드러내는 것이다. 게다가 서유럽문화를 기반으로 하여 다문화주의를 끌어안는 것은 문화제국주의적 요소를 보여주는 것이다. 서구 자유주의를 서유럽에 국한된 하나의 문화로 볼 때, 서구 자유주의에 이론적 우월성을 부여하는 것 역시 제국주의적 편견에 불과한 것이다.

2. 다문화주의와 민족주의와의 문제

배타적 의식의 민족주의와 다문화주의는 충돌한다. 민족주의를 역사와 문화와 혈연공동체로 이해하는 보수주의적 관점에서 다문화주의는 다른 역사와 다른 문화와 다른 혈연집단의 문제이다. 따라서 민족주의를 시원론적 관점에서 이해하고 객관적 기준을 통해서 이해할 경우 민족주의와 다문화주의는 충돌한다. 유럽과 미국에서 있었던 이민자들의 총기난사 사건은 사회적 동화가 얼마나 어려운지를 보여준다. 그 반대에 있는 백호주의나 신나치즘은 여전히 국수주의적 민족주의가 유럽과 유럽문화에 기반한 호주 등에서 기세를 떨치고 있다는 것을 보여준다. 이런 문제는 한국 역시 마찬가지이다. 한국도 문화적으로 민족주의를 이해하기 때문에 다문화를 받아들이기 어렵다.

반면에 민족주의의 입장을 자유주의적 관점에서 이해할 경우 다문화주의와 민족주의는 상충하지 않을 수 있다. 민족구성원을 정치적 결정으로 가릴 경우 민족은 정치적 의지의 산물이다. 따라서 다른 문화와 인종집단이라고 해도 민족구성원이 될 수 있기 때문에 민족주의가 다문화주의를 받아들일 수 있다. 미국에서 시민권

을 받기 위해 국가에 대한 선서를 하면서 사회
계약의 구성원이 되는 것은 정치적 결단을 통해
미국이라는 민족국가의 구성원이 되는 것을 의
미한다.

3. 정체성의 정치

　민족주의와 다문화주의의 관계는 정치적 공
동체에 있어서 가장 중요한 문제인 정체성의 정
치를 생각하게 한다. 한 정치공동체의 구성원을
결정하게 하는 것이 정치적 결단인지 아니면 혈
연이나 지연과 같은 역사적 운인지를 정하는 것
이 정체성 형성에 있어서 합의를 보아야 하는
문제이다. 게다가 정체성의 정치는 구성원의 탄
생에 의해서 결정되고 유지되는 것이 아니라 끊
임없는 정체성의 재창출과정을 거친다. 즉 구성
원은 일생동안 정치공동체의 구성원으로 남을
것인지 그리고 어디까지를 자신의 공동체로 볼
것인지를 두고 선택하고 사회화된다. 예를 들어
한국의 정치적 갈등 구조 중에서 '지역'이라는
정치적 균열은 정치공동체의 범위와 관련해 지
역공동체를 국가공동체에 선행하게 결정할 수
있다는 것을 보여주는 것이다.

　다문화주의는 정치에 있어서 공동체구성원
의 문제와 구성원간의 정체성 공유문제를 주목
하게 한다. 정체성은 역사적이고 문화적인 요소
들에 의해 형성되는 간주관적인 인식이다. 따라
서 주체와 주체간의 관계속에서 자신을 주체와
대상이라는 두 가지 측면에서 볼 수 있게 한다.
그런 점에서 정체성의 정치가 작동하기 위해서
는 사회적 구성원간에 평등이 향유되어야 한다.
즉 주체와 주체간의 관계설정이 중요한 것이다.
주체와 주체간의 평등이 보장되어야 간주관성을
논할 수 있다. 따라서 주체간 평등성을 확보하
기 위해서는 사회적 평등과 경제적 평등이 일정
하게 보장되어야 한다. 고로 정체성의 정치는

사회적 요소가 정치에 어떤 영향을 미치는지와
함께 사회적－경제적 평등성에 관심을 가지게
한다.

　정체성의 정치는 공동체의 구성원을 결정하
고 공동체구성원 간의 관계규정을 정하는 것이
다. 이러한 관계설정이 된 후에야 공동체가 지
향하는 사회적 가치와 공공선이 무엇인지를 정
해갈 수 있다. 로마의 공화주의 사상처럼 '태어
난 조국'이 아닌 '살아가는 조국'으로서 공화국
은 정치적 결정의 산물이 되는 것이다. 정체성
은 이러한 공화주의의 토대를 형성한다.

4. 국가의 중립성문제

　다문화주의는 국가의 도덕에 대한 개입을 논
하게 한다. 다문화주의는 사회적 구성원임에도
불구하고 그들을 받아들이지 못하고 사회적 차
별을 가하는 것에 대해 부정의하다고 판단한다.
부정의한 것은 도덕적이지 못한 것이다. 따라서
다문화가정에 대한 사회적－경제적 차별은 공동
체의 부도덕함을 나타내는 것이다. 이러한 부도
덕함은 개선되어야 한다. 정치공동체가 좋은 공
동체가 되려면 부정의의 문제를 해결해야 한다.
정의에 부합하는 개선을 위해서 국가가 나서야
한다.

　국가가 사회적 도덕문제에 대해 나서서 개선
을 하게 하는 입장이 완전주의입장이다. 국가는
신학에서 나오는 신처럼 도덕과 공공선에 대해
판단을 내릴 수 있다. 공동체의 이념적인 체현
상태인 국가는 무엇이 정의롭고 무엇이 정의롭
지 못한지를 결정한다. 이렇게 결정된 것을 국
가는 실행한다. 다문화에 대해 국가는 사회적
편견과 경제적 불평등의 문제를 시정하고 개선
한다. 우리나라에서 다문화주의에 대한 홍보나
다문화가정에 대한 지원이 여기에 속한다. 다문
화주의에 대한 국가의 지원은 다문화문제를 사

회적 차별의 문제로 보게 만들 뿐 아니라 도덕 문제로 전환시킨다. 그리고 차별을 철폐하기 위한 국가의 노력을 가져온다. 한국의 경우도 다문화가정 지원프로그램을 구축하고 있다. 다문화가정 전액보육료면제, 다문화가정영유아 국공립어린이집 1순위 입소, 결혼이민자 고용업소 사업주에 1인 결혼이민자 고용당 640만원 지원, 결혼이민자 제빵자격증과 미용자격증 시험, 베트남어와 중국어실시정책, 결혼이민자 지자체 특별공무원채용정책(ex, 대구시 공무원 5% 특별 다문화가정 채용)등이 한국 정부가 채용하고 있는 정책이다. 이러한 다문화주의에 대한 국가의 개입정책은 개인의 도덕적 선택에 대한 자유를 무시할 뿐 아니라 국가가 도덕문제인 사회적 가치를 결정하고 개인의 의사에 관계 없이 이를 따르게 한다는 문제가 있다. 또한 국가의 정책은 시장 질서를 왜곡하여 경제적 자유마저 박탈할 수 있다. 예를 들어 서민층의 일자리에 대해 다문화가정이라는 이유만으로 특혜를 주어 한국태생의 한국인들을 불리하게 만들고 일자리를 빼앗게 만든다.

5. 분배문제의 문제

다문화주의는 사회적 차별에 집중하게 하여 실질적인 문제인 분배문제를 등한시 할 수 있게 한다. 다문화주의에 대한 사회적 차이를 인정하면서 실제로는 경제적 차별문제를 당연시 할 수 있다. 계층과 계급의 문제는 자본주의 구조상 중요한데 이러한 계층 문제를 사회적 차이에 대한 문제로 희석함으로써 자본주의의 구조적 문제를 은폐하는 것이다. 예를 들어 다문화가정이 사회적 차별에 얼마나 노출되어 있는가를 지적하면서 실제로 이들의 계층적 취약성은 고려하지 않는 것이다.

Ⅳ 차이에 대한 인정의 정치

1. 이론적 배경

정치사상적으로 볼 때 1971년부터 규범이론이 부활했다. 1971년 규범이론의 부활을 가져온 롤즈의 『정의론』이 현대 정치사상을 과거 정치사상의 계보와 이어주는 역할을 한다. 롤즈의 이론은 자유주의 내에서 평등과 분배에 관한 주제를 심도 깊게 다루게 되었다.

이후 정치 규범이론은 경제적인 불평등의 문제인 재분배의 문제와 사회적인 불평등의 문제인 '사회적 차이'와 차이에 대한 '인정'의 문제를 다루게 되었다. 특히 1980년대 이후 불평등의 구조적 문제에 대한 관심은 시장에서 개인의 선택과 노력으로 치환되어 개인적 수준으로 전락된 경제 영역의 평등화보다 사회적이고 집단적인 문제인 사회적 인정의 여부로 이동하게 되었다. 이에 따라 경제적 불평을 어떻게 복지정책 등으로 해결할 것인가를 다루는 '평등한 분배'와 '경제적 평등'에서 사회적 불평등속에서 어떻게 개인이 자신의 '존엄성'과 '존경'을 받을 수 있는지의 문제로 관심이 이동하였다.

악셀 호네뜨(Axel Honneth)에 따르면 인정의 정치가 주목 받게 된 것은 보수적 정부에 의한 재분배 정책의 불가능성으로 인한 정치적 환멸에 기인하였다. 또한 사회적으로 사람들의 도덕적 양식이 증진되어 나타난 결과이도 하다. 재분배보다 우리와 다른 이들에 대해 어떻게 우리가 행동을 할 것이고 어떻게 이들을 인정할 것인지가 중요하게 된 것이다.

하지만 이러한 구분은 자칫 차이에 대한 인정이 마치 최근에만 있는 논쟁인 것처럼 받아들여지게 한다. 또 한편으로는 재분배와 같은 주제는 과거의 주제로만 치부되게 만드는 잘못을 가져 올 수 있다. 실제 과거 민족운동이나 흑인 노예해방운동 역시 자신들의 존엄성을 인정받고 싶어 하는 인정의 문제로 볼 수 있다. 인정문제가 사회적 차이만을 강조하는 것으로 비쳐 오히려 경제적 분배의 문제에 소홀 할 수 있다는 점도 지적된다.

2. 인정의 정치

캐나다 철학자인 찰스 테일러(Charles Margrave Taylor)에 따르면 인간은 두 가지 가치를 가지고 있다. 하나는 시민권의 토대이면서 동등 한 대우를 받고 싶어 하는 '존엄성'이다. 이는 인간의 공통적인 특성에 기인하는 것으로 보편적인 인간이기 때문에 받아야 하는 것이다. 존엄성이라는 가치에 따라 모든 사람은 보편적인 인간으로서 누릴 수 있는 자유와 평등을 향유할 수 있다.

두 번째 가치는 '진정성'이다. 진정성은 보편적인 인간으로서 가지는 가치가 아니라 '나(I)'라는 자아의 특수성과 독특성에 기인한다. 진전성은 내가 선호하는 나의 사적인 문화와 기호를 중시하게 만든다. 이 과정에서 정체성(identity)의 구성이 중요하다. 나의 정체성이라는 것은 나와 타자 사이의 대화 속에서 구성되는 것이므로 이것은 완전히 개인적인 것으로만 볼 수 없다.

대화 속에서 정체성이 구성되기 때문에 정체성은 인간의 보편적인 가치인 존엄성과 특수한 자아의 가치인 진정성이 양립할 수 있는 접점을 모색하게 해준다. 즉 인간이라면 받아야 하는 존엄성인 자유가 인정되고 평등한 존재라는 것이 인정되는 속에서 각자 개인의 차이를 인정할 수 있다. 즉 자유롭고 평등한 대화 속에서 다른 사람과 나 사이의 특징이 드러나게 되는 것이다. 이렇게 함으로써 '존엄성'과 '진정성'의 문제는 해결할 수 있는 것이다. 이것은 정치적으로 볼 때 가령 한국이라는 국가의 보편성속에서 다른

문화를 가진 사람들의 특수성이 드러날 수 있는 여지를 가지게 한다.

상호 주관성의 관점에 있어서 호네뜨의 접근 역시 비슷하다. 인간은 상호주관적인 주체적인 존재로 '존경'과 '인정'이 필요하다고 보았다. '존경'은 보편적인 것으로 존엄성과 관계되고 '인정'은 자아의 특수함을 인정하는 것과 같다. 양 가치는 동떨어진 것이 아니다. 가령 '추한 한국인'이라는 비판에는 보편적인 한국인에 대한 무시와 함께 나 자신에 대한 무시를 함께 담고 있는 것이다.

호네뜨는 이 문제에 대한 해법을 헤겔의 인정투쟁에서 찾고자 했다. 인정은 3가지로 나타난다. 먼저 추상적인 법을 통해서 보편적인 존경을 받는다는 법적인정이 있다. 또한 개별적 특수성을 인정한다는 사랑도 있다. 마지막으로 보편적 존경과 함께 특수적 인정을 함께 해야 하는 국가의 인정을 들 수 있다. 즉 법적으로 다문화와 같은 소수자를 인정하고 이것을 국가가 받아들인다는 것이다.

3. 한계: 인정의 정치와 재분배의 정치

차이에 대한 인정과 선호에 대한 문제는 자칫하면 이러한 문화적 문제가 감추게 되는 경제적인 분배의 문제를 무시할 수 있다. 즉 인정의 문제가 사회적 인정의 문제로만 국한 될 경우 사회적 편견과 차이로 인해서 숨겨져 있던 경제 조건과 사회적 불평등의 문제가 무시될 수 있는 것이다. 잘못하면 사회적으로 차이가 있다는 것을 인정하는 것으로만 그치고 실제 경제적 불평의 문제를 해결하지 않는 보수적 결과를 초래할 수 있다.

이런 점에서 낸시 프레이저(Nancy Fraser)의 이론은 사회적 인정과 경제적인 평등의 문제에 가교를 놓는다. 앞선 인정의 문제가 심리적인

간주관성의 문제(호네트)나 선함의 문제(테일러)인데 비해 낸시 프레이저는 인정의 문제를 재분배 문제와 분리시켜서는 안 된다고 했다. 평등과 차이의 문제는 양자 분리될 수 없는 문제라고 주장하는 그녀는 확장된 개념을 통해서 인정의 문제를 사회적 신분의 문제로 전환시켰다. 즉 그릇된 인정은 집단 정체성을 폄하하거나 나쁜 변형을 가져오는 것이 아니라 동등한 지위를 가진 사람으로서 사회생활에 불참하게 하거나 사회적 예속을 가져온다. 실제 사례로 한국이나 태국의 성적 소수자들의 문제를 들 수 있다. 이들은 일반적인 직장에 다닐 수 없어 야간업소에서 보통 일을 한다. 정상적인 사회생활을 불가능하게 함으로써 이들은 경제적으로도 차별을 받는 것이다. 따라서 '차이'의 문제는 단순한 선호의 문제에서 분배문제를 아우르는 정의의 문제로 전환된다.

낸시 프레이저의 접근은 공공기관 등에서 인정문제를 정의 차원에서 다룰 수 있게 해준다는 장점이 있다. 예를 들어 성전환자의 주민등록번호를 바꿔 줌으로써 자신이 원하는 일을 할 수 있는 기회를 제공할 수 있는 것이다, 그러나 개인들의 선호의 문제를 공적 문제로 바꾼다는 문제를 가질 수 있다. 이로 인해 사적인 부분을 경시할 수 있다는 점도 문제이다. 그리고 문화적인 것을 도덕과 정의의 문제로 전환시켜서 지나칠 정도의 공적 문제로 만들 수 있다는 점에서 비판의 여지를 남긴다.

프레이저의 이론은 여러 가지 각도에서 비판을 받는다. 프레이저의 이론이 사회적 주장임에도 불구하고 구체적 증거가 제시되지 않는다는 점은 문제가 된다. 흑인 문제에서처럼 계급과 인정이 공통으로 존재한다는 것을 무시하는 점도 제기된다. 연대의 정치를 경시한다는 점에서도 비판을 받는다. 하지만 '차이'에 대한 사회적

인 인식의 문제와 사회적 인식의 전환문제가 감출 수 있는 구조적인 경제적 불평등의 암묵적 인정을 드러냈다는 점에 의미가 있다. 즉 사회적으로는 인정을 해주는 척 하면서 경제적인 불평등을 무시하는 문제를 볼 수 있게 해준 것이다.

Ⅴ 다문화에 대한 인정의 정치의 장단점과 필요성 논의

1. 다문화에 대한 인정의 정치의 장단점

앞서 보아온 것처럼 다문화주의에 대한 인정의 정치는 장점과 단점을 모두 가진다. 먼저 장점은 3가지가 관련되어 있다. 첫째, 정의의 문제. 둘째, 권력의 문제. 셋째, 진실의 문제이다.

먼저 정의의 문제를 보자. 다문화가정은 결혼과 노동이라는 개인의 선택에 의해서 구성된다. 그러나 이들의 선택은 다문화가정을 이루면서 한국사회의 사회적 편견과 경제적 차별에 시달리게 된다. 그런 점에서 다문화주의는 정의에 부합하지 않는다. 또한 이들은 사회적 약자이며 사회적 소수자로서 집단적 무시와 멸시를 경험한다. 이들의 입장은 집단화하고 이들의 상황을 개선하기 위한 담론화와 이러한 정책들을 이용해서 이들에 대한 사회적 인식을 개선하는 것이 '인정'의 정치가 수행할 과제이다.

두 번째로 권력의 문제를 살펴보자. 인정의 정치는 공동체 구성원이라는 정체성을 향유하게 함으로써 공동체의 유지라는 국가의 첫 번째 기능을 수행하게 한다. 또한 인정을 통해서 주체 간의 평등을 향유하게 함으로써 피권력자이자 대상이었던 다문화가정과 결혼이주민들을 권력에 노출시키고 국가권력을 이루는 주체로 부상시킨다.

세 번째로 진실의 문제를 살펴보자. 다른 한

편으로 다문화주의는 사회적 진실을 밝힘으로서 사회가 '불편한 진실'을 받아들이게 만든다. 한국사회의 결혼이나 부족한 인력의 문제 그리고 이로 인한 이주자들과 한국인과의 결혼은 이제 사회적 문제가 된지 오래이다. 사회의 계층적 분화 외에도 족적(ethnic) 분화도 한국사회의 한 갈등 축이 될 수 있다는 드러내는 것이다.

하지만 다문화주의에 대한 '인정의 정치'도 문제가 있다. 다문화주의에 대한 인정은 국가의 강요를 통해서 족적 일체감을 가지는 것을 거부하게 만든다. 즉 한국인과 다문화가정을 구분하고 다문화가정에 대해 정신적－사회적 폭력과 육체적－경제적 폭력을 휘두르는 한국인과 피해자 다문화가정으로 사회를 도식화한다. 시민사회에서도 다문화주의를 거부하는 사람은 진보적인 사람이 될 수 없다는 식의 도식화를 통해 개인의 도덕적 문제와 선호의 문제를 정의의 문제로 재단한다.

다문화주의가 가진 문화적 우월주의도 문제이다. 한국의 결혼 이주민들의 경우 한국남성들이 베트남 등 현지에 가서 당일에 현지인 여성들을 집단으로 선을 보고 바로 부모 상견례를 하고 다음날 에이즈 검사와 정신병 검사를 한 뒤 혼인신고를 하게 한다. 그리고 현지에서 신혼여행을 한 후 결혼 한 여성을 한국에 데려온다. 이 과정은 다문화주의 이면에 존재하는 결혼 시장이라는 조건을 형성하고 결혼시장에서 여성을 상품으로 취급하게 한다. 그러나 한국에 들어온 결혼 이주민에 대해서 다문화주의로 이들에 대한 정의를 이야기 하는 것은 이러한 상황자체를 무시하는 것이다. 또한 돈이 필요한 여성과 자식이 필요한 남성 사이에 매매를 주선하는 비도덕적 상황을 사후적으로 다문화라는 이름으로 무죄판결하게 한다.

게다가 다문화주의 이주자들은 한국어를 배우거나 한국역사에 대해 관심을 가지는 한국 구성원이 되기 위한 최소한의 노력도 하지 않는 경우가 많다. 이런 상황에서 공동체 구성원이라기보다는 이주노동자에 가까운 이들을 사회공동체를 넘어 정치공동체 구성원으로 받아들여야 하는지에 대한 문제가 있다.

마지막으로 다문화가정의 이주자들의 경우 특히 결혼이주자의 경우 대체로 하위 계층에 속한다. 이들은 한국태생의 한국인 하위계층의 일자리를 두고 경쟁을 한다. 따라서 한국 저소득층과 다문화 저소득층은 직업을 두고 경쟁을 한다. 국가의 개입은 이러한 경쟁에서 불필요하게 결혼이주자들에 특혜를 부여하고 한국태생의 한국인들을 역차별하는 결과를 가져온다. 직업에 대한 경쟁은 결국 계층적 연대를 약화시킨다.

2. 다문화에 대한 인정의 정치 필요성 논의

세계화로 인해 이주와 이민이 늘면서 다문화는 이제 전세계적인 문제가 되고 있다. 문화적 차이를 받아들이면서 공동체를 유지해야 하는 부담이 늘어난 것이다. 과거 계층적 차이에 근거한 정치에서 문화적 차이도 공동체의 갈등구조가 되었다. 그러나 사회적 차이는 사회적 정체성 형성을 더욱 어렵게 한다. 인정과 무시라고 하는 일차원적인 정서가 결부되어 있기 때문이다. 또한 무시를 넘어 경제적 차별이라는 문제가 된다.

다문화주의는 공동체의 정체성과 공공선의 구성이라는 점에서 고려되어야 한다. 하나의 정치공동체를 이루기 위해서는 정치적 결단이 중요하다. 그러나 이러한 합리적 판단에 의해서만 정치공동체가 되는 것은 아니다. 정치공동체 이전에 사회공동체와 문화공동체가 유지되는 것 역시 중요하다. 역사를 공유하고 언어를 공유하는 것은 개인이 사회에 대해 귀속감을 가질 수 있는 방법이기 때문이다. 그런 점에서 다문화주의는 정치적 결단이라는 개인의 정치적 의지에 의해서만 결정될 수 있는 것은 아니다. 이것은 사회공동체의 문화 속에서 어떤 방식으로 정체성을 나누는가에 의해서도 결정되어야 한다.

다문화주의에 대한 입장 역시 정치적 결정을 강조하되 문화적인 요소를 무시할 수 없다. 공동체의 공공선이 문화적 요소에 의해서도 영향을 받기 때문이다. 그런 점에서 정치적 결정을 통해서 사회구성원이 되고자 하는 개인들의 의지를 중요시해야 한다. 하지만 한 사회의 구성원이 되었다는 것이 정치공동체의 구성원이 되는 것은 아니다. 정치공동체의 구성원이 되기 위한 결정의 조건들(공동체에 대한 소속감, 공공선에 대한 합의 가능성, 공동체를 위한 헌신)은 정치공동체에서 공동체를 유지하기 위한 기본적인 덕목이다. 한편 원주민인 태생적 국적인들은 이들의 정치적 결정을 존중하고 문화적 다양성에 대한 '관용'의 태도가 필요하다. 정체성이라는 것이 상호적이기 때문에 상호작용이 중요하고 이것은 이주민과 원주민간의 상호작용에 의해서 만들어지는 것이다.

조심할 것은 유럽의 다문화주의 실패사례에서처럼 강제적인 다문화주의 주입정책은 대체로 실패하게 된다는 점이다. 따라서 사회내에서 점진적인 담론화와 합의의 과정을 거쳐야 한다는 것이다. 이런 과정 속에서 정체성을 받아들이는 사회적 합의의 기준이 만들어지게 될 것이다.

Ⅵ 결 론

다문화주의는 강요에 의한 것 보다는 사회적 합의에 의해 구축되어야 한다. 다문화는 이제 한국의 현실이 되어 있다. 따라서 다문화를 거부하는 것이 아니라 다문화를 받아들이고 유럽

과 같은 실패한 다문화로 인한 사회적 혼란과 갈등을 강화하지 않는 노력이 필요하다. 이를 위해서는 이주민과 원주민 양측의 다문화에 대한 사회적 의제화와 한국적 가치의 보편성과 특수성에 대한 상호이해가 중요하다. 이러한 사회적 대화의 통로를 구축함으로써 점진적이더라도 사회적 합의를 구축해가는 것이 강요에 의한 다문화주의보다 중요하다.

기출문제와 연결

제20문 2014년 5급 3번(한국의 다문화주의 정책 평가)

여성과 남성이라는 성(gender)을 보는 관점에는 자유주의 관점의 '차이접근(difference approach)'과 계급 관점의 '지배접근(dominance approach)'이 있다. 한국에서 성평등 정책의 시행에도 불구하고 성별 갈등이 강화되거나 성적불평등지수가 높아지고 있는 것이 현실이다. 이런 상황에서 '미투운동'은 사회, 경제, 정치권에서 성과 관련된 불평등이 높다는 점을 드러내고 있다. 따라서 절차적 차원의 민주주의를 넘어서 실질적 차원의 민주주의로의 발전을 위해서는 젠더문제에 대한 변화가 필요하다는 주장이 제기된다. 다음 질문에 답하시오. (40점)

(1) 젠더문제에 대한 차이접근법과 지배접근법을 비교하시오. (15점)

(2) 과거 정치가 민족문제, 권위주의, 계급정치와 분단정치를 강조하였던 것과 젠더 문제라는 '일상성 민주주의' 부족의 관계를 설명하시오. (10점)

(3) 실질적인 차원에서 민주주의 발전을 위한 한국 젠더 문제의 해결방안을 논하시오. (15점)

Ⅰ. 서   론
Ⅱ. 젠더에 대한 접근법 비교
  1. 차이접근(difference approach)
  2. 계급 관점의 지배접근(dominance approach)
Ⅲ. 젠더 정치의 주변화: 계급과 분단질서의 강조
  1. 민족주의 강조한 자유주의

2. 권위주의를 타파를 강조한 절차적 민주주의
3. 계급과 분단질서를 강조한 급진주의
Ⅳ. 민주주의의 발전과 실질화를 위한 방안
  1. 민주주의의 발전을 위한 방안
  2. 젠더 대립으로 이어지지 않는 민주주의
Ⅴ. 결   론

 문제의 맥락과 포인트

한국 정치갈등 중 하나가 젠더문제이다. 젠더문제를 구조적 차원에서 볼 때 민주주의에서 다른 이슈들에 밀려 후순위가 된 측면이 중요하다. 한국의 젠더 문제를 출제한다면 사회적 균열차원에서 다루어보면서 사회적 균열의 반영정도 측면에서 다룰 수 있다.

Ⅰ 서   론

미투운동으로 전개되고 있는 한국 사회의 젠더 문제와 젠더 감수성에 대한 무지와 오해는 한국 사회의 여성문제를 드러내주고 있다. 문제를 '드러내고' 이것의 문제점들을 인식하고 이를 개선해가는 과정은 그간 민주주의가 제도를 강조하면서 개인화하였거나 젠더몰지각적(gender-blind)인 차원의 접근으로 인해 사회구조적인 일상성 속의 비민주적인 요소들을 개선할 수 있게

할 수 있다. 이 과저에서 어떤 부분을 개선할 것인지와 어떤 우려가 있을 수 있는지 살펴본다.

Ⅱ 젠더에 대한 접근법 비교

1. 차이접근(difference approach)

자유주의에 기초하고 있는 젠더 접근이 차이접근이다. 이 접근법에 따르면 여성과 남성은 '다름' 즉 차이에 근거한다. 이것은 성적인 차이

가 아니라 사회적 관점에서의 성(gender)에 대한 다름에서 출발한다. 생물학적인 성(sex)이 아니라 사회적으로 구성된 관점으로서 성(gender)은 사회적 관습과 인식에 의해 만들어진다. 따라서 자연적으로 주어진 성적인 차이가 문제가 아니라 사회적으로 구성된 성이 문제가 되는 것이다.

자유주의자들은 사회적 성은 근본적으로 대립적이기보다 다른 것이라고 본다. 계급적관점에서는 사회적 성은 누군가가 누군가를 지배하는 지배의 문제이다. 이것은 권력의 문제이며 구조적인 문제이다. 반면에 자유주의는 다름의 문제이기 때문에 다름을 인정하는 것에서 문제를 시작한다. 남성과 여성은 다르며 이러한 다름은 인정하지 않고 남성중심적인 관점에서 여성을 바라보고 이해하는 것이 문제이다.

다름의 관점은 남성과 여성의 문제를 다원적 공존 속에서 상대를 인정하는 것으로 해결책을 찾고자 한다. 인정이론을 주장한 테일러나 악셀 호네트의 주장은 인간이라는 공통점 속에서 여성과 남성의 다름 즉 차이 인정이 중요하다고 본다. 보편성 속에서 개체들의 차별적인 의미를 상호 인정함으로써 사회구성원으로서 개인들은 다름을 인정하는 다원적 공동체를 유지하게 된다.

다름에 대한 인정은 그동안 현실 제도들이 가진 문제점들을 드러내고 이를 수정함으로써 해결책을 마련할 수 있다. 여성들이 배제되어 있었거나 여성들이 참여하기 어려웠던 제도들을 수정하고 개선함으로써 여성들과 남성들간의 문제점을 해결할 수 있다. 여성인권운동에 대한 인정과 보통선거권의 확대 그리고 여성대표를 증대하기 위한 양성평등제도의 실시등이 제도적 개선의 실제 사례들이다.

2. 계급 관점의 지배접근(dominance approach)

급진주의의 계급 관점은 여성과 남성을 지배의 차원에서 다룬다. 젠더라는 사회적 의미 자체가 사회내의 권력 구조의 산물이다. 남성위주의 사회구조라는 가부장적인 질서가 남성은 지배자로서 여성은 피지배자로서 자리매김을 한 것이다. 그리고 이것이 사회적 관습과 규범이 되어 공동체를 규율한 것이다.

이러한 접근에 따를 때 남성과 여성은 다른 것이 아니라 권력자가 피권력자를 지배하게 되는 것이다. 따라서 이는 사회적인 차이가 아니라 정치적인 권력이 문제가 되는 것이다. 여성 문제 대부분이 제도를 개선하는 것에서 실질적인 여성의 평등을 만들어내기 어려운 것은 제도 개선만으로 권력 관계를 수정할 수 없기 때문이다. 예를 들어 비례대표제도에서 여성할당비율의 증가는 근본적인 여성과 남성의 권력 관계에 대한 고찰이 없이는 남성중심의 질서가 주는 선물에 불과하게 되는 것이다.

계급접근법은 권력관계를 드러내고 이것을 수정하는 것이 사회적 젠더 불평등문제를 해결하는 방안이라고 본다. 권력관계를 드러내고 진보적인 입장에서 여성과 남성 사이의 불평등문제를 확인하고 이를 개선하려는 인식 구조 개선이 우선적으로 수행되어져야 한다. 이것을 바탕으로 사회에 교차적으로 존재하고 있는 성적 불평등 문제를 수정해가야 한다. 예를 들어 여성－남성 문제와 다문화문제, 장애인 문제, 성적 소수자 문제 등은 교차적인 문제를 가진다. 이런 문제 해결을 위해서는 뿌리 깊은 가부장주의를 개선해야 한다. 이것은 사회근본적인 질서의 변화를 의미하는 것으로 이러한 권력관계의 시정 없이 남성과 여성 불평등문제의 해결은 어렵다.

Ⅲ 젠더 정치의 주변화: 계급과 분단 질서의 강조

1. 민족주의를 강조한 자유주의

과거 진보 정치는 크게 계급구조와 분단질서를 강조하는 방향으로 진행되었다. 한국 정치는 식민지배 탈피라는 대명제를 중심으로 자유주의를 받아들였다. 일제 침략기 한국에 도입된 자유주의는 과거 유교적 관점의 보수적 정치를 개혁해보려는 진보적인 입장에서 도입되었다. 그러나 서구의 자유주의가 구체제에 저항하기 위해 개인을 해방시키는 차원에서 만들어진 것과 달리 한국의 자유주의는 일본이라는 침탈세력에 대해 조선의 독립이라는 관점에서 받아들여졌다. 이것은 자유주의의 핵심인 개인과 개인의 자유가 아니라 국가의 자유와 독립에 중요한 가치를 부여하였다.

이런 입장은 자유주의가 민족주의와 결합하게 되는 한국적 특이성을 가지게 한다. 민족주의가 집단을 강조하는 감정적인 것이라면 자유주의는 개인의 합리성을 강조한다. 하지만 한국에서는 자유는 독립의 의미이고 이를 위해서는 집단적인 충성심이 중요하게 되면서 자유주의 민족주의가 결합하게 된다.

이것은 서구 국가들의 근대화적 입장에서의 민족주의와도 입장이 다르다. 서구에서는 정치체제를 결정하는 것에서 자신의 선택을 강조하는 것이 주관론 즉 근대화론 입장이다. 그러나 조선은 집단주의를 강조하기 위해 동구권국가들이 사용했던 객관론 즉 시원론에 기초한 민족주의를 사용하였다. 그리고 이런 민족주의를 자유주의자들도 이용했기 때문에 한국만의 특성이 있다.

민족주의와 집단주의로 만들어진 자유주의는 한국에서 서구 자유주의의 개인과 개체 중심성과 다원주의를 체화하지 못하게 하였다. 이것은 이후 여성들의 해방이나 여성중심사상이 자유주의를 토대로 하여 만들어지는 것에서도 어려움을 겪게 만들었다.

2. 권위주의 타파를 강조한 절차적 민주주의

한국의 민주주의는 1987년 민주화를 기점으로 권위주의 타파를 주된 목표로 삼은 좁은 민주주의로 귀결되었다. 1987년 민주화는 대통령제 직선제가 주된 목표였다. 이것은 대통령제도만 비민주주의의 체육관선거에서 국민들의 뜻에 따라 선출하는 것으로 바꾸면 되는 것으로 민주주의를 좁혔다. 따라서 제도적인 권위주의를 타파하면 민주주의가 되는 것이었지 일상적인 생활속의 권위주의를 문제시하지는 않았다.

이것은 일상 속의 권위주의에는 무감각하거나 관대한 결과를 가져왔다, 가정 폭력과 학교에서 가해지는 폭력이나 군사주의 성향, 직장에서도 이어지는 군사국가화의 단일주의와 획일주의 등은 일상적인 것이지 특별히 문제 된 것이 없었다. 이 과정에서 행해지는 여성비하, 장애인 비하는 제도적 민주주의의 달성과는 연관성이 없는 그저 사회적인 일상에 불과하였다. 과거 여공에 대한 비판이 대표적이다.

3. 계급과 분단질서를 강조한 급진주의

권위주의를 붕괴시키고 민주주의를 확대할 때 한국의 급진주의의 영향을 컸다. 한국의 급진주의는 제도적 차원의 민주주의만이 민주주의가 아니라 민주주의의 실질적인 의미를 강조했다. 이들은 다시 한국 질서의 문제점을 자본주의계급에서 찾는 인민민주주의 전선(PD)과 한국의 분단에서 찾는 민족해방주의 전선(NL)로 구분된다.

급진주의는 1987년 자유주의에 기초한 절차
적 차원의 민주주의의 보수성을 문제삼으면서
실질적인 차원의 민주주의로 확대를 강조한다.
이것은 거대담론을 중심으로 이루어졌다. 계급
구조의 변화는 노동자와 자본가라는 사회경제
적 질서의 변화를 강조했다. 두 번째 민족해방
주의노선은 한국 분단의 제국주의적 기원을 강
조했다.

이런 입장들은 결국 큰 틀에서 사회적 구조
에 집중하였고 미시적 정치에 둔감하게 되었다.
1968년 68혁명에서 진보진영이 여성문제를 등
한시 하여 여성운동이 따로 전개된 것처럼 한국
진보진영에서도 여성문제는 주변적인 문제였다.
따라서 진보 투쟁은 여성과 남성 사이의 차이는
무시하였고 이 과정에서 여성운동가들은 남성운
동가들의 주변에 위치하게 되었다. 이런 상황은
현재 미투 운동에서 보수세력보다 진보정치세력
에서 더 미투 가해자들이 많이 폭로되는 현상을
만들고 있다.

Ⅳ 민주주의의 발전과 실질화를 위한 방안

1. 민주주의의 발전을 위한 방안

젠더 문제에 있어서 한국의 그간 접근은 법
과 제도의 개선을 위한 방안들이 중심을 이루었
다. 성차별적인 인식을 개선하고 양성평등주의
에 기초한 제도적 개선책들이 주를 이루었다.
성평등적 예산의 확대, 성주류화를 위한 고양성
평등 고용제도, 적극적 시정조치의 사용등이 그
방안으로 실시되었다. 이 과정에서 여성가족부
의 창설은 제도적인 차원의 개선을 위한 방안이
었다.

그러나 이런 제도들에도 불구하고 젠더 갈등
은 심화되었고 성불평등은 강화되었다. 한국의
국제성불평등지수는 이것을 반영한다. 또한 여
성들의 고용실태나 여성과 남성의 임금 차이,
휴직제도에 따른 차별과 출산과 육아에 따른 여
성들의 재고용의 어려움은 경력단절여성문제로
나타나고 있다.

이런 상황에서 인민의 자기 지배로서 민주주
의는 실제 남성위주의 자기지배는 구현되어도
여성들의 자기 지배는 어려운 것이 현실이다.
따라서 반쪽짜리 민주주의가 되지 않기 위해서
는 여성들이 공동체 구성원으로서 자신들의 능
력에 따라 차별받지 않는 것이 중요하다.

이것은 크게 두 가지 차원에서 접근을 필요
로 한다. 첫 번째는 여성과 남성사이의 권력문
제를 드러내는 인식구조의 변화이다. 직장, 학
교, 가족 내에서 벌어지는 여성피해와 남성가해
의 경우 대부분은 권력과 관계가 있다. 따라서
이 권력이 남성과 여성의 문제가 아니라는 점을
드러내는 것이 우선이다.

두 번째는 여성들이 실질적인 자기 지배를
관철하기 위해 더 많은 여성대표를 선출하고 더
많이 여성들의 가치를 반영하는 것이 필요하다.
이것을 위해서 정치권에서의 여성할당제의 적극
적인 변화와 함께 사회경제적 차원에서의 여성
불평등문제를 해결해가야 한다. 실제 정치권력
에 의해서 변화를 만들 수 있기 때문에 여성대표
의 증대라는 실질적인 정치 권력화는 중요하다.

그런데 이때 중요한 것은 성적으로 여성인
여성정치인이 아니라 젠더로서 여성을 대변하는
여성정치인이 필요하다는 것이다. 브라질의 여
성대통령이었던 지우마 호세프나 한국의 여성대
통령이었던 박근혜 대통령은 전자에 속하지 젠
더 차원에서 여성대통령으로 보기 어렵다. 반면
에 독일 메르켈 총리가 보여준 마더십이라는 리

더십은 여성주의적이다. 따라서 여성대표의 증대 자체가 아닌 여성의 사회적 문제를 인지하고 해결하려는 여성 지도자가 필요하다.

이러한 조치들을 통해서 여성이 대등한 존재가 되는 민주주의를 구현해야 한다. 이것은 여성운동이 그동안 펼쳤던 여성을 중심으로 한 민주주의를 가정, 학교, 직장, 그리고 공동체에서 만드는 것이다.

2. 젠더 대립으로 이어지지 않는 민주주의

차이에 기초한 접근이 아니라 계급 방식의 접근은 권력의 근원과 가부장주의의 부작용을 드러낸다는 점에서 의미가 있다. 하지만 한편으로 젠더간 갈등과 대립을 조장할 수 있다. 페미니즘이 너무 극단으로 치달아 포스트모던 계열로 가게 된 경우 극단적으로 출산 자체를 하나의 계급적 구속으로 받아들이게 되는 부작용을 보았던 것처럼 젠더간 대립을 극화할 수 있다.

민주주의는 자기 지배이며 한편으로는 다름의 인정 속에서 공존을 하는 것이다. 여성과 남성의 사회적 성차이의 인식이 지나치게 배타적이지 않기 위한 노력도 필요하다. 현재 미투 운동으로 인해 드러난 사회적 악습과 관행들을 폐기하면서도 한편으로 남성과 여성이 공존을 넘어설 수 있는 중간 지점을 찾아가는 노력 또한 필요하다.

Ⓥ 결 론

한국사회의 미투가 '드러내기'를 하고 있는 불평등한 권력구조의 개편은 이루어져야 한다. 한편으로 사회적 악습과 인식 부족을 드러내고 이를 치유하면서도 남성과 여성이 남성혐오나 여성혐오로 가는 것을 막아주는 중간 장치들이 필요하다.

제025문 **여성의 대표성 증대방안**

한국 사회에서 여성에 대한 차별문제를 둘러싼 갈등이 강화되고 있다. 이에 여성을 둘러싼 다양한 문제들을 해결하는데 있어서 '정치제도' 참여와 '사회구조적' 개편을 둘러싼 해결책이 제시되고 있다. 한편 사회참여와 정치참여를 증대하는데 있어서 여성의 '대표성' 증진이 중요하다. 다음 질문에 답하시오. (총 40점)

(1) 여성과 관련된 문제 해결을 위한 '제도적인' 접근과 '사회구조적' 접근의 대표적인 이론들을 비교하시오. (15점)

(2) 여성의 '대표성' 증대를 위해 (의회)선거제도차원에서 '비례대표 의석수 확대(현행 여성후보 공천의무제 유지전제)'와 '지역구의원 여성할당제 도입'과 '중대선거구제 도입'과 '석패율 제도'의 도입에 따른 예상효과를 논하시오. (25점)

I. 서 론
II. 여성문제 해결방안에 대한 이론간 비교
  1. 자유주의 페미니즘: 차이접근
  2. 마르크스 페미니즘: 지배접근
  3. 이론간 평가: 여성문제 해결을 위한 방안

〈대안 목차〉
  3. "이론간 평가"를 만들지 않고 이론은 수평적으로 비교를 하고

III. 여성대표성 증대방안

III. 여성대표성 증대방안
  1. 비례대표 의석수 확대: 현행 여성후보공천의무제 유지전제
  2. 지역구의원 여성할당제 도입
  3. 중대선거구제 도입
  4. 석패율 제도
IV. 결 론

 문제의 맥락과 포인트

젠더문제를 이론적으로 양분하면 차이접근과 지배접근으로 구분할 수 있다. 자유주의와 급진주의에 기초한 이 구분법에 따라 젠더 문제를 파악하는 방법과 함께 이 문제는 여성문제를 제도적으로 풀수 있는 방안을 제시하고 있다. 젠더 문제는 정치사상의 문제이다. 이런 사상의 문제를 구체적인 제도와 연결할 수 있다는 점에서 분야별 연결훈련을 위한 문제이다.

Ⅰ **서 론**

20대 총선의 여성의원 비율은 17%로 아시아 평균인 23%와 아시아 평균인 19%에 미치지 못하는 수치이다. 여성의 낮은 대표성은 여성의 사회적 차별과 사회–경제적 진출과 경력확보에 있어 장애물이다. 따라서 여성문제 해결을 위해 선거제도를 통해 구체적으로 국회 여성의원의

대표성을 높이는 방안을 모색한다.

Ⅱ **여성문제 해결방안에 대한 이론간 비교**

대표성을 높이는 방안이 중요한 이유를 살펴보기 위해서 '제도'를 강조하는 입장과 '사회적 구조'를 강조하는 입장을 비교한다. 제도강조입

장에는 자유주의 페미니즘을 사회적구조를 강조하는 입장에는 마르크스주의페미니즘과 사회주의페미니즘을 포괄하여 지배접근으로 설명한다.

1. 자유주의 페미니즘: 차이접근

자유주의 페미니즘이 제도를 통한 문제해결을 강조한다. 자유주의이론은 페미니즘을 '차이(difference)'의 관점에서 접근한다. 이 접근법에 따르면 여성과 남성은 '다름' 즉 '차이'에 근거한다. 이것은 성적인 차이가 아니라 사회적 관점에서의 성(gender)에 대한 다름에서 출발한다. 사회적 관습과 인식이라는 사회적 구성이 문제인 것이다. 사회적 관습과 인식의 왜곡을 수정하는 것이 중요하며 이것은 개인들의 자유의지와 선택에 기초하여 해결할 수 있다.

자유주의 페미니즘은 여성문제가 제도를 통해서 해결될 수 있다고 본다. '다름'에 대한 인정은 그동안 현실 제도들이 가진 문제점들을 드러내고 이를 수정함으로 해결책을 마련할 수 있다. 여성들이 배제되어 있었거나 여성들이 참여하기 어려웠던 제도들을 수정하고 개선함으로써 여성들과 남성들간의 문제점을 해결할 수 있다. 여성인권운동에 대한 인정과 보통선거권의 확대 그리고 여성대표를 증대하기 위한 양성평등제도의 실시 등이 제도적 개선의 실제 사례들이다.

2. 마르크스 페미니즘: 지배접근

여성문제를 사회구조적인 문제로 보는 관점은 마르크스주의로 대표된다. 마르크스주의페미니즘이나 사회주의페미니즘은 여성과 남성의 문제를 '차이'가 아니라 '지배(dominance)'의 차원에서 다룬다. 이들 이론들이 볼 대 젠더라는 사회적 의미 자체가 사회 내의 권력 구조의 산물이다. 두 가지가 문제이다. 첫 번째는 가부장주의 질서이고 두 번째는 자본주의의 구조적 문제

이다. 남성위주의 사회구조라는 가부장적인 질서는 남성은 지배자로서 여성은 피지배자로서 자리매김을 한다. 그리고 이것이 사회적 관습과 규범이 되어 공동체를 규율한 것이다. 또한 자본주의에서 남성은 부르주아가 여성은 노동에 의존하는 프롤레타리아화된다.

지배 접근을 따를 때 남성과 여성은 다른 것이 아니라 권력자가 피권력자를 지배하게 되는 것이다. 따라서 이는 사회적인 차이가 아니라 정치적인 권력이 문제가 되는 것이다. 여성문제 대부분이 제도를 개선하는 것에서 실질적인 여성의 평등을 만들어내기 어려운 것은 제도개선만으로 권력관계를 수정할 수 없기 때문이다. 예를 들어 비례대표제도에서 여성할당비율의 증가는 근본적인 여성과 남성의 권력 관계에 대한 고찰이 없이는 남성중심의 질서가 주는 선물에 불과하게 되는 것이다.

계급접근법은 권력관계를 드러내고 이것을 수정하는 것이 사회적 젠더 불평등문제를 해결하는 방안이라고 본다. 권력관계를 드러내고 진보적인 입장에서 여성과 남성 사이의 불평등문제를 확인하고 이를 개선하려는 인식 구조 개선이 우선적으로 수행되어져야 한다. 이것을 바탕으로 사회에 교차적으로 존재하고 있는 성적 불평등 문제를 수정해가야 한다. 예를 들어 여성－남성 문제와 다문화문제, 장애인 문제, 성적 소수자 문제 등은 교차적인 문제를 가진다. 즉 여성이면서 다문화인이고 장애인인 경우 개별적인 문제 해결로는 해결이 어렵고 종합적인 개선책 마련이 필요하다. (부연: 이것이 교차페미니즘이다)

구조적 지배를 해결하려면 두 가지 해법이 필요하다. 첫째, 뿌리 깊은 가부장주의를 개선해야 한다. 둘째, 사적 소유권문제를 근본적으로 수정해야 한다. 이를 위해서는 여성을 둘러싼 사회구조적 개선이 필요하다.

3. 이론간 평가: 여성문제 해결을 위한 방안

위의 두 가지 이론의 장단점에도 불구하고 실질적으로 여성들의 사회구조적인 문제는 제도를 통해서 해결해가야 한다. 가부장질서나 소유권제도의 모순도 사회적 타협을 통해서 변화를 가져와야 한다. 여성과 남성간의 혐오로 이어지지 않는 합의점을 위해서는 사회적 타협과 제도적인 모색이 중요하다. 이를 위해서는 우선적으로 여성의 대표성증진이 필요하다. 여성의원의 증대가 즉각적으로 여성문제 해결로 이어지는 것은 아니지만 문제를 해결할 수 있는 개연성을 넓힐 뿐 아니라 대표성 그 자체로도 중요하다.

● 대안 목차

"3. 이론간 평가"를 만들지 않고 이론은 수평적으로 비교를 하는 방안

Ⅲ 여성대표성 증대방안

아래 사잇글을 만들 수도 있다.
ex) Ⅲ. 여성대표성 증대방안
"위의 이론간 비교에서 보았듯이 사회적 해결책을 모색하는 것이 중요하고 이는 제도정치로 반영될 필요가 있다. 따라서 사회구조적문제도 대표성 증대를 위한 제도 정치로 포섭될 필요가 있다. 이하에서는 선거제도를 통한 대표성 확보방안에 대해 모색한다."

Ⅲ 여성대표성 증대방안

여성대표성 방안은 지문에서 제시한 바와 같이 국회를 중심으로 선거제도에만 국한해서 설명한다. 또한 여성대표성은 국회내 전체 의석수 대비 여성의원의 의석수를 기준으로 한다.

1. 비례대표 의석수 확대: 현행 여성후보 공천의무제 유지전제

비례의석수의 증대는 여성의원의 수를 증대시켜 대표성을 증대할 수 있다. 비례대표제는 정당에 대한 지지를 의석으로 반영한다. 따라서 정당이 어떤 후보를 내세우는지에 따라 각 정당이 대표하고자 하는 대표성에 직접적으로 영향을 미친다.

비례대표의석수를 현재 47석에서 100석까지 늘린다고 하면 여성의원은 현재 20대 국회의 25명에서 최소 50명까지 증대한다. 현재 공직선거법에 규정된 정당이 여성후보를 50% 공천해야 하는 규정을 지킨다고 전제할 때 여성의원의 당선자 수는 증대한다. 이것은 현재 의석수를 고정시킨 상태에서도 동일하고 전체의석수를 늘리면서 비례의석수를 늘려도 동일하다. 전체의석수 중에서 여성의원비율은 높아질 것이다.

현재 매 홀수 번호에 여성후보를 할당하는 제도를 사용하고 있기 때문에 이 제도를 사용할 경우 정당들은 1번, 3번, 5번 후보는 여성을 할당해야 한다. 이에 따라 정당에서 비례의원이 3명 당선될 경우 2/3로 여성의원이 당선된다. 이로 인해 20대 총선에서도 전체 47석 중에서 25석의 여성의원이 당선된 것이다.

비례대표제도에 여성할당제가 가장 확실한 효과를 가진다. 게다가 정당이 이를 위반할 시이에 대해 등록무효를 하는 경우(국회와 지방의회 선거의 경우)나 보조금 삭감과 같은 페널티를 부여하는 방안을 병행할 경우 여성의 대표성 확보는 강제된다.

그러나 이런 제도 규정에 대한 반론도 있다. 여성만 대표성을 의도적으로 늘릴 필요가 있는

가에 대한 비판이다. 비정규직, 장애인, 다문화와 같은 갈등도 반영되어야 하는데 여성에 대한 과도한 대표는 오히려 한국사회에 산재한 갈등을 묵인하거나 무시하는 결과를 가져온다는 것이다.

이 반론에 대해 재반론이 가능하다. 현재 여성-남성의 갈등이 더 현실적이다. 결혼기피, 출산기피, 육아부담에 따른 갈등, 이혼증대는 사회 전체의 토대를 약화시킨다. 그런 점에서 여성의 대표성 증대를 통해서 여성주의자의 여성정책 시행이 시급하다고 볼 수 있다.

2. 지역구의원 여성할당제 도입

지역구의원에서 여성할당제를 도입하는 경우에도 여성의원의 비율은 높아지고 여성대표성은 높아진다. 지역구에서 정당들이 여성후보를 공천하는 비율을 정하고 이 비율대로 공천을 하는 경우 여성의원의 당선가능성은 높아진다. 실제 르완다와 프랑스의 경우에 여성공천 할당제를 통해서 여성의원의 의석수를 증대하였다. 영국의 경우에는 여성전용선거구를 두는 방안으로 여성의 지역구당선을 보장하기도 한다.

정당들이 지역구에서 30%에서 50%의 범위로 여성을 할당할 경우 여성의원의 당선가능성은 높아진다. 그러나 이에 대한 반론은 두 가지이다. 첫째, 여성 인력풀이 좁다는 점이다. 실제 사회에 진출하고 정치활동을 한 여성이 많지 않기 때문에 유능한 후보를 물색하기 어렵다는 것이다. 한국의 지방의회에서 이 문제는 실제로 심각한데 국회에도 지역구 공천을 하게 되면 동일한 문제가 발생할 수 있다. 둘째, 역차별문제가 있다. 능력있는 남성들이 떨어질 수 있다. 비례의원선거는 정당의 가치를 반영하는 것이기 때문에 능력이 중요한 요인이 아니다. 그러나 지역구 선거는 유능한 사람을 뽑는데 여성을 의

도적으로 배정하는 경우 능력이라는 요인이 무시될 수 있다는 것이다.

하지만 지역구에서 정당들이 자발적으로 당헌 당규에 여성할당제를 도입하여 시행할 경우 이런 비판 문제를 다소 해결할 수 있다. 정당들이 유력지역에서 여성후보를 공천할 수 있는 자율성을 가지면 된다.

3. 중대선거구제 도입

선거구의 크기를 키워도 여성의원의 당선가능성이 높아진다. 소선거구제와 단순다수제의 경우 사표발생심리로 인해 여성후보가 공천받기 쉽지 않다. 유권자도 사표방지 심리가 작동한다. 그러나 의석수가 늘어나면 정당들도 여성후보자를 공천하기 용이하고 유권자들도 사표방지 심리가 적게 작동한다.

다만 지역선거에서는 선거구의 크기를 키우는 것이 가능하지만 의회에서 중대선거구제 도입은 문제가 있을 수 있다. 중대선거구제도는 비용이 많이 들고 선거구가 반영하고자 하는 가치가 정확하지 않다. 게다가 한국은 과거 권위주의 정부시절 2인 후보를 내세운 경험이 있어 중대선거구제에 대한 지지가 높지 않다. 따라서 여성대표를 증대하기 위해 중대선거구를 도입하는 것은 유용하지 않다.

4. 석패율제도

석패율제도는 여성대표성 증대에 큰 도움이 되지 않는다. 석패율제도는 지역구에서 아쉽게 떨어진 후보를 비례대표선거에서 구제해주는 방안이다. 이는 지역선거에서 치열한 경쟁을 한 유력후보들을 국회의원으로 만들어주는 방안이다. 그런데 석패율제도를 도입하면 비례대표제의 일정 수를 석패한 후보를 위해 비워두어야 한다. 이는 석패할 후보가 상대적으로 남성후보

일 가능성이 높기 때문에 상대적으로 비례후보자 수중에서 여성의원의 의석수를 줄일 수 있다.

석패율제도는 유능한데 선거에 패배한 아쉬운 후보를 살리는 제도이다. 이것은 gender를 반영하기 보다는 능력을 반영하는 제도이다. 따라서 여성의 대표성 증대와는 무관하거나 부정적일 수 있다.

Ⅳ 결 론

선거제도 개편은 여성대표성을 증대시킬 수 있다. 다만 여성의 사회적참여증대와 유력한 여성후보들의 증대와 여성문제에 대한 더 넓은 공감대 형성이 병행되는 것이 중요하다는 점에서 사회구조적 문제를 해결하는 방안과 제도적 방안은 같이 진행해야 한다.

민주주의 국가에서는 '정교분리'라는 원칙에도 불구하고 '정치'와 '종교'는 상호 밀접한 영향관계를 항상 유지하고 있다. 최근 예루살렘을 이스라엘의 수도로 삼으려는 움직임과 관련하여, 미국이 강력한 영향을 미치는 중동지역에서 '정치'와 '종교'의 바람직한 관계가 무엇인지 논술하시오. (20점)

– 출제위원 출제의뢰 문제

 문제의 맥락과 포인트

이 문제는 종교와 정치간 관계라는 사상 문제를 미국의 중동개입이라는 국제정치와 연결한 문제이다. 미국이 정치적으로 종교를 이용할 때 생기는 문제는 이스라엘의 국내문제, 중동의 지역정치 문제, 이로 인한 국제정치문제를 종합적으로 고려하게 하는 문제이다. 근대가 정치와 종교의 분리라고 규정한 마키아벨리의 주장과 달리 최근 미국은 종교를 정치적으로 활용하고 있다. 이것이 가져오는 효과를 체계적으로 구분하자는 점에서 사상-국제정치가 잘 연결된 문제다. 논리를 풀어가는 힘을 확인하기도 좋은 문제이다.

I 서   론

2018년 5월 14일은 이스라엘의 건국 70주년이었다. 이날 미국은 대사관을 텔아비브에서 예루살렘으로 옮겼다. 예루살렘이라는 종교분쟁의 뇌관을 열었고 대사관 이전에 반대하는 시위로 당시 18명이 사망했고 이후 사망자는 계속 늘고 있으며 1,800명의 부상자가 나왔다. 트럼프 대통령의 2017년 12월 6일의 이스라엘 수도로서 예루살렘 인정과 대사관 이전의 정책이 중동의 분쟁불씨를 살린 것이다. 이 이슈를 통해서 중동에서의 정치와 종교 간의 관계를 살펴본다.

II 분석틀: 종교와 정치의 관계 (실제 답안에는 간략히 기술)

1. 자유민주주의 기본원리: 정치와 종교의 분리

민주주의에서는 정치와 종교는 분리된다. 이것은 서구 자유주의를 토대로 한 자유민주주의의 기본적인 원칙이다. 마키아벨리 이래로 종교지도자가 정치지도자로부터 분리되는 것은 정치적 갈등을 세속적인 것으로 만들기 위한 것이다. 이런 정교 분리는 두 가지 이유를 가진다.

첫째, 정치는 권력을 다룬다. 정치는 권력을 다룬다. 공동체를 구성하고 공동체의 사회적 가치규정에 대해서는 불만을 가지는 구성원들이 있을 수 있다. 이들의 불만을 축소하면서 사회의 질서와 안정을 위해서는 권력이 필요하다. 그런데 종교는 권력을 부정하거나 종교적인 입장에서 권력을 사용할 수 있다. 권력을 부정하는 것은 현실정치를 부정하기에 문제가 있다. 또한 종교적 입장을 관철하기 위한 권력 사용은 특정 종교를 우선시하기에 자유주의의 국가 중립성에 부합하지 않는다. 따라서 종교는 자유주의원리상 정치에서 배제되어야 한다.

둘째, 종교적 대립을 해결하기 위해 관용이 필요하다. 종교는 이것은 개인들에게 1차적인 유대감을 제공한다. 이런 상황에서 종교적 대립은 극단적인 투쟁으로 이어질 수 있다. 그렇기에 유럽에서 종교전쟁을 경험한 이들은 관용을 내세우면서 종교적인 대립을 극단화하려고 하지 않는다.

2. 권력관계에서 정치와 종교의 실제

이론적으로 종교와 정치는 분리하는 세속주의가 작동함에도 불구하고 종교는 정치에 영향을 미친다. 종교가 정치에 영향을 미치는 것은 두 가지 경로를 통해서이다. 첫 번째는 종교와 종교집단이 정치권력에 접근하는 것이다. 사회의 가치 배분에 있어서 종교는 권력을 확보함으로써 가치배분에 있어서 유리한 구조를 점유하고자 한다. 한국에서 기독교와 천주교와 불교의 정치권에 대한 접근을 사례로 들 수 있다. 종교인과세 문제뿐 아니라 세력 확장에 있어서도 종교는 정치에 영향을 미친다. 이명박 정부시절 소망교회와 권력의 연결을 사례로 들 수 있다.

두 번째는 정치가 종교를 이용하는 경로이다. 정치는 지지를 필요로 한다. 이런 경우 종교는 광범위한 조직을 통해서 정치에 지지를 공급한다. 유럽에서는 종교 자체는 세속화가 많이 되었지만 정부가 정책을 만들 때 진보와 보수라는 이념구조를 종교에 의존해서 설명하고 정당의 정책지향성을 만든다. 미국에서 1980년대 네오콘이 미국의 공화당과 종교를 연결해준 것을 사례로 들 수 있다. 이때 미국의 기독교근본주의자들 또는 복음주의자(Evangelist)들인 보수적 종교 세력을 레이건 대통령에게 연결해준 제리 폴웰 목사나 700클럽을 이끌고 있는 페트 로버트슨은 친이스라엘주의 입장에서 레이건 정부, 아버지 부시 정부, 아들 부시 정부에 막강한 영향력을 행사했다.

Ⅲ 중동지역에서의 정치와 종교의 바람직한 관계

중동정치의 문제는 국내정치, 지역정치, 국제정치가 얽혀있기 때문에 중동지역의 정치를 분석수준별로 분류하여 해법을 모색한다.

1. 국내정치: 이스라엘과 팔레스타인 문제

중동에서 이스라엘과 팔레스타인의 본질적인 문제를 해결하기 위해서는 평화협정과 평화협정에 따른 신뢰가 중요하다. 1948년 팔레스타인땅에 국가를 세운 이스라엘은 영국과 서구 강대국들의 지원을 받아 수립되었다. 이들은 차츰 영토를 넓혀갔으며 그 과정에서 4차례의 중동전쟁을 거쳤다. 영토를 넓히면서 이스라엘은 팔레스타인을 점령하게 되었다. 원래 살고 있는 팔레스타인은 나라와 영토를 잃게 되었다. 게다가 이 세력은 같은 뿌리에서 났지만 다른 민족과 종교를 가지고 있다.[10]

---

10) 성경에 따르면 아브라함이 자식을 가지지 못하자 여종을 통해서 자식을 가지게 된다. 이때 낳은 아기가 이스마엘이고 이가 팔레스타인의 뿌리가 된다. 그리고 이후 본부인과의 사이에서 자식을 낳게 되는데 이가 이삭이다. 이삭은 이스라엘의

2000년을 떠돌다가 자신의 땅으로 돌아왔다고 보는 유태인들은 예루살렘을 자신의 수도라고 여긴다. 그러나 예루살렘은 기독교, 유대교, 이슬람교의 성지이다. 기독교로서는 예수가 십자가형을 받고 죽은 뒤에 안치된 묘지 위에 세워진 성묘교회가 예루살렘에 있다. 또한 유대교도들에게는 솔로몬왕의 성전이 있었던 성전산의 흔적인 '통곡의 벽'이 있다. 이슬람교도들에게는 이슬람의 창시자인 무함마드가 승천한 곳으로 알려진 '알아크사 모사드'가 있다. 그리고 이들 성지가 거의 같은 곳에 모여 있다. 따라서 이 지역은 세 종교의 주된 성지로 1967년 이스라엘이 예루살렘을 차지하고 수도로 삼으려고 했을 때 UN은 이를 거부하였다. 이후 예루살렘은 명목상의 수도일 뿐 실질적인 수도로 기능하지 못하는 것으로 국제적인 합의가 있었다.

이스라엘과 팔레스타인은 종교와 함께 민족주의가 결부되어 있다. 자신들의 민족이 더 우월하며 이 땅을 지켜야 한다는 생각은 국가주의와 연결되어 있다. 국가를 만들어서 유태인들이 받았던 박해를 피하겠다는 이스라엘과 팔레스타인 국가를 만들겠다는 팔레스타인인들이 있다. 따라서 이스라엘과 팔레스타인 내부는 종교-민족-국가가 얽혀서 갈등이 증폭되어 있는 상황이다.

미국의 보수파들은 친이스라엘 정책을 지지한다. 특히 네오콘들은 친이스라엘 지지자들이 많을 뿐 아니라 그들 자신이 유태인인 경우가 많다. 미국 네오콘들은 미국 기업협회(AEI)를 중심으로 친이스라엘정책을 요구한다. 대표적인 경우가 2003년 미국의 이라크 침공이었다. 이들의 미국 내 군사정책에 대한 영향력은 대단히 강력하다. 특히 유태인 네오콘들을 '리쿠드파(Likudniks)'라고 한다. 이스라엘의 리쿠드당을 지지하는 이들이라는 의미이다. 이들은 중동민주화와 중동 도미노이론을 만들었다. 이라크를 기점으로 민주화를 하면 민주화가 이란, 시리아로 이어질 것이라는 것이다.

현재 트럼프도 이들의 영향을 받고 있다. 반대로 트럼프가 이들의 영향력을 이용하고자 한 측면도 크다. 이들이 가진 기업들과 영향력을 이용하고자 하는 트럼프 대통령의 정치적 의도가 이스라엘의 수도 이전을 결정한 것이다. 따라서 해결의 핵심에는 미국 지도자의 정치적 악용을 줄이는 것이 있다.

2. 지역정치

미국의 이스라엘 정책은 지역정치를 불안정하게 만들고 있다. 따라서 미국은 이 지역을 지정학적으로 이용하려 하고 있다. 지역정치에서 이 지역은 유대교와 이슬람교의 다툼이 있다. 또한 이슬람교 내에서도 시아파와 수니파간 갈등이 있다. 이란과 시리아와 이라크가 시아파 국가이다. 반면에 사우디아라비아와 다른 왕정국가들은 수니파 국가들이다. 미국은 이들 이슬람 간의 갈등을 부추겨 중동지역질서를 변화시키고자 한다. 특히 이란과 시리아를 압박하고자 한다.

사우디아라비아가 수니파 입장에서 친이스라엘 쪽으로 돌아서고 있다. 이것은 팔레스타인에 대한 부정과 무시로 돌아서는 것이다. 미국은 이렇게 이슬람을 갈라 세워서 자신의 중동에서 입지를 강화하고자 한다. 특히 이란의 부상에 가장 두려워하는 친미국가 사우디아라비아를 중심에 세우고자 한다.

뿌리가 된다. 이복 형제가 결국은 이스라엘과 팔레스타인인들의 갈등의 기원이 되는 것이다. 그리고 이 둘 사이에 싸움이 생겨 이스라엘이 쫓겨 나게 되면서 민족갈등의 뿌리가 된 것이다. 성경 창세기에 근거를 둔 이야기는 이스라엘민족과 팔레스타인 민족이 뿌리가 같다는 것을 보여준다.

이런 점에서도 종교를 이용하여 지역질서를 가르는 트럼프 대통령의 정책 판단과 전략이 지역질서 불안정의 원인이다. 따라서 이 부분에 대한 견제가 필요하다. 그러나 미국의 국내정치가 실질적으로 트럼프를 견제하지 못하고 있다. 또한 미국의 일방주의로 다른 국가들도 개입을 하지 못하고 있다.

3. 국제정치

국제정치에서 미국의 위상약화와 이를 만회하기 위한 힘의 증강이 이 분쟁의 중요 원인인 만큼 미국에 대한 국제사회의 압력과 다자주의적 해결방안 모색이 중요하다. 미국은 국력에서 중국과의 상대적 격차가 줄고 있다. 중국으로부터 다방면의 도전을 받고 있다. 이에 미국은 강한 미국을 내세우고 있으며 일방주의 정책을 사용하여 관세 등으로 공세적인 외교를 하고 있다. 이것은 미국이 이란과의 핵협상을 파기하게 하고 최근 북한문제에 대해 중국 시진핑 주석을 문제 삼는 이유이다. 이런 상황에서 미국의 국제정치적 전략으로 종교를 이용하여 자신의 세력들과 반대세력을 구분하고 있는 것이다.

4. 종합적 해결방안

이상에서 본 대로 중동 문제의 본질은 잠재적인 갈등의 여지에 트럼프가 불을 붙인 것이다. 파라과이와 같은 국가들이 미국을 따라 바로 예루살렘으로 수도를 이전한 것은 미국에 편승전략을 사용하고 있다는 증거이다. 이런 트럼프의 전략적 판단을 되돌릴 수 있는 방안을 찾는 것이 필요하다. 그런데 국내정치에서는 해법을 찾기 어렵기 때문에 국제제도와 여론을 이용하여 미국을 견제하는 소극적인 방법을 사용할 수밖에 없다.

Ⅳ   결   론

2018년 예루살렘으로 대사관을 이전한 중동 사태의 본질은 정치적 이용에 있으므로 정치적 악용을 막는 방안을 모색하는 것이 필요하다. 국내정치보다 국가 간의 사회적 요인들을 이용하는 방안들을 통해 미국의 국내정치를 움직이는 것이 그나마 현실적인 방안이다.

P·A·R·T

Ⅱ

2. 국제정치

현실주의

• 왈츠의 세력균형이론(방어적 현실주의)
• 길핀의 패권변동이론
• 올간스키의 세력 전이론
• 미어샤이머의 공격적 현실주의
• 스웰러의 신고전 현실주의

패러다임 논쟁

자유주의

• 상호의존이론
• 신자유주의 제도주의
• 민주평화이론

구성주의

• 구성주의(이익의 내생성)
• 정체성의 의한 이익 해석

제001문 분석수준의 북한 핵실험 적용

2006년 감행된 북한의 핵실험으로 한반도에서 실질적 안보 위협이 증가하고 있으며, 비핵화의 시급성 또한 대두되고 있다. (총 20점)

(1) 국제정치를 분석하는 수준은 개인 수준, 국가/사회 수준, 국제체제 수준으로 구분할 수 있다. 분석수준의 의미와 위의 3가지 분석수준에 대해서 설명하시오. (10점)

(2) 북한이 핵실험을 실시한 이유를 각 분석수준에서 설명하시오. (10점)

– 행시 기출문제 응용

I. 서 론
II. 분석수준과 K. Waltz의 세 가지 분석수준
  1. 분석수준의 개념과 유용성
  2. 왈츠 「Man, the State and War」의 세 가지 이미지

III. 분석수준을 통한 북한 핵실험의 설명
  1. 개인 수준
  2. 국가 수준
  3. 체계 수준
IV. 결 론

문제의 맥락과 포인트

이 문제는 분석수준이라는 도구를 사용할 수 있고, 이것으로 분석했을 때 가지는 분석의 의미를 아는지를 묻고 있다. 분석수준은 국제정치의 가장 기본적인 도구이다. 따라서 이 문제뿐 아니라 다른 문제에도 응용해 볼 수 있다. 분석수준은 세상의 현상을 나누어 볼 수 있는지와 함께 어떤 요인이 가장 중요한지를 골라내는 것이라는 중요한 기능을 수행한다.

I 서 론

3가지 분석수준을 통해서 북한이 왜 핵실험을 했는지 알아보고 가장 중요한 이유가 무엇인지를 찾아본다. 이런 분석은 대한민국이 어느 부분에 정책적으로 집중하면 좋을지를 보여줄 것이다.

II 분석수준과 K. Waltz의 세 가지 분석수준

1. 분석수준의 개념과 유용성

분석수준이란 국제정치 원인을 파악하는데 있어서 중요한 문제를 찾아내는 존재론의 입장

이다. 즉 문제의 원인이 어디에 있는가에 대한 눈높이를 의미한다. 따라서 분석수준이란 관찰된 현상의 원인을 어떻게 확인하고 처리할 것인가를 결정하게 하며 연구의 초점을 어디에 둘 것인가를 해결해 주는 도구이다.

분석수준은 국제정치의 주요 요인에 대한 논쟁의 기반을 제공한다는 점에서 유용하다. 또한 국제정치의 주요사건에 대한 설명의 틀과 토대를 제공한다.

2. 왈츠(K. Waltz) 「Man, the State and War」의 세 가지 이미지

자신의 학위논문을 책으로 펴낸 「Man, the State and War」(1959)에서 왈츠는 전쟁의 원인

에 관해 세 가지 분석수준을 제시했다. 세 가지 분석수준은 국제체계 수준(위계적/무정부적 속성), 국가 수준(국가의 공격적 성격), 개인 수준(인간의 공격적 속성)이다.

세 가지 분석수준 중 전쟁의 가능성을 설명하는 데는 국제체계 수준의 무정부 상태와 힘의 분포가 고려되어야 한다. 여기서 체계 수준이 전쟁에 대한 일반적 원인을 구성한다. 나머지 국가 수준과 개인 수준은 언제 누구와 어떤 방식으로 전쟁을 하는지의 전쟁의 특수성 문제를 설명한다.

조금 더 부연하자면 개인 수준에서의 인간 본성론은 검증되지 않는다는 문제가 있다. 인간 본성론은 인간성의 문제로 모든 사건들의 원인을 전환시킴으로써 사회 제도가 사건에 미치는 영향의 중요성을 무시할 수 있다. 또한 인간 본성은 개인의 특성이 아니므로 이 또한 구조적 수준의 문제가 된다는 점으로 비판받을 수도 있다.

국가 수준의 설명은 왜 국가들이 본질적으로 두려워하는지의 문제를 해명하지 못한다. 또한 국가의 정치 제도적 특성이나 경제상황, 여론 등의 사회적 요인들은 어떤 경우에는 전쟁을 하고 어떤 경우에는 전쟁을 하지 않는다. 따라서 전쟁의 요인을 설명하는데 있어서 인과성이 부족하다.

따라서 개인 수준과 국내 수준은 전쟁의 '촉진적 요인(efficient cause)'이 된다. 이에 반해 제3의 이미지는 국제무정부상태를 통해서 전쟁의 일반론을 설명한다. 즉 국제체계 수준의 설명은 '허용적 요인(permissive cause)'이 된다. 투키디데스의 펠레폰네소스 전쟁에 대한 해석도 이와 동일하다. '아테네의 힘의 증가에 대한 스파르타의 두려움'은 무정부성으로 인한 힘의 증대가 가져오는 불안감으로 펠레폰네소스 전쟁을 설명한다. 이런 불안감에 대한 해소방법은 자구체계

속에서 힘에 의존하는 방법이다. 따라서 각국의 힘에 대한 의존은 분쟁과 전쟁을 가져온다.

Ⅲ 분석수준을 통한 북한 핵실험의 설명

1. 개인 수준

개인 수준에서 북한 핵실험을 설명하기 위해서는 북한의 지도자였던 김정일에 대해서 설명해야 한다. 특히 개인 수준의 설명은 개인의 특성(idiosyncrasy)을 설명해야 한다. 그러나 김정일에 대해서 많은 것이 밝혀져 있지 않기 때문에 김정일을 유추할 수 있는 인간의 본질인 본성론에 의존하게 된다. 인간 본성론으로 가서 설명하자면 김정일의 권력에 대한 욕구로 설명할 수 있다. 김정일은 국제사회에서 북한이 처한 위치에도 불구하고 국제사회에서 자신의 기반을 유지하고 국내적으로 반대자들을 제거하며 지지층을 높이기 위해서 핵을 개발하고 확신을 주기 위해서 핵실험을 하는 것이다.

2. 국가 수준

국가 내부적 요인들로는 북한의 경제난과 선군정치와 정권안보의 3가지 설명을 할 수 있다. 먼저 북한의 경제난은 북한으로 하여금 부족한 자금으로 가장 큰 안보 달성 장치이자 협상 수단인 핵을 개발하고 실험하게 한다. 또한 선군정치를 표방하면서 김정일 통치를 정당화하고 있는데 선군정치는 군부의 요구를 우선적으로 들어준다는 것이다. 실제 북한의 김정일에게 가장 위험이 되는 것은 군부이기 때문에 군부를 무마하고 이들에게 힘을 실어주기 위해서 핵을 개발하고 실험을 하는 것이다. 마지막으로 이런 모든 목적은 북한이 사회주의 체제에서 나타나는 당이 국가의 우위에 선 것과 달리 사회주의

국가보다는 전제주의 국가에서처럼 권력을 세습함으로써 정권안보와 정권을 넘어서 김일성－김정일－김정은으로 이어지는 가계의 안보를 강조하기 때문에 핵실험을 하는 것이다.

3. 체계 수준

북한의 핵실험은 2000년대 들어와서 이루어졌다. 북한이 핵을 개발하고자 한 것은 1960년대 김일성 때부터였지만 북한은 이것을 협상용으로 이용할 의도를 가지고 있었다. 그러나 탈냉전으로 동맹국들의 지원이 사라진 상태에서 북한은 국가의 생존과 독재자인 자신들의 생존을 동일시했다. 따라서 생존이 중요한 문제가 되자 미국을 끌어들여서 생존을 보장받고자 했다. 북한은 2000년대 들어와서 미국의 강경한 부시 정부를 역으로 이용하였다. 미국에 안보위협을 가하여 미국을 협상장으로 끌어들인 것이다. 또한 중국을 지렛대로 이용하여 미국과 중국으로부터 생존을 확보하면서도 외교협상용과 군사력 증대용으로도 사용하고 있는 것이다.

Ⅳ 결 론

북한의 핵실험에서 가장 큰 요소는 냉전 이후 체제의 변화이다. 북한에게 탈냉전은 평화가 아닌 정권의 붕괴와 독재자 가족의 몰락을 의미하는 것이었다. 이런 상황에서 북한은 가장 강력한 국가인 미국으로부터 안전을 보장받기 원했다. 따라서 북한은 미국을 끌어들이기 위해 더 강한 수를 사용하고 있는 것이다. 게다가 중국의 성장과 중국이 북한에 대해 가지는 이해관계를 이용하여 중국을 후원자로 삼아서 중국이 미국을 견제하는데 자신을 이용할 수 있게 하면서 핵게임을 진행하는 것이다. 이런 상황에서 3대 세습 체제의 구축과 권력승계를 목표로 하고

있다. 따라서 북한 핵문제를 풀기 위해서는 미국과 중국의 이해조정이 가장 중요하다고 하겠다. 이 부분에 한국의 외교력이 집중될 필요가 있다.

기출문제와 연결

제1문 2014년 입시 2번(한일관계 개선을 위한 양면게임 전략) / 2010년 5급 2번(남북관계의 상호주의) / 2010년 입시 3번(핵무기의 비확산체계의 문제점)

〈제시문〉

A 보고서: 역사학자 제인 버뱅크는 이날 '푸틴을 전쟁으로 몰아간 이론'이라는 제목의 글을 통해 푸틴의 목표가 "제국주의 건설"이라고 경고했다... "우크라이나 침공에 대한 기존의 설명은 대체로 두 부류"라며 "하나는 푸틴의 심리상태에 초점을 맞춘 것이며 다른 하나는 소련 붕괴 이후 북대서양조약기구(NATO)의 동진"이라고 짚었다. 그는 "하지만 푸틴의 전쟁 선언에 드러난 것처럼 옛 소련 국가들을 다시 묶어 초강대국을 형성해야 한다는 생각은 과거부터 러시아에 존재했다"며 "유라시아 제국의 부활 이론은 푸틴의 행동을 설명한다"고 밝혔다. 그러면서 "소련의 붕괴로 공산제국에서 누리던 특권이 박탈된 러시아 엘리트들은 스스로 살 길을 찾아야 했다"며 "제국이 무너졌다고 생각한 사람들은 러시아의 지위와 위신이 땅에 떨어졌음을 절감했다"고 설명했다. 또 버뱅크는 "공산주의에 대한 열정이 사라지면서 지식인들이 러시아를 재건할 새로운 사상을 모색했다"며 "'유라시아주의'가 가장 호소력 있는 사상으로 부상했다. 1917년 러시아 제국 붕괴와 함께 시작된 이 생각은 러시아가 투르크족, 슬라브족 등 다른 민족들과 문화적 교류가 있는 유라시아 국가가 돼야 한다는 것을 골자로 한다"고 덧붙였다. (출처: Money S)

B 보고서: 미치광이 이론(Madman Theory)는 닉슨 대통령 시기 미국의 핵억지의 신뢰성을 높이기 위해 의도적으로 상대에게 자신이 미치광이처럼 보이려는 전략이다. 이는 합리성에 기초한 억지이론을 토대 억지전략의 신뢰성을 높이기 위한 고도의 계산된 행동으로 볼 수 있다.

2022년 러시아의 우크라이나 침공은 '분석수준(level of analysis)'을 활용해서 분석할 수 있다. 다만 2000년대 이후 러시아의 권력증강이 유럽을 '불균형적 다극'으로 만들었다고 가정한다. 또한, 러시아는 선거는 있지만 '비민주주의 체제'라고 전제한다. 다음 질문에 답하시오. (총 40점)

(1) 월츠(K. Waltz)의 분석수준에 대해서 약술하고, 위의 〈제시문〉의 내용을 포함해 각 분석수준을 설명할 수 있는 대표적인 이론들의 내용을 상술하시오. (20점)

(2) 위의 이론들을 이용해서 러시아의 우크라이나 침공의 원인을 종합적으로 해석하시오. (20점)

 문제의 맥락과 포인트

2022년 2월 24일 러시아가 우크라이나를 침공했다. 이런 전쟁의 원인을 밝히려는 것이 분석수준이란 도구의 취지다. 이 문제는 구체적으로 전쟁을 설명하는 이론들을 분석수준별로 구분하고, 구체적으로 입증할 수 있는지를 묻는 문제다. 전쟁이 실제 발생했을 때 전쟁원인의 구체화를 어느 정도 할 수 있는지가 중요하다.

Ⅰ 서 론

푸틴의 3일 만에 끝날 것이라는 호언 장담에도 불구하고, 2월 24일의 러시아의 우크라이나 침공은 개전 한 달이 지난 상황에서도 종결될 기미를 보이지 않고 있다. 이로 인해 에버라(S. V. Evera)가 지적한 'easy conquest'의 심리가 푸틴에게도 작동한 것으로 해석되는 상황이다. 각기 다른 분석수준을 가진 이론들을 활용해 러시아의 우크라이나 침공의 원인을 다양한 '개연성(probability)' 차원에서 복합적으로 해석한다.

⚫ **대안 목차 1**

미국의 정보기관은 최근 푸틴이 과거 소련의 위신을 가지고 싶다는 '야망'과 서방국가에 의해 권좌에서 축출될 것이라는 '불안'을 동시에 보인다고 분석했다. 이러한 심리는 알프레드 아들러의 '컴플렉스'로 설명된다. 전쟁 결정에는 다양한 요인이 작동하는바, 푸틴의 심리적 요인을 포함해 다양한 분석수준의 이론들을 활용해 전쟁 원인을 다양하게 개연성 차원에서 살펴본다.

⚫ **대안 목차 2**

제시문의 미치광이 이론처럼 푸틴의 우크라이나 침공은 러시아의 안보 불안에 대한 입장을 전쟁정책을 통해 서방 국가에게 과시하면서 레드 라인을 설정한 정책으로 볼 수 있다. 이처럼 푸틴이 실제 '합리성'에 기초한 것인지를 좀 더 다양한 분석과 자료를 확인해 보아야 하기 때문에 국제정치학의 다양한 분석수준에 기초해 전쟁 개전의 원인 혹은 개연성을 살펴본다.

⚫ **대안 목차 3**

유럽에서 러시아의 약진과 성장이 불균형적 다극을 이루었기 때문에 러시아는 우크라이나를 공격할 수 있었다. 체계 수준의 설명이 가지는 전쟁 '조건'은 국내정치, 지도자 개인 속성에 의해서 구체화되면서 언제, 어떤 목적으로, 어떤 강도로 전쟁을 할 것인지

가 결정된다. 그런 점에서 분석수준을 다원화해서 러시아의 우크라이나 침공을 살펴보는 것은 의미있다.

Ⅱ 분석 도구: 왈츠의 분석수준과 수준별 이론들

분석수준은 전쟁의 원인을 구분하는 도구다. 왈츠의 분석수준별로 가장 설득력 있는 이론들을 선택해서 전쟁 원인을 규정해본다. 다만 <제시문>의 두 개의 보고서가 제시하는 지도자 차원의 설명은 논쟁이 있기 때문에 이 부분에 대해서는 합리성과 심리의 대표적인 이론들을 다양하게 설명한다.

1. 분석의 토대: 왈츠의 분석수준

왈츠의 분석수준은 인간, 국가, 국제체계 3가지다. 왈츠는 1959년 자신의 저서 『Man, the State and War』에서 전쟁의 원인을 3가지로 규정했다. '인간' 차원에서는 인간 본성을 설명했지만, 이후 국제정치학은 인간 본성보다는 개인의 특성이나, 개인의 심리적 차원, 개인의 합리성 등으로 구체적인 분석 도구를 발전시켰다. '국가' 차원은 국가의 정치체제, 경제적 조건, 민족주의와 같은 사회요인을 통해서 설명한다. 국제체계는 극성에 의해서 설명한다. 이하에서는 대표적인 이론을 선정하도록 한다.

2. 인간 차원: 합리성 요인 vs. 심리 요인

지도자의 속성을 통한 분석은 크게 합리성에 기초한 설명과 심리에 기초한 설명으로 구분할 수 있다. 제시문의 보고서 순서와 달리 합리성 모델을 설명한 뒤 심리 모델들을 설명한다.

합리성 모델은 대표적으로 기대효용모델을 들 수 있다. 이 모델은 정책결정자가 도구적 합리성을 다진다고 전제한다. 합리적인 존재인 지

도자는 전쟁에 따른 이익과 비용을 계산하여 전쟁 여부를 결정한다. 구체적으로는 EU(win)과 EU(lose)를 비교한 뒤 전쟁 효용이 높게 나오면 전쟁을 결정하는 것이다. 이러한 접근은 지도자가 완전정보를 가지고 있으며, 상당한 정도의 대안들을 비교한 뒤 국가이익을 최적화할 수 있는 방안을 선택한다는 가정하에 있다.

심리 요인을 통한 분석에는 다양한 분석방법이 있다. 우선 '오인(misperception)'의 설명이 있다. 이는 저비스(R. Jervis)나 에버라(S.V. Evera)의 방어적 현실주의가 설명을 잘 한다. 에버라는 낙관주의(false optimism)과 선제공격유인(jumping the gun)을 통해 전쟁 원인을 규정했다. 이것은 전쟁에서 쉽게 이길 수 있다는 낙관주의라는 오인이 작동해서 전쟁을 일으킬 수 있다고 보는 것이다. 또한, 전략적인 요인에서도 선제공격이 먹힐 것이라는 오인이 작동한다. 이것은 그가 설명한 국력변동(power shift)과도 연결된다. 국력변동은 '기회의 창'을 열고 이 기회를 놓치면 '취약성의 창'을 연다고 주장한다. 이 역시 주관적인 심리에 영향을 미친다. 이런 요인들은 서론의 'Easy Conqeust'에 영향을 준다.

심리에는 전망이론도 설명이 된다. 전망이론은 미래에 대한 낙관 혹은 비관의 심리가 현재 상황에서 행동을 결정하게 만든다는 이론이다. 지도자는 미래 전망이 어두운 경우 '위험추구적(risk-taking)'행동을 한다. 반면에 미래 전망이 낙관적인 경우 '위험기피적(risk-aversion)'행동을 한다.

아들러의 콤플렉스 이론은 심리인 콤플렉스가 정책결정에 영향을 미친다고 주장한다. 콤플렉스는 열등감과 이를 극복하기 위한 우월감이 동시에 작동하는 것이다. 즉 자신의 열등감을 극복하기 위해 우월하다고 믿거나 우월해 보이는 행동을 하게 하는 것이다. 이런 심리가 전쟁

과 같은 팽창정책을 선택하게 한다.

또 다른 분석으로는 '에고인플레이션(Egoinflayion)'이 있다. 자신을 과도하게 높게 평가하는 것이다. 이런 경우 합리적 판단을 배제하고 자아가 원하는 상에 따라 정책결정이 이루어진다. 이 심리도 전쟁을 결심하게 한다.

문제는 위의 합리성 설명이 타당하면, 심리적 요인이 적용되기 어렵다는 것이다. 반대로 심리라는 주관적 요인이 작동하면 합리성 설명은 붕괴하는 것이다. 따라서 분석에 있어서 양자는 양립하기 어렵다.

(이외에도 스키마 모델이나 거울 이미지 이론등을 활용할 수 있음)

(집단 사고 모델은 개인 모델이 아니기에 유용하지 않음)

3. 국가 차원: 민주평화이론

민주평화이론은 정치체제가 전쟁을 결정한다고 주장한다. 민주주의와 민주주의는 전쟁을 하지 않지만, 민주주의와 비민주주의는 전쟁을 한다. 이러한 차이는 민주주의와 민주주의 간에는 제도와 규범을 공유하지만, 민주주의가 비민주주의를 상대로 할 때는 민주주의에 대해 적용되었던 규범이나 제도가 작동하지 않는다는 것이다.

민주평화이론에서 강조하는 제도는 권력분립(separation of power), 책임추궁성(accountability), 투명성(transparence)이라는 속성을 가진다. 이는 비민주주의에서는 권력분립을 통한 견제가 안된다는 것이고, 책임추궁성에 따른 정책후폭풍을 고민하지 않아도 된다는 것이고, 투명하지 않기 때문에 상대 국가에 대한 기습공격가능성이 높고 이것이 상대를 불안하게 만든다는 것이다.

민주평화이론에서 강조하는 규범은 관용, 인권존중, 분쟁의 평화적 해결, 규범의 외부화 효

과가 있다. 이는 비민주주의에서는 다른 국가의 문화에 대한 불관용이 있다는 것이고, 자국 국민과 타국 국민의 인권을 무시한다는 것이다. 또한, 분쟁을 폭력을 사용해 해결하는 것에 저항이 없다는 것이다. 마지막으로 분쟁을 평화적으로 해결하는 내부규범이 없기에 다른 국가와의 분쟁에도 적용되지 않는다.

4. 국제 체계 차원: 공격적 현실주의

공격적 현실주의는 극성이 전쟁결정에 중요하다고 본다. 미어샤이머는 '양극'이 가장 안정적이라고 보았고, '불균형 다극'이 가장 위험하다고 보았다. 불균형 다극은 균형적 다극과 달리 지역 내 국가 중 일국이 빠른 속도로 성장하는 것이다. 이로 인해 이 국가는 지역에서 다른 국가에 대해 과도한 요구를 하거나 위협을 가할 수 있다. 이는 힘의 변동에 의한 전쟁가능성을 보여주는 것이다.

미어샤이머 이론은 '무정부상태', '강대국은 일정한 무장을 한다는 조건', '불신'이라는 3가지 요인이 만나 두려움을 만든다고 본다. 따라서 두려움을 느낀 국가는 생존이라는 목표를 위해 지배 전략인 패권국이 되려는 전략을 선택한다. 이는 모든 강대국의 숙명이다. 그런데 이런 강대국이 두 개이면 견제가 잘 되지만, 불균형적 다극이 되는 경우 현상타파 정책을 실행하려는 국가에 의해서 전쟁이 벌어진다는 것이다. 1차 세계대전의 독일이나 2차 세계대전에서 히틀러의 독일이 대표적인 사례다.

Ⅲ 러시아의 우크라이나 침공원인의 복합적 해석

정확한 자료들이 모두 나오지 않은 상황에서 이론을 통해 다양한 해석이 가능하기에 위의 이론들을 활용해서 복합적으로 분석해본다. 여기서 복합적인 의미는 한 가지 요인에만 국한하지 않고 다양한 경우의 수와 개연성을 고려한다는 의미다.

1. 푸틴의 개인적 차원: 심리적 요인의 중요성

러시아의 우크라이나 침공에서 가장 중요한 요인은 러시아 대통령 푸틴으로 볼 수 있다. 이것은 러시아가 이미 위협을 가해서 침공의 유리함이 없는 상황에서도 침공을 단행한 것에 비추어 추정할 수 있다.

푸틴이 전쟁을 결정할 때 합리성보다는 심리적 요인이 영향을 주었을 가능성이 크다. 실제 전쟁을 결정하는 과정에서 푸틴이 주변 참모들과 별로 만나지 않은 정황을 보면 푸틴 개인이 결정을 하였고, 고립된 상황에서 전쟁을 결정했을 가능성이 크다. 푸틴의 집권기간이 길어지면서 크렘린이 고립되어간다는 서방측 분석이 과거에서부터 있었다.

앞서 본 모델을 적용하면 다음과 같다. 첫째, 푸틴은 '오인(misperception)'이 가장 크게 작동했을 것으로 추측된다. 전황이 돌아가는 과정을 보면 러시아의 군 참모들은 전쟁을 피하고 했을 가능성이 크다. 부실한 훈련 문제, 병참선에 따른 보급문제, 국제 제제와 우크라이나에 대한 지원, 이런 요인으로 인해 전쟁이 발생했을 때 러시아의 피해가 클 것이기 때문이다. 그럼에도 불구하고 주위의 우려와 관계없이 푸틴이 전쟁을 밀어붙였을 가능성이 큰데, 이는 오인에 의한 것일 수 있다.

승리에 대한 낙관주의, 기습공격을 하면 이길 것이라는 자신감, 지금이 아니면 기회의 창이 닫힌다는 불안감이 작동해서 겨울이 채 끝나기 전에 급히 전쟁을 시작했을 것으로 보인다.

또한, 러시아 군대가 대대 단위의 전술을 사용해서 후방지원을 받지 못하면서 싸우고 있는 것 역시 푸틴이 가진 잘못된 자신감을 반영한다고 볼 수 있다.

둘째, 전망이론도 설득력이 있다. 푸틴은 이번 기회가 아니면 더 기회가 없을 수도 있다고 판단했을 가능성이 크다. 이미 자신이 고령으로 들어서고 있고, 러시아의 인구 감소나, 나토가 우크라이나를 감쌀 경우를 고려하면, 푸틴이 볼 때 자신과 러시아의 미래는 손실영역에 있는 것이다. 이는 "현재가 나중보다 더 유용하다(Now-better-than-later)"는 논리가 작동했을 수 있다.

셋째, 러시아 푸틴의 콤플렉스도 설명이 가능하다. 푸틴을 비롯한 러시아의 고위 층은 과거 소련의 위상을 그리워한다. 제국으로 확장하려는 지정학적 유인(incentive)과 서방에 포위되었다는 불안감이 푸틴에게는 열등감을 만들었을 수 있다. 반면 이것을 극복하기 위해 유라시아주의를 통해 더 넓은 영토를 확보하는 것은 열등감을 지우려는 우월감의 표현이라고 볼 수 있다. 최근 미국 정보당국의 분석처럼 푸틴은 야심과 근심을 모두 보여주는 것이다. 이것이 푸틴으로 하여금 도발하는 정책을 선택하게 했다고 추정할 수 있다.

넷째, 강력한 자아도 문제다. 푸틴은 마크롱 대통령이 백신을 맞지 않았다고 해서 4m짜리 의자에 떨어져 앉아서 대화했다. 이것은 자신을 귀하게 생각하고 상대를 무시하는 태도다. 이것은 푸틴의 마초 이미지와도 연관된다. 표트르 대제 사진을 자신의 집무실에 걸어둔 것이 이를 방증한다. 또한, 간혹 운동을 하면서 자신의 강한 이미지를 대중에게 보여주는 것도 이에 해당한다. 이러한 에고인플레이션이 푸틴으로 하여금 전쟁을 손쉽게 생각하게 했을 가능성이 크다. 전쟁이 쉽게 시작해도 끝내기 어려운데 푸틴은 쉽게 전쟁을 끝낼 수 있을 것으로 보았기 때문에 전쟁도 쉽게 결정한 것이다.

반면에 합리성에 의한 설명도 제시된다. 푸틴이 강력한 정책으로 서구 국가들에게 경고를 보내는 전략이라는 것이다. 특히 핵무기를 언급하면서 서양국가에게 개입을 자제시키는 것은 고도의 합리성 전략으로 볼 수 있다. 이는 앞서 제시문의 미치광이 이론의 활용과도 동일하다.

위의 두 가지 입장이 모두 고려될 수 있지만, 심리적 요인이 더 중요한 것으로 보인다. 이는 현재 러시아가 치르고 있는 전쟁 방식을 고려할 때 더 개연성이 높다.

2. 러시아의 정치체제 차원: 비민주주의 체제

러시아가 우크라이나를 공격할 수 있었던 것은 비민주주의 체제이기 때문이다. 우선 비민주주의는 제도적으로 견제되지 않는다. 견제와 균형이 작동하지 않는다. 이번 결정에 내부적인 견제가 없었던 것으로 보인다. 또한, 푸틴은 전쟁 결과에 대해 책임을 추궁당할 가능성이 높지 않다. 푸틴은 과거 선거에서 80%대의 국민적 지지를 받아왔다. 석유와 천연가스를 기반으로 강력한 국가를 만들었기 때문이다. 따라서 푸틴에 대한 대안이 없는 상황에서 푸틴은 강력한 정책을 추진할 수 있었다고 본다.

규범적으로도 러시아는 전쟁에 거침이 없다. 비민주주의 국가인 러시아는 자국민과 우크라이나 인에 대한 인권 존중이 없고, 상대방이 중시하는 가치에 대한 관용도 없다. 이는 이번 침공에서 민간인과 민간인 시설에 대해 공격하는 것으로도 확인이 된다.

3. 유럽의 지역체제 차원: 불균형적 다극 체제

유럽에서 러시아의 성장인 불균형 다극체제를 만들었고, 이것이 전쟁의 조건을 형성한 것이다. 1990년대 옐친의 러시아와 달리 푸틴을 러시아를 다시 강대국으로 만들고 있다. 러시아는 가스와 에너지, 식량 분야에서 부각을 나타내고 있다. 세계 경제에서 GDP로 11위에 해당한다. 게다가 민간 기업 성장으로 경제력을 키우고 있다. 이는 군사력의 증강으로 이어지고 있다. 극초음속 미사일 개발 등이 대표적인 사례다.

이러한 불균형적 다극에서 러시아는 나토가 자신을 포위한다고 본다. 이는 1990년 독일 통일 이후 나토의 동진과 관련된다. 자연국경이 없는 러시아에게 영토는 중요하다. 그런데 과거 동구권 국가와 에스토니아, 라트비아와 같이 구소련 국가들이 나토에 가입하면서 러시아는 안보 위협을 느끼는 것이다. 그런 점에서 국력이 강해진 러시아는 이 상황을 극복하고자 침공한 것이다.

4. 평가: 복합적 요인에 의한 침공

러시아의 우크라이나 침공은 불균형 다극이라는 조건, 비민주주의에 의해 견제 부재라는 조건이 우선 중요했다. 이 상황에서 푸틴의 심리가 작동하면서 무리한 침공을 시도한 것으로 해석할 수 있다. 이는 러시아 군대의 거대한 희생, 병참 부족, 러시아 군대 간의 통신 보완이 이루어지지 않은 점을 그 근거로 들 수 있다. 즉 준비되지 않는 전쟁에서 쉽게 이길 수 있다고 본 것이다.

Ⅳ 결 론

러시아의 우크라이나 침공은 국제체계, 국내 정치차원의 조건에 푸틴의 '쉽게 이길 것(easy coquest)'이라는 심리 즉 개인적 요건이 작동해서 이루어진 것으로 볼 수 있다. 추가적인 분석이 있겠지만 현 상황에서는 이런 요인들에 의해 복합적으로 전쟁이 결정된 것으로 해석할 수 있다.

제003문 합리적 선택이론

국제정치에서 국가의 외교정책을 설명하는데 있어서 합리적 선택이론이 많이 사용되고 있다. 인간의 합리성을 토대로 한 합리적 선택이론의 경우 직관적 설명력과 높은 예측력이라는 장점을 가지고 있지만 과도한 합리성의 설정이나 인간 심리를 무시한다는 점에서 비판도 받고 있다. 합리적 선택이론을 대표하는 기대효용이론 역시 동일한 장점과 단점을 가진다. 쿠바 미사일위기에서 미국 케네디 대통령의 사례는 기대효용과 함께 지도자의 심리적 요인이 중요했음을 보여주는 사례이다. 다음 질문에 답하시오. (40점)

(1) 합리적 선택이론의 가정과 내용을 설명하고 이에 대한 비판들을 설명하시오. (20점)

(2) 합리적 선택이론이 적용된 구체적인 이론인 기대효용이론과 그에 대한 대안이론들을 통해서 쿠바 미사일 위기에서 미국의 외교정책을 평가하시오. (20점)

 문제의 맥락과 포인트

국제정치학에서 방법론 차원에서 분석 수준만 출제되어 왔다. 합리적 선택이론도 출제가능한 주제다. 그런 점에서 합리적 선택이론의 대표이론인 기대효용이론과 대안이론으로서 심리학의 전망이론을 대비해서 쿠바미사일위기를 해석하는 방법의 차이를 구분해보려는 문제다.

Ⅰ 서 론

2019년 하노이정상회담이 노딜로 끝났다. 하지만 북미관계는 2017년에 보인 위기국면을 보이지는 않는다. 이는 북한과 미국이 주어진 상황에서 합리적으로 이익을 공유하기 때문인지 아니면 한반도 위기재개와 국내정치동요에 대한 심리적인 부담 때문인지 파악할 필요가 있다. 합리적 선택과 인지에 기초한 심리적 판단이 어떤 논리인지를 보고 쿠바미사일위기라는 사례를

분석해 본다.

Ⅱ 합리적 선택이론의 내용과 그 비판

1. 합리적 선택이론의 내용

합리적 선택이론은 가정들로 구성된 연역이론이다. 이론 자체의 가정과 가정들로 구성된 형식논리를 나누어 설명한다. (형식논리에 대한 조작작업)

(1) 합리적 선택이론의 가정

합리적 선택이론은 인과적 설명의 가능성을 주장한다. 이는 방법론상 양적접근이 가능하다는 입장 즉 '설명(explanation)'론의 입장을 따르는 것이다. 사실과 가치의 분리를 전제로 하여 자연과학적 방법론을 사회현상에도 그대로 적용할 수 있다고 보는 것이다. 이를 통해서 주관을 배제하고 객관적 사실관계를 설명하고 예측할 수 있다. **(인과성과 양적접근)**

인식론에서 있어서 양적접근방법을 사용하는 합리적 선택이론은 존재론 상 개체중심의 방법론을 가지고 있다. 합리적 선택이론은 방법론적 개인주의를 차용하여 개인들의 동기(motive)를 통해서 사회적 행동을 설명할 수 있다고 주장한다. 즉 모든 사람은 이성을 통해서 특정한 목표를 가지고 행동하며 이러한 동기를 찾으면 어떤 행동과 결정의 원인을 파악할 수 있다는 것이다. 또한 사회적 행동은 개인의 선택에 의해서 만들어진다는 것이다. **(방법론적 개인주의)**

합리적 선택이론은 인간인 개인을 존재론 상 중요하게 다룬다. 합리성을 보유한 주체는 인간이기 때문이다. 합리주의자들은 인간은 단기적 이익(국지적 최고점)에서 장기적 이익(포괄적 최고점)을 구분하여 단기적 이익만을 추구하지 않고 장기적 이익을 위해 단기적인 이익을 포기 할 수 있다고 가정된다. 즉 인간의 합리성이란 더 큰 이익과 작은 이익을 구분할 수 있으며 미래 가치를 계산할 수 있다고 가정한다. **(계몽적 존재로서 인간과 인간의 합리성)**

합리주의자들은 인간이 자신의 의도 뿐 아니라 다른 행위자의 선택에 대한 예측도 가능하다고 본다. 이성이 보편적이라면 인간의 선호는 자신의 선호나 타인의 선호 역시 예측가능하다. 즉 자신과 타인의 선택이 어떻게 되어 서로에게 이익이 될지를 알 수 있다는 것이다. 게임이론에서 상대방과 자신의 선호를 알고 있다는 가정이 대표적이다. **(효용의 상호적 파악 가능)**

하지만 합리주의는 인간의 선택에 있어 구조의 중요성을 인정한다는 점에서 의지주의와 차이가 있다. 즉 구조적 제약이 인간행동을 제약하는 것이다. 예를 들어 사슴사냥게임의 상황과 죄수의 딜레마 게임 상황은 인간의 합리적 선택에서 선택지를 제약한다. **(구조적 제약의 중요성)**

합리적 선택이론에서 가정하는 인간의 합리성은 수단적 합리성, 도구적 합리성을 상정한다. 이는 합리성이 자신의 목표를 산출할 수 있는 수단으로서의 의미를 가진다는 것이다. 이러한 합리성에 근거해 인간은 불확실한 상황에서 기대효용의 극대화를 꾀한다. 이때 인간들이 고려하는 것은 이익과 비용이고 이익과 비용은 외부적으로 주어진 것으로 간주된다. 즉 이익과 비용의 '외생성'으로 인해 이익과 비용은 고정된다. 대표적인 경우가 경제학의 무차별곡선으로 선호를 고정시키는 것이다. **(도구적 합리성과 외생성)**

(2) 합리적 선택이론의 내용: 이익극대화

합리적 선택이론은 형식논리로 이루어졌다. 형식논리인 합리적 선택이론은 몇 가지 가정으로 이루어졌다. 첫째, 완전정보를 가정한다. 둘째, 합리성을 가진 개인을 상정한다. 셋째, 개인의 자신의 선호와 상대의 선호를 알 수 있다. 넷째, 개인들은 각 선택이 가져올 효용을 계산할 수 있으며 비교를 통해 더 나은 이득을 선택할 수 있다. 기대효용이론은 합리적 선택이론의 가정을 차용해서 인간의 행동을 설명하는 대표적인 이론이다. **(형식논리로서 합리적 선택이론의 내용)**

합리적 선택이론은 개인들의 주관적 효용을

파악할 수 있다고 본다. 폰 노이만과 모르겐스타인은 개인들이 가기고 있는 선호를 척도화하여 이를 계산할 수 있다고 보았다. 합리성을 가지고 객관적인 판단이 가능하다는 것이다. 이것은 게임이론에서 개인들의 주관적 선호가 수치화되어 효용으로 나타나는 것과 같다. (주관적 효용의 수치화)

다음으로 인간의 의사결정은 각 행동들이 가져올 수 있는 효용을 계산하고 이것을 대등하게 비교함으로서 가장 효용 값이 비싼 안을 선택한다고 가정한다. 개인들은 어떤 행동의 성공에 대한 기대치와 그 행동에서 얻게 되는 효용의 값을 계산할 수 있다고 본다. 이렇게 계산된 여러 방안들을 병렬적으로 비교하여 선택한다. 이익의 극대화(interest maximization)을 가정하는 기대효용이론은 대안간의 합리적 비교를 통해 최적의 방안을 선택한다고 본다. (기대값의 계산과 결과로서 이익극대화)

2. 합리적 선택이론에 대한 비판

합리적 선택이론은 방법론적으로 크게 두 가지 비판을 받는다. 첫 번째는 합리적 선택이론이 설정하고 있는 인식론 즉 과학적 태도에 대한 비판이다. 두 번째는 인간과 합리성 가정에 대한 비판이다. 양자를 살펴본다. (2가지 비판에 대한 조작작업)

(1) 과학관에 대한 비판: 질적 접근에 따른 비판

합리적 선택이론의 가치와 사실 분리, 자연과학과 사회과학의 동일화라는 양적접근은 문제가 있다. 사실과 가치가 분리된 상태에서 합리성에 기반을 둔 선택을 한다는 것은 현실 상황에 비추어 맞지 않는다. 인간은 행동을 하고 사고를 함에 있어서 가치와 규범이 끼어들기 때문

에 양자를 분리하는 것은 문제가 있다. 질적 접근(정성적 방법/구성주의 방법)을 사용하는 이론가들은 합리주의가 가정하는 가치와 사실관계의 구분 가능성이라고 하는 양적접근(정량적 접근/자연주의)방식에 회의적이다. 왜냐하면 인간은 인간이 의미를 부여한 의미구조라고 하는 사회구조 속에서 존재하기 때문이다. 따라서 일련의 인간의 행동과 선택은 사회구조에서 있어서 맥락적인 것이다. 예를 들어 절을 하는 것이 동양과 서양에서 다른 의미를 가지는 것처럼 같은 행동도 다른 사회적 맥락에서는 의미가 다르다. (질적접근의 내용을 통한 비판)

(2) 인간관과 합리적 가정에 대한 비판

합리주의의 주장과 달리 현실에서의 인간은 상호유기적인 관계이다. 따라서 자유주의의 합리주의가 인간을 원자적으로 분리하여 사회와 절연된 상태에서 선택을 한다고 하는 가정은 인간의 상호유기성을 무시하는 것이다. 이러한 비판은 특히 공동체의 역사성을 강조하는 공동체주의에서 강하게 제기된다. 구성주의입장에서도 마찬가지이다. 인간이 어떤 의미를 갖추고 행동하는 것은 행동에 대해 인간 상호간에 의미를 부여했기 때문인데 이것은 인간이 상호적이라는 가정에 기반을 둔 것이다. (인간의 상호유기성과 가치 고려 비판)

또한 합리성의 가정에서 도구적 합리성은 문제가 있다. 인간이 상호 연대적인 존재라면 인간들의 합리성은 사회적인 측면에서 고려되는 '성찰적' 합리성이 될 것이다. 즉 비판적으로 사고하고 오로지 경제적 이익만 고려하는 것이 아니라 사회적 관계 속에서 합리성을 추구한다는 것이다. 합리성에 대한 비판은 구체적으로 세 가지 관점에서 비판될 수 있다. (3가지 비판 정리)

첫째, 제한적 합리성에 의한 합리성비판. 이

런 상황에서 합리성자체를 거부하기보다 합리성을 현실적으로 보자는 입장으로 허버트 사이먼 (H. Simon)은 '제한된 합리성(Bounded Rationality)' 모델을 제시했다. '제한된 합리성'은 합리적 선택이론가들이 주장하는 이론적 가정이 현실에 부합하지 않는 다는 것이다. 그 이유는 첫째, '상황의 불확실성(Environmental uncertainty)'과 둘째, '인지와 정보처리의 한계(computational and informational limit)' 때문이라고 보았다. 다양한 가능성이 있는 상황에서 각각의 상황이 가져오는 수많은 기회비용을 다 파악할 수 있는 시간과 정보가 부족할 뿐 아니라 인식적인 계산도 어려운 것이다. 이런 상황은 개인들이 이익을 '극대화(Maximizing)'하게 하는 것이 아니라 '만족화(satisficing)'를 추구하는 것이다.[1] 즉 완벽한 기회비용의 판단에 따라 결정하는 것이 아니라 대략 이정도면 충분하다고 생각하는 선에서 결정을 하는 것이다.[2] **(제한적 합리성의 내용구체화)**

둘째, 성찰성에 의한 합리성비판. 또한 합리성의 가정에서 도구적 합리성은 문제가 있다. 성찰주의의 비판은 구성주의입장에 서 제기된다. 인간이 어떤 의미를 갖추고 행동하는 것은 행동에 대해 인간 상호간에 의미를 부여했기 때문인데 이것은 인간이 상호적이라는 가정에 기반을 둔 것이다. 정책을 결정하는 국가 역시 인간을 중심으로 하여 결정을 한다거나 집단적으로 결정한다거나 어떤 경우에도 상호적인 인식인 정체성에 의해서 의미파악이 이루어진다. 인간이 상호 연대적인 존재라면 인간들의 합리성은 사회적인 측면에서 고려되는 '성찰적' 합리성이 될 것이다. 즉 비판적으로 사고하고 오로지 경제적 이익만 고려하는 것이 아니라 사회적 관계 속에서 합리성을 추구한다는 것이다. **(성찰성의 내용구체화)**

셋째, 심리적 모델에 의한 합리성비판(전망이론). 기대효용이론에 대한 반론으로 심리학에서 제시된 모델이다. 기대효용이론은 어떠한 상황에서도 행위자는 합리성을 기반으로 하여 기대치를 계산하고 동일한 효용구조에서 선택을 한다고 본다. 하지만 전망이론은 행위자의 심리를 반영해야 한다고 주장한다. 행위자가 미래가 어둡지 않다고 볼 때 긍정적인 미래의 전망에서는 행위자는 보수적인 선택을 한다고 본다. 반면에 미래에 대한 손실이 예상될 때는 위험한 선택도 불사한다. 전망이론은 기대효용이라면 선택했어야 할 이익영역에서의 B안과 손실영역에서의 C안 대신에 미래전망을 포함한 선택을 각기 다른 영역에서 한다는 점을 제시한다. 이러한 주장을 통해 인간이 미래에 대한 선호를 단지 계산만 하는 것이 아니라 상황에 따라 다른 심리가 작용한다고 주장한다. 이러한 접근을 통해서 좀 더 현실적인 인간을 상정한다. **(전망이론의 내용구체화)**

---

1) '만족화(satisficing)'의 의미: '만족하게 하다(satisfying)'와 '충분하게 하다(sufficing)'가 합쳐진 용어이다.

2) 제한적 합리성의 의미: 제한적 합리성도 합리성을 부정하지는 않지만 합리적 선택이론가들의 엄정성을 부합하는 행동이 쉽지는 않다고 본다. 합리성을 수정하는 추세는 행동경제학과 같이 심리학적 접근이 유행하는 계기가 되었다. 경제학에서 다니엘 카네만(D. Kahneman)은 '추단(heuristics)'이라는 개념과 '편향(bias)'를 가지고 경제적 행동을 설명했다. 추단에 의한 판단은 복잡한 현실에서 어림짐작을 이용해서 판단을 한다는 것이다. 반면에 편향은 왜곡된 인지구조나 심리에 의해 판단이 결정된다는 것이다. 흔히 사업가들이나 정치인이 직관에 의해서 판단하는 경우가 어림짐작에 의한 것이라면 경험과 이념을 굽히지 않고 판단에 활용하는 것이 편향적인 판단이 된다. 카네만의 접근은 이후 에이모스 트버스키(A. Tversky)와 전망이론(prospect theory)으로 발전한다. 전망이론은 미래에 대한 현재적 전망에 근거하여 현상유지적 행동과 현상타파적 행동이 결정된다고 보는 이론이다. 이 모델은 경제학 뿐 아니라 위험천만한 위기를 조장하는 국제정치의 전쟁결정에도 적용되어 사용되고 있다.

Ⅲ 기대효용이론과 대안이론을 통한 쿠바 미사일 위기 분석

1. 이론분석틀

(1) 기대효용이론의 내용

기대효용이론은 합리적 선택이론의 가정을 차용해서 인간의 행동을 설명하는 대표적인 이론이다. 이 이론은 3가지 중요한 가정을 가지고 있다. 첫째, 개인들의 주관적 효용을 파악할 수 있다는 것이다. 폰 노이만과 모르겐스타인은 개인들이 가기고 있는 선호를 척도화하여 이를 계산할 수 있다고 보았다. 합리성을 가지고 객관적인 판단이 가능하다는 것이다. 이것은 게임이론에서 개인들의 주관적 선호가 수치화되어 효용으로 나타나는 것과 같다. (**기대효용의 내용 중 주관적 효용파악**)

둘째, 인간의 의사결정은 각 행동들이 가져올 수 있는 기대 효용 값을 계산하고 이것을 대등하게 비교함으로서 가장 기대 효용 값이 높은 안을 선택한다고 가정한다. 개인들은 어떤 행동의 성공에 대한 기대치와 그 행동에서 얻게 되는 효용의 값을 계산할 수 있다고 본다. 이렇게 계산된 여러 방안들을 병렬적으로 비교하여 선택한다. 이익의 극대화(interest maximization)을 가정하는 기대효용이론은 대안간의 합리적 비교를 통해 최적의 방안을 선택한다고 본다. (**기대효용 비교**)

셋째, 기대효용은 어떤 행동이 발생할 수 있는 가능성과 그에 따른 효용이 계산될 수 있다는 가정을 가지고 있다. 인간의 행동은 심리적 영향이 없이 각 행동 가져오게 될 가능성과 효용의 산술적인 계산이 가능하다는 것이다. 만약 어떤 국가가 전쟁을 할 것인지를 결정한다면 다음과 같은 수식에 의해서 선택은 결정된다.

$EU(W) - EU(L) =$ 국가의 선택과 행동. 즉 위희식은 국가가 전쟁에서 이길확률(E)과 효용을 계산하였을 때 이에 대한 기대비용과의 계산 즉 패배했을 가능성과 비용을 계산하여 결정된다. (**기대효용 계산 방식**)

(2) 대안이론: 심리적 접근법으로서 전망이론

기대효용이론에 대한 반론으로 심리학에서 제시된 전망이론을 들 수 있다. 앞서 설명한 대로 전망이론은 미래에 대한 전망이 현재 국가의 외교정책을 결정한다고 주장한다. 전망이론은 기대효용이론이 제안하는 합리적 계산으로서의 이익과 비용에 의한 판단이 아니라 지도자가 받는 심리적 영향을 도입해서 정책결정을 설명한다. 이것은 기대효용이론이 실제 인간을 가지고 설명하기보다 인공지능에 가까운 비인간적인 설명을 거부하는 것이다. 정책결정에서 중요한 것은 실제 인간이며 인간은 자신이 처한 환경에 의해 심리적 영향을 받기 마련이다. 이런 점에서 정책결정자라는 지도자의 인간적인 측면을 강조하는 이론으로 현실설명력이 높다고 하겠다. (**인간 심리와 전망이론으로 지도자 분석**)

2. 쿠바 미사일위기에 대한 설명

쿠바 미사일위기 사례를 볼 때 기대효용모델이 말하는 기계적이고 도구적인 합리성 보다는 인간 심리가 작동하는 설명이 더 설득력이 높다고 할 수 있다. 이 과정을 살펴보기 위해 먼저 기대효용이론을 대입해 보고 이후 전망이론을 대입하여 정책결정과정이 최종적으로 어떻게 결정되었는지를 살펴본다. (**논리적 순서**)

미국은 쿠바 미사일위기 상황에서 합리적 선택이론이 가정하는 합리적 행위자로 대외정책을 수행했다. 특히 초기 위기가 발생한 상황에서 정보획득을 위해 최선의 노력을 경주했으며 실제 미사일이 설치되었는지를 파악하기 위해 노력했다. 이 과정에서 다양한 방안들이 검토되었다. (합리적 선택이론 적용)

위기의 초기 국면에서 미국은 소련의 의도와 실제 행동들을 파악하기 위해 노력했다. 또한 만약 위기가 확대되어 전쟁이 벌어질 경우를 감안하여 피해를 예상하기도 하였다. 미국의 케네디 대통령은 위기 상황에서 물러서는 것과 강경 대응하는 것 사이에서 강경대응의 필요성이 높다고 판단하였다. 양극적인 대립상황에서 미국의 군사력이 상대적으로 소련의 군사력에 우위에 있었다. 하지만 소련이 1957년 스푸트닉 위성발사로 인해 미국에 공격을 가할 수 있는 대륙간탄도 미사일을 보유한 상황에서 미국의 쿠바에 대한 공격은 소련의 반격으로 이어질 가능성이 높았다. (사례 설명)

기대효용 모델에 따르면 이 상황에서 미국은 강경정책의 고수가 가져오는 기대효용값과 양보정책으로 인해 얻게 될 기대효용값을 계산할 수 있다. 이런 계산은 미국이 강경정책이 양보정책보다 얻는 효용값을 높게 계산하게 만들 수 있었다. 유럽 국가들의 미국에 대한 신뢰와 아시아에서 동맹에 대한 신뢰가 중요하게 영향을 미쳤을 뿐 아니라 미국 내에서 케네디의 정치적 입지유지라는 이익 또한 고려될 수 있었다. (사례의 기대효용적용)

그러나 위기 상황에서 미국의 케네디 대통령은 기대효용이 말하는 합리적 행위자로만 대외정책을 결정한 것은 아니다. 케네디 대통령은 자신의 추락한 이미지에 대해서도 신경을 써야 했다. 케네디는 후르시초프와의 정상회담에서 약한 모습을 보였고 소련의 베를린 장벽 설치에도 강력하게 대응하지 못했다. 이것은 대통령에 대한 재선의 가능성으로 압박을 가해왔다. (심리적 압박)

케네디 대통령이 지지기반이 넓지 못한 상황에서 젊은 케네디에 대한 이미지가 약화되는 것은 정치적 생명이 끝나는 것과 마찬가지였다. 이로 인해 케네디 대통령은 소련과의 일전을 고려하게 되었다. 특히 전쟁이 필연적이라면 지금 하는 것이 더 유용하다는 생각이 지배적이었다. 이것은 전망이론이 말하는 "Now−better−than−Later"논리를 따른 것이다. (전망이론의 "Now-better-than-Later"논리)

케네디는 당시 상황이 미국에는 손실영역에 있다고 믿었다. 소련의 무기 성장이 급속히 이루어져 미국을 따라올 것이기 때문에 싸워야 한다면 '현재가 미래보다 유용하다'고 본 것이다. 게다가 위기의 13일이라는 짧은 시한에서 받는 스트레스는 이후 케네디가 당시 상황을 녹음한 것을 보면 알 수 있다. 이 또한 위기와 심리적 영향을 보여주는 것이다. (손실영역의 판단)

위기의 마지막 국면에서 케네디 대통령이 동생 로버트 케네디를 통해 그로미코 소련대사를 소환하여 터키에서 미사일을 양보할 수 있다는 것을 내비치면서 위기를 해결한 것 역시 위기 상황을 헤쳐가기 위한 심리적인 영향을 보여준다. 만약 기대효용이론의 설명대로라면 강경정책을 통해서 미국은 자신의 체면을 지키면서 소련에게 굴욕을 주는 것이 타당하다. 하지만 미국은 후르시초프에게도 양보를 제안함으로서 위기를 대결국면이 아닌 소련의 양보로 이끌었다. 이것은 최종 대결에서 절대적인 상호 대결을 피하기 위한 심리적 압력과 그에 따른 노력으로 볼 수 있다. (최종 결정과 위기 해결)

● **대안 1: 위기시 정책결정 모델**
위기시 정책결정 모델은 설명이 됨.

● **대안 2: 집단사고모델**

　집단사고모델은 적용이 안됨.

. . . .

Ⅳ 결 론

　쿠바 사례는 기대효용보다 심리적 영향이 중요하다는 점을 보여주었다. 이것은 현재 한반도에도 주는 함의가 크다. 현재 상황에서 대한민국－미국－북한을 이어가는 정상회담은 지도자들이 현재 상황을 어떻게 이해하고 해석하는가에 따라 협력 여부가 결정될 것이라는 점을 예상하게 한다. 물론 합리적 기대를 무시할 수 없지만 북한 핵문제라는 오래된 갈등구조에서 심리적 영향이 중요하다. 이에 따라 한국의 중개외교는 합리성에 기초한 예측과 함께 지도자들의 심리를 고려하는 것이 필요하다.

제004문 극성의 변화와 안정성으로서 강대국간 전쟁가능성

미국 중심의 단극질서가 변화하고 있는지에 대한 논쟁이 진행 중이다. 왈츠(K. Waltz)이래로 극성은 중요해졌다. '힘의 배분상태'로서 '극성(polarity)'과 함께 강대국간 힘의 변화를 의미하는 '극화(polarization)'도 국제정치를 분석하기 위해 중요하다. 다음 질문에 답하시오. (총 40점)

(1) 극성과 극화의 의미를 설명하고 극성/극화와 국제정치의 '안정성(stability)' 사이의 관계를 설명하시오. (15점)

(2) 현실주의 관점에서 단극체제가 가지는 특징과 안정성과의 관계를 설명하시오 (10점)

(3) 21세기 현재 극성변화여부와 강대국간 전쟁가능성에 대해 논하시오. (15점)

 문제의 맥락과 포인트

국제체제의 변화를 다룰 때 극성과 안정성의 관계를 주로 다룬다. 현재 단극이 안정적인지와 변화가능성 여부를 다루기 위한 문제다. 단극안정론의 기반이 되는 문제로서 일반화해서 이런 유형의 문제를 풀 때 활용해서 사용할 수 있다.

Ⅰ 서 론

1991년 이후 극성변화는 국제정치의 중심적인 화두이다. 그러나 최근 다오위다오를 상징적으로 하는 중국의 군사적 성장과 미일동맹과의 갈등상황은 극성변화가 단순히 질서의 변화만이 아니라 무력분쟁과 국지적 전쟁의 가능성을 가지고 있음을 보여준다. 극성변화 즉 극화를 전쟁가능성에 좁혀서 살펴본다.

Ⅱ 분석도구로서 극성과 극화의 의미

1. 극성과 극화의 의미

극성은 힘의 분포상태를 의미한다. 힘의 분포상태는 강대국들의 힘의 분포 즉 국제체제에 영향을 미치는 강대국의 숫자를 의미하는 것이다. 극성의 중요성은 신현실주의에서 구조를 강조하면서 비롯되었다. 왈츠는 무정부상태가 생존에 압력을 행사하면 극성은 국가들의 행동패턴을 결정한다고 보았다. 극성에 따라 국가지도자의 속성이나 국가의 속성과 관계없이 국가들의 행동양식 즉 국제정치의 패턴이 형성되기 때문이다.

극화는 극성의 변화과정을 설명한다. 극성은 상태로서 현재 만들어져 있는 상황을 반영하는 데 비해 극화는 이러한 극성이 만들어져가고 있는 과정과 동학(dynamic)을 설명한다. 만일 현재 상황이 미국의 단극이라고 해도 장기적으로 중국이 성장하여 양극질서를 만들 수 있다면 현재는 양극화라고 정의할 수 있는 것이다.

안정성(stability)에 대해서는 다양한 개념규정이 있다. 이중 안정성은 강대국 간의 질서가 유지되는 상태로 정의할 수 있다. 이것은 체제의 주요구성인 강대국간 배열상태가 유지되는 것이다. 즉 강대국간 전쟁이 부재하고 전쟁으로 인해 주요구성원의 변화가 없는 것이다. 다만 주요구성원이 아닌 약소국 간의 전쟁은 강대국 간의 질서인 안정성에 크게 영향을 미치지는 않는다.

CF.

실제 시험에서는 '극화'와 '안정성'은 예측이 안되기 때문에 출제하기 어렵다.

2. 극성과 안정성간 관계

극성과 안정성 사이의 관계는 패턴화가 가능하다. 안정성은 강대국질서의 변화가능성을 의미하며 여기서는 강대국 간의 전쟁가능성을 포함한다는 점에서 전쟁보다는 넓은 개념이다. 과거 양극안정론과 다극안정론의 논쟁은 양극의 특성이라는 적은 수의 양자적 관계(dyadic relation)로 인해 안정성여부가 결정될 수 있다고 보았다. 강대국의 수가 증대할 경우 이런 양자적관계가 늘어나는데 이것이 불확실성에 영향을 주어 체제변동가능성과 전쟁가능성이라는 안정성에 영향을 준다는 것이다. 단극질서에 대한 최근 논의 역시 극성이 결정되면 이 극성의 특징과 안정성사이의 관계를 설명한다. 각 극성과 안정성

사이에 대한 예측은 논의가 분분하다. 즉 단극, 양극, 다극에 대해 안정성이 있고 없고의 주장이 모두 갈린다.

이런 측면에 더해 극화는 극성이 변하는 것이고 강대국간 질서의 변화가 이루어지는 것으로서 안정성이 변화하는 것이다. 즉 안정성을 체제변화로 볼 때 극화는 안정성이 깨지면서 다른 체제로 넘어가는 것을 의미한다. 다만 극화가 이루어질 때 극화가 어떤 방향이 될지에 따라 이후 구성된 극성은 체제의 내구성과 관계가 결정될 것이다. 즉 얼마나 오랫동안 강대국배열상태인 체제를 유지할 것인지가 결정될 것이다. 예를 들어 단극에서 양극이 된다면 양극이 더 오랫동안 지속될 수 있는지가 결정될 것이다.

Ⅲ 단극체제의 특징과 안정성간 관계

1. 단극의 특징

현실주의 관점에서 단극체제는 두 가지 특징을 가진다. 첫째, 높은 과잉확장 가능성과 둘째, 높은 국내정치의 대외정책결정가능성이다. 먼저 단극은 견제되지 않기 때문에 과잉확장가능성이 높다. 즉 개입과 군사력사용가능성이 높은 것이다. 다른 극성을 이룬 국가가 있다면 단극의 개입가능성은 줄어든다. 하지만 단극은 다른 견제국가를 가지지 않는다.

과잉확장 가능성에 대해 현실주의자들은 우려를 한다. 왈츠(K. Waltz)에 따르면 다극은 부주의(Inattention)를 특징으로 한다. 즉 국가들이 많기 때문에 다른 국가를 신경쓰기 어렵다는 것이다. 반면 양극은 과잉반응(Overreaction)을 특징으로 한다. 경쟁성이 강해서 슈퍼파워를 이루고 있는 두 개의 국가 간에 과도한 경쟁이 일어난다는 것이다. 이에 비해서 단극은 과잉확장

(Overextention)을 특징으로 한다. 제재가 없기 때문에 과도하게 군사력이 팽창된다는 것이다. 이 개념은 역사학자 폴 케네디(P. Kennedy)의 '과잉팽창(overstretch)'와도 유사하다. 과잉팽창은 국가들이 자신의 경제적 기반을 넘어서까지 군사력을 사용하여 강대국을 몰락시키는 요인이다. 케네디는 이런 강대국의 과잉확장이 결국 강대국의 쇠락을 가져온다고 주장하면서 미국의 과잉 확장(overstretch)을 경계해야 한다고 조언했다. 실제 아테네와 로마도 제국의 확장으로 쇠락했고 동양에서는 칭기즈 칸의 몽고제국이 쇠락했다.

단극은 체제의 정의상 패권국에 대한 강대국의 제약이 불가능하다. 따라서 패권국은 자신이 원하는 일을 제약 없이 수행할 수 있다. 이때 패권국의 입장에서 가장 중요한 국가이익은 체제의 안정적 지속과 유지가 된다. 이를 위해 패권국은 자신에 도전이 될 세력을 견제하고자 중요 국제문제에 대한 간섭을 늘린다. 이런 간섭은 저항을 가져오게 되고 이에 따라 간섭은 더욱 증대한다. 이런 패턴의 반복은 패권국의 지나친 팽창을 가져오게 된다.

따라서 현 체제의 특성은 패권국의 과잉확장의 가능성과 그에 대한 여타 강대국들의 군사적 정치적 견제능력의 약화로 볼 수 있다. 이러한 일반적인 패권국의 특징에도 불구하고, 핵의 상존과 억지능력은 강대국간 대규모 전쟁가능성을 어렵게 한다.

둘째, 높은 국내정치의 대외정책결정가능성이다. 단극은 패권국가가 대외정책을 결정하는 데 있어서 국제정치의 논리가 작동하기 어렵게 한다. 다른 국가의 국력을 고려하여 대외정책방향을 정하지 않기 때문이다. 이보다는 국내정치의 영향이 직접적으로 대외정책결정으로 이어질 수 있다. 국내정치의 지도자의 특성이나 국내정치에서 여론과 경제상황 그리고 민족주의와 같은 요인들에 의해서 대외정책이 결정되고 대외관계에서 다른 국가의 견제를 고려할 여지가 적어지는 것이다.

2. 단극의 안정성

단극체계는 외부 행위자가 통제하기 어렵다는 점을 특징으로 한다. 이러한 특징 속에서 질서의 안정은 결국 힘의 격차에 달려 있다. 또한 힘의 격차 뿐 아니라 힘을 어떻게 느끼는가에 따라서도 결정될 것이다. 힘의 격차가 클수록 그리고 그 힘의 격차 크기를 위협적으로 여기지 않을수록 체제는 안정화될 것이다. 그러나 위의 특징에서 본 것처럼 통제받지 않는 권력은 부패한다는 정치학의 격언처럼 통제되지 않는 권력은 스스로 확장하는 함정과 다른 국가들을 무시하고 다른 국가들의 고통에 침묵할 수 있다는 점에서 체제의 위기가 있다.

조금 더 구체적으로 보면 안정성은 지도국가와 도전국가들이 체제변경을 시도 하려고 하는가의 여부에 의해서 결정된다. 따라서 이것은 경제력과 군사력과 같은 물질적인 기준과 이에 대해서 위협으로 전환되는 인식의 과정을 갖추어야 한다. 힘의 격차를 안보에 대한 세계적 보장이나 경제적인 공공재의 지속적 공급이 아닌 영토적 팽창이나 상대적 이득의 추구로 파악하면서 이것이 자국의 이해를 침해하고 결국 중요한 전략지역과 자원에 대한 위협으로 다가온다면 이체제의 안정성 자체가 깨어지게 될 것이다. 결국 준정부적 존재라 파악되는 단극자체보다는 단극자체의 변화가능성이 안정성을 결정할 것이다.

Ⅳ 극성변화와 전쟁가능성논의

1. 극성변화가능성

극성이 바뀔 것이라는 주장에는 크게 3가지가 있다. 패권질서는 변화가 없지만 패권국가는 변동할 것이라는 세력전이의 입장이 있다. 두 번째는 양극화가 진행되어 양극적 질서를 만들 것이라는 입장이 있다. 세 번째는 다극화가 진행되어 다극구조를 이룰 것이라는 입장이 있다.

첫 번째 입장의 대표적인 세력전이론에 따르면 패권의 변동은 경제적 성장속도의 격차가 얼마나 줄어드는지 여부와 2위권의 강대국들이 지배적인 1위국가가 제공하는 질서에 대한 만족도에 달려있다고 한다. 가시적으로 극성변화를 주도할 수 있는 중국의 경우 경제성장이 더디게 진행되고 있으며 경제성장이 미국이 형성한 자유무역질서 안에서 가능하기 때문에 체제변동가능성이 높지 않다.

두 번째는 양극화가능성이다. 양극이 되는 것 역시 중국이 가시적이 된다. 세력전이론과 달리 중국이 양극화된다는 것은 중국이 패권까지 성장하지는 못하고 미국을 견제하는 정도까지 세력의 증강을 이룬다는 것이다. 이 입장은 중국의 현상유지적 성격이 있고 중국의 경제성장과 군사력증강이 좀 더 진행되어 미국을 견제하는 정도까지 갈 것이라는 것이다. 현실적으로 가장 가능성이 높은 시나리오이다. 중국의 신창타이에도 불구하고 중국의 서진 정책과 중국의 해양력 증대로 볼 때 중국은 장기적으로 미국에 육박하는 나라가 될 수 있다. 하지만 14개 국가로 포위되어 있고 자연자원이 부족하며 동맹이 부족한 중국이 패권화를 꾀하지는 못할 것이기 때문에 현상유지를 하면서 미국을 견제하는 국가가 될 가능성이 높다.

다극을 주장하는 논리는 중국이외의 국가들이 성장할 수 있다고 본다. 과거에 찰스 쿱찬(C. Chupchan)은 "After Pax America"에서 다극화를 전망했다. 그는 중국 뿐 아니라 유럽의 부상을 점쳤다. 하지만 유럽의 경제위기와 유럽 국가들의 고령화와 낮은 성장세는 유럽이 다극의 주체가 되기 어렵게 한다.

반면에 최근에는 파리드 자카리아가 '나머지의 부상'을 들어 더 많은 국가들에 의한 다극질서를 예상했다. 중국, 러시아, 인도, 인도네시아 등의 국가들이 성장하여 더 다극적인 질서가 만들어질 것으로 본 것이다. 하지만 신흥국가들의 현재 경제적 여건을 보았을 때 인도, 러시아, 브라질, 인도네시아 등의 부상은 단기적으로는 어렵다.

2. 극성변화와 전쟁가능성

극성이 이루어진다고 할 때 전쟁이 발생할 가능성은 전쟁을 두 가지로 구분하고 보아야 한다. 첫 번째는 국지적이고 제한적인 전쟁이다. 두 번째는 대규모전쟁이다. 두 가지로 전쟁을 구분하는 것은 전쟁의 목적이 상이하기 때문이다. 즉 무력분쟁이 생길 수 있고 이것을 제한적으로 사용함으로서 자국의 목표가 강렬하다는 것을 보여줄 수 있다. 이것은 사용하기 어렵지만 그래도 정책수단으로서 고려할 수 있다. 하지만 강대국 간의 대규모전쟁은 다르다. 이는 대규모의 동원과 장기간에 걸친 군사력사용을 각오해야 한다. 또한 엄청난 인명피해를 볼 수 있다. 따라서 여론이나 강력한 민족주의에 의해 일시적으로 계획할 수 있는 것이 아니다. 게다가 핵을 보유한 강대국 간에는 핵전쟁으로의 확전 가능성으로 더욱 계획하기 어렵다.

극성의 변화와 전쟁가능성에 대해 일반적으로 힘의 집중이 떨어지면 전쟁가능성은 높아진다. 지금까지의 전쟁연구에 비추어 볼 때 힘의 집중이 힘의 분산보다 전쟁의 발생빈도수가 적었다. 즉 국가 간 힘의 격차가 클 때 전쟁이 적었다. 극성으로 표현하면 단극인 상황이 양극이나 다극인 상황보다 전쟁발발의 가능성이 낮았다.

이런 실증분석의 결과를 토대로 해석하자면 양극이나 다극으로의 변화 뿐 아니라 세력전이 상황은 강대국간 전쟁의 가능성을 높인다. 특히 힘의 격차가 가장 적어진 상황에서 도전국가에 의한 세력전이 시도가 있을 때 강대국간 전쟁가능성이 최고로 높다. 하지만 강대국간 핵 억지가 있어서 대규모전쟁을 계획할 수는 없고 제한적이고 국지적인 무력사용은 가능할 수 있다.

그런 점에서 볼 때 현재 양극화로 진행하는 모습을 보인다면 단극시대보다는 양극화시대의 질서는 불안정해질 것이다. 또한 핵억지에도 불구하고 제한적인 무력사용가능성은 완전히 배제할 수는 없을 것이다.

특히 중국의 전략문화와 일본의 민족주의관점의 강경한 대외정책이 충돌할 수도 있다. 중국은 서구적(합리적인/현실주의적) 전략문화, 유교적인 전략문화를 가지고 있지만 한편으로 혁명적 전략문화를 가지고 있다.[3] 혁명적 전략문화로 인해 중국은 합리적인 선택으로 예측하기 어려운 공세적인 전략을 선택할 수 있다. 혁명적 전략문화는 마르크시즘에 기반을 하여 중국이 국가를 구성하면서 일본에 항일전쟁을 하고 국공내전을 거치면서 만들어졌다. 한국전쟁에서 패권국가 미국에 대항한 것 역시 이런 전략문화의 유산이다. 알레스테어 존스톤의 중국전략 문화론 역시 중국의 공세적인 외교정책을 주장한다.

Ⅴ 결론: 외교 정책적 함의

극성변화는 동북아시아에서 한국에게 새로운 과제를 주는 것이다. 극성변화와 그에 따른 불안정성 그리고 제한적 무력사용가능성을 고려하고 이런 상황에 대비한 외교방안을 미리 마련하는 것이 필요한 이유이다.

---

3) 박창희, 『중국전략문화론』

제005문 미국 패권체제의 특성과 약화 원인

단극(unipolar)을 운영하는 권력인 '패권'에 대해서 현실주의와 자유주의는 구성요소를 각기 다르게 본다. 또한, 자유주의는 미국식 패권이 가진 특성에 주목해 '일반 패권체제(hegemonic system)'와 '미국 패권체제(American hegemonic system)'를 구분한다. 다음 질문에 답하시오. (총 40점)

(1) '패권'에 대한 현실주의의 구성요소와 자유주의의 구성요소의 차이를 설명하시오. (10점)

(2) 자유주의 관점에서 '일반 패권체제'와 다른 '미국 패권체제(American hegemonic system)'의 특성을 설명하고 '미국 패권체제'와 '자유주의 국제질서' 간의 관계를 설명하시오. (15점)

(3) 앞 논의 연장선에서 미국 패권체제가 약화되는 이유를 자유주의 관점에서 설명하고, 이 주장에 대해 현실주의 관점에서 비판하시오. (15점)

문제의 맥락과 포인트

아이켄베리는 미국 패권체제에 대해 자유주의 패권으로 규정했다. 아이켄베리의 주장이 미국을 연구하는 이들에게 많이 받아들여지고 있다. 2024년 국립외교원 시험에 50점으로 출제될 정도다. 아이켄베리 주장에 대한 체계적인 정리가 필요하다.

Ⅰ 서 론

2021년 5월 미국의 퓨리서치 센터의 여론 조사에서는 미국에 대한 우호적 답변이 62%로 트럼프 대통령 임기 말의 34%에 비해 28%가 높아진 것이다. 이것은 'America First'를 외치면서 자유무역 경제질서, 자유민주주의 정치체제, 다자주의 국제제도를 하나씩 망쳤던 것과 달리 바이든 대통령은 국제 리더십을 발휘한다고 보았기 때문이다. 자유주의에 기초한 미국 패권체제의 딜레마를 보여주는 이 사례는 향후 미국의 전략적 딜레마를 잘 보여준다.

대안 1

미국 경제력과 군사력의 약화에도 불구하고 미국의 "다양(multi-layered/multi-faceted)하고, 자유주의적인 헤게모니(liberal hegemonic)에 기초하고, 다자주의(multilateralism)적인" 제도로 이루어진 미국 패권체제는 리더십은 쉽게 붕괴되지 않을 것이라는 논쟁이 있다. 미국의 자유주의적 패권체제의 미래에 대해 자유주의와 현실주의 관점에서 논한다.

Ⅱ 분석틀: 패권구성요소 간 비교

단극체제를 운영하는 패권은 무엇으로 구성
되었는지에 따라 운영방식과 지속성이 규정된
다. 자유주의와 현실주의 관점에서 비교한다.

1. 현실주의에서 패권구성요소: 군사력과 경제력

현실주의에서 패권은 군사력과 경제력으로
구성된다. 현실주의는 무정부상태를 강조한다.
무정부상태에서 생존을 추구하는 국가에게 권력
은 강제적 권력인 1차원 권력이 중요하다. 상대
방의 의도와 관계없이 자신의 의지를 관철하는
것이 중요하기 때문이다. 1차원 권력은 군사력
과 경제력으로 구성된다.

단극이 된 국가는 패권체제를 운영할 때 강
제적 권력이 필요하다. 군사력을 통해서 제재가
가능해야 도전이 발생하지 않는다. 패권체제의
안정성은 도전 국가의 군사적 도전이 없을 때
만들어진다. 한편 경제력은 패권국가가 하위국
가들 통제하는 데 있어서 중요한 권력 자원이다.
길핀의 패권변동이론은 제재를 통해서 개방성을
유지한다고 주장한다. 이것은 길핀의 패권이 가
진 악의적(malign) 속성에 기인한다. 즉 자국에
게 이익이 되지 않는 경우 타국에게 공공재 생
산을 강제할 수 있어야 한다.

2. 자유주의에서 패권구성요소: 경제력과 리더십

자유주의에서 패권은 주로 경제력과 리더십
으로 구성된다. 자유주의에서 패권은 주로 전쟁
과 안보 보다는 경제적 개방성에 관심을 가진다.
따라서 단극을 이루는 패권은 주로 정치경제에
서 공공재를 제공할 수 있는 능력 즉 경제력에
초점을 둔다. 대표적인 자유주의 패권이론가 킨

들버거는 공공재로 항주기적 거시경제관리, 국
내시장 개방, 최종대부자 역할과 함께 안정적인
장기융자의 제공, 안정적인 환율체제유지를 들
었다. 이것은 경제적 공공재에 국한된 것이고,
이를 위해서는 경제력에 초점을 두어야 한다.

자유주의에서는 리더십을 강조한다. 죠셉 나
이는 스마트파워 이론을 통해서 권력은 경성권
력과 연성권력 자원이 필요하며, 이를 운영하는
능력으로서 리더십이 필요하다고 주장했다. 여
기서 리더십은 자유주의 관점에서 한 지도 국가
가 추종하는 국가들을 '지배(dominate)'하는 것이
아니라 '이끄는(lead)' 것이다. 여기서 하위 국가
를 이끌기 위해서 패권국가는 체제의 목표를 설
정하고, 이를 조정해 주는 역할을 해야 한다. 즉
패권체제를 따라오면 미래 그림이 무엇인지를
제시하고 이를 설득해서 이끌어가야 하는 것이
다. 그런데 이런 리더십은 권력 보다는 운영방
식에 관한 것이다. 자원의 활용방식으로 아이켄
베리에 따르면, 명령(command), 균형(balance),
합의(consent)의 어떤 방식을 사용하는지에 관한
것이다.

자유주의도 이론마다 강조하는 권력이 다르
기에 군사력을 완전히 배제한다고 볼 수는 없다.
하지만 현실주의가 전쟁과 평화에 집중하는 데
비해 자유주의는 정치경제에 집중하기 때문에
상대적으로 군사력에는 관심이 적다. 하지만 군
사력이 없이는 패권이 유지되기 어렵다는 점에
서 군사력도 부분적으로 중요하게 본다고 전제
한다.

Ⅲ 미국 패권체제의 특성과 자유주의 국제질서간 관계

아이켄베리는 미국의 패권이 자유주의 패권
(liberal Leviathan)이라며 기존 패권과는 다른 체

제운영원리를 가진다고 주장했다. 이때 패권체제는 단극을 구성하고 있는 패권 국가가 자신이 보유한 패권의 권력 자원을 활용해서 체제를 운영하는 원리 전체를 포괄한다고 규정한다.

1. 미국 패권체제의 특성: 자유주의 패권

미국 패권체제는 자유주의 원리에 따라 공공재를 제공하는 힘의 집중체제로 규정할 수 있다. 이는 두 가지로 세분화할 수 있다. 첫째, 미국이 보유한 권력 자원이다. 둘째, 미국이 체제를 운영하는 원리다.

먼저 미국은 경제력, 군사력, 리더십을 모두 보유했다. 미국은 1910년대 이미 패권으로서 국력인 경제력과 군사력을 보유하고 있었다. 하지만 1차 대전과 2차 대전에서 승리하면서 더 막강한 권력을 보유하게 된다. 2차 대전이 끝날 무렵 미국은 전세계 생산의 50%에 필적하는 능력을 달성했다. 또한, 유럽전쟁과 아시아-태평양 전쟁을 승리로 이끈 군사력을 보유했다.

더 중요한 것은 미국이 리더십을 보유했다는 것이다. 미국은 브레튼우즈 체제를 구축했다. 이를 통해 경제제도를 운영했다. UN을 구축하여 안보와 사회문제를 해결하고자 했다. NATO를 통해서 지역 안정을 확보했다. 미국의 해군력을 통해 전세계 SLOC을 보호했다. 마샬 플랜으로 유럽의 부흥을 도왔다. 이러한 미국의 행동은 미국을 다른 국가들의 리더로서 활동하게 한 것이다. 냉전시기 소련은 도전했지만, 탈냉전이 되면서 이러한 도전도 사라지게 되었다.

둘째, 미국의 운영방식도 리더십을 확보하게 했다. 이 부분에서는 미국이 제도를 어떻게 운영했는지가 중요하다. 아이켄베리에 따르면 제도구축의 유형이 중요하다.[4] 3가지 유형화가 달

리 영향을 미친다. 그리고 이 3가지 유형화가 다자주의(multilateralism)에 의해 정리될 수 있다. 첫째, 지배구조의 구성이다. 패권국가가 미래를 고려하여 제도지배 방식을 1국의 지배방식 대신에 다자적인 지배로 구축할 수 있다(governing by a single state/by a group). 둘째, 패권 국가가 운영하는 지배의 방식이다. 지배를 강제적으로 할 것인지 개방적이며 호혜적이고 제도에 기초할 것인지 여부이다(governing by hierarchial coercive domination/by open, benevolent, organized around reciprocal, consensual and rule-based relations). 셋째, 질서운영에 따른 이익을 패권국가가 집중적으로 가져갈 것인지와 다른 국가들과 공유할 것인지 여부이다. 이중에서 다자적인 지배, 상호적이며 규칙에 기초한 지배, 이익을 공유하는 지배는 패권 국가가 제도 구축 이후 힘이 약화되어도 이익공유그룹을 만들기 때문에 질서 운영의 지속성이 보장되기 쉽다.

즉 다자주의를 통한 운영은 하위 국가들에게 공공재를 제공할 뿐 아니라 개방적으로 운영된다. 이는 약소국들도 제도에 의한 착취보다는 제도에 의해 혜택을 얻는 '포괄적 호혜성'을 확보하게 한다. 그런 점에서 미국의 리더십이 확보된 것이다.

2. 미국 패권과 자유주의 국제질서간 관계

자유주의 국제질서는 3가지로 구성된다. 첫째, 개방적 경제질서로서 자유무역체제다. 둘째, 자유민주주의 체제다. 셋째, 다자주의 국제제도다. 이는 자유주의가 국가 간에 구현될 수 있는 3가지 양태다.

미국의 자유주의 패권체제는 이 3가지 자유주의 국제질서와 조응한다. 첫째, 미국의 자유주

---

4) John Ikenberry, "Rising Powers and Global Institutions", Art & Jervis 『International Politics: Enduring Concepts and Contemporary Issuess』 (New York: Longman, 2011). p.549.

의 패권체제는 개방적 경제질서를 구축했다. 미국은 브레튼우즈 체제를 통해서 자유무역을 만들었다. 그리고 환율제도에서 기축통화가 됨으로서 자유무역을 지탱하게 했다. 미국이 마샬 플랜과 기축통화에 의한 '선의의 무시' 정책으로 미국 시장을 열어주었고, 이는 1950년대와 1960년대 독일과 일본이 성장할 수 있는 기반을 만들어주었다.

둘째, 미국은 자유민주주의를 구축하고 보호했다. 냉전 기간 중 민주주의국가 탄생을 도왔다. 한국이 대표적인 사례다. 이후 냉전 기간에 비민주주의의 공격으로부터 민주주의를 유지하기 위해 싸웠다. 한국과 베트남이 대표적이다. 탈냉전 이후 인도적 개입과 민주주의 구축을 위한 개입도 여기에 해당한다.

셋째, 다자주의 국제제도를 구축했다. UN과 WTO와 같은 다자주의 제도는 강대국과 약소국 모두 1국 1표의 원칙 하에 운영되었다. 이는 안정과 개방의 공공재를 제공했고, 미국도 다자주의 규칙에 구속받았다.

Ⅳ 미국 패권체제의 약화 원인 논쟁

미국 패권체제가 약화된 원인을 자유주의자 아이켄베리를 중심으로 설명하고, 미어샤이머를 통해 반박한다.

1. 아이켄베리 분석: 미국 리더십의 문제

미국 자유주의 패권이 위기가 된 것은 '자기 성공에 의한 희생'으로 볼 수 있다. 미국이 자유주의를 제대로 운영하였고 그로 인해 국가들의 기준이 높아진 것이다. 이런 상황에서 미국이 리더십을 제대로 발휘하지 못하자, 다른 국가들이 미국의 리더십에 대한 신뢰를 철회한 것이다.

부시 대통령 시기의 일방주의와 마찬가지로 트럼프 시기의 일방주의도 미국의 리더십을 약화시켰다. 트럼프는 TPP에서 탈퇴했다. 그는 자유무역이라는 자유주의 국제질서를 붕괴시켰다. 그는 자국 내 민주주의를 약화시켰으며, 국가의 이익 기준으로 민주주의 기준을 무시했다. 마지막으로 다자주의 원칙을 깼다. 자신이 만든 UN의 WHO에서 탈퇴했다. 그리고 기후변화협약에서도 탈퇴했다.

미국의 이러한 행동은 앞서 본 권력 자원에서 리더십을 약화시킨다. 미국의 경제력도 약화되는 상황에서 리더십이 하락하면서 자유주의 패권에 문제가 생긴 것이다. 그러나 이것이 자유주의 구조의 문제는 아니다. 이것 보다는 운영상의 문제이자 신뢰의 문제로 볼 수 있다.

2. 미어샤이머의 분석: 자유주의 정책 선택 문제

미어샤이머는 미국의 문제가 자유주의에 기초한 대외정책을 수행하는 데 있다고 보았다. 자유주의 중에서도 공세적인 입장인 progressive liberalism을 사용하는 것이 문제다.

미국이 자유주의에서 타협이 안 되는 '무엇이 더 옳은 삶인가'에 대해 잘못된 인식을 가진 것이 문제다. 자신이 이 질문에 답이 있다고 생각하고 타국 문제에 개입한 것이다. 그런데 자유주의 힘의 질서를 제대로 보지 못한다. 또한 민족주의에도 약하다.

그런 점에서 미국의 대외정책은 현실주의로 수정되어야 한다. 힘의 균형에 초점을 두는 것이 관념에 기초한 외교보다 중요하다. 자국의 군사력과 경제력을 보호할 필요가 있다. 무정부 상태에서 국가는 상대적 국력을 보호하는 것이 중요하다. 이를 위해서는 불필요한 개입을 줄이고, 중국에 대해서는 봉쇄정책을 사용할 필요가 있다.

특히 자유주의 패권이론은 정치경제에 집중하는데 비해, 안보 분야에서는 힘의 질서가 중요하다. 안보의 불안을 줄이기 위해 미국은 지역 패권 국가의 위상을 유지해야 한다. 이를 위해서도 현실주의에 기초한 대외정책이 중요하다.

Ⅴ 결 론

현실주의입장에서는 미국 패권체제의 자유주의 속성에서 리더십을 유지하는 것보다는 국력에 기초해서 자국의 상대적 입장을 유지하는 것이 중요하다. 미국이 만든 제도들이 경제영역에서는 자유주의적으로 작동하지만, 안보 분야는 여전히 현실주의가 중요하기 때문이다.

제006문 군사력의 대체성을 통한 유용성 논의

21세기 국제환경에서도 군사력(military power)의 중요성에 대해서는 논쟁이 있다. 군사력이 여전히 '유효성' 차원에서 중요하다는 입장과 군사력의 '유효성'이 떨어질 뿐 아니라 '정당성'이 떨어진다는 입장이 충돌하고 있다. 이때 군사력의 '유효성'은 무정부상태(Anarchy)에 대한 가정과 군사력 자체의 대체성(fungilbility)에 의해서 결정된다. 다음 질문에 답하시오. (총 40점)

(1) 신현실주의에서 군사력이 중요한 이유를 설명하시오. (10점)

(2) 군사력의 대체성(fungilbility)의 의미를 설명하고, 신현실주의에서 군사력의 대체성이 높은 이유를 'spill-over effect'와 'linkage politics'을 통해서 설명하시오. (15점)

(3) 21세기 환경에서 자유주의는 군사력의 '유효성'이 높지 않다고 주장하는 이유와 정당성이 높지 않다고 주장하는 근거를 '사례'와 함께 제시하시오. (15점)

현실주의에서는 군사력이 중요하다. 국제관계 일반에 대한 질문은 아니지만, 군사력에 대해 구체적인 기능을 설명하기 위해서 세부적인 내용을 묻고 있는 기술적인 문제다.

Ⅰ 서 론

2003년 미국의 이라크 공격은 군사력 사용이 목적을 이루는 데 있어서 유효성이 높지 않다는 점을 보여주었다. 반면에 러시아의 크림반도 점령은 여전히 높은 군사력의 보유와 사용가능성이 중요함을 보여주었다. 21세기의 환경에서 군사력이 중요한지 여부는 안보 정책에 있어서 중요한 만큼 군사력의 '대체성'을 중심으로 논의한다.

Ⅱ 신현실주의와 군사력의 중요성

신현실주의는 '무정부상태'와 '국가'가정으로부터 군사력의 중요성 도출되기 때문에 가정과 군사력의 필요성에 대해 구분하여 설명한다.

1. 신현실주의의 가정: 무정부상태와 생존추구적 국가

신현실주의에서 무정부상태의 가정은 국가들로 하여금 권력 특히 군사력을 중요하게 만든다. 첫 번째 가정으로서 무정부상태가 중요하다.

즉 신현실주의에서는 구조로서 '무정부상태'가 중요하다. 이때 무정부상태는 '보호 부재(lack of protection)'로 가정된다. 토마스 홉스가 가정한 무정부상태와 같이 신현실주의에서 무정부상태는 상위권위체가 부재한 상태로서 단위들간의 투쟁이 가능한 상황 즉 전쟁상황에 해당한다. 권력을 독점한 상위권위체가 없기 때문에 어떤 행위자의 공격도 다른 행위자에 의해 막아질 수 없다. 법적 최종심을 내릴 수 있는 상위권위체가 없기 때문에 어떤 국가의 행동도 개관적인 차원에서 도덕적으로 판단되지 않는다. 이런 상황은 국제정치의 단위체인 국가에게 생존을 강조한다. 홉스가 자연권으로 언급한 '자기보호의 권리(right of self-preservation)'는 국제정치에서 자구체계(self-help)로 작동한다.

두 번째 가정으로서 국가가정이 중요하다. 신현실주의에서 국가는 생존을 추구한다. 무정부상태가 자구체계를 만든다면 이 상황에서 국가들이 어떤 성격을 가지는지가 중요하다. 신현실주의에서 생존에 민감한 국가들은 '위치적' 존재이다. 즉 국가들은 상대국가와의 관계에서 힘의 서열에 민감하다. 위치적 존재인 국가에게 자신의 현재 위치보다 높아지거나 현재 위치를 유지할 수 있게 하는 것은 권력(power)이다.

2. 권력 중 군사력의 필요성과 중요성

신현실주의는 권력을 강조하며 이 중에서도 군사력을 중요시 한다. 앞서 본 가정에서 권력은 중요하게 도출된다. 이때 권력은 국가가 자신의 생존을 유지하고 이를 위해 번영을 이루게 하는 현실적인 권력 즉 사용가능한 권력으로서 능력(capability)이다. 능력의 구성요소로서 군사력, 경제력, 인구가 중요해진다.

국가의 생존에 있어서 군사적 위협이 경제적 위협보다 직접적으로 중요하다. 단기적으로 다른 국가의 안보를 침해할 수 있는 것은 군사력이다. 경제력은 다른 국가의 안보를 중장기적으로 위협한다. 따라서 국가는 자신의 중요 가치를 지키기 위해 단기적으로는 군사적 위협에 대응하고 중장기적으로는 경제적 보복이나 봉쇄조치에 대응한다.

단기적이며 직접적인 위협인 군사안보에 대응하기 위해서 국가는 자국의 권력 자원 중 군사력 자원을 상당부분 보유해야 한다. 군사력이 약한 경우 직접적인 위협에 대해 자신의 안위를 지킬 수 없을 뿐 아니라 경제 협상에서도 열위에 놓이게 된다. 중동의 사우디 아라비아를 생각해볼 수 있다. 또한 1990년대 걸프전쟁에 자금만 지원한 일본의 경우도 생각해볼 수 있다.

국가가 권력 자원으로 군사력을 육성하고 유지하는 것이 중요하다. 따라서 1차적 조건인 군사력을 유지하기 다른 권력 자원인 경제력과 인구는 중요하게 된다. 세부적으로 군사력은 군사비, 군사배치상황으로 평가될 수 있다. 경제력은 국가의 GDP, 철강생산량과 같이 산업화를 유지할 수 있는 능력으로 평가될 수 있다. 인구는 전체 인구 수와 동원능력을 높여주는 도시화비율로 측정할 수 있다.

III 신현실주의의 군사력이 가지는 대체성(Fungibility)

신현실주의는 모두 군사분야에서는 군사력이 중요하다고 인정한다. 이 주장이 타당하기 위해서는 군사력에는 대체성이 있어야 한다. 따라서 대체성의 의미와 대체성이 작동하는 원리를 설명한다.

1. 군사력의 대체성 의미

군사력은 대체가능성이 높다. 군사력이 대체

가능성이 높다는 것은 군사력이 사용될 수 있는 공간이 넓다는 의미다. 즉 다양한 영역에서 사용될 수 있다. 국가가 보유한 권력 자원들[인구(population), 지리(geography), 정치체제(governance), 가치(value), 부(wealth), 정치지도력(leadership), 군사력(military power)]은 그 자원의 속성상 다양한 영역에 사용될 수 있는지 여부가 다르다. 부와 정치지도력은 다양한 용도로 쓰이고 군사력도 다양하게 쓰일 수 있다. 하지만 지리와 정치체제는 다재다능하지는 못하다. 이것은 주어진 속성(지리)이 강하고 다른 요인들의 작동여부에 의해서 결정되기(정치체제) 때문이다. 반면에 인구와 가치는 다른 요인들에 의해 결정된다. 즉 국민구성원들의 교육 수준과 기술 수준 그리고 이들이 어떤 가치를 지향하는 지에 의해 결정된다. 따라서 부, 정치리더십, 군사력은 다양하게 사용할 수 있다. 즉 대체가능성이 높은 것이다. 이들을 비교해본다.

경제적 부는 가장 대체가능성이 높다. 부는 유동성 자산으로 쉽게 대체된다. 유동성자산 즉 돈은 많은 역할을 한다. 언론, 기술, 협상력, 유능한 변호사 등등 돈은 다양한 것을 사들일 수 있다. 또한 경제력은 군사력의 중심이기도 하다. 부여한 국가가 더 많은 무기와 좋은 무기를 산다. 미국은 냉전시기 B2 폭격기를 2조 원대에 생산했다. 영국은 항공모함 퀸 엘리자베스호를 10조원을 들여 건조했으며 미국의 가장 최신 항공모함 포드호는 12조를 넘겨서 제작했다. 이처럼 경제적 부는 부유하지 않은 국가들이 상상할 수 없는 무기를 가지게 한다. 그런 점에서 경제력은 대체가능성이 가장 높은 자원(asset)이다.

정치지도력 또한 대체가능성이 높다. 정치지도력은 설득과 영향력을 잘 쓰는 것을 의미한다. 개념정의가 수월하지는 않지만 지도력이라는 정치적인 설득력과 타협 능력을 활용해서 자신의 목적을 달성하는 것을 의미한다. 정치지도력은 무관세협정, 전쟁결정, 개발원조 등을 주거나 받을 수 있는 능력이다. 이런 능력은 한 영역에서 다른 영역으로 자신의 정치력을 이용하여 자원을 옮길 수 있다. 즉 경제력과 군사력과 문화 등을 활용해서 각 분야에서 다른 결과를 창출할 수 있는 것이다.

군사력 또한 대체가능성이 높다. 군사력은 경제력과 정치지도력 보다 더 잘 다양한 분야에서 활용되는 것은 아니지만 그럼에도 불구하고 다양한 공간에서 활용된다. 군사력은 정치, 경제와 다양한 분야에서 활용된다. 또한 군사력은 군사력의 현시(presence), 위협, 실제 사용자체가 상대 국가의 계산과 기대치에 영향을 준다. 군사력의 보유와 현시만으로도 많은 동맹국가의 호감을 높일 수 있으며 필요한 경우 상대국가를 돕는데 사용되기도 한다. 2004년 동남아시아 쓰나미 사태에서 미군 군함들은 뛰어난 구조실력으로 이들 지역에서 공공외교수단으로 사용되기도 하였다.

군사력의 대체가능성은 더 많은 군사력을 가질수록 더 많은 결정력을 가진다는 것으로 입증할 수 있다. 군사력이 더 많으면 더 많은 영향력(clout)을 준다. 더 많은 군사력은 타국가에 복종하거나 복속될 기회를 줄인다. 더 많은 군사력은 타국가를 보호할 수도 있지만 타국가를 위협할 수도 있다. 그리고 자신의 안보를 확보할 수도 있다. 군사력강화를 통해 군사력을 보유한 국가들은 자신의 의지, 결심, 협상력을 강화할 수 있다.

2. 신현실주의 군사력 대체성의 작동방식

신현실주의에서 군사력은 대체성이 높다. 군사력은 군사분야에서 중요할 뿐 아니라 다른 분야에서도 중요하게 사용할 수 있다.

아트(R. Art)에 따르면 대체성이 중요한 논리는 크게 두 가지이다. 첫째, '파급효과(spill-Over effect)'가 작동한다. 둘째, '연계정치(Linkage Politics)'가 작동한다.

첫째, 파급 효과는 군사력 사용이 다른 국가 군사력에 대해 대응함으로서 만들어낼 수 있는 다른분야에 있어서의 효과이다. 군사력을 사용하여 누군가를 위협에서 보호하는 것은 은행의 원리와 같은 것이다. 은행에 돈을 넣고 필요할 때 찾아쓰는 것처럼 군사력도 미리 준비를 해두어야 필요할 때 찾아쓸 수 있다. 미국의 군사력은 소련을 상대로 냉전기 동안 동맹국가들을 보호했다. 군사력을 통한 평화와 안정이 공공재가 되어 국가들이 경제가 발전하고 지역간 통합을 이후게 해주었다. 또한 군사력 제공은 자유무역이 발전하게 해주었다. 미국의 해군력은 자유교역에 필요한 공해의 자유를 유지할 수 있게 해주었다. 따라서 해군력에 의해 제공된 안정된 환경이라는 공공재가 자유무역이라는 공공재에 파급된 것이다.

둘째, 연계 정치가 작동한다. 이것은 군사력 사용이 직접적으로 다른 분야와 연계되는 것이다. 이슈는 연계되기 마현이다. 달러 가격과 오일가격이 연계된 것처럼 이슈들은 연계된다. 군사력 역시 다른 이슈들과 연계될 수 밖에 없고 연계되었다는 것 자체가 다른 분야에서 군사력이 의미를 가진다는 것이다.

첫째 사례로 무역적자와 군사력을 들 수 있다. 미국은 무역적자를 과도하게 보았고 이것은 동맹을 보호하기 위한 비용과 미국의 패권국가로서 '선의의 무시정책(적자 감내정책)'에 기초한다. 하지만 과도한 적자는 미국의 경제를 운영할 수 없게 하였고 이에 독일, 일본, 사우디 같은 국가들은 동맹으로 보호 받은 미국의 국채를 매입하여 적자를 보존해주었다.

둘째 사례로 Petro dollar를 들 수 있다. 석유가격인상으로 달러가 과도하게 많아진 사우디아라비아가 미국의 재무부가 발행하는 만기 1년짜리 국채인 T-Bill을 구입한 것이다. 사우디는 미국의 군사적 보호를 받는데 미국의 보호가 없어지면 안되기에 미국의 위기를 예방하기 위해 이런 정책을 사용했다.

셋째 사례로 미국은 군사적 보호와 기름 가격을 연동시킨다. 사우디 아라비아가 대표적이다. 미국은 사우디를 중심으로 세계유가를 조정한다. 사우디의 취약한 안보는 수니파인 사우디가 시아파인 이란이나 리비아, 시리아같은 국가들로부터 공격받을 여지가 있기 때문에 미국이 보호하는 것이다.

결론적으로 군사력은 다른 분야에서 활용가능한 자원이다.

보완: 군사력의 정치적 기능

Ⅲ. 군사력사용의 정치적 기능

군사력사용은 방어(defence), 억지(deterrence), 강제(compellence), 과시(swaggering)을 중심으로 설명하여 군사력의 유용성을 통해 정치적 기능이 있다는 점을 논한다. (논리적 구조 조작작업)

1. 방어(defence)

군사력의 첫 번째 기능은 방어이다. 방어는 공격하겠다는 의지를 가진 국가가 공격했을 때 공격을 물리치거나(ward off) 혹은 충격을 적게 하기 위해 군대를 배치하는 것이다. 방어는 공격할 국가나 잠재적인 적대국가에 대비해 먼저 군사력을 배치하는 것이다. 이것은 상대방의 군사력에 대항하는 것이기 때문에 민간인을 위협하지 않는다. 또한 방어적 군사력은 2차공격력을 통해 상대공격을 물리치기 위한 것과 위협이 현저하다면 1차 공격을 할 수도 있기 때문에 성향이 평화로운 대비도 가능하지만 물리적 대비도 가능하다. 그러나 한편으로 방어를 위해서는 상대국가의 산업기반을 파괴하기도 해야 한다.

주로 군사력에 대한 대비는 상대국가를 설득하여 무엇을 하지 못하게 하는 단념(dissuasion)을 가능하게 한다. 군사력이 준비되어 공격이 효과적이지 않다는 것을 설득하여 포기하게 할 수 있는 것이다. 반면에 상대국가의 공격위협이 '임박한(immanent) 경우'에는 방어는 '선제공격(preemptive attack)'을 위해 1격(first –strike)을 가하는 것도 가능하다. 이런 상황은 자칫하면 국가들을 안보경쟁상황으로 유도할지 모른다. 그러나 상대국가의 공격의지가 확실할 때 '선제공격(preemptive attack)'이 되는 것이기 때문에 이러한 우려가 현실화되는 경우는 상대적으로 많지 않다. (방어 기능의 구체화)

방어는 국가들이 무정부상태에서 군사력을 배비해야 하는 가장 중요한 기능이다. 방어를 위해 국가들은 군사력을 상비한다. (방어의 정치적 기능)

2. 억지(deterrence)

억지는 군사력을 통해 상대방이 무엇을 시도하려고 할 때 이것을 방지하는 것(prevention)이다. 강력한 군사력을 통해서 상대방에게 위협을 가해서 상대방이 공격해서 얻고자 하는 효용대비 비용의 크기를 키우고 이를 통해 자국에 대한 어떤 시도를 포기하게 하는 것이다. 억지의 핵심은 제 2격이 가능하며 2격에 의해 받게 되는 피해가 크다는 기대를 만드는 것이다.

억지는 실행이 되고 성공하는 경우 실제로는 군사력을 사용하지 않는다. 따라서 군사력의 배치는 있지만 사용되지 않기 때문에 평화적인 성향을 보인다. 억지정책은 주로 대가치전략(counter–value)으로 사용되지만 핵무기의 파괴력이 커지고 사용가능성에 대한 신뢰가 떨어진 상황에서 대군사력전략(counter–force)으로 사용되기도 했다. 즉 민간인에 대한 위협과 군사력에 대한 위협을 전략으로 하였다.

대가치전략은 응징에 기반하여 작동한다. 대가치전략(counter–value)인 민간인 공격전략은 상대국가의 고통의 비용을 키워서 상대국가의 행동자체를 포기하게 한다. 하지만 억지는 상대방이 행동에 나서지 않을 때 성공하기 때문에 민간인 위협전략은 성공적인 억지에서는 사용되지 않는다. 다만 대군사력전략(counter–force)은 상대방의 군사력을

무력화하는 것이기 때문에 자칫 2격의 논리가 1격의 논리로 보여 안보경쟁을 만들 수 있다. (억지전략의 구체화)

그럼에도 불구하고 억지전략은 정치적 기능에 있어서 중요하다. 핵시대에 핵억지력이 가장 중요하지만 재래식무기도 강력해짐에 따라 재래식무기도 억지정책에 사용될 수 있다. 그러나 억지가 항상 성공하는 것은 아니고 도발이 일어날 수 있기 때문에 방어는 여전히 중요하다. (억지전략의 정치적 유용성)

3. 강제(compellence)

강제전략은 상대방의 공격이나 행동이 시작되었을 때 중지시키는(stop) 것이다. 억지는 사전적인 것인 반면에 강제는 사후적이라는 점에서 다르다. 방어가 상대공격의 피해를 줄인다면 강제는 위협을 키움으로서 상대행동을 멈추는 것이다. 북한이 도발을 저지못하면 억지는 깨진 것이고 이때 방어가 중요하다. 만약 북한 도발을 멈출 수 있을 정도로 강력한 위협을 줄 수 있으면 강제전략이 성공할 것이다. 그러나 이러한 중지가 안된다면 피해를 줄이는 방어만 가능하다.

강제전략은 인식은 수월하지만 실제로 달성하기는 어렵다. 실제 도발이 이루어지거나 특정한 행동을 시도할 경우(군사적 침공은 아니지만 자국의 이익을 해치는 행동)이를 중지하는 것은 시도이전에 작동하는 억지전략보다 어렵다. 이미 시행된 정책을 되돌리는 것은 이미 시행되면서 이해관계를 가진 행위자들의 기대이익을 변화시키는 것이기 때문에 어렵다. (강제전략의 구체화)

달성이 어렵지만 군사력을 사용해서 강제할 수 있는 경우가 있다는 점에서 군사력은 또 다른 기능을 가지는 것이다. 그런 점에서 군사력은 정치적 유용성이라는 장점을 가진다. (강제전략의 정치적 유용성)

4. 과시(swaggering)

과시 정책은 군사력의 특정 부분을 과도하게 강조하는 것이다. 이런 정책은 위신을 강화하기 위한 정책이다. 과시 정책은 실제 군사력을 사용하는 것은 아니고 드러내는 정책이기 때문에 평화적인 방식으로 사용된다. 그리고 어떤 특정대상을 상대로

하지 않는다. 과시는 상대방의 모든 영역에 대해 시행되기 때문이다. 과거 히틀러가 2차 대전의 도라 구스타프라는 거포를 만든 것이 대표적인 과시 정책이라고 볼 수 있다.

그러나 과시정책은 합리적인 정책이거나 도구적 합리성을 가진 정책은 아니다. 다만 이러한 정책은 군사력을 드러내 자국의 자부심을 높일 수 있다는 점에서 약간의 의미를 가질 수 있다. 하지만 과시 정책이 과시정책으로 끝나지 않고 상대국가에게 위협이 될 수 있다는 우려도 있다. (과시 정책의 구체화)

과시정책은 군사력의 주요한 기능은 아니고 부차적인 역할을 수행한다. 그럼에도 불구하고 과거 국가들이 드레드노트라는 거함경쟁을 한 것처럼 과시정책을 통해 민족주의적 만족감을 제시하기도 한다. 이는 과시정책의 정치적 유용성을 보여준다. (과시 정책의 정치적 유용성)

Ⅳ 군사력의 유효성과 정당성에 대한 반론: 이론과 사례

1. 자유주의의 군사력 유용성 부정: 낮은 대체성과 다른 권력 자원의 중요성

자유주의는 군사력이 유용한 정책 수단이라고 보지 않는다. 군사력이 유용한 수단이 아니라는 점은 두 가지로 논증될 수 있다. 첫째, 권력의 대체성이 낮기 때문이다. 둘째, 다른 권력 자원이 중요하기 때문이다.

첫째, 자유주의는 군사력의 대체가능성이 낮다고 본다. 데이비드 볼드윈은 군사력은 군사분야에서는 사용될 수 있지만 다른 분야에서는 사용되기 어렵다고 보았다. 즉 권력은 특정 영역에 국한(domain-specific)한 것이다. 또한 권력은 '실현되지 않은 권력의 패러독스'를 가진다. 즉 군사강국이 다른 분야에서는 우세하지 못한 것이다.

볼드윈은 자신의 주장을 4가지 사례를 통해서 설명했다. 첫째, 미국 시민이 UN사무총장에 선출되는 데 핵무기 보유는 크게 도움이 되지 않을 뿐 아니라 방해가 된다. 둘째, 핵억지 능력은 제 3세계국가들의 지도자가 되게 하는데 유용하지 않다. 셋째, 핵폭격기는 미국을 소련과 같은 국가로부터 억지하는 데 유용하지만 북한이 나포한 푸에블로호를 구하는데 유용하지 않다. 넷째, 핵무기를 통해 억지를 달성하는 능력은 다른 국가의 국민(예를 들면 베트남 전쟁에서 베트남 인들)의 마음을 얻지 못한다.

둘째, 자유주의는 다른 권력 자원이 더 중요하다고 주장한다. 정치와 경제가 분리되어 있다는 가정을 가진 자유주의는 정치분야에서 사용하는 권력 자원과 경제분야에서 사용하는 권력 자원은 다르며, 경제분야의 권력이 오히려 정치분야에 영향을 미칠 수 있다.

자유주의가 대안으로 제시하는 권력은 '비대칭상호의존 권력'과 '이슈간 연계를 통한 협상력'과 '연성권력'이다. 상호의존이론이 강조하는 '비대칭상호의존권력'은 상호의존의 비대칭성이 권력을 만들어낸다. 민감성이 높은 상황에서 취약성이 상대적으로 낮은 국가가 협상력이 높은 국가이다. 자원으로서 상호의존이라는 관계 증대와 교류의 확대가 중요한다. 이것을 위해서는 인적, 물적 교류의 증대가 군사력증대보다 중요하다.

신자유주의에서는 '이슈간연계를 통한 협상력'을 강조한다. 이슈간 연계는 협상에서 있어서나 제도활용에 있어서 한 국가의 협력을 만들 수 있는 자원이다. 이슈를 연계함으로서 국가들은 상호 분야가 다른 이슈를 엮어서 협력을 함으로써 이전에는 이루지 못할 협력을 만들어낼 수 있다. 다만 이슈를 연계하여 협력에 도달하는 경우에도 국가들은 협상을 통해서 자신의 이익을 좀 더 높일 수 있다. 군사력 사용의 위협이 없어도 협력과 협상력을 높일 수 있는 것이다.

'연성권력'은 자유주의에서 문화와 가치관을 통해서 관념을 통제하는 힘이다. 이것은 협상력과 경제력에 즉각적으로 도움을 주지 않더라도 장기적으로 상대방의 선호를 변화시킴으로서 자신의 원하는 목표를 이룰 수 있게 해준다. 연성권력은 문화, 가치관, 대외정책으로 이루어지며 비국가 행위자에 의해서도 사용될 수 있다는 장점이 있다. 즉 군사력이 아니라 문화나 가치관을 활용하여 자신이 원하는 바를 달성하는 것이다.

2. 군사력사용의 정당성이 낮음

군사력 사용은 유용성 뿐 아니라 정당성에도 문제가 있다. 자유주의는 규범을 강조하기 때문에 특정 정책사용이 정당한지 여부를 판단할 수 있다. 현실주의가 무정부상태에서 상위권위체가 부재하기에 보편적 규범 판단이 불가능하고 오직 개별 국가의 이익과 도덕성에 의해 정책이 평가되는 것과 다르다.

자유주의에서 군사력 사용은 정당성이 떨어진다. 군사력사용은 두 가지 점에서 정당성이 낮다. 첫째, 군사력 사용의 명분과 관련된다. 군사력을 사용하는 것은 일 국이 자국의 목표를 관철하기 위한 행동이다. 그러나 상대국가는 이를 거부하는 것이다. 이런 상황에서 군사력의 사용은 군사력을 가진 자의 자의성에 기초하여 결과를 만들어내는 것이다. 국가가 주장한 요구와 목표의 당위성이 중요한 것이 아니게 되고, 이를 관철할 수 있는 힘이 있는가 없는가가 중요하게 된다. 게다가 다른 수단이 있는 상황에서 군사력을 사용한다면 이것도 규범적으로는 문제가 된다. 2003년 미국의 이라크 전쟁이나, 1979년 소련의 아프가니스탄 침공이 대표적인

사례이다. 또한 1950년대 헝가리 사태와 1960년대 체코사태에서 소련의 군사행동 역시 국가들의 주권과 자치권을 무시한 사례이다.

둘째, 군사력사용에 따른 부수적인 효과가 크다. 군사력 사용은 원하는 목표만을 정확히 공격하여 결과를 도출하기 어렵다. 많은 경우에 민간인에게 피해를 준다. 민간인에 대한 피해가 클수록 군사력 사용의 정당성은 떨어진다. 더 나쁜 경우는 폭력 사용이 만연하게 되면서 폭력을 사용하는 군인들의 도덕성이 약화되는 것이다. 2003년 이라크 전쟁이후 미국의 이라크 포로들에 대한 비인간적 대우나 민간인을 향한 폭격이나 사격등이 대표적인 사례이다.

Ⅴ 논의의 평가: 결론을 대신하며

자유주의의 반론에도 불구하고 군사력은 여전히 중요한 자원이다. 군사안보가 아직 중요할 뿐 아니라 군사력의 보유가 자국과 동맹국의 안위와 함께 경제적 협상력에 있어서 중요한 경우가 많다. 특히 동북아시아처럼 군사력 증대가 상존하는 상황에서는 군사력의 유효성은 부정되기 어렵다.

게다가 군사력 사용은 정당한 경우가 많다. 자국의 시민과 자원을 보호하기 위해서 군사력 사용은 정당화된다. 또한 동맹국가가 침략을 당했을 때 역시 군사력 사용은 정당화된다. 마지막으로 '보호책임'과 같은 인권유린 사태에서도 군사력은 최종적으로 그 국가의 인도적 참상을 당하는 시민을 구하는 수단이다.

만약 국제정치의 본질이 무정부 상태이고, 이 무정부상태라는 것이 전쟁을 막거나 폭력 통제가능성이 없는 상태라면 군사력은 중요한 생존 수단이다. 그런 점에서 위의 논의에서 군사력은 중요한 자원이라고 할 수 있다.

국제정치를 분석하는데 있어서 국가들의 현실적인 외교 목표로 나타나는 국가이익은 대단히 중요한 개념이다. 또한 이론적으로 추상적인 이익이 구체적인 현실에 도입되어 나타나는데 있어서 다양한 의견이 대두되고 있다. 다음의 질문에 답하시오. (40점)

(1) 국가이익의 의미와 내용에 대한 현실주의, 자유주의, 구성주의가 각각 바라보는 입장을 설명하시오. (15점)

(2) 국가이익이 대외정책을 통해서 나타날 때 생길 수 있는 문제점에 대해서 설명하시오. (10점)

(3) 북한 문제에 대해서 미국이 가지는 국가이익과 한국이 가지는 국가이익은 각각 무엇인지 설명하고 양국의 이익이 조화될 수 있는지를 논하시오. (15점)

문제의 맥락과 포인트

국가들의 행동은 국가이익이라는 목표를 통해 정당화된다. 그런데 국제정치이론마다 국가이익을 보는 관점이 다르다. 이를 비교해보려는 문제다. 다만 한국과 미국의 국가이익도 충돌할 수 있기 때문에 이 부분에 대해서는 응용하는 문제로 확장했다.

Ⅰ 서 론

국가이익의 이론적 측면에서의 차이는 실제 외교정책의 입안과 결정과 수행에 있어서 입장 차이를 보일 수 있다. 따라서 어떤 관점에서 국가이익을 접근 할 것이고 다른 이해관계와 조정할 것인가를 정하는 것은 외교정책을 결정할 때 대단히 중요한 일이다. 국가이익 수립에 있어서 국내적 이견 차이 뿐 아니라 국가 간의 이견차이도 있을 수 있는데 현실적으로 한미 동맹이라는 제도 속에서 한국과 미국은 대 북한 정책에

있어서 국가이익을 과연 어떻게 조율하는 것이 필요한가?

Ⅱ 국가이익에 대한 이론적 입장들

1. 현실주의

현실주의가 국가이익에 대해 가장 선구적인 이론화를 이루었다. 모겐소는 국가이익을 '힘으로 정의되는 국가이익'이라고 규정하고 국가이익이 보편적인 국가들의 행동 법칙이 된다고 설명했다. 따라서 국가들의 외교정책은 권력관계

로 볼 수 있는 국가이익관점에서 파악하면 된다. 고전적 현실주의는 '권력＝국가이익'이라는 등식을 통해서 국가들 행동에 보편적인 기준을 제시했다.

현실주의입장에서 국가이익 파악의 전제는 두 가지 전제를 따를 수 밖에 없다. 첫째, 국가들의 주변환경. 둘째, 국가에 대한 가정이 그것이다. 따라서 현실주의 이론가들이 상정하는 국가이익은 무정부상태속에서 자구체계(self－help)라는 환경과 이기적인 국가가정으로 인해 "자국의 이익"으로 축소된다. 국제무정부 상태와 그로 인한 자구체계는 국가들로 하여금 생존에 몰두하게 하기 때문에 국가이익은 주로 군사력 중심성을 띄게 된다. 현실주의에서 경제적인 이익은 군사력으로 전환가능하거나 국력에 도움이 될 때 의미있다. 국가들의 위신 역시 마찬가지로 군사력이나 국력에 의미있을 때 국가이익이 될 수 있다.

현실주의는 국내정치문제를 중요하게 다루지 않지만 주로 엘리트적 접근 즉 최고 지도자와 정책 결정자들을 중심으로 접근하는 전문가주의입장을 띤다. 국내적으로 국가이익이 무엇인지를 결정하는데 있어서 중요한 것은 이들 정책 결정자들이다. 외교정책의 전문성으로 인해 정책 결정에 있어서 국가는 자율성을 향유할 수 있다. 즉 국민들은 외교정책을 잘 알 수 없기 때문에 국가의 결정에 대해 개입하기 어렵다.

마지막으로 외교정책이 국가이익을 달성했는지를 판단하는 기준으로 현실주의는 개인들이 가지는 도덕과는 다른 이중 도덕론을 제기한다. 즉 국가지도자가 국익에 합치했는지를 파악하기 위해서 지도자 개인이 가진 가치관이 아닌 국가의 지도자로서 처한 환경에 비추어 판단을 내려야 한다고 주장한다.

2. 자유주의

자유주의 역시 국가를 둘러싼 환경과 국가에 대한 가정이 중요한다. 칸트나 로크식의 아나키 구조는 기만의 문제를 중시하지 생존의 문제에만 몰두하지 않는다. 자유주의는 일반적으로 국가보다는 국가내부를 구성하는 개인과 집단을 강조하기 때문에 실제 국가는 정부에 의해서만 대표되는 것은 아니고 민간의 요구가 반영될 수 있는 정부를 행위자로 상정한다. 신자유주의의 국가중심성 명제 역시 국가를 강조하지만 이들 국가는 신현실주의의 자구체계속에서 생존에 몰두하는 그런 국가를 상정하지는 않는다. 신자유주의국가는 다른 국가들과의 협력을 고려할 수 있는 사회적인 존재로 상정된다.

종합적으로 볼 때 자유주의에서 상정하는 국가는 현실주의보다는 사회적인 국가라고 할 수 있다. 따라서 자유주의의 국가이익은 현실주의가 상정하는 국가이익보다는 확대될 수 있다. 즉 국제공동체의 이익 역시 국가이익에 포함될 수 있는 것이다.

자유주의의 국가이익은 이슈상에 있어서도 현실주의의 이슈의 위계구조(안보의 상위정치이슈가 경제의 하위정치를 지배하는 구조)를 받아들이지 않기 때문에 군사력 중심 설명만을 그대로 답습하지는 않는다. 정치, 경제, 사회적인 이익들은 그자체로서 의미가 있는데 이것은 현실주의의 권력에 대한 대체성(fungibility: 군사력으로 다른 이슈를 풀어낼 수 있는 즉 전환시킬 수 있는 능력)을 받아들이지 않기 때문이다.

자유주의는 또한 군사력 중심의 국가이익관념을 받아들이지 않기 때문에 경제협력은 경제협력으로만 의미를 가질 수 있고 이에 따라서 현실주의가 우려하는 안보외부효과를 고려하지 않는다. 각 이슈 영역은 연계될 수 있지만 군사이슈가 다른 이슈를 지배하지는 않는 것이다.

자유주의에서 국가는 자유를 가지고 민주주의를 이룬 국가를 상정한다. 따라서 국가 이익을 정할 때 국가는 국민이라고 하는 민간부분을 중요하게 생각한다. 따라서 정부 엘리트들의 독단적인 결정보다는 국익결정에 있어서 민간 부문의 영향력을 인정한다. 대표적인 이론이 민주평화이론이다.

마지막으로 자유주의는 인간의 보편적인 이성을 믿고 인간공동체가 지켜야할 가치 규범이 있다고 믿는다. 이런 가치 규범은 국내적으로 도덕과 법으로 구현되고 동일하게 국제정치에 있어서도 도덕과 밥으로 구현된다. 따라서 국가들의 국익에 부합하였는지를 평가할 규범적인 기준이 있고 이것은 개인에게 적용되는 것과 마찬가지로 국가에도 적용된다. 현실주의의 이중도덕론을 부정하는 것이다.

3. 구성주의

구성주의에서 국가이익 역시 환경과 국가에 대한 가정이 중요하다. 그런데 구성주의는 현실주의와 자유주의와 달리 고정된 국가이익이 아니라 변화 가능한 환경(변화될 수 있는 무정부상태)과 변할 수 있는 국가들의 정체성이라는 가정을 가지고 있다.

알렉산더 웬트(A. Wendt)에 따르면 무정부상태는 한가지로 고정된 것이 아니라 홉스식, 로크식, 칸트식이고 이것은 세 가지 다른 담론에 의해 규정될 수 있다. 따라서 이들 무정부 상태의 차이는 국가들로 하여금 다른 국가와의 관계를 해석하는 간주관적인 인식의 차이를 가져온다. 즉 국가 간의 정체성의 정치가 작동하기 때문에 국가가 무엇인가라는 정체성은 결국 무정부 상태에 대한 해석과 주체들 간의 무정부 상태에 대한 해석과 상호간의 인식에 따른다.

따라서 국가이익은 외생적으로 주어진 것(신현실주의와 신자유주의에서 고정된 국가이익을 상정한 것)이 아니라 내부적으로 국가들 간의 정체성을 통해 해석하고 구성해가는 것이다.

이슈의 범위에 있어서도 국가들 간의 정체성 해석작업이 선행될 경우에 있어서 국가이익여부가 판단될 수 있다. 따라서 현실주의보다 국가이익의 범위의 제한이 적다. 또한 자유주의보다는 관념적인 부분을 강조할 수 있다는 점과 구성주의자 웬트같은 경우 국가를 내부까지 들여다보기 보다는 국가자체를 분석의 단위로 놓는다는 점이 자유주의의 국가내부 분석과는 차이점이라고 하겠다.

따라서 국가를 구성하는 주체의 문제에 대해서는 구성주의자들도 입장이 다르다. 즉 국가를 독립적인 단위로 보는 입장과 국가 내부를 들여다보는 입장으로 구분되기 때문에 '국가'이익에서 '국가'를 어떻게 지칭하는가는 논란의 소지가 있다.

마지막으로 국가이익을 판단할 최종적인 규범이 있는가의 문제에 있어서 구성주의는 규범의 존재를 인정한다. 하지만 자유주의처럼 인간의 보편적 공동체원리를 신봉하는 것이 아니라 어떤 담론과 어떤 지식체계인가에 따라 규범도 변화할 수 있다고 믿는다. 따라서 자유주의가 절대적인 규범체계를 가지고 있다면 구성주의는 상대적인 규범체계를 가지고 있다. 즉 홉스식 무정부상태에서의 규범과 칸트식 무정부상태에서의 규범이 다른 것이다.

4. 국가이익에 대한 이론적 입장의 평가

국가이익에 대한 이론들의 입장에는 차이가 있다. 이것은 국제환경과 국가에 대한 인식의 차이에 기인한다. 따라서 각 입장의 차이를 수렴시키는 것은 어렵고 어떤 가치지향성을 띄고 국제문제를 바라볼 것인가에 따라서 국가이익은 달라질 것이다.

Ⅲ 국가이익과 대외정책의 문제

1. 국가이익과 대외정책과의 관계

이론적인 측면에서 국가이익의 판단은 실재 외교정책에서는 현실적이고 구체적으로 나타난다. 대외정책을 수행하는 국가들의 행동을 통해서 그 국가의 이익을 유추하고 해석할 수 있다. 즉 국가들이 국가이익을 어떻게 규정하는지는 현실에서 어떤 정책을 수행하는지를 보고 결정할 수 있다.

2. 국가이익의 대외정책전환의 문제점

첫째, 국가이익의 도출과정의 문제점을 들 수 있다. 먼저 국가이익인지를 규정하는 주체를 어디까지로 설정할 것인가의 문제가 중요하다. 정부가 최고정책결정자를 중심으로 독단적으로 결정할 것인지 아니면 다양한 민간 행위자의 목소리를 취합해서 결정할 것인지가 중요한 문제이다. 후자의 경우 정부와 민간과의 의견 충돌이 가능하다. 대표적으로 한미 FTA 체결과정에서 민간 이익집단들이 분화되고 이들이 정부와 갈등한 것이 대표적이다.

둘째, 장단기 국가이익의 충돌 문제가 있다. 단기적인 국가이익과 장기적인 국가이익이 충돌할 경우 이를 조정하는 것이 용이하지 않다. 특히 민주주의 국가의 경우 지도자가 빨리 바뀌는 경향이 있기 때문에 장기적인 결정보다는 선거에서의 승리를 고려하는 단기적인 정책 결정을 내리기 쉽다. 따라서 '국가이익 vs. 국가 손해'의 문제가 아니라 '단기 국가이익 vs. 장기 국가이익'의 충돌이 문제가 된다. 간혹 이 문제로 인해

독재가 민주주의보다 좀더 장기적인 이익과 효과적인 정책 결정에 바람직하다는 주장이 제기되기도 한다. 하지만 이것은 국민들이 자신의 결정을 내릴 때 얻을 수 있는 이득과 비교해야 한다. 이를 감안할 때 외교의 효율성보다 국민들의 자기결정권이 중요할 수 있다.

셋째, 국가이익을 달성할 수 있는 수단을 가지고 있는가의 문제도 있다. 국가들이 정한 목표는 있지만 수단이 없는 경우 구체적인 국가이익은 현실적으로 달성하기 어렵다.

Ⅳ 북한에 대한 한−미간 국가이익 조화가능성

1. 한미 간의 국익 조화가능성

첫째, 양국은(한반도 포함)지역 안정에 대한 이익이 동일하다. 미국은 경제 문제 해결을 위해서 안정적인 외부환경이 필요하다. 미국금융위기 이후 한국 역시 어려운 경제 상황과 미, 중, 일의 국력의 역동적 변화가능성으로 인해 안정적인 환경을 형성하기 원한다. 양국은 지역 안정에 있어서 한반도 안정 문제가 중요하다고 생각한다.

둘째, 대량살상무기의 확산방지 및 감축의 이해관계도 동일하게 추구되는 국가이익이다. 미국으로서는 전세계적인 대량살상무기 확산 방지가 필요하고 그 중 북한은 주요한 국가이다. 한국 역시 휴전선으로 대치된 상황에서 북한의 대량 살상무기는 중대한 위협수단이다. 따라서 대량살상무기를 감축하는 것에 공통의 이해관계가 있다.

셋째, 북한의 다양한 위협을 관리할 필요가 있다. 북한의 조기 붕괴나 북한의 기근 등의 문제로 이한 인권상황의 악화는 북한으로 하여금

위험한 판단을 내릴 수 있는 여지가 있다. 따라서 기근 등의 다양한 문제로 인한 북한 내부의 문제들에 대해 한미 양국이 관리할 필요가 있다. 또한 탈북자문제(중국은 탈북자를 잡아서 북한으로 송환하고 북한에서 이들은 처벌을 받는 문제)등은 중국과의 외교적 마찰을 가져오고 있다.

2. 한미간의 국익 상충 가능성

첫째, 미국의 세계정책 속에서 북한 정책 조정과 한국의 북한정책의 우선순위간의 차이가 있다. 미국은 중동과 중앙아시아 문제에 관심이 있기 때문에 북한 문제를 조기에 풀기를 원할 수 있다. 따라서 북한과의 직접대화를 통한 방법을 통해서 문제 해결 시도가 가능하다. 하지만 오바마 정부들어와서 미국은 동아시아중시정책으로 바꾸었고 한국정부와 정책조율을 강조하고 있다는 점에서 이 부분의 한국측 우려는 다소 완화되었다.

둘째, 미국의 탈개입(disengagement)정책의 가능성이 있다. 현재 패권국인 미국이 자국의 힘을 관리하기 위해 개입의 정도를 줄이면서 자신의 역할을 지역국가들에게 이양할 경우 대한민국과의 이익조율이 어려울 수 있다.

셋째, 한미간의 위협인식의 차이도 문제이다. 대량살상무기의 경우 미국에게는 몇 개의 무기가 확산되는 것이 가지는 상징적인 의미들과 다른 핵보유시도 국가들에게 주는 신호가 중요하다. 하지만 한국의 경우 대량 살상무기는 다양한 위협수단의 일부일 뿐이다. 따라서 확산방지구상(PSI)을 통한 북한 대량살상무기차단 조치에서 미국과 한국의 이견이 있었던 것처럼 양국간의 위협에 대한 인식차이가 있다.

넷째, 국내정치의 문제도 있다. 오바마 정부에서 미국의 국내정치는 개혁주의로 방향을 잡고 있다. 반면에 이명박 정부 이후 한국은 보수적 입장을 취하고 있다. 따라서 북한 문제에 대한 국내정치세력간의 입장 차이가 나타날 수 있다.

Ⅴ 결 론

한미국익을 조정하기 위해서 미국에 대한 정확한 이해가 중요하고 우리의 국가이익산출의 원칙이 명확해야 한다. 이명박 정부에서는 한미동맹강화가 한국정부의 목표이다. 문제는 한미동맹의 강화를 어떤 목표 하에서 어떤 구체적인 전략으로 추구할 것인가이다. 이를 위해서 미국의 현재 국가이익에 대한 면밀한 이해 즉 '지미(知美)'의 입장이 필요하다.

제008문 무정부상태의 기능과 완화 가능성 논쟁

국내정치와 국제정치를 구분하는 기준은 무정부상태(anarchy)여부이다. 신현실주의(왈츠와 미어샤이머가 대표)는 무정부상태를 통해 국제정치를 일반화했다. 신현실주의는 무정부상태가 국가들의 행동방식을 결정한다는 점에서 '무정부상태의 역할(무정부상태에 의한 결과)'을 중요하게 본다. 반면에 무정부상태는 가정이기 때문에 다른 가정들에 의해서 '무정부상태의 역할(무정부상태에 의한 결과)'가 달라질 수 있다는 반론들이 있다. 방어적 현실주의, 위협균형이론, 고전적현실주의, 신고전현실주의, 신자유주의, 구성주의, 민주평화이론 등은 '무정부상태의 역할(무정부상태에 의한 결과)'에 대해 다른 주장을 한다. 다음 질문에 답하시오. (총 50점)

(1) 왈츠와 미어샤이머의 무정부상태의 의미를 비교하시오. (10점)

(2) 왈츠와 미어샤이머의 신현실주의가 주장하는 '무정부상태의 역할(무정부상태에 의한 결과)'가 어떻게 나타나는지 '기만(cheating)'과 '상대적 이익(relative gains)'을 중심으로 설명하시오. (10점)

(3) 지문의 다양한 이론들을 사용하여 '무정부상태의 역할(무정부상태에 의한 결과)'이 중요하지 않거나, 완화될 수 있거나, 무정부상태를 변형시킬 수 있다는 주장들에 대해 논하시오. (30점)

I. 서   론
II. 신현실주의의 무정부상태 기능: 기만과 상대적 이익중심
  1. 왈츠: 무정부상태와 자구체계강조
  2. 미어샤이머: 무정부상태기능 체계화
III. 무정부상태로 인한 결과: 기만과 상대적 이익 중심으로
  1. 무정부상태로 인한 결과 1: 기만의 두려움

2. 무정부상태로 인한 결과 2: 상대적 이득의 고려
IV. 신현실주의의 반박: 무정부상태의 기능 완화가능
  1. 무정부상태는 존재하나 다른 권력자원이 중요
  2. 무정부상태는 과정과 제도를 통해 완화가능
  3. 무정부상태를 거부하거나 그 자체가 변화가능
  4. 평   가
V. 결   론

 문제의 맥락과 포인트

국제정치 문제로 가장 어려운 문제이자 주제가 무정부상태(anarchy)이다. 이 주제는 실제 국립외교원 시험에 나올 정도로 이론적으로 중요한 문제이다. 무정부상태가 어떻게 가정되는지에 따라 무정부상태의 기능은 이론별로 각기 구분된다. 이 문제는 다양한 국제정치학의 대표이론들을 통해서 무정부상태와 그 기능을 구분하고 있다. 이론별 차이를 무정부상태라는 기준으로 확인해볼 수 있는 문제이다.

 서   론

1990년대 이후 경제적으로 성장한 중국은 미국과의 관계에서 위협적 존재로 평가받기도

하지만 냉전과는 다른 두 개의 강대국에 의한 새로운 관계를 형성할 것으로 예측되기도 한다. 신현실주의자 미어샤이머의 중국성장에 따른 필연적 경쟁과 투쟁은 '무정부상태'가 해결되지 않

는 한 궁극적이다. 그렇다면 국제정치의 독립적인 논리를 만들어내는 무정부상태라는 조건이 과연 어느 정보 중요한지를 살펴볼 필요가 있다. 이에 미어샤이머를 중심으로 한 신현실주의의 '무정부상태'의 논리와 다른 이론들의 반박으로 다루어본다.

Ⅱ 신현실주의의 무정부상태 기능: 기만과 상대적 이익중심[5)

무정부상태는 왈츠가 국제정치학에 체계적으로 도입하였다. 이후 미어샤이머에 의해 무정부상태의 기능 혹은 역할이 구체화되었다. 이하에서는 왈츠와 미어샤이머의 무정부상태의 의미를 비교한다. **(양 이론가의 논리적 서술 순서 조작 작업)**

1. 왈츠: 무정부상태와 자구체계강조

왈츠는 무정부상태를 국제정치학의 기본적 원리로 체계화하였다. 그렇지만 왈츠는 무정부상태를 조건으로 간주하여 국가들의 행동원리로 제시했지만 무정부상태 자체가 국가들의 행동을 결정하는 독립적인 기능을 가지는 논리로 발전시키지는 못했다. 다만 무정부상태라는 조건에서 국가들은 극성 즉 상대적인 힘의 크기에 의해서 움직인다고 보았다. **(왈츠의 이론적 기여)**

무정부상태는 중앙권위체가 없는 상태를 의미한다. 국내정치는 중앙정부를 구성함으로써 무정부상태를 위계상태(hierarchy)로 변화시킨 반면 국제정치는 국가들 상위의 권위체는 존재하지 않는다. 무정부상태는 국가라는 국제정치의 기본 단위위의 상위권위체가 없기 때문에 분쟁이 발생하거나 전쟁이 발생할 때 이것을 중재

하거나 해결해줄 수 없다. 따라서 국제정치에서 무정부상태는 국가들을 둘러싼 조건으로서 기능하게 된다. **(무정부상태의 의미/ 위계구조와 비교)**

왈츠는 국제정치학에 구조를 도입하면서 무정부상태의 논리를 체계화하였다. 그는 구조를 3가지로 규정하면서 무정부상태가 구조의 첫 번째로서 구조의 가장 중요한 원리라고 규정하였다. 국내정치와 국제정치의 가장 큰 차이는 조정기제 혹은 중재기제가 있고 폭력을 독점하였는지와 그렇지 않고 폭력독점이 상위권위체에 의해 이루어지지 않고 개별 단위들이 폭력을 분석적으로 소유했는지에 있다. 즉 국제정치는 단위체인 국가가 폭력사용가능성을 나누어 가진 것이다. 만약 국제정치에서도 국가들 위의 상위권위체가 만들어져 국가 위의 연방정부나 세계정부가 구성된다면 무정부상태라는 조건은 국가들을 구속하지 못한다. **(구조의 3가지 요인과 무정부상태)**

왈츠는 무정부상태가 국가들에게 생존의 압박을 가한다고 보았다. 무정부상태는 전쟁이 가능성이 있고 전쟁의 가능성에도 불구하고 국가들을 보호할 수 있는 중재기제가 없는 것이다. 따라서 국가들은 무정부상태로 인해 자조(self−help)의 압박을 받는다. 만약 위계구조였다면 국제정치의 단위체인 국가들은 자조의 압박을 받지 않을 것이다. 연방국가(confederation)인 미국에서 각 주(state)들은 다른 주로부터 공격받을 걱정을 안 해도 된다. 연방정부가 각 주들간의 분배투쟁을 중재해 줄 것이고 최고권위체로서 사법적 판단을 내려줄 것이기 때문이다. 그러나 상위권위체가 없는 국제정치에서는 이러한 중재자가 없기 때문에 국가들은 자조의 압력

---

5) 이 문제는 내용이 많고 복잡해서 각 문단의 끝에 문단의 주제를 개념들로 요약 정리해 두었다.

을 받으면서 자신과 상대국가의 국력의 크기에 따라 행동하게 된다. 극성이 중요하게 되는 것이다. (**무정부상태와 자조체계**)

왈츠의 무정부상태는 체계의 변화와 관련된다. 왈츠는 무정부상태가 변화하는 것 즉 위계구조가 되는 것은 '체계변화(system change)'라고 보았다. 근본적인 질서원리의 변화인 것이다. 이런 상황에서는 자조체계가 의미 없게 된다. 반면에 극성의 변화는 '체계 내의 변화(change in system)'이라고 보았다. 양극에서 단극으로 변화가 여기에 해당한다. 극성의 변화도 국가들의 행동방식의 변화를 가져오지만 근본적인 변화를 가져오지는 못한다고 보았다. 이 논리에 따르면 국제정치의 가장 중요한 원리는 질서의 배열원리 즉 체계 운영원리인 무정부상태인 것이다. (**체계변화와 무정부상태 중요성 부연**)

2. 미어샤이머: 무정부상태기능 체계화

왈츠가 국제정치학에 도입한 무정부상태의 조건은 미어샤이머에 의해 체계화되었다. 그는 '무정부상태'라는 조건이 '다른 강대국의 군사적 무장'과 '상대 국가에 대한 불신'과 결합되면 무정부상태는 국가들의 두려움에 직접적으로 영향을 준다고 보았다. 이렇게 무정부상태의 국가에 대한 자기 보전(self-help)에 대한 압박은 국가들로 하여금 생존을 위한 권력추구라는 결과를 야기한다. 이때 강대국들은 더 많은 권력을 확보하기 위해 다른 강대국보다 상대적인 국력을 극대화하는 전략을 사용하게 된다. 이것은 국가들의 안보경쟁을 필연화하게 된다. 또한 국가들의 권력경쟁을 통한 갈등과 전쟁가능성은 높아지게 된다. (**미어샤이머의 학문적 기여**)

미어샤이머는 무정부상태를 하나의 설명요인으로 만들었다. 그가 도입한 5개의 가정 중에서 세 가지 가정은 국가들의 행동양식을 결정한

다. 즉 무정부상태가정은 국가들을 제약하는 조건이다. 하지만 상대방에 대한 '불신'과 상대방이 '일정하게 무장'하고 있다는 사실이 결합되어 국가들을 불안하게 만든다. 그리고 이런 불안을 해소하도록 국가들은 강요된다. 이때 국가를 강요하는 것은 극성이 아니라 무정부상태인 것이다. (**무정부상태의 가능**)

이 부분에서 미어샤이머는 왈츠는 차이를 보인다. 왈츠는 무정부상태라는 조건이 국가들의 배열을 결정하지만 국가들의 직접적인 행동을 결정하는 요인은 극성 즉 강대국의 수와 힘의 크기라고 보았다. 그런데 미어샤이머는 국가들의 행동을 공격적인 방식으로 규정하는 것은 무정부상태라고 본 것이다. (**왈츠와 비교**)

부연 무정부상태의 의미와 기능

1. 왈츠의 무정부상태

왈츠는 무정부상태를 국제정치학에 체계화하였다. 그는 국제정치가 국가들 간의 관계를 설명하기 위해서는 개별 국가단위의 속성이 아닌 국제정치 자체에 내재한 구조를 통해서 설명되어야 한다고 보았다. 왈츠 이전까지 국제정치학은 고전적현실주의나 시스템이론에 의해서 설명되었는데 이들 이론은 모두 국가의 속성과 국가의 수와 국가들 간의 규칙으로 설명되었다. 그러나 국제정치의 본질은 이러한 단위의 속성을 넘어선다. 국가지도자가 다르고 국가의 속성이 다름에도 불구하고 빈번하게 국제정치에서 전쟁이 벌어지거나 전쟁이 억지되는 것은 이들 개별 단위를 넘어서는 구조의 속성이 있기 때문이다.

왈츠는 구조를 설명하기 위해서 3가지를 들었다. 이 중 질서배열원리가 국제정치에서는 무정부상태가 된다. 국가들은 국내정치와 달리 국가위의 상위권위체를 만드는 합의를 해본 적이 없다. 따라서 본질적으로 국가들의 관계는 무정부상태 즉 국가들간의 중앙정부가 없는 상태이다. 이것이 국내정치와 국제정치의 본질을 이룬다고 보았다. 왈츠는 이후 단위들의 속성이 기능적으로 분화되지 않고 동질화된다는 두 번째 구조특성

과 극성이라는 힘의 분포도의 세 번째 구조 특성을 설명하였다. 구조를 설명한 왈츠는 무정부상태가 국가들로 하여금 자조체계에 빠지게 한다고 보았지만 그 뒤에 구조가 미치는 영향에 대해서는 구체적인 분석을 하지 않고 극성을 통한 안정성만을 설명하였다.

왈츠는 무정부상태는 조건으로 보았다. 무정부상태는 토마스 홉스의 입장처럼 전쟁상태이다. 이런 상황에서 국가들은 다른 국가에 의해 공격받을 수 있으며 안보를 지키는 것이 중요하다. 이때 국가들은 생존을 확보하기 위해 자신에게 의존하게 된다. 신뢰가 부재한 상황에서 다른 행위자에게 자신의 생존과 안보를 의지할 수 없기 때문에 국가들은 자신의 힘으로 자신을 보호하게 되는 것이다. 자신을 보호하는 데 있어서 국가의 힘은 중요하다. 국가가 어느 정도 힘을 가지고 있는지는 다른 국가의 공격에서 어느 정도 자신을 보호할 수 있는지를 결정한다. 따라서 왈츠에게서 무정부 상태는 상위권위체가 존재하지 않은 조건이며 국가들은 실질적으로 '상대적 힘'이라는 조건에 의해서 움직이게 된다.

2. 공격적 현실주의 무정부상태

미어샤이머는 왈츠가 끌고 들어온 무정부상태가 어떤 기능을 하는지 설명하였다. 미어샤이머는 공격적 현실주의이론을 통해서 무정부상태가 실제로 국가들을 어떻게 움직이는지의 원리를 설명하였다. 공격적 현실주의를 통해서 '무정부상태의 기능', '안보딜레마에 미치는 영향', '국가의 성향'이라는 3가지 측면을 왈츠의 무정부상태와 비교하면서 도출해본다.

첫째, 무정부상태의 기능이다. 미어샤이머는 왈츠의 무정부상태를 단순한 조건이 아니라 국가들에게 직접적으로 영향을 미치는 요인으로 보았다. 이 논리를 살펴보자.

미어샤이머는 자신의 이론에서 5가지 가정을 제시하고 이 중 3가지 요인이 국가들을 공격적으로 만든다고 보았다. 미어샤이머는 무정부상태, 다른 국가에 대한 불신, 강대국이라면 일정한 군사력 보유, 국가의 생존 추구, 합리적 행위자로서 국가라는 가정을 통해서 국제정치를 설명할 수 있다고 주장한다. 이때 무정부상태라는 조건과 상대국가를 신뢰하지 못하는 조건, 그리고 강대국이라면 일정한 군사력을 보유했다는 조건이 국가들의 행동을 결정한다. 국가들은 위의 3가지 요인에 의해서 두려움을 느낀다. 그리고 두려움을 느

낀 강대 국가는 두려움을 극복하고자 권력 극대화를 추구한다.

미어샤이머는 왈츠를 뛰어넘는 공격적 현실주의이론을 제시하여 왈츠가 설명하지 못하는 부분을 설명하고자 했다. 그는 왈츠가 단지 조건으로 규정했던 무정부상태를 하나의 설명요인으로 도입하였다. 무정부상태는 전쟁상태이고 이 상황에서 상대방을 믿지 못하는데 그런 상대방이 군사력으로 무장을 하고 있는 것이다. 따라서 무정부상태는 국가의 두려움을 느끼게 만드는 요인이다. 다만 국가들을 둘러싼 조건만은 아닌 것이다. 무정부상태가 사라지지 않는 상황에서 국가들에 대한 불신과 다른 국가의 무장을 국가를 두렵게 하고 이를 극복하기 위해 국가들은 더 많은 권력을 추구하게 되는 것이다.

그런 점에서 미어샤이머는 왈츠가 단지 극성으로 설명하려고 한 국제정치를 무정부상태가 실제 어떤 역할을 하는지를 설명하여 보완하고자 하였다. 상위권위체가 없는 상황에서 국가들은 자신의 안보를 자신이 지켜야만 한다. 이것은 국가들을 권력추구적으로 강제하는 요인이 되는 것이다.

둘째, 무정부상태와 '안보딜레마에 미치는 영향'이다. 왈츠는 무정부상태로 인해 안보딜레마가 만들어질 수 있다고 보았다. 그리고 이후 방어적 현실주의자들은 이것을 구체화하여 안보딜레마를 완화할 수 있는 방안도 제시하였다. 세부적인 논리를 살펴보자.

왈츠와 이후 방어적 현실주의자들은 무정부상태는 조건이기 때문에 이것이 미치는 효과는 크지 않다고 보았다. 이보다는 극성이 중요하거나 에버라처럼 군사적 능력만이 중요하다. 무정부상태는 다만 국가위의 상위권위체가 없는 구조적인 특징이지 이것이 의미 있게 국가들에게 영향을 미친다고 보지는 않았다. 다만 무정부상태라는 조건은 국가들이 배신 당했을 때 이것을 구제하고 복구할 수 있는 상위의 판단주체가 없는 것이다. 따라서 배신을 피할 수 있는 방안들이 있다면 국가는 협력을 할 수도 있다. 그러나 이것이 확신을 가져다 줄 방법이 없기 때문에 국가들은 갈등하고 안보딜레마를 느끼게 된다. 에버라와 같은 방어적 현실주의입장에서는 국가들의 오인이 국가들을 공격위주의 전략으로 귀결되게 하며 이것이 안보딜레마를 가져오는 것이다.

공격적 현실주의에서는 무정부상태는 단지 주어진

조건만은 아니고 불신과 상대국가의 군사력과 같이 작동하여 국가들의 두려움에 영향을 미친다. 다만 무정부상태는 변수가 되는 것은 아니기에 상시적으로 국가들의 두려움에 영향을 미치는 것이다. 따라서 3가지 조건이 구비되면 국가들은 상대국가의 능력보다 더 높은 능력을 확보하는 전략을 선택할 수 밖에 없다. 이것은 국가들의 안보경쟁이 필연임을 의미한다.

셋째, 무정부상태와 그에 따른 '국가의 성향'이다. 왈츠 이론에서 국가는 안보추구적이며 현상유지적이다. 세부적인 논리는 이렇다. 왈츠는 무정부상태가 조건이기 때문에 국가들은 생존을 중시하여 생존이 가능하기만 하면 현상유지에 만족한다고 보았다. 왈츠는 국가들을 위치적인 존재로 보았다. 자신의 위치를 유지하는 현상유지적이며 보수적인 국가로 가정하였다. 따라서 국가는 위험을 감수하면서 현상타파적이기 보다는 현상유지적인 성향을 가진다.

공격적 현실주의에서 국가들은 권력추구적이며 현상타파적이다. 무정부상태라는 조건은 국가들을 두렵게 만든다. 두려움을 느낀 국가들은 상대방의 의지와 의존하지 않고 자신의 군사력을 증대한다. 더 많은 군사력을 보유함으로써 현상을 타파하여 패권국가가 되고자 한다. 이것은 생존을 추구하는 국가들의 기본적인 성향이다. 따라서 무정부상태는 국가들로 하여금 공격적인 성향을 가지게 하는 것이다.

Ⅲ 무정부상태로 인한 결과: 기만과 상대적 이익 중심으로

왈츠와 미어샤이머가 보는 무정부상태의 중요성은 다소 차이가 있다. 하지만 국가들을 둘러싼 조건으로 국가들의 행동계산에 영향을 미친다는 점에서는 동일하다. 따라서 '기만(cheating)'에 따른 결과를 고려하고 '상대적 이익(relative gains)'에 따른 분배의 몫을 계산하는 데 영향을 미치는 점에서 공통점이 있다고 보고 설명한다. **(양 이론의 기만과 상대적 이익 분석을 위한 공통점 도출)**

1. 무정부상태로 인한 결과 1: 기만의 두려움

국제정치에서 무정부상태는 국가들의 실제 행동에 영향을 미쳐 국가들이 협력을 하기 어렵게 만든다. 협력이 어렵다는 것은 군사적 갈등과 경쟁이 더 빈번하게 이루어지며 경제적으로는 자유무역주의에 기초한 협력보다는 보호주의를 통한 관세전쟁과 무역분쟁이 빈번하게 이루어진다는 것이다. 신현실주의는 이러한 안보분야의 결과나 정치경제분야의 결과는 결국 무정부상태라는 조건에 의해 발생하게 된다고 본다. 이때 무정부상태는 변수는 아니지만 국가들의 행동과 행동에 따른 결과 예측에 양향을 미치기에 설명요인이 된다. **(무정부상태와 협력가능성: 이 문제에서는 부차적인 설명)**

무정부상태가 국가들의 행동 결과를 예측하는데 영향을 미친다는 점은 두 가지를 통해서 확인할 수 있다. 국가들은 '기만'과 '상대적 이익'을 고려하여 전략적으로 행동을 하게 된다. 이에 대한 구체적 설명은 다음과 같다. **(결과 예측 지표로서 기만과 상대적 이익: 이 부분도 부차적인 설명)**

무정부상태는 기만의 문제를 민감하게 만든다. 기만의 문제로 국가들은 생존의 문제 즉 안보의 문제를 고려하여 협력에 나서지 못한다. 신현실주의의 무정부상태는 전쟁상태와 동일하다. 국가들이 전쟁에 돌입했을 때 국가를 보호하는 주체가 없는 것이다. 이런 무정부상태의 가정은 국가로 하여금 기만의 두려움을 크게 느끼게 만든다. 국가들은 안보에 대한 우려로 상대방에 대한 자신의 협력과 상대의 배신으로 인한 결과를 끔찍하게 여기게 한다. 이로 인해 국가들은 보수적인 선택을 한다. 즉 상호배신으로 차악의 선택을 하는 것이다. 죄수의 딜레마게임

에서 1회성 게임의 경우 국가들의 상호배신 전략의 선택을 예로 들 수 있다. **(기만과 생존의 문제)**

기만 문제가 신현실주의에서 중요한 것은 무정부상태 때문이다. 만약 무정부상태가 아니라 위계상황(hierarchy)이었다고 가정해보자. 연방국가 내에서 두 개의 주정부가 상호간의 약속을 위반한 사례를 생각해볼 수 있다. 이때 한 주정부의 기만이 다른 주정부의 생존과 직결되지는 않는다. 이는 중앙정부의 보호가 가능하기 때문이다. 따라서 기만은 무정부상태라는 조건에서 생존과 직결되는 문제가 되는 것이다. **(무정부상태에 따른 기만 문제)**

2. 무정부상태로 인한 결과 2: 상대적 이익의 고려

무정부상태는 상대적 이익의 문제를 민감하게 고려하게 만든다. 상대적 힘의 크기의 변화가 생존과 직결되기 때문이다. **(무정부상태와 상대적 이익의 관계)**

상대적 이익의 문제를 구체적으로 살펴보자. 그리코(J. Grieco)의 논리대로 신현실주의는 무정부상태를 '보호의 부재(lack of protection)'로 본다. 무정부상태에서 국가들은 자신의 생존 때문에 국가들이 처한 서열 즉 권력의 피라미드르 중시한다. 이때 국가들은 위치에 민감한 존재들이 된다. 위치에 민감한 국가들은 협력을 통한 전체적인 이익보다 누가 더 많이 가져가는 지의 상대적 이익에 민감할 수밖에 없다. **(상대적 이익 이론 구체화)**

상대적 이익논리 역시 무정부상태에 의해 도출된다. 만약 무정부상태를 다시 위계상황으로 가정해보자. 연방국가 내에서 한 주정부와 다른 주정부간의 경제협약은 국가전체적인 이익을 증대시키며 각 주들을 더욱 경제적으로 번영하게 만든다. 각 주의 상대적인 이익의 차이가 크겠지만 중앙정부가 안전을 보장하는 상황에서 지방정부들의 힘의 역전은 심각한 문제가 될 수 없다. 중앙정부는 지방정부간의 갈등을 중재하거나 조정하며 극단적인 경우에도 주정부들의 폭력사용가능성을 통제할 수 있기 때문이다. 이런 논리로 인해 국가들의 상대적인 이익에 대한 고려는 무정부상태라는 조건에 의해 만들어지고 고려된다. **(부연설명)**

무정부상태가 결과를 만드는 기만과 상대적 이익은 안보경쟁과 경제적 분쟁을 야기한다. 기만과 상대적 이익을 고려하는 국가들의 행동은 안보 분야에서는 광의의 안보딜레마 혹은 협의의 안보경쟁을 유발한다. 매 상황 안보경쟁이 촉발되는 것은 아니지만 국가들은 기회가 있을 때 마다 더 많은 권력을 추구하려 하고 권력경쟁은 빈번해진다. 반면에 경제분야에서 보호주의 경쟁과 무역분쟁이 빈번하게 발생하게 되는 것이다. **(나타나는 현실결과들)**

Ⅳ 신현실주의의 반박: 무정부상태의 기능 완화가능

왈츠와 미어샤이머를 중심으로 하는 신현실주의의 무정부상태에 대한 강조는 각기 다른 이론들에 의해 반박되어질 수 있다. 이하에서는 무정부상태의 완화가능성의 정도를 중심으로 반박하는 이론들을 다룬다. **(논리배열 순서)**

1. 무정부상태는 존재하나 다른 권력자원이 중요

현실주의 내에서 신현실주의가 아닌 몇 현실주의이론들은 무정부상태를 거부하지는 않지만 다른 요인들에 의해 무정부상태의 기능과 역할은 중요하지 않을 수 있다고 본다. 대표적인 이론으로 방어적 현실주의의 저비스, 위협균형이론의 월트. 국가의 정책과 외교를 강조한 모겐소, 그리고 신고전현실주의자 스웰러를 들 수 있다. (대표이론가 선정)

저비스는 안보딜레마의 필연성을 거부한다. 그는 무정부상태는 정부가 없는 상황 즉 조건에 불과하다고 본다. 따라서 정부가 없는 것이 곧바로 안보위협으로 이어지거나 안보경쟁으로 이어지는 것은 아니다. 실제 안보에 대한 두려움은 상대방국가에 대한 인식, 지리, 공격-방어균형, 공격-방어구분가능성(차별화)에 의해 결정된다. 인식과 지리도 안보를 고려할 때 중요하지만 국가는 공격-방어 중 무엇이 중요한지에 의해 안보불안을 느낀다. 또한 공격-방어구분가능성에 의해서 안보불안은 경감될 수 있는 것이다. 이런 주장은 상수인 무정부상태로 인해 국가들의 행동이 결정되는 것이 아니라 국가들의 안보전략과 무기체계에 의해 국가들의 안보정책이 결정된다는 것이다. (저비스의 논리)

월트의 위협균형이론 역시 무정부상태를 부정하지 않지만 국가들이 무정부상태에 의해서만 행동을 하지는 않는다고 본다. 국가는 무정부상태와 국력 그 자체를 평가하고 행동하는 것만은 아니다. 국가들은 그 힘을 어떻게 주관적으로 평가하는 지 즉 위협인식에 의해서도 행동양식이 다르다. 이것은 무정부상태와 극성이란 힘의 논리가 단순히 국가들의 행동을 결정하는 것은 아니라는 것을 방증한다. (월트의 논리)

모겐소의 외교론이나 국가정책의 중요성도 무정부상태에 대한 완화로 작동한다. 모겐소는 무정부상태를 고려했지만 월츠처럼 중요하게 다루지는 않았다. 이보다는 인간 본성에서 기초하는 국가지도자의 리더십이 중요하다고 본 것이다. 국가지도자가 현상을 어떻게 인식하고 어떤 정책을 만드는지에 따라 국제정치는 안정적이

될 수도 있고 불안정해질 수도 있다. 이것은 무정부상태라는 조건보다는 그 존건을 파악하고 국가이익을 위해 끊임없이 고민하는 지도자의 지도력에 의해 국제정치의 안정성이 달렸다는 것이다. (모겐소의 논리)

스웰러의 신고전현실주의도 무정부상태를 인정하지만 매개변수인 국가의 성향과 국내정치에 의해 대외정책이 만들어진다. 국가의 성향은 대체로 국가 내부에 의해 결정된다. 현상유지와 현상타파국가들이 어떻게 배열되었는지에 의해 전재여부가 결정된다면 무정부상태는 조건에 불과하고 국가들의 힘과 함께 국가의 이익이 중요하게 된다. (스웰러의 논리)

2. 무정부상태는 과정과 제도를 통해 완화 가능

부정부상태는 인정하지만 그 효과를 과장할 필요는 없으며 과정변수를 통해서 협력에 도달할 수 있다는 입장으로는 신자유주의를 들 수 있다. 대표적으로는 케네스 오이와 로버트 커헤인을 들 수 있다. 여기서는 오이를 중심으로 설명한다. (이론가 도출)

케네스 오이는 선호체계, 미래의 그림자. 참여국가의 수를 통해서 무정부상태에도 불구하고 협력을 할 수 있다고 보았다. 국가의 선호가 중요한데 이것은 게임의 재구성과 전략활용에 의해서 변화할 수 있다. 그렇다고 하면 실제 무정부상태라는 조건에도 불구하고 전략은 국가들을 충분히 협력으로 유도할 수 있기 때문에 전략과 같은 과정과 제도 요인이 중요하게 된다. 이를 구체화하면 다음과 같다. (오이의 논리)

케네스 오이들 대표로 하는 신자유주의에서 국가들은 협력을 할 수 있다. 협력의 조건의 산물이다. 협력을 만들어내는 데 중요한 것은 3가지이다. 첫째, 국가들이 어떤 상황에 놓이게 되

었는지를 유형화하는 것이다. 둘째, 어떤 선호체계를 가지고 있는지이다. 셋째, 어떤 전략을 활용하는지이다. 그런데 이러한 자유주의의 입장은 현실주의와는 다른 무정부상태를 가정하기 때문이다. 무정부상태는 무조건 전쟁상태는 아니다. 전쟁상태는 주어지는 것이 아니라 국가와 인간이 의도적으로 만드는 것이다. 존 로크가 가정한 무정부상태처럼 무정부상태는 행위자들이 합리성이 부족할 수 있는 상황이며 강제력을 가진 권위체가 질서를 유지하지 못하는 상황이다. 여기서 생존문제가 직결되지는 않는다. 오히려 국가들은 경제에 더 관심이 많기 때문에 경제적으로 배신당했을 경우에 이를 처벌해줄 사법기구나 행정기구가 없는 것이다.

이런 조건에서 신자유주의의 상황변수는 다시 3가지로 구성된다. 3가지는 첫째, 이익갈등이 혼재 되어 있는 '선호체계'와 둘째, '미래의 그림자'와 셋째, '참여국가의 숫자'이다.

첫 번째, 선호체계는 국가간 게임상황이 어떻게 배열되어 있는지와 관련되어 있다. 선호체계에는 죄수의 딜레마게임과 사슴사냥게임 치킨게임과 교착상태(deadlock)의 4가지가 있다. 국가는 당시에 자신이 처한 상황을 어떻게 인식하는지가 중요하다. 예를 들어 1차 대전이전 유럽국가들은 사슴사냥게임으로 인식하고 있었지만 1차 대전으로 가면서 점차 죄수의 딜레마상황으로 인식하게 되었다. 이는 상호협력이라는 선택지가 사라지고 국가들에게는 배신 전략이 최선의 전략으로 인식되어진 것이다. 결국 이러한 강대강 전략이 1차 세계대전을 만든 것이다.

두 번째, 미래의 그림자는 국가간 관계가 장기화될 수 있고 이를 통해 더 많은 이익을 상호간에 누릴 수 있다는 것이다. 자유주의 입장에서 미래의 그림자가 길어진다는 것은 오랫동안 게임을 유지할 수 있다는 것이다. 장기적이 익

이 중요하게 고려될 수 있는 상황에서 국가들은 협력과 배신을 할 수 있지만 상호협력이 더 큰 이익을 가져다준다는 점을 알고 있다. 이때 국가들은 '계몽적(enlightened) 존재'이기 때문이다. 계몽적 존재란 장단기 이익이 구분되는 존재를 의미한다. 반면에 현실주의가 강조하는 과거의 그림자는 과거 역사를 보고 정책결정을 하는 것으로 협력을 어렵게 만든다. 이것 역시 무정부상태의 가정 차이에 근거한다.

특히 미래의 그림자는 코헤인과 액슬로드가 설명한대로 4가지 세부적인 요소들을 포함한다. ① 반복성, ② 이해관계의 규칙성, ③ 상대방행위에 대한 정보의 신뢰성, ④ 상대방의 행위에 있어서의 변화에 대한 재빠른 반향. 이러한 요인들이 작동하여 국가들간의 미래의 그림자가 늘어나면 국가들은 협력할 수 있다.

세 번째, 참여국가의 수가 늘면 무임승차자가 생기기 때문에 어느 정도까지는 참여자를 늘리되 일정 수를 넘기지 않는 것이 좋다. 참가국의 수가 늘면 규모의 경제가 구현되어 이익의 크기를 키울 수 있다. 그러나 어느 단계를 넘어서서 국가들의 수가 증대하면 무임승차자가 생길 수 있다. 따라서 던칸 스나이덜에 이론화한 K-group처럼 일정 수의 국가들이 협력하는 것이 유용하다.

3가지 중 상황변수와 그 세부적인 내용으로 선호체계를 보았다면 국가들은 어떤 전략을 택할 것인지에 의해 협력을 유도할 수 있다. 케네스 오이는 3가지 조건(선호체계, 미래의 이익, 행위자의 수)에 대한 각각의 정책들을 제시하였다. 먼저 '선호체계'와 관련해서는 '사안연계전략'을 통해 다른 상품교역에서의 이익창출 등으로 국가의 선호체계를 변화시킬 수 있다고 보았다. 또한 기술과 같은 외생적인 변화에 선호체계가 변화한다. 이것은 국가들이 자신들이 처한 환경

을 죄수의 딜레마인지, 사슴사냥게임인지를 새롭게 인식하게 만드는 것이다.

둘째, '미래 이익의 기대'를 바꾸는 전략으로는 쟁점을 분할하는 전략을 제시하였다. 군축과 같은 경우에 개별사안을 분리하여 조금씩 협력을 반복하는 방안이 실제 사례이다. 또한 사안이 분할되면 상호주의원칙을 사용하는 방안도 있다. 즉 미래에 대한 기대치를 높임으로써 국가들은 단기적인 배신전략보다는 장기적인 협력전략을 선택하게 할 수 있다. 이런 전략이 안정적으로 만들어지면 상호주의전략이 되는 것이다.

셋째, '참여국가의 수'와 관련해서는 다자협력 대신 양자협력에 집중하는 방안이 있다. 또한 참여국가의 수를 줄이는 방안도 제시되었다. 참여국가의 수를 줄임으로써 무임승차가능성을 축소하는 것이다. 이를 통해서도 국가들 간의 협력가능성을 늘릴 수 있다. **(오이의 부연설명)**

3. 무정부상태를 거부하거나 그 자체가 변화가능

무정부 상태 자체의 중요성을 거부하는 이론과 무정부상태 자체가 고정된 것이 아니라는 입장의 구성주의가 있다. **(논리 분화)**

민주평화이론은 무정부상태라는 조건의 중요성을 거부한다. 이보다는 국가들의 성향이 중요하다고 본 것이다. 국가들이 민주주의라는 제도를 가진 경우 국가들의 안정성은 보장된다. 제도적인 차원과 규범적인 차원에서 민주주의가 전쟁을 방지하기 때문이다. 만약 정치제도가 전쟁의 결정에 있어서 가장 중요하다면 무정부상태라는 국제정치의 본질은 중요한 것이 아니라 국가들의 체제 유형이 어떻게 배열되는지가 중요하다. **(민주평화이론 논리)**

구성주의는 무정부상태를 부정하지 않고 재구성하자고 한다. 무정부상태란 국가들이 만드는 것이다. 이것은 주어진 조건이 아니다. 국가들의 상호간의 인식을 통해 무정부상태를 이해한다. 무정부상태는 국가들 간의 문화적 공유와 같다. 칸트, 로크, 홉스식의 문화가 무정부상태를 구성한다. 따라서 국가들이 어떤 인식과 규범을 가지는지 어떤 담론을 사용하는지에 따라 국가 간의 관계는 달라진다. 따라서 무정부상태는 국가들의 사회화과정 속에서 만들어지는 것이지 무정부상태가 국가들을 규정하는 것이 아니다. **(구성주의 논리)**

4. 평 가

무정부상태의 효과는 반론되어질 수 있다. 이것은 무정부상태가 의미 없다기보다 국가들이 어떤 조건인지에 의해 무정부상태의 효과가 달리 나타날 수 있다는 것이다. 즉 위협정도, 국가들의 외교정책과 전략에 의해서도 완화될 수 있다. 또한 제도에 의해서 국가들의 행동과 행동의 예측결과를 변화시킬 수 있다. 게다가 문화와 정체성은 국가들 간의 관계를 새로운 관점에서 볼 수 있게 한다. 따라서 무정부상태는 단일한 상수라기보다는 조건으로 기능하는 것이다. **(이론들 간의 논리적 설명력 평가)**

Ⅴ 결 론

무정부상태는 결정적인 변수나 가장 중요한 설명요인이라기 보다는 상수적인 환경조건이다. 어떤 조건에서 국가들이 만나는지에 따라 안정성 여부가 결정된다. 이것으로 볼 때 미중관계 역시 다양한 요인들에 의해 그 미래가 예측될 수 있다. 따라서 미중관계를 바라보는 다양한 논의와 설명요인들을 복합적으로 고려하는 것이 중요하다.

한반도는 대륙세력과 해양세력 간 지정학의 영향을 받아왔다. 지정학은 지리적공간의 차원에서는 고정되어 있지만 시간과 기술의 발전에 의한 변화도 설명할 수 있다. 다음의 질문에 답하시오. (총 40점)

(1) 지정학에서 다루는 요소들을 설명하고 주요한 지정학 이론들을 선택하여 지리적 공간의 중요성에 대해 설명하시오. (20점)

(2) 한반도에 미치는 지정학적 의미를 설명하고 지정학적 관점에서 한미동맹의 효용성을 논하시오. (20점)

 문제의 맥락과 포인트

지정학이 중요한 시대가 되고 있다. 해양지정학과 대륙지정학을 이론적으로 구분하고 한미동맹으로 연결해보는 응용문제다.

I 서 론

모겐소는 『Politics among Nations』에서 한반도를 대륙세력과 해양세력간의 힘의 균형으로 통해서 한반도의 안정을 설명했다. 반도의 특성은 한반도로 하여금 대륙세력과 해양세력간의 지정학적 고려가 중요하도록 영향을 미친다. 중국의 성장과 미국의 동아시아의 회귀사이에서 현재 한국은 다시 대륙세력과 해양세력사이에서 어떤 안보정책 입장을 택해야 하는지를 고민하고 있다.

II 지정학의 의미와 지정학 이론들

1. 지정학의 주요요소

지정학은 인간 특히 정책결정자들의 인식에 있어 물리적 측면과 빗물리적 측면 모두에서 영향을 미친다. 해롤드 스프라우트와 마가렛 스프라우트가 이야기 했듯이 지정학은 정책결정자의 환경에 대한 인식과 기술 등에 영향을 미친다.[6] 물론 지정학의 고려는 아리스토텔레스가 상업도시국가가 더 강력해질 것이라는 점을 지적한 이래로 많은 사상가들에 의해 이야기 되어왔고 2차 대전이후 국제정치를 설명하는 가장 중요한

---

6) Harold and Magaret sprout, "Geography and International Relations in an Era of Revolutionary Change," *Journal of Conflict Resolution* 6, no.1. March 1960. p.145; *The Ecological Paradigm for the Study of International Politics*, monograph no. 30. Princeton, NJ: Center for International Studies, 1968.

설명변수가 되었다.[7)]

지정학은 인간과 시간과 공간을 다루는 학문이다. 지정학은 공간내의 인구라는 요인을 다룬다. 두 번째로 공간을 다루며 공간이 어떤 정치적 의미를 가지는 지를 다룬다. 육지의 중요성이나 바다의 중요성이 부각되는 것은 지리적 공간을 어떻게 활용하여 자국의 안보정책과 외교정책을 수립할 것인지를 결정하는 것이다. 마지막으로 지정학은 시간을 다룬다. 시간이 지나면서 과학 기술력이 변화하면 이 변화된 기술력은 지리적 공간의 의미를 다르게 한다. 예를 들어 증기기관의 발전이 해군력증강을 중시하는 해양력으로 이동했다면 열차의 발달은 대륙의 육군력 중심의 전략을 구성할 수 있게 했다.

지정학이론 중에서 횡적합력이론은 국가의 성장이 인구와 자원에 대한 수요를 증대시킨다는 점을 강조한다. 국가는 성장하려면 더 많은 인구를 가져야 세수확보와 동원능력이 상승한다. 이를 위해서는 공간과 자원에 대한 확보가 중요하게 되는 것이다. 공간과 자원 확보는 국가의 사활적인 이익이 되고 이 이익을 확보하기 위해 국가들은 경쟁하고 때로는 전쟁을 시도한다.

2. 분석틀: 해양력 주장설 vs. 대륙력 주장설

첫째, 해양권력과 마한(A. Mahan)의 해양력이론(Sea Power Theory). 미국의 '명백한 숙명(manifest destiny: 미국인들에게 신이 부여했다고 하는 아메리카 대륙을 지배하라고 한 숙명)'을 해양력으로 정교화하였다. 미국이 대륙적 팽창을 완수한 만큼 해양제국건설을 추진할 것을 주장했다. 1898년 미−서전쟁에서 태평양 방면 팽창에 영향. 현재까지도 해군력증강이론에 영향을 주었다.

보완

알프레드 세이어 머핸(Alfred Thayer Mahan, 1840년–1914년)은 미 해군 제독이자 해군대학의 교수였다. 그는 자신의 경험에 기반하고 과거 유럽의 역사에 기반을 두어 해양력의 중요성을 강조했다. 그가 말하고자 했던 해양력(sea power)은 단지 해군력만을 의미하는 것은 아니었다. 그에게 해양력은 해군력과 물류와 해운을 합친 개념이다. 그의 주장의 핵심은 다음과 같이 요약될 수 있다. "해양력을 지배한 국가가 세계를 지배한다."

해군의 역사를 볼 때 지리적으로 불리한 조건과 역량에도 불구하고 영국이 세계패권이 될 수 있었던 것은 영국이 해군력을 쥐고 있었기 때문이다. 식민지를 통해서 물자를 공급하고 이것을 지켜낼 수 있는 해군력이 있었기 때문에 영국은 유럽에서 작은 영토와 부족한 인구에도 불구하고 세계 패권이 될 수 있었다. 반면에 대륙에서 비교되는 프랑스는 해군력을 키우지 않게 되면서 19세기 들어 식민지를 상실하게 되었고 결국 영국에 지배력을 내주게 된 것이다. 마한은 1889년 자신이 해군대학의 교장으로 있을 때 『해양력이 역사에 미치는 영향』이란 책을 저술한다. 이 책에서 마한의 주장은 간단하지만 명확하다. 미국이 해양력을 키워야 한다는 것이다. 그가 볼 때 바다가 점차 중요해지고 있는 시점에서 해양력은 자국의 항구를 보호하고 항구와 항구를 이어주는 운송에 중요한 해양수로를 장악하게 한다.

이 책에서 마한은 4가지 제한을 했다. 첫 번째 미국이 해양수로를 지키기 위해서는 대양해군을 육성해야 한다. 이를 위해서는 먼 바다까지 작전을 수행할 수 있는 거대한 전함들이 필요하다. 두 번째로 해외에 해군지기가 있어야 한다. 해군기지는 전함이 작전을 하기 위해서는 물자와 연료를 채워야 한다. 따라서 대양해군이 대양에서 자국의 해군력을 투사하기 위해서는 기지가 반드시 필요하다. 세 번째 파나마운하를 건설해야 한다. 미국이 대서양과 태평양의 양 면을 지배하기 위해서는 파나마

---

7) Peter Wooley, *Geography & Japan's Strategic Choice: From Seclusion to Internationalization.* Washington, D.C. Potomac books, 2005. p.7.

운하를 통해서 해군력을 이쪽 바다에서 저쪽 바다로 신속히 이동시킬 수 있어야 한다. 마지막으로 하와이를 식민지로 만들어야 한다.

둘째, 유라시아 대륙의 심장지역이론. 맥킨더라는 영국 지정학이론이 대표적인 이론가이다. 그는 독일지정학에 영향을 받아서 대륙세력을 강조한다. 이 이론은 오래된 러시아와 영국의 거대한 게임을 반영한다. 1904년 추축지대(pivot area)개념을 제시했고 이론의 요지는 동부유럽을 지배하는 자가 심장지역을 지배하고 심장지역지배자가 세계를 지배한다는 것이다. 특히 민주주의를 지켜내기 위해서 심장지역을 지키는 것이 중요하다.

보론

마한이 해양의 중요성이라는 논리를 통해서 해군력을 강조했다면 영국의 지정학자 핼포드 맥킨더(Sir Halford John Mackinder, 1861-1947)는 육군력의 중요성에 눈을 돌렸다. 1900년대 철도는 대륙이 가지고 있던 운송의 어려움을 극복할 수 있다는 점을 알려주었다. 많은 장비와 병력을 철도를 통해서 이동시킬 수 있게 되자 해양을 통해서만 대규모로 물자 수송이 가능한 것은 아니라는 점과 대륙지역의 중요성이 새롭게 부각되었다.

영국의 지정학 이론가인 맥킨더는 독일지정학에 영향을 받았고 대륙세력을 강조하였다. 그는 1904년에 '추축지대(pivot area)'개념 혹은 '심장지역(Heart Land)'개념을 제시하였다. 맥킨더 주장의 핵심에는 심장지역이 되는 가장 중요한 지역이 있다는 것이다. 그가 볼 때 심장지역이 되는 곳은 동유럽과 러시아이다. 심장지역이 되는 대륙의 중심을 장악하려면 먼저 동유럽을 지배해야 한다. 맥킨더의 논리는 다음과 같다. 동유럽을 지배한 자가 동부유럽과 러시아로 구축된 심장지역을 지배한다. 이렇게 심장지역을 지배한 국가가 세계를 지배한다. 그런데 전제주의 국가가 심장지역을 지배하게 되면 전제주의가 세계를 지배하게 될 것이다. 전제주의의 세계지배는 영국의 자유민주주의를 위협할 것이다. 따라서 민주주의를 지켜내기 위해서 영국은 심장지역을 지키는 것이 중요하다.

좀 더 구체적으로 보자. 맥킨더는 자신의 이론을 전개하면서 세계지리를 3개로 구분하였다. 세계섬, 근해섬, 외부섬의 3개로 구분한 것이다. 심장지역은 세계섬에서 가장 중심을 이루는 지역이 된다. 맥킨더의 지리적 구분에서 심장지역은 실제로 동유럽에서 시작하여 러시아와 중앙아시아와 카프카스에서 시베리아로 연결된 공간이다. 즉 유라시아 대륙의 동유럽에서 시베리아로 연결된 지역이다. 이렇게 정리된 지리적 구분에 따라 심장지역에서 철도와 같은 교통이 발전하게 되면 자연스럽게 현재 미개척지인 심장지역의 자원을 개발할 수 있게 될 것이고 이로 인해 심장지역을 지배한 국가는 세계를 지배할 국가가 되는 것이다. 따라서 장래에 자원개발을 통해 세계지배국가가 될 수 있는 국가의 심장지역 지배 즉 특정국가의 대륙패권화가 되는 것을 막는 것이 지정학 전략의 핵심이 된다. 이를 위해서 영국은 1차 대전이전에는 독일을 통해서 러시아를 견제해야 하는 정책을 세웠고 2차 대전에서는 러시아(당시 소련)를 통해서 독일을 견제하는 정책을 세웠다. 이러한 입장은 프랑스혁명과 나폴레옹의 유럽 지배로 인해 영국이 대륙봉쇄령으로 받았던 고통의 경험을 반영한다. 유럽 대륙내의 패권국가 등장은 무역이 생존에 필수요소인 작은 섬나라인 영국의 사활적인 이익을 침해할 수 있다. 그런 점에서 맥킨더 이론은 해양국가인 영국의 입장에서 대륙세력의 강화와 그 위협을 이론적으로 체계화한 것이다.

Ⅲ 지정학과 동맹관계

1. 한반도의 지정학적 의미

과거 한반도는 지정학의 희생자였다. 한반도는 대륙세력과 해양세력의 각축장이었던 것이다. 대표적인 예로 중국과 일본 사이의 임진왜란, 청일전쟁과 러일 전쟁, 한국전쟁을 들 수 있다. 이것은 한반도가 가지는 지리적인 이점이자 안보 딜레마를 가져올 수 있는 지리적 약점이다. 한반도의 문지방(threshold: 대륙과 해양으로 가는 관문으로서 문지방)적 역할은 이 지역을 누가 지배하는가에 따라 지역 패권이 될 수 있는 전략적 이점을 부여한다.

현재 한반도의 지정학은 탈냉전과 세계화와 정보화의 효과로 인해 제약과 위기보다 기회의 요건으로 부각된다. 한국을 기점으로 주변에 중요한 국가들이 몰려있고 주요 5대도시를 이을 수 있는 동북아의 중심(hub)로서의 위치에 있다. 세계화로 인한 금융과 통상에 있어서 중요한 물류가 될 수 있는 조건을 구비하고 있다. 여기에 더해 한국의 철도를 시베리아 철도와의 연계는 유럽으로의 연결을 통해 유라시아대륙전체를 무대로 하는 시장의 중심추가 될 수 있다. 또한 한류와 IT와 이에 기반을 둔 문화 전파에서 한국의 문화적 자원을 발전시키고 주변 문화적 자원을 수렴하는 것으로 지문화적 입지 역시 높다.

2. 지정학과 동맹관계

한반도는 대륙세력과 해양세력간의 갈등 사이에서 현재는 해양세력을 중심으로 대륙세력을 견제할 필요가 있다. 한국의 지정학적 공간은 대륙세력과 접해있다. 대륙세력인 중국의 성장은 한국에게는 권력차원에서도 부담이 되지만 위협차원에서도 부담이 된다. 이런 경우에는 해양세력과 동맹을 통해 대륙세력의 확장을 견제할 필요가 있다. 그런 점에서 한국은 한미동맹을 이용해 향후 중국의 안보위협에 대해 대응할 필요가 있다. 해양세력과의 연계는 한국의 일본에 대한 전략적인 접근을 필요로 한다. 한국은 일본과의 제휴(alignment)관계를 활용할 필요가 있다.

특히 한국은 대외의존도가 90%를 넘는 국가로서 해외수출입이 생존에 있어 중요하다. 해외수출입의 안전한 확보를 위해서는 해양수로(SLOC)를 안전하게 해야 한다. 또한 대륙세력의

확장을 견제하는 데 있어서도 해양수로의 안전한 확보가 중요하다. 그런 점에서 한미동맹은 경제적 이익과도 관련되어 있다.

지정학은 한국에게 동맹이 얼마나 중요한지를 보여준다. 한국은 지정학상 동북아라는 강대국들이 모여있는 공간에서 상대적 약소국이다. 따라서 상대적 약소국 입장에서 독자적인 안보확보가 곤란하다. 이에 따라 한국은 편승을 통한 세력의 균형화나 위협의 균형화를 달성할 수 있다. 한미동맹과 같이 자치와 안보에 관한 결합을 '자치안보교환모형(강대국은 안보를 보장해주고 약소국은 자치권을 부여하는 동맹)'으로 설명할 수 있다. 현재는 아니지만 중국의 성장이 위협이 될 가능성을 감안하여 한미동맹의 관계조정을 점진적으로 고려할 수 있다.

Ⅳ 결 론

한반도를 둘러싼 지역 환경에서 해양세력과 대륙세력간의 경쟁이 다시 불거지고 있다. 이런 경쟁 상태에서 한국은 해양세력과의 관계 강화를 통해서 자율성을 유지하면서도 안보를 확보하는 것이 중요하다.

제010문 미중 지정학적 대결 예상과 미국의 중국 정책

지정학 관점에서 중국은 1978년 개혁개방정책 이래 에너지와 자원을 가장 많이 수입하는 국가가 되었고 수출을 통해 성장해왔다. 이는 중국을 해양수송로(SLOC)에 취약하게 만들었다. 한편 중국은 1950년 티베트와 신장위구르 지역을 정복한 이래 주변국가들과 국경분쟁을 하였고, 1970년대 들어서는 해상으로 전선을 넓혀 남중국해와 동중국해에서 영토 분쟁과 인공섬 건설을 벌이고 있다. 이런 중국의 정책은 자유무역과 해양의 자유를 강조하는 패권국가 미국과 분쟁을 고조시키고 있다. 다음 질문에 답하시오. (총 40점)

(1) 대륙국가 중국이 해양으로 확장하는 '현상타파 정책'을 지속하거나 반대로 '현상유지 정책'으로 전환할 수 있는 가능성과 함께 패권국가 미국이 패권유지를 위해 '중국견제 정책'을 사용하거나 반대로 '신고립주의'로 회귀할 가능성등을 다양하게 고려할 때 가장 개연성이 높은 시나리오를 제시하시오. (20점)

(2) 1972년 미중화해 이후 미국이 중국을 상대로 사용한 '경제개입(engagement)정책을 통한 중국의 민주화'와 '상호의존 증대를 통한 평화'의 효과여부를 논하고, 앞의 예상되는 시나리오에서 미국이 향후 중국을 상대로 사용해야 할 정책을 이론에 바탕하여 논하시오. (20점)

 문제의 맥락과 포인트

미국과 중국의 이익이 어떤 관계를 맺을 지에 대해 시나리오를 만들어보려는 문제다. 시나리오는 실제 답안을 구성할 때 활용하기 좋은 전략이다. 또한 미국의 중국에 대한 정책이 효과가 부족하다면 미국은 대중국 정책으로 어떤 정책을 선택해야 하는지를 다룬다.

Ⅰ 서 론

1949년 국가를 수립한 중국은 1950년 티베트와 신장위구르를 점령한 이래 지정학적인 분쟁과 팽창을 해왔다. 최근 중국은 해군력을 증강하며 해양국가화를 추진하고 있으며 이는 빌헬름 2세의 독일이 걸었던 과정과 유사하다. 이에 중국에 대해 해양국가 미국이 향후 어떤 대처를 할 것인지와 중국에 대한 구체적인 정책방안은 무엇일지 예상해본다.

Ⅱ 미중간 지정학적 정책 시나리오

중국의 향후 정책은 중국의 국가이익에 기초

한 것이고, 미국 역시 미국의 국가이익에 기초하여 수립한다는 전제에서 중국과 미국이 사용할 수 있는 시나리오를 제시하고 지금까지 양국의 행동패턴을 통해 가장 개연성 높은 시나리오가 무엇인지 논한다.

1. 미국과 중국의 지정학 시나리오

미국과 중국이 향후 지정학적으로 어떤 관계를 이루게 될 것인지는 미국이 구사할 수 있는 정책입장과 중국이 구사할 수 있는 정책입장에 의해결정될 것이다. 이때 중국이 현재 지정학적인 도전을 하는 국가기 때문에 중국이 선택할 수 있는 정책입장을 먼저 제시하고, 이후 미국이 선택할 수 있는 정책입장을 제시한다. 이러한 논리에 바탕해서 미중간 시나리오를 제시하면 다음과 같다.

〈표 1〉 미중간 지정학적 정책 선택 시나리오

		미국의 지정학 정책	
		현상유지정책 (패권유지)	현상타파정책 (신고립주의)
중국 지정 학정책	현상유지정책 (대륙중심)	시나리오 1	시나리오 2
	현상타파정책 (해양중심)	시나리오 3	시나리오 4

위의 표에서 중국이 현상유지정책을 사용한다는 것은 대륙국가 중국이 대륙에 초점을 두고 정책을 수립한다는 것이다. 해양으로 팽창하는 정책 보다는 대륙에 기반으로 두고 정책을 수립한다는 것이다. 내수 경제를 중심으로 하고 수출과 수입의 무역을 하면서 해양패권 미국의 제도를 중심으로 경제를 운영하는 것이다.

반면에 중국이 현상타파정책을 사용한다는 것은 대륙국가 중국이 해군력을 키우고 해양으로 확장해 가는 것을 의미한다. 해군력은 기술 집약적이고 자본 집약적이기 때문에 중국의 기술 수준을 높인다. 또한 해군력은 중국의 치욕의 100년이라는 과거를 극복하고 중국이 명나라 정화의 원정때와 같은 패권국가로의 재부상을 가능하게 하며, 이는 중화민족주의를 부흥하게 한다. 중국의 해양력 확장은 주변 국가들과의 영유권분쟁을 가져올 것이다.

미국이 현상유지정책을 선택하는 것은 현재 해양패권을 지속하는 것이다. 미국은 현재 패권국가기 때문에 패권의 유지가 현상유지정책이다. 따라서 현상유지정책을 지속하기 위해서는 타국가의 도전을 불허해야 한다. 이는 미국의 상대적 국력의 상승과 유지를 전제로 한다. 따라서 해군력의 증강을 통해 자유무역규범을 유지해야 한다.

미국이 현상타파정책을 선택하는 것은 신고립주의로 돌아서는 것이다. 미국은 전통적으로 고립주의를 사용해 왔다. 이러한 고립주의 전통에 기초하여 현재 미국도 미국을 제외한 지역에서 개입을 축소할 필요가 있다. 미국의 개입은 지역 국가들의 무임승차를 가져올 수 있고, 이는 미국에 대한 부담으로 이어진다. 따라서 미국은 지역질서에서 개입을 축소하여 미국의 재정을 줄이고, 자국 위주의 정책을 수립하고, 필요시 개입하는 정책을 사용해야 한다.

2. 미중간 미래예측: 중국의 해양력강화와 미국의 패권유지간 대립[8]

위의 시나리오에서 향후 중국과 미국의 관계는 시나리오 3이 가장 개연성이 높다. 이를 중국

---

8) 피터 나바로 지음, 이은경 역, 『웅크린 호랑이』(서울: 레디셋고, 2017)의 1장과 5장까지의 내용을 정리하였다.

과 미국이 그동안 해온 정책들을 통해서 예측한다.

먼저 중국은 해양력을 증대하는 정책을 유지할 가능성이 높다. 중국이 현상타파 정책을 계속할 것으로 예상할 수 있는 근거는 네 가지를 들 수 있다. 첫째, 중국의 현재 상황에서 해양을 통제해야만 하는 지정학적인 이익이다. 중국은 지정학적으로 불리하다. 주변에 14개 국가와 국경을 마주하고 있고, 이중 러시아와 인도 같은 강대국도 있다. 또한 중국은 과거 영국, 프랑스. 독일, 러시아, 일본, 미국으로부터 침략을 받았다. 영국에 의해 개항을 당한 중국은 프랑스에 의해 인도차이나를 빼앗겼다. 독일은 산둥반도를 점령하였고, 의화단의 난을 해결하기 위해 미국과 러시아가 개입하였고, 청일전쟁과 만주사변이후 일본에 의해 공격을 받았다. '치욕의 백년'은 중국에게 '침략의 백년'으로 점철된다. 이에 중국은 과거 역사와 다른 정책을 위해서는 방어를 위한 영토를 확보하기 위해 공세적이 될 필요가 있다. 중국이 북한에 대해 '순망치한'의 논리를 펴는 것처럼 중국은 자국의 안보를 지키기 위해 대륙과 해상에서 확장하는 정책이 필요하다.

중국의 지정학적 이익을 대표하는 것은 '말라카 딜레마'다. 중국은 세계에서 수입과 수출을 많이 하는 국가다. 수출에 의존하는 중국에게 말라카해협은 견제될 경우 중국의 수출입이 막히게 된다. 파나마 운하, 수에즈 운하와 같은 해상관문을 통과하지 못하면 중국 경제는 멈추게 된다. 따라서 중국은 대양해군을 키워서 자국의 해상수송로를 보호해야만 하는 현실적인 이익을 가지고 있다.

둘째, 미국의 금수 조치에 대한 대응이 필요하다. 미국은 1941년 미국에서 80%나 석유를 수입했던 일본에 대해 금수조치를 취했다. 1950년 중국이 한국 전쟁에 참전한 뒤에 미국은 20년간 금수조치를 취했다. 또한 테러지원국인 쿠바, 이란, 리비아, 미얀마, 북한, 시리아, 수단에 대해서도 금수조치를 취해왔다. 2014년 러시아가 우크라이나의 크림 반도 점령에 대해 금수조치를 취하였다. 미국은 금수조치를 통해서 자신의 목표를 달성하기 좋아한다. 게다가 미국의 해군력은 전세계 바다를 통제하기 때문에 중국에 대해 금수조치를 취할 수 있다. 중국은 이러한 상황에 대비하기 위해서 해군력을 강화할 필요가 있다.

셋째, 중국의 국내정치적 측면이다. 중국의 비민주주의 체제 특성이다. 중국은 격대지정을 통해 공산당내에서 권력을 순환시켜왔다. 그러나 시진핑주석은 이 규칙을 깼다. 중국 공산당의 상하이방이나 공청단은 시진핑이 권력을 나눠주지 않는 것에 대해서 정당화할 근거가 있어야 한다. 시진핑이 강조하는 하나의 중국을 유지하면서 중국몽을 이루지 않으면 중국 공산당내의 반발이 강력할 것이다. 따라서 국내정치적 압력에 대응하기 위해서 시진핑정부는 강경정책을 택하지 않으면 안된다.

넷째, 중국의 역사적 요인과 민족주의의 측면이다. 중국이 해군력이 약해서 개항시기 침략을 받았을 뿐 아니라, 대만을 해방하지 못했다. 그리고 기회가 있을 때마다 미해군에 막혀서 대만을 수복하지 못했다. 이런 요인에 더해 해군력은 민족주의를 자극한다. 더 큰 배, 더 강력한 배, 더 멀리 가는 배는 자부심과 연결된다. 시진핑 주석이 2019년 중국 수립 70주년을 기념하는 열병식을 중국의 1호 항공모함 랴오닝호에서 한 것은 민족주의를 자극하는 상징적인 사건이다.

다섯째, 중국의 전략문화를 측면이다. 앨러스테어 존스턴은 중국의 전략문화가 공세적이라는 점을 밝혔다. 그는 과거 한족의 전략문화도 공세적이지만 1949년 수립된 중화인민공화국도 공세적이라는 점을 입증했다. 이러한 중국의 전력문화는 중국의 힘의 성장과 함께 중국을 더욱 공세적으로 몰 것이다.

다음으로 미국의 정책이 현상유지 즉 패권유지로 갈 것이다. 미국도 현상유지를 지속할 것으로 예측하는 근거는 네 가지를 들 수 있다.

첫째, 미국에게는 현재의 패권 유지가 핵심적 이익이다. 과거 역사는 다극에서 양극으로 그리고 단극으로 진행해왔다. 현재 미국이 단극이 된 상황은 우연적이다. 하지만 이러한 조건이 다시 만들어질 가능성이 낮다. 따라서 이런 조건을 유지하는 것이 미국으로서는 사활적인 이익이 된다.

둘째, 미국의 해양력 유지를 위한 자유무역과 제도가 중요하다. 미국 역시 물자를 해외에 많이 의존한다. 게다가 미국은 무역을 통해서 국제질서를 관리해왔다. 브레튼우즈로 상징화되는 미국식 질서에서 미국은 자유무역을 통한 부의 확대라는 공공재제공이 중요하다. 게다가 WTO, IMF, World Bank와 같은 제도들이 여전히 유효하게 작동한다. 미국은 이러한 제도를 유지하여 자국에게 유리한 조건을 유지하는 것이 중요한 국가이익이다.

셋째, 미국의 국내정치적 측면이다. 미국의 다원주의를 유지하면서 국가에 대한 충성과 지지를 이끌어 내기 위해서는 패권국가의 위신과 명예가 중요하다. 해양국가 미국은 주변에 위협이 되는 국가가 없다. 따라서 해군력을 통해 역외균형자로서 다른 지역의 질서를 안정적으로 관리하는 안정자 역할이나 세계경찰이자 보안관 역할을 하고자 한다.

넷째, 미국의 이념적 측면이다. 미국의 패권은 자유주의적이다. 이로 인해 개방적인 해양지정학을 구사해왔다. 또한 미국은 미국식 민족주의와 예외주의에 기초한 자유주의를 강조한다.

이러한 미국식 이념은 계몽주의와 사회적 다위니즘과 연결되어 있다. 이에 따르면 미국은 다른 국가들을 지도하고 발전시켜줄 '명백한 운명'을 부여받았다고 볼 수 있다.

Ⅲ 미국의 1979년 이후 대중국 정책과 향후 대중국 정책 논의

앞서 미국과 중국의 지정학에 기초한 국가이익과 국가정책의 목표를 살펴보았다면, 이러한 목표하에 구체적으로 어떤 정책을 수행할 것인지를 살펴보는 것이 필요하다. 이를 위해서 닉슨정부에서 시작된 미중화해정책이후 자유주의에 기초한 정책이 어떤 효과를 가져왔는지 살펴보고, 대안이 필요한지와 필요하다면 어떤 방안인지를 고려해본다.

CF. 집단행동 [集團行動, group behavior]

이 답은 피터 나바로의 입장을 기조로 구성하였다. 자유주의입장에서 반론도 제기할 수 있기에 자유주의의 반론도 고려하면서 논리를 정리해두기 바란다.

1. 미국의 대중국 정책: 자유주의 개입정책과 경제적 상호의존 정책의 효과

미국의 개입주의에 기초한 중국에 대한 정책은 정책 취지를 달성한 것으로 보이지 않는다. 개입정책과 상호의존의 증대 정책의 취지는 미국이 중국을 시장경제로 끌고 나오면 내부적인 비민주주의 체제에 변화가 생겨 자유민주주의를 받아들이고 나서 미국과 중국은 평화로운 관계로 만드는 것이었다.

자유주의에 기초한 이러한 접근은 무역과 자유주의의 확산을 통해 비민주주의를 경제적 평화로 만들고, 이후 경제적 이익을 본 사람들에 의해 다양한 이익집단이 만들어지는 것이다. 이들에 의해 자유주의가 받아들여지고 법치주의가 작동하게 되면서 점진적으로 독재체제를 포기하는 것이다.

처음 닉슨과 키신저가 중국과 손을 잡았을 때는 이러한 경제적 개입주의까지 생각했던 것은 아니다. 키신저의 구상은 소련에서 중국을 떼어놓으면 소련과 중국의 나빠진 관계로 미국의 외교가 수월해지는 것이 목표였다. 하지만 탈냉전기 클린턴 대통령은 Engagement와 Enlargement 정책을 통해서 중국을 시장경제로 이끌어 더욱 많은 개방을 하게 만들었다. 미국은 중국을 세계무역기구에 가입하게 하였다. 이것은 미국이 중국을 통제할 수 있다는 자신감에 근거한 것이다.

그러나 클린턴의 목표와 달리 중국은 변화하지 않았다. 중국은 자본주의와 정치적 권위주의의 결합을 통해 잘사는 독재체제를 유지하고 있다. 중국은 자본주의를 이용해 미국 경제를 악화시키고 있다. 미국의 무역적자는 연간 3,000억 달러까지 늘어났고, 중국이 세계공장이 되면서 미국은 7만개의 공장이 문을 닫았다. 이는 미국 기업들이 중국으로 거점을 옮겼기 때문이다.

미국이 생각했던 근대화이론식의 접근은 틀렸다. 근대화이론은 선경제발전이 후민주주의를 가져온다는 것이다.[9] 즉 경제를 발전시키면 교육수중증대, 중산층의 확대, 관용의 문화, 언론의 자유 확대, 법치주의의 확보를 통한 사회예측가능성 증대와 같은 세부적인 논리에 의해 민주주의가 만들어진다는 것이다. 그러나 중국은 경제발전을 통해 중산층에게 민주주의 대신 독재체제에 순응하게 만들었다. 이는 경제발전이 언론의 자유를 확대하는 대신 부를 나누어주는 것으로 독재체제를 유지하게 한다.

경제가 발전하면 국가를 감시하는 독립기관의 수가 늘어나야 하지만 중국은 이러한 기관을 감시하는 보안기관이 많다. 환경문제나 티베트 문제를 언급하면 노동개조소와 같은 곳으로 끌려 들어갈 수 있다. 중국은 독재체제를 강화하기 위해 소련 시대 '굴라그'와 같은 '노동개조소'를 만들어 운영중이다. 이런 정치적 탄압은 히틀러의 아우슈비츠나 북한의 정치범수용소만이 있었다는 점에 비추어 볼 때 역사에 반하는 것이다. 게다가 중국은 정보를 통제하는 5만명의 사이버경찰부대를 가지고 있다. 일명 '만리방화벽'이라는 방어장치를 이용해 독재체제를 유지한다.

이에 더해 경제적 상호의존의 증대가 전쟁을 피할 것이라는 주장도 설득력이 약하다. 경제적 상호의존에 의한 평화달성을 강조하는 상호의존 이론은 맨체스터 학파의 영향을 받았다. 무역업자의 증대는 전쟁을 피할 것이라는 주장이다. 그러나 1차 세계대전 이전 독일은 경제적 상호의존이 높았지만 전쟁을 하게 되었다.

이 당시 독일과 현재 중국은 3가지 점에서 유사하다.[10] 첫째, 석유의존도이다. 1차대전 전의 독일도 제조업을 뒷받침하던 석유수입의 의존도가 점차 증가하였다. 대영제국과 러시아와 미국이 독일의 중동지역에 대한 진출을 막는 상황은 빌헬름 황제를 분노하게 하였다. 실제 독일의 3B 정책은 베를린에서 비잔티움(터키)에서 바그다드(이라크)를 이으려는 노력이었다. 이는 중동에서의 석유에 접근하려는 독일의 전략이었다. 하지만 영국의 3C 정책(카이로-케이프타운-캘커타)를 연결하는 아프리카와 인도로의 접근을 방해한다고 생각한 영국은 독일의 정책을 거부하였다. 이와 유사하게 후진타오 주석은 2003년 연설에서 처음 '말라카 딜레마'를 언급하였고, 석유 접근 통제를 우려하였다.

---

9) 피터 나바로 지음, 이은경 역, 『웅크린 호랑이』(서울: 레디셋고, 2017)의 36장.
10) 피터 나바로 지음, 이은경 역, 『웅크린 호랑이』(서울: 레디셋고, 2017)의 37장.

둘째, 천연자원의존도이다. 독일도 제조업을 위해서는 천연자원이 필요했다. 프랑스가 독일의 철광석 수출을 제한하자 독일 산업계는 철광석을 확보하고자 프랑스의 로렌주를 획보를 위한 전쟁을 해야 한다고 주장하기도 했다. 세계 공장이 된 중국도 천연자원에 대한 접근이 중요한 상황이 되었다.

셋째, 해상봉쇄에 대한 두려움이다. 데일 코프랜드는 독일이 식량수입이 중요해지자 영국과 독일은 서로 식량수입 경로를 차단해 굶겨서 서로 항복을 받아내는 전략을 사용할지 모른다는 두려움에서 군비경쟁을 했다고 밝혔다. 영국의 해상봉쇄가 진행되면서 실제 독일은 영국에 의해 교살되는 두려움을 가지게 되었다. 현재 인구가 많고 식량이 더 많이 필요한 현재 중국도 유사하다.

이러한 이유로 중국에 대한 경제적 개입정책과 상호의존 증대는 미국의 의도와 달리 중국의 독재를 유지하게 할 뿐 아니라 중국의 경제성장에 따른 군사력 증강으로 오히려 미국을 위협하는 상황이 된 것이다. 이것은 중국에 대한 미국의 몰이해 때문이다. 중국은 다종족 국가이고, 가난했던 국가다. 게다가 한족중심의 민족주의가 강한 국가다. 이런 국가에서는 현재 사회주의와 같은 강권적 통치 말고 이 정도 크기의 국가를 운영할 수 있는 방안이 없다고 생각한다. 그런 점에서 중국 권위주의 체제가 탄력성을 가지고 유지되는 것을 무시한 것이다.

2. 향후 대중국 정책방안: 현실주의에 기초한 힘의 우위 정책

미국은 더 강한 힘을 통해 중국을 통제해야

한다. 미국은 오로지 군사력만을 강조하는 방식보다는 중국처럼 종합국력을 키워서 중국을 통제해야 한다. 군사력과 경제력을 갖춘 하드 파워와 미국 식 가치관이 우월하다는 소프트 파워를 활용해야 한다. 경제가 발전하여 군사력을 뒷받침해야 한다. 또한 우수한 교육제도와 국제금융제도의 활용을 통해 자본접근성을 높이는 것도 국가의 국력을 상승시킬 수 있다.

이를 위해서는 우선 미국의 경제력이 중국보다 우세해야 한다. 미국은 무역적자를 감소시켜야 한다. 법인세를 인하하여 미국 기업이 미국 본토로 돌아오는 reshoring을 해야 한다. 중국이 스파이를 통해 지적재산권을 훔쳐가는 것에 대해서는 무관용원칙을 세워야 한다. 교육제도를 개편하여 우수한 인재를 양성해야 한다.[11]

미국은 군사력을 강화하여 중국을 견제해야 한다.[12] 미국은 항모능력을 증강해 중국에 대해 더 우세한 제해권을 가져야 한다. 공격용 잠수함을 증대하는 것도 중요하다. 그리고 미사일보다는 핵무기를 통제하거나 원점으로 전환할 수 있는 폭격기 운용능력도 키워야 한다. 중국의 해군에 대해서는 비대칭기뢰전 능력을 키울 필요가 있다. 중국의 해군이 항구에서 나오기 어려울 정도로 미국과 동맹국들의 합동으로 이러한 능력을 키울 필요가 있다. 그리고 우주를 활용하는 전략도 개발해야 한다.

마지막으로 동맹국들과의 관계를 강화해야 한다.[13] 특히 중국을 견제할 수 있는 아시아국가들과의 관계를 강화하고 동맹관계도 복원해야 한다. 여기서 핵심은 미국의 의지와 이를 통한 동맹관계의 신뢰성이다. 중국은 북한을 동맹으로 두고 있지만 미국은 중국과 러시아를 제외한

---

11) 피터 나바로 지음, 이은경 역, 『웅크린 호랑이』(서울: 레디셋고, 2017)의 41장과 42장.
12) 피터 나바로 지음, 이은경 역, 『웅크린 호랑이』(서울: 레디셋고, 2017)의 43장.
13) 피터 나바로 지음, 이은경 역, 『웅크린 호랑이』(서울: 레디셋고, 2017)의 44장.

모든 강대국들을 동맹으로 두고 있다. 따라서 미국의 가장 강력한 힘인 민주주의 국가들과의 동맹은 비민주주의 국가들의 결속과는 다르다. 그런 점에서 동맹강화는 중국에 대한 강력한 레버리지를 부여한다.

마지막으로 미국은 국내에서 분열을 피해야 한다. 미국내 환경운동과 인권운동가들 중 일부는 미국의 국방부를 공격한다. 이런 경우 의도하지 않게 중국정부를 도울 수 있다. 중국의 막대한 자금 지원이나 중국내 입국을 거부하는 비자 발급제한을 이용해서 미국 언론인들을 통제하기도 한다. 이러한 중국의 행동으로 미국 내에서 자기 검열이 생기는 것은 문제다. 대학들이 중국의 연구비나 지원금을 위해 중국에 대해 제대로 비판을 못하는 것도 문제다. 이러한 내부적 분열은 중국을 강화시키고 미국을 약화시킨다.

Ⅳ 결 론

미국은 중국의 해양력 증대를 통한 현상타파 정책과 향후에도 마주할 수 있다. 이런 상황을 예상했을 때 미국은 현실주의에 기초하여 대중 국견제정책을 추구하는 것이 필요하다.

제011문 고전적 현실주의와 신현실주의 비교

현실주의는 고전적 현실주의에서 신현실주의로 발전했다. 고전적 현실주의의 대표적인 이론가로는 모겐소(Hans J. Morgenthau)를 들 수 있고 구조적 현실주의의 대표적인 이론가로 왈츠(Kenneth N. Waltz)를 들 수 있다. 고전적 현실주의와 신현실주의는 현실주의라는 관점에서는 몇 가지 가정들을 공유하면서도 국제관계를 파악하는데 있어 다른 주장들을 가지고 있다. 다음 질문에 답하시오. (40점)

(1) 고전적 현실주의와 신현실주의가 공유하는 가정들을 설명하시오. (10점)

(2) 모겐소의 고전적 현실주의이론과 왈츠의 신현실주의이론의 차이점을 비교하시오. (15점)

(3) 차이점에 기반을 둔 양이론을 동북아시아에 적용하여 동북아시아의 미래를 예측하고 이를 바탕으로 한국외교정책이 어떤 방향으로 가야할지 논하시오. (15점)

---

table of contents outline

I. 서 론
II. 현실주의의 주요 가정: 고전적 현실주의와 신현
   실주의의 공통점
  1. 권력의 중요성
  2. 기본적인 행위자로서 국가
  3. 무정부상태와 갈등적인 국제관계
III. 모겐소의 고전적 현실주의와 왈츠의
   신현실주의 차이점
  1. 존재론: 인간중심이론 vs. 구조중심이론

2. 국가의 목적: 권력극대화 vs. 생존을 위한 안
   보극대화
3. 세력균형방식: 지도자에 의한 세력균형 vs. 자
   동적 세력균형
IV. 양이론의 동북아적용 적용과 한국의 대응방안
  1. 동북아 적용
  2. 한국의 대응방안모색
V. 결 론

 **문제의 맥락과 포인트**

현실주의의 대표적인 이론이 지도자를 중심으로 국제관계를 설명하는 고전적 현실주의와 극성을 통해 설명하는 신현실주의로 구분된다. 두 이론의 차이점을 기반으로 동북아시아를 설명하는 문제이다. 지도자와 극성이 어떻게 작동하는지를 설명하는 것이 핵심이다.

Ⅰ 서 론

중국은 2006년과 2007년 군사비증액이 17%에 달했고 2011년과 2012년에도 12%의 군사비증강을 보였다. 중국이 2008년 미국금융위기 이전 연평균 9%이상의 성장률과 함께 보면 중국의 성장추이는 극성의 변화를 예상하게 한다. 반면에 시진핑(習近平) 중국 국가주석이 2014년

10월 24일 아시아 20개국이 참가하는 '아시아 인프라 투자은행'(AIIB) 설립을 주창하면서 총 1,000억 달러(한화 약 110조 8,500억 원)에 달하는 자본금의 절반을 내놓은 것이나 2014년 11월 APEC 총회 및 정상회의에서는 '실크로드 경제권'(중국을 기점으로 중앙아를 거쳐 유럽에 이르는 육로, 하나의 띠=一帶)과 '21세기 해상 실크로드'(중국 연해지방에서 아라비아 반도에 이르는 해로, 하나의 길=一路) 건설에의 동참을 호소하면서 실

크로드 연변 국가 지원을 위해 400억 달러에 이르는 실크로드 기금을 단독 출자한 것은 중국 지도자의 국제사회에 대한 투자와 기여를 보여준다. 이처럼 국제정치를 파악하는데 있어서 극성이라는 패턴을 중요하게 보아야 할 것인지 지도자라는 인간을 보아야 하는지에 대한 신현실주의와 고전적 현실주의의 이론적 내용을 통해서 동북아시아의 미래와 함께 한국의 대처방안을 고려해 본다.

Ⅱ 현실주의의 주요 가정: 고전적 현실주의와 신현실주의의 공통점

1. 권력의 중요성

모겐소나 왈츠 모두 현실주의자로서 권력을 강조한다는 점에서 공통적이다. 현실주의는 권력정치를 기반으로 국가 간의 관계를 설명하는 이론으로 현실주의 패러다임에 속한 이론들에서 가장 공통적인 사안이다. 단지 권력의 기원에 대해서는 입장차이가 있다.

2. 기본적인 행위자로서 국가

현실주의는 인간들이 정치공동체로 선택한 국가를 중심으로 한 정치를 설명한다. 국가는 내부적으로 질서와 자유를 보장할 수 있도록 외부적인 안전을 확보하게 한다. 따라서 국가라는 공동체 단위를 통한 정치가 국제정치라는 권력을 기반으로 한 정치에서 가장 중요하게 된다. 국가를 어떤 행위자로 보는지에 대해서는 차이가 있다.

3. 무정부상태와 갈등적인 국제관계

무정부상태라는 국제 환경을 강조하는 것도 현실주의이론들의 공통점이다. 무정부상태는 정부 위의 상위권위체가 부재하다는 것을 의미한다. 따라서 무정부상태에서 권력을 강조하는 현실주의는 국가들이 갈등적일 수 있다고 전제한다. 갈등적 국제관계는 국가들로 하여금 자신의 안전의 문제에 관심을 가지게 만든다. 단 무정부상태의 본질과 그 중요성에 대해서는 차이를 가진다.

Ⅲ 모겐소의 고전적 현실주의와 왈츠의 신현실주의 차이점

1. 존재론: 인간중심이론 vs. 구조중심이론

존재론에서 양 이론은 차이를 보인다. 국제정치에서 무정부상태에서 인간을 강조하는 고전적 현실주의와 생존조건을 강조하면서 극성을 강조한 신현실주의 이론에서 차이를 보인다. 고전적 현실주의는 권력을 추구하는 인간을 상정하고 인간에 의해 구성된 국가를 국제정치의 중심단위로 파악한다. 이에 따라 국제관계는 국가 간의 관계 이지만 이것은 다시 지도자들로 구성된 인간간의 관계이다. 반면에 신현실주의는 구조를 통해 국제정치의 패턴을 그릴 수 있다고 본다. 극성이 국가들을 움직이게 하는 변수로서 구조를 파악해야 한다.

존재론의 차원을 구체화하면 고전적 현실주의는 지도자를 강조한다. 반면에 신현실주의는 극성을 강조한다. 국제정치를 읽어내는 것은 국가지도자이고 이 지도자가 국가들간의 세력균형을 읽어내고 신중성(prudence)에 기반하여 세력균형정책을 수행하는 것이 중요하다. 반면에 신현실주의는 국가 간 힘의 분포도에 자동적으로 반응한다. 극성을 고려하여 국가들은 편승과 균형화를 추구하게 된다. 이것은 자동적인 패턴에 의한 것이기 때문에 국가지도자의 의지나 판단을 중요하지 않게 된다.

이 점을 정리하면 지도자의 판단이 중요한지 그렇지 않으면 힘의 분포상태자체에 의해 자동적이고 기계적인 대응이 중요한지가 된다. 즉 인간의 판단이라는 요인을 도입할 것인지 기계적이고 유물론적인 접근에 의해서 국제문제를 파악할 것인지가 핵심이다.

2. 국가의 목적: 권력극대화 vs. 생존을 위한 안보극대화

고전적 현실주의는 권력을 극대화하고자 하는 국가를 상정한다. 국가는 국력을 추구한다. 이것은 인간의 본성에 기반을 둔다. 하지만 국가들의 정책은 반드시 현상타파로만 귀결되는 것은 아니다. 현상유지, 현상타파, 위신정책이 사용될 수 있다. 어찌되었든 국가의 목표에는 권력을 추구하고자 하는 점이 중요하다. 반면에 왈츠의 신현실주의에서 국가는 생존을 추구한다. 생존이 가장 중요하고 이러한 생존극대화는 국가로 하여금 안보확보에 초점을 두는 정책을 추구하게 한다. 생존을 위한 국가에게 권력은 수단이 된다.

3. 세력균형방식: 지도자에 의한 세력균형 vs. 자동적 세력균형

세력균형이 지도자의 의지에 의해서 만들어진다는 고전적 현실주의의 입장과 자동적으로 만들어 진다는 신현실주의의 입장이 대립한다. 고전적 현실주의는 자율주의적 세력균형을 주장한다. 즉 국가라는 개체에 의해 세력균형이 달성될 수 있다고 본다. 힘의 권계에서 세력균형만이 국가들의 관계를 안정화시킬 수 있는데 세력균형은 국가지도자들의 인식과 판단에 따라 결정된다. 하지만 세력균형 자체에 내재적인 취약성이 있는데 불확실성, 비현실성, 부적합성이

라는 요인들이 취약성을 만든다. 즉 기준에 따라 세력균형여부를 판단하기 어렵고 이에 따른 세력균형정책이 현실에는 세력우위로 나타나며 세력균형만으로는 적합하지 않아 이념과 같은 추가적인 요인이 필요하다.

반면에 신현실주의는 자동적 세력균형을 주장한다. 이것은 국제무정부상태라는 아나키와 자조체계 속에서 국가가 생존이라는 국가이익을 추구한다고 가정하면 세력균형이 자동적으로 달성된다는 논리이다. 국가는 동질화명제에 따라 국가들은 모방을 통해 국력을 증대하고 이를 넘어서 균형화 명제에 따라 국가들은 편승보다는 균형화를 택한다. 생존추구를 위한 국가들은 자연스럽게 세력균형이라는 관계 패턴으로 가게 된다.

Ⅳ 양이론의 동북아적용 적용과 한국의 대응방안

1. 동북아 적용

신현실주의는 이 지역을 극성의 변화로 설명할 수 있다. 앞서 본 이론 틀에서처럼 구조로서 극성과 패턴화된 세력균형을 통해서 지역질서를 설명할 수 있다. 세계적인 단극체제에서 지역적인 다극구조에 속한 동북아시아에는 미국이라는 패권국가와 중국과 러시아 일본이라는 도전국가가 있다. 이 상황은 미국이 전적으로 지역질서에만 권력을 사용하지 않기 때문에 지역전력을 감안하면 다극적 질서에 가까운 형태를 이루고 있다. 다극적 질서는 국가 간 쌍의 속성이 많기 때문에 관계가 많고 복잡하며 이러한 관계들을 정확히 계산하고 대응하기 어렵기 때문에 불안정하게 된다.

중국의 성장과 일본의 군사력증강정책이나

러시아의 극동아시아로의 관심과 확장정책은 그런 점에서 더욱 다극화를 촉진할 것이고 지역질서는 불안정하게 될 것이다. 이 질서를 안정적으로 이끌어가려면 양극이 되는 것이 바람직하지만 가까운 미래에 지역질서에서 양극이 되기는 어렵고 다소 힘의 격차가 있는 국가 간의 다극적 구조를 유지할 가능성이 높다. 하지만 왈츠식 신현실주의적 예측에 따르면 국가들은 안보를 추구하는 방어적 입장에 있기 때문에 불안정한 구조에도 불구하고 국가 간 전쟁이 벌어질 위험성은 상대적으로 적을 수 있다.

반면에 고전적 현실주의는 위의 요소들을 도입해서 설명하면 국가지도자를 강조하며 권력을 통한 국제정치를 설명하고 자율주의적 세력균형이라는 기준이 적용될 수 있다. 동북아 지역국가들의 지도자들은 국력을 강화하고자 한다. 미국의 아시아 재개입정책과 TPP를 중심으로 하는 경제적 관리구조의 형성이 대표적이다. 중국의 경제성장과 해군력증강정책과 최근 지정학적 확장을 꾀하는 진주목걸이 전략은 중국의 국력증대를 보여준다. 일본 역시 2014년 4월 무기수출금지 원칙을 깼고 공군력과 해군력을 증강하는 등 군사력증대로 가고 있다. 동북아시아에 지정학적으로 관련되어 있는 유라시아국가 러시아는 2014년 3월 러시아는 크림자치공화국을 병합했고 우크라이나와 대립할 뿐 아니라 나토와도 군사적으로 맞서고 있다.

동북아시아 국가들의 상황은 고전적 현실주의에 따르면 국가지도자들의 국제정치를 읽어내고 세력균형을 판단하는 방식에 달렸다. 미국은 중앙아시아와 아랍보다 아시아를 강조하는 '재균형 정책'을 표방하는 외교로 회귀하였으며 이것은 미국의 상대적으로 쇠퇴하는 국력의 저하를 막고자 하는 의지이다. 반면에 최근 에너지에 힘을 얻은 미국의 권력자원 강화로 이어지는

지역관리정책으로 볼 수 있다. 반면에 중국의 고속성장과 중국 내부 문제를 해결하기 위해서는 외부로 팽창하는 것이 중국의 위상의 증대라는 위신정책과 민족주의를 활용한 국내지지세력 결집으로 이어질 수 있는 것이다. 마찬가지로 일본의 군사강국화 역시 상대적으로 쇠퇴하면서 중국에 권력에 뒤질 수 있는 일본이 지역에서의 균형화를 위한 정책이자 자국의 민족주의를 활용하여 국내정치적 이익을 확보하고자 하는 전략이다. 지역의 갈등요소는 아니지만 러시아 역시 '강한 러시아'를 표방하면서 국력증대를 과시하고 있는 것이다.

고전적 현실주의에 따르면 국가들의 지도자들이 권력을 활용하는 방식으로 인해 갈등이 나타나고 있지만 국가들은 세력균형에 도달할 수 있다. 중국의 지정학팽창에 대응하여 미국의 중국견제나 일본의 다이아몬드전략과 같은 견제정책이 사용될 것이다. 이러한 미국과 일본의 움직임은 이 지역 내에서 안보경쟁과 지정학적 경쟁을 유발하겠지만 세력균형에 도달할 수 있게도 할 것이다. 특히 중국과 러시아의 에너지 분야의 협력가능성과 군사협력가능성 등을 고려할 경우 다극적인 세력균형이 될 수 있다.

2. 한국의 대응방안모색

다극구조로 지역질서가 변해가고 있으며 다극적인 세력균형으로 가게 될 경우 한국은 외교적 상상력을 키우고 다극외교에 대비해야 한다. 한국은 양극외교를 기반으로 한 한미동맹을 중심축으로 하는 외교를 중심으로 하다 1980년대 후반 북방정책을 통해서 과거 적성 국가들과의 외교를 강화했다. 외교의 지향점이 동북아시아에서 최근 이명박 정부 이후 동아시아로 확장된 외교를 통해서 한국은 동북아지역강국들과 동아시아 국가들 사이의 확대된 외교를 수행하고 있

다. 동북아시아의 다극적 세력균형화는 강대국 간의 이합집산을 빈번하게 하기 때문에 중견국 가로서는 이러한 강대국 간의 연합과정을 면밀히 주시하고 이런 과정에 개입할 수 있는 제도적 장치를 만들 뿐 아니라 전통적인 우방인 미국과의 정책 공조를 모색해야 한다.

Ⅴ 결 론

고전적 현실주의가 파악하는 국가들의 권력 증대가 눈에 띄는 동북아시아에서 한국은 다극 질서를 관리하기 위한 중견국가의 외교방안을 개발하고 발전시켜야 한다. 중개적역할과 중재적 역할 뿐 아니라 제도 자체에서의 목소리 증대를 위한 촉진자 역할 등을 수행하면서 다극 질서에서 강대국들 간에 이익을 조정하는 방식을 배워갈 필요가 있다.

탈냉전기 구조의 안정성논쟁

탈냉전기 국제정치체제의 성격을 둘러싸고 많은 논의가 전개되고 있다. 과거 냉전기 양극체제(bipolar system)와 비교하여 오늘날의 국제정치체제는 미국이 유일한 초강대국으로서 지위를 누리는 단극체제(unipolar system)이 특징을 보인다는 의견이 지배적이다. 이러한 특징의 국제관계를 분석하기 위한 이론적인 노력들이 계속되고 있다. (총 50점)

(1) 냉전기 양극체제와 비교하여 탈냉전기 단극체제의 구조적 특징을 설명하고, 탈냉전기 국제정치체제를 안정적이라고 평가하는지 혹은 불안정적이라고 평가하는지 국제정치이론적 근거를 들어 설명하시오. (30점)

(2) 전통적인 세력균형이론과 위협균형이론이 탈냉전기 미국과 다른 주요 국가들과의 외교관계를 분석하는데 어느 정도 설명력을 가지고 있는지 구체적인 사례를 들어 설명하시오. (20점)

― 2009년 외무고시 기출문제

 문제의 맥락과 포인트

미국의 단극이 만들어진 것이 1991년이다. 이후 단극이 언제 붕괴하게 될지와 붕괴하게 된다면 어떤 방식으로 붕괴하게 될지가 중요한 이슈이다. 이 문제는 극성의 특징을 정리한 뒤 단극이라는 현 체제가 유지될 것인지를 묻고 있다. 다른 국가들이 미국에 대해 세력균형을 시도하는지와 위협균형을 시도하는지를 입증함으로써 최종적으로 단극이 유지될 것인지를 평가하는 문제이다. 이 문제에서는 '안정성'이 평가 기준이므로 안정성을 어떻게 규정할 것인지가 중요하다. 답안에 잘 정리해서 넣어주어야 한다.

Ⅰ 서 론

2005년 이래로 중국과 러시아의 합동군사훈련 Peace Mission은 미국에 대한 견제 차원의 군사정책이다. 양국은 2015년 지중해까지 확대하여 해군훈련을 하고 있지만 동맹으로 발전하지는 않고 있다. 이는 미국에 대한 공식적인 세력균형과 경성균형은 꺼리고 있다는 것이다. 이와 같은 현상은 탈냉전기의 단극인 미국과 다른 강대국 간의 외교관계를 어떻게 설명하는 것이 타당한지의 문제를 제기한다.

Ⅱ 탈냉전기 단극체제의 특징과 안정성 여부평가

1. 탈냉전기 단극체제의 특징: 단극과 힘의 집중

탈냉전기는 단극으로 규정할 수 있고 단극은 하나의 국가에 대해 권력이 집중된 상태를 의미한다. 왈츠가 국제체제를 무정부상태와 극성으로 정의하고 극성에 의한 국제질서를 설명하는 신현실주의이론을 만든 이후 국제정치는 극성에 의해 규정되고 설명되었다. 그런 점에서 1991년 소련 붕괴이후 미국의 단극질서는 냉전기 양극이나 19세기의 유럽국가들 간의 다극질서와는 다른 특징을 보인다.

단극은 힘의 집중을 특징으로 한다. 먼저 단극의 특징을 설명하기 이전에 어떤 상황을 단극이라고 규정할 수 있는지가 중요하다. 힘이 집중이 어느 정도 되는지가 단극을 규정하는데 합의된 규정은 없다. 그러나 분석적인 차원에서 단극을 규정하기 위해서는 1등 국가가 2등이나 3등국가가 힘을 합친 것보다 우월하거나 2등 국가와 3등 국가와 동시에 전쟁을 수행할 정도의 군사력을 가진 것을 단극으로 볼 수 있다. 또 다른 정의로는 2등 국가가 패권국가의 국력의 60% 미만으로 있는 정도로 규정해볼 수도 있다. 어떠한 정의를 사용하든지 패권은 다른 강대국이 패권 국가를 견제할 수 없는 상태를 의미한다.

이외에도 로버트 페이프의 정의에 따르면 단극은 개별적인 강대국에 의해서 세력균형은 불가능하지만 집단적으로 세력균형은 가능한 상황으로 정의된다. 만약 강대국들이 집단적으로도 세력균형이 될 수 없다는 그때는 제국(empire)이나 패권(hegemon)이 된다.

단극이 힘의 집중 상태라고 하면 힘의 집중이 가져오는 특징이 단극의 특징이 된다. 힘의 집중은 세 가지 결과를 만들어낸다. 첫째, 견제부재로 인한 자의적 행동의 가능성이다. 둘째, 과잉확장의 가능성이다. 셋째, 국내정치에 의한 국제관계 규정을 들 수 있다.

첫째, 힘의 집중은 자의성을 만든다. 한 국가로 힘의 집중은 타국가들의 견제가 불가능하게 한다. 견제가 불가능한 상황에서 패권 국가는 자국의 의지에 따라 정책을 만들게 된다. 이것은 패권국가의 '자의성'이라는 문제를 만든다. 즉 패권 국가는 통제 혹은 견제되지 않음으로 인해 패권국가는 자신이 원하는 방식대로 행동할 수 있다. 이는 마치 국내정치에서 절대적 권력이 독재(despotism)로 이어지듯이 패권국가에 의한 독재(despotism)가 만들어질 수 있다.

둘째, 힘의 집중은 과잉팽창을 만들 수 있다. 견제가 부재한 상황에서 단극질서는 과잉확장과 과잉팽창으로 가게 된다. 기존 강대국질서에서 개입하지 않던 영역에 대해 개입을 하게 되면서 패권국가는 군사적 확장을 하게 된다. 역사학자 폴 케네디는 군사적 확장이 가져오는 과잉확장(overstretch)을 체계적으로 설명하였다. 그에 따르면 군사력의 확장은 다른 국가들의 불만을 가져오고 더 많은 개입을 가져오게 한다. 이를 위해 패권국가는 더 많은 비용을 사용하게 된다. 이것은 군사력사용의 비용이 패권국가가 감내할 수 있는 경제력을 넘어서게 된다는 것이다. 이로 인해 패권국가는 쇠퇴하게 된다.

셋째, 힘의 집중으로 인해 국제체제적 패턴에 의한 운영보다는 패권국가 내부의 논리에 의해서 패권국가의 대외정책이 만들어진다. 외부적인 견제가 있을 경우 패권국가는 타국을 고려하여 정책이 결정되지만 단극의 경우는 자국의 국내정치가 정책결정을 가져온다. 예를 들어 2003년 미국의 이라크전쟁은 다른 경쟁강대국이 있었다면 이라크가 그 국가에 도움을 요청했을 것이기 때문에 불가능했을 것이다. 그러나 이런 견제가 없는 상황에서 미국의 네오콘들과 부시대통령의 선호에 의해 전쟁이 결정되었다.

2. 단극체제의 안정성 평가

단극체제의 특성에 대해 평가할 때 중요한 것은 무엇을 안정(stability)으로 볼 것인가 하는 점이다. 안정은 강대국간의 전쟁부재라고 정의할 수 있다. 안정은 변동이 없는 상태이다. 이것은 국제정치에서 극이 변화가 없는 것이다. 왈츠는 안정성을 극성에서 수가 변화하지 않는 것으로 정의했다. 하지만 안정성을 강대국간의 전쟁부재로 규정한다면 안정은 왈츠의 정의보다는 복잡하다. 테드 홉트(Ted Hopf)에 따르면 안정성은 전쟁의 빈번함, 전쟁의 지속기간, 전쟁의 기간, 전쟁의 격렬함(사망자수로 측정가능)에 의해 결정된다. 위의 논의를 종합할 때 안정성은 강대국간의 전쟁이 부재하며 극이 변화하지 않는 것으로 규정할 수 있다. 이런 정의에 따를 때 특정 극의 안정성이 높다는 것은 변화가능성이 낮다는 것이고 지속성이 높다는 의미이기도 하다.

단극체제가 안정이라고 하는 입장은 힘의 집중으로 설명한다. 설명에서 힘과 권력이라는 용어가 동일한 의미를 가지기 때문에 중복하여 사용한다. 패권이론에 따르면 힘의 집중으로 안정성을 설명한다. 즉 힘의 집중은 패권국가와 강대국간의 전쟁을 불가능하게 만든다. 한 국가로 힘이 집중될 때 도전국가는 힘의 격차로 인해 도전이 불허되고 패권국가에 의한 체제의 안정이 보장된다. 힘의 차이가 크기 때문에 도전국가는 패권국가에 대해 도전을 할 수 없게 되는 것이다. 왈츠가 말한 모방화과정을 불허하게 되어 도전국가가 패권국가의 국력을 따라갈 수 없을 때 안정성은 보장된다.

구체적으로 올간스키의 세력전이론의 논리를 살펴본다. 세력전이론의 입장에서 패권과 도전국가의 힘의 크기 차이가 전쟁을 결정한다. 그러나 도전국가의 성장속도가 패권국가의 성장속도보다 빠른 경우 패권국가와 도전국가간 힘의 격차가 줄어들고 시간이 지날수록 전쟁가능성이 높아진다. 즉 안정성이 낮아지는 것이다. 길핀의 패권변동론 역시 패권국가의 경제적 쇠퇴와 도전국가의 상대적 힘의 증대는 패권국가와 도전국가 사이에서 전쟁가능성을 높인다. 따라서 전쟁이 불가능하기 위해서는 패권국가에 힘이 집중될 필요가 있다.

단극체제가 불안정적이라고 하는 입장은 힘의 견제가 안정을 만들 수 있다고 본다. 세력균형이론에 따르면 힘은 힘으로 견제되어야 한다. 국가들은 권력을 극대화하려고 하기 때문에 현상타파적이다. 현상타파적인 가정에서 패권국가로 힘의 집중은 패권국가의 힘의 사용가능성을 높인다. 이것은 앞서 설명한 듯이 패권국가의 과잉확장을 가져오게 된다. 과잉확장은 강대국의 이익선(sphere of influence)이나 국가이익을 침해할 가능성을 높인다. 이익의 침해를 본 강대국들은 패권국가에 대해 견제를 나서게 되며 이 과정에서 세력균형이 만들어지게 된다.

대표적인 논리로는 왈츠와 레인의 논리를 들 수 있다. 왈츠의 세력균형이론은 무정부상태에서 국가들이 생존을 추구하면 자연스럽게 세력균형에 도달하게 된다고 본다. 또한 크리스토퍼 레인은 길항세력(countervailing power)이론으로 세력균형의 자연적 도달을 설명하였다. 이들 세력균형이론은 생존을 위해서 국가들은 한 국가로의 권력집중을 감내하지 못한다고 주장한다.

힘의 집중이라는 단극의 불안정성을 설명할 수 있는 또 다른 이론은 위협균형이론이다. 위협균형이론에 따르면 패권이라는 힘의 집중보다 힘의 집중이 다른 국가들에게 어떻게 인식되는지가 중요하다. 위협균형이론은 패권국가의 권력을 객관적으로 파악하기보다는 주관적인 인식으로 한 번 걸러서 본다는 것이다. 따라서 패권이라는 힘의 집중보다는 힘이 자국에게 위협적인지에 따라 강대국들이 행동하기 때문에 안정성은 패권국가의 의도와 강대국들의 인식이 중요하다.

위의 이론들은 각기 타당성을 가지기 때문에 실제 국가들 간의 관계를 살펴보면서 어떤 이론이 더 타당한지를 살펴보는 것이 필요하다.

Ⅲ 세력균형이론과 위협균형이론의 탈냉전기 외교 관계 분석

위의 이론 중에서 미국의 단극이 유지될 것인지를 살펴보기 위해서는 강대국에 의한 미국에 대한 견제가 가능한지를 살펴보아야 한다. 이를 위해서 세력균형이론과 위협균형이론을 이용하여 미국에 대한 다른 강대국들의 대응을 살펴본다.

1. 세력균형이론의 설명

미국에 대해 세력균형이 나타나고 있지는 않다. 세력균형정책을 자국의 군사력증대와 동맹의 강화라는 내적균형과 외적균형의 관점에서 보면 미국에 대한 강대국들의 대응 중 세력균형이라고 볼 수 있는 정책은 아직 나타나고 있지 않다. 유럽의 강대국들과 일본은 우선 미국과 동맹을 통해 미국에 대한 편승정책을 택하고 있다. 이들은 미국 질서를 따르는 것을 선택하고 있다. 중국과 러시아는 미국과 동맹이 아니지만 현재 미국을 견제할 정도의 역량을 가지고 있지 못하다. 중국은 지속적인 군사력증대를 통해 장기적으로는 미국에 견제로 갈 여지는 있지만 자

국의 경제발전을 최우선 과제로 하기 때문에 국제관계의 안정이 중요하다. 즉 국내문제에 집중하기 위해 미국과의 대외정책에 있어 안정적인 관계가 필요한 것이다.

다만 최근 연성균형이론에 따르면 경성균형은 아니지만 강대국들이 미국에 대해 연성균형으로 장기적인 세력균형의 신호를 보낸다고 할 수 있다. 폴(T. V. Paul)에 따르면 연성균형은 강대국들이 패권국가에 대해 경성균형은 아니지만 느슨한 형태의 균형을 취한다고 한다. 합동 군사훈련을 실시하거나 경제협력체를 구성하거나 국제기구를 이용해 패권국가를 견제하는 것이다.

이런 연성균형은 도처에서 나타난다. 미국에 대한 중국과 러시아의 군사 훈련이나 상해협력기구의 강화가 있다. 또한 유럽연합의 강화는 미국의 경제력을 견제하기 위한 조치이다. 프랑스와 독일이 2002년 미국을 이라크문제와 관련해서 국제연합에서 거부권을 사용하겠다고 위협을 취한 것도 같은 연장선상에 있다.

하지만 이러한 연성균형이 경성균형으로 이어지지는 않고 있다. 그런 점에서 미국의 패권질서는 힘이라는 객관적 기준으로 볼 때 유지될 가능성이 높다.

2. 위협균형이론의 설명

위협균형이론에 따르면 미국에 대해 위협을 느끼는 강대국들이 동맹을 체결하거나 편승을 한다고 본다. 냉전 이후 강대국들은 미국에 대한 동맹의 강화나 군사력증대 조치를 취하기 보다는 편승외교를 하고 있다. 이것은 미국을 위협적으로 느끼지 않거나 위협이 강하기 때문에 미국이라는 위협에 직접적으로 대항하기 힘들기 때문이다.

1990년대부터 중국은 미국의 군사력 시위에 굴복하였다. 1996년 양안사태나 1998년 코소보

에서 중국 대사관의 폭격, 2001년 미군기와 중국공군기의 충돌에서도 중국은 미국의 군사력에 굴복하였다. 이것은 중국이 미국의 위협을 인식하였지만 균형화로 가지는 못하고 있다는 것이다. 또한 2003년 이라크전쟁에 대한 유럽 국가들의 불만은 있었지만 균형을 위한 반대 동맹으로 가지는 못했다. 반대로 NATO 탈퇴로 이어지지도 않았다. 이런 현상들을 볼 때 위협이라는 기준에서도 미국의 패권체제는 유지될 가능성이 높다.

IV 결 론

현재 체제인 단극은 안정적으로 유지될 가능성이 높다. 이것은 힘의 집중에도 불구하고 국제체제의 변화를 가져올 가능성이 있는지를 파악함으로 알 수 있다. 사례들에서 본 것처럼 강대국들의 미국에 대한 균형정책이 없는 것은 세력균형차원이나 위협균형차원에서 균형화의 의지가 부족하다는 것이다. 이것은 상당기간 미국의 단극에 대한 도전을 예상하기 어렵다는 것이다. 한편으로 강대국들이 미국에 대한 신호보내기 차원에서 연성균형과 같은 정책은 사용하고 있다. 이것 역시 향후 미국 단극이 유지될 수 있는 가능성이 높다는 점을 반증한다. 신호는 보내지만 실제 행동으로 나서지는 않겠다는 의미이기 때문이다.

제013문 동맹이론들을 통한 한미동맹의 역할분석

현실주의이론은 정책수단으로 동맹을 중시한다. 현실주의에서는 동맹을 형성하는 대표적인 원인으로 '국력 혹은 세력(power)', '위협(threat)', '이익(interest)'을 제시한다. 동맹을 안보정책의 근간으로 하고 있는 한국은 상대적으로 힘이 약한 북한을 견제하지만 힘이 더 강한 중국을 견제하지는 않는다. 한미동맹의 '북한 견제와 중국 견제부재' 상황은 동맹이 단지 '국력 혹은 세력'에 의해서만 만들어지는 것은 아니라는 점을 보여준다. 현실주의의 대표적인 동맹이론들을 통해서 '북한 견제와 중국 견제부재'의 이유를 분석하고, 향후 한미동맹이 중국을 견제하는 역할로 확대할 수 있는지를 논하시오. (총 40점)

이 문제는 세력균형이론을 위협균형이론과 이익균형이론과 비교하는 문제이다. 실제로 답안을 써보면 매우 어려운 문제이다. 세력균형이론이 잘 알고 있는 듯하지만 설명이 잘 되는 이론은 아니다. 세력과 위협과 이익의 차이가 정확히 어떤 것인지를 설명하는 것이 가장 중요한 포인트이다.

Ⅰ 서 론

2019년 현재 중국은 한미동맹의 대상이 아니다. 국력을 기준으로 볼 때 북한보다 중국의 국력이 더 큼에도 불구하고 한미동맹은 북한을 대상으로 하고 중국을 대상으로 하지 않는다. 동맹이 '권력'외에도 '위협'과 '이익'이라는 다른 기준에 의해 형성, 유지될 수 있음을 보여주는 사례이다. 동맹이론을 활용해서 현재 한미동맹과 한미동맹의 미래를 설명한다.

Ⅱ 이론간 비교: 세력, 위협, 이익

위의 지문에서 제시된 것처럼 동맹은 현실주의에서 중요하기 때문에 현실주의이론 안에서 세력, 위협, 이익의 대표이론인 세력균형이론, 위협균형이론, 이익균형이론으로 설명한다.

1. 세력균형이론: 가정과 균형화방안과 동맹

세력균형이론에서 동맹의 기준은 권력이 된다. 세력균형이론에서 동맹이 형성되고 유지되는 것은 상대방 국가의 상대적 국력이 기준이 된다. 상대방 국가의 의도나 정치체제에 대해 반응하는 것이 아니라 오로지 상대적인 국력의 크기에만 반응한다. 따라서 부족한 국력 즉 세력이 동맹을 만드는 기준이자 유지하는 기준이 된다. 만약 국력의 우위상황이 되면 동맹은 해체된다. **(세력균형이론의 중심논리)**

세력균형이론의 핵심적인 가정은 권력에 대한 대응은 권력으로 달성한다는 것이다. 물리학의 평형과 같이 국제정치에서 안정은 힘의 균형에 의해 달성된다. 국가들이 무정부상태의 공포나 지도자의 권력의지에 의해서 국력을 추구하는 경우 국력의 증대에 따른 국력의 불균형은 강대국은 지배의 유혹을 가져오게 하며 이것은 상대적인 약자에 대한 강압으로 이어지고 생존 가능성의 약화로 연결된다. 따라서 국력의 증대에 따른 강압과 강제에 대응하기 위해서는 권력은 다른 권력으로 견제되어야 한다. 이것은 인간에 대한 불신과 국가에 대한 불신의 철학적 토대에 의해서도 보강된다. **(세력균형이론의 가정)**

세력균형을 이룩하는 방안은 국력을 증대하는 것으로 이것은 다시 두 가지 방법에 의해서 달성된다. 첫째 내적 균형이고 둘째는 외적균형이다. 내적균형은 국가 스스로 국력을 증대하는 것으로 경제력의 증대와 군사력증강으로 달성된다. 부국강병의 논리에 따라 자국이 스스로 힘을 증대하여 잠재적 적국을 견제하는 것이다. 외부균형은 동맹을 통해서 타국을 견제하는 것이다. 동맹을 체결하는 것을 통해 잠재적인 적국을 견제하는 것이다. **(세력균형이론의 2가지 방안)**

이렇게 내부균형과 외부균형이 달성되는 것은 지도자의 결단의 산물이라는 입장과 자동적 세력균형이라는 입장으로 구분된다. 지도자의 의지에 의해서 세력균형이 된다는 고전적현실주의는 정책결정자라는 인간적인 요인과 리더십을 강조한다. 반면에 왈츠의 구조적현실주의는 양극체제의 자동적 성립을 주장한다. **(세력균형을 결정하는 요인)**

세력균형이론에서는 동맹을 중요하게 다룬다. 자국의 능력에는 한계가 있기 때문에 내적균형은 일정한 역할 이상을 넘어서기 어렵다. 시간의 문제, 국내재원문제, 타국에 대한 안보딜레마의 야기 문제로 인해서 동맹이 더 현실적인 방안이 된다. 자유주의의 제도들보다 현실적인 국력에 기대는 동맹전략은 잠재적 적국의 계산에 영향을 미쳐서 안보를 달성할 수 있게 한다. 동맹은 dissuade, deter, defence, defeat라는 기능을 통해서 동맹국간의 안보를 달성하게 한다. **(동맹의 역할)**

2. 위협균형이론: 가정과 도달방안과 동맹

위협균형이론은 동맹을 위협차원에서 결정된다고 본다. 위협균형이론은 동맹의 형성과 유지가 객관적인 힘의 크기에 의해 결정되지 않고 이 힘의 크기를 위협으로 여기는지에 의해서 결정된다고 본다. 따라서 동맹은 국력이라는 객관적인 요인보다 이것을 어떻게 인식하는지 즉 위협인식에 의해서 만들어지고 유지된다. 위협균형이론은 국가들이 국력에 대해 직접적인 반응보다는 국력이 어떻게 인식되는가에 대응한다고 본다. 국력은 객관적이고 물리적인 것인데 이러한 객관적인 조건은 주관적 판단에 의해서 의미가 규정된다. 따라서 국력의 증대에 직접적으로 국가들이 안보의 불안을 느끼는 것이 아니라 국력증대가 어떻게 주관적인 위협의 인식에 변화를 가져오는지에 따라 안보에 대한 불안이 느껴지는 것이다. 국력을 다룬다는 점에서 현실주의 입장을 택하면서도 국력의 인식이라는 의도를 다룬다는 점에서 기존 현실주의이론과는 차이가

있다. (**위협균형이론의 중요 가정과 세력균형과의 차이**)

위협균형이론은 위협에 대해 균형화와 편승이라는 두 가지 방안을 제시한다. 위협을 인식하게 하는 요소는 크게 4가지이다. '지리적인접성(proximity)', '공격능력(offensive capability)', '공격의도(offensive intention)', '총체적인 국력(aggregate power)'이 위협에 영향을 미치는 요인이다. 이러한 요인들에 의해서 위협을 인식한 국가는 위협에 대항하는 균형화정책을 택하기도 하지만 위협이 너무 클 경우 위협에 순응하여 편승하기도 한다. (**위협에 대한 대응과 위협구성요소**)

국가들이 위협에 어떻게 대응할지는 위협요인과 함께 주변국가들이 어떻게 대응하는지에 의해서 결정된다. 즉 주변국가들이 위협에 편승하는 분위기에서는 위협편승으로 균형화하는 분위기에서는 위협에 대한 균형방안으로 대응하는 것이다. 이에 따라 위협국가와 피위협국가들의 행동은 주변국가들의 정세에 의해서 결정된다. (**분위기와 편승 혹은 균형화**)

위협균형이론에서도 동맹은 중요하다. 위협균형이론에 따르면 동맹을 체결하고 유지하는 것에 있어서 군력이라는 물리적 지표가 아니라 위협이라는 인식지표에 의해서 결정된다. 이것은 위협이 강해지면 그에 반대편국가들이 동맹을 체결할 수도 있지만 위협이 너무 강해지면 오히려 위협에 대해 투탁하는 위협편승이 일어날 수도 있다. 동유럽국가들이 소련에 편승한 경우가 대표적이다. (**위협균형이론과 동맹의 관계**)

위협균형이론은 위협의 변경이 주관적으로 가능해지기 때문에 동맹의 해체나 동맹의 강화와 조정을 다룰 수 있다. 위협의 변경은 상대방 국가와의 관계에 의해서 만들어지는 주관적인식의 공유영역이다. 그런 점에서 위협균형이론은

정체성을 다룰 수 있다는 점에서 구성주의적 관점에서 권력을 다루는 이론과 접점이 있다. (**위협과 정체성간의 관계: 잘못하면 사족이 됨**)

3. 이익균형이론

이익균형이론에 따르면 동맹은 국가의 '이익(interest)' 즉 '선호(preference)'에 의해서 결정된다. 동맹이 형성되고 유지되는 것은 국가들의 가진 선호 즉 현상유지성향과 현상타파성향이라는 이익에 의해 결정된다. 현상유지를 원하는 국가는 현상유지를 원하는 다른 국가와 동맹을 형성하고 유지하게 되는 것이다. 따라서 이익균형이론은 객관적인 힘의 기준이나 주관적인 위협인식에 의해서가 아니라 국가가 가지고 있는 성향으로서 현상유지성향과 현상타파성향에 의해서 결정된다. (**이익균형의 의미와 다른 이론과 비교**)

이익균형이론을 제시한 랜덜 스웰러에 따르면 국가들의 선호는 크게 현상유지와 현상타파로 나뉜다. '현상유지'성향은 국가들이 자국의 현재 상황에 만족하는 것으로 자국이 보유한 가치를 확보하는 안보추구적이라는 것이다. 반면에 '현상타파'성향은 국가들이 현재 상황에 만족하지 않고 자국이 현재 확보하지 못한 가치를 추구한다는 것이다. 이때 동맹은 현상유지국가간에 체결되거나 현상타파세력간에 체결된다. (**스웰러의 이론 도입**)

랜덜 스웰러는 '3극(tripolarity)'구조의 특수성을 설명한다. 국제체계에서 3극은 양극보다 불안정하지만 다극보다는 안정적이다. 3극에서 현상유지국가의 수와 현상타파국가의 수가 중요하다. 이것을 확장해석하면 극성을 이루는 국가들 중에서 현상타파를 원하는 국가들의 수가 늘어나면 늘어날수록 국제체계는 불안정해진다. 따라서 현상타파를 원하는 국가에 대항하여 현상

유지를 원하는 국가들이 늘어나야 안정을 달성할 수 있다. (극성과 이익배열의 중요성)

표를 통한 비교

권력, 위협, 이익의 독립변수가능성

권력 → 위협이 되는가?
권력의 강화 → 위협의 강화/위협 강화는 아님. 권력이 강한데 위협이 아닌 국가가 가능.
따라서 두 개의 요인은 독립적임.
권력강화 → 이익(현상유지/현상타파) 구분가능. 권력이 강한데 현상유지국가가 가능.
위협과 이익도 분리가능.
위협은 상대방의 주관적 인식임.
현상유지와 현상타파는 상대적으로 객관적이고 고정적인 변수임.
so, 3가지 기준(변수)은 각기 달리 작동할 수 있음.

Ⅲ 한미동맹의 '대북견제와 대중국견제' 부재의 이유

1. 세력균형이론과 한미동맹해석

세력균형에 따르면 한미동맹의 북한에 대한 동맹은 직접적으로 설명하기는 어렵다. 남한이 북한에 대해 우위에 있을 뿐 아니라 한미동맹의 연합전력이 북한보다 압도적으로 우월하기 때문에 한미동맹과 북한사이에는 세력균형이 존재하지 않는다. (세력균형의 약점)

세력균형이론을 조금 수정하여 설명하자면 다음의 논리가 만들어질 수 있다. 북한에 대한 한미동맹의 강화는 북한의 힘은 부족하지만 핵과 미사일이라는 비대칭적인 무기에 따른 비대칭전력이 강하기 때문이다. 반면에 중국에 대한 한미동맹의 확대필요성이 없는 것은 미일동맹이 이 역할을 수행하기 때문이다. 즉 한미동맹에서 한국은 북한이라는 현재적인 적대국가에 대해서만 동맹을 필요로 한다. 반면 지역의 강대국이

되고 있는 중국에 대해서는 미국이라는 국가의 국력이 더 크기 때문에 실질적으로 동맹의 확대 필요성이 없는 것이다. 이에 대해 일본이라는 지역내 강대국 즉 중국을 견제할 수 있는 국가가 있기 때문에 한국입장에서는 세력차원의 견제 필요성이 없는 것이다. (세력균형의 비대칭전력으로의 부분 수정 논리)

이것은 미국도 동일하다. 미국은 태평양에서의 막강한 군사력을 가지고 있는 지역 안정자에 가깝다. 미국입장에서는 미일동맹으로 이 지역의 안전을 확보할 수 있기 때문에 한미동맹을 대중국견제용으로 확대하려고 하지 않는다. 그러나 부시 행정부에서 한미동맹의 포괄동맹화와 지역동맹화나 오바마 행정부에서의 '아시아회귀' 정책은 점차 한미동맹을 중국을 견제하는 방향으로 진화시키려는 것이다. 반면에 북한의 재래식 군사력과 핵과 미사일능력의 증대는 실제 권력의 우위를 가져오지는 못하지만 비대칭전력에 따른 한반도의 균형붕괴를 우려하게 한다. 따라서 확장억지를 통한 미국의 억지전력의 유지는 한반도의 안정을 만들 수 있다. (비대칭전력에 대한 미국의 입장)

2. 위협균형이론 한미동맹해석

위협균형이론에 따르면 한미 동맹이 북한을 견제하는 것은 북한이 대한민국에 대해 현실적이고 구체적인 위협이기 때문이다. 반면에 위협균형이론에 따르면 중국은 한국에 대해 현재적인 위협은 아니다. 다만 장기적으로 위협이 될 수 있기에 이후 한미동맹이 중국을 대상으로 할 가능성은 높다. (위협균형이론해석)

북한은 1953년 한미동맹을 체결한 구체적인 위협 국가이다. 북한은 현재까지도 구체적인 위협국가다. 왈트의 위협균형이론에 대입할 경우 북한은 지리적으로 가깝고 공격능력을 갖추고

있으며 공격의도가 명확하다. 다만 총체적 국력이 강하지는 않다. 북한은 휴전선을 중심으로 장서사포를 서쪽의 수도권을 겨냥해서 배치하고 있다. 단거리미사일과 노동미사일 등 1,000여개의 공격미사일을 배치하고 있다. 게다가 노동당 강령에 적화통일을 명문으로 두고 있는 것이나 2010년 연평도 포격이나 천안함 피격으로 볼 때 공격의도가 명확하다. 한미동맹은 북한의 직접적인 위협을 균형화하기 위한 수단이다. 핵의 확장억지와 재래식 군사력의 배치는 북한의 위협에 대비하기 위한 것이다. 북한이 최근 핵능력을 증대하는 등의 상황에서 볼 때 직접적인 위협을 상쇄하기 위해 한미동맹은 여전히 중요하다. **(남한의 북한위협 해석)**

미국에게도 북한은 위협적인 국가이다. 2017년 4,000km를 넘는 고도의 미사일을 발사한 것은 북한이 대륙간탄도미사일을 개발할 수준에 다가갔음을 보여준다. 게다가 북한이 보유하고 6차례 실험한 핵무기는 소형화가 가능할 것으로 예상이 되고 있다. 이런 점에서 북한은 한미동맹의 한 축인 미국에게도 위협이 된다. **(미국의 북한 위협해석)**

위협균형이론에 따를 때 중국은 한국에게 장기적이고 잠재적인 위협이 될 수 있다. 현재는 한국에게 중국이 위협은 아니지만 중국은 장기적으로 위협이 될 수 있다. 중국은 지리적으로 인접해있고 공격적인 군사문화와 공격무기를 구비하고 있는 국가로 한국에게는 위협이 된다. 또한 북한과의 동맹을 유지하고 있으면서 북한을 지원하고 지지하고 있다. 전통적으로 중국은 한반도에 대해 많은 개입을 하였고 최근에는 지정학적으로 북한에 더 강력하게 개입하고 있다. 이런 점에서 중국의 위협은 앞으로 더욱 커질 것이다. **(중국의 장기적 위협가능성)**

따라서 한국은 장기적으로 한미 동맹을 통해 서 중국의 위협에 대항하는 노력이 필요해질 것이다. 미국도 중국의 지역패권화를 억제하고자 한다. 따라서 중국의 성장은 미국에게도 위협의 증대로 이어지기 때문에 한미동맹을 장기적으로 중국의 위협을 약화시키기 위해서 중요해질 것이다. **(한미동맹의 장기예측)**

3. 이익균형이론과 한미동맹

이익균형이론에 따르면 한미동맹은 제한적으로 현상을 타파하고자 하는 북한을 억제하는데 필요한 동맹이다. 한국은 통일문제를 가지고 있기에 제한적인 현상유지국가이다. 미국은 패권국가로서 무제한적인 현상유지를 원하는 국가이다. 따라서 북한이라는 제한적인 범위를 넘어서려고 하는 현상타파국가에 대한 견제가 필요하다. 반면에 중국은 과거에는 현상타파를 꾀한 국가가 아니었기에 한미동맹은 중국을 대상으로 하지 않았다. 그러나 최근 중국의 안보정책은 현상타파적이 되고 있다. 이런 점에서 장기적으로 한미동맹은 중국을 견제하는 동맹이 될 가능성이 높다. **(이익균형이론해석)**

북한은 NPT를 탈퇴하는 것으로 국제규범을 깨뜨렸다. 또한 북한은 미사일사거리의 증대와 남측에 대한 목함지뢰도발과 같은 도발을 감행하고 있다. 이에 더해 위조지폐를 만들거나 마약판매를 함으로써 국제범죄를 자행한다. 이런 현상들은 북한이 현재 미국이 주도하는 국제질서를 위반하면서 부분적으로 현상타파를 꾀하고 있다는 반증이다. 중국 역시 항공모함과 잠수함 능력강화라는 해균력증강정책을 통해 대륙국가임에도 불구하고 해양세력화를 동시에 꾀하고 있다. 이에 더해 제한적 현상타파국가인 러시아와 안보 및 경제 협력을 강화하고 있다. 상해협력기구를 강화하고 해군합동훈련을 강화하고 러시아 무기를 구매하면서 러시아의 가스전개발을 지원하고 있다. 이것은 중국이 미국의 패권질서에 대한 변화를 꾀하고 있으며 연대세력을 모색하고 있는 것이다. **(북한의 현상타파 입증)**

한국은 상대적 약소국가로서 현상유지세력이다. 한반도 통일문제는 지역에서의 현상변경으로 해석될 수 있기에 한국은 제한적 현상타파 국가로 해석될 수 있다. 반면 미국은 패권국가로서 현상유지세력이다. 이런 이익의 공유는 한미 동맹이 현상타파세력에 대해 대응으로서의 역할확대를 예측할 수 있게 한다. 특히 북중동맹의 부활은 현상타파 국가간의 동맹 강화의 의미가 있기에 향후 한미동맹은 중국을 견제하는 것으로 확대될 수 있는 여지도 있다. **(한국과 미국의 이익 공유 해석)**

● 대안 목차

1. 한미동맹의 현재 기능: 대북억지와 대중억지 부재

2. 한미동맹의 미래기능 예측: 대북억지와 대중억지 동시 가능

Ⅳ 결론: 유효한 수단으로서 한미동맹

한미동맹은 현재 세력, 위협, 이익차원에서 북한을 견제하는 기능을 수행하고 있다. 하지만 세력, 위협, 이익차원에서는 중국을 견제하고 있지는 않지만 장기적으로는 중국을 견제할 가능성이 높다. 이런 상황에서 한국은 경제외교의 1순위인 중국과의 관계가 중요하기 때문에 미중관계의 변화방향을 살펴보며 한국의 다양한 논리를 구축해두어야 한다.

동북아시아는 정치-군사적인 갈등의 측면과 경제적 교류의 증대와 제도구축노력이 공존하고 있다. 최근 중국과 일본의 해군력증강으로 대표되는 안보경쟁은 동북아시아의 오래된 안보딜레마의 재현으로 볼 수 있다. 다음 질문에 답하시오. (총 50점)

(1) 안보딜레마의 의미를 규정하고 안보딜레마 발생원인과 안보딜레마로 인해 나타나는 영향을 설명하시오. (10점)

(2) 국제정치의 각 이론들을 통해 안보딜레마의 원인과 해법에 대한 입장을 설명하시오. (20점)

(3) 위의 이론적 논의를 기반으로 동북아시아의 안보경쟁에 대한 완화가능성과 구체적 방안들에 대해 논하시오. (20점)

Ⅰ. 서   론
Ⅱ. 안보딜레마: 의미와 원인과 영향
  1. 안보딜레마의 의미와 원인
  2. 안보딜레마의 영향: 안보경쟁과 군비경쟁의 강화
Ⅲ. 안보딜레마에 관한 이론들의 입장
  1. 공격적 현실주의: 안보딜레마의 필연성
  2. 방어적 현실주의: 안보딜레마 완화
  3. 신자유주의: 제도를 통한 안보딜레마완화
  4. 구성주의: 정체성에 의한 안보딜레마해석

Ⅳ. 동북아시아 안보경쟁에 대한 해법 논의
  1. 공격적 현실주의: 필연적 안보경쟁과 상대적 국력추구
  2. 방어적 현실주의이론: 공수구분가능성의 증대
  3. 신자유주의: 안보대화와 군비통제제도구축가능성
  4. 구성주의의 해법: 정체성전환작업
  5. 논의의 정리
Ⅴ. 결   론

문제의 맥락과 포인트

최근 현실주의의 안보 논쟁은 공격-방어 현실주의를 중심으로 전개되고 있다. 이 문제는 안보딜레마를 공격-방어현실주의와 신자유주의 그리고 구성주의를 통해 통합적으로 살펴보려는 문제이다. 안보딜레마와 그 결과인 군비경쟁은 동북아시아에서 가장 분석하기 유용한 도구라는 점에서 특히 준비가 잘 되어야 하는 문제이다.

 Ⅰ 서 론

최근 중국의 항공모함취역과 추가 항공모함 건조는 대륙국가 중국의 해군력증강으로 주변 국가들의 안보에 위협이 되고 있다. 일본의 해군력강화와 공군력강화 역시 역내 국가들의 안보불안을 가중시킨다. 이처럼 해군력증강으로 상징화되는 지역 내 안보경쟁을 완화하는 것은 지역안정과 경제적 협력증진을 위한 초석이다.

그런 점에서 지역의 안보경쟁을 유발하는 요인으로 안보딜레마에 대한 원인을 이론적으로 규명하여 그 해법가능성을 모색해보고 한국의 역할에 대해 고려해본다.

Ⅱ 안보딜레마: 의미와 원인과 영향

1. 안보딜레마의 의미와 원인

안보 딜레마는 헐쯔(J. Herz)가 만든 개념이지만 저비스(R. Jervis)에 의해서 체계화되었다. 안보딜레마란 국제정치에서 상위권위체가 부재한 상태에서 일국의 안보 달성노력이 의도하지 않게 타국의 안보 불안정을 가져오는 현상을 의미한다. 다른 말로 하면 적대국가의 방어적 목적의 군사력을 위협으로 간주하여 그에 맞서 자신도 군사력을 증강하는 경향성을 의미한다. 그결과 모든 국가의 안보가 취약해지게 된다. 이것은 국제정치의 무정부적 상황에서 한 국가의 방어적인 안보증진노력이 타국가의 안보의 감소를 가져오는 것을 의미한다. 이로 인해 안보불안해결을 위한 안보경쟁을 이끌어내게 되는 것이다.

안보딜레마를 가져오는 원인은 대체로 세 가지로 요약할 수 있다. 첫째 홉스가 제시한 국제정치의 무정부상태를 들 수 있다. 무정부 상태는 국가를 생존에 몰두하게 만들고 국가는 자조체계 속에서 빠지게 된다. 자조체계 속에서 한 국가의 힘의 증대는 상대방국가의 안보 위협이 되게 되는 것이다. 둘째, 국가 간의 의도에 대한 불확실성으로 인한 불신이 요인이 된다. 무정부 상태에서 국가들이 타국가에 대한 의도를 확인하기 어렵고 이로 인해 상대방국가의 방어적 무기의 증대가 자국에게 공격적으로 인식되는 것이다. 세 번째는 무기가 가진 공수양면적 속성 때문이다. 무기는 공격용과 방어용으로 구분하기 어렵기 때문에 상대국가의 방어적 능력증대가 공격의도로 이해되는 것이다.

2. 안보딜레마의 영향: 안보경쟁과 군비경쟁의 강화

안보딜레마가 작동하면 안보경쟁으로 이어져 군비경쟁을 가속화하게 된다. 일국의 방어적 안보증진노력이 상대국가에 대해 안보를 감소하게 함으로서 안보불안을 가져오게 되면 상대 국가는 자신의 안보를 증지하기 위한 조치를 취하게 된다. 이런 경우 처음 안보증진에 나선 일국이 다시 안보를 위해 군사력을 증강하고 이는 연쇄적으로 상대국의 군사력증강으로 이어진다. 이러한 일련의 작용과 반작용이 국가 간의 안보경쟁으로 이어지게 된다. 이렇게 시작된 군비상승작용(Escalation)으로 인해서 국가들은 안보에 있어서 오히려 더욱 불안한 상태가 된다. 군사력증간은 자원의 효율적 산출이나 분배보다 소비재 산업인 군수산업을 더욱 육성하게 됨으로서 국가내의 분배문제에도 악화를 가져 오게 된다. 이는 국가의 방어적 안보증진이라는 합리적 선택이 국가 간의 군비경쟁에 따른 불합리한 결과를 가져오게 되는 것이다.

Ⅲ 안보딜레마에 관한 이론들의 입장

1. 공격적 현실주의: 안보딜레마의 필연성

공격적 현실주의자 미어샤이머는 안보딜레마가 필연적이기 때문에 안보딜레마를 완화시킬 수 없다고 주장한다. 공격적 현실주의에 따르면 강대국들이 직면한 조건인 '무정부상태'와 '일정한 공격능력의 보유'와 상대의 '의도에 대한 불확실성'으로 인해 강대국들은 생존경쟁을 하면서 두려움을 느낀다. 강대국들이 생존을 위해서는 더 많은 권력을 가지고자 하기 때문에 권력증진은 필연적이며 권력경쟁이 필연이다. 따라서 국가 간 안보딜레마와 안보경쟁은 완화되기 어렵다.

이와 같은 논리로 키 리버(Kier Lieber)는 방어적 현실주의자들이 주장하듯이 1차 대전이 '공격에 대한 맹신(cult of offensive)'이나 '단기전에 대한 환상(short−war illusion)'이나 '작용반작용의 나선형(spiral)'이나 선제공격의 우월함에 대한 인식에 의해서 벌어진 것이 아니라고 반박한다. 오히려 독일지도자들이 유럽을 지배하고자 하는 지배욕구가 작동했기 때문이라고 주장함으로서 공격적 현실주의의 관점에서 1차 대전을 해석한다.

2. 방어적 현실주의: 안보딜레마 완화

저비스는 허츠의 안보딜레마이론을 체계화했고 이에 더해 완화할 수 있는 방안도 제시하였다. 무정부상태로 인해 안보딜레마가 발생하며 이것이 국가들을 전쟁과 갈등으로 가도록 한다는 것을 넘어 안보딜레마를 완화하기 위해 두 가지 변수를 제시한다. 공수균형이론으로 불리는 이 이론이 제시하는 것은 '공수균형' 혹은 '공격−방어균형'이다. '공격−방어균형'은 공격과 방어라는 정책결정에 있어서 공격과 방어의 상대적 용이성이 전쟁을 결정하는 주요요인이 되기 때문에 자국의 정책을 공격으로 잡을 것인지 방어로 잡을 것인지에 대한 것이다. 저비스는 자신이 공격을 하는 데 드는 비용과 상대방이 방어를 하는데 드는 비용을 계산하고 반대로 상대방이 자신을 공격하는데 드는 비용과 자신이 상대방을 방어하는데 드는 비용을 계산했을 때 공격과 방어 중 우위에 서는 정책을 택한다는 것이다.

이 이론은 무기는 공격용과 방어용으로 구분이 되며 이에 따라 공격적 전략을 구비하는 것과 방어적 전략을 구비하는 것이 가능하기 때문에 국가가 어떤 전략을 선택할 것인지를 결정할

수 있다는 것이다. 이에 따르면 국가는 자신이 방어하기에 유리하고 상대방 공격이 비용이 많이 들 것이고 자신이 상대방을 공격하기 용이하지 않으며 상대방이 자신의 공격을 잘 막아낼 수 있을 것으로 계산되는 경우 국가는 방어우위의 전략을 가지게 될 것이고 이런 전략은 상대방 국가로 하여금 안보에 대한 불안감을 가지지 않게 할 것임. 따라서 안보딜레마를 완화할 수 있음.

두 번째는 공격방어구분가능성으로 상대방의 군사력구축 등을 보고 상대방의 의도를 읽어낼 수 있는가 하는 점이다. 최근 정찰위성기술의 증대로 상대방의 군사력구축상황을 파악하여 상대방이 공격을 시도하려고 하는 것을 읽어낼 수 있다면 선제공격으로 인한 피해를 줄일 뿐 아니라 상대방에 대한 불신으로 인한 안보경쟁도 줄일 수 있다. 구분가능성이 높아지면 안보딜레마를 줄일 수 있다.

3. 신자유주의: 제도를 통한 안보딜레마 완화

신자유주의는 안보딜레마에 대한 다른 해석을 가능하게 한다. 무정부상태를 받아들인다고 해도 국가 간의 불신을 줄일 수 있다면 상대방 국가의 의도에 대해 왜곡된 해석을 하게 되서 발생하는 안보딜레마는 해소할 수 있다. 안보딜레마는 무정부상태에 따른 필연적인 논리는 아니고 불신으로 인해서 생기는 문제이고 이는 신뢰를 구축하는 방안을 통해서 해결될 수 있는 것이다.

신자유주의는 상호주의와 제도를 통해서 국가 간 신뢰를 구축할 수 있다고 본다. 상호주의 전략을 구사하여 상대방국가로 하여금 국가 간의 배신전략을 통해서 안보를 증대하기 위해 군사력을 증대하는 것 보다는 협력전략을 통해 경

제력을 키우는 방향으로 갈 수 있게 하는 전략을 꾀할 수 있다. 국가들이 무기를 가지고 더 불안한 상태를 만드는 것이 비합리적이라는 것을 파악하고 무기를 줄임으로서 이 비용을 경제문제를 전환하는 것이 더 큰 이익이 될 것임을 알게 하는 것이 중요하다. 이러한 상호주의가 강화되기 위해서는 제도적 장치를 모색하는 것이 필요하다. 제도를 통해서 독자적인 군사력증대와 같은 '기만(cheating)'의 문제를 해결하고 정보를 명확하게 해주고 처벌의 근거를 만들어 준다면 국가들은 군사력을 증강하기 보다는 군사력을 감축하거나 통제하는 방향을 나갈 것이고 이에 따라 국가 간 신뢰가 구축될 수 있다. 신뢰구축을 통해 안보딜레마 역시 해소할 수 있다. 구체적으로 군비축소와 군비통제를 위한 협상 등이 제도에 속한다.

4. 구성주의: 정체성에 의한 안보딜레마 해석

구성주의도 안보딜레마에 대해 해석할 수 있다. 구성주의에 따르면 안보딜레마는 무정부상태자체에 기인한 것은 아니다. 이보다는 무정부상태를 만들어낸 국가들간의 사회적 관계에 의해서 안보딜레마가 문제가 된다. 즉 국가들 간의 정체성이 어떻게 배열되어 있는가에 따라 안보딜레마에 빠질 수도 있고 안 빠질 수도 있다. 즉 상호정체성이 홉스적인가 로크적인가 칸트적인가에 따라 무정부상태 역시 홉스, 로크, 칸트적일 수 있다. 무정부상태가 홉스적인 경우 국가들은 개별적으로 '경쟁적 안보'를 구축하기 때문에 안보딜레마에 빠질 수 있다. 반면에 로크적 아나키 구조에서 국가들은 '개체적 안보'를 추구한다. 이 경우에도 안보딜레마와 안보경쟁이 생길 수 있다. 마지막으로 칸트적 무정부상태에서는 국가들이 '협조적 안보'를 추구하는데

이런 정체성에서는 자신과 상대안보가 긍정적 관계에 있다고 보기 때문에 국가들은 안보딜레마를 느끼지 않게 된다.

구성주의는 안보딜레마란 결국 국가들간의 사회적 관계의 문제이고 이는 국가들 사이의 담론과 규범이 결정한다. 따라서 안보딜레마의 해결에 있어서 무엇보다 중요한 것은 어떤 담론과 규범을 구축해 가는가 하는 점이다.

Ⅳ 동북아시아 안보경쟁에 대한 해법 논의

1. 공격적 현실주의: 필연적 안보경쟁과 상대적 국력추구

공격적 현실주의의 논리를 도입하면 지역 내 안보딜레마와 이에 따른 안보경쟁은 필연적으로 보인다. 국가들의 현상타파적 성향으로 인해 국가들 간 경쟁이 필연적이 되며 국가는 이런 상황에서 상대적으로 국력우위를 점하기 위해 노력하게 된다. 최근 중국의 해군력증강 정책과 스텔스기 자체개발 등은 중국의 군사력증강을 통해서 대만문제에 대한 타국의 개입불허를 넘어 SLOC을 방어하려는 지정학적 전략으로 이어지고 있다. 진주목걸이 전략으로 일컬어지는 인도양으로의 확장이 대표적이다. 중국의 해군력증강에 대해 일본 역시 무기수출금지를 풀고 해군력을 증강하면서 인도를 끌어들이고 호주까지를 연결하는 다이아몬드 전략을 수립하고 있다. 최근 미국의 아시아회귀정책과 연결되어 지역 내 지정학갈등이 나타나고 있다. 민족주의까지 가세한 지역 내 강대국 간의 경쟁은 영토문제까지 포함하고 있기 때문에 장기화될 것으로 볼 수 있다.

2. 방어적 현실주의이론: 공수구분가능성 의 증대

방어적 현실주의에서는 현재 동북아상황이 반드시 안보딜레마로 인해 안보경쟁으로 귀결되지만은 않을 수 있다고 본다. 우선 동북아시아 국가들의 군사력증강이 타국가를 지배하기 위해 신속한 도발과 기습공격과 선제공격을 중심으로 하는 방향으로 가는 것이 아니다. 중국의 군사력증강은 군사력현대화의 일환이며 대만 문제를 두고 미국의 개입을 억지하기 위한 전략이며 해상수송로를 확보하여 무역과 교통의 자유를 확보하기 위한 전략으로 볼 수 있는 것이다. 또한 이 지역국가들이 지배를 목적으로 할 경우 그에 따른 비용부담이 크기 때문에 오히려 국가들은 방어와 억지를 중심으로 하는 전략을 갖추고 있다는 것이다. 게다가 정찰기술력이 증대하여 상대국가의 의도를 확인할 수 있다는 점에서 공격-방어 구분가능성도 높다.

3. 신자유주의: 안보대화와 군비통제제도 구축가능성

신자유주의는 동북아시아의 군사력증대를 통한 안보경쟁은 지역국가들 간의 신뢰부재가 문제라고 본다. 이런 점에서 안보딜레마를 해결하기 위해서는 신뢰극복이 중요하다. 신뢰와 안보를 증대시키는 CSBMs(Confidence & Security Building Measures)를 만들어내는 것이 중요하다. 이를 위해서는 군비통제와 군비축소를 위한 제도적 장치 모색이 필요하다. 군비축소나 군비통제의 과정을 관리하는 제도를 상시화 함으로서 상호이해를 증대할 수 있을 것이다. 이를 위해서는 동북아시아를 넘어 동아시아국가들을 중심으로 하는 ARF와 같은 다자안보대화제도를 더욱 강화하여 국가 간의 상호의견을 교환하고 이

견을 좁힐 수 있도록 노력할 필요가 있다. 이에 더해 지역 내 군사력증강이 일어나고 있는 국가들간의 군비통제를 가능하게 하는 제도 구축으로 갈 필요가 있다.

4. 구성주의의 해법: 정체성전환작업

구성주의적 관점에서 볼 때 동북아 국가들간의 안보경쟁은 이들 국가들 간의 정체성에 기반을 둔 무정부상태 해석이 홉스식문화이기 때문이다. 무정부상태를 전쟁상태와 같은 적대적관계로 해석하기 때문에 지역 내 안보경쟁이 격화되는 것이다. 여기에 더해 민족주의를 통해 국내정치의 불만을 축소하고자 하는 입장을 중국과 일본 모두 가지고 있기 때문에 영토와 같은 민감한 문제를 중심으로 자국민족을 결집하는 모습을 보이고 있는 것이다. 구성주의에 따라 지역의 안보경쟁을 줄이기 위해서는 무정부상태에 대한 해석을 변화시킬 필요가 있다. 홉스식의 무정부상태를 로크식에서 더 나가 칸트식으로 변화시키려는 노력이 필요하다.

따라서 안보경쟁은 정체성을 전환하는 인식전환에서 출발해야 한다. 인식전환을 위해서 구체적으로 'character planning'이 필요하다. 국가들 사이의 관계에 대한 재구성을 위한 비판적 상호인식과 새로운 행동을 위한 선제적인 변화유도 전략을 통해 지역국가 간의 정체성을 변화시킬 수 있다. 현실적으로는 영토문제와 같은 문제에 있어서 민족주의 담론을 자제하고 지역전문가들 간의 새로운 담론구성노력과 상호간 교육교류를 통한 인식전환의 씨앗을 만드는 것이 고려될 수 있다.

5. 논의의 정리

지역에서의 안보경쟁은 일정기간 지속될 것으로 보인다. 지역질서에 대한 낙관적 견해에도

불구하고 최근 동북아시아 상황은 안보경쟁이 더욱 치열해지고 있다. 미국의 국력에 대비해 중국의 빠른 국력성장과 일본의 쇠퇴가 안보에 대한 각 국가들의 인식에 영향을 미치고 있기 때문이다. 게다가 중국은 러시아와 2015년 봄 지중해에서 해군훈련을 계획하고 있다. 이것은 중국이 미국의 지배권에 대한 도전으로 볼 수 있으며 나토확장에 대해 러시아와 함께 견제하려는 움직임으로 해석할 수 있다. 일본이 미-호주간 군사훈련에 동참하기로 한 것 역시 이러한 중국의 세력 확장 정책에 대한 대응이다. 지역 국가 간의 경쟁이 심화되는데 비해 안보경쟁을 완화하려는 국가 간의 노력은 미흡한 실정이다. 미국의 한국에 대한 THAAD배치를 주장하는 것 역시 지역 내 방어를 위한 안보조치가 중국에 의해 중국의 안보불균형을 가져오는 것으로 강력하게 반발하게 만들고 있다. 안보경쟁을 낮추기 위한 노력이 필요하지만 현재의 국력변동과 민족주의와 이를 이용하는 국내정치를 고려할 때 수월해 보이지 않는다. 그런 점에서 공격-방어구분가능성을 높여서 국가 간의 의도를 확인하는 방안이 안보경쟁을 낮추는 현실적인 방안이다.

Ⅴ 결 론

지역 내 안보경쟁이 치열해질수록 한국의 입지는 좁아진다. 현재와 같은 상황에서 한국은 가까워진 미국과의 합의와 중국에 대한 설득 그리고 일본을 끌어들이는 명분과 정당성을 갖추어서 이들 간의 중재역할을 모색해볼 수 있다. 민간전문가들 간의 지역안보대화를 제의하는 방식으로 시작하여 국가 간의 논의로 확대해가는 전략을 구성해서 안보에 대한 대화를 모색하게 하는 것이 필요하다.

제015문 중국위협론과 한국의 대응방안

중국의 성장에 대해 우려를 나타내는 입장과 기회로 보는 입장이 맞서고 있다. 한국의 입장에서도 중국의 부상을 바라보는 다양한 시각이 있다. 다음 질문에 답하시오. (총 40점)

(1) 중국위협론에 대해서 논하시오. (20점)

(2) 위의 논의를 통해 한국의 정책방안에 대해 논하시오. (20점)

I. 서   론

II. 중국위협론의 내용과 평가
   1. 중국 위협론
   2. 중국위협론에 대한 반박
   3. 평 가

III. 중국 위협론에 대한 한국적 대응방안
   1. 동북아체제의 변화 가능성
   2. 한국 외교정책의 방향
   3. 안보정책방안

〈대안 1: 구체적인 방안들〉
   1. 한미동맹강화 전략
   2. 중국과 파트너십강화 전략

3. 다자제도를 통한 Binding 전략
4. 사회경제적 교류의 증대 전략
5. 공통문제에 대한 민간차원의 협력과 상호인식의 증대

〈대안 2: 중국에 대한 다양한 균형화〉
   1. 대중국 내부균형화 가능성
   2. 대중국 외부균형화 가능성
   3. 공수균형화정책
   4. 중국 민주화에 대한 간접적 지원
   5. 국제제도와 지역제도를 통한 Binding 전략

IV. 결   론

 문제의 맥락과 포인트

이 문제는 2005년 기출 문제로 등장했던 문제이다. 주의할 부분은 신문이나 언론에서 이야기하듯이 무분별하게 중국 위협론을 맹종해서는 안 된다는 것이다. 중국이 성장하여 질서를 변화하려는 현상타파세력이 될 것인지 여부는 누구도 자신 있게 이야기 할 수 없기 때문이다. 국제정치이론은 귀납적인 성격을 가지기 때문에 잠정적인 결론을 가질 뿐 아니라 조건이 선행하고 그 조건이 잘 맞아 떨어질 때만이 의미 있는 '확률적 통칙'으로 구성되어있다. 즉 확률상의 개연성만을 설명할 뿐이라는 것이다. 게다가 우리가 중국위협론을 강조할 경우 한국은 중국 위협에 편승하기 위해 미국과의 관계를 폐기하고 중국에 편승하거나 미국과 동맹을 강화하여 중국 위협에 대처해야 하는 극단적인 정책 함정에 한국을 몰아넣을 것이다. 따라서 이런 민감한 문제는 특히 이론을 견고하게 하여 가능성 있는 시나리오를 제시함으로써 해법을 추구해야 할 것이다. 즉 어떤 경우에 중국이 위협이 될 것이고 그런 경우 어떤 방식의 대응이 필요할 것이라는 조건을 제시하는 것이 위험한 결론으로 성급하게 가는 것을 막아줄 것이다. 마치 외교관의 입장에서 판단하는 것처럼 균형감이 많이 요구되는 문제인 것이다.

I 서 론

2003년 이래로 중국은 한국의 교역파트너 1위를 유지하고 있다. 반면에 1950년 한국전쟁이래로 한국은 미국을 가장 중요한 안보파트너로 유지하고 있다. 이런 상황에서 천안함과 연평도 포격에서 중국이 북한을 지지한 것은 한국에게 안보적 고민을 가져다준다. 한미동맹을 통해 안보를 유지하는 한국에게 중국의 성장은 세계적 차원에서 위협이 되며 지역적인 차원에서도 위협이 되는지를 고민하게 만드는 중요한 이유이다. 중국성장이 위협으로 가게 될 것인지를 평가해보고 한국의 정책방안을 모색해본다.

II 중국위협론의 내용과 평가

1. 중국 위협론

중국 위협론은 크게 중국의 경제성장과 그에 따른 군사력 증강이라는 객관적 요소와 중국의 외교정책이 가지는 공세적이고 팽창적 요소인 주관적 부분으로 구성된다. 따라서 능력의 증강이라는 문제와 중국의 의도 혹은 중국의 군사전략이나 군사 문화와 성향 등을 검증하고 해석하는 것이 필요하다.

첫 번째로 능력 면을 살펴보자. 9%대의 중국의 경제 성장률과 공업 생산 구성 비율 그리고 외환 보유증가액을 통한 경제 발전과 성장의 가능성이 있다. 여기에 더해 연평균 13%대에 이르는 중국 군사력의 증대와 군사 현대화 조치들은 중국의 향후 경제 성장이 미국을 따라 잡고 군사력에 있어서 미국과 유사해질 수 있을 것이라고 예측된다.

두 번째로 고려 할 것은 중국의 능력이 향후 어떻게 행사될 것인가에 대한 주관적 요소들

의 해석이다. 실제 중국 위협론에서 더 중요한 부분이다. 여기에 대한 해석 중에 알래스테어 존스톤(Alastair Johnston)을 통해서 중국의 전략문화에 기반한 중국 위협론을 살펴볼 수 있다.

알래스테어 존스톤(Alastair Johnston)은 중국 명대(明代)를 중심으로 중국 역사를 통해서 중국의 과거 행태적 분석과 함께 중국의 최근 사례 분석을 제시했다. 그에 따르면 중국은 기원전 1100년 서주 시대부터 1911년 까지 약 3000년간 3,790회의 전쟁을 수행했다. 방어적일 수 있는 전쟁을 감안해도 이 수치는 중국이 평화적인 전략문화를 가지고 있다고 보기 어렵게 한다.

여기에 더해 1949년부터 1992년까지의 기간 동안 분쟁은 총 118건으로 연평균 2.74건에 달함. 이는 냉전기 미국(3.93건) 다음 순위이고 소련(1.72건)보다 많은 순위. 이 기간 동안 중국의 국가 형성과 국경 조정을 감안해도 이수치 역시 중국이 평화적 군사 전략을 가지고 있었다고 이야기 어렵다.

게다가 미, 소를 대상으로 8차례에 걸친 무력사용은 중국이 무력사용에 있어서 합리주의에 기반해서 힘의 격차를 통해서 전쟁을 결정하는 것이 아님을 보여준다. 즉 힘의 격차에 있어서 불리함에도 불구하고 전쟁 수행 의지를 보여주는 것이다. 이러한 지표와 해석들을 볼 때 중국의 성장은 미국과 일본에게 있어서 큰 위협이 될 수 있다. 이에 따른 대비책으로 봉쇄와 견제 등이 필요성이 제기된다.

여기에 더해 한국적 입장에서 볼 때 중국은 현실적으로 위협이 된다. 지정학적으로 중국은 한국에 가깝다. 특히 한국전쟁의 당사국이자 휴전당사국이라는 점과 최근 중국의 군사력이 증대하고 있다는 점 그리고 대륙으로 이어져 있다는 점은 중국이 한국에게 더 큰 군사적 위협이 될 여지를 가지고 있는 것이다. 게다가 중국의

엄청난 시장력은 한국에게는 커다란 위협이 된다. 중국시장에 대한 높은 의존도는 이후 더 지속될 것이고 이는 한국경제가 자칫하면 중국경제안에 포섭되는 결과를 가져올 수 있다는 점에서 더 위협이 된다.

마지막으로 외교적 측면에서 문제가 될 수 있다. 미국이 어려운 경제난을 극복하기 위해서 국제문제에서 조금씩 후퇴하면서 중국은 그 자리를 차지할 수 있다. 그런 점에서 한미동맹이 약화되고 신뢰가 약화되면서 중국에 대한 견제장치가 사라지고 있다는 점이 문제가 된다. 특히 중국이 북한을 끌어안고 감으로서 장기적인 통일문제에 대한 장애물이 될 것이라는 점에서 중국의 위협은 더욱 커진다.

2. 중국위협론에 대한 반박

중국내의 정치인들과 정치학자들은 미일의 중국 위협론에 대해 반대함. 이들은 중국의 외교 정책이 '화평 발전'임을 들어서 중국의 성장은 다른 강대국들의 성장과 다름을 강조. 다른 국가의 국익을 침해하면서 중국이 성장하지 않을 것임을 주장함.

또한 중국의 역사를 통해서 볼 때 중국은 공격적이었다기 보다는 방어적 입장이었거나 위협에 예방적이었다. 중국의 긴 국경선과 오랜 역사라는 조건을 고려할 때 중국의 역사는 폭력적이었다고 보기 어렵다. 여기에 더해서 중국의 농경문화와 실리주의는 중국의 전략 문화가 폭력적이기 보다는 평화적임을 보인다.

한국의 입장에서 볼 때 중국은 경제성장을 위해서는 여전히 중요한 기회를 제공한다. 중국의 시장은 더욱 커지고 있고 이것은 중국이라는 시장의 크기가 한국의 경제적 성장을 이루는데 있어서 기회가 되고 있다는 것이다. 또한 경제 자유무역협정들을 여러 지역과 체결한 상태에서 중국과의 교역증대는 중국에 대한 견제책이 될 수도 있다는 점에서 중국은 경제적으로 중요하다.

그리고 중국이 북한을 끌어안고 가는 것은 중국의 지역구인 '창지투'사업(중국내륙의 창춘인근 3지역의 발전을 위해 북한의 동해와 연결하는 사업)과 관련된 문제이자 미국에 대한 견제용이다. 이런 점에서 한국은 중국의 북한에 대한 접근이 반드시 한국의 이익과 충돌하지 않는 방향으로 외교적 해법을 모색할 수 있다. 현상타파적이지 않은 방법으로 북한을 개혁개방으로 유도하는데 있어서 중국의 힘을 빌릴 수 있기 때문이다. 그리고 장기적으로 한반도의 통일이 중국의 국가이익에 저해가 되지 않는 방향이 될 것으로 설득할 수 있을 것이다.

3. 평 가

중국은 위협을 가할 수 있는 여건을 갖추고 있지만 이것은 장기적인 차원에서 가능할 것으로 보인다. 중국의 성장과 그에 따른 위협 여부는 두 가지 부분에 대한 각기 평가가 필요함. 먼저 중국이 과연 2050년경에 미국을 따라잡을 수 있을 만큼의 경제력과 군사력을 갖추게 될 지를 살펴보아야 함. 우선 현재 중국의 과도한 성장이 얼마나 지속될 것인가를 따져보아야 함. 이것은 미국과 세계자본주의 시장의 지원과 흡수 정도, 중국 화교 자본의 중국에 대한 지속적인 투자, 경제성장 동력의 지속적인 확보, 인플레이션과 중국내 경제적 양극화의 문제와 같은 경제적 문제가 주요한 변인이 될 것임. 여기에 더해서 중국의 실업문제와 양극화로 인한 위화감과 그에 따른 종교로의 귀의와 같은 사회적 문제와 다원화된 구조를 풀어줄 수 있는 개방된 정치구조에 대한 요구와 민주주의에 대한 요구와 그에 대한 일당독재 국가의 지속 여부와 같은 정치적인 문제들이 고려되어야 한다. 이런 점들을 고려할 때 중국의 성장은 단선적으로 진전된다고만 예측하기 어려울 듯하다.

여기에 더해 중국의 국방력 증대 역시 고려할 필요가 있다. 중국의 국방력은 낙후된 시설과 장비 그리고 세계 1위의 병력 규모를 유지하는데 드는 비용 등을 고려해야 함. 군사현대화를 추진하고 있으나 아직 군사력에 있어서 대만을 완전히 압도할 만큼의 군사력도 보유하지 못한 것으로 평가 받고 있음. 이에 더해 미국의 군사기술 혁신을 추격하기는 어려울 듯. 향후 중국의 군사비 지출은 일본의 군비 지출과 대만의 선거 등에 영향을 받아 증대될 것으로 예측됨. 그러나 중국의 군비 증액은 소강사회건설과 균형사회 건설이라는 내부적 요구에 따라서 조정될 것으로 보인다.

마지막으로 중국의 의도를 해석하는 것이 필요하다. 중국이 확실히 무력을 많이 사용한 것은 사실이다. 게다가 중국은 주권의 문제에 민감하게 반응한다는 점을 고려 할 필요. 1949년의 국가 건설이후 한국전쟁에의 참여는 이를 보여주는 대표적인 사례로 보임.

하지만 중국의 지난 역사와 외교를 볼 때 중국이 실용적 외교노선을 거친 것도 사실임. 즉 1972년의 미중관계개선이나 1992년 한국과의 국교 수립 등은 중국이 교조적 이념에만 매달린 것은 아님을 보임. 따라서 중국은 실리를 추구할 수 있다면 다른 국가들과의 협력도 적극적으로 고려한다고 볼 수 있음.

위의 요소들을 종합적으로 볼 때 중국 위협론과 그에 대한 평가는 중국내의 경제 여건과 정치 사회적 여건이라는 요인과 미국과 일본의 아시아에서 군사력 증대와 같은 외교적 요소 그리고 경제적인 실리라는 요인에 의해서 영향을 받거나 결정될 것으로 보임.

Ⅲ 중국 위협론에 대한 한국적 대응방안

1. 동북아체제의 변화 가능성

과거의 역사를 고려 할 때 중국이 어떤 국가가 될 것이고 이에 미국과 일본이 어떻게 반응할 것인지는 한국에는 국가의 생존과 직결된 문제임. 따라서 미국과 일본에서 중국 위협론이 가지는 외교적 정치적 의미와는 다른 의미를 지님. 이는 한국의 입장에서 동북아라는 지어학적 환경 혹은 구조에 대한 예측과 그에 따른 대응 방안으로 나타남.

앞선 분석에서처럼 중국이 성장하고 이로 인해 동북아가 불안정해지는 것은 중국 내부 요인을 차치한다면 미, 일 관계와 경제적 이해라는 요소임. 또한 향후 북한 핵 문제와 북한 관리의 문제가 이들 간의 관계에 영향을 미칠 수 있는 요소로 작용할 것임.

2. 한국 외교정책의 방향

한국의 외교정책의 방향은 우선 동북아의 급격한 세력 변경을 억제하는 것을 기본 목표로 설정할 필요. 급격한 세력 변경은 폭력적 사태나 불안을 가져 올 것이고 이는 상대적으로 약소국인 한국에게 가장 큰 부정적 영향을 행사할 것임. 따라서 주변 국가들과의 이해공조를 원칙으로 삼을 필요가 있음.

현재 미국의 국제적 지위와 지리적 특성 위협 정도를 감안할 때 동북아의 세력균형이라는 원칙을 미국과 공유하고 이를 한미동맹을 통해서 달성하는 노력이 필요. 부시행정부 들어와서 공세적인 정책을 보이고 있지만 미국과의 동맹에 대한 원칙을 명확히 하고 전략적으로 이슈간의 유연성을 발휘할 필요.

여기에 더해서 북한에 대한 포용과 설득을 통해서 동북아 세력 변경을 가져올 수 있는 일들을 줄이는 것도 중요할 것임. 또한 중국과의 대화 창구를 제도화함으로써 향후 생길 수 있는 갈등의 요소가 확대되는 것을 막을 필요가 있음. 중국과의 독자적인 제도화는 한국의 외교적 입지를 키워줄 수 있을 것이고 이를 통해서 동북아에서의 한국의 이해를 조금이라도 더 관철할 수 있게 하는 것이 중요.

3. 안보정책방안

중국성장에 대해 구체적인 안보방안도 모색할 필요가 있다. 우선적으로는 동맹을 강화하는 전략으로 장기적인 중국성장에 대비할 필요가 있다. 한미동맹을 강화하면서 중국의 부상에 대응하는 차원에서 장기적으로 일본과의 안보 협력도 고려할 수 있다. 중국의 주변국들과의 안보대화나 안보협력 등을 통해서 안보에 대한 이익을 공유해갈 수도 있다.

두 번째는 방어적 기반의 군사력을 구축하는 내적 균형화전략도 필요하다. 한국은 방어에 유리한 조건이기 때문에 방어를 위한 군사력의 증대로 해공군의 억지력을 늘리는 것이 필요하다. 이를 통해서 안보적 기반을 구축하는 것이 외교력을 증대하는 데 있어서도 중요하다.

세 번째는 북한 문제에 대한 대한민국의 안보확보가 필요하다. 북한의 도발이나 급변사태 등이 한반도에 있어서 안보위협이 되게 될 경우 중국의 개입을 가져올 여지가 높기 때문에 북한 핵문제와 군사력문제 그리고 정권의 변화 가능성등에 대한 대비책이 필요하다.

네 번째는 안보장치로서 동북아시아 다자안보대화체제를 구축하여 지역내국가간의 안보에 대한 이해를 제도화할 필요가 있다. 안보에 대한 불신이 가져올 수 있는 안보딜레마상황을 막기 위해서 대화체제를 구축하고 군사적 신뢰를 구축하기 위한 정기적인 군사훈련 상호참관등을 이룩하는 것이 중요하다.

대안 목차 1: 구체적인 방안들

1. 한미동맹강화 전략

먼저 중국의 성장과 중국성장의 의도를 완벽하게 파악하기 어렵다는 점을 전제할 때 장기적이고 보수적인 접근을 해볼 수 있다. 즉 중국이 성장하여 패권이 될 경우와 그렇지 않을 경우를 감안한다면 가장 나쁜 상황을 피하는 방향에서 안보에 대한 정책기조를 잡아야 할 것이다. 중국이 성장하여 패권적 능력과 의도를 가지고 현상타파를 시도할 경우 한국은 아무런 안보적 대응방안이 없는 것이 최악의 시나리오라고 하겠다. 따라서 현재 중국성장과 패권도달가능성이 확실하지 않은 상황에서 한미동맹이라는 안보장치를 이용하여 중국의 성장에 대비하는 것이 우선적이다. 특히 현상유지를 원하는 미국과 같은 이해를 가진 한국의 입장에서 중국을 관리하는 미국의 전략에 부분적으로 호응하면서 한미동맹의 안보장치가 지역적으로 가지는 의미를 중국에게 설득해가야 할 것이다.

2. 중국과 파트너십강화 전략

한미동맹의 유지와 최근 지역동맹화 논의는 자칫하면 중국에 대한 견제로 비춰질 수 있다. 중국이 안보문제에서 북한카드를 경제문제에서 남한카드를 고집하게 하지 않기 위해서는 중국과의 전략적인 안보협력을 더욱 강화할 필요가 있다. 중국과의 안보에 대한 정상간의 회담이나 제도적인 안보협의장치구성이나 군사훈련의 상호적 방문 등을 통해서 안보에 대한 신뢰를 증진시킴으로서 동북아시아의 안보에서의 공통적인 이익을 찾도록 노력해야 한다.

3. 다자제도를 통한 Binding 전략

직접적인 안보의 장치들인 동맹보다 안보의 효과가 적을 수도 있는 제도가 동아시아와 동북아시아에도 차츰 늘어나고 있다. 다자적인 제도의 규범이 점차 중요하게 되면서 한국 역시 다자적 제도를 이용하여 중국과의 관계에서 기회적 측면을 강화해가야 한다.

다자적 제도는 이익을 증대하는 것을 넘어 상대방에 대한 이해도 달라지게 만들 수 있기 때문에 장기적 관점에서 지속적으로 추진되어야 할 과제이다.

4. 사회경제적 교류의 증대 전략

마지막으로 경제교류와 사회적 교류의 증대는 상호의존을 증대시킴으로서 한국과 중국의 민감성과 취약성을 증대시킬 수 있다. 교류의 증대는 국가 간의 급격한 정책변동이나 파국적 결과를 막을 수 있고 서로의 이해를 증대시킬 수 있는 기회를 가져온다. 따라서 사회경제적 교류의 증대를 가져올 수 있는 방안이나 제도개선을 모색해야 할 것이다.

5. 공통문제에 대한 민간차원의 협력과 상호인식의 증대

구성주의에서 말하는 것처럼 국가들의 정체성은 꾸준한 사회화의 결과이다. 따라서 사회적 교류의 증대와 지식인들간의 협력을 통해서 인식의 변화를 꾀할 수 있다. 담론의 공동구성은 인식의 변화를 가져올 수 있을 것이고 이는 상호인식의 변화를 유도할 수 있을 것이다. 따라서 다각적인 민간부분의 노력이 필요하다.

● 대안 2: 중국에 대한 다양한 균형화

1. 대중국 내부균형화 가능성

군비증강을 통한 내부균형화는 곤란함. 중국의 경제력에 필적하는 문제와 중국과의 군비경쟁이 곤란한 점이 문제임. 또한 한국의 중국에 대한 지정학적 거리와 방어에 있어서 상대적인 우월함에 비추어 볼 때 내부균형화에는 한계가 있음.

2. 대중국 외부균형화 가능성

현재 한미 동맹을 유지하는 것과 함께 미국의 동맹의 의지가 약화될 경우 동맹파트너를 다자화하는 것도 고려할 수 있음. 즉 미국을 매개로 하여 일본과의 동맹을 모색할 수 있음. 하지만 현재 미국과의 동맹이 유지되고 있고 대일동맹에 대한 심리적 부담이 큰 상황이고 중국의 위협이 가시화되어 있는 상황은 아니기 때문에 이를 정책적으로 추진할 필요는 없음.

3. 공수균형화정책

저비스식의 방어적 현실주의에 따르면 중국의 무기체계가 공격용인지와 공격과 방어가 구분가능한지를 먼저 따져야 할 것임. 중국이 최근 미사일의 증가나 스텔스전투기의 개발 그리고 해군력의 증강을 꾀하고 있는 것은 중국의 무기가 공격용으로 증강되고 있다는 것을 보여주는 것임. 또한 한국의 대 중국탐지능력이 약한 점은 공수구분이 어렵다는 점을 보여주는 것임. 따라서 안보에 대한 우려를 할 수 있는 상황이고 이런 경우 안보딜레마를 약화시키기 위해서는 패권과의 관계 강화에 나서야 한다.

4. 중국 민주화에 대한 간접적 지원

중국의 민주화를 지원함으로써 중국의 정치체제 변화를 유도할 수 있음. 또한 중국의 국내정치의 변화는 중국의 경제적 성장 뿐 아니라 중국의 군사적 성장도 관련되어 있음. 따라서 중국의 국내정치적 변화를 간접적인 방식으로 지원할 수 있음. 하지만 이런 전략은 장기간에 걸쳐서 이룰 수 있으며 중국의 국내문제 간섭과 그에 따른 저항을 야기할 수 있기 때문에 조심스럽게 접근되어야 함.

5. 국제제도와 지역제도를 통한 Binding 전략

국제제도와 지역제도를 이용해서 중국을 제도적으로 관리하는 방안을 사용할 수 있음. 하지만 이 전략 역시 중국의 국력등을 감한 할 때 중국견제에 있어서는 보조적으로 사용될 수 밖에 없음.

참고　1. 중국의 미래 가능 시나리오

1. 1990년대 유고 모형: 지역분할
2. 인도네시아 모형: 경제 발전과 민주주의 이행 실패
3. 라틴 아메리카 모형: 부정부패나 비민주주의 정권이 경제 양극화등을 해결하지 못하고 인종갈등등을 해결 못하는 경우.
4. 1990년대 인도 모형: 민주주의는 성공하나 경제는 실패
5. 중국의 독창적 모형: 시장 주의에 기반하지만 민주적이지는 않은 모형
6. 프랑스 모형: 경제발전과 정치 민주화 모형. 헤

게모니는 부족

    7. coexist-bigemon: 공존 모형

    8. 현질서 타파 세력: 중국 위협론의 근거

참고 **2. 중국 부상에 대해서 한국이 취할 수 있는 열 가지 전략**

---

    1. 예방전쟁: 불가능

    2. distancing / downgrading: 거리를 두고나 중요도를 낮추는 정책으로 불가능하거나 비현실적임

    3. 중립: 비현실적임.

    4. 자구(self-help): 군비증강으로 중국과 경쟁하는 정책으로 비현실적임.

    5. 편승: 중국에 동맹을 체결하는 것으로 비현실적임.

    6. binding: 제도를 통해서 속박하는 정책

    7. engagement: 관여정책으로 미국과 공조할 경우 가능은 한 정책

    8. balancing / containment: 균형과 봉쇄정책으로 미국과 중국 관계가 극단적으로 나빠지면 사용가능함.

    9. hedging: 위험회피전략으로 현재 고려하기 어려움.

    10. issue-based support: 이슈에 따른 협력정책으로 가장 현실적인 정책.

- 정재호 교수

Ⅳ 결 론

    안보파트너로서 미국과 경제파트너로서 중국 사이에 있는 한국의 입장에서 중국의 성장을 넘어서는 중국의 위협가능성은 한국입장이 난제이다. 미국과의 동맹공조로 동맹정책을 기반으로 하면서도 중국과의 안보대화를 늘려가는 방법을 이용해서 중국의 성장추이를 살펴보면서 주변국가들과의 안보협력을 점진적으로 늘려가는 방안이 필요하다.

제016문 공공재와 패권이론

전후 국제정치는 경제적 상호의존의 심화와 함께 다양한 국제조직(International Organization)의 증대를 경험해 왔다. WTO의 확대와 역할 강화나 EU의 확장과 역할 조정 등은 자유무역을 통한 이득의 증대를 꾀하려는 경향의 대표적인 사례라고 할 수 있다. 그러나 이런 조직들의 확장과 관련해서 '공공재(public goods)'와 관련된 '무임승차(free-riding)'의 문제가 제기된다. 이런 국가들의 행동은 '집합행동(collective action)의 문제'로 설명될 수 있다. 최근 더욱 관심을 받고 있는 집합행동의 문제와 무역 분쟁의 문제를 국제경제 영역에 국한하여 다음의 질문에 답하시오. (총 40점)

(1) '공공재(public goods)'와 '무임승차(free-riding)'의 개념을 통해서 '집합행동(collective action)의 문제'를 설명하시오. (10점)

(2) '패권안정이론'은 '집합행동(collective action)의 문제'에 대해 어떤 해법을 제시하는지 설명하시오. (10점)

(3) 패권안정이론을 반박하는 견해로 레짐을 중시하는 '신자유주의 제도주의이론'과 국내 경제적 조건을 중시하는 '잉여능력이론'의 내용을 설명하시오. (10점)

(4) 위의 이론 논의를 통해 집합행동과 무역 분쟁 등의 문제를 해결하는데 가장 좋은 방안이 될 수 있는지 논하시오. (10점)

문제의 맥락과 포인트

일반정치학에서 가장 중요한 문제이자 개념은 공공재를 어떻게 창출하는가 하는 점이다. 국내정치에서 공공재 창출은 국가를 통해서 이루어지므로 상대적으로 분석이 용이하다. 반면에 국제정치에서는 국내정치에서의 '국가'나 '정부'와 같은 존재가 없고 권위가 분권화되어 있기 때문에 공공재의 창출자체가 쉬운 문제가 아니다. 공공재의 창출을 통한 국제질서의 안정 확보와 발전을 가능하게 하는 문제와 관련해서 현실주의는 '준정부적 존재'인 패권을 중시하며, 신자유주의에서는 상호주의의 전략과 제도를 선호한다. 반면에 잉여능력이론은 패권이 존재한다고 해도 국제적 공공재가 구축되지 않을 수 있다고 비판한다. 따라서 다양한 이론들 사이에서 국제질서의 안정을 위한 조건을 어떤 이론에서 찾아야 하는지를 보는 것이 이 문제의 포인트라고 하겠다.

Ⅰ 서 론

최근 EU의 확대에 대한 저지나 WTO규범 강화에 대한 정체는 무엇에 기인하는가? 자유무역은 어떤 특징을 가지고 있고 이것은 합리적 국가들을 어떤 방향으로 이끄는가? 국제체계에서 힘의 집중은 공공재와 어떤 관계를 가지는가? 패권이론에 대한 비판적 이론은 무엇이 있는가? 그리고 이들은 어떤 방식으로 설명하는가? 이들 이론의 논의는 어떻게 정리할 것인가? 그리고 그 속에서 무엇을 배울 것인가?

Ⅱ 공공재와 집합행동 이론

1. 집합행동 이론

만수르 올슨(M. Olson)은 『The Logic of Collective Action; The Rise and Decline of Nations』에서 집합적 행동 혹은 집단행동에 대한 선구적인 분석을 보여준다. 그에 따르면 이익은 '집합적 이익'과 '선별적 이익'으로 나누어진다. 집합적 이익은 조직이 큰 경우에 있어서의 이익으로 공공재의 성격을 가지며 반면에 선별적 이득은 소규모 조직에서 특정 조직원만이 향유할 수 있는 배제가능성이 있는 이익을 말한다. 집단행동 이론에 따르면 집합적 이익이 클수록, 즉 조직의 규모가 커질수록 조직 활동에 대한 비용을 부담하지 않으면서 이익을 향유하려는 무임승차의 유혹이 커진다고 한다. 따라서 조직의 증대는 조직원들의 무임승차에 대한 욕구를 증대시켜서 조직의 운용능력이나 단합을 떨어뜨린다.

이 이론에 따르면 집합적 이익의 공유가 집합적 행동 혹은 조직 활동에 참여할 충분조건이 아니다. 참여의 유인이 되지 못하는 것은 집합

적 이익이 공공재의 성격을 가지기 때문이며, 참여를 통해서 얻는 공공재는 '편익의 비배제성'과 '소비의 비경합성'이라는 특성을 가진다. 특히 편익의 비배제성은 비용을 들이지 않고도 얻을 수 있을 때 효용이 가장 커지므로 합리적 행위자들은 무임승차의 유혹을 받게 된다.

또한 '소비의 비경합성'은 누군가 사용하면서도 다른 행위자도 사용할 수 있는 것을 의미하는데, 비경합성은 배제를 비효율적으로 만든다. 즉 누군가가 사용해도 다른 사람의 사용에 방해를 주지 않는다면 어떤 재화를 배제시킬 경우 그것은 전체 사회의 효율성을 저하시킨다.

집합적 이익의 이런 특성으로 인해서 조직이 커질수록 얻게 되는 이익은 동일하나 비용의 부담이 늘어난다. 또한 집합적 이익의 경우 그로부터 얻는 이득의 지분이 작아진다고 느끼게 되는데, 거기에 더해서 조직이 커져 무임승차를 통제하고 처벌하기가 어려워지면 어려워질수록 무임승차의 유혹은 커지게 된다.

2. 집합행동 이론의 의미

이 집단 행동이론은 국내적으로는 집합적 이익으로 보이는 공익 창출에 실패하면서 사적 이해집단들이 만들어지는 것을 설명할 수 있게 해주며, 또한 국제정치적으로 기구나 제도의 행위자 증대에 따른 조직의 활동저하나 교착상태를 설명해 준다.

따라서 집합적 이익을 어떻게 창출할 것인가와 그것을 만들어내는 데 있어서 강제력이나 권위가 왜 필요한지를 보여준다. 즉 경제학의 고전학파 등이 주장하듯이 시장이 보이지 않는 손으로 작동해서 수요와 공급을 맞추어 주는 것이 아님을 주장한다. 이는 시장 중심의 경제학적 접근에 대한 강력한 비판이기도 하지만 국내정치에서처럼 행위자가 무수히 많고 행위자가 느

끼는 가치의 불균형이 작을 경우는 국가라는 조직을 통해서 집단행동의 문제를 해결하면 된다는 것을 의미한다. 그러나 국제정치의 경우는 국가 상위권위체가 부재하기 때문에 이 공공재를 어떻게 구성할 것인가 하는 점이 문제가 된다.

Ⅲ 패권안정이론과 공공재의 제공

1. 패권안정이론

패권안정이론은 국제체계내의 힘의 집중이 공공재를 구성하는 준국가적 역할을 수행함을 주장한다. 즉 국내정치처럼 국제무정부 상태를 극복할 수 없는 상태에서 힘이 집중된 일국가의 존재가 다른 국가들에게도 경제적으로 도움이 된다고 한다. 패권국의 존재는 힘의 집중상태를 가정하므로 집단형성에 대한 유인과 불참에 대한 처벌기제를 가지고 있다. 따라서 이 유인과 처벌력을 통해서 필요한 수준의 공공재를 제공한다.

패권안정이론의 독특성은 바로 다른 국가들에게도 이득을 부여한다는 데 있다. 과거 투키디데스도 힘이 집중된 국가는 자신에게 유리한 방향으로 국제질서를 형성한다고 주장했는데 패권안정이론은 여기서 한발 더 나아가 자신 뿐 아니라 다른 국가에게도 이득이 된다고 하는 내용을 제시한 것이다. 앞선 올슨(Olson)의 주장에서는 공공재를 제공할 수 있는 방법으로 '지배적 수혜자(dominant beneficiary)'의 개념을 제시한다. 이것은 공공재와 관련된 한 사회나 집단에는 그 공공재로부터 엄청난 혜택을 기대하기 때문에 다른 행위자의 의도와 상관없이 공공재를 제공할 의사가 있는 지배적 수혜자가 있다는 것이다. 이런 경우 지배적 수혜자는 자신의 필요에 따라 자연스레 공공재를 제공한다. 올슨은

이런 집단을 '특전의 집단(privileged group)'이라고 불렀는데 이것은 이후 러셀 하딘(Russel Hardin)에 의해 'k'라는 개념으로 더욱 정교화 되었다.

패권안정이론 역시 올슨의 '지배적 수혜자'의 개념과 같다. 단 패권의 경우는 단일한 지배적 수혜자를 상정한다는 점에서 지배적 수혜자를 늘린 과두적 모형들인 토마스 쉘링(T. Schelling)의 K-Group이론과 다르고 자신의 커다란 이해 때문에 공공재를 제공한다는 점은 패권이론의 길핀(R. Gilpin)의 '악의적 패권'과 맥락이 동일하다.

2. 패권과 공공재 제공의 문제

공공재와 관련된 패권안정이론에 대한 비판은 크게 두 가지를 생각해 볼 수 있다. 첫째는 패권국의 의도에 관한 것으로, 패권국가는 능력을 충분히 갖춘 국가는 확실하지만 무임승차를 방지할 정도의 '자의적 패권국가(benevolent hegemon)'일지 아니면 '강압적 패권국가(coercive hegemon)'일지는 알 수 없다. 최악의 경우엔 '착취적 패권국가(exploitative hegemon)'가 될 수도 있다. 이런 경우엔 '강제 승차(forced ride)'의 문제에 빠진다.

두 번째 문제는 패권국가의 존재가 국제공공재 제공의 필요조건이 아니라는 점이다. 공공재의 제공은 행위자간 자발적인 협상에 의해서도 가능하다. 특히 몇몇 핵심적 이해를 가진 국가 간에는 협상을 통해서 공공재 창출이 가능한데, 스나이덜(D. Snidal)이 실제 과두적으로 공공재가 제공될 수 있다는 점을 'k'라는 개념을 이용해서 이것을 실증적으로 제시한 바 있다.

Ⅳ 패권이론에 대한 비판

1. 신자유주의적 제도주의이론

패권이론에 대한 반박은 크게 로버트 코헤인 (R. Keohane)의 제도론적 시각과 악셀로드(R. Axelrod)의 맞대응전략(TFT전략)에 기반을 둔 과 정론 그리고 스나이덜(D. Snidal)의 제도와 과정 접합론이 있다.

커헤인은 『After Hegemony』에서 패권 없이 도 협력이 가능하다는 점을 주장했다. 이 주장 에 따르면 패권국가가 없어도 국제공공재인 제 도가 유지된다고 한다. 물론 그가 패권 자체를 부정한 것은 아니다. 패권이 제도를 구축하고 유지하는 데 중요한 요소임을 인정했다. 특히 상품 무역 분야, 국제 통화 분야, 석유 무역 분 야에 대한 사례 분석을 통해서 석유분야에서 미 국 패권의 쇠퇴가 가장 명확하며 이런 사례들은 패권국인 미국의 국력이 레짐에 중요하다는 것 을 입증하는 것이다. 하지만 레짐이 한번 만들 어지면 일정하게 자체적으로 유지되는 경향을 가진다고 주장했다.

악셀로드(R. Axelrod)의 맞대응(TFT)전략도 국가들의 협력을 가능하게 한다. 이 이론은 국 가들이 제도를 구축하지 않고도 개별국가들의 상호주의 전략만으로도 협력을 도출할 수 있다 는 점에서 국가 전략이 얼마나 중요한가에 대한 함의를 보여준다.

2. 잉여능력 이론(Surplus Capacity Theory)

수잔 스트레인지(S. Strange)의 잉여능력이론 도 패권이론에 대해 반박한다. 패권이론이 국제 공공재인 자유무역을 국제체계의 힘을 통해서 설명한다면 잉여능력이론은 한 국가의 경제사정

이 자유무역구조를 결정한다고 보기 때문에 패 권국가인 미국이라 하더라도 잉여능력(수요를 초 과하는 공급 혹은 막대한 양의 생산능력 과다로 인해 생겨나는 문제)이 있을 경우 공공재로서 자유무 역을 지키기 어렵다고 한다.

실제 잉여능력이론은 '왜 국가 간에 무역 분 쟁이 나타나는가?'라는 주제에 대한 이론이다. 이 이론에 따르면 국가 내부의 경제 사정이라고 하는 인플레이션, 대외 적자문제, 수입 물품의 증대, 실업의 증대 문제 등에 따라 자유무역과 보호무역이 결정된다고 한다.

맥퀸(McKeown)은 19세기 영국의 정책을 분 석해서 실제로 당시 자유무역은 영국의 압력 없 이 발생했다고 주장했다. 그에 따르면 정부는 국내 불경기에서는 보호무역정책을 따르고 호경 기에서는 자유무역정책을 따른다고 한다.

코니베어(Conybeare) 역시 국내 경제가 무역 관계를 규정한다고 주장하였다. 그는 자유무역 은 공공재가 아니며 패권국가가 최선의 정책으 로 자유무역을 선호한다는 것은 이론적으로 문 제가 있다고 주장했다. 실제 패권국가는 약소국 에 대해서 적절한 규제 장치를 갖는 것이 이해 에 부합하기 때문이다. 따라서 패권이라서 자연 스럽게 자유무역이 되는 것이 아니라 패권국가 의 국가이익에 부합할 때 자유무역이 선호된다.

수잔 스트레인지(S. Strange) 역시 국내경제 요소를 통해서 무역구조를 설명한다. 그녀는 경 제의 주기적 변동에 주목하여 개별국가가 경기 불황 시엔 보호무역을 취하고 경기가 호경기로 갈 때는 자유무역을 선택한다고 주장한다.

위의 이론들의 개별적인 차이가 있어도 전체 적으로 내부 경제사정이 그 나라의 총괄적인 국 력과 관계없이 무역구조를 결정한다는 점에선 동일하다. 이 설명은 분권화된 국제 체제에서 무역구조에 대한 결정은 국가들 내부에 의해서

일어나는 것이지 강력한 힘에 뒷받침을 받는 준정부적 존재에 의한 것이 아님을 보여준다.

Ⅴ 결론: 패권과 제도 그리고 경제 상황

실제 무역구조에 대한 설명은 어떤 것이 타당한가의 문제가 남는다. 위의 이론들은 부분적으로 설명력을 가지고 있다. 따라서 3가지 이론 중 어느 하나를 선택하고 나머지를 버릴 필요는 없다.

우선 패권의 존재가 공공재의 충분조건은 아닐지라도 패권의 존재는 공공재를 만들어내는 데 있어서 선택적 친화력이 있다. 즉 패권이 있는 경우 공공재는 훨씬 잘 만들어진다. 따라서 국제공공재로서 자유무역에 대한 부정과 교착은 패권의 문제로 살펴볼 수 있다. 특히 힘의 차이가 있는 강대국과 약소국사이의 문제에 있어서는 패권이론의 설득력이 높다. 실제 국제분쟁 등에 대한 사례분석에 있어서도 강대국과 약소국사이에는 패권에 의한 설명이 타당성을 갖는다는 연구결과가 있다.

그러나 일정하게 형성된 제도나 자유무역 규범과 같은 레짐은 '관성(inertia)'이 있다. 따라서 붕괴되지 않고 유지되는 모습을 보인다. 이 경우 과두적인 국가들에 의한 이해의 결합이 이 교착을 풀어 낼 수도 있다. 특히 패권이 일정하게 쇠퇴해서 상대적인 국력의 차이가 날 정도인 경우 과두모형의 설득력이 높아진다. 또한 이런 국력이 유사한 국가 간의 문제에 있어서는 각국의 국내적 상황과 국내 생산자와 이해관계자들의 목소리가 반영될 소지가 있다.

따라서 공공재와 관련된 논의가 주는 현재적 함의는 패권이 제도 창설이나 제도와 레짐 개편과 같은 확대의 경우에 필요하다는 것이다. 하지만 국력의 차이가 상대적으로 적을수록 그리고 국내 경제상황이 나쁠수록 국내 경제와 정치에 영향을 많이 받게 된다. 따라서 이런 경우 국가들 간의 상호 이해에 기반을 둔 타협과 합의가 필수적이다.

 기출문제와 연결

제10문 2007년 입시 1번(지속가능한 개발과 공공재제공의 문제)

제017문 미국 우선주의와 미중관계 분석

미국은 트럼프(Donald Trump) 대통령 취임 이후 이른바 '미국 우선주의'를 대외정책의 기조로 내세우는 가운데, 최근 미국과 중국 사이에서는 무역 분쟁이 치열하게 전개되는 등 양국 관계의 갈등 양상이 점점 심화되고 있다. 다음 물음에 답하시오. (총 40점)

(1) 트럼프 행정부의 '미국 우선주의' 대외정책 내용을 서술하고, '패권안정 이론'을 통해 이를 설명하시오. (20점)

(2) 현재의 미중 관계를 '세력전이 이론'으로 설명할 경우 제기될 수 있는 비판에 대해 서술하시오. (20점)

2019년 국립외교원 기출문제

I. 서   론
II. 미국 우선주의의 정책내용: 패권안정이론
  1. 분석틀: 패권안정이론
  2. 미국 우선주의의 정책 내용
III. 현재 미중 관계에 대한 세력전이론 대입시 문제점
  1. 현실주의의 비판: 세력균형이론과 억지이론 관점
2. 자유주의의 비판: 상호의존이론과 제도주의의 비판
3. 구성주의 비판: 정체성의 전환가능성
4. 평   가
IV. 결   론

 문제의 맥락과 포인트

이 문제는 2019년 현재 트럼프 대통령의 미국이 자국 우선주의를 사용하게 되는 것이 어떤 정치적 결과를 가져오는지를 예측하는 문제이다. 그런데 이 문제는 먼저 공공재 공급이 안되고 이것이 패권안정을 약화시키는 것(정치경제학)을 설명한 뒤, 이로 인해 중국이 미국에 대해 도전을 한다면(안보) 이런 설명이 가질 수 있는 문제를 설명하는 문제이다. 패권안정이론과 세력전이론의 맥락이 구분되어야 하며 그런 점에서 설문 (1)번과 설문 (2)번이 논리적으로 정리되어야 하는 문제이다.

서 론

2018년 트럼프 대통령은 중국에 대해 25%의 관세를 인상하였고 중국도 이에 대한 보복관세로 25%의 미국산 상품에 대한 관세를 부과하였다. 이 조치는 미국이 중국에 대한 견제 정책들인 정치안보적으로는 해군력 증대를 통한 수정주의국가, 경제적으로는 환율조작국과 스파이를 통한 기술유출국이라는 견제정책의 일부로 볼 수 있다. '미중 무역전쟁'으로 칭해지는 이런 사안들이 과연 미중간의 세력전이를 보여주는 것

인지와 세력전이에 대한 대응책으로 볼 수 있는지를 살펴보겠다.

II 미국 우선주의의 정책내용: 패권안정이론

1. 분석틀: 패권안정이론

미국의 국가이익주의와 미국의 '우선주의'를 설명하기 위해서는 왜 미국이 이런 정책을 선택했는지에 대한 이론적 분석이 필요하다. 이론 분석을 위해 패권안정이론을 도입한다.

넓은 의미로 사용하는 패권안정이론은 패권이 존재할 때 국제질서가 안정된다는 이론이다. 힘의 집중 상태가 안정을 만든다는 것이다. 패권이라는 힘의 집중상태가 국제질서 유지와 안정에 있어서 필수적이라는 것이다.

넓은 의미의 패권안정이론의 구체적인 설명은 안보 분야를 설명하는 방식과 정치경제를 설명하는 방식이 다르다. 안보분야에 대한 설명은 길핀의 패권변동론이나 올간스키의 세력전이론이 대표한다. 이들 이론은 패권국가인 한 국가에 힘이 집중될 때 도전국가의 도전이 없기 때문에 패권국가와 강대국간의 전쟁이 없다고 본다. 즉 국제질서의 '안정(stability)'은 강대국 간의 질서 변화가 없는 상태이며 강대국간의 전쟁이 부재한 상태이다. 한 국가가 다른 국가에 비해 압도적인 힘을 가지고 있을 때 타국은 도전에 따르는 비용이 증가하기 때문에 도전할 수 없다. 이것은 국제질서에서 단극질서 자체를 안정적인 체제로 만들게 한다. 단극을 이루고 있는 패권국가가 질서를 규정하고 유지하는 데 다른 강대국들의 불만이 없거나 불만이 있어서 힘의 차이로 인해 불만을 표출하지 못하는 것이다.

정치경제에서 '안정(stability)'은 다른 의미이다. 정치경제분야의 패권은 킨들버거와 크라스너에 의해서 설명될 수 있다. 정치경제에서도 힘의 집중 상태는 '안정'을 만든다. 이때 '안정'은 공공재의 지속적인 공급이 가능한 상태, 즉 안정적인 공공재의 공급과 운용이 가능한 상태이다. 무정부상태가 기본 원리인 국제질서에서 공공재는 과소 공급된다. 이런 과소 공급되는 공공재를 제공하기 위해서는 공공재로부터 특정한 혜택을 누리는 국가가 필요하다. 패권국가는 이러한 혜택을 누리는 국가로 자신의 이익을 위해 공공재를 공급할 수 있다. 다만 패권국가가 제공하는 공공재는 다른 국가들에게도 혜택이 된

다. 게다가 패권국가는 강력한 경제력을 바탕으로 공공재 제공에 나서지 않는 무임승차국가들을 규제함으로써 공공재의 과소 공급을 막을 수 있다. 마치 패권국가는 준정부적 존재처럼 행동함으로 무정부상태의 국제질서를 위계구조를 가진 국내질서와 유사하게 만들 수 있다.

결과적으로 패권국가가 힘의 집중상태를 가짐으로서 안보차원에서 '안정'달성과 정치경제적 '안정'달성이 이루어질 수 있다. 다만 안보 차원에서 힘의 집중은 군사력과 경제력이 중요한데 비해 경제차원의 패권에서는 패권국가의 경제력에 비중이 더 높다는 점에서 다소 차이가 난다.

2. 미국 우선주의의 정책 내용

미국의 우선주의는 트럼프 정부 들어와서 노골화되었고 구체화되었다. '미국을 다시 위대하게(Make America Great Again)'이라는 슬로건처럼 트럼프 정부는 미국의 국가이익을 강조하는 정책을 표방하고 있다. 이것은 앞서 분석도구로 본 패권안정이론에 의해서 설명이 가능하다. 미국의 힘의 증대를 유지함으로써 미국 주도적인 안정을 이룩하겠다는 것이다. 미국의 주도적인 안정은 다른 강대국의 군사적인 도전을 불허하고 미국이 중심이 되는 정치경제적인 제도들을 유지하면서 미국중심으로 국제질서를 운영하겠다는 것이다.

미국 우선주의는 구체적으로 미국의 '국가이익'을 중심으로 '일방주의' 정책으로 나타나고 있다. 먼저 미국 우선주의에서 행태를 구분할 필요가 있다. 이때 일방주의는 고립주의와 개입주의라는 미국의 외교 행태와 관계없이 다른 국가들과 쌍무적으로나 다자적으로 협조적인 방식으로 문제를 해결해가려고 하지 않는 외교적인 입장을 의미한다. 즉 일방주의는 협조주의에 대비되는 개념이다. 이런 점에서 미국은 일방주의

적으로 고립주의와 개입주의를 혼용하고 있는 것이다.

미국 우선주의에서 정책선택기준을 구분할 필요가 있다. 일방주의를 선택하게 하는 기준에는 미국의 국가이익만이 있다. 다른 국가들과의 공동의 이익이나 절대적 이익은 고려대상이 아니다. 또한 국제적 규범과 가치도 고려대상이 아니다.

미국 우선주의는 정책 영역에서도 안보영역과 경제영역과 사회역역에서 모두 사용된다. 안보 영역에서 미국의 국방력을 증대하고 해외에서 미국의 안전을 확보할 수 있는 방안에 집중한다. 특히 중국의 해군력 증강으로 대표되는 도전에 대해서 미국은 일본-호주-인도로 연결되는 안보협력을 강화하고 있다. 또한 해군력의 증강으로 중국의 도전을 불허하겠다는 것이다. 북한에 대한 강경발언이나 이란과의 핵협상 철회등은 이러한 미국의 국익 우선적인 미국 우선주의를 보여준다.

경제적 영역에서도 미국은 자국 경제를 보호하는 것을 가장 중요하게 여긴다. 중국에 대한 환율조작, 기술유출, 보호주의에 따른 공격과 함께 미국 산업에 위협을 가한다는 명목으로 유럽연합에 대한 관세인상조치들이 미국 우선주의의 경제적 버전이다. TPP 탈퇴와 NAFTA와의 재협상과 한국과 한미 FTA 재협상은 미국의 국내정치에서 시장 낙오자나 경쟁력 없는 시장보호라는 국가이익을 위한 조치들이다.

사회적 영역에서 트럼프 정부는 2017년 파리체제에서 이탈했다. 이전 정부가 수립한 파리체제는 기후변화협약을 변화시키고 구체화하기 위한 제도적장치인데 트럼프 대통령은 취임 직후 이 제도에서 이탈하였다.

미국의 이러한 국가이익에 기초한 미국우선주의는 2017년 국가안보보고서에서 구체화되었

다. 그런 점에서 미국의 국가안보보고서 내용은 미국의 국익우선주의를 구체적으로 이해하는데 중요하다.

2017년 12월 트럼프 대통령은 NSS를 발표한다. 이 보고서는 미국의 국가이익을 중심으로 한 정책기조를 체계화한 것이다. 이 보고서에서 미국은 국익 우선주의를 표방하였다. 미국은 경제적이익을 revitalize하는 것을 우선으로 하고, 군을 재구성하며 국경방어와 미국의 가치를 향상시키는 것을 목표로 하였다.

NSS는 총 4개의 장으로 구성되어 있다. 제1장은 미국의 시민, 국내 안보, 미국식 삶의 방식을 protect하는 것을 목표로 한다. 국경통제와 위협의 근원을 통제하는 것이 주된 정책내용이다. 제2장은 미국의 번영을 promote하는 것을 목표로 한다. 미국 경제활력 확보와 에너지 자원을 이용하며 만성적 무역악습을 허용하지 않겠다는 것이 주된 내용이다. 제3장은 힘을 통해 평화를 preserve하고자 한다. 미국의 군사력의 강화와 동맹강화와 인도태평양시대구축을 정책방안으로 한다. 제4장은 미국의 영향력을 advance하고자 한다. 시장경제와 법치주의 강화를 수단으로 한다.

또한 이 보고서에서는 이러한 미국의 국가이익을 수호하는 데 있어서 위협을 3가지로 규정하였다. 첫째위협은 중국과 러시아다. 이들 국가는 국제질서에 있어서 수정주의 국가들이다. 둘째 위협은 북한과 이란이다. 이들 국가는 불량국가로서 국제질서를 교란시킨다. 셋째 위협은 테러리스트들이다.

2017년 미국의 안보보고서는 이후 미국 정부의 실제 정책운영의 기조를 드러낸 것이다. 이것은 미국이 패권을 유지함으로써 국가의 안전을 확보하고 미국의 가치를 전세계적으로 유지하게 하며 국제안보에서 안정과 경제적 안정

을 확보하게 한다.

Ⅲ 현재 미중 관계에 대한 세력전이론 대입시 문제점

현재 미중 관계가 세력전이론에 기초하여 작동하고 있다는 것은 미국과 중국이 패권을 두고 갈등하고 이를 넘어 전쟁까지 갈 것이라는 것이다. 이러한 설명과 예측이 가지는 문제점이 무엇인지를 이론적 차원에서 다양하게 검토함으로써 세력전이가 가져올 수 있는 위험 뿐 아니라 그 예측의 위험성도 지적한다.

1. 현실주의의 비판: 세력균형이론과 억지이론 관점

세력전이의 관점에서 미국과 중국을 보는 것에는 문제가 있다. 우선 세력균형이론에서 볼 때 미중간의 세력전이는 필연적이지 않다. 중국의 국력 상승이 미국에 대한 도전으로 이어지고 이로 인해 양국간 전쟁으로 가는 것은 필연적일 수 없다. 중국의 국력 상승은 미국에 대한 견제로 작동할 수 있다. 방어적 현실주의 왈츠의 입장에서 볼 때 중국의 국력상승은 미국을 견제하는 정도에서 그칠 것이다. 현상유지를 원하는 국가가 과도하게 비용을 지불하면서 군사력을 늘리려고 하지 않을 것이다. 게다가 올간스키가 보는 것처럼 도전국가가 현상타파적이어야 할 이유가 없다. 도전국가는 지속적인 성장으로 패권국가를 견제하거나 패권국가에 대해 우위에 설 수 있기 때문에 먼저 패권국가를 상대로 도전하는 예방전쟁으로 가지 않는다.

두 번째는 억지이론을 통해서 비판할 수 있다. 미국과 중국은 핵보유국가로 이들의 핵능력은 세력전이에 따른 전쟁의 비용을 과도하게 증대시킨다. 미국이 완벽하게 중국 공격을 막을

수 없다면 미국 역시 중국의 2차 공격력에 의해 억지된다. 중국도 마찬가지이다. 중국도 자국 군사력의 상당부분을 파괴당하지 않고는 미국과 싸울 수 없다. 따라서 핵무기의 고비용성으로 인해 미국과 중국간의 세력전이는 상상하기 어렵다.

2. 자유주의의 비판: 상호의존이론과 제도주의의 비판

자유주의의 상호의존이론에 따르면 미중간의 세력전이론은 설득력이 떨어진다. 상호의존에 따르면 미국과 중국의 상호의존의 증대로 인해 전쟁가능성은 약하다. 미국은 중국의 투자가 절실하다. 반면 중국 역시 미국에 대한 수출이 절실하다. 특히 대외무역의존도가 높은 중국은 미국에 대한 시장 접근이 매우 중요하다. 반면에 미국은 NAFTA를 중심으로 무역을 하기 때문에 중국에 대한 무역 분야에서 절박함은 적다. 하지만 중국의 미국 채권에 대한 높은 투자를 고려할 때 중국과의 관계 유지가 중요하다. 게다가 미중 교역의 증대는 전쟁으로 인한 기회비용을 증대시켜놓았다. 이것은 미중간 전쟁의 고비용성을 보여준다.

신자유주의 제도주의에서도 미중 세력전이론에는 문제가 있다고 한다. 미국과 중국은 상호주의에 기초하여 1990년대 이후 관계를 관리해왔다. 또한 수많은 국제제도들에 의해서도 상호관리가 가능하다. UN과 WTO로 대표되는 안보와 경제 제도들은 힘에 의한 투쟁을 제도가 대체하거나 경감할 수 있다는 점을 보여준다. 무력분쟁보다는 국제제도를 통한 분쟁해결이 더 확실한 결과를 보장한다.

3. 구성주의의 비판: 정체성의 전환가능성

구성주의에 따르면 정체성이 미중간 관계에

서 중요하다. 미국과 중국은 1950년 한국전쟁에서 3년간 싸웠다. 그러나 1972년 미중간 관계 개선과 1979년 국교수립 이후 새로운 관계를 맺었다. 1990년대 이후 중국의 WTO 가입 이후 미중간의 관계는 경제적인 차원에서 동반자적 관계가 되었다고 볼 수 있다. 이러한 상황에서 세력전이에 기초한 힘의 대결은 정체성변화로 인해 어렵다.

4. 평 가

미국의 패권에 기초한 미국 우선주의에도 불구하고 미국과 중국이 세력전이로 갈 가능성은 높지 않다. 힘의 경쟁은 이루어지겠지만 제도적인 견제와 상호의존의 강화 속에서 이루어질 가능성이 높다.

Ⅳ 결 론

트럼프 정부의 관세 인상정책으로 대표되는 미국우선주의 정책은 패권을 유지하기 위한 미국의 정책임에도 불구하고 이로 인해 미중 세력전이로 이어질 것으로 보이지는 않는다. 미국은 약화된 제조업 경쟁력과 시장 열패자들의 지지가 중요하게 되었다. 이것은 미국의 국내정치변화지만 더 많은 미국인들이 자유무역과 국제정치의 안정에서 혜택을 얻는다. 그런 점에서 미국 우선주의가 지나치게 극단적으로 갈 가능성은 낮다고 할 수 있다.

제018문 신자유주의와 신현실주의의 북한 문제 적용

국제정치 이론에서 '절대적 이득(absolute gain)'과 '상대적 이득(relative gain)'에 대해서 설명하고, 이 두 개념을 사용하여 한반도에서 남북 간 협력의 가능성과 한계를 설명하시오. (30점)

I. 서 론
II. 절대적 이득과 상대적 이득
  1. 절대적 이득
  2. 상대적 이득

III. 남북관계에의 적용
  1. 절대적 이득과 남북 협력의 가능성
  2. 상대적 이득과 남북 협력의 한계
  3. 종합적 평가
IV. 결 론

문제의 맥락과 포인트

신현실주의와 신자유주의의 마지막 문제는 상대적 이득과 절대적 이득이라는 1980년 국제정치학 이론의 주된 논쟁을 통해서 남북문제를 파악하는 문제이다. 이 문제는 앞선 문제들에서 배운 이론적 도구들과 기본 가정을 바탕으로 하여 '상대적'이고 '절대적'인 이익이라는 것이 구체적으로 무엇인지를 남북사이의 관계 속에서 설명해야 한다. 현실을 이론 속에 어떻게 포섭시켜서 구체화시키는가 하는 점이 이 문제의 중요 포인트라고 하겠다. 여기에 더해 장기적으로 남북관계가 어떤 이익구조를 중시해야 할지와 그렇게 만들기 위한 방안이 무엇인지를 첨부하면 좋겠다.

I 서 론

2000년 6·15공동성명을 기점으로 남한은 북한에 대해 더 적극적인 협조정책을 추구했다. 그러나 2002년 북한의 2차 핵위기로 남북 관계는 변화를 맞이했다. 금강산 관광객 총격사건과 연평도 포격으로 상징화되는 북한의 도발에 대해 남측도 북한에 대한 입장이 양분되어 있는 상황이다.

그렇다면 향후 남북 간의 관계는 양자사이의 협력을 통한 정치적 파이를 키울 수 있는가 아니면 양자 간의 이해의 차이와 이득의 크기로 인해 협력의 달성이 어려울 것인가? 남북 간의 협력의 가능성을 설명할 수 있는 이론 체계에 따르면 남북은 협력에 있어서 어떤 가능성과 한계를 가지고 있는가?

이하에서는 신현실주의가 주장하는 상대적 이득의 중요성과 그로 인한 협력의 곤란과 신자유주의가 주장하는 절대적 이득의 가능성과 협력의 가능성을 비교하여 설명하고 이론의 현실 적용을 통해서 남북관계를 조망해 보도록 한다.

II 절대적 이득과 상대적 이득

1. 절대적 이득

신자유주의자인 커헤인(R. Keohane)은 패권의 존재 없이도 국가들 간의 협력이 가능함을 보인다. 그는 신현실주의가 주장하는 두 가지 가정을 공유하고도 국가들은 협력할 수 있음을 이론으로 논증하였다. 즉 무정부 상태의 인정과 그 속에서 국가 행위자 중심성을 받아들인다고 해도 국가들은 제도를 통해서 기만의 문제를 일정하게 해결할 수 있으며 그 속에서 국가들은 절대적 이득을 향유할 수 있기에 협력이 가능해진다고 한다. 국가들이 상대적 이득에 민감한 것은 사실이지만 게임 행위자로서의 국가의 수를 증대시킨다면 절대적 이득의 크기가 커지고 상대적 이득에 덜 민감하게 되기 때문에 국가들 간의 협력 가능성이 증대한다.

신자유주의에서 절대적 이득이란 국가와 국가 사이에서 한 국가의 이득의 증대가 다른 국가의 이득의 감소를 가져오지 않고 양자의 동시적 이익의 증진이 가능한 이익체계를 의미한다. 이는 국가 간의 협력을 통해서 이득을 창출할 수 있고 이로 인해서 국가들은 갈등하기보다는 상호간의 이해를 조정하고 조율할 수 있다는 의미이다.

절대적 이득은 집행력의 부재라는 무정부 상태 속에서 국가들의 능력의 차이가 존재하지만 국가들이 힘의 분포에 있어서 위계를 가지지 않고 원자적으로 배열된 상태에 존재하기 때문에 가능해진다. 이런 경우 국가들은 이기적 이해의 득실구조로 인해서 항상 기만의 유혹에 놓여 있다. 그러나 이러한 기만의 위협도 장기적인 게임 구조 속에서 볼 때 단기적 이득만을 추구하지 않게 만들면서 그러한 기만의 문제를 제도를 통해서 해결해준다면 국가들은 자신만의 이득이 아닌 더 큰 국가들 간의 협력을 통한 장기적인 이득을 추구할 수 있다.

2. 상대적 이득

반면에 그리코(R. Grieco)는 신자유주의가 주장하는 절대적 이득이란 신현실주의의 가정과 기본 이론체계를 잘못 이해한 결과 나온 것이라고 비판한다. 그가 보기에 신자유주의는 무정부 상태와 국가에 대한 잘못된 이해에 기반하고 있다. 무정부 상태는 보호의 부재를 의미하며 보

호의 부재는 국가들을 생존의 문제에 민감하게 만든다. 이는 국가들이 생존할 수 있는 가능성을 증대하기 위한 방안으로 권력과 권력의 사용 가능성인 능력을 증대하게 만든다. 따라서 국가는 권력에 집중하게 되는데 이런 경우 국가들은 힘의 위계구조 속에서 서열화가 된다.

국가 간의 힘의 서열화는 국가를 원자적이기보다 위치에 민감한 존재로 만든다. 위치적 존재인 국가는 기만을 일정하게 해결한다손 치더라도 두 번째 문제인 그 협력을 통해서 상대방보다 얼마나 큰 이익을 향유할 수 있는가라는 문제에 집중하게 만든다. 즉 기만의 문제가 해결되더라도 위치에 변화를 가져올 수 있는 상대적 이득으로 인해서 국가들은 협력에 나서지 않게 된다. 이것은 국가들이 안보게임에서 뿐 아니라 경제 게임에서도 적용된다. 경제적 격차가 생기면 이것은 이후에 안보에 심각한 위협이 될 것이기 때문이다. 따라서 국가들은 상대방과 무엇을 만들어내는가 뿐 아니라 그 것을 어떻게 분배하는가라는 이득의 크기문제인 상대적 이득으로 인해서 협력을 달성하거나 유지하기 어렵게 된다.

Ⅲ 남북관계에의 적용

1. 절대적 이득과 남북 협력의 가능성

남북관계는 핵문제의 평화적 해결과 이로 인한 한반도위기의 회피라는 공동의 이득을 가지고 있다. 북한의 핵문제는 한반도에서 미국과 일본의 이해가 부각될 수 있는 가능성을 열어두고 있다. 이에 따라서 핵에 대한 다른 이해차이로 인한 갈등과 분쟁의 가능성이 높다. 여기에 더해 중국이라는 이해 세력을 불러와 핵게임을 매우 복잡하게 만들고 있다. 이런 가운데 북한의 핵문제의 평화적 해결이라는 공동의 절대적

이익은 남북을 협력하게 해 줄 것이다.

실제 북한의 핵은 체제의 보장이라는 첫 번째 목표와 북한의 에너지 부족의 해결 그리고 원자력의 보유를 통한 위상의 증진이라는 국가 이익에 기반하고 있다. 그러나 이러한 세 가지 이득을 가지기 위한 방안은 핵의 평화적 이용과 핵의 군사적 전용사이의 경계를 넘으면서 미국과 일본에 위협요인으로 작용하고 있다. 따라서 북한의 목표들을 다른 방안을 통해서 확보하게 하는 것으로 북한의 핵문제를 푼다면 북한도 핵과 군사문제에서 양보할 가능성이 높다. 최근 북미간의 논의는 결국 상호 신뢰 부족 상태에서 누가 먼저 양보를 할 것인가 하는 우선순위의 문제인 것이다.

북한의 핵게임은 또 다른 이익인 북한의 경제적 문제 해결을 위한 하나의 방편이다. 북한은 1995년 홍수 이후로 심각한 경제 위기에 봉착해 있다. 이러한 경제 위기는 남한과의 경제협력과 2002년 7월의 경제 개혁조치를 통해서 해결을 모색했었다. 하지만 남북경협은 확대되지 못한 채 중단위기에 있고 북한의 7·1조치는 실패했다. 그러나 북한경제의 궁극적인 문제는 한국전쟁 이후 묶여 있는 경제제재에 있다. 따라서 경제 제재를 주도하고 있는 미국과의 관계 정립이 핵심적이다. 그러므로 미국과의 체제 보장 뿐 아니라 관계정상화를 통한 경제문제의 해결이 중요하다.

북한의 경제문제의 해결은 남한 입장에서도 중요하다. 북한의 경제적 곤경은 북한 내에서 실용적 견해를 가진 이들의 입지를 약화시키고 군부 등의 강경파의 입지를 강화시킨다. 이는 북한의 정책 변경을 어렵게 하여 북한을 극한 게임의 구조 속으로 몰고 가고 있다. 이는 대한민국에도 큰 부담이 된다. 실제 남북 경협의 교착과 들러리화가 일어나고 있다. 여기에 더해

북한의 경제 위기는 체제위기로 이어져 고스란히 대한민국에 이전될 가능성이 높다. 따라서 북한경제의 회생은 갑작스런 붕괴와 그에 따른 군사적인 혹은 정치적 분쟁과 남한의 흡수통일의 부담을 줄여줄 수 있다. 이는 북한과의 일정 기간의 공존이나 장기적 통일을 위해서도 중요한 문제가 될 것이다.

따라서 이에 대한 해법은 기만의 위협을 감소시키고 절대적 이득을 키울 수 있는 제도의 창출에 있다. 또한 다자주의제도를 이용해서 남한의 정치적 자산의 부족을 해결하고 동북아 구조 차원에서의 해결방안을 위한 행위자의 증대를 꾀해야 한다.

2. 상대적 이득과 남북 협력의 한계

남북 간의 이익의 조화가능성은 북한이 보유한 군사적 능력과 군사적 능력을 통한 위협에 의해서 고려될 필요가 있다. 무정부상태의 불안감은 신뢰를 가져오기 어렵게 만든다. 이 속에서 국가들은 이기적이기 때문에 자신의 몫을 키워서 향후에 대비할 것이다. 북한의 핵능력은 1980년대 이후 계속 증대해왔고 결국 2005년 2월 핵보유 선언에 이르게끔 하였다. 여기에 더해서 서해교전이 보여주듯이 북한에 대한 우리의 경제적 지원은 무력도발로 이어졌다. 이는 북한에 대한 경제적 지원이 반드시 남북 간의 관계개선이나 평화로운 공존만을 보장하지는 않는다는 것을 의미한다. 특히 선군 정치를 하는 북한은 군사력의 증대를 통해서 정치적 갈등을 봉합해왔다. 이는 향후에도 북한의 정치가 군 중심으로 운영될 가능성을 보이는 사례이다. 따라서 남한의 어떠한 지원도 궁극적으로 북한 군부를 유리하게 할 것이고 이는 결국 불필요하게 당근만을 제공하는 결과를 가져올 것이다.

또한 북한과의 기능적 접근이나 북핵문제에

대한 제도적 접근은 북한에 대한 신뢰를 바탕으로 한다. 그러나 북한은 계속 게임의 룰을 어겨왔다. 이런 상황에서 북한이 게임의 룰을 따르는 것은 생존의 시간을 벌고 위기를 모면하기 위해서이다. 그러므로 사회내로 연계되기 어려운 기능적 접근이나 재개의 불투명성을 보이는 제도적 방안 모색은 북한에 대한 유리한 국면을 제시함으로써 향후 북한의 입지만을 강화시킬 것이다. 따라서 이러한 구조에서의 해법은 힘을 통한 강제에 있다 할 것이다.

3. 종합적 평가

북한의 경제적 상황이 나아지지 않고 있다. 여기에 더해서 김정일의 권력을 세습한 김정은은 할아버지 김일성과 같은 절대적인 카리스마와 신성화된 지도력을 보유하고 있지 못하다. 중국과 러시아는 남한에 대한 이해관계가 상대적으로 더욱 커지고 있다. 이러한 외부 환경은 북한의 체제 보존과 생존에 부담이 되고 있다. 여기에 더해 북한이 부담해야 할 군사비는 북한 경제에 대한 심각한 부담이 되고 있다. 부족한 자원을 해결하기 위해 무기보다는 달러를 필요로 한다.

북한의 이러한 환경은 북한을 생존하게 하는 방안을 통해서 북한과의 이해공유에 집중할 수 있게 해준다. 북한 체제에 대한 경제적 부담 역시 북한 체제에 대한 부담이 될 것이고 이것은 북한을 폭발로 내몰 수 있다. 이는 한반도의 위기를 가져올 것이고 남한에 대한 정치적 군사적 경제적 부담으로 작용할 것이다. 따라서 북한과의 절대적 이득의 공유부분이 존재한다는 것을 의미한다.

문제는 북한의 변화를 신뢰할 수 있게 만드는 방안이 될 것이다. 즉 북한의 군사적 전용이나 기만의 문제를 해결할 수 있는 방안이 모색

되어야 한다. 현재 상황에서 경제적 부문에서 볼 때 남과 북의 이득의 편차는 남한이 북한에 대한 경제적 지원의 부담을 일정하게 감내할 수 있는 정도로 보인다. 하지만 북한의 군사력은 남한의 큰 위협이 되므로 남북 간의 군사적 신뢰를 구축할 수 있는 방안을 통해서 상대적 이득으로의 전환을 막아야 할 것이다.

이는 특히 북한 내의 강경파들의 목소리를 줄여야 하며 남한내 대북한 강경파들의 목소리를 줄일 수 있는 조치와 함께 병행되어야 할 것이다. 신뢰를 보일 수 있는 방안의 모색과 확고한 의지의 제시는 게임의 구조를 안정적으로 가져올 것이다. 또한 이런 안정화는 북한 문제가 정치문제로 비화되는 것을 막아 줄 것이다. 정치화의 저지는 남북관계의 안정화와 강화에 도움이 될 것이다. 하지만 2011년 김정일 사망과 김정은의 세습과정은 북한 군부의 중요성과 권력집중을 더욱 공고히 해주었다. 또한 2012년 4월달의 북한 광명성 3호 발사는 8억 달러 이상의 돈을 들였고 이것은 인민의 경제상황개선보다도 군사력 과시와 위협을 통한 협상을 김정은 정권이 중요하게 여기고 있다는 점을 명확하게 한 것이다.

Ⅳ 결 론

현재 북한과의 공유된 절대적 이득의 크기가 크다. 이는 북한이 게임구조 속에서 기만이나 상대적 이득을 통한 게임의 유용을 저지할 수 있다면 남북 간의 협력이 강화될 수 있음을 보인다. 이것을 안정화하기 위해서는 남북관계를 좀 더 투명화할 필요가 있다. 이는 남북관계의 악화를 막는 데도 도움이 될 것이다. 특히 김정은 체제에는 정통성을 부여하는 측면에서도 경제교류를 통한 절대적 이득향유를 설득할 수

있다.

기출문제와 연결

제12문 2010년 5급 2번(남북관계의 상호주의

제019문 동맹이론과 한미동맹의 미래

2023년은 한미동맹체결 70주년이 되는 해이다. 동맹은 무정부 상태에서 국가들 간의 힘의 증대에서 국가들의 안보를 확보할 수 있는 중요한 장치로 국제정치에 있어서 오래된 개념이자 정책 중의 하나이다. 한국은 한국전쟁 이후 현재까지 동맹을 통해서 한반도의 냉전과 탈냉전시기 긴장과 갈등을 해결해 왔다. 하지만 70년의 시기 동안 한미동맹은 강화되기도 하고 약화되기도 하였다. 다음 질문에 답하시오. (총 50점)

(1) '세력 혹은 권력 측면'과 '위협 측면' 혹은 '정체성 측면' 그리고 '강대국과 약소국 관점'에서 한미동맹의 성립과 유지에 관해 이론적으로 비교하시오. (20점)

(2) 한미관계에서 한미동맹이 강화된 시기와 약화된 시기를 선택하고 각각의 원인을 앞의 이론에 비추어 설명하시오. (20점)

(3) 향후 한미동맹의 미래 방향을 '국가이익'과 '위협'과 '정체성'이라는 요소를 통해서 예측하시오. (10점)

Ⅰ. 서   론
Ⅱ. 동맹에 관한 이론적 분석
  1. 세력균형이론
  2. 위협균형이론
  3. 정체성 균형이론
  4. 자치안보 교환 모형
  5. 동맹 형성과 유지에 대한 평가

〈cf. 대안 목차〉
  1. 동맹의 형성에 관한 설명들
    첫째, 세력균형이론
    둘째, 위협균형이론
    셋째, 정체성균형이론
    넷째, 자치-안보교환모형
  2. 동맹의 유지에 관한 설명들

    첫째, 세력균형이론
    둘째, 위협균형이론
    셋째, 정체성균형이론
    넷째, 자치-안보교환모형
  3. 평가

Ⅲ. 동맹의 강화와 이완의 사례들 분석
  1. 동맹의 강화사례
  2. 동맹의 이완사례
  3. 사례 분석의 함의
Ⅳ. 향후 동맹의 위상
  1. 한미동맹의 위상강화입장
  2. 한미동맹의 위상약화입장
  3. 평 가
Ⅴ. 결   론

2015년 봄은 한국에게 외교적으로 어려운 해였다. 중국의 아시아인프라투자은행설립과 미국의 미사일체계인 THAAD배치를 두고 한국은 미중간의 갈등을 경험했다. 2015년 8월 북한의 도발은 한미동맹이 여전히 중요한 장치라는 점을 실감하게 하였다. 이런 상황은 한미동맹이라는 주제를 여전히 중요한 주제로 만들고 있다. 이론과 실제 역사적 사례를 동원해서 한미동맹의 중요성을 제시할 것을 요구하는 문제이다. 마지막으로 정책을 '이익'과 '위협'과 '정체성'이라는 요인들을 가지고 평가하는 것으로 이론에서 현상 분석과 정책 연결을 묻고 있는 문제이다.

Ⅰ 서 론

2003년 이라크 파병은 한미 동맹에서 연루와 방기 사이의 동맹안보딜레마가 작동하고 있다는 점을 가장 극명하게 보여주었다. 하지만 2008년 이명박 정부는 한미동맹을 다시 강화하였고 2009년 6월 한미정상회담에서 '포괄적 전략동맹'을 합의하였다. 과거 닉슨−카터정부에서 한미동맹이 시험대에 올랐던 뒤에 레이건 정부에서 한미동맹이 강화되었던 역사적 사례를 반복하였다. 그렇다면 지난 60여 년 간 한미동맹을 이완과 강화 사이에서 오갈 수 있게 만든 요인이 무엇인지가 중요해진다. 어떤 요인이 향후 한미관계를 규정하는지를 알 수 있기 때문이다.

Ⅱ 동맹에 관한 이론적 분석

1. 세력균형이론

세력균형이론은 한미동맹을 북한에 대한 남한의 힘의 열세를 만회하기 위해 만들어졌다고 본다. 세력균형이론은 권력적 측면에서 세력균형이 필요하다고 한다. 즉 상대국가의 힘의 증대에 대해 힘을 통한 견제가 필요한 것이다. 이런 세력균형이 만들어지는 요인에 대해서는 다시 두 가지 이론이 차이를 보인다. 먼저 모겐소(H. J. Morgenthau)는 인간의 본능적 권력욕구를 통해서 세력균형을 설명한다. 권력인간들이 국가를 지배하고 이들 국가는 권력경쟁을 하게 된다. 따라서 권력경쟁 속의 국제정치가 가지는 불안정 해소를 위해서 세력 균형이 요구된다. 이때 세력균형 장치로서 동맹은 지도자의 의지와 선택에 의해서 형성된다. 한미동맹에 적용하면 한미동맹은 국가이익의 산물이다. 약한 권력의 남한은 강대국 미국이 필요했고 미국은 아시아에서 소련과 사회의 팽창을 저지하는 것이 중요한 국가이익이었기 때문에 동맹이 형성된 것이다.

반면에 구조적 현실주의에 따르면 한미동맹은 양극 구조의 산물이다. 왈츠(K. Waltz)는 무정부 상태와 안보 확보를 위한 자동적 세력 균형을 주장한다. 무정부상태가 가하는 자구체제의 압력과 국가의 생존추구 욕구가 자연적으로 세력균형을 창출한다고 본다. 따라서 동맹은 구조의 산물이 된다. 한미동맹 역시 미소 냉전이라는 양극적 구조로 만들어진 것이다.

이렇게 형성된 세력균형의 유지여부 역시 지도자의 인식과 극성에 의해서 결정된다. 한미동맹은 지도자들이 여전히 동맹을 국가이익이라고 여기기 때문에 유지되는 것이다. 고전적 현실주의 식의 세력균형은 동맹이 지도자에 의해서 만들어지고 지도자가 동맹이 국가이익이 된다고 생각하면 유지가 된다. 따라서 동맹 유지의 핵심은 국가이익이 되는지 여부이다. 따라서 한미동맹이 유지된다는 것은 한국과 미국이 한미동맹을 국익 확보의 중요한 수단으로 보기 때문이다. 한국은 북한의 핵위협과 군사적 도발을 억지하는데 사활적인 이익을 가지고 있고 미국의 군사력은 억지장치가 된다. 미국의 입장에서는 북한의 핵위협에 대처하고 북한으로 인한 동북아 불안을 해소하는 것이 국가이익 차원에서 중요하다.

반면에 구조적현실주의에서는 한미동맹을 설명하기 어렵다. 구조적 현실주의에서 동맹유지는 극성 형태에 의해 결정된다. 단극이 된 상황에서 한미동맹이 유지되는 것은 설명이 어렵다. 특히 탈냉전 이후 남한 권력이 북한 권력을 추월한 상황에서 패권국가 미국과의 동맹은 권력 차원에서 설득력을 잃어버렸다. 간혹 북한의 핵능력이나 대량파괴무기로 인한 군사력우위를 들어 한미동맹을 설명하는 경우도 있다. 하지만 이는 세력균형이라기보다는 억지에 근거를 두고 있다.

2. 위협균형이론

위협균형이론은 한미동맹을 사회주의권의 확장이라는 틀 속에서 북한위협에 대항하기 위해 동맹이 형성되었다고 설명한다. 위협균형이론은 국가들이 동맹을 형성할 때 실제 물리적인 권력이나 세력 기준에서 동맹을 체결하는 것이 아니라 위협에 대항해서 동맹을 체결할 수 있다고 주장한다. 스테판 왈트(S. Walt)는 위협에 의해서 국가가 동맹과 편승을 결정한다고 보면서 4가지 요소 즉, 총합적 국력, 지리적 인접성, 공격능력, 공격의도라는 4가지가 위협을 결정한다고 보았다. 이 이론에 따르면 한미동맹은 사회주의권의 강력한 권력과 북한·중국이라는 인접한 위협과 이들의 공격능력과 공격의도에 대항해서 형성된 것이다.

위협균형이론은 북한의 위협이 여전히 존재하고 있다는 것을 통해서 동맹 유지를 설명한다. 특히 군사적 분단상태에서 인접한 북한이 공격 무기인 핵무기와 대량파괴무기를 막대한 정도로 보유하고 있다는 것은 한국에게는 커다란 위협이 된다. 한편 미국에게도 북한의 대량파괴무기 획득 및 추가 확보 노력은 국제적 핵 확산 방지라는 차원에서도 중요하다. 이것은 9.11테러이후 미국에게 잠재적인 위협이 된다. 대량살상무기와 테러와의 연계는 미국의 국가안보에 있어서 가장 큰 위협이 된다.

이 논리에 더해서 한국은 과거 북한의 위협만을 고민했지만 중국과 일본의 동시 부상에 따른 동아시아의 군비증강이 가져오는 환경변화에도 대처해야 하는 또 다른 위협을 상정할 수 있다. 지역불안정은 한국과 미국에게 장기적인 위

협구조가 될 수 있다. 여기에 더해 테러 위협도 고려할 수 있다. 따라서 한미동맹이 포괄적 동맹으로 확대된 것은 이러한 위협 인식 공유로 설명할 수 있다.

3. 정체성 균형이론

구성주의 설명에 따르면 한미동맹은 정체성 일치에 의해서 형성된 것이다. 구성주의는 동맹 형성이 상대국가와의 간주관적 인식에 근거해서 이루어진다고 본다. 권력과 같은 물질적 기준이 아니라 위협을 이해하는 상호적인 정체성 일치가 동맹에 중요하다. 이런 구성주의 설명은 민주평화론을 민주적 동맹론으로 변화시켰다. 토마스 리세 카펜(T. Risse-Kappen)은 민주주의 국가 간의 정체성 공유가 전쟁 대신에 평화를 선택하는 것처럼 민주주의 국가들이 공유한 규범이 동맹을 형성하고 유지하는 데 중요하다고 보았다. 한미동맹은 자유민주주의를 만들고자 한 미국과 자유민주주의를 유지하고자 하는 한국이 사회주의 위협에 대항하여 공통의 가치를 지키려고 형성한 것이다.

정체성에 기반한 이론에 따르면 한미동맹 유지는 자유민주주의 정체성 공유를 통해서 설명할 수 있다. 한국은 민주화를 20년 이상 지속시키면서 전세계적으로 드문 경제적 성장과 민주화를 동시에 이룬 나라가 되었다. 그리고 이를 뒷받침하는 데 미국의 기여가 컸다. 따라서 한미간에는 민주주의와 경제발전에 대한 정체성과 공유된 경험이 존재한다. 따라서 과거 한미관계의 일방적 기여자·수혜자 관계보다는 대등한 정체성에 기반한 관계로의 변화를 모색하면서 동맹을 유지해오고 있다.

4. 자치안보 교환모형

자치안보 교환모형에 따르면 한미동맹은 미

국의 안보보장과 한국의 자치권제공간의 교환에 의해서 형성된 것이다. 자치안보 교환모형은 강대국과 약소국 간의 동맹을 설명하는 특별한 모델이다. 제임스 모로우(J. Morrow)에 따르면 강대국과 약소국간의 관계는 자치와 안보의 상호 교환에 의해 설명할 수 있다. 강대국이 약소국의 안보를 보장하면 약소국은 강대국에게 자치권을 부여하는 것으로 이해를 공유하여 동맹을 체결한다. 이 모형을 한미동맹에 적용하면 남한은 북한과 사회주의세력인 소련과 중국의 위협에 대항하여 스스로 안보를 확보할 수 없기 때문에 미국에 안보를 보장받고 미국의 세계적 냉전관리 전략을 위해 자치권을 양보한 것이다.

자치안보 교환모형에 따라 한미동맹 유지를 설명하면 한미동맹의 이완과 재강화를 설명할 수 있다. 1990년대 이후 한국의 경제력은 북한을 압도하였고 이로 인해 군사력 격차를 역전시킬 수 있게 되었다. 이러한 한국의 안보 증진은 자신의 자치권 확보 노력으로 이어졌다. 미국은 한미동맹에 대한 자신의 정치적-경제적 부담을 완화하고자 하였고 그로 인한 안보비용을 한국에 전가하고자 하였다. 이에 따라 한미 간 안보와 자치권 맞교환에 변화가 생기면서 노무현 정부에서 한미동맹은 이완되었다. 전시작전 통제권 문제와 GPR에 따른 주한미군의 유동성이 문제가 되었다. 그러나 이명박 정부에서는 남한의 독자적인 안보달성이 여전히 어렵다고 인식하면서 미국의 확장억지력에 도움을 얻어 북한 핵문제와 중국성장문제에 대비하고자 했다. 이로 인해 자치권 확보의 상징적 조치인 전시작전권 전환을 2015년으로 연장한 것이다.

5. 동맹 형성과 유지에 대한 평가

위의 4가지 모형은 형성과 유지를 설명하는데 정도의 차이를 달리 해서 설득력을 가진다.

힘의 균형과 위협균형을 위해 상대적 약소국인 한국이 미국에 편승하는 정책을 사용함으로써 동맹이 형성되었다. 당시 미국과의 정체성 균형을 설명하기는 쉽지 않지만 자유민주주의에 대한 가치 공유 차원에서 설명될 수 있다.

또한 한미 동맹은 폴 쉬로더(P. schroeder)의 분석에서처럼 대적게임뿐 아니라 대내게임을 고려하면서 형성되기도 하였다. 즉 대북한 억제와 방어뿐 아니라 남한의 군사적 적극주의를 억지하는 데도 기여한 것이다. 유지에 있어서도 한미동맹은 대적게임으로써 북한을 억지하는 데 기여하였고 정체성에 기반하여 점진적으로 대등한 동맹관계를 형성해 가고 있다.

....

● CF. 대안 목차

1. 동맹의 형성에 관한 설명들

첫째, 세력균형이론
둘째, 위협균형이론
셋째, 정체성균형이론
넷째, 자치-안보교환모형

2. 동맹의 유지에 관한 설명들

첫째, 세력균형이론
둘째, 위협균형이론
셋째, 정체성균형이론
넷째, 자치-안보교환모형

3. 평 가

형성을 잘 설명하는 모형과 유지를 잘 설명하는 모형이 있다. 이 중 위협균형과 자치안보교환모델은 형성과 유지를 모두 잘 설명한다.

....

Ⅲ 동맹의 강화와 이완의 사례들 분석

1. 동맹의 강화 사례

동맹이 강화된 것은 레이건 정부 출범시기와 이명박 정부 출범시기를 들 수 있다. 먼저 레이건 정부 시기에는 그 이전 닉슨정부와 카터정부에서의 데탕트정책과 다른 신냉전전략을 구사했다. 소련의 아프가니스탄 공격과 이란 대사관 사건 등에서 미국은 새로운 냉전이 시작되었다고 생각하고 다시 사회주의 봉쇄정책으로 돌아섰다. 이를 위해 미국은 해양수로전략에 기반해 동맹을 통한 강력한 봉쇄정책으로 돌아섰다. 그러면서 레이건 정부는 약화된 한미동맹을 강화하는 것에 상징적인 의미를 부여하기 위해 당시 한국지도자를 가장 먼저 접견하면서 동맹정책으로 전환할 것임을 알렸다.

냉전전략의 재편성은 당시 한국정권이 비민주주의 정권임에도 불구하고 사회주의에 대한 반공이라는 차원에서 이해될 수 있다. 미국은 민주주의라는 이념보다 반공과 봉쇄라는 전략을 중요하게 여기면서 대외정책을 수행했다. 한국정부는 그동안 자주국방 노력의 일환이었던 유도미사일 개발 등을 포기하면서 다시 대미편승외교를 강화하였다. 이것은 한국과 미국이 모두 사회주의 국가에 대한 힘의 우위를 추구한 것이다. 한편으로 이들 국가들의 위협이 다시 문제가 된 것에 대항하는 것이다. 따라서 반공이라는 정체성에 기반하여 다시 자치와 안보를 교환하면서 동맹이 강화되었다.

이명박 정부가 들어선 시기 역시 한미동맹이 강화되었다. 이명박 정부는 전임정부의 평화번영정책이 미국과의 관계를 소원하게 하면서 중국에 대한 의존을 높였을 뿐 아니라 북한 핵문제를 푸는 데 실패했다고 보고 북한 위협과 중국성장에 대항해 한미동맹강화를 꾀했다. 보수적인 부시행정부와 한미동맹을 복원하기로 하고 한미동맹을 최우선적 외교안보과제로 삼았다. 미국 역시 포괄적 위협에 대처하기 위해 한미동맹을 발전하기로 하였고 오바마 정부에서도 한미동맹은 유지발전되고 있다. 이것은 북한 핵위협을 제거하고 핵 없는 세상을 만들려는 오바마 정부의 국가이익과 한국의 확장억지에 대한 국가이익이 공유되기 때문이다. 한편 위협을 제거하면서 포괄적인 안보이슈로 확대하는 것은 한미가 자유민주주의를 공유하기 때문이다.

2. 동맹의 이완사례

한미동맹이 이완된 사례는 두 시기가 있다. 먼저 닉슨독트린이 발표되면서 주한미군 철수로 이어진 시기이다. 두 번째 시기는 노무현 정부가 들어오고 미국이 이라크 전쟁을 한 시기이다.

먼저 첫 번째 시기는 닉슨독트린이 발표되면서 아시아인의 방어는 아시아인이 하라고 했던 시기이다. 이 시기에 닉슨은 베트남전으로부터 탈출을 원했고 명예로운 탈출을 위해서 중국이 필요했다. 미국은 중국에 접근하여 소련과 중국의 갈등을 이용해서 테탕트를 만들었다. 닉슨은 베트남으로부터 점진적 철군을 위해 아시아에서 확장적 억지를 제외한 군사력지원을 철회하겠다고 밝힌 것이다. 이런 미국의 발표는 동맹의 파트너인 한국에게는 미국지원의 삭감을 의미하는 것이었다. 당시 한국은 베트남 5만에 가까운 병력을 파병하고 있었지만 미국으로부터 '방기(abandonment)' 당하게 되었다.

데탕트라는 구조적 변동으로 인해 한국은 자주국방정책을 택하였다. 유도무기 개발과 독자적인 무기체계 확보와 함께 핵개발 노력을 하였다. 그리고 북한과의 대화를 통해서 데탕트 구조에 적응하고자 하였다. 이 시기에 한미동맹

이완은 한국과 미국의 이익 불일치에 근거한다. 또한 북한과 사회주의 국가들의 위협 인식에 차이로 인한 것이다.

닉슨 시기 주한미군 7사단이 철수하면서 한반도의 미군은 7만에서 5만으로 병력이 축소되었다. 다음 카터 정부에서는 인권외교를 강조하면서 유신정부를 공격하였고 주한미군 전면철수를 주장했다. 실제 5천명의 철수로 종결된 카터 정부의 사례는 자유민주주의에 대한 미국의 이념적 강조가 권위주의 정부와 정체성 공유에 실패했다는 것을 보여준다.

두 번째 시기는 한국에서 노무현 정부 출범과 이라크전쟁 참여와 관련된다. 노무현 정부는 진보적 가치와 386세대를 중심으로 형성되었다. 노무현 정부는 미국의 이라크 추가파병에 맞서 재건이라는 목적과 병력 규모 축소와 안전한 파병지역을 관철시켰다. 이 과정에서 한국은 안보파와 자주파로 갈리게 되었고 대통령은 자주 쪽 입장을 지지하였다. 한국 정부는 미국과의 동맹을 느슨하게 하면서 2005년 '동북아 균형자'를 밝혔고 이것은 미국의 오해를 불러왔다. 결국 한미동맹이 외적 균형자가 되고 한국이 내적 균형자가 되는 것으로 봉합한 이 문제는 한국과 미국의 동맹이 매우 중요하게 이완되어 있음을 보여주었다.

또한 한국 정부는 중국에 기대는 모습을 보여주었다. 매년 중국 국방장관과의 정례적인 회동을 만들었다. 그리고 북한 문제에 대한 평화적 원칙을 고집하면서 미국의 대북 강경책과 충돌하였다. 이 시기에 동맹 이완은 한국정치의 내부적인 변화에 기인한다. 진보와 세대교체는 과거의 안보적 가치보다는 자치권을 확보하는 것에 더 주안점을 두었다. 따라서 한국과 미국은 진보-보수가 엇갈리면서 정책합의를 이루지 못해 동맹이 약화된 것이다. 또한 위협에 대한 인식 차이도 중요한 원인이다. 한국의 여론조사는 2000년 이후 미국이 한반도에서 가장 위협이 될 수 있는 국가라는 데 지지하는 사람들이 많아졌음을 보여주었다. 정체성 공유에 의해서 한미동맹이 이완될 수 있다는 점을 알 수 있다.

3. 사례 분석의 함의

위의 사례들은 동맹에 있어서 강화와 이완을 결정하는 중요한 요소들이 있음을 보여준다. '국가이익'과 '위협에 대한 인식'과 '정체성'이라는 3가지 요인에 의해서 동맹의 공약 정도가 달라질 수 있는 것이다.

Ⅳ 향후 동맹의 위상

1. 한미동맹의 위상 강화 입장

국가이익과 위협 인식과 정체성이라는 요인으로 볼 때 한미동맹은 강화될 것이다. 미국은 지역패권의 억제와 핵확산 저지 지역안정 확보라는 이익을 가지고 있다. 또한 확산전략에서처럼 자유민주주의를 확대하고 다자주의와 상호주의에 근거한 제도를 구축하고자 한다. 이러한 미국의 국가이익은 한국의 국가이익과도 일치한다. 한국 역시 한반도 안정과 북한 핵문제 해결이 중요하다. 또한 지역안정 확보 역시 중요하다. 중국 성장과 중일 간 경쟁뿐 아니라 미중 간 분쟁가능성도 낮춰야 한다. 그런 점에서 한국과 미국의 국가이익은 공유된다. 랜들 스웰러(R. Schweller)가 이야기하듯이 현상 유지를 원하는 한미 간 동맹은 지속될 것이다. 게다가 구성주의적 설명처럼 한국과 미국의 자유민주주의 정체성 공유는 장기적으로 한미 동맹이 대등한 동맹이자 포괄적 안보 문제를 해결하는 동맹으로 나갈 것임을 암시한다.

2. 한미동맹의 위상 약화 입장

한미동맹이 지속적으로 강화되기 어렵다는 입장도 있다. 여전히 한미관계는 자치와 안보교환의 비대칭성이 있다는 것이다. 미국의 안보위협과 국가이익에 의해 일방적인 강제를 당하기 때문에 한미동맹에 대한 한국 내의 반감이 증대할 것이다. 특히 자주를 내세우는 진영이 정권을 잡으면 미국과의 동맹보다는 북한과의 관계 개선을 더 중요하게 여길 것이다. 이런 경우 한미 간 정체성보다 남북 정체성이 강조되면서 한미동맹은 주변화될 것이다.

3. 평 가

한미동맹은 다른 안보 대안들과 비교할 때 여전히 가장 유용한 안보달성 수단이다. 다른 대안들인 중립화, 다자안보, 협력안보, 집단안보, 자주 국방, 중국과의 동맹, 일본과의 동맹 등은 현실성이 낮거나 동맹과 같이 사용할 수 있다. 그런 점에서 자주국방에 의한 독자적 방어력 구축과 함께 한미동맹을 이용하여 억지를 추구하는 것이 현실적인 방안이다.

Ⅴ 결 론

한미동맹은 여러 가지 위협을 완화하고 관리하는 데 핵심적이다. 먼저 한미동맹은 북한의 위협이 되는 내폭이나 외폭을 억지하고 관리할 수 있다. 한미동맹을 통한 확장적 억지와 북한에 대한 지원공유를 통해 북한의 체제변화를 이끌어낼 수 있다. 다른 한편 향후 동북아의 세력 재편과정을 완만하게 관리할 수 있다. 중국의 부상과 일본의 군사력증강과 미국의 비스마르크식 균형자로의 복귀 가능성 등을 관리하는 데 한미동맹이 필요하다. 마지막으로 한반도 통일을 위한 주변국 외교에 있어서도 중요하다. 중국과 일본과 러시아에 대한 대한민국 외교에 있어서 미국과의 연대가 중요하다. 하지만 장기적으로 한국의 독자적인 안보력 확보를 위한 노력도 병행해야 한다.

 기출문제와 연결

제 14 문 2015년 5급 1번(허쉬만이론으로 본 한미동맹) / 2011년 입시 2번(한국의 대중국외교정책방안)

제020문 방어적 현실주의와 공격적 현실주의의 동맹논쟁

방어적 현실주의는 무정부상태아래 국가들이 '안보추구(security maximize)'적이라고 가정한다. 그러나 국가들 간의 관계는 안보딜레마와 동맹안보딜레마에 의해 불안할 수 있다. 특히 동맹안보딜레마로 인해 동맹국가간에도 안보불안이 야기될 수 있다고 본다. 반면에 공격적 현실주의는 '합리적 선택'에 의한 국가의 '권력극대화(power maximize)'를 강조한다. 다음 질문에 답하시오. (총 40점)

(1) 방어적 현실주의 입장에서 동맹의 중요성과 동맹안보딜레마의 의미를 설명하고, 극성과 동맹안보딜레마간의 관계를 논하시오. (25점)

(2) 공격적 현실주의 입장에서 방어적 현실주의의 동맹 논리를 비판하시오. (15점)

<table>
<tr><td>

I. 서 론
II. 방어적 현실주의: 동맹중요성과 동맹안보딜레마
  1. 방어적 현실주의에서 동맹의 중요성
  2. 방어적 현실주의와 동맹안보딜레마의 의미
  3. 극성과 동맹안보딜레마의 관계

</td><td>

III. 공격적 현실주의의 방어적 현실주의 반박
  1. 동맹보다 국력증대의 증대가 중요
  2. 합리적 선택에 의한 동맹활용
IV. 결 론

</td></tr>
</table>

 문제의 맥락과 포인트

이 문제는 방어적 현실주의와 공격적 현실주의라는 이론적 분석틀을 통해서 동맹을 분석하는 것이다. 동맹이 중요한지와 동맹이 중요하다면 동맹안보딜레마가 중요할 수 있는지를 체계적으로 구분하는 문제이다. 같은 현실주의내에서 다른 논리를 가지고 있기 때문에 구체적으로 어떻게 다른지를 구분해주는 것이 중요한 문제이다.

I 서 론

1차 세계대전의 원인이 오인(misperception)과 동맹의 연루(entrapment)에 따른 것으로 본 방어적 현실주의에 대해 공격적 현실주의는 독일의 계산된 전략이 전쟁 원인이라고 반박했다. 방어–공격현실주의의 논쟁의 본질은 오인과 합리적선택에 있다. 동일한 틀에서 동맹의 중요성과 동맹안보딜레마를 설명한다.

II 방어적 현실주의: 동맹중요성과 동맹안보딜레마

1. 방어적 현실주의에서 동맹의 중요성

방어적 현실주의는 무정부상태하에서 국가는 생존을 추구한다고 가정한다. 무정부상태에서 국가는 자신의 안보를 확보하는 자력구제를 중요하게 여긴다. 자력구제를 위해 국가들은 스스로 권력을 확장함으로써 위협에 대처한다. 그러나 일국이 자국의 권력만으로 안보를 확보할 수 없을 때 국가는 동일한 이익을 가진 국가와

동맹을 체결한다. (**방어적 현실주의의 기본 논리**)

동맹은 세력균형을 가능하게 함으로써 국제체제의 안정을 만들 수 있다. 방어적 현실주의도 신현실주의이론으로서 체제의 안정성은 주로 강대국의 힘의 분포 즉 극성에 의해 결정된다고 본다. 양극은 단순성과 힘의 정확한 계산 그리고 힘에 대한 대처를 통해서 안정성을 만든다. 반면에 다극은 불안정하다. (**극성과 안정성의 관계**)

동맹은 주로 다극일 때 문제가 된다. 다극일 때 강대국은 3개 이상이다. 3개 이상인 강대국 간의 관계는 동맹에 의존하게 된다. 국가들이 동일한 이익을 가질 경우 동맹은 체결된다. 동맹은 생존을 위해 국가들이 선택하는 대안이 된다. 하지만 동맹을 체결하는 경우에도 동맹 내 한 국가의 안보정책이 다른 동맹국가를 불안하게 만든다는 문제가 생긴다. 이에 대해 후술한다. (**다극의 문제점**)

2. 방어적 현실주의와 동맹안보딜레마의 의미

방어적 현실주의에서 동맹안보딜레마가 도출되었다. 국가들이 생존을 위해 동맹을 체결하지만 이들 국가사이에서 한 국가의 안보증진이 다른 동맹파트너를 불안하게 한다는 것이다. 동맹안보딜레마는 그렌 스나이더(G. Snyder)에 의해 개념이 발전되었다. (**동맹안보딜레마의 이론적 기원제시**)

동맹안보딜레마도 방어적 현실주의의 안보딜레마에서 도출되었다. 방어적 현실주의자 저비스는 안보딜레마를 체계화되었다. 안보딜레마 연구에 따라 개별국가의 국력증대와 상대국가의 안보불안사이의 관계를 고려하게 된다. 여기서 더 발전한 것이 동맹안보딜레마다. (**기원에 대한 부연**)

동맹안보딜레마는 동맹파트너간의 관계에서

동맹 파트너 일국의 안보증진노력이 타국의 불안으로 이어진다. 안보딜레마와의 차이는 일국의 안보 증진노력이 타 잠재적 적국을 불안하게 하는 것인 안보딜레마와 동맹파트너국가를 불안하게 하는 것에 있다. 즉 주체로서 일국은 동일한데 대상이 다르다. 또한 안보에서 공동이익을 가진 국가에게 영향을 미친다는 점에서 차이가 있다. (**동맹안보딜레마의 정의와 안보딜레마와의 비교/ 핵심적인 의미 부여**)

동맹안보딜레마란 일국의 안보 증진에 따라 동맹파트너가 불안하게 되는 것인데 이때 의도하지 않게 동맹파트너를 불안하게 하는 것이다. 즉 한 국가는 자국의 안보환경과 안보이익(가치)와 위협규정에 따라 안보정책을 선택하는데 이것이 의도하지 않게 상대파트너국가의 안보를 불안하게 하는 것이다. (**딜레마상황을 부연**)

구체적으로 작동하는 방식은 다음과 같다. 동맹국가 일국의 공격적 군사전략의 선택과 군사전략의 변환은 타 동맹국가의 '연루(entrapment)' 가능성을 높인다. 연루란 원하지 않는 분쟁에 끌려들어가는 것을 의미한다. 이는 한 국가가 공격전략으로의 변화는 실제 전쟁을 수행하겠다는 의지이며 한편으로는 공격무기는 선제적으로 사용할 때 의미를 가진다. 현상타파로 이익이 변화한 것이다. 따라서 공격전략으로의 수정은 타동맹국가의 전쟁참전의 의지와 관계없이 전쟁으로의 연루를 이끈다. 1차 세계대전당시 독일과 오스트리아의 사례가 대표적이다. 또한 2차 세계대전 당시 독일과 무솔리니의 이탈리아가 대표적이다. (**동맹안보딜레마 중 연루 설명과 사례제시**)

반대로 한 동맹국가의 방어정책으로의 전환과 방어무기체계의 구비는 타 동맹국가에 대해 방기의 두려움을 가져온다. 방기란 필요한 경우에 안보에서 도움을 받지 못하는 경우를 의미한다. 한 국가의 방어정책으로의 전환이나 강화는 전쟁을 할 의사가 없거나 하더라도 자신의 땅에서만 전쟁을 수행하겠다는 것이다. 즉 현상유지의 강화라고 볼 수 있다. 이런 강한 현상유지 성향은 이 국가의 동맹파트너국가의 안보필요시에도 지원을 거부하게 만든다. 2차 대전 이전의 영국과 프랑스의 사례가 대표적이다. **(방기에 대한 설명과 사례제시)**

그런데 방어적 현실주의에서 동맹안보딜레마가 나왔다는 점이 중요하다. 방어적 현실주의에 따르면 무정부상태는 직접적인 위협이 아니다. 위협은 상대하는 국가들의 전략과 무기체계에 의해서 만들어지는 것이다. 따라서 국가의 무기체계 배비, 이것을 알아낼 수 있는 탐지능력, 상대의도를 정확히 읽어내는 능력이 중요하다. 안보딜레마는 의도한 대로 계획되어 만들어지는 것이 아닌 것처럼 동맹안보딜레마도 의도해서 만들어지기 보다는 전략과 오인의 산물이다. **(방어적 현실주의의 동맹안보딜레마의 의미. 무정부상태의 기능)**

따라서 동맹 안보딜레마는 필연적인 것은 아니다. 국가들 간의 의견조율과 함께 정확한 의미전달과 합의가 되면 동맹안보딜레마를 상대적으로 완화할 수 있는 것이다. **(동맹안보딜레마의 필연성부정)**

3. 극성과 동맹안보딜레마의 관계

극성은 동맹안보딜레마에 영향을 미친다. 방어적 현실주의에서 극성이 중요하다. 극성이 독립변수로서 국가들의 행동을 결정하기 때문이다. 무정부상태가 고정되어 있는 환경이라면 국가들은 극성과 국력의 상대적 크기에 의해서 행동여부를 결정한다. **(독립변수로서 극성)**

극성에 따라 동맹안보딜레마의 작동여부가 달라진다. 양극은 초강대국이 두 개이며 이들

국가가 동맹을 체결하지 않기 때문에 동맹안보딜레마에 걸리지 않는다. 반면에 다극은 3개 이상의 강대국이 서로 동맹으로 이합집산한다. 이로 인해 동맹안보딜레마가 중요하게 작동한다. 반면에 단극은 패권국가가 동맹을 가지고 있는 구조로 패권국가와 체결된 동맹들은 모두 비대칭동맹들이다. 따라서 패권국가가 연루와 방기를 결정할 수 있다. **(극성별 동맹안보딜레마경우의 수를 설명)**

Ⅲ 공격적 현실주의의 방어적 현실주의 반박

1. 동맹보다 국력증대의 증대가 중요

공격적 현실주의는 동맹이라는 외부적인 수단보다 내부적인 수단으로서 자신의 국력을 증대하는 것을 중요하다고 본다. 미어샤이머는 공격적 현실주의를 체계화한 이론가이다. 그가 체계화한 공격적 현실주의이론의 가정에 따르면 국가들은 생존을 추구하며 합리적인 행위자이다. 무정부상태에서 국가들간의 신뢰가 부족하고 상대방 국가가 강대국이라면 일정한 무장을 하고 있다. 이런 3가지 조건에 강대국은 두려움 (fear)을 느낀다. 그리고 두려움을 느낀 국가는 생존을 위해 더 많은 상대적국력을 확보하고자 한다. 즉 다른 강대국보다 더 많은 권력인 패권을 추구하게 되는 것이다.

공격적 현실주의의 가정 상 국가들에게 신뢰는 부족하다. 이것은 동맹을 체결하는 국가에게도 적용된다. 현재 동맹인 국가가 적으로 돌아서는 것은 어려운 일이 아니다. 태평양전쟁 이전에 미국은 일본에 석유를 수출하는 우호적인 관계였다. 2차 세계대전에서 동맹이었던 미국과 소련은 냉전시기 45년을 대치하였다.

국가들에게는 자신의 국력을 통해 자신의 안보를 확보하는 것이 가장 확실한 방안이다. 외적균형화장치인 동맹은 무정부상태가정, 불신가정, 일정한 무장가정에 영향을 받는 것이다. 이 조건은 잠재적인 적국에게만 해당하는 것이 아니다. 동맹은 일시적인 협력이기 때문이다. 현재 위협이 강하기 때문에 서로 협력하지만 실제 위협을 해결하는 과정에서는 언제든지 붕괴할 수 있다. 1930년대 독일의 강화시기 1차 세계대전 동맹 국가였던 영국은 프랑스에게 위협을 전가하였다.

2. 합리적 선택에 의한 동맹활용

공격적 현실주의에서 동맹안보딜레마는 중요하지 않다. 동맹안보딜레마가 작동할 수 있지만 이것은 방어적 현실주의가 강조하듯이 의도하지 않게 작동하는 것은 아니다. 공격적 현실주의에 따르면 강대국들은 가정 상 권력추구적이다. 이것은 국가들이 가능한 한 현상타파적이라는 것이다.

국가들이 권력추구적임에도 동맹을 체결한 것은 공동의 이익을 가졌기 때문이다. 강대국이 협력을 하는 것은 이익이 공유되기 때문이다. 따라서 동맹의 파트너가 공격무기 위주로 배비하면서 전쟁을 준비하는 과정에서 동맹이 체결되었다면 동맹을 체결한 파트너가 이런 상황을 모르고 동맹을 체결하는 않는다. 따라서 동맹파트너국가의 안보전략수정에 의해서 타방 파트너국가가 의도하지 않게 안보불안을 가지지 않는다. 이보다는 오히려 동맹국가가 합리적인 계산을 통해서 타방 동맹에게 책임전가(buck-passing)를 할 수 있다.

동맹안보딜레마는 방어적 현실주의자들이 주장하는 것처럼 군사전략의 수정에 따라 의도되지 않게 상대국가가 영향을 받는 것이 아니다.

동맹국가들 간에도 전략적 계산이 작동한다. 따라서 방기당할 것을 안다면 방기우려를 가진 국가는 동맹을 폐기할 것이다. 마찬가지로 원하지 않는 전쟁에 끌려들어갈 우려가 있다면 동맹을 폐기하면 된다.

공격적 현실주의도 극성을 강조한다. 다극이 위험하며 양극이 안정적이다. 그러나 안정성은 강대국의 국력분포에 의해서 결정된다. 의도하지 않게 엮이는 동맹안보딜레마로 인해서 불안해지는 것은 아니다.

Ⅳ 결 론

방어적 현실주의자들의 주장처럼 동맹은 강대국간에도 중요하며 이로 인한 동맹안보딜레마도 작동한다. 특히 다극체제에서 주로 발생한다. 동맹은 합리적인 선택에 의해 만들어지지만 기술발전이나 다른 요인들에 의해 동맹이 형성될 때 존재하지 않았던 부담을 받을 수 있다. 그런 점에서 합리적선택에 의한 강대국 간의 관계만을 보는 것 보다 오인과 동맹의 정치를 살펴볼 필요가 있다.

제021문 동맹안보딜레마와 한미동맹

지정학적 차원에서 미국을 둘러싼 환경은 변화하고 있다. '주변국가로부터 안전보장', 셰일가스를 통한 '에너지안보 확보', '식량안보 확보'로 인해 트럼프 정부는 과거와 달리 패권국가로서의 국제문제에 대한 개입(engagement)과 공공재(public goods)제공을 축소하고 있다. 국익우선주의에 기초한 미국의 대외정책은 국제안보환경의 변화 뿐 아니라 동맹 파트너국가들의 안보정책에도 변화를 가져온다. 다음 질문에 답하시오. (40점)

(1) 방어적 현실주의 입장에서 동맹안보딜레마의 의미를 설명하고 극성과 동맹안보딜레마간의 관계를 논하시오. (20점)

(2) 미국의 지정학환경변화와 트럼프 정부의 국익우선주의로의 대외정책변화가 한미동맹에 미치는 영향을 동맹안보딜레마를 중심으로 논하시오. (20점)

Ⅰ. 서 론
Ⅱ. 분석틀: 방어적 현실주의와 동맹안보딜레마
  1. 방어적 현실주의와 동맹안보딜레마의 의미
  2. 극성과 동맹안보딜레마의 관계
Ⅲ. 미국의 대외정책변화와 한미 동맹에 대한 영향 논의

1. 미국의 대외정책변화
  (1) 구조적인 측면: 지정학조건
  (2) 개체적인 측면: 국가이익 중심
2. 한미동맹에의 영향 논의
Ⅳ. 결 론

문제의 맥락과 포인트

2017년 북한의 미사일발사와 9월 3일 6차 핵실험은 한반도를 불안하게 만들고 있다. 이런 상황에서 미국에 대한 의존은 높아질 수밖에 없다. 한미동맹이 중요해질수록 한미간 동맹안보딜레마가 작동할 수밖에 없다. 미국의 문화혁명과도 같은 백인 비주류세력들의 반란이 만들어낸 트럼프 대통령은 미국 국내정치에 민감할 수밖에 없다. 따라서 국내에 관심을 더 받기 위해 한미동맹에서 한국의 부담을 높이기를 원하고 북한에 강력한 메시지를 전하고자 하기 때문에 한미동맹에서 한국은 부담공유(burden-sharing)를 높이면서도 북미간 갈등강화에 따라 원치 않는 한반도 분쟁에 개입할 가능성도 높아지고 있다. 이런 상황을 이론적으로 정리하는 것이 이 문제의 핵심이다.

 ## Ⅰ 서 론

최근 북미간의 하노이 회담이 노딜(no deal)로 끝이 나면서 트럼프 미국 대통령은 한국 측이 중재에 나서줄 것을 요청했다. 미국의 국익우선주의에 기초한 협상결렬에도 불구하고 한국에 대해 중재자를 요구한 것은 이례적이면서도

한 편으로 미국의 비용부담을 줄이면서 한국으로 하여금 북한 문제에 대한 적극적인 개입과 비용제시를 요구한 것으로 볼 수 있다. 이런 점에서 한미동맹으로 연결되어 있는 한국은 어떤 영향을 받는지 살펴볼 필요가 있다.

Ⅱ 분석틀: 방어적 현실주의와 동맹안보딜레마

동맹안보딜레마는 그렌 스나이더(G. Snyder)의 개념을 통해서 방어적 현실주의와의 관계를 설명한다. (조작정의. 개념 출처 필요)

1. 방어적 현실주의와 동맹안보딜레마의 의미

방어적 현실주의에서 동맹안보딜레마가 도출되었다. (동맹안보딜레마의 이론적 기원제시)

방어적 현실주의의 저비스에서 안보딜레마 연구가 체계화되었다. 안보딜레마연구에 따라 개별국가의 국력증대와 상대국가의 안보 불안사이의 관계를 고려하게 된다. 여기서 더 발전한 것이 동맹안보딜레마다. (기원에 대한 부연)

동맹안보딜레마는 동맹파트너간의 관계에서 동맹 파트너 일국의 안보증진노력이 타국의 불안으로 이어진다. 안보딜레마와의 차이는 일국의 안보 증진노력이 타 잠재적 적국을 불안하게 하는 것인 안보딜레마와 동맹파트너국가를 불안하게 하는 것에 있다. 즉 주체로서 일국은 동일한데 대상이 다르다. 또한 안보에서 공동이익을 가진 국가에게 영향을 미친다는 점에서 차이가 있다. (동맹안보딜레마의 정의와 안보딜레마와의 비교/ 핵심적인 의미 부연)

동맹안보딜레마란 일국의 안보 증진에 따라 동맹파트너가 불안하게 되는 것인데 이때 의도하지 않게 동맹파트너를 불안하게 하는 것이다. 즉 한 국가는 자국의 안보환경과 안보이익(가치)와 위협규정에 따라 안보정책을 선택하는데 이것이 의도하지 않게 상대파트너국가의 안보를 불안하게 하는 것이다. (딜레마상황을 부연)

구체적으로 작동하는 방식은 다음과 같다. 동맹국가 일국의 공격적 군사전략의 선택과 군사전략의 변환은 타 동맹국가의 '연루(entrapment)' 가능성을 높인다. 연루란 원하지 않는 분쟁에 끌려들어가는 것을 의미한다. 이는 한 국가가 공격전략으로의 변화는 실제 전쟁을 수행하겠다는 의지이며 한편으로는 공격무기는 선제적으로 사용할 때 의미를 가진다. 현상타파로 이익이 변화한 것이다. 따라서 공격전략으로의 수정은 타동맹국가의 전쟁참전의 의지와 관계없이 전쟁으로의 연루를 이끈다. 1차 세계대전당시 독일과 오스트리아의 사례가 대표적이다. 또한 2차 세계대전 당시 독일과 무솔리니의 이탈리아가 대표적이다. (동맹안보딜레마 중 연루 설명과 사례제시)

반대로 한 동맹국가의 방어정책으로의 전환과 방어무기체계의 구비는 타 동맹국가에 대해 방기의 두려움을 가져온다. 방기란 필요한 경우에 안보에서 도움을 받지 못하는 경우를 의미한다. 한 국가의 방어정책으로의 전환이나 강화는 전쟁을 할 의사가 없거나 하더라도 자신의 땅에서만 전쟁을 수행하겠다는 것이다. 즉 현상유지의 강화라고 볼 수 있다. 이런 강한 현상유지 성향은 이 국가의 동맹파트너국가의 안보필요시에도 지원을 거부하게 만든다. 2차 대전 이전의 영국과 프랑스의 사례가 대표적이다. (방기에 대한 설명과 사례제시)

그런데 방어적 현실주의에서 동맹안보딜레마가 나왔다는 점이 중요하다. 방어적 현실주의에 따르면 무정부상태는 직접적인 위협이 아니다. 위협은 상대하는 국가들의 전략과 무기체계에 의해서 만들어지는 것이다. 따라서 국가의 무기체계 배비, 이것을 알아낼 수 있는 탐지능력, 상대의도를 정확히 읽어내는 능력이 중요하다. 안보딜레마는 의도한 대로 계획되어 만들어지는 것이 아닌 것처럼 동맹안보딜레마도 의도해서 만들어지기 보다는 전략과 오인의 산물이다. **(방어적 현실주의의 동맹안보딜레마의 의미.
무정부상태의 기능)**

따라서 동맹 안보딜레마는 필연적인 것은 아
니다. 국가들 간의 의견조율과 함께 정확한 의
미전달과 합의가 되면 동맹안보딜레마를 상대적
으로 완화할 수 있는 것이다. **(동맹안보딜레마의
필연성 부정)**

2. 극성과 동맹안보딜레마의 관계

극성은 동맹안보딜레마에 영향을 미친다. 방
어적 현실주의에서 극성이 중요하다. 극성이 독
립변수로서 국가들의 행동을 결정하기 때문이
다. 무정부상태가 고정되어 있는 환경이라면 국
가들은 극성과 국력의 상대적 크기에 의해서 행
동여부를 결정한다. **(독립변수로서 극성)**

극성에 따라 동맹안보딜레마의 작동여부가
달라진다. 양극은 초강대국이 두 개이며 이들
국가가 동맹을 체결하지 않기 때문에 동맹안보
딜레마에 걸리지 않는다. 반면에 다극은 3개 이
상의 강대국이 서로 동맹으로 이합집산한다. 이
로 인해 동맹안보딜레마가 중요하게 작동한다.
반면에 단극은 패권국가가 동맹을 가지고 있는
구조로 패권국가와 체결된 동맹들은 모두 비대
칭동맹들이다. 따라서 패권국가가 연루와 방기
를 결정할 수 있다. **(극성별 동맹안보딜레마 경
우의 수를 설명)**

Ⅲ 미국의 대외정책변화와 한미 동맹에 대한 영향논의

미국의 대외정책변화는 구조적인 측면과 정
부의 개별적인 측면으로 구분할 수 있다. 이러
한 구분은 트럼프 정부가 아니라 다른 정부가
들어와도 미국외교정책의 변화여부를 판단할 수
있게 한다. **(대외정책의 구조/ 개체 구분 정의)**

(1) 구조적인 측면: 지정학조건

미국의 대외정책을 이해하는 데 있어서 먼저
구조적인 차원에서 지정학변화를 살펴볼 수 있
다. 구조적인 차원에서는 미국의 자유주의, 예외
주의의 이념부분도 있지만 여기서는 지정학적인
차원이라는 외적조건만 고려한다. 지정학적 변
화로는 크게 3가지가 중요하다. **(구조적변화의
분화와 지정학의 집중으로 조작정의)**

첫째, 외부 적의 부재와 안보위협의 부재. 지
정학적으로 미국은 두 개의 대양이 보호한다.
게다가 대륙에서도 캐나다와 멕시코는 미국에
직접적인 위협을 가할 수 없다. 남미 전체를 보
아도 잠재적도전국가는 부재하다. 이것은 미국
이 안보문제에 대해 심각한 위협을 느끼지 않으
며 자국보호를 위해 많은 병력을 필요로 하지
않게 만든다. **(안보위협부재 부연설명)**

둘째, 에너지안보의 확보이다. 미국은 셰일
가스와 세일오일로 향후 150년 이상 사용할 수
있는 에너지 자원을 확보하였다. 과거 미국 최
고의 약점이었던 막대한 에너지 소비와 이를 위
한 에너지 수입이 더 이상 중요한 안보위협이
아니게 되었다. 따라서 에너지부분의 약점도 사
라진 상태에서 미국은 대외정책에서 더 이상 중
동과 베네수엘라의 눈치를 안보아도 된다. **(에너
지 안보의 확보)**

셋째, 식량안보의 확보이다. 전통적으로 미
국은 농업 국가였다. 미국은 미시시피 강을 중
심으로 동부쪽이 모두 강으로 연결되어 있으며
비옥한 평지이다. 이 땅에서 재배하는 농작물은
미국을 부양하고도 남을 정도이다. 이런 환경
역시 자원 부족문제를 해결해줌으로서 미국을
자유롭게 만든다. **(식량안보의 확보)**

(2) 개체적인 측면: 국가이익 중심

미국은 오바마 정부 이후 국가이익중심의 대

외정책기조로 돌아섰다. 이것은 공화당과 민주당에 따라 조금 차이는 나지만 2016년 대선처럼 트럼프와 힐러리 후보 양자 사이의 큰 차이를 보이지는 않는다. 미국의 최근 경제상황은 중국, 독일, 일본 등에 따라잡히고 있는 제조업과 서비스 분야로 위기 상황이다. 이것은 국내정치적인 변화로 나타나고 있다. 미국의 고립주의와 보호주의를 요구하는 유권자들이 늘어나고 있는 것이다. (**미국국내정치의 국가이익중심주의부연**)

이러한 기조에서 당선된 트럼프 대통령은 국가이익우선주의를 기초로 한 대외정책을 가지고 있다. 2017년 11월 발표된 국가안보보고서(NSS)는 미국의 국가이익중심주의, 힘에 의한 외교를 강조했다. 고립주의, 보호주의를 통해서라도 미국의 국가이익을 지키겠다는 것이다. (**트럼프의 대외정책 구체화**)

트럼트 대통령의 이런 정책은 러스트 벨트의 지지, 강한 미국에 대한 보수파들의 지지에 기초하지만 한편으로 트럼프개인의 외교스타일도 영향을 미친다. 그는 자부심이 강하고 자기애가 강하다. 또한 사업가로서 성공한 업적을 강조한다. 손자병법을 가장 중요한 책으로 여길 만큼 전략가로서의 면모도 가지고 있다. 잭슨 대통령 스타일의 민중주의와 힘의 외교를 구사하는 것은 그의 개인적 외교선호도가 반영된 결과이다. (**트럼프 개인적 스타일로 보강**)

2. 한미동맹에의 영향 논의

한미동맹의 동맹안보딜레마의 영향을 두 가지 조건에서 예측 가능하다. 첫 번째는 단극구조라는 특징이다. 두 번째는 단극의 주인공인 미국의 외교정책방향이다. (**예측 지표 제시**)

첫 번째, 단극에서 패권국가와 편승한 국가의 동맹은 패권국가의 의지에 의해 연루와 방기가 결정된다. 패권국가에 실질적인 안보의 도움

을 줄 수 없는 상대적 약소국들은 패권국가에게 안보의 도움을 받는다. 따라서 안보 분야의 이익이 있는 이들 국가들은 패권국가로부터 방기를 우려하기 때문에 연루되기도 하지만 패권국가의 필요에 의해서 방기될 수도 있다. 한편 연루를 요구하는 경우 상대적 약소국은 연루될 수 있다. 이것은 패권체제가 경쟁국가 혹은 견제할 세력이 없기 때문에 패권국가가 자의적인 행동을 할 수 있어서이다. (**단극체제의 동맹안보딜레마 요인 부연**)

두 번째, 패권국가의 특성이 외부적인 요인인 견제 국가에 의해서 설명할 수 없다면 내부를 통해서 예측해야 한다. 이런 점에서 패권국가의 행동은 국가속성을 보아야 한다는 점에서 환원론적인 설명이 된다. (**단극과 환원론**)

미국의 내부를 볼 때 앞서 본 두 가지 측면이 동맹안보딜레마에서 한국에 대한 방기가능성을 높인다. 지정학은 세 가지 요인에 의해 미국의 대외의존도를 줄인다. 이는 과거 미국이 다른 국가들과의 동맹으로 안보를 지키고 공공재를 제공하던 원칙을 현재 미국이 따르지 않아도 되게 만든다. (**미국 지정학과 한국의 방기로서 동맹안보딜레마강화**)

한편으로 미국 트럼프 정부의 속성과 트럼프 대통령개인의 속성도 동맹안보딜레마에서 방기가능성을 높인다. 국가이익중심으로 가면서 한미 FTA재개정, 한미방위비분담금 조정안 제시, 관세인상카드 제시등은 미국이 한국의 국익고려보다는 자국이익 중심적으로 움직이는 것을 보여준다. (**미국의 국내정치와 한국의 방기로서 동맹안보딜레마강화**)

그런데 문제는 패권체제는 오랫동안 유지될 가능성이 높다는 점과 미국의 정치적 조건 역시 변하기 어렵다는 점이다. 미국의 정치에서 지정학은 쉽게 바뀌지 않을 것이다. 다만 트럼프행

정부와 대통령개인은 바뀔 수 있다. 그러나 미국의 국내경제상황과 사회분위기가 고립주의 성향이 강해진다면 트럼프 대통령이 아닌 다른 대통령이 당선되어도 한미동맹관계에는 큰 변화가 없을 것으로 보인다. **(구조적인 측면에서 변화가 능성이 없음)**

Ⅳ 결 론

한미동맹에서 동맹안보딜레마는 한국에게 방기의 가능성을 높인다. 이런 상황에서 미국은 자국 이익중심으로 결정을 하면서 자국이 사용할 비용을 최대한 타국에게 부담할 가능성이 높다. 그런 점에서 한국은 미국과의 협상을 통해서 부분적으로 비용부담을 조정하는 협상전략을 사용해야 한다.

북한은 6차례의 핵실험을 통해서 핵보유를 기정사실화하려 하고 있다. 북한의 핵문제는 이란과의 연계 가능성, 파키스탄으로부터의 지원 등으로 국제정치적으로 핵확산의 문제를 현실화시키고 있다. 북한 핵문제를 풀기 위한 6자회담 역시 2007년 이후 개최되지 않고 있다. 북한 핵문제를 풀기 위해 핵보유시도를 포기하거나 폐기한 남아공, 이라크, 리비아와 우크라이나 사례와 핵보유를 묵인한 파키스탄 사례에 대한 관심이 높다. 다음 질문에 답하시오. (총 50점)

(1) 북한이 왜 핵을 보유하려고 하는지를 국제정치학의 이론들을 통해 설명하시오. (15점)

(2) 위의 핵을 포기하거나 폐기한 사례와 핵보유를 묵인한 사례들에 대해서 설명하시오. (15점)

(3) 억지전략(deterence), 강제전략(compellence), 강압전략(coercive), 군비통제전략(arms control)의 의미를 설명하고 어느 전략이 북한에 가장 적합한지에 대해 논하시오. (20점)

I. 서 론
II. 북한 핵문제에 대한 이론적 접근
  1. 현실주의
    (1) 고전적 현실주의
    (2) 왈츠식 접근
    (3) 공격적 현실주의
    (4) 방어적 현실주의
    (5) 신고전 현실주의
  2. 자유주의
    (1) 신자유주의
    (2) 민주평화론
    (3) 국내정치 접근(domestic approach)
  3. 이론적 평가

III. 핵 폐기 사례들
  1. 남아공사례: 자발적 폐기
  2. 이라크 사례: 군사적 제재와 강제사찰
  3. 우크라이나와 리비아사례: 보상
  4. 파키스탄 사례: 핵보유 묵인
  5. 사례 고려의 함의
IV. 대 북한 정책의 유용성 비교
  1. 억지(deterence)전략
  2. 강제(compellence)전략
  3. 강압(coercive)전략
  4. 군비통제전략(arms control)
  5. 전략들 간의 적실성 평가
V. 결 론

 문제의 맥락과 포인트

이 문제는 북한 핵문제를 다룬 황지환 교수님의 논문을 중심으로 구성한 것이다. 이 논문에는 북한 핵문제에 대한 최근 이론들의 경향이 아주 잘 설명되어 있다. 실제 40점 정도의 문제가 된다면 이 많은 이론들을 다 설명할 수는 없을 것이고 그 중 핵심이 될 만한 대표이론들을 골라내는 것이 중요하다. 수험생이 가장 빠지기 쉬운 오류는 이론을 과다하게 많이 제시하다가 결국 현상의 설명이라는 이론의 목적을 잃어버리는 경우이다. 이 문제는 그런 유혹의 함정이 너무 큰 문제이다.

2012년은 북한 2차 핵 위기가 시작된 10년이 되는 해이다. 2012년 2월 29일 북한과 미국사이에 북한핵문제에 대해 6자회담으로 복귀할 가능성이 보였지만 3월에 북한의 광명성 로켓발사는 다시 북미관계를 악화시켰다. 북한핵문제는 좀 더 오래 지속될 수 있는 문제이기 때문에 이론적 대비와 다른 국가들의 사례 대비를 해두면 구체적인 답안을 만들 수 있다. 한편 구체적인 정책방안 마련 부분은 다른 문제에도 적용할 수 있기 때문에 좀 구체적인 해설을 달아두었다. 이 책의 전체적인 문제가 그렇듯이 다른 문제에 응용하기 위해서 확실히 자신의 것으로 만들 필요가 있다.

Ⅰ 서 론

북한은 1993년부터 현재까지 플루토늄과 농축우라늄 관련한 핵물질과 핵폭탄으로 한반도와 지역질서에 안보불안을 야기하고 있다. 이 과정에서 북한은 양보와 갈등을 병행하는 전략을 구사해 왔다. 그렇다면 왜 북한은 핵을 보유하려고 하는가? 그 원인은 무엇이고 국제정치이론들은 그것을 어떻게 설명하는가? 어떤 이론적 설명이 타당성이 가장 높은가? 또한 어떤 이론적 설명이 제시하는 해법이 실현가능성이 높은가? 다른 핵 프로그램을 폐기한 사례들을 통해서 볼 때 북한 핵문제를 어떻게 풀어가는 것이 바람직한가? 어떤 전략을 통해 북한 문제를 풀어갈 수 있는가? 위의 문제의식들에 근거해서 북한 핵문제의 원인과 해결가능성들의 비교를 모색해보고 어떤 정책이 현실적이고 바람직한지를 찾아본다.

Ⅱ 북한 핵문제에 대한 이론적 접근

1. 현실주의

현실주의는 권력을 중심으로 해서 국가들의 행동패턴을 설명한다. 다만 권력이 중요하게 된 근원이 인간의 욕구인지 무정부상태의 제약인지에 대해서는 이론마다 "가정(assumption)"이 다르다. 현실주의라는 같은 패러다임이지만 가정들의 차이로 인해 현실주의이론들 각각이 북한의 핵보유 동기에 대해 설명하는 것은 다르다.

(1) 고전적 현실주의

고전적 현실주의는 국가의 행동동기를 '권력추구' 곧 '국가 이익'추구로 설명한다. 이런 관점에서 핵은 국가 이익의 확보, 즉 권력확보차원에서 해석될 수 있다. 북한에게 핵은 부족한 경제력 대비 국가의 안보 증대 및 권력자원이 된다.

(2) 왈츠식 접근

왈츠의 이론에 따르면 무정부상태에서 '능력의 분포양식(polarity)'이라는 조건에서 '안보극대화'가 국가들이 추구하는 목표이다. 이를 북한 핵 문제에 적용하면, 국제적 무정부상태에서 한반도 내의 세력 불균형 상황의 극복이라는 안보불안감 해소를 위한 북한의 안보극대화전략이다. 방어적 현실주의자이기도 한 왈츠이론에 따르면 생존을 보장하기 위한 수단으로서 억지를 목적으로 핵을 보유하려고 노력한다고 해석할 수 있다. 따라서 공격적 현실주의가 주장하는 것처럼 공세적이고 군사적 용도로 핵를 사용하는 것은 생각하기 어렵다. 북한에게 핵은 안보불안을 가져오는 미국에 대한 전략적인 균등화 장치이자 미국의 북한에 대한 핵선제 공격의 노력을 무산시키는 장치이다.

(3) 공격적 현실주의

미어샤이머의 공격적 현실주의는 무정부상태에서 국가들이 생존을 추구하면 생존력을 극대화하기 위해 '권력극대화'에 나서게 된다고 가정한다. 이런 가정을 북한에 적용하면 무정부상태에서 북한은 생존을 위해 '권력극대화'를 위해서 핵을 보유하게 되는 것이다. 이것은 북한의 팽창 야심을 보여주는 것이다. 무정부상태하에서 생존 극대화를 위한 권력의 추구로 북한은 남한에 대해 상대적인 국력의 열세를 만회하고, 가능하다면 미국과 한국을 압박하여 자신의 권력을 극대화하고 적화통일을 달성하고자 하는 것이다. 또한 공격적 현실주의는 북한 지도자의 비합리성, 부주의함과 예측 곤란을 이유로 북한의 핵보유를 설명한다. 북한지도부가 비합리적일 수 있고 부주의하기 때문에 북한은 얼마든지 제한적이지만 공세적인 군사전략을 사용할 수 있다고 본다. 즉 북한은 핵을 이용해서 대남도발을 할 수 있는 것이다.

(4) 방어적 현실주의

왈츠뿐 아니라 저비스 등을 포함한 방어적 현실주의는 안보불안감이 중요하다고 본다. 안보딜레마 상황은 상대방 국가의 '군사전략(공수균형: 공격과 방어전략 중 무엇이 우월한가에 따른 전략선택)'과 '의도(공수구분가능성: 상대방의 공격과 방어 의도를 파악할 수 있는 능력)'에 의해서 결정된다. 이 이론을 북한에 적용하면 북한의 안보불안이 북으로 하여금 핵보유를 추구하게 한다. 따라서 한국과 미국이 북한의 안보를 보장하고 적절한 경제적 보상을 제시할 경우 북한은 핵을 안보보장장치로서 사용하는 것을 절제할 수 있다. 방어적 현실주의자들은 북한의 동맹국가(붕괴된 소련과 개혁정책의 중국)쇠퇴와 극성의 변화 상황, 안보딜레마 상황에서 북한이 안보를 보장하고 협상력을 극대화하는 장치로서 핵을 고려할 수 있다고 본다. 따라서 핵은 억지장치이자 협상의 수단이다.

(5) 신고전 현실주의

신고전 현실주의는 독립변수인 구조, 즉 힘의 관계인 '극성'을 매개변수인 국내정치요소들인 '지도자의 인식'과 '국내정치의 분열'을 통해서 설명한다. 신고전 현실주의를 적용하면 북한의 핵보유는 극성이라는 구조를 읽어내는 북한 지도자의 인식과 북한내부의 정치동학으로 설명할 수 있다. 국내정치적으로 북한의 선군정치와 김정일에서 김정은으로 이어진 세습정치권력의 정권안보 확보노력으로 북한 핵 프로그램을 설명할 수 있다.

2. 자유주의

자유주의는 안보문제를 설명하기 용이한 패러다임은 아니다. 하지만 자유주의이론도 핵과 같은 안보분야를 설명할 수 있고 해석해 낼 수 있다. 현실주의패러다임을 '권력 정치이론'이라고 하는 것처럼 자유주의는 한 가지로 재단할 수는 없다. 상호의존과 경제교류, 국제제도와 상호주의 전략, 민주주의제도, 교육의 효과, 국내 집단의 이익정치, 법과 규칙의 중요성 등 다양한 요소들이 주요 요인으로 설명될 수 있기 때문에 하나로 요약하기 어렵다. 따라서 다소 분열적인 설명요소들로 보이는 자유주의이론들이 북한 핵문제를 설명하는 방식을 다루어 본다.

(1) 신자유주의

신자유주의는 국가들이 '상호주의전략'과 '국제제도'를 통해서 협력에 도달할 수 있다고 본다. 또한 국가는 상호주의전략과 제도를 통해서 만들어지는 절대적 이익이 클 경우 협력에 나선다. 이를 북한에 적용해보면 북한은 절대적 이익에 관심이 있고 경제적 이익을 중요하게 여기는 '소매상'(shopkeeper)적인 이미지이다. 현실주의가 상정하는 '전사'이미지는 아니다. 따라서 충분히 경제적 이익의 문제로 북한을 설득할 수 있다. 경제적 인센티브를 제공하지 못했거나 미국의 대북정책의 잘못으로 북한은 핵을 포기하지 않는 것이다. 특히 2차 핵 위기를 가져오게 만든 부시 행정부의 핵 선제공격 독트린과 같은 강경정책이 문제이다.

(2) 민주평화론

민주평화이론은 민주주의 국가의 속성으로 '민주주의 제도'와 '민주주의 규범'을 통해 국제정치를 설명한다. 국내정치에서 민주주의 제도는 권력분립과 책임추궁을 가능하게 함으로써 평화를 만들어낼 수 있다. 이를 북한에 적용하면 북한내부가 변화하고 있어 북한의 정책이 변화하고 있다고 본다. 아직 민주주의 국가는 아니지만 민주주의에서 볼 수 있는 제도적인 분화가 조금씩 보이기도 하고 민주주의가 강조하는 타협의 문화가 조금씩 생기고 있다. 특히 탈냉전이라는 환경의 변화로 북한도 변화하고 있는 것이다. 이런 점에서 북한은 협상의 지렛대로 핵문제에 접근하고 있는 것이다.

(3) 국내정치적 접근(domestic approach)

국내정치적 접근은 국내정치의 분파모델로 국제정치를 설명하는 이론이다. 즉 국내세력에 의해서 국가의 정책이 결정된다고 보는 것이다. 북한에 적용해보면 북한 내의 강경파와 온건파 간의 게임으로 설명할 수 있다. 강경파인 북한 지도부의 권력유지욕구가 권력을 공고화하기 위한 수단으로 핵에 접근하게 한 것이다.

3. 이론적 평가

북한 문제를 들여다 볼 때는 다양한 설명들을 종합적으로 검토할 필요가 있다. 다양한 이론들이 각기 부분적인 설명을 가지기 때문이기도 하지만 정보가 제약된 상황에서 여러 가지 가능성을 열어놓고 북한 핵문제를 볼 필요가 있기 때문이다. 따라서 각 이론들의 주장을 균형감 있게 고려할 필요가 있다. 북한의 핵보유는 변화하는 환경에서 세력 균형의 불리한 위치를 극복하고 체제와 정권의 생존을 보장받기 위한 선택으로 볼 수 있다. 또한 김정은의 리더십을 유지하고 권력기반구조를 유지하기 위한 국내적 요소가 정권의 정당성 확보와 대미 외교력 확보 등을 이유로 핵보유를 선택한 것이다.

Ⅲ 핵 폐기 사례들

1. 남아공 사례: 자발적 폐기

남아공은 탈냉전 이전에 핵을 가졌으나 국제사회의 장기적 제재와 탈냉전으로 인한 안보인식의 변화, 그리고 국내정치에서 정치적 보복이나 정권교체의 두려움 등으로 인해 핵폐기를 선택하였다. 그러나 북한의 경우 자발적 폐기는 어려워 보인다. 경제제재의 실효성이 낮다는 점, 안보에 대한 두려움이 탈냉전이후 강화된 점, 국내정치에서 3대 세습문제와 정당성이 취약한 김정은에게 핵이 주는 국제정치적-국내정치적 장점으로 인해 자발적 핵폐기 시나리오는 적용되기 어렵다.

2. 이라크 사례: 군사적 제재와 강제사찰

이라크는 핵무기를 만들 수 있는 플루토늄을 얻을 수 있는 핵발전소를 건설하자 1981년 이스라엘로부터 선제공격을 받았다. 이후 안보리를 중심으로 이라크에서의 대량살상무기와 핵 프로그램 사찰이 진행되었다. 2003년 이라크전쟁에서는 이라크의 핵 프로그램이 확인되지 않았다. 군사적 제재를 사용한 이라크 사례는 북한에 적용되기 어렵다. 북한에 대한 선제공격이나 무력사용은 북한에 의한 한반도에서의 전면전을 가져올 수 있기 때문에 곤란하다.

3. 우크라이나와 리비아사례: 보상

우크라이나와 리비아의 경우 핵과 핵 프로그램을 경제적 보상에 기반해서 폐기했다. 우크라이나의 경우 소련의 분열로 핵을 보유하게 되었다. 미국은 러시아에 경제지원을 약속하여 러시아가 우크라이나를 지원하는 방식으로 경제적 보상을 통해서 핵을 폐기하였다. 리비아 역시 미국의 경제지원 약속으로 핵을 폐기하였다. 이 모델들은 북한에 적용할 수 있다. 실제 북한이 6자회담에 복귀하고 핵 프로그램을 포기하면 북한의 안보를 국제적으로 보장하고 경제적으로 보상하는 것으로 합의가 되어있다.

우크라이나의 사례는 2014년 러시아의 크림

반도지배로 인해 다른 고민을 던져준다. 우크라이나는 러시아와 1994년에 부다페스트 협정을 체결했다. 이 협정을 통해서 우크라이나는 소련의 붕괴로 이해 물려받은 3,000여개의 핵탄두를 소련에 넘기고 경제적 보상을 받았으며 이를 미국이 보장하였다. 그러나 20년 뒤 러시아의 공격을 받은 우크라이나는 러시아에 저항하지 못했다. 이것은 핵을 포기한 것이 억지력 상실로 이어진다는 점을 극명하게 보여준다. 따라서 우크라이나 사례를 보면서 북한은 핵 포기가 가져오는 안보의 불안을 배울 것이기 때문에 긍정적인 사례가 되지 못하게 되었다.

4. 파키스탄 사례: 핵보유 묵인

파키스탄의 경우는 인도와의 갈등으로 핵을 보유하게 되었다. 그러나 미국은 이라크전쟁에서의 파키스탄의 지원이 필요했고 이로 인해 파키스탄의 핵보유를 묵인하였다. 이 모델 역시 북한에 적용하기는 어렵다. 북한의 경우 핵보유를 묵인할 경우에는 한반도의 긴장뿐 아니라 지역적 긴장을 유도할 수 있는 문제가 있다. 특히 북한의 3대 세습구조를 감안할 때 국내정치의 불안정과 권력의 누수현상은 북한 군부가 핵을 은밀하게 거래할 수도 있고 이를 뛰어넘어 핵과 핵기술의 대규모 확산으로 이어질 수도 있다.

5. 사례 고려의 함의

북한의 핵보유시도는 북한의 체제보장을 얻어내기 위한 억지용 전략과 미국에 대한 협상용의 방어적 목적으로 해석할 수 있다. 또한 남북한의 군사적 격차를 만회하기 위한 현상유지적인 균형정책으로도 볼 수 있다. 그리고 국내적으로 선군정치를 유지하기 위해 군부를 설득하고, 주민들에게 정권을 정당화하기 위한 수단으로 볼 수 있다.

북한 핵문제의 해법은 체제안보의 불안을 해소해주는 것 즉 체제유지가능성을 높여주는 것으로부터 시작해야 한다. 과거 부시행정부에서 제기한 핵 선제공격과 같은 외부적 위협과 정권의 붕괴라는 국내적 위협이 문제가 되기 때문에 이러한 위협을 감소시키는 외부로부터 안전의 보장과 국내적인 권력교체의 부정적 파급효과를 줄이도록 경제적인 지원이 필요하다.

장기적 관점에서 북한체제를 일정하게 유지하면서 통일정책을 모색하는 것이 필요하다. 북한의 조기 붕괴와 그로 인해 파생될 북한 군부의 갈등과 이로 인해 국제사회의 개입을 가져오는 것은 대한민국에 바람직한 방안이 아니다. 따라서 점진적인 변화를 이끌면서 남북한의 통일을 이끌려는 노력이 필요하다. 즉 개입을 통한 북한 관리정책이 중요하다. 특히 북한이 중국에 대해 의존을 강화하고 있는 상황이기 때문에 남한의 북한에 대한 경제지원과 경제협력조치가 시급히 재개되어야 한다.

Ⅳ 대 북한 정책의 유용성 비교

1. 억지(deterence)전략

억지이론은 역사적으로 오래된 이론이지만 본격적 논의는 핵시대에 접어들면서 시작되었다. 핵시대의 전쟁과 평화에 대한 이론이라 칭하는 억지이론은 핵무기의 잠재력을 이용하는 전략이다. 여기서 억지란 처벌의 공포를 유발시켜 상대가 일정한 행동을 취하려는 의도를 사전에 포기하도록 설득하는 것이다. 로버트 저비스(R. Jervis)는 억지이론을 한쪽이 상대방으로 하여금 자신이 원하는 것을 하도록 강제하기 위해서 상대방에 대한 상해를 가져올 수 있는 위협을 조작함으로써 목적을 이루고자하는 방식에 대한 이론이라고 했다. 따라서 핵억지란 핵보유국이 서로 확실한 제 2차공격력(1차 공격에도 불구하고 살아남아서 공격국에 핵 반격을 가할 수 있는 능력)을 보유함으로써 상대국의 기습선제공격을 포함한 침략적 행동을 사전에 억지하는 것이다. 핵억지는 핵보복에 의한 처벌의 공포심을 주기 때문에 억지관념이 현저히 현실성을 띤다. 중심개념은 억지에 있고 방법론은 게임이론에 기반을 두고 있다.

억지가 성립하기 위해서는 기본조건이 충족되어야 한다. 첫째, '합리성'으로, 억지는 행동결과에 대한 위험계산에 따라 행동한다는 합리성에 기반을 둔다. 둘째, '의사전달'로 일방의 능력과 의도의 내용이 상대방에게 충분히 전달되지 않으면 합리적 위험 계산의 기반이 상실된다. 셋째, '처벌능력'으로 위협자는 상대방에게 위협이 될 처벌능력이 필요하며 파괴력이 높은 핵무기를 사용할 수 있는 실행의지가 필요하다. 넷째, '신뢰성'으로 처벌능력과 의도를 상대방이 진짜로 받아들이게끔 조작하여 위협을 실제 가능한 것으로 받아들이게 하는 신뢰성이 필요하다.

억지전략은 북한핵문제에 적용하기 어렵다. 북한의 핵보유를 사전에 못하게 막지 못했을 뿐 아니라 북한의 핵능력은 미국에 대해서는 제 2격을 갖추지 못했기 때문에 억지가 성립하기 어렵다. 특히 비대칭적인 핵능력은 오히려 공격무기인 핵을 1격을 통해서라도 빨리 사용하고자 하게 만들 수 있기 때문에 억지와 달리 안정을 가져오지 못하고 더 불안하게 된다.

2. 강제(compellence)전략

억지전략 이전에 사용될 수 있는 전략으로 위협을 통해 자신이 얻고자 하는 가치나 그 밖의 무엇을 달성하는 전략이다. 억지전략이 공포심에 기반해서 상대방이 하려고 하는 것을 "포기하는" 사전적인 정책이라면 강제전략은 힘을 이용하여 상대방으로 하여금 강제국 자신이 원하는 것을 "하게끔 하는" 사후적인 정책이다. 핵보유에 있어서 비대칭일 경우 이 전략은 사용가능하다.

미국이 소련에 대해 1960년대 이전까지 구사했던 전략으로 대표적으로는 대량보복전략(Massive Retaliation: 국무장관 Dulles는 '자유세계에 공격이 있다면, 즉각적이고 대량으로 보복할 것)과 Roll-Back 정책(소련의 공격에 대응해 과거 소련이 확보한 영역까지를 수복하겠다는 전략)을 들 수 있다. 이런 정책들은 대량보복전략을 바탕으로 소련에 대해 직접적인 핵 전멸 위협을 가하여 미국이 외교적 흥정을 자국에 유리하게 이끄는 강제정책들이다.

미국의 북한에 대한 강제전략은 사용하기 어렵다. 북한은 미국에 대응할 수는 없지만 남한과 일본을 타깃으로 하여 미국에 대항할 수 있다. 북한의 노동미사일은 일본을 사정거리로 하고 있으며, 주일미군을 인질로 하여 위협을 가할 수 있다. 또한 중국이 다시 북한의 보호자를 자처하고 있는 상황이기 때문에 미국이 쉽게 북한에 선제공격을 가하는 전략으로 위협정책을 구사하기 용이하지 않다.

3. 강압(coercive)전략[14]

알렉산더 조지는 『강압외교(coersive diplomacy)』에서 강압정책에 대해 다음과 같이 정의를 내렸다. '적대국이 이미 시행한 침략행위를 취소하거나 중지하도록 설득하기 위해 군사력 사용을 위협하거나 상당히 제한된 군사력 증강

---

14) 넓은 의미에서 강압전략안에 강제전략을 포함하는 이론가도 있다. 이 문제에서는 구분하여 서술한다.

을 구사하는 것'이 강압정책이다. 여기서 핵심은 적국에 대한 요구와 이 요구에 대한 수용이 적국의 이익에 부합될 것이라고 설득하기에 충분한 신뢰성과 수용 거부에 대한 영향력 있는 응징위협이 뒷받침되는 것이다. 즉 보상과 이익확보가능성과 응징위협의 신뢰성이 핵심이다. 이러한 신뢰성이 확보된다면 강압외교는 성공적이 될 것이다. 따라서 보상에 대한 신뢰성과 응징위협 두 가지가 강압정책의 핵심이다. 강압정책이 억지정책과 차이나는 것은 억지가 사전적인데 반해서 강압은 이미 이루어진 일에 대한 사후적인 성격을 가진다는 것이다. 따라서 현 북한 핵문제는 억지보다 강압정책을 통해서 풀 수 있다.

강압전략의 방안으로는 첫째. 응징책으로 긴박감을 조성하는 것이다. 그러나 긴박감은 적절한 선을 넘으면 곤란하다. 둘째, 유인책을 병행해야 한다. 강압이 성공하기 위해서는 보상과 같은 유인책이 필요하다. 강압전략을 변형한 전략으로는 '최후통첩', '묵시적 최후 통첩', '점진적 압박', '정책 시도 후 주시'같은 전략이 있다.

강압전략이 성공하기 위한 요건으로는 첫째, 동기의 비대칭과 유인 조치를 들 수 있다. 강압국의 동기가 비강압국의 동기보다 클 경우 강압정책은 성공 가능성이 높다. 강압국이 사활적 이익을 주장하고 피강압 국가는 사활적인 이익이 아니기 때문에 이미 실행한 조치를 양보할 수 있을 때 성공할 수 있다. 둘째, 적대국이 순응하도록 긴박감을 조성하고 전달하는 것이 필요하다. 이를 위해서는 한계시한을 설정하거나 제재 및 군사력 사용을 위협하는 방안 등을 사용할 수 있다. 셋째, 적대국이 감당할 수 없는 확전에 대한 공포 속에서 이를 회피하게 만들어야 한다. 하지만 자칫 적대국이 강압국이 설정한 레드라인을 넘어서면 적대국은 선제공격만이 유일한 대안으로 인식하게 될 우려가 있다. 따라서 강압국은 전면적 공격의사를 자제해야 한다.

4. 군비통제전략(arms control)

현실주의적 방안으로 국가들이 군사력을 자제함으로써 상호간에 이익을 얻는 방법이다. 이런 군비통제전략은 국제정치에서 무정부상태로 인한 타국에 대한 불신으로 군비통제를 위한 협력이 형성되고 유지되기가 어렵다는 주장이 있다. 하지만 국가들은 군비통제를 통해서 군비의 부담을 경감하고 상대방 국가에 대한 적대적 인식을 줄일 수 있다.

군비통제전략에는 다자적인 군비통제제도를 구축하는 방안과 양자적인 군비통제제도를 사용하는 방안이 있다. 다자적인 제도는 구축이 어려우나 한 번 제도를 형성하면 다자적인 약속과 다자적인 통제와 제재를 가능하게 해주는 제도의 특징이 있다. 반면에 양자제도는 협상당사자의 이해를 직접적으로 반영할 수 있다는 장점이 있지만 기만의 가능성이 높다는 단점이 있다.

하지만 다자적 군비통제제도는 제도를 성공시키기 위한 조건이 까다롭다. 다자간 군비통제레짐의 어려운 점은 크게 네 가지로 나뉜다. 이 네 가지 부분을 해결하는 방안이 고려될 필요가 있다. 첫째, 군비통제레짐의 의제설정단계에서 군비통제 대상의 확정과 통제 비율 확정의 문제이다. 기술적으로는 통제하려는 무기의 비율과 기준 설정이 곤란하다. 특히 각 국가마다 무기체계에 대한 의존도가 다르기 때문에 합의를 보기가 어렵다. 즉 북한에는 육군력과 미사일능력이 중요하고 한국은 공군력이 중요한데 이런 차이는 어떤 무기를 통제하고 축소할 것인지 정하기 어렵게 만든다.

둘째, 군비통제레짐의 형성시 이행확보수단과 검증의 문제가 있다. 즉, 국가들의 신뢰확보조치로 이행수단과 검증은 국가들의 자발성에 맡겨져 있다. 그러나 몇몇 국가들은 이를 이행치 않는다. 이에 따라 군비통제 약속을 검증하는 검증수단을 마련할 필요가 있다. 검증이후 약속에 대한 위반시 처벌수단이 필요하다. 그러나 현실적으로 검증과 처벌수단을 확보하기가 어렵다.

셋째, 검증과 처벌수단의 확보가 어려운 이유는 실제 위협이 되고 있는 국가들의 참여가 핵심임에도 이들 국가들이 검증과 처벌이 강화되면 참여를 거부하거나 회피하는 문제가 있다. 따라서 실제 군비통제에 가장 핵심적 국가가 개입해야 하지만 이들이 가입을 거부하는 문제가 있다.

넷째, 조약의 불평등성과 이에 따른 보상정책의 미비점이라는 문제가 있다. NPT(핵확산금지조약)로 대표되는 수평적 핵확산의 억제제도는 기존 핵보유국의 위치를 공고히 해준다. 하지만 기존보유국의 핵을 포기한 국가에 대한 기술적 지원이 부족한 상태이다. 이는 핵확산을 포기하게 하는 명분을 하락시키고 핵확산과 관련된 기존 조약과 기구에 대한 기피와 반발을 야기한다.

이런 문제를 해결하면서 군비통제조치가 성공하기 위해서는 4가지 부분을 고려할 수 있다. 첫째, 안보와 위험관리차원에서 안보대화의 채널을 제도화하는 것이 중요하다. 즉 포괄적인 안보대화의 제도화가 필요하다. 유럽에서 OSCE(유럽안보협력기구: 유럽의 53개 국가가 대화를 통해서 협력적으로 안보를 확보하기 위한 안보대화기구)가 대화레짐을 상설화한 것은 서유럽 국가들과 동유럽 국가들 간의 신뢰구축에 실질적으로 도움이 되었다. 둘째, 국가들 간에 군인이나 안보전문가 등이 공동으로 참여하여 군사적 신뢰구축조치 즉 정보, 통신, 통보, 참관조치를 취했고 이것이 투명성을 통해서 의도를 명확하게 했다.

즉 당사자 간의 신뢰구축조치 이행이 중요하다. 셋째, 군비통제이행에 대한 검증이 필요하다. 유럽에서는 1986년 스톡홀름선언에서 유럽은 군사훈련의 통보와 참관 검증을 의무화했다. 여기서는 검증제도가 핵심이다. 넷째, 유럽에서처럼 지도자들이 공동안보와 협력안보에 대한 철학을 가지고 군비통제에 대한 신념과 확신을 가지는 것이 중요하다. 그리고 이를 국내적으로 수행할 수 있는 정치지도력 역시 필수적이다. 여기에 더해 유럽 국가들의 국내외적 상황과 안보환경도 군비 통제에 유리했다. 즉 정치지도자의 역할과 국내외 환경의 지지가 중요하다.

5. 전략들 간의 적실성 평가

우선 현재 강압전략은 북한에 대한 강한 압박을 의미한다. 이것은 북한체제에 대한 외부적 압력을 통한 붕괴를 노리는 것으로 비쳐질 가능성이 높다. 이는 북한의 지도부를 심리적으로 위기상황에 몰아넣고 위험한 선택을 강요할 가능성이 높다. 또한 중국의 반발을 불러올 수도 있다. 여기에 더해 대한민국의 수도권이 가지는 안보취약성(북한의 장사정포의 사거리 안에 위치해 있다는 점)으로 인해 남한 내부에서 강경정책에 대한 반발과 국내적인 의견불일치를 불러올 수 있다는 점에서도 문제가 있다.

억지전략은 공포심을 통해서 북한이 하고자 하는 일을 사전에 포기하게 하는 것이다. 그러나 북한은 2006년 핵실험을 하였고 그 이후 2차 핵실험 뿐 아니라 미사일 발사실험, 농축우라늄에 기반한 핵개발을 시인하였다. 이러한 일련의 사태는 미국의 북한에 대한 공포심에 기반한 억지가 달성되지 못함을 의미한다. 단 북한의 정권교체와 급변사태가능성 등으로 인해 북한이 도박을 하듯이 남한에 대해 도발을 계획하고, 도발로 현 상황을 해결하고자 할 경우에 있어서 미국의 확대억지전략은 북한에 대한 도발 억지로는 기능할 수 있다.

강압전략은 현재 북한에 쓰기 쉽지 않다. 북한과의 핵 게임은 장기간 지속되어 왔고 그 과정에서 북한은 살라미 전술(살라미 소세지를 잘게 썰어가듯이 이슈를 잘게 나누어서 점진적으로 협상을 해가는 협상방식)을 사용해서 조금씩 자신이 원하는 방식으로 무장을 강화해왔다. 따라서 북한 핵문제에 따른 긴박감이 떨어지게 되었고 부시 정부에서 오바마 정부로 바뀌면서 미국 내의 북한에 대한 강경한 목소리도 무뎌지게 되었다. 그러나 한국이 미국과 공조하고 중국을 협조로 이끌어서 북한에 대한 압박과 보상을 병행하는 방안은 고려할 수 있다.

군비통제방안이 가장 현실적이다. 6자회담과 북미교섭을 병행하면서 남한과도 대화를 재개하는 방안은 북한의 핵 불능화와 이에 따른 보상을 결부시킴으로서 북한의 경제위기해결과 정권의 성공적인 이양을 가능하게 해준다는 점에서 심리적 보장도 가능하다.

Ⅴ 결 론

위의 이론들에서 북한 핵보유의도와 핵에 대한 정책방안들을 고려했을 때 결국 국제적인 안정보장과 지원이 북한에게 국내적인 안전보장을 가져온다는 것을 주지시켜서 6자회담을 통한 해법으로 복귀하게 하는 것이 필요하다.

기출문제와 연결

제 17 문   2010년 5급 2번(남북관계의 상호주의) / 2010년 입시 3번(핵무기의 비확산체계의 문제점)

다음 〈제시문〉을 참고하여 답하시오.

〈제시문〉
　강대국은 '과도한 대외확장(over-expansion)' 정책을 추구한다. '과도한 대외확장'은 다른 강대국들의 견제와 제재를 받는데도 불구하고, 강대국은 이 정책을 선택한다. 대표적인 두 국가로 독일(1866년-1945년)과 일본(1868-1945년)은 후발산업화를 거치면서 만들어진 군, 관료, 산업세력의 '카르텔화'와 민족주의(전체주의)와 같은 '이데올로기'라는 두 가지 요인에 의해서 과도한 대외확장을 시도했다. 이때 파벌적 이익집단(과두체제)은 자신의 이익을 위해 과도한 대외확장을 하며, 이를 위해 "국가안보가 팽창을 통해 확보된다"는 '제국의 신화'를 만든다. 이러한 팽창정책은 파벌 집단 각각이 추구한 것보다 훨씬 극단화되기도 한다.
　반면, 민주주의 국가 영국(1830년-1890년)은 엘리트 카르텔이 만들어졌을 때 과대확장정책을 시도하였다. 반면 미국(1945년-1991년)도 봉쇄정책에 기초하여 대외확장 정책을 선택했다. 소련(1945년-1991년)은 대체로 온건한 대외확장정책을 선택했다. 개인 독재체제의 '예측불가능성'을 제외하면 민주주의 정치체제나 독재자 개인이나 단합된 과두제에 의해 지배되는 '단일적' 정치체제는 대체로 '온건한 대외팽창'의 경향을 보였다.

　위의 〈제시문〉에도 불구하고 히틀러-독일의 2차 대전, 마오쩌둥-중국의 한국전쟁 개입, 후르시초프-소련의 쿠바 미사일 위기는 1인 독재체제가 대외팽창정책에 따른 전쟁 가능성이 높다는 점을 보여준다. 반면 과도한 대외팽창을 시도한 독재체제에 대한 경제제재의 효과가 높을 것인지에 대해서는, 독재의 핵심세력(essentials)이 받는 경제적 어려움이나 독재자의 '결집 효과(rally effect)' 등으로 각기 다른 결과를 예측한다. (총 50점)

　(1) 강대국의 과도한 대외팽창정책이 국제체제적 요소나 개인적 요소보다 국내적 요소가 중요하다고 하는 잭 스나이더의 논리를 설명하시오. (10점)

　(2) 독재체제 중에서 과두 체제의 과도한 과잉팽창 가능성에 대해 1인 독재 체제의 과잉팽창 가능성의 관점에서 논하시오. (15점)

　(3) 과도한 과잉팽창정책을 수행한 독재국가에 대해 '다자적 경제제제'가 효과가 있을지에 대해서 선출인단모형, 집단행동이론, 결집효과 등의 다양한 이론을 활용해서 논하고 (20점), 푸틴의 우크라이나 도발에 대한 의미를 설명하시오. (5점)

잭 스나이더는 현실주의에서 방어적 현실주의에 속한다. 그는 국내정치체제의 특성을 통해 과잉팽창과 민주화과정의 위험성을 지적한 이론가이다. 이 문제는 기술적으로 과잉팽창의 스나이더 논리와 함께 국내정치에서 러시아에 대한 경제제재가 효과적인지를 분석한 문제다. 기술적인 차원의 이론들이 많기 때문에 각 개념들을 중심으로 정리해두면 고득점을 하는 데 도움이 될 것이다.

I 서 론

2022년 러시아의 우크라이나 침공에 대한 경제제재 조치가 효과가 있을지에 대한 논의가 진행 중이다. 중국에 대한 견제가 중요한 미국에게 이번 푸틴에 대한 제재는 대중국 경고로서 중요하기에 경제제재의 효과를 최대화하고자 할 유인이 크다. 정치체제 속성을 통해 과도한 대외팽창 가능성과 다자적 경제제재가 기능한지를 살펴 본다.

II 국내적 요인에 의한 대외팽창

잭 스나이더의 『Myth of Empire』는 과도한 대외팽창을 국내정치 요인을 통해 체계화하였다. 여기서 잭 스나이더는 <제시문>에 나온 것처럼 정치체제 유형과 정치체제가 사용하는 이데올로기를 사용해서 과도한 대외팽창을 설명했다.

1. 국내정치의 중요성

잭 스나이더는 과도한 대외팽창은 국내정치의 특정한 조건에서 발생한다고 보았다. 첫째, 국내 세력집단의 구성과 이해관계가 중요하다. 이것이 후폭풍이 있을 수도 있는 대외팽창을 가능하게 한다.

위의 제시문처럼 국가가 후발산업화를 할 경우, 산업화 세력과 국가 관료 그리고 군부는 같은 이해관계를 가질 가능성이 크다. 중상주의 정책을 통해서 이익을 보기 때문이다. 즉 산업화는 막대한 부를 창출하여 산업화 세력을 만족시키고, 이는 국가의 능력을 키워주기 때문에 정부 관료의 예산과 영향력을 확대하게 한다. 그리고 이러한 중상주의를 지키기 위해서 군부의 강화도 동반된다. 이렇게 과두제적으로 독재체제가 만들어지는 경우 이들 세력은 공모(log-rolling)한다.

국내정치에서 과도한 대외팽창이 가능하게 되려면 국민을 동원해야 한다. 이 과정에서 이데올로기가 중요하다. 이 역시 국내정치적 요인이 된다. 민족주의와 민족주의를 기반으로 한 전체주의 혹은 군국주의가 과도한 대외팽창을 정당화한다.

결국 과도한 대외팽창은 합리적인 선택이 아닌데도 선택이 되려면, 국내정치의 특수한 요소들이 있어야 한다. 국내정치에서 이를 추진할 세력과 이념이 뒷받침될 때 가능하다.

2. 국제정치와 지도자 심리의 부차성

국가의 과도한 대외팽창은 국제정치의 극성으로 설명하기 어렵다. 극성에 따르면 힘의 배분이 안 맞는 특별한 조건에서 대외팽창이 이루어져야 한다. 하지만 독일의 사례는 다극에서 대외 팽창이 일어났다. 일본의 경우 청일전쟁은 지역 양극에서, 러일전쟁은 지역 양극과 국제 다극에서 발생했다. 태평양 전쟁은 일본이 지역 패권이면서 국제 다극에서 발생했다. 이는 국제 체제 중 어떤 특정 체제가 과도한 대외팽창을 만든다고 주장하기 어렵다는 점을 보여준다. 국제체제는 국가들이 과도한 대외팽창을 수행할 것인지를 고려하는 조건이라고 볼 수 있다. 이 조건에서 국내정치 구조가 과도한 대외팽창을 할 것인지 온건한 대외팽창을 할 것인지를 결정한다.

지도자의 심리는 일부 영향을 미칠 수 있다. 지도자의 오인이나, 미래 기대 심리가 전쟁을 결정할 수 있다. 하지만 국내정치적 조건에 의해서 이러한 요인은 걸러질 수 있다. 민주주의 국가인 경우나 과두제적인 국가에서 지도자는 자신의 심리에 의해서만 전쟁을 결정할 수는 없다. 그런 점에서 국내정치 조건이 중요하다. 국내정치 조건이 받쳐줄 때 국가 지도자의 심리가 과도한 대외팽창을 가능하게 할 것이다.

Ⅲ 독재체제간 과도한 대외팽창 가능성 논쟁

제시문의 경우와 지문의 경우 대외팽창을 하는 독재체제의 유형이 다르다. 이를 구체적으로 이익의 결탁, 책임추궁성, 지도자의 지지와 통제력으로 논의해본다.

1. 과두체제의 팽창적 속성: 이익의 결탁과 낮은 책임추궁성

과두체제가 과도한 팽창정책을 사용할 수 있는 것은 두 가지에 근거한다. 첫째, 이해집단의 이익공유 정도를 의미하는 이익의 결탁(log-rolling)이다. 이익을 공유할 경우 협력하여 과도한 과잉팽창정책을 추구할 수 있다. 이 정책의

비용은 국민이 지게 되고, 수혜는 지도집단이 가진다. 따라서 이들은 비용이 많이 들고 실패할 수도 있는 '과도한 과잉확장'정책을 선택한다. 1차 대전 직전의 독일과 태평양전쟁에서 일본이 대표적인 사례이다. 1차 대전 후반 독일 군부는 휴전협상에서 유리하게 하기위해 빌헬름 왕을 하야하게 만들고, 공화주의 국가로 바꾸었다. 태평양전쟁 말까지 일본의 해군과 육군이 전쟁에 종결을 거부한 것도 이와 같다.

둘째, 책임추궁성이 낮은 것은 강력한 유인이다. 과두체제는 정책 결정의 실패에 따른 책임을 한 집단이 지지 않는다. 따라서 다양한 집단이 서로에게 책임을 전가한다. 태평양전쟁 이후 일본의 천황이 부활하여 일본 헌법상 1조에 들어간 것이 대표적이다. 태평양전쟁의 기업들도 사면된 것도 사례다.

2. 1인 독재 체제의 팽창적 속성

독재체제가 오히려 과도한 대외팽창정책을 지지 확보와 정부 통제력 혹은 장악력으로 설명할 수 있다. 여기에 더해 정치적 반대세력을 제거하기 위한 과도한 대외팽창도 가능해진다.

첫째, 1인 독재체제가 국민으로부터 지지를 확보할수록 대외팽창정책을 과도하게 할 수 있다. 국민적 지지나 인기도가 높을수록 지도자는 다른 반대세력을 걱정할 필요가 없다. 이런 경우 지도자가 가진 개인적 속성이 발휘될 수 있다. 2차 대전의 히틀러의 경우와 중국의 마오쩌둥의 경우를 들 수 있다.

역의 경우로 지지도를 끌어올리기 위해 대외팽창정책을 수행할 수 있다. 이런 경우 결집 효과를 만들 수 있다. 이는 정치적 경쟁자들의 지위를 더욱 하락시킨다.

둘째, 지지도를 확보하는 데는 이념이나 신성화가 중요하다. 1인 독재체제는 독재자를 미

화하는 경우가 많다. 강력하고 실수하지 않는다는 '미화된 이미지'를 가질수록 지도자는 과도한 과잉팽창정책을 사용할 수 있다. 최근 러시아의 푸틴은 극우주의와 민족주의를 강화하면서, 강한 러시아를 위한 러시아 어린이들을 군사 훈련에 동원했다. 이렇게 만들어진 것이 '우나르미야'다. 독일의 히틀러가 대표적이다.

셋째, 지도자의 정부 통제력이나 장악력이 강하면 독재체제가 오히려 더 확장해갈 수 있다. 독재체제에서 강권적 통치가 가능해지면, 지도자는 내부 세력의 저항이 없이 정책 결정을 할 수 있다. 히틀러의 경우 2차 대전 중 암살 시도가 있었는데, 이는 독일군부가 암살이 아닌 방식으로 정책 전환이 불가능하다고 생각했기 때문이다.

넷째, 1인 독재자의 경우 자신의 잠재적 경쟁자를 제거하기 위한 방안을 겸해서 과도한 대외팽창정책을 사용할 수 있다. 전쟁을 치르면서 승리하면 그 공은 1인 독재자가 챙기고, 패배할 경우 그 책임을 잠재적인 경쟁자에게 물릴 수 있다. 김일성은 한국전쟁에서 승리하지 못한 대한 책임을 물어 남로당의 박헌영을 처형하였다.

Ⅳ 독재체제에 대한 다자 경제제재의 효과 논쟁

독재체제가 과도한 대외팽창정책을 사용했을 때, 가장 많이 사용할 수 있는 조치가 경제제제조치다. 자국이 침략을 받거나 동맹 국가가 침략을 받을 경우 군사행동이 사용될 수 있겠지만, 그런 경우가 아니라면 현실적으로 사용할 수 있는 것은 경제제재 조치가 있다.

1. 경제제재의 효과 긍정과 부정 논쟁

경제제재는 효과가 있다. 첫 번째 설명은 비제도적인 청중 비용과 지지 이탈이다. 첫째, 일반 국민들의 경제적 고통을 통해 독재자와 분리시킬 수 있다. 또한, 독재자에 대한 동원을 거부하게 할 수 있다. 1차 대전 중 러시아의 반전 움직임과 혁명 발생으로 제정 러시아는 더 이상 전쟁을 수행할 수 없었다.

둘째, 경제제재는 일반 국민뿐 아니라 독재국가의 핵심적인 권력 층에게 충격을 줄 수 있다. 이는 독재자에 대한 비제도적인 방식의 청중 비용을 청구하게 만든다. 군부에 의한 쿠테타 등이 가능한 것이다.

셋째, 체제 명분과 정당성을 약화시킨다. 이로 인해 유능한 국민들의 해외 이탈과 이주를 만들게 된다. 이는 장기적으로 체제운영에 대한 저항을 가져올 수 있다.

다음으로 제재효과가 크지 않다는 입장이다. 이 입장은 국내적인 요소인 선출인단모형과 동원효과로 설명이 가능하다. 다음 국제적 요소인 집단행동이론과 흑기사 효과로 설명할 수 있다.

먼저, 경제제재가 큰 효과를 가져오지 못하는 것은 국내 정치특성 때문이다. 메스키타의 선출인단 모형에 따르면 독재국가의 경우 핵심집단만 관리를 하면 된다. 따라서 독재국가에 대한 경제제재는 실질적인 제재의 고통이 국가에 가해지는 데 비해, 핵심집단은 분배를 받기 때문에 큰 문제가 없다. 이는 교체가능집단, 영향력있는 집단에게 고통이 가해지고, 실제 핵심집단은 분배에서 고통을 받지 않는다. 따라서 일반적인 경제제재는 큰 효과를 가져오지 못하고 일반 국민들만 고통받게 한다. 1991년 걸프전쟁이후 이라크는 12년간 제재를 받았다. 그리고 이 제재로 인해 영유아 사망자를 수십만명 만들었다. 즉 고통을 아이들이 받은 것이다.

물론 경제 제재의 효과가 핵심 집단에게도 영향을 주면 제재의 효과는 나타날 것이다. 그러나 독재 체제의 핵심 집단의 크기가 작다면 이에 따른 효과는 작아질 것이다.

그런데 이것은 딜레마를 가져온다. 침략을 막고 침략국의 국민을 보호하겠다는 도덕성을 증대하기 위한 조치가 비도덕적인 결과를 만드는 것이다.

이것을 개선하는 스마트 제재는 실제 고위층을 겨냥한다. 해외여행 금지나 특정 인물이나 단체를 겨냥해서 제재를 가한다. 이것은 일반 국민에 대한 피해를 줄이지만 완전하지는 않다.

두 번째로 이런 상황이 되면 독재자는 자신이 지지를 끌어올리기 위해 국민을 동원하는 rally effect가 생긴다. 이것은 오히려 국민을 똘똘 뭉치게 만들 수 있다. 북한이 위기를 고조시키면서 남한과 미국을 상대로 군중 동원을 하는 것이 대표적이다.

셋째, 독재국가의 특수성이 있다. 독재국가가 내구성이 높은 경우 제재의 효과가 크지 않다. 특히 대외 의존도가 낮은 경우 제재의 효과가 잘 나타나지 않는다.

다음으로 국제적 효과다. 국제적인 차원에서 문제가 되는 것은 집합행동의 문제다. 다자 경제제재를 통한 평화 달성도 공공재이기 때문이다. 따라서 공공재에 대한 무임승차 경향이 생긴다. 특히 올슨 주장대로 국가 수가 늘어나면 무임승차를 더 강해진다.

구체적으로 다자 경제제재에서는 국가들이 무임승차의 이유는 다양하다. 침략 국가와 경제적 이해관계나 지정학적 이해관계를 가질 경우 제재에 동참하지 않는다. 제재를 가할 경우 자국 기업의 피해가 예상되기 때문에 동참을 거부하기도 한다. 그리고 침략자 규정에서 거부권을 사용해서 정치적 이익을 보호하기도 한다.

제재를 우회하는 제 3의 등장도 문제다. 흑기사 효과가 작동하는 것이다. 이는 제재를 무

력화하면서 독재국가의 장기적인 과도한 대외팽창정책을 지속할 수 있게 해준다.

참고 북한에 대한 다자 제재 효과 부재 분석

1. 제재 주체로서 UN

분석틀로서 집합행동이론: 다자적인 제재의 어려움. 공공재산출의 어려움. 공공재 규정=대량살상무기 금지를 통한 안정

공공재 규성의 어려운 이유:

① 행위자의 수. 올슨의 이론 핵심. 수의 증대는 집합적 이익산출 어려움(공공재 구성). 국가별 이익의 차이가 큼. 합의의 어려움.

② 공공재에 대한 국제적 합의 어려움: 국가간 인식 차이.

③ 공공재 창출 위한 패권국가: 패권의 힘 집중 부족.

실증 분석: 다자 제재 성공의 경우 2–3년 안에 제재의 효과. vs. 실패하는 경우는 7–8년이상 지속. 15년 정도 지난 경우는 실패한 것으로 보아야 함.

2016년 이후의 북한에 대한 경제제재 조치들이 효과: 2016년 북한 GDP 3.9% 성장.

2017년 -3.5%, 2018년 -4.2%정도.

2019년 0.4% 증대.

2. 피제재국인 북한

북한내 통제력 높음.

북한 정권의 rally effect.

메스키타의 논리. 북한 엘리트 층에 충격이 적으면 됨.

3. 제 3국 효과

흑기사 효과=제 3국 효과: 제재 효과를 반감시키는 효과.

북한에 대한 중국의 효과. 논리는 '순망치한'과 혈맹.

이 논쟁에 대해 평가하자면 다음과 같다. 국내적 요소와 국제적 요소가 결합하여 과도한 대외팽창을 자행한 독재 국가의 경제제재의 효과를 떨어뜨린다. 외부에서도 경제제재를 강력하게 가하기 어렵지만 내부적으로도 제재의 효과가 크지 않은 것이다.

2. 푸틴 러시아에 대한 의미

이론적으로 볼 때 경제제재의 효과가 적을 수 있지만, 푸틴의 침략에 대해서는 신중하게 생각해볼 필요가 있다. 이론과 달리 현실에서 경제제재는 제재 국가들의 의지와 담합 정도에 달렸다. 가장 중요한 것은 패권국가 미국의 의지다. 그리고 바이든 정부를 지지하는 미국 국민들의 의지다. 그런 점에서는 제재가 오래갈 가능성이 있다.

다른 제재 국가들의 의지와 제재 국가의 국민이 제제를 지지하는 정도도 중요하다. 국민이 제재를 가하기 원할 경우 정부는 제재를 풀기 어렵다. 전세계적으로 푸틴에 대한 원성이 강하고, 우크라이나 지지의 목소리가 크기 때문에 푸틴에 대한 경제제재는 오래 지속될 가능성이 크다. 즉 전세계인의 참을성이 작동하면 제재는 성과를 이룰 수 있다.

다음으로 제재의 구체화 정도에도 영향을 받는다. 스마트 제재를 가하고, 푸틴의 자금줄인 천연가스와 원유를 통제할 수 있으면 제재의 효과는 높아진다. 러시아를 달러 이용을 배제하고, 천연가스와 원유도 통제하려는 현재 제재는 그런 점에서 효과를 기대해 볼 수 있다.

Ⓥ 결 론

1인 독재에 가까운 푸틴의 러시아가 우크라이나를 침공한 과도한 대외팽창정책에 대한 다자 경제 제재는 효과를 볼 수 있는 여지가 높다. 미국 바이든 대통령이 푸틴을 전범으로 기소하겠다고 전쟁 초기부터 주장하는 것은 미국이 제제를 하겠다는 의지를 보여주는 것이다.

제024문 상호의존이론과 한미자유무역협정에의 함의

국가간 경제적 상호의존관계는 크게 대칭적(평등한) 상호의존 관계(symmetrical interdepence)와 비대칭적(불평등한) 상호의존관계(asymmetrical interdependence)가 있고, 각 유형은 서로 다른 정치적 함의를 갖는다. (총 30점)

(1) 대칭적 상호의존 관계와 비대칭적 상호의존관계의 의미를 설명하고, 각각이 갖는 정치적 함의를 논하시오. (20점)

(2) 이러한 관점에서 한미 자유무역협정의 정치적 함의를 논하시오. (10점)

– 2007년 5급 공채 점수 조정

Ⅰ. 서   론
Ⅱ. 이론적 분석도구: 대칭적 상호의존과 비대칭적 상호의존
  1. 상호의존의 이론정리
  2. 상호의존의 정치적 의미
Ⅲ. 한미 FTA발효의 정치적 함의
  1. 상호의존의 증대와 공동의 이익 증대와 민감성의 확대
  2. 외교협상력의 확대

〈대안 목차 1〉
  1. 한미 경제관계의 강화와 대중관계의 약화
  2. 한미안보강화가능성의 증대와 일관된 대중정책 가능성 증대
  3. 한국의 대미협상력 약화
Ⅳ. 결   론

 문제의 맥락과 포인트

상호의존이론으로 무엇을 설명할 수 있는가가 아니라, 거꾸로 에너지 문제를 풀어가는 데 어떤 이론이 좋을까에서 이 문제는 출발하고 있다. 그런데 이 문제에서 어려운 점은 상호의존으로 시작해서 신자유주의의 제도나 레짐으로 대책을 만들어 가야 한다는 점이다. 그렇다면 상호의존과 레짐을 어떻게 연결시킬 것인가가 이 문제의 핵심이 될 것이다. 다음의 질문에 세부적으로 답해야 하기도 한다. 첫째, 에너지는 국가들을 상호의존하게 만드는가? 상호의존은 국가들의 관계를 안정시킬 것인가 불안정하게 만들 것인가? 둘째, 동북아 국가들에서 특히 에너지 상호의존이 증대하는 원인은 무엇인가? 셋째, 에너지 자원은 제로섬적인 자원인가? 포지티브섬적인 자원인가? 국가들을 전략적으로 사고하게 하는가? 넷째, 어떤 이론을 통해서 국가들 간의 에너지 문제에 대한 해법을 찾는 것이 바람직할 것인가?

Ⅰ 서 론

2011년 기준으로 한국의 대중수출은 수출비중에서 5.2%에서 27.2%로 늘어난데 비해 대미수출비중은 40.1%에서 13.3%로 축소되었다. 이런 대중의존도 증대와 대미의존도 하락은 2006년 한미 FTA체결당시 한국의 대중 수출액수는 897억달러이고 수입액수는 445억 달러인데 한미쌍무무역액수는 740억달러에 불과했다는 점으로도 나타난다. 이러한 대미의존도약화와 대중의존도 강화상황에서 경제적으로 한미자유무역협정의 발효가 가져오는 정치적 의미는 무엇

인지를 살펴본다.

Ⅱ 이론적 분석도구: 대칭적 상호의존과 비대칭적 상호의존

1. 상호의존의 이론정리

상호의존이란 한행위자의 정책 변경과 같은 행동이 다른 행위자에게 영향을 미치는 것이다. 즉 의존(dependence)이 외부 힘에 의해서 결정되는 상태나 지대하게 영향을 받는 것을 의미한다면 상호의존은 상호간의 의존(mutual dependence)를 의미한다.

이런 상호의존은 양극단에 완전한 의존과 완전히 순수한 상태의 대칭적 상호의존을 설정할 수 있다. 따라서 상호 의존은 완전히 동등한 상호간의 의존 (evenly balanced mutual dependence)와 구분된다. 즉 같은 영역에서 동일하게 의존관계를 가지는 것이 아니라 영향력에 있어서 동등할 수 있는 상호간 의존이 대칭적 상호의존이다. 영향력의 정도를 통해서 측정할 수 있는 것이다.

상호의존은 다른 행위자를 다루는 데 있어서 영향력을 행사할 수 있게 해주는 비대칭적인 의존을 의미한다. 그런 점에서 상호의존은 비대칭적인 영향력의 문제로 어떤 이슈에서 다른 행위자를 통제하는 데 있어서 권력자원이 될 수 있는 관계를 의미한다. 순수한 의존과 순수한 비대칭의 이념형 사이에 보통 비대칭적인 상호의존 관계로 작동하는 것이다. 예를 들어 중국과 미국의 경우에는 상호의존되어 있는데 중국은 미국의 채권과 부동산에 대해 영향력을 행사할 수 있고 미국은 중국산 공산품의 수입과 노동조건문제에 대해 영향력을 행사할 수 있다면 미중은 다른 영역에서 상호 영향력을 주고 받으면서 협상을 할 수 있는 관계에 있는 것이다.

상호적인 의존도에 차이는 상호의존을 권력으로 전환시킨다. 특히 협상력으로 전환시킨다. 이때 상호의존은 민감성 상호의존과 취약성 상호의존이 권력의 관건이 된다. 여기서 민감성은 관계 증대로 인해 영향을 받게 되는 정도를 의미한다. 관계가 늘어나면 관계 변화에 의해 영향을 받게 되는 민감성이 늘게 된다. 이것은 정책변경 이전에 만들어지는 것으로 사전적이다. 민감성이 정책 변경이전의 문제라면 취약성은 정책이 변경된 이후에 외부사건이 부과한 고통과 비용을 이겨내는 부담정도를 의미한다. 취약성이 높은지는 관계를 차단해보면 더 피해를 보는 국가가 누구인지를 통해서 알 수 있다. 따라서 강대국이란 민감성이 높은 교류 증대상황에서 취약성이 낮은 국가이다. 이 국가는 낮은 취약성을 기반으로 협상력을 높일 수 있기 때문에 강대국인 것이다.

2. 상호의존의 정치적 의미

대칭적 상호의존은 현실에서 드문데 이 경우는 각 행위자가 동등한 영향력을 행사한다. 따라서 특정한 국가가 다른 국가 혹은 행위자에게 권력을 행사할 수 있는 가능성이 적다. 반면에 완전한 의존은 의존하고 있는 국가가 지배국에 대해 권력 행사가 불가능하다. 오로지 일방적인 권력 행사의 객체로 남게 된다. 두 가지는 이상형이고 실제 국가들의 관계는 비대칭적 상호의존상태에 있다. 비대칭 상호의존상황에서 국가들은 이슈에 따라 얼마나 민감성과 취약성이 비대칭적인가에 따라 행사할 수 있는 권력과 영향력에 차이가 있다. 특히 상호의존의 증대로 인해 민감성과 취약성의 증대는 한 행위자의 권력을 줄이고 반대로 정책 변경이나 변경의 위협을 하는 행위자의 권력과 영향력을 증대시킨다. 새로운 대안 정책을 추구하는 데 있어서 덜 의존적인 국가는 취약성이 적을 것이다.

정치 안보와 경제 관계나 사회적 교류의 증대가 가져오는 이런 상호의존의 증대는 결국 국가의 정책 결정능력을 약화시킬 수도 있고 전통적인 권력관에 있어서 강대국을 통제할 수 있게도 해준다. 강대국과 상대하는 약소국이 어떤 이슈에 어떻게 연계되었는가에 따라 민감성과 취약성이 증대하기도 하고 역으로 취약성이 낮아지면서 협상력이 증대하기도 한다.

Ⅲ 한미 FTA발효의 정치적 함의

1. 상호의존의 증대와 공동의 이익 증대와 민감성의 확대

한미 FTA는 한국과 미국의 자유무역의 증대를 통해서 상호의존관계를 심화시킬 것이고 민감성이 증대하게 될 것이다. 한국의 경우 섬유와 자동차같은 공산품 분야에서의 이득을 증대시키고 미국의 경우 소고기문제나 의약품 문제 그리고 서비스와 투자 분야에서의 이득을 증대시킬 수 있다. 양국의 이익증대는 국가간 교류의 증대를 더 활성화하여 양국의 민감성을 더욱 증대시킬 것이다.

2. 외교협상력의 확대

한편으로 양국에 관계를 증대시킴으로써 상호의존적 관계를 증대시킴으로써 국가들에게 영향력을 행사할 수 있는 외교적 방안이 늘어났다고 볼 수 있다. 민감성과 함께 취약성이 같이 증대하면서 양국이 상호필요로 하는 혜택을 두고 협상력이 증대하게 될 것이다. 또한 비정부행위자들사이의 교류도 증대함으로써 정부외 부문의 정부에 대한 외교적 압박도 가능해질 것이다.

3. 대비칭성의 증대와 한국의 상대적 취약성증대

한미 FTA 역시 상호의존의 비대칭적 속성을 가질 수 밖에 없고 한국의 취약성이 상대적으로 높아질 것이다. 한국의 시장이 차지하는 규모나 한국 상품이 미국 내에서 차지하는 비중에 비해 미국의 시장과 미국 상품이 한국 시장에서 차지하는 비중이 높다는 점을 볼 때 정책의 전환이 가져오게 될 취약성에서 한국이 상대적으로 미국보다 더 높다고 할 수 있다. 또한 서비스나 투자 분야에서의 정책 변경이 가져올 영향력은 상품 시장에서의 영향력 보다 더 클 수 있다.

따라서 현재 한미 FTA의 비준을 앞둔 시점(이 문제 당시에는)에서 한국의 비대칭성을 유념하고 소극적으로는 한국에게 좀 더 대칭적 관계로의 부분 적 수정과 변경을 고려 할 수 있을 것이고 적극적으로는 우리에게 유리한 비대칭적 자원을 확보하는 것이 필요하다.

🔵 대안 목차 1

1. 한미 경제관계의 강화와 대중관계의 약화

한미FTA는 한미간 교역을 증대시켜 양자간 민감성을 증대하게 한다. 이러한 민감성의 증대는 교류의 확대속에서 대미 의존도 강화 대한 의존도 강화로 나타난다. 이것은 중국에 대한 한국과 미국의 의존도 약화로 이어질 수 있다. 최근 한국의 대중의존도가 지나치게 강하게 되면서 한국은 안보파트너와 경제파트너가 불일치하게 되는 결과가 나타났다. 이런 상황에서 대중의존도를 낮추는 것은 한미간의 경제관계강화와 안보협력강화로 이어질 수 있다.

2. 한미안보강화가능성의 증대와 일관된 대중정책가능성 증대

한국과 미국의 교류증대는 최근 아시아로의 회귀정책을 취하는 미국의 입장에 대한 한국의 지지를 보

일 수 있다. 한국은 과거 안보는 미국과 경제는 중국
과 하는 헷징정책을 취하였고 이로 인해 미국과의 관
계는 악화되었다. 한미동맹의 약화는 북한의 핵실험
과 중국의 북한 지원정책으로 연결되었다. 이런 점에
서 한미FTA와 경제교류의 확대는 한국의 안보의지를
보여준다고 할 수 있다.

3. 한국의 대미협상력 약화

한국의 미국과의 FTA체결의 경우 한국의 대미의
존도의 경제적 비대칭성은 높아진다. 또한 이런 경우
한국의 안보 의존도 역시 높아진다. 경제적의존도와
안보의존도의 증가는 한국의 대미협상력 약화로 이어
지는 단점을 만들어 낼 수 있다.

Ⅳ 결 론

한국과 미국의 FTA발효와 경제교류는 한국
의 미국 의존도를 높이는 단점에도 불구하고 중
국에 대한 의존도를 낮춘다는 장점이 있다. 중
국의 영향력이 점차 커지는 상황에서 장기적으
로 중국을 견제하기 위해서도 미국과의 관계 강
화는 중요하다.

제025문 경제적 상호의존과 안보갈등

국가간 경제적 상호의존은 안보갈등을 감소시킬 수 있다. 유럽통합의 실현은 이러한 주장의 타당성을 입증하는 대표적 사례이다. 반면, 제 2차 세계대전 종결이후 동아시아 국가들은 경제성장을 바탕으로 국제무역과 해외투자의 확대를 통해 경제적 상호의존을 심화시켰지만 역내국가간 안보갈등은 좀처럼 완화되지 않고 있다. 이와 관련하여 다음 물음에 답하시오. (총 40점)

(1) 국가간 경제적 상호의존과 안보간의 상관성에 관한 국제정치이론들의 주장을 설명하시오. (10점)

(2) 이러한 국제정치이론(들)의 주장을 최근 동아시아의 사례(들)에 적용하여 분석하시오. (10점)

– 2017년 행시 국제통상 기출문제

 문제의 맥락과 포인트

동아시아는 '아시아 패러독스'를 대표한다. 경제교류의 확대에도 불구하고 안보불안이 줄어들지 않는다는 것이다. 이것을 설명하기 위해서 어떤 이론을 대표이론으로 선택할 수 있는지를 평가해보려는 문제이다. 또한 구체적인 동아시아들의 사례로 입증하는 것이 중요한 문제이다. 즉 이 문제는 이론선택 능력과 사례를 구체적으로 파악하고 있으며 개념과 사례를 연결할 수 있는 능력까지 보고자 하는 문제이다.

I 서 론

21세기 유럽은 칸트가 영구평화론에서 그린 세상에 가까운 반면에 21세기 동아시아 특히 동북아시아는 홉스가 그린 무정부상태에서의 경쟁을 여전히 보여준다. 이는 경제적상호의존의 증대가 각 지역마다 효과가 다르게 나타나고 있음을 보여준다. 맨체스터 학파를 기초로 한 경제적 상호의존의 증대가 안보불안을 축소할 수 있는지에 대해 동아시아지역의 사례들을 토대로 논하고 한국의 함의를 모색한다.

Ⅱ   경제적 상호의존과 안보간 관계에 대한 이론들

1. 상호의존이론: 경제적 상호의존에 따른 안보 불안 축소

상호의존이론은 경제적 상호의존이 안보불안을 축소한다고 주장한다. 상호의존에 따르면 상호의존의 증대는 국가들의 안보불안을 축소하고 안보에 대한 상호의존도 증대시킨다. 상호의존이 안보에 미치는 효과는 다음과 같은 논리에 의해서 작동한다.

첫 번째 상호의존의 증대는 국가들이 안보에 있어서 전쟁이 가지는 효과를 축소하게 함으로써 독자적인 안보추구로서 전쟁을 수행하기 어렵게 한다. 국가간의 상호의존이 증대할 경우 군사력 사용이 가지는 효과는 축소될 수 밖에 없다. 이것은 군사력이라는 권력자원이 가지는 효과가 축소되기 때문이다. 군사력 대신에 경제력이라는 권력자원이 가지는 효과가 커진다. 상호의존이론의 핵심은 민감성과 취약성의 증대를 통해서 경제적 관계가 가지는 자원의 대외정책적 의미를 키운다. 이로 인해 군사력이 미치는 강압적 효과는 축소되고 경제적 관계에서 사전적 의미로서 민감성과 취약성이 중요하게 되는 것이다.

두 번째 상호의존의 증대는 국가의 기능을 축소하고 비국가행위자의 역할을 증대하게 한다. 상호의존은 현실주의의 국가중심성 명제를 거부하고 비국가행위자의 중요성을 부각시킨다. 앞서 본 것처럼 군사력은 국가를 중심으로 사용

된다. 반면에 경제력은 반드시 국가를 중심으로 운영되는 것이 아니다. 경제력은 오히려 민간이 중심이 되어 운영된다. 이로 인해 경제적 의존이 심화되는 것은 민간간의 유대와 제휴관계가 확대되는 것이다. 이것은 경제적 의존의 확대가 이익집단들의 증대로 국가간 안보 불안이 가져오는 경제적 피해에 대해 민간을 민감하게 만든다는 것이다.

2. 신현실주의: 경제적 상호의존과 안보불안 증가

신현실주의는 경제적 상호의존에도 불구하고 안보불안은 여전하다고 본다. 신현실주의는 구조중심이론으로 무정부상태와 극성을 통해서 국제정치현상을 설명한다. 무정부상태는 국가위의 상위권위체의 부재를 의미한다. 상위권위체가 없는 상황에서 국가들의 행동의 정당성을 평가하는 유일한 기준은 국가가 보유한 권력에 있다. 이때 권력은 군사력과 경제력을 중심으로 한 보상과 처벌의 능력에 달려있다. 이러한 권력이 분표된 상황인 극성이 국가들의 안보 불안과 협력가능성을 설명한다.

신현실주의에서는 무정부상태가 달라지기 어렵고 국가들의 권력 분포에 의해 국가들의 행동방식이 달라지기 때문에 국가들은 경제보다는 안보에 민감할 수 밖에 없다. 이것은 무정부상태가 항상 언제든 다른 국가로부터 공격을 받을 때 다른 국가나 행위자의 도움을 받을 수 없기 때문이다. 국가들은 경제적 상호의존에도 불구하고 경제적 상호의존에 따른 권력관계에 민감하기 마련이다. 경제협력은 국가들의 권력배열에 영향을 미친다. 경제협력은 국가간 경제적 이익의 차이를 가져오며 이를 토대로 하여 국가들의 군사력에도 변화가 생긴다. '상대적 국력'이라는 기준이 국가들 간에 작동하는데 이러한

상대적 국력변화로 인해 국가들은 안보불안이 달라지기 때문에 협력에 나서기를 꺼리는 것이다. 따라서 국가들은 경제적 상호의존이 증대하는 상황에서도 안보불안을 여전하거나 안보불안이 늘어날 수 있다.

● 대안 목차 1

1. 기능주의이론: 경제적 상호의존의 증대와 안보불안 축소

기능주의이론에 따르면 민간 측의 경제통합의 요구를 관철하다 보면 국가간의 통합을 넘어서 안보공동체를 이룰 수 있다고 본다. 이는 경제적인 차원의 수요가 국가간 안보불안을 축소하면서 경제적 통합을 이룰 뿐 아니라 더 근본적으로 하나의 통일된 정치공동체가 될 수 있다고 본다. 칼 도이치를 중심으로 한 안보공동체 이론은 언어의 유사성과 경제적 교류의 증대가 국가들의 안보에 대한 인식변화를 가져와 하나의 정치공동체를 이룰 수 있다고 주장한다.

2. 안보외부효과이론: 경제적 상호의존의 안보불안 증대

안보외부효과이론은 경제적 교류의 증대가 안보에 있어서 의도하지 않은 외부효과로서 불안을 증대시킨다고 본다. 안보외부효과이론은 신현실주의에서 파생된 이론이다. 안보외부효과이론에 따르면 국가들의 경제적 교류는 의도 하지 않게 안보력에 변화를 가져온다. 경제교류에 따른 군사능력에도 변화를 가져오는 것이다. 이것은 무정부상태에서 국가들의 서열이 민감한 신현실주의이론에 따르면 국가들의 안보불안을 증대시키는 것이다.

● 대안 목차 2

1. 경제적상호의존이론

2. 경제동맹이론: 안보위협을 경제적 자립과 경제동맹으로 해결

경제동맹이론은 안보불안에 대해 국가들이 군사력을 통한 내적균형과 외적균형만을 추구하는 것이 아니라 경제적 차원에서도 내적균형과 외적균형을 추구한다고 본다. 브로울리(Brawley)에 따르면 국가들의 상대 국가의 위협이 강화되면 즉각적으로 군사력을 증대하지만은 않고 경제적 대응을 한다고 주장한다. 상대국가의 위협이 강하면 안보조치를 취하지만 상대국가의 위협이 즉각적이고 강력하지 않을 경우 상대국가에 대응하기 위해 자주적인 경제성장을 추구하거나 경제동맹을 강화하는 것이다. 경제동맹의 경우 군사동맹을 체결한 국가와의 경제통합을 통해서 군사력을 바로 증강시키는 것이 아니라 경제성장을 통해 장기적으로 대응할 수 있는 방안을 만들어 준다. 이러한 논리에 따르면 경제는 안보와 직결되는 것이기 때문에 잠재적인 적대적인 국가와의 경제교류가 안보불안을 축소하는 것은 아니다. 경제교류는 안보를 강화하기 위한 조치로서 전략적으로 선택되는 정책방안이다.

● 대안 목차 3

1. 기능주의이론

2. 공격적 현실주의이론

● 대안 목차 4

1. 경제적 상호의존이론

2. 길핀의 패권변동이론

Ⅲ 동아시아 사례들에 적용

1. 긍정적사례: 미중관계와 동남아시아 국가들의 사례

미중관계는 1990년대 미국이 중국과의 경제교류의 증대이후 현재 상호안보간의 의존을 늘려 안보불안이 축소된 사례이다. 미중간의 경제교류의 증대는 미국의 기축통화지위의 인정과 중국의 수출증대간의 담합이다. 이러한 경제교류의 증대로 인해 미국은 저렴한 중국 물건으로 인해 물가안정과 중국의 투자로 인해 중국과의 민감성이 증대했을 뿐 아니라 취약성도 증대하였다. 마찬가지로 중국도 막대한 미국달러의 보유와 함께 미국 수출시장에 따른 지속적인 경제성장과 중산층에 대한 경제적 보상이라는 차원에서 민감성과 취약성이 증대하였다. 이는 미중 간의 경쟁의 심층적인 측면에서 미국과 중국이 상호의존할 수 밖에 없음을 보여준다.

ASEAN국가들의 경우 경제적 상호의존의 증대는 안보에 대하 불안을 축소한 것으로 해석할 수 있다. 경제적으로 뒤쳐져있던 동남아시아 국가들은 ASEAN을 구성하여 냉전의 동서대립에 대응하였다. 이들 국가들 간의 통합 노력은 탈냉전이후 경제협력의 증대로도 나타났다. ASEAN은 다른 국가들 간의 교역도 증대할 뿐 아니라 다른 지역과의 FTA도 확대하고 있다. 이러한 사례들은 경제적 상호의존의 증대가 안보 불안을 축소한 것으로 볼 수 있다.

2. 부정적 사례: 동북아시아 국가들의 사례

한국과 중국의 관계는 경제교류가 반드시 안보에 긍정적이지 않음으로 보여준다. 중국은 지역 패권을 노리고 있고 이를 주변 국가들에게 강요한다. 이러한 상태에서 한중간의 경제적 교류는 중국의 안보 고려에 의해서 언제든지 부정될 수 있다. THAAD문제에서 중국은 자국의 안보를 이유로 금한령을 내렸다. 이는 안보적인 차원에서 경제적 교류는 축소되거나 통제될 수 있다는 것을 보여준다.

중국과 일본 사이의 관계 역시 마찬가지이다. 중일 간에도 경제교류는 증대되어 있지만 영토분쟁으로 군사적 위협을 상호간에 느끼고 있다. 이러한 안보논리는 중국과 베트남 간에도 작동한다. 사회주의를 표방하고 있는 권위주의 국가들인 양국은 경제적 필요도 느끼고 있지만 중국의 성장에 따라 베트남의 안보 우려 역시

커지고 있다.

3. 평 가

동아시아 사례들은 무정부상태와 안보에 대한 두려움이 경제교류에 따른 안보불안여부에 중요하다는 점을 보여준다. 유럽과 달리 동아시아 지역의 사례들은 경제적 상호의존이 무조건 안보협력을 가져오는 것은 아니라는 점을 보여준다. 특히 지역내에서 국가간 전쟁을 경험했고 이러한 안보 걱정이 제거되지 않은 국가간에는 경제교류에도 불구하고 안보불안은 여전하다. 한반도에서 한국과 중국, 남북한, 중국과 전쟁을 했던 베트남의 경우들이 이에 해당한다. 이것은 이 지역에서 여전히 지정학이 중요하며 군사력을 중심으로 한 국가들의 우위 확보가 여전히 중요하다는 점을 의미한다. 이는 현실주의적 구성주의에 의해서 보완되어 설명되어 질 수 있다.

Ⅳ 결 론

경제적 상호의존이 동아시아 지역에서 안보 불안을 무조건 축소시키는 것은 아니다. 국가들 간의 역사적 경험과 함께 지정학의 중요성이 여전히 작동하는 것이다. 이런 상황에서 상대적 약소국인 한국이 지역 내의 역할을 가질 수 있는 방안을 모색할 수 있다. 지역국가들간의 역사적 경험과 권력차이를 덜 민감하게 느낄 수 있도록 하는 대화체제를 장기적으로 모색해볼 수 있다.

다음 제시문을 참고하여 답하시오.

〈제시문〉[15]

　　미국의 중국에 대한 탈동조화 혹은 디커플링(Decopling)의 가능성과 그 영향에 대해서는 다양한 시각이 있다. 디커플링이 실제로 발생하고 있으며 앞으로 더 심각해질 것으로 보는 시각은 정치 포퓰리즘을 그 주요 원인으로 지목한다. 그리고 통상 분야와 ITC 산업 분야에서 디커플링이 더 많이 일어날 것으로 본다. 반면 디커플링이 일시적이거나 제한적일 것으로 보는 시각은 미·중 두 나라의 관계가 이미 다양하게 얽혀 있다는 관계의 복잡성을 주목한다. 민주주의 국가의 피해가 크기 때문에 미국의 중국에 대한 디커플링은 가능하지 않다고 본다. 한편 2020년의 팬데믹이 디커플링을 더 촉진하고 있다고 보는 다른 시각도 있다. 이런 주장을 하는 이들은 이미 두 나라의 관계가 심각하게 손상된 상황에서 코로나 19상황이 더욱 악화시키고 있으며 악화의 속도도 빨라지는 것을 우려한다.

　*　탈동조화(Decoupling): 관계를 청산하고, 경제를 분리운영하는 정책

　　최근 미·중 간 대립은 남중국해와 대만에서의 군사적 대립, 무역과 금융−통화와 기술 분야 경쟁과 백신 공급 경쟁에 이르기까지 전 분야에서 강화되고 있다. COVID−19는 미국과 중국의 민족주의와 애국주의를 강화하고 있어, 미국의 중국에 대한 탈동조화(Decoupling) 정책이 강화될 것이라는 예측이 나오고 있다. 다음 질문에 답하시오. (총 40점)

　(1) 패권, 안보외부효과, 정체성, 민주주의 정치체제, 상호의존 등을 활용한 다양한 국제정치이론을 활용하여 미·중 간의 '탈동조화 가능성'에 대해 각각의 입장을 설명하시오. (20점)

　(3) 미국의 중국에 대한 탈동조화 정책이 강화된다고 가정한다. 이 경우 국제경제의 무역과 금융과 투자 분야에 나타날 변화를 '개방성(openness)' 차원에서 설명하고, 이에 따른 국제정치의 '안정성(Stability)'에 대해 논하시오. (20점)

Ⅰ. 서 　론
Ⅱ. 탈동조화 가능성 논쟁
　1. 탈동조화 가능: 패권이론과 안보외부효과 이론과 구성주의
　2. 탈동조화의 어려움: 상호의존이론과 민주주의 정치체제 특성

Ⅲ. 탈동조화될 경우 개방성과 안정성에 미치는 영향
　1. 국제경제의 개방성에 미치는 영향: 무역, 금융, 투자 분야의 변화
　2. 국제정치 안정성에 미치는 효과
Ⅳ. 결 　론

 문제의 맥락과 포인트

　　미중간 경쟁이 탈동조화를 지나 바이든 정부에서는 탈리스크로 용어가 수정되기도 했다. 트럼프 정부 2기에서는 대중국 압박이 강해질 것이다. 정책의 용어를 무엇으로 하든 '미국의 대중국견제 가능성'을 체계적으로 분석하는 문제로서 의미가 있다. 유사한 유형의 문제에도 적용할 수 있는 이론들이기 때문에 정리가 각별히 필요하다.

───────────────

15) 김영준, "판데믹 전후 미중관계와 디커플링의 전망", 『팬데믹 전후 미중관계와 디커플링의 전망』(한국동북아 논총 25(4), pp.8−9을 참고하여 구성함.

Ⅰ 서 론

미국 바이든 대통령은 영국에서 6월 11일에서 13일에 열리는 G7 정상회의에서 참석하기 전 기자회견에서 '민주주의 가치동맹'과 '다자주의'를 강조했다. 이는 미국이 비민주주의 중국에 대한 견제를 강화하며 전통적인 우방인 동맹과의 관계를 강화하겠다는 의지를 드러내는 것이다. COVID 19 이후 미·중 관계의 악화가 예상되는 가운데 국제정치의 안정성과 국제경제의 개방성에 미치는 영향을 분석하는 것은 의미 있는 일이다.

● 대안 목차

미국은 중국이 '일대일로' 정책을 이용해 고탄소 사업을 외부에서 운영하는 오염회피처를 문제 삼고 있다. 이처럼 바이든 정부는 '리더십 회복'을 기치로 하여 범대서양공조를 통해 동맹을 복원하면서 중국에 대한 압박을 강화하고 있다. 이러한 미국의 움직임은 중국과의 상호의존을 줄이면서 탈동조화를 꾀하고 있는 현 상황을 대변한다. 브레턴우즈 Ⅱ라고 명명될 만큼 무역과 금융 분야의 상호의존이 심화되어 있는 상황에서 탈동조화가 가능한지와 가능하다면 그 영향을 살펴본다.

Ⅱ 탈동조화 가능성 논쟁

탈동조화(Decoupling)는 국가 간의 공조를 포기하는 것을 의미한다. 경제적 관점에서는 일국 경제를 다른 국가나 세계 경제와 연계를 차단하고 독자적인 경제 운영을 의미한다. 안보적으로는 동맹 관계를 청산하는 것을 탈동조화라고 한다. 이하에서는 미국이 주도하여 중국과의 경제 관계를 차단하는 것으로 규정한다.

1. 탈동조화 가능: 패권이론과 안보외부효과 이론과 구성주의

미국과 중국 간의 탈동조화가 가능하다. 세 가지 입장으로 설명할 수 있다. 첫째, 패권변동이론의 설명이다. 둘째, 안보외부효과 이론의 설명이다. 셋째, 구성주의 설명이다.

첫째, 길핀의 패권변동론에 따르면 미국은 중국의 성장과 도전을 견제해야 한다. 현재 중국은 미국의 경제력에 70%에 육박할 정도로 성장했다. 이는 미국 패권에 대한 위협이 된다. 특히 미국의 전 세계 경제력에서 차지하는 비중이 떨어지고 있다. 게다가 중국이 새로운 성장동력을 찾고 있고, 이 과정에서 미국의 기술을 빼가면서 미국 우위를 약화시킨다.

패권변동론에 따르면 패군국가는 도전 국가를 견제한다. 합리적 행위자이고, 현상을 타파하는 행위자를 가정하고 있으므로 이 이론에 따르면 미국은 중국을 견제해야 한다. 이를 위한 방안으로 중국의 미국 시장에 대한 의존을 축소하는 것이 필요하다.

둘째, 안보외부효과 이론에 따르면 미국과 중국의 교류는 중국의 경제성장과 안보 강화를 가져온다. 따라서 미국은 중국을 견제하기 위해 동맹국들과의 교류로 전환할 필요가 있다. 조안나 고와의 주장처럼 동맹 간의 교역 증대와 적대국에 대한 교역감축이 필요하다. 따라서 미국은 중국과 탈동조화를 하고 동맹국들과의 공조를 강화할 필요가 있다.

셋째, 구성주의의 정체성에 따를 때도 미국은 중국과의 탈동조화가 필요하고 가능하다. 최근 미국인들의 중국에 대한 비호감도가 70% 이상으로 늘었다. 이는 COVID 19의 영향도 크다. 또한, 중국의 비민주주의 체제에 대한 거부감도 늘고 있다. 이런 점에서 미국인들은 중국과의 정체성을 친구의 정체성으로 가지지 않고 있고 적대적 정체성이 늘고 있다.

중국에 대한 인식은 중국 자국 내 정치와 다른 국가들에 대한 중국 정책에도 영향을 받는다. 신장웨이우얼 문제나 티베트 문제, 그리고 홍콩 시위 관련 문제와 대만 문제 등에서 미국은 중국의 비민주주의에 대한 비호감이 증대하고 있다. 또한, 최근 중국이 호주에 대해 보인 무역 제한조치와 무역보복 조치에 대해 호주를 응원하는 시민들이 늘고 있다. 이것은 중국의 정치 체제의 특성이고 규범의 차이로 보는 이들이 늘고 있다.

이처럼 미국 시민들의 중국에 대한 정체성과 규범 차원의 접근은 무역 관계 단절로 인한 피해를 인식하는 것에도 영향을 미친다. 미국인들이 좀 더 비싼 가격을 주고 중국산 제품이 아닌 제품을 구매할 수 있게 한다. 한편으로는 미국 정부 정책을 지지하게 만든다.

2. 탈동조화의 어려움: 상호의존이론과 민주주의 정치체제 특성

미국과 중국 간의 탈동조화는 크게 두 가지 이유로 어렵다. 첫째, 미·중 간 상호의존이 심화되어 있어 이 둘을 분리하는 것이 불가능하다는 상호의존이론의 설명이다. 둘째, 미국이 민주주의 국가이기 때문에 내부에서 중국과의 교류를 거부하는 것에 대해 거부하는 거부자 집단에 의해서 불가능하다는 정치체제의 특성을 통한 설명이다.

상호의존이론에 따르면 민감성이 높아지고 취약성이 생기게 되면 이들 사이의 경제교류 단절은 불가능하다. 1990년대 미국이 중국을 세계 시장질서로 이끌고 온 뒤 미·중 간에는 밀도 높은 상호의존이 발생했다. 무역에서는 미·중 간 교역이 증대했고, 글로벌 가치 사슬을 구축하

여 중국이 세계 공장 역할을 수행하고 있다. 또한, 브레턴우즈 Ⅱ체제라고 부를 만큼의 금융 분야에서의 상호의존도 심화되어 있는 상황이다.

미국의 탈동조화는 중국에도 타격이 되겠지만 미국에 더 큰 충격이 될 것이다. 미국의 무역 적자가 연 3,000억 불 정도에 이르는 상황에서 미국은 탈동조화를 하면 중국에서의 수입되는 물자를 다른 국가로 전환해야 한다. 이것은 현 시점에서는 불가능하다. 또한, 무역 대체를 통해 물가상승의 압박이 커진다. 트럼프 정부에서 무역 분쟁 시 미국이 받은 손실이 85억 불 정도 된다. 이는 일시적인 무역 조치였다는 점을 고려하면 완전한 탈동조화의 피해는 더욱 커질 것이다.

기업들의 충격은 더욱 크다. 생산 네트워크에 기초한 생산에서 탈동조화는 중간 과정의 시장 자체를 부정하고 새로운 중간 과정을 만들어야 한다. 하지만 현재의 분업화 수준에서 이것 역시 불가능하다.

또한, 미국의 경제정책의 실효성도 크지 않다. 트럼프 정부에서 중국산 제품을 줄이기 위한 행정명령을 발동했지만, 그 효과가 크지 않았다. 미국의 동맹국들이 중국을 대체한 효과 역시 크지 않았다. 마지막으로 금융과 투자 분야에서의 상호의존은 더욱 심화하고 있다는 점에서도 정책 효과가 나타날 가능성이 작다. 2014년 미국의 대중국 직접투자액 수는 75억 불이었는데 2017년에는 100억 불을 돌파했다. 이후 투자액수가 매년 증가하는 것을 볼 때 정부의 탈동조화를 시장이 받아들이기 어렵다.

두 번째 입장은 미국이 민주주의이기 때문에 정책을 지속하기 어렵다는 것이다. 미국 내 중국과의 교역에 관련된 수출 수입업자가 늘어나 있다. 또한, 소비자들도 영향을 많이 받을 것이다. 이런 상황에서 미국의 탈동조화에 대해 거

부하는 이들이 늘 수밖에 없다. 중국의 경우 비민주주의로 인해 이러한 불만을 억누를 수 있지만, 미국은 이렇게 할 수 없다, 미국은 주기적인 선거를 하므로 유권자들의 현실적인 불만이 늘면 이를 해결해 주어야 한다.

문제가 각각의 입장이 아니라 논쟁인 경우

3. 평가: 탈동조화의 가능성이 큼

반론의 두 가지 입장은 재반론할 수 있다. 먼저 상호의존의 효과에 대한 부분이다. 미국은 대외무역 의존도가 24% 정도 된다. 이 중에서 무역 대부분인 90% 정도를 NAFTA와 하고 있다. 즉 중국의 무역 비중이 미국 시장 전체에서는 그렇게 크지 않다. 따라서 상호의존에 의한 취약성이 높지 않다. 오히려 중국의 취약성이 높으므로 중국이 더 큰 피해를 볼 것이다. 실제 중국은 미국 시장이 없으면 판매처의 상당 부분이 사라진다.

실제 2021년 1월에서 5월까지 미중 무역규모는 3,000억 달러가 조금 안되는 수준이었다. 미국의 1년 GDP가 21조 달러에 해당한다. 미중 무역 규모를 1년으로 잡아도 7,000억 달러에 불과하기 때문에 미국에 대한 충격이 크지 않을 것이다.

게다가 역사적으로 볼 때도 1차 세계대전 직전에 상호의존의 증대는 전쟁이 불가능할 것으로 예상하게 했다. 노먼 에인절은 1910년 『THE Great Illusion』이라는 책을 출판하여 전쟁은 환상이라고 주장했다. 하지만 4년 뒤에 1,500만명이 사망하는 1차 세계대전이 발생했다. 또한 1930년대이전까지 미국과 일본 사이의 관계도 상호의존이 높았지만, 미국의 스무트-홀리법 제정으로 미일관계는 극단적으로 나빠졌다.

두 번째 민주주의 체제만 경제적 타격을 받지 않는다. 비민주주의의 경우에는 경제적 어려움이 정치체제 전체 변화로 이어질 수 있다. 즉 경제실적 없이 비민주주의를 유지하기 어렵다. 그런데 미국은 정치체제 수준의 위험이 되지는 않을 것이고, 정권교체로 끝날 가능성이 크다. 하지만 미국의 공화당이나 민주당이 초당적으로 중국을 압박하면 미국 유권자들의 선택이 정책을 크게 바꾸지 못한다.

게다가 미국이 민주주의 가치동맹을 내세운 상황이기 때문에 민주주의 간 교류 증대로 이어질 가능성이 크다. 미국과 중국간의 상호의존을 점차 민주주의 국가 간의 관계로 전환할 수 있다. 즉 미국과 중국이 세운 글로벌 가치사슬이 바뀌게 될 것이다. 미국은 동맹이나 우호적인 국가들로 중국의 지위를 대체할 것이다. 이는 민주평화이론의 경제적 확대 버전이 될 것이다. 최근 범대서양동맹이 중국을 압박하는 것이 대표적인 사례다.

Ⅲ 탈동조화될 경우 개방성과 안정성에 미치는 영향

미국이 탈동조화정책을 강화할 경우 우선적으로 경제적인 영향이 클 것이다. 경제적 영향을 안보분야에도 영향을 미칠 것이다. 1930년대 대공황의 사례가 이를 방증한다. 따라서 영향을 개방성차원에서 먼저 살펴보고 안정성을 살펴본다.

1. 국제경제의 개방성에 미치는 영향: 무역, 금융, 투자 분야의 변화

미국의 대중국 탈종화 정책의 강화는 국제경제 개방성에 두 가지 별개의 영향을 미친다. 첫째, 동맹진영에서는 개방성이 증대할 것이다. 둘째, 적대적인 진영에 대해서는 개방성이 축소될 것이다. 먼저 미국은 동맹국 간의 관계를 강화할 것이다. 미국은 코로나 사태로 자신들이 중국에 대해 얼마나 많이 의존하고 있는지를 경험했다. 이로 인해 미국은 중국에 대한 의존도를 낮추고자 한다. 따라서 미국은 중국에 대해 탈동조화와 탈세계화 정책을 펼 것이다. 반면에 중국에 대한 무역을 다른 국가들로 대체하려 할 것이다. 이로 인해 동맹국 간 개방성이 증대할 것이다.

반면 국제적 차원의 대립은 지역 차원에서

블록화를 유도할 수 있다. 중국은 자국 중심의 Mega FTA나 국제제도나 지역제도를 활용하고자 할 것이다. 미국은 TPP에 재가입하여 이를 견제하고자 할 것이다. 이는 1930년대의 블록화와 유사하게 세계적인 개방화를 거부하고 지역 간 차별성에 초점을 둔 지역주의를 강화할 것이다.

위의 요인을 종합했을 때 경제적 개방성은 축소될 것으로 보인다. 블록 간의 차이는 있겠지만 전체적으로 개방성은 낮아질 것으로 보인다.

분야별로 구체화해서 살펴본다.

첫째, '무역 분야'다. 무역분야에서는 글로벌 가치체계 재편이 예상된다. 미국을 최종 소비처로 하면서 중국을 배제하고 다른 국가들이 이 자리를 차지할 것이다. 우선 미국의 동맹국들과 미국과 안보협력을 하는 국가들인 베트남과 같은 국가들에 의해서 중국의 위치가 변동할 가능성이 크다.

이 과정에서 새로운 형태의 지역주의가 체결될 수 있다. 신냉전 상황이 되면서 중국과 중국의 우방 국가들을 배제하는 형태의 자유무역협정들이 체결될 가능성이 크다. 미국이 TPP를 다시 살리면서 중국을 견제할 가능성이 크다.

최근 탄소배출 문제를 둘러싸고 미국의 대중국 압박이 강화되는 것처럼 미국은 환경과 인권을 이슈로 하여 중국에 대해 강경한 무역 제재를 가할 수 있다. 신장웨이우얼 쪽의 노동 착취를 문제 삼거나 중국의 고탄소 배출 사업에 대한 규제를 강화할 수 있다. 탄소국경조정을 통해 상계관세를 부과하는 방식으로 중국산 제품들에 대한 규제가 강화될 것이다.

둘째, '금융 분야'다. 통화 금융 분야에는 G7의 협력이 강화될 것이다. 미국의 달러와 유로를 중심으로 하고 엔화를 기반으로 한 통화 협력이 이루어질 수 있다. 그리고 위완화 사용국가들을 줄이면서 위완화의 영향력을 떨어뜨릴

수 있다. 특히 IMF를 중심으로 하여 중국에 대한 견제가 강화될 수 있다.

브레턴우즈 II 체제도 변화할 수 있다. 중국이 아닌 다른 국가들로 무역을 대체하고 이들에게 흘러 들어간 무역흑자와 달러가 다시 미국으로 투자하게 만들 수 있다. 이는 새로운 브레턴우즈로 이어질 수 있다.

셋째, '투자' 분야다. 투자 분야에서는 대중국 투자를 축소하는 방안들이 만들어질 수 있다. 화웨이에 대한 규제처럼 미국은 중국 기업에 대한 투자를 제한할 수 있다. 또한, 미국과 우방국 간의 투자 유도를 촉진해볼 수 있다. 그리고 미국 본토로의 귀환(reshoring)을 유도하여 중국에 대한 투자를 축소할 수 있다.

세계공장으로서의 중국의 지위를 축소하기 위한 다각적인 노력이 따를 수 있다. 미국의 규제가 강화되면 중국에 대한 투자는 전 세계적으로 감축될 것이다. 또한, 중국의 정치적 위험도를 감안할 경우에는 투자는 더 축소될 수 있다.

2. 국제정치 안정성에 미치는 효과

세 가지 점에서 안정성에 각기 다른 효과를 가져올 것이다. 첫째, 미국에 대한 힘의 집중이 안정을 만들 것이다. 미국과 동맹국들이 힘의 우위에 설 것이고 이는 전쟁 가능성을 축소할 것이다. 미국과 동맹 간에는 교류를 늘려 안보에 대한 긍정적 외부효과를 만들 수 있다. 따라서 강력해진 국력은 전쟁을 방지할 것이다.

둘째, 민주주의와 비민주주의 간 대립은 불안정성을 만들 것이다. 민주평화이론에 따르면 민주주의와 비민주주의는 전쟁을 한다. 따라서 진영 간의 대립은 민주주의 진영 내 일국과 비민주주의 진영 내 일국 간의 전쟁을 만들 수 있고 이것은 체제 전체를 불안하게 만들 수 있다.

셋째, 민족주의와 국가주의의 강화에 의한

불안정성이 증대하는 것이다. 미국은 반사적 민족주의를 사용한다. 즉 자국의 강화를 위해 의도적으로 적을 만든다. 소련, 일본, 중국으로 위협이 만들어져왔다. 반면 중국은 객관적 민족주의를 사용한다. 하나의 중국원칙과 중국몽으로 대표되는 중국 민족주의는 합리적 결정보다는 자민족과 자국의 권력을 신성시하게 할 수 있다. 양자의 민족주의 충돌은 국제체제의 불안정성을 높인다.

위의 3가지 요인을 종합했을 때 안정보다는 불안정이 더 강해질 수 있다. 따라서 미·중 대립은 국제정치에서는 불안정을 가져올 가능성이 크다.

Ⅳ 결 론

미국의 중국에 대한 탈동조화 정책강화는 국제 경제에 개방성을 약화시키고 안보의 안정성을 약화시킬 가능성이 높다. 이는 안미경중의 구조를 가진 한국에게는 큰 부담이 될 것이다.

제027문 남북관계에서 상호주의의 적용가능성

남북한 관계개선과 한반도 평화유지를 위해 한국 정부는 교류의 상호주의 원칙을 표방하고 있다. 그러나 다양한 국내외적 변수들로 인해 이 원칙에 입각한 남북교류는 여러 제약속에 놓여 있다. 이런 상황에서 북한의 변화와 경제발전을 가져오기 위해 국제사회가 함께 참여하는 다자주의 ODA(Official Development Aid) 프로그램의 가동을 적극검토해볼 수 있다. 이와 관련하여 다음 물음에 답하시오. (총 30점)

(1) 남북 교류에서 상호주의의 의미와 전개과정을 기술하시오. (10점)

(2) 만약 핵문제가 해결되고 대북 ODA가 가동될 경우, 그 예상효과를 서술하시오. (20점)

– 2010년 5급공채 기출문제

Ⅰ. 서 론
Ⅱ. 상호주의의 의미와 역사적 전개
 1. 상호주의의 의미
 2. 상호주의의 역사적 전개
Ⅲ. 대북 포괄적 상호주의의 가동에 따른 예상효과

1. 북한의 경제적 영역에 대한 효과
2. 북한의 사회적 영역에 대한 효과
3. 북한의 정치적 영역에 대한 효과
4. 한반도 차원과 동북아 차원에 대한 효과
Ⅳ. 결 론

 문제의 맥락과 포인트

상호주의(reciprocity)이론은 신자유주의이론 중의 하나의 분파이다. 로버트 악셀로드(R. Axelrod)에 의해 대표되는 상호주의 이론은 국가들이 상호전략으로도 충분히 협력을 달성할 수 있다고 한다. 이 상호주의이론은 이후 이론적 발전을 통해서 구체적 상호주의와 포괄적 상호주의로 발전하고 포괄적 상호주의를 좀 더 안정화시킨 것이 다자주의와 다자적인 제도이론이다. 이 문제의 이론적 뿌리는 상호주의를 얼마나 이해하고 있고 상호주의가 어떻게 분화되는가를 이론적으로 구분하는데서 시작한다. 이 문제의 어려운 점은 상호주의를 통해서 북한 문제를 다룰 때 북한에 대해 진보적 입장의 '포괄적 상호주의'와 보수적 입장의 '엄격한 상호주의' 사이에서 어떤 현실적인 정책 판단을 내릴 것인가 하는 점이다. 무엇을 선택하든 대북 포용정책을 평가할 수밖에 없기 때문에 구체적인 판단이 필요한 것이다. 이 문제는 이명박 정부 때 만들어진 문제이다. 그 당시에는 북한 문제에서 나타나는 남북한 간 대화의 부재와 북한이 구사하는 남한과 미국에 대한 차별적인 외교 등을 고려하면서 대북 포용정책의 10년에 대한 평가가 이루어져야 할 것이다. 2012년 현재의 관점에서는 이명박 정부 들어와서 엄격한 상호주의로 대북정책이 바뀌었다. "선 핵포기 후 보상"이라는 이명박 정부의 정책은 남북관계를 악화시켰고 금강산관광에서 박왕자 씨가 사살당한 것, 천안함과 연평도 포격으로 남북관계는 최악으로 치달은 상태이다. 이런 현재 시점에 비추어서 다시 평가를 물을 수 있는 문제이다. 실제 2010년 시험에서는 남북관계의 개선방안에 대해서 묻기도 하였다.

Ⓘ 서 론

북한의 핵개발과 미사일 실험으로 인해 강경해진 남한의 대북정책을 변경시키는 것이 필요한가? 만약 대북정책을 변화한다면 남북관계의 미래는 어떻게 될 것인가? 남한의 포괄적인 상호주의에 따른 대북지원정책은 단기적으로는 평화와 안정을 가져오고 장기적으로는 통일로 이끌 수 있을 것인가?

Ⅱ 상호주의의 의미와 역사적 전개

1. 상호주의의 의미

상호주의란 상대방의 행동에 대응하여 같은 방식으로 대응하는 것을 의미한다. 즉 상대방이 협력정책을 택한다면 자신도 협력정책을 택하고 상대방이 배신하는 정책을 택한다면 자신도 배신하는 정책을 택하는 것이다. 이것은 상대방의 정책을 조건으로 하여 나의 정책을 결정하는 것으로 상대방 역시 나의 정책을 조건으로 하여 자신의 정책을 결정하는 상호의존적인 결정구조를 말한다.

상호주의는 같은 방식으로 행동하는 상응성과 호응성을 양적으로나 질적으로 동일하게 하는 방식이 있고 같은 방식으로 하기보다 조건을 완화하는 방식이 있다. 즉 상호주의를 같은 상대에 대해 같은 이슈에서 짧은 시간동안에 연결시키는 '엄밀한 상호주의'가 있고 다자적 행위자로 확대하고 이슈와 의제도 확대하며 시간적 계산을 장기간으로 설정하는 '포괄적 상호주의'가 있다. 악셀로드가 이야기한 tit-for-tat전략이 작동하기 어려운 경우 행위자, 이슈, 시간을 확대해서 협력가능성을 높이는 방식이 포괄적 상호주의이다.

2. 상호주의의 역사적 전개

남북한의 교류는 적대적 정책이 완화되면서 대북포용정책을 적용한 김대중 정부시기를 하나의 분기점으로 볼 수 있다. 김대중 정부는 대북포용정책을 통해서 상호주의를 확대해서 적용했다. 북한에 대한 경제적 교류와 지원을 확대하여 경제적 필요성의 증대를 통한 사회적 교류의 증대와 장기적인 통합 가능성을 목표로 하였다. 북한에 대한 정책을 우선시하면서 대북지원을 확대함으로써 상호주의를 엄밀하게 보다는 시간적 순차를 두고 남한에 환류되는 포괄적 상호주의를 상요했다. 또한 경제적 지원을 이산가족상봉과 같은 사회적 이슈에서 보상받기도 함으로써 포괄적 상호주의를 통한 교류를 확대하고자 했다.

이런 정책은 노무현 정부에도 이어졌다. 노무현 정부는 북한 2차 핵문제에 대해 6자 회담을 통해서 핵문제를 다루면서 대북경제지원과 인도적지원을 유지해갔다. 북한문제를 정책선택에 우선시하면서 북핵문제를 평화적으로 풀 것과 6자회담을 통한 다자적 해결을 통해 상호주의의 포괄성을 확대했고 금상산사업과 개성공단사업을 확장하면서 의제도 확대했다.

이명박 정부는 임기 초반부터 대미 중심 외교를 표방하였고 대북정책은 엄밀한 상호주의로 회귀하였다. 북한의 핵포기를 전제로 한 외교에서 북한의 선제행동을 전제로 하여 북한에 대한 지원을 약속함으로써 상호주의의 선수를 북한에게 돌렸다. 북한의 미온적 대응과 북한의 침략(천안함사건, 관광객총격사건, 연평도 포격사건)에 대해 대북강경기조로 돌아서면서 남북관계는 대립적이 되었다.

Ⅲ 대북 포괄적 상호주의의 가동에 따른 예상효과

1. 북한의 경제적 영역에 대한 효과

만약 북한의 핵문제가 원활히 해결되고 북한에 대한 경제적 개발원조가 제공된다면 가장 먼저 예상효과가 나타날 곳은 북한의 경제분야이다. 북한은 식량난과 외화부족으로 인해 대외무역에서 경화결제가 어려운 상태이다. 따라서 외부 수입과 경제적 물자를 전적으로 중국을 통해 공급받고 있다. 이런 상황에서 대북 지원은 북한내의 경제적 문제를 해결할 수 있는 구조적 지원이 될 수 있다.

먼저 북한의 식량난과 사회기반시설을 확충할 수 있다. 북한의 고질적인 식량난을 해결하기 위해서는 우선적으로 농경지의 취약성을 극복해야 한다. 급수시설과 비료를 통한 토질변화가 필요하다. 그리고 새로운 작물을 도입하여 생산성증대를 꾀할 수 있다. 경제적 원조는 다국적인 경제원조로 확대할 수 있으며 이러한 다국적 원조를 통해서 장기간에 걸친 농업분야의 개선을 이룰 수 있다.

북한 경제문제에서 또 다른 중요한 사안은 북한의 사회기반시설이 취약하다는데 있다. 취약한 사회기반시설은 북한의 부족한 물자가 순환되는 것을 막는다. 전기시설과 급수시설과 도로망 확충을 통해서 생산성과 함께 생산된 물자를 운송할 수 있는 운송기반도 만들 수 있다. 또한 그 과정에서 투자된 자원은 일거리를 만들 것이고 이렇게 창출된 일자리는 다시 수입을 증대하면서 또 다른 생산성 유발로 나가게 될 것이다.

이러한 과정을 거쳐서 북한이 보유한 지하자원을 시장가격에 근거해서 처분할 수 있게 될 것이다. 북한은 중국에 대한 의존도가 높아지면서 중국에 자원을 헐값에 넘기고 있다. 이런 경제적 취약성이 줄어들면 북한 자체의 소득도 증대하게 될 것이다. 그리고 이런 과정을 거쳐서 저렴한 노동력을 무기로 해서 많은 기업을 유지하여 지하자원의 활용도를 높일 수 있다.

2. 북한의 사회적 영역에 대한 효과

북한의 경제적 고충이 해결되면서 북한의 사회적 변화도 만들어낼 수 있다. 북한의 노동력은 영양부족과 노동의욕의 저하문제를 경험하고 있다. 이런 북한 사회내의 경제적 환류는 노동력의 증대뿐 아니라 교육기회의 증대와 함께 사회세력의 형성과 사회세력간 교류를 늘릴 수 있는 여지를 가져올 수 있다. 이 과정에서 자본의 분배격차가 생길 수 있으며 외국인 투자자와의 갈등도 경험할 수 있다. 하지만 전체적으로 사회세력의 성장과 교육확대등의 효과를 기대할 수 있다.

3. 북한의 정치적 영역에 대한 효과

경제적 부의 증대와 사회적 교류의 확대는 정치적 의식변혁을 가져올 수 있다. 특히 사회주의국가들이 붕괴하면서 보여주는 자본주의 빠른 흡수는 정치적 변화로 이어진다. 다원화된 세력을 반영하면서 정치적 다원화가 만들어 질 수 있으며 사회적 저항이 증대한다. 이 과정은 종교세력과 같은 북한 통치체제의 모순을 드러내게 될 것이며 정당성의 위기를 경험하게 할 것이다. 이 과정에서 새로운 의식의 새로운 정치세력이 출현할 가능성이 높아지며 이것은 북한내부의 정치적 변화로 귀결될 것이다.

4. 한반도 차원과 동북아 차원에 대한 효과

북한의 변화는 한반도차원의 변화를 이끌게 될 것이다. 북한의 변화는 남한의 경제적 상호 의존을 증대하게 될 것이고 사회적 변화 역시 남한에 영향을 줄 것이다. 남한의 기업과 사회 단체들의 교류 증대는 남한뿐 아니라 지역국가 들과 국제적 차원의 연계를 증대할 것이다. 이 런 과정에서 북한의 경제적 변화는 남한 기업들 의 새로운 투자창구가 될 것이며 사회적 변화와 연결된 북한의 정치적 변화는 남한에 단기적으 로 위기요인이 될 것이다. 하지만 정치체제변화 에 대해 외부적 지원을 통해서 북한 체제를 안 정화시킬 수 있게 되면 장기적으로 남한의 정치 적 통일에 도움이 될 것이다. 한반도의 정치체 제의 접근과 통일은 질역질서의 안정과 연결될 것이다.

Ⅳ 결　론

결론적으로 북한의 핵문제 해결이 전제된 상 태에서 경제적 지원과 공적 지원은 북한의 경제 적 변화를 시작으로 한 사회적, 정치적 변화를 가져올 것이다. 그리고 이것은 장기적 관점에서 남북통일에 촉매제로 기능하게 될 것이며 지역 안정에도 도움이 될 것이다. 따라서 한국 정부 는 북한 핵문제에 대한 해결을 시도하면서 좀 더 적극적으로 북한의 변화를 유도해야 한다.

   국제관계에 있어 탈냉전은 그간 미국과 소련으로 대표되는 진영 간 정치를 뛰어넘은 새로운 정치 운영원리를 요구해 왔다. 이에 현실적·이론적 다자주의(Multilateralism)에 관한 관심이 증대했다. 현실적으로 유럽이 북대서양 조약기구(NATO)라고 하는 다자주의 안보제도와 유럽안보협력기구(OSCE)라는 다자주의 안보 대화체를 통해서 안보 문제에 대한 해법을 마련해온데 비해서 동아시아는 한미 동맹이나 미일동맹으로 상징되는 양자적인 동맹을 통해서 안보문제에 접근하여왔다. 그러나 북한 핵문제를 다루는 6자회담을 계기로 동아시아 역시 다자적인 방식으로 안보문제를 해결할 수 있을 것이라는 기대 역시 증대하고 있다. 이런 점에서 현재 동아시아에서도 다자주의 안보제도에 대한 관심은 지속적으로 증대하고 있는 추세이다. (총 30점)

   (1) 다자주의의 의미와 다자주의 안보제도 형성의 원인을 설명하시오. (10점)

   (2) 동아시아의 다자주의의 부족의 원인을 설명하시오. (10점)

   (3) 동아시아의 다자주의를 촉진시킬 수 있는 방법에 대해 논하시오. (10점)

 문제의 맥락과 포인트

   다자주의는 1992년 구체적인 이론화가 진행된 이후 지속적으로 발전하고 있는 자유주의 계열의 이론이다. 특히 신자유주의의 제도주의 이론을 다자적으로 심화한 이론이다. 탈냉전기 국제 문제를 안보문제 뿐 아니라 경제문제까지도 3개 이상의 국가들 간의 '일반화된 규칙'에 의해 해결하고자 하는 이론이다. 이론적인 신선함뿐 아니라 북한 핵문제로 인해 현실적으로 더욱 주목받고 있다. 이 문제는 유럽과 달리 동아시아에서 다자주의가 발전하지 못한 이유가 무엇인지를 지역 간 비교를 통해서 미국의 정책, 지역 국가들의 이해와 정책의 차이, 정체성의 문제 등 다양한 원인을 분석해 내고 다자주의 제도들을 구축하기 위한 방안을 모색하고자 한다. 따라서 이런 유형의 지역 간 비교 문제는 구체적인 지역 수준의 사례를 얼마나 잘 설명할 수 있는가에 평가의 변별성이 있다.

   동아시아 혹은 좀 더 좁혀서 동북아시아를 다룰 때 가장 많이 비교되는 것은 역시 유럽이다. 따라서 유럽통합의 진전이나 구체적인 조약의 체결과 발효는 곧바로 동(북)아시아와 비교하게 만든다. 1990년대 후반 이후 가장 주목받고 있는 주제인 동(북)아시아의 제도화 특히 다자주의 제도화는 언제든지 시험으로 다시 출제될 수 있는 주제이다. 주의할 것은 지역의 범위를 명확히 하는 것(동아시아 vs. 동북아시아)과 다자주의가 지향하는 것이 안보다자주의(대표적인 것이 유럽의 유럽안보협력기구 OSCE)인지 경제다자주의(대표적인 것이 세계무역기구WTO)인지를 구분하는 것이다. 이 문제는 '동아시아'라는 지역에 '안보관련 대화체'를 묻고 있다.

Ⅰ 서 론

과거 한국 외교는 미국 중심의 외교로 양자적 접근을 주로 했다. 그러나 탈냉전과 한국의 UN가입 그리고 소련과 중국과의 북방외교를 통한 외교의 다변화는 한국의 외교에 있어서 다자적 접근과 관리가 현실적으로 중요하다는 것을 보여주는 사례들이다. 특히 이명박 정부는 노무현 정부에서 미국 및 일본과의 관계 악화를 비판하면서 주변 4강 중심의 외교노선을 천명했다. 한국이 다자외교를 수행해야 할 필요성이 더욱 커지고 있음에도 불구하고, 유럽이 안보협력을 다자대화기구인 OSCE를 중심으로 해결하는데 비해 동아시아는 안보를 주로 쌍무적인 방식으로 해결하고 있고 다자대화의 제도화가 더디다. 그렇다면 왜 동아시아는 다자주의 제도가 부족한 것일까? 따라서 다자주의의 의미와 다자주의의 이론적 접근을 통해서 어떻게 다자적인 제도나 관행을 형성할 수 있는가를 살펴본다.

Ⅱ 다자주의의 의미와 접근법

1. 다자주의의 의미

다자주의가 무엇인지를 파악하기 위해서는 '다자적'인 것과 '다자주의'의 차이를 구분할 수 있어야 한다. 즉 '다자적 vs. 다자주의'가 구분되어야 한다. '다자적 제도'(multilateral institution)와 '다자주의의 제도'(the institution of multilateralism)란 각기 다른 현상을 지칭하는 것으로 전자가 공식적인 조직 형태에 주안점을 두는 반면 후자는 국가 간의 관계가 어떻게 조직화되는 가하는 좀 더 실질적인 맥락을 다루고 있다. '일반화된 행위원칙'을 보유할 때 다자주의 제도가 된다.

제임스 카포라소(J. Caporaso)는 "International Relations Theory and Multilateralism: The search for Foundation(1992)"에서 다자주의의 실현이란 '불가분성(제도를 이용해서 문제를 체결함)', '일반화된 행위원칙(모든 국가들이 따르게 되는 규칙)', 그리고 '포괄적 상호성(어떤 국가도 다자주의를 통해서 혜택을 얻을 수 있는 특성)'이라는 속성이 세계적 또는 지역적으로 공유되고 제도화되는 것을 뜻하게 된다고 주장했다. 따라서 다자주의란 셋 이상의 국가를 뛰어넘는 독특한 원리와 원칙의 제도화를 지칭한다.

2. 다자주의의 접근법

다자주의가 어떻게 만들어지는가에 대해서 3 가지 접근법이 있다. 첫째, '개별적 접근'으로 합리적 행위자인 국가들이 자신에게 이익이 되는지에 따라 다자주의를 만든다고 보는 접근법이다. 둘째, 구성주의의 '사회소통적 접근'으로 국가들이 담론(談論이란 어떤 주제에 대한 체계적인 말이나 글을 의미하며 일상적인 대화를 통해 서로 주고받으면서 논의하는 것을 의미한다. 반면에 토론(討論)은 어떤 문제에 대하여 여러 사람이 각각 의견을 말하며 논의하는 것을 의미 한다)의 정치를 통한 주체들 간의 정체성의 공유가 다자주의를 만든다고 본다. 셋째, 제도적 접근으로 제도의 독자성을 인정하는 입장으로 만들어진 제도가 자율적인 하나의 구조가 되어서 개별국가를 구속한다고 본다. 앞선 두 가지 모델이 국가중심성을 상정하고 국가들의 선택에 의해 만들어지는 것을 설명한 데 비해 제도적 접근은 제도 자체를 강조한다는 특징이 있다.

다자주의 논의는 다시 세부적으로 국내정치와의 연계가능성도 고려된다. 즉 민주주의 국가에서 다자적으로 다른 국가를 인정하기 수월하기 때문에 다자주의가 민주주의 국가들 사이에 번성할 수 있다. 또한 패권과 다자주의의 관계도 하나의 세부주제로 고려된다. 즉 패권이 있을 때 다자주의제도를 만들기 수월한가의 논의가 진행되는 것이다. 이런 세부요소들을 고려하는 것은 다자주의에 대한 이론적 완결성과 명확성을 추구하는 것과 달리 다자주의 제도의 구체적이고 현실적인 모습을 반영하기 위한 것이라고 볼 수 있다.

3. 다자주의 모형의 평가

다양한 이론적 접근이 있는데 이 모형들은 실제 같은 공간과 같은 시간의 이론으로 보기 어렵다. 실제 유럽처럼 평화와 공존의 규범, 제도의 노력, 지적 바탕이 있는 국가들은 다자주의적인 정치로 향해 나가고 있는 반면에 동아시아는 아직 그런 현실적, 지적 역사의 배경이 짧기 때문에 양자주의적인 정치에 머물고 있다. 비유적으로 보면 유럽은 칸트의 세계(19세기 자유주의 인식과 지적세계)에 있는 것이고 동아시아

는 홉스의 세계(17세기 현실주의의 인식과 지적세계)에 있는 것이다. 그렇다면 동아시아의 어떤 특성이 이를 어렵게 하는가를 살펴보는 것이 중요하다.

Ⅲ 동아시아 다자주의 부족의 원인: 요인별 분석

1. 역사적 요소

동아시아는 위계적·쌍무적 질서를 중심으로 운영되어 왔다. 중화질서의 '중화'적 관념과 조공체제는 국가들 간의 주권 평등을 명분으로 하는 서구질서와 달리 형식적인 위계 상태를 가정한다. 따라서 이 질서는 '사대자소'를 중심으로 한다.

유럽이 종교전쟁에서 배운 절제와 관용의 정신은 국제정치에서 세력 균형의 원칙과 관행으로 나타났다. 즉 한 국가의 힘의 증대로 지역질서를 지배하려는 것을 상호 포기하는 것이 세력 균형의 핵심이다. 특히 1815년 비엔나체제 이후 유럽은 5개 정도의 강대국들이 유럽무대의 관리와 국제 문제를 다자적으로 어떻게 풀어갈 것인가에 대한 다자주의 관행을 형성했다. 반면에 동양은 강력한 중국과 약해지는 중국 사이에서 중국과 주변국가들이 다자적인 방식보다는 양자적인 방식으로 외교문제를 해결해왔다. 이런 역사적 배경을 전략문화로 풀어가려는 노력도 있다. 알래스테어 존스톤(A. Johnston)의 중국전략문화연구가 대표적이다.

동아시아는 이런 특성에 더해 근대 도입기의 특징에도 영향을 받았다. 개항기 즉 근대가 도입될 때 서구국가들과 상호적인 교류를 통하기보다는 서구 체제가 확산되거나 강제되었다는 점은 19세기 사회진화론(생물체의 진화와 같이 사

회와 국가도 적자생존이 벌어진다는 스펜서의 이론)과 결부되었다. 계몽주의와 진화론 관점에 사로잡힌 서구 국가들이 다자적인 관점보다는 일방적인 관점에서 동아시아 국가들을 개항하면서 동아시아 국가들을 무시하는 배경이 되기도 하였다. 따라서 상호인정이 부재한 가운데 다자주의제도는 만들어지기 어려웠다.

2. 미국의 전략

2차 대전 이후 미국은 아시아를 다자적이 아닌 쌍무적인 방식으로 관리했다. 이는 미국의 정체성(유럽과는 공통의 정체성이 있지만 동아시아에 대해서는 계몽주의적 관점에서 개발을 해주어야 한다는 정체성)에 기인하기도 하고 지정학적 전략(냉전의 위협에 각 국가들과 다른 위협에 대처하기 위한 개별적인 동맹구축)에 기인하기도 한다. 또한 이런 정책은 탈냉전기에 들어와서도 미국 자신을 배제하거나 자신의 영향력이 축소될 수 있는 동아시아의 다자제도수립에 대해 거부하거나 관심을 보이지 않고 있다.

3. 지역국가 간의 이질성

지역국가들 간의 정체성의 이질성은 동남아시아 국가들을 동북아국가들과 다른 안보관을 가지게 한다. 또한 정체성의 차이도 크다. 대표적으로 일본은 과거부터 탈아입구(아시아를 넘어 유럽을 지향한다는 정책)를 들 수 있다. 여기에 더해 동아시아 국가들 간에 공유된 위협이 없다는 점과 각 국가들이 느끼는 위협의 주체가 분산적이라는 특성이 있다. 또한 민주주의와 권위주의가 혼재되어 정치체제의 형태가 상이하다는 점과 국가들마다 경제적 크기가 차이난다는 점도 하나의 요인이 된다.

4. 주도국 선정의 어려움

다자주의를 구축하기 위해서는 주도국가가 있어야 한다. 그러나 동남아시아 국가들과 동북아 국가들이 경쟁을 하고 중국과 일본이 경쟁을 하면서 이 지역에서 주도국이 형성되어 동아시아 다자주의제도를 이끌어 가는 것을 저해하고 있다.

● 대안 목차

Ⅲ **동아시아 지역의 제도화 부진의 원인: 이론적 입장**

1. 현실주의의 국가 이익 설명

지역의 제도화 부족은 우선 패권국가인 미국이 아시아 질서를 관리하는 데 있어서 다자주의보다는 쌍무적 관리구조의 중첩을 선호했다는 점을 들어서 설명할 수 있다. 미국은 spoke-and wheel alliance 구조(미국이 안보동맹망의 중심축 즉 마차바퀴의 축을 형성하고 다른 국가들과 양자적인 동맹이 마치 마차 바퀴살 모양으로 만들어져 있다는 설명) 속에서 국가들을 일대일로 관리하고자 했다. 이것은 냉전기 미-소간 대립이라는 '진영의 정치'과정에서 만들어진 것인데 탈냉전기에도 지속되고 있다. 또한 지역강대국을 향한 주도권 경쟁으로 인해 중국과 일본 간의 협력이 어려운 점도 요인 중 하나이다. 국가들은 지역의 주도권을 향해 경쟁하기 때문에 협력이 일어나기 어렵다는 것이다.

죠셉 그리코(J. Grieco)는 '구속명제'(전략적인 계산으로 국가가 자신과 타국을 제도속에 구속시키는 것)를 통해서 현실주의에서 국가들이 제도화에 나서는 것을 설명하기도 했다. 하지만 국가들이 타국을 구속하게 하려는 이익과 자국이 구속되는 비용 사이에서 자국의 구속이 가져오는 비용이 크거나 정치적 영향력이 하락할 것으로 파악할 경우 제도화에 나서지 않을 수 있다.

2. 자유주의와 국내 이익집단과 국가의 자율성 문제

자유주의에서 제도화의 진척이 더딘 이유는 국내 정치로 설명할 수 있다. 국내의 보호주의 세력이나 민족주의 세력이 강해지면 지역주의의 제도화로 나가는 것을 반대하게 되고, 이들의 정치적 수를 의식한 정치인과의 연합으로 제도화의 진전이 어렵다. 특히 국가의 정책 결정의 자율성이 약한 경우 그리고 자율성이 취약한 제도를 가진 경우에 다자주의 제도화의 거부는 심각해 질 수 있다.

3. 구성주의와 인식과 정체성의 부족

구성주의에서는 공동체의식의 부족이나 집합 정체성의 부족을 통해서 제도화 진전이 안되는 것을 설명할 수 있다. 동아시아에는 동아시아인이라는 의식이 부족하고 집합적 정체성이 부족하며 개별 국가단위의 민족정체성이 강하다. 이것이 제도화 진전을 막고 있다.

Ⅳ 다자주의 촉진화(제도화)의 방법

1. 다자주의의 위상 규정

먼저 다자주의를 구축하기에 앞서 다자주의 지향점을 정해야 한다. 동아시아에서는 연성다자주의를 설정하는 것이 현실적이다. 강성제도를 통한 강한 제도적 규정보다는 연성제도를 이용한 점진적인 대화를 통해 이해를 공유해 나가는 것이 우선이다. 여기에 덧붙여 행위자의 다양화를 꾀하는 것이 필요하다. 즉 민간차원의 다자대화체 구축과 함께 국가들이 다자주의를 구축하는 동시적인 진행을 노리는 것이 좋다. ASEAN +3 회의 이전에 민간차원에서 논의하는 EAVG(East Asia Vision Group)이 개최되는 것이 대표적이다.

또한 의제의 차별화가 필요하다. 구체적으로 냉전 시기처럼 상위정치의 안보문제와 경제문제를 분리하여 논의하면서 논의의 이슈가 하위영역으로 가면서 교착되는 것을 방지할 필요가 있다. 따라서 의제를 현실적으로 이해관계가 있는 것들로 차별화할 필요가 있다. 특히 안보도 포괄적인 수준에서 접근해가는 것이 바람직하다.

2. 타 제도와의 관계

쌍무적 관계(예를 들면 한미 동맹)와 병행하는 것이 필요하다. 쌍무적 기제를 통해 다자적인 방향으로 변화해가면서 다자주의를 통해 다시 쌍무주의에 변화를 모색할 수 있다. 그리고 광역적 다자주의와 세부적인 지역협력을 동시에 추진하는 것이 바람직하다. 즉 동아시아 전체다자주의와 몇몇 국가들 간의 소규모 다자주의를 동시에 진행시키는 것이다.

3. 국가의 대내적 변화와 병행

마지막으로 동아시아 국가들은 국내정치의 불확실성이 높기 때문에 다자주의 약속이 안지켜질 수 있다는 기대심리가 크다. 따라서 국내정치 변화가 동시에 수반될 필요가 있다. 즉 법치주의가 지켜지고 민주주의 국가들이 된다면 다자주의 약속이 지속될 가능성도 커질 것으로 기대하게 될 것이고 국가들의 이런 인식은 국가들을 다자주의로 불러들일 것이다. 따라서 국내적인 변화를 지원하는 것이 중요하다.

Ⅴ 결 론

한국은 다자주의 외교에서 가교역할을 수행해야 한다. 각 국가들 특히 동북아 4개국은 다자주의에 대한 관심이 높다. 미국은 대테러전쟁과 이라크문제로 인해 생긴 경제위기로 비용이 많이 드는 양자주의보다 다자적인 방식을 통한 지역문제 해법을 선호한다. 중국 역시 미국에 대한 견제와 자신의 위상 증진을 위해 다자주의에

관심이 높다. 일본도 약해진 경제력과 빈약한
자신의 정치리더십으로 인해 다자주의에 관심이
높다. 러시아 역시 지속적인 발전을 위해서 다
자주의는 중요한 전략카드이다. 동남아시아 국
가들 역시 탈냉전이라는 변화된 환경에서 자신
들의 목소리를 키우기 원한다. 따라서 한국은
다자적 제도 창설이라는 중장기적 목표뿐 아니
라 다자적인 외교관리의 방법을 제도화하는 것
에 외교적 능력을 키워야 한다.

기출문제와 연결

제22문   2011년 입시 2번(한국의 대중국외교정책방안: 현
              실주의 정책에 대한 대안으로서 다자안보대화제도
              차원에서)

제029문 신흥국가들, 권력증대, 제도와 세력전이유형

중국과 인도로 대표되는 '빠른 성장의 신흥국가들(Fast growing developing countries)'은 '국제질서(international order)'의 변화를 가져올 것으로 예상된다. 그러나 현재의 국제질서는 '제도화된 질서(institutionalized order)'라는 점에서 19세기의 국제질서와는 다르다. 현재의 제도화된 질서는 다음의 사례들로 확인할 수 있다. 1945년 이후 성장한 일본과 독일이 국제질서에 남아있다는 사례나 1945년 이후 영국, 프랑스, 독일, 일본, 미국사이에서 경제성장율과 군비지출의 변동에도 불구하고 이들 간의 '안보경쟁(security competition)'이나 '권력변동에 따른 갈등(power transition conflict)'이 없다는 사례가 그것이다. 다음 질문에 답하시오. (총 40점)

(1) 권력 증대가 제도에 미치는 영향과 역으로 제도가 권력 증대에 미치는 영향을 이론적으로 논하시오. (20점)

(2) 21세기 '빠른 성장의 신흥국가들(Fast growing developing countries)'에 의한 세력전이 (power transition)는 "평화롭고 점증적인(peaceful and incremental)" 방식으로 이루어질 것이라는 주장을 논증하시오. (20점)

 문제의 맥락과 포인트

아이켄베리의 제도이론을 구체화해서 설명하는 문제다. 이 문제는 '국력 ⇨ 제도 구성'을 보기도 하지만 '제도 ⇨ (신흥 강대국의) 국력관리'를 다루기도 한다. 두 가지 방향의 논리구조를 정리하는 것이 중요한 문제다.

Ⅰ 서 론

BRICS의 성장에 따라 21세기 국제질서는 서구국가들의 주도에서 비서구국가들과의 공동통치로 변화할 것이라는 주장이 있다. 더 극단적으로는 중국에 의한 패권과 새로운 지배질서 구축에 대한 논의도 있다. 그러나 1945년 이후 미국이 만든 UN, GATT와 WTO, IMF와 WB, NATO와 같은 제도들로 운영되는 '국제질서(international order)'가 가진 구속력은 새로운 질서를 전쟁과 급격한 변화가 아닌 "평화롭고 점증적인(peaceful and incremental)" 방식으로 이루어질 것으로 예상된다. 이를 논증한다.

Ⅱ 이론적 분석틀

   제도의 효과를 분석하기 위해서는 제도의 '구축'과 제도가 가진 '구속'을 보아야 한다. 따라서 제도를 만드는 것과 제도가 가진 영향력 양자를 살펴본다.

1. 국력증대의 제도에의 영향

   국력은 제도구축에 있어서 중요하다. 현실주의이론에 따르면 일국의 국력 증대가 제도를 구축하는 주된 동기가 된다. 고전적현실주의이론에 따르면 제도는 국가들의 '국가이익'에 의해서 구축된다. 제도는 국가들이 자신의 이익을 관철할 수 있는 체계와 질서를 부여한다. 이것은 국가의 국력유지와 증강에 도움이 된다. 영국이 19세기 주도한 유럽 협조체제는 유럽내의 패권국가 등장저지를 통해서 영국의 상대적 국력을 유지하게 하였다.

   신현실주의에 따르면 제도는 상대적 힘의 의해서 구축된다. 무정부상태에서 국가들의 행동은 주로 상대적 국력에 의해서 결정된다. 힘이 증강한 국가는 제도를 구축하여 자국의 상대적 힘의 유지하는 장치로 이용한다. 국력을 유지하는데 있어서 제도는 이용될 수 있다.

   자유주의에서도 국력의 증대는 제도구축으로 이어진다. 자유주의이론에 따르면 제도는 국가들의 행동양식을 규칙화하여 결과를 예측할 수 있게 해준다. 신자유주의에 따르면 제도는 국가들이 상호주의를 구체화할 뿐 아니라 비용을 완화함으로서 국가들의 손익계산에 영향을 미친다. 제도는 상호주의와 함께 국가들의 행동 결과에 기대치를 변화시킬 수 있다. 따라서 무정부상태에서 국가들은 제도를 통해 신뢰를 구축할 수 있으며 이러한 신뢰구축은 국가들 간의 협력행동으로 이어질 수 있다.

   신자유주의는 국력의 변화와 이에 따른 제도구축은 국가간의 협력가능성을 높인다. 특히 무정부상태에서도 국가들의 '상대적 이익'의 고려를 축소하게 만들 수 있다. 또한 국가간의 안보경쟁과 전쟁을 만드는 '안보딜레마'를 완화시킬 수 있다.

   자유주의의 패권이론에 따르면 힘의 증대가 제도 구축을 하는 논리를 더 잘 설명할 수 있다. 패권국가는 자국의 이익을 위해 제도를 구축한다. 그러나 이 제도는 공공재를 제공함으로서 타 국가들에게도 이익을 부여한다. 제도는 무정부상태라는 국제정치의 특성에도 불구하고 국가들의 '기대의 안정화'를 가져오고 질서를 운영하는 규칙을 부여함으로서 더 많은 평화와 더 많은 안정을 가져올 수 있다. 정치경제적으로는 더 많은 개방성을 가져올 수도 있다.

   특히 자유주의 패권이론에 따를 때 제도구축의 유형은 중요하다.[16] 3가지 유형화가 달리 영향을 미친다. 그리고 이 3가지 유형은 다자주의(multilateralism)에 의해 정리될 수 있다. 첫째, 지배구조의 구성이다. 패권국가가 미래를 고려하여 제도지배 방식을 1국의 지배방식대신에 다자적인 지배로 구축할 수 있다(governing by a

---

16) John Ikenberry, "Rising Powers and Global Institutions", Art & Jervis 『International Politics: Enduring Concepts and Contemporary Issuess』 (New York: Longman, 2011) p.549.

single state/by a group). 둘째, 패권국가가 운영하는 지배의 방식이다. 지배를 강제적으로 할 것인지 개방적이며 호혜적이고 제도에 기초할 것인지 여부이다(governing by hierarchial coercive domination/by open, benevolent, organized around reciprocal, consensual and rule-based relations). 셋째, 질서운영에 따른 이익을 패권국가가 집중적으로 가져갈 것인지와 다른 국가들과 공유할 것인지 여부이다. 이중에서 다자적인 지배, 상호적이며 규칙에 기초한 지배, 이익을 공유하는 지배는 패권국가가 제도 구축이후 힘이 약화되어도 이익공유그룹을 만들기 때문에 질서 운영의 지속성이 보장되기 쉽다.

2. 제도의 국력증대에 대한 영향

제도가 만들어지고 난 뒤 이 제도의 영향력에 대해서는 의견이 갈린다. 현실주의에서는 제도는 힘에 의해서 만들어지고 폐기되기 때문에 제도자체의 영향력은 독립적으로 없다. 제도의 영향력은 힘의 반영정도에 불과하다. 신현실주의나 고전적현실주의나 이 결론은 동일하다.

반면에 신자유주의는 제도가 만들어지면 제도의 자체적인 영향력이 있다. 이것은 제도가 가지는 관성에 의해서도 발생할 수 있고 제도의 경로의존성에 의한 측면도 있다. 이를 구체적으로 보면 제도는 한번 만들어지면 제도자체가 가지는 규범과 구속력이 있다. 또한 제도를 사용하게 되면 가지게 되는 '네트워크 외부성'도 생긴다. 즉 제도가 더 많이 사용할수록 새로운 제도를 만들기 어렵게 된다.

여기서는 신자유주의이론의 제도의 영향에 집중할 필요가 있다. 신자유주의가 중요한 논리는 다음과 같다. 21세기 국제질서가 제도화된 국제질서이기 때문에 이 질서는 제도가 중요하다. 그리고 이 제도화된 질서가 성장하는 국가들을 규제하기 때문에 성장하는 국가들은 질서를 바꾸기 보다는 질서 속에서 조정하는 것으로 그칠 수 있다. 따라서 제도의 효과를 살펴볼 필요가 있다.

제도들은 다양한 방식으로 영향을 미칠 수 있다.[17] 첫째, 제도가 얼마나 다양한 영역에 분포되어 있는지가 중요하다. 제도는 다영역(multi-field)에서 다차적(multi-layered)으로 영향을 미칠 수 있는 만큼 많을수록 영향력이 클 수 있다. 미국의 경우 정치, 안보, 경제 전 분야에서 다양한 제도들을 가지고 있다.

둘째, 국제제도는 특성이 제도가입과 발원권에 영향을 미친다. 가입이 어렵고 가입조건에 의해 경제적 변화와 정치적 변화를 유도하는 경우 제도는 그 가입 자체가 하나의 권력자원이다. 그리고 발언권이 높을수록 제도 내에서 문제를 해결할 가능성이 높다. 유럽연합의 가입은 코펜하겐기준의 3가지(정치적 민주주의, 경제적 성과, 공동체의무 준수)을 가지고 있다. IMF는 미국에게 유일하게 거부권을 주고 있다.

셋째, 제도는 각기 다른 기회와 제약조건들을 가지고 있다. 예를 들어 국제금융위기는 IMF의 문제해결에 있어서 신흥국가들의 역할에 따라 발언권의 기회를 확대할 수 있다.

넷째, 개별국가들이 가진 자산과 문제 자체가 국제제도의 적응력과 변화에 영향을 미칠 수 있다. 국가들은 천연자원이나 인력구조와 지정학적 조건에 따라 제도를 활용하는 정도가 다르다(cf. 이 부분은 제도 자체 설명은 아니라 빼도 됨).

다섯째, 제도가 가진 속성도 중요하다. 다자주의제도는 다양한 이해당사자를 가진다. G7이

---

17) John Ikenberry, "Rising Powers and Global Institutions", Art & Jervis 『International Politics: Enduring Concepts and Contemporary Issuess』 (New York: Longman, 2011) pp.546-547.

나 G20처럼 비공식적인 제도를 활용하는 것은 제도 운영의 탄력성을 가지게 한다. 지역제도들이 많은 것도 중요하다. 예를 들어 AMF가 무산된 이후 만들어진 치앙마이이니셔티브를 들 수 있다. 이러한 다차원적인 제도들은 국가들의 주권제약을 완화하면서도 국가들의 제도활용의 기회를 증대시킨다.

Ⅲ 21세기 세력전이의 평화적이고 점증적인 변화가능성

'빠른 성장의 신흥국가들(Fast growing developing countries)'이 평화적이고 점증적인 세력전이를 거친다는 것은 위의 이론들에서 제시된 미국이 만든 질서와 제도들의 효과가 강력하다는 것이다. 즉 이 제도들이 '빠른 성장의 신흥국가들(Fast growing developing countries)'의 손익계산에 영향을 미쳐서 이들이 급격하고 갈등적인 방식의 질서 재편보다는 기존질서에 순응하고 조정해가게 만들 것이라는 입장이다. 이를 "논증"하는 것은 두 단계를 필요로 한다. 첫째, 미국이 구축한 제도들의 특성을 설명하고 둘째, 이로 인해 현재 '빠른 성장의 신흥국가들(Fast growing developing countries)'의 행동양식을 통해서 이들이 급격하고 갈등적인 방식으로 행동할 의지가 없다는 점을 보이는 것이다.

1. 미국의 제도들과 21세기 국제질서의 특성

첫째, '다차원적(multi-layered/multi-faceted)인' 제도의 구축을 들 수 있다. 미국은 1945년 이후 국제질서를 제도적으로 구축했다. 미국은 제도를 구축하면서 자유주의무역질서+지정학적인 동맹을 중심으로 구성했다. 미국은 브레튼우즈에서 세계무역질서와 통화질서 그리고 개발(development)질서를 만들었다. 그리고 이를 보호하기 위해 냉전기 동맹을 구축하고 미국의 함대를 이용하여 전세계 바다를 통제하면서 자유무역을 보장했다. 이런 체제운영비용을 대는 미국에 대해 자유주의국가들은 미국 기축통화를 인정하고 미국 주도의 경제 질서를 따랐다.

미국은 정치적으로 UN을 구성하였다. 집단안보에 있어서 현실주의를 도입했으며 안보와 경제문제의 실효성을 위한 이사회를 구성하고 집단적인 심의를 위해 총회를 운영했다. 또한 미국은 경제적으로 GATT, 이후 WTO를 통한 무역구조, IMF, IBRD를 중심으로 하는 World Bank를 만들었다. 미국은 군사적으로 NATO와 미일동맹을 통해 유럽과 아시아의 안보딜레마를 축소하고 동맹외부와 동맹내부를 관리하였다. 그리고 핵문제에 있어서 NPT를 통한 확산방비 체제도 구축하였다.

이러한 다양한 제도들은 미국의 약화에도 불구하고 다른 신흥국가들의 새로운 제도 창출을 어렵게 한다. 네트워크의 외부성이 많이 들기 때문이다. 일례로 미국이 만든 인터넷구조에서 ICANN이 제정하는 영어도메인 구성은 중국의 거부에도 불구하고 그대로 유지되고 있다. 2008년 미국 금융위기 이후에도 IMF가 신흥국가들의 반대에도 불구하고 큰 변화 없이 유지되고 있는 것도 사례다.

둘째, '자유주의적 헤게모니(liberal hegemonic)'의 제도 구축을 들 수 있다. 미국은 제도를 구축하면서 과거 19세기식의 제도와는 달리 자유주의적으로 구축했다. 미국의 제도는 자유주의 무역구조와 민주주의의 정치적 개방구조를 만들면 다른 국가들도 참여할 수 있는 제도를 구축하였다. 과거 유럽협조체제가 유럽중심이고 강대국 중심이라는 점과 다르다. 미국은 자유무역과 해양이용의 자유라는 공공재를 제공하고 있다. 이는 다른 국가들에게도 참여의 이익을 공유하게 만드는 것이다.

미국은 2차 대전이 종결되던 무렵에 보인 모습이 과거 승전국가와 달랐다. 그런 점은 미국의 패권이 자유주의적이라는 점을 보인다. 미국은 패전국에 대한 배상금이나 참전 국가들에게 전쟁비용을 강요하지 않았다. 미국은 유럽 국가들에게 마샬 플랜을 제공했고 일본을 경제적으로 부국으로 만들었다. 1980년대 일본이 세계 2위, 독일이 세계 3위의 경제 강국이 되었다는 점은 과거 현실주의적인 견제방안으로 전후질서를 구축한 것과 다르다.

이들 국가들은 국제경제제도에서 자유무역을 통해서 성장했다. 또한 이들은 미국의 투자와 국제투자가 이들을 성장하게 만들었다. 이러한 성향은 지금 성장하고 있는 국가들에게도 동일하다. 현재 성장하고 있는 국가들도 자유무역과 투자를 통해서 성장하고 있다. 이것은 미국식 자유주의 패권질서의 공공재를 향유하고 있다는 것이다.

셋째, '다자주의(multilateralism)'적인 제도구축을 들 수 있다. 앞서 본 3가지 특성처럼 미국의 제도는 다자주의적이다. 다양한 국가들이 통치하며, 규범에 기초하여 통치하며, 이익을 공유한다. 이러한 미국의 다자주의 제도들은 이해당사자를 많이 만든다. 이로 인해 신흥국가는 제도를 수정하고자 하거나 질서 개편 시에 수많은 이해당사자들과 다투어야 한다.

그리고 규범적으로 통치하기 때문에 규칙을 변경하기 어렵고 규칙변경에 따른 대가가 크다. 우선 규칙변경으로 인해 비판을 받기 쉽고 규칙변경에 따른 제재를 받을 수 있다. 게다가 제도가 처벌력에 따라 더 강력한 처벌을 받을 수도 있다.

이익을 공유하기 때문에 새로운 제도를 통해 게임의 규칙을 변화하기 보다는 기존 게임구조

에서 이익을 향상시키는 것이 더 유용하다. 신흥국가들도 이러한 게임의 규칙을 변경하기 보다는 따르고 조정할 여지가 높다.

2. '빠른 성장의 신흥국가들(Fast growing developing countries)'에 의한 세력전이(power transition)의 양태

실제 신흥국가들은 대체로 제도를 수정하기보다 제도에 적응해가는 모습을 보인다. 이를 제도별로 살펴보겠다.

UN의 경우도 신흥국가들은 안보리 상임이사국가가 되려고 하지 UN을 새로 만들려고 하지는 않는다. 안보리 상임이사국가가 되려는 Aspirant도 1980년대 강국이 된 일본과 독일 그리고 신흥국가인 인도와 브라질이다. 중국과 러시아 역시 UN체제에서 지분확대를 원하고 있다.

경제제도에서 중국은 위완화를 국제화폐로 만들고자 한다. 중국은 AIIB를 만들고자 하며 RCEP를 통해서 성장세를 유지하고자 한다. 이것은 기존의 화폐체제를 붕괴시키거나 새로운 제도를 만들겠다는 것이 아니다. 다만 지역체제에서 새로운 기회를 모색해보겠다는 것이다. 인도의 경우는 미국의 경제에 연계가 많이 되어 있다는 점이나 남아공도 자원시장이 미국과 서방국가들과 연계되어 있다. 중국-인도-남아공 국가들은 자유무역과 투자가 없이는 경제를 유지하기 어렵다. 자체적인 시장이 아직 성장하지 못하고 있기 때문에 대외의존도가 높은 상황에서 자체적인 자급자족적인 체제를 만들 수 없다.

중국과 러시아는 미국의 안보질서에 대한 반대모습을 보인다. 그러나 이들 국가는 아직 군사력에서 미국에 필적하지 못한다. 게다가 미국의 기존 군사조직에 대항하는 세력균형의 모습을 보이지 않는다. 게다가 인도는 중국성장으로

미국에 안보적으로 의존도가 높아지고 있다. 브라질 역시 지역질서의 안전은 미국의 도움을 받고 있다.

국제통화질서의 변화를 하고자 하지만 G20에는 한계가 있다. 미국 통화체제의 문제에도 불구하고 미국의 통화는 국제화폐 중에서 거의 유일한 패권이다. 게다가 중국과 인도는 미국달러를 받아들이면서 국제수지 흑자라는 선물을 받고 있다. 그런 점에서 신흥국가들은 기존 제도들의 구속을 받으면서 내부적으로 힘의 성장에 따른 제도내 발언권을 조정하고 있다.

● 대안 목차 1: 국가별 분석

● 대안 목차 2: 안보의 갈등 가능성 부재 입증＋제도적인 관리의 중요성 입증

● 대안 목차 3: 과거 제도들과 비교. 유럽협조체제, 전간기 체제와 비교

Ⅳ 결 론

'빠른 성장의 신흥국가들(Fast growing developing countries)'이 평화적이고 점증적인 세력전이를 거친다는 것은 미국이 구축한 "다양(multi-layered/multi-faceted)하고, 자유주의적인 헤게모니(liberal hegemonic)에 기초하고, 다자주의(multilateralism)적인" 제도들의 구속력이 강하다는 것이다. 제도적인 구속력과 네트워크 외부성이 강하기 때문에 신흥국가들의 국력성장도 미국이 만든 제도화된 질서 내에서 작동할 것이다.

제030문 **민주평화론의 동북아 적용**

　민주적 평화론, 혹은 민주주의 상호 부전론(Democratic Peace Theory)은 세계적 차원에서 각국의 민주화가 진행되고 있는 현대에 들어 평화의 정착 가능성에 대한 낙관적 전망의 기초가 됨과 동시에, 미국의 자국중심적인 인권적 개입의 정당화논리로 작용한다는 상반된 평가를 불러일으키고 있다. 민주적 평화론의 다양한 이론적, 역사적 근거를 비판적으로 서술하고, 동북아 국가들의 민주화가 진행되어감에 따라 지역 내 평화가 도래할 수 있다는 가설을 비판적으로 검토하시오.

- 2003년 전재성교수 모의고사

 문제의 맥락과 포인트

　탈냉전기에 가장 주목받고 있는 이론이 민주평화이론이다. 민주주의(국가)의 전 세계적인 확대가 국제적인 평화를 가져온다는 설명은 국내정치의 변화만으로도 국제정치에 변화를 가져올 수 있다는 점에서 획기적인 이론이다. 또한 패권국가 미국이 지향하는 외교의 핵심 전제이기도 하다는 점에서 현실적 의미 또한 큰 이론이다. 이 문제는 이런 민주평화이론의 이론적 논의와 함께 역사적 분석을 통해 경험적으로 민주평화이론이 지지받을 수 있는지를 살펴보는 것이 필요하다. 이론적 분석의 탄탄한 토대가 동북아에 민주주의와 관련된 두 나라 중국과 북한에 어떤 결과를 가져올 지 예측하는데 있어서 핵심이 될 것이다. 이 문제에서는 두 가지를 주의해야 한다. 하나는 민주평화이론의 이론 부분에서 민주평화이론에 대한 지나치게 많은 비판은 바람직하지 않다는 것이다. 둘째는 민주평화이론의 이론부분에서 설명된 내용으로 동북아시아를 분석해야 한다는 점이다. 따라서 이론을 과하게 많은 요인으로 설명하면 동북아 분석에 대한 적용이 어렵게 된다. 마지막으로 이 문제에서 고려될 사항은 중국과 북한의 문제를 설명하는데 어떤 시나리오가 더 유용할 것인가 하는 점이다. 이 문제는 실제 답안보다 과도하게 많이 설명했다. 따라서 실제 답안을 구성할 때는 서론도 간략히 줄여야 하고 이론적인 내용도 선택해서 줄여야 한다. 충분한 이해를 위해 길게 설명했으니 설명을 보고나서는 자신의 것으로 줄여 보자.

Ⅰ 서 론

헌팅턴이 말하는 제 3의 물결이 80년대에 스페인의 프랑코정권의 붕괴를 필두로 하여 라틴아메리카, 아시아 그리고 탈냉전 이후의 동구권을 휩쓸었다. 민주주의는 보편적 가치로 인정받고 있고 민주주의의 정치체제는 빠르게 확산되었다. 이렇게 민주주의의 급속한 확산은 인류역사상 최초의 일로써 이 사건이 국제관계에 새로운 변화를 가져오지는 않을 것인가에 대한 기대치를 높게 형성했다.

이에 따라 민주주의와 전쟁 그리고 평화 간의 상관관계에 대한 문제의식과 연구들이 진행되었고, 민주평화론이라는 이론이 국제정치학계에서 관심을 받게 되었다. 민주평화론은 자유주의의 한 분파로써 민주주의 국가 간의 전쟁의 부재라는 명제와 실증분석을 통해 기존의 신현실주의의 이론적 아성에 도전한다.

21세기는 보편적 가치체계로 인정되는 민주주의가 더 넓게 확산되고 신생민주주의 국가들에서 민주주의의 심화인 민주주의의 공고화가 진행될 것이다. 따라서 민주주의의 확산과 심화가 과연 국제질서에 변화를 가져올 수 있는가에 관심을 가지는 것은 대단히 중요한 문제이다. 또한 민주주의의 확산과 시장자본주의의 확산은 클린턴기 이후 미국외교정책의 큰 기조가 되었다. 따라서 민주주의는 미국외교정책의 목표이자 지표이기에, 미국외교정책에 대한 정확한 이해를 위해서도 민주평화론의 이해는 중요한 문제이다.

특히 동북아의 경우 권위주의 체제인 중국과 북한의 존재는 민주평화론의 적용가능성을 가지고 있으며 이에 따라서 이 지역에서의 민주평화론의 가능성과 적용시의 방향에 대한 예측은 대단히 중요하겠다. 이러한 동북아 지역에 대한 적용의 이해는 민주평화론의 원 적용지인 동유럽과의 비교를 통해서 더욱 잘 이루어질 수 있다. 이런 비교는 동북아의 특성을 더욱 잘 드러내 줄 것이다.

Ⅱ 민주평화론의 주장과 반박

1. 민주평화론의 주장

(1) 민주평화론의 파격성과 사상적 배경

마이클 도일(M. Doyle)의 명제에 따르면 민주주의 국가 간에는 전쟁을 하지 않는다고 한다. 이는 민주주의가 전쟁을 억제함으로써 평화를 창출한다는 주장이다. 이 주장은 대단히 혁명적인 주장으로 국가의 속성이 변화함으로써 국가 간의 문제인 전쟁을 막을 수 있다는 것이다. 기존의 국가 간의 힘에 의한 억지나 국제 제도를 통한 해결이 아닌 국가 자체의 변화만으로도 국제평화를 가져올 수 있다고 주장하는 견지에서 혁명적이다.

이론의 적실성이 현실에 대한 설명력과 미래에 대한 예측력으로 구성됨을 볼 때, 민주평화론은 이론 자체의 사례제시에도 불구하고 이론적 검증을 요한다. 따라서 민주평화론의 논지를 살펴보고 이에 대한 비판적 견해를 살펴 봄으로써 민주평화론이 제시하는 명제에 대해서 비판적인 검토를 하도록 하겠다.

민주평화론은 칸트(I. Kant)를 사상적 배경으로 한다. 그가 무정부상태를 극복하기 위해 국가가 공화제 헌법을 가질 것을 역설한데서 그 이론적 기원을 찾을 수 있다. 이런 사상적 배경 하에서 도일(M. doyle)은 민주주의 국가 간에 전쟁은 없다고 주장한다. 그는 민주주의 국가 간의 세력 변화 시에는 전쟁 없이 평화적으로 세력교체가 이루어질 수 있다고 주장한다. 이러한 평화적 전환은 '자유주의라는 규범', '자유민주주의의 제도', '경제적 이득'에 근거한다고 주장한다.

(2) 민주평화이론의 논리: 러셋을 중심으로

민주평화론의 논의를 체계화 시킨 사람이 부루스 러셋(B. Russett)이다. 러셋(Russett)은 민주주의 국가 간에는 전쟁을 하지 않는다고 하면서 이는 권력현상이나 다른 요인에 기인하는 것이 아니라 민주주의의 특성에 기인한다고 주장한다. 또한 그에 따르면 민주주의는 '제도'와 '문화'의 요인으로 구성된다.

먼저 제도적 설명은 민주주의라는 제도적 요인에 의해 전쟁이 일어나지 않는다고 본다. 즉 민주주의는 권력의 분립과 다양한 기제에 의한 민의의 수렴과 정책지도자의 책임을 물을 수 있는 사전적, 사후적 통제기제가 존재함으로 인해 정책지도자의 그릇된 판단으로 인한 전쟁의 가능성을 줄인다. 즉 이는 개인의 요소에 의한 전쟁의 가능성을 국가수준에서의 제도가 가지는 통제의 기제로 억제함을 의미한다. 요약하면 제도효과는 '권력의 분립(separation of power)'과 '책임성 추궁(accounterbility)'에 근거한 것이다.

민주주의 국가는 전쟁의 비용을 부담해야 하는 국민의 의견을 반영해야 하므로 전쟁을 수행하기가 더욱 어렵다. 전쟁의 비용은 국민이 부담해야 하나 전쟁으로 인한 이득은 공유되기 어렵기 때문에 국민들은 전쟁보다는 평화적 방법에 의한 해결을 선호한다. 또한 민주주의가 전쟁을 통해서 문제를 해결하지 않는 중요한 이유 중 하나는 민주주의 제도가 가지는 정책결정과정에 있어서의 시간의 지연성이다. 즉 민주주의는 여론의 수렴 등을 통해 정책결정을 해야 하고 이에 따라 정책결정에 있어서 시간이 오래 걸린다. 이 과정에서 민주주의 국가는 상대방의 민주주의 국가와 타협을 통해서 문제를 풀 수

있다. 그러므로 결정기간의 지연은 신중하고 평화적 해결을 모색하게 한다.

민주주의 국가 간의 전쟁이 없는 두 번째 민주주의의 특성은 민주주의의 가치, 규범적 설명이다. 민주주의는 제도만의 문제가 아니라 그 안에 소수자의 보호, 관용의 정신과 같은 가치체계를 내포하고 있다. 민주주의 국가가 제도적 결함에 의해서 폭력적 방법에 의한 문제해결가능성이 존재하더라도 민주주의의 가치체계에 의해서 이를 억제할 수 있다. 민주주의 국가는 상대 민주주의 국가도 대화와 타협을 통한 문제해결을 선호할 것이며 따라서 두 국가 간의 의견의 차이는 극복되고 조정 가능하다고 보았다. 이를 요약하면 민주주의 '규범외부화(norm externalization)'로 민주주의의 내부적인 평화적 규범이 국가 간의 관계에도 작동한다는 것이다.

이런 가치체계에 의한 설명을 통해서 러셋(Russett)은 민주주의가 '제도'와 '가치'가 결합되어 전쟁을 억지한다고 주장한다. 그는 자신의 견해를 뒷받침하기 위해서 1815년 이래로 민주주의 국가 간의 전쟁이 없었음을 사례를 통해서 설명한다. 몇 가지의 민주주의 국가로 보이는 국가 간의 전쟁의 사례는 그의 해석상 진정한 민주주의가 아니었거나 민주주의 국가라고 서로 인정을 하지 않은 것이다.

2. 민주평화론에 대한 비판

(1) 체계적 제약 극복 가능성

민주주의 국가 간의 전쟁의 부재라는 명제는 직관적 호소력을 갖는다. 하지만 민주주의라는 정치체제는 그리 길지 않은 역사를 가지고 있다. 이러한 짧은 역사적 경험을 통해서 민주평화론이 설명체계를 형성하는 데는 몇 가지 어려운 점이 있다.

우선 국가의 속성이 체계속성을 설명할 수 있는가의 문제를 제기할 수 있다, 즉 국가속성의 변화라는 것만으로 체제적 속성인 전쟁의 문제를 해결할 수 있을 것인가 하는 문제이다. 아나키 하에서의 국가의 생존이 아나키에 대한 두려움과 힘의 크기에 의해 결정된다고 하면 과연 국가의 속성변화와 국가 간의 속성의 공유가 아나키를 극복할 수 있을 것인가 하는 문제를 제기할 수 있다.

(2) 민주전쟁론

두 번째로 왈츠의 주장처럼 민주평화론은 민주주의를 통해서 평화를 설명하는 것이 아니라 전쟁을 부추길 수도 있다. 즉 민주주의 국가 간의 전쟁의 부재는 비민주주의와의 전쟁을 당연시 할 수 있으며 더 나아가서 민주주의만이 국제질서의 해답이 되므로 민주주의를 확산코자 하는 외교정책에 의해 지구상의 모든 국가를 민주주의로 만들 때까지 전쟁을 도발할 수 있다. 최근의 미국외교정책은 민주주의의 확산을 주요 정책 목표로 삼고 있으며 아프간과 이라크에서 이를 현실화 했다. 따라서 민주주의를 만들어내기 위한 조치들로 인해 오히려 평화를 해칠 수 있다.

(3) 방법론상 문제들: 민주주의 개념의 문제와 통계 상의 문제

세 번째로 민주평화론에 있어 문제되는 부분은 민주주의라는 개념의 문제이다. 민주주의는 보편적 개념으로써 받아들여지고 있다. 하지만 민주주의는 모든 국가에 동일하지 않으며 국가의 문화적 특성과 역사적 요인 등에 의해 차이가 날 수 있다. 따라서 민주주의를 통한 설명에 있어서 어디까지를 민주주의로 파악해야 하는가의 문제가 발생한다. 즉 빌헬름 독일의 문제나 미국과 스페인의 전쟁에 있어서의 스페인의 문

제 등이 실례에 속한다.

네 번째로 통계상의 문제를 들 수 있다. Spiro에 따르면 민주평화론이 제시하는 사례와 통계는 의미 없다고 한다. 그는 민주주의 국가 간의 전쟁 부재는 확률상 임의적인 것으로 이를 통해서 전쟁의 부재를 설득하기는 어렵다고 한다. 그는 복권의 사례를 들어 이를 설명한다.

이 문제는 사례의 문제와도 결부된다. 민주평화론이 통계에 근거하여 민주국가 간의 전쟁의 부재를 설명하는데 대해서 이들이 선택하고 있는 사례의 임의적 조작이 문제가 될 수 있다. 즉, 실제 몇 차례의 민주주의 국가 간의 전쟁에도 불구하고 이런 사례가 통계상에 있어서 비민주의 정부와의 전쟁으로 처리된 경우들이 있다.

(4) 다른 설명 요인과의 중복 문제

다섯 번째로 다른 변수(공동의 이해와 공동의 위협)와의 관계를 들 수 있다. 즉 공동의 정체만이 아닌 다른 요인들에 의해서 혹은 다른 변수 간의 상호작용을 통해서 설명이 주로 된다면 민주주의의 변수는 부수적 역할을 할 뿐이다. 크리스토퍼 레인(C. Layne)은 제3국이 존재할 때 국가는 전쟁을 하지 않고 협력할 수 있다고 한다.

(5) 민주화 과정론의 위험성

마지막으로 민주화 과정의 국가들과 관련된 문제를 들 수 있다. 맨스필드와 스나이더 (Mansfield & Snyder)는 민주주의와 '민주화'과정을 구분하고 민주화 과정의 국가들이 위험할 수 있다고 주장한다. 즉, 민주화 과정에서는 정치적 영향력을 확보하기 위해 정치적 경쟁에서 민족주의나 종교적 광신주의를 악용할 수 있다. 따라서 기존의 권위주의 국가에서 기존의 기득권 세력과 민주화 이후 새로운 정치세력이 충돌하면서 국가내부가 갈등할 수 있다. 미어샤이머의 주장처럼 민족주의나 종교적 열의 등에 의해서

민주주의 국가도 내부적으로 취약할 수 있는 것이다.

이상의 논의를 정리하면 민주주의 국가 간의 전쟁부재는 다른 민주국가 내부의 갈등양상이나 외부의 위협이나 이해의 불일치로 인해서 완전한 설명력을 가지는 어렵다. 하지만 관용과 타협의 정신과 권력남용을 막는 제도적 제약은 국가들을 덜 폭력적으로 만든다는 점에서 이론적 설득력과 의의를 인정할 수 있다고 하겠다.

Ⅲ 미국외교정책으로서 민주평화론

1. 미국외교정책 속에서의 민주평화론

민주평화론은 미국외교정책의 지표로서 현실적으로 중요하다. 90년대 중반의 클린턴 2기에서 확고화 된 2E정책(engagement/enlargement)에 따라서 민주주의는 세계적 수준에서 확산되어져야 할 가치로서 미국 외교의 중심원리가 되었다. 이후 부시 행정부에 들어와서 개입정책은 선별적 개입(selective engagement)정책으로 변화하게 되었고 인권과 민주주의 확산문제에 대해서는 군사적 개입을 자제해야 한다는 입장으로 전환되었지만 여전히 민주주의는 미국 외교의 중요기준이다. 과거 1980년대 이후 미국은 중국을 다루는데 있어서 민주주의의 기준을 통해서 중국의 이해를 조정해왔던 사례가 있다.

민주평화론은 단극시대의 미국의 정책지표로서 정책적 함의가 있다. 실제 아프간과 이라크에의 적용은 민주평화론에 대한 미국의 집념을 보여준다. 따라서 민주주의가 확산되는 현재에 있어서 실제 국가에 적용시켜 고려해 보는 것이 중요하다.

2. 민주평화이론과 동유럽 정책

민주평화론이 주로 탈냉전 이후 동유럽의 현실을 설명하는 이론이라는 점을 기억할 필요가 있다. 이 지역은 전통적으로 유럽이라는 공동의 의식과 역사와 문화를 가지고 있는 지역이었다. 따라서 소련의 영향력으로부터의 해방은 다시 유럽의 의식을 불러일으키고 있다고 볼 수 있다. 그러므로 유럽에서의 민주평화론의 이론적, 현실적 설명력이 높아질 수 있는 요인들이 많이 존재한다.

민주평화론을 다른 지역에 적용하면 어떨까? 문화와 역사적 조건이 다른 지역에의 적용도 동일한 설명력을 가진다면 민주평화론은 대단히 설명력이 높은 일반이론이라 할 수 있다. 따라서 민주평화론의 타당성과 함께 동북아라는 지역의 특성을 살피기 위해서 민주평화론을 통해서 동북아의 지역을 살펴보겠다.

Ⅳ 동북아의 특성과 민주평화론의 적용

1. 동북아시아의 특성

동유럽과 동북아시아의 지역적 특성은 어떤 차이를 보이는가? 공동의 정치체제, 공동의 이해, 공동의 위협, 공동의 정체성 혹은 문화라는 견지에서 볼 때 탈냉전기의 동유럽은 공동의 이해와 공동의 위협은 부재하였다. 소련의 몰락과 냉전의 종식은 진영 내의 결속을 깨뜨렸기 때문이다. 반면에 공동의 정치체제와 공동의 정체성을 공유하고 있다고 볼 수 있다. 따라서 민주주의는 제도와 가치체계를 통해서 공동의 정체성 하에서 조금 더 높은 설명력을 가질 수 있다.

반면 동북아 지역은 공동의 이해와 공동의 위협이 존재하지 않을 뿐만 아니라 공동의 정치체제와 공동의 정체성도 존재하지 않는다. 길고 잦은 전쟁 속에서도 유럽이 스스로를 유럽의 일원으로 파악한 데 비해서 동북아시아의 일본은 스스로를 동북아시아의 한 국가라고 보기보다는 중국과 별개의 세계에 존재한다고 파악했다. 또한 근대화기를 거치면서 '탈아입구론'을 통해서 아시아권을 넘어서려 했다는 점에서 이를 입증할 수 있다. 따라서 동북아의 경우 각 국가를 잡아줄 수 있는 끈으로서 민주주의가 이식된다고 하더라도 동유럽과 같은 결과가 나오기 힘들다.

이런 환경 속에서 민주주의 국가가 아닌 중국과 북한에 민주주의의 문제가 적용되면 어떠한 일이 벌어질 수 있을지에 대한 고려를 해보도록 하겠다.

2. 동북아의 민주화와 평화 도래 가능성: 중국과 북한의 민주화와 평화 여부

중국과 북한에 민주화가 점진적으로 일어날 경우 동북아 환경의 "안정성" 여부는, 내부적으로는 첫 번째로 민주화의 완만함과 급속함이라는 순차성에 의해서 영향을 받을 것이다. 민주화의 경로는 한국과 필리핀 그리고 중앙아시아에서 보인 것처럼 혁명적으로 전환될 수도 있고 점차적인 과정을 거치면서 전환해갈 수도 있다. 마지막 제도 변화시의 급속함과 충격은 공유할 것이나 그 과정까지의 과정의 완급 조절은 다를 것이다. 사회주의 체제를 토대로 시장사회주의를 받아들이고 있는 중국의 경우 자본주의와 연관성이 깊은 자유주의의 가치관이 중국 사람들의 체제전환에서의 충격을 조금은 덜어줄 수 있을 것이다. 이것은 북한과 비교해볼 경우 더욱 두드러질 것이다. 충격이 적을수록 내부 세력에 의한 저항과 민주화 과정의 실망이 적을 것이다.

두 번째는 민주화 과정에서 정치적 주도권의 경쟁이 얼마나 치열한가와 그 과정에서 동유럽의 국가들이나 중앙아시아 국가들의 경우에서 보인 것처럼 민족주의나 국수주의를 어떻게 동원하고 이를 어떻게 처리하는지에 영향을 받을 것이다. 정치상황의 변화는 필연적으로 정치세력의 변화를 가져온다. 지도권을 놓고 투쟁하는 정치세력은 표의 극대화를 위해서 극단적인 방법을 사용하려 할 것이다. 과거를 지향하는 세력은 민족주의를 이용하고 테러를 이용하는 방식으로 정서와 공포를 동원하려 할 것이다. 특히 중국의 경우 소수민족에 대한 대항테제를 형성해서 민주화 과정에서의 정치세력의 입지를 강화하고자 하는 이들이 나타날 수 있을 것이다. 이것은 민주화과정이 주변 지역에 있어서 순탄한 과정만은 아닐 수 있음을 보인다.

세 번째로 고려될 수 있는 것은 안정적인 성향과 중도적인 성향을 갖춘 중산층이 얼마나 확보될 수 있는가와 이들에 의해서 민주화 경로에서 보이는 비교정치학자인 A. Przeworski의 '전환의 계곡'을 어떻게 참아낼 수 있는가이다. '전환의 계곡'은 민주화 과정에서 경제적 성과가 일정한 정도로 나빠지는 과정을 거쳤다가 민주화가 일정 수준으로 정착되면 경제적 성과가 증대한다는 개념이다. 이 과정에서 국민들은 민주주의가 과거보다 별로 나아질 것이 없다고 생각하고 민주주의를 저버릴 수 있다. 이는 민주주의의 역진이나 이탈현상을 가져올 것이다. 이를 막아낼 수 있는 방법은 일정한 경제적 안정성을 가진 중산층이 어느 정도 형성돼서 이 고통의 계곡을 견디게 하는 것이다. 중산층의 온건성이 경제적인 어려움과 사회적 혼란을 참아내서 민주주의로의 진전을 이끌어낼 것이다. 이런 점에서 볼 때 민주주의로의 이행은 일정한 경제발전을 요구한다. 따라서 이런 견지에서 중국의 경제성장은 이후 민주주의로 가는 과정에서 중국의 고통을 덜어주고 민주화에 대한 가능성을 높인다 할 것이다. 이런 관점에서 볼때 경제적으로 낙후된 북한의 민주주의 전환 가능성에 대한 전망은 더 비관적이다.

여기에 덧붙여서 자유민주주의의 가치인 관용과 다양성에 대한 인식이 민주화 과정에서 중요하다. 민주화는 전체주의와 사회주의에서 용인할 수 없는 삶의 방식과 가치관의 차이를 인정하는 것이다. 따라서 민족이나 국가주의 혹은 종교화된 공산주의가 가지는 전체에 대한 신념을 부수고 차이와 차이에 대한 상호 인정을 향유할 때 가능한 것이다. 이 과정은 오히려 경제성장보다 동북아 국가들의 민주화에서 훨씬 어려운 과정이 될 것이다.

마지막으로 고려될 수 있는 것은 민주주의 제도가 약한 나라에서 겪을 정치적 혼동을 자체적으로 해결할 수 있도록 해주는 외부의 지원이 될 것이다. 민주화 과정에 있는 국가들의 혼란은 국제적인 문제가 될 수 있다. 이 사이에 정치적 격변이 일어날 것이고 기존 세력의 해외도피가 있을 수 있다. 또한 경제적·사회적 혼란이 있다. 자칫 대량 유민사태가 벌어질 수도 있을 것이다. 따라서 이런 상황에 대한 국제적 지원이 중요하다.

그러나 이런 과정들은 그리 수월해보이지만은 않다. 차이를 인정하면 무너지는 공산당 일당체제를 유지하는 것을 목표로 하고 있는 북한과 중국이 어떤 방식으로든 문제를 해결해나가려 할 것이기 때문이다. 또한 민주적 변환외교를 주장하는 미국과 이를 지원하는 일본에 대한 반감을 가질 것이고 이를 체제에 대한 위협이나 주권에 대한 위협으로 받아들일 것이다. 이는 민주화 과정에서 국가들 간의 관계가 그리 순탄하지 않을 것임을 보여준다.

● **대안 목차**

Ⅳ **동북아시아의 민주주의 이식과 자생방안 검토**

1. 중 국

중국에 민주주의가 적용될 경우에 있어서 고려될 수 있는 것은 첫째, 민주주의가 어떻게 생겨났는가 하는 문제를 생각할 수 있다. 즉 민주주의가 자생적으로 생겼는가 혹은 외부적 지원이나 개입에 의해 생겨났는가를 구분하여 고려할 수 있다.

내부적 민주화의 가능성의 경우는 해안선을 중심으로 발전하는 자본주의적 추세에 의해서 장기적으로 민주화될 것이라는 주장과 중국은 장구한 역사동안 황제에 의해서 일방적으로 지도를 받는 수동적 국민성으로 인해 민주화가 어렵다는 주장이 있다. 중국공산당 지도부가 아직도 권위주의적 일당체제를 택하고 있고 천안문 사태에서 보이듯이 인권과 민주주의에 대해서 서구와는 다른 가치체계를 가지고 있으므로 민주화가 급격히 그리고 자연적으로 진행될 것으로 보기는 어렵다. 하지만 자본의 성장은 자유라는 관념을 추동할 것이며 이에 따라서 민주주의는 장기적으로 성장하게 될 것이다.

문제는 외부세력에 의한 외부적 민주주의의 이식 가능성이다. 이런 민주주의의 이식은 미국과의 충돌 가능성을 가지게 될 것이다. 민주주의의 이식이 주로 미국의 주도에 의해서 이루어질것이기 때문이다. 하지만 이런 경우에도 이라크처럼 군사적 수단을 사용한 개입보다는 국제사회의 여론이나 경제적 조치를 통해서 이루어질것이다.

민주주의가 내부적으로 생겨나든 외부적으로 생겨나든 간에 민주주의는 중국의 현재의 정치체제와 충돌하게 될 것이고 이에 따라서 중국내부의 정치적 갈등과 분열을 가져올 것이다. 이에 따라 민주화와 경제성장의 문제가 충돌할 수 있다. 즉, 정치적 갈등은 중국의 현재의 빠른 성장을 잠식하게 될 것이다. 이에 따라서 중국지도부의 정치적 권위를 약화시킬 것이고 정치적 갈등은 더욱 격화될 것이다.

또한 중국의 민주화는 중산층 형성의 문제를 생각하게 한다. 중산층은 민주주의가 공고화되어 민주주의의 질적 심화를 가져오는데 필수적이다. 이들은 자본가 계급의 독재나 무산자층의 독재 모두를 거부한다. 따라서 안정되고 건강한 민주주의를 유지할 수 있게 해준다. 그러나 문제는 중산층이 국민의 상당수를 차지하여야 한다는 점이다. 그러나 중국의 너무나 많은 인구로 인해 안정된 다수의 중산층을 형성하기 어렵다.

결론적으로 중국의 경우 민주주의의 일방적인 이식과 강제는 국제적 충돌을 가져올 것이다. 반면에 내부적 성장이 안전하나 그 자체가 성장하는데 어렵다는 문제가 있다. 민주주의가 성장하여 민주화의 과정으로 진행될 경우 불안정하게 될 것이다. 하지만 이러한 불안정은 민주주의로의 이행에 있어서 성장을 위한 고통으로 받아들일 수 있다. 그리고 민주화의 불안정기를 지나고 나면 민주주의는 중국을 정치적, 경제적으로 안정화 시킬 것이다. 또한 이를 통해서 동북아의 질서를 안정화시키는데 일조할 것이다.

2. 북 한

북한 역시 내부적 민주화의 가능성과 외부적 민주주의의 이식 가능성을 고려할 수 있다. 북한의 경우에도 오랜 시간동안 주체사상에 의해 세뇌되어왔다는 점과 일당 독재였다는 점에서 내부적 민주화의 가능성이 그렇게 높다고 볼 수 없다. 또한 김정일 정권이 군부를 통제함으로 인해 무력의 사용권을 독점하고 있어 민주화 세력의 성장이 더욱 어렵다.

반면에 외부적 이식의 경우는 북한 자체의 거부를 가져올 것이다. 북한의 최우선순위의 국가 이익은 체제의 유지이다. 따라서 북한은 외부의 개입을 자신의 체제에 대한 위협으로 인식하고 이에 대항할 것이다. 이에 따라 한반도와 동북아는 불안정에 빠질 것이다. 특히 중국이 민주주의로 전환되지 않은 경우에 있어 북한에 대한 민주주의의 이식은 중국과의 체제갈등을 가져올 것이기에 더욱 불안정해질 수 밖에 없다. 즉 미국과 한국과 일본의 민주주의라는 정치체제의 공동의 이해와 중국의 이해를 등에 업은 북한의 체제유지가 충돌할 것이다.

또 다른 문제로는 외부적 이식에 의한 경우에 김정일 정권을 대체할 세력의 존재여부와 그들의 정치적 성향의 문제이다. 즉 민주화 세력의 부재 속에서 김정일 정권이 후세인 정권처럼 몰락했을 때 누가 이를 대체 할 것인가의 문제이다. 북한에서 유력한 정치

세력으로 군부가 존재한다. 다른 세력도 군부에 대한 통제가 불가능할 때는 실질적 통제를 할 수 없다. 따라서 북한의 군부가 대안 정치세력이 된다면 민주주의 이식의 의도와는 반대방향으로 갈 수 있다.

다른 문제로 북한의 경제규모와 민주주의의 발전의 문제가 있다. 역시 북한도 경제성장과 그에 따른 안정적 중산층의 문제가 필요하다. 기본적 생활의 충족이 있어야 정치적 민주화의 욕구가 생겨나기 때문이다. 하지만 북한은 경제적 몰락과 구조적 문제로 인해서 대규모의 외부적 지원이 없이는 경제성장을 가져오기 어렵다. 따라서 안정된 중산층의 확보는 현재로서는 요원한 문제이다.

정리하면 북한의 경우도 외부적 민주주의의 이식은 체제위기를 불러일으킬 수 있다. 또한 내부적 자생의 가능성은 중국보다 훨씬 낮다. 특히나 중국의 경우 실용적인 4세대 지도부가 집권한데 비해서 김정은은 김일성과 김정일의 후광을 통해서 내부적 곤란에도 불구하고 근근이 버텨가고 있다. 따라서 현재 민주주의의 접근은 요원해 보인다. 하지만 장기적 관점에서 북한의 민주화는 한반도뿐만 아니라 동북아 자체의 안정과도 관련 있으므로 북한에 민주주의가 도입될 수 있는 구조적이고 장기적인 정책이 필요하다.

Ⅴ 결론: 동북아 지역의 특수성과 한국의 제약과 선택

동북아는 아직 역사적 적대감을 공식적으로 청산하지 못했으며 중층적인 갈등구조를 가지고 있다. 또한 유럽이 다층적인 안보기제를 통해서 협력을 유도하고 있는데 비해서 동북아 지역만의 독자적인 안보협의체도 부재한 상황이다. 따라서 구조적 제약이 강하다고 볼 수 있다.

따라서 민주주의를 동북아 지역에 강제적으로 적용시키려는 것은 무리가 따를 것이며 갈등을 야기할 것이다. 특히 중국과 북한에 대한 미국의 일방적이고 강압적인 정책은 동북아를 긴장 속으로 몰아넣을 것이다. 하지만 민주주의의 세계적 추세 속에서도 독특한 정치체제와 독특한 지역 환경을 가지고 있는 동북아에 민주주의

를 적응시키는 것은 중요한 문제이다. 민주주의를 통한 지역질서의 안정은 한국의 지정학적 위치에 있어 국가의 생존과 번영을 위해 대단히 중요한 문제이기 때문이다. 따라서 한국은 동북아시아에 민주주의를 강제적으로 이식하거나 이를 지원하기 보다는 민주주의가 자생적으로 자라고 성장할 수 있는 주변 환경과 구조적 여건을 조성하는 것을 외교목표로 삼아야 한다. 이는 국가가 자신의 환경에 맞추어 민주주의를 토착화하여 안정된 민주주의를 형성하는 데도 중요한 문제이다.

기출문제와 연결

제 23 문 2011년 입시 2번(한국의 대중국외교정책방안 : 현실주의 정책에 대한 대안으로서 민주주의 구축방안)

글로벌 거버넌스와 IGO와 INGO의 역할 비교

1970년대 중반 이후 비정부기구(non-governmental organization: NGO)들이 지구적 문제를 공동으로 해결하는 글로벌 거버넌스(global governance) 과정에 중요한 행위자로 참여하여 그 영향력을 증대시켜왔다. 다음 질문에 답하시오. (총 40점)

(1) 글로벌 거버넌스에 대한 국제정치학이론들의 입장을 비교하시오. (15점)

(2) 앞의 이론 중 일부를 사용하여 정부간기구(intergovernmental organization: IGO)의 역할과 구별되는 NGO의 역할을 설명하시오. (15점)

(3) 앞의 이론 중 일부를 사용하여 NGO가 가지고 있는 한계에 대해서 설명하시오. (10점)

- 2013년 국제통상문제 변형

Ⅰ. 서 론
Ⅱ. 글로벌 거버넌스의 의미: 국제정치이론간 비교
  1. 글로벌 거버넌스를 긍정적으로 보는 이론
  2. 글로벌 거버넌스를 부정적으로 보는 이론
Ⅲ. 국제비정부기구의 역할: 정부간 기구와의 비교
  1. 지식의 제공과 재생산
  2. 비정치적 의제의 정치화와 규범화

3. 정치적 의제의 의제화와 규범화
4. 비판적 기능의 강화
5. 연계기능
Ⅳ. 결론을 대신하며: 국제비정부기구의 한계와 평가
  1. 국제비정부기구의 한계: 현실주의이론적 관점
  2. 평 가

이 문제는 기출문제를 변형하여 2017년 국립외교원 최종 모의고사에 출제된 문제이다. 그리고 2017년 국립외교원 국제정치학 문제로 실제 출제된 문제이다. 글로벌 거버넌스라는 추상적인 이론에서 정부간 기구와 달리 비정부기구들이 어떤 기능을 하는지를 긍정적인 면과 부정적인 면을 종합적으로 고려하여 그 국제정치적 의미를 판단하는 것이 핵심이다. 결론 부분에서 비정부기구가 어느 정도 의미가 있다고 설명하는 것이 논리 구성의 포인트이다.

Ⅰ 서 론

2015년 노벨평화상은 튀니지의 '국민4자 대화기구'에 돌아갔다. 1997년 국제지뢰금지운동(ICBL)도 노벨평화상을 받았다. 이 사례들은 국제정치에서 NGO의 역할 증대를 보여준다. 글로벌 거버넌스 시대에 NGO의 기능과 역할 그리고 한계를 국제정치학의 이론들을 통해 살펴본다.

 Ⅱ 글로벌 거버넌스의 의미: 국제정치이론간 비교

1. 글로벌 거버넌스를 긍정적으로 보는 이론

글로벌 거버넌스는 자유주의이론에 토대를 둔다. 자유주의이론 중 신자유주의의 제도이론이 거버넌스의 이론적 토대를 만들 수 있다. 제도를 통해서 행위자들간의 기대안정화를 이룰 수 있다. 반면에 거버넌스는 비국가행위자를 포함하여 다양한 행위자들의 문제해결을 위한 조합으로 볼 수 있다. 이런 입장은 신자유주의가 강조하는 국가중심성 명제와는 차이가 있다. 오히려 문제 해결에 있어서 비국가행위자를 강조한다는 점에서 기능주의이론이나 상호의존이론과의 이론적 조응성이 높다.

거버넌스는 국가를 중심으로 한 배타적 통치를 거부한다. 자유주의이론에서 거버넌스이론 자체도 배타적 통치인 government를 대체하여 주권의 공유를 상정하고 다양한 행위자들의 조합을 강조한다. 이때 초국가적 시민사회를 강조하거나 국제기구를 강조하는 자유주의의 이론도 활용될 수 있다. 비국가행위자를 강조하는 자유주의이론뿐 아니라 구성주의에서 담론화 즉 의제화도 중요하다. 이를 통해 제도를 넘어서는 규범의 강화도 가능해진다.

2. 글로벌 거버넌스를 부정적으로 보는 이론

현실주의이론에서는 글로벌 거버넌스가 강조하는 비국가행위자의 중요성과 국가 주권의 약화는 과장되었다고 본다. 국제정치에서 여전히 가장 중요한 행위자는 국가이며 국가는 주권을 통해 국가이익에 기초하여 정치를 운영한다. 다만 과거와 달리 국가들 사이에 복잡한 문제들을 해결하기 위해 국가들 간의 협력을 할 뿐 아니라 비국가행위자들의 영향력도 일정부분 수용하는 것이다. 하지만 국가는 필요한 경우 비국가행위자들의 권한을 축소하거나 금지할 수도 있다.

참고 글로벌 거버넌스의 원인

글로벌 거버넌스는 자유주의이론에 기반을 두고 있다. 자유주의이론이 강조하는 국제환경의 변화라는 배경적 요인과 시민사회의 확대라는 행위자 요인으로 설명한다.

1. 배경적 요인(pull factor)

국제환경의 변화측면이 크다. 국가들이 배타적으로 해결할 수 없는 문제들과 국가들간 협력을 넘어서는 문제들이 커졌다. 이로 인해 새로운 형태의 해결방안이 필요하게 되었다.

국가들의 영역이외의 문제들이 많이 생겼다. 국가들은 정치적인 이유로 국내정치에서 해결책을 제시하지 못하는 경우에 있는 주제들이 많이 생겼다. 이것을 해결하기 위해서는 국가외의 행위자들의 영향이 커진 것이다.

거버넌스의 측면도 중요하게 되었다. 국가의 통치가 아닌 거버넌스이론의 영향도 크다. 국가들의 주권과 배타성이 완화되고 있는 면도 크다.

2. 촉진적 요인(push factor)

시민사회의 능력 증대를 들 수 있다. 시민사회의 수가 증대했고 이들의 영향력이 커졌다. 지식인 공동체나 전문가 뿐 아니라 재원에서도 국가의 도움 없이 자발적으로 영향력을 행사할 수 있는 단체들이 늘고 있다. 예를 들어 국경없는 의사회, 국제로타리, 그린피스 등을 들 수 있다.

시민사회의 정당성에 대한 공감이 늘고 있다. 국내 NGO분 아니라 국가간 NGO등에도 참여하는 시민들이 늘면서 이 들 기구의 영향력 뿐 아니라 정당성과 명분도 중요하게 되고 있다.

Ⅲ 국제비정부기구의 역할: 정부간 기구와의 비교

1. 지식의 제공과 재생산

초국가적 시민사회론이나 인지공동체 모델에서 제시하는 것처럼 국제비정부기구는 정부간 기구가 하지 않는 새로운 이슈나 주제를 담론화할 수 있다. 새로운 과학적 지식이나 도덕적이고 사회적인 이슈를 설정하고 이것을 담론으로 만들어서 규범화를 꾀할 수 있다. 국가들이 직접적으로 하기 어려운 분야에서 이들은 과학적 중립성을 가지고 새로운 의제를 구축하고 이들이 세계적인 의제로 확대할 수 있게 한다. 환경 분야에서 교토의정서 이후의 체계를 구축하게 한 것은 지식인 공동체의 역할이라고 할 수 있다.

2. 비정치적 의제의 정치화와 규범화

구성주의는 국가뿐 아니라 비정부기구들의 의제화와 규범화를 강조한다. 비정치적이슈들은 국가들 간의 기구에서 의제화하기 어렵다. 이런 이슈들을 국제사회의 전면에 내세울 수 있는 것이 아닌 경우가 많다. 예를 들어 '세계사회포럼'은 '세계경제포럼'이 수행하는 세계화의 이면에 있는 불공정성, 불평등성, 양극화의 심화 등을 문제시한다. 이런 경제적 문제가 정치적 의제가 될 수 있게 하여 정치적으로 새로운 분배규칙을 세우도록 한다. 1970년대의 '신국제경제질서'의 구축과 같은 사례가 있다.

3. 정치적 의제의 의제화와 규범화

구성주의나 의제설정이론에 따르면 정치적 의제를 의제화하고 규범화하는 것이 중요하다. 정치적 의제임에도 불구하고 국내정치의 저항이나 거부로 인해 정치적 의제가 되지 못하는 주제들을 정치화한다. 예를 들어 인권문제는 인권과 관련된 단체들에 의해서 의제화가 된다. 그러나 제 3세계국가들이나 발전도상국가들은 경제성장과 권위주의로 인해 인권문제를 공식적인 의제로 만들고 싶지 않아 한다. 그런 상황에서 앞서 설명했던 대인지뢰금지협약을 위한 '국제지뢰금지운동(ICBL)'은 인권과 관련해서 지뢰를 의제화하고 협약을 체결하였다.

4. 비판적 기능의 강화

비판이론에 따르면 국제시민사회는 국가들의 권력작용과 국가들 간의 주류적 입장에 대해서 비판적인 입장을 띨 수 있다. 로버트 콕스는 헤게모니를 통해서 국제문제를 설명한다. 이 입장에서 기존 이론은 주류사회의 입장을 그저 대변하고 홍보하는 것이다. 따라서 근본적인 국제정치의 문제점을 수정할 수 없다. 근본적인 문제를 수정하기 위해서는 비판적 관점이 필요하며 이것은 비판적 관점의 지식인들에 의해서 가능하다. 반세계화운동이 대표적인 사례라고 할 수 있다.

5. 연계기능

상호의존이론에 따르면 국제비정부기구들은 국가 간의 공식적 관계를 넘어서는 연계를 만들 수 있다. 상호의존이 증대하면서 다양한 채널의 인적 네트워크가 만들어진다. 이런 네트워크는 국내정치의 변화를 꾀할 수 있다. 이것은 국내정치 세력 간의 연계를 가능하게도 한다. 대표적인 경우가 민주화의 경우에 있어서 종교단체들 간의 연계이다. 또한 탈북자네트워크를 이용한 중국내 탈북자의 보호를 들 수 있다.

Ⅳ 결론을 대신하며: 국제비정부기구의 한계와 평가

1. 국제비정부기구의 한계: 현실주의이론적 관점

첫째, 현실주의에 따르면 비정부기구의 역할은 국가 권력에 의해 중요성이 결정이 되기 때문에 부차적이다. 국가들이 합의를 한 경우 국제기구의 하위 파트너가 될 수 있다. 이것의 제한 여부를 국가가 결정을 한다. 그런 점에서 비정부기구는 권위는 가질 수 있지만 권력을 가질 수는 없다. 노벨상을 받은 이들이 모여 중국인 노벨상 수상자인 류샤오보를 구명하고자 해도 이것이 안 되는 것을 사례로 들 수 있다.

둘째, 재정에 대한 국가나 기업에 대한 의존도가 높다. 비정부기구들의 문제점은 재정자립도가 높지 않다는 것이다. 이로 인해 국가나 기업의 후원을 필요로 한다. 그러면 비정부기구의 공공성이라고 하는 정당성이 하락한다. 환경단체들이 특히 기업체에 취약한 이유이다.

셋째, 비정부기구의 결정에 따른 책임성 추궁이 어렵다. 민간단체들은 자발적으로 운영되기 때문에 이들의 결정은 민주성을 가진다. 하지만 결정에 있어서 잘 못된 경우에는 책임을 물을 수 없다. 커다란 중요 결정을 하지는 못하지만 그럼에도 불구하고 결정에 대해 책임을 지지 못하는 것은 문제이다.

2. 평 가

국제정치에서 비정부기구의 역할이 증대하고 있는 것은 사실이다. 이것은 국가들의 일부 용인 하에 이루어지기도 하지만 이들 기구의 영향력이 증대하고 있기 때문이다. 그러나 점차 늘어나고 있는 기능과 영역의 확장을 보면서 이들 비정부기구의 역할을 일률적으로 재단하기는 어렵다. 사안별로 살펴보는 것이 역할과 한계를 좀 더 명확히 할 것이다.

제032문 양면게임이론의 내용과 한계점

외교정책결정에 있어서 양면게임이론은 현실주의이론에 대한 강력한 반박으로 등장했다. 양면게임이론은 국가중심적 이론이 하지 못하는 설명을 한다는 점에서 의미를 가진다. 하지만 양면게임이론은 적용에 있어서 한계점을 가진다. 양면게임이론의 내용을 설명하고 양면게임이론이 적용되는 데 있어서 한계점이 무엇인지를 사례를 들어 논하시오. (30점)

 문제의 맥락과 포인트

국제정치분야에서 외교정책 결정을 설명하는데 질문을 받을 수 있는 이론에는 '앨리슨 모델'과 '양면게임모델'이 있다. 이 문제는 양면게임의 논리와 적용영역을 묻고 있다. 양면게임이론의 내용이 다소 복잡하기 때문에 이 부분을 이해하고 있다는 점을 보여주는 것이 중요하다. 그리고 현실적으로 어떤 함의가 있는지에 대한 본인의 해석이 중요하다.

Ⅰ 서 론

2008년의 미국과의 소고기 협상은 국가의 주도적인 외교정책결정이 한국에서도 쉽지 않다는 점을 보여주었다. 한국과 미국정부분 아니라 한국 민간영역과 미국의 민간영역이 서로 얽히면서 협상에 영향을 주었다는 점에서 양면게임의 전형적 사례라고 할 수 있다. 하지만 1994년 쌀시장개방에서는 양면게임의 논리대로 작동하지 않았다. 그렇다고 하면 양면게임은 외교정책결정에 있어서 어느 정도의 설득력을 가진다고 볼 수 있는지를 살펴보는 것이 중요하다.

Ⅱ 양면게임이론의 내용과 의미

1. 양면게임이론의 내용

한 국가의 중앙정부와 민간의 의견이 다를 수 있기 때문에 중앙정부는 외교를 수행함에 있어 상대국가의 중앙정부와의 협상 뿐 아니라 자국의 국민을 설득하는 작업을 동시에 진행한다. 이렇게 정부대 정부의 협상이 level 1 이라고 하면 정부와 민간의 협상이 level 2 가 된다. 정부는 상대국가와의 협상에서 자국의 국가이익을 반영하면서 협상을 하면서도 자국국민들의 동의를 얻어야 하기 때문에 민간의 요구를 반영하면서 두 레벨의 조정자로서 행동한다.

좀 더 구체적으로 보면 양면게임은 협력이론이자 협상이론이 된다. 두 나라가 특정이슈에서 협력을 하는 것은 협력이론이다. 반면에 협력한 사안에서 어떻게 분배의 몫을 정할 것인지는 협상이론의 영역이다. 그런 점에서 양면게임이론은 현실주의의 이론적 입장을 거부하고 국가들이 협력을 할 수 있다는 점을 보이는 한편 현실주의가 주장하는 국가주도적인 협상을 거부한다.

양면게임에서 협력가능성은 윈셋에 의해서 결정된다. 윈셋은 국내에서 비준이 가능한 양보할 수 있는 합의가능영역이다. 즉 민간의 의견을 따르는 국회가 중앙정부의 행정부가 협상을 해온 안에서 최소한 양보할 수 있는 점에서부터 가장 많이 얻어올 수 있는 사안에서의 이익의 몫이라고 할 수 있다. 양국은 윈셋이 겹쳐지는 합의가능영역이 있고 여기서 타협이 되면 협력과 함께 협상에 도달하게 된다. 국가들은 자국의 이익을 늘리기 위해 자국의 윈셋은 줄이고 타국의 윈셋은 늘린다. 이를 가능하게 해주는 것은 첫째로는 국내이익집단의 성격이 동질적인지여부와 두 번째로는 국내 정치제도의 성향과 세 번째 행위자의 협상전략에 의해 결정된다. 이중에서 다양한 협상전략은 국가들이 협상을 통해 이익을 증대할 수 있는 전략으로서 의미가 있다.

2. 양면게임이론의 의미

양면게임이론이 주는 현실적인 의미는 다음과 같다. 첫째, 민주주의라는 정치체제의 특징을 반영한다. 민주주의는 인민의 의견을 반영하는 체제라는 점에서 양면게임은 민간 영역이 의회정치를 통해서 행정부를 통제한다는 점을 보여준다. 두 번째, 자국 뿐 아니라 타국의 민간 영역이 노출될 수 있게 함으로써 자국의 중앙정부 뿐 아니라 자국의 민간 영역이 타국의 민간부분에 개입하고 영향을 미칠 수 있는 여지를 만든다. 이를 통해서 다양한 전략을 가능하게 한다는 전략적인 측면의 장점이 있다. 서론에서 사용한 2008년 미국산 소고기수입 사례는 한국의 민간 부분의 거부가 한국의 협상력을 오히려 증대함으로써 결과를 변화시켰다는 점을 보여준다.

Ⅲ 양면게임이론의 한계

1. 강대국과 약소국사이의 관계 반영의 문제

양면게임이론은 세계화와 민주화를 잘 반영하지만 전제가 대등한 국가간의 관계를 가지고 있다. 그러나 강대국과 약소국사이에는 잘 적용되기 어려운 면이 있다. 강대국은 협상의 판을 주도하고 약소국에게 강대국 자신의 선호를 강제한다. 이런 경우 약소국의 민간 영역의 저항에도 불구하고 협상결과를 다르게 하기 어렵다. 대표적인 경우가 서론에서 언급한 한국의 쌀시장 개방사례이다. 이 사례에서 한국은 약소국으로 미국과 같은 강대국의 요구를 수용할 수밖에 없었다.

2. 비민주주의 국가와의 관계 반영의 문제

양면게임의 논리가 적용되는 것은 민주주의 국가와 민주주의 국가간의 관계이다. 비민주주의국가는 민간의 요구가 반영되지 않는다. 이런 경우 민주주의는 양면게임을 하지만 비민주주의에는 민간 영역이 없게 된다. 민주주의 국가는 내부적으로 의견이 분열될 수 있어서 협상력이 약화될 수도 있다.

3. 안보이슈에서의 설득력 문제

양면게임은 민간 부문이 이해가 명확한 경제영역에서는 설득력이 있지만 안보영역에서는 국가가 주도적으로 협상을 해간다는 점에서 설득력이 약하다. 안보는 국가의 기밀사항인 경우도 있기 때문에 민주주의국가도 민간에 공개하지 않는 경우가 있거나, 민간 부문이 안보를 공공재이기 때문에 개입하지 않기도 한다. 대표적인 경우가 여전히 한국에서 진행중인 차세대전투기 사업이다. 이 경우 비행기 회사들이 민간에 광고도 하지만 실제로 결정은 국방부가 주도한다.

4. 협상전략에서의 위협고려부족

마지막으로 현실주의자들은 양면게임이론이 자유주의의 속성상 위협과 협박과 같은 수단을 사용하지 않는다고 비판한다. 국가의 협상력은 국방력과 그 사용가능성이 주는 위협에 좌우되기도 한다. 그런 점에서 양면게임이론의 문제라기보다는 협상전략의 문제라고 볼 수 있다.

Ⅳ 결 론

앞서 양면게임의 장점과 단점을 균형있게 살펴보았지만 결론적으로 양면게임은 현실의 한국외교정책과 같은 현실이슈를 설명하는데 설득력이 있다. 민간의 발언력이 높아져있고 투명하게 정부정책이 공개되는 상황을 감안하면 양면게임의 설명력은 높다 하겠다.

기출문제와 연결

제 26 문 2014년 입시 2번(한일관계 개선을 위한 양면게임 전략)

구성주의와 한국 지도자 사례

현대국제사회에는 전통적인 국제정치이론만으로는 충분히 설명하기 어려운 현상들이 대두되고 있다. 예를 들어 고르바초프의 개혁정책, 후쿠다 야스오 총리의 아시아 중시주의로의 선회, 시진핑의 신형대국관계주장, 트럼프의 인도–태평양시대선언처럼 국가 지도자의 인식과 지역정체성의 변화가 그 나라의 대외정책을 변화시킬 개연성이 커지고 있다. (총 40점)

(1) 이 점에서 구조(structure)와 행위자(agent)간 상호관계를 신현실주의와 구성주의 관점에서 비교하시오. (20점)

(2) 탈냉전이후 한국 지도자의 인식, 지역정체성, 가치관이 외교정책에 영향을 미친 사례를 구성주의관점에서 설명하시오. (20점)

　　　　　　　　　　　　　　　　　　　　　　　　　　　　　　　－ 2008년 외무고시 기출문제 변형

Ⅰ. 서　　론
Ⅱ. 구조와 행위자간 관계 이론 비교
　1. 신현실주의의 설명: 구조중심이론
　2. 구성주의의 설명: 구조와 행위자간 상호구성

〈대안 목차〉
　1. 신현실주의
　2. 구성주의
　3. 평가: 강대국의 사례들과 구성주의 타당성
Ⅲ. 한국의 지도자의 인식과 국제정치의 영향

Ⅲ. 지도자의 가치관과 국제정치에의 영향: 구성주의관점
　1. 김영삼 대통령
　2. 김대중 대통령
　3. 노무현 대통령
　4. 이명박 대통령
　5. 박근혜 대통령

　6. 문재인 대통령

〈대안 목차 1〉
Ⅲ. 지도자의 가치관과 국제정치에의 영향: 구성주의관점
　1. 김대중 대통령: 통일인식
　2. 노무현 대통령: 신자유주의인식
　3. 이명박 대통령: 실용주의
　4. 사례들 평가

〈대안 목차 2〉
Ⅲ. 지도자의 가치관과 국제정치에의 영향: 구성주의관점
　1. 인식: 김영삼 대통령의 세계화인식
　2. 지역정체성: 노무현 대통령의 동북아
　3. 가치관: 이명박 대통령의 시장주의

Ⅳ. 결　　론

문제의 맥락과 포인트

국제정치학 이론 중 가장 난해한 이론이 구성주의이론이다. 이 문제는 구성주의를 구체화하면서 지도자를 중심으로 실제 어떻게 구성주의의 핵심요인인 인식, 정체성이 작동하는 것을 설명하는 것이다. 실제 사례 제시로 현실적인 설명이 어느 정도 되는지가 점수의 차별화를 만든다.

Ⅰ 서　론

2018년 1월 북한의 신년사를 기점으로 한 남

북관계 개선은 남북정상회담과 북미 정상회담으로 이어졌다. 이러한 결과는 2017년 7월 베를린선언에 따른 것으로 볼 수 있다. 이 사례는 문재

인 대통령이라는 지도자의 대북인식의 변화와 지역질서의 인식변화가 만들어 낸 변화로 볼 수 있다. 그런 점에서 행위자가 구조에 변화를 가져올 수 있다는 구성주의의 논리를 살펴보고 실제 한국지도자의 지역구조 변화사례를 통해서 상대적 약소국 혹은 중견국가의 전략토대로서 구성주의 이론의 적실성을 신현실주의와 비교하여 따져본다.

Ⅱ 구조와 행위자간 관계 이론 비교

1. 신현실주의의 설명: 구조중심이론

신현실주의는 구조중심이론이자 유물론적 이론으로 정리할 수 있다. 구조를 강조하는 이론이면서 구조를 물질적인 관계를 토대로 이해하는 이론이다. 구조주의이론과 유물론의 관점 두 가지 내용을 중심으로 설명한다.

첫 번째, 신현실주의는 구조가 행위자를 결정하는 구조결정론의 시각을 가지고 있다. 구조가 행위자를 결정하는 것은 구조가 가진 규제적 속성에 기반을 둔다. '구조'는 개념정의상 개체의 의지를 가지고 변화시킬 수 없는 총체를 의미한다. 이 개념상 구조는 개체의 상위적 개념이 된다. 존재론상 개체위에서 작동하면서 개체의 속성과 행동에 영향을 미치는 것이다.

케네스 왈츠에 의해서 시작된 신현실주의는 지도자와 국가라는 개체의 속성들에 불구하고 국가간 전쟁이 일어나는 원인을 찾는 것에서 시작되었다. 지도자들의 인간적 속성이 다름에도 불구하고 국가들이 공통적으로 전쟁을 하게 되는 것은 지도자들의 의지로는 설명할 수 없는 것이다. 또한 국가가의 정치체제나 경제상황과 민족주의와 같은 요인들에도 불구하고 국가를 전쟁으로 가게 만드는 것 역시 국가내부의 속성

으로는 설명할 수 없는 것이다. 이런 점에서 개체라고 하는 행위자(agent)의 행동을 결정하는 것은 행위자 자체의 속성이 아닌 행위자를 규제하는 구조의 속성에서 찾아야 한다.

신현실주의를 창시한 왈츠는 구조를 3가지 구성물로 설명하였다. 첫 번째는 조직의 구성원리이고 두 번째는 단위의 특성이고 세 번째는 능력의 분포상태이다. 이 중 첫 번째는 무정부상태로 작동하고 두 번째 단위는 동질적이며 세 번째는 능력의 분포 상태 즉 극성에 의해서 국가들의 행위패턴이 결정된다. 이를 구체적으로 설명하면 다음과 같다.

첫 번째 무정부상태는 보호부재의 상태이다. 이런 상황은 상위권위체에 의해 단위의 생존이 보장되지 않는다. 무정부상태에서 개체들은 자신이 받은 공격으로부터 자신의 생명을 지켜야 한다. 즉 자구체제의 원리가 작동하는 것이다. 모든 행위자에게 이처럼 자구체제의 원리가 작동한다면 국가들은 자신의 중요한 가치를 보호하기 위해 안보에 집중하게 된다.

두 번째 국가들 단위는 기능적으로 유사한 행동을 하게 된다. 국내정치의 개인이나 지방자치단체와 중앙정부간 기능 분화와 같이 기능적 특화나 분화가 어려운 것이다. 이런 상황에서 단위의 능력이 어느 정도인지에 의해 단위들의 목적과 행동방식이 달라지는 것이다. 이것은 극성이라고 불리는 강대국의 숫자에 의해서 결정된다.

무정부상태에서 극성은 국가들의 행동방식을 결정한다. 강대국이 몇 개가 있는지에 따라 강대국들의 행동방식의 계산이 달라지기 때문이다. 예를 들어 양극일 때는 경쟁이 강화되는 반면에 단극일 때는 견제가 되지 않는다. 이처럼 강대국의 분포양태는 국가들의 행동을 제약하여 할 수 있는 것과 할 수 없는 것을 나누는 것이다.

두 번째, 신현실주의는 유물론적 관점의 이론이다. 신현실주의는 물질적인 관계가 행위자들의 계산에 영향을 미친다고 본다. 합리주의관점에서 정확히 인지될 수 있는 요소에 의해 국가들의 행동이 영향을 받는다. 따라서 신현실주의는 국가가 고려하는 권력관계를 경제력과 군사력이라고 하는 유물론의 요인들을 가지고 설명한다. 이 입장은 관념은 물질관계에 의해 지배받는다는 것이다. 따라서 물질관계의 변화는 관념의 변화를 가져온다. 양극에서 단극으로의 변화는 국가들의 계산방식에 변화를 가져온 것이 대표적이다. 미국의 이라크에 대한 2003년의 개입은 물질관계의 변화가 공세적으로 지역정책을 가져온 경우라고 할 수 있다.

2. 구성주의의 설명: 구조와 행위자간 상호구성

구성주의는 신현실주의와 비교할 때 구조와 행위자간 상호구성의 이론이라는 점과 관념적이론이라는 점 두 가지에서 차이가 있다. 구조결정론을 피한다는 점과 관념에 의한 정치를 설명한다는 점에서 차이가 있다. 이에 대해 구체적인 설명을 해본다.

첫 번째, 구성주의는 구조와 행위자간의 이론이다. 구성주의를 집대성한 알렉산더 웬트는 구조주의 이론을 거부하고 개체환원주의이론도 거부한다. 구조주의이론의 대표적인 이론으로 세계체제론을 개체환원주의이론의 대표적인 이론으로 신현실주의를 선택한 웬트는 양자의 시각을 봉합하고자 했다. 구조에 의해서만 개체가 결정되는 것도 아니며 개체가 구조적인 제약없이 행동을 결정하는 것이 아니다.

구성주의는 구조를 결정하는 요인들이 단지 규제적인 속성만 가진 것은 아니며 구성적 속성도 가지고 있다. 규제적 속성은 무엇을 하고 무엇을 하지 못할지를 결정한다. 대표적으로 극성과 국가들의 행동방식을 예로 들 수 있다. 반면에 구조는 개체의 속성을 구성하기도 한다. 냉전시기 냉전적 정체성이 미국과 소련이 아닌 동맹국가들의 속성을 결정한 것이 사례가 된다.

반면에 구성주의는 행위자들의 관계가 구조를 재구성할 수 있다고 본다. 이 점이 구조주의 이론과의 차이이다. 기든스의 '구조화이론'을 빌려서 구성주의는 개체간의 행동양식이 구조를 바꿀 수 있다고 본다. 구조화이론의 핵심은 구조란 개체와 구분된 독립적인 것이 아니라 개체들에 의해서 변화될 수 있는 것이다. 시장의 경우 개체들의 예상에 의해서 시장이 변화하는 것을 사례로 들 수 있다. 또한 외교사에서 18세기 유럽 국가들의 전쟁이 나폴레옹전쟁 이후 비엔나체제를 통해서 세력균형의 원리가 작동하면서 국가들을 다극구조에서 힘의 균형을 받아들이게 한 것도 사례가 된다.

개체에 의한 구조의 변화를 설명한 점은 신현실주의의 강대국중심이론과의 차이를 만든다. 강대국중심으로 구성된 극성에 의해 국제정치가 결정된다는 이론은 강대국이 될 수 있는 국가의 잠재력과 강대국의 흥망과 관련된 변화를 설명하지 못하는 데 비해 구성주의는 개체에 의한 구조의 변화를 설명한다는 점에서 기존 강대국이 아닌 국가들의 변화가능성과 국제질서의 변화를 설명할 수 있다.

두 번째 구성주의는 정체성을 통해서 설명하는 관념적인 이론이다. 정체성은 사회적 구성원간의 상호관념이다. 이러한 관념의 공유가 먼저 규정이 되면 국가들의 이익이 정체성에 의해서 해석된다. 이처럼 관념적인 관계설정이 우선이고 다음으로 국가들의 이익이 규정되어 지기 때문에 행위자간 공유하는 관념이 중요하게 된다.

알렉산더 웬트는 국가들간의 정체성에 따른

무정부상태에 대한 인식이 달리질 수 있다고 보았다. 친구의 정체성, 경쟁자의 정체성, 적대적 정체성에 의해 무정부상태의 해석이 달라지는 것이다. 이런 무정부상태해석이 국가들의 목적인 국가이익을 재구성하게 한다. 이때 무정부상태의 해석은 관념의 영역이기 때문에 관념적인 작업에 의해서 무정부상태에 대한 해석이 달라진다. 예를 들어 포클랜드 전쟁이전에 미국은 아르헨티나를 친구의 정체성을 가지고 있었지만 영국과의 전쟁이후 미국은 아르헨티나와의 관계를 부정하는 담론을 통해서 상호정체성을 재구성하였다. 이처럼 관념을 규정하는 담론과 지식이 중요하게 된다.

● 대안 목차

Ⅲ 한국의 지도자의 인식과 국제정치의 영향

앞선 강대국 지도자의 사례가 아닌 힘이 부족한 상대적 약소국가의 지도자인식이 대외정책에 변화를 가져와서 지역 국제정치에 변화를 가져올 수 있는지를 파악한다. 만약 상대적 약소국가의 지도자의 인식 변화에 따라 국제관계가 변화하면 이것은 강대국 지도자의 사례에서 힘이 작동했을 가능성과는 다르다.

Ⅲ 지도자의 가치관과 국제정치에의 영향: 구성주의관점

앞선 이론간 논쟁에서 구성주의는 지도자의 '인식'과 '변화'를 설명할 수 있는 이론이다. 특히 상대적 약소국 혹은 중견국가의 지도자가 가지는 인식으로 지역질서나 국가간 관계를 변화시킬 수 있는지에 대한 구성주의의 설명력을 탈냉전이후 한국 지도자들의 사례를 들어 살펴본다.

1. 김영삼 대통령

김영삼 대통령은 민주주의를 강조하였고 적극적인 개방이라는 가치를 강조하였다. 김영삼 대통령은 권위주의이후 최초의 문민정부를 구성했다. 이전 군부지도자들의 인식과는 다른 인식구조에서 국내정치와 국제정치를 바라보았다. 김영삼 대통령은 시민에 의한 민주주의의 중요성과 시장의 중요성을 강조한 대통령이다. 김영삼 대통령은 그간 발전한 경제력에 기반해 한국이 선진국에 들어가기를 원했다. 세계화를 적극적으로 추진하였고 이런 정책의 핵심에는 OECD 가입이 있었다. 국가의 체계가 준비되지 못한 상황에서 세계화를 받아들이면서 시장경제구조의 왜곡이 드러나 1997년 동아시아 금융위기에 노출되는 결과가 만들어지기도 했다. 김영삼 대통령 시기 대북정책의 경우 처음에는 온건정책으로 시작하였지만 1993년 북한의 1차 핵 위기 이후 강경정책으로 선회하게 된다. 이는 지도자의 인식 변화보다는 상황과 조건의 변화로 파악할 수 있다.

2. 김대중 대통령

김대중 대통령의 경우 과거부터 지향했던 대

북정책을 정책에 실현했고 대북정책의 변화를 가져왔다. 김대중 대통령은 민간과 국가를 구분하는 통합이론에 토대를 둔 대북정책관을 가지고 있었다. 이를 토대로 김대중 정부는 햇볕정책을 구성하여 그간 대북강경책이 아닌 대북온건책을 실시하였다. 이 정책의 성과는 2000년 남북정상회담을 이루어낸데 있다. 이 외에도 금강산관광사업을 시작하여 남북관계를 민간차원에서 개선할 수 있게 하였다. 또한 개성공단의 건설도 김대중 정부에서 논의가 되어 노무현 정부에서 실현하였다.

3. 노무현 대통령

노무현 대통령의 경우 반미적 성향과 시장지향적 성향을 보인 대통령이다. 노무현 대통령은 그간의 대한민국외교가 미국편향적이라는 점을 들어 지역으로의 지평을 넓히고자 했다. 동북아 허브론이나 동북아균형자론은 그동안 지역질서에서의 소극적인 모습이 아닌 적극적인 지역주의정책을 사용하겠다는 의지를 보인 것이다.

친미정책에서 탈미정책을 표방하면서 중국과의 관계 개선을 시도하였고 발 빠른 지역주의정책을 표방하였다. 동북아 균형자는 한미동맹의 관계 악화를 만들어냈고 미국보다는 중국과의 관계가 강화되는 인상을 심어주었다. 특히 미국의 2004년 이라크 추가파병을 정점으로 한미관계가 가장 나빠졌다.

반면에 시장주의적 좌파라는 독특한 정체성을 가지고 있었다. 신자유주의의 시장중심논리를 받아들인 노무현 대통령은 2004년 4월 1일에 한칠레 FTA를 시작으로 동시다발적 FTA전략을 수립하였다. 그 핵심에는 한국과 미국 간의 한미FTA체결을 들 수 있다.

4. 이명박 대통령

이병박 대통령은 미국과의 관계복원을 최우선으로 하는 가치관을 가지고 있었다. 이는 중국과의 관계는 소원해지지만 미국과의 관계와 일본과의 관계 개선을 강조하게 하였다. 미국을 방문한 뒤 중국이 아닌 일본을 방문하여 일본천황을 만난 것이 가장 대표적으로 이명박 대통령의 가치관을 보여준 것이라 하겠다. 또한 대북정책에 있어 그간 포용정책이나 평화번영정책과는 다른 엄밀한 상호주의에 기반한 정책을 수립하였다. '비핵 개방 3000'정책은 북한의 변화를 전제로 한 협력을 주장한 정책이다.

5. 박근혜 대통령

박근혜 대통령은 친중노선을 강조하면서 미국과 일본과는 거리를 두었다. 한편으로 그간 대북정책에 잘 드러나지 않던 통일정책을 '한반도신뢰프로세스'라는 정책으로 발표하였다. 그러나 북한의 목함지뢰도발, 4차 핵실험, 장거리로켓발사로 대북정책의 기조는 강경정책으로 바꾸었다. 박근혜대통령은 친중외교를 통해서 주변지역정책을 조정하고자 했지만 지역정책의 교착을 경험했다.

6. 문재인 대통령

문재인 대통령은 현재 한반도 문제를 해결하는 데 있어서 한국의 역할을 중요하게 인식하고 있다. 한국이 한반도 문제를 해결해가야 주변 강대국의 개입을 축소할 수 있다고 본 것이다. 이런 인식이 한반도 운전대론으로 나타나 현재 남북정상회담이나 북미정상회담을 만들 수 있었다. 이것은 2017년 베를린 선언에서 북한에 대한 흡수 통일을 지양하고 적극적으로 북한을 끌어들임으로써 성과를 거둔 것이다.

또한 2018년 3월 23일 베트남방문 중에 대통령의 공식적입장으로 "우리 마음에 남아 있는 양국 간의 불행한 역사에 대해 유감의 뜻을 표한다"고 하였다. 김대중, 노무현 대통령에 이은 3번째 사과이다. 이것 역시 역사에 대한 인식에 기인한다고 볼 수 있다. 베트남전 참전은 식민지 분단국가 한국으로서는 전략적인 선택이었기에 역사적 불행에 대한 포괄적인 사과를 한 것이다.

⬤ **대안 목차 1**

Ⅲ **지도자의 가치관과 국제정치에의 영향: 구성주의관점**

한국 지도자의 인식, 지역정체성, 가치관은 대체로 관념(idea)로 일원화될 수 있기 때문에 관념요인들을 통해서 분석한다. 또한 탈냉전이후 관념을 통해서 국제정치에 변화를 꾀한 특정지도자의 몇 가지 사례를 중심으로 분석한다.

1. 김대중 대통령: 통일인식

김대중 대통령의 인식을 잘 보여주는 것은 그의 통일정책에서이다. 김대중 대통령은 1960년대 이미 통일논의를 만들었다. 그의 통일정책은 3단계 통일론으로 대표된다. 남북한 연합 안에서 남북한 연방으로 그리고 최종 단계의 통일을 만든다는 3단계 통일론은 자주, 평화, 민주라는 3가지 가치를 강조한다.

자주, 평화, 민주라는 가치는 김대중 대통령이 민주화운동을 하던 시절부터 만들었던 이념이자 가치관이다. 자주는 '열린 민족주의'에 기초하고 있다. 열린 민족주의는 독립을 위한 민족주의를 강조하지만 배타적이고 폐쇄적인 민족주의는 거부한다. 평화는 소극적인 평화를 넘어서는 '적극적인 평화'이며 이것은 기능주의의 안보공동체론과도 연관된다. 안보공동체가 단지 전쟁의 부재만은 아니며 사회적, 경제적 조건의 구성에 달려있다는 것이다. 민주는 '전지구적 민주주의'를 지향한다. 이 개념은 아시아만의 가치가 보편적

일 수 있다는 사상적 기초를 가지고 있다. 동학의 인내천 사상이나 문민정부위주의 정치제도를 가지고 있었던 역사나 평화주의의 역사와 과거제도의 개방성 등은 과거 한국의 정치제도가 보편적인 민주주의 원칙과도 잘 결부될 수 있다는 것이다.

이런 점에서 자주, 평화, 민주의 통일정책은 2000년 6.15공동선언을 만들었고 대북 포용정책을 통해 남북관계를 개선하였다.

2. 노무현 대통령: 신자유주의인식

노무현 대통령은 인권변호사이면서 진보진영의 진보적 가치를 대표했지만 한 편으로 신자유주의 지향성도 가지고 있었다. 이러한 가치는 정치적인 평등과 함께 경제적 성장을 강조함으로써 자유주의지향성이 강했다. 즉 정치적 평등이 실질적인 차원의 평등보다는 기회를 제공하는 평등을 강조했다는 점에서 진보정치를 대표하지만 경제적으로 신자유주의적이었다.

그러나 안보문제에 있어서는 자주를 강조함으로써 한미동맹의 강조보다는 외교적인 혁명을 이루고자 했다. '동북아중심국가'와 '동북아균형자론'이 대표적인 안보인식구조로 볼 수 있다. 이것은 한반도문제에서의 자주성을 확보함으로써 미국과 중국의 갈등구조에서 한국의 독자적인 목소리를 내겠다는 것이다. 이것으로 대표되는 정책은 2003~2004년 미국의 이라크 추가파병 논의를 국내정치화하여 국내정치에서 논쟁을 만들었다는 것이다.

반면에 2005년부터 한국이 한미 FTA를 주도한 것은 신자유주의적 경제성장정책을 강조한 것이다. 이 사례는 한국이 미국에 대해 안보와 경제를 달리 보고 있다는 점을 상징한다.

노무현 대통령의 인식은 한국과 미국의 관계를 이완시켰고 한국과 중국의 관계를 강화하게 하였다. 이 시기 매년 한중 국방장관회담이 만들어졌다. 이것은 한국 외교가 미국을 중심으로 하여 진행되기보다는 독자적인 노선을 띠도록 하였다. 2007년 북한과의 정상회담 이후 10.4남북공동성명이 제시된 것도 이러한 노선의 일환으로 볼 수 있다.

3. 이명박 대통령: 실용주의

이명박 대통령의 경우 산업화시대의 가치를 강조하였다. 경제성장을 강조하면서 CEO대통령으로 당선되었고 평사원에서 현대건설회장까지 성장한 자신의

이미지를 강조했다. 정주영 회장과 '현대신화'를 만든 이명박 대통령은 산업화 시대의 빠른 성장과 경제적 가치를 강조했다.

한편 산업화를 가능하게 만들어 준 미국과의 관계를 중심으로 국제정치를 이해했다. 안보를 강조하면서 안보는 오래된 동맹인 미국과의 관계 속에서 만들어야 한다고 보았다. 이러한 인식은 대통령취임직후 미국에 방문하면서 국립묘소의 한국전쟁 참전 기념비를 찾아 한국전쟁에 참전하여 순국한 이들을 찾아 고마움을 표시하는 것으로 이전 정부의 한미동맹 인식과 차별을 꾀했다. 또한 방미 이후 일본을 찾아 일왕을 만난 것은 중국 정부에 대한 헷징 정책을 거부하겠다는 것이다.

이명박 대통령의 인식은 한미동맹에 기초한 대북정책을 수립하게 하였다. 비핵개방 3000은 북한에 대해 핵을 포기하는 상호주의 전략을 제시한 것이다. 이것은 민족주의보다는 경제적 실용주의에 기초한 대외정책이다.

4. 사례들 평가

위의 사례들을 볼 때 한국지도자의 인식도 지역의 정책을 변화시킬 수 있다는 점을 확인하였다. 이것은 국제정치에 있어서 상대적 약소국의 지도자 인식과 아이디어로 국제관계를 변화시켰다는 점에서 강대국 지도자들의 사례보다 더 강력한 구성주의의 설명력을 입증한다고 할 수 있다.

● 대안 목차 2

Ⅲ 지도자의 가치관과 국제정치에의 영향: 구성주의관점

1. 인식: 김영삼 대통령의 세계화인식

세계화를 강조함. 공격적 세계화를 통해서 한국의 경제성장을 강조함. 이것이 OECD가입으로 이어짐.

2. 지역정체성: 노무현 대통령의 동북아

동북아를 강조함. 동북아시아의 중심성을 강조함. 금융허브와 균형자로서 미국과 중국관계를 형성하고자 함.

3. 가치관: 이명박 대통령의 시장주의

시장 중심의 외교로 자원외교나 원자력외교 등을 펼침. 북한의 1인당 소득을 3,000불로 만들겠다는 방안 제시함.

cf. 그러나 이 목차는 구체적인 인식, 지역정체성, 가치관이라는 3가지 구분이 쉽지 않음.

Ⅳ 결 론

앞서 본 사례들에서처럼 구성주의이론은 상대적 약소국 혹은 중견국가의 외교전략을 도출하는 이론적 토대로서 유용하다. 구성주의는 지도자의 인식을 통해 국제정치의 구조의 변화를 설명할 수 있는 이론이다. 상대적인 약소국의 입장이 반영될 수 있으며 지도자의 인식이 반영될 수 있다는 점에서 신현실주의이론보다 정책적 유용성이 있는 이론이다.

제034문 게임이론과 한반도

한반도 상황은 2017년 북미간 대립, 2018년 북미간 대화, 2019년 이후 북미간 대립상황이다. 대한민국과 북한에 더해 미국이라는 '3자'가 포함된 한반도의 관계는 게임이론을 통해서 설명할 수 있다. 케네스 오이(K. Oye)와 같은 신자유주의자들은 이러한 게임상황에 있는 현 한반도상황을 개선하는 방안들을 각기 달리 제시한다. 다음 질문에 답하시오. (총 40점)

(1) 게임이론의 기본 가정들을 설명하고, 사슴사냥게임(stag hunt game)과 죄수의 딜레마게임 (Prisoner's dilemma game)의 내용을 비교하시오. (15점)

(2) 현재 한반도 상황은 위의 게임 중 어느 상황에 더 부합하는지 논하시오. (10점)

(3) 케네스 오이(K. Oye)를 포함하여 신자유주의 이론에서 남북미 3자로 구성된 현 한반도 상황의 해결방안을 제시하시오. (15점)

Ⅰ. 서 론
Ⅱ. 분석 도구: 게임이론의 가정과 게임들
  1. 게임이론의 가정
  2. 게임이론 2가지 비교: 사슴사냥, 죄수의 딜레마
Ⅲ. 한반도상황에 대한 게임이론의 적용
  1. 사슴사냥게임 적용
  2. 죄수의 딜레마 게임 적용
  3. 현재 상황에서의 적실성 있는 모델
Ⅳ. 한반도 문제를 해결하기 위한 방안: 케네스 오이를 중심으로
  1. 현재 상황에 대한 이해
  2. 미래의 그림자 확대
  3. 행위자의 수
  4. 한미분열의 방지
Ⅴ. 결 론

 문제의 맥락과 포인트

게임이론은 주로 자유주의에서 해결책을 잘 제시하는 주제다. 죄수의 딜레마, 사슴사냥 게임. 치킨게임이 각각 출제될 수 있다. 이 부분에 대해 준비가 필요해서 응용문제로 만들었다. 케네스 오이의 해법이 구체적인 답안 작성에서 유리하다.

Ⅰ 서 론

2017년 트럼프정부등장이후 한반도 관계는 많은 변화가 있었다. 바이든 행정부로 바뀐 상황에서 한반도 문제를 해결하기 위한 방안을 게임이론을 통해서 알아본다.

Ⅱ 분석 도구: 게임이론의 가정과 게임들

1. 게임이론의 가정

게임이론은 3가지 가정에 기초하고 있다. 첫째, 연역이론이다. 둘째, 합리성과 완전정보 가정이다. 셋째, 행위자의 선호도와 대안전략을 가지고 있다는 것이다.

첫째, 게임이론은 연역이론이다. 연역이론은

경험칙에 근거한 귀납이론과 이론의 구성이 다르다. 경험들을 통해서 귀납적으로 도달한 이론은 현실에서 이론이 도출되지만 연역이론은 가정을 세우고 그 가정에 근거하여 논리적인 연결로 이론을 구성한다. 따라서 그 가정이 받아들여지면 이론 자체의 타당성을 주장할 수 있다.

연역이론의 현실적인 의미는 가정이 받아들여지면 사례에 있어서 타당성이 떨어져도 이론 자체가 손상 받지 않으며 이론의 가정을 통해서 단순화한 설명을 제시할 수 있다는 것이다. 즉 복잡한 상황에서 형식적인 논리적 타당성을 통해서 현실을 단순화한다.

둘째, 합리성가정과 완전정보가정이다. 게임이론의 가정에는 행위자의 합리성이 설정되어 있다. 합리적인 행위자는 선호에 있어서 일관성을 가지고 있다. 따라서 일관성을 가진 행위자들은 더 나은 효용을 달성하기 위한 선택을 한다. 여기에 더해 완전정보가정을 가지고 있다. 이것은 자신의 선호와 상대방의 선호를 알 수 있다는 의미이고 이에 따라 전략적 선택을 할 수 있다는 것이다.

이것의 현실적인 의미는 선호에 있어서 일관된 성향을 가지고 있고 대안간의 비교가 된다고 하면 기회비용차원의 관점에서 더 나은 선호를 선택할 수 있게 한다는 것이다. 이런 경우 북한과 같이 비합리적인 행동을 하는 경우에도 기회비용차원에서 볼 때 합리적인 선택이 되는 것이다. 또한 완전정보가정은 모든 것을 다 안다는 의미가 아니라 판단을 내리기에 충분한 정도의 정보가 있다면 합리적인 판단이 가능하다는 의미이다.

셋째, 행위자와 선호도와 전략을 파악하고 있다는 것이다. 게임이론은 행위자가 있다고 설정하고 그 행위자는 자신의 선호도를 알고 있다고 전제한다. 또한 자신의 전략을 파악하고 있으며 그 전략에 따른 선호도를 알고 있다. 마찬가지로 상대행위자의 전략과 선호도를 알고 있다는 것이다. 그리고 이러한 조합에서 어떤 선택을 할 것인지를 설명하고 예상할 수 있다.

현실적으로 국제관계는 둘 이상의 행위자간의 외교정책에 의해 이루어진다. 이때 국가들의 선호와 전략을 상호간에 파악하고 있다는 것은 예상되는 방안들이 있다는 것이다. 그리고 이 각 방안에서 상호간의 이해관계가 파악되고 있다는 것이다. 그런 정도에서 예측가능성을 줄 뿐 아니라 정책지향점을 알려준다는 의미를 가지고 있다.

2. 게임이론 2가지 비교: 사슴사냥, 죄수의 딜레마

사슴사냥게임의 핵심은 상호협력과 상호배신이 모두 가능하다는 것이다. 실제 게임의 해는 두 가지 상황에서 가능하다. 양자 협력을 통해 사슴을 잡는 방법과 양자 배신을 하여 토끼를 잡는 방법이 그것이다. 국가들이 어느 선택을 하는가에 따라 개인적 최적의 선택과 사회적 최적의 선택을 동시에 달성할 수 있다. 아래의 표에서 보는 것과 같이 양자가 사슴을 잡는 방안(상호 협력)이 개인적 최적이며 사회적 최적의 전략이다. 그러나 배신하게 되면 개인적으로도 사회적으로 차악의 선택에 직면하게 된다.

두 가지 전략 중에서 어느 곳에 해가 떨어지는지는 상호신뢰가 구축되었는지에 달렸다. 만약 국제기구나 제도를 창설할 경우 국가들은 장기적인 이익을 증대할 수 있을 것으로 기대할 수 있다. 그러므로 제도는 국가들에게 개별적으로 최적이면서 집단적으로 최적인 선택을 가능하게 할 수 있다.

〈사슴 사냥게임〉

<table>
<tr><td></td><td colspan="2">을</td></tr>
<tr><td></td><td>배신(토끼)</td><td>협력(사슴)</td></tr>
<tr><td>배신</td><td>2, 2*</td><td>3, 1</td></tr>
<tr><td>협력</td><td>1, 3</td><td>4, 4*</td></tr>
</table>

*균형점

죄수의 딜레마 게임의 핵심은 일회성게임일 경우 최선의 전략이 양자 배신에 도달한다는 것이다. 그러나 장기 게임의 경우 제도가 없이도 국가들은 상호주의의 전략을 통해 상호협력에 도달할 수 있다.

두 사람의 죄수가 상호간의 전략적 행동을 통해서 상호배신을 하게 되는 상황을 그리는 게임이다. 이 게임에서는 두 행위자가 절연된 상태에서 마치 죄수가 검사에게 심문을 받는 것과 같은 상황을 그린다. 이때 두 행위자는 전략적으로 협력과 배신이라는 두 가지 전략을 가지고 있으며 이때 협력은 죄를 저질렀음을 부정하는 것이고 배신은 상대방을 밀고하는 것이다. 이런 상황에서 두 사람이 동시에 심문을 받는 것처럼 게임을 진행하게 되면 양자는 모두 최적의 전략으로 배신하는 전략을 선택하게 된다.

죄수의 딜레마 게임의 내용을 표로 그리면 다음과 같다.

<table>
<tr><td></td><td colspan="2">을</td></tr>
<tr><td></td><td>배신(자백)</td><td>협력(석방)</td></tr>
<tr><td>배신</td><td>2, 2*</td><td>4, 1</td></tr>
<tr><td>협력</td><td>1, 4</td><td>3, 3</td></tr>
</table>

위의 그림에서는 갑과 을 모두 가장 좋은 전략인 압도전략과 게임의 해가 되는 균형점이 모두 배신에서 형성된다. 상대방이 배신을 한다고 가정했을 때 자신의 최적의 선택이 배신전략이며 상대방이 협력을 할 경우에도 최적의 선택은 배신전략이 된다. 따라서 어떤 경우에도 최선의 전략은 배신이 된다. 상대방도 동일한 논리가 작동한다. 이렇게 선택된 것은 개인들이 가장 효용이 높은 것을 선택한 것이 아니라 파레토 열등한 상황을 선택하게 된 것이다.

두 가지 게임모델을 비교했을 때 차이는 이렇다. 첫 번째, 상대방이 협력한다고 전제할 때 자신은 무엇을 선택할 것인지에 달려있다. 사슴 사냥게임에서는 상대가 협력하면 자신은 협력한다. 즉 효용 값이 크기 때문에 협력한다는 상대방이 신뢰만 있다면 자신도 협력을 하는 것이다. 반면에 죄수의 딜레마 게임에서는 상대방이 협력한다고 해도 자신은 배신을 하는 것이다. 즉 상대방의 협력정책에 대해서도 자신은 배신을 하는 것이 더 효용이 큰 것이다. 이는 상호 협력의 효용이 자신이 배신하여 상대방을 sucker로 만드는 것보다 효용이 낮은 것이다. 즉 상호협력의 효용이 사회적으로는 더 효용이 높으나 개인에게는 효용이 낮은 전략이다.

두 번째, 배신에는 두 게임 모두 배신 전략을 택한다. 이것은 배신에 대해 자신이 협력할 유인이 없다는 것이다.

세 번째, 죄수의 딜레마 게임에는 파레토 최적에서 전략이 선택된다. 반면에 사슴사냥에서는 파레토최적은 없다. 사슴사냥게임에서는 양자 협력과 양자 배신이라는 두 가지 지점에서 모두 게임의 해가 도출되기 때문이다. 파레토 최적인 상황은 행위자의 상호 양해 없이는 전략 수정이 불가능한 것이다. 즉 고도의 노력없이 양자는 배신전략에서 이탈할 수 없다. 또한 한 행위자만의 노력만으로 전략이탈이 불가능하다.

두 가지 이론의 현실적인 함의 역시 다르다.

사슴사냥게임은 신뢰가 존재한다면 국가는 협력할 것이다. 이 상황에서 국가의 협력은 개별국가 차원에서도 최선의 정책이지만 국가 간의 관계에서도 최선의 정책이다. 따라서 신뢰구축이 가장 중요하다. 이를 위해 제도가 기여할 수 있는 부분이 많다.

죄수의 딜레마게임은 개별 행위자는 모두 합리적인 선택을 통해 사회적으로 비합리적인 결과에 도달한 것이다. 만약 이런 상황을 개선하기 위해서는 행위자들이 게임을 무한 반복하는 것으로 미래에 대한 그림자 즉 미래의 기대를 늘려야 한다. 장래의 기대값이 높아지고 상호주의에 의해서 게임이 오래 지속될수록 행위자들 간에 신뢰가 만들어질 수 있다. 그런 점에서 죄수의 딜레마게임과 같은 구조는 장기적인 게임이 되면 두 행위자간의 관계 개선으로 나갈 수 있다. 상호주의 전략을 통해서 상황개선이 가능해지는 것이다. 예를 들어 안보경쟁상황의 국가가 군축으로 돌아 설 수 있는 것이다.

III 한반도상황에 대한 게임이론의 적용

한반도를 게임이론에 대입하는 경우 3자 게임이라는 점을 고려하면 3자 게임을 우선 단순화하여 한미양국이 협력하여 하나의 행위자처럼 행동한다고 전제하고 상황에 대입하겠다. 이후 한미양국이 협력하지 않고 국가간의 이익이 상이할 경우 어떤 결과가 만들어지지는 살펴본다.

1. 사슴사냥게임 적용

한반도에서 한미양국과 북한은 상호 협력의 유인이 크다. 이것은 상대방이 먼저 협력을 하기만 하면 자신도 협력을 한다는 것이다. 반면에 상대방이 배신할 것이라는 기대가 형성되면

양자는 상호배신할 수 있다. 따라서 이 상황에서는 상대방이 어떤 선택을 할 것인지에 대한 기대가 중요하다. 특히 한미양국은 북한이 전향적으로 비핵화에 나선다면 이에 상응하는 조치로 국제사회의 제재를 풀어주고, 경제적 지원을 해줄 수 있다. 그러나 북한이 비핵화를 거부하는 경우 한미양국도 제재를 풀어주기 보다는 현재 제재를 유지하면서 북한의 비핵화를 압박할 수 있다.

2. 죄수의 딜레마 게임 적용

한반도에서 한미양국과 북한은 상호배신전략을 더 선호한다. 상대방이 협력정책을 택해도 배신하는 것이 더 효용이 높고 상대방이 배신정책을 택하면 자신도 배신전략을 택하는 것이 타당한 것이다. 만약 북한이 비핵화를 다시 약속한다고 하면 한미양국은 경제보상을 하는 것 보다는 경제제재를 지속하는 것이 더 유용하다. 북한이 비핵화를 하는데 경제적 지원을 하는 것은 비용이 든다. 반면에 북한 비핵화에 대해 경제제재를 가해서 그것이 지켜지면 이후 이에 대한 보상을 논의하는 것이 북한의 비핵화를 지속하게 하는 방안이 되기 때문이다.

3. 현재 상황에서의 적실성 있는 모델

현재 상황에서 적실성 있는 모델은 우선 사슴사냥게임이다. 현재 상황에서 사슴사냥게임이 된다면 한미양국과 북한이 협력을 통해서 얻을 수 있는 이익이 크다. 한미양국은 북한과의 비핵화와 군비통제와 경제협력을 통해서 얻을 수 있는 이익들이 많다. 우선 비핵화는 핵위협으로부터 안전을 만든다. 한국도 안보이익이 높고, 미국은 국제적 핵확산을 막는다는 점에서 이익이 크다.

또한 북한의 군사위협을 줄이는 군비통제 역

시 대한민국의 국방비를 축소할 수 있게 한다. 미국의 경우에는 한반도에 배치될 군사자산을 줄일 수 있다. 여기에서 경제협력의 재개는 한국의 경우는 단기적으로 한 중소기업들의 북한 노동자 고용을 통한 가격경쟁력확보를 가져올 수 있다. 한국의 경우 장기적으로 한반도 통일로 가는 과정에서의 통일비용을 축소할 수 있다. 미국의 경우 단기적으로 북한을 관리하는 비용을 사용하지만, 장기적으로 북한을 관리함으로써 지역질서를 안정화할 수 있다. 또한 중국의 개입이나 영향력을 줄일 수도 있다. 그런 점에서 미국도 경제적 이익이 있다.

북한 역시 협력을 통해 얻을 수 있는 것이 많다. 군비통제는 북한의 재정부담을 축소시켜 줄 것이다. 비핵화를 하면서 핵발전소를 폐기하면 전력을 남한으로부터 얻을 수 있다. 이에 더해 경제협력은 현재 북한의 내부적 발전을 통한 GDP성장을 가속화할 수 있다. 특히 장마당 경제를 활성화할 수 있다는 점에서 북한 국내정치적으로 정당성을 높일 수 있다.

반면에 이 상황에서 한미양국과 북한이 신뢰가 없는 경우 배신전략을 상호 선택할 수 있다. 지난 정부에서 남북경협이 포기 되어진 것처럼 양자는 안보불안, 경제적 어려움을 겪을 수 있다.

◉ 대안 목차 1

1. 죄수의 딜레마 게임
2. 사슴사냥게임
3. 평가: 죄수의 딜레마 게임

한미양국은 북한을 더 압박하여 비핵화를 보상없이 추진하는 것이 더 유용하다. 만약 북한이 비핵화를 포기하고 자력갱생으로 간다고 해도 이 경우 북한체제의 미래가 어둡기 때문에 이 상황을 유지해도 한미양국이 더 유리하다. 즉 한미 양국은 북한이 협력으로

나올 경우에도 북한에 대해 배신전략을 사용하고, 북한이 배신전략으로 나올 경우에도 배신전략으로 대응한다.

◉ 대안 목차 2

Ⅲ 한반도 상황의 게임이론 적용

조작작업: 한미양국을 한 축으로 하고, 사슴사냥 게임이 한반도문제에 더 적합하다는 점을 입증한다. 이 과정을 사슴사냥으로 먼저 설명하고, 다음 죄수의 딜레마가 왜 타당하지 않은지를 설명한다.

1. 사슴사냥게임 적용
2. 죄수의딜레마 게임적용

◉ 대안 목차 3

Ⅲ 한반도 상황의 게임이론 적용: 사슴사냥의 타당성

조작작업: 한미양국을 한 축으로 하고, 사슴사냥 게임이 한반도문제에 더 적합하다는 점을 입증한다. 이 과정을 협력상황에서의 선택과 배신상황에서의 선택으로 설명한다.

1. 상대방의 협력상황에서의 선택
2. 상대방의 배신상황에서의 선택

◉ 대안 목차 4

Ⅲ 한반도 상황의 게임이론 적용: 사슴사냥의 타당성

조작작업: 한미양국을 한 축으로 하고, 사슴사냥 게임이 한반도문제에 더 적합하다는 점을 입증한다. 이 과정을 협력상황에서의 선택과 상호배신전략의 파레토 최적 선택여부로 설명한다.

1. 상대방의 협력상황에서의 선택

2. 상호배신전략의 파레토 최적 상황여부

한반도 상황은 상호배신이 파레토 최적은 아니다. 북한이 먼저 협력정책으로서 비핵화를 추진하면 국제사회는 북한에 대한 제재를 풀 것이다. 따라서 북한의 선행동은 국제사회의 제재에 영향을 줄 것이다. 이런 상황이 되면 한국은 미국을 설득하여 한미양자간 협력을 이끌어 낼 수도 있다.

Ⅳ 한반도 문제를 해결하기 위한 방안: 케네스 오이를 중심으로

케네스 오이는 협력을 위해서는 현재 상황에 대한 선호체계, 미래의 그림자, 행위자의 수가 중요하다고 보고, 협력을 유도하는 전략을 제시하였다.

1. 현재 상황에 대한 이해

첫째, 게임의 효용구조에 대한 북한의 인식을 확신시키는 것이다. 게임이론의 핵심은 현 상황을 어떻게 이해하는가에 있다. 북한이 현 상황을 죄수의 딜레마로 인식하여 한미양국이 무조건 협력할 것이고 자신은 배신하는 것이 최선의 전략이라고 생각하면 현재 상호협력정책은 파국이 된다. 따라서 배신전략은 상호배신으로 이어질 것이며 북한의 협력은 상호협력으로 이어질 것이라는 점을 확신시켜야 한다.

또한 이익이 혼재된 상황에서 상호 협력이 더 큰 이익을 줄 것이라는 확신이 있으면 국가들은 상호연계전략을 사용할 수 있다. 즉 북한은 비핵화와 이후 군비축소와 군비통제 사안을 가지고 오고 한미 양국은 북한에 대한 제재를 풀고 이후 경제협력 사안을 연계시키는 것이다. 이를 통해서 상호 협력을 통한 이익을 구체화할 수 있다.

2. 미래의 그림자 확대

둘째, 미래자를 늘림으로서 협력의 크기를 키우는 것이다. 미래의 그림자를 늘리기 위해서 한미양국과 북한은 반복성, 일정성, 정보의 신뢰성, 빠른 피드백을 구축할 필요가 있다. 이렇게 미래의 그림자가 길어지면 국가간 협력이 지속된다는 것이고 이는 상호협력의 크기가 미래할인에도 불구하고 커진다는 것이다.

이러한 전략을 위해서 한미양국과 북한은 사안을 분할 하는 것이 중요하다. 군축의 경우 무기체계와 단계에 따라서 군축을 진행할 수 있다. 우선 핵무기는 플루토늄과 우라늄농축으로 구분하고 현재 핵무기와 핵시설 뿐 아니라 장기적으로 핵프로그램과 핵프로그램 관련 인사까지를 점진적으로 다루는 것이다. 이후 운반 수단 문제를 다루고, 이 과정이 끝나갈 때 화학무기와 생물무기등을 다룰 수 있다. 이후 재래식군축을 다루면 사안은 충분히 분할된다.

3. 행위자의 수

행위자의 수를 늘리면 무임승차자가 생길 수 있다. 따라서 한미양국과 북한으로 국한하여 문제를 해결하는 방안을 사용할 수 있다. 북한 핵 문제에 가장 구체적인 이해당자자들이 문제를 해결하는 것이 협력을 구체화하는 방안이다.

다만 이란핵협정에서처럼 제 3자가 있는 것이 장기적으로 협력을 지속하는 데 중요하다고 생각할 경우 제 3자의 보장을 마련할 수 있다. 이런 상황에서도 국제연합은 유용하지 않다. 이 경우는 중국과 러시아가 개입하여 북한을 지지할 수 있다. 북한과 교류가 있는 유럽연합을 중재자로 세울 수 있다.

4. 한미분열의 방지

이 게임에서 핵심은 한국과 미국의 분열이 없어야 한다는 것이다. 만약 분열이 생기면 북한은 양자를 구분하여 전략을 세울 수 있다. 이런 경우 한미간의 의견불일치가 강화되어 북한에 의해 악용될 수 있다.

● 대안 목차 1

Ⅳ **한반도 문제해결 방안: 로버트 커헤인의 방안**

정보 비대칭성과 높은 정보비용이 문제임.
1. 제도를 통한 정보 비대칭성 완화
2. 협상의 장을 통해 장기적 이익고려
3. 소유권의 명확화와 유사한 국가의 관할권 명확화
4. 제도 규정을 통한 미래 행동 제한

Ⅴ **결 론**

한반도 위기상황은 사슴사냥게임으로 설명이 가능하다. 이런 상황에서는 상호 신뢰가 중요하고, 이를 위해서는 선호체계의 이해가 가장 중요하다.

국제사회는 본질적으로 무정부상태이지만 무정부상태 하에서도 국가들은 공동의 이익을 위해 일정 부분 협조한다. 국가 간 관계에서 협력을 C로, 배반을 D로 표시하여 각국의 행동을 CC(자국과 상대국이 모두 협력), CD(자국이 협력하고 상대국은 배반), DC(자국이 배반하고 상대국은 협력), DD(자국과 상대국 모두 배반)로 나타낼 수 있다. 게임모델은 한반도에서의 핵문제라는 갈등을 해결할 수 있는 가능성을 제시한다. 다음 질문에 답하시오. (총 40점)

(1) 각국이 선호하는 순서가 DC>CC>DD>CD 일 때 합리적 선택의 결과는 무엇인지를 군비 경쟁의 사례로 설명하고, 두 국가의 관계가 일회성이 아닌 반복적으로 지속되는 경우에 두 국가 간 협력의 가능성에 대해 논하시오. (20점)

(2) 국가이익을 상대적 이익으로 인식하는 상황에서 국제협력을 증진시키는 방안에 대해 논하시오. (20점)

– 2012년 국제통상기출문제

 문제의 맥락과 포인트

이 문제는 국제정치학을 게임이론으로 해결하는 문제이다. 이 문제는 난이도가 높은 문제이다. (1)번 설문은 죄수의 딜레마상황에서 어떻게 반복게임으로 상호 협력에 도달하는지를 해결하는 문제이다. 그런데 국가들이 만약 절대적 이익보다 상대적 이익을 더 중시하는 상황이 되면 상호협력의 유인이 줄어든다. 이런 상황에서 국제정치이론인 상대적 국력 가설과 신자유주의에 기초해서 어떻게 협력을 만들 수 있는지가 (2)번 설문의 질문이다. 이 문제는 (1)번과 (2)번 전체를 연결하여 협력도출방안을 체계적으로 설명할 수 있는지가 가장 중요한 문제이다.

I 서 론

남북정상회담과 북미정상회담은 한반도 비핵화문제를 다룬다. 불신상황에서 북한의 핵보유시도는 한반도를 불안하게 만들고 있다. 이런 상황에서 어떻게 협력을 이룩할 것인지를 살펴보기 위해 게임이론에서 국제협력을 증진하는 방안을 살펴본다.

II 분석도구: 죄수의 딜레마게임의 일회성과 다회성

1. 일회성 게임의 의미

지문의 상황은 죄수의 딜레마게임의 상황이

다. 이 상황을 도표로 설명하면 상대적으로 설명과 해석이 유용하다. 죄수의 딜레마 게임의 내용을 그림으로 그리면 다음과 같다.

		을	
		배신(자백)	협력(석방)
갑	배신	2, 2*	4, 1
	협력	1, 4	3, 3

위의 그림에서는 갑과 을 모두 가장 좋은 전략인 압도전략과 게임의 해가 되는 균형점이 모두 배신에서 형성된다. 상대방이 배신을 한다고 가정했을 때 자신의 최적의 선택이 배신전략이며 상대방이 협력을 할 경우에도 최적의 선택은 배신전략이 된다. 따라서 어떤 경우에도 최선의 전략은 배신이 된다. 상대방도 동일한 논리가 작동한다. 이렇게 선택된 것은 개인들이 가장 효용이 높은 것을 선택한 것이 아니라 파레토 열등한 상황을 선택하게 된 것이다.

이 상황에서 상호배신 전략이 파레토효용극대화전략이 된다. 국가들은 상대방이 배신하는 상황에서는 자신도 배신하는 전략을 선택한다. 한편 상대방이 협력을 하는 상황에서도 자신도 배신 전략을 선택한다. 이런 결과로 국가와 국가간 게임에서 파레토효율적인 선택은 상호배신 전략을 택하게 된다. 개인의 합리적 선택이 사회적으로는 비합리적인 결과를 가져오는 것이다. 상호협력이 더 좋은 사회적 선택인데도 불구하고 개인적인 선택을 하게 되는 것이다.

군비경쟁에 대입할 경우 국가들은 군비증강이라는 정책방안과 군비감축 후 복지재원에 활용하는 방안을 선택할 수 있다. 총과 버터(Gun & Butter Problem)의 주장처럼 군비인 총을 늘리면 복지예산이 줄기 때문이다. 죄수의 딜레마로

인식하는 상황에서 국가들은 군비증강안을 선택한다. 상대방이 군비증강을 했을 때 자신이 군사대비를 못하면 자국의 안보가 위험하고 상대방이 복지예산을 늘렸을 때 자국이 군비를 증강하면 자국의 안보를 강화할 수 있기 때문에 국가는 군비증강이 무조건 최적의 선택이 될 수 있기 때문이다. 1960년대의 미소간 군비증강 정책이 대표적인 사례이다.

이렇게 죄수의 딜레마상황에서 갈등이 발생하는 원인을 몇 가지로 나누어 볼 수 있다. 첫째, 신현실주의가 강조하는 무정부상태의 압력이 국가들로 하여금 생존에 초점을 맞추게 한다. 국가들은 생존을 최선의 가치로 여기기 때문에 상대방국가의 공격에 대해 민감하게 된다. 생존에 민감해진 국가는 최악의 상황을 피하기 위해 차악의 상황을 선택하게 된다. 즉 자신은 협력을 통해 군비축소나 군비통제를 받아들이는 반면에 상대 국가는 배신정책을 택해서 군사력을 유지하거나 증대하게 되는 것이다. 이것을 피하기 위해 국가는 상호 배신하는 정책을 택한다.

두 번째는 국가 간의 게임이 일회성이기 때문에 상호 신뢰가 없다는 것이다. 일회성게임에서는 장시적인 기대가 형성되지 못한다. 국가들은 안보문제에서의 한 번 실수가 치명적이기 때문에 국가는 상대에 대해 신뢰를 가질 수 없다. 상호신뢰의 부재는 양자간의 더 나은 협력이라는 사회적 효용을 극대화하지 못하고 상호 배신하는 전략을 택한다.

2. 반복게임과 협력가능성

반복게임의 경우 상호주의가 작동할 수 있다. 상호주의가 작동하면 국가들은 상위권위체가 없는 경우에도 국가들은 협력을 유도할 수 있다. 악셀로드는 무정부상태에서 단지 게임전략을 상호주의 전략으로 사용했을 때 협력이 유

도될 수 있다는 점을 1차대전시기 전쟁과정에서 연합군과 독일군이 보여준 협력사례를 가지고 설명하였다.

게임이론을 통해서 설명하면 게임이 장기화되면 상호배신전략간 결합보다 상호협력전략을 구성하는 것이 유리하다고 판단하게 된다. 이것은 죄수의 딜레마 상황에서도 마찬가지이다. 서로 의사소통을 하지 않아도 국가들은 상대국가의 행동의 결과를 알 수 있다. 상대국가가 협력을 하고 있기 때문에 지속적으로 심문을 받는 것이다. 이는 자국도 상대방에 대한 협력을 증대하게 한다.

실제로 일회성 게임이 아닌 다회성 게임에서 상호주의에 기반한 Tit-for-tat전략이 상호배신전략보다 우월함이 입증되었다. 이는 행위자들이 장기적으로 게임을 할 때 지속적으로 얻을 수 있는 이익을 계산하면 단기적인 배신정책을 포기할 수 있다는 것이다. 미소간의 1980년대의 START 조약 체결이나 1987년 INF조약은 냉전의 과정에서도 장기적으로 국가들이 상호협력을 하는 것이 군비경쟁의 부담을 줄이고 안보를 확보하는 방안이라는 점을 파악했기에 가능했던 사례들이다.

반복게임을 통한 협력가능성은 이론적으로 획기적이다. 상위권위체를 만들거나 제도구축을 하기 이전에 국가들이 상호주의를 사용해서 장기 게임을 하게 되면 협력을 한다는 점에서 획기적인 것이다. 국가들은 다른 노력이 없어도 국가들은 상호주의전략의 지속적인 활약으로 협력을 만들 수 있다.

Ⅲ 상대적 이익 상황에서 국제협력증진방안

1. 상호주의를 통한 게임의 장기화

신자유주의는 국가가 협력을 하기 위해 3가지를 제시한다. 첫째, 상황의 인식, 둘째, 게임의 그림자 늘리기, 셋째, 행위자의 수이다. 이 중 첫 번째는 국가간의 관계를 어떻게 인식하는지가 중요하다. 둘째, 게임의 그림자를 늘리는 것이다. 여기서는 이 두 번째 방안에 집중해서 설명한다.

게임의 그림자를 늘리면 국가들은 상대적인 이익이 존재하는 상황에서도 협력을 만들 수 있다. 이를 위해서는 일정성, 반복성, 정보의 신뢰성, 빠른 피드백이 필요하다. 일정하게 행동함으로써 상대방에게 잘 못된 신호를 보내지 말아야 한다. 두 번째는 반복적인 행동으로 이슈를 잘게 나누어 협력의 기회를 늘려야 한다. 상대방에 대한 정확한 인식과 함께 빠른 반응으로 신호를 보내는 것이다. 이 과정의 핵심은 상호주의를 사용해서 게임의 장기화를 구축해야 한다.

2. 행위자의 수 증대

신자유주의의 3가지 방안 중 3번째에 해당하는 방안이다. 행위자 수를 확대하는 다자주의를 사용하면 상대적 이익을 계산하기 어렵게 된다. 국가가 상대적 이익을 계산하는 것은 자국과 상대국가 사이의 힘의 관계를 민감하게 여기기 때문이다. 이런 경우에 다자주의를 사용하면 국가별 상대적 이익의 차이를 계산하기 어렵게 된다. 국가들이 다자적 제도에서 각각 얻게 되는 이익을 산술적으로 계산하기 쉽지 않기 때문에 상대적 이익의 민감성을 줄일 수 있다.

반면에 어느 정도까지 행위자 수를 증대할

것인지에 대해서는 의견이 나뉜다. 신자유주의의 스나이덜(D. Snidal)은 한정된 국가수를 정하고 이 수에 도달할 때까지 늘리자는 입장을 K-group이론으로 제시했다. K라는 국가의 숫자가 무임승차를 통제하면서 국가들이 협력을 통해서 절대적이익을 늘릴 수 있는 사이즈이다.

신현실주의자 그리코는 상대적 이익을 덜 고려하기 위해서는 국가들의 수를 더 늘리자고 주장한다. 다자적 제도에서 국가들의 수를 신자유주의보다 더 확장할 때 국가들의 상대적 이익의 고려가 적어진다는 것이다.

3. 절대적 이익의 증대인식

앞서 본 신자유주의의 3가지 중 첫 번째에 해당하는 전략이다. 절대적 이익의 크기가 커지면 상대적 이익은 적게 고려될 수 있다. 국가들이 얻게 되는 몫이 커질수록 국가들은 그 절대적 이익의 기회비용에 민감하게 된다. 절대적 이익을 포기할 때 보게 되는 손해가 커지기 때문이다. 이런 상황에서 국가간 상대적인 이익의 차이는 덜 고려된다. 앞서 본 것처럼 국가간의 수를 늘려서 절대적 이익을 키우고 국가간 상대적 이익을 계산하기 어렵게 할 수도 있지만 국가 양자간에도 절대적인이익을 키우면 협력은 가능해진다. 예를 들어 냉전초기 미국은 마샬플랜으로 유럽 국가들의 재건을 도왔다. 유럽의 재건은 세계경제를 부흥할 수 있게 해주었고 미국 경제가 해외시장에서 원활하게 돌아갈 수 있었다. 또한 유럽의 부흥은 유럽의 힘을 성장시켜 유럽자체의 안보능력을 키웠다. 이것은 미국과 유럽간 절대적인 이익의 증대를 보여주는 사례이다.

절대적 이익이 증대하는 것은 실제 이익이 될 수 있는 사안이 생길 경우에도 발생하지만 절대적 이익의 클 것이라는 인식의 변화에 의해

서도 만들어질 수 있다. 게임이론의 경우 게임이론에 대한 인식이 선호도의 차이를 가져오고 이것이 어떤 게임인지를 결정한다. 예를 들어 죄수의 딜레마 상황을 치킨 상황으로 인식할 수 있다. 따라서 절대적이익의 크기를 키우는 것으로 인식을 바꾸면 상대적 이익의 계산에 따른 상호배신을 피할 수 있다.

4. 이면보상방안

국가들이 국제제도나 실제 외교정책결정에서 상대적 이익의 차이가 나는 협상의 결과를 만들 수 있다. 상대적 이익의 차이는 장기적으로 협력의 지속을 어렵게 한다. 협력이 지속되기 위해서 재협상을 하지 않는 다면 국가들이 할 수 있는 것은 이면보상(side payment)을 해주는 것이다. 즉 공식적인 협상외에 뒷거래를 통해서 보상을 해주는 방안이다.

United States Institute of Peace는 이면보상(side patment)을 다음과 같이 정의하고 있다. "A payment made to a party or parties to induce them to join an agreement. Such inducements frequently take the form of aid or trade preferences." 즉 협상을 유도하기 위해 원조나 무역특혜의 형태로 지급되는 것을 의미한다.

영미 재정협정(AAFA)의 사례에서 미국의 정책결정자들이 안보카드의 사용을 위해서 이면보상한 사례이다. 1945년 8월 영국이 미국에 60억달러 원조요청을 하지만 미국 국민의 60%가 차관제공에 반대했다. 이때 미국 재무장관 빈슨과 국무차관 클레이턴이 미국내 반대세력에게 영연방 특혜무역제도의 철폐에 따라 무역기회가 증대할 것이기 때문에 이면보상을 제안한다. 금융과 무역이 연계된 사례이다.

하지만 이면보상은 민주주의 국가에서 투명성이 강조되는 경우에 사용되기 어려운 정책일

수 있다. 이면보상을 위해서는 협상결과이외에 보상을 해주어야 하는데 여론이 반대할 가능성이 높기 때문이다.

5. 미래 인식의 변화

전망이론에 따르면 미래 전망이 낙관적인지 비관적인지에 따라 국가들의 경제적 계산이 달리진다. 준거점에서 볼 때 낙관적인 미래를 예상할 경우 국가들은 현상유지적인 행동을 보인다. 이때는 장기적인 협력의 지속을 예측할 수 있다. 이는 국가들이 상대적인 이익의 차이에도 불구하고 장기적인 협력이 가능할 것으로 생각한다.

코플랜드(D. Copeland)는 『Economic Inter-depence and War』에서 무역기대이론(theory of trade expectattion)을 제시한다. 이 이론의 핵심적인 주장은 미래에 대한 긍정적인 전망이 있을 때 현재의 상호의존 수준과 관계없이 국가들을 협력적으로 만든다. 긍정적인 전망이 미국과 소련의 데탕트를 이끌었다. 이 이론의 논리는 '무역기대 → 이익영역 → 리스크 거부 → 현상유지 정책증대'로 나타난다.

6. 힘의 크기의 차이

신현실주의 이론에 따르면 힘의 크기의 차이가 나면 국가들간의 상대적 이익을 덜 고려하게 한다. 국가들은 안보에 대한 우려로 상대적 이익의 차이가 국력으로 전환되는 것을 우려한다. 그런데 힘의 크기가 차이가 나면 국가들은 안보에 대한 우려가 적어진다. 안보에 대한 우려가 적은 상태에서 경제적 이익의 차이는 덜 중요하게 될 수 있다.

이와 유사한 논리로 동맹국가간에는 경제적 교류의 증대를 통해서 상대적 이익의 차이를 받아들일 수 있다. 동맹국가의 상대적 이익의 증대는 동맹국가의 안보증대로 이어지며 이것은 보호국가의 안보지원을 줄인다. 따라서 경제적 지원을 통해서 안보지원을 축소할 수 있는 것이다.

Ⅳ 결 론

현재 시점에서 한반도 비핵화를 가져오기 위해서는 상호주의를 통한 북한에 대한 최대압박과 최대 보상방안을 제시하는 것이 필요하다. 북한의 김정은이 정상회담에 나오게 된 것은 국제시회의 압력 때문이다. 따라서 이후 정상회담에 따라 비핵화를 받아들일 때 정권의 유지와 함께 경제성장이라는 협력을 선물 받을 수 있다는 인식하게 만드는 게임의 장기화가 필요하다, 이를 위해서 한국은 북한 비핵화의 필요성을 지속적으로 국제사회에 논리적으로 만들 필요가 있다. 또한 정권과 관계없이 북한 문제를 일관성 있게 다루는 것이 필수적이다.

전쟁을 통해 얻을 수 있는 이익보다 전쟁에서 입게 될 피해가 더 크다는 점을 상대방에게 확신시켜 전쟁을 포기하게 만드는 것을 억지(deterrence)라고 한다. 다음 질문에 답하시오. (총 30점)

(1) 억지전략이 성공하려면 능력(capability), 의지(will), 의사전달(communication) 등 3가지 요소가 필요하다고 보고 각각의 요소에 대해 설명하시오. (20점)

(2) 의사전달의 문제는 신뢰도(credibility)의 문제와 밀접한 관련이 있다. A, B, C 삼국의 관계는 다음과 같다. 첫째, A국과 B국은 안보와 관련한 갈등관계에 놓여있다. 둘째, C국은 B국을 보호하기 위해 억지전략을 사용한다. 셋째, C국과 A국 사이에 상대방의 의지에 대한 불완전 정보(incomplete information)가 존재한다. 이러한 경우 억지전략의 성공여부는 B국에 대한 A국의 공격이 C국과의 전쟁으로 이어진다는 점을 C국이 A국에게 확신시킬 수 있는가에 달려있다. 제임스 피어론(James D. Fearon)의 청중비용(audience costs)*이 C국 약속의 신뢰도에 어떻게 영향을 줄 수 있는지 설명하고, 청중비용과 정권유형(regime type) 간의 상관관계를 서술하시오. (10점)

* 청중비용: 공개된 약속을 실행하지 않았을 때 치러야할 비용　　　　　　　　　　– 2014년 국립외교원 기출문제

Ⅰ. 서　론
Ⅱ. 억지전략의 성공요건
　1. 능　력
　2. 의　지
　3. 의사전달

Ⅲ. 청중비용과 정권유형간 관계
　1. 청중비용의 의미
　2. 청중비용과 정권유형의 관계
Ⅳ. 결　론

 문제의 맥락과 포인트

국립외교원문제로 확장억지를 설명하면서 민주주의국가가 확장억지를 제공하고자 할 때 민주주의의 특성으로 지도자의 발언에 대한 청중비용이 어떻게 작동하는지를 묻고 있다. 문제 배점이 10점인데 이 정도 점수 배점에도 불구하고 묻고 있는 것이 여러 가지라서 실제 답안을 구성할 때 청중비용의 의미, 민주주의와 청중비용, 권위주의와 청중비용, 이에 따른 확장억지가능성까지를 빠뜨리지 않고 설명하는 것이 핵심이다.

Ⅰ 서　론

　북한 목함 지뢰 도발사건처럼 북한의 도발에 대해 남한이 강경정책을 표방하는 경우가 있다. 과연 남한이 강경하게 나온다면 북한은 억지가 될 수 있을 것인가? 이를 알아내기 위해서 청중비용이라는 개념을 통해서 남한 지도자의 의지

가 내부적으로 관철될 수 있는 상황을 살펴보아야 한다. 특히 민주주의라는 정치체제의 특성이 지도자의 의지를 관철할 수 있는 조건인지를 살펴본다.

Ⅱ 억지전략의 성공요건

1. 능 력

억지가 성공하기 위한 첫 번째 조건은 억지국가가 피억지국가에게 피해를 줄 수 있는 능력이 있어야 한다. 억지는 파괴력에 기반하여 상대방에게 공포심을 부여할 때 심리적 작용에 의해서 피억지국가가 자신이 하고자 하는 정치적 의지를 꺾는 것이다. 따라서 피억지국가가 의지를 꺾기 위해서는 강력한 처벌력이 있어야 한다. 특히 핵과 같이 강력한 무기를 통해서 피억지국가에게 파괴력에 대해 합리적 판단에 기반하여 자신의 정치적 목적으로 포기해야 한다. 이를 위해서는 더 높은 공격력, 즉 더 높은 파괴력이 있어야 한다. 따라서 재래시무기와 핵무기는 억지를 가능하게 하는 능력 면에서 차이가 있다.

실제 냉전기 수소폭탄인 소련의 '짜르'는 최고 파괴력이 60M ton에 이르렀고 이것은 2차대전 기간 중 모든 국가들이 사용한 화약전체 양의 20배에 해당하는 파괴력을 갖추었다. 게다가 1960년대 이후 다탄두 미사일(MIRV)를 구축하여 10개의 탄두를 하나의 미사일로 운반하기도 했다. 높은 파괴력은 위기 상황에서 더 강력한 군사적 분쟁이나 핵전쟁으로 가는 것의 비용을 크게 하여 피억지국가로 하여금 충돌을 회피하게 한다.

2. 의 지

억지가 성공하기 위한 두 번째 조건은 위기 상황에서 자신의 목적을 관철하고자 하는 강력한 의지에 있다. 양자가 비겁자게임과 같은 위기 상황에 처한 경우 두 행위자는 파괴력의 강력함 때문에 상호배신을 할 수 없다. 두 행위자 중의 하나는 배신전략을 고수하지만 다른 하나

는 협력전략 즉 유화전략을 택할 수밖에 없다. 이때 두 행위자 모두 자신의 의지를 관철하고자 하지만 반드시 한 행위자는 자신의 의지를 포기하게 된다.

만약 양자 배신전략을 선택함으로써 두 행위자가 공멸을 하게 된다면 이 비용과 치킨이 되어 정치적으로 망신을 당하는 비용을 비교했을 때 공멸의 비용이 너무 크기 때문에 상호 응징을 하는 전략을 선택할 수 없다. 따라서 누군가의 의지는 반드시 꺾이게 되어 있다. 이것은 결국 억지라는 것이 누구의 의지가 더 강한가에 달려있다. 실제 가장 강력했던 쿠바미사일위기에서 미국의 의지가 더 강력했기 때문에 소련은 핵위기 상황에서 물러나는 전략을 택한 것이다. 실제 케네디대통령은 비상대책기구인 엑스콤을 구성하고 전시상황까지 고려하였다.

3. 의사전달

억지의 세 번째 조건은 합리적 행위자간의 의사소통이다. 억지는 합리성에 기반한 게임이다. 비겁자게임과 같은 상황에서는 국가들이 가진 의지와 실행에 따른 이익과 비용을 계산할 수 있어야 한다. 그리고 위기 상황을 해결하는 것이 양자 충돌보다 우월하다는 것을 알게 하여 문제를 해결하여야 한다. 따라서 억지는 군사적인 접근으로 승패를 구분하는 것이 아니라 정치적 접근으로 정치적 의지를 상호간에 조율하는 것이 중요한 것이다. 이때 핵심은 상호의지를 명확히 하여 상호배신에서 위기상황해결로 가는 것이다.

의사전달이 명확해야 오인이나 오해에 따른 상호 위협 상황으로 가지 않는다. 따라서 억지전략이 성공하기 위해서는 상대방에서 자신의 의지가 단호하다는 점이 명확히 전달되어야 한다. 명확히 의사전달이 되지 않을 경우 상호간

돌이킬 수 없는 전략을 구비하게 되는 경우 위기는 급격히 군사적 대결로 전환하게 된다. 실제 1962년 쿠바미사일위기에서 케네디는 자신의 의지를 공개적으로 언론에 공표하기도 하였지만 동생을 통해 주미러시아대사를 소환하여 터키의 주피터미사일을 철회할 용의가 있음을 공표하였다.

Ⅲ 청중비용과 정권유형간 관계

1. 청중비용의 의미

청중비용이란 일국의 지도자가 강경한 발언을 하고 이것을 철회할 때 치루는 비용을 의미한다. 위기 상황에서 자신의 의지를 관철하기 위해 지도자는 강력하게 대응할 것임을 발언한다. 이 경우 지도자는 국내청중들이 자신의 발언철회로 인해 선거에서 표를 이용해서 책임을 추궁한다는 점을 고려하게 된다. 위기 시 국가들은 강경정책을 사용하겠다는 신호를 보낸다. 이 신호보내기에서 자신이 감수해야 하는 비용이 더 크다고 여겨지는 경우 더 강력한 의지를 가지고 있다고 판단할 수 있다.

신호보내기 게임에서 비용은 크게 두 가지이다. 첫 번째는 강경정책을 제시할 때까지 든 비용이다. 두 번째는 강경정책을 돌이켰을 때 드는 사후적 비용이다. 이때 후자가 청중비용에는 중요하게 된다. 첫 번째 비용은 관측될 수 있는데 비해 두 번째 비용은 추론으로 측정하는 비용이다. 두 번째 비용은 국가 지지도의 약화 등을 고려해야하는 상황이다.

2. 청중비용과 정권유형의 관계

민주주의 국가에서는 청중비용은 유권자가 지도자를 처벌할 수 있을 뿐 아니라 정보가 명확하기 때문에 유권자는 지도자의 정책변경에 대해 정확한 판단이 가능하다. 따라서 지도자는 자신이 강경발언을 한 뒤 이것을 철회할 경우 치르게 될 정치적 비용으로 인해 강경정책을 철회할 수 없는 것이다.

민주주의국가에서 청중비용이 중요하게 되는 이유가 있다. 첫째, 지도자의 정책철회와 정책선회는 국가의 명예와 평판을 중요하게 여기는 국가에서 지도자의 정책판단능력을 의심받게 된다. 따라서 민주주의에서 지도자의 정책철회는 어렵다. 둘째, 민주주의 내에는 야당과 같은 정치적 경쟁자가 있기 때문에 이것을 이용하여 지도자는 강경정책을 공개적으로 천명하고 야당의 반대나 정치적 지분 약화를 빌미로 자신의 발을 묶을 수 있다. 셋째, 민주주의에서는 정보가 공개되기 때문에 민주주의국가 지도자는 정책전환을 쉽게 할 수 없다. 즉 지도자는 자국국민을 속일 수가 없다. 넷째, 민주주의에서 일반 유권자들을 외교정책에도 관심을 가지게 하기 때문에 안보문제가 선거정치에 사용될 수 있다고 주장한다.

위의 것을 다 정리하면 주인대리인의 관계, 책임성의 정치, 언행일치여부에 따른 선거결과, 국회 내 야당의 의석수, 자유로운 정보미디어 환경, 연성뉴스의 역할이 작용하여 민주주의국가의 지도자들이 강경정책을 활용할 수 있게 한다.

반면에 독재국가에서도 청중비용이 높을 수 있다는 주장이 있다. 첫 번째 논리는 독재국가의 지도자가 민주주의 국가의 지도자 보다 책임을 나눌 수 있는 여지가 없기 때문에 독재국가가 오히려 쿠데타나 숙청으로 이어질 수 있다는 것이다. 두 번째 논리는 독재국가의 지도자는 마초와 같은 이미지를 가지고 있는데 강경정책의 철회는 이러한 이미지를 붕괴시키고 이것이 정치적 저항과 쿠데타로 이어진다. 세 번째 논리는 처벌의 수준과 관련해 민주주의국가에서 지도자는 처벌이 재선 실패정도이지만 독재국가에서는 숙청이나 사형과 관련되어 있다. 따라서 이런 논리의 연장선상에서 독재국가의 지도자도 민주주의국가의 선거와 같은 청중비용은 아니지만 국내정치에서 청중비용을 고려하게 된다.

청중비용이 어떤 정치체제에서 더 작동하는가에 대한 논쟁은 대체로 세 가지 조건으로 모아진다. 첫 번째, 지도자에 대한 처벌의 용이성이다. 두 번째, 지도자 처벌로 인한 승리연합의 운명이다. 즉 대안이 존재하는 민주주의에서 처벌은 더 용이하다. 세 번째, 자국의 청중비용이 타국에 의해 관측될 수 있는지 여부이다. 민주주의는 정보가 투명하기 때문에 타국에 자국의 청중비용을 좀 더 명확하게 알려줄 수 있다.

Ⅳ 결 론

위의 논의에 따르면 민주주의국가 한국의 지도자가 강경발언을 하는 경우 철회가 어렵기 때문에 한국은 북한을 억지할 수 있어야 한다. 하지만 위협의 실현가능성과 상대방공격에 따른 취약성의 차이로 남한 지도자들은 북한의 도발에 강력하게 대처하지 못하는 경우가 있다, 또한 청중비용을 감안할 때 강경한 대응을 철회해야 하는 부담으로 강경정책을 제시하지 못하는 경우가 많다. 따라서 이론적인 청중비용이 정책적으로 활용되는 것은 지도자들의 성향과 선택에 따라 차이가 날 수 있다.

제 037 문 **국제사회학파와 동북아시아 지역 공동체**

　동아시아는 높은 경제적 상호의존과 교류를 진행하고 있다. 한편으로 동아시아는 지역별 상이한 문화적 유대감을 가지고 있다. 또한 탈냉전에도 불구하고 미국과 중국의 대립과 중국과 일본의 대립 그리고 북한의 대량살상무기와 위협의 존재 또한 지역의 특징으로 자리 잡고 있다. 다음 질문에 답하시오. (총 45점)

　(1) 국제관계를 보는 관점은 홉스(Thomas Hobbes)적 시각, 칸트(Immanuel Kant)적 시각, 그로티우스(Hugo Grotius)적 시각 등으로 구분되기도 한다. 이러한 시각들을 원용하여 지역공동체 단위의 등장에 대해 설명하시오. (15점)

　(2) 동아시아 여러 다자 협의체들의 역사와 현황을 설명하고, 동북아시아지역에서 다자협의체의 효과와 한계를 논하시오. (15점)

　(3) 그로티우스(Hugo Grotius)적 시각에 입각하여 한국이 동북아시아에서 지역공동체를 구성할 수 있는 방안들과 그 한계점을 논하시오. (15점)

 문제의 맥락과 포인트

　이론 비교 문제이다. 이 문제에서는 구성주의 대신에 영국학파라고 하는 국제사회학파에 대해 소개하고 있다. 행시 시험에서 요구하는 범위보다 넓지만 현실주의와 자유주의의 대안이론으로 한국에서 관심을 받는 이론이므로 이 이론 역시 조금 앞서가는 공부를 원하는 수험생들을 위해 넣었다. 그리고 이 문제는 지역통합이라는 주제를 세부문제 (1)번에서 묻고 있는데 세부문제 (2)번에서는 다자안보협의체를 묻고 있다. 앞의 문제가 경제통합을 묻는 것이고 뒤의 문제는 정치안보협력과 좀 더 멀리 보면 안보통합가능성을 묻고 있는 것이다. 경제교류의 증대가 안보의 협력을 가져올 수 있는지 여부로 보면 될 것이다. 앞의 경제통합과 뒤의 다자안보협력체 모두 다른 이슈로 대입하면 충분히 문제가 될 수 있다. 즉 2012년 현재 현안문제인 유로화의 위기를 집어넣고 이론간 비교를 통해 미래를 예측해 볼 수도 있다. 또한 동아시아 공동체가 가능한지를 물어볼 수도 있다. 기본 베이스로 이론이 탄탄하면 모두 해결할 수 있는 문제들이다. 이 문제 해설의 뒤에 나오는 동아시아 다자안보협의체에 관한 내용은 사실 관계인데 실제 답안에는 간략히 정리해서 쓰면 된다.

Ⅰ 서 론

최근 일본 초계기의 대한민국 구축함에 대한 근접 비행을 둘러싼 외교적 갈등이 있었다. 이는 동북아시아 국가 간의 민족주의 정책간의 충돌을 대표적으로 보여준다. 또한 탈냉전에도 불구하고 미중간 무역전쟁, 중일간 영토분쟁, 중국의 한국 반공망 식별구역에서의 비행들은 지역 국가들 간의 권력경쟁의 연장선을 보여준다. 이러한 상황에서 한국은 동북아시아 지역공동체를 만들기 위해 현실적으로 어떤 노력을 할 수 있는지 살펴본다.

Ⅱ 이론분석틀

지역공동체 형성을 위해서는 사회, 체계에 대한 접근이 필요하다. 따라서 분석틀에서는 사회(society), 체계(system)이라는 개념과 국제, 세계, 지역의 개념을 통해서 정리한다.

1. 홉스식 시각: 국제체계강조

현실주의의 홉스적 관점에서는 국제체계를 강조한다. 현실주의는 국가를 단위로 하며 국가들간의 상호작용의 차원에서 국제체제를 설명한다. 이때 국가는 무정부상태라는 제약에서 강대국들의 수인 극성에 영향을 받는다. 국가는 자신이 보유한 권력의 양에 따라 자신의 목표를 이룰 가능성이 결정된다. 이로 인해 국가들은 생존과 생존을 위해 더 많은 권력을 보유하기를 원한다. 또한 국가들의 상위권위체가 없기 때문에 국가들에게 주어진 규범과 사회적 요인은 존재하지 않는다. 다만 국가들 간의 권력의 크기와 국가의 이익에 의해 상호작용이 결정되는 것이다. 홉스식 관점에서도 국가들은 협력을 하지만 그 협력은 일시적이다. 협력은 국가단위체의 이익고려에 의해 이루어질 수 있지만 협력을 유지하는 것은 어렵다. 이로 인해 제도, 사회적 요인, 규범에 따른 국가에 대한 규율은 어렵다.

2. 칸트식 시각: 세계사회강조

자유주의의 칸트적 관점에서는 세계사회가 강조된다. 자유주의의 뿌리는 합리적 인간에 있다. 합리적 인간에 의해 국가라는 공동체가 만들어질 뿐 아니라 국가체제를 뛰어넘는 세계 사회가 만들어질 수 있다. 칸트는 합리적 인간을 기본 단위로 하여 국제정치를 설명했다. 이때 인간은 자신의 이성에만 따르는 자기지배를 구현하는 행위자이다. 이런 인간들로 구성된 정치공동체는 인간의 이성과 자율(self-rule)을 따른다. 이때 합리적 인간들 간의 사회는 법에 의해 규율된다. 또한 합리적인 규칙에 의해 제한되고 운영되는 사회들 역시 기본 단위를 인간으로 하여 이루어진 사회들 간의 관계이다. 이것은 국가들 관계에도 그대로 적용된다. 국가들 간에도 법이 지배한다. 이렇게 일루어진 관계는 국가를 기본으로 하지 않고 국가와 인간 모두를 다룬다는 점에서 세계를 이룬다. 또한 인간에게 작동하는 규범이 국가들 간에도 작동하기 때문에 규범과 규칙이라는 사회적 요인들도 작동하는 것이다. 이렇게 구성된 세계 사회에서는 제도와 규범에 따르는 협력이 용이하게 된다.

3. 그로티우스식 시각: 국제사회강조

국제사회학파 혹은 영국학파는 그로티우스를 사상적 배경으로 하여 국제사회를 강조한다. 이때 국제사회란 단위를 국가단위로 하면서 사회적 요인들을 강조하는 개념이다. 국제사회학파는 국제정치의 기본단위는 국가들이라고 본다. 이것은 개인을 단위로 하는 것 보다 국제정치에서는 하나의 공동체를 단위로 하는 근대적 세계를 전제로 하기 때문이다. 이런 점에서 국제사회학파는 현실주의와 분석단위를 공유한다. 하지만 국제사회학파는 현실주의자들이 국제체계를 강조하는 입장과 달리 국가들을 규율하는 사회적 규범을 강조한다. 국가들은 무정부상태에서 원자적으로만 관계를 맺는 것이 아니다. 국가들은 국가를 이루고 있는 사회적 규범에 영향을 받을 수 밖에 없으며 이러한 규범들은 국가 간에 공유하고 있다. 사회적 규범을 강조한다는 점에서는 자유주의적 측면을 공유하지만 칸트식의 인간을 기반으로 하여 국가단위를 뛰어넘으려는 입장과는 다르다. 국가들간의 사회적 요소를 확인할 수 있는 기제로는 국제법, 강대국의 세력균형, 외교관계, 전쟁등을 들 수 있다.

한편 국제사회학파는 두 개의 계열로 분화하였다. 국제사회학파내부에서 헤들리 불을 필두로 하여 국가를 강조하는 다원주의입장과 마틴 와이트를 필두로 하여 인간을 강조하는 연대주의가 나뉜다. 다원주의는 국가를 단위로 하여 국가간의 사회적 요소를 강조하면서 인권에 대해 국가주권을 더 옹호한다. 반면에 연대주의에서는 사회적 요소로서 인간을 강조하면서 국가주권보다 인권을 강조한다. 연대주의입장은 자유주의입장에 더 가깝다고 볼 수 있다. 그럼에도 불구하고 단위를 국가로만 한정하지 않는 점에서 정책구성에 있어서 장점을 가진다.

● 대안 목차

Ⅱ **지역공동체에 대한 이론적 설명: 이론적 설명**

1. 홉스적 관점: 힘과 위협에 의한 설명

지역공동체를 설명하는데 있어서 현실주의는 국가의 힘과 국가이익을 강조한다. 또한 국가의 힘과 이익은 타국가의 위협을 감소하는 것을 포함한다.

우선 패권이론을 통해서 설명할 수 있다. 현실주의적 관점에서 따르면 지역공동체는 지역강대국의 패권에 의해서 형성되고 유지될 수 있다. 무정부상태에서 국가들이 자조체계에 있지만 패권의 존재는 이런 무정부상태를 힘의 위계적 관계로 변화시킨다. 따라서 지역패권국가는 힘을 통해서 지역의 안정을 확보하고 지역의 평화를 관리한다. 반면에 지역 내 다른 국가들은 패권이 제공하는 평화와 안정이라는 공공재를 소비할 수 있다. 따라서 지역공동체를 만드는 데 있어서 중요한 것은 지역강대국의 존재이다.

두 번째는 지역간 경쟁을 통해서 설명할 수 있다. 길핀이 제시한 경제안보딜레마이론은 한 지역의 통합은 다른 지역의 통합을 자극한다. 이때 한 지역의 패권국가는 타 지역의 경제적 유대의 강화와 통합 강화에 대해서 자신의 지역 내 경제적으로 공동체를 구성하여 대처할 수 있다. 타 지역의 경제적 유대강화는 상대적인 지역의 열세를 만들 수 있기 때문에 지역공동체의 상대적인 열위를 피하고자 지역공동체를 구성할 수 있다. 마치 안보 딜레마처럼 경제통합에서도 경쟁을 한다는 것이다.

마지막으로 현실주의에서는 구속명제를 통해서 공동체를 설명할 수 있다. 죠셉 그리코는 구속명제를 통해서 강대국이 지역 통합을 하는 이유를 설명했다. 지역 내 강대국은 자신보다 국력이 강한 국가가 한 지역내에서 잠재적 패권국가로 등장하는 것을 막을 필요가 있다. 지역 강대국은 잠재적 패권등장과 그에 따른 위협을 관리하기 위해서 잠재적 패권국가를 지역공동체 가입으로 유도한다. 즉 강대국은 제도 구축을 통해서 잠재적 패권국의 등장을 구속하는 것이다.

2. 칸트적 관점: 이익과 제도에 의한 설명

지역공동체를 만드는 데 있어서 칸트적 관점의 자유주의는 먼저 인간의 본원적인 동기인 경제적 이익을 강조한다. 경제적 이익을 증대하고자 하는 인간의 욕구는 더 넓은 시장을 구축하는 것을 선호한다. 경제적 이해관계는 더 많은 교류를 가져올 것이고 이런 교류의 증대는 결국 의식의 전환을 가져올 것이다. 칼 도이치의 거래적 기능주의의 설명처럼 교류의 증대와 의사소통의 증대는 공동체 구성원 특히 정치엘리트들 간의 의식 교환을 통해서 공동체 창출에 나서게 만들 것이다. 이런 과정은 안보에 대한 공유된 이해를 통해서 안보공동체까지 발전할 수 있게 해준다.

자유주의 입장에서 공동체를 구성하는 다른 설명은 제도를 통한 설명이다. 제도는 상호주의 원리가 구체화되는 것으로 이런 상호주의 원리를 통해서 국가들로 하여금 더 큰 이익으로서 절대적 이익을 추구하게 만든다. 정보의 제공과 거래비용의 감소 그리고 기대의 안정적 달성화와 기만의 문제를 해결하는 제도의 효과는 국가들 간 협력을 유도할 것이다. 특히 이런 제도가 다자화되어서 서로의 이익을 증대할 뿐 아니라 '일반화된 규범'이 형성되면 공동체의 의식 또한 변화하게 될 것이다.

또 다른 자유주의 입장으로 민주평화이론을 통해서 설명할 수 있다. 민주평화이론은 민주주의 국가 간의 공유된 규범이 자유무역을 증대시킬 뿐 아니라 집단적 정체성의 형성에도 도움이 된다고 한다. 민주주의간에 공유된 민주주의의 의식은 국가들이 공동체의식을 향유하도록 하며 이것으로 공동체가 형성 유지발전할 수 있다. 지역 통합 역시 민주주의 국가들간에 구성될 수 있다.

3. 그로티우스적 관점: 국가 간 규범에 의한 설명

국제사회학파의 입장에서 공동체를 형성하는 것은 국가들의 의지가 중요하다. 국제사회를 파악하고 운영하는 데 있어서는 국가 지도자들의 의지가 결합되는 것이 중요하다. 이것을 의지 배열(voliton arrangement)이라고 한다. 국제'사회'이론은 사회적 규범을 강조한다. 이것은 인간이 알아낼 수 있는 것이지 추상적 실체이자 법인겨인 국가가 알아낼 수 있는 것이 아니다. 실제 국가들은 국가들이 그동안 운영해 왔던 관행이 중요할 뿐 아니라 국가들이 지켜야 할 규범이 있다. 국가를 규율하고 국가가 따르는 사회적 요소로서 규칙과 규범은 공유되어지기 때문에 공동체를 만들 수 있는 여지를 가진다. 여기에 더해서 국가의 지도자들이 어떤 의식을 가지고 지역공동체를 바라보는지에 따라 공동체 구성 여부가 결정될 수 있다.

Ⅲ 동아시아의 다자협의체와 동북아시아의 다자협의체의 효과와 한계

다자협의체는 다자적인 차원에서 작동하는 안보분야까지를 포괄하여 논의를 하는 제도를 의미한다. 단지 지역주의에 따라 경제공동체만 지향하는 지역주의제도는 배제한다.

1. 동아시아 다자협의체의 역사와 현황

동아시아의 자자협의체는 정부간 제도(Track I)와 비정부간 제도(track II)로 구분해볼 수 있다. 이중에서 먼저 정부간 제도를 살펴보면 크게 두 가지를 볼 수 있다. 첫 번째는 아세안을 중심으로 하여 작동하고 있는 아시안지역포럼(ARF)이다. 1994년 출범한 ARF는 아세안국가들이 주도하고 있다. ASEAN10개 국가와 대화상대국 10개 국가와 북한과 몽고 파키스탄과 같은 7개의 국가를 포함하여 총 27개 국가가 회원국으로 있다. 이 제도는 국가들의 상이함을 전제로 하여 비동질적인 국가 간의 협력을 중시하면서 연성조직으로서 기능한다. 1년에 한번 정례적인 모임을 진행하지만 제도발전의 속도가 더디다. 또한 동남아시아국가들이 주도하기 때문에 다른 안보환경에 있는 동북아시아 국가들의 안보주제를 다루기 어렵다.

두 번째는 동아시아 정상회의를 들 수 있다. 동아시아 정상회의는 2005년 출범하였고 현재는 아세안회원국가 10개국에 한중일과 호주 뉴질랜드와 인도 그리고 2011년 미국과 러시아 신규로 가입하고 있다. 이 회의는 1990년 말레이시아의 총리가 제안한 동아시아경제그룹아이디어를 2001년 김대중 정부에서 ASEAN +3를 중심으로 한 EAVG에서 제안하여 구성되었다. 동아시아의 평화와 안정 뿐 아니라 경제적 번영과 함께 에너지와 환경등의 문제를 포괄적으로 다

루는 제도이다. 이 제도는 동아시아공동체를 지
향하고 있어 내부적으로 리더십 경쟁이 치열하
게 작동하기도 한다.

이외에 비정부간 기구로는 CSCAP, NEACD,
EAVG, 서울안보대화가 있다. 이들 기구들은 대
체로 정부전문가들과 민간 전문가들이 모이는
형태로 Track 1.5에 해당한다. 민감한 부분에 대
한 다양한 의견을 나누고 이렇게 모인 아이디어
를 실제 정책에 반영하기 위해 만들어진 제도들
이다. 이러한 제도들의 발전은 지역국가간의 인
권, 역사, 환경과 같은 주제에서의 상이한 시각
차이로 인한 협력의 어려움을 극복하기 위한 것
이다.

2. 동북아시아 다자협의체의 효과와 한계

동북아시아에는 동북아시아만의 다자협의체
가 존재하지 않는다. 과거 북한 핵문제를 푸는
과정에서 6자회담이 동북아시아 지역에 국한된
협의체였지만 이 제도는 북한 핵문제에 국한되
었기 때문에 다자안보대화체제라고 볼 수 없다.
또한 TCOG도 있었지만 이것은 한미일 3국의
정책공조를 위한 협의체로서 동북아시아를 포괄
하는 지역대화체라고 할 수 없다.

현재 존재하지 않는 제도를 만든다면 이 다
자 협의체가 어떤 효과를 가질 것인지는 이론적
논의의 대상이다. 먼저 동북아시아 다자협의체
가 만들어지면 기대할 수 있는 효과는 국가간의
신뢰구축, 국가간 안보딜레마 약화, 지역국가 간
의 담론의 구축을 생각해볼 수 있다. 먼저 제도
를 만들어 사전에 논의를 해가면서 국가들은 제
도를 통해 상호신뢰구축으로 나갈 수 있다. 또
한 이것은 군비통제 등으로 확대될 경우 안보경
쟁을 완화하는데 도움이 될 것이다. 게다가 특
정 주제를 정해서 이를 담론으로 만들어가면 안
보 주제에 대한 지역 국가들의 인식에도 변화를

가져올 수 있다.

그러나 한계 또한 명확하다. 우선 지역국가
간의 힘의 격차로 인해 다자적인 제도가 일방적
이거나 쌍무적으로 운영될 가능성이 있다. 미국
과 중국이 상이한 이익의 차이를 강조할 경우
제도는 국가 이익의 도구로 전락할 것이다. 이
러한 리더십 경쟁은 제도교착으로 이어질 수 있
다. 이렇게 만들어진 후에 작동가능성도 문제지
만 만들어질지 여부 또한 문제이다. 동북아시아
국가들이 서로 위협을 상이하게 바라보고 있기
때문에 공동의 위협을 기반으로 하는 안보합의
점을 찾기 어렵다. 게다가 민주주의와 비민주주
의의 정체체제의 상이성은 국가들의 합의의 신
뢰성에도 영향을 미친다. 마지막으로 역사적으
로 다자주의를 사용해본 경험이 적은 이 지역국
가들간에 다자주의제도 구축 자체가 요원할 수
있다.

Ⅳ 국제사회관점에서 동북아시아 지역 공동체 구성방안들과 한계 논의

앞서서 본 국제사회학파의 분류에 따라 다원
주의 모형에서 국가를 중심으로 하고 연대주의
에서 민간을 중심으로 하여 국가(정부)와 민간
양 행위자가 지역공동체를 구성할 수 있는 방안
들을 논의한다.

1. 지역공동체 구성방안들

지역공동체를 만들기 위해서 우선 한국 정부
가 할 수 있는 일은 정상회의 등을 이용하여 지
도자 간의 합의점을 찾는 것이다. 지도자 간의
의지배열을 강조하는 국제사회학파이론에 따르
면 지도자들이 지역사회의 규범이나 질서를 만
드는 것이 중요하다. 규범과 질서에 대한 합의
가 있을 때 이것은 제도로 이어질 수 있다. 규범

과 질서에 대한 사회적 합의는 사회구성원 전체가 만들 수 없다. 이것은 지도자들에 의해 체현될 수 있다.

구체적으로 지도자들 간의 합의를 만들어 가는 것이 중요하다. 이를 위해서는 정상회의 등을 이용할 수 있다. 특히 이 지역에서 정상회의를 사용하는 것은 유용한 방안이다. 민족주의로 인해 민감한 정치사안에 있어서 지도자의 결단은 국내사회의 거부와 저항을 약화시키면서 국가 간의 협력을 만들어낼 수 있다. 이러한 방안을 이용하는 데 있어서 동북아시아 지역 국가들 간의 정상회의를 이용하는 방법도 있지만 기존 정상회의를 이용하는 방안도 있다. 예를 들어 동아시아 정상회의를 이용하여 별개도 동북아시아 정상간 대화를 만들어낼 수 있다.

한국은 문화부분에서 한류의 힘을 이용하여 문화적 재해석을 통한 동북아시아의 공감대 확보를 모색할 수 있다. 국제사회학파는 지역만의 독특한 사회적 요인을 강조할 수 있다. 그런 점에서 동북아지역의 역사에 대한 상호적인 대화와 회의를 통해 피해와 가해의 문제를 풀어가는 것도 추진해볼 수 있다. 문화적 영역에서 사회적 대화와 새로운 규범을 만들어가는 노력을 정부 간에 진행해볼 수 있다.

한국은 경제적 중견국가로서의 지위를 활용하여 지역 경제 공동체 구성을 주도하거나 촉진해 볼 수 있다. 한자와 유교 등의 전통문화를 재해석하고 공유하는 문화적인 노력에 더해 동아시아 외환위기의 경험을 살려 지역경제협력체를 구축함으로써 현실적인 지역의 규범과 이익을 만들 수도 있다. 특히 동북아시아 국가간의 개별적인 FTA를 다자적으로 확장하는 형태의 지역주의 기구 모색을 꾀해 볼 수 있다.

정치, 문화, 경제 과정에서 연대주의에 기초할 경우 민간부분에서 지역 공동체를 구성하는

것을 지원할 수 있다. 앞서 본 것처럼 track Ⅱ의 제도들을 활용하여 동북아시아 지역의 현안문제들을 논의하면서 전부간의 해법 모색을 지원할 수 있다. 특히 북한 핵과 대량살상무기 등을 제거하여 동북아시아지역 질서의 안정을 만들 수 있는 전문가논의 기구를 통해서 정부와 민간을 연결해볼 수 있다.

2. 지역공동체 구성방안들의 한계

한국의 동북아시아 지역공동체 구성방안들은 세 가지 점에서 한계를 가진다. 첫 번째는 지역환경이다. 지역환경이 미중갈등, 중일갈등, 미러간 갈등으로 이어지고 있으며 북한문제 역시 불확정적이다. 이런 환경의 불확실성에서 지역 강대국들의 이익을 조정하는 것은 한계가 있다.

두번째는 한국의 권력자원 부족이다. 먼저 지역공동체를 만들기 위해 국가 지도자들간이나 민간 부분의 제도들을 만들기 위해서는 이들 국가 지도자들과 전문가들이 모이게 해야 한다. 이런 제도 구성과 결집 능력이 한국으로서는 부족하다. 경제력과 군사력의 경성권력이 부족할 뿐 아니라 이들을 불러 모음 수 있는 규범력도 부족하다. 이런 지역공동체 구성에 있어서 연성권력만으로는 부족하기 때문에 경성권력과 규범이 중요하나 한국의 현재 자원에서 이런 권력은 부족하다.

세 번째는 한국의 외교적 능력 부족이다. 한국이 지역공동체를 구성하기 위해서는 어떤 의제를 설정하고 이 의제가 동아시아 전체와 국제사회 전체의 규범과 일치하면서도 지역만의 특수성을 담아야 한다. 그러나 한국의 외교는 지역의 특정국가에 편중되어 있어 지역을 아우른 외교적 비전이 부족하다. 따라서 지역공동체를 구성하기 위한 안목의 부족과 톤트롤 타워의 부족은 지역공동체를 구성하기 위한 정부간 외교,

비정부간 외교를 이끌기 어렵다.

3. 평 가

어려움에도 불구하고 한국은 지역공동체를
만들기 위한 노력을 할 필요가 있다. 한국은 북
한 문제의 가장 중요한 당사자이며 이해관계자
이다. 또한 지역내 유일한 중견국가이다. 이런
상황에서 부족한 권력에도 불구하고 회의 개최
자로서의 입지를 만들어 낼 수 있다면 한국은
지역 사회의 안정을 이룰 수 있다. 따라서 장기
적 계획으로 지역공동체 구성을 위한 노력을 정
치, 문화, 경제 차원에서 경주해야 한다.

Ⓥ 결 론

동북아시아 지역의 민족주의에 따른 갈등에
도 불구하고 이 지역에서는 1950년 한국 전쟁이
후 전쟁은 없다. 군사적 충돌 또한 자제되고 있
다. 지역국가들의 세력균형에 대한 인식이 아직
은 작동하고 있는 상황에서 한국은 동북아시아
지역공동체를 구성하기 위한 노력을 펼 필요가
있다.

제038문 트럼프외교와 한국의 대응

트럼프시대 미국외교정책은 '불확실성'을 특징으로 한다. 한편 미국외교는 역사적 전통을 가지고 있다. 월터 미드(Walter Mead)는 미국의 외교정책을 윌슨주의, 제퍼슨주의, 해밀턴주의, 잭슨주의의 4가지 유형으로 구분하였다. 4가지 미국외교정책의 전통은 당시 국제체계와 국제정세, 국내정치상황, 지도자의 특성에 영향을 받아 만들어졌다. 다음 질문에 답하시오. (총 40점)

(1) 미국외교의 전통으로서 윌슨주의, 제퍼슨주의, 해밀턴주의, 잭슨주의의 내용을 비교하고 트럼프 대통령의 외교는 어디에 속하는지 설명하시오. (20점)

(2) 트럼프시대 외교를 구성하는 국제체계, 국내정치상황, 개인적 요인들을 설명하고 이들 요인들에 기반을 두고 향후 트럼프식 외교정책이 지속될 수 있는지 논하시오. (15점)

(3) 위의 논의를 통해 한국외교에 주는 의미를 논하시오. (5점)

 문제의 맥락과 포인트

2016년 트럼프 대통령의 당선은 한미관계의 변화를 예측하게 한다. 트럼프라는 개인에 대해 많이 알려지지 않은 상황에서 외교적 대응을 위해서는 기존 미국 외교패턴을 가지고 설명할 수밖에 없다. 이때 역사학자인 월터 미드의 미국 외교 분류가 유용하다. 이 논리에 더해 국제체계, 국가의 특성, 지도자를 논리적으로 연결하는 신고전현실주의 이론으로 향후 트럼프 대통령이 이끄는 미국 외교를 예측하고자 하는 것이다. 논리적 연결이 어느 정도 잘되는지가 이 문제에서 포인트이다.

Ⅰ 서 론

45대 미국대통령인 도날드 트럼프의 당선은 말 그대로 '불확실성'을 그대로 보여준다. 하지만 미국외교의 전통의 틀에서 예측함으로써 불확실성을 축소할 수 있다. 또한 현재 국제체계, 국내정치, 개인과 같은 특징들을 통해 향후 지속성여부를 논해본다.

Ⅱ 미국외교의 전통: 월터 미드(Walter R. Mead)를 중심으로

1. 4가지 외교적 전통

미국외교의 전통을 윌슨주의, 제퍼슨주의, 해밀턴주의, 잭슨주의의 4가지로 구분한 사람은 미국의 역사학자인 미드(Walter R. Mead)이다. 역사학의 관점에서 미국외교를 구분한 외교정치에 관한 전문가로서 미드는 미국외교의 대표적인

대통령을 4사람으로 구분하고 이것을 미국외교의 전통으로 설명하였다.

전통적인 미국외교의 분류인 고립주의와 개입주의의 틀에 적용하면 제퍼슨주의와 잭슨주의가 고립주의에 해당한다. 반면에 해밀턴주의와 윌슨주의가 국제주의에 해당한다. 이러한 분류는 현실주의적 이론과 자유주의 이론으로 구분하자면 국력을 근간으로 한 현실주의에는 잭슨주의와 해밀턴주의가 속한다. 반면에 자유주의에는 윌슨주의와 제퍼슨주의가 속한다. 이러한 4가지 전통을 구체적으로 설명하면 다음과 같다.

첫째, 해밀턴주의는 현실주의적 관점에서 개입주의이다. 해밀턴주의는 상공업을 중시하는 전통으로 미국의 경제적 국익을 최우선 하는 전통이다. 해밀턴 대통령은 미국의 경제적 이익을 최고로 두고 개입주의정책을 폈던 대통령이다.

둘째, 잭슨주의는 현실주의관점의 고립주의정책을 지지한다. 잭슨주의는 미국의 이해와 명예를 지키는 일에 최우선을 두고 미국을 반대하는 세력들을 신속하고 철저하게 응징하는 일을 기본 외교목표로 두고 있다. 잭슨주의는 미국의 국익을 중심으로 하며 고립주의정책을 추구했다. 하지만 미국의 국익침해에 대해서는 강력한 개입을 불사하겠다는 입장이다. '잭슨주의(Jacksonian tradition)'는 국제사회가 무정부적이며 폭력적이고, 앞으로도 그런 상태가 지속될 것으로 믿는다. 잭슨주의자들은 미국을 반대하는 세력들을 신속하고 철저하게 그리고 전문적으로 박멸하는 것이 미국 지도자들의 명백한 책무라고 생각한다.

세 번째, 제퍼슨주의는 자유주의입장의 고립주의정책을 편다. 최소 정부 전통으로 외교무대에서 중립을 지켜 타국의 일에 개입하기를 원치 않는 전통을 가지고 있다. 제퍼슨주의는 국가의 개입을 축소하고자 했다. 지주출신으로서 전통

적인 자유주의의 입장에 있는 제퍼슨 대통령은 국가가 분쟁을 할 경우 분쟁에 개입하기 위해 군대와 관료가 커질 것으로 보았다. 자유를 지향했던 자유주의자로서 국가는 분쟁의 개입을 줄여야 한다고 보았다. 또한 당시 미국 상황에서는 상업보다는 농업이 중요하다고 보았다.

네 번째, 윌슨주의는 자유주의의 국제주의를 펴고 있다. 미국의 민주주의 가치를 세계에 전파하고 평화를 위한 세계 각국의 책임과 국제적 협력을 강조하는 전통이다. 윌슨은 미국 민주평화이론의 아버지이다. 그는 민주주의를 확장하기를 원한 개입주의자이다.

2. 트럼프시대의 외교: 잭슨외교

트럼프의 외교는 잭슨주의외교노선으로 볼 수 있다. 그는 미국우선주의를 따르고 있다. 이런 전통은 미국과 백인을 강조하는 입장이다. 가능하면 고립주의 정책을 사용하고 미국을 강화하는데 총력을 집중할 것이다. 현실주의 관점에서 권력과 국가이익을 중심으로 하여 고립주의를 택할 것이다. 같은 고립주의지만 제퍼슨주의는 국제분쟁에 개입하지 않는 평화정책과 고립주의를 사용하는 것이 국내정치에서 인권보호를 이룰 수 있다는 입장이다. 반면에 잭슨식 고립주의는 백인과 비백인을 구분한다. 비백인의 문제에 대해 관여하지 않지만 만약 비백인들이 백인들의 규범을 깨뜨리고 위협이 될 경우 규범위반자인 비백인들에게 강력한 제재를 가하고 응징을 하는 것이다. 따라서 트럼프는 가능하면 고립주의를 택하지만 미국의 국익과 관련해 필요한 경우 강력한 개입도 불사하는 고립주의를 택할 가능성이 높다.

Ⅲ 트럼프외교정책 결정의 3가지 요인과 향후 지속가능성

1. 트럼프외교의 3가지 요인

첫째, 국제체계차원에서 단극이라는 점이 중요하다. 단극은 미국이 정책에 있어서 제한을 받지 않는다는 것이다. 견제가 없는 것이 단극의 특징이기 때문이다. 그런데 미국의 국력이 약화되고 있다는 것이 중요하다. 국력변동의 시대에 미국은 패권의 자리를 유지하고 패권을 지속하기 위해서는 자국의 국력을 증대하고 유지하는 것이 필요하다.

둘째, 국내정치에서 극우에 대한 지지가 중요하다. 미국의 경제가 약화되면서 백인중하층과 노동자들의 불만이 극화되었다. 미국중산층의 불만은 미국 내 정치에서 경합주(swing-state)들 중 상당수가 트럼프를 지지하게 만들었다. 2008년 미국의 금융위기 이후 백인들의 소득이 더 악화된 것이 트럼프라는 아웃사이더의 당선으로 이어졌다. 정당정치가 약한 미국에서 벼락스타가 대통령이 될 수 있다는 점과 극우아웃사이더가 당선될 수 있다는 여지를 만들어주었다.

셋째, 트럼프는 돌발적 행동과 부동산 투자 기업가로서의 성향이 외교를 결정한다. 부동산 회사를 운영한 CEO이고 백인 우월주의를 중시하는 트럼트는 자신이 백인들의 아이콘이 되어야 한다고 생각한다. 게다가 기업운영의 노하우는 공공조직이 아닌 사적이익을 추구하는 조직에서 그대로 적용되기 어렵지만 경영자 스타일을 대외정책 결정에도 유지할 것이다.

2. 지속가능성

트럼프 대통령의 외교정책의 청사진이 만들어지더라도 트럼프외교는 지속될 가능성이 높다. 우선 국제체계 요인은 쉽게 변하지 않을 것이다. 또한 국내정치에서 백인 불만자들이 많고 경합주에 의해 정치가 결정되는 미국정치상황도 변하기 어렵다. 트럼프의 돌발적이고 영웅주의적인 행태 역시 변하기 어렵다.

하지만 국제체계에서 4차 산업혁명으로 미국과 경쟁 국가들의 국력격차가 어떤 방식으로 바뀔지는 알기 어렵다. 제조업의 중요성이 줄어들면서 새로운 융합산업에서 미국이 우위를 차지하게 되면 국제체계의 요인을 변할 수 있다.

두 번째 국내정치측면에서 다소 트럼프식 외교가 변할 수 있는 여지가 있다. 미국의 국내정치에서 제도적인 견제가능성도 중요하다. 대통령제도인 미국에서도 야당과 의회와 사법부 그리고 언론이 견제를 한다. 현재 트럼프에 대한 저항도 이런 제도적인 차원에서 이루어지고 있다.

세 번째 개인적 요인은 변화하기 어렵기 때문에 유지될 가능성이 높다. 한 개인의 특성은 바뀌기 보다는 다른 요인들에 의해 제한 될 수 있다. 개인적 요소도 국제체계와 국내정치 요인처럼 단기간에 변하기 어렵다. 다만 트럼프가 민중주의 정치인이기 때문에 자신의 지지도를 위해서 개인적 성향을 무시하고 대중 지지를 따를 수는 있다. 이런 점에서 미국의 국내정치의 트럼프 견제가 중요하다.

Ⅳ 결론을 대신하며: 한국외교 방향

트럼프시대의 불확실성은 외교정책의 틀에 비추어 볼 때 어느 정도 예상된다. 따라서 트럼프의 대한반도 외교도 어느 정도 예측할 수 있다. 첫 번째, 국익우선주의를 이용하면서 선별적이 개입주의와 선별적 고립주의를 사용할 것이다. 최근 미국이 사드 배치 이후 배치 비용을 한국이 부담해야 한다고 말하는 것은 안보분야에서 '공짜점심'을 거부하겠다는 것이다. 전적으로 미국의 국익에 도움이 되지 않는다고 하면 안보에 대한 비용부담을 시킬 수 있다는 것이다. 이런 점에서 한국은 미국과 중국 사이에서 이념보다는 실용주의노선의 압박을 받을 수 있다. 한국은 이에 대응할 수 있는 논리를 구축해야 한다. 한반도 안보가 가지는 지역질서 안정과 중일간의 경쟁약화라는 논리와 지역 안정자로서 미국의 위상이 중요하다는 논리로 미국을 설득해야 한다.

두 번째, 경제정책에서도 미국의 실리를 최대한 확보할 수 있는 상징적인 조치를 요구할 가능성이 높다. 한미 FTA를 재검토하자고 주장한 미국 부통령의 발언을 감안할 때 안보에 대한 압박과 함께 경제에 대한 압박을 받을 수 있다. 여기에 기존 제도의 유지가 가지는 이익과 신뢰보호의 논리로 대응해야 한다.

세 번째, 미국에 대한 안보 위협에 대해서는 강경하게 맞설 수 있다. 북한 문제에 대해 미국은 중국에 책임을 전가하면서도 필요한 경우 미국이 직접 강압외교를 수행할 수 있다. 이것은 한국이 미국과의 관계에서 아웃사이더로 전락할 수 있다는 것이다. 미국과의 접촉루트를 늘리고 한국의 입장을 반영할 수 있는 통로를 최대한 확보해야 한다.

트럼프시대 외교에서 미국은 단극의 질서를 최대한 활용할 수 있다. 한국은 연루와 방기의 위험을 안보, 정치경제에서 경험할 가능성이 높다. 이에 대한 체계적인 대응을 위해 차지 정부는 정부차원에서의 논리구축을 해야 한다.

냉전 종식 이후 전 세계적으로 내전과 종족분쟁이 빈번히 발발하였고 이로 인해 심각한 인도주의적 위기가 발생하였다. 이에 대해 코피 아난(Kofi Annan) 전 UN 사무총장은 UN의 새로운 평화 활동을 강화할 것을 주장하였다. 이러한 노력의 결과로 2005년 9월 개최된 UN 세계정상회담에서 인도주의적 개입의 새로운 규범으로서 보호책임(Responsibility to Protect: RtoP)이 등장하였다. 다음 물음에 답하시오. (총 30점)

 (1) 이 국제규범의 주요 내용을 서술하시오. (14점)

 (2) 이 국제규범의 의의와 한계를 구체적인 역사적 사례를 들어 논하시오. (16점)

– 2016년 5급 공채 국제통상직 기출문제

 문제의 맥락과 포인트

국제정치학에서 인권은 현실주의와 자유주의가 논쟁을 하는 가장 중요한 영역이다. 인권이 중요하다고 하면 자유주의의 논리가 강화되는 것이고 국가주권을 강조하는 현실주의에 대한 논리적 우월성을 확보하게 된다. 그런 점에서 인권을 위한 군사적 개입을 체계화하고 제도화한 보호책임이 국가들에게 어떻게 받아들여지는지는 이 논쟁의 중요 지표이다. 큰 틀에서 현실주의와 자유주의의 국가주권과 인간의 권리간의 논쟁의 의미를 지적하면서 문제를 풀어가는 것이 핵심이다.

 Ⅰ 서 론

1990년 쿠르드족에 대한 인도적 개입을 시작으로 한 인권을 위한 국제사회의 개입규범은 2011년 리비아 사태에서 '국민보호책임'으로 정점에 올랐다. 그러나 리비아와 같은 시기 벌어진 시리아사태는 "행위자의 공동체가 공유하는 적절한 행동에 대한 기대치"로 정의되는 국제규범의 측면에서 과연 국민보호책임이 규범으로 자리 잡고 있는지에 의문을 제기한다. 다양한 사례를 통해 국민보호책임이 규범이 되었는지에

대해 평가해본다.

 Ⅱ 국민보호책임의 주요내용

1. 국민보호책임의 등장 배경

국민보호책임이 등장하는 데 있어서 두 가지 배경이 필요하다. 첫 번째, 현실적인 배경으로서 인도적 개입이라는 국제규범 혹은 국제관습이 존재한다. 1990년 쿠르드족 문제에서부터 코소보문제에 이르기 까지 국제사회에서는 인권문제

를 해결하기 위해 국가주권을 무시하고 개입한 사안들이 있었다. 특히 소말리아, 르완다, 보스니아, 수단에서의 인권 침해상황에서 국제사회의 국가들의 개입이 선택적이며 개입을 주저했다는 점은 인도적 개입의 보편적 기준수립과 국제사회의 동참을 중요하게 만들었다.

두 번째, 지적인 배경으로서 보호책임이라는 개념을 만들 수 있게 한 측면이 있다. 1990년대 국내 강제이주민 문제를 다루던 UN 특사였던 프랜시스 덩 (Francis Deng)과 그의 부르킹스 연구소 동료들은 '책임으로써의 주권' 개념을 만들었다. 이 개념은 인권관련 문제의 해당국가가 자국내의 문제를 해결하지 못할 경우 다른 국가가 인권을 보호하기 위해 개입할 권리와 의무를 가진다는 점을 명확히 했다.

이 두 가지 조건이 이루어지면서 코피 아난 UN 사무총장은 1999년 총회에 낸 연례 보고서에서 인도적 개입의 조건 수립을 촉구하였다. 또한 2000년 밀레니엄 회의에서 제출한 보고서에서 인도적 개입에 대한 조건 수립을 다시 한 번 강조하였다. 이것을 계기로 캐나다는 2000년 9월 개입·국가주권국제위원회(ICISS)를 수립하였다. 수차례의 회의를 거쳐 2001년 ICISS 보고서는 국가가 대량학살, 전쟁범죄, 인종청소, 반인륜 범죄로부터 자국민들을 보호할 책임을 가진다고 주장하면서 책임으로써의 주권을 정의하였다. 이후 2005년 UN 세계정상회의에서 이 규범을 다루면서 만장일치로 채택하였다.

2. 국민보호책임의 주요내용

국민보호책임은 인도적 개입에 관한 4가지 기준을 제시하였고 국가와 국제사회의 국민보호책임에 대한 원칙을 정립하였다. 먼저 국민보호책임은 원칙적으로 인민이 소속된 개별 국가에게 주어진 의무이다. 국가는 자국의 국민들이 인권침해와 피해로부터 자국국민을 보호해야 한다.

이때 주어진 인권 기준은 4가지이다. 전쟁범죄, 대량학살, 인종청소, 반인륜적 범죄가 이 4가지에 속한다. 전쟁범죄는 전쟁의 결정과 전쟁수행과정과 관련되어 있다. 대량학살은 국가가 자국민을 무차별적으로 학살하는 것을 의미한다. 인종청소는 인종적 차이로 인해 특정 인종을 살해하여 제거하는 것을 의미한다. 반인륜적 범죄는 앞의 3가지 조건에 부합하지 않는 인권침해를 다룬다.

4가지 기준에 따라 국가는 자국국민을 보호해야 하는 1차적인 책임을 진다. 그러나 국가가 이런 역할을 수행하지 못할 경우 국제사회는 인권을 보호할 2차적인 책임을 지게 된다. 이때 문제는 국제사회가 인권을 보호하기 위해 군사력을 사용하는 것이다. 인권을 위한 군사력 사용은 타국의 국가주권을 침해하는 것이기에 개입을 결정하는 결정기관의 정당성이 문제가 된다. 이를 위해 '국민보호책임'을 수행하기 위한 UN 정상회의는 안전보장이사회가 '국민보호책임'의 군사력 사용을 최종적으로 결정할 수 있도록 권한을 일원화하였다. 이는 과거 코소보사태에서 미국이 NATO를 중심으로 인도적 개입을 수행하면서 안보리를 우회했던 역사를 되풀이하지 않기 위한 것이다.

Ⅲ 국민보호책임의 의미와 한계: 역사 사례를 통한 해석

1. 이론적 분석틀: 개념과 이론 분석틀

국제규범은 앞서 정의한 것처럼 국가들을 구성하고 있는 국제사회에서 국가들이 따를 것으로 믿고 있는 "행위자의 공동체가 공유하는 적절한 행동에 대한 기대치"를 의미한다. 일반적으로 '규범'이 국내사회에서 구성원이 지킬 것으로 예측되는 행동에 대한 구속이자 규칙을 의미한다면 국제규범은 국제사회에서 구성원인 국가들이 지킬 것으로 예측되는 기대를 의미한다. 그런 점에서 국제규범은 스테판 크래스너의 레짐 중 한 가지 요소로 볼 수 있다.

국제규범의 독자적인 중요성을 인정하는 입장은 자유주의 이론과 국제사회학파 이론이 있다. 자유주의는 국가이전에 인간을 강조하면서 인권을 강조한다. 인권이란 탈정치적인 것으로 국가 이전과 정치공동체 이전부터 천부인권으로 주어진 것이다. 자유주의자들이 볼 때 인권의 규범화는 국내정치과정에서 인권규범이 확대된 것처럼 당연한 것이다. 반면에 국제사회학파는 인권의 규범화를 국가들 간의 합의로 본다. 국가들의 의지가 중요한 국제사회학파는 국가가 조약이나 관습법의 형태로 타 국가에 약속했을 때 실제 규범화가 되는 것이다. 따라서 인권의 규범화는 전정치(pre-politics)적인 것은 아니고 국가라는 정치기제에 의해 완성되는 것이다.

그러나 현실주의자들은 국제사회의 규범화를 거부한다. 국가들은 상위권위체를 가지고 있지 않다. 따라서 국가들을 강제하는 규범의 존재는 인정되지 않는다. 국가는 무정부상태에서 생존이라는 자연적 권리를 가지게 되기 때문에 규범에 얽매이지 않는다. 게다가 정치는 종교와 도덕으로부터 분리되어 있기 때문에 국가는 국가지도자가 책임지어야 하는 자국문제에 구속되지 국제규범에 구속되지 않는다.

2. 국민보호책임의 규범화여부

국민보호책임이 규범화 되어 있다는 입장에서 2011년 리비아 사태에서 국민보호를 위한 국제사회의 개입을 사례로 들 수 있다. 리비아에서 민주화를 요구하며 반가다피를 주장하는 반

군을 지원하기 위해 국제사회 특히 유럽 국가들이 군사적 개입을 하였다. 이것은 인권의 규범화가 진행되었기에 리비아라는 국가의 국가주권을 무시하고 개입한 것이다. 이는 개입국가들의 국가이익에 의한 것이 아니라 인권이라는 보편적인 권리를 보호하기 위한 것이다.

리비아에서의 개입은 과거 쿠르드족 문제 해결을 위한 인도적 개입, 보스니아 사태에 대한 개입, 소말리아 사태에서의 개입, 코소보사태에서의 개입이라는 인도적 개입의 연장선상에 있다. 이런 다양한 사례에서 국제사회가 타국의 인권문제에 개입하였다는 것은 인도적 개입 더 확장해서는 국민보호책임이 하나의 규범화가 되었다는 반증이다.

자유주의와 국제사회학파는 개입의 원인에서는 다소 차이가 있지만 이런 사례들을 볼 때 국민보호책임을 하나의 규범으로 자리 잡고 있거나 자리잡아가고 있다고 볼 수 있다. 이는 국가주권과 인권 사이에서 인권이 중요해지고 있고 규범이 자리를 잡아가면서 국제질서를 만들어 내고 있는 현황을 잘 입증한다.

반면에 시리아 사태는 국민보호책임이 규범화가 진행되는 과정은 아니라는 점을 명확히 보여준다. 2011년 리비아의 민주화와 같은 시기 시리아에서도 민주화가 진행되었고 이에 저항하는 정부군과 반군간의 대립에서 국제사회는 개입하지 않았다. 많은 사상자가 나올 것이라는 우려와 미국과 러시아의 대립과 중동에서 종파간 대립으로 인해 시리아에서 군사적 개입은 전개되지 못하였다. 특히 가스를 사용하는 등 국제규범의 심각한 위반에도 불구하고 미국과 유럽 국가들이 개입하지 못하고 있다는 점이나 시리아 난민사태라는 심각한 상황을 감안하면 전략적인 개입조차 하지 못하고 있다는 점은 문제이다.

현실주의입장에서 볼 때 시리아 문제나 리비
아문제를 볼 경우 국민보호책임이 규범화되는
것이 아니라 국가들이 전략적인 개입을 하는 것
이다. 리비아의 경우도 영국과 프랑스가 가진
리비아에서의 석유라는 자원이 중요한 것이다.
국가들은 인권과 주권사이에서 여전히 주권을
강조하고 있다. 르완다, 수단의 다르푸르 사태에
서 국가들의 개입을 주저하는 것은 이 국가들이
전략적 자원을 가지고 있지 못하며 전략적으로
중요한 지역이 아니기 때문이다. 이것은 국가보
다 인간이 중요하고 국가이익보다 국제사회의
규범이 중요하다고 주장하는 자유주의와 국제사
회학파의 주장이 과대평가되어 있다는 점을 반
증한다.

국제규범화에 대한 자유주의와 국제사회학
파의 입장과 현실주의의 입장간의 대립에서 리
비아 사태와 시리아 사태는 실제 국가들이 개입
에 있어 전략적인 고려가 여전히 중요하다는 점
을 보여준다. 그러나 인도적 개입을 위한 중견
국가 캐나다의 노력과 같은 다양한 노력들이 국
민보호책임과 인권을 위한 군사적 개입분야를
규범화해갈 수 있는 여지는 있다. 다만 규범화
의 향후 진행은 국가들의 지도자들이 어떤 자세
로 인권침해문제를 다루는지가 결정하게 될 것
이다.

Ⅳ 결 론

2011년 리비아에서 국민보호책임을 원용한
것은 약하지만 인권을 위한 군사적 개입의 규범
화가 진행되고 있음을 보여준다. 하지만 시리아
사례에서 국가들이 주저하고 있는 것은 여전히
국가이익이 전략적으로 고려되면서 국제규범화
를 방해하고 있다는 점을 입증한다.

제040문 파리체제의 제도화 가능성

2015년 12월 파리회의에서 기후변화에 관한 선진국과 개도국간의 의미있는 합의가 도출되었다. 파리체제는 1997년 교토의정서 이후 2012년 도하회의와 교토체제 II기 기후변화협약에 대한 비관적 전망을 변화시켰다. 하지만 미국 트럼프 대통령은 기후변화협정에 대한 파리체제를 이탈하였다. 다음 질문에 답하시오. (총 40점)

(1) 기후변화협약과 같은 '제도'구성과 협력의 지속성에 대해 현실주의 이론과 자유주의 이론과 구성주의 이론을 비교하시오. (20점)

(2) 지금까지 기후변화협약의 제정, 교토회의, 도하회의, 파리회의 등 기후변화관련 제도들의 진행과정을 통해서 볼 때 기후변화협약에 대한 제도화의 가능성을 이론적으로 논하시오. (20점)

 문제의 맥락과 포인트

2015년 기후변화체제에서 파리회의는 획기적인 해결책이 제시되었다. 개도국까지 기후변화를 해결하기 위해 이산화탄소감축을 의무화한 것이다. 2020년 교토체제 이후를 합의하였고 그 중심에 미국 오바마 대통령과 중국 시진핑 주석 간의 합의가 있었다. 그런데 2017년 트럼프 대통령이 파리체제를 탈퇴하겠다고 발표하였다. 제도의 운영에 있어 패권국가의 의지가 중요한데 패권국가인 미국이 탈퇴를 하겠다고 하니 향후 기후변화체제가 위기에 처하는 것이 아닌지가 논의의 핵심을 이루고 있다.

I 서 론

2015년 미국과 중국의 파리당사국 총회에 대한 합의는 이후 미중간 협력이 향후 기후변화협약을 이끌어 갈 것이라는 점을 예상하게 하였다. 그러나 트럼프 대통령의 당선 이후 미국은 파리체제를 이탈하였다. 반면 차별적 공동책임에 대한 인식의 변화를 가져오고 기후변화에 대한 인식변화를 가져온 것이 지식인들의 역할이 여전히 중요하다고 보는 입장도 있다. 국가와 지식인 사이에서 환경협력의 발전을 어떻게 볼 것인지를 설명한다.

II 환경제도에 관한 이론적 설명

1. 현실주의: 패권이론

환경 분야의 제도 구축은 패권국가의 존재와 관련된다. 현실주의 특히 신현실주의는 극성을 통해서 국제정치를 설명한다. 이때 일국가로의 힘의 집중이 패권이 중요하다. 패권은 강력한 힘을 통해서 환경분야의 협력을 모색할 수 있다. 패권국가와 공공재로서 환경협약의 구축의 관계를 중심으로 설명한다. 패권국가의 지배적 수혜자의 위치를 이용해서 타국가들을 강제하는 것이다. 공공재는 저산출이라는 집단행동문제가 있다. 이것을 패권국가는 자국의 경제력과 군사력을 활용해서 해결한다. 기후변화협약과 같은 제도 구축 역시 패권국가의 의지에 의해 결정된다.

2. 자유주의: 신자유주의제도주의

국가들은 환경 분야의 제도를 국가이익차원에서 구축할 수 있다. 신자유주의자 커헤인에 따르면 국가들이 협력에 나서지 않는 이유는 불확실성으로 인한 것이다. 불확실성을 줄여주면 국가들은 협력으로 인해 얻게 되는 이익이 커진다. 이런 불확실성을 줄이는데 있어서 제도가 중요하다. 또한 기후변화협약과 같은 공공재에 있어서 몇 몇 중요한 국가들이 참여함으로써 환경협력의 제도화를 구축할 수 있다. K-group이론에 따르면 패권국가가 없이도 과두적인 국가 그룹에 의해서 협력이 만들어질 수 있다. 그리고 이렇게 구축된 제도는 제도 나름의 독자적인 역할을 수행하면서 제도적 관성을 가질 수 있다.

3. 구성주의: 지식인공동체의 역할

구성주의는 지식인 공동체 모델을 통해서 기후변화협약이라는 제도 구축을 설명할 수 있다. 대표적인 이론으로 인지공동체모델을 들 수 있다. 인지공동체 즉 지식인 공동체의 환경 분야에 대한 규범화와 담론화를 통해서 제도가 구축된다. 환경 분야의 협력은 과학공동체의 지식인들이 지속적으로 중요성을 강조함으로써 국가지도자와 여론을 환기시켜서 탄생하게 된 것이다. 환경의 중요성과 규범화를 위한 노력은 국제사회의 규범화를 구축하게 하였다.

Ⅲ 기후변화협약의 발전가능성

1. 기후변화협약의 창설과 진행약사

기후변화협약의 창설은 1992년 리우회의에서 실패하였고 1997년 교토의정서가 도출되면서 관심을 받게 되었다. 그러나 2001년 미국이 의정서를 탈퇴 선언하였고 이에 기후변화협약의 미래가 부정적이 되었다. 그러나 2009년 코펜하겐회의에서 미국을 포함한 주요 국가들이 국내 감축목표를 설정하여 다시 협약에 대한 기대를 상승시켰다. 그리고 2011년 더반회의에서 선진국과 개도국간의 주요합의가 도출되었다. 그러나 2012년 도하회의에서 교토의정서는 껍데기만 남았다. 미국, 중국, 러시아, 일본, 캐나다가 빠져나간 것이다.

이 과정을 설명하기 위해서는 기후변화협약의 공공재적 속성이 강조될 필요가 있다. 기후변화는 모든 국가들에게 대기온도의 감축으로 인해 살기 좋은 환경을 유지한다는 점에서 이익을 줄 수 있다. 그러나 이렇게 느끼는 혜택은 배제불가능성으로 인해 차별성을 느끼기 어렵다. 그러나 국가들은 이런 협력을 위한 비용부담에는 민감할 수밖에 없다. 따라서 공공재 저산출이라는 집합행동에 나서게 한다.

국가들이 기후변화협약에 가입한 것은 특정한 의무가 강제되지 않는 골격조약의 성격 때문이었다. 그러나 1997년 교토체제의 구성은 국가들로 하여금 실질적으로 배기가스 감축이라는 부담을 주었다. 이런 부담은 정부들이 국내정치에서 산업의 규제라는 장애물을 만나게 된다. 따라서 '지속가능한 발전'이라는 공통의 관념과 인식에도 불구하고 국가들은 자국의 산업경쟁력과 환경부담 정도를 각기 다르게 느끼면서 공공재창출에 대해 집합행동을 하게 되었다.

기후변화협약의 협상 과정에서 국가들은 '차별적 공동책임'을 합의하였다. 이것은 국가들 간의 이익의 차이를 조정하기 위한 제도화과정에서도 도출된 개념이었다. 하지만 실제 이 개념은 선진국가와 개도국간의 큰 틀에서 이익차이의 인식공유를 만들었지만 국가간 협력은 어렵게 하였다. 대표적으로 미국은 중국과 인도와 같은 국가들의 개도국조항을 불만으로 하여 교토체제 가입을 꺼렸다. 일본과 캐나다 역시 마찬가지였다.

하지만 과학자 집단의 지속적인 노력은 기후변화당사국회의에서 지속적으로 교토체제의 2기를 변화시키고자 하였다. 그리고 그것이 실패한 뒤에도 2015년 파리당사국 총회를 열어 2020년 이후 기후변화협약의 다음 지번을 제시하였다. 특히 파리당사국 총회는 국가들이 합의를 통해서 모든 국가들이 이익과 함께 비용부담을 하기로 약속하였다. 그동안 문제가 되었던 차별적 공동책임의 원칙을 낮춘 것이다. 그런 점에서 이 제도는 장기적으로 지속될 가능성이 높다.

게다가 교토체제에서 인정되었던 시장주의 원리도 계속 유지한다. 배출권거래제도는 국가들이 규정된 배출권보다 배출을 감축할 경우 여분의 배출권을 판매하도록 한 제도이다. 공동개발제도는 선진국과 개도국이 동시에 개발을 하고 이것을 선진국의 몫으로 인정해주는 제도이다. 공동이행제도는 선진국가간의 기술개발을 통해 기후변화를 감축시키는 제도이다.

파리체제는 과학자들의 지속적인 담론의 구성과 국가들의 경제적 실익의 추구를 제도화하였는데 이것은 미국과 중국의 협력에 의해서 가능한 것이었다. 이것은 패권국가 미국이 주도하면서 개도국의 주된 보스인 중국을 끌어들여서 가능하게 되었다. 이 과정은 패권이론이 상정하듯이 미국의 패권과 설득력에 기인한다.

2. 기후변화협약의 발전가능성을 설명하는 요인들과 발전가능성 평가

향후 제도 발전 가능성을 논쟁하기 위해서는 발전을 가능하게 하는 요인들을 도출해야 한다. 이런 요인들이 어떻게 작동하는 지에 따라 기후변화협약의 제도화가 결정될 것이다.

첫째요인으로는 패권이론이 상정하는 미국의 변화여부를 보아야 한다. 패권이론에 따르면 미국의 역할과 의지가 중요하다. 미국의 경제상황이 개선되고 있고 이 중심에 셰일가스가 있다. 이것은 환경보호와는 거리가 있다. 하지만 미국은 기후변화에 관해 패권국으로서 제도화를 해야 미국의 이익과 질서 유지에 도움이 된다.

패권은 제약이 없다는 특징으로 인해 국내정치나 지도자 요인에 의해서 정책결정이 될 가능성이 높다. 트럼프 대통령의 당선과 관련해 미국의 국내정치나 트럼프라는 개인적 요인을 고려할 경우 환경협력은 더디게 되거나 후퇴할 가능성이 높다. 트럼프는 자신을 지지해준 백인 중하층에게 먹히는 정책을 수립하고 이들의 이해관계를 악화시킬 정책은 제거할 가능성이 높다. 그런 점에서 환경은 제조업의 성장을 저해하는 것이기에 트럼프 입장에서 환경 협력가능성은 낮다고 보인다. 실제 트럼프 대통령은 G20회의 이후인 2017년 6월 파리회의를 탈퇴하였다.

둘째 요인으로는 구성주의의 인지공동체 모델이 제시하는 과학적 합의의 강화와 담론의 영향력이 중요하다. 인지공동체 이론에 따를 때 과학자들이 규범화를 해주는 것이 중요하다. 과학적 증거로 인해 그동안 환경협력 여부가 결정되어 왔다. 향후 제도화도 지식인들의 역할이 크다고 볼 수 있다. 실제 2001년부터 2008년까지 부시행정부 시기 기후변화협약이 더디게 되었지만 그럼에도 불구하고 2015년 파리체제를 만들 수 있었던 것은 과학자 공동체가 환경문제를 지속적으로 의제화했기 때문이다.

셋째 요인으로는 신자유주의가 말하는 제도 자체의 특성이다. 그 동안 많은 환경제도들이 만들어지면서 다차원적인 거버넌스를 구축하고 있다. 그동안 제도들이 성공한 경우가 많이 있다. 오존 층 보호를 위해 CFC를 금지하게 한 사례처럼 환경을 다루는 제도들이 발전하고 있는 것이다. 이런 점에서 볼 때 제도자체의 유지와 발전경험이 향후 기후변화협약의 제도화에 긍정적으로 영향을 미칠 것이다. 또한 이미 만들어진 제도들의 관성 역시도 제도가 급속히 약화되기 보다는 시간을 가지고 지속될 것을 예측하게 한다.

위의 세 가지 요인들을 종합적으로 고려해 보면 환경제도는 유지되겠지만 오바마 행정부와 같이 제도화의 진척을 경험하기는 쉽지 않을 것으로 보인다. 특히 패권국가 미국의 트럼프가 가진 개인적 선호가 제도의 작동과 발전 여부에 작용할 가능성이 크다.

실제 트럼프 대통령은 2017년 6월 달 파리체제 탈퇴를 선언했다. 이에 중국은 파리체제 고수를 강행하겠다고 나서면서 새로운 환경 분야의 리더십을 보여주겠다고 주장하고 있다. 향후 미국이 빠진 제도가 어느 정도 작동하고 효율적이 될 수 살펴보아야 한다.

Ⅳ 결 론

한국은 개도국으로 분류되어 있지만 한국의 지난 환경협력의 노력들을 감안할 때 환경 분야에서 규범구축자(norm-setter) 역할과 환경협력 촉진자 역할을 수행하는 외교를 수행할 필요가 있다.

제041문 중견국가와 공공외교

중견국가(middle power)는 강대국은 아니지만 국제제도를 구축하고 규범을 만들어가는 데 중요한 역할을 함으로써 국가이익을 극대화할 수 있다. 중견국가가 제도와 규범을 구축하는데 있어서 연성권력이 중요하다. 다음 질문에 답하시오. (총 30점)

(1) 중견국가의 의미를 설명하고 중견국가의 유형을 다른 국가들의 사례를 통해서 분류해보시오. (10점)

(2) 연성권력의 의미를 설명하고 중견국가에게 있어서 연성권력이 왜 중요한지를 설명하시오. (10점)

(3) 공공외교의 중요성을 설명하고 한국의 공공외교 실현방안에 대해서 논하시오. (10점)

I. 서   론
II. 중견국가의 개념과 연성권력과의 관계
  1. 중견국가의 개념 정의
  2. 중견국가의 유형분류
III. 연성권력과 연성권력의 중요성
  1. 연성권력의 의미
  2. 중견국가에게 연성권력의 중요성

IV. 중견국가 공공외교의 중요성
  1. 공공외교의 의미
  2. 중견국가 한국의 공공외교전략

〈대안 목차〉
V. 결   론

 문제의 맥락과 포인트

연성권력 → 공공외교 → 중견국가로 이어지는 논리에서 중견국가이론이 많이 발전하였다. 약소국이 아니면서도 강대국이 아닌 상황에서 한국은 국력을 기반으로 어떤 노력을 기울여서 중견국가로서 위상과 발언권을 가져야 하는지를 다루는 것이 핵심이다. 중견국가로서 여러 유형을 분류하는 것은 국가가 할 수 있는 부분에 역량을 키우는 데 있어서 매우 중요한 작업이다. 중견국가를 묻지 않더라도 한국의 역할에서 논의할 수 있는 대목이다.

Ⅰ 서 론

중견국가로서 한국은 동북아시아의 안보분야의 치열한 권력경쟁과 정치경제교역확대속에서 어떤 방식으로 국익을 극대화하고 발언권을 높일 수 있는가가 중요한 질문이다. 상대적으로 부족한 경성권력에도 불구하고 한국이 외교력을 더 가지기 위한 방안을 모색하기 위해 연성권력과 연결해서 공공외교를 살펴본다.

Ⅱ 중견국가의 개념과 연성권력과의 관계

1. 중견국가의 개념 정의

최근 논의되는 중견국가는 강대국은 아니지만 강대국과 약소국사이에 있는 국가로 일정한 물질적인 능력을 가지고 있고 연성권력을 어느 정도 확보한 국가를 의미한다. 중견국가는 독립적으로 체제를 결정할 수는 없지만 다른 중견국가들과 함께 국제정치에 영향력을 미칠 수 있는 국가를 의미한다.

중견국가는 두 가지 요인에 의해서 결정되어 질 수 있다.[18] 첫 번째는 지역이슈와 국제이슈 에 대해 참여하고자 하는 요인이다. 즉 다자제 도나 다자기구를 이용하여 동질적인 의견을 가 진 국가들 혹은 '뜻을 같이하는(like-minded)' 국 가들과 함께 다자적인 틀을 통해서 지역이슈나 국제이슈를 풀어가려는 외교스타일을 갖춘 국가 이다. 이들 국가들은 다자주의외교를 중심적으 로 이용한다.

두 번째는 일정한 국력을 갖추어야 한다. 경 성권력 뿐 아니라 연성권력을 갖추어야 한다. 지정학적 조건이나 지하자원도 중견국가의 외교 력에 힘을 보태줄 수 있다. 중견국가는 강대국 이 아니기 때문에 상대적으로 경성권력자원이 부족하다. 따라서 이러한 부족한 경성권력을 메 우기 위해서는 연성권력이라는 자원이 필요하며 한편으로는 다자주의외교를 통해서 다른 중견국 가들과 연계해서 외교를 수행함으로써 외교력을 높이고자 하는 국가이다.

2. 중견국가의 유형분류

중견국가를 분류한 연구에 따르면 전통적중 견국가, 신흥연성중견국가, 신흥경성중견국가로 나눌 수 있다. 전통적인 중견국가는 글로벌 규 범이나 가치의 증진을 강조해온 국가를 의미한 다. 대표적으로 인간안보분야를 강조해온 캐나 다나 개발과 평화외교에 집중해온 노르웨이를 들 수 있다.

신흥경성중견국가는 강대국이 되기를 열망 하면서 경성권력을 키운 국가를 의미한다. 경성 권력이 강화되었지만 아직 강대국으로 인정받지

못한 국가들로 인도, 브라질을 들 수 있다. 반면 에 신흥연성중견국가는 국가차원에서 연성권력 을 강화하고자 한 국가들을 의미한다. 이들 국 가들은 공공외교를 통해 국가브랜드를 강화한 경우들이다.

Ⅲ 연성권력과 연성권력의 중요성

1. 연성권력의 의미

연성권력은 선호를 통제하는 능력을 의미한 다. 경성권력이 군사력과 경제력을 기반으로 하 여 상대국가를 강제하는 능력을 의미하는데 비 해 연성권력은 문화와 가치관과 외교정책을 통 해서 타국가의 선호를 변화시킨다. 연성권력은 관념을 변화하기 위한 관념적인 부분을 강조하 기 때문에 가시적이고 물질적인 권력과는 다르 다. 연성권력에는 구조적인 차원에서 특정한 가 치체계를 전파하는 이념과 문화와 특정 국가의 개체차원에서 작동하는 외교정책으로 구분할 수 있다.

2. 중견국가에게 연성권력의 중요성

앞서 본 것처럼 중견국가에게 연성권력은 매 우 중요하다. 경성권력이 상대적으로 강대국에 비해 부족한 상황에서 중견국가는 자신의 외교 적 목적을 달성하는데 있어서 연성권력 자원을 잘 활용할 필요가 있다. 연성권력이 비경합적인 측면이 약하다는 점과 민간부분에서도 보유할 수 있다는 특징은 중견국가에게 연성권력에 집 중할 수 있는 여지를 가지게 한다. 또한 연성권 력은 문화, 가치관, 대외정책에 의해서 만들어질 수 있기 때문에 경성권력이 부족한 중견국가입 장에서는 문화를 확대하는 정책과 대외정책을

---

18) 김우상, "대한민국의 중견국외교" 정치·정보연구 제16권 1호, 2013년 6월 30일 331~350쪽.

통해서 연성권력을 강화할 수 있다. 이를 통해서 중견국가는 다자외교에서 자국의 발언권을 높일 수 있다.

Ⅳ 중견국가 공공외교의 중요성

1. 공공외교의 의미

공공외교는 전통외교와 구분되며 민간외교와도 구분된다. 공공외교는 한 국가의 정부가 상대국가의 정부를 상대로 하는 것이 아니라 상대국가의 민간을 상대로 하는 외교라는 점에서 차이가 있다. 또한 민간부분이 상대국가의 정부나 민간을 상대로 수행하는 외교인 민간외교와도 구분된다. 하지만 최근 공공외교는 민간외교를 포함하면서 전통외교를 확대하기 위한 것으로 범위를 넓혀가고 있다. 그런 점에서 정부가 상대국가의 민간과 상대정부에 대해서 호의적인 입지를 구축하거나 민간부분이 상대국가와 민간을 상대로 좋은 이미지를 구축하는 것까지를 포함하여 다루기도 한다.

최근에는 신공공외교를 전통적인 공공외교와 구분하기도 한다. 신공공외교는 주체차원에서 전통적인 공공외교의 국가를 넘어 민간을 주체로 활용하고자 한다. 또한 신공공외교는 인터넷매체를 활용하는 점도 특징이다. 마지막으로 신공공외교는 쌍방향성을 강조한다는 점이다. 전통적인 공공외교가 일방향으로 국가의 이미지를 전달했다면 신공공외교는 타국의 국민들의 의견을 수렴한다는 점에서 쌍방향적이다.

2. 중견국가 한국의 공공외교전략

첫째, 국제회의개최를 통한 회의 소집자로서 혹은 어젠다 셸터(의제설정자)로서의 이미지구축 전략이 있다. 상대방 국가의 민간을 직접적으로

하는 것은 아니지만 국가의 이미지를 개선할 수 있다는 점에서 넓게 정의하면 공공외교의 범주로 포함할 수 있다. 실제 2010년 G20 정상회의와 2012년 핵안보정상회의 개최는 한국의 이미지 재고에도 도움이 되지만 한국의 국제회의 주최능력을 신장하는데도 도움이 된다. 환경협력 분야에서 제도를 구축하고 규범을 촉진하는 것 역시 여기에 포함된다. 여러 국제회의를 개최하고 그에 따른 인프라를 구축하는 것은 한국이 국제무대에서 연성권력 뿐 아니라 규범창출에 있어서 주도적인 역할을 할 수 있게 하는 규범력을 증대시킨다.

둘째, 문화외교를 통해 연성권력을 증대할 수 있다. 정부와 비정부부문에서의 외교력을 통해 문화적 접근을 해야 한다. 최근 싸이가 한국의 이미지를 개선하는 것이나 박지성, 조수미씨와 같이 스포츠나 문화계 인사들이 한국에 대해 좋은 이미지를 구축하는 것 역시 공공외교에 속하며 이것은 연성권력을 강화하여 국가가 외교를 수월하게 하는 것이다. 미국과 중국, 일본 등 주요 선진국들은 국가 이미지 업그레이드를 위한 전략의 일환으로 해외서 현지 대중을 사로잡기 위한 다양한 공공외교를 앞다퉈 추진하고 있다.

주변 강대국들도 국가 이미지를 강화하기 위한 공공외교에 주목하고 있다. 9·11 사태를 계기로 공공외교를 핵심 외교 목표로 추진하고 있는 미국은 국무부에 '공공외교 및 공보담당 차관'직을 신설하고, 그 아래에 문화·교육 차관보, 홍보조정관, 공보차관보 등 3개 차관보를 설치했다. 한편 중국은 주요 2개국(G2)으로 부상하면서 세계 각국으로 확산되는 '중국 위협론'을 불식시키기 위해 2010년 공공외교를 주요 대외 전략으로 공표하고 경제발전 성과와 함께 세계 평화에 기여하는 이미지를 만들고 있다. 일본은 외무성이 공공외교를 총괄 조정하고, 일본재단

(Japan Foundation)이 구체적 사업을 시행하고 있다. 일본은 재정적 능력에 비해 정치적 리더십이 부족하다는 이미지를 개선하기 위한 노력을 하고 있는 것이다. 문화외교에 일찌감치 눈을 뜬 프랑스는 프랑스 언어 문화교육원인 '알리앙스 프랑세즈'를 통해 프랑스어 보급 사업에 주력해 왔다. 호주와 캐나다 등은 중진국 지위에 맞는 선택과 집중의 공공외교를 추진해 성과를 거뒀으며, '청정자연', '평화' 등 국가이미지를 쌓기 위해 경쟁하고 있다.

최근 한국도 공공외교에 주안점을 두고 외교적 노력을 가하고 있다. 2012년에는 마영삼 초대 공공외교 대사가 임명됐고 공공외교를 전담하는 부서인 '공공외교정책과'가 외교부 내에 설치됐다. 외교부는 먼저 한국의 긍정적인 이미지를 설정하는 것을 최우선 과제로 삼았다. 호주와 뉴질랜드가 '자연 무공해', '노르웨이는 '평화'의 이미지가 떠오르듯이 '다이나믹 코리아, 글로벌 코리아'를 뛰어넘을 한국의 대표적 이미지를 찾겠다는 것이다. 한국식 발전모델이 개도국의 롤모델이 되고 있기 때문에 한국의 급속한 경제성장을 알리는 것에도 주목하고 있다. 또한 한국 드라마와 영화, K팝 등 아시아와 중동, 동유럽과 남미지역까지 확산된 한류, 스포츠 강국 이미지 등의 콘텐츠를 내세워 공공외교를 구사한다는 전략이다. 한식세계화나 한류진흥을 위한 지원에도 역량을 발휘하고 있다.

셋째, 국제기여외교를 해야 한다. 공적원조에 있어서 한국은 OECD 국가 중 유일하게 수혜국에서 수여국으로 바뀌었다. 과거의 경험과 현재발전의 이미지를 이용하여 한국의 국제적 공여를 늘림으로서 연성권력을 강화해야 한다. 한편으로 평화유지군 파병과 인도적 지원과 재건 업무를 확대하여 한국이 국제사회에서 받은 지원을 되돌려주는 것이 필요하다.

넷째, 정보화 분야들에서 규칙제정자나 규범 창출자외교를 해야 한다. 한국은 정보화의 인프라를 이용하여 이 분야에서 새롭게 창출되는 표준을 구축하는데 있어서 표준 제정자나 규범구축자의 역할을 수행할 필요가 있다. 새로운 분야에서 한국의 입지를 강화하는 것이 필요하다. 마찬가지로 한반도 상황에 비추어 인간안보와 같은 분야에서 한국의 학문적이고 실천적인 입지를 강화해야 한다.

● 공공외교의 대안 목차

첫째, 한류와 공공외교의 연결. 한류를 통해서 한국의 이미지를 개선할 수 있다. 국가의 이미지와 한류의 관계는 배양효과, 후광효과, 동조효과를 통해서 설명할 수 있다.

둘째, 미디어외교를 강화할 필요가 있다. 미디어를 활용해서 자국의 이미지를 개선할 수 있다. 또한 타국의 미디어를 활용해서 자국의 브랜드와 이미지 개선도 가능하다.

셋째, 대내공공외교를 활용할 수 있다. 자국의 국민들에게 공공외교의 중요성을 강조함으로써 타국에서 한국의 이미지를 개선할 수 있다. 민간외교를 통해서 간접적으로 공공외교를 강화할 수 있는 것이다.

넷째, 한국형공공외교 모델을 모색할 필요가 있다. 한국의 지정학적 조건은 중재자역할을 수행하기 용이하다. 최근 에너지 문제와 북극해항로 등을 고려할 때 한국은 러시아-중국-북한-일본 등을 연결할 수 있다.

다섯째, 공공외교를 강화하기 위해 거버넌스를 변화시킬 수 있다. 특히 공공외교의 강화를 위해 공공외교 차관보직을 신설하거나 문화외교국을 공공외교본부로 확대하는 방안을 모색할 수 있다.

Ⅴ 결 론

한국은 OECD 국가 중 처음으로 개발원조분야의 수여국에서 공여국으로 바뀐 나라이다. 경제발전의 성과와 자유민주주의의 확보라는 성과를 국제사회에서 인정받는 한국의 입장에서 기여외교를 확대하는 것은 한국의 성공이라는 자산을 증대하는 것이자 한국의 연성권력을 증대하는 방안이다. 이러한 방안을 통해 '뜻을 같이 하는(like-minded)' 국가들을 많이 모음으로서 다자적인 외교에서 한국의 외교력을 더욱 강화할 수 있을 것이다.

기출문제와 연결

제37문 2013년 입시 3번(한국의 공공외교 활성화 방안)

제042문 **북한 핵문제와 핵확산과 안정 – 불안정역설**

북한 핵문제 해결을 위해 미국과 북한은 두 차례(2018년 6월과 2019년 2월)에 걸쳐 정상회담을 개최하였으나 여전히 해법을 도출하지 못하고 있다. 북한핵문제와 관련해서 다음 물음에 답하시오. (총 30점)

(1) 국제정치학에서 논의되고 있는 대표적 핵확산 이론의 낙관론과 비관론을 북한의 상황에 적용하여 설명하시오. (16점)

(2) 적대적 쌍방 간 핵전력 균형이 달성되는 경우에 초래될 수 있는 글렌 스나이더(Glen Snyder)의 '안정 – 불안정 역설(stabilty–instabilty paradox)'의 개념을 설명하고, 이 개념을 북한과 파키스탄 사례에 적용하여 논하시오. (14점)

– 2019년 국립외교원 기출문제

I. 서 론
II. 핵확산 안정에 대한 입장과 북한 적용
　1. 이론적 도구: 핵확산 안정론 vs. 불안정론
　　(8~10점)
　2. 핵확산의 북한 적용

III. 북한 핵보유에 따른 또 다른 위험성
　1. 안정–불안정 역설(stabilty–instabilty paradox)
　　의 의미
　2. 사례들
IV. 결 론

 문제의 맥락과 포인트

이 문제는 외교원 기출문제지만, 중요한 문제라서 마지막 문제로 다룬다. 특히 핵확산이 안정을 가져올 것인지 불안정을 가져올 것인지가 매우 중요한 주제이다. 또한 안정–불안정 역설을 이용한 논리적 구성을 신경써서 보면 핵핵산의 가장 중요한 주제들을 체계적으로 정리할 수 있다.

Ⅰ **서 론**

2019년 12월 북한은 지난 호지민 회담 결렬 이후 소원한 북미관계에 새로운 변화를 꾀할 것처럼 전략무기확대를 위협하고 있다. 핵무기의 완성과 운반수단인 화성 14형과 화성 15형 미사일 발사 성공이후 북한은 스스로 억지력을 확보했다고 판단하는 만큼 이러한 북한의 도발은 글렌 스나이더의 주장처럼 핵무기의 확보가 오히려 불안정을 만드는 '안정–불안정의 역설'을 보여준다. 이런 점에서 핵확산이 가져올 수 있는 효과를 살펴본다.

Ⅱ **핵확산 안정에 대한 입장과 북한 적용**

북한이 핵무기를 상당한 정도까지 가지는 데는 시간이 필요하다. 핵확산이 안정성을 가져올 것인지는 핵무기를 확보하는 '과정'이 위험할 것인지에 대해 논쟁이다.

1. 이론적 도구: 핵확산 안정론 vs. 불안정론 (8~10점)

핵확산안정론은 왈츠와 미어샤이머와 메스키타가 주도한다. 이 중에서 대표이론가는 왈츠

다. 왈츠는 3가지 조건인 예방공격의 부재, 2격 능력 확보, 사고 부재가 작동하면 핵무기 확산이 안정성을 만든다고 주장했다. 이는 핵무기의 비용에 대한 확실성 즉 전쟁의 고비용성에 근거한다. 전쟁의 피해가 명확하기 때문에 국가들은 큰 전쟁을 시도할 수 없다는 것이다. 즉 핵억지가 가능해진다.

왈츠의 핵확산 안정론은 합리적 선택이론에 기초해 핵억지가 가능하다는 것과 확산과정이 안정적이라는 두 가지가 합쳐진 것이다. 먼저 가정상 합리적 선택이론에 기초한다. 어느 정도만 비용을 계산할 수 있는 합리적 행위자라면 전쟁의 비용이 전쟁 결심을 막는다. 이때 중요한 것은 2차 공격력의 확보다.

그런데 핵무기를 새로 가지는 경우에도 안정적이라고 보았다. 3가지 전제조건이 작동한다. 핵무기를 보유하려는 국가가 핵무기를 소량만 가져도 2차 공격력이 확보되기 때문이다. 확보과정에서 예방공격은 어렵다. 모든 무기를 제거하기 어렵고, 다시 핵무력을 강화할 수 있기 때문이다. 합리적인 지도자라면 핵무기를 통제할 것이기 때문이다. 따라서 사고가 날 가능성이 크지 않다.

반면에 세이건은 핵확산과정이 불안정을 가져올 수 있다고 보았다. 그는 조직이론을 통해서 왈츠의 합리적 선택 가정을 비판한다.

3가지 가정이 달성되기 어렵다는 것이다. 첫째, 군 조직은 협상보다는 예방전쟁을 선호한다. 협소한 군조직의 특성과 이익추구 성향상 예방공격을 선호한다.

둘째, 군조직은 2차 공격력을 빠르게 확보하지 못할 수 있다. 군조직은 합리적으로 2차 공격력을 확보하지 못하고 차일피일 미룰 수 있다.

2차 공격력이 확보되지 못하는 경우 적의 1차 공격의 유인이 커진다.

셋째, 조직의 일상적인 운영원리상 사고 가능성이 높다. 이는 SOP에 따라 행동하는 조직 특성상 사고가 나거나 관리가 안 될 수 있다.

세이건 주장 보완

세이건은 조직이론을 통해서 반박한다.[19] 조직이론은 조직의 두 가지 측면을 강조한다. 첫째, 거대한 조직은 제한된 또는 치명적인 "한계가 있는" 형태의 합리성 안에서 작동한다. 표준행동절차를 따른다. 또한 최소한 만족을 주는 만족화를 택한다. 조직은 근시안적이다. 대내 통제망이 발전해 있기 때문에 조직은 구성원들의 신념과 행동을 규정한다.

둘째 측면은 복잡한 조직들은 공통적으로 복합적이고 상충되는 목표를 가지며, 이러한 목표들이 선택되고 추구되는 과정들은 극도로 정치적이다. 조직 내부의 갈등은 불가피하다. 각 부처들이 이해관계가 다를 수 있다. 따라서 전체 국가이익보다 편협한 조직의 이익과 이해관계가 정책에 반영될 수 있다.

(1) 예방전쟁 가능성

첫째, 예방전쟁의 가능성이 높다. 이 주장은 다시 5개의 세부 주장으로 구성된다. ① 군 장교들은 군에서 사회화를 했기 때문에 민간인들보다 가까운 시기에 전쟁이 발생할 가능성이 있고, 장기적으로 전쟁이 불가피한 것이라고 인식하는 경향이 있다. 전쟁을 통한 해결방식을 더 지지한다. 군장교는 "now-better-than-later"(예방전쟁의 논리)를 더 쉽게 받아들인다. (실제 답안에서는 ①②번을 잘 사용하지는 않음!)

② 군 장교들은 안보문제를 다룰 때 순수한 군대 논리에 집중하도록 훈련받으며, 엄격하게 설정된 작전목표를 부여받는다. 군에게 군사적 승리는 적을 패배하게 만드는 것이다. 이런 군사적 승리와 정치적 목적달성이 항상 일치하지는 않는다.

---

19) 세인건 "2장. 핵무기가 전파될수록 세계는 더 나빠질 것이다" pp.56-57.

③ 군 장교들은 공격독트린과 결정타작전을 선호하는 강한 경향성을 가진다. 공격 독트린은 군에 주도권을 부여한다. 자신이 상대를 주도할 수 있다. 결정타 작전은 사상자 수를 줄일 수 있다. 이런 논리로 예방전쟁을 선호한다.

④ 대부분의 조직과 마찬가지로 군대로 상황에 우선 대응하는 계획을 수립하는 경향이 있다. 군은 우선 전쟁에 대한 즉각적 계획에 초점이 있고 전쟁 후 세계를 관리하는 후속 문제는 나중으로 미룬다.

⑤ 군 장교들은 거대 조직에 속한 대부분의 구성원들과 마찬가지로 그들의 제한된 임무에 집중한다. 군에게 전쟁 이후 세계 관리는 장교들의 책임이 아니고 정치인들의 임무이다. 장교들이 근시안적 사고를 하며 예방전쟁의 결과나 외교적 결과를 깊이 고려하지 않는다.

〈사례들〉

한국 전쟁에서 군사 참모들은 예방전쟁을 주장했지만, 트루먼 대통령과 아이젠하워 대통령이 거부했다. 철학자 버틀란트 러셀과 수학자 존 폰 뉴이만도 예방전쟁을 주장했다. 이후에도 미국 군부에서는 예방전쟁에 대한 지지가 높았다. 트위닝 장군은 1953년 비망록에서 예방전쟁을 지지했다. 반면 아이젠하워대통령은 소련에 대한 공격 이후 소련사회 통제를 걱정했다. 미국 고위 장교들은 소련이 핵무기를 개발하고 전개하기 전에 소련에 예방 핵공격을 가해야 한다고 인식했고, 적극적으로 계획했고 열정적으로 주창하였다.

1969년 우수리강 다만스키섬의 분쟁에서 소련은 중국이 핵무기를 보유했지만 예방 타격을 선호했다. 특히 소련 군 지도자들은 중국의 위협을 완전히 제거하자고 주장했다. 그러나 소련 정치국원들의 반대로 중국에 대한 핵 타격은 시행되지 못했다.

문제가 되는 것은 파키스탄에서 예방전쟁을 선호하는 군대가 강한 영량력을 획득하는 경우다. 이들은 "now–better–than–later"(예방전쟁의 논리)를 지지한다. 1962년 파키스탄의 고위군 관료들은 인도를 공격할 것을 요구했지만 받아들여지지 않았다. 1965년 인도의 군사력이 완비되기 전에 카슈미르를 정복하기 위해 예방전쟁을 시작했다.

이란 사례도 문제다. 이란–이라크 전쟁 중 이라크 군대가 화학무기로 이란을 공격했다. 이후 이란은 생화학무기를 개발했다. 같은 논리로 이란이 핵무기를 가지면 이라크와 사우디에 대해 예방공격을 가할 가능성이 높다.

(2) 2차 공격력 확보

왈츠의 두 가지 주장이 중요하다. 첫째, 핵탄두의 파괴력으로 아주 적은 수의 핵무기만 있어도 성공적인 억지가 가능하다. 둘째, 합리적인 핵무기 보유국들은 자국의 핵무력이 적의 선제 타격에 취약하도록 내버려두지 않을 것이다. 핵탄두는 아주 작고 가볍기때문에 숨기기 쉽고 운반하기도 쉽다.

그런데 냉전기간 동안 왜 양 강대국은 핵억지에 필요한 최소한의 핵 무력 보다 더 많은 탄두를 가졌는지가 문제다. 왈츠는 모호한 사고방식(fuzzy thinking)이라고 했다. 그럼 군이라는 조직이 이러한 모호한 사고방식을 만들 수 있다.

전문화된 군대는 자신이 활용할 것인데 왜 확고한 핵 무력을 개발하지 않을까? 조직이론에 따르면 5가지 이유가 있다. ① 다른 조직과 마찬가지로 군 관료들은 언제나 더 많은 자원을 확보하는 데 관심이 있다. 이는 필요 이상의 핵무력 건설을 가져올 수 있다. 즉 생존가능한 무기가 아니라 더 많은 무기를 생산하게 한다.

② 다른 조직과 마찬가지로 군은 전통적인 업무 처리 방식을 선호하며, 조직의 본질을 강하게 유지하려 한다. 취약한 핵 무력을 보강하기 위해 더 많은 무기 시스템과 기구가 필요하다.

③ 군 조직의 전쟁계획과 억지 개념에서 확고한 핵 무력이 요구되지 않는다면, 군은 확고한 핵 무력을 건설할 동기를 가지지 않을 것이다. 만약 군 장교들이 예방전쟁, 선제공격, 심지어 경보 즉시 발사작전에 투입될 수 있다고 믿는 경우, 생존을 높이는 조치들이 불필요하다고 인식할 수도 있다.

④ 군 조직은 엄청남 병력과 하부 단위의 행동을 조정해야 하기 때문에 불가피하게 일상적인 업무처리 방식을 발전시킬 수밖에 없다. SOP나 군 일상 엄무처리 방식이 뒤떨어져 있다면 군의 생존 가능성은 높아지지 않는다. 이로 인해 적대국에게 단서를 제공하고 부대의 위치를 드러내기도 한다.

⑤ 조직적 학습은 오직 실패를 경험한 후에 나

타나는 경향이 있다. 다른 조직과 마찬가지로 군도 자신이 성공했다고 확신하면 작전을 재검토하거나 조정할 유인은 거의 없다. 원하지 않는 생존문제가 발생하는 경우에만 군 조직은 이 문제들을 수정하려고 할 것이다. 즉 적국의 핵 공격을 받은 후 자신의 대응력이 얼마나 취약한지를 확인할 때까지 지속된다.

〈사례들〉

미국은 생존성을 높이는 작전변경계획을 수립했다. 전략 폭격기의 생존을 높이는 기지 체계를 구축했다. 미국은 소련 주변 국가에 폭격기를 배치했다. 이는 2차 대전에서 폭격기 기지가 공격받을 가능성이 없다는 점이 그때까지 작동한 것이다. 그런데 이런 기지는 소련의 1차 공격에 매우 취약했다. 랜드 연구소는 이것을 지적했지만, 미 공군을 저항했다. 결국 전략공군 사령부의 위치를 조정한 것은 이런 민간 분석가들이 군의 반대를 우회했기 때문이다.

SLBM의 경우도 있다. 미해군은 잠수함 발사 탄도미사일을 원하지 않았다. 해군은 SLBM으로 인해 전통적인 해군프로그램의 예산이 주는 것을 걱정했다. 해군은 공군이 이 미사일 비용을 댈 것을 주장했다. 결국 민간인 연구소가 나서게 되었다.

ICBM의 개발 사례도 조직의 특성을 보여준다. 공군지도부는 유인 폭격기에 대한 집착으로 인해 대륙간탄도미사일 연구 개발자금 기금 요청은 오랜 동안 우선 순위에서 밀려났다.

소련의 사례도 있다. 1962년 쿠바에서 미사일 기지를 설치할 때 소련 지도부는 비밀을 유지하기를 원했다. 하지만 현장 노동자들은 일상적인 업무처리과정에서 단서를 남겼고, 미국은 이를 발견했다.

다른 사례로 소련 전략로켓군의 대륙간탄도미사일 '비밀'지하 저장시설의 위치를 찾을 수 있었다. 주변 3겹의 보안 펜스를 설치하고 반원곡선의 진입로를 만들어 장거리 미사일을 운반했다. 운영에는 도움이 되었지만, 미국의 1격에는 취약했다.

소련 해군의 수중 통신 시스템에 미국이 비밀리에 접속한 사례가 있다. 이를 통해 소련 탄도미사일잠수함(SSBM)의 이동 경로에서 순찰 시기와 위치를 알아낸 것이다. 소련군이 오호츠크해에 설치된 통신 케이블을 통해 잠수함 기지와 교신했다. 그런데 이 케이블로 전달된 메시지가 암호화가 되어 있지 않았다. 또한, 지역 어부들이 볼 수 있게 그 위치에 "닻을 내리지 말 것. 여기 케이블이 있음"이라는 표지판을 세워서 '비밀'통신 케이블의 위치를 노출시켰다.

이를 기반으로 볼 때 전문화된 군대는 확고한 핵 무력을 건설하지 않을 것으로 예상된다. 문민통제가 안 되면 보복역량개발이 지연될 수 있다. 개도국의 보복 핵 무력 개발에 있어 협소한 조직의 이해관계와 엄격한 일상 업무 처리방식은 방해가 될 수 있다.

중국 사례도 있다. 중국은 1964년 1차 핵무기 실험을 했지만 1980년대까지 안전한 2차 핵 공격능력을 개발하지 않았다. 1981년에 ICBM을 1982∼1983년 SLBM을 개발했다. 왜 운반수단을 오랫동안 지체했을까? 위협이 없었던 것은 아니다. 소련과 1969년 분쟁을 보면, 문화혁명에서 많은 전문가가 사망한 것도 문제다.

하지만 전문화된 군대의 편향성이 영향을 미쳤다. 1970년대 모택동이 한 무기 연구소의 보고서를 승인한 후에 효과적인 미사일 위장과 미사일의 생존성을 높이는 조치를 취하게 된다. 군대는 주도적으로 하지 않았다. 관료주의도 영향을 끼쳤는데 ICBM과 SLBM을 동시에 개발하면서 해군은 SLBM에는 중국 해군이 긴급성을 못 느끼고 있었다.

부적절한 조직관행과 일상화된 방식의 업무처리가 지속되면 상대국가의 1차 핵 공격에 제대로 대처할 수 없다. 첫째 사례. 1967년 6월 이집트는 이스라엘의 공군보다 2배 많았다. 그런데 전쟁위기 상황에서 이집트 공군은 대부분의 공군기를 활주로에 나란히 세워놓았다. 이륙이 따르게 하려는 취지였지만 이스라엘의 선제공격에 취약해졌다. 또한 이집트 공군은 이스라엘이 공격할 것으로 예상되는 동틀 무렵에 방어적 항공순찰을 했고, 다른 항공기들은 '비상대기' 상태를 유지했다. 그리고 07시 30분이 되면 임무가 종결되어 항공기는 급유에 들어가고 조종사는 아침식사를 한다. 이스라엘은 이것을 잘 알고 있었고 07시 45분에 이집트 공군기지를 공격했다. 이집트 공군력은 1시간 만에 사실상 거의 파괴되었다.

둘째 사례, 북한은 1990년대 비밀 핵무기 프로그램을 적국에 감추지 못했다. 거대 조직의 일상화된 업무처리로 의도하지 않게 비밀이 누설되었다. 북한이 핵폐기물을 영변 원자로 단지에 감추고자 했다. 소련 기술자들로부터 훈련을 받은 북한 기술자들은 소련 핵폐기물 저장 시설과 매우 흡사한 저장시설을 만들었고 미국 정보기관이 이를 알아버린 것이다. 소련 시설의 특정한 패턴을 모방하다가 비밀이 누설된 것이다. 미국과 정보게임에서 일상적인 업무처리가 군사적 어려움을 가져올 수 있다.

(3) 우발적 사건

핵 무력이 우발적인 또는 승인없이 사용되지 않아야 한다. 핵무기의 관리가 중요하다. 우발적인 사고를 어떤 국가도 원치 않는다.

조직이 고도로 합리적이라면 3가지 전략이 필요하다. 첫째, 수많은 예비 안전장비들을 갖춘 여분의 시스템 건설하기, 둘째, 조직문제가 나타나면 이를 해결하기 위해 시행착오에서 교훈을 찾기. 셋째, 조직 구성원들에게 엄격한 사회화와 훈련을 통해 '신뢰의 문화' 만들기.

찰스 페로우의 '보통의 사고들'에 따르면 원자력발전소 등을 만드는 데 고유한 한계가 있다. 조직은 제한적 합리성을 가지고 불가피하게 조직은 시간이 지남에 따라 심각한 사고를 경험한다. 두 가지 구조적인 특성이 나타날 때 그렇다. 첫째, 매우 복잡한 상호작용 체계. 둘째, 밀착결합상태이다. 즉 밀접하게 상호작용하면서 융통성 없는 생산순서를 가진 것이다.

그런데 보통사고이론에 따르면 예비안전시스템은 생산을 저하시킬 수 있다. 이런 것들이 재앙적인 실수를 만들 수 있다. 또한 조직 내부의 비난 정치는 사고로부터 시행착오의 교훈을 배우지 못하게 만든다. 조직 운영자는 사고 책임을 하위 조직원에게 전가한다. 따라서 하위운영자는 가능하면 안전사고를 보고하지 않는다. 강한 문화가 사회화가 조직의 신뢰성에 부정적인 영향을 미칠 수 있다. 이는 조직 내부의 문제가 은폐되게 만든다.

〈사례〉
1962년 쿠바 위기에서 반덴버그 공군기지에서

는 10기의 시험용 ICBM 9기에 핵탄두를 탑재하고 1기는 핵탄두 없이 발사했다. 1기의 발사된 ICBM에 대해 소련이 핵미사일 발사로 이해하고 이 기지를 공격할 것으로 누구도 예상하지 않았다.

같은 이기 상황에서 몬타나의 공군기지에서 공군 장교들은 ICBM 미닛맨을 즉시 발사하기 위해 발사권한을 임시로 자신들에게 부여했다. 이는 안전규칙 위반이었다. 상부의 승인 없이 미사일이 발사될 수 있었던 것이다.

같은 위기 상황에서 쿠바에서 핵미사일이 발사되었다는 통보를 받았다. 그러나 이는 레이더 운영자가 레이다 시스템을 잘못 운영한 것이었다. 그러나 이런 일이 벌어진 뒤 조직은 학습을 하지 않았다.

2007년 6개의 핵탄두 탑재 미사일이 B-52에 실려서 운반된 적이 있다. 그러나 조종사는 핵무기가 실려있는 것을 알지 못했다.

2. 핵확산의 북한 적용

북한에 3가지 조건 대입하여 안정성여부를 평가해볼 수 있다. 이를 위해서는 3가지 가정에 과연 북한이 타당한지를 살펴볼 수 있다.

첫째 조건. 예방공격의 가능성이 존재한다. 1994년 미국은 예방공격을 고려했다. 2003년 부시 정부에서도 북한에 대한 공격을 고려했다. 미국의 강경한 군 조직은 북한을 상대로 예방공격을 선호할 수 있다.

둘째 조건. 확고한 2차 공격력을 확보하지 못 했다. 북한의 기술이 미사일의 자세제어와 대기권 통과를 잘 해낼지 모른다. 또한 북한 잠수함발사 미사일 수준을 확인하기 어렵고, 북한 잠수함이 원양으로 나가기 어렵게 작다.

셋째 조건. 핵무기 사고가능성은 낮을 수 있다. 즉 북한 김정은이 잘 통제할 수 있다. 하지만 북한은 핵무기 통제의 중앙집권화가 잘 되어 있다. 이는 위기시 김정은 참수작전으로 이어질 수 있다.

3가지 조건을 대입해 볼 때 북한 문제에서는 세이건의 주장이 설득력이 있다. 특히 2격 호가보가 안된 것이 문제다. 따라서 북한의 핵확산은 이 지역의 불안정성 증대로 이어질 수 있다.

III 북한 핵보유에 따른 또 다른 위험성

북한이 핵을 가지는 과정이 위험한가가 아니라 핵을 보유한 '이후'에도 위험한지를 살펴본다.

1. 안정 – 불안정 역설(stabilty–instabilty paradox)의 의미

안정 – 불안정 역설은 핵무기가 위험을 가져온다는 입장이다. 핵위기 조성학파 입장이다. 핵무기가 큰 전쟁을 억지해주지만 오히려 작은 전쟁과 저강도 분쟁은 늘린다는 것이다. 이는 고강도 분쟁에서는 안정을 저강도 부냉에서는 불안정을 가져온다.

글렌 스나이더의 주장으로 핵이 안정을 만들면 큰 전쟁을 피하고자 작은 분쟁이 강화된다. 딜레마 상황이 발생하는 것이다.

2. 사례들

국제적으로는 1999년 인도 – 파키스탄 카르길전쟁 사례와 2018년 인도와 파키스탄 공군간 공중전 사례를 들 수 있다. 이들은 국가는 1998년 핵보유 선언 이후 거대한 전쟁이 불가능하다고 전제하고 국지적 도발을 쉽게 한 것이다.

한반도에서 북한의 핵보유도 동일한 현상을 가져왔다. 북한은 2005년 핵보유 선언을 했다. 2006년 첫 번째 핵실험을 했다. 이후 2010년 천안함 사례와 연평도 포격의 도발 사례가 있다. 또한 2016년 목함지뢰도발 사례도 있다. 이는 북한이 한미동맹의 확장억지에 기초해 고강도 전쟁은 불가능하기 때문에 저강도 분쟁을 일으

킨 것으로 볼 수 있다.

결론적으로 안정 – 불안정 역설이 타당하다. 이는 거대한 전쟁을 막는데 핵무기의 유용성이 있지만, 역으로 큰 싸움을 하지 못하니 저강도 분쟁을 가져오는 것이다.

IV 결 론

북한의 핵무기 확보는 핵확산의 과정도 위험하고 확보 이후에도 위험하다. 그런 점에서 북한에 대한 강력한 비핵화방안이 국제적으로 합의되고 수행되어야 한다.

P·A·R·T

II

3. 정치경제론

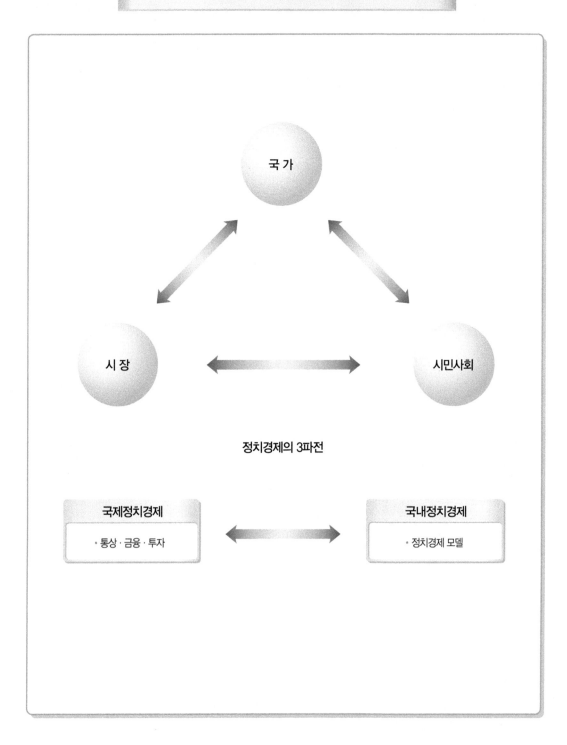

정치경제의 3파전

경제를 성장시키는데 있어서 시장의 자유가 중요하다. 반면에 정치를 발전시키는데 있어서는 민주주의가 중요하다. 경제 운영의 주체이자 작동 방식인 시장 경제의 강화는 민주주의를 보완할 수도 있지만 저해할 수도 있다. 다음 질문에 답하시오. (총 40점)

(1) 시장 경제의 강화와 민주주의의 관계에 대해서 논하시오. (20점)

(2) 한국에서 경제 발전과 민주주의 사이의 관계에 대해서 논하시오. (20점)

 문제의 맥락과 포인트

민주주의는 풍요로운 경제 환경에서 발전할 가능성이 높아 보인다. 하지만 이런 상식과 달리 경제적 발전이 반드시 민주주의를 보장하는 것은 아니라는 것이 이론적으로도 현실적으로도 밝혀졌다. 그것은 경제 발전이 민주주의와 긍정적인 관계를 맺기 위해서는 경제적 성과물을 어떻게 배분하는가 하는 문제를 어떤 방식으로 해결하는가와 관련이 있기 때문이다. 이 문제는 단순히 경제적 성장과 민주주의 관계를 묻고 있지만 실제 이런 질문의 이면에는 한국의 경제적 성장이 과연 민주주의에 어떻게 기여할 것인지에 대한 현실적 질문도 담겨 있다. 따라서 간략한 한국 사안에 대한 분석과 한국에서 경제 성장이 가져오는 시장 경제의 발전과 민주주의 관계의 정립 문제를 논의해 주면 좋겠다.

I 서 론

왜 이 시점에서 시장과 민주주의를 논하여야 하는가? 이념으로서 신자유주의의 팽창과 IMF의 경험 이후 한국의 시장은 과거에 비해서 상당한 정도의 권력을 가지고 있다고 보인다. 노무현 대통령이 시장이 권력에 넘어갔다고 발언을 한 이후 한국에서 시장의 역할이 실제로 얼마나 강한지에 대해 관심이 쏠려 있다. 시간이 지나면서 국가의 견제와 통제 능력은 상대적으로 약화되고 부의 양극화가 현실적인 문제가 되었다. 이것은 과거 '강한 국가−억압적 국가 vs. 약한 시장'의 관계에서 '약한 국가 vs 강한 시장'으로의 조건 변경을 의미한다. 그리고 이런 경제적 조건 변화 속에서 민주주의는 얼마나 민주적이 될 것인가의 문제를 야기한다. 따라서 경제 성장과 시장의 강화라는 조건이 민주주의에 어떻게 작용할 것인지를 살펴보고 그 속에서 한국의 실제 사례를 분석함으로써 향후 한국 민주주의의 질적 성숙을 위한 방안을 모색해 보고자 한다.

II 시장 경제와 민주주의의 관계

1. 시장 경제와 민주주의의 긍정적 관계

첫째, 자본주의와 민주주의는 성장 과정이 유사하다. 양자는 국가로부터의 자유라는 소극적 자유를 기본 토대로 해서 형성되었다. 따라서 양자의 태생이 유사하므로 이념상 조화되기 용이하다.

둘째, 양자는 동일한 작동 원리에 의해서 운용된다. 양자는 동일하게 다수의 지배라는 원칙에 의해서 작동한다. 자본주의는 시장을 기반으로 소비자 주권을 통해서 선택된다. 민주주의는 선거를 기반으로 국민 주권을 통해서 선택된다.

셋째, 근대화론 혹은 신근대화론이 주장하듯이 경제 성장 없이는 민주주의가 성장할 수 없다는 점에서 양자는 조화될 수 있다. 산업화와 경제적 풍요는 부르주아 계급이나 노동 계급 혹은 중산층을 만들어서 정치의 변화를 야기할 수 있다. 따라서 경제 발전이 되면 민주주의로의 전환이나 이행의 토대가 형성될 수 있다. 아담 쉐보르스키(A. Przeworski)는 국민소득 6,055불(아르헨티나가 민주화될 때 국민소득)을 최저 기준점으로 보고, 이 지점을 넘어선 경우에는 민주주의로 이행한 후발주자들이 권위주의로 재역전되지 않는다고 주장한다.

2. 시장 경제와 민주주의의 부정적 관계

첫째, 자본주의와 민주주의는 접근 방법과 이념상 충돌할 수밖에 없다. 자본주의는 원자적인 개체로서의 인간을 상정하고 있다. 이에 반해서 민주주의는 사회 속의 인간, 공생하는 인간을 상정한다. 따라서 원자적 인간에 의해서 상정된 자유주의, 자본주의 속의 평등은 기회 균등에 그칠 수밖에 없다. 반면에 연대적 존재로서 인간을 그리고 있는 민주주의는 국민이라는 공유된 구성원의 인식이나 인간이라는 인식으로 인해서 결과적인 평등, 실질적 평등을 주장한다. 이를 위해서 개인의 자유는 일정하게 절제되거나 자제될 수 있다. 따라서 이런 존재론적 차이를 가진 양자는 이념상 공유되기 어렵다.

둘째, 양자는 조직 원리가 다르다. 경제영역은 효율성을 중시하고 그로 인해서 사회에 대한 기여도가 그 사람의 위치와 정치적 결정력을 말한다고 본다. 따라서 평등한 정치적 결정은 허구가 될 것이고 차등적 결정이 가능하다. 이것은 쉐보르스키(A. Przeworski)가 주장하듯이 '1$=1표의 원리'가 될 것이다. 반면에 민주주의는 국민이라는 조건이 동일한 결과를 가져오게 한다고 주장한다. 이는 '1인=1표의 원리'로 요약될 수 있다. 그러므로 양 이념이 상정하는 정치적 조직 원리는 충돌할 수밖에 없다.

셋째, 경제 성장은 부의 불평등을 심화시켜서 양극화를 가져올 것이다. 양극화는 다수의 무산층을 형성하고 이들의 정치적 결정능력과 의사가 반영되기 어려운 조건을 형성한다. 마틴과 슈만(Martin & Schuman)이 주장하듯이 '20:80의 사회(상위 20%가 부의 80의 80%를 가져간다는 사회)'가 도래하게 되면 무기력해진 민주주의를 만들 것이다. 따라서 경제 발전이 자연스럽게 민주주의를 심화, 발전시키지 않는다.

III 한국의 사례 분석: 시장 경제의 성장과 민주주의

1. 권위주의시기의 경제 발전과 민주주의의 관계

(1) 민주주의 유도
근대화 이론은 권위주의 시기의 경제 발전이

민주주의에 기여했다고 주장한다. 1970년대의 경제 성장은 중산층을 29%에서 38.5%로 성장하게 만들었다. 여기에 더해서 노동자층을 16.9%에서 22.6%로 증가하게 만들었다. 이것은 향후 민주화가 노동 세력과 중산층 그리고 학생에 의해서 달성될 수 있는 토대를 만들었다. 그런 점에서 한국의 민주주의로의 전환은 권위주의 정권의 의도하지 않은 결과물인 성공의 위기에 기인한다 하겠다. 하지만 산업화의 유산은 이후 한국 민주주의가 질적으로 심화해 가는 과정에 계속 영향을 미치고 있다.

(2) 민주주의 저해

관료적 권위주의 이론을 통해 한국을 설명하고자 하는 시각은 경제 성장이 민주주의를 저해한다고 주장한다. 이 설명에 따르면 3공화국의 수입 대체 산업화에서 4공의 유신으로의 전환과 수출 주도산업으로의 전환은 산업화의 심화를 위한 것이라고 한다. 따라서 경제 성장의 심화를 위해 권위주의의 강화가 선택되었다는 것이다.

위의 논의를 종합적으로 판단하면 권위주의 시절 경제적 성장은 민주주의를 만들어 내는 데 두 가지 측면에서 기여했다. 한 가지는 민주주의를 이룩할 수 있는 중산층을 만들고 학생 세력이 형성될 수 있는 소득 구조를 가지게 했다는 것이다. 다른 한 가지는 권위주의 산업화가 이룩한 노동 세력이 민주화 과정에서 목소리를 낼 수 있게 되었다는 것이다. 그러나 한국의 1987년 민주화는 학생들에 의해서 주도되었다는 점에서 첫 번째 요소가 더 큰 것으로 보인다.

2. 민주화 이후 경제 발전과 민주주의의 관계

민주화 이후 시장이 강화되는 상황이 만들어졌고 이것은 상대적인 국가의 약화와 동시에 진행되고 있다. 특히 IMF 이후 국가는 정책 수단 중 많은 부분을 상실해 버렸다. 여기에 더해서 권위주의 정권의 비자금으로 상징되는 정치적 부패는 현재 한국 민주주의와 국가에 대한 실망을 가져오고 있다. 이는 국민들을 국가에 대해서 불신을 가지게 만든다. 이런 속에서 국가는 더욱 시장의 횡포를 조정할 수단과 그 정당성을 잃어버리게 될 것이다.

반면에 여전히 국가의 조정 능력이 약하지 않다는 주장도 있다. 국가의 힘이 상대적으로 축소된 것은 사실이지만 한국은 발전국가의 유산이 남아 있어서 국가가 시장을 주도하는 능력은 여전히 강하다는 것이다. 기업구조조정에 국가가 공적 자금 등을 이용해서 개입한 사례나 2012년 재벌가의 빵집 논쟁에서 재벌들의 빵집 사업을 자제시킨 것, 대형마트의 의무적 휴일 제도 등은 여전히 국가가 통제할 수 있는 통제력을 가지고 있다는 것을 보여준다.

그리고 시장의 강화가 반드시 국가의 약화와 민주주의의 약화로 이어지는 것은 아니라는 점도 중요하다. 시장의 강화가 기업의 이윤 극대화와 투자 증대 그리고 고용 창출의 선순환 관계로 이어지면 민주주의 물적 토대를 굳건히 할 수 있다. 그런데 시장 영역에서 자기 절제를 하지 못하고 시장이 탐욕스럽게 될 경우 민주주의에 역행하게 되는 것이다. 한 마디로 잘사는 민주주의를 만들 수 있지만 잘사는 비민주주의도 가능하다는 것이다. 그런 점에서 못사는 민주주의보다 잘사는 민주주의를 만들기 위한 시장의 자기절제를 필요로 하는 시점이다. 그리고 자발적인 자기 절제가 어려울 때 민주주의의 재생산을 위한 정부의 간섭이 필요하다.

Ⅳ 결 론

최근 시민 사회를 포함한 정치경제적 분석이 힘을 얻고 있다. 그런 점에서 강한 국가와 유능한 시장 그리고 강한 사회의 관계 모색이 필요하다. 이를 위해서 국가의 개입 범위를 예측 가능하게 만들 필요가 있다. 또한 이런 제도와 투명화가 국가에 대한 실망을 줄이고 기대를 높여서 국가의 정당성을 키워 주게 될 것이다. 또한 전통적인 접근과 달리 시민 사회의 기능과 역할에도 기대할 수 있을 것이다. 강한 시민 사회를 통해서 국가와 시장을 견제할 수 있을 것이다.

 기출문제와 연결

제1문 2005년 5급 1번(동아시아발전모델과 한국의 정치경제운영방식)

제002문 한국의 시장과 국가의 문제

경제 발전과 민주주의 간의 관계에 관해서는 다양한 논의가 있어 왔다. 사회의 이익이 경제를 중심으로 결집되는 경향이 강하다는 점과 함께 경제적 문제가 해결되지 않으면 생존의 기본 조건이 해결되지 않는다는 점에서 경제 발전의 문제는 정치적인 문제이다. 또한 최근 정치경제의 문제는 세계화라는 요인에 의해서도 영향을 받고 있다는 점에서 일국적인 수준을 뛰어넘고 있다. 이와 관련해서 다음의 질문에 답하시오. (총 50점)

(1) 경제 발전이 민주주의에 기능하는 영향에 대해서 논하시오. (15점)

(2) 민주주의가 경제 발전에 기능하는 문제에 대해서 논하시오. (15점)

(3) 세계화로 인해 경제의 주체인 시장과 민주주의의 주체인 국가 사이의 관계에는 어떤 변화가 일어났는지 논하시오. (10점)

(4) 한국에서 시장과 국가사이의 관계는 어떻게 진행되어 왔는지의 역사를 통해서 향후 바람직한 시장과 국가사이의 관계에 대해서 논하시오. (10점)

Ⅰ. 서   론
Ⅱ. 경제 발전이 민주주의에 미치는 영향
   1. 근대화론: 경제 발전이 민주주의를 유도한다고 보는 견해
   2. 근대화 비판론: 경제 발전이 권위주의를 가져온다고 보는 견해
   3. 신근대화론
   4. 평   가
Ⅲ. 민주주의가 경제 발전에 미치는 영향
   1. 민주주의의 경제 발전에 대한 기여
   2. 민주주의의 경제 발전에 대한 억제
   3. 논의의 평가
Ⅳ. 세계화와 정치경제
   1. 세계화의 정치경제에 대한 부정적 영향
   2. 세계화의 정치경제에 대한 긍정적 역할
   3. 논의의 평가
Ⅴ. 한국에서 시장과 국가의 문제
   1. 한국에서 시장과 국가의 역사적 관계
   2. 한국에서 시장과 국가의 관계: 신제도주의 관점에서
Ⅵ. 결   론

 문제의 맥락과 포인트

이 문제는 앞의 문제를 확대한 문제이다. 먼저 경제 발전과 민주주의의 관계를 양면적으로 살펴보는 이론적인 견해를 상술하고 경제의 핵심 주체인 시장과 민주주의의 핵심 주체인 국가 사이의 관계를 역사적으로 고찰하도록 요구하고 있다. 이 문제의 핵심적 질문은 마지막에 시장과 국가의 관계를 역사적 관점에서 보았을 때 양자 관계가 가져올 경제 발전과 민주주의는 어떻게 될 것인가에 대한 것이다. 앞선 문제보다 구체적인 한국의 시장과 국가 양 행위자간 관계에 대한 분석을 통해서 향후 민주주의와 경제 발전이라는 두 가지 목표를 어떻게 동시에 추구할 수 있는가를 묻고 있는데 이것을 경제 발전과 민주주의 관계론 뿐 아니라 두 가지 주체 간의 문제로도 연결하고 있는 것이 특징이다. 이 문제에서 가장 어려운 점은 역사적인 경로가 구축되는지에 대한 경로의존성 여부를 어떻게 보는가 하는 것이다.

Ⅰ 서 론

이명박 대통령은 취임하면서 민주화의 시대가 지나고 선진화의 시대가 도래했다고 주장했다. 즉 민주화 20년의 시대가 지나가고 새로운 실용의 시대 혹은 새로운 성장의 시대가 필요하다는 것이다. 하지만 경제문제는 동아시아 금융위기 이후 신자유주의의 시장질서가 더욱 강화되면서 사회의 양극화나 부동산문제에 대한 집중은 경제문제를 넘어 정치적 문제가 되고 있다. 2008년 총선에서 보여준 수도권의 아파트 투표 현상이나 정치적 의사 표현이나 복지중심으로 진행된 2010년 지방선거에서는 경제문제를 중심으로 투표행태가 나타나는 양태를 보이고 있는 것이다.

그렇다면 경제 발전은 민주주의와 어떤 관계를 맺고 있는가? 그리고 일국적 정치 경제가 아닌 세계화 시대의 정치 경제는 과거와 어떤 차이가 나는가? 한국의 시장과 국가 사이의 관계는 어떻게 변화 발전해 왔고 그 역사적 경로를 통해서 볼 때 한국의 시장과 국가의 관계는 어떤 방식으로 연계되는 것이 중요한가? 다음 질문에 대한 답을 찾기 위해 경제 발전과 민주주의 사이의 관계를 규명하고 한국의 시장과 민주주의 관계를 검토한다.

Ⅱ 경제 발전이 민주주의에 미치는 영향

1. 근대화론: 경제 발전이 민주주의를 유도한다고 보는 견해

근대화론은 경제 발전이 선행되어야 민주주의가 만들어질 수 있다고 본다. 경제발전과 근대화로 인해 중간계층의 성장, 도시화의 문제, 교육수준의 증대, 노동계급의 결집, 자유주의의

강화 등이 가능하게 된다고 보는 것이다.

2. 근대화 비판론: 경제 발전이 권위주의를 가져온다고 보는 견해

관료적 권위주의 모형은 경제 발전의 진전은 민주주의 보다는 권위주의를 촉진할 것으로 본다. 이것은 경제 발전을 위한 구조 개혁이 민주적 정부하에서는 민중의 저항으로 인해 불가능하기 때문에 새로운 권위주의 세력에 의해서 가능하다는 입장이다.

다른 한편 게쉰크론(Gershenkron)은 『Economic Backwardness in Historical Perspective, 1962』에서 후발국가들의 민주주의 가능성을 부정했다. 이 주장은 후발국의 이점(선진 기술의 수입, 모방의 용이성으로 보다 신속한 성장이 가능함)과 후발국의 불리한 점(신속 성장의 절박성을 가지나 기초 자본의 부족)이 주도적으로 작동하여 후발 국가들로 하여금 신속한 산업화, 보다 집중화된 산업화, 보다 국가개입적인 산업화로 가게 된다고 주장한다. 이렇게 후발국의 경우에는 경제 발전과 산업화는 민주화로 직결되지 않을 개연성이 크다.

다른 부정적 입장의 이론가로 칼 스위니츠(Karl de Schweinitz)를 들 수 있다. 그는 『Industrialization and Democracy, 1964』에서 더욱 강경한 입장을 피력했다. 그는 민주주의는 선발산업국가, 선진 자본주의 국가만이 누릴 수 있는 특권이라고 했다. 후발국의 경우, ㉮ 열악한 국제 경제적 위치 탈피 ㉯ 기술과 자본의 도입 ㉰ 사회적 비효율의 제거 등을 위해 강력한 국가를 필요로 한다. 따라서 이들의 경우 구미식 민주화의 길은 닫혔으며, 민주화를 위해 다른 수단이 강구되어야 한다고 한다.

3. 신근대화론

앞의 두 가지 과거 논의를 벗어나서 최근 신근대화론이 부상하고 있다. 아담 쉐보르스키의 6천불 이상의 국가에서 민주화가 역행되지 않는다는 주장이 신근대화론이다. 이 입장은 경제 발전이나 산업화가 민주주의를 추동하는 것은 아닐지라도 경제 발전이 이루어진 국가에서 민주주의가 살아남기 용이하거나 민주주의가 역행하지 않는다고 한다. 즉 이 입장은 '경제 발전 → 민주주의'의 인과 관계라기보다는 경제 발전과 민주주의 간의 친화성에 주목한다.

4. 평 가

경제 발전은 부를 증대시키고 사회를 변화시켜서 민주주의를 가져올 수 있다. 그러나 경제적 부의 증대나 경제 성장, 경제 성장을 위한 국가의 전략이 반드시 민주주의 방향으로 가는 것은 아니다. 양극화와 경제적 분배 구조의 악화는 오히려 사회적 불만을 증대시킬 수밖에 없고 이 경우 정치는 민주적인 타협보다는 극단적인 투쟁으로 갈 수 있기 때문이다. 따라서 경제 발전과 민주주의 사이의 관계에서도 어떤 방식의 성장과 분배전략을 구사하는가가 중요하다.

Ⅲ 민주주의가 경제 발전에 미치는 영향

1. 민주주의의 경제 발전에 대한 기여

정치적 자유가 보장될 때 경제적인 자유가 실제 의미를 가질 수 있다. 정치적인 자유가 보장되지 않는다면 자신들의 경제적 이해를 보장받을 수 있는 발언의 기회를 잃어버릴 것이기 때문에 정치적 자유의 강화는 경제적 이해와 발언권을 보장해 줄 것이다. 정치적 자유는 인민이 자신의 경제문제에 안전하게 집중할 수 있게

해준다.

정치적 자유와 정치적 평등을 조건으로 하는 민주주의는 최소한의 사적인 재산권을 보장할 것이고 사적인 재산권의 보장 역시 공적인 합의에 의해서만 제한 받을 수 있는 기대를 형성할 수 있다. 따라서 이런 기초적인 경제 영역을 보장하는 민주주의 국가는 비민주주의 국가보다는 개인이나 기업의 창의성과 의욕을 고취시킬 수 있다는 점에서 경제 발전에 기여할 수 있다.

2. 민주주의의 경제 발전에 대한 억제

민주주의가 경제 발전에 대해 부정적인 시각에는 크게 두 가지 입장이 있다. 하나는 신자유주의의 시장질서주의자들이고 다른 하나는 민주주의 자체를 부정하는 권위주의자들이다. 신자유주의들의 민주주의 효율성 비판은 다시 3가지로 나뉜다. 첫째, 정치적 경기순환이론(공공선택이론가들의 주장)이 있다. 이 이론은 이기적 정치인과 유권자의 근시안적 계산에 의한 비효율성을 지적한다. 선거 주기에 맞추어 경제 예산을 극대화함으로써 정치 주기에 의해 경제 운영이 비효율적이 된다. 둘째, 자중손실이론(시카고학파)이 있다. 국가 규제는 반드시 사회적 효율성의 상실을 초래한다고 본다. 경제에서 시장의 자율성을 보장하지 않으면 독점 시장에서 나타나는 자중손실과 같은 손실이 발생하며 경제적 효율성이 하락한다고 본다. 셋째, 지대추구 사회이론(버지니아학파)이 있다. 이 이론은 민주적 정치과정은 근본적으로 비효율적인 자원 배분기구일 뿐만 아니라 형평의 원리에도 맞지 않으며 극단적으로 얘기하면 낭비적이라고 주장한다. 국가의 개입은 반드시 지대를 형성하게 만든다는 점을 비판한다.

두 번째 입장인 권위주의의 민주주의 비판이 있다. 권위주의적 자본주의론은 민주주의의 비

효율성을 비판한다. 이들 주장은 민주주의 하에서 경제정책은 사회집단의 단기적 이익추구에 반응하게 됨으로써 분배정치의 게임으로 전락하게 된다는 것이다. 따라서 권위주의적 자본주의 이론은 권위주의가 자본주의 발전에 더 적합한 체제라는 것이다.

3. 논의의 평가

민주주의는 기본적으로 평등과 평등에 기반한 정의를 중시한다. 분배와 평등을 위한 공론의 장을 구축하는 것을 기본으로 한다. 따라서 시장이 중시하는 효율성과는 거리를 둘 수 있다. 시장은 개인과 개인들의 집단이 사적인 이익을 추구하고 이를 얼마나 적은 비용에서 효과적으로 이득을 극대화하는가에 집중하게 만든다. 하지만 민주주의는 공적인 이해의 타협을 통한 조정과 구성에 초점을 둔다. 따라서 민주주의 자체는 경제적 발전과 원리상의 측면에서 직접적 관계가 없다.

단 민주주의 역시 분배 문제를 다룬다. 분배 문제에서 여전히 중요한 것은 경제적 이익을 어떻게 나누는가이다. 그리고 이렇게 정해진 공정한 분배는 경제적 관점에서의 생산과 소비의 일치를 가능하게 해 주고 경제를 재생산할 것이다. 따라서 이런 관점에서 민주주의는 경제 발전에 간접적으로 영향을 미친다.

Ⅳ 세계화와 정치경제

1. 세계화의 정치경제에 대한 부정적 영향

세계화는 경제적 측면에서 신자유주의의 확장이라고 볼 수 있다. 신자유주의의 확대는 부의 집중화를 강조하면서 외부 시장 행위자의 영향력의 증대를 가져와서 분배구조를 악화할 수 있다. 부의 악화는 이제 일국의 문제가 아닌 세계적인 문제가 될 수 있게 된다.

특히 외부 행위자에 대한 규제와 통제의 장치가 점차 무력해지면서 제어되지 않는 시장의 힘은 정치적으로 더욱 큰 문제를 가져온다. 다국적기업을 세계화 시대의 '신군주'라고 칭하는 것은 외부행위자로서 다국적기업의 힘이 증대한 것을 보여주는 전형이다. 부의 집중이 권력의 집중으로 이어지면서 통제되지 않는 권력의 문제를 가져온다. 또한 다국적기업과 투기 자본이라는 외부 권력의 국내적 침투와 영향력의 확대를 가져온다.

2. 세계화의 정치경제에 대한 긍정적 역할

세계화는 사회적 수준과 정치적 수준에서도 일어나고 있다. 따라서 사회정치적 문제의 확대라는 현상도 가져올 수 있지만 반대로 사회 세력과 정치 세력의 결합을 통한 새로운 정치경제 체계 구성을 가져올 수도 있다는 점에서 긍정적이다. 또한 세계화는 기술의 증대와 정보화 등으로 민주주의의 정치적 공간과 기술에 대해서 도구적 관점에서 좀 더 넓은 정책 수단을 가져오게 해줄 수 있다.

3. 논의의 평가

세계화를 넓게 볼 필요가 있다. 그리고 그 속에서 경제적 세계화의 강화가 가져오는 분배의 문제와 그 이면에 있는 통제되지 않는 권력의 문제를 해결할 수 있는 다각적인 노력을 해볼 필요가 있다. 이런 노력은 전통적인 국가와 정부에 매달리기보다는 일국 수준을 뛰어넘는 거버넌스의 구조 모색이 되어야 한다. 특히 국가와 정부 간의 노력과 함께 시민 사회와의 조응도 중요하다 하겠다.

V 한국에서 시장과 국가의 문제

1. 한국에서 시장과 국가의 역사적 관계

대한민국 초기는 국가의 건설기로 내부 문제와 함께 전쟁과 전쟁의 상처 복구 그리고 오랜 식민지에서 독립으로 인한 자생적인 생존의 확보 노력에 주력했다. 이 과정에서 대한민국의 국가는 과대성장국가로서 다른 사회의 행위자들보다 강력했고 규모 역시 컸다.

대한민국의 과대 성장된 국가와 약한 시장 사이의 관계에서 3공화국부터 국가는 국가주도적인 발전을 통해 시장을 형성해갔고 그 과정에서 국가 주도적인 발전국가모형식의 발전을 꾀하게 되었다.

1980년대 자본의 성장으로 5공화국부터는 신자유주의적인 질서 속으로 들어가면서 시장주의를 강화하게 되었고 이는 김영삼 정부의 세계화 기조 속에서 국가가 시장에 자율성을 위임하는 조치를 가져오게 하였다. 이 과정 속에서 동아시아 금융 위기로 한국은 미국식의 워싱턴 컨센서스 속에 더욱 깊숙이 들어가게 되었다.

IMF체제 이후 한국은 개방화와 세계적 시장의 힘의 증대와 자본의 강화와 함께 과거의 강한 국가가 공존하고 있는 상황이다. 그리고 최근 시장의 힘이 좀 더 증대하면서 국가의 상대적 영향력이 약화되고 있다.

2. 한국에서 시장과 국가의 관계: 신제도주의 관점에서

신제도주의 입장은 시장과 국가가 별개의 존재가 아니라 상호작용하는 '관계적인 제도'라고 본다. 즉 국가와 시장은 작용과 반작용을 주고받으면서 상호 간에 제도화에 영향을 미치는 것이다. 따라서 시장만을 고려하는 시장주의 접근이나 국가만을 들여다보는 국가주의 접근이나 모두 문제가 있다는 것이다.

결국 관건은 시장과 국가 사이의 관계설정이 될 것이다. 그런데 시장은 규제나 통제가 없는 경우 자기 파괴적이 되기 쉽고 국가는 견제되지 않을 경우 폭압적이나 억압적이 되는 것이 문제이다. 따라서 양자의 관계는 결국 이 둘의 관계 속에서 극단적으로 가는 속성을 억제하는 것이 핵심이다.

이 관계에서 국가는 시장질서의 원칙을 정하고 질서를 규제하면서 시장질서가 지향할 분배 구조 문제에 대한 원칙을 정할 필요가 있다. 특히 한국은 강력하고 거대한 국가 기구를 효율적으로 사용한다면 시장을 좀 더 효율적으로 작동하게 할 수 있다. 그런 점에서 국가의 원칙과 비전의 정립이라는 국가능력은 확보할 필요가 있다.

VI 결론

역사적으로 볼 때 국가와 시장 사이의 관계는 역동적으로 변해왔다. 시장 주체가 강해지고 다시 규제를 받는 관계의 반복이 일어난다. 한국도 강한 국가와 약한 시장에서 강한 시장과 약한 국가로 전환되고 있다. 하지만 시장의 자기조정 가능성이 떨어질 경우 국가의 개입이 필요하다. 또한 시민 사회의 강화라는 현상에 따라 시민 사회도 시장과 국가 사이의 역할을 조정해 줄 수 있다.

 기출문제와 연결

제2문 2005년 5급 1번(동아시아발전모델과 한국의 정치경제운영방식)

제003문　경제발전과 신자유주의 강화의 민주주의에 대한 영향

경제발전과 민주주의 간 관계에 관해서는 다양한 논의가 있어 왔다. 경제발전이라는 조건이 민주주의의 토대를 이루기도 하지만 민주주의의 근간인 다원성을 파괴할 수 있다는 점 때문에 민주주의에서 경제발전은 중요한 주제이다. 최근 신자유주의 강화는 민주주의와 경제사이의 관계를 더욱 중요하게 고려하도록 하고 있다. 다음 질문에 답하시오. (총 40점)

(1) 이론적 관점에서 경제발전과 민주주의 사이의 다양한 관계를 논하시오. (20점)

(2) 실제 사례들을 들어 신자유주의 강화가 정치에 미치는 영향에 대해 논하시오. (20점)

 문제의 맥락과 포인트

이 문제는 경제가 발전될 때 즉, 경제성장과 민주주의 간의 관계를 이론적으로 묻고 있다. 이론적 논의를 넘어 한국에서 실제 경제성장을 강조하는 신자유주의 강화가 가져오는 효과를 현실적으로 질문하고 있다. 이런 문제에서는 얼마나 구체적인 사실관계를 가지고 이론적 입장을 지지하는지가 중요하다.

Ⅰ　서　론

세계화시대의 명암은 2008년 미국금융위기와 2011년 유럽위기에서 그대로 나타나고 있다. 경제발전 성과가 한 계층으로 몰리면서 이를 유지하기 위한 규칙 변경은 미국에서는 파생상품과 금융권의 총체적 부실로 나타났고 유럽에서는 국가재정 고갈로 나타났다. 끊이지 않는 총기사고와 다문화에 대한 거부는 시장 혼란과는 또 다른 위험을 알리고 있다. 신자유주의가 경제발전 논리를 통해 파급되면서 민주주의에는 여러 가지 위기가 나타나고 있는 것이다. 그런 관점에서 경제발전의 신자유주의논리와 사회적 다원성 하의 공동체 구축이라는 민주주의 논리는 어떤 관계를 갖고 있는지, 그리고 이런 관계를 어떻게 해결해 가야 하는지를 알아본다.

Ⅱ　경제발전과 민주주의의 이론적 관계

1. 경제발전이 민주주의에 미치는 영향

첫째, 근대화론은 경제발전이 민주주의를 유도한다고 보는 견해이다. 근대화론은 경제 발전을 선행해 민주주의를 만들 수 있다고 본다. 즉, 경제발전과 근대화로 인한 계층 형성이나 도시화 문제 혹은 교육수준 증대와 근대화가 가져오는 노동계급의 결집, 자유주의 경향 강화 등이 실제 이를 가능하게 해준다고 보는 것이다.

둘째, 근대화 비판론은 경제 발전이 권위주의를 가져온다고 보는 견해이다. 관료적 권위주의 모형은 경제발전의 진전은 민주주의보다는 권위주의를 촉진할 것으로 본다. 이것은 경제발전을 위한 구조 개혁은 민중의 저항으로 인해 불가능하기 때문에 새로운 권위주의 세력에 의해서 가능하다는 입장이다.

다른 한편 게쉰크론(Gershenkron)은 『Economic Backwardness in Historical Perspective, 1962』에서 후발국가들의 민주주의 가능성을 부정했다. 이 주장은 후발국의 이점(선진 기술의 수입, 모방의 용이성으로 보다 신속한 성장이 가능함)과 후발국의 불리한 점(신속 성장의 절박성을 가지나 기초자본의 부족)이 주도적으로 작동하여 후발국가들로 하여금 신속한 산업화, 집중화된 산업화, 국가개입적인 산업화로 가게 된다고 주장한다. 이렇게 후발국의 경우 경제발전과 산업화는 민주화로 직결되지 않을 개연성이 크다.

또 다른 부정적입장의 이론가로 칼 스위니츠(Karl de Schweinitz)를 들 수 있다. 그는 『Industrialization and Democracy, 1964』에서 더욱 강경한 입장을 피력했다. 그는 민주주의는 선발 산업국가, 선진 자본주의 국가만이 누릴 수 있는 특권이라고 했다. 후발국의 경우, 열악한 국제경제적 위치 탈피, 기술과 자본의 도입, 사회적 비효율의 제거 등을 위해 강력한 국가를 필요로 한다. 따라서 이들의 경우 구미식 민주화의 길은 닫혔으며, 민주화를 위해 다른 수단을 강구해야 한다고 한다.

셋째, 신근대화론이 있다. 앞의 두 가지 과거 논의를 벗어나서 최근 신근대화론이 부상하고 있다. 아담 쉐보르스키의 6천 불 이상의 국가에서 민주화가 역행되지 않는다는 것이 신근대화론이다. 이 입장은 경제발전이나 산업화가 민주주의를 추동하는 것은 아닐지라도 경제발전이 이루어진 국가에서 민주주의가 살아남기 용이하거나 민주주의가 역행하지 않는다고 한다. 즉 이 입장은 '경제 발전 → 민주주의'의 인과관계라기 보다는 경제발전과 민주주의 간의 친화성에 주목한다.

경제발전이 민주주의에 미치는 영향에 대해 먼저 평가를 해보자. 경제발전은 부를 증대 시키고 사회를 변화시켜서 민주주의를 가져올 수 있다. 그러나 경제적 부의 증대나 경제성장 또는 경제성장을 위한 국가 전략이 반드시 민주주의 방향으로 가는 것은 아니다. 양극화와 경제적분배 구조 악화는 오히려 사회적 불만을 증대 시킬 수밖에 없고 이 경우 정치는 민주적 타협보다는 극단적 투쟁으로 갈 수 있기 때문이다. 따라서 경제발전과 민주주의 사이의 관계에서도 어떤 방식의 성장과 분배전략을 구사하는가가 중요하다.

2. 민주주의가 경제발전에 미치는 영향

첫째, 민주주의가 경제발전에 대하여 기여한다는 입장이 있다. 정치적 자유가 보장될 때 경제적 자유가 실제 의미를 가질 수 있다. 정치적 자유가 보장되지 않는다면 자신들의 경제적 이해를 보장받을 수 있는 발언 기회를 잃어버릴 것이기 때문에 정치적 자유 강화는 경제적 이해와 발언권을 보장해줄 것이다. 정치적 자유는 인민이 자신의 경제 문제에 안전하게 집중할 수 있게 해준다.

민주주의는 정치적 자유와 정치적 평등을 조건으로 할 경우 최소한의 사적인 재산권을 보장할 것이고 사적인 재산권 보장 역시 공적 합의에 의해서만 제한 받을 수 있는 기대를 형성할 수 있다. 따라서 이런 기초적인 경제 영역의 보장은 비민주주의 국가보다 개인이나 기업의 창의성과 의욕을 고취시킬 수 있다는 점에서 경제발전에 기여할 수 있다.

둘째, 민주주의가 경제발전을 억제하는 측면이 있다. 민주주의와 경제 발전의 관계를 부정적으로 보는 시각에는 크게 두 가지 입장이 있다. 하나는 신자유주의 시장질서주의자들이고 다른 하나는 민주주의 자체를 부정하는 권위주의자들이다. 신자유주의들의 민주주의 효율성 비판은 다시 3가지로 나뉜다. 첫째, 정치적 경기순환이론(공공선택 이론가들의 주장)이 있다. 이 이론은 이기적 정치인과 유권자의 근시안적 계산에 의한 비효율성을 지적한다. 선거 주기에 맞추어 경제예산을 극대화함으로써 정치 주기에 의한 경제 운영이 비효율적이게 만든다. 둘째, 자중손실이론(시카고학파)이 있다. 국가 규제는 반드시 사회적 효율성 상실을 초래한다고 본다. 경제에서 시장의 자율성을 보장하지 않으면 독점시장에서 나타나는 자중손실과 같은 손실이 발생하며 경제적 효율성이 하락한다고 본다. 셋째, 지대추구사회이론(버지니아학파)이 있다. 이 이론은 민주적 정치과정은 근본적으로 비효율적인 자원 배분기구일 뿐만 아니라 형평의 원리에도 맞지 않으며 극단적으로 얘기하면 낭비적이라고 주장한다. 국가 개입은 반드시 지배를 형성하게 만든다는 점을 비판한다.

또 다른 입장인 권위주의의 민주주의 공격을 보자. 권위주의적 자본주의론은 민주주의의 효율성을 비판한다. 이들 주장은 민주주의 하에서 경제정책은 사회집단의 단기적 이익추구에 반응함으로써 분배정치 게임으로 전락하게 된다는 것이다. 따라서 권위주의적 자본주의이론은 권위주의를 자본주의 발전에 더 적합한 체제로 본다.

민주주의가 경제발전에 미치는 영향에 대하여 평가해 보자. 민주주의는 기본적으로 평등과 이에 기반한 정의를 중시한다. 분배를 위한 평등과 이를 위한 공론의 장을 구축하는 것을 기본으로 한다. 따라서 시장이 중시하는 효율성과는 거리를 둘 수 있다. 시장은 개인과 개인들의 집단의 사적인 이익을 추구하고 이를 얼마나 적은 비용에서 효과적으로 이득을 극대화하는가에 집중한다. 하지만 민주주의는 공적인 이해의 타협을 통한 조정과 구성에 초점을 둔다. 따라서 민주주의 자체는 경제적 발전과 원리 측면에서 직접적 관계가 없다.

단 민주주의 역시 분배 문제를 다룬다. 분배 문제에서 여전히 중요한 것은 경제적 이해를 어떻게 나누는가이다. 그리고 이렇게 정해진 공정한 분배는 경제적 관점에서의 생산과 소비의 일치를 가능하게 해주고 경제를 재생산할 것이다. 따라서 이런 관점에서 민주주의는 경제 발전에 간접적이고 궁극적으로 관계된다.

3. 신자유주의 효과의 실증적 연구

아이헨그림과 르블랑은 신자유주의 효과를 실증적으로 입증했다. 이들 연구는 156개국을 비교했다. 여기서는 두 가지 결론에 도달했다. 첫째, 독재 체제보다 민주주의가 무역개방과 자본자유화로 측정되는 세계화를 촉진한다는 것이다. 단, 예외적인 경우가 브레튼우즈 체계기로 나타났다. 둘째, 브레튼우즈기를 제외하고 무역개방은 민주주의를 촉진하는 것으로 나타났다.

이들 연구의 통계적 회귀 분석 결과는 다음과 같다. 첫째, 더 많은 무역개방을 추진하는 독재는 독재체제를 지속시킬 가능성이 크고, 더 많은 무역개방을 추진하는 민주주의도 민주주의를 지속시킬 가능성이 크다. 둘째, 자본통제가 민주주의에 미치는 영향은 통계적으로 유의미하지 않다. 그러나 자본이동을 폐쇄하는 민주주의는 독재로 전환할 가능성이 크다. 경제적·금융적으로 개방적 경제를 가진 나라는 민주주의를 지속할 가능성이 크다.

Ⅲ 현실사례를 통한 민주주의와 신자유주의의 관계분석

1. 양극화와 민주주의 토대 약화

신자유주의 증대와 이에 따른 양극화는 민주주의 토대로서 공공성과 공동체의 유대의식을 약화시킨다. 민주주의 구성원들의 공동체 속에서 성장하고 유지된다. 그러나 공동체의 사회적 인식 변화와 경제적 이해의 차이는 민주주의의 공동체 의식을 약화시키고 이것은 장기적으로 민주주의의 침식을 가져온다. 경제적 격차는 계층 불평등을 만들어 내고 이러한 계층 간 불평등은 분배 구조의 공정성에 문제를 제기한다. 또한 사회적 정의의 부재 혹은 부정의 문제는 사회적 연대의 중심축인 '신뢰'를 붕괴시킨다. 그런 점에서 신자유주의는 시장질서의 강조와 양극화의 자연스러운 도태로의 인식을 가져와 민주주의의 기반인 신뢰를 붕괴시킨다.

그렇다고 할 때 양극화가 실제로 일어나고 있는지를 볼 수 있다. 3가지 기준을 통해서 양극화를 살펴볼 수 있다. 산업 간 격차, 노동 간 격차, 전체 사회의 분배 구조 격차 3가지로 살펴볼 수 있다.

먼저 산업 간 격차를 보자. 신자유주의 강화는 동아시아 금융위기와 한미 FTA로 상징화되는 개방 증대로 인해 분배구조를 악화시켰다. 수출산업과 자영업 사이의 분화는 과거 수출 주도적 성장을 어렵게 하고 있다. 자동차산업과 전자산업이 상징화하는 수출의 이익은 극대화된 반면 자영업의 높은 폐업률은 한국 경제의 운용

방식을 대표한다. 삼성전자의 2012년 매출액은 1천 857억 달러로 사상최고를 기록했으며, 현대자동차는 85조에 육박했다. 반면, 2012년 자영업전체 폐업률은 85%에 달하고 그 중 음식점은 94%에 달했다.

다른 기준으로 정규직과 비정규직의 노동 간 격차를 보자. IMF 사태로 상징화된 외환위기 이후 기업들의 구조조정은 정규직과 비정규직을 분화시켰다. 이렇게 분화된 노동시장의 임금은 양극화를 보여준다. 기획재정부가 제출한 최근 5년간 정규직과 비정규직 간 임금격차 현황 자료에 따르면 2010년 3월 기준 정규직의 월평균 임금은 228만 9천원, 비정규직은 125만 3천원이다.

또 다른 기준으로는 사회적 불평을 나타내는 지니계수를 들 수 있다. 2008년 기준으로 통계청이 발표한 우리나라의 지니계수(가처분소득)는 0.314이고 이것은 2008년 경제협력개발기구(OECD) 회원국 평균치와 동일하다. 사회 구성원의 소득 불평등 정도를 나타내는 대표적 잣대로서 지니계수는 수치가 0에 가까울수록 균등한 소득분포를 보이는 것이고 0.4 미만이면 대체로 '안정적인 사회'로 받아들여진다. 하지만 최근 연구에 따르면 한국의 지니계수는 표본상 문제가 있어서 이것을 보정하면 2008년 지니계수는 0.371로 나타났다. 게다가 보정된 수치로 2012년은 0.415로 나타났다.

이런 양극화는 한국 사회에서 정치와 정부에 대한 신뢰도 하락으로 나타난다. 한국개발연구원(KDI) 국제정책대학원이 조사한 한국 사회 각 부문의 신뢰도(10점 만점)는 정부 3.35, 정당 3.31, 국회 2.95, 언론 4.91, 시민단체 5.41로 나타나고 있다. 낯선 사람에 대한 신뢰도가 4.0이라는 점을 감안할 때 정부와 국회로 대표되는 한국 정치에 대한 불신을 그대로 보여준다.

2. 정치사회에 대한 불신과 대의민주주의의 우회

위에서 본 것처럼 정치사회와 정부에 대한 불신 증대는 현대 민주주의 운영방식의 핵심인 대의민주주의에 대한 거부에서도 나타난다. 대의민주주의에 대한 불신은 투표율 하락과 정당 지지층 약화에서 드러난다. 2008년 국회의원 선거에서 나타난 46.1%의 투표율은 대의민주주의에 대한 낮은 지지를 보여준다. 또한 정당 지지도에서 2011년 통계는 무당파층이 32% 이상으로 나왔다. 최근 무당파층이 줄어드는 현상과 투표율을 증대하기 위한 사회적 노력으로 투표율도 증대하고 있지만 아직 대의민주주의에 대한 불신은 높게 나타나고 있다.

대의민주주의를 우회하는 것으로 나타나는 현상은 '다른 수단에 의한 정치' 방식과 직접민주주의 방식이 있다. 다른 수단에 의한 정치란 사법부나 언론을 이용해서 정치적 결정을 번복하는 것으로서 2004년 수도 이전과 대통령탄핵 관련 헌법재판소 판결이나 2009년 미디어법 판결이 대표적이다. 최근 방송과 언론 매체들이 특정 정당이나 정치인에게 편파적인 지지 또는 비판을 하면서 하나의 정치세력화 하는 것도 다른 수단에 의한 정치의 연장 선상에 있다.

직접행동의 대표적인 경우는 2008년 미국산 소고기 문제를 둘러싼 촛불집회였다. 그 이전에도 2002년의 미선이·효순이 사건과 2004년 탄핵사태도 대의민주주의를 대신한 시민들의 직접적인 행동이었지만 2008년 촛불집회는 자리에 있던 시민들이 민주당 인사들을 거부하는 행동에서 상징적으로 나타난 것처럼 대의민주주의의 거부라 할 수 있다. 최근 쌍용차 노조 문제나 MBC 파업등에도 한 기업내의 노사문제가 사회적으로 이슈가 되면서 정치적 의제가 된 경우이다.

3. 시장에 의한 공론장 지배

정치적 공간으로서 미디어와 공론의 장이 시장에 종속되는 것 역시 신자유주의가 가져오는 폐해이다. 언론 중립성이 필요하고 이를 매개로 하여 공적 담론이 자리잡아야 민주주의의 심의성이 높아진다. 객관적인 정보와 사려 깊은 판단을 통해 공동체 운영을 결정해야 하는 공론의 장이 시장 경제력의 영향을 심각하게 받는다면 정치는 금권정치로 타락할 가능성이 높아진다. 대표적으로 한국의 보수 언론사들이 보여주는 공론장의 지배력 행사는 공론장의 정보와 대화 방향을 시장의 한 세력이 된 언론사가 스스로 주도하는 것을 보여준다. 미디어법으로 상징화되는 거대 기업과 거대 일간신문사의 방송진출은 '기업=언론사=방송'의 연대를 통해 자본이 공론의 장을 지배할 수 있다는 점을 보여준다.

최근 인터넷 매체들에 대한 검열 강화나 최진실법으로 불리는 인터넷 실명제는 인터넷이라는 공론 공간에 대한 정부 개입이라면 신자유주의 시장 주체들 역시 인터넷이라는 공론 공간을 이용해 소비문화와 시장질서의 우월성을 강조하고 있다. 공론 공간에 있어서 심의성을 구축하기 어려운 상황이 되면 민주주의를 통한 정치공동체의 개선가능성은 낮아진다.

4. 다원성의 약화와 인정의 문제

신자유주의는 시장적 질서만을 강조하는 것이 아니라 시장이라는 획일화된 가치를 강조한다. 시장에서의 우열관계를 통해 인간과 사회관계를 재단하는 것이다. 따라서 시장질서에 적응을 잘 하는 사람은 우월한 자가 되고 시장에 적응하지 못하는 사람은 열패자가 된다. 시장에서의 성과가 사회를 구분하는 기준이 되면 사회의 다양한 요소들이 인정되지 못한다. 문화적 기준에 의한 경제적 차별이 정당화되는 것이다. 이주노동자, 동성애자, 장애인, 미혼모, 양심적 병역거부자, 노숙자, 혼혈인등은 사회적 무시와 함께 경제적 차별이라는 이중적 고통을 받는다. 따라서 인권이라는 가치는 무시되고 효율성과 생산성이라는 가치가 사회를 지배하면서 시장에 의한 인정만이 용인된다.

5. 평 가

신자유주의가 경제적 발전과 함께 풍요의 경제를 만들어주는 측면도 있으나 분배 문제, 가치 획일성 문제와 관련해서는 신자유주의의 폐해 역시 크다. 하지만 그렇다고 해서 신자유주의를 폐기하거나 무시 혹은 부정하는 것은 불가능하다. 그런 점에서 볼 때 신자유주의의 폐해를 줄이면서 사회적 다원성을 유지하는 것이 중요하다. 정치가 관여할 부분이 바로 이곳에 있다. 시장에 대한 규율을 확립하고, 사회적 정의를 확보하기 위한 분배 구조 개선을 이루어야 하며, 사회적 다원성을 대표할 수 있는 게임 규칙 창출이 정치가 수행해야 할 역할이다.

Ⅳ 결 론

이론적으로 볼 때 신자유주의의 장점에도 불구하고 단점이 있다. 현상적으로 볼 때 신자유주의의 폐해는 다방면에 걸쳐있다. 그런 점에서 신자유주의 강화와 시장 역할 증대를 거부하는 것이 아니라 시장이 작동할 수 있는 사회 공간에서의 규칙을 민주화하는 방안과 사회적 다원성이 공존할 수 있게 하는 정치의 역할이 중요하다. 이를 위한 정치개혁이 필요하며 이는 정당의 가장 우선적인 역할이라 할 수 있다.

제004문 자본주의 다양성논의와 경제위기간 비교

1997년 동아시아외환위기, 2008년 미국금융위기, 2011년 유럽재정위기는 세계경제의 위기가 더 빠르게 확산되고 있다는 것을 보여준다. 또한 이러한 위기들은 각 국가가 운영하는 정치경제의 운영방식의 차이에 의해서 발생하기도 하고 운영방식의 차이에 의해서 해결방식도 달라진다. 세계경제의 위기가 전파되는 외부적 요인과 국내경제운영방식의 문제인 내부적 요인이 작동하여 만들어지는 경제위기에 국가들은 대처할 수 있는 방안을 구축하는 것이 중요하게 되었다. 다음 질문에 답하시오. (총 40점)

(1) 세계화가 민주주의주의에 대해 미칠 수 있는 영향에 대해서 논하시오. (10점)

(2) 세계화에 대응하는 국가들 간의 다양한 자본주의운영방식에 대해 자본주의다양성의 개념으로 설명하시오. (10점)

(3) 동아시아외환위기와 미국금융위기와 유럽재정위기를 외인론과 내인론 관점에서 비교하시오. (10점)

(4) 세계화라는 대외적 환경에 대해 한국은 어떻게 대처하는 것이 필요한지 앞선 논의들을 통해서 설명하시오. (10점)

 문제의 맥락과 포인트

미국의 신자유주의가 1980년대 이후 지배적인 경제담론이 되어왔다. 미국식신자유주의는 다른 경제체제들이 미국방식의 자본주의를 받아들일 것을 권고하고 있고 IMF등을 이용해서 실제 미국방식을 강요하고 있다. 이런 미국의 입장은 미국경제의 부흥으로 지지되었다. 그러나 미국발 경제위기는 미국식 경제구조가 다른 국가들에도 과연 바람직한 것인지 그리고 미국식으로 경제운영방식을 수렴시키는 것이 바람직한 것인지에 대한 회의를 들게 하고 있다. 이로 인해 주목받고 있는 것이 자본주의 다양성 논의이다. 자본주의가 다양한 방식으로 운영되는 것이 필요하고 그것이 바람직하다면 한국은 외환금융위기 이후 미국방식으로 따라가는 것이 오히려 그동안 한국의 경제 역사가 만들어 놓은 장점과 환경을 무시하는 것이 된다. 따라서 자본주의 다양성 논의를 통해서 한국의 정치 경제가 나가야 할 방향을 정하는 것이 중요하다. 이 문제는 자본주의 다양성을 경제위기간에 연결하고 있다. 동아시아외환위기와 미국과 유럽의 위기를 내인론과 외인론 관점에서 비교하고 각 원인의 차이가 있다는 점을 들어 미국이 주도하는 IMF식의 시장주도적 해결책이 전부는 아니라는 점을 보이는 것이 이 문제의 핵심이다.

Ⅰ 서 론

미국발 금융위기는 한국의 경제적 위기를 동반했다. 이로서 민주주의의 토대로서 경제구조에 부정적인 영향이 파급되었다. 세계화에 대한 자본주의적 대응 방식에 대한 고민이 필요한 시점이다. 한국은 어떤 방식으로 세계화에 대응해야 하는가? 한국은 자본주의의 동반적 위기상황에서 어떤 대책을 만드는 것이 바람직한가?

Ⅱ 세계화의 민주주의에 대한 영향: 외부적 조건

1. 세계화의 민주주의에 대한 긍정적 관계

세계화의 민주주의에 대한 관계는 '세계화 → 민주주의 촉진'으로 먼저 정리할 수 있다. 이러한 입장을 강조하는 것이 신자유주의이다. 칸트의 아이디어인 경제적 이익의 추구가 국가로 하여금 평화추구하게 한다. 알렉산더 해밀턴은 자유무역이 미국의 민주주의를 공고히 하고 미국 민주주의의 미래를 열 것이라고 보았다. 또 다른 이론가로 로고스키는 무역개방이 선거제도에 영향을 미친다고 보았다. 다른 이론가로 바그와티는 무역개방은 번영을 가져오고 이는 중산계급의 확대를 창출하고 확대된 중산계급은 권위주의의 종말을 가져올 것이라고 보았다.

2. 세계화의 민주주의에 대한 부정적 관계

세계화의 민주주의에 대한 부정적 관계는 '세계화 → 민주주의 저해'로 정리할 수 있다. 이 입장은 반세계화론이 대표한다. 쉐보르스키는 세계화가 국민국가의 정책 주권을 심각하게 제약한다고 보았다. 한편 토마스 프리드만의 골든 스트레이트 자켓(황금죄수복) 역시 세계화가 국민국가를 제약할 것으로 보았다.

Ⅲ 다양한 자본주의 대응양식: 내부적 대응양식

외부적 환경의 변화에 대해 국가들이 대응하는 방식이 다르다는 점을 자본주의다양성 논의를 통해서 알아볼 수 있다.

1. 논의의 전제조건: 신제도주의

신제도주의는 세계화에 대한 신자유주의나 반세계화론자들의 극단적인 시각과는 다른 주장을 한다. 각국의 자본주의는 자국의 문화나 제도에 내재화되어(embedded) 있어서 자체적인 발전경로를 가진다고 주장한다. 따라서 이들 국가들은 신자유주의로 수렴하기 보다는 자신의 자본주의 구조가 가지는 비교우위를 잘 이용하는 것이 바람직하다고 주장한다. 이들에게 제도란 경제활동을 하는 게임의 규칙으로서 행위자들에게 인센티브와 제약을 부여함으로써 행위자로 하여금 특정기술을 획득하고 특정 자산에 투자

하게 하는 것을 의미한다.

즉 국가들마다 자본주의를 받아들일 때의 역사적 특징이 있고 이 특징들이 지속적으로 영향을 미친다는 것이다. 이것을 역사적 제도주의에서는 경로 의존성이라고 한다. 따라서 신자유주의가 말하는 경제모형의 수렴화는 타당하지 않고 국가들 마다의 역사적인 특성을 존중해야 한다. 그런 점에서 자본주의는 신자유주의의 수렴이 아닌 다향한 형태가 바람직한 것이다.

2. 다양한 현실 모형들

(1) 앵글로색슨의 자유시장모델

이 모델은 상품 시장의 높은 경쟁성과 노동시장의 높은 유동성이 연결되어 있다. 이 모델에서는 생산자가 중심이 아니고 주주를 중심으로 한다. 주주중심모형으로 칭해지는 이 모델은 미, 영, 캐나다, 호주가 대표적인 나라들이다.

(2) 사회민주모델

이모델은 노동 시장의 유연성을 특징으로 한다. 높은 사회보장 체계와 복지 혜택을 제공하는 이 모델을 사용하는 나라들은 스웨덴, 덴마크, 핀란드가 있다.

(3) 유럽대륙형

이 모델은 사회민주주의보다 높은 임노동 보호규제를 갖추지만 사회복지에서는 사회민주주의 국가들보다 낮은 보호체계를 구축하고 있다. 중앙집중화된 금융체계는 기업의 장기 전략을 유지하는데 도움이 된다. 주주의 이익에 집중적으로 신경을 쓰지 않기 장기성장전략이 가능하다. 독일, 네델란드, 프랑스가 대표적인 예이다.

(4) 지중해 국가 모델

노동시장과 상품시장에서의 탈규제 자유경쟁과 대비되는 모델이다. 경직된 노동시장, 상품시장의 높은 규제, 저발전된 금융시장, 비효율적인 기업지배구조를 특징으로 한다. 주로 경공업과 낮은 기술을 위주로 하는 산업에 전문화되는 경향이 있다. 그리스와 이태리등이 여기에 속한다.

(5) 아시아 모델

핀란드중심의 모델과 대비되는 모델로 국가가 경제운용의 중심에 있다. 국가와 결부된 대기업중심의 경제 체제를 운영한다. 국가가 통제하는 중앙집중화된 금융체제가 기업들이 장기 전략추구하게 한다. 물론 국가의 개입정도와 시장의 자율성은 아시아 국가들간에도 차이가 나타난다. 대표적인 국가로 한국과 일본을 들 수 있다.

Ⅳ 금융위기 비교: 내인론과 외인론 중심

1. 동아시아외환위기

동아시아 외환위기는 내부적요인과 외부적요인이 결합되어 만들어졌다. 태국에서부터 전염된 외환의 외부유출에 따른 위기가 지역 국가들에게 확산되었다는 점에서 외부적인 요인이 중요하다. 단기자본에 대한 의존이 높다는 점과 외부위기에 취약성이 높은 동아시아국가들간의 연계가 강화되었다는 점과 취약한 외부경제구조에 비해서 내부적으로 튼튼한 경제구조를 가진 기업들과 경제구매력이 있다는 점에서 투자와 합병이 가능하다는 점이 외부적인 요인으로 작동한다. 반면에 동아시아 국가들은 대기업중심으로 운영되는 점과 부실 대기업의 파산이 가져온 강한 파급효과와 시장에 대한 규제부족이라는 정부부분의 문제와 기업들의 해외차입이 과도하다는 점이 내부적인 요인이 되어 외환위기로 이어졌다.

2. 미국금융위기

미국금융위기는 외부적인 요인보다는 내부적인 요인이 강하다. 미국의 파생상품을 중심으로 한 금융 분야의 발전과 투자와 대출을 통한 경제운영은 미국의 경제를 약화시켰고 이러한 약화된 경제구조는 부동산시장의 버블 붕괴와 함께 무너졌다. 미국의 금융분야가 제조업분야보다 중요하다는 점에서 대출과 투자를 통해서 경제를 운영했고 이에 대한 정부의 규제가 부족하다는 점이 경제위기를 가져온 것이다. 이러한 미국의 금융위기는 미국이 2001년 대테러전쟁을 시작하면서 재정지출을 늘리면서 시작되었다. 경제구조를 관리하지 못한 부분에서 위기를 증폭시켰다. 외부적인 요인으로 미국의 금융분야가 세계화되면서 금융분야간 연계가 외부적 충격을 강화하였다.

3. 유럽재정위기

유럽재정위기는 그리스와 포르투갈 같은 국가들의 재정위기가 주변 국가들에 전염되면서 만들어졌다는 점에서 내부적인 요인과 외부적인 요인이 연결되었다. 관광시장에 의존하였던 경제구조에서 미국발위기는 유럽위기로 연결되었다. 게다가 유럽경제는 유럽공동체간에 연결되었다는 점에서 파급효과가 전파되었다는 점에서 외부적요인과 내부적요인과 구분되는 지역차원의 논리가 작동하였다.

Ⅴ 신자유주의에 대한 한국의 대처방안

1. 한국의 대처 방향: 외부적조건과 대응 양식의 조응성

위의 논의를 볼 때 세계화라는 외부적 조건은 경제적 연계를 늘렸다. 대외무역의존도가 높고 대외개방을 추진하고 있는 한국 입장에서는 외부적 조건에 대한 명확한 인식이 우선 이다. 그리고 이에 대한 자본주의다양성 논의는 국가들의 경제적 운영방식의 역사적 경로가 중요하다는 점을 보여준다. 한국의 경우 발전주의모델을 유지한 부분에서 국가의 개입정도가 높다는 점이 고려된다. 이런 상황에서 한국은 대외조건의 변화에 대한 대응에서 규칙을 명확히 하는 것에서 국가의 역할을 출발할 수 있다.

이를 좀 더 구체적으로 살펴보자. 한국은 구조적 요건상 소국 개방구조를 띠어야 함. 한국은 개방구조 속에서 자본과 노동의 요소간 이동성이 낮기 때문에 신자유주의와 같은 개방정책은 산업에 대한 피해가 직접적으로 온다. 따라서 국가의 조정역할이 중요함. 한편 발전국가가 가지고 있는 제도적 관성도 있다. 세계화속에서 국가가 어떻게 시장과 노동관계를 조정하여 세계화의 파도를 조정할 것인가가 관건이다.

2. 국가의 기능

국가는 정치 경제에서 장(field)의 역할과 행위자(player)역할을 동시에 수행해야 함. 무대로서 장을 구축하는 역할에 있어서 제도화가 관건이며 공정하고 중립적인 제도화 뿐 아니라 신뢰를 구축하는 것이 중요함. 행위자로서 국가의 역할은 조정의 역할, 매개의 역할이 중요함.

Ⅵ 결 론

한국의 국가 역할이 중요하다. 2008년 미국발 금융위기와 2012년 그리스발 유럽의 위기는 한국경제에 직격탄을 날리고 있다. 이런 대외적 환경의 변화는 한국과 같은 소국경제에 대해서는 직접적인 영향을 미치기 때문에 국가의 조정 능력이 중요하다.

제 005 문 한국의 정치경제운영방식과 코포라티즘

정치 경제에서는 국가와 시장의 관계가 중요하다. 국가와 시장의 관계에 대해서는 다양한 이론들이 존재하는데 각 이론들은 국가의 시장개입정도와 시장의 자기조절 능력을 기준으로 구분되기도 한다. 한국은 과거 발전국가모형을 사용했고 현재 신자유주의가 혼용되고 있다. 또한 노사정위원회와 같은 코포라티즘 기제도 관심을 받고 있다. 다음 질문에 답하시오. (총 45점)

(1) 발전국가모델과 신자유주의모델과 코포라티즘모델을 비교하시오. (15점)

(2) 국가와 시장사이의 관계차원에서 한국의 정치경제 운영방식이 어떻게 변화해왔는지를 설명하시오. (15점)

(3) 현재 한국에서 코포라티즘이 가지는 의미를 논하시오. (15점)

문제의 맥락과 포인트

정치 경제에서 국가 주도적인 모형과 시장 주도적인 모형을 비교하고 여기에 코포라티즘을 도입해서 질문한 문제이다. 한국의 역사에서는 국가주도적인 모형이 작동하던 때와 시장 주도적인 모형이 주도하는 때로 변화해 간 것을 설명하는 문제이다. 이 문제의 근원적인 질문은 한국이 시장과 국가라는 정치 경제의 두 주체 중 어느 것을 더 중요하게 여기면서 정치경제를 운영해야 하는가 하는 점이다. 이것을 파악하기 위해서 국가주도기의 장단점을 그리고 시장주도기의 장단점을 역사적인 경화를 통해서 파악하고자 하는 문제이다. 정치경제학에서는 국가의 역할을 중심으로 시장의 관계를 조정하기 때문에 양자의 관계 조정의 큰 원칙을 설정하는 작업이 무엇보다 중요하다. 노사정위원회는 코포라티즘의 이론에 기반하고 있다. 발전국가와 신자유주의만이 대안은 아니라는 점에서 코포라티즘의 의미를 파악하기를 묻고 있는 문제이다. 이론적으로 어렵고 한국에서 적용가능성이 높지 않지만 대안으로 고려할 수 있는 제도라는 점에서 코포라티즘의 아이디어를 정리해보는데 의미를 둘 수 있다.

 ## I 서 론

2015년 4월 이래로 경제사회발전노사정위원

회는 노동계와 경영계의 입장을 반영하면서 노동시장 구조 개혁에 관한 대타협을 추진하고 있다. 시한이 지나면서 타협가능성은 회의적인 입장들이 있지만 노동자들과 경영자들간의 협의를 가능하게 할 수 있다는 점에 의미를 둘 수 있다. 이러한 코포라티즘적인 협의구조는 한국의 강했던 국가와 강한 시장사이에서 어떤 의미를 가질 수 있는 지 살펴본다.

Ⅱ 발전 국가 모형 vs. 신자유주의 모형

1. 발전국가 모형: 국가 주도적 모형

발전국가 자본주의는 찰머스 존슨(C. Johnson)에 의해서 이론화되었다. 일본이라는 국가의 경제적 성공을 설명하는데 있어서 Pilot Agency라는 개념을 통해서 설명함. 이 Pilot Agency는 일본의 통상성(MITI)과 일본관료제도를 통해 설명했다.

전후 일본은 서구와 동등한 경제와 기술 심지어 서구보다 우수한 상태로 만드는 것을 목표로 했다. 이론에서 경제는 정치에 종속되었다. 이런 모형은 신중상주의로 특징화된다. 국가의 지원과 규제가 국제 경쟁력을 높이고 세계경제에서 '지도하는 고지'를 차지하기 위한 특정 산업부문의 보호를 하게 만들었다.

국가의 적극적인 경제적 역할이 인정된다. 메이지 유신이후 일본의 국가기구는 경제운용에서 핵심적 역할을 수행했다. 2차 대전이후엔 정부관료와 집권당인 자민당과 대기업간의 3자 동맹을 형성하여 보호무역과 수출 주도 성장을 통해서 급속한 산업화를 추구하였다. 일본 제도의 특징으로는 유치 산업보호 정책을 통한 기간 산업의 육성정책과 소비보다 저축을 강조하여 기초자본을 형성한 일본의 우편저축 제도의 높은 저축률을 들 수 있다. 또한 효율적인 생산을 담보하기 위한 일본의 종신고용제도 역시 일본경제의 특징으로 들 수 있다.

일본 기업의 지배구조는 이중 노동 시장이라는 특징이 있다. 이것은 재벌 기업은 종신 고용과 연공서열에 따른 임금과 이해당사자(stakeholder: 정책결정에 있어서 이해관계를 가진 사람들이 참여하는 모형으로 주주중심모형과 대비됨)모형을 유지하나 중소기업과 여성들은 이런 대우를 못 받는다. 계열 은행을 통해 자금을 마련하는 방식을 가지고 있다. 여기에 정부가 보증을 하고 기업은 판매와 성장중심적 정책을 수행한다. 미국의 기업이 주주들의 이익을 극대화하기 위해 이윤극대화에 매달리는 것과 대비된다. 기업들 간의 교차 출자 통한 계열회사를 중요하게 여기는 재벌구조이다.

지금까지를 전체적으로 볼 때 발전주의 모형은 국가를 중심으로 해서 사회를 위계적으로 조직해서 생산성을 증대시키고 부족한 자원을 집중 투자하는 방식으로 급속한 산업화를 추진하는 방식이다. 이 모델에서는 정부 관료와 민간의 연계가 중요하다. 이것은 에반스(P. Evans)의 "내재된 자율성(Embedded Autonomy)"로도 표현된다. 즉 사회속에 국가의 자율성이 착근되어 있다는 것으로 정부의 관료와 대기업의 전략실이 사적인 관계로 연계되어 있다는 것이다.

2. 신자유주의: 시장주도적 모형

신자유주의는 영미식 모형으로 시장을 중시한다. 1979년 영국의 대처정부와 1980년 미국의 레이건 정부가 차용한 정책으로 케인즈적 수요창출정책에서 공급중심정책으로 바꾼 것이다. 즉 공급중시 경제학의 이론을 토대로 하여 수요중심의 케인즈 주의를 밀어낸 것이다. 미국식 시장지향자본주의인 신자유주의의 근본 목표는 이득 창출과 부의 창출이다. 이를 위해서 경쟁적인 시장의 효율성을 강조하였다.

미국식 모형에서 국가의 경제적 역할은 최소

화된다. 재무성, 연방준비 은행은 분권화되고 책임은 공유된다. 사적 영역을 중시하며 국가는 단지 시장의 실패를 바로 잡는 역할을 수행할 뿐이다. 1980년대 국가가 산업정책의 수립하고 특정산업부문의 강조하면서 산업을 육성하였다. 이때 다른 산업으로의 파급력을 중시하는 연관효과와 확산효과가 강조되었다.

미국식 모형에서 기업의 지배구조와 관행은 주주 자본주의로 표현된다. 독일과 일본의 이해당사자 모형은 노동자와 하청업자에게 책임을 지는데 비해서 주주자본주의는 주주 이윤을 위한 기업구조로 산업체과 금융 간의 갈등이 잦다. 금융분야는 투자를 통해 단기적 이익을 강조하기 때문에 산업부문의 장기적 투자정책과 충돌하기 때문이다.

3. 코포라티즘

코포라티즘은 노동과 자본이 하나의 유기적 조직으로 구성되어 국가로부터 통제권을 얻고 이를 기반으로 한 노동과 자본과 국가간의 협의 구조를 의미한다. 라틴어 Corpus에서 유래한 것으로 신체를 의미한 이 단어는 현대에 와서는 조합 조직 혹은 기업과 같은 corporation으로 사용되었다. 어원에서 알 수 있듯이 개인 중심의 자유주의와 달리 특정 집단을 구성하여 집단 간의 협의정치를 강조한다.

1891년 교황 레오 13세가 노동헌장을 발표하면서 당시 사회주의 노동조직에 저항하기 위해서 노동자들에게 단결권리가 있다는 점을 인정하여 카톨릭중심의 노동조직을 만들고자 하였다. 이러한 입장은 자본주의를 부정하지 않는 선에서 노동자들의 권리를 인정하는 것으로 사회주의적 무정부주의와는 차이가 있다. 이러한 입장이 정책으로 실현된 것은 이태리의 무솔리니의 파시즘이다. 무솔리니는 22개의 협동체를

통해서 국가를 운영하였다.

이러한 역사에 기반해 유럽의 조합주의를 국가조합주의와 사회조합주의로 구분한 이론가가 필립 슈미터이다. 국가조합주의는 비민주주의 국가에서 국가가 특정 조합을 구성하고 이 조합을 기반으로 협의를 통해서 전국적인 통치를 가능하게 한다. 반면에 사회조합주의는 자발적인 조직들이 만들어지고 이러한 조직의 정상조직에 대해 정부는 대표권을 부여하여 정부와 정상조직간의 협의를 통해서 운영한다. 노동을 대표하는 조합과 자본을 대표하는 조합이 정부와 협상을 통해서 자본주의를 운영하는 방식을 결정한다. 사회조합주의는 민주주의 국가에서 사용되는 것으로 한국에서는 1998년 노사정위원회가 대표적이다.

Ⅲ 한국의 정치 경제운영의 역사

한국의 정치경제운영을 국가와 시장이라는 두 기제간의 우월성을 기준으로 구분해 본다.

1. 국가 주도기: 박정희 정부기

박정희 정부시기는 국가주도적인 발전주의 시대로 중화학 공업중심의 수출주도 전략을 선택했다. 경제기획원을 신설하고 기획원장관을 부총리급으로 격상시켰으며 전문 기술관료들을 발탁하였다. 이 시기는 군부엘리트와 대기업과 기술관료가 연합한 구조였다. 시장의 성장은 노동의 희생 속에서 가능했다. 또한 국가가 시장 영역에서 재벌을 형성하는데 성공했지만 시장제도의 근본적인 규범 및 합리적인 원리가 아직 정립되지 않았고 자의적인 방식으로 관리가 되었다. 기업들의 투자나 운영은 주로 권력기관인 정부에 의해 결정되었다.

2. 시장자유화기: 전두환 정부기

1970년대 세계경제 위기에 대응하기 위해 전두환 정부는 신자유주의 개혁을 단행했다. 박정희 정부에서부터 시장을 강화하려는 움직임이 있었다는 해석도 있다. 하지만 전두환 정부 들어와서 경제전략을 수출주도 전략에서 경제 자유화전략으로 수정하면서 시장에 대한 국가의 우위관계가 역전되기 시작하였다.

신제도주의자 노쓰(D. North)가 주장하듯이 제도의 '경로 의존성'으로 인해 급격한 전환이 이루어지지는 못했다. 기존 국가의 거대함과 강력함이 유지되는 과정에서 시장이 성장하면서 '시장 권위주의'라는 국가의 변형형태가 탄생한 것이다. 게다가 시장 제도와 규범이 불비한 상태에서 경제자유화조치는 대기업을 통제하던 국가의 개입구조를 오히려 훼손시켰다. 또한 이시기에 한국은 정보통신(ICT: information & communication technologies)산업을 육성하기 시작했고 이를 토대로 정보화 추세에 대처하려 했다. 하지만 실제 외형적인 수용만을 한 시기였다. 또한 재벌의 성장은 여전히 노동의 희생하에 이루어지던 시기이다.

3. 시장성장기: 민주화이후 문민정부까지

민주화이후 시민사회가 성장할 수 있는 토대가 형성되었지만 국가가 시장으로부터 크게 후퇴한 시기이다. 한편 국가의 후퇴 공간을 재벌이 장악하였다. 정치적으로는 진보와 보수가 충돌하기 시작했다. 재벌기업들은 경영자단체 협의회(경단협)을 구성하여 노사문제를 공동으로 대처하면서 영향력을 확대하였다. 이런 과정에서 재벌들은 한국 경제의 확장보다는 지대추구에 몰두하였고 결국 동아시아 외환위기와 한국이 IMF에 의존하는 사태를 가져오게 되었다. 이

때 시장질서를 만들고 규제해야 할 시기에 국가는 개입을 하지 못했고 재벌들에 의해 무질서한 시장의 힘이 증대하였다.

4. 시장 주도기: 동아시아 외환위기 이후

동아시아 외환위기 이후는 신자유주의를 강화한 시기로 IMF에 의해 부과된 개혁과정이 급진적인 형태를 띠면서 빅뱅식의 구조개혁과 구조조정이 일어났다. 은행으로 대표되는 기업들의 인수합병이 일어나게 되고 비정규직이 탄생하게 된다. 노무현 정부도 김대중 정부 정책을 계승하여 신자유주의 정책을 사용하였다. 좌파 신자유주의라는 특이한 닉네임을 가진 노무현 정부는 노동자와 진보층의 지지를 받았음에도 불구하고 한미 FTA로 상징되는 신자유주의정책을 채택하였다. 이명박 정부는 비즈니스 플렌들리 정책을 상요하면서 시장 특히 재벌중심의 성장정책에 초점을 두고 경제를 운용한다. 그런 점에서 동아시아 외환위기 이후는 신자유주의정책이 지속되고 있다.

Ⅳ 한국의 코포라티즘의 가능성

1. 코포라티즘의 가능성

코포라티즘은 한국에서 활용될 수 있는 가능성이 높다. 앞서 본 모델들처럼 한국은 발전주의에서 신자유주의를 사용하면서 복합적인 정치경제 모델을 활용하고 있다. 국가가 주도하면서도 시장에게 주도권을 내주는 방향으로 정치경제운영방식이 변화해왔다. 이 과정에서 국가가 주도적인 상황에서 시장 주도적인 상황으로 변화해왔다. 신자유주의는 시장주의를 전사회영역에 확장하면서 무한경쟁구조로 사회를 내몬다. 양극화로 상징화되는 경제적 구조가 대표적이다.

이런 상황에서 코포라티즘은 노동과 자본과 국가간의 균형있는 협의를 가능하게 할 수 있다. 국가가 조정역할을 수행하면서 자본의 강력한 권력에서 노동의 입장을 반영할 수 있다. 한편 강성노조로 인해 자본진영에서 운영이 어려운 기업과 산업에 있어서 타협을 가능하게 할 수 있다.

2. 코포라티즘의 한계

코포라티즘은 한국에서 활용될 여지가 적다. 우선 세 가지 이유가 있다. 첫째, 정상조직의 장악력이 있어야 한다. 그러나 한국은 노동은 민주노총과 한국노총으로 분화되어 있고 대기업의 사업장 노조는 통제가 되지 못한다. 이런 상황에서 노동층을 장악하고 협약을 관철할 수 있는 방법이 없다. 따라서 자본진영에서 국가를 통한 협의를 신뢰하지 못하는 것이다.

두 번째는 조직화되지 못한 이익을 반영하지 못 한다는 문제가 있다. 코포라티즘은 이익을 반영하게 하는 제도인데 조직화된 집단과 조직화되지 못한 집단간에 이익 반영에 차이가 있다. 따라서 노동과 자본에 집중하여 다른 이해관계를 반영하지 못한다.

세 번째는 국회라는 대의민주주의 기제를 우회할 수 있다는 점이다. 의회가 해결할 수 있는 사회적 협약을 정부와 거대 이익집단간에 체결함으로써 대의민주주의를 약화시킨다. 조직화되지 못한 이익을 대표해야 하는 의회를 약화시킴으로서 대의민주주의의 대표성을 더욱 약화시킨다.

3. 코포라티즘 적용가능성 평가

코포라티즘만을 한국의 정치경제 모델로 사용하지 않으면서 복합적인 해결방안 중의 하나로 사용할 수 있다. 현재 한국의 경제사회발전 노사정위원회는 노사정위원회 위원장, 한국노총, 한국경총, 고용노동부장관이 협의를 통해서 노사문제를 해결하고 있다. 이러한 방식은 경영자와 노동자간의 타협을 정부가 중재하는 방식으로 사회코포라티즘적인 방식이다. 거대 코포라티즘으로 노동과 자본의 거대한 타협을 만들 수 있다. 미시적인 코포라티즘을 사용해서 산업별, 기업별 협의를 만들 수도 있다. 타협에 있어서 시간이 걸릴 수 있지만 이러한 협의구조가 작동하는 것이 지나치게 국가주도인 방식이나 시장주도적인 방식을 피하면서 사회적 합의를 만들어 낸다는 점에서 의미가 있다.

Ⅴ 결 론

노사정위원회가 보여주는 것처럼 한국에서 코포라티즘의 역할이 크지는 않다. 하지만 비정규직으로 대표되는 노동과 자본간의 타협을 해결하는 데 있어서 코포라티즘적인 접근은 의미가 있다.

기출문제와 연결

제 5 문 2005년 5급 1번(발전국가와 신자유주의 사이의 한국정치 경제 모델의 미래), 2019년 5급 공채 1번(코포라티즘)

1997년 IMF사태 이후 한국은 국가 주도적인 경제해결 방식에서 신자유주의적 처방과 사회적 협약체계인 코포라티즘 처방으로 전환했다. 한국이 지난 정부들의 경제문제에 대한 처방은 다양한 문제점을 보여 왔다. 이 과정에서 한국의 역사는 국가의 경제 문제에 대한 처방이 국가의 자율성과 능력을 어떻게 설정하고 어떻게 확보하는가에 의존해 왔음을 보여준다. 다음 질문에 답하시오. (총 40점)

(1) IMF 이전 한국의 발전모형을 '국가 자율성'과 '국가 능력'과의 관계로 설명하시오. (15점)

(2) IMF 이후 한국의 발전모형을 '국가 자율성'과 '국가 능력'과의 관계로 설명하시오. (15점)

(3) 향후 바람직한 한국의 발전모형을 위한 방안을 '국가 자율성'과 '국가 능력'을 통해서 설명하시오. (10점)

 문제의 맥락과 포인트

정치 경제를 국가 중심으로 두고 국가의 자율성과 능력이라는 기준으로 한국의 역사를 보고자 하는 문제이다. IMF로 대변되는 동아시아 외환위기 이전과 이후 한국은 국가 중심성에 변화가 만들어졌다. 이것을 국가이론에서 말하는 자율성의 개념과 국가의 능력이라는 개념으로 분석하는 이론적인 문제와 한국의 현실을 적용해보는 현실 적용 문제를 섞은 문제이다. 한국의 과거 발전주의와는 다른 방식의 국가의 역할이 모색되는데 이를 어떤 방식으로 자율성과 능력 확보로 풀어갈 것인가가 이 문제의 관건이다.

I 서 론

IMF 이후 한국의 신자유주의적 방안과 북유럽의 코포라티즘적 실험 방안은 한국 경제의 문제를 풀어주는데 실제 성공적이지 못했다. 금융을 중심으로 한 국내시장은 과도한 영향력을 보이지만 실제 외국 자본 시장에 의해 침식당했다. 여기에 과격 노동조합의 문제는 산업 자본과 노동 사이의 타협점을 확보하는 데 실패하게 하였다. 이런 와중에 국가 혹은 정부는 한국이 가야 할 경제 방향과 한국이 풀어가야 할 이익 대표 체계 혹은 이익 배분 방식을 제시하지 못하고 있다. 한국의 경제 발전 모형과 이익 배분 구조는 어떤 문제를 가지고 있는가? 경제 발전 모형에서 개별 주체에게 문제를 위임함으로써 공공재로서의 공익 창출은 가능할 것인가? 국가 혹은 정부의 간섭 없이도 이것은 가능할까? 한국은 어떤 방식의 발전 모형을 설정하는 것이 필요한가? 이 모형에서 국가의 자율성과 능력은 어떻게 규정되어야 하는가? 한국에서 과거 발전 모형에서 무엇을 배울 수 있는가? 국가의 '정책 일관성'과 '계획 합리성'을 확보하기 위해서는 어떤 정치적 변화가 필요한가? 이런 문제의식으로 한국의 향후 정치경제 문제를 해결할 수 있는 방안을 모색한다.

Ⅱ   IMF 이전 한국의 발전 모형

1. 발전 국가 모형

한국 발전 모형은 자본주의와 서구화를 지향하는 근대화 패러다임에 근거한다. 그러나 이것을 달성하는 방식으로 주류 경제학적 방식을 이용하지 않고 후발산업화 논리를 추구한다. 후발 산업화 논리에서는 급속한 산업화가 필요하고 이를 위해서는 부족한 자본을 효율적으로 집중하고 배분하는 국가의 역할이 중요해진다. 이를 위해 유치산업의 보호나 인재의 육성, 농업 생산성 확대 등의 방식을 사용했다. 이를 통해서 한국은 근대화에 성공했다.

이런 동아시아의 모형을 동아시아 발전모형(후발 국가 모형)으로 설명해야 한다는 주장과 한국은 후후발 국가 모형을 통해서 설명해야 한다는 주장이 갈린다. 하지만 공통적으로 중요한 것은 이런 발전을 위해서 주도적인 기구인 pilot agency가 있었다는 점이다.

2. 국가 자율성과 국가 능력

한국의 발전은 선도 조직을 갖추고 사회로부터 자율성을 확보하고 자신의 능력을 갖춘 국가에 의해 달성되었다. 국가는 경제 성장을 억누르는 지대 추구적인 이익집단으로부터 자유로울 수 있는 국가의 자율성을 향유했으며 베버주의적인 합리적 관료제의 발전지향적인 리더십에 기초한 국가의 능력을 통해 신속한 성장을 이루어 냈다. 국가의 지대추구적 속성을 완전히 배제하기는 힘들지만 국가는 장기적 견지에서 국가경제의 방향을 설정하는 조타수 역할을 해냈다.

또한 국가의 자율성과 함께 정치 리더십이 작동하여 성장이라는 방향으로의 정치와 경제 간의 '연계된 자율성(embedded autonomy)'도 확보하였다. 이를 바탕으로 국가는 사적 이익집단에 포획되지 않으면서 시장에 대한 선별적 개입과 성장산업의 진흥을 도모하고 세계 경제로의 전략적인 선별적 통합으로 전략 산업 육성과 성장을 달성하였다. 포항제철이 대표적인 사례이다.

3. 민주화와 발전 모형의 변화

민주화는 네 가지 변화와 함께 과거의 발전 패러다임을 변화시켰다. 첫째, 재벌과 기업의 문제. '성공의 의한 위기'로 지칭되는 한국의 민주화는 기업과 재벌의 성장을 가져왔고 이들의 민주화 이후 힘의 성장은 과거 국가와 자본 간의 '생산적' 연계에서 보수적인 '약탈적 연계'로 퇴행하게 됨. 이 과정에서 재벌은 해외차입과 제 2 금융권을 통한 자체적인 자금 조달망을 완비했고 이런 통제되지 않은 대규모 차입은 외환위기를 가져왔다.

둘째, 노동에 대한 통제. 민주화 이후 노동에 대한 통제력의 약화와 전투적 노동운동의 등장은 임금 인상에 의한 국제 경쟁력 하락을 도모하였다. 여기에 더해 자본과 노동의 대립으로 인한 기회비용의 증대를 가져왔다.

셋째, 세계화와 시장 논리. 김영삼 정부는 과거 발전 패러다임을 버리고 공세적 세계화로 돌아섰다. '작은 국가론'에 입각해 선도 조직(pilot agency)인 경제 기획원을 없애고 장기 경제 개발 계획도 폐기했다. 여기에 더해 OECD가입을 통해 경제 개방을 가속화하였다. 이 과정에서 경쟁력이 없는 한국의 시장과 기업영역은 국제 시장에 대해 취약한 입장에 놓았다.

넷째, 민주화 이후 제도적 안정이 없는 정치적 경쟁은 국가 능력을 급격히 제약하였다. 분점 정부 하에서 정부의 존슨(C. Johnson)의 '계획 합리성'은 작동하기 곤란했다. 이로 인해 정책비 일관성과 집행능력의 결함이 나타났다.

Ⅲ IMF 이후 한국의 발전 모형

1. 한국 발전 모형의 중첩성

김대중 정부 들어와서는 기존의 신자유주의적 경제 개혁에 질서 자유주의의 개념을 규정하여 '규칙 제정자'로서 국가를 위치시켰다. 규칙 제정자인 국가는 새로운 시장 질서를 창출하고 필요에 따라서는 직접적인 개입도 불사하였다. 실제 정책으로 사용한 금융 감독 제도, 공정거래 제도의 강화와 엄격한 집행은 발전주의 국가에서 영국식의 규칙 국가(regulatory state) 혹은 규제 국가로의 전환을 의미한다. 또한 한국은 비정규직으로 대표되는 노동 시장 유연화와 주식시장의 강화로 대표되는 주주자본주의 모형의 강화를 통해서 영미식의 자유 시장 경제 모형으로 수렴되었다.

국가-노동 관계는 유럽의 사회 조합주의적 발전도 모색되었다. 이에 따라 1998년 1월 15일 노사정 위원회가 노사정 대타협을 이루어냈다. 노사정위원회는 완벽하지는 않지만 사용자 대표와 노동자대표가 국가와 타협을 이룬 것이다.

한편으로 과거 국가 개입주의적 발전주의 모델의 잔영도 여전히 한국의 정치경제 운영방식

에 남아있다. 외환위기 이후 빅딜을 통한 산업 합리화정책과 IT 산업을 진흥하기 위해 5년마다 정보화 촉진 기본계획을 수립하는 등 발전 국가가 수행했던 산업에 대한 정책적 개입도 여전히 사용되었다. 노무현 정부 들어와서 네덜란드식의 사회협의주의 모델이 강조되었으나 이런 시도가 좌초된 후 신자유주의 개혁이 확대되고 있다.

2. 국가 자율성과 국가 능력

1997년 경제 위기 직후 일시적인 기간 동안 국가의 자율성과 능력이 확대되었다. 정권교체에 힘입고 당시 경제 위기에 대한 사회적 분위기에 편승해서 기존의 재경원등을 배제하고 상대적으로 기관 자율성이 높은 금융감독위원회나 기획예산처를 신설하고 금융시장, 재벌개혁, 공공부문의 개혁을 추진했다. 노사정 위원회 역시 마찬가지이다.

하지만 위기감이 사라지면서 다시 국가 자율성이 하락하였다. 여기에 김대중 정부와 노무현 정부의 정치적 리더십의 부족은 새로운 환경 변화에 대한 '계획 합리성'을 제한하면서 세 가지 모델들 모두 표류하게 되었다. 이러한 무능력은 민주화 이후 명확해진 집행부(political executive)와 관료제의 구분에 의해 더욱 가속화되었다. 집정부의 비전 제시 부족과 여야 간의 정치적 대립은 관료적 합리성이 발휘될 수 없는 조건을 형성했다.

Ⅳ 향후 한국의 발전 모형

1. 한국 발전 모형의 방향

2005년 기준으로 한국 경제는 OECD 24개 국가 중 무역 의존도 5위와 GDP 대비 제조업 비율이 3위이다. 이는 한국이 제조업 중심의 수

출 지향적 개방 경제임을 나타낸다. 따라서 한국 경제는 북구 유럽의 경제 강국들과 유사한 구조로 구성되어 있으며, 이는 국제 환경 변화에 빠른 변화와 적응을 요구한다. 이런 조정과 적응을 위해서는 노사 간의 합의와 조정이 필수적이다. 이 부분에서 국가의 적극적 역할이 요구된다. 따라서 국가와 자본과 노동이 민주주의 시대에 걸맞게 민주적 발전 조합주의로 나가는 것이 필요하다.

이를 위해서 금융 분야는 주주중심 자본주의에서 이해관계자 자본주의로 발전시킬 필요가 있다. 이해관계자 자본주의를 통해 기업의 장기 투자를 가능하게 할 수 있다. 둘째로 노사관계를 산별 노동조합 중심으로 전환할 필요가 있다. 우리의 파편화된 노조 체계상 현실적인 방안으로의 접근이 필요하다. 또한 고용안정성보다는 고용가능성 차원에서 접근이 필요하다. 즉 노동자의 생애 전체를 통한 접근이 필요한데 이것은 고용가능성을 지속시켜주는 것이 중심이 되어야 한다. 세 번째로 사회보장제도의 내실화가 요구된다. 특히 사회서비스의 확보가 중요하다. 네 번째로 대기업의 국제경쟁력 제고와 고용흡수력이 좋은 경쟁력 있는 중소기업 육성을 목표로 한 산업정책이 필요하다.

2. 국가 자율성과 능력 확보를 위한 방안

위의 목표를 달성하기 위해서는 국가의 자율성 확보가 중요하다. 또한 정책 안정성과 정책 합리성에 기반한 국가의 능력이 필요하다. 이를 위해서 무력한 민주정부에서 유능한 민주정부로 변화가 요구된다.

유능한 민주정부를 구축하기 위해서는 책임성을 구현할 수 있는 정당정부가 필요하다는 주장이 설득력이 있다. 권력분립이 이루어져야 하는게 정당간 경쟁이 제도적 수준에서 권력분립

(seperation of power)이 이루어져야 정치적 대립구조(seperation of purpose)로 가지 않는다. 즉 정당의 정체성이 명확해지고 정당간의 유의미한 경쟁이 이루어지면 제도적으로도 행정부와 의회 간이나 여야간의 권력분립이 가능한 것이다. 이런 경우에 국가 정책에 대한 비전이 제시되고 이에 따라 한국의 행정관료 체계가 합리적으로 작동할 수 있다. 하지만 정당정부는 대체로 유럽의 1960년대 이전의 정당인 대중정당에 기반을 두고 있다는 점에서 과연 현실가능성이 있는지가 문제가 된다. 진성당원이 부족하고 정당에 대한 신뢰도가 낮은 상태에서 정당을 대중정당으로 설정하고 이에 기반한 정치개혁을 꾀하는 것은 현실성이 떨어진다는 것이다. 따라서 약화된 형태에서 정책을 지향하는 원내 정당 정도로 설정하고 정당의 제도화를 꾀하는 방식으로 정치개혁을 추구할 수 있다.

좀 더 구체적인 정책 방안으로는 비례대표의 확대 방안과 5년 단임의 대통령 제도를 4년 단임제로 전환하고 정당에 힘을 실어 줄 수 있도록 총선과 동시선거 전략을 짜보는 방안이나 결선 투표 방식을 고려해 볼 수 있다.

여기에 더해서 대통령의 합의 능력을 제도적으로 끌어올릴 수 있는 방안도 모색할 필요가 있다. 즉 선거 주기의 일치를 통한 후광효과(coattail effect: 대통령선거 이후 대통령소속 정당에 대통령에 대한 지지율 증대로 인한 총선에서 표의 몰림 현상), 4년 연임 방안을 통해 대통령 임기를 연장하면서 국민들이 선택할 수 있게 하고 대통령에게 책임을 부여할 수 있다. 결선 투표를 통한 정당 간의 연대모색과 득표율 상승을 통한 정당성 확대를 꾀해볼 수 있다. 그리고 대통령 제도의 본질에 어긋나는 국회의 각료 해임 건의권 폐지 등이 고려될 수 있다.

마지막으로 노사정 위원회 강화방안도 고려

해볼 수 있다. 노사정 위원회에 교섭단체를 이룬 정당들이 참여하게 하고 고위관료의 노사정 위원회에 대한 순환 파견근무제를 제도화해서 공식적, 비공식적 연계를 형성할 수 있다.

Ⓥ 결 론

결국 한국의 발전 모델의 핵심은 얼마나 중립적인 국가와 얼마나 효율적인 국가를 만들어 낼 것인가 하는 점이다. 그리고 이것은 결국 리더십을 갖춘 지도자와 비전을 필요로 한다. 다당화된 정당정치와 분점에 의한 정치적 권력의 분산은 실제 비전과 리더십이 작동할 수 있는 토양을 침하시킨다. 따라서 정당정치에 뒷받침된 리더십이 중요하다.

다음 〈제시문〉을 참고하여 답하시오. (총 40점)

〈제시문〉

　자본주의적 시장경제와는 구별되는 목적과 운영원리를 지니고 있는 것으로 알려지고 있는 사회적경제는 역사적으로 18세기 말–19세기초 유럽의 자본주의의 성장과정에서 나타난 빈곤, 질병, 실업 등의 위험, 자본가 중심의 시장구조와 독과점 등의 문제에 경제적 약자들이 자조적로 대응하기 위한 협동조합, 공제조합(mutual societies), 그리고 결사(association)에 그 뿌리를 두고 있다.

　2차 세계대전 이후 소위 케인즈주의 복지국가체제 하에서 자본주의시장경제가 황금기를 구가하는 동안에 사회적경제는 경제성장과 사회복지의 조화를 이루어내는 사회경제적 발전과정에서 핵심적인 주체로부터 제외되었다. 시장실패에 대처하는 거시경제정책과 소득재분배 정책을 핵심으로 하는 케인즈주의 복지국가체제하에서는 정부, 고용주단체, 그리고 노동조합이 핵심적인 주체였다. 1970년대 후반에 오일쇼크와 스태그플레이션의 발생으로 인한 장기실업과 사회적 배제계층이 지속되고 복지국가의 위기가 오면서 프랑스와 이탈리아 등 남부유럽을 중심으로 사회적경제에 관한 관심이 높아지기 시작하였으며, 이러한 관심은 유럽연합 차원으로 확대되었다.

　주로 유럽을 중심으로 다시 부상한 사회적경제는 2차 세계대전 이전의 모습과는 달리 자본주의적 시장경제섹터나 정부가 효과적으로 해결하기 어려운 쇠퇴한 도시의 재생문제나 장기실업의 문제, 사회적 배제층의 문제, 정부 사회복지서비스의 전달상의 비효율 문제, 지속가능한 성장 과제 등에 대처하기 위한 새로운 형태의 협동조합 즉 사회적협동조합의 등장과 더불어 더욱 주목받게 되었다.

　한국에서 사회적경제는 협동조합기본법과 소비자생활협동조합법에 의하여 설립된 협동조합, 사회적기업육성법에 의하여 설립된 사회적기업, 행정안전부의 정책적 지원대상인 마을기업, 보건복지부의 정책적 지원대상인 자활기업 등으로 구성된다고 보며, 이에 한정하여 사회적경제기업 수 및 종사자 수 등 통계가 작성되고 있고 성과 분석 등이 이루어지고 있다.

　정치경제학은 국가(정부)와 시장의 관계를 주로 다루어왔다. 그 과정에서 '시장실패론'과 '국가실패론'이 등장했고, 최근 시민을 중심으로 하는 '사회적 경제론'이 새로운 '대안 혹은 보완' 차원에서 논의되고 있다.

　(1) 다양한 이론적 자원을 활용해서 신고전자유주의에 대한 국가주도론의 '시장실패론'을 설명하시오. (12점)

　(2) 다양한 이론적 자원을 활용해서 국가주도론에 대한 시장주도적 입장의 '국가실패론'을 설명하시오. (12점)

　(3) 시장과 국가가 아닌 자발적인 시민을 강조하는 '사회적 경제론'을 설명하고, 한국에서 사회적 경제론이 어느 정도 현실적 역할을 수행할 수 있는지 논하시오. (16점)

문제의 맥락과 포인트

정치경제에서 최근 가장 주목받고 있는 것이 시민사회의 기능과 역할이다. 이 문제는 시장 실패와 국가 실패가 발생하면 시민사회가 이를 보완하기 위해 어떤 역할을 할 수 있는지를 다룬다. 최근 연구 주제라서 문제로는 좀 빠를 수 있지만, 중요하게 다루어져야 할 이슈다.

Ⅰ 서 론

2007년 한국은 '사회적 기업육성법'을 제정하고 2012년 '협동조합기본법'이 시행되는 등 사회적 경제가 부상하고 있다. 시장실패와 국가실패를 보완할 수 있는 정치경제 장치로서 시민을 중심으로 하는 사회적 경제가 어떤 의미이며, 현실적으로 어떤 역할을 수행할 수 있는지 살펴본다.

Ⅱ 국가 개입주의의 시장실패이론

신고전자유주의는 개인의 자유와 소유권을 강조하면서 국가의 개입을 거부하였지만, 1870년대 대불황이나 1930년대 대공황으로 시장실패를 경험하였다. 이를 근거로 국가 개입주의 입장에서 시장주의에 대한 비판을 살펴본다.

1. 케인즈주의의 시장 실패이론: 수요와 공급 불일치

케인즈는 신고전경제학이 가정하는 시장에서의 일반균형을 거부하면서 국가의 개입을 강조했다. 완전경쟁이 되기 위해서는 생산과 소비가 일치해야 한다. 즉 생산하는 만큼 소비가 이루어져야 한다. 그러나 일반균형이 형성된 상태에서 시간이 지나면 소비를 담당하는 노동자들의 임금증가율과 자본의 이윤증가율이 달라진다. 자본축적은 강화되고, 임금은 이를 따라갈 수 없게 된다. 유휴자본으로 인해 고용이 축소되면서 시장은 실패하게 된다.

케인즈에 따르면 시장에 의한 일반균형은 달성될 수 없기에 국가의 개입이 필수적이다. 국가는 시장의 '보이지 않는 손'을 거부하고 '보이는 손'으로 유효수용 창출을 통해 균형을 맞춰주어야 한다. 국가의 개입을 통한 세수확대와 복지정책을 통한 수요 창출이 일관되게 유지될 때

기업은 안정적인 공급이 가능하다. 국가개입이 시장을 선순환관계로 만다는 것이다.

2. 공공재이론: 시장의 사용재 제공

시장은 공공재를 만들지 않는다. 시장은 사적이익을 추구하기 때문에 공공재를 만들지 못한다. 공공재이론은 다시 3가지 세부적인 논리를 가지고시장실패를 설명한다.

첫째, 첫째 경우로 기술개발로 규모수익의 체증현상이 벌어지고 자연적 독점이 벌어지는 경우이다. 예를 들어 핸드폰이나 LCD TV의 경우처럼 초기의 막대한 투자가 들지만 이런 투자는 이후 다른 기업의 진입장벽이 될 때 자연적인 독점이 형성되고 독점은 시장실패를 가져온다.

둘째, 시장 밖의 외부효과의 문제가 있어서 시장이 효율적으로 작동하기 어려울 때이다. 외부효과는 의도하지 않은 결과가 나타나는 것으로 이런 의도치 않은 결과들에 의해서도 시장은 제대로 작동하기 어려울 수 있다. 이 경우에도 시장외부상황에 대한 통제가 필요한데 이것을 시장이 할 수 없는 것이다.

셋째, 공공재의 비경합성(어떤 사람이 사용해지만 다른 사람의 사용도 가능한 것)과 배제 불가능성(공공재 산출에 참여하지 않은 사람도 배제할 수 없는 것)의 문제로 인해서 공공재 창출이 어려운 경우이다. 특히 배제불가능성은 합리적인 행위자로 하여금 공공재 산출에 나서지 않고도 공공재의 혜택을 보도록 유도하는 경향이 있다. 이 외에도 시장의 문제점에는 시장이 윤리문제에 관심이 없다는 점을 들 수 있다. 즉 시장은 사회적 정의(공정하게 나누는 문제)의 문제를 해결하지 못한다. 왜냐하면 시장은 인간의 필요에 대응하는 것이 아니라 소비자의 구매력에 대응하기 때문에 구매력이 있는 소비자와 생산자사이의 관계만을 다룬다. 그러나 소비력이 부족해도

필요한 재화가 있는데 이러한 문제에 대해서 시장은 침묵한다.

시장실패와 비윤리성의 문제에 대해 공공재국가론은 국가를 시장의 실패를 치유하는 수호자로서 등장시킨다. 국가는 공공재를 공급하고 시장의 불균형을 치유한다. 예를 들어 국가는 공공재 산출을 위해 세금을 부과하고 특정행위 자체를 금지하는 것으로 독과점을 금지시킨다. 또한 국가는 시장질서를 왜곡하는 불성실한 계약자를 처벌한다. 또한 제도를 형성하여 거래비용을 감소시키고 공공재 공급에 있어서 무임승차자를 제재한다. 이때 제기되는 문제는 "왜 국가가 공공재 생산과 공급에서 시장보다 우월한가?"이다. 이 문제에 대한 설명은 국가는 보편적인 회원권(영토내에 인민은 국가의 성원이 되는 것으로 시장질서에는 생산자와 소비자만이 참여하는 것과 구분됨)과 강제력(질서를 위반한 행위자에 대해 처벌할 수 있는 능력으로서 검찰, 경찰, 국세청등의 기관들이 실제 이런 처벌력을 가지고 있음)을 가지기 때문에 시장보다 우월하다는 것이다.

3. 참여민주주의의 작업장 민주주의

참여민주주의도 시장에 대한 국가의 개입을 강조한다. 시장은 제약되어야 한다. 시장의 제약은 작업장에서 실제 노동자의 권리를 보장하고, 이들의 결정권을 보장해야 한다. 국가는 이것을 관철해주어야 한다. 이것이 적극적인 자유를 보장하는 것이고, 실질적 평등권을 보장하는 것이다. 미국에서 직원지주제도나 독일의 공동결정제도가 여기에 해당한다.

작업장민주주의는 민주주의를 단지 정치적 제도에 가두는 것을 거부한다. 민주주의가 오직 주기적 선거에 국한되면 사회경제적 차원에서 권리가 배제되는 것을 막을 수 없다. 따라서 실제 삶의 대부분을 차지하는 작업장에 민주주의

가 필요하며, 이를 위한 사회적 합의와 국가의 개입이 필요한 것이다.

● 대안 목차

1. 대안 1: 폴라니의 국가 개입 강조

폴라니도 국가의 개입이 중요하다고 강조한다. 시장은 규율되지 않을 경우 '악마의 맷돌'처럼 작동한다. 시장 이기심에 의해 사회를 약화시킨다. 시장을 규율하기 위해서는 국가가 중요하다. 실제 영국의 곡물법 폐지는 영국의 산업구조 변화를 빠르게 만들었다. 또한 대공황시기 미국은 자본주의를 수정하는 방안을 사용했다. 이것은 독일의 시장실패에 따른 전체주의로의 전환이나 소련의 사회주의 강화보다 더 효과적으로 민주주의 체제와 자본주의 체제를 유지하게 만들었다.

2. 대안 2: 허쉬만의 국가의 전략적 선택과 지원에 의한 발전

국가의 투자는 전방연계 효과를 가져올 뿐 아니라 후방연관효과를 가져온다. 이를 시장의 발전을 가져올 수 있다. (다만 발전을 위한 국가의 개입이라는 차이는 있음)

3. 대안 3: 발전국가이론

4. 대안 4: 롤즈의 분배적 정의론

Ⅲ 시장주의의 국가실패이론

국가 개입주의는 1970년대 스태그플레이션에 의해 정부 정책이 무력화되면서 '국가 실패론'으로 공격받았다. 자유주의의 시장주의자들 입장에서 국가 개입주의에 대한 비판을 살펴본다.

1. 공공선택학파: 정부의 예산극대화

국가의 개입은 반드시 국가 실패로 귀결된다. 국가는 선거주기에 유권자의 표를 극대화하

기 위해 개입한다. 이는 선심성 예산 증대로 이어진다. 따라서 시장의 경기와 관계없이 예산을 사용함으로써 경기는 더 악화될 수 있다. 예를 들어 인플레이션이 심화되는 중 선거기간에 예산을 늘리면 인플레이션은 더욱 강화된다.

2. 시카고 학파: 자중손실이론

민주적 정치공동체는 경제적 이해관계가 없는 사람마저도 결정에 포함시키기 때문에 거래비용이 증대한다고 주장한다. 민주주의의 정치적 과정은 시장과 달리 정보를 가지지 않은 사람들도 포괄적인 이슈에 투표하도록 하기 때문에 정확하게 시민의 선호를 반영할 수 없는 문제가 있다. 따라서 민주주의논리가 시장의 작동과정에 개입하는 것은 경제적 효율성을 저해한다. 이는 시장의 주체들 간의 분배게임으로 정치경제를 국한시킨다.

시카고 학파의 핵심 주장은 자중손실이론을 통해서 국가의 개입을 거부한다. 자중손실은 국가가 개입하여 시장 가격과 다른 가격을 책정하게 되면서 만들어지는 손실을 의미한다.

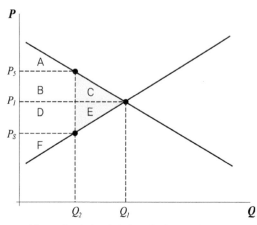

〈참고: 자중손실 – 답안에 그릴 필요는 없음〉

3. 버지니아 학파: 지대 추구적 사회

이들은 국가가 지대를 발생시키는 주체이고 국가의 존재 자체가 모든 사회구성원들로 하여금 지대를 추구하도록 유도한다고 본다. 이때 지대는 국가의 개입에 의해서 만들어진 이익이다. 유권자는 시장에서 얻을 수 없는 이익을 국가를 통해 보장받을 경우 지속적으로 지대를 추구하게 된다. 즉 국가의 개입은 지대추구로 이어지며 이는 사회적인 순손실을 초래하는 것이다.

● **대안 목차**

1. 대안 1: 하이예크의 조직과 자연발생적 조직
2. 대안 2: 로쓰바드의 강제적 교환과 자발적인 교환

Ⅳ 사회적 경제이론과 사회적 경제의 현실성

'시장실패론'이나 '국가실패론'으로 인해 정치경제에 대한 새로운 접근이 필요하게 되었고, 이는 과거 유럽에서 시민들의 자치적인 경제운영을 토대로 한 사회적 경제에 관심을 가지게 만들었기에 사회적 경제의 이론을 중심으로 시장과 국가 양자에 대한 보완책이 될 수 있는지 살펴본다.

1. 사회적 경제론의 의미와 폴라니의 주장

방어적 현실사회적경제 개념은 국가별 맥락, 연구자별 견해에 따라 상이하게 제시되고 있다. 전통적으로는 4가지 원칙(구성원과 지역사회에 서비스 제공, 자율적 운영, 민주적 의사결정과정, 사람

과 노동 우선)을 따르는 기업, 협동조합, 결사체, 상호공제조합의 모든 경제적 활동을 지칭하고 있다(Defourny & Develtere, 1999). OECD(1999)는 사회적경제를 '국가와 시장 사이에 존재하면서 이윤의 극대화가 아닌 특정한 경제 및 사회적 목적을 가지고, 재화나용역을 생산하고 사회적 배제 및 실업 문제에 대해 혁신적인 해결책을 제시하는 것'으로 정의하고 있다(이경미, 2020). 일부 연구자들은 사회적경제를 '시민사회 혹은 지역사회의 이해당사자들이 그들의 다양한 생활세계의 필요들을 충족하기 위해 실천하는 자발적이고 호혜적인 참여경제 방식'(채종헌·최준규, 2012; 조상미·이경미, 2020 재인용)으로 정의하기도 한다.[1]

폴라니는 사회적 경제를 시장경제와 공공경제와 구분하면서 강조한다. 사회적 경제는 인간 본성의 상호성과 연대의식을 강조한다. 자발적이면서 공적 덕성을 강조하는 시민사회를 중심으로 경제를 운영하는 것이다. 이는 시장 실패와 국가 실패를 치유할 수 있는 한 가지 방안을 제공한다.

이런 입장은 민주주의를 실질적인 차원으로 확장하고자 하는 참여민주주의의 입장과 연결된다. 시민사회가 단지 사회적 공공선의 구성이나 비판자 역할만을 수행하는 것이 아니라 정치경제에서 실체가 되는 것이다. 적극적인 행위자로 나서서 시장과 국가의 실패를 보완해주는 것이다. 이를 위해서 <제시문>에 나온 것처럼 시민들의 자발적인 조직인 협동조합이나, 사회적 기업을 강조한다. 또한 행정안전부의 정책적 지원대상인 마을기업과 보건복지부의 정책적 지원대상인 자활기업을 포함하는 경우도 있다.

---

1) 조상미외, "사회적 경제인식은 공동체의식과 임파워먼트에 영향을 미치는가?"「사회적경제와 정책연구」 2021년 제11권 제2호

2. 사회적 경제의 현실성

사회적 경제가 정치경제의 하나의 보완책이 될 수 있다. 시민을 중심으로 하여 약탈적인 시장이나 무분별한 국가가 아닌 자발적인 교환과 분배를 만들 수 있기 때문이다. 협동조합의 경우 시장에서의 유통업자들의 영향을 제거하고 소비자와 생산자를 직접 연결해 준다. 특히 조합의 경우 조합원들을 중심으로 운영되기 때문에 이들간의 연대의식을 강조한다. 한 살림운동이 대표적이다. 또한 최근 다양한 분야의 조합들이 만들어지고 있다.

다른 대안으로 사회적 기업을 들 수 있다. 사회적 기업은 오직 수익만이 아니라 고용이라는 가치를 창출하는 기업이다. 이러한 사회적 기업은 자활기업이나 사회연대 금융등이 해당한다. 이들은 신용이 낮은 이들에게 신용을 제공하면서 재활을 돕기도 한다.

하지만 사회적 경제의 현실성이 과도하다는 비판도 있다. 크게 두 가지 비판이 있다. 첫 번째는 사회적 경제가 실제 경제에서 미치는 효과가 미비하다는 것이다. 한국의 사회적 경제에 대표적인 협동조합이나 사회적 기업은 법이 만들어진 2007년과 2012년에 비하면 압도적으로 많은 수가 되었다. 하지만 전체 경제에서 차지하는 비중은 2015년 기준 0.4%에 불과하다. 이 정도 수치로 경제를 분석하기에는 주체로서 역량이 미약하다.

두 번째는 시민사회도 실패할 수 있다는 것이다. 시민사회도 공공성을 상실하고 실패할 수 있다. 하딘이 말한 목초지 비극론에서처럼 사적이익에 포획될 수도 있다.

그럼에도 불구하고 사회적 경제는 보완책으로 의미를 가질 수 있다. 첫 번째 근거는 사회적 경제가 제도적으로 뒷받침된 것이 얼마 되지 않

았다. 2007년 사회적 기업법이 제정되었고 2012년 협동조합법이 제정되었다. 법 제정 이후 사회적 기업과 협동조합이 기하급수적으로 늘어난 것을 볼 때 이후 국가에 의해 제도가 보완될 경우 영향력을 더욱 커질 것으로 보인다.

두 번째 근거는 시장이나 국가의 사각지대에 놓일 수 있는 이들을 보호할 수 있다. 자활기업과 같은 기업을 보호함으로써 국가는 단순히 복지예산만을 늘리는 것이 아니라 사회적 생산기능을 늘리면서 국가의 부담을 줄일 수 있다. 그런 점에서 민주주의에서 소외되는 경제사회적 권력의 취약층을 보호할 수 있다. 이는 민주주의의 현실화에서 중요하다.

세 번째 근거는 지방자치차원에서 접근할 경우 사회적 경제 의미를 키울 수 있다. 프랑스와 스페인과 같은 국가에서도 사회적 경제를 지역차원에서 확대하고 있다. 한국도 지방자치 강화 차원에서 사회적 기업과 지방자치 단체를 연결하면 좀 더 현실적이 될 수 있다.

Ⅴ 결 론

사회적 경제는 시장실패와 국가 실패를 보완할 수 있다. 특히 지방과 연계해서 효과를 높여볼 수 있다.

한국의 복지정책조정을 위한 정치제도적 방안들

제 008 문

스웨덴의 복지정책이 가능한 이유에 대해 에스핑-안더르센은 '강력한 사민당의 존재', '집중화된 노동조합', 노동세력뿐 아니라 복지국가를 지지하는 '다양한 사회세력의 동맹', '노동과 자본의 계급적 타협'의 4가지 조건을 들었다. 현재 한국은 늘어나는 복지수요에 대해 증세를 하거나 복지를 재편해야 하는 복지정책의 조정과 현실화 방안이 필요한 상황이다. 그러나 한국은 스웨덴과 같은 조건을 가지지 못했다. 다음 질문에 답하시오. (총 30점)

(1) 한국의 복지정책의 확장과 조정이 어려운 조건들을 설명하시오. (15점)

(2) 한국의 복지정책조정을 가능하게 하기 위한 정치제도적인 방안들에 대해 논하시오. (15점)

 문제의 맥락과 포인트

복지문제는 한국에서 어려운 과제이다. 이 문제는 정치경제학문제이지만 이를 구현하기 위한 사상문제가 될 수도 있다. 그런데 이 문제는 복지문제를 정치제도와 연결하고 있다. 정치경제 분야에서 사상과 제도를 연결하여 논리적으로 훈련하기 위한 문제이다.

 Ⅰ 서 론

2002년 대선에서부터 시작된 복지주의는 2010년 지방선거를 기점으로 중요한 한국정치의 이슈가 되었다. 그러나 유권자들의 반발로 '증세없는 복지'정책을 표방하면서 보편주의입장을 택하면서 한국의 복지정책은 많은 부분에서 문제를 가져오고 있다. 복지정책의 조정이 필요한 상황에서 정치적 차원에서 어떤 제도적 방안이 가능한지 살펴본다.

Ⅱ 한국복지정책의 확장과 조정의 어려운 조건[2]

에스핑-안데르센이 말한 스웨덴의 복지정책이 확장될 수 있었던 이유를 중심으로 하여 한국정치의 특성을 대입하여 복지정책의 조건을 살펴본다.

1. 대규모 사민당조직의 부재

유럽에서 대체로 복지정책은 사민당이 추진한다. 그러나 한국에는 진보정당이 미약하게 존

---

2) 이 문제는 강원택, "국민이 행복한 복지는 어떻게 실현되는가", 『복지정치의 두 얼굴』(파주, 21세기북스, 2015)의 논문을 중심으로 구성하였음.

재하며 정책을 만들 만한 강력하고 대규모의 사민당은 존재하지 않는다. 민주노동당이 2004년 총선에서 10석의 의석으로 의회정치에 등장했지만 미미한 세력만을 가지고 있다.

2. 낮은 노조의 조직화

한국의 노조는 조직화도 낮게 되어 있고 기업간, 정규직과 비정규직간 차이가 크다. 게다가 정보통신혁명 등으로 향후에도 노조의 조직화 능성도 높지 않다. 따라서 노동세력을 중심으로 한 복지 중심 세력이 부족하다.

3. 낮은 장기집권 가능성

복지정책은 지속성이 중요하기 때문에 정권이 교체되는 주기가 길어야 하며 정권교체에도 불구하고 정책의 연속성이 보장되어야 한다. 이를 위해서는 정권간에도 타협이 있어야 한다. 그러나 한국정치는 5년 단임제이고 같은 정당에서도 현직 대통령과의 거리를 두어서 정책차별화를 꾀하기 때문에 장기적이고 지속적인 복지정책 추구가 어렵다.

4. 복지동맹의 유권자가 부족

한국에서는 복지이슈를 중심으로 정치적으로 유권자가 조직화되어 있지 못하고 정치적으로 동원이 되고 있지 않다. 한국에서 계급배반투표의 현상처럼 계급이나 계층이 조직화되지 않는다. 따라서 복지의 수요층에서의 지속적인 정치세력화가 이루어지지 않는다. 이로 인해 한국정치에서는 "복지정책은 있지만 복지 정치는 없는"[3] 특성을 보여준다.

Ⅲ　한국복지정책 조정을 위한 제도적인 방안들

복지 확대는 정당들마다 표를 확보하기 용이하기 때문에 정당들이 앞 다투어 선택하지만 복지조정은 정당들이 표를 상실하기 때문에 쉽게 선택하기 어렵다. 그런 점에서 경제적 부담을 높이지 않는 복지정책조정을 위한 구체적이고 현실적인 방안의 모색이 필요하다.

1. 합의제(consociationalism)정치제도 선택필요

복지정치는 우선적으로 다수결주의에 따라 승자와 패자를 나누는 것 보다는 다양한 사회세력의 의견이 복합적으로 반영되고 이를 기반으로 한 권력의 공유와 타협이 중요하다. 복지정책의 혜택과 비용부담을 공유하기 위해서는 다양한 사회세력간의 사회적 합의가 무엇보다 중요하다. 박근혜 정부가 제시한 '증세 없는 복지'는 지속하기 어렵기 때문에 이 복지정책의 조정이라는 필연적 부담에 대한 조정이 필요하다. 따라서 다양한 사회세력을 복지조정의 연합세력으로 만들기 위해서는 합의제에 대한 제도운영이 우선적으로 검토되어야 한다.

2. 정당이 중심에 선 복지 제도 개편의 필요성

한국에서는 대통령제를 활용하고 있고 정당이 2016년 총선으로 다당제가 나타났다. 5년 단임제와 다당제 구조에서 정부가 장기적으로 정권을 장악할 가능성은 낮다. 이런 상황에서 복지조정이라는 장기적인 안목이 필요한 정책을 꾸려가려면 대통령이라는 인물을 중심으로 한

---

3) 정상호(2012: 164); 강원택, *Ibid.*, p.213. 재인용.

정치운영보다는 정당중심의 정치운영이 필요하다. 정당에 대한 책임추궁을 통해서 복지정책에서의 응답성과 책임성을 물을 수 있기 때문이다.

게다가 최근 조사에 따르면 16대 총선 이후 새누리당(현 자유한국당)과 민주당의 정당간 경제정책의 차별성은 강화되고 있다. 즉 다른 이슈에서 정당간 정책 차별화는 강하지 않지만 경제정책에서는 정책경쟁이 나타나고 있다. 이것은 복지에 대한 정책적 차이를 강화할 수 있는 발판이다. 이를 통해서 정당간 정책구현과 정책연대를 통해서 정책의 지속성을 확보할 수 있다.

또한 복지정책 조정은 정당간 죄수의 딜레마 게임과 유사하다. 즉 복지 조정에 대한 협력이 사회적인 이익의 확대에 도움이 되지만 자신만 복지조정을 주장할 때 생길 수 있는 표의 누수를 막기 위해 정당이 각자 배신 즉 복지조정에 대한 유보하는 태도를 가질 수 있다. 따라서 정당간 협력을 통해서 사회적 비용을 줄이면서 복지 혜택이 사회적으로 현실화하는 정책방안모색이 필요하다. 이것을 가능하게 하기 위해서는 정당간의 타협과 협력을 가져올 수 있는 제도적인 방안이 필요하다

3. 다당제와 비례대표제의 확대

정당간 연합을 위해서는 다당제가 유용하다. 다당제는 하나의 정당이 독주하는 것을 막게 한다. 다당제에서 정당은 정책형성을 위해서는 정당간 협력이 필수적이다. 그런데 한국의 20대 총선 결과는 다당제로 나타났다. 국회선진화법으로 인해 정당은 필수적으로 협력을 해야만 정책을 만들 수 있다. 다당제에서 정당간의 협력이 필수적이기 때문에 복지정책에 대한 합의를 만들기 용이하다. 특히 대통령선거가 있고 대통령이 결정이 된 뒤에 밀월기간을 가지는 기간을 활용하면 복지정책 조정에 대한 거부를 막으면서 정책 추진이 될 수 있다.

다당제와 정당강화를 위한 방안으로 비례대표제를 강화할 수 있다. 비례대표제의 의석수를 늘리면 사표가 줄면서 정당에 대한 선호도가 그대로 의회에 반영이 된다. 또한 비례대표제도를 통한 의원들의 선출은 전국적인 차원에서 정책을 구현하게 한다. 다수제에 의해 지역에서 선출된 의원이 특정 지역의 이익만을 반영할 수 있다면 복지 정책 조정에 있어서는 차기 선거에서의 낙선의 두려움으로 쉽게 정책조정에 나서지 못한다. 그런 점에서 비례 대표를 강화하고 정당의 통제력을 강화하며 정책 중심에 정당을 세우는 것이 하나의 방안이다.

이러한 정당강화는 최근 한국정치가 추진하는 원내정당화나 미국식 정당정치로의 변화와는 역행하는 것이다. 그러나 복지 정책의 조정이 필요한 상황에서 이 주제에 대해서는 정당정치를 통한 정당간 타협이 필요하다는 점에는 공감대를 가질 수 있다.

Ⅳ 결 론

복지정책의 조정이 필수적인 한국에서 이 어려운 과제 해결을 위해서는 정당이 중심에 서서 정당간의 타협을 이루는 방안이 현실적이다. 이후 개헌을 거쳐 대통령의 중임제를 받아들이면서 집권의 안정을 유지하는 것도 추가적인 방안이 될 수 있다.

제009문 요소이동성과 자유무역의 관계

　　자유무역은 국가들 간의 교역을 통해 국가의 부를 증대시킨다. 그러나 증대한 부를 둘러싼 분배 구조는 자유무역보다 보호무역을 옹호하는 집단을 만들기도 한다. 실제 자유무역과 보호무역의 통상정책을 결정하는 데 있어서 '요소의 부존도(endowment)'와 '요소의 이동성(factor mobility)'이 중요하다. 다음 질문에 답하시오. (총 25점)

　　(1) '스톨퍼─사무엘슨 모델'과 '리카아도─바이너모델'의 내용을 비교하시오. (15점)

　　(2) 한국에서 노동의 요소이동성이 낮다고 할 때 자유주의 정책법안의 도입이나 조약 체결에 따른 정치적 결과와 대책을 설명하시오. (10점)

Ⅰ. 서 론
Ⅱ. 이론 비교: 스톨퍼─사무엘슨 모델 vs. 리카아도─바이너 모델
　1. 스톨퍼─사무엘슨모델
　2. 라카아도─바이너 모델

Ⅲ. 요소이동성이 낮은 상태에서 자유주의 정책도입
　1. 특정 산업의 피해 예상과 특정산업의 저항
　2. 특정산업에 대한 피해구제와 조정제도 필요
Ⅳ. 결 론

 문제의 맥락과 포인트

　　한국은 자유무역에 기초하여 경제발전을 이룬 국가이다. 그럼에도 불구하고 보호주의를 요구하는 집단도 많다. 농업과 영화산업이 대표적이다. 게다가 조선산업은 중국에 의해 큰 피해를 보고 있다. 이런 상황을 이론적으로 설명하는 문제이다. 핵심은 요소이동성이라는 개념과 한국의 낮은 요소이동성을 입증하는데 있다.

Ⅰ 서 론

　　대외무역의존도가 높은 한국은 자유무역을 통해서 발전해왔고 현재도 경제성장을 이끌고 있다. 그러나 자유무역이 모든 이들에게 이득을 가져다주는 것은 아니기에 보호주의 정책이 만들어지고도 한다. 그 원인을 자원의 부존도와 요소이동성을 통해서 설명한다.

Ⅱ 이론 비교: 스톨퍼─사무엘슨 모델 vs. 리카아도─바이너 모델

1. 스톨퍼─사무엘슨모델

　　스톨퍼─사무엘슨 모델은 특정 생산요소에 의해서 자유무역과 보호무역의 통상정책이 결정된다고 본다. 통상정책의 지지는 특정 요소를 가진 국가의 '요소의 부존도'에 의해서 결정된다. 이 모델은 헥셔─올린 모델이 제시한 노동과 자본이라는 두 가지요소를 가지고 통상정책을 설명한다. 노동과 자본을 나누어 설명한다는 점에서 계급중심적인 접근을 취한다.

풍부한 요소를 가진 계급은 풍부한 요소로 인해 경쟁력을 가진다. 따라서 요소가 풍부한 계급은 자유무역을 선호한다. 예를 들어 노동력이 풍부한 동아시아 국가들은 노동집약적인 상품을 만들면 가격경쟁력이 있기 때문에 자유무역을 선호한다. 반면에 희소한 요소를 가진 계급은 보호주의를 통해서 이익을 유지할 수 있다. 자본이 희소한 경우에는 자본시장을 여는 것이 아니라 자본시장을 보호하는 것이 더 이익을 극대화한다. 따라서 희소한 자원을 가진 이들은 자신들의 이익(지대 rent)을 보호하기 위해 정부에 강력하게 로비를 하는 것이다. 반면에 자유무역을 선호하는 이들은 정부에 자유무역을 수행할 것을 요구한다.

스톨퍼－사무엘슨 모델은 요소간의 이동성을 가정하고 선호가 단기적으로 쉽게 바뀌지 않는다고 한다. 이 모델에서는 노동은 다른 분야의 노동으로 쉽게 대체될 수 있다고 가정된다. 즉 노동시장 전체가 시장변화에 탄력적으로 반응하기 때문에 요소전체의 이익이 바뀌지 않는다. 예를 들어 동아시아에서 수출이 잘 되면 산업과 관계 없이 노동자들은 수출이 잘 되는 노동시장으로 쉽게 업종을 바꿀 수 있다.

2. 리카아도－바이너 모델

리카아도－바이너 모델은 요소간에 자유무역과 보호무역이 결정되는 것이 아니라 산업에 따라 달라진다고 주장한다. 따라서 국가의 통상정책은 요소별로 갈등하는 것이 아니라 산업별로 갈등하게 된다. 즉 계급 대신에 산업의 특성을 보아야 하는 것이다.

리카아도－바이너 모델에서는 생산요소의 이동이 자유롭지 않다고 본다. 산업별로 생산요소의 이동성이 다르다는 것이다. 한 사업에서 노동이 다른 산업의 노동으로 이동하기 위해서

는 조정시간과 기간이 필요하다는 것이다. 따라서 국가의 통상정책을 결정하는 데 있어서 요소 전체가 찬반을 결정하지 않고 특정 산업군이 찬반을 결정하는 것이다. 따라서 동종산업군에 있는 노동과 자본이 동일한 이익을 공유한다. 예를 들어 한국의 조선산업의 경우를 볼 수 있다. 중국의 조선산업 진출과 보조금 지급으로 한국의 중소 조선업체들이 큰 충격을 받고 있다. 이들 산업은 자본도 조선의 설비에 투자되어 있고 노동도 조선에 특화되어 있다. 따라서 중국의 통상정책변화와 한국의 산업구조 조정요구로 조선업이라는 산업 전체가 피해를 보는 것이다.

이 모델에 따르면 요소이동성이 낮은 산업의 경우 자유무역에 의한 손실을 많이 볼 수 있다. 요소이동성은 다른 용어로 하면 '생산 요소의 특정성'이다. 생산요소의 특정성이 높을수록(요소이동성이 낮을수록) 산업정책변화에 따른 이윤하락과 임금하락을 경험하게 된다. 따라서 요송이동성이 낮은 산업 즉 생산 특정성이 높은 산업이 보호무역과 보호장벽 요구를 강하게 한다.

Ⅲ 요소이동성이 낮은 상태에서 자유주의 정책도입

요소 이동성이 낮다는 것은 특정 산업이 피해를 본다는 것이다.

1. 특정 산업의 피해 예상과 특정산업의 저항

요소이동성이 낮을 때 특정 산업만 피해를 보게 된다. 노동전체의 피해가 아니기 때문에 노동의 연대를 없다. 특정 산업의 노동과 자본이 모두 피해를 보게 되기 때문에 산업피해 구제가 필요하다. 미국의 경우 철강분야의 피해를 보존하기 위해 세이프가드 조치를 취하기도 하

고 관세를 올리기도 한다.

2. 특정산업에 대한 피해구제와 조정제도 필요

장기적으로 특정 산업이 도태의 위험이 있을 경우 이를 산업피해구제와 함께 조정제도가 필요하다. 특정산업이 다른 산업으로 넘어갈 수 있는 안정화자금의 마련과 직업교육과 설비투차 이전방안 등을 모색해볼 수 있다.

Ⅳ 결 론

한국은 무역의존도가 높은 국가이다. 한국의 경우 요소이동성이 낮은 산업체들이 많다. 따라서 세계화와 지역주의의 심화에서 특정 개방정책 등으로 피해를 볼 산업의 피해를 조정하고 요소가 이동할 수 있는 방안을 모색하는 것이 필요하다.

집단행동과 거부권자이론으로 보는 무역정책[4]

국가의 무역정책결정을 설명하는 방식에는 '사회중심' 접근(society–centered approach)과 '국가중심' 접근(state–centered approach)이 있다. 무역은 국내 '부'의 재분배를 결정하기 때문에 사회내의 관련 집단은 무역정책에 관심이 높다. 반면 무역과 관련된 집단 중 어떤 집단은 이익집단을 구성하여 정부에 로비를 하고 어떤 집단은 그렇지 못하다. 보호주의옹호 세력은 집단화가 되는데 비해 자유무역옹호 세력은 집단화가 잘 안 된다. 이에 더해 그리고 국내 제도수준에서 '선거제도의 크기'와 '거부집단의 수'는 자유무역과 보호무역정도를 결정한다. 다음 질문에 답하시오. (총 40점)

(1) 올슨(M. Olson)의 '집단행동이론'을 통해서 보호무역과 자유무역의 옹호세력의 집단화여부를 설명하시오. (15점)

(2) 국내정치제도가 무역정책에 미치는 영향을 '선거제도의 크기'와 '거부집단(veto player)의 수'를 통해서 설명하시오. (10점)

(3) 무역에 관한 사회중심접근에 대한 국가중심 접근의 비판을 국가의 '자율성'과 '전략적 선택'으로 설명하시오. (15점)

  * 선거제도의 크기: 단수다수제는 작은 선거구에서 의원을 선출하고 비례대표제는 큰 선거구에서 정당투표를 한다.
  * 거부집단의 수: 정책을 집행하는 데 있어서 동의가 필수적인 정치행위자를 의미. 정부형태와 정당수가 결정한다.

Ⅰ. 서 론
Ⅱ. 올슨의 집단행동이론과 이익집단화설명
  1. 올슨의 집단행동이론
  2. 이익집단화 여부 설명
Ⅲ. 국내정치제도와 무역정책간의 관계
  1. 선거제도의 크기와 무역정책

2. 거부 집단의 수와 무역정책
Ⅳ. 국가중심접근의 비판: 국가의 자율성과 전략적 선택
  1. 국가의 자율성 중요
  2. 전략적 선택의 중요
Ⅴ. 결 론

 문제의 맥락과 포인트

이 문제는 정치경제학에서 통상분야를 수요–매개장치(제도)–공급이라는 3요소를 가지고 분석하는 문제이다. 통상분야의 종합선물세트와 같은 문제다. 국제정치경제학은 토마스 오틀리의 『International Political Economy』라는 책이 전세계적으로 가장 유명하다. 이 책의 통상분야를 종합하여 만든 문제이다. 수요–매개제도–공급 모두의 정부가 중요한 문제이다. 세부적인 정보들을 조합하여 3가지 분야가 체계적으로 설명되는 것이 중요한 문제이다.

---

4) Thomas Oatley, 『International Political Economy』(New York: Pearson, 2012). 4장과 5장을 중심으로 구성.

Ⅰ 서 론

2019년 5월 트럼프 정부는 중국에 대해 25%의 관세를 부과하기로 하였다. 이는 트럼프 대통령을 지지하는 미국 내 보호주의 세력의 '사회적 요구'를 반영한다. 한편 이들 지지세력의 '사회적 요구'가 과거에도 있었지만 현재 보호주의를 선택하게 된 것은 트럼프 정부의 '전략적인 판단'에 기초한다고 볼 수도 있다. 그런 점에서 '사회적요구'를 설명하는 사회적 접근과 국가의 '전략적인 판단'을 강조하는 국가적접근의 논리가 무엇인지를 살펴보는 것은 현실적인 의미가 있다.

Ⅱ 올슨의 집단행동이론과 이익집단화 설명

사회적 차원에서 보호무역과 자유무역의 선호는 크게 '요소(factor)'중심과 '분야(sector)'중심이 있다. 그러나 실제 보호주의를 지지하게 하는 것은 이들 선호가 어떻게 집단화되는가에 달려있다. 이를 살펴보기 위해서 만수르 올슨의 '집단행동이론(collective action theory)'을 살펴본다.

1. 올슨의 집단행동이론

올슨의 집단행동이론의 핵심은 공공재 창출에 있어서 무임승차(free-ride)가 일어난다는 것이다. 올슨은 조직이 큰 경우 '집합적 이익(다른 용어로 공공재)'의 산출이 어렵고 조직이 작은 경우 '선별적 이익(다른 용어로 사용재)'의 산출은 용이하다고 보았다.

두 가지 이유가 공공재 산출을 어렵게 한다. 첫 번째는 '유인(incentive)'이 적다는 것이다. 공공재의 특징은 '비경합성'과 '배제불가능성'이다. 이때 배제가 안 된다면 비용을 부담하지 않고 공공재의 혜택을 보는 것이 좋다. 따라서 합리적인 행위자라면 이익을 비용부담 없이 누리고자 한다.

공공재 산출이 어려운 두 번째 이유는 '처벌(punishment)'이 되지 않는다는 것이다. 집단이 클수록 참여자가 많다. 참여자가 많기 때문에 이 중 무임승차자를 선별하여 처벌하기 어렵다.

두 가지 요인으로 인해 큰 조직에서 공공재 산출은 어렵다. 반면에 사용재 산출은 용이하다. 이는 그 특수한 이익으로 인해 얻게 되는 효용은 그 집단이 아니면 배제될 수 있기 때문이다. 또한 작은 조직에서는 무임승차를 판별하기 용이하고 처벌이 쉽다.

2. 이익집단화 여부 설명

올슨의 논리를 적용할 때 자유무역은 집단화가 안 된다. 자유무역의 혜택은 명확하다. 낮은 가격으로 더 좋은 제품을 산다. 소비자들이 자유무역으로부터 혜택을 본다고 할 때 소비자들은 정부에 자유무역정책입안과 보보무역 정책 철폐를 위한 로비를 해야 한다.

사회적 차원의 설명에 따르면 정부는 선호가 무차별해야 한다. 어느 입장을 더 우월하고 더 바람직하다고 판단하지 않는다. 따라서 정부는 사회적 집단의 더 많은 요구에 반응한다.

자우무역의 혜택을 보는 이들이 로비를 하는 정치적 활동은 비용이 많이 나간다. 이를 위해서는 조직화를 해야 한다. 조직화를 위해서는 자유무역을 지지하는 이들의 '선호 집중(concentration of preference)'이 필요하다. 또한 조직을 만들기 위한 자금, 로비스트를 고용하고 선거에 fund를 대야 한다.

이런 상황에서 자유무역을 선호하는 대다수의 소비자들은 합리적 선택을 통해 무임승차를 한다. 자신이 약산 참여한다고 해서 이 조직을

만드는 데 크게 기여하지 못한다. 게다가 자유
무역이라는 공공재는 내가 비용의 부담 없이도
혜택을 누릴 수도 있다. 그래서 대부분의 소비
자들은 무임승차를 선택한다. 따라서 자유무역
을 위한 자금지원, 로비스트 고용, 펀드레이징
참여는 없는 것이다. 따라서 공공의 이익은 있
지만 이것을 관철하는 것은 어렵다.

　이 논리는 반대로 보호주의를 옹호하는 세력
에게 왜 공동의 이익 창출이 수월한지가 명확하
다. 이들 생산자 조직은 대다수의 소비자 보다
작다. 이들은 국가가 보호하지 않으면 이익자체
를 유지하기 어렵다. 따라서 이익이 명확하다.
게다가 조직이 작다. 여기서는 무임승차가 어렵
고 처벌될 수 있다. 따라서 소수의 조직화된 보
호주의 옹호 집단은 로비를 위한 조직화가 수월
하고 로비스트를 고용하고 선거자금을 지원한다.

집단행동이론의 통상정책에 대한 3가지 특징

1. 생산자가 소비자보다 통상정책을 지배하는지
   설명해준다. 소비자는 거대하지만 무임승차의
   유인이 크다. 반면에 조직이 작은 생산자집단은
   무임승차가 어렵다.
2. 통상정책에서 보호주의에 대한 편견(차별: bias)
   을 잘 보여준다. 관세는 보호받는 산업에게 혜
   택을 준다. 반면에 관세로 인한 가격인상은 소비
   자와 일반 기업들 모두에게 분배된다. 특정한 보
   호받는 산업체들은 조직이 작기 때문에 집단행
   동의 논리에 빠질 우려가 없다. 그래서 보호주
   의를 요구하는 수입품과 경쟁하는 산업(import-
   competing industry)가 통상정책을 좌우한다.
3. 집단행동의 이론은 정부가 일방적으로 무역을
   자유화하기 어렵고 다른 국가와의 협상을 통한
   협정으로 무역을 자유화하는지를 설명해준다.
   특정국가와의 무역자유화협상은 몇 몇 수출산
   업들이 집단행동 논리를 극복할 수 있게 해준
   다. 일방적이고 포괄적인 무역자유화조치가 아
   니라 특정 국가와의 협상은 수출을 통해서 외국

시장에서 이득을 얻을 수 있는 회사들을 특정화
한다. 이들은 무역의 자유화의 혜택을 누릴 수
있고 이들을 작은 조직으로 구분하면 집단행동
의 딜레마를 극복할 수 있다.

Ⅲ　국내정치제도와 무역정책간의 관계

　사회적 수요는 정치제도에 의해서 시대의 변
화가 적응된다. 그런 점에서 제도는 수요가 결
과를 만드는데 중요한 요인이다.

1. 선거제도의 크기와 무역정책

　다수결제도는 분야(sector)의 요구에 취약하
다. 다수결주의가 분야의 요구에 취약한 것은
선거구의 크기가 작기 때문이다. 선거구의 크기
가 작기 때문에 작은 지역구에 있는 특정 산업
에 영향을 많이 받기 때문이다.

　다수결주의는 '소선거구'제도를 특징으로 한
다. 영국은 650개의 선거구를 가지고 있다. 한국
도 2019년 기준으로 253개의 선거구를 가지고
있다. 이런 제도에서는 한 표라도 더 많이 받으
면 당선된다. 즉 한 표라도 덜 받으면 떨어진다.
따라서 사표가 될 확률이 높고 그래서 표를 받
아도 이를 의석으로 전환이 안 될 수 있다. 이런
제도에서는 한 표라도 더 받는 것이 사활적으로
중요하다. 이런 상황에서 다수결주의는 특정 지
역의 산업과 조직화된 이익집단에 취약하다.

　반면에 비례대표제도는 분배정책이 요소
(factor)를 중심으로 결정된다. 비례대표제도에
서는 상대적으로 선거구가 크다. 노르웨이는 19개
의 선거구로 나뉜다. 한국은 정당투표를 하는
비례대표제도가 전국을 단위로 한다. 선거구가
크기 때문에 특정지역을 기반으로 하는 산업중
심으로 정책에 영향을 미칠 수 없다. 따라서 더
큰 단위인 계급을 중심으로 지지가 갈린다. 이

러한 제도를 가진 국가들은 요소나 계급정치로 구분된다. 즉 노동과 자본이 갈등하는 것이다.

2. 거부 집단의 수와 무역정책

거부 집단의 수가 많으면 정책을 결정하고 수정하는 것이 어렵다. 정부 내의 거부집단이 많다는 것은 행정부가 결정한 결정이 내부적으로 비준되지 않을 가능성이 높다는 것이다.

대체로 무역침체기에 국가는 보호주의화한다. 반면에 무역이 호황기에는 자유무역화한다. 그런데 보호주의로 선회하고자 하는 무역 침체기에도 국가내의 거부권자가 얼마나 있는지에 따라 정책선회가능성이 결정된다. 만약 거부권자가 많으면 보호주의로의 선회는 어렵다. 반면에 거부권자가 적으면 보호주의법안 발의가 많이 된다.

거부권자의 수는 정부형태와 정당체계에 영향을 받는다. 대통령제는 의회와 행정부가 거부권자이다. 이때에도 분점정부인 대통령소속정당과 의회다수당이 다를 때는 거부권자는 의회와 행정부가 각각 거부할 수 있는 거부권자이다. 반면에 단점정부일 경우 거부권자는 행정부만이 거부권자이다.

내각제도의 경우에는 의회가 정부를 구성한다. 따라서 의회가 행정부와 두 개의 정부를 구성할 수 없다. 이 경우는 정당이 양당제인지 다당제인지가 중요하다. 다른 정당과 합쳐서 의회의석 1/2을 채운 연립정부의 경우는 다당간의 연합이 정부구성에서 중요하기 때문에 정당들이 다수의 거부권자가 된다. 유럽 국가들이 다당제를 가지고 있는데 이 사례에 해당한다. 반면에 영국처럼 양당제가 되는 경우 거부권자는 의회와 정부를 구성한 정당이 하나의 거부권자가 된다.

Ⅳ 국가중심접근의 비판: 국가의 자율성과 전략적 선택

사회주의 접근은 3가지 비판이 있다. 첫째, 결정성이 떨어진다는 점(보호주의, 자유주의 결과를 통해 연역적으로 도출해낸 원인으로 설명하기 때문에 동어반복에 그칠 가능성이 있고 실제 어떤 과정으로 보호주의정책이 설정되었는지를 설명하지 못함). 둘째, 경제외적인 집단의 영향력이 고려가 안 되는 점(환경단체와 인권단체의 무역 정책에 대한 개입). 셋째, 국가의 선호를 중립적으로 설정한 점이 그것이다. 이 중 국가의 선호와 관련된 부분의 비판에 집중하여 설명한다.

1. 국가의 자율성 중요

국가의 자율성이 중요하다. 국가는 정책결정에 있어서 자율성을 가진다. 국가는 국가 자신의 선호를 가지고 통상정책을 결정한다.

이것은 현실주의입장의 중상주의 논리이다. 국가는 합리적인 집단이다. 이는 독립적인 선호를 가진다는 것이다. 그리고 이것이 가능한 것은 관료부처가 민주주의에서 자율성을 가지기 때문이다. 관료제도는 민주주의로부터 보호된다. 이들 조직은 계획합리성을 전제로 하여 국가의 장기적인 계획을 짠다. 정책결정자가 관료조직을 보호하고 관료 조직에 의한 정책결정에 우위를 부여하는 경우 그리고 제도적으로 관료를 보호하는 경우 행정부는 정책결정에 독립적인 선호를 가진다.

관료부처가 독립적인 선호를 가지는 것은 민간 집단의 이익과 다른 공공선을 판단하고 이를 집행할 수 있기 때문이다. 관료조직은 조직의 합리성, 계획합리성에 기초하여 결정하기 때문에 이들의 선호는 장기적이다. 게다가 조직 자체가 장기적으로 유지되기 때문에 이런 결정이 가능하다.

한편 조직이 독립적인 선호를 가지는 것이 조직이 가지는 이익 때문일 수도 있다. 조직은 자신의 영향력을 키우려고 한다. 예산의 극대화는 영향력의 극대화를 의미한다. 이에 따라 관료조직은 자신의 조직적 선호를 관철할 수 있다.

2. 전략적 선택의 중요

국가가 중요하다는 것은 국가가 장기적인 계획하에 특정 산업과 특정분야를 전략적으로 육성할 수 있다. 국가가 전략산업이나 선도 산업분야를 육성할 수 있다. 이때 국가는 이 산업이 국가의 상대적인 국력을 키우고 다른 국가와의 경쟁에서 우위를 점하고자 할 수 있다.

국가의 전략적 선택은 특정산업에 대한 보조금지급이나 특정 산업의 보호조치로 갈 수 있다. 첨단 기술 분야를 육성하는 것이나 항공기 산업에서의 보조금 제공을 사례로 들 수 있다. 반면에 특정 산업을 보호해야 할 경우 세이프 가드조치 등을 사용하여 특정 산업을 보호한다. 이 조치를 새로운 산업을 키우는 것 보다 전통적인 산업과 그 분야의 근로자와 자본가를 보호하는 것이다. 미국의 한국 철강에 대한 세이프가드조치를 들 수 있다.

ⓥ 결 론

국가의 통상정책은 사회부문의 요구가 중요하지만 국가의 전략적인 선택이나 자율성에도 영향을 받는다. 통상정책의 다양한 해석가능성은 현실에서 국가들의 통상정책 변화나 통상정책지지의 정확한 반영을 위해 중요하다.

　　1947년 출범한 관세와 무역에 관한 일반협정(GATT)은 8차에 걸친 다자협상을 통해 공산품에 대한 관세를 획기적으로 감축하였으며 1995년 1월 1일 "더욱 자유롭고 보다 공정한 무역"을 위한 세계무역기구(WTO)로 개편되었다. 그러나 1990년대 중후반부터 GATT/WTO 중심의 다자주의가 급속히 약화되면서 북미무역협정(NAFTA), 한미자유무역협정, 그리고 환태평양파트너십(TPP)과 같이 소수의 국가들 간 자유무역협정을 적극 추진하는 현상이 확산되고 있다. 다음 물음에 답하시오. (총 30점)

(1) GATT/WTO 중심의 다자주의를 추진했던 미국이 NAFTA나 한미자유무역협정, 그리고 TPP와 같은 자유무역협정 추진전략으로 선회하게 된 국내적 요인과 국제적 요인을 설명하시오. (14점)

(2) 양자자유무역협정(bilateral free trade agreement) 또는 지역무역협정(regional trade agreement)의 확산이 GATT/WTO 중심의 다자주의에 미칠 영향에 대한 낙관론과 비관론이 존재한다. 각각의 주장을 설명하시오. (16점)

- 2016년 5급 공채 통상직 국제정치학 기출문제

 문제의 맥락과 포인트

　　최근 정치경제가 관심이 높고 문제의 난이도도 높아졌다. 이 문제도 그런 문제 중 하나이다. 그 중에서도 지역주의가 가장 관심을 많이 받고 있다. 배타성을 특징으로 하는 지역주의가 활성화되면 보편적인 개방성을 강조하는 다자주의와 충돌할 수 있다. 그러나 다자주의제도인 WTO에는 다자주의와 양립하는 지역주의를 인정하고 있다. 이런 상황에서 지역주의와 다자주의간 관계를 종합적으로 검토하는 것이 이 문제의 핵심이다.

 Ⅰ 서 론

　　1945년 GATT체제 성립이후 1995년 WTO 출범이전까지 50년간 수립된 FTA가 150개인데 비해 1995년 WTO출범부터 2004년까지 10년간 체결된 FTA가 150개이다. 지역무역협정(RTA) 혹은 특혜무역협정(PTA)은 세계무역기구가 도하개발아젠더(DDA)로 바뀐 뒤에 더욱 빨라지고 있다. 이처럼 정체된 다자주의와 강화되고 있는 지역주의간의 관계는 향후 어떤 관계를 맺을 것인지를 살펴본다.

Ⅱ 미국의 지역무역협정 추진 전략의 원인 분석

1. 국내적 요인들

첫째, 대외무역의존도의 증가와 이익집단의 증대를 통해 설명이 가능하다. 이 설명은 국내 정치 접근법의 설명방식으로 '국내정치세력'이 '대외무역의 양태'를 결정한다고 주장한다. 실제 미국은 1945년도의 대외무역의존도 4%에서 2000년대 중반 대외무역의존도가 24%까지 증대했다. 이는 미국 내 무역과 관련된 이들이 많아졌다는 것이고 이들의 영향력이 증대하면서 특정지역에 대한 지역주의가 강화되었다는 점을 설명한다.

둘째, 정부의 전략적 선택의 유용성을 통해 설명이 가능하다. 합리적 선택이론에 따르면 정부는 국가의 이익을 파악하고 기회비용과의 관계를 고려하여 대외정책을 결정한다. 이때 정부는 국내정치에서 민간의 요구를 감안하면서 두 가지를 추구할 수 있다. 첫 번째 대외정책에서의 국가이익의 극대화와 두 번째 민간의 요구에 대한 정부의 자율성을 추구할 수 있다. 지역주의는 정부가 특정국가와의 관계에서 경제적 이익을 극대화할 수 있을 뿐 아니라 국가내의 특정 이익집단의 영향력을 강화하거나 혹은 강력한 이익집단에 대한 저항차원에서 사용할 수 있다. 예를 들어 강경한 농업 보조금문제를 해결하기 위해 다자주의 대신에 지역주의를 이용해 농업자유화를 꾀할 수도 있다.

셋째, 정책결정자의 선호를 통해서 지역주의 강화를 설명할 수 있다. 이 설명은 현실주의입장이나 자유주의 입장의 정부간주의로 설명이 가능하다. 지도자가 지역주의에 대한 강력한 선호를 가지게 되면 지역주의정책이 좀 더 많이

체결되거나 체결이 원활하게 된다. 예를 들어 오바마 대통령의 TPP에 대한 강력한 의지가 2015년 12월에 TPP를 체결하게 하였고 2016년 내 발효를 가능하게 하도록 추진하고 있다.

2. 국제적 요인들

첫째, 다자주의 WTO의 일괄타결방안과 협상의 교착이 지역주의를 강화한다. 2001년 시작한 도하라운드의 DDA는 일괄타결방식을 채택했다. 모든 구성원이 합의를 통해 한 번에 처리한다는 일괄타결방식은 협상 참가 국가들의 반대로 인해 도하라운드를 7년간 교착시켰다. 2008년 7월 최종적인 타결을 보지 못한 채 다자주의가 지체되게 되었다. 이후 국가들의 지역주의는 더욱 강화되었다.

둘째, 지역주의간 경쟁으로 인해 지역주의가 강화된다. 경제안보딜레마의 논리나 지역주의 도미노이론의 설명처럼 한 지역의 지역주의 강화가 다른 지역주의를 강화하게 된다. 지역간 경쟁으로 인해 지역주의가 발전하는 논리는 미국에도 적용되어 미국도 지역주의를 강화하게 하고 있다. 특히 EU의 발전과 중국의 동아시아에서의 지역주의강화가 삭농하면서 미국은 TPP를 활용하게 된 것이다.

셋째, 국가이익차원의 전략적 선택으로 설명할 수 있다. 미국은 경제뿐 아니라 안보이익으로 지역주의를 활용하기도 한다. 미국은 TPP를 활용하여 중국견제를 하고 있다.

CF.

트럼프 대통령이 2017년 취임 후 TPP를 탈퇴하여 사실관계는 많은 부분에 변화가 있다.

Ⅲ 지역무역협정의 다자주의에 대한 영향

1. 비관론

첫째, 지역주의의 강화와 블록화를 들 수 있다. 지역주의는 지역주의에 따른 특수한 이익집단을 만들 수 있다. 이들은 지역주의를 지속적으로 활용하여 왜곡된 무역구조를 형성한다. 이로 인해 무역전환효과가 무역창출효과보다 높게 나타난다. 이로 인해 지역주의는 다자주의의 무역자유화와 충돌할 수 있다. 지역주의가 강화되어 배타성이 심화되면 경제적 블록이 만들어진다.

둘째, 지역주의의 강화로 인해 다자주의 규범과의 상충하거나 조정이 곤란해진다. 다자주의는 호혜성을 생명으로 하며 이를 위해 최혜국대우규정과 내국민대우 규정을 가지고 있다. 그런데 지역주의는 차별성이 생명이다. 따라서 지역외부 세력에 대해 지역내부세력이 차별화를 많이 해야 지역주의 내 결속이 강화된다. 예를 들어 TPP의 규정이 강하게 되면 다자주의의 보편적 규범과 충돌한다. 이것을 WTO와 연계하기 어렵게 된다. 특히 WTO에서 예외로 인정한 규정과 위반이 될 경우 문제가 된다.

셋째, 지역주의는 정체성에 기반을 둔 통합과정으로 이질적 정체성을 공유한 다자주의로 확장을 꺼리게 된다. 지역주의는 지역내 국가 간의 통합이 일반적이다. 이때 국가들은 정체성을 공유하게 되는데 다자주의는 이러한 정체성을 무시하고 호혜성을 강조한다. 그런 점에서 지역주의가 강화될 경우 다자주의로의 발전을 꺼리게 된다. 예를 들어 유럽통합과정에서 동유럽국가들이나 중앙아시아 국가들의 가입에 대한 거부사례를 들 수 있다.

2. 낙관론

첫째, 자유무역규범의 강화를 통한 호혜성의 증대를 들 수 있다. 국가들은 차별화정책을 통해서 지역주의로 가입을 유도한 뒤에 다자주의로 확대가 가능하다. 즉 다자주의로의 가입을 꺼리는 국가들을 지역주의로 유도하여 개방을 한 뒤 다자주의로 추가적인 개방을 하게 할 수 있다.

둘째, 다자주의로 해결하기 어려운 문제들을 해결하기 위한 지역주의활용이 가능하다. 지역마다 경제적 맥락이 다르기 때문에 다자주의가 공통적으로 해결하기 어려운 사안의 경우 지역주의를 활용할 수 있다. 이 경우 다자주의와 지역주의는 역할이 충돌하지 않는다.

셋째, 지역주의를 통한 강대국관리에서 다자주의를 통한 강대국관리로 확대가 가능하다. 현실주의 관점에서 지역주의를 이용해서 지역강대국을 관리하는 구속명제가 제시된다. 이 논리를 확장하면 지역주의보다 폭이 넓은 다자주의를 활용하여 지역강대국 관리도 가능하기 때문에 국가들은 안보를 위해 다자주의라는 제도적 자원을 활용할 수 있다.

3. 평 가

지역주의가 강화되고 있지만 다자주의와 충돌한다고 보기는 어렵다. 다자주의 규범 내에서 더 강한 자유화를 추구하는 것이 일반적이지 폐쇄적인 지역블록이 만들어지고 있지는 않다. 그런 점에서 지역주의와 다자주의는 충돌보다는 공존하는 방향으로 가고 있다고 볼 수 있다.

Ⅳ 결 론

DDA와 일괄타결로 상징화되는 다자주의가 정체되면서 TPP나 RCEP로 상징화되는 지역주

의가 강화되고 있는 현재의 상황은 당분간 지속
될 가능성이 높다. 특히 다자주의의 WTO가 도
하회의부터 일괄타결협정방식을 고수해왔기 때
문에 다자주의 협상은 오랜 기간 지지부진해졌
고 이 자리를 지역주의가 대신하여 발전하고 있
다. 특히 패권국가 미국이 다자주의보다는 지역
주의를 활용하려는 의지가 강하기 때문에 '다자
주의의 지체와 지역주의의 발전의 공존현상'은
지속될 가능성이 높다.

제2차 세계대전 종식 후 평화와 번영을 목표로 시작된 유럽통합은 60여년의 발전과정을 거치면서 지역통합의 롤 모델로 자리 잡았다. 그러나 최근 유럽연합은 브렉시트(Brexit) 결정, 난민 유입의 증가, 경기 침체의 장기화, 극우정당의 급속한 부상 등의 복합적 '내부적' 요인으로 인해 중대한 위기 국면을 맞이하고 있다. 다음 물음에 답하시오. (총 40점)

(1) 유럽통합의 전개과정을 설명하는 경쟁적인 이론적 관점 두 가지를 제시하시오. (20점)

(2) 위에서 제시한 이론적 틀을 활용해 브렉시트 현상의 원인을 분석하고, 브렉시트 사례를 통해 볼 때 유럽통합의 미래를 전망하시오. (20점)

– 2016년 국제통상기출문제 응용 문제

 문제의 맥락과 포인트

유럽통합은 인류의 가장 눈여겨볼 실험이다. 그런 유럽통합이 영국의 브렉시트라는 정책에 의해 발목이 잡혔다. 향후 유럽통합을 예측하기 위해 현실주의–자유주의 혹은 자유주의–구성주의등의 이론 조합을 통한 설명이 필요한 문제이다.

Ⅰ 서 론

2019년 5월 현재 영국은 노딜 브렉시트에 대한 우려로 유럽연합(EU)에 대해 브렉시트 유예를 요구하고 있는 상황이다. 영국 내에서 국민투표를 다시 하자는 의견이 나오고 있고 아일랜드 독립문제까지 불거지고 있는 상황이다. 영국의 이탈은 유럽통합의 미래를 예측하는 데 있어서 중요한 요인이다. 영국의 브렉시트를 결정한

요인을 통해서 향후 유럽통합의 진전양상을 분석해본다.

Ⅱ 유럽통합설명 이론

1. 자유주의: 기능주의 통합이론

지역통합을 설명하는 이론은 자유주의에서 기능주의이론을 들 수 있다. 기능주의이론은 좀 넓은 의미로 보자면 민간의 수요를 중심으로 하

여 국가 간의 통합이 진행된다고 보는 이론이다. 기능주의 내에도 다양한 이론들이 있지만 이 이론들의 공통점은 민간의 수요가 있고 그 수요에 의해 공급이 도출되어 간다는 것이다. **(자유주의에서 기능주의 도출)**

민간의 통합에 대한 수요는 경제적인 요구나 사회적인 요구들이다. 이러한 요구들은 경제적인 통합을 통해서 해결될 수 있다. 기능주의의 미트라니는 분기라는 개념으로 이를 설명한다. 경제적인 협력이 다른 협력을 유도하며 이로 인해 경제적 통합이 달성되는 것이다. **(미트라니의 기능주의)**

그러나 통합이론만으로 설명이 안 되는 1970년대의 유럽의 경험을 설명하시 위해서 정치적 결단을 강조하는 신기능주의가 제시되었다. 신기능주의는 정당이나 노조와 같은 정치적 결정 단위가 경제적 협력을 선택하고 문제를 해결해야 경제통합은 지속될 수 있다는 입장이다. 확산효과(spill-over effect)는 의도적인 노력에 의한 경제통합을 설명한다. **(신기능주의의 수정)**

정리하자면 자유주의이론은 지역통합을 민간의 수요를 중심으로 설명한다. 더 큰 시장과 더 좋은 상품에 대한 민간의 요구가 지역 통합을 이끄는 것이다. 이러한 요구가 자유무역을 단계적으로 강화해왔다. 무관세협정, 공동관세, 공동시장에서 화폐통합까지 진행된 것이다. 이것은 유럽통계청의 2017년 기준 5억 1,200만의 유럽연합으로 시장을 확장해온 것이다. 또한 28개국 중 영국을 대표로 하는 9개국가만이 유로(Euro)에 동참하지 않고 19개 국가가 공동화폐를 사용하고 있게 만든 추동력이다. 이는 미국의 3억 2,600만과 비교할 때 더 큰 시장과 더 다양한 상품과 서비스를 공급할 수 있게 만든 것이다. **(자유주의 정리)**

2. 현실주의: 헌정주의에서 정부간주의로

현실주의는 공급중심의 이론이다. 현실주의에서도 지역통합을 설명하는 이론들이 있다. 다양한 이론들이 있지만 현실주의이론의 공통점은 정부를 중심으로 지역통합을 설명하는 것이다. **(현실주의의 공통점)**

먼저 헌정주의이론을 통해서 지역통합 여부를 설명할 수 있다. 헌정주의이론은 통합이 유권자들인 인민의 지지와 요구에 의해서 만들어지는 것이 아니라 정부의 결정에 의해서 만들어진다고 본다. 헌정주의라고 이름을 붙이는 것은 지역통합을 국가 간의 법 규칙의 제정으로 보기 때문이다. 헌정주의는 국가들이 합의하여 지역통합의 법규칙을 제정하는 것을 중요하게 생각한다. **(헌정주의이론의 내용)**

헌정주의이론이 불분명하기 때문에 보편적으로 사용되는 이론으로 고전적현실주의를 통해 설명할 수 있다. 고전적 현실주의에 따르면 지역통합의 선택은 국가이익이 되기 때문에 국가가 전략적으로 추진하는 것이다. 국가 특히 정책결정자는 지역통합이라는 전략을 국가이익 차원에서 보고 전략적으로 결정한다. 즉 경제 통합을 통해서 국가간 안보에 도움이 될 수 있다면 지도자는 통합을 지지할 수 있다. 따라서 지역통합은 국가이익의 공유가 만들어낸 전략적인 선택이다. **(고전적현실주의를 통한 일반화)**

그런데 국가들이 통합을 만들 때 단지 국가간 전략적인 선택으로 설명하는 것은 한계가 있다. 국가들의 결정은 '구조'라는 제약 속에서 전략적인 선택을 하기 때문이다. 구조라는 조건을 고려하기 위해서는 신현실주의가 필요하다. 신현실주의 입장에서는 통합은 극성에 의해 결정된다. 양극의 경우 지역통합이 수월하며 다극에서 지역통합은 어렵다. 다극에서 안보딜레마를 고려하기 때문이다. 실제 유럽통합도 양극체제 하에서 소련의 위협에 대항하여 초강대국이 아닌 유럽 국가들이 국력을 증대하기 위해 이루어진 것이다. 신현실주의이론은 통합이 수요측이 문제가 아니라 공급측의 문제이며, 전략적인 판단이전에 극성이라는 국가간 힘의 크기가 결정한다. (신현실주의의 극성에 의한 제약)

하지만 신현실주의는 구조적인 제약을 설명하지만 국가 내부의 결정요인을 설명하지 못하기 때문에 정부간주의이론이 필요하다. 예를 들어 양극이라는 동일한 극성 내에서 유럽 국가들의 통합의 구속정도와 진척상황은 1950년대와 1960년대가 달랐다. 이는 극성이 허용조건일 때 국가들의 지도자들의 선호가 결정적인 역할을 한다는 것이다. 통합에 나서는 국가지도자들이 통합여부, 통합을 위한 이슈, 통합의 정도 등에 선호가 일치해야 한다. 유럽통합의 경우에도 드골과 같은 지도자의 등장은 프랑스의 독자노선을 강조하고 유럽통합에서 이탈을 이끌었다. (정부간주의의 보완: 그러나 실제 문제를 풀 때는 이 논리적 도출과정 보다는 대표적인 이론을 하나 선택하는 것이 유용하다.)

유럽통합에 대한 전략적 선택이론의 설명도 가능하다. 국가들이 전략적인 이유에서 통합을 추진한다는 것이다. 유럽 국가들 중에서 프랑스와 독일이 유럽통합을 주도했다. 이들 국가는 자신들의 국가가 강대국 반열에서 이탈하는 것을 우려했다. 이들은 미국과 소련이라는 초강대국(superpower)과 상대하기 위해서는 자신들 개별단위로는 안되고 통합을 통한 대응이 필요하다고 보았다. 따라서 슈망플랜이 제안되고 이를 구체화한 것은 강대국의 반열에 오르고자 하는 목적에 의한 것이다. (전략적 선택이론의 설명)

전략적 선택의 다른 이유로는 프랑스가 독일을 구속하고자 하는 전략적인 이익과 독일은 강

대국으로 올라서는 데 있어서 제약을 받지 않고자 하는 목적을 들 수 있다. 구속가설에 따르면 잠재적인 유럽의 패권국가 독일의 견제라는 프랑스의 계산과 자신에 대한 우려를 줄이려는 독일의 계산이 맞아떨어지고 다른 국가들도 이를 따른 것이다. (전략적 선택이론의 구속가설 보완)

> **＊ 답안구성 시 주의사항**
>
> 위의 이론들이 많은데 이들 이론을 모두 사용할 수는 없다. 따라서 그 중 유용한 이론을 선별해야 한다. 이론 선별 능력도 평가사항 중 하나이다.

Ⅲ　브렉시트 현상분석과 유럽통합의 미래

영국의 브렉시트는 유럽통합의 중심축인 독일과 프랑스의 이탈과는 다르다. 유럽통합의 근간이 흔들리지는 않겠지만 이 현상을 통해서 유럽 통합의 미래를 판단해 볼 수는 있다.

1. 브렉시트의 현상분석

영국이 유럽연합에서 이탈한 것은 우선 자유주의 관점에서 설명될 수 있다. 먼저 2010년을 기점으로 유럽은 재정위기를 경험한다. PIGS로 불리는 지중해권 국가들의 도덕적 해이로 독일과 프랑스가 고통을 받았다. 이 과정에서 영국도 고통을 받았다. 경제통합으로 인해 국가간 연계가 심화되었기 때문이다. 따라서 영국국민들은 영국이 통합에서 떨어져 나오는 것이 필요하다고 본 것이다. 여기에 더해 이민자들이 늘어나면서 저소득층은 일자리를 두고 경쟁을 강요받고 있다. 이런 상황에서 극우적인 색채의 정당들이 국가주의와 민족주의를 사용해서 여론을 이끌어간다. 이처럼 경제 통합의 부작용이 영국

의 저소득층과 이를 악용하는 정치적 극우파들의 목소리를 강화한다. 신기능주의가 말하듯이 협력이 확산되는 것이 아니라 폐쇄(encapsulation)이 되거나 역행(spill-back)하게 되는 것이다. **(기능주의 해석)**

반면에 현실주의 관점에서 볼 때 중요한 것은 정부의 결정과 권력관계이다. 영국의 보수당 정부는 유권자들의 표를 잡아야 하는데 노동당이 유럽통합에 거부를 하는 것에 대응하기 위해 국민투표를 활용했다. 영국입장에서는 유럽연합에 대한 막대한 부담을 줄일 필요가 있었다. 특히 유권자들의 의사를 무시하기 어려운 의원내각제의 특성상 이 이슈를 정치적으로 유권자들에게 국민투표를 통해서 물어본 것이다. **(현실주의의 반론)**

영국은 전통적으로 유럽과 미국사이에서의 외교노선을 저울질 한다. 미국의 단극이 유지되고 있는 상황에서 영국은 유럽과의 통합을 강화하면서 독일의 영향력증대를 묵인하고 싶지 않다. 단극이 유럽의 강화할 안보적인 필요를 만들지 않은 상황에서 영국은 미국 편승을 중요한 정책으로 삼고 있다. 따라서 안보위기가 경제적인 통합을 추진하게 할 상황도 아닌 것이다. **(영국의 대외안보 조건과 영국외교의 패턴)**

결론적으로 영국의 유럽연합 탈퇴는 영국이라는 국가의 상대적 국력약화상황을 반영한다. 국제경쟁력을 키우기 어려운 상황에서 유럽에서 독일의 강화라는 부담을 가지는 것이다. 이런 국제적 상황에서 국가정책결정자는 국내여론의 압력을 무시할 수 없어서 국민투표를 사용한 것이다. 국민투표라는 정치적 결정이 최종적으로 유럽연합탈퇴를 가져온 것이다. **(정부간 주의를 통한 정리)**

2. 유럽통합 미래 예측

영국의 브렉시트는 유럽통합에 브레이크 역할을 하겠지만 큰 틀에서 유럽통합을 붕괴하거나 되돌리지는 않을 것이다. 영국의 이탈이 가져올 긍정과 부정의 효과가 있겠지만 이 효과들이 유럽통합이라는 전체 틀을 붕괴시킬 것으로 보이지 않기 때문이다. **(두괄식 결론)**

3가지 이유를 제시할 수 있다. 첫째, 역사적으로 보아도 유럽통합은 안보차원에서 전략적인 선택으로 진행되었다. 따라서 경제적인 측면만 보면서 영국의 이탈에 따른 경제위축만을 고려할 필요는 없다. 둘째, 영국은 과거에도 유럽통합의 주축은 아니었다. 영국은 1972년 가입신청을 했으며 유러화를 받아들이지 않아왔다. 1975년에도 영국은 EC 가입찬반을 묻는 국민투표를 진행했다. 이는 영국이 유럽공동체로서의 인식이 강하지 않다는 것이다. 유럽통합의 주변지역에 있던 국가기 때문에 영국 이탈에 따른 영향은 크지 않을 것이다. 셋째, 유럽통합을 추동했던 제도들이 가진 구속효과로 인해 유럽통합을 역행하기 어렵게 만들 것이기 때문이다. 유럽의회, 유럽사법재판소, 유럽집행위원회와 같은 초국가적인 조직들이 있어서 국가간 조직인 유럽이사회, 각료이사회에 영향을 미친다. 이러한 제도효과는 유럽국가들이 유럽연합에서 이탈을 가져오기 어렵게 할 것이다. **(3가지 근거)**

좀 더 구체적으로 보면 유럽연합 내부와 유럽연합 외부조건을 볼 수 있다. 외부적인 조건에서 볼 때 유럽국가들은 여전히 '차상위국가(second tier great power)'수준에 있다. 초강대국(super power)나 극초강대국(hyper power)는 아니다. 따라서 유럽은 통합을 통해 미국과 같은 초강대국을 견제하거나 대항할 수 있는 영향력을 가져야 한다. 현실주의에서 설명하듯이 국가의 위치, 상대적 국력은 극성에 있어서 대단히 중요하다. 그런 점에서 유럽연합의 주도국가들인 독일과 프랑스는 유럽통합을 지속시켜갈 것이다. **(외부조건 규명)**

내부조건을 보면 영국의 브렉시트가 가져올 효과는 크게 두 가지로 구분된다. 유럽연합 내의 경제규모가 큰 영국이 이탈하게 되면 받게 되는 시장의 축소효과와 다른 국가들에 대한 '이탈의 유혹'이라는 부정적인 효과이다. 반면에 현재까지 진행된 통합에서 이탈이 가져올 피해에 따른 전시효과와 그로 인한 '외부화' 효과의 크기를 실감하여 이탈의 유인을 막는 긍정적인 효과이다. **(내부조건 규명)**

내부적인 요인들에도 불구하고 유럽지역내부 조건에서 독일의 리더십은 중요하게 작동하여 지역통합을 유지하게 할 것이다. 영국이 유럽연합에서 나가도 유럽연합의 지도국가인 독일을 남아있을 것이다. 게다가 프랑스와 협력도 유지할 것이다. **(지역내 리더십의 요인)**

현실주의에서 패권국가의 존재는 공공재제공에 있어서 중요하다. 유럽통합은 독일이라는 지역패권국가가 있어서 유지될 수 있다. 2011년 유럽경제위기에도 불구하고 독일이 중심에 있으면서 지속적인 협력을 해왔다. 독일은 유럽의 강화를 원하며 이를 위해 자국경제의 부담이라는 희생을 지고 있다. 이 부분에 대해 과두제이론의 반론도 가능하다. 독일과 프랑스를 중심으로 27개의 국가정도면 패권국가 없이도 충분히 협력을 유지할 수 있다는 것이다. 게다가 독일의 국력이 가장 강력하지만 지역패권에 미치지는 못하기 때문에 지역패권으로 분석하기 어렵다. **(지역패권과 과두제이론)**

현 단극시기 유럽의 영향력강화를 원하는 독일과 프랑스는 유럽의 통합을 유지하고자 할 것이다. 영국의 이탈에도 불구하고 유럽의 위상유

지, 발언권강화, 국가이익확보에서 유럽연합은 유지될 것이다. 2004년 유럽연합 헌법에 대한 국민투표가 부결된 사례로 볼 때 향후에도 유럽연합이 유럽연방으로 전환하는 정치적 통합은 어려울 것이다. 그러나 과거에도 영국이 통합에 지지부진하게 나선 것처럼 영국의 탈퇴에도 불구하고 유럽의 통합은 지속될 가능성이 높다. **(결론 재부연)**

● **대안 목차 1**

   1. 자유주의 이론들의 설명과 예측
   2. 현실주의 이론들의 설명과 예측

● **대안 목차 2**

   1. 영국의 브렉시트 설명
      자유주의＋현실주의의 종합
   2. 브렉시트 이후 유럽통합
      자유주의＋현실주의의 종합

Ⅳ **결 론**

영국의 탈퇴에도 불구하고 유럽통합이 후퇴하지는 않을 것이다. 독일과 프랑스가 유럽통합을 유지해갈 가능성이 높다. 그런 점에서 한국은 유럽연합에 대한 과거의 외교적 입장을 유지할 필요가 있다.

제013문 무역과 안보 사이의 관계

1997-98년 외환위기 이후 동아시아 지역에서도 지역주의 움직임이 활발하다. ASEAN plus Three(APT)를 통하여 동아시아 차원의 경제 협력체 설립이 논의 되는가 하면, 개별 국가들 사이에서도 자유무역 협정(FTA) 등이 활발하게 추구되고 있다. 그런데 이러한 시도들은 동아시아 지역의 경제 질서뿐만 아니라 안보질서에도 상당한 영향을 미칠 수 있다. 이러한 상황을 염두에 두고 다음 물음에 답하시오. (총 40점)

(1) 무역과 안보의 관계에 대한 자유주의 시각과 현실주의 시각의 차이를 설명하시오. (10점)

(2) FTA의 본질적 특성과 이에 따른 안보적 외부효과(security externalities)를 설명하시오. (10점)

(3) 개별국가들 차원에서의 경쟁적 FTA 체결이 동아시아 지역 차원에서의 협력체 건설에 미칠 영향에 대하여 설명하시오. (10점)

(4) 동아시아 국제질서의 미래와 관련하여, 자유주의 시각 또는 현실주의 시각 중 하나를 선택하여 자신의 전망을 제시하고 설명하시오. (10점)

― 2007년 외시 기출문제

 문제의 맥락과 포인트

이 문제는 외시 기출문제로 이 문제에 대해 기출문제 해설로 맥락과 포인트를 대신한다. 2006년 문제에 비해서 전반적으로 좀 더 공들여진 문제이다. 한미 FTA라는 사상 초유의 경제적 변화가 가져올 다양한 견해 간의 충돌을 물었던 2006년 문제에 비해서 무역과 안보라는 최근 부각된 국제 정치경제와 안보라는 전통 주제와의 관계를 묻고 그 속에서 이론을 통해서 전반적인 동아시아의 미래를 예측해 보라는 문제는 상당히 공들여서 수험생들의 국제정치에 대한 포괄적인 이론과 현상에 대한 시각을 묻고 있다. 특히 '동아시아 협력체'라는 동아시아에 대한 경제적, 안보적 협력체로까지의 모색을 묻는다는 점에서 최근 한국 국제정치학계에서의 동아시아 안보 협력체와 공동체에 대한 관심까지를 묻고 있다. 다소 생경할 수도 있는 '안보적 외부효과'라는 Joanne Gowa의 개념에 너무 매몰되지만 않는다면 전반적으로 1-(1)부터 1-(4) 까지 개별 문제도 유기적으로 잘 구성되어 있음을 볼 수 있다.

1번 문제는 한미 FTA라는 현안을 떠올리면서만 풀어가기에는 무리가 있는 문제이다. 오히려 이보다는 좀 더 일반적으로 무역의 경제적 협력과 안보상의 갈등이라는 부분으로 끌고 가는 것이 바람직하다. 동아시아 국가들 간 경제적 협력의 대표 격인 무역의 증대와 자유무역 협정의 증대와 최근 일본과 중국의 국력 증진에서 보이는 불안정한 안보 상의 문제 사이의 관계에 초점을 더 두고 둘 사이의 긴장과 조화를 보여야 하는 문제이다. 그리고 그 속에서 무역과 안보라는 두 가지 주제를 풀어가는 핵심 열쇠로서 안보의 외부효과와 그에 대한 국가들의 민감도가 있는 것이다. 그렇게 볼 경우 무역의 증대와 FTA의 증대는 반드시 자유주의적인 경향으로 낙관적으로 동북아를 데려 가지 못할 수 있다. 이 부분에서 1-(1)에서 무역과 안보를 다루는 현실주의와 자유주의의 근본적 가정과 견해가 정해져야 자신의 견해로 끌고 갈 수 있을 것이다. 그런 뒤에야 '동북아 협력체' 건설과 좀 더 장기적인 견해에서의 '동북아의 미래'에 대한 그림이 나올 것이다.

또한 주의할 부분은 '협력체'라는 1-(3)의 용어의 뉘앙스이다. 경제 공동체나 지역주의가 아닌 협력체라는 포괄적인 용어는 논의를 좀 더 깊게 끌고 갈 수 있다. 이 주제는 동아시아의 불안정성에 대한 1990년대 중후반에 증대한 고민의 지속적인 연장을 보이면서 그간 10여년에 걸친 이 주제에 대한 다양한 각도의 해법을 한 번 정도 고민할 수 있는 '협력체' 논쟁으로 끌고 간다. 이런 주제의 확장은 결국 '무역과 안보' 관계, '안보의 외부효과'에 대한 국가들의 입장, '경제협력을 넘어서 안보 협력체'까지 확대 가능성과 이들을 통해서 볼 수 있는 '미래 동북아상'이라는 하나의 논리적 줄기와 이 줄기를 이을 수 있는 중심추로서 이론의 문제로 정리될 수 있을 것이다. 따라서 너무 한미 FTA라는 단편적인 현상이나 안보 외부 효과라는 개념에 묶이게 되면 조금은 답안의 유기적 구성이 떨어질 것이다.

I 서 론

정치경제는 흥미로운 질문들을 많이 만들어 낸다. 무역의 증대는 자유주의자들이 이야기 하듯이 상호 의존을 증대시켜서 국가 간의 관계를 좀 더 경제적으로 고려하게 만들 것인가? 그리고 이런 경제적 협력은 국가들 간의 상호주의와 상호주의를 구축하기 위한 제도 창설노력에 의해서 국가들을 협력적인 방향으로 이끌고 갈 것인가? 그렇다면 동북아 역시 FTA의 확대라는 경제적 협력을 통해서 안보에 대한 불안감을 줄이면서 국가들을 서로 경제적 이해관계로 묶어두게 될 것인가? 아니면 국가들 간의 경제적 협력과 그 속에서 생기는 국가들 간의 이득의 격차와 경제적 차이가 군사력으로 전용되는 안보 외부 효과로 인해 국가들의 협력은 일정 수위를 벗어나기 어려울 것인가?

최근 동북아에 FTA의 확산적 추세와 함께 무역의 증대가 동북아의 군비 경쟁이라는 안보의 불안감과 어떤 관계를 가질 것인지에 대한 해법을 찾기 위해 무역과 안보 사이의 관계를 국제정치 이론을 통해서 풀어본다. 그리고 이론적 논의에서 향후 동북아의 방향을 예측해보고자 한다.

II 무역과 안보간의 관계

1. 자유주의

자유주의의 대표적인 이론인 상호의존이론은 무역의 증대는 안보의 불안을 해소할 수 있다고 본다. 무역의 증대는 국가들을 외부적으로 제약할 수 있는 초국가 행위자나 초정부 행위자의 영향력을 증대시킨다고 본다. 이런 경우 늘어난 교역과 소통량으로 국가들의 외교정책결정

제 13 문　무역과 안보 사이의 관계　**517**

의 자율성은 떨어지게 될 것이다. 국가들은 좀더 수월하게 국가들이 처한 문제들을 풀기 위해 제도를 형성하고 제도를 강화해 갈 것이다.

자유주의의 다른 이론으로 신자유주의 역시 무역은 국가들 간의 협력을 증대하여 안보의 불안 문제를 해결할 수 있다고 본다. 국가들은 무역으로부터 절대적인 이득을 가지고 있다. 단지 무정부상태에서 국가 간의 불신이라고 하는 국제관계의 속성상 국가들의 협력이 제약되는 것이다. 따라서 국가들은 Tit-for-Tat전략(맞받아치기 전략)을 잘 구사하는 상호주의 정책을 사용하면 국가 간에 협력에 도달할 수 있다. 신자유주의자들이 볼 때 국가들을 쉽게 협력으로 이끌지 못하는 것은 국가들이 기만당할지 모른다는 두려움에 기인하는 것이다. 따라서 제도를 통해서 정보를 제공하고 거래 비용을 낮추어 준다면 국가들은 비용보다는 이득이 많아지기 때문에 협력에 도달할 것이다. 특히 국제 경제에서 국가들은 부족한 자원을 상호 교환함으로써 국가들 간의 절대적인 이득의 몫을 향상시킬 수 있다고 본다.

2. 현실주의

현실주의의 1970년대 이전의 대표적인 이론인 신현실주의는 무역관계가 국가안보의 불안을 가져올 수 있다고 본다. 신현실주의에서 볼 때 국가들을 둘러싼 아나키는 기만을 처벌할 수 있는 '집행력의 부재(lack of enforcement)'가 아닌 생존여부를 결정하는 데 있어서 '보호자의 부재(lack of protection)'의 문제이다. 따라서 보호가 부족한 무정부 상태에서 국가는 안보에 몰두하게 된다. 이는 국가들이 조금 더 생존 가능성을 높이고 자신의 국제체계에서 위치를 유지하기 위해 자신의 이득극대화라는 이기주의적 행동을 한다. 따라서 국가들에게 있어 문제는 상대방과

의 이익 공유가 아닌 상대방과 자신 사이의 분배의 몫의 크기 차이가 된다.

상대적 이득에 대한 고려로 인해 국가들은 기만의 위험이 사라진 후에도 상대방과의 협력을 주저하게 된다. 특히 무역 적자에 따라 상대방 국가의 안보가 증진되면서 자신의 안보 능력인 군사력이 상대적으로 약화된다면 국가는 아무리 큰 경제적 이득의 공유라 해도 협력으로 가지 않을 수 있다. 즉 경제적 성장이 가져오는 안보의 외부효과는 국가 간의 협력을 제약할 수 있다.

Ⅲ　FTA의 특징과 안보외부효과

1. FTA의 특징

자유무역협정은 관세를 낮추어서 자유무역을 증대하고자 하는 약속이자 제도이다. 이런 제도화는 관세의 인하와 국가들 간의 또 다른 경제적 약속의 정도만큼 무역의 확대를 가져온다. 따라서 무역의 증대는 자유무역협정을 체결한 국가들 사이의 효율적 생산을 증대하고 효율적인 소비를 보장한다. 이로 인해 협정 체결 국가 간의 경제적 시장을 확대하는 효과가 있다. 또한 이로 인해 국가들 간의 분배의 변화가 생기면서 생산과 소비자 집단에 변화를 꾀하게 만든다. 즉 경제적으로 열등한 생산체제는 타국의 경제적으로 우월한 생산체제에 대해 경쟁력을 상실하여 도태하게 될 것이고 다른 산업영역으로 노동과 자본을 집중하게 할 것이다.

2. 안보외부효과

무역증대가 안보에 영향을 미치게 될 것인지는 안보외부효과가 큰지 여부에 의해 결정될 것이다. 무역을 통한 경제적 교환의 증대가 의도

하지 않는 효과를 낸다는 것이 외부효과이다. 그런데 외부효과가 안보분야에서 나타난다는 것이 안보외부효과이다. 즉 무역의 증대가 안보분야에 의도하지 않은 변화를 가져온다는 것이다.

현실주의는 앞서서 본 것처럼 안보외부효과를 강조한다. 따라서 무역의 증대로 인해 안보관계의 변화가 만들어지고 자국의 안보가 약화된다면 현실주의는 국가들이 경제적 협력을 절제할 수 있다고 본다. 하지만 동맹국가 간에는 안보외부효과가 크지 않다는 점도 지적한다. 반면에 자유주의는 정치와 경제는 분리될 수 있다고 보기 때문에 안보외부효과는 크지 않다. 따라서 국가는 자연스럽게 안보문제에 대한 부정적 외부효과를 고민하지 않고 경제협력에 나설 수 있다고 본다.

안보외부효과는 주로 현실주의입장에서 다루지만 자유주의의 입장에서 해석도 가능하다. 상호의존이론에 따를 경우 경제적 협력은 안보에 있어서 긍정적인 외부효과를 가져온다. 경제가 발전하게 되면 이익집단이 만들어지며 이들은 경제교역을 중요하게 여기기 때문에 안보갈등을 줄일 수 있게 하는 노력을 하게 된다. 따라서 경제적 교류의 증대는 국가간의 관계를 더욱 밀접하게 거미줄망으로 연결하게 되어 안보의 불안을 덜 느끼는 긍정적인 작용을 한다.

3. 안보외부효과에 대한 평가

국가들 사이의 경제교환이 안보외부효과를 가져올 수 있다. 하지만 동맹국가 간에는 안보외부효과가 크지 않다. 또한 경제적 성장이 중요해진 탈냉전시대에 있어서 안보문제에 대한 영향으로 인해 경제적 협력을 포기하거나 철폐하기는 어렵다. 오히려 경쟁적인 지역화의 흐름에서 국가는 경제협력을 증대하면서 지역주의의 배타적인 파도 속에서 살아남는 것이 중요하다.

따라서 안보외부효과가 있지만 국가들은 경제협력을 더 증대할 것이다.

Ⅳ 경제 협력체의 미래에 대한 전망

1. 자유주의

신자유주의는 제도의 효과를 강조한다. 제도는 매개변수로서 독립적인 역할을 수행한다고 본다. 따라서 FTA의 활성화는 제도창출로서 제도의 영향력을 증대한다. 그리고 이렇게 창출된 경제적 제도는 국가들 간의 상호주의를 깊게 각인하여 국가 간의 협력을 강화할 것이다. 그런 점에서 볼 때 경쟁적 FTA 창출은 지역차원의 협력체로 나갈 가능성이 높다. 국가들에게 경제적 이익이 중요한 문제가 될 것이기 때문에 지역협력은 더욱 증대하게 될 것이다.

2. 현실주의

신현실주의는 제도의 효과를 중시하지 않는다. 제도는 당시 국력의 반영물이자 국가들 이해의 산물이다. 따라서 국가들이 가지는 안보의 불안감 등으로 인해 경제 제도는 일관성을 가지고 작동하지 않을 수 있다. 중국과 일본과 한국의 FTA추진 전력은 국가이익을 확보하고자 하는 차원에서 이해할 수 있다. 하지만 전략적 고려를 배제한 채 경제통합에 나서는 것은 아니다. 따라서 국가들은 경제적 고려와 함께 전략적 고려도 동시에 진행한다.

미국이 중국과의 경제협력을 통해서 G－2로 대표되는 경제운용을 하면서도 중국의 성장을 견제하기 위해서 동아시아에 군사전략을 집중하는 것이 대표적인 사례이다. 또한 중국의 스텔기공개로 표명된 안보분야의 경쟁력확보는 미국으로 하여금 전략적인 투자를 강화하게 하며 전략기술의 해외이전을 금지시킨다. 그런 점에서 볼 때 안보외부효과는 무시할 수 있는 것이 아니다. 경제적 협력의 증대가 반드시 지역협력체건설로 가는 것이 아닐 수 있다는 것을 보여준다.

3. 평가: 동아시아 현실주의

동북아는 다른 지역에 비해 경제 성장속도가 빠르며 시장 규모가 큰 편이다. 여기에 더해서 한중일간 경제협력을 통해 중국의 노동과 일본의 자본과 한국의 기술 등이 상호 공유되면 경제적 이득을 상호 극대화 할 수 있다. 전 세계적인 지역화의 추세 역시 동북아 국가들 간의 지역주의 심화를 부추기고 있다. 또한 미국 패권에 대한 일종의 견제로 동북아 국가들 간의 협력이 가능하기도 하다.

따라서 향후 동북아 국가들 간의 경제적 제도화는 가능할 듯하다. 다자적 제도화를 위한 열쇠는 국가들 간의 상호 이해를 위한 사회적 교류가 활성화되는 것이 필요하다. 역사에 대한 공유된 인식을 위한 노력 등으로 국가 간의 신뢰구축과 함께 다자적 노력을 위한 리더 역할을 수행할 국가가 필요하다. 한국은 부족한 경제력과 군사력을 감안하고 중일간의 힘의 경쟁이라는 구조 속에서 외교력을 통한 이해관계를 촉매하는 촉진자 역할을 모색해볼 수 있다. 하지만 중국의 성장에 대한 일본과 한국의 두려움은 이러한 경제통합에 대한 제약조건이기도 하다. 관건은 중국성장이 군사력의 증대와 지배체제 구축으로 이어지지 않은 것이라는 신뢰를 확보하는 것이다.

Ⅴ 결 론

지역협력을 가능하게 하는 촉진자 역할 또는 중재자 역할을 위해서 한국은 중국의 이익구조와 일본의 이익구조에 대한 더 많은 정보와 교류가 필요하다. 또한 한미 FTA의 파급효과는 한중간 FTA와 한일 간 FTA에 대한 관심을 재고하게 있다. 또한 한중일간의 다자적 연계도 모색해볼 수 있다.

제014문 **국제 체제의 힘과 무역 관계**

미국의 금융위기는 국제 문제에 있어서 정치경제의 중요성을 더욱 부각시켜주었다. 금융위기는 실물경제에 영향을 주고 이로 인해 국가들 내부의 경제적 조건과 정치적 조건에도 변화를 가져온다. 다음의 질문에 답하시오. (총 30점)

(1) 국제체제의 힘의 집중과 무역질서의 개방성사이의 관계에 대해서 논하시오. (10점)

(2) 무역이 국제 정치에 미치는 효과를 '안보외부효과'를 중심으로 논하시오. (10점)

(3) 무역이 국내 정치에 미치는 효과에 대해서 이익집단과 정치적 연합을 중심으로 논하시오. (10점)

1-(1) 국제 체제의 힘의 집중과 무역질서의 개방성 논의
  1. 힘의 집중과 국제무역질서의 개방성 관계 인정: 패권안정이론
  2. 소규모 국가들 간의 무역안정성 설명
  3. 평 가
1-(2) 무역의 국제 정치에 대한 영향 논쟁
  1. 안보외부효과와 무역의 국제 정치에의 영향
  2. 안보의 긍정적 외부효과와 상호의존의 증대
  3. 평 가
1-(3) 무역의 국내 정치에 대한 영향 논쟁
  1. 무역의 보편적 국내 경제적 영향
  2. 무역의 이익집단 형성

 문제의 맥락과 포인트

국제 정치경제에서 핵심은 힘과 무역질서의 관계이다. 이 관계에 대해 현실주의와 자유주의는 다른 관점을 가지고 있다. 따라서 양자의 차이를 규명할 수 있는 가장 중요한 이론적 도구인 '안보외부효과'를 통해서 설명하는 것이 이 문제의 핵심이다. 하지만 좀 더 크게 본다면 무역이 국제정치와 국내정치에 어떻게 연관되는지를 비교하는 더 큰 논의가 있다. 따라서 이 문제를 풀 때 개별적인 문제에 대한 답안 작성도 중요하지만 논리적인 구조를 전반적으로 살펴보는 것도 중요하겠다. 이 문제에 대한 예시 답안은 서론과 결론 없이 개별문제에 대한 답안구성으로 대체해 보았다.

---

1 - (1) 국제 체제의 힘의 집중과 무역질서의 개방성 논의[5]

1. 힘의 집중과 국제무역질서의 개방성 관계 인정: 패권안정이론

국제무역질서는 국제무역에 관한 기본방향, 규범, 원칙, 국가들의 의무와 권리를 규정하고 분쟁해결에 관한 해결방식과 무역질서 위반행위에 관한 것을 포함한다. 이러한 국제무역질서의 안정성과 개방성은 경제적 요소가 아닌 국제정치적 요소인 힘에 의해 규정된다는 입장으로 패권이론이 있다.

패권안정이론으로 대별되는 이 입장은 스테판 크라스너(S. Krasner)에 의한 연구가 대표적이다. 이 이론은 국제체제에서의 힘의 집중이 무역의 개방성을 가져온다는 것이다. 반대로 힘의

집중이 무너지는 패권 쇠퇴기에 국제경제는 쇠퇴한다는 입장이다. 이 입장에는 공공재를 제공하는 시혜적 패권국(benign hegemon)을 상정하는 공공재 패권이론(C. Kindleberger)과 힘의 극대화라는 패권의 이해에 따라 공공재 공급이 결정된다는 신현실주의 패권이론이 있다. 전자는 자유주의 입장이고 후자는 신현실주의 입장으로 대별된다.

2. 소규모 국가들 간의 무역안정성 설명

신자유주의이론은 패권이 없어도 국제무역구조의 개방성을 유지할 수 있다고 주장한다. 제도는 패권이 없는 경우에도 소규모의 개방된 국가들의 협력을 통해서 형성되고 유지될 수 있다는 것이다. 로버트 코헤인(R. Keohane)은 패권을 부정하지는 않았지만 레짐이 만들어지면 패권이 쇠퇴하더라도 제도가 유지될 수 있다고 주장했다.

자유주의이론가인 토마스 쉘링(T. Schelling)은 K-group 이론을 제시했다. 그는 공공재 창출에서 국가들의 수가 너무 많아서 무임승차가 문제가 된다는 점을 지적하면서 'K'라고 하는 수만큼의 국가들이 모이면 무임승차를 통제하면서 공공재 형성이 가능하다고 주장했다. 이는 패권이라는 독점력에 의해서만 개방이 되는 것은 아니고 과두적으로도 개방이 될 수 있다는 주장이다.

3. 평 가

최근 미국의 국력쇠퇴와 함께 미국의 지역주의 전략의 선택이라든가 일방주의 전략의 선택이 WTO의 진전을 막으면서 DDA의 교착을 가져왔다는 주장이 있다. 패권이 개방성을 결정하는데 중요하다. 다른 강대국들 간의 이해관계에 의해서도 개방이 결정될 수 있지만 이것은 국제

적 수준의 제도보다는 지역수준의 제도에 국한될 가능성이 크다. 따라서 패권이 국제무역구조의 개방성을 결정하는데 있어서는 가장 중요하다고 볼 수 있다.

1 - (2) 무역의 국제 정치에 대한 영향 논쟁

1. 안보외부효과와 무역의 국제 정치에의 영향

무역이 국가들의 국내소비자들의 편익만을 증대시키고 국가의 경제적 이득에만 국한된다고 보지 않고 그것이 국제정치에도 영향을 미친다는 입장이 있다. 신현실주의자들의 상대적 이득의 주장이 대표적이다. 무역을 통한 상대적 이득의 획득은 국력의 증대로 이어지고 무정부상태에 있는 국가의 안보를 위협하는 효과를 가져오게 된다는 것이다. 이로 인해 국가들은 경제협력을 꺼리게 된다고 본다.

이들은 동맹국가 간에는 안보외부효과를 고려하지 않기 때문에 동맹국가 간에는 경제협력이 빈번하다고 주장한다. 동맹국 간의 경제적 협력은 동맹 전체의 군사력 증대로 이어질 수 있기 때문에 상대적 이득에 대한 우려 없이 교역을 하고 특혜무역협정을 체결할 수 있다고 한다. 또한 동맹국가 간의 특혜무역협정은 무역전환효과를 통해 기존 적대국가에 타격을 줄 수 있기 때문에 더욱 특혜무역협정에 나서게 된다고 주장한다.

2. 안보의 긍정적 외부효과와 상호의존의 증대

자유주의자들 특히 통상을 강조하는 입장이나 상호의존이론에서는 국가들은 무역을 통해서 안보외부효과로 국가들 간의 관계가 악화되기

보다는 오히려 안보에 긍정적으로 기능한다고 주장한다. 무역 관계의 증진은 무역을 통한 이득을 보는 세력을 만들게 되고, 이들이 무역관계 단절에 따르는 기회비용과 갈등행위로 인해 포기하게 되는 무역이득으로 인해 국가들은 우호적 관계를 형성하게 된다. 맨체스터 학파의 주장처럼 '무역상은 전쟁을 싫어'하게 된다는 것이다. 국가들은 무역 국가를 지향하고 영토국가를 지양한다는 주장도 있다. 전쟁을 통한 영토의 획득보다는 무역을 통한 이득을 더 선호한다고 로즈크랜스(Rosecrance)는 이론적으로 입증했다.

3. 평 가

역사적으로 볼 때 1840년대 영국이 벨기에가 프랑스와 관세동맹을 체결하는 것을 반대한 사례가 유명하다. 여기서 영국은 프랑스와 벨기에의 관세동맹이 벨기에의 독립성을 훼손하고 프랑스의 영향력을 증대시킬 것을 우려했다. 공산권 국가들의 경제협력체인 COMECON을 형성한 것, 강대국의 예전식민지와 맺은 특혜무역협정을 맺은 것, 유럽통합에 있어서 석탄철강공동체의 구성 사례 등은 국가들이 무역을 외교정책 수단으로 사용했다는 것을 보여준다. 최근 미국의 FTA 정책이 외교 정책적 고려를 포함하고 있다는 것 역시 중요한 사례이다. 위의 사례들은 무역에 있어서 국가들이 안보와 외교문제를 고려한다는 점을 보여주는 사례들이다.

1 - (3) 무역의 국내 정치에 대한 영향 논쟁

1. 무역의 보편적 국내 경제적 영향

무역은 국가의 전반적인 부의 증대를 가져오기 때문에 무역을 통해서 전체적인 국가이익을 증진하다는 주장이 있다. 하지만 이런 주장은 무역을 통해서 국가 전체의 부의 증대는 가져올지 모르지만 무역과 통상정책으로 인해 이득을 보는 계층과 손해를 보는 계층을 나누어 보지 못하는 약점이 있다. 실제 국가의 부의 증대보다 문제가 되는 것은 통상정책이 가져오는 부의 재분배 효과와 그에 따른 이득과 손해의 분산이다.

2. 무역의 이익집단 형성

무역은 이득을 보는 집단과 손해를 보는 집단을 형성한다. 이들은 이득과 비용의 집중도와 분산정도에 따라서 집단화에 나서게 된다. 즉 집중된 이해를 가진 계층은 집단화에 나서게 되고 분산된 이해를 가진 계층은 집합적 행동에 실패하게 되기 때문에 조직화에 실패하게 된다. 로고스키(Ronald Rogowski)는 자본, 노동, 토지의 3요소의 분포가 개방적 무역구조에 따른 수혜집단과 비용부담집단의 정치적 조직화와 정치 균열구조 형성에 미치는 영향을 역사적 사례를 통해서 설명했다.

국내 제도가 국제무역구조의 개방 여부를 결정할 수 있지만(예를 들어 의회의 통상정책 집중과 소선거구제를 통한 지역의원과 유권자의 대면기회의 증대는 보호무역정책을 선호하게 만드는 것) 반대로 국제무역구조는 정치세력의 재편을 가져와서 선거와 정당선택을 통해서 정치제도의 변화를 가져올 수도 있다. 예를 들어서 노무현 정부에서는 FTA정책을 선택하여 진보진영을 신자유주의적 개방정책지향적인 분파와 반대분파로 구분하면서 보수 세력과의 연대가능성을 높이려고 했던 사례도 유명하다.

또한 이런 무역 정책과 통상 정책은 정치세력 간의 연합을 만들어서 국내정치의 중요이슈가 되어 선거에 영향을 미칠 수 있다. 예를 들어

한미 FTA나 소고기개방 정책 등은 선거에서 중
요 이슈가 될 수 있다. 이렇게 국내정치의 변화
는 외국과의 협상에 있어서 양면 게임이론에서
말하듯이 국내정치가 중요하게 만든다. 국내정
치에서 어떻게 세력화되는가는 무역정책에 영향
을 미치면서 상호 작용을 한다.

제015문 금융세계화와 경제위기 간 관계

국제적으로 금융위기와 같은 경제위기가 빈번하게 발생하고 있다. 외환위기, 재정위기, 금융위기가 발생하면서 국가들 간의 경제적 연계는 강화되고 있다. 경제위기는 1970년대 브레튼우즈 체제의 종말 이후 빈번해질 뿐 아니라 주기도 빨라지고 있다. 이는 금융의 세계화와 관련되어 있다. 다음 질문에 답하시오. (총 40점)

(1) 패권안정이론과 과두제국가들을 중심으로 한 이론의 내용을 비교하시오. (15점)

(2) 브레튼우즈 체제의 '연계된 자유주의(Embedded Liberalism)'의 의미를 설명하고 1973년 킹스턴 체제로의 전환과 최근 금융위기와의 관계를 사례를 들어 설명하시오. (15점)

(3) 빈번해진 경제위기를 해결하는 방안을 위의 이론들을 이용하여 논하시오. (10점)

Ⅰ. 서 론
Ⅱ. 분석틀: 패권이론과 과두체제이론
  1. 신현실주의 패권이론: 크라스너의 패권안정이론을 중심으로
  2. 자유주의 과두제 모델: 스나이덜의 K-group 모델을 중심으로
Ⅲ. 브레튼우즈 체제의 연계된 자유주의의 변동과 경제위기에 미치는 영향
  1. '연계된 자유주의(Embedded Liberalism)'의 내용: 금융자본의 통제
  2. 킹스턴 체제와 그 영향: 금융시장의 확장과 금융위기의 반복
Ⅳ. 위기 해결방안
  1. 패권이론적 해결방안
  2. 자유주의 과두제 모델
  3. 평 가
Ⅴ. 결 론

문제의 맥락과 포인트

1944년 브레튼우즈에서 전후 경제체제를 만들면서 미국과 영국은 자본이동을 통제하였다. 자유무역을 기조로 하여 고정환율제를 사용하면서 국내통화정책으로 조정정책을 혼용하는 '연계된 자유주의'를 합의한 것이다. 그러나 1973년 고정환율제를 포기하고 변동환율제로 바꾼 이후 자본의 이동이 가능하게 되었다. 이때 금융세계화가 만들어졌고 이후 영국, 아르헨티나, 동아시아 금융위기, 미국 경제위기, 유럽의 재정위기 등이 일어났다. 이런 상황을 해결할 방안이 무엇인지를 패권이론과 과두제이론(K-group)에서 정책방안을 유출하는 것이 가능한지를 묻고 있다.

Ⅰ 서 론

1997년 동아시아 외환위기와 2008년 미국금융위기 그리고 2010년 유럽재정위기를 볼 때 경제위기의 주기는 빨라지고 있다. 또한 금융을 중심으로 하여 위기가 국가 간 연계를 강화하고 있다. 1973년 변동환율제의 채택과 금융자유화로 인한 경제위기의 심화에 대처하기 위해서는 패권과 과두제적 해법 중 무엇이 현실적인지를 살펴본다.

Ⅱ 분석틀: 패권이론과 과두체제이론

금융위기의 원인과 해결책을 모색하기 위해

서 신현실주의 입장에서는 패권이론의 방안과 신자유주의의 과두적 모델을 사용할 수 있다.

1. 신현실주의 패권이론: 크라스너의 패권 안정이론을 중심으로

패권은 힘의 집중을 통해서 자유무역을 유지하게 하고 금융위기를 방지하게 할 수 있다. 크라스너의 패권안정이론에 따르면 패권이라는 힘의 집중도가 개방성을 결정한다. 개방성은 자유무역의 개방성을 의미하지만 한편으로 금융질서를 운영하는 개방성도 해당한다. 패권국가는 패권국가가 가진 힘 즉 경제력을 이용하여 제재와 보상을 통해서 국가들을 규율하는 질서를 구축할 수 있다.

2. 자유주의 과두제 모델: 스나이덜의 K-group모델을 중심으로

자유주의의 던칸 스나이덜(D. Snidal)의 K-group 모델 즉 과두제 모델은 국제정치경제를 패권국가가 아닌 몇 몇 국가들에 의해서 개방성이 결정된다고 본다. 패권국가가 없는 경우에도 자유무역과 같은 공공재는 제공될 수 있다. 이 문제에서 논의할 금융체제의 개방성과 관리 역시 공공재로 본다면 과두적인 국가들에 의해서 공공재는 제공될 수 있다. 공공재는 혜택을 받는 수혜자에 의해서 만들어 진다. 그런데 그 수혜자가 반드시 한 국가인 패권일 필요는 없다. 몇 몇 수혜자들에 의해서 공공재는 만들어질 수 있다. 이들 국가의 시장의 크기가 클 경우 패권국가의 강제가 없어도 자유무역과 금융의 자유화나 금융규제와 같은 질서는 만들어질 수 있다. 다만 K라는 국가의 숫자를 넘어서는 무임승차를 선별하기 어렵다는 점에서 개방된 정치경제에 참여하는 국가의 수는 제한된다.

Ⅲ 브레튼우즈 체제의 연계된 자유주의의 변동과 경제위기에 미치는 영향

1. '연계된 자유주의(Embedded Liberalism)'의 내용: 금융자본의 통제

1944년 브레튼우즈에서 미국과 영국을 중심으로 하여 합의한 자유주의를 '연계된 자유주의(Embedded Liberalism)'라고 한다. 이 자유주의는 양국의 이해관계를 반영한 것이다. 우선 국제무역은 자유무역을 수행한다. 자유무역을 위해 고정환율제도를 사용함으로써 무역의 안정성을 확보한다. 2차 대전이 경제공황이후 보호주의와 블록화에 기인한다고 본 미국과 영국은 자유무역규범을 살리기로 한다.

고정환율제도를 사용하기 위해 미국의 달러를 기축통화로 하는 금본위제도를 사용한다. 환율의 고정시키고 기축통화를 통해서 유동성을 확보하는 것이 경제운영의 중심이 되었다. 그리고 일시적 금융의 어려움을 해결하기 위해서는 국제통화기금(IMF)을 수립한다. 장기적으로 개발을 촉진하기 위해서 국제부흥은행(IBRD)을 창설한다.

반면에 국내경제에는 자유방임주의를 사용하지 않는다. 국내경제에 대해서 국가의 개입을 통해서 수요와 공급을 맞추어 주는 것이다. 고전경제학의 일반균형이 작동하기 어렵기 때문에 국가는 통화정책과 재정정책을 통해서 균형을 만들어주는 것이다. 케인즈의 정책을 사용하듯이 국가의 국내경제에 대한 개입을 인정했다.

벤자민 코헨이 주장한 대로 '신성하지 못한 3위 일체(Unholy Trinity)'가 작동한다. 고정환율제와 경제경책에 대한 개입과 금융자유화 중에서 금융자유화를 포기한 것이다.

2. 킹스턴 체제와 그 영향: 금융시장의 확장과 금융위기의 반복

1971년 미국의 금태환 정지 선언과 이후 킹스턴 체제로의 전환은 고정환율제도의 포기와 변동환율제도의 도입으로 귀결되었다. 고정환율제도의 포기는 3가지 정책 중에서 금융자유화를 가능하게 했다. 레이건 정부 시절 쌍둥이 적자를 해결하기 위해 자본시장을 개방하면서 금융의 세계화가 강화되었다.

금융시장이 강화되면서 금융의 영향력이 커졌다. 직접투자와 간접투자를 담당하는 금융은 단기성자금의 이동을 통해서 영향력을 키운다. 일국의 외환방어를 어렵게 하기도 하고 기업의 가치에 손을 대서 국가 경제를 흔들기도 한다. 대표적으로 조지 소로스가 영국을 금융위기에 빠지게 한 것을 들 수 있다.

이후 금융의 세계화로 인해 영향력이 커진 금융자본은 전 세계적인 투기공격을 가했다. 투기 자본의 공격은 금융위기를 주기적으로 만들었다. 찰스 킨들버거가 '조증, 패닉, 추락'이라고 묘사한 과정을 거치면서 금융위기가 생긴다. 갑작스러운 경기활성화는 자본의 이동을 가져온다. 이렇게 만들어진 경제적 기회는 경제 붐을 형성한다. 과다거래가 만들어지고 파생금융 등을 통해 개인들은 이익극대화를 위한 과도한 투자와 대출을 늘린다. 일정 기간이 지나 이런 경제가 과도하다고 인식할 때 '공포'가 생긴다. 이런 패닉상황이 경제를 추락시키는 것이다. 세계경제는 이러한 주기를 반복하고 있는 것이다.

참고 Ⅲ. 금융위기 비교: 내인론과 외인론 중심

1. 동아시아외환위기

동아시아외환위기는 내부적 요인과 외부적 요인이 결합되어 만들어졌다. 태국에서부터 전염된 외환의 외부유출에 따른 위기가 지역 국가들에게 확산되었다는 점에서 외부적인 요인이 중요하다. 단기자본에 대한 의존이 높다는 점과 외부위기에 취약성이 높은 동아시아 국가들 간의 연계가 강화되었다는 점과 취약한 외부경제구조에 비해서 내부적으로 튼튼한 경제구조를 가진 기업들과 경제구매력이 있다는 점에서 투자와 합병이 가능하다는 점이 외부적인 요인으로 작동한다. 반면에 동아시아 국가들은 대기업중심으로 운영되는 점과 부실 대기업의 파산이 가져온 강한 파급효과와 시장에 대한 규제부족이라는 정부부분의 문제와 기업들의 해외차입이 과도하다는 점이 내부적인 요인이 되어 외환위기로 이어졌다.

2. 미국금융위기

미국금융위기는 외부적인 요인보다는 내부적인 요인이 강하다. 미국의 파생상품을 중심으로 한 금융 분야의 발전과 투자와 대출을 통한 경제운영은 미국의 경제를 약화시켰고 이러한 약화된 경제구조는 부동산시장의 버블 붕괴와 함께 무너졌다. 미국의 금융분야가 제조업분야보다 중요하다는 점에서 대출과 투자를 통해서 경제를 운영했고 이에 대한 정부의 규제가 부족하다는 점이 경제위기를 가져온 것이다. 이러한 미국의 금융위기는 미국이 2001년 대테러전쟁을 시작하면서 재정지출을 늘리면서 시작되었다. 경제구조를 관리하지 못한 부분에서 위기를 증폭시켰다. 외부적인 요인으로 미국의 금융분야가 세계화되면서 금융분야간 연계가 외부적 충격을 강화하였다.

3. 유럽재정위기

유럽재정위기는 그리스와 포르투갈 같은 국가들의 재정위기가 주변 국가들에 전염되면서 만들어졌다는 점에서 내부적인 요인과 외부적인 요인이 연결되었다. 관광시장에 의존하였던 경제구조에서 미국발위기는 유럽위기로 연결되었다. 게다가 유럽경제는 유럽공동체 간에 연결되었다는 점에서 파급효과가 전파되었다는 점에서 외부적 요인과 내부적 요인과 구분되는 지역차원의 논리가 작동하였다.

Ⅳ 위기 해결방안

1. 패권이론적 해결방안

패권국가인 미국이 자국의 경제력을 가지고 제도를 구축하여 금융체계를 통제할 수 있다. 국가간 관계 뿐 아니라 민간의 국제경제에 대한 규칙도 규제할 수 있다. 그러나 미국은 이런 의지와 능력이 부족하다. 미국은 1980년대 자국 경제상황 악화로 인해 금융시장을 확장하고 규제를 약화시켰다. 이후 2008년 금융위기 이후에도 미국은 IMF와 같은 자국이 만든 제도 개혁에 소극적이다. 이런 점에서 금융위기를 해결할 수 있는 미국의 패권을 기대하기 어렵다.

2. 자유주의 과두제 모델

자유주의는 과두모델을 통해 몇 몇 강대국이 문제를 해결해야 한다고 주장한다. 아시아경제위기, 미국경제위기, 유럽경제위기로 이어지는 것은 미국 혼자 금융통제를 하기 어렵다는 것을 의미한다. 이에 따라 유럽과 중국, 일본과 같은 국가들의 협력이 필요하다. 게다가 금융위기의 전 세계적인 파장을 고려할 때 중견국가들도 동참하는 것이 필요하다. 그러나 회원국가가 늘어나면 제도내의 결정은 용이하지 않게 되며 책임을 전가할 여지가 높다. 이런 점에서 현재 G20 정상회의를 활용하되 금융위기의 재발을 막기 위한 규칙의 제정가능성을 높이기 위해 경제력이 강한 국가 간의 협력이 필수적이다. 이는 미국의 금융분야에 대한 개혁의지를 보이면서 개혁을 주도하고 독일과 일본 등이 금융위기 사전예방을 위한 촉진자 노력을 보일 때 가능하다.

3. 평 가

현 시점에서 힘이 약해진 미국의 독자적인 해결을 기대하기 어렵고 국가들 간의 협력을 통해 문제해결이 필요하다는 점에서 과두제 모델의 해법이 더 적실성이 높다. 2008년 미국 경제위기 이후 미국은 경제적으로 패권의 지위를 상실해가고 있다. 게다가 트럼프의 등장으로 패권국가로서 문제해결을 위한 의지 역시 약하다. 게다가 금융자본의 힘은 막강할 정도로 커졌다. 하루 이동하는 투기 자금만 1조 5천억 달러가 넘는다. 따라서 한 국가가 상대하기에는 벅찬 규모이다. 이는 국가들 간의 금융체계에 대한 규제와 조절제도의 모색을 필요로 한다. 금융위기로 인한 공동의 손상을 회피하는 조절(coordination) 전략이 필요하기 때문이다.

Ⅴ 결 론

과두제 모델의 적실성이 있다고 할 때 기대할 수 있는 방안은 G20 정상회의를 금융위기 관리에 적극적으로 활용하는 방안이다. 한국의 경우 서울정상회의를 한 경험을 비추어 금융위기 해결에 대한 이슈를 적극적으로 활용하는 것이 중요하겠다.

제016문 브레튼우즈 II 체제의 의미

세계 통화질서는 화폐의 변화에 따라 변화해왔다. 현대 화폐는 종이화폐에서 신용화폐로 변화하고 있다. 화폐의 변화는 1944년 구축된 브레튼우즈 체제의 작동방식과는 다른 방식으로 현재 국제통화질서를 작동시킨다. 브레튼우즈 체제는 금태환제도를 기반으로 한 달러패권체제였다면 현재 국제통화질서는 공식적인 제도는 없지만 미국의 달러를 중심으로 하여 작동한다. 이러한 체제를 브레튼우즈 II 체제라고 부르기도 한다. 브레튼우즈 체제와 비교하여 현재의 통화질서의 작동원리가 가지는 공통점과 차이점을 설명하시오. (25점)

 문제의 맥락과 포인트

이 문제는 2017년 국립외교원 모의고사로 사용한 문제인데 2017년 실제 국립외교원 시험에 출제된 문제이다. 미국과 중국 간의 무역불균형이 발생하고 있지만 미국은 중국의 투자유치와 중국은 미국에 대한 무역흑자를 상호보장을 하고 있다. 이를 브레튼우즈 II라고 한다. 이러한 제도적 운영을 구체적으로 살펴보면서 1944년 브레튼우즈 체제와 비교하는 것이다. 이는 미국의 패권적 경제운영이 가능한지를 살펴보기 위한 것이다.

I 서 론

중국의 경제성장으로 인해 미국의 패권질서가 무너지고 있다는 주장이 있다. 반면에 미국 달러의 중요성이 여전히 강하며 국제통화체제에서 달러의 위상을 볼 때 미국 패권체제는 여전히 강하는 주장도 있다. 두 주장을 현재 통화질서의 작동을 통해서 비교해 본다.

● 대안 서론

화폐전쟁이 벌어지고 있다. 미국 달러의 위상에 대한 중국 위안화의 도전이 거세다. 과연 국제통화질서도 국제무역질서에서 중국의 위상변화와 같은 변화가 일어나고 있는지 살펴본다.

II 브레튼우즈 체제와 브레튼우즈 II 체제 비교

참고 화폐의 기능[6]

1. 화폐의 기능

화폐는 교환수단, 회계수단, 저장수단이라는 전통적 기능과 함께 사회적 상징, 사회적 제도, 커뮤니케이션

---

6) 한영빈, "국제통화질서: 태환성의 정치에서 불태환성의 정치로"『20세기 유산과 21세기 진로』(2012, 서울, 사회평론),

수단, 사회구성수단으로의 현대적 기능이 있다.

2. 화폐형태의 변화

상품화폐 ⇨ 금속화폐 ⇨ 지폐화폐 (교환, 저장, 유통기능, 신용기능이 중요해짐. 즉 현재 기능보다 미래의 기대를 반영함. 이것은 화폐가 사실상 부채라는 점을 보여줌. 인플레이션 유발 등으로 화폐 미래 가치가 변화할 수 있음.) ⇨ 전자화폐 (신용화폐의 특징. 첫째, 신용화폐는 본질적으로 부채다. 둘째, 신용화폐는 현재 및 미래 물질적인 재화를 점유할 수 있는 힘을 가진다. 셋째, 신용화폐는 물질적인 척도에 기반을 두지 않고 있기에 화폐의 상품가치는 제도 및 정치적인 힘에 의해 뒷받침되어 질 수 있다. 넷째, 신용화폐는 노동 밋 생산과 같은 실물경제에 얽매이지 않을 뿐만 아니라 오히려 이자와 환율을 매개로 실물경제를 희생하면서 작동하는 독특한 특징을 가지고 있다. 다섯째, 신용화폐에 의해 발달된 주채경제는 근본적으로 불안정하다.)

1. 브레튼우즈 체제와 현재 체제의 작동방식[7]

브레튼우즈 체제는 미국 달러를 기축통화로 하여 금태환을 중심으로 한 고정환율제도를 사용하였다. 미국 달러만을 기축통화로 고정한 고정환율제도의 브레튼우즈 체제는 통화체제의 위계구조를 형성하게 된다. 브레튼우즈 체제는 미국의 금보유량만으로 고정환율제도를 형성하였기 때문에 근본적으로 안정적인 기축통화인 달러 공급에 문제가 있었다. '트리핀 딜레마'로 미국달러는 유동성의 안정적 공급과 통화가치의 신뢰성유지 사이에서 문제가 생길 수밖에 없었다. 게다가 환율제도의 안정성을 유지하기 위해 국내거시 경제정책을 조정하면서 디플레이션으로 만들기가 쉽지 않다. 또한 미국의 금보유량보다 달러의 축적이 많아지면 태환성에 기초한 고정환율제도는 위협을 받게 된다. 이로 인해

실제 달러 중심의 금본위제는 붕괴하게 된다.

현재 체제는 공식적인 국제통화질서를 가지고 있지는 않다. 하지만 비공식적으로 미국 달러를 중심으로 한 작동방식이 있는데 이것을 브레튼우즈 Ⅱ 체제라고 부르기도 한다. 둘리, 포커스-란도, 가버에 의해 명명된 이 질서는 공식적으로는 변동환율제도이지만 미국 달러체제를 중국과 산유국들이 유지시켜주는 역할을 하고 있기 때문에 마치 브레튼우즈 체제 시기 고정환율제도와 유사한 구조를 가지고 있다고 분석한다.

2. 브레튼우즈 체제와 현재 체제의 비교[8]

(1) 공통점

첫째, 중심부와 주변부로 구성된 질서가 작동한다. 브레튼우즈 체제가 유럽과 일본이라는 주변부국가들에 의해서 운영된데 비해 브레튼우즈 Ⅱ 체제 는 중국과 산유국이 대체하였다는 것이다. 둘째, 주변부국가들은 달러에 고정을 시킨 채 저평가된 통화와 자본통제수단을 기반으로 수출중심적인 성장전략을 택하고 사용한다. 이에 대한 보상으로 이들 국가는 달러를 국제준비금으로 대량축적하면서 기축통화인 달러의 안정성을 유지하도록 도와준다. 셋째, 중심부인 미국은 글로벌 유동성을 지속저그로 공급하면서 세계은행가와 같은 역할을 한다. 이를 통해 미국은 화폐주조차익 효과를 확대하면서 미국의 시장을 개방하여 최종수출시장역할을 하면서 주변부의 수출 성장주의적 전략을 도와준다. 넷째, 브레튼우즈 Ⅱ 체제는 이런 논리를 기반으로 매우 안정적이며 지속가능한 레짐으로 운영된다. 즉 중국의 농업잉여 노동력이 산업인력으로 모

---

pp.181-185.

7) 한영빈, *Ibid.*, pp.189-194.

8) 한영빈, *Ibid.*, pp.195-200.

두 흡수되는 시점까지 지속될 수 있으며 이후에는 중국의 농업잉여를 인도가 대체할 수 있기 때문에 상당기간 지속될 수 있다.

(2) 차이점

위의 주장에 대해 양자가 다르다는 반발도 강하다. 첫째, 브레튼우즈와 비교해 주변부 국가들의 구성이 다르다. 둘째, 과거와 달리 유로가 대체통화로 작동한다. 셋째, 현재 경상수지 부문에서 발생하고 있는 글로벌 불균형은 이전과는 다른 현상이다. 넷째, 브레튼우즈 체제와 달리 자본통제가 이루어지고 있지 않다.

(3) 평가

반발에도 불구하고 미국의 달러는 2008년 금융위기에도 불구하고 위상이 여전히 강력하다. 이것은 통화가치가 실물경제요인으로부터 파생되는 것만이 아니라 제도 및 정치의 희소성으로부터 파생하게 되기 때문이다. 즉 금융제도의 힘에 의해서 달러의 영향력은 여전히 강력한 것이다. 신용을 중심으로 한 화폐로 변화하면서 달러가 가진 희소성과 안정성으로 인해 국제준비자산으로 활용되는 것이다. 국제교역에서 달러가 차지하는 비율이 여전히 전체 200%에서 90%를 넘어선다는 것이 이를 방증한다.

미국달러가 가진 가치가 강하며 주조차액효과를 여전히 가지고 있다. 특히 미국이 실물경제보다는 금융부분을 키우면서 주식과 채권분야를 중심으로 경제를 운영한다. 미국은 주식과 채권이라는 부채를 가지고 세계경제를 운영하고 있으며 이를 다른 국가들에게 수출하고 있다. 즉 미국식 금융체제 안에 타국가들의 경제가 흡수된 것이다. 이를 위해 지속적인 달러자산의 수요를 유도하여 미국은 미국 자산 가격 상승을 통해서 경제를 운영하고 대신 타국의 미국 시장에서의 수출을 권장하는 것이다. 이것은 중국이

수출을 늘려 강력한 무역흑자를 기록하고 이렇게 확보된 달러를 다시 미국 채권에 투자해주면서 브레튼우즈 Ⅱ 체제는 지속되고 있는 것이다

Ⅲ 결 론

현재 통화질서의 작동방식을 브레튼우즈 Ⅱ 체제라고 볼 때 미국의 달러 체제는 여전히 국제통화질서를 주도하고 있다고 볼 수 있다. 특히 화폐가 신용화폐로서의 기능이 강해지면서 미국 달러의 기능은 지속될 것으로 볼 수 있다.

다국적기업의 투자요인 심화 문제

2011년 기준 다국적기업 혹은 초국적기업의 수는 10만 3천개이고 이들 기업이 보유한 해외지사는 89만 개 이상이다. 이 기업들은 글로벌 GDP의 1/4을 차지하고 세계 수출량의 1/3을 차지한다. 이런 다국적기업이 자국생산–수출대신에 타국 생산–판매를 결정하는 원인으로는 '지역 이점(Locational advantage)'을 들 수 있다. 지역이점은 자원투자(natural–resource investment), 시장투자(market–orient investment), 효율성투자(efficiency–orient investment) 3가지를 들 수 있다. 반면에 다국적기업이 투자를 할 때 '수평적 통합(horizontal integration)'과 '수직적 통합(vertical integration)'의 선택은 투자 기업의 자산이 무형자산(intangible assets)인지 특정자산(specific assets)인지에 영향을 받는다. 또한 다국적기업의 투자는 '투자유치국가(host country)'의 정치적 특성에도 영향을 받는다. 다음 질문에 답하시오. (총 40점)

(1) 다국적기업이 자국에서 생산–수출하는 방안 대신에 타국에서 생산–판매하는 방안을 선택한 원인을 '지역 이점(Locational advantage)' 차원에서 설명하시오. (15점)

(2) 다국적기업의 자산의 성격(자산특정성과 무형자산 여부)에 따른 투자방식의 차이를 설명하시오. (10점)

(3) 다국적기업이 투자를 할 때 투자유치국가에서 얻을 수 있는 경제적 이익이외에 정치적 위험 비용을 줄이기 위한 방안들과 이 방안들의 정치적 의미를 설명하시오. (15점)

Ⅰ. 서 론
Ⅱ. 다국적기업의 투자 선택이유: 수출전략 대신 투자선택 이유
  1. 자원투자(natural resource investment)
  2. 시장투자(market orient investment)
  3. 효율성투자(efficiency orient investment)
  4. 정 리

Ⅲ. 자산성격과 투자 방식
  1. 무형자산(intangible assets)과 수평적 통합
  2. 특정자산(specific assets)과 수직적 통합
Ⅳ. 투자유치국가의 정치적 요인과 정치적 의미
  1. 투자 유치국가의 국내제도: 민주주의 선호
  2. 양자투자협정: 투자 모국의 보호
Ⅴ. 결 론

문제의 맥락과 포인트

국제정치경제학에서 다국적기업의 투자 역시 관심을 받고 있는 분야이다. 이 주제는 기술적인 정보가 중요하다. 각 문제에서의 정보들을 통해서 다국적기업의 투자 결정요인을 설명하는 문제이다. 국제정치경제학의 보험용 문제니 몇 가지 중요한 정보를 중심으로 정리해두면 좋다.

 서 론[9]

1980년대 이후 해외직접투자 규모는 매해

14%씩 성장한 뒤 1900년 이후에는 매년 40% 이상 증가하고 있다. 이러한 지표는 1990년대 이후 매년 4%씩 증가한 무역과 비교할 경우 얼마

---

9) 김동훈, "세계화시대 다국적기업과 해외직접투자", 『20세기 유산과 21세기 진로』(2012, 서울, 사회평론), pp.207–224.

나 큰 변화인지를 보여준다. 이렇게 다국적기업의 투자가 늘어난 이유를 살펴보면서 다국적기업이 임금이 저렴한 개도국만이 아니라 선진국에 대한 투자를 늘리기는 이유를 살펴본다.

● 대안 목차

다국적기업은 최근 비용이 저렴한 개도국에만 투자하는 것(race to the bottom)이 아니라 비용이 높은 선진국에도 투자(climb to the top)를 한다. 또한 다국적기업의 투자형태도 수직적 통합과 수평적 통합으로 나뉜다. 이는 다국적기업이 타국에 투자를 하여 생산 판매할 때 경제적 이익외에도 자산의 특성 그리고 정치적 위험부담을 고려한다는 것이다. 다국적기업의 투자유치국가에 대한 투자선택의 이유를 살펴본다.

Ⅱ 다국적기업의 투자 선택이유: 수출 전략 대신 투자선택 이유[10]

다국적기업은 자사의 제품을 국내생산 — 수출을 할 수 있으나 이 방식 대신에 해외에 투자를 하여 생산판매를 선택할 수 있다. 이때 다국적기업이 고려할 수 있는 요소들로는 생산과 조직관리, 무역장벽과 환율변화가능성, 운송비나 투자유치구가의 생산요소 비용 등이다. 이를 '자원투자(natural resource investment)', '시장투자(market orient investmented)', '효율성투자(efficiency orient investmented)'의 3가지 측면으로 구분하여 분석한다.

1. 자원투자(natural resource investment)

다국적기업은 특정 해외국가에서 특정 자연자원을 어느 정도 축적하고 있는지에 따라 투자가 결정된다. 해외에 있는 자원 추출로 이익을 얻으려는 목적은 해외투자의 가장 초기적인 형태이다. 미국이 칠레에서 동광산을 개발한 투자가 미국기업들이 중동에서 석유에 투자한 경우들이 대표적이다. 전세계적으로 유전과 광산에 대한 투자가 2007년 기준으로 10% 정도 된다. 이 수치는 전세계 다국적기업분야에서 2위에 해당한다. 2007년 기준으로 1위는 자동차관련 다국적기업으로 전체 다국적기업분야에서 13%를 차지한다. 과거 전자분야는 1990년대에는 14%였고 1998년에는 17%였으나 2007년 9%로 축소되었다.

2. 시장투자(market orient investment)

다국적기업이 시장을 보고 투자하는 경우는 향후 투자 유치국가의 시장이 성장할 가능성이 높은 경우이다. 다국적기업은 수요가 정체된 국가보다 수요가 창출될 수 있는 국가를 보고 투자를 하는 경향이 있다. 게다가 투자유치국가의 경쟁도 중요한 요인이다. 경쟁이 덜 치열할수록 다국적기업이 투자를 하기 손쉽다. 특히 토착기업이 별로 없어서 경쟁이 치열하지 않은 것이 중요하다. 그리고 이런 토착기업이 국내적으로 관세나 비관세장벽으로 덜 보호를 받고 있을 때 다국적기업을 투자의 유인이 크다. 1960년대 미국 자동차 회사들이 유럽시장을 위해 투자를 했던 사례와 1980년대와 1990년대 일본과 유럽 자동차 회사들이 미국에서 공장을 만들고 투자한 것을 사례로 들 수 있다. 1980년대와 1990년대 이들 기업들은 미국이 규정한 '수출자율규제(VERs)'라는 비관세 장벽을 우회하기 위해 미국에서 생산하여 판매를 하였다. 자동차 분야의 다국적기업 투자는 전세계 투자에서 1990년 13%에서 1998년 14% 그리고 2007년 13%의 일정세를 보이고 있다.

---

10) Thomas Oatley, 『International Political Economy』(Pearson, 2012. 5th ed.), pp.166–168.

3. 효율성투자(efficiency orient investment)

다국적기업은 특정제품의 생산에 있어서 주로 사용되는 요소의 가격이 낮은 쪽에 투자를 한다. 다국적기업의 모기업(parent firm)은 다양한 부품들을 낮은 단가로 제조하여 조립할 수 있다. 이때 단가가 낮은 쪽에 투자를 하는 것이다. 특히 부존자원이 많은 국가들에 투자를 한다. 예를 들어 자본이 풍부한 국가에 자본재를 투자할 수 있고 노동이 풍부한 국가에서는 노동재화를 만들 수 있다. 이 경우 투자는 부존자원의 보유(endowment)정도에 따르는 것이다. 노동이 풍부한 국가(동아시아 국가들), 자본이 풍부한 국가(선진국가들이 사례), 기술이 풍부한 국가(과학자를 많이 보유한 국가로 예를 들면 인도)를 보고 다국적기업은 필요한 투자를 결정하는 것이다.

4. 정 리

지역 이점(locational advantage)는 다국적기업의 투자에서 두 가지를 설명할 수 있다. 첫째, 왜 자국에서 만들지 않고 타국으로 가는지를 설명한다. 법규가 명확하고 의사소통이 수월한 자국에서 생산하여 수출하는 것이 편할 수 있지만 자원의 이동에 따른 비용, 투자 가능한 시장, 부존자원의 보유정도 여부에 따라 해외에서 생산 판매하는 것이 유용하다는 점을 설명한다.

둘째, 다국적기업이 어떤 국가에 투자하고 어떤 국가에 투자하지 않는지를 설명한다. 다국적기업이 투자를 선택하는 것은 투자 유치국의 이점이 있기 때문이다. 이것은 주로 경제적 요인에 의해서 결정된다. 반면에 이러한 투자를 할 때 다국적기업이 수평적 통합을 할 것인지 아니면 수직적 통합을 통해 자국회사의 자회사

를 만들어 할 것인지가 중요하다. 그리고 다국적기업은 투자에서 경제적 이익이외에도 정치적 위험관리를 부분을 고려해야 한다. 이 점에 대해 후술한다.

Ⅲ 자산성격과 투자 방식[11]

다국적기업의 투자 방식은 다르다. 미국은 칠레에서는 다국적기업을 설립하여 동을 채굴하지만 동아시아에서 반도체는 동아시아국가들의 기업으로부터 구매한다. 또한 미국의 자동차회사는 유럽과 브라질에서 조립생산을 하지 완성품을 수출해서 판매하지 않는다. 이런 다국적기업의 투자 형태는 다국적기업이 생산과 판매하는 제품의 성향과 관련된다.

1. 무형자산(intangible assets)과 수평적 통합

무형자산은 지식이나 특정 기술과 관행에서 도출된 가치를 가지고 있는 자산이다. 이런 자산은 디자인이나 운영기법과 관련된 부분의 특허로 보호를 받는다. 이런 자산은 사고 팔 수 없으며 정확하게 가치를 반영하기 어렵다. 예를 들어 우버의 기업가치는 113조(1,200억불 이상)으로 평가되지만 실체가 있는 것은 아니다. 애플은 2016년 독일 평가사에서 1,840억불로 세계 기업 가치 1위를 차지하였다. 자동차회사의 기업 가치에서 벤츠는 428억불로 자동차 분야의 1위를 차지했다. 우버의 기업가치는 미국의 자동차 회사 빅3의 기업 가치를 합친 것보다 높다.

무형자산을 가지고 있는 다국적기업은 수평적 통합을 한다. 수평적 통합이란 같은 제품을 각 지역에서 만드는 것이다. 즉 미국 자동차 회

11) Thomas Oatley, 『International Political Economy』(Pearson, 2012. 5th ed.), pp.168-170.

사가 유럽에서 한국에서 브라질에서 같은 제품을 생산하는 것이다. 이들 기업은 각 국가에서 비용우위를 얻기 위해 완성품을 만드는 것이다. 이때 제품들은 무형적 자산이라 다른 토착기업에 의해 모방되거나 판매되기 쉽지 않다. 예를 들어 중국자동차 회사가 독일자동차회사를 카피해서 만든다고 해서 시장이 가격에만 반응하여 중국산 자동차를 사지는 않는 것이다.

2. 특정자산(specific assets)과 수직적 통합

자산이 특정성을 가지는 것은 장기 투자에 의해서 이익을 볼 수 있다는 것이다. 단기적으로 이익이 될지는 알기어렵지만 장기적으로 관계를 유지하면 이익이 될 수 있는 자산이다. 예를 들면 선주(shipowner)와 철도(rail road)를 생각해 볼 수 있다. 선주는 공장에서 만들어진 물건을 항구까지 이동시키기 위해 철도(rail road)를 놓고 침목(rail spur)을 깔아야 한다. 이렇게 약속을 하여 깔린 철도와 침목은 오직 공장에서 항구로 가는 제품을 위한 것이다. 그래서 초기에 철도를 깔고 나면 이 철도자산은 특정성을 가진다. 선주의 물건을 나르는 것이 아니면 자산이 쓸모없게 되는 것이다. 이는 철도가 놓이고 난 뒤 재계약과정에서 철도라는 특정자산을 가진 소유주에게 불리하게 작동한다. 계약파기와 철도운임 삭감사이에서 운임 삭감을 받아들여야 하기 때문이다. 이런 특정 자산의 경우 계약 당사자 중 한 당사자는 협상에서 유리하게 되고(예를 들면 선주) 다른 당사자(철도 주인)는 불리하게 된다.

수직적 통합은 이런 자산에서 발생한다. 한쪽이 자산특정성을 이용해서 협상을 하게 되면 다른 한쪽이 불리하게 된다. 따라서 다국적기업

은 자산 특정성이 있는 경우 특정자산의 전 과정을 통제하게 된다. 즉 앞에서 본 사례처럼 기업은 배를 만들어서 판매를 하면서 한 편으로 철도를 스스로 놓는 것이다. 이는 한 회사내에 다른 브랜치를 만들어서 각자 분할한 영역을 관리하는 것이다. 선박분야와 철도분야를 같은 회사에서 통제하는 것이다. 이는 반대의 경우에 생길 수 있는 경우의 수, 즉 한 편에 의한 착취를 막는 것이다.

수직통합은 기업간의 거래를 하게 된다. 수평통합이 다양한 국가들에서 거래를 하는 것이라면 수직통합은 내부거래가 중요하게 된다. 이 점은 시장 자체가 가진 '불완전성(imperfections)'에 근거한다. 즉 재화가 가진 특성으로 인해 시장실패를 치유하기 위한 기업들의 고육지책이다.

Ⅳ 투자유치국가의 정치적 요인과 정치적 의미[12]

다국적기업의 유치국(host country)에 대한 정치적 위험 때문에 고려할 수 있는 요인은 크게 2가지이다. 첫째, 투자유치국가의 국내제도와 둘째, 양자투자협정이다.

1. 투자 유치국가의 국내제도: 민주주의 선호

다국적기업이 투자를 하려고 할 때 투자 유치국가의 국내정치제도가 중요하다. 다국적기업의 입장에서 투자를 결정한 뒤 투자를 철회하거나 이전하는데 비용이 많이 든다. 가장 문제가 되는 것은 다국적기업이 투자를 한 뒤 국유화를 당하거나 투자 철회가 어렵게 되는 것이다. 이런 요인으로 인해 다국적기업은 투자 유칙국가

12) 김동훈, "세계화시대 다국적기업과 해외직접투자", 『20세기 유산과 21세기 진로』(2012, 서울, 사회평론), pp.207−224

의 임금 수준만을 보고 투자를 하기 어려운 것이다.

다국적기업이 투자를 했을 때 다국적기업의 투자는 특히 공장 등을 만드는 산업자본의 투자는 이동과 이전의 자율성이 떨어진다. 따라서 다국적기업은 사후적인 문제가 생길 때 대처가 어렵기 때문에 투자를 하는 단계에서 여러 가지 안전장치를 만들게 된다.

이러한 상황을 경제학적 도구를 통해서 설명하면 '역선택'과 '주인-대리인 문제'를 가지고 할 수 있다. 먼저 사전적인 문제로 역선택 문제가 있을 수 있다. 다국적기업은 투자유치국가에 대한 정보가 부족하기 때문에 '역선택'을 할 수 있는 가능성이 있는 것이다. 다음 사후적인 문제로 투자 이후의 '주인-대리인 문제'에 봉착할 수도 있다.

이에 따라 다국적기업은 투자유치국을 선정할 때 그 국가의 국내제도를 고려할 수 밖에 없다. 대표적으로 투자 유치국가가 민주주의국가인 경우 정책투명성도 높고 이익집단의 구성가능성으로 인해 정부에 압력을 행사할 수도 있으며 청중비용을 청구할 수 있기 때문에 다국적기업이 투자를 할 여지가 높다. 반면에 비민주의국가는 이러한 기대가 약하기 때문에 다국적기업의 경우 투자를 꺼리게 된다. 만약 투자 유치국가가 민주주의국가인 경우 국유화 조치를 단행하면 다른 투자 자본들이 이 국가에서 빠져나간다. 이것은 투자유칙국가의 다른 기업들이나 노동자에게 심각한 충격을 준다. 따라서 이들 국가의 국내 투자자나 노조는 이러한 국유화 조치를 거부하며 심각한 경우 자국 중앙정부를 다음 선거에서 처벌할 수 있다. 즉 청중들이 중앙정부의 정책에 대해 비용을 청구할 수 있는 것이다.

그러나 비민주주의의 경우 이러한 청중비용을 청구할 방법이 없다. 따라서 다국적기업이 투자를 하려고 할 경우 투자 유치국가가 비민주주의인 경우에는 국유화조치를 취해도 국내적인 제약을 받지 않을 것이라고 생각하기 때문에 아주 높은 경제적 이익이 있지 않은 한에서는 투자를 꺼리게 된다.

투자유치국가의 정치체제가 투자의 중요한 요인이 된다는 것의 정치적 의미는 저발전국가가 성장하기 위해서는 민주주의로의 체제 전환의 압력이 높다는 것이다. 중국과 베트남의 경우 초기에 사회주의 체제를 유지하면서 투자를 받았지만 사회주의의 관료주의, 법치주의 부족으로 인해 투자가 철수했다. 이후 이들 국가는 사회주의 정치체제는 남겨두었지만 자본주의를 운영하기 위해 법치주의를 구체화하였다. 투자법을 제정하고 규칙을 명확히 한 것이다. 이는 다국적기업을 끌어들이는 데 중요할 뿐 아니라 향후 이 국가의 개인과 기업에게도 중요하다. 그리고 법치주의의 예측가능성의 증대는 민주주의를 만들 수 있는 법치주의구성이란 의미도 있다.

2. 양자투자협정: 투자 모국의 보호

다국적기업이 투자를 할 때 투자회수 불가능한 유치국가의 도덕적 해이나 주인-대리인문제에 대해 대처할 수 있는 방법으로 다국적기업의 모국의 투자 유치국가와의 양자협정을 요구할 수 있다. 거꾸로 국가간의 양자협정이 있을 경우 투자에 대한 문제가 생겼을 때 다국적기업 모국의 외교적 교섭을 가능하게 할 수 있다. 이것은 다국적기업에게는 투자 보호 장치가 된다. 투자에 대한 다자기제로서 투자 협정(MAI)이 체결되지 않은 상황에서 다국적기업의 모국이 보호할 수 있는 방안이 있는 것은 안전장치로서 중요하다.

투자 모국이 보호를 해주는 것의 정치적 의미는 투자유치국가에게 외부적 압력에 노출될 수 있는 기회를 만든다는 것이다. 투자유치 국가는 더 많은 자본투자를 위해서는 더 많은 양자 협정과 규칙 제정이 필요한 것이다. 이는 상호의존이론에서 말하듯이 투자유칙국가에 영향을 행사하거나 특정 정책을 거부할 수 있는 외부집단이 늘어나는 것을 의미한다. 따라서 외부의 투자 유치국에 대한 정치적 통제력의 강화차원에서 볼 수 있다.

Ⅴ 결 론

다국적기업의 투자는 경제적 이익만이 아니라 시장의 불완전성과 정치적 위험부담을 감안하여 결정된다. 이것은 세계화의 진행에 따른 상호적 영향력의 확장이라는 차원에서 볼 수 있다. 국가 일국의 결정이 점차 더 어렵게 되는 효과를 가져오고 있는 것이다.

해외원조(foreign aid)란 각국 정부나 비정부기구가 개발도상국가에게 제공하는 재정, 물품, 서비스 등의 지원을 일컫는다. 해외원조의 긍정적인 역할에도 불구하고 공여국가인 강대국가와 수혜국가인 개발도상국가간에는 갈등도 있다. 이런 상황에서 강대국이 아닌 중견국가들의 해외원조가 늘고 있다. 이와 관련하여 다음 질문에 답하시오. (총 45점)

　(1) 공여국이 해외원조를 제공하려는 이유들에 대하여 설명하시오. (15점)

　(2) 수혜국에게 나타날 수 있는 강대국의 해외원조 효과들에 대하여 비판적으로 논하시오. (15점)

　(3) 중견국가의 해외원조에서 역할이나 기능을 논하시오. (15점)

－ 2014년 행시 국제통상 기출문제 변형

　한국은 개발분야에 관심이 높다. 특히 중견국가로서 선진국과 개도국 사이에서 역할을 찾아볼 수 있다. 그런 점에서 정책적으로 관심이 높은 주제다.

참고　기출문제－2014년 행시 국제통상기출문제

　해외원조(foreign aid)란 각국 정부나 비정부기구가 개발도상국가에게 제공하는 재정, 물품, 서비스 등의 지원을 일컫는다. 이와 관련하여 다음 질문에 답하시오. (총 40점)
　(1) 공여국이 해외원조를 제공하려는 이유들에 대하여 설명하시오. (20점)
　(2) 수혜국에게 나타날 수 있는 해외원조의 효과들에 대하여 비판적으로 논하시오. (20점)

Ⅰ 서　론

　한국은 ODA에서 수혜국에서 공여국이 된 OECD 최초의 국가이다. 특히 중견국가로서 한국은 이 분야에서 뜻을 같이 하는 국가들과의 연합을 통해서 한국의 영향력을 높일 수 있다. 강대국가와 개발도상국 사이의 갈등구조 속에서 중견국가의 역할공간을 통해서 설명해본다.

Ⅱ 해외원조의 의미와 공여국의 원조 제공 원인들

1. 해외원조의 의미

해외원조는 국가간의 개발과 발전을 위한 지원을 의미한다. 이것은 큰 틀에서 국제개발협력이며 그 중심에는 공적개발원조가 있다. 이때 국제개발협력이란 선진국−개발도상국 간, 개발도상국−개발도상국 간, 또는 개발도상국 내에 존재하는 개발 및 빈부의 격차를 줄이고, 개발도상국의 빈곤문제 해결을 통해 인간의 기본권을 지키려는 국제사회의 노력과 행동을 의미한다. 이전까지는 개발원조(Development Assistance), 국제원조(Foreign Aid), 해외원조(Overseas Aid) 등의 용어가 유사한 의미로 사용되어 왔으나, 최근에는 개발도상국과의 포괄적 파트너십을 통한 '협력'이 강조되면서 국제개발협력이라는 용어가 주로 사용되고 있다.

공적개발협력의 중심에는 공적개발원조(ODA: Official Development Assistance)가 있다. 공적개발원조란 정부를 비롯한 공공기관이 개발도상국의 경제발전과 사회복지 증진을 목표로 제공하는 원조를 의미하며, 개발도상국 정부 및 지역, 또는 국제기구에 제공되는 자금이나 기술협력을 포함하는 개념으로 정의할 수 있다. 이와 같은 ODA의 정의는 경제협력개발기구 개발원조위원회(OECD DAC: Organization for Economic Cooperation and Development, Development Assistance Committee)가 1961년 출범한 이후 통일되어 사용되고 있다. 공적개발원조는 개발도상국의 개발을 목적으로 하며 그 양식에는 다양한 구분이 있다. 먼저 행위자의 수에 따라 양자간 원조와 다자간 원조로 구분할 수 있고 주체가 국가인가 국제기구인가 민간자본인가에 따라 구분할 수 있다. 또한 형태상으로 구속성원조와 비구속성원조로 구분할 수 있는 데 구속성원조는 개발원조를 하면서 조건을 달아서 그 조건에 부합하는 원조를 수행할 것을 명기한 것이다.

2. 공여국의 해외원조 이유

해외원조의 이유는 다양하기 때문에 다양한 이론들을 가지고 설명할 수 있다.

(1) 영향력확대

자유주의 관점에서는 원조는 자국의 영향력 확대가 된다. 자유주의는 권력을 경성권력 위주의 강제력으로 보지 않고 영향력으로 본다. 상호의존의 증대를 통한 관계적인 권력이나 연성권력에 의한 선호통제력이 구체적인 자유주의의 권력관이다. 따라서 국가들은 해외원조를 통해서 자국의 영향력을 늘린다. 이것은 자국과 타국간의 공동이익을 확대하거나 자국의 이익을 증대하는데 사용할 수 있다.

(2) 지배력확대

현실주의관점에서는 공여국가입장에서 지배력을 강화하려는 것으로 설명할 수 있다. 고전적현실주의는 국가이익을 중심으로 대외정책을 설명한다. 이때 국가이익은 권력을 의미한다. 따라서 국가들에게 권력이 중요하다고 볼 때 공여국은 원조를 통해 수혜국에 대한 권력을 증대하고자 한다. 이것은 공여국이 수혜국을 지배하여 정치적으로 통제하거나 잠재적인 위협국가의 편으로 가는 것을 방지하기 위한 것이다.

(3) 개발과 공동발전의 규범

구성주의의 관점에서 개발규범이 확대되는 것이 공여국가로 하여금 해외원조를 하게 만든다. 남반구와 북반구의 양극화는 분배의 불평등을 문제를 제기한다. 남북관계라는 용어 자체가 하나의 담론이 되어 있다. 이것은 남북관계에서 공동발전의 중요성에 대한 인식을 가져왔다. 대표적으로 노르딕 국가들의 노르딕성이라는 가치관과 공유된 정체성이 이들 국가들로 하여금 높은 ODA지원을 하게 하는 것을 들 수 있다.

● 대안 목차: 이론 강화방안

Ⅱ 공여국이 해외원조 제공이유

해외원조(foreign aid)는 정부나 비정부기구가 저발전된 국가에게 하는 지원을 의미한다. 이러한 지원은 일반적으로 저발전국가의 발전을 이루기 위한 기초를 형성한다. 이때 지원을 하는 국가들의 경우 재정지출과 물품 서비스 지출에 따르는 부담이 있는데도 불구하고 지출을 하는 것이기 때문에 부담에 따르는 반대급부가 있어야 한다. 국제정치학의 각 이론들은 이 반대급부에 대한 해석이 다르다.

1. 자유주의: 영향력확대

자유주의 관점에서는 원조는 자국의 영향력확대를 위한 것이다. 국가가 해외원조를 하는 것은 신자유주의의 제도를 통해서 설명할 수 있다. 특히 절대적이익을 통해서 설명이 가능하다. 국가들은 타국에 대해 원조를 제공함으로서 타국의 경제발전을 도울 수 있다. 저발전국가의 경우 경제발전을 위한 사회간접자본등의 자본이 부족하다. 이것을 해결하는데 있어서 선진경제권의 국가들이 도움을 주는 것이 필수적이다. 이러한 경제지원은 수혜국의 경제를 발전시킬 수 있다. 이렇게 성장한 수혜국의 경제는 소비를 위해 공여국의 상품을 사줌으로서 공여국 경제에 도움을 줄 수 있다. 이처럼 수혜국가의 경제발전이 공여국 경제 운영에 도움이 되는 사례로는 1947년부터 4년간 130억달러를 지원한 미국의 마샬플랜을 들 수 있다. 또한 동남아시아에 해외원조를 통해서 영향력을 강화한 일본을 들 수 있다.

자유주의 관점에서 또 다른 영향력의 확대는 연성권력을 통해서도 가능하다. 해외원조는 공여국가의 이미지를 개선시킨다. 이것은 전세계적인 이미지 개선과 함께 수혜국가에서의 이미지 개선으로도 이어진다. 한국의 경제발전을 도운 미국의 이미지를 대표적으로 들 수 있다.

2. 현실주의: 지배력확대

현실주의관점에서는 공여국가입장에서 지배력을 강화하려는 것이다. 신고전현실주의에서 따르면 국가는 무정부상태와 극성이라는 조건에서 국내정치에 의해서 대외정책을 결정한다. 공여국가들은 수혜국가들에 대해 지원을 할 수 있는데 이것은 냉전해체 이후 탈냉전으로 인해 양극적 대립이 사라진 환경에서 가능하게 된 것이다. 냉전시기 해외원조는 주로 블록간에 이루어졌다. 그러나 탈냉전이 되면서 극성의 대립이 사라지자 해외원조는 전세계적인 현상이 되었다. 이런 상황에서 국가들은 해외원조를 통해서 자신의 지배력을 강화하고자 한다. 이것은 국내정치의 특정 세력에 의한 해외 원조요구나 지도자의 신념에 따른 것일 수 있다. 예를 들어 중국의 일대일로정책은 중국의 미국에 의한 포위를 뚫고 해외로의 확장을 꾀하는 것이다. 즉 지정학적으로 불리한 조건을 극복하기 위한 지도자 시진핑주석의 노력이다.

해외원조는 공여국가의 지배력을 높인다. 해원원조에 대한 수례국가의 의존은 공여국가의 발언권을 강화하고 대외정책에 있어서 공여국가와의 협의를 강조하게 만든다. 최근 중국의 아프리카 국가들에 대한 원조 역시 이러한 지배권 강화조치의 일환으로 볼 수 있다. 이를 통해 중국은 아프리카 국가들의 UN에서의 지원과 함께 자원확보를 가능하게 한다.

3. 구성주의: 개발과 공동발전의 규범

구성주의의 관점에서 확대는 지도자의 인식과 국제공동체의 인식변화에 따른 것이다. 냉전이후 국제사회는 개발의 주제와 공동발전이라는 주제를 중요한 이슈로 인식하게 되었다. 이것은 국제사회내의 개발규범이 확대되었기 때문이다. 개발과 공동발전에 대한 국가지도자들의 인식변화와 국제여론의 변화가 해외원조를 확대하게 만들고 있다. 한국도 1990년대 들어 해외원조에 대한 관심이 늘어난 것 역시 이러한 국제사회의 규범 확대의 결과이다. 특히 2005년 이후 한국의 연성권력 강화와 중견국가외교라는 담론이 강화되면서 북구 유럽 국가들의 해외원조를 배우고 이들 국가를 벤치마킹하자는 담론이 늘어나는 것은 한국의 규범 확대를 보여주는 방증이라고 할 수 있다. 이러한 인식은 불평등에 대한 국제사회의 인식이 변화하고 담론들이 만들어진 결과이다.

4. 마르크스주의: 경제적 구속

마르크스주의에 다르면 해외원조는 공여국인 중심부국가의 수혜국인 주변부국가에 대한 착취를 위한 것이다. 중심부의 자본이 주변부에 원조형태로 가지만 이것은 큰 틀에서 자본주의의 발전을 위한 기획된 투자이다. 이렇게 투자를 받은 수혜 국가는 더 자본주의내부로 들어오게 되며 이 과정에서 공여국 경제구조에 더 강하게 연관된다. 이는 중심부국가가 주변부국가의 착취를 손쉽게 해준다. 해외원조를 할 때 국가가 양자적인 원조를 하고 구속성원조를 늘리는 것은 이러한 착취관계를 보여주는 것이다. 예를 들어 일본이 동남아시아국가들에게 원조를 하면서 일본 제품을 구입할 것을 조건으로 하고 일본 자동차수입을 조건으로 했기 때문에 이들 국가들에서는 현재 일본 제품에 대한 수요가 높다.

5. 원인들 평가

다양한 해석이 있는 것은 공여국가들이 원조를 하는 정치적 이유와 목적이 다양하고 복합적이라는 것이다. 실제 문제는 수혜국가가 공여국가의 의도를 어느 정도로 파악하는지와 수혜국가가 어느 정도로 해외 원조가 다급한지에 따라 수혜를 받는 조건이 다르다는 것이다. 따라서 수혜국의 입장을 고려할 필요가 있다.

Ⅲ 수혜국에게 나타나는 효과: 비판적 입장

일반적으로 수혜국의 입장에서 해외원조를 받으면 경제적 자립이 수월해지는데도 불구하고 국가들이 이러한 지원을 꺼리는 것은 지원을 받는데 따른 부담 때문이다. 이것 역시 국제정치학이론으로 설명할 수 있다.

1. 구속의 강요

원조를 받을 때 구속성원조 등으로 인해 수혜국은 공여국에 구속될 수 있다. 현실주의적 관점이나 자유주의적 관점이나 마르크스주의 관점에서 공통된 공여국의 목적은 수혜국가에 대한 정치적 구속 혹은 영향력의 강화이다. 예를 들어 자금공여를 위한 조건 합의에서부터 구속이 문제가 된다. 비구속성원조의 강화나 양자원조를 통해서 특정 국가의 상품과 서비스가 도입되는 것이 대표적이다. 이런 상황에 대해 수혜국은 단기적인 이익을 보고 장기적인 지배와 종속을 받아들이기 꺼린다. 즉 공동의 개발이 아닌 장지적 투자를 위한 교두보라고 인식한다면 수혜국가 입장에서 원조보다는 자국 경제발전전략으로 돌아선다.

2. 지엽적인 경제발전

해외 원조가 대체로 구조적인 문제를 해결하기 보다 지엽적인 문제 해결에 초점을 맞추기 때문에 국가 전체 경제 발전에 도움이 되지 못할 수 있다. 공여국가가 일국에 의한 공여를 하거나 비국가행위자의 해외원조는 대규모의 자본투자에 부합하지 못하고 지엽적인 경제발전으로 이어질 수도 있다. 즉 해외원조의 효과가 한계가 있을 수 있는 것이다. 자유주의입장에서 이러한 경제발전의 도움은 중장지적인 이익으로 이어지지 않고 지엽적인 지대추구자들만을 만들 수 있다.

3. 의존의 강화

원조를 받는 국가들이 해외원조에 의존하면서 실제 경제발전의 유인이 떨어진다. 해외원조를 받아서 경제를 발전시키려는 노력은 두 가지 점에서 문제를 가지고 올 수 있다. 첫 번째는 상호의존이론이 제시한 대로 수혜국가의 민감성과 취약성을 높여 공유국가에 대한 의존이 그만큼 증대하는 것이다. 이는 장기적으로 수혜국가의 발전에 도움이 되지 못하고 공여국가의 영향력만 높일 수 있다.

두 번째는 수혜국가의 민간 부분을 자극하지 못하는 것이다. 과거 ODA들이 대체로 성공적이지 못한 것은 자금지원에만 집중하였지 이들 국가들의 노동시장을 키우거나 노동의욕을 일으키지 못했다는 것이다. 해외원조에 의존함으로서 이들 국가의 내부시장은 더욱 성장하지 못하게 될 수 있다.

4. 지대 추구와 내부적 분열

강대국들 간의 해외원조는 수혜국가 내부의 수혜자들을 만든다. 이들 수혜자 그룹은 해외원조의 혜택을 누리는데 이것은 비민주주의적인 정부와의 결탁을 통해서이다. 이렇게 지대추구적인 집단이 형성되면 이들은 자유 시장 경제에서 경쟁을 통한 이익이 아닌 정부가 보증하는 이익을 얻게 된다. 장지적인 해외원조는 이들 국가에서 장기적인 지대추구자와 그룹을 결성한다. 이는 수혜국가 내부의 분배를 둘러싼 정치적 경쟁을 강화한다. 이러한 정치적 경쟁이 국내정치 불안으로 이어질 경우 극단적인 상황에서는 중앙정부를 불신하고 중앙정부를 몰아내는데 있어서 해외원조그룹과 국내지대추구자들의 결탁이 만들어지기도 한다.

5. 도덕성의 약화에 따른 정치적 자주성과 정당성의 약화

해외원조를 받는 것은 자신들의 경제적 실적과 성과가 나쁘다는 것을 인정하는 것이다. 따라서 개도국입장에서 선진국가의 해외원조를 받는 것을 거부한다. 이것은 식민지로부터 독립한 신생국가들의 경우 정치적 자주성과 정당성 약화로 이어진다. 인도가 최근까지 해외에서 다국적 기업의 투자유치를 거부한 것이나 북한이 주체사상을 펴면서 해외 원조를 거부하고 있는 것이 대표적인 사례다.

Ⅳ 해외원조에서 중견국가의 역할

해외원조가 '선진국-강대국-후원국 vs. 후진국-약소국-피후원국'의 대립구조가 되는 경우가 많기 때문에 중견국가의 역할이 중요하다. 특히 이 분야가 규범을 다루며 미래지향적인 분야이기 때문에 중견국가의 정책이 중요여 이 분야에서 중견국가의 역할을 살펴본다.

1. 중견국가의 의미와 역할

중견국가는 강대국과 약소국 사이의 국가로서 일정한 정도의 국력을 가진 국가를 의미한다. 중견국가는 두 가지 요인에 의해서 결정되어 질 수 있다.[13] 첫 번째는 지역이슈와 국제이슈에 대해 참여하고자 하는 요인으로 다자제도나 다자기구를 이용하여 동질적인 의견을 가진 국가들 혹은 '뜻을 같이하는'(like-minded)과 함께 다자적인 틀을 통해서 지역이슈나 국제이슈를 풀어가려는 외교스타일을 갖춘 국가이다. 두 번째는 일정한 국력을 갖추어야 한다. 경성권력뿐 아니라 연성권력을 갖추어야 한다.

앞의 정의에서처럼 중견국가는 다자주의제도를 이용해서 자신의 발언권을 높이면서 외교적 역량을 키우려고 한다는 점에서 연성권력이 중요하다. 또한 연성권력의 중요성은 공공외교

13) 김우상, "대한민국의 중견국외교" 정치·정보연구 제16권 1호, 2013년 6월 30일 331~350쪽.

의 중요성과 연결된다. 공공외교를 통해서 중견국가는 자국의 이미지를 개선하며 매력을 높이는 연성권력강화외교를 수행할 수 있다. 공공외교를 신공공외교까지 확장하면 개발원조협력은 국가와 국가뿐 아니라 국가와 민간 주체까지를 포함할 수 있다. 또한 대상을 공공개발협력을 통해 상대국가와 상대국가의 국민들에게도 확대할 수 있다는 점에서 공공외교로 넓혀서 분석할 수 있게 해주는 장점이 있다. 그런 점에서 중견국가 한국의 공공개발협력은 중요하다. 다음 단락에서 이에 대해 구체적으로 알아본다.

2. 중견국가의 해외원조에서의 기능

중견국가는 이익/규범의 차원에서 해외원조를 접근할 수 있다. 이것은 중견국가가 해외원조에 있어서 강대국에 대한 불만과 그에 따른 원조 거부문제를 해결할 수 있게 한다. 중견국가는 이익에 의해서만 행동하는 것은 아니다. 북구 유럽 국가들이 규범에 의해 해외공여를 늘린 것처럼 중견국가들은 공동개발이라는 규범에 기초하여 해외원조를 할 수 있다.

중견국가는 군사력이 강하지 않거나 군사력의 사용가능성이 낮기 때문에 수혜국가의 거부감을 축소할 수 있다. 이것은 개발도상국가의 제국주의에 따른 식민지 경험에 중요하다. 군사력사용가능성과 지배가능성이 낮기 때문에 중견국가의 해외원조에 대한 거부감이 적다.

중견국가는 다자적으로 외교를 수행할 수 있다는 점도 강대국 중심의 해외원조를 보완할 수 있다. 뜻을 같이 하는 국가들간의 공조는 개도국의 개발에 지속성과 체계적인 개발에 도움을 줄 수 있다.

IV. 해외원조에서 국제기구의 역할 (국제기구로 변형시)

해외원조가 후원국가와 피후원국가의 경제발전보다는 정치적 갈등이 되는 경우들이 있기 때문에 국제기구를 이용한 해외원조가 중요해진다. 이때 국제기구는 어떠한 역할을 수행할 수 있는지 살펴본다.

1. 선진국의 지배와 일방적 영향력 축소

국제기구는 한 국가에 의한 개발보다는 다자적 개발을 통해 해외원조를 제공한다. 해외원조의 경우 쌍무주의와 다자주의 방법이 있다. 쌍무주의보다는 다자주의가 후원국가인 선진국의 개입과 간섭을 줄일 수 있다. 피후원국가이자 개도국의 입장에서는 다자주의를 이루고 있는 국제기구에 의한 원조 자금 지불이 될 때 좀 더 정치적으로 자유로울 수 있다.

한편으로 다자주의는 구속성원조와 비구속성 원조에 대해서도 개도국에게 유리하다. 국제기구를 이용할 경우 쌍무주의가 사용하는 지나친 구속성 원조를 피해 개도국이 원하는 성장을 이룰 수 있다. 또한 국제기구의 판단하에 후원국가들이 원하는 투자와 조율을 해줄 수도 있다. 2016년부터 시작된 UN의 SDG가 대표적이다. 그 이전의 MDG가 주로 개도국에게 일방적 수혜로 귀결된 것에 대한 반성으로 SDG는 후원국가와 피후원국가의 상호협력을 강조한다. 이것은 어느 일방에 의한 결정이 아니라 협력을 통한 상호적 결정을 통해 장기적 발전전략으로 간다는 것이다.

2. 후원국가에 대한 부담 축소

국제기구는 후원국가들에 대한 경제적 부담도 줄여줄 수 있다. 개발원조의 경우 주로 선진국가들이 수행한다. 그리고 특정 지역에 대해서 경쟁적으로 수행한다. 이 비용이 크지는 않지만 선진국가들의 개별적인 후원이나 개발 원조는 효과적인 발전에 도움이 되지 않을 수 있다.

후원국가들이 국제기구를 이용할 경우 정치적 선별과 관련없이 개도국들을 지원할 수 있다. 게다가 비용의 부담을 줄일수도 있다. 선진국가들이 기여한 자금을 모아서 지속적으로 개발원조 자금을 제공할 경우 개도국도 일관된 경제발전 전략을 구사할 수 있다. 또한 국제기구를 이용하기 때문에 정치색을 상대적으로 배제할 수 있다.

3. 예측가능성의 제고

국제기구에 의한 지원은 제도적인 지원으로서 예측가능성을 높인다. 예측가능성은 특정 국가에 의해 지원이 되다가 지원을 철회함으로서 정치적으로 피후원국가를 종속시키는 것을 막을 수 있다. 이를 통해 장기적인 투자와 이에 따른 발전전략의 수립이 가능해진다. 이는 후원국이나 피후원국 모두에게 국내적인 정치 변동과 관계없이 상대적으로 일관된 정책 수행을 가능하게 한다. 제도를 구체화할수록 예측 가능성은 높아지고 개발원조는 더욱 체계화될 것이다. SDG가 과거 MDG 보다 분야도 넓어지고 참여하는 행위자도 비국가 행위자까지 포괄한 것이 하나의 사례이다.

4. 중견국가들의 관여를 촉진

국제기구를 이용할 경우 선진국가만이 아니라 중견국가들도 개발, 원조에 더 적극적으로 동참하게 만들 수 있다. 중견국가들중에서 연성중견국가들은 연성권력의 강화를 통해 자신들의 이미지를 개선하여 국익극대화를 꾀한다. 이 과정에서 규범외교를 하고자 한다. 국제기구는 경제적인 부담을 줄이면서, 이들 'like-mind state'들이 모여서 외교를 수행할 수 있는 공간을 제공한다. 이러한 중견국가들의 적극적인 참여는 개발과 원조가 자칫 '식민지 모국-식민지 국가' 사이의 원조로 귀결되는 것을 막을 수 있다.

5. 국제적 담론형성

국제기구에 의한 원조는 장기적인 차원에서 국제적 담론을 형성할 수 있다. 국제기구의 누적권 관행은 하나의 규범이 될 수 있다. 특히 원조분야가 그렇다. 현재 공여국가인 OECD국가들의 경우 과거 마샬플랜으로 원조를 받았고 그 원조정책의 성공사례들이다. 따라서 이들이 제공하는 원조는 다른 국가들에게 원조가 유효할 뿐 아니라 국제공동체의 공동체의식을 강화시킨다는 점을 증명할 것이다. 그럼 점에서 일국에 의한 쌍무적인 원조보다는 국제기구를 통한 원조가 규범화를 촉진하기 유용하다. UN의 2000년 시작한 MDG나 2016년 시작한 SDG는 일방적 '원조'에서 쌍무적 '협력'으로 담론을 바꾸어놓고 있는 것이 그 사례다.

Ⓥ 결 론

해외원조는 국가간 개발을 위한 협력의 유인으로 간주되지만 실제 국가들 간에 정치적 이유로 갈등의 온상이 되기도 한다. 중견국가로서 한국은 최근 해외개발원조를 중요한 정책으로 설정하고 있으므로 수혜국가들의 조건을 면밀하게 따져서 정치적 갈등이 최소화할 수 있는 방안으로 해외원조를 제공해야 한다.

● **대안 목차: 한국의 전략 강조 목차**

Ⓥ 결 론

중견국가로서 한국은 해외원조를 늘리고 있으며 다른 중견국가들과의 협력을 증대하는 전략을 수행해야 한다. 한국이 가진 '수혜국에서 공여국으로의 전환의 이미지와 위상'은 이 분야에서 강력한 연성권력자원이다. 이런 자원과 중견국가를 연결하는 네트워크 권력을 이용하여 한국의 위상을 높이면서도 해외원조의 규범화를 꾀할 수 있다.

제019문 경제여건과 정치발전의 관계

"부유한 국가가 민주주의를 유지할 가능성이 높다는 관점"에서 '경제발전(성장)'과 '민주주의'의 간의 관계는 중요하다. 경제발전이 민주주의를 만들거나 유지할 수 있다는 주장에 대해 경제발전이 권위주의를 강화하거나 민주주의를 후퇴하게 만든다는 주장도 있다. 이런 주장의 반대로 경기침체를 동반한 경제쇠퇴가 정치체제에 미치는 영향도 분석해야 한다는 주장이 제기되고 있다. 다음 질문에 답하시오. (총 40점)

(1) 경제발전(경제 성장)이 정치체제에 미치는 효과에 대한 다양한 논리를 제시하시오. (20점)

(2) 경제쇠퇴(경기 침체)가 정치체제에 미치는 효과에 대한 다양한 논리를 제시하시오. (12점)

(3) 위의 논의를 통해서 '경제여건'이 '정치발전'에 미치는 영향을 논하시오. (8점)

Ⅰ. 서 론
Ⅱ. 경제쇠퇴와 정치체제에 미치는 효과
  1. 경제발전이 민주주의에 미치는 효과
  2. 경제발전이 권위주의에 미치는 효과
Ⅲ. 경제쇠퇴와 정치체제에 미치는 효과

  1. 경제쇠퇴가 민주주의에 미치는 효과
  2. 경제쇠퇴가 비민주주의에 미치는 효과
Ⅳ. 결론을 대신하여: 경제여건과 정치발전의 관계 정리

 문제의 맥락과 포인트

정치경제론에서 가장 중요한 주제이다. 경제적 성과가 정치체제에 영향을 미칠 수 있는지를 보는 것이다. 다만 경제적 성과가 높아질 수도 있고 낮아질 수도 있으니 이 부분을 나누어서 결과를 도출하는 것이 중요하다. 이것으로 일반화해서 설명해야 한다.

Ⅰ 서 론

최근 유럽의회 선거에서 민족주의를 표방하는 극우정당들의 의석이 늘어났다. 이는 경기침체라는 조건에서 민주주의가 퇴행할 수 있다는 점을 보여주는 것이다. 경제의 성장과 침체라는 조건이 민주주의에 어떤 영향을 주는지 분석해본다.

Ⅱ 경제발전이 정치체제에 미치는 효과

경제발전이 정치제체에 미치는 효과는 정치체제를 민주주의와 비민주주의로 구분하여 분석할 필요가 있다. 이때 민주주의는 '주기적인 선거'와 '경쟁적 정당'을 가진 국가로 규정하고 비민주주의는 '주기적인 선거'와 '경쟁적 정당'을 가지지 못한 국가로 규정하고 분석한다.

1. 경제발전이 민주주의에 미치는 효과

경제발전이 민주주의에 미치는 효과는 크게 두 가지로 구분할 수 있다. 첫째, 비민주주의를 민주주의로 변화시킬 수 있는 효과와 둘째, 민주주의를 유지시키는 효과로 나누어 분석할 수 있다.

첫째, 경제발전이 민주주의를 만들 것이라는 설명에는 근대화이론이 대표적이다. 근대화이론은 선경제발전 후민주주의의 논리를 가지고 있다. 또한 경제발전이 선행하여 민주주의라는 정치발전으로 이어진다고 본다.

근대화이론은 몇 가지 세부적인 논리를 가지고 있다. 경제발전 자체가 민주주의를 직접 만드는 것은 아니고 중간 고리가 필요하기 때문이다. 이 중간고리로는 첫째, 교육수준변화. 둘째, 계급변화. 셋째, 문화변화를 가지고 설명한다. 세부적인 논의는 다음과 같다.

첫째, 경제발전은 교육수준을 높여 민주주의를 만들 수 있다. 경제발전은 수입의 증대를 가져온다. 수입의 증대는 자녀 세대의 교육기회를 높이고 교육수준을 높인다. 이렇게 교육수준이 높아져서 민주주의와 다원성을 교육 받게 되면 이글 교육받은 새로운 세대는 기존의 정치체제인 권위주의를 거부하고 민주화를 지향하게 된다.

둘째, 경제발전이 계급변화를 통해 민주화를 이룬다는 설명이다. 경제발전은 계급변화를 만들고 변화한 계급이 민주주의를 만들 수 있다. 경제가 발전하기 위해서는 산업화가 이루어져야 한다. 산업화는 노동계급과 자본가 계급을 만든다. 농업사회에서 농민은 정치적으로 결집되기 어려우나 산업화는 도시화를 촉진하여 같은 계급들이 모일 수 있게 한다. 또한 자본가는 자신들의 소유권을 보호하고 자신들의 의사 결정권을 높이기 위해 민주화를 추진한다. 반대로 자본가보다는 노동계급이 자신들의 임금을 인상하고 노동권을 보호하기 위해 민주화를 이끈다는 입장도 있다. 어느 계급이 민주화를 추동하는가를 떠나 자본가 계급과 노동자 계급이 만들어져야 민주화가 된다는 점에서 산업화가 이루어질 수 있다. 배링턴 무어(부르주아에 의한 민주화)나 테르본(프롤레타리아에 의한 민주화)의 설명은 모두 경제발전이 전제가 되어 민주주의가 될 수 있다는 것이다.

물론 이 설명에는 계급이 아닌 계층을 통한 설명도 있다. 경제발전이 중산층의 형성을 가져오고 중산층이 민주주의를 떠받쳐준다는 것이다. 부르주아나 프롤레타리아라는 계급은 경제적 이익이 더 중요하지 민주주의가 중요하지 않다. 그러나 중산층은 특정 계급이익을 중시하지 않기 때문에 이들이 민주주의를 만들고 민주주의를 유지하게 한다는 것이다.

셋째, 경제발전이 문화변화를 통한 민주주의를 가져온다는 설명이다. 경제발전은 부의 증대와 이에 따른 문화 변동을 가져오고 이것이 민주화를 유도한다는 것이다. 세부적인 논리는 부의 증대는 관용을 키울 수 있다. 경제적 여유는 생활에서 다른 이의 도움을 받지 않고 살 수 있게 해준다. 이렇게 형성된 관용의 문화는 이익의 다름을 인정하게 하여 민주주의를 만들 수 있다. 또한 신뢰를 구축할 수 있게 함으로써 민주주의를 유도할 수도 있는 것이다.

반면에 경제발전이 민주주의를 가져오지 못한다는 설명이 있다. 이는 후술한다.

두 번째 주제는 경제발전과 민주주의의 유지와 관한 것이다. 경제발전이 민주주의를 유지한다는 입장과 경제발전이 민주주의 유지에 부담을 준다는 설명이 있다.

먼저 경제발전이 민주주의를 유지시킨다는 이론으로 대표적인 것은 신근대화이론이다. 신근대화이론에 따르면 경제발전이 민주주의를 직접 만들거나 추동하지는 못하지만 경제가 발전한 국가에서 민주주의가 권위주의로 후퇴하지는 않는다. 아담 쉐보르스키는 민주화가 된 국가 중에서 6,055$(현재 시점의 가치로는 14,000$에 해당)이 넘은 상황에서 민주화가 된 경우 비민주주의로 회귀하지 않았음을 제시하였다. 이 논리는 경제발전이 직접적으로 민주주의를 만들지는 않지만 경제가 발전한 국가들에서 민주화가 이루어졌을 때 민주주의가 생존할 가능성이 높다는 것이다.

경제발전이 민주주의를 유지하는 것은 민주주의 국가의 정당성에 대한 믿음, 경제발전이 만든 중산층, 경제발전으로 이룩된 관용의 문화 때문이다. 이러한 요인들이 경제발전이 된 부유한 국가에서 민주주의를 정착시킨다.

반면에 경제발전이 오히려 민주주의 발전을 저해한다는 입장도 있다. 평등주의 입장의 이론들에서는 신자유주의의 도입과 발전이 국가 전체 경제 여건은 좋게 만들지만 부의 불평등문제를 가져온다는 주장한다. 토미 피케티는 『21세기 자본주의』에서 부의 재분배가 이루어지지 않는 국가들에서 자산 소득의 양극화가 심각해진다고 주장했다. 이런 문제를 해결하기 위해 국가의 분배정책에 대한 개입이 필요하다고 보았다.

신자유주의의 폐해를 주장하는 이론들은 경제발전이 부의 재분배문제에서 소수의 부자와 다수의 가난한 이들을 양산한다고 주장한다. 이러한 불평등구조는 사회구성원들의 사회적 만족도를 떨어뜨린다. 이는 관용을 약화시킨다. 체제의 불만이 증대하고 이것이 체제 부정으로 이어질 수 있다. 월스트리트의 시위가 이를 잘 보여준 것이다.

2. 경제발전이 권위주의에 미치는 효과

경제발전이 권위주의 체제에 미치는 효과는 권위주의 체제를 고착화할 수 있다는 입장과 경제발전에도 불구하고 민주주의로 전환할 수 없다는 입장이 있다.

먼저 첫 번째 입장은 근대화이론에 반대되는 입장이다. 경제발전이 민주주의가 아니라 권위주의를 가져온다는 것이다. 즉 '경제발전 ⇨ 권위주의'의 논리이다. 중국이나 싱가포르 사례에서 볼 수 있는 것처럼 경제발전이 민주주의가 아니라 권위주의를 강화하였다.

이 입장의 대표적인 이론이 오도넬의 관료적 권위주의이론이다. 이 이론은 경제발전의 강화가 민주주의가 아닌 권위주의 강화로 이어졌다는 것이다. 이 이론의 논리는 수입대체산업화를 하고 있는 중남미국가들은 경제발전을 위해서는 더 큰 판매시장으로 상품을 판매하는 수출지향 전략으로 전환이 필요하다. 종속이론에 영향을 받아 수입대체선업화를 이룬 국가들은 실제 자본주의가 발전한 국가들의 시장에 접근하지 못함으로써 경제적 빈곤이 심화되었다, 따라서 국가의 관료들은 국가의 경제발전을 위해 산업화 전략을 수정해야 한다. 그러나 민주주의에서는 개별 산업가들과 경제주체들이 정책전환에 대해 저항을 한다. 따라서 국가내의 관료와 정치인들은 국가내의 매판자본가들과 해외 자본을 유치하여 더 큰 자본주의시장으로 나가고자 한다. 이것은 정치체제를 권위주의로 강화할 때 가능하게 된다.

경제발전이 민주주의로 이어지지 않고 권위주의를 강화한다는 이론은 '자원의 저주이론'이 있다. 중동과 같은 국가들에서 천연자원으로 인해 부유해지면 국민들은 국가로부터 막대한 경제적 지원을 받는다. 이러한 경제적 혜택은 민주주의로의 전환을 고려하지 않게 하는 것이다.

조금 다른 논리로 조건상 경제발전을 이루는 후발국가는 민주주의로 전환할 수 없다는 이론이 있다. 게센크론의 이론은 후발국가에게 민주주의는 선택의 옵션이 안 된다고 주장한다. 게센크론은 경제발전을 필요로 하는 신생국가들과 제3세계 국가들은 더 높은 산업화를 위해서 경제적 자원을 집중해야 하고 이것은 경제주체에게 자유와 결정권을 부여하는 민주주의체제에서는 이루어질 수 없다고 주장한다. 19세기에 경제발전과 민주화를 이룬 선진국가들만이 경제발전의 강화와 민주주의의 동시 확보가 가능했을 뿐이다. 신생국가들에게 경제가 발전하면서 민주주의까지 확보하는 길은 열리지 않았다는 것이다.

한편 경제발전이 이루어진 국가나 자유무역을 통해서 경제발전이 이루어진 국가에서 비민주주의가 유지된다는 실증 연구 사례도 경제발전이 민주주의간의 낙관적인 선행관계만은 아니라고 설명한다.

Ⅲ 경제쇠퇴와 정치체제에 미치는 효과

경제쇠퇴가 정치체제에 미치는 효과는 반드시 경제성장과 동일하게 나타나지 않을 수 있다. 이에 대해 살펴본다.

1. 경제쇠퇴가 민주주의에 미치는 효과

경제가 쇠퇴할 때 민주주의에 미치는 효과에 대해서는 두 가지 입장이 있다. 첫 번째는 경제쇠퇴에도 불구하고 민주주의는 정치체제의 정당성이 높기 때문에 체제위기로 이어지지 않는다는 입장이다. 두 번째는 경제쇠퇴가 체제위기로 이어진다는 입장이다.

먼저 경제쇠퇴에도 불구하고 민주주의가 유지된다는 설명이다. 경제쇠퇴는 경제발전과 다르다. 경제쇠퇴는 실업문제를 가져온다. 이것은 특정계급에 직접적인 효과를 가져온다. 경제발전에 따른 인플레이션효과가 대체로 모든 구성원들의 소득을 높여주는 것과 다르다. 실업은 특정 계층에게 고통을 준다. 그럼에도 불구하고 경제쇠퇴에서 민주주의는 분배구조를 개선할 수 있는 여지가 있다. 사회적 안전망을 만들고 이

를 시행함으로써 경제 약자를 사회적으로 보호할 수 있다. 이런 개연성이 있다는 점에서 경제쇠퇴에도 불구하고 민주주의 정치체제에서 정권위기나 정권반대는 있어도 체제위기는 없다.

반면에 경제쇠퇴에서 민주주의가 체제위기로 이어질 수 있다는 주장이 있다. 민주주의에도 불구하고 경제가 나빠지는 상황은 특정 계층에게 집중적으로 고통을 부과한다. 대체로 저소득층이고 노동계층일 가능성이 높다. 이런 상황에서 관용과 다원성은 약해지기 마련이다. 또한 적개심이 높아질 경우 이러한 적개심의 대상을 찾게 된다. 그리고 민중주의 지도자가 등장하고 이들은 민중주의의 열정을 통해 자유민주주의의 견제장치나 소수자 보호의 규범과 제도를 제거할 수 있다.

이런 상황에서 외부의 노동이주나 난민문제 등이 결부되면 인종주의나 민족주의가 부상한다. 이러한 정서가 강화될 경우 민주주의는 극단주의로 치달을 수 있다. 1930년대 유럽에서 전체주의는 민중의 선택이지 강요가 아니었다. 최근 유럽의회 선거와 미국, 필리핀 등에서 보이는 극우주의가 대표적이다.

2. 경제쇠퇴가 비민주주의에 미치는 효과

경제쇠퇴는 비민주주의에 미치는 효과가 직접적이다. 경제쇠퇴는 비민주주의에서 정권위기보다 체제 위기로 이어질 가능성이 높다.

비민주주의와 민주주의의 가장 큰 차이는 정치적 자유가 없다는 점이다. 즉 자신들의 정치체제를 선택하고 이를 통해 체제를 운영할 가능성이 없다. 불만이 있을 때 이를 해결할 방안이 없다. 이런 비민주주의체제에서 경제위기는 정권만의 문제가 아니다. 정치적 자유를 부정한 데 따른 경제적 성과가 중요한데 만약 경제적 성과가 보장되지 않을 경우 체제 정당성 자체가

거부되기 때문이다.

비민주주의에서 경제침체가 되면 그 효과는 모든 구성원에게 돌아가지 않는다. 메스키타의 '선출인단 모형'의 분석처럼 권위주의는 '핵심집단(essentials)'과 '유력집단(influentials)'을 중심으로 돌아간다. 일반유권자인 '대체가능집단(ininfluentials)'은 중요하지 않은 것이다. 그런데 비민주주의에서는 이를 제도적으로 해결할 방안이 없다. 따라서 체제변동 말고는 고통을 전가하는 방안이 없게 되는 것이다. 따라서 경제침체와 경제위기는 체제위기로 이어진다.

Ⅳ 결론을 대신하여: 경제여건과 정치발전의 관계 정리

위의 논의를 통해서 경제여건과 정치발전의 관계를 정리할 수 있다. 이때 정치발전이라는 것은 정치가 더 나아질 수 있다는 것이다. 즉 권위주의가 민주주의보다 열등하고 민주주의가 정치체제에서 우월하다는 것을 전제한다. 이는 인민의 '자기 지배가능성'과 '인민에 의한 지배가능성'이라는 차원에서 평가될 수 있다.

경제여건과 정치발전을 일반화하면 다음과 같다.

경제가 발전할 경우 권위주의는 민주주의로 갈 수도 있고 권위주의에 남을 수도 있다. 많은 사례에서 경제발전에도 불구하고 권위주의가 유지되는 경우들이 있다. 이는 경제발전이 직접적으로 민주주의를 추동하지는 못할 수 있다는 것이다. 다만 경제발전이 이룬 경우 민주주의가 유지되는 경향이 있다. 이런 점에서 경제발전은 민주주의가 유지되고 버틸 수 있는 가능성을 만들어준다. 다만 분배구조의 체계를 어떻게 구성하는지에 따라 구성원들 간의 갈등정도는 달라진다.

반면에 경제침체와 경제위기는 민주주의에도 부담이 된다. 민주주의가 비민주주의에 비해서 경제위기에도 불구하고 버티는 힘이 있지만 민중주의와 극우주의로 갈 수 있는 위험이 있다. 1930년대 유럽과 일본 파시즘이 대표적이다. 따라서 민주주의에 경제위기는 부담이 된다.

경제여건과 비민주주의간의 관계는 이보다는 단순하다. 비민주주의는 경제발전과 공생할 수 있다. 경제가 나빠지는 상황에서 비민주주의는 체제위기를 경험할 수 있다. 1989년 이후 동유럽에서 과거 사회주의권 국가들은 악화된 경제상황에서 쉽게 민주주의로 전환할 수 있었다. 중국이 현재 7%대 성장을 유지하기 위해 고집하다 '신창타이'를 주장하면서 경제성장율이 떨어지는 것이 당연하다고 홍보하는 것은 비민주주의체제인 중국에서 체제위기를 사전에 예방하고자 하는 시도이다. 북한이 2016년 이후 외부제재로 인해 경제성장율이 떨어지고 있고 이를 해결하기 위해 '핵-경제병진 노선'에서 경제발전 노선으로 바꾼 것도 이러한 이유로 볼 수 있다.

최종적으로 결론을 내리자면 경제발전이 정치발전에 도움을 줄 수 있다. 반드시는 아니지만 경제가 발전해야 민주주의가 될 수도 있고 민주주의가 위기를 경험하지 않는다. 다만 분배체제를 규정하는 문제가 남을 뿐 이다. 반면에 경제위기는 민주주의에도 위기를 가져오지만 권위주의에도 위기를 가져올 수 있다. 그런 점에서 경제발전이 정치발전에는 중요하다.

제020문 내인론과 외인론에 따른 NICs와 BRICs비교

국가들의 경제발전을 설명하는 방식은 다양하다. 대표적으로 국가의 자체적인 노력으로 설명하는 '내인론'과 국가의 외적인 환경으로 설명하는 '외인론'이 있다. 1970–1980년대 동아시아의 4마리 용으로 불린 '신흥공업국가 NICs(newly industrializing countries)'의 사례와 2000년대 고속성장한 'BRICs'는 내인론과 외인론으로 비교분석해볼 수 있다. 다음 질문에 답하시오. (총 30점)

(1) 경제발전에 관한 '내인론'과 '외인론'의 대표적인 이론을 비교하시오. (15점)

(2) 위의 이론들을 통해 NICs과 BRICs의 경제발전원인을 비교하시오. (15점)

Ⅰ. 서   론

Ⅱ. 분석도구: 내인론 vs. 외인론
 1. 내인론: 근대화이론과 발전국가론
 2. 외인론: 세계체제론과 상품순환주기 가설

Ⅲ. 국가들간 비교: NICS vs. BRICS
 1. NICS 사례
 2. BRICS 사례

Ⅳ. 결   론

문제의 맥락과 포인트

이 문제는 방법론과 정치경제론이 연결된 문제이다. 경제발전이라는 결과에 외부요인과 내부요인 중 어떤 요인이 더 결정적이었는지를 논증하는 문제이다. 그리고 1970년대 NICs와 2000년대 BRICS를 비교하는 것도 중요하다. 시장의 크기와 자원부존도의 차이를 보여주는 것이 핵심이다.

Ⅰ 서 론

최근 BRICS국가들의 성장가능성에 의해 '나머지의 부상(Rise of Rest)'이 예상되고 있다. 이들 국가들의 경제성장은 외부적환경과 내부적 요인에 의해 만들어진다. 이런 요인들은 1970년대 신흥 공업 국가들의 성장과 유사한 면도 있지만 한 편으로 차이가 나는 부분도 있다. 내인론과 외인론의 관점에서 이를 비교한다.

Ⅱ 분석도구: 내인론 vs. 외인론

1. 내인론: 근대화이론과 발전국가론

자유주의의 이론 중 하나인 '근대화이론'은 서구식 경제체제와 경제운영원리를 따를 때 경제발전을 이룩할 수 있다는 논리이다. 이것을 내인론으로 설명할 수 있는 것은 국가가 근대화 이론의 논리를 자발적으로 따르고 경제발전을 내부적인 제도구축으로 이루어내기 때문이다. 경제를 발전시키는 결정과 이를 추동해내는 시장구축은 경제 발전을 이룩하는 국가의 내부적인 역량에 달린 것이다.

자유주의에서 국내정치를 설명하는 이론으로서 근대화이론은 1950년대와 1960년대 주류를 이룬 이론이다. 이 이론은 냉전시기 새로 독립한 국가들이 미국의 경제체제를 따를 때 경제발전을 이룰 수 있으며 이것이 민주주의 까지 도달하는 유일한 길이라고 주장한다.

근대화이론은 경제발전이 민주주의를 가져온다는 단계적 접근법을 사용한다. 경제발전이 이루어지고 나면 민주주의라는 정치발전도 도래할 수 있다. 이를 위해서는 우선적으로 경제발전이 중요하다.

경제발전 전략으로 비서구국가들은 미국식 자유경제체제를 받아들여야 한다. 미국식 자유경제체제를 받아들여 수출지향적 질서로 전환하는 것이 중요하다. 이들 국가들의 부족한 시장규모는 경쟁력 있는 해외상품을 배제하고 자국상품으로 대체하는 수입대체산업전략을 사용할 경우 경쟁력을 키울 수 없다. 이들 국가들의 부족한 상품경쟁력에도 불구하고 비교우위론에 따라 국가들은 더 특화할 수 있는 상품에 특화함으로써 전세계적인 자유무역구조 속에서 혜택을 볼 수 있다.

또한 이들 국가들은 자유무역에서 선진국의 산업발전 경로를 모방해야 한다. 상품 순환주기이론에 따라 선진국에서 개발단계를 지나 표준화단계에 이르는 상품들은 임금이 낮은 국가들로 이전하게 되어 있다. 따라서 이전되는 이런 상품을 특화하여 후발 국가들은 자국의 경제를 성장시킬 수 있다. 다만 이런 요인으로 설명하는 것은 외부적인 환경에 의해 발전한다는 외인론과 연결된다.

두 번째 내인론은 '발전국가이론'이다. 발전국가이론은 강력한 국가와 자율성이 높은 국가 그리고 계획합리성을 갖춘 국가가 경제발전을 이룩한다는 이론이다. 1870년 이전의 프러시아와 이후 독일과 일본이 후발국가로서 세계경제에서 발전을 이루었던 것은 이러한 강력한 국가의 자율성에 기초한다.

앞서 본 제3세계국가들 혹은 저발전된 국가들이 경제발전을 이루는 과정에도 대입될 수 있다. 경제발전을 위해 수출중심 전략을 만드는 과정에서 이들 국가들의 국내적 자유화와 민주주의는 경제성장에 친화적이지 않다. 라틴 아메리카 국가들처럼 민주주의를 가지고 있는 국가들이 수입대체산업을 수출산업으로 전환하는 것은 국내적반대로 인해 어렵다. 따라서 경제성장을 위해서 국가들은 권위주의를 유지하거나 민주주의라고 해도 국가의 자율성을 높게 가진 민주주의에서 경제발전을 이룰 수 있다.

이것은 근대화이론의 자유주의 가정과는 다른 것이다. 근대화이론은 시장제도를 강조한 것과 비교된다. 국가가 경제성장을 위해 국가 자율성을 높인다는 발전국가론 전략은 국가들의 경제발전을 위한 국가의 계획합리성과 관료기구의 자율성을 강조한다. 이 역시 국내적인 요인에 의한 설명이다.

내인론 보완

내인론은 특정시기 지도자의 리더십으로도 설명이 가능하다. 1970년대 박정희라는 지도자의 리더십으로 설명할 수 있다. 당시 상황에서 발전주의 전략을 택한 것은 시대 상황에 대한 인식과 이를 끄집어 낼 수 있는 능력에 기초한다. 박정희는 마키아벨리적인 지도자이다. 그는 '간지(cunnings)'와 '용기'를 가지고 경제발전 전략에 매달렸다. 그가 가진 계획은 프러시아-일본으로 이어지는 후발국가들의 모델을 따른 것이다.

리더십은 상당히 높은 설득력을 가진다. 외부적 환경과 대비하여 상황인식, 미래의 비전제시, 국가전체의 미래를 이끌어 갈 수 있는 계획합리성의 확보, 이를 사회에서 동원해내는 능력, 공포심을 이용하는 지배전략은 모두 리더십의 구성요소들이다.

그러나 리더십은 규칙적인 설명은 어렵다. 리더십은 지도자 개별주체들의 특성으로 설명한다. 따라서 제도처럼 체계적이고 규칙적인 설명은 안 된다. 그런 점에서 이 답안에서는 따로 설명하지는 않았다. 그러나 개인을 강조하는 것과 내인론을 결부하기는 좋은 설명요인이다.

2. 외인론: 세계체제론과 상품순환주기 가설

자유주의이론에서 '상품순환주기 가설'은 외인론 설명의 하나이다. 상품순환주기 가설은 앞의 내인론에서도 잠깐 설명한 바 있는데 상품의 주기에 따라 개도국에게 발전의 기회가 열린다는 이론이다. 논리는 다음과 같다. 선진국에서는 초기비용이 많이 드는 상품을 투자하고 개발하여 부가가치를 높인다. 그러나 성숙단계를 지나 표준화단계를 거치면 다른 국가들도 이 제품에 대해 생산을 담당할 수 있게 된다. 이때는 기술우위가 별로 중요하지 않게 되면서 제품 가격이 일정 가격대로 수렴하게 된다. 기술우위대신 가격우위가 중요하게 되는 것이다. 이런 상황에서 개발도상국가들이 저렴한 임금으로 가격우위를 가질 수 있게 된다. 이때 선진국들은 개도국으로 투자를 이전한다. 직접투자를 하여 가격우위 정책을 따르는 것이다. 즉 인건비가 낮은 국가들로 공장을 옮기거나 하청을 주어 생산하게 된다.

선진국에서 개도국으로 다국적기업을 비롯하여 생산기지가 옮겨갈 때 개도국들은 경제발전을 할 수 있는 기회가 열린다. 이 이론은 세계체제론에서 초청에 의한 상승과도 연결된다. 표준화단계에서 초청받은 국가들이 경제발전을 하게 되는 것이다. 선진국의 다국적기업 입장에서 투자할 가치가 있다고 판단한 몇 몇 특정 국가들을 초청하는 것이다. 예를 들어 미국은 2차 대전 이후 일본을 성장시키고자 했고 이때 부족한 노동과 낮은 임금의 노동은 한국에게 하청을 주도록 경제구조를 편성한 사례를 볼 수 있다. 미국-일본-한국의 구조는 초청받은 중심부-반주변부-주변부의 구조와 유사하다.

경제발전과 관련하여 외부적인 요인을 강조하는 대표적인 이론은 '세계체제론'이다. 세계체제론은 경제는 중심부국가군과 주변부국가군으로 구분된 구조의 산물이다. 자본이 풍부한 중심부와 자본이 부족하고 노동집약적인 주변부사이에는 불평등한 교환관계가 있다. 이러한 불평등관계로 인해 주변 국가들의 경제발전은 외적으로 규정되는 것이다.

국가들은 자본의 이윤증가율과 노동의 임금증가율간의 차이가 있다. 이것은 근본적으로 국내경제의 불균형을 야기한다. 공급의 증대와 이를 따라가지 못하는 수요로 인해 자본주의는 주기적인 위기에 직면한다. 이런 위기에서 중심부 국가들은 경제 불황을 타개하기 위해 주변부에 대한 압력을 강화한다. 이런 압력강화는 주변부 국가의 '저발전을 발전'시키는 결과를 가져온다.

세계경제가 하나의 자본주의로 되어 있는 상황에서 주변부는 경제발전을 이룰 수 있는 가능성이 제한적이다. 그러나 반주변부 국가들처럼 주변부의 위치에서 벗어나는 사례도 있다. 이것은 이들 국가들이 처한 외부적인 압력에도 불구하고 내부적인 노력과 함께 중심부국가들이 이들 국가들에 대해 우호적이었기 때문이다. 월러스타인이 말하는 '초청에 의한 상승'처럼 중심부 국가들의 경제패턴의 변화에 있어서 이들 반주변부에게 기회를 준 것이다. 즉 중심부와의 밀착관계 내에서 일부 주변부 국가는 중심부에서 밀려나는 특정 산업을 키울 수 있었던 것이다.

외인론 보완

동아시아국가들의 경제발전을 외인론으로 설명하는 방식은 신현실주의도 있다. 이 논리에 따르면 미국이라는 보호자가 경제발전에 있어서 중요하다. 무정부상태에서 국가들은 생존을 추구한다. 이때 극성이 국가들의 행동방식에 영향을 미친다. 이를 NICs에 적용하면 무정부상태에서 양극적 경쟁구조인 냉전에서 미국을 중심으로 NICs가 경제발전을 한다. 이것은 소련을 중심으로 한 사회주의권의 위협에 대항하기 위해 미국의 지원이 작동한 것이다. 특히 미국을 중심으로 한 자유주의 국가군의 경제적 협력은 '상대적 이익' 문제를 덜 고려하게 만든다. 따라서 강대국 미국은 이들 국가들이 경제발전을 지원했고 이들 국가들의 상대적인 이익 증대에도 민감하지 않았던 것이다.

이들 국가들의 경우 양극에서 강대국가와 약소국가들의 지원관계에 있었다. 이는 양극이 동맹안보딜레마를 덜 걱정하게 만든 것이다. 국력증대가 생존가능성 증대로 이어졌기 때문이다.

이 답안에서는 사용하지 않았지만 외인론을 자유주의가 아니라 현실주의 관점에서 설명한다면 이 논리로 설명이 가능하다.

Ⅲ 국가들간 비교: NICS vs. BRICS

1. NICS 사례

한국, 대만, 싱가포르, 홍콩과 같은 국가들의 경제발전은 외인론보다는 내인론의 설명이 타당성이 높다. 물론 외인론을 부정할 수는 없다. 이들 국가들이 1970년대에 경제발전을 할 수 있었던 것은 그 당시 세계경제에서 상품순환이 이루어지고 있었기 때문이다. 한국의 조선과 철강분야의 성장사례에서 볼 수 있었던 것처럼 선진국가에서 사양산업이 되어가는 제조업분야를 저렴한 인건비를 통해서 대체할 수 있었기 때문에 외부적인 조건을 배제하고 설명할 수는 없다.

하지만 이 시기 이러한 조건은 많은 나라들에게 열려 있었다. 라틴 아메리카 국가들에게도 동일한 기회는 주어졌지만 1960년대와 1970년대 이들 국가들은 종속이론에 따라 수출산업을 수입대체산업으로 바꾸었고 이 결과는 처참한 경제실패로 돌아갔다. 이들 국가들은 세계체제에서 자본주의로부터 이탈하고자 했지만 이것은 불가능했고 결국 경제침체와 경기쇠퇴로 이어졌다.

그런 점에서 NICS의 사례는 국가 자율성이 높은 국가의 계획합리성에 의해 경제가 발전할 수 있다는 것을 보여준다. 이들 '후후발 국가'는 발전국가론이 제시하는 국가의 자율성과 높은 능력에 기초하여 자국의 저축과 해외투자를 특정 분야로 결집하여 경제적 성장을 이루었다. 이 과정에서 정치지도자와 관료들의 높은 자율성이 국가 전체를 계획적으로 운영하게 하였다.

특히 이들 국가들은 작은 시장과 부족한 자원에도 불구하고 경제성장을 이루었다는 점이 특징적이다. 과거 1970년대 NICS에는 브라질과 멕시코도 있었지만 이들 국가는 이후 경제성장이 둔화되고 높은 부채비율로 인해 NICS에서 배제된다. 따라서 동아시아국가들만의 경제성장은 부족한 시장과 자원에도 불구하고 이들 국가들이 가진 문화적 특성 즉 높은 교육열과 가정에 대한 애착과 근면함과 같은 특성에 의해서도 설명이 되었다. 한편 이들 동아시아 국가들이 대체로 비민주주의 체제였기 때문에 경제가 발전했다는 지적도 있다. 라틴 아메리카국가들이 민주주의 체제로 인해 경제체제 전환이 쉽지 않았던 것에 비교해보면 동아시아국가들은 비민주주의라는 요인이 쉽게 노조를 만들지 못하고 하고 권위주의적 억압구조를 만들고 높은 노동시간과 노동강도를 강조했기 때문에 경제발전을 했다는 것이다. 이것은 경제발전이라는 성과 뒤의 어두운 그림자이다.

2. BRICS 사례

브라질, 러시아. 인도, 중국, 남아공의 새롭게 부상하고 있는 국가들도 외부적인 요인보다는 내부적인 요인이 중요하다. 이들 국가들의 경우에도 외부적인 요인을 배제할 수는 없다. 이들 국가들의 경우 미국과의 연계, 새로운 노동시장의 필요성이라는 측면에서 동아시아 국가들을 대체하고 새로운 신흥시장을 만들고 있다.

던 낮은 임금의 경제 산출을 위해 이들 국가의 시장이 성장하고 있다.

하지만 이들 국가들은 내부적인 큰 시장과 풍부한 자원이라는 조건을 가지고 있다. 동아시아 국가들의 소득수준 향상으로 인해 인건비 상승과 기술발전의 빠른 이전은 이들 BRICs국가들에게 새로운 기회를 만들었다. 이 상황에서 이들 국가들은 낮은 인건비나 자원의 활용가능성으로 시장에서 높은 자리로 올라설 수 있었다.

그러나 이들 국가들이 모두 발전주의 모델을 사용했다고 보기는 어렵다. 이들의 여건이 NICs와는 다르기 때문이다. 인도와 중국처럼 큰 시장과 러시아의 가스나 금과 크롬의 세계 생산국가로 광물자원의 천국인 남아공의 경우처럼 이들 국가들은 동아시아 국가들과 경제성장의 조건이 다르다. 이것은 소국 경제로 발전해온 동아시아 국가들과 달리 대국 경제가 될 수 있는 조건이 열려있는 것이다. 그러나 이들 국가들의 성장에 대한 한계도 명확하다. 이들 국가들의 만성적인 부패는 이들 국가의 성장 동력을 약화시킬 수 있다. 중국, 러시아, 남아공의 부패는 내부적으로 개선하고 있지만 여전히 강력하다. 브라질의 높은 물가와 범죄율도 브라질의 이후 성장을 어렵게 한다. 내인론에 의한 경제발전 설명처럼 경제쇠퇴 역시 내부적으로 결정될 가능성이 높은 것이다.

Ⅳ 결 론

위의 사례분석에서 본 것처럼 동아시아의 NICS와 BRICS사례는 우호적인 외부적인 조건에서 내부적인 노력에 의해 결정발전을 이루었다. 하지만 NICS사례는 적은 시장과 부족한 자원이라는 열악한 조건에도 불구하고 경제발전을 이루었다는 점에서 내부적인 노력이 더 강한 설명

력을 가진다.

P·A·R·T

III

민주주의

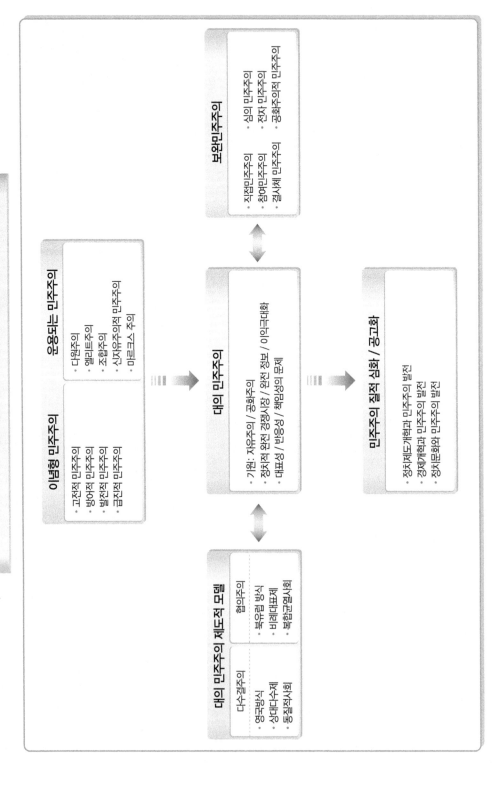

PART Ⅲ. 민주주의

이념형 민주주의

- 고전적 민주주의
- 방어적 민주주의
- 발전적 민주주의
- 급진적 민주주의

운용되는 민주주의

- 다원주의
- 엘리트주의
- 조합주의
- 신자유주의적 민주주의
- 마르크스 주의

대의 민주주의

- 기원: 자유주의 / 공화주의
- 정치적 완전 경쟁시장 / 완전 정보 / 이익극대화
- 대표성 / 반응성 / 책임성의 문제

보완민주주의

- 직접민주주의
- 참여민주주의
- 결사체 민주주의
- 심의 민주주의
- 전자 민주주의
- 공화주의적 민주주의

대의 민주주의 제도적 모델

- 다수결주의
  - 영국방식
  - 상대다수제
  - 동질적사회
- 합의주의
  - 복유럽 방식
  - 비례대표제
  - 복합균열사회

민주주의 질적 심화 / 공고화

- 정치제도개혁과 민주주의 발전
- 경제개혁과 민주주의 발전
- 정치문화와 민주주의 발전

민주주의는 하나의 개념이 아니며 여러 가지 의미로 사용된다. 민주주의의 조건을 이해하고 민주주의에 대한 인민의 지배를 의미하는 것 역시 다양한 의미로 해석된다. 다음 질문에 대해 답하시오. (총 50점)

(1) 민주주의를 인민의 지배라고 보는 동양적 접근과 다수의 지배로 보는 서양적 접근에 대해 어느 접근이 더 타당한지 논하시오. (10점)

(2) 민주주의를 인민의 지배로 볼 때 민주주의의 조건으로서 '불확실성의 제도화'의 의미를 설명하시오. (10점)

(3) 민주주의에 대한 인민의 지배의 강도 차원에서 볼 때 '최소강령적 접근'의 의미와 '최대강령적 접근'의 의미를 설명하시오. (10점)

(4) 민주주의는 다른 정치체제보다 왜 우월한지 민주주의의 이점을 설명하시오. (10점)

(5) 민주주의의 가치로서 참여(participation), 책임(accountability), 접근성(accessibility), 응답성(responsiveness), 경쟁성(competibility)의 의미를 설명하고 이것이 주는 한국적 함의를 논하시오. (10점)

 문제의 맥락과 포인트

이 문제는 실질적 민주주의와 절차적 민주주의에 대한 변형·심화 문제이다. 우선 실질적으로 민주주의를 이해하는 입장을 최대강령이라고 하고 절차적으로 이해하는 입장을 최소강령이라고 한다. 따라서 용어를 달리해서 민주주의를 좁게 규정하는 것과 넓게 규정하는 것의 차이를 이해하고 있는지에 먼저 관심을 둔 문제이다. 그리고 민주주의를 공고화한다고 할 때 한 가지 방안으로 제시되는 쉐보르스키의 '불확실성의 제도화'의 구체적인 의미가 무엇인지와 이것이 어디에 포함되는지를 묻고 있다. 이 두 부분은 논쟁이라기보다는 수험생이 이해한 것을 얼마나 체계적으로 설명하는가가 관건이다. 반면에 민주주의 가치들(참여, 책임, 접근성, 응답성, 경쟁성)을 묻고 이렇게 민주주의의 가치 혹은 속성을 절차적 수준의 민주주의로 확대해서 이해하는 것의 장점을 논하는 부분은 확실히 찬반 혹은 장단점에 대한 논쟁구조로 답안을 구성하는 것이 포인트이다. 중간에 민주주의가 왜 다른 정치체제보다 우월한가는 민주주의를 운용하고 있는 한국에서 한번쯤 생각해야 하는 주제이기도 하고 다음의 5가지 민주주의 기준들과 연결되어 있기도 하다.

Ⅰ 서 론

민주화 이후 양극화의 심화는 민주주의의 질적 하락을 가져오고 있다는 주장이 있다. 이에 반해 민주주의를 절차적으로 이해하여 두 번의 정권교체는 민주주의 공고화를 완성했다는 주장도 있다. 민주주의는 어떤 관점에서 보는가에 따라 민주주의의 발전과 완성이 달라진다.

따라서 민주주의를 결과론적 측면에서 확대하는 것과 과정적 측면에서 축소하는 것이 가지는 의미가 무엇이며 과정적 측면에서 불확실성을 제도화하는 것이 무엇을 의미하는지 살펴볼 필요가 있다. 또한 민주주의 후퇴와 점진적 발전에 대한 논쟁에도 불구하고 왜 우리는 민주주의를 다른 정치체제보다 지지하여야 하는지를 살펴보는 것은 중요하다.

Ⅱ 민주주의와 인민의 지배: 동양적 이해와 서양적 이해

1. 동양적 이해: 민주주의와 지배

동양적 개념으로서 '민주주의(民主主義)'는 '민(people)'이 곧 주인인 정치체제를 의미한다. 어의적으로 민주주의는 인민이 지배자가 되고, 인민이 주인인 정치체제를 의미한다. 이것은 이념 형상으로 누가 정치체제를 지배하며 누가 결정하는가의 문제로 파악된다.

그러나 실제 정치를 운영하고 결정하는 것은 정치권력을 보유한 사람이며 현실에서 권력자로서, 지배자로서 인민이 지배하는 것은 불가능하다. 또한 민주주의를 인민의 지배에서 지배자의 개념으로 이해하는 것은 실질적으로 권력을 부여하지 않고 이념적으로만 권력을 부여함으로써 현실 민주주의 제도에 대한 작동과 개선보다는 민주주의를 구호 차원에서 이해하게 할 수 있다. 이는 민주주의와 관련된 사안의 본질을 흐리게 할 수 있다.

2. 서양적 이해: 민주주의와 다수의 지배

영어 Democracy는 정치체제를 의미하여 인민 다수의 지배를 의미한다. 따라서 이념적으로 인민이 권력을 지배하는 것이 중요한 것이 아니라 어떻게 정치체제를 구성하는가 하는 점이 중요하다. 이런 관점에서 민주주의는 정치체제를 이루고 의사를 결정하는 과정을 의미한다. 복합적 다수로 구성된 정치체제 내에서 어떤 의사가 다수의 의사인지를 확인하는 것이 바로 민주주의이다.

이렇게 다수의 지배로 민주주의를 이해할 때 민주주의에서 인민이 권력자나 지배자로서가 아니라 국가권력 행사의 정당성을 확보하는 것이 중요하게 된다. 즉 다수를 어떻게 누가 구성했는지 그래서 그런 다수의 의견을 반영해 공동체의 정치를 운영한다는 점이 중요하게 된다. 이때 권력의 정당성이 누구에게서 나왔는가 하는 점이 중요하다. 즉, 국가를 구성하고 정부를 구성해 주고 이에게 권력 행사를 위임한 것이 중요하다. 따라서 민주주의는 권력의 정당성의 근거로서 권력의 원천이 무엇인가를 의미한다.

3. 평가: 다수의 지배로서 민주주의

동양적 개념의 민주주의는 이념적으로 지향해야 할 바이다. 그러나 이런 방식으로 민주주의를 이해하게 될 경우 인민은 하나의 의사를 가진 행위자로 이해하게 된다. 만약 다양한 의견을 가지고 갈등하는 사회가 있다면 어느 누구를 지배자로 보고 그 의사를 따라야 하는지의 문제가 생긴다. 지배자 간의 충돌이 생길 것이고 실제 정부를 구성하고 정책을 추진하는 입장에서는 어느 편을 들어서 정책 추진을 할 수 없을 것이다.

또한 민주주의를 지배자의 개념으로 이해하는 것은 현실정치의 지배와 피지배의 관계를 은폐할 가능성이 높아진다. 대의민주주의에서 대표를 뽑아놓고 대표에 대해서 유권자들의 대리인으로 설정하여 대표를 유권자의 의사로 종속시킨다는 것은 불가능하다. 그러나 민주주의를 지배자의 문제로 이해한다면 현실적으로 대표에게 권력을 주고 명분 상의 지배자로 유권자를 전락시킬 수 있을 것이다.

하지만 민주주의의 '자기 지배' 원리를 무시해서는 안 된다. 민주주의는 자신이 자신의 운명을 결정하는 것이다. 자신의 운명을 결정하기 위해서 인민은 자율적이어야 한다. 자율적 인민의 의한 자유로운 판단을 통해서 자신의 운명을 결정할 때 민주주의의 이상형이 구현된다.

이렇게 '자기 지배'로 민주주의를 이해하더라도 남는 문제는 다양한 의견이 존재할 수 있는 다원적 사회에서 어떻게 공동체의 운명을 결정할 것인가 하는 점이다. 개인으로서 인민의 의견과 가치의 다양성 속에서 한 사회가 무엇을 지향할 것인지를 결정하는 과정이 필요하다. 이

런 결정과정은 민주주의를 이념적인 지배와 피지배의 관계가 아닌 어떤 방식으로 결정할 것인가라는 절차적 문제로 이해하게 한다.

절차적인 수준에서 어떻게 다수의 의사를 확인하는가의 문제는 다원화된 사회의 현실정치를 설명하는데 있어서 가장 중요한 문제이다. 따라서 민주주의를 현실적으로 이해하는 방법은 '다수의 지배'로 이해하는 것이다.

Ⅲ 불확실성의 제도화

1. 불확실성의 제도화와 과정적 접근

쉐보르스키의 민주주의에 대한 정의인 '불확실성의 제도화'는 민주주의를 과정적으로 이해하는 입장으로 절차적 수준에서 민주주의를 파악한다. 따라서 민주주의를 좁게 정의하는 입장이다.

2. 불확실성의 제도화로서 민주주의

'불확실성의 제도화'는 제도적 관점에서 민주주의를 이해하는 입장이다. 민주주의의 정당성을 인민의 지배와 권력 창출의 원천으로 파악하고 여기서 정당성이 도출된다고 본다. 민주주의에서 인민의 직접 지배가 문제가 아니라 권력이 어디서 나오는가와 그 권력 발생의 정당성이 중요하다. 즉 민주주의에서의 권력은 권위(authority)가 핵심이므로, 권력의 정당성(legitimacy of power)이 중요하다. 즉 권력 사용의 핵심은 정당성의 확보이다. 2009년 인터넷 미네르바 무죄 판결과 전기통신법의 적용의 부당성은 권력 사용의 정당성이 중요하다는 점을 다시 한 번 일깨워 주는 사례이다.

누가 인민인지 그리고 무엇이 인민의 의사인지는 '정치 과정을 통해서' 결정된다. 따라서 민

주의의 미래는 결정되어 있지 않다. 반대로 독재 국가에서 미래는 독재자에 의해 결정된다. 따라서 쉐보르스키는 민주주의에서 '불확실성'이 중요하다고 주장한다. 즉 어떻게 결정될 것인지 모르는 인민의 결정에 의해서 미래가 결정되는 것이다. 이 경우 민주주의는 불확실성을 제도화하는 것이다. 여기에는 '전환가능성(convertibility)'이 핵심이다. 정권교체는 전환가능성을 보여주고 이는 민주주의의 역동성을 보여준다. 반대로 독재체제는 정권의 지배가 이미 사전에 결정된다.

쉐보르스키는 민주주의를 '갈등을 골라내는 장치'라고 파악한다. 즉 분산적·전략적 행동을 통해서 갈등을 과정적으로 진행(processing)하는 것이다. 즉 조직을 통해서 갈등을 관리하는 것이다. 따라서 민주주의는 '조직화된 불확실성'을 가진다. 민주주의는 과정에 대한 동의에서 출발하는 것이지 결과에서 출발하는 것은 아니다. 이는 'agree to disagree'로 표현될 수 있다. 민주주의에서는 다양한 세력들 사이의 다양한 의견이 일치하지 않을 수 있다는 것에 의견일치가 있는 것이다. 이런 측면에서 볼 때 민주주의는 '인치'가 아닌 '법치'이다. 즉 특정 집단이나 특정 인물에게 권력이 위임된 것이 아닌 법에 권력이 위임된다.

Ⅳ 민주주의의 접근법: 최소강령적 접근 vs. 최대강령적 접근[1]

1. 최소강령적 접근의 의미

최소강령적 입장은 민주주의를 과정으로 이해하는 것이다. 여기서 민주주의는 '제도'로서 의미를 가진다. 민주주의는 어원상 인민인 Demos에 의한 cracy 즉, 정치체제이다. 따라서

다른 자유주의(Liberalism)나 사회주의(socialism)처럼 ism 즉 이념과 주의가 아니다. 정치체제로서, 즉 제도로서 민주주의를 이해할 때 가장 극단적으로 민주주의는 대표를 선출하는 행위로 귀결될 수 있다. 민주주의는 평등에 있어서 기회의 보장을 의미하며 기회의 보장이란 자신이 원하는 후보를 통해서 자신의 이해를 추구하는 방식이 있는가의 여부에 달렸다. 또한 정치의 범위에 있어서 민주주의는 정부를 구성하는 행위 자체로 정치적 범위를 벗어나지 않는다.

2. 최대강령적 접근의 의미

최대강령적 입장은 민주주의를 결과로 파악하는 견해이다. 이 입장은 민주주의에 대해 과정보다는 규범적인 차원에서 이해한다. 자기지배로서 민주주의는 '실질적인 평등'이 보장되어야 한다. 즉 결과적인 측면에서 조건의 평등을 의미한다. 이것은 과정적인 측면에서 법 앞의 평등이라는 '형식적인 평등'과는 다른 것이다. 민주주의의 범위에 있어서도 민주주의의 원리는 정치적 범위를 넘어서 경제적 측면과 사회적 측면에도 적용된다. 민주주의는 자신이 정부를 구성하고 자치 입법을 하는 경우에서부터 자신의 결정에 따른 정부 정책의 대강을 정하는 경우까지 다양하다.

3. 불확실성의 제도화와 최소강령적 접근

민주주의를 다수의 지배로 이해하면서 다수의 지배구조를 불확실성의 지배로 이해하는 것은 민주주의를 최소강령적 관점에서 이해하는 것이다. 민주주의를 넓혀서 이해하기보다 과정 차원의 민주적 절차를 구성하고 이것을 따르게 하는 것은 민주주의를 구체적으로 현실에서 작

---

1) 뒤의 문제에서 자세히 기술하기 때문에 여기서는 핵심 개념만으로 구성한다.

동하게 하기 위한 것이다. 불확실성의 제도화는 민주주의에 대한 이념적 접근을 피하면서 현실적으로 민주주의가 작동하는 방식을 개선하는데 초점을 둔다는 점에서 중요하다.

Ⅴ 민주주의의 이점

민주주의의 이점을 전제정치의 방지, 일반적 자유와 본질적 권리의 보호, 자기 지배와 자기 결정, 평화와 번영과 인간 개발이라는 5가지 차원으로 분석해 보겠다.

1. 전제정치의 방지

민주주의를 운영한다는 것은 지도자 혹은 지배자의 자의적인 결정에 공동체를 맡기지 않는다는 것이다. 지도자가 사익을 추구하는지 공익을 추구하는지와 관계없이 민주주의는 독재자의 결정에 따라 행동하지 않게 해준다. 독재자의 권력욕구와 이를 위한 자위적 결정, 강권통치로부터 민주주의는 국민을 보호해 준다.

2. 일반적 자유와 본질적 권리의 보호

민주주의는 개인의 자유를 보장해 준다. 민주주의에서 자기 결정을 위해 보장되는 정치적 자유는 시민적 자유 보장을 전제로 한다. 따라서 시민으로서 국가로부터의 자유 확보는 개인의 자유를 확보하게 할 뿐 아니라 다른 본질적인 권리들을 보장받을 수 있는 기회를 제공한다. 정치적 결정의 자유는 경제적·사회적 권리의 보장을 결정할 수 있게 해줌으로써 다른 정치체제보다 더 포괄적인 기본권을 확보할 수 있게 해준다.

3. 자기 지배와 자기 결정

민주주의는 '인민의 자기지배'를 가능하게 해

준다. 인민이 스스로의 결정에 의해 공동체를 운영할 수 있다면 자신이 자신의 운명의 주인이 될 수 있다. 자기 운명의 주인이 되는 것은 다른 보호자(guardian)에게 자신의 운명을 맡기지 않는 것이다. 자신의 운명을 결정함으로써 인간은 자율성을 보장받게 될 뿐 아니라 자신에게 필요한 이익을 보호할 수 있게도 된다.

4. 평화와 번영

민주주의는 다른 민주주의 국가와의 평화를 보장해준다. 민주평화이론에 따르면 민주주의 간에는 싸우지 않는다. 따라서 평화의 보장은 민주주의 체제에서 사는 인민들의 생존에 대한 외부위협의 부재를 말한다.

여기에 더해 민주주의는 다른 정치체제보다 더 번영하는 경향이 있다. 민주주의에서 보장하는 기본적 권리들은 인간의 자기 이익을 추구하는 동기를 자극하고 이를 보장한다. 따라서 경제적 발전을 이룸으로서 민주주의가 운영될 수 있는 토대를 형성한다.

5. 인간 계발

마지막으로 민주주의의 앞선 효과들은 인민이 자신의 운명을 결정함으로써 자신이 자신에게 주인 되는 삶을 살 수 있게 해준다. 이렇게 자신이 지배하는 삶이라는 도덕적 삶을 가능하게 함으로써 민주주의는 궁극적으로 인간을 계발하고 인간을 발전시킬 수 있다.

Ⅵ 민주주의의 가치들과 한국적 함의

1. 민주주의의 가치들

첫째, 참여(participation). 정치 참여는 민주주의를 민주주의로 만드는 핵심이다. 참여가 막힌 경우나 참여가 배제된 경우 권력은 배제된 자들의 몫이 될 수 없다. 따라서 인민의 지배가 될 수 없다. 참여는 시민적 영역에서 자치권을 가지게 만드는 핵심이라고 할 수 있다.

둘째, 책임(accountability). 시민들의 영역에서 국민의 위한 정치를 강제할 수 있는 방법은 정부에 대한 책임을 추궁할 수 있는 방법이 핵심이다. 따라서 책임추궁이 안 되는 경우 국민을 위한 정치를 주장하기 어렵다.

셋째, 접근성(accessibility). 정부 입장에서 인민의 지배에 충실하려면 시민들의 정부에 대한 접근가능성이 있어야 한다. 만약 시민이 국가와 정부 활동에 접근할 수 없는 경우 시민은 자치 통치를 수행할 수 없다.

넷째, 응답성(responsiveness). 정부는 국민을 위해 국민이 원하고 요구하는 정책을 표출하고 수행해야 한다. 정부가 구성되었음에도 불구하고 자신에게 맡겨진 요구에 대해 반응하지 않을 경우 국민을 위한 정부보다는 정부 자체를 위한 정부이거나 지배자를 위한 정부가 된다.

다섯째, 경쟁성(competibility). 모든 경우에 있어서 경쟁성은 필수적이다. 시민적 영역도 경쟁이 되어 전환가능성을 가질 필요가 있을 뿐 아니라 이들의 선호에 기반을 둔 정부 구성 역시 전환가능성이 있어야 한다.

2. 한국적 함의: 민주주의의 확대

민주주의를 지도자의 선택 행위로 좁게 정의할 경우 선택된 지도자의 자의적 권력사용에 대해서 책임 추궁을 할 수 없다면 다음 선거에 있어서 다른 선택을 하는 것 외에는 권력의 원천으로서 인민의 역량은 없다. 또한 경쟁성이 보장되지 않을 경우 차후의 선택 역시 제한을 받을 수 밖에 없다. 따라서 민주주의에 대한 개념의 확대는 민주주의를 좁게 볼 경우 생길 수 있

는 문제를 제기하기도 하고 구체적으로 어떤 부분을 수정할지에 대한 기준을 마련해주기도 한다.

이런 관점에서 민주주의는 '인민을 위한 정치'로서 시민영역에 대한 책임성을 키우고 정부의 응답성을 향상시키는 것이 중요하다. 또한 '인민의 지배'측면에서 시민의 참여가능성을 제도적으로 확장할 필요가 있고 정부에 대한 접근성이 증대되어야 한다. 하지만 한국사회의 다원성부족을 고려할 때 경쟁성이 증대되어야 한다. 정치에서의 경쟁성이 증대될 때 다양한 의견이 표출되고 인민은 자신의 선택의 폭을 넓힐 수 있을 것이다.

Ⅶ 결 론

한국 민주주의에 대한 인식에 있어서 견해 간의 충돌이 있다. 이런 논쟁사이에서 지나치게 민주주의 개념을 확대하는 것도 바람직하지 않고 민주주의를 너무 좁게 정의하는 것 역시 바람직하지 않다. 다양한 민주주의에 대한 이해에도 불구하고 민주주의는 지금까지 나온 다른 정치형태보다 이점이 있다는 점은 확실하다. 따라서 민주주의를 어떻게 질적으로 고양시킬 수 있는지가 중요하다.

기출문제와 연결

제1문 2012년 5급 1번(정부형태별 대표성과 책임성과 안정성비교) / 2010년 5급 1번(민주주의공고화와 리더십과 시민사회의 역할) / 2006년 입시 1번(대의 민주주의의 대표성, 반응성, 책임성)

제002문 민주주의와 민중주의의 관계와 민중주의의 증대현상

미국 트럼프 대통령 선출과 필리핀의 두테르테 대통령 선출은 극우정치인에 대한 지지를 보여 준다. 또한 2016년 이후 유럽정치에서 극우정당들에 대한 지지도 증대하였다. 세계적으로 나타나 고 있는 극우정치에 대한 지지는 민중주의(populism)를 한 원인으로 볼 수 있다. 민중주의는 인민 의 지지를 필요로 하는 점에서 민주주의(democracy)와 원리를 같이 하지만 지도자에 의한 선동 이나 책임성의 부족이라는 점에서는 민주주의와 다른 평가를 받는다. 다음 질문에 답하시오. (총 50점)

(1) 민중주의(populism)의 의미를 민주주의(democracy)와 비교하시오. (15점)

(2) 전세계적으로 민중주의가 증대한 원인을 설명하고 민중주의가 미치는 정치적 영향을 논하시 오. (20점)

(3) 한국에서의 민중주의가 나타나는 사례들을 설명하고 민중주의 대한 본인의 입장을 설명하시 오. (15점)

 문제의 맥락과 포인트

민주주의에 대한 공격 중 하나가 민중주의이다. 이 두 개념은 생각보다 쉽게 구분되지 않는다. 그 러나 현실 정치에서는 상대를 공격하는 데 자주 사용된다. 민중주의를 이론적으로 구분해보고 사례로 구체화할 수 있는지를 확인하는 문제이다.

Ⅰ 서 론

트럼프, 아베, 푸틴과 같은 '스트롱맨(strong man)' 중심의 정치가 주목을 받고 있다. 이들이 강경정책을 펼 수 있는 것은 민중주의의 지지를 받기 때문이다. 미국뿐 아니라 유럽 국가들에서 도 민중주의가 강세이다. 이런 현상이 가지는 의미를 한국적으로 해석해보고 민주주의의 관점

에서 민중주의에 대한 입장을 정리한다.

Ⅱ 민중주의와 민주주의간 비교

1. 민중주의의 의미

민중주의는 정확히 합의한 개념을 가지고 있 지 않다. 그럼에도 민중주의를 개념화한다면 민 중들을 중심으로 한 정치이자 정치를 지향하는

이념과 운동이라고 할 수 있다. 이 개념은 선동 정치, 중우정치, 인기영합주의로 불리기도 한다. 이러한 개념정의는 민중에 대한 이해와 가치를 기반으로 하기 때문이다. 즉 정치인이 민중의 지지를 받는 것을 가치차원에서 부정적으로 바라보는 것이다. 따라서 실제 개념정의와 관계없이 민중주의는 바람직하지 않은 정치 체제이자 정치운동으로 정치적으로 동원되어 사용된다. 특히 자신의 반대세력에 대한 공격으로 사용된다.

민중주의는 좌와 우를 구분하지 않는다. 민중주의의 용어는 19세기 말 러시아에서 시작된 브나로드 운동과 미국의 인민당을 계기로 만들어졌다.[2] 미르는 러시아 농촌의 미르라는 전통적인 공동체를 근간으로 새로운 사회를 전개하겠다는 의미이다. 1891년 결성된 미국의 인민당도 보통사람들(plain people)에게 공화국의 정부를 돌려주겠다고 시작된 운동이다. 이런 개념이 1930년대 아르헨티나의 페론에 의해 구체적으로 사용되기 시작했다. 선심성 정치라는 부정적인 평가와 함께 피권력자에게 권리를 신장시키고 산업화와 소득증대를 가져왔다는 긍정적인 평가를 가져오게 했다.

이들 사례에서는 진보입장에서 피권력층과 소외층을 권력의 중심으로 옮기기 위한 노력을 볼 수 있다. 그러나 최근 유럽에서 사용되는 극우주의는 좌절된 우파세력을 지지를 강화하고 있다는 점에서 차이가 있다. 트럼프, 두테르테, 마리 르펜 등으로 대표되는 입장은 좌파 노동자에 대한 지지 촉구보다는 민족주의, 국가주의, 백인 우월주의를 토대로 한다. 그런 점에서 포퓰리즘은 좌와 우를 구분한다고 보기 어렵다.

포퓰리즘의 본질은 포퓰러스(populus)라고 하는 민중 혹은 대중에게 호소하고 동원하는 것이다. 이를 통해서 기존 질서를 반대하고 새로운 질서를 만들고자 하는 것이다. 이를 위해서 차별받고 있거나 주변화된 이들을 단일쟁점으로 묶어주는 것이다. 따라서 정치는 단순화되고 호소력을 기초로 하게 된다.

앞의 개념을 가지고 민중주의를 대중의 선동이나 영합으로 규정하고 이것의 의미를 구체화해볼 수 있다. 이를 통해 민주주의와의 공통점을 찾을 수 있고 차이점을 구분할 수 있다.

민중주의는 두 가지로 구분할 수 있다. 첫 번째 주체로서의 대중이다. 두 번째 영합 혹은 동원이나 선동이다.

첫 번째로 대중, 즉 인민의 지지를 끌어들이는 것은 민주주의의 원리와 동일하다. 다만 민중주의를 비판을 위한 논리로 사용할 때 대중은 무지하고, 정서적이며 단기적으로 사리사용을 추구하는 행위자로 가정되는 것이다. 이것은 자신의 진영을 지지하지 않는 이들을 무시하거나 적대시하는 것과 함께 이들에 의해 선출된 대표의 정당성 자체를 거부하기 위한 논리이다.

두 번째 영합이나 동원이나 선동은 정치대표가 인민의 요구를 반영한다는 점에서 민주주의와 동일한 논리를 가지고 있다. 그러나 비판의 논리로 사용될 때는 대표가 이들 민중들의 주체성 부족을 알고 이것을 자신의 표를 극대화하기 위한 것으로 사용한다는 것이다. 그럼으로써 공공선이 부족한 정책을 결정하였다는 점을 들어서 비판하는 것이다.

2. 민주주의의 의미

민주주의는 인민의 자기 지배를 의미한다. 그리고 구체적으로 인민이 자기를 지배하기 위해 지배 장치로서 제도를 마련해야 한다. 이때

---

2) 홍익표, "혼동을 부추기는 포퓰리즘 논쟁", p.499.

민주주의가 대표를 통해 작동하는 대의민주주의를 기반으로 한다면 대표가 인민을 대표하는 것이 필요하다.

이런 경우에 있어서 민주주의는 인민의 지배와 대표를 통한 간접적인 통치로 구분할 수 있다. 인민이 주권을 가지고 있고 주권자인 이들의 요구가 대표를 통해서 정치체제에 전달되어야 한다. 인민의 지지가 있어야 하며 대표의 대표성과 응답성이 있을 때 인민의 지지는 실제로 정치체제에 전달된다.

민주주의의 개념 규정은 민중주의의 개념적 이해와 차이가 없다. 즉 인민의 지지를 정치적으로 대표하고 동원한다는 점에서 민주주의는 민중주의의 동의어가 된다. 실제로 마가렛 캐노반이나 에르네스토 라클라우와 같은 학자들은 민주주의와 민중주의 포퓰리즘을 상관적 관계로 본다.[3] 캐노반은 민주주의가 민중을 권력주체로 만들기 때문에 민주주의의 제도와 충돌하는 것은 당연하다고 주장한다. 라클라우 역시 포퓰리즘이 정부, 주류정당, 언론에 의해 무시된 대중들의 불만이나 의견을 대변한다고 본다. 그럼으로써 포퓰리즘은 직접민주주의를 통해 대의민주주의의 엘리트 지향성을 완화하고 개선하고자 한다. 따라서 포퓰리즘으로 가는 것이 정치적 쇠퇴가 아니라 정치의 본질로 가는 것이 되는 것이다.

하지만 민중주의가 대중과 엘리트를 구분하면서 급진적으로 양분화된 계급에서 단지 대중만을 정치의 중심에 둔다고 하면 이는 민주주의의 원리와 부합하지 않는다. 소외된 이들이 반영됨으로서 소수와 약자가 대변되는 것은 민주주의 원리에 부합하지만 이들에게 전권을 주어야 하거나 이들만을 반영해야 한다는 논리는 자유주의를 토대로 한 자유민주주의이론에 부합하지 않는다. 또한 공동체의 공공선을 강조하는 공화주의민주주의에도 부합하지 않는다. 특히 이들 소외된 대중을 이용하여 정치를 단순화하고 적과 동지로의 구분을 활용하는 것은 타협을 강조하고 관용을 강조하는 자유민주주의이론과 부합하지 않으며 공공선의 재구성이라는 공화주의이론과도 부합하지 않는다.

특히 민중주의가 특수한 사익을 추구하기 위해 대중을 그저 동원하거나 선동만 한다면 민주주의의 책임추궁성과도 어울리지 않는다. 그런 점에서 민주주의를 작동시키고 평가하게 만드는 대표성, 응답성, 책임성의 기준에서도 문제가 생긴다.

Ⅲ 전세계적인 민중주의 증대 원인과 민중주의의 영향

전세계적인 민중주의의 증대원인과 그 영향 분석을 통해 이후 한국정치에 대한 의미를 모색한다.

1. 민중주의에 대한 지지 증대 원인들

첫째, 자본주의의 확대와 경제적 양극화를 들 수 있다. 자본주의가 확대되고 신자유주의가 강화되면서 경제적 양극화가 심화되었다. 이것은 민주주의의 동질성가정이나 평등성 가정과 상충된다. 민주주의를 운영하기 위해서 사회성원들에게는 평등성이 요구되는데 자본주의의 심화는 평등성을 약화시키고 사회적인 열패자를 만든다. 게다가 자본주의의 논리가 구조적 논리로 구조적 열패자를 만들어 내면서 사회적 약자들이 증대하였다.

---

3) 홍익표, *Ibid.*, pp.504−507.

사회적 약자들은 자신들의 이익을 보호하기 위해 민중주의 지도자를 선출하고자 한다. 페론 시대의 아르헨티나 노동자들이 대표적이고 현재 미국의 러스트 벨트(rust belt)라고 하는 백인 중하층 지대 역시 동일하다. 브레튼우즈 Ⅱ 시기 미국과 중국의 불균형으로 인해 중국 노동자가 중산층이 되는 동안 피해를 본 백인 노동자층이 트럼프를 지지하여 대통령에 당선시킨 사례를 들 수 있다. 이것은 다문화문제로 일자리를 빼앗겼다고 생각하는 프랑스·오스트리아, 스위스, 덴마크, 독일의 경우도 동일하다.

둘째, 정당정치의 퇴조와 제도적 장치의 약화를 들 수 있다. 정당정치는 시민의 목소리를 대표하는 여과장치이다. 이 여과장치를 통해서 인민들은 자신의 선호를 사회적 선호로 만든다. 그러나 소수자들 특히 사회적인 열패자라고 생각하는 이들의 선호는 정당정치가 제대로 반영을 하지 않는다. 특히 중산층이 만들어지고 이념적 수렴이 이루어진 유럽과 미국정치에서는 정당이 이들 민중의 요구 반영이 약하다.

셋째, 시민들의 공화주의 덕성 약화를 들 수 있다. 자본주의는 경제적 자유주의의 심화를 가져와 공화주의가 강조하는 공적 덕성을 약화시킨다. 이것은 사회의 거대화, 관료주의의 심화, 개인주의의 강화를 가져왔고 이 사이에 공동체의 공공선이나 도덕성은 약화되었다. 도덕성이 약화되어 개인들 간의 도덕적 장벽이 사라지자 사적이익의 공격에 대한 취약성이 늘어나게 된 것이다. 유럽에서 다문화에 대한 반발에 따른 테러리즘이나 필리핀에서 마약상들에 대한, 재판도 거치지 않는 사형집행이 대표적인 사례이다.

넷째, 민중주의를 활용하고자 하는 지도자의 동원을 들 수 있다. 민주주의 국가에서 사회적 약자나 인민의 요구를 듣는 것은 당연한 것이다. 그러나 사회전체 이익을 감안하고 사회적 가치를 결정하고 정책을 집행해야 한다. 그러나 민중주의 지도자들은 자신들의 집권을 위해 극우주의를 사용하고 적개심을 강조하여 지지를 구한다. 이때 적대적인 세력을 이용하는 민족주의 전략 등이 사용되거나 극단적인 대립을 강조하는 단순화된 정치담론을 사용한다. 트럼프의 사례나 두테르테의 사례를 들 수 있다. 또한 러시아의 푸틴과 일본의 아베 역시 자원민족주의를 활용하거나 국수주의적 민족주의를 활용한다.

2. 민중주의의 영향논쟁

먼저 민중주의의 순기능을 살펴본다. 첫 번째 민중주의는 민주주의의 취약점을 보완한다. 소수자의 의견을 대표함으로써 정치적 갈등을 제도 안으로 끌어들인다. 민중주의는 혁명이나 시민 불복종이라는 대안을 대신하여 대중과 인민의 불만을 제도정치화한다. 이것을 통해서 민중과 엘리트간 불신을 완화할 수 있다. 한국에서 무상복지 논쟁도 민중주의라고 비판을 받았지만 결국 복지 확대로 이어졌다.

두 번째 민중주의는 진실에 접근하게 해준다. 민중들 특히 소외된 이들의 삶이 실제로 어떠한지를 드러냄으로서 자유주의가 가정하는 낙관적인 형태의 정치공동체 내부가 아닐 수 있음을 알려준다. 진실에 기반하여 실제 정치가 운영됨으로서 정치사회의 실체를 개혁할 수 있게 해준다.

세 번째 직접민주주의를 강화함으로써 대의 민주주의의 약점을 완화할 수도 있다. 민중주의를 사용할 경우 대체로 직접민주주의 제도들을 이용한다. 국민투표제도, 국민소환제도, 국민발안제도와 지역단위에서 사용할 수 있는 직접민주주의를 사용하여 대의민주주의가 가진 보수적인 측면에 변화를 꾀할 수 있다.

반면에 민중중의 정치적 폐해도 크다. 첫 번

째 민중주의는 민주주의를 취약하게 만든다. 민중주의는 대중과 엘리트를 극단적으로 구분하게 한다. 이것은 사회통합을 저해한다. 자유주의의 관용의 정신에도 부합하지 않으며 공화주의의 공공성을 향유하기 위한 조건에도 위배된다. 남이 정부들에서 민중주의들은 민중과 엘리트간의 대립을 양성하였고 경제성장을 가로막았다.

두 번째 민중주의는 동원에 취약하여 특정집단의 사익극대화로 나갈 수 있다. 민중주의는 민주주의처럼 책임추궁을 기반으로 하지 않는다. 과거 브라질에서 민주주의 노선에 따른 복지정책의 증액이나 멕시코의 정책들은 집권을 위한 예산 극대화로 결국 장기적인 국가 경쟁력 하락으로 이어졌다.

세 번째 민중주의는 극단주의를 사용함으로써 정치적 타협의 문을 닫아버린다. 극단주의 이념이 강화되면 정치는 생과 사의 정치로 가게 된다. 이것은 자아와 타자의 구분을 전제로 하며 공동체에서의 공존을 막는다. 극단적으로 자유의 거부현상으로 이어지기도 한다. 유럽에서 극우주의가 강화되면서 네오나치즘이 득세하는 것을 사례로 들 수 있다.

네 번째 민중주의는 민주주의의 심의를 의미 없게 만든다. 민중주의는 정치를 단순화하여 미묘하게 존재하는 계층 간의 대립이나 다양한 정체성의 차이를 의미 없게 만든다. 개방성과 관용을 토대로 하여 성찰적인 입장에서 상대방과 자신의 의견 차이를 수렴하는 것을 방해한다. 영국의 민주주의 노선이 영국으로 하여금 유럽연합 탈퇴 즉 브렉시트를 만들 것이 대표적이다.

마지막으로 민중주의는 약화된 제도를 더욱 약화시킨다. 민중주의가 강화되면 제도정치는 사라지고 포고령주의로 갈 수 있다. 남미 대통령제 국가에서 위임민주주의가 나타나는 것이나 포고령주의가 나타나는 것은 의회와 같은 대의 제도를 무시하고 유권자와 대통령간의 담판에 의한 정치가 만연하기 때문이다. 이런 경우 민중을 토대로 한 독재가 가능해진다.

3. 평 가

위에서 본 것처럼 민중주의는 열악한 경제조건에서 시민들의 시민성이 약화되면서 지도자들의 동원에 의해 작동한다. 이것은 일반적인 민주주의의 활용과는 다르다. 그런 점에서 취약계층의 동원을 통한 정치의 극단화를 가져올 가능성이 높다. 민주주의에 대한 자극제 역할을 할 수 있지만 그러한 순기능보다도 역기능이 강해질 수 있다. 그런 점에서 전세계적인 민중주의의 확대는 우려할 만한 일이다.

Ⅳ 한국에서 민중주의 현상과 민중주의에 대한 평가

1. 한국에서 민중주의의 등장과 증대현상

한국에서 민중주의는 상대 정당과 상대방 정치인을 공격하기 위해서 최근 사용되고 있는 개념이다. 한국에서 민중주의라는 용어가 사용된 것은 1997년 김대중 후보의 당선과 1998년 김대중 정부에서부터이다. 대한민국의 첫 번째 정권교체가 있고 나서 정권교체에 대한 평가와 함께 정권 운영에 있어서 정당성을 약화시키기 위해 민중주의를 사용한 정권에 대한 공격이 있었다. 특히 노무현 정부 들어와서 약자를 대변하는 경향이 강해지면서 민중주의에 대한 비판이 거세게 되었다.

민중주의에 대한 공격은 주로 보수언론과 보수지식인들로부터 진보정부에 대해 행해졌다. 민중 대중을 등에 업고 정책을 폄으로써 기득권 헤게모니를 약화시키기 때문에 이에 대한 도덕적 비판의 차원에서 전개되었다. 가장 대표적인 것이 행정수도 이전에 대한 헌법재판소의 위헌 판결과 2004년 대통령 탄핵사태와 황우석 사태를 들 수 있다.

이후에도 2010년 김상곤 교육감에서부터 시작된 복지논쟁도 민중주의로 공격을 받았다. 그러나 한편 좌파 민중주의만 있는 것은 아니다. 한국에서도 탄핵이전 박근혜 전대통령에 대한 콘크리트 지지율은 보수파 민중들의 적극적인 지지를 기반으로 한 것이었다. 탄핵이후에도 태극기 집회로 이어지는 박근혜 전대통령에 대한 지지 역시 민중주의적이다.

2. 한국에서 민중주의에 대한 평가와 입장

위의 사례들을 볼 때 한국에서 민중주의는 분석적이기 보다는 규범적으로 접근하는 경향이 강하다. 즉 상대진영을 공격하기 위한 논리이지 현 상황을 냉전하게 분석하기 위한 개념은 아닌 것이다. 따라서 한국에서 민중주의에 대한 평가를 정확히 하기 위해서는 민중주의에 대한 분석이 분석적인 측면과 규범적인 측면으로 구분되어야 한다.

먼저 분석적인 차원에서 민중주의는 대중의 동원차원으로 파악해 보아야 한다. 이것은 한국에서 민주주의의 토대를 다시금 보게 하는 것이다. 민중주의가 강화되면 민주주의에서 인민의 지배와 그 인민의 범위를 어느 정도로 설정할 것인지를 다시 고민하게 한다. 즉 사회적 약자를 고려하게 함으로써 민주주의의 이상인 인민의 범위를 확대하거나 소외된 이들을 고려하게 한다. 또한 민중주의는 민주주의의 대표성의 문제를 고려하게 한다. 자영업, 농민과 어민, 기초수급자와 같은 기층민들의 이익이 정치체제에 반영되는지와 관련하여 대의민주주의가 제대로 작동하고 있는 것인지에 대해서 비판적으로 살펴볼 수 있게 한다.

그러나 규범적인 차원에서 민중주의는 이중적이다. 우선 인민 중에서 민중 혹은 대중을 반영하는 것은 규범적으로 타당하다. 하지만 민중 혹은 대중을 극단적으로 구분하고 이들을 단순한 숫자의 문제로 전환한 뒤 이를 정치적으로 악용하는 것에는 문제가 있다. 민중의 이름을 사용하여 정치인이 자신의 이익을 추구하는 경우 민중주의가 불러온 민주주의는 단지 형식적인 이익실현 수단으로 전락하게 된다.

사실과 규범이라는 두 가지 복합적 관점에서 민중주의는 무조건 거부할 것은 아니다. 민중들이 동원되게 된 근본적인 원인을 찾아보는 것이 중요하다. 이 과정에서 민주주의의 대표성과 응답성에 있어서 부족한 부분 특히 제도적인 부분을 비판적으로 고찰하는 것이 중요하다. 그러나 정치지도자가 민중주의를 선동과 영합정치로 이용할 경우 민중과 대중을 무력화시킨다는 점에서는 규범적인 평가를 내려야 한다. 그런 점에서 민중주의가 제기하는 요구는 경청하지만 정치적 동원에 대해서는 비판적 관점이 필요하다.

Ⅴ 결 론

한국에서 민중주의는 동원의 측면이 강하거나 정치적 공격을 위한 대항담론으로 기능한다. 민주주의의 장점에도 불구하고 한국에서 민중주의는 정치적 갈등을 강화하는 용도로 사용된다는 점에서 민중주의의 동원에 대해 비판적인 평가가 필요하다.

제003문 절차적 민주주의와 실질적 민주주의간 비교

한국 대의민주주의는 자유주의에 기반하고 있다. 그러나 현대 대의민주주의 문제점들이 나타나고 있고 이에 대한 개선의 필요성이 제기되고 있다. 대의민주주의의 대체 혹은 보완과 관련하여 자유주의 보다 민주주의를 강화하여 해결하고자 하는 입장과 자유주의를 기반으로 민주주의 확대를 제한하고자 하는 이들 간의 논쟁이 있다. 이는 민주주의의 '실질적 이해' 입장과 '절차적 이해' 입장간의 차이를 반영하는 것이다. 다음 질문에 답하시오. (총 50점)

(1) '절차적 민주주의'의 입장을 '가치의 대등성', '자유', '평등', '민주주의 영역의 범위'의 관점에서 설명하시오. (20점)

(2) '실질적 민주주의'의 입장을 '가치의 우선성', '자유', '평등', '민주주의 영역의 범위'의 관점에서 설명하시오. (20점)

(3) 민주주의에 대해 '절차'와 '결과'간에 어떤 입장이 필요한지를 한국 사례를 들어 논하시오. (10점)

- 2002년 외무고시 기출문제 응용

Ⅰ. 서 론
Ⅱ. 절차적 민주주의: 가치의 대등성, 자유, 평등, 민주주의 영역의 범위
  1. 가치의 대등성
  2. 자유: 소극적 자유
  3. 평등: 절차적 평등
  4. 민주주의의 범위: 정치영역으로 한정
Ⅲ. 실질적 민주주의: 가치의 우선성, 자유, 평등, 민주주의 영역의 범위
  1. 가치의 우선성

2. 자유: 적극적 자유
3. 평등: 결과적 평등
4. 민주주의 영역의 범위: 전영역으로의 민주주의 확장
Ⅳ. 한국정치와 민주주의의 선택
  1. 한국정치에서 절차적 민주주의의 중요성 입장
  2. 한국정치에서 실질적 민주주의의 중요성 입장
  3. 한국 민주주의의 방향성: 절차적입장의 우월성
Ⅴ. 결 론

 문제의 맥락과 포인트

민주주의를 어떻게 규정하는가 하는 점이 민주주의를 어떻게 이해하고 발전방향을 세울 것인지를 결정한다. 이런 민주주의의 이해에 관한 두 가지 시각인 '실질적 민주주의'와 '절차적 민주주의'는 민주주의를 과정으로 이해하는가 아니면 결과로 이해하는가의 문제뿐 아니라 민주주의를 실재하는 제도로 보면서 분석적인 것으로 파악하는지 아니면 민주주의를 규범과 이념으로 보고 지향성을 따지는가 등의 차이가 있다. 가장 간략하게 민주주의를 구분하는 이 개념들은 이론적 분석만이 아니라 구체적인 민주주의의 지향점을 대표하기 때문에 이 문제에서는 한국에서 실질적 민주주의 접근과 절차적 민주주의 접근이 만들어 내고자 하는 민주주의 모습이 어떤지를 설명하고 이에 대한 본인의 판단을 반드시 필요로 한다. 이런 전통적인 문제는 이론만을 묻고 있지만 그 속에는 이론과 개념으로 분석하고 판단할 현실의 문제가 내재해있다는 점을 꼭 기억해야 한다.

Ⅰ 서 론

2008년 OECD의 보고에 따르면 한국남성과 여성의 임금차이는 38%로 임금차가 1위로 나왔다. 2위인 일본이 33%이고 소득 불평등이 높은 것으로 알려진 미국도 19% 정도로 나왔다. 21개 국을 조사했을 때 10% 미만은 유일하게 벨기에가 9.3%로 나왔다. 한국의 남성과 여성의 임금격차 비율 38%는 고졸과 대졸의 임금격차 비율인 30%보다 높게 나타나고 있다. 정규직과 비정규직 신입사원의 임금차이는 2배 정도 나타나는 것과 함께 이 지표는 한국의 사회경제적 불평등성을 보여준다. 이 문제를 정치가 주도해서 해결해야 한다는 입장과 시장 질서에 기반해서 자율적으로 조정해야 한다는 입장이 충돌하고 있다. 한국정치에서 민주주의의 이해의 차이를 극명히 보여주는 이 사례를 통해서 한국정치가 지향해야 할 민주주의의 방향이 무엇인지 논해본다.

Ⅱ 절차적 민주주의: 가치의 대등성, 자유, 평등, 민주주의 영역의 범위

1. 가치의 대등성

절차적 민주주의는 사회적 가치에 대한 대등성을 전제한다. 자유주의를 기반으로 한 절차적 민주주의에서 개인들이 지향하는 가치 중 어느 가치가 다른 가치보다 우월할 수 없다. 특정가치를 우월하게 여기는 것은 특정가치가 우월해야 하는 이유가 있어야 하며 또한 특정가치에 우선성을 부여하는 결정자가 있어야 한다. 자유주의가 가정하는 인간의 합리성을 전제로 할 때 특정 가치가 우선한다는 것은 다른 가치를 선택한 다른 이의 합리성보다 이 가치를 선택한 이의 합리성이 우월하다는 것이다. 그렇기 때문에

특정 개인이 가진 가치 사이에서 어떤 가치가 우선시될 것인지에 선취적 기준은 없다.

특정가치를 우선시한다면 다른 가치를 선호하는 이들의 가치는 자연스럽게 열등한 것이 된다. 그러나 어떤 가치가 우월하고 어떤 가치가 열등하다는 것을 선제적으로 결정할 수는 없기 때문에 사회적으로 어떤 가치를 우선시할 것인지를 정해야 한다. 따라서 민주주의는 선제적인 가치 우선성을 배제하고 특정시기의 공동체가 지향할 가치가 무엇인지를 정하는 것이다. 민주주의는 이러한 가치를 주기적으로 결정하는 공적인 절차인 것이다. 한국의 최근 선거에서 환경보호나 성소수자 문제의 이슈화는 이런 점에서 다수가 지향하는 가치는 아니지만 공적 가치가 되기에 충분한 것이다.

2. 자유: 소극적 자유

절차적 민주주의는 소극적 자유와 관계된다. 자유주의를 토대로 한 절차적 민주주의에서 개인에게 부여된 자유는 소극적 자유 즉 간섭의 부재를 의미한다. 개인들에게 부여된 자유는 국가로부터의 개입과 간섭을 받지 않을 권리로서 소극적 자유를 강조하는 것은 개인에게 자유가 보장되어야 개인들이 자유롭게 의사를 표현할 수 있기 때문이다. 개인들의 자유로운 의사표현이 전제될 때 공동체의 의사가 결정될 수 있으며 변화시킬 수 있다. 즉 민주주의는 개인들의 집합체로서 공동체의 의사를 결정하는 장치이자 과정이다. 그런 점에서 개인들은 국가로부터 강제당하지 않고 자신의 의견을 표현할 수 있어야 한다.

한편으로 절차적 민주주의는 자기 결정권이라는 측면에서 적극적 자유와도 관계된다. 앞에서 본 가치의 대등성이 전제가 될 때 개인들은 자유로울 수 있다. 만약 특정가치가 우선시 된

다면 열등한 가치를 지향하는 사람은 정치공동체에서 자신의 가치를 주장하기 어렵다. 성적 소수자의 자기결정권의 사안처럼 소수자들은 자신들의 가치를 사회에서 주장하고 구현하지 못한다. 선취적 조건에 의해서 자기 결정권이 배제된다면 이것은 자유의 침해이자 공동체의 결정구조에서의 평등성을 위반하게 된다. 따라서 자기결정권의 부여라는 측면에서 절차적 민주주의는 민주주의에서 사회적 가치를 결정하기 위한 사회적 논의가 가능할 수 있는 조건을 만들어 준다. 하지만 이 경우도 자기결정권을 가지는 데 있어서 사회적 개입과 강제로부터의 자유가 중요하게 된다. 즉 조건의 부여가 중요한 것이지 결과의 내용이 보장될 수 있는 적극적인 자유가 되는 것은 아니다.

3. 평등: 절차적 평등(equality)

절차적 민주주의는 절차적 평등을 강조한다. 앞서 본 가치의 대등성이 전제되고 개인들에게 자유가 부여된다면 민주주의는 개인들 가치간의 충돌을 사회적으로 걸러내는 장치로 작동해야 한다. 이때 개인들에게는 공동체구성원으로서 결정구조에 참여할 수 있으며 이들의 참여는 절차적으로 보장된다. 민주주의 작동의 결정방식을 통해서 개인들의 가치 중 좀 더 지지되는 가치를 사회적 가치로 전환하는 것이 중요하다. 그런 점에서 개인들에게는 참여의 조건으로서 평등이 보장된다. '1인 1표'를 보장함으로써 가치의 대등성을 실현하는 조건적 평등이 보장되는 것이다.

개인들은 사회적 가치를 결정하기 위해 제도와 법 앞에서 있어서 평등하다. 이들의 평등이 보장되지 않으면 자유주의가 강조하는 가치의 대등성은 구현되기 어렵다. 따라서 모든 개인들은 조건으로서 무엇이 사회적 가치가 될 것인지를 결정하기 이전에 자신의 가치가 가지는 크기에 있어서 절차적으로 평등하다.

4. 민주주의의 범위: 정치영역으로 한정

절차적 민주주의는 정치의 영역으로 민주주의가 작동하는 범위를 좁게 파악한다. 절차적 민주주의는 고전적 민주주의에서 기원을 가지고 있다. 아테네 민주주의는 정치체제로서 민주주의에서 출발했다. 이때 민주주의는 현대적 관점에서 정치체제의 의미를 가진다. 민주주의가 어떠해야 하는가의 이념적 측면보다는 민주적인 결정을 위해 어떤 추첨제도를 가질 것인지와 어떻게 입법, 행정, 사법을 인민들이 이룰 것인지가 중요했다. 이런 점에서 그리스의 민주주의도 절차적이고 제도적인 차원을 강조하였다. 다만 이 시기의 민주주의가 결정하는 영역은 현대보다 넓어서 공동체 전체에 관련된 부분이었다는 차이는 있다.

반면에 현대의 절차적 민주주의는 근대자유주의에 이론적 기반을 두고 있다. 자유주의는 사적영역과 공적 영역의 구분을 전제로 한다. 사적 영역과 공적 영역이 구분될 때 민주주의에 따른 결정은 전적으로 국가 공동체의 문제에 국한된다. 따라서 자유주의의 핵심에는 공적 공간을 축소하여 사적 공간에서 개인들의 자유를 보호하는 것이다. 이로 인해 경제영역과 문화적 영역으로서 사회영역에 대해 국가가 개입하는 것은 배제되어야 한다.

Ⅲ 실질적 민주주의: 가치의 우선성, 자유, 평등, 민주주의 영역의 범위

1. 가치의 우선성

실지적인 민주주의는 특정한 가치를 우선한

다. 민주주의를 실질적으로 이해하는 것은 민주주의가 인민의 지배라고 할 때 실질적으로 인민의 지배를 보장하는 것이다. 실질적 민주주의는 직접민주주의, 사회주의의 급진적 민주주의에 영향을 받았다. 이러한 이론적 기반을 따를 때 민주주의가 실질적이 된다는 것은 인민이 '자기지배'를 관철시킬 수 있다는 것이다. 자기지배로서 민주주의인 실질적 민주주의에서 인민은 국가와 사회의 노예가 아니라 정치 체제의 지배자로서 주체적인 입장에서 민주주의 정치체제에 참여해야 한다.

이때 민주주의는 어떤 방식으로서 민주주의 주체가 참여할 수 있게 할 것인지에 대한 내용을 다루게 된다. 즉 자기지배라는 내용을 구체화하기 위해서는 어떤 조건이 충족되었을 때 자기지배가 구현되는 것인지를 결정해야 한다. 민주주의의 조건 즉 민주주의가 어떤 방식으로 작동하는 것이 바람직한가의 내용을 다루게 되면 민주주의는 그 내용의 좋음과 나쁨을 판단할 기준이 필요하게 된다. 민주주의가 판단의 기준을 가지고 운영된다는 것은 이미 특정가치를 우선시한다는 것이다.

그러나 이렇게 특정가치를 사회적 가치로 우선하게 되는 경우에 개인들의 다양한 가치들 중에서 어떤 가치가 우선하게 될지를 결정해야 한다는 문제가 발생한다. 그러나 사회적인 결정이전에 특정 개인의 특정가치를 우선시 한다면 이것은 이미 어떤 가치를 더 중시해야 할지를 결정하는 결정자가 있다는 문제에 직면한다. 예를 들어 루소가 제기하는 인민민주주의의 경우에 '일반의지'에 의한 결정을 강조하지만 일반의지를 확인하는 확인주체가 필요한 것도 이런 민주주의의 결정자 문제를 잘 보여주는 사례이다. 핵심적인 문제는 무엇이 사회적 가치인지를 결정하는 사회적 합의나 사회적 결정이전에 강조

된 가치가 특정개인이나 특정집단이 강조하는 가치가 될 수 있기 때문에 이것은 다른 이들에게는 자기 결정의 자유를 침해한다는 것이다.

2. 자유: 적극적 자유

실질적 민주주의는 '적극적 자유'를 강조한다. '적극적 자유'란 '자기지배'를 의미한다. 급진적 민주주의이론인 사회주의나 급진적 공화주의를 이론적 토대로 하는 실질적 민주주의에서 인민이 가져야 할 자유는 간섭의 배제가 아니라 국가가 나서서 조건을 구성해주어야 하는 자기지배원리의 실현으로서의 자유이다.

인민이 자기 지배를 관철하고 자기 결정권을 가지기 위해서는 사회적인 제약과 경제적인 제약에서 어느 정도 해방되어야 한다. 경제적 조건 때문에 자신의 의견을 표출하지 못한다고 하면 인민의 자기지배는 사라지는 것이다. 2012년 대선에서 투표시간 연장의 경우 비정규직이나 노동자중 투표시간을 맞추지 못하는 이들을 투표할 수 있게 하자는 것이다. 이는 루소가 이야기한 대로 "자신의 몸을 팔아야 투표를 할 수 있는" 조건을 만들면 안 되는 경제적 조건과 민주주의 결정구조의 연결 관계가 중요하다는 점을 보여준다.

인민이 자기 지배를 관철시키기 위해서 경제적 수준이나 사회적 수준에서 인민을 구속할 조건이 있으면 실질적으로 인민은 그들을 구속한 자본과 사회에 대한 노예상태가 된다. 민주주의는 자기 지배를 통해서 이러한 노예상태를 극복하는 것이다. 따라서 경제적 불평등과 사회적 편견을 해소하기 위해서는 국가의 개입을 통한 적극적 자유를 확보할 수 있는 조건 개선이 필요한 것이다. 사회의 비정규직 문제나 여성문제나 다문화가정 문제 등은 경제적 예속과 사회적 차별이 어떻게 자기 지배를 형해화하는지를 보

여준다.

3. 평등: 결과적 평등(equity)

실질적 민주주의에서는 결과적 평등이 요구된다. 실질적 민주주의가 토대로 하고 있는 사회주의나 급진적 공화주의에 따르면 자기 지배는 조건이 아닌 결과로서 보장되어야 한다. 민주주의가 조건이나 내용을 다룰 때 민주주의는 어떤 정도의 평등성이 담보되어야 하는가의 기준을 가지고 있어야 한다. 민주주의가 인민의 자기지배를 가능하게 하는 것이 되기 위해서는 정치적 평등뿐 아니라 정치적 결정이전의 조건으로서 경제적 조건과 사회적 조건에서의 평등이 필요하다. 따라서 실질적 민주주의는 경제적 조건과 사회적 조건에서 일정 정도의 개선의 필요라는 기준이 만들어 진다. 이것은 앞서 본 사회가 이미 가지고 있는 우선적인 가치라는 기준에 의한 것이다. 이 기준에 의할 때 민주주의에서 평등은 정해진 내용을 담을 수 있는 결과를 보장해야 한다. 그런 점에서 최근 최저임금제도의 확대는 경제적 조건의 개선이라는 의미를 가진다.

4. 민주주의 영역의 범위: 전영역으로의 민주주의 확장

실질적인 민주주의는 민주주의의 범위를 확대하여 이해한다. 자기 지배를 관철하고자 할 때의 민주주의로서 실질적 민주주의는 민주주의의 범위를 사적영역을 포함하며 경제적 부분과 사회적 부분에 제한을 두지 않는다. 인민이 스스로의 삶에 주인이 되며 이것이 사회적 공동체의 주인이 되기 위해서는 민주주의가 정치적 결정을 내려야 하는 것뿐 아니라 경제영역과 사회영역에서 주인이 되어야 한다. 경제적인 노예상태에서 정치적 결정을 자유롭게 한다고 해서 인

민이 '자기결정권(self-determination)'과 '자기지배(self-rule)'을 가지는 것이 아니기 때문이다.

민주주의가 전 영역으로 넓어진다고 하면 작업장 민주주의, 가정내 성평등으로서의 민주주의, 사회적 차원에서 차별과 억압의 배제 등 모든 영역에서 민주주의가 실현되어야 한다. 민주주의가 확대되어 자기 결정권을 높일 때 비로소 진정한 자기 지배를 실현할 수 있는 것이다.

Ⅳ 한국정치와 민주주의의 선택

1. 한국정치에서 절차적 민주주의의 중요성 입장

민주주의는 우선적으로 결정하는 제도이다. 민주주의가 내용을 다루기 이전에 어떻게 결정하는가에 대한 제도장치로서 보장되어야 민주주의의 지향점인 자기 지배 가능성이 생긴다. 예를 들어서 외국인 이주민들과 외국인 노동자들은 경제적으로 사회적으로 한국에서 운명을 같이 하고 있지만 자신들의 삶의 조건을 결정할 수 있는 방법은 특정한 경우를 제외하고는 없다. 이들의 요구를 반영할 수 있는 제도적 장치가 없는 상태에서 민주주의 논의는 공허해진다. 따라서 제도장치를 구축하는 절차적 민주주의는 중요하다.

2. 한국정치에서 실질적 민주주의의 중요성 입장

한국정치에서 민주주의 내용을 다루는 실질적 민주주의 역시 중요하다. 민주주의가 자기 결정권을 의미한다면 자기 결정권을 보장할 수 있는 경제적 조건과 사회적 조건을 만들어야 한다. 비정규직문제와 자영업자의 확대는 경제적 양극화를 심화시키고 있다. 이들의 경제적 조건

악화는 이들의 정치적 목소리를 약화시킨다. 앞서 본 투표시간 연장사안이나 보수정당이 선거에서 사용할 수 있는 정치적 자산이 많은 것에 비해 자영업자나 비정규직 문제를 다룰 수 있는 진보정당이 정치적 자산이 적은 것은 정치적 결정권이 약하다는 것을 보여준다. 따라서 조건의 개선을 통한 적극적인 참여가능성을 높이기 위해서는 민주주의를 내용적으로 다루는 것이 중요하다.

3. 한국 민주주의의 방향성: 절차적입장의 우월성

우선적으로 민주주의의 제도적 이해가 중요하다. 민주주의가 작동하기 위해서는 내용이전에 절차가 보장되어야 한다. 작동하는 민주주의를 위한 민주주의 제도적 요건으로서 정당, 선거장치 등이 인민의 요구를 투영할 수 있는 장치로서 기능할 수 있어야 한다. 한편으로는 민주주의가 다룰 내용들이 어떤 것인지를 논의해가는 것이 필요하다. 최근 복지이슈의 경우 민주주의가 다룰 내용에 관련한 문제이자 민주주의작동을 위한 조건을 구축하는 문제이다. 따라서 제도적 장치에서 실질적인 민주주의 논의를 해가는 것이 중요하다. 내용상의 민주주의만을 주장할 경우 민주주의는 수사적인 것으로 머물거나 도덕적인 것에 머무는 이상주의적인 것으로 귀결될 수 있다. 이것은 민주주의를 작동시키지 않는 핑계가 될 수 있다. 또한 자신의 입장과 다른 정치형태를 비판하는 것에 그치면서 대안이 제시되지 않는 것으로 귀결될 수 있다. 386세대의 정치가 지향점을 가지고 작동하고자 했지만 그 성과를 못보게 된 것은 제도적인 장치가 부족했기 때문이다.

● **대안 목차**

위의 4가지 기준에 비추어 볼 때 절차적 민주주의가 한국에서는 선택될 수 있다.
1. 가치의 우선성
2. 자유의 논리
3. 평등의 논리
4. 영역의 확장성

Ⅴ 결 론

한국에서 민주주의를 개선해가는 기준으로 절차적 민주주의가 중요하다. 물론 민주주의를 이론적으로 내용과 제도의 양극단으로 이해하는 것은 현실에서 바람직한 것만은 아니다. 민주주의는 제도 속에서 그 내용을 채워가는 과정이다. 그런 점에서 과정을 구축하는 것이 중요하다. 서론에서 제기된 양극화 문제 역시 구체적인 해결책은 제도권 정치안에서 사회적 합의를 통해서 구축해야 하는 것도 '제도로서의 민주주의'가 중요하다는 점을 보여준다.

제004문 민주주의의 이론들 비교와 발전

민주주의는 역사적 개념이다. 민주주의의 역사에서 '보호(protective) 민주주의'와 '발전 혹은 계발(developmental) 민주주의'의 등장은 중요하다. 홉스, 로크, 몽테스키외로 대표되는 '보호민주주의'와 존 스튜어트 밀로 대표되는 '발전 혹은 계발민주주의'는 추구하는 '자유'와 '정부구성 원리'에서 차이가 난다. 다음 질문에 답하시오. (총 40점)

(1) 보호민주주의 이론의 주요 내용을 '자유'와 '권력분립'을 중심으로 설명하고 보호민주주의의 약점을 논하시오. (15점)

(2) 발전민주주의 이론의 주요 내용을 '자유'와 '대의정부'를 중심으로 설명하고 발전민주주의의 약점을 논하시오. (15점)

(3) 위의 민주주의 논의가 현대 참여민주주의에 미친 영향을 논하시오. (10점)

 문제의 맥락과 포인트

민주주의를 이루는 두 가지 중심 모델이 보호민주주의와 발전민주주의이다. 이 두 개의 이론을 구체적으로 설명하고 각 이론의 설명하기 어려운 부분을 통해서 각 이론의 한계를 살펴보는 것이 이 문제의 취지이다. 현대 참여민주주의는 발전민주주의에 영향을 받았다는 점에서 어떻게 민주주의 이론들이 계승되는지를 설명하는 것으로 민주주의의 이론과 다음 세대 민주주의 이론으로 연결을 정리해보는 문제이다. 민주주의 역시 모델들이 있으며 학문적으로는 이 모델들을 잘 정리하는 것이 중요하다.

Ⅰ 서 론

현대는 민주주의와 민주주의가 충돌하는 시대이다. 법치주의민주주의의 보수적 입장과 참여민주주의의 진보적 입장이 대립하는 것은 서구민주주의 국가나 한국도 동일하다. 민주주의가 중심인 시대에서 왜 민주주의는 상이한 관점에서 다투는지를 이해하기 위해서 민주주의의 초기형태로서 '보호민주주의'와 이를 개선하고자

한 '발전민주주의'를 살펴볼 필요가 있다. 이런 논의가 현대 민주주의에 미친 영향을 다룬다.

Ⅱ 보호민주주의 이론: 자유와 권력분립중심으로

보호민주주의는 홉스 · 로크, 몽테스키외의 자유주의를 토대로 하며 이 이론들의 핵심적인 목표는 국가에게 강제력을 독점하게 만드는 논

리와 함께 국가가 시민의 권리와 의무와 연결되어야 한다는 점이다. 이는 개인에게 '자유'를 부여하면서 국가에게 권력을 부여하는 두 가지 목적이 결합되어야 했다. 따라서 자유와 국가의 연결을 중심으로 보호민주주의를 설명한다.

1. 보호민주주의의 주요내용

보호민주주의의 주요내용을 설명하기 위해 3가지로 나누어 설명한다. 첫째, 보호민주주의의 역사이다. 둘째, 개인의 자유 중 어느 부분이 강조되는가이다. 셋째, 어떻게 정부구성을 하려고 했는지 이다.

첫째, 보호민주주의의 역사를 살펴본다. 보호민주주의는 자유주의를 토대로 형성된 민주주의이론이다. 보호민주주의는 근대 자유주의에서 개인의 자유를 도출하는 것에서 민주주의와 연결하고자 했다. 먼저 자유주의의 내용에 앞서 민주주의의 개념규정이 필요하다. 모든 민주주의는 '인민에 의한 지배(rule by people)'이다. 이때 주체로서 '인민(people)'과 통치방식으로서 '지배(rule)' 그리고 '~에 의한(by)'로 구분된다. 통치의 주체, 통치방식과 영역, 복종에의 의무가 이 3가지 내용의 중심축이다.

보호민주주의는 인민을 시민으로 설정하였다. 이때 시민은 모든 인민은 아니었으며 국가에 일정정도 기여할 수 있는 이들을 의미했다. 시민을 강조한 자유주의에 기초한 보호민주주의는 국가의 종교로부터의 분리와 함께 시민들의 이성과 선택의 자유를 통해 정치의 간섭으로부터 사적영역을 보호하는 것이었다. 간섭의 배제는 국가권력으로부터 개인의 자유를 보호하는 한편 종교적 불관용으로부터도 개인의 자유를 보호하는 것을 강조했다. 즉 국가건설(종교로부터)과 시민의 사적영역 건설(국가로부터 사적공간의 확보)이 중요했다.

양자는 양립되기 어려운 논리이다. 국가를 만들면서 시민의 사적공간을 형성하는 것은 권력과 자유의 관계라는 두 가지 어려운 과제를 달성해야 하기 때문이다. 이 두 가지 목표를 가능하게 한 것은 '사적동기에 의한 선택'과 사적동기를 가진 다른 타인으로부터 지배받지 않게 하기 위해 '책임 있는 제도를 구축'하는 것이다. 즉 자유의 확보와 권력의 제도화이다.

자유주의로 대표되는 보호민주주의자들은 먼저 자유를 통해서 종교로부터 근대국가를 구축하는 일을 진행했다. 마키아벨리 이론은 공화주의로 분류되지만 이 이론은 국가라는 정치는 종교와 구분되어야 한다고 주장했다. 이후 시민들에 의한 정부구성이 논리적으로 전개되었다. 토마스 홉스의 사회계약론에 따른 리바이어던의 구성은 개인들의 안전과 자유를 확보하고자 하는 동기에서 개인들이 동의를 하고(사회계약) 이를 확증하기 위해 정부를 구성한다. 안보확보를 목표로 하는 홉스 이론은 그러나 강력한 국가를 도출하는데 성공했지만 이후 개인에게는 안전외의 자유를 부여하지 못하고 시민(citizen)을 신민(subject)으로서의 의무만 강조하게 하였다. 그런 점에서 홉스는 완전한 자유주의로 구분되지는 못한다.

둘째, 보호민주주의에서 자유의 내용이다. 보호미주주의에서 중요한 자유는 '소극적 자유'이다. 간섭의 배제를 의미하는 소극적 자유는 자유주의의 기본적 논리이며 보호민주주의의 기본논리이다. 이를 상술한다. 자유주의를 토대로 한 보호민주주의의 핵심적 가치를 자유다. 이때 자유는 존 로크에 의해서 도출되었다. 로크에게 자유는 소유권(property)이다. 이때 소유권은 생명, 자유, 재산에 대한 권리이다. 맥퍼슨의 해석에 의하면 로크는 소유권이라는 개념을 사용함으로써 물건에 대한 배타적 사용이라는 좀 더 좁은 의미로 축소하고자 하였다. 이후 소유권적 자유주의, 신자유주의로 계승 발전할 수 있는 여지가 만들어진 것이다. 로크의 논리는 자연상태가 전쟁상태가 아닌 상황에서 개인은 자신의 노동을 통해 신이 부여한 물건을 자신의 소유물로 만든다. 신이 부여한 물건과 자신의 노동이 만나 자신의 소유권이 창출되는 것이다.

이렇게 구성된 소유권은 타인의 간섭과 강탈로부터 자유로워야 한다. 무정부상태인 자연상태에서 인간은 타인의 재산에 손을 댈 수 있지만 이것을 방지할 수 있는 제도가 없다. 따라서 사람들은 이러한 불편한 상태를 극복하고자 국가(정부)를 구성한다. 이때 국가는 개인의 자유를 보호할 목적으로 만들어진 것이다. 따라서 정치는 개인자유라는 목적을 달성하기 위한 수단적인 것이지 그 자체로서 목적이 될 수 없다. 개인의 자유는 타인의 간섭과 침탈로부터 자신을 보호하기 위해 국가라는 권력체를 구성함으로써 이제 국가로부터도 간섭을 배제해야 하는 상황이 된 것이다.

셋째, 권력분립으로 상징화되는 정부의 구성 즉 권력의 구성이다. 국가(정부)가 자연권인 소유권을 보호하기 위해서 필요하지만 너무 강력한 정부는 개인의 자유 확보라는 원리에 위배된다. 따라서 시민의 자발적인 선택이 유지되면서 정부의 권력행사가 되려면 정부는 너무 강력해서는 안 된다. 로크는 2권 분립을 통해서 정부가 구성했다. 모든 정부의 목적은 '자유, 생명, 재산'의 보호이다. 주권을 통한 정부의 권력도 결국 이 목적을 이루기 위해서는 추상적인 실체로서 정부로 권력이 귀결되는 절대권력을 막아야 한다. 전제정을 거부하기 위해서 정치권력은 그 사용여부를 인민의 수중에 두어야 한다. 입법부는 인민의 대리인으로서 법을 제정한다. 반면에 사법부를 포함한 집행부는 법체계를 집행한다.

이때 집행권의 명확화를 위해서는 헌법에 따라 군주와 인민들간의 합의가 만들어지고 그 합의를 지켜야 한다. 집행권은 입헌군주가 법제정권은 인민으로 구성된 의회가 가짐으로써 공적권력은 제한될 수 있다. 그러나 만약 정부가 시민들의 사회계약을 위반 할 경우 최종적으로 저항권을 통해서 공적권위를 부정할 수도 있었다. 자유를 위해 특정조건에서 정부는 부정될 수 있었다.

로크는 누가 인민인지 그리고 정치적 신탁이 부여되는 조건에 대해서는 명확하게 설명하지 않았다. 그는 자유를 만든 이론가이지만 인민의 지배라는 차원에서 정확히 민주주의를 설명하지는 않았다. 베이비드 헬드의 주장처럼 로크는 "주의 깊은 조건에서만 민주주의자"로 간주된다.

권력분립론은 몽테스키외에 의해 더 구체화되었다. 그는 자유를 확보하기 위해서는 권력은 분립이 필요하다고 보았다. 권력은 나눌 때 절대적 권력이 될 수 없다. 입법, 행정, 사법으로 권력을 구분한 몽테스키외는 과거 공화주의의 절제가 작동하지 않은 정치체제에서는 권력을 구분함으로써 절제를 이룰 수 있다고 보았다. 그는 자유 확보는 반드시 제도로 연결되어야 한다고 보았다. 그리고 권력만을 산술적으로 나누는 것으로 부족하여 각 권력이 견제와 균형을 할 수 있는 힘의 배분도 중요하다고 보았다. 몽케스키외 역시 인민과 법제정자 중에서 법제정자를 강조했다는 점과 아주 소수만을 인민의 범위로 한정했다는 점에서 민주주의자보다는 자유주의자 성향이 강하다.

2. 보호민주주의의 약점

보호민주주의는 자유를 통해 인민이 전제 권력에 대해 거부할 수 있게 해주었지만 정치적 평등에 대한 고려는 부족했다. 보호민주주의가 자유주의를 토대로 하기 때문에 개인을 공동체에서 구분하여 독립적 선택을 하게 만들고 이를 통해 사적공간을 구성한 것은 역사적인 발전이다. 그러나 이렇게 자유를 확보하게 된 개인들은 정치적 결정에 있어서 모두 동일한 권력을 가진 것은 아니다. 어떤 인민이 다른 인민보다 우월하게 정치적 권력을 구성하고 좀 더 많은 자유를 확보할 수 있다면 이는 '인민에 의한 지배'에서 불평등한 지배가 된다. 자유는 부여되지만 권력이 차등적인 차원에서 자유가 부여된다. 이런 경우 어떤 이는 민주주의를 통해 자기지배라는 원리를 구현하지만 다른 이는 권력 부족으로 자기 지배를 구현할 수 없다.

두 번째는 보호민주주의는 자유를 부여하고 권력을 구분하지만 구성된 권력이 어떻게 사용되는지를 잘 다루지 못한다. 특히 통치자가 피치자에게 어떻게 책임을 지는지를 설명하지 못한다. 만약 권력을 부여하였고 권력을 구분하였지만 그 권력이 피치자가 원하는 대로 사용되지 못하고 이런 경우에도 이를 시정하거나 책임을 묻지 못한다면 이런 정치체제는 민주주의라고 할 수 없다.

이런 두 가지 문제를 해결하기 위해 권력의 평등성과 정치적 책임성을 확보하는 매디슨의 이론 벤담과 제임스 밀의 양적 공리주의가 등장한다. 하지만 이들의 이론도 누구를 인민으로 할 것인지와 어떤 방식으로 참여를 통해서 공리를 확보할 것인지에 대해서 설명이 부족하다. 이후 질적 공리주의라고 하는 존 스튜어트 밀을 통해 발전민주주의를 살펴보아야하는 이유이다.

Ⅲ 발전민주주의 이론: 자유와 대의정부중심으로

존 스튜어트 밀은 '마지못한 민주주의자'인 보호민주주의자들과 달리 분명한 민주주의자이다. 그는 개인은 어디까지 자유를 누릴 수 있는지 특히 정치영역에서 상이한 이해관계를 가진 이들 사이에서 어디까지 자유를 누릴 수 있는지를 논의했으며 이러한 정치적 참여가 어떻게 인민의 개인성을 발전시키는지를 다루었다. 그의 논리의 핵심은 소극적 자유를 '적극적 자유'로 전환하는 것과 대의정부를 구성함으로써 여성도 인민의 범위로 확대한 것이었다.

1. 발전민주주의의 주요내용

발전민주주의는 자유를 적극적 자유(적극적 자유는 이후 질적 공리주의자인 토마스 힐 그린에 의해서 만들어진 개념이지만 앞의 보호민주주의와의 구분을 위해 사용함)로 규정하고 정부형태는 대의민주주의로 설정하였다. 구체적인 논리를 상술한다. 존 스튜어트 밀을 대표로 하는 발전민주주의는 개인에게 자유를 부여하면서도 사회적권위와 조화를 이루려고 하였다. 직접민주주의자들이 사회와 정부의 권위를 거부하고 개인에게 절대적인 권력을 부여했다면 발전민주주의는 인간의 자유가 나갈 수 있는 범위 즉 인간이 개인 말고 사회에서 추구할 수 없는 자유의 범위를 명확히 하였다.

밀이 사회와 개인의 자유간의 경계에 대해 정교하게 만든 것은 할 수 있는 것과 할 수 없는 것을 구분하기 위한 것이다. 즉 개인이 모두 무제한적 자유를 가지면 그러한 개인의 무제한적 자유는 다른 개인의 자유를 침해한다. 논리적 귀결 상 무제한적 자유는 역설적으로 모든 이의 자유를 부정하게 된다. 그렇다고 할 때 사회를 이룬 개인들이 살아갈 때 자유에는 제한이 필요하다. 하지만 이 제한 부분을 명확히 해야 한다.

더 많은 이의 자유확보를 위해 사회, 정치적 간섭은 정당화된다. 하지만 사회, 정치적 간섭은 어떤 행위 혹은 불이행이 의도적이거나 의도적이지 않거나 '타인에 관련'되어야 한다. 또한 타인을 '해칠' 때에만 정당화된다. 즉 자유의 간섭은 자유자체를 보호하기 위한 것이다. 따라서 자신과 관련된 부분에 대해서는 절대적인 자유를 가진다.

밀의 '타인관련 행위'와 '자신관련 행위'의 구분은 사상, 의견, 토론, 출판의 자유가 중요하다는 점을 논리적으로 구성했다. 또한 기호나 무엇을 추구할 권리를 강조하였다. 그리고 타인에게 위해를 가하지 않는 한에서 결사와 조합의 자유를 강조하였다.

밀의 이러한 구분은 인민의 적극적인 자유와 관련된다. 인민은 무엇을 하지 말 것과 간섭을 받지 말 것으로부터 자유로운 것이 중요한 것이 아니다. 인간은 주어진 조건이 다르다. 다른 조건에서 국가가 아무 것도 안 한다고 하면 자신의 능력을 키울 수 있는 여건이 있는 이들은 국가의 부작위로 인해 그들의 역량을 개발할 수 있는 기회를 놓치게 된다. 국가가 작위로 누군가에게 간섭하는 것만이 문제가 아니라 국가가 아무 것도 하지 않음으로써 구조적으로 불평등한 이들이 자신의 발전기회를 놓치는 것이 문제이다.

밀에게 정치의 참여는 인민의 발전과 계발에 필수적이다. 참여함으로써 인민은 자기이익을 보호할 수 있다. 또한 참여를 통해서 개인의 능력을 확장할 수 있는 것이다. 밀의 이 논리는 여성의 정치참여인정으로 이어졌다. 성별(gender)이 다르다는 것이 인간에게 무엇을 할 수 있거나 없거나의 기준이 될 수 없다는 것이다. 따라서 여성도 자신의 능력을 발휘하기 위해서는 정치참여가 필수적이다. 자신의 생각을 말하고 사회적 가치로 전환할 수 있어야 하는 것이다.

둘째, 인민의 참여를 보장하면서 밀은 정치

체제구성에서 대의정부를 제안했다. 밀이 살던 세상(『자유론』의 초판은 1848년)은 과거 그리스의 폴리스처럼 도시국가가 아니다. 게다가 농업으로 단순화할 수 있는 계급사회도 아니다. 따라서 커진 국가 규모에 복잡해진 다원적인 이익을 조정하는 행정관료체계가 발전한 사회이다. 이런 회에서 직접민주주의자나 사회주의자들이 생각하는 것처럼 인민이 지배를 한다는 것은 민주성에는 부합할지 모르지만 정치체제의 효율성에는 부합하지 않는다. 따라서 숙련성과 전문성이라는 관료적인 장점을 가지면서도 개인들의 자유를 침해하지 않는 정부를 만들어야 한다. 특히 다양한 의견이 발휘되고 의회를 통해서 논의되는 과정을 가지면서도 관료제 정부를 통제하는 것이 필요하다. 이는 대의정부를 통해서 이룰 수 있다.

대의정부는 관료를 구성하여 집행부를 운영하면서도 의회에서 인민의 대표를 선출하여 집행부를 통제하는 것이다. 효율적인 체계인 관료제에 인민의 지배가 관철되는 것은 정책효율성을 떨어뜨린다. 이는 행정체계의 약화로 이어질 것이다. 또한 사회전체적인 이익을 감소시킬 것이다. 따라서 행정체계를 그대로 두면서 의회를 인민들이 구성하는 대의제도를 통해서 행정부를 의회가 견제하는 것이 바람직하다. 의회는 다양한 견해가 토론될 수 있는 토론장의 역할을 하면서 국민의 승인과 동의를 확정하여 정치체제의 정당성을 부여한다. 그리고 의회는 집행부의 직위에 대한 임명권을 가질 뿐이며 전문적인 입법의 세부사항을 관리하거나 작성해서는 안된다. 이것은 행정체계를 약화시킬 뿐이기 때문이다. 이때 국가는 책임성을 추구하면서도 전문성을 결합할 수 있는 것이다. 이렇게 구성된 정부는 개인과 관련된 사안이 아니라 타인관련 사안에 대해서만 개입함으로써 자유와 권위를 조합을 이룰 수 있다.

2. 발전민주주의의 약점

밀의 발전민주주의는 세 가지 점에서 약점을 가지고 있다. 첫째, 제도적인 평등성의 부족이다. 밀은 민주주의자로서 보통선거권을 주장했다. 당시 여성의 정치참여주장은 획기적인 것이었다. 그러나 그는 노동자들이 자신과 같은 지식인과 동등하게 투표하고 동등하게 결정권을 가지는 것을 거부했다. 복수투표제를 주장한 밀의 논리는 평등성이라는 차원에서 문제가 제기된다. 특히 발전과 계발은 부족한 것에서 더 나은 것으로 나간다는 개념이다. 이는 발전을 평가하는 평가자가 있다는 것이다. 이러한 평가자는 민주주의라는 인민의 평등이 보장되어야 하는 체제에서 더 우월한 존재가 된다. 따라서 민주주의의 평등성을 깨뜨린다.

둘째, 자유시장경제와 국가의 최소한의 개입을 강조한 부분은 후대인 1970년대에 강화된 신자유주의의 논리적 토대가 된다. 인간의 자기완성을 위해서 국가는 적극적이어야 하지만 이런 경우를 제외하고 국가의 개입은 축소될 필요가 있다. 즉 국가는 선택적으로 최소한의 개입을 통해서 인간의 효율성을 강화해야 한다. 이것은 다른 이들의 안전, 결핍으로부터의 자유라는 요구를 거부하게 한다.

셋째, 밀은 여러 개인들의 다양한 경쟁적 목표들이 추구되기 위해서는 국가가 중립적이어야 한다고 주장한다. 그러나 한편으로 여성과 소수인종보호를 강조한다는 점에서 그의 이론은 이후 개혁주의적입장과 개입주의적 국가관으로 해석되고 정당화될 수 있다. 이것 자체는 문제가 아니다. 국가는 '결핍으로 인해' 개인이 타인에게 위해를 가하는 상황을 막을 필요가 있다. 지나친 빈곤이나 기근을 예로 들 수 있다. 타인에게 위해를 가할 수 있는 상황을 피하기 위해 복지정책 등이 필요한 이유가 된다. 그러나 논리적인 문제는 이런 상황이 되었을 때 어떤 특정 가치나 목표가 왜 다른 가치나 목표보다 우월해야 하는 지이다.

Ⅳ 보호민주주의와 발전민주주의의 현대 참여민주주의에의 영향

1. 보호민주주의의 영향

보호민주주의는 현대 참여민주주의에 직접적으로 영향을 주지는 않는다. 오히려 참여민주주의의 반대편인 소유권적 자유주의와 이를 구현하기 위한 법치적 민주주의를 옹호한다. 보호민주주의에서 강조하는 소극적 자유와 권력분립만으로는 시민적 참여를 보장하기 어렵기 때문이다. 3가지가 문제의 핵심이다. 첫째, 공적공간과 사적공간의 구분이다. 보호민주주의의 핵심은 국가를 구성하고 권력이 미치는 범위를 제한하는 데 있다. 인민에게 소극적으로 자유를 보장함으로써 근대이전 체제에서 근대체제로 전환하고자 한 것이다. 그러나 참여민주주의는 보호민주주의가 주장하는 것처럼 공적공간과 사적공간을 구분하고 공적공간의 사적공간으로의 개입을 거부하는 것이 아니다.

둘째, 자유를 좁게 정의한다. 자유는 국가의 간섭배제에 있다. 이것은 기초적인 자원을 많이 가진 이들에게 필요한 논리이다. 오히려 자산이 부족한 이들에게는 자유는 국가를 통해서 이루어야 할 것이다.

셋째, 평등을 무시한다. 보호민주주의는 평등성이 부족하다. 자유에 초점을 둔 이론이기 때문에 어디까지를 인민으로 설정할 것인지도 명확하지 않고 이들에게 동등한 기회를 부여하는 방안도 부족하다. 따라서 시민적 평등을 실현하려는 참여민주주의와 접점을 찾기 어렵다.

2. 발전민주주의의 영향

발전민주주의는 참여민주주의에 영향을 미친다. 자유의 개념 확대를 통해서 영향을 미친다. 첫째, 개인의 발전을 가져옴으로서 민주주의의 참여할 수 있게 기여했다. 밀의 발전민주주의는 다양한 소수의 의견을 강조한다. 의견의 다양성과 심의를 강조하는 밀의 이론은 현대 민주주의에서 소수자들의 참여를 독려한다.

둘째, 타인에 위해를 가하는 것이 아니라면 자유는 존중받아야하는 타인과 자신에 대한 논리구분도 중요하다. 참여민주주의는 민주주의의 확대를 주장한다. 민주주의가 확대되면서 현실적으로 작동하려면 직접민주주의와 인민민주주의가 아닌 방식이 필요하다. 그러기 위해 자유는 타인에 관련된 부분이 아니라면 제한되지 말아야 한다. 그런 점에서 사회적 권위를 약화시키고 인민의 참여를 강조하는 참여민주주의에 대해 그럼에도 불구하고 사회적 권위, 자유의 경계를 설정하게 한다.

셋째, 다양한 세력을 반영하게 한다. 참여민주주의는 새로운 계층과 계급의 정치참여를 가능하게 한다. 이를 위해서는 다원적 세력의 참여를 가능하게 해야 한다. 밀의 발전민주주의는 성별, 인종 등의 차이에도 불구하고 인간이라면 누구나 가질 수 있는 자유를 향유할 수 있게 해주었다는 점에서 현대 참여민주주의에 기여한다.

Ⓥ 결 론

발전민주주의는 참여민주주의에 기여했지만 보호민주주의는 참여민주주의에 기여하지 못했

다. 보호민주주의는 인민을 정치체제에 중요한 행위자로 들여온 장점이 있지만 민주주의의 확대에 기여하지 못했다. 발전민주주의는 민주주의의 평등성과 자유의 제한 그리고 국가의 적극적인 개입의 필요성을 제시했다는 점에서 현대 참여민주주의에는 충분히 기여했다.

제005문 불확실성의 제도화와 다수결주의

민주주의는 개인적 가치를 사회적 가치로 전환하는 장치를 필요로 한다. 민주주의에서 사회적 가치의 결정은 실질적으로 다수결주의를 사용한다. 다수결주의를 사용하는 경우에도 특정한 경우 다수결의 요건을 강화(예, 2/3 이상 찬성)하거나 소수에게 거부권을 부여하는 방식으로 제한 조건을 두어야 한다는 제한적 다수결 논자와 이러한 조건을 두어서는 안 된다는 무제한적 다수결 논자가 있다. 다당제로 운영되는 한국정치에서 다수결주의는 신속한 결정에도 불구하고 힘의 정치를 강제한다는 문제를 가지고 있다. 다음 질문에 답하시오. (총 45점)

(1) '불확실성의 제도화'라는 관점에서 민주주의의 의미를 설명하시오. (15점)

(2) '불확실성의 제도화'인 민주주의에서 다수결주의를 선택하게 되는 이유를 설명하고 다수결주의의 문제점을 설명하시오. (15점)

(3) 한국에서 '불확실성의 제도화'인 민주주의의 발전을 위해 제한적 다수결론과 무제한적 다수결론 중 어느 입장이 더 필요한지를 사례를 들어 논하시오. (15점)

 문제의 맥락과 포인트

민주주의를 한 마디로 정리하면 불확실성의 제도화이다. 이것이 다수결주의와 어떻게 연결되는지를 설명하고 한국에서 다수결주의 중 어느 입장을 택할 것인지를 연결해야 한다. 이 문제의 핵심에는 논리적인 흐름의 연결(coherence)을 글로 표현해내는 것이다.

Ⅰ 서 론

2017년 5월 대선은 15명의 후보가 출마했고 이중 5명의 후보가 주된 경쟁을 하고 있다. 대통령 탄핵이후 한국이 어떤 가치를 지향하고 어떤 후보를 선택할 것인지를 두고 하는 경쟁은 상대다수제를 사용하고 있다. 다수결주의가 가지는 결정의 장점에도 불구하고 대선 이후 한국정치는 다수결주의로 인해 힘의 정치에 의한 갈등이 예상된다. 다수결주의의 의미와 다수결주의의 제한성을 살펴본다.

Ⅱ 불확실성의 제도화로서 민주주의

1. 불확실성의 제도화의 의미: 불확실성의 관점

아담 쉐보르스키는 민주주의를 '불확실성의 제도화'로 규정하였다. 이 개념은 두 가지로 구분하여 볼 수 있다. 첫째, '불확실성'이고 둘째, '제도화'이다. 민주주의에서 불확실성이란 사전적이다. 민주주의는 민주주의라는 공동체의 구성원들이 가진 개인적 가치를 사회적 가치로 전환하는데 있어서 사전적으로 특정 가치가 다른 가치보다 우선적인 결정이 되어서는 안된다. 민주주의는 개인들의 선호를 사회적 선호로 전환하여 인민의 자기지배를 관철해야 한다. 개인적 선호가 사회적 선호가 되기 위해서는 자유주의의 가정인 개인의 합리성이라는 조건을 충족하여야 한다. 즉 개인들이 합리적이라면 모든 가치들의 선호는 대등해야 한다. 가치의 대등성은 어떤 가치가 더 우월한지를 결정할 수 없으며 다만 어떤 가치를 더 많은 인민이 지지하는가만 남는다. 따라서 민주주의는 개인들의 가치들 간에서 더 많은 지지를 받는 가치를 결정하는 것이다. 이때 사전적으로 특정가치가 항상 우월한 경우 이 가치는 구조적 승자가 되며 다른 가치들은 구조적인 패자가 된다. 이런 조건은 민주주의에서 전환가능성을 상실하게 만든다. 민주주의가 전환가능성을 상실할 때 민주주의 공동체 구성원은 공동체에서 자기 지배를 관철할 수 있는 방법이 없다.

2. 민주주의에서 사회적 결정 장치의 중요성: 제도화의 관점

불확실성의 제도화로 민주주의를 규정할 때 두 번째 규정은 '제도화'이다. 제도화란 제도가 정착되어 가는 가정을 의미한다. 제도를 기대의 안정화라고 규정한다면 제도화란 결정장치가 안정적인 작동을 통해서 구성원들에게 제도를 사용하는 것이 유용하다는 믿음을 공유하고 그 믿음이 강해지는 것을 의미한다. 그런 점에서 민주주의는 불확실성이라는 하는 사회적 가치의 전환가능성을 제도화하고 이를 사회구성원들이 믿고 따르는 것이다.

여기서 중요한 것은 민주주의를 제도적으로 보는 것이다. 민주주의는 최소강령과 최대강령으로 구분하여 정의할 수 있다. 민주주의를 제도로 보는 것은 민주주의를 최소강령적으로 보는 것이다. 민주주의는 이념보다는 실천할 수 있는 제도가 중요하다. 민주주의가 제도로 이해해야 한다는 점은 민주주의가 실제로 작동해야 한다는 것이다. 즉 제도를 통해 현실에서 구현되어야 한다는 것이다. 그런 점에서 민주주의에서 사회적 가치들 간 불확실성은 제도를 통해 실천될 수 있어야 한다.

Ⅲ 다수결주의의 필요성과 문제점

1. 다수결주의의 필요성

첫째, 자기 결정의 극대화를 만들어준다. 다수결주의는 자기결정을 행사할 수 있는 사람의 숫자를 극대화 한다. 특정정치 체계의 경계, 인민의 구성, 사안의 집합적 결정의 필요성이 있는 경우 다수결주의는 가장 많은 수의 시민들이 그들 스스로가 선택한 법률 아래서 사는 것을 보장한다.

둘째, 온당한 필요조건의 귀결로서 다수결주의를 사용할 수 있다. 케네스 메이(K. May)에 따르면 4가지 요소가 다수결주의가 결정규칙으로 중요하다는 점을 강조한다. 세부적으로 네 가지는 '결정규칙의 결정성', '익명성의 요구', '대안 중립성', '긍정적 반응성'이다. 각각의 내용은 다수결은 사안을 정할 경우 A안과 B안 중에 무엇인가를 선택하게 하는 것으로서 '결정성'을 의미한다. 다음의 '익명성의 요구'는 민주적 결정에서 어떤 사람의 결정이 다른 사람의 결정보다 유리해서는 안 되는 것을 의미한다. '대안의 중립성'은 투표절차가 대안들 중 어느 것에도 이롭거나 불리하면 안 되는 것이다. '긍정적 반응성'은 어느 한사람이라도 대안에 대한 선호가 바뀐다면 이것을 선택해야 한다는 것이다. 즉 다수결에서 한사람이라도 더 선호가 있는 안건이 선택되는 것이 긍정적인 반응성을 보인다는 것이다.

셋째, 올바른 결정의 가능성이 향상된다. 이것은 집합적 합리성가정을 깔고 있다. 집합적 합리성은 다수의 의견과 판단이 소수의 의견이나 판단보다 현명한 판단의 가능성이 높다는 것이다. 콩도르세의 설명에 따르면 합리성이 있는 개인이 올바를 수 있는 가능성이 0.51 이라면 이런 가능성을 가진 100명중에서 51명이 선택을 한다면 다수가 옳을 가능성은 0.52가 되지만 60명이 되면 그 가능성은 0.70으로 증대한다.

넷째, 공리주의의 주장으로서 효용의 극대화. 다수가 선택한 이득은 잃어버린 소수의 이득만큼이나 이보다는 클 것이라는 점이다. 즉 51명의 이득의 합은 49명의 이득의 합보다는 많을 것이라는 것이다.

2. 다수결주의의 문제점

다수결주의와 관련해서는 크게 두 가지가 문제가 된다. 하나는 다수결의 '결정과정'과 관련된 것이고 다른 하나는 '다수결에 의한 결과 내지 내용'과 관련된 문제이다.

(1) 결정과정의 문제

첫째, 합리성 조건의 문제가 있다. 두 가지로 분리한 것 중 먼저 결정과정과 관련한 것은 다시 개인의 합리적 선택이 가능한지 여부는 합리적 선택이 가능하다고 생각하는 합리적 선택이론가와 대중의 합리적 선택가능성을 부정하는 엘리트적 입장으로 구분된다. 다수의 결정이 합리적인 결정이 될 수 있는가는 다수를 구성하는 개인들의 선택 자체가 합리적인가에 달려있다. 이렇게 개인의 합리적인 판단이 가능할 때 다수결주의는 의미를 가질 것이다.

결정과정에서의 두 번째 문제는 선거와 같은 제도가 다수의 의사를 정확하게 반영할 수 있는가 여부이다. 다수결주의가 되기 위해서는 다수의 의사를 결정하는 제도가 있어야 한다. 그런데 만약 선거가 다수의 의사와 다수의 의사가 전제가 되는 이해를 반영하지 못하면 다수결주의는 한계를 가진다. 애로우의 불가능성 정리 등은 완벽하게 인민의 의사를 반영하는 방식은 불가능하다는 점을 밝혔다. 또한 대의민주주의가 선거를 통해서 대표를 선출하고 대표들의 공약을 통해서 정책을 결정하기 때문에 다수의 의사를 누구를 대표로 만들 것인가의 문제 즉 대표의 구성문제와 관계있다. 따라서 대표와 유권자간의 주인－대리인의 문제 역시 다수결주의 문제 중 하나가 될 것이다.

셋째, 대안이 3개 이상일 경우에 다수결주의는 문제가 있다. 대안이 세 개 이상일 경우 다수결로 선택할 수 없는 경우가 있다. 각 방안을 비교해서 선택하는 콩도르세 승자방식이 있지만 이것도 순환다수가 되는 조건과 마주치면 다수결을 통해서 결정할 수 없게 된다. 특히 한국의 상대다수제가 다당제로 운영될 경우 이 문제가 심각해진다.

넷째, 의제의 통제 문제가 될 수 있다. 순환다수를 이룰 때 누군가가 의제를 통제할 수 있고 이런 경우 결과는 그 누군가에 의해서 결정될 것이다.

다섯째, 민주주의의 경계의 문제가 있다. 민주주의에서는 민주적 결정을 하는 단위를 어떻게 설정할 것인가도 중요한 문제이다. 민주적 결정에 있어서 상시적이고 구조적인 소수가 존재한다면 민주적인 방식의 결정을 한다고 해도 이것은 공동체 구성원의 의사를 제대로 반영한다고 보기 어려울 것이다. 이런 경우 공동체를 분리해야 하는 문제가 따른다. 한국에서 소수정당들은 구조적인 소수가 된다.

여섯째, 다수결이 평균적 효용극대화를 가능하게 할 수 있는가의 문제가 있다. 다수결주의가 가정하는 공리주의적 설명이 가능할 것인가의 문제이다. 공리주의적 입장에서 가정하는 개인의 효용의 문제는 실제 효용 간 크기의 문제를 간과할 수 있다. 즉 효용의 질적 차원을 문제삼을 수 있다. 상위계층에게 복지정책의 효용과 하위계층에서 복지정책의 효용은 단지 양적으로만 구분되지는 않는다.

일곱째, 쟁점에 대한 중립성의 문제가 제기될 수 있다. 특정가치는 다수결로 풀기 어려운 쟁점이 있기 때문에 다수결주의는 쟁점에 중립적일 수 없다.

(2) 결정의 내용

소수자 보호의 문제와 민주주의 남용의 문제가 제기될 수 있다. 앞의 다수결주의의 결정과정의 문제가 주로 다수결이 가능한가의 문제와 관련된다면 두 번째 문제는 주로 다수결주의의 내용과 관련된다. 즉 다수의 지배가 다루지 않는 민주주의 내용의 문제와 구조적 소수를 만들지 않기 위한 소수자 보호의 문제가 그것이다.

민주주의를 절차적 수준에서 이해하면 인민의 의사는 사전에 결정되지 않는다. 결정되지 않은 인민의 의사는 주기적인 평가를 통해서 누가 다수이고 다수의 의사가 무엇인지를 결정해야 한다. 따라서 절차적 수준의 민주주의는 '불확실성의 제도화'라고 한다. 그런데 다수결주의를 통해서 민주주의의 내용과 정책을 결정할 때 생기는 문제는 다수가 소수의 의사를 무시할 수 있는데 있다. 이로 인해서 절차적 수준의 민주주의는 민주주의의 내용상에 문제가 있을 수 있다고 지적 받는다. 절차적 수준에서 민주주의를 이해할 경우 민주주의는 수의 문제가 되며 수의 문제로 이해될 경우 민주주의는 제한되지 않게 된다. 민주주의를 루소와 같은 동일성민주주의로 파악할 경우 치자와 피치자가 동일하며 전체의 지를 강조하기 때문에 민주주의는 만장일치의 문제가 될 것이다. 다수의 지배를 인정하는 입장은 이러한 동일성민주주의를 부정한다. 즉 만장일치의 민주주의가 아닌 다수를 결정하는 민주주의는 국민의 의사가 다양할 수 있고 분리될 수 있다는 입장이다. 즉 다수의 지배는 만장일치를 의미하지 않고 일정한 수를 넘어서는 다수를 구성하는 경우를 국민의 의사로 본다.

이렇게 다수가 결정될 경우에 민주주의를 힘과 수의 논리로 볼 경우 민주주의는 제한되지 않는다. 그러나 독일의 바이마르 공화국과 히틀러의 등장이후 민주주의를 부정하는 자들을 민주주의 논리 속에서 인정할 수 있는지 논의를 통해서 민주주의는 방어적인 민주주의 즉 민주주의 자체를 지키는 것으로 발전했다. 따라서 민주주의를 부정하는 내용의 정치적 주장은 민주주의에서 받아들이기 어려워졌다. 따라서 민주주의에서 내용이 문제가 되었다. 민주주의의 내용을 위해서 다수의 지배는 일정한 제한을 받을 수 있게 되었다.

마지막으로 자유주의 입장에서 민주적인 결정에 의해서도 절대적으로 제한되는 기본적인 권리가 있다는 입장이 있다. 기본적인 권리를 부정할 경우 소수자들은 다수에 의한 폭정과 전제에 의해 희생당할 것이다. 또한 다수에 의한 전제는 소수의 의견이 표출될 수 있는 구조적 조건을 붕괴시킬 수 있기 때문에 다수결주의에서 소수자의 보호는 특별하게 다룰 필요가 있다. 특히 언어, 인종, 종교 등의 균열로 인한 구조적 소수는 절대적으로 다수의 지배 하에서 다수를 구성할 수 없기 때문에 이들은 다수결주의를 제한하고 제한된 다수결주의로부터 보호를 받아야 한다. 소수를 보호할 수 있는 제도로는 복수정당제도, 위헌법률심판제도, 집회의 자유, 각종 공직의 임기제도와 주기적인 선거제도, 가중다수결로 소수를 보호하는 특별의결정족수 제도와 국회임시회소집요구의 정족수 제도 등을 들 수 있다. 이런 소수 보호제도 역시 절차적인 제도를 통해서 소수를 보호하고자 한다.

Ⅳ 한국 민주주의발전을 위한 다수결주의: 다수결주의의 제한성

한국에서 다수결주의를 통한 불확실성의 제도화를 위해서는 다수결주의를 제한 할 것인지 여부를 평가할 기준을 먼저 논하고 현실에서 다수결주의의 제한성을 논한다.

1. 다수결주의의 제한성: 제한적 다수결주의와 무제한적 다수결주의

이론적으로 다수결주의를 제한해야 한다는 입장은 다수결주의 내용과 관련해서 침해되어서는 안 되는 권리와 가치가 있다는 입장이다. 기본적으로 보호받아야 할 권리들과 종교, 언어, 족(ethnie)의 문화 등은 다수결로 처리되어서는

안 된다. 따라서 다수결은 일정한 내용의 문제에 대해서 제한될 필요가 있다.

또한 민주주의를 불확실성의 제도화로 이해할 경우 다수의 지배가 다수의 폭정이 되어서는 민주주의를 적과 동지로 극단적으로 구분하게 할 것이다. 칼 슈미터식의 '적과 동지의 구분'은 정치를 결투와 대결의 장으로 만들 것이다. 따라서 대결과 결투를 제도적으로 관리한 민주주의는 붕괴될 것이다. 따라서 민주주의 유지를 위해서도 다수결주의는 극단으로 가지 않도록 제한되어야 한다.

반면에 다수결주의의 결정성을 강조하기 위해서는 무제한적 다수결주의를 사용해야 한다는 입장이 있다. 민주주의를 결정방식으로 이해 할 경우 다수결을 통해서 정치적 결정을 하는 것이 곧 민주주의가 된다. 만약 다수결주의가 강한 다수결주의의 입장을 견지하지 못한다면 즉 다수결로 결정된 것이 결정성을 잃어버리고 다른 안에 의해 사실상 집행될 수 없다면 다수결을 통한 결정은 의미가 없게 된다. 따라서 다수결주의는 제한 될 수 없으면 제한되어서는 안 된다.

2. 한국에서 필요한 다수결주의: 제한된 다수결주의

한국에서 다수결주의는 결정성을 극대화하는데 도움이 된다. 하지만 다당제 구조로 분화된 현재 상황에서 무제한적 다수결주의는 한국의 일정한 다수가 아닌 특정한 다수에 의해 한국정치 전체이슈를 결정하게 만든다. 현재 대선에서 어느 정당의 후보도 50%의 절대적 지지를 받지 못하고 있다. 이런 상황에서 특정정당과 특정정당출신의 지도자가 한국의 가치를 결정하며 제한을 받지 않을 경우 자유주의의 폐해인 힘의 정치가 구현된다. 이 결론을 다수결주의 필요성과 제한성의 필요성의 순서로 논한다.

한국에서 정치적 결정은 다수결에 의해 결정되는 것이 필요하다. 물론 다수결주의의 문제점이 의의 문제점이 른 제도적인 장치들로 보완될 필요가 있지만 결정은 기본적으로 다수가 지배하는 방식으로 이루어질 필요가 있다.

하지만 레이파트의 연구가 제시한 것처럼 실제 서구 선진 민주주의 국가 21개 국가 중에서 다수결제도만을 고집하는 나라는 실제로 5개 국가밖에 되지 않는다. 다른 나라들은 비례대표제도를 도입하여 합의제적인 방식으로 정치를 운영한다. 이것은 사회가 동질적이지 않고 소수의 문제가 중요할수록 더욱 그러하다.

한국의 경우에 있어서도 동일하다. 한국의 경우 족적인 동질성은 서서히 약화되고 있고 다문화주의의 모습을 보이고 있다. 여기에 더해 원적지 중심의 전통적인 지역주의와 거주지 중심의 신지역주의가 혼재하고 있다. 또한 이념의 갈등도 나타나고 있으며 세대 간의 문화와 가치에 대한 차이도 나타나고 있다. 따라서 한국도 다양한 사회갈등과 균열을 관리하고 이를 풀어가기 위해서는 합의제적인 방식의 운영양식을 더 강화할 필요가 있다. 참여정부에서의 대연정의 구상과 주장이나 이명박 정부의 실용주의 노선은 이념적 가등과 지역갈등을 풀면서 다양한 정치적 세력간의 타협을 위한 방안으로 제시되었다.

하지만 한국의 경우 아직 사회갈등은 다수결주의를 통해서 해결이 가능하다. 한국의 정치적 균열은 지역과 이념이다. 지역주의와 이념적 갈등은 사회갈등이 영구화할 수 있는 것은 아니다. 분배정책을 통해서 갈등을 완화할 수 있는 것이다.

다음으로 한국의 다수결주의는 제한적 다수결주의가 되어야 한다. 다수결주의를 통해서 결정하는 것이 반드시 국가 전체의 이익이 되지않을 수 있다는 것은 세종시로 행정수도를 옮기는 문제에서 나타났다. 국가의 균형발전의 목표는 맞지만 이것이 인위적인 행정부의 이전에 의해서 이루어질 수 있는가와 미래 통일한국을 감안 했을 때도 바람직한가의 문제는 더 많은 고려를 필요로 한다. 이런 사안들에 대해서는 다수결주의를 더 엄격한 다수결주의 즉 가중 다수결주의 방식으로 풀 필요가 있다.

또한 미디어법의 처리 등에서 보인 것처럼 정치적 권리의 핵심인 언론의 자유문제를 풀어가는 것에서는 다수결주의는 원칙적 운영보다는 제한될 필요가 있다.

Ⅴ 결론: 다수결주의의 합의주의 방식 보완

한국 민주주의는 과거 권위주의에서 많이 탈피해오고 있다. 하지만 민주주의를 힘의 정치로 치부하여 원내 의석수의 문제로만 풀려는 경향으로 인해 다수와 소수간의 긴장이 지나치게 확대되어 왔다. 따라서 다수결주의를 기본으로 하지만 다수결주의는 합의주의적 방식 등으로 보완되어야 할 것이다. 특히 사회의 균열이 많아지고 소수의 지배가 쉽지 않은 상황에서 새로운 정치적 갈등을 해결하기 위해서는 비례적인 방식의 문제풀이기제를 확대하는 것이 필요할 것이다.

제006문 사회균열 변화와 개헌방향

1987년 민주화를 의미하는 '87년 체제'는 30년이 넘었다. '87년 체제'는 정치적 차원에서는 중앙에 집중된 권력구조와 5년 단임의 대통령제와 선거구제의 단순다수제도라는 선거제도의 결합을 의미한다. 2017년 탄핵사태는 제도적으로 '87년 체제'의 운영이 더 이상은 어렵다는 점을 보여주었다. 또한 최근 한국정치는 '87년 체제'가 만들어진 때와 다른 사회균열(social cleavage)의 변화도 보이고 있다. 이런 변화들은 헌법 개정을 필요로 한다. 다음 질문에 답하시오. (총 50점)

(1) 사회 균열(social cleavage)과 사회적 의사결정구조로서 '다수결주의(majoritarian rule)'와 합의주의(consociational rule)의 관계를 설명하고, 결정구조들과 정치제도들과의 관계를 약술하시오. (15점)

(2) '87년 체제'의 의미와 문제점을 설명하시오. (15점)

(3) 사회균열을 고려하여 '87년 체제' 변경을 위한 개헌에 바람직한 원칙을 제시하고, '정부형태'와 정부구성에 있어서 '선거방식'과 '중앙－지방간 관계'에서 개편방안을 논하시오. (20점)

Ⅰ. 서   론
Ⅱ. 개헌을 위한 전제: 다수결주의와 합의주의
  1. 사회균열과 사회적 의사결정 방식간의 관계
  2. 다수결주의와 합의주의와 정치제도들과의 관계
Ⅲ. 한국의 '87년 체제'의 의미와 문제점
  1. '87년 체제'의 의미
  2. '87년 체제'의 문제점
    (1) 급속한 개헌
    (2) 권력구조에 집중된 체제
    (3) 사회적 합의의 부족과 사회－경제적 조건과 유리된 체제
Ⅳ. 한국의 개헌논의의 방향과 구체적 제도들

1. 한국에서 필요한 정치적 의사 결정구조
  (1) 한국의 정치환경 변화: 사회균열의 변화와 가치관의 변화
  (2) 합의민주주의의 효용성논의
2. 개헌의 원칙적인 방향
3. 구체적인 제도 개편방안
  (1) 정부형태: 중임제 원대통령제도
  (2) 대통령선출방식: 결선투표제도의 도입
  (3) 중앙－지방의 관계: 연방제에 준하는 지방분권화
Ⅴ. 결   론

 문제의 맥락과 포인트

이 문제는 민주화 30년이 지난 시점에서 한국의 급속한 민주주의 이행시기 제도 선택을 현 시점에서 평가하는 문제이다. 87년 체제의 의미를 정리하고 이 당시 선택된 다수결주의가 지금 현재도 한국에서 의사결정구조로 유용한지를 평가해보는 문제이다. 민주주의모델과 제도들간 조합을 체계화하는 것이 중요하다. 마지막으로 이 문제를 풀기 위해서는 한국의 사회균열이 현재 무엇인지를 입증해야 한다. 이 부분이 이 문제의 가장 중심 축을 이룬다.

Ⅰ 서 론

2017년 5월 18일 광주민주화항쟁기념사에서 문재인 대통령은 2018년 지방선거에서 국민투표를 통한 개헌을 하겠다고 발표하였다. '87년 체제'로 불리는 민주화 30년이 되는 시점에서 한국은 이념과 세대간의 정치라는 새로운 사회균열을 반영하는 제도모색이 필요하게 되었지만 2018년 6월 지방선거에서는 개헌을 다루지 못하게 되었다. 그럼에도 수명이 다한 '87년 체제'의 개정을 위해 현 시점에서 정부형태와 정부선출방법 그리고 중앙-지방간의 관계는 어떤 제도가 바람직한지를 다수결주의-합의주의라는 기준을 토대로 하여 논의한다.

Ⅱ 개헌을 위한 전제: 다수결주의와 합의주의

1. 사회균열과 사회적 의사결정 방식간의 관계

레이파트에 따르면 사회균열이 독립변수로서 사회적 의사결정방식이라는 종속변수를 결정한다고 한다. 즉 사회균열이 다양하고 각 사회균열이 1차원적 정체성에 근거하는 경우 이 사회는 다수결주의를 선택하는 것이 아니라 합의주의를 선택한다. 즉 언어, 인종, 종교와 같은 사회적 균열이 다양하게 있는 국가는 이들 사회균열의 타협점을 찾기 어렵기 때문에 권력의 공유방식인 합의주의를 사용한다는 것이다. 대표적으로 벨기에, 네덜란드, 스위스, 오스트리아 등을 들 수 있다.

CF.

레이파트이론은 초기에는 합의주의(consociational rule)를 사용하다 1990년대 이후 합의주의(consensus rule)로 명칭을 바꿔 사용하고 있다.

반면에 사회균열이 다양하지 않고 산업화의 여파로 인해 계급적 균열로 단순화되어 있을 때 이 국가는 합의주의보다는 다수결주의를 사용하여 사회적 의사를 결정한다. 계급은 타협을 통해서 갈등을 해결할 수 있기 때문에 합의주의와 같은 방식을 사용하기 보다는 다수결을 통해서 사회적 가치를 결정하는 것이다. 대표적으로 영국과 미국을 들 수 있다.

이때 사회균열과 사회의사결정 방식 간에는 크게 3가지가 중요하다. 첫 번째, 사회적 균열의 수, 두 번째 사회균열의 종류, 세 번째 사회균열의 중첩성 등이다. 먼저 사회적 균열의 수가 많으면 다당제가 만들어질 수 있으며 이런 경우 합의주의가 다수결주의보다 선호된다. 그러나 사회균열이 1차원적 정체성의 경우일 때 합의주의를 사용하는 것이 필요하지만 계급이나 지역과 같은 물질주의에 토대를 둔 경우에는 다수결주의를 사용할 수 있다. 균열의 중첩성은 사회적 균열의 해결가능성과 관련된다. 균열이 교차될 경우 다당제가 되며 각각의 균열이 독립적으로 반영될 것이다. 그러나 균열이 중첩될 경우 각 균열은 증폭되어 나타날 가능성이 높기 때문에 해결책을 모색하기 쉽지 않을 것이다. 예를 들어 언어와 인종이 중복되면 특정언어에 대한 배타적인 정책은 인종간의 갈등도 증폭 시킬 것이다.

2. 다수결주의와 합의주의와 정치제도들과의 관계

다수결주의는 사회적 가치를 결정할 때 더 많은 가치를 지지하는 사회갈등을 선택하는 제도이다. 반면에 합의주의는 사회적 가치 중 어떤 특정 가치를 우선시하는 것이 아니라 다양한 가치들이 공존할 수 있는 방안을 모색한다. 이를 권력으로 구분하자면 다수결주의는 다수에 의한 권력의 집중을 강조하는 제도이고 합의주의는 권력공유를 강조하는 제도이다.

이러한 원리에 기초하여 <u>다수결주의는 대통령제도나 의원내각제도 모두와 조응성이 높다. 반면의 합의주의는 권력의 공유를 특징으로 하기에 의원내각제도가 조응된다.</u> 만약 제도적으로 대통령제도를 선택할 경우 대통령을 선출하는 방식에는 단순다수제도와 절대다수제도 중에서 선택할 수 있다. 대통령제도는 지지자를 중심으로 권력을 집중시킨다. 반면 의원내각제도의 경우는 총선에서 의원을 선출하는 방식으로서 지역의원을 선출하는 다수결제도와 비례주의 중 비례주의를 더 강조하여 사용할 수 있다. 또한 다당제의 경우 정당간의 연합하여 연립정부를 구성하게 할 수 있다. <u>다수결주의의 경우에 있어서 지방과 중앙의 분권화는 중요한 문제가 아니다. 권력은 중앙으로 집중하는 것이 필요하기 때문이다. 그러나 합의주의에서는 권력공유를 위해 지방으로의 분권화가 중요하다.</u>

이런 점에서 정부형태와 정부 선출방식과 중앙과 지방의 관계는 우선적으로 사회적 의사결정방식이 결정되어야 한다. 그런데 앞에서 본 것처럼 사회적 의사결정방식은 사회균열의 종류와 숫자에 의해 결정된다. 한국의 개헌과 관련해 한국 사회균열의 종류와 숫자를 보아야 하는 이유이다.

Ⅲ 한국의 '87년 체제'의 의미와 문제점

1. '87년 체제'의 의미

1987년의 민주화를 지칭하는 87년 체제는 다양한 의미로 사용된다. <u>정당체계, 보스정당구조, 좁은 민주주의로의 전환과 보수적민주주의,</u> <u>민주화자체</u> 등으로 지칭된다. 여기서는 87년 체제를 민주화를 이룬 1987년의 권력구조와 헌법규정의 양식을 지칭한다. 따라서 87년 체제를 현재 6공화국헌법을 이루고 있는 권력과 권력운영방식에 대한 합의구조로 규정하고 이에 대한 개헌논의를 진행하기 위해 87년 체제의 문제점을 설명한다.

2. '87년 체제'의 문제점

(1) 급속한 개헌

<u>1987년 민주화에서 권위주의체제에서 민주주의로의 전환은 8인 정치회의를 통해 급속하게 진행되었다.</u> 갑작스런 민주화로 인해 다시 권위주의로의 회귀를 두려워한 민주진영이나 퇴로확보가 필요했던 권위주의진영 모두 급히 권력구조에 대한 약속을 하게 되었다. 이에 따라 1987년 대통령선거를 직선제로 바꾸는 때 까지 빠른 기간 안에 합의를 이루게 된다. <u>신속한 개헌은 민주주의의 내용을 모두 다루지 못하였고 대통령제의 유지와 임기라는 일부 내용만을 다루었다.</u> 이런 점에서 향후 개헌은 숙고를 필요로 하며 사회적 합의와 심의를 필요로 한다.

(2) 권력구조에 집중된 체제

<u>87년 체제는 주로 대통령에게 권력을 집중시키면서 권력의 임기를 규정하고 권력을 선출하는 방식에만 집중하였다. 대통령제도의 경로의존성에 기초하여 다른 정부 형태보다 대통령제도를 선택하게 하였다. 지역주의 선거전략에서 기초하여 선거승리를 위해서 상대다수제를 선택하여 대통령선출방식을 규정하였다.</u> 이는 권력의 정당성을 약화시켰다. <u>실제 1987년 민주화 이후 최초 대선에서 노태우 후보는 36.6%로 당선됨으로써 민주적 정당성이 약한 상태에서 출발하였다. 또한 노태우 후보는 김영삼 후보와</u>

김대중 후보와의 경쟁에서 패배할 수 있는 콩도르세 패자임에도 불구하고 상대다수제의 지역주의 선거 전략을 사용하여 당선될 수 있었다. 또한 권력은 중앙집중화되었기 때문에 중앙과 지방간의 권한에서 중앙으로의 집중이 이루어진다.

(3) 사회적 합의의 부족과 사회 – 경제적 조건과 유리된 체제

87년 체제는 권력에 대해 집중하면서 경제적 조건과 사회적 조건에 대해서는 논의가 부족하였다. 절차적 차원의 좁은 민주주의 틀 안에서 헌법이 구성되면서 경제–사회적 조건은 실제와 헌법이 유리되게 되었다. 이것은 헌법이 지켜지는 최상위규범으로서 의미를 스스로 포기하게 만들 게 되었다. 이런 속성은 이후 신자유주의의 강화와 산업화시대 성장주의의 문화유지로 인한 복지 부족과 경제 민주화라는 경제적 문제를 부각시킬 수 있는 기반이 되었다. 또한 여성 문제의 일상성민주주의가 작동할 수 있는 공간이 없게 민주주의를 좁게 만들었다.

Ⅳ 한국의 개헌논의의 방향과 구체적 제도들

한국에서 민주화 이후 30년 이상이 지난 시점에서 개헌을 위해서는 한국의 사회적 균열이 변화하였는지를 보고 사회적균열에 부합하는 개헌방안과 제도적 조응성이 있는 개헌방안을 모색해본다.

1. 한국에서 필요한 정치적 의사 결정구조

합의주의와 다수결주의를 선택할 때 중요한 기준은 '사회적 균열의 수'와 '중첩성'이다. 이에 따라 한국의 정치환경 변화를 먼저 살펴보고 합의주의로의 변화가 필요한지 논의한다.

(1) 한국의 정치환경 변화: 사회균열의 변화와 가치관의 변화

한국의 정치 환경이 변화하고 있다. 정치 환경의 변화는 크게 사회균열의 변화와 사회구성원의 문화변화를 들 수 있다. 첫 번째로 사회균열이 늘어나고 있다. 우선 첫째 사회균열로 진보와 보수라는 이념기준이 한국정치의 중심에 있다. 2017년 19대 대선에서는 5명의 유력후보가 경쟁을 하였고 이들은 최종 결과에서 5% 이상의 득표를 하였다. 5명의 후보는 지역주의보다는 이념적 스펙트럼 내 혁신에서 수구까지로 늘어선 이념경쟁을 보여주었다. 둘째 사회균열로 지역주의가 여전히 남아있다. 19대 대선에서는 홍준표 후보가 대구와 경북지방에서만 문재인 후보에게 승리함으로써 전국적으로 '민주당=호남'이라는 등식의 지역주의가 약화되었다. 하지만 완전히 사라진 것은 아니다. 또한 20대 총선의 결과를 볼 때 한국의 사회균열은 다원화되고 있다. 진보와 보수라는 이념적 기준과 함께 영남과 호남간 지역균열도 나타난다. 또한 세 번째 사회균열로 종교도 들 수 있다. 2016년 20대 총선에서는 기독교정당인 기독자유당이 13번 기독당과 함께 받은 표가 3.17%로 77만에 가까운 유권자가 표를 주었다. 18대 총선에서는 기독교에 토대를 둔 정당에 44만 명의 유권자가 지지한 것과 볼 때 득표가 높았고 3%를 넘을 수 있는 여지를 가졌다. 이것으로 종교가 한국 사회에서 정치적으로 의미 있는 사회균열이라고 보기는 어렵지만 종교정당의 시대를 열 수는 있다.

이에 더해 다문화가정이 늘어나고 있고 세대 간 갈등도 나타나고 있다. 이들은 네 번째와 다섯 번째 사회균열요인이다. 다문화인과 다문화가정이 늘어나고 있고 노동시장과 결혼이주자로 인해 지속적으로 늘 것으로 예상할 수 있다. 또한 고령화로 인해 세대간 갈등가능성 역시 높다.

이번 2017년 19대 대선도 청년실업문제와 고령화 문제 등이 이슈가 되었고 대선 이전의 촛불시위와 태극기시위는 세대간의 갈등가능성을 보여주었다.

두 번째 정치적 환경의 변화는 정치문화차원에 있다. 한국인의 정치문화에서 다수적가치체계보다 합의제적가치체계가 더 선호된다는 연구결과가 있다. 이것은 그간 한국이 다수결주의에 기반한 제도를 사용해왔다는 점과 비교할 때 정치적 가치체계에서는 다수결주의의 대결보다는 합의제적 운영을 선택한다는 것을 보여준다.

(2) 합의민주주의의 효용성논의

위의 정치적환경변화는 다원적 사회균열을 보여주고 있다. 다원적 사회균열은 다수결주의보다는 합의주의 정치제도를 필요로 한다. 또한 몇 연구들에서 한국의 사회균열이 중첩(overlapping)되기보다는 교차(crosscutting)되어 나타난다. 즉 지역과 이념이 반드시 일치하지 않으며 지역과 세대가 일치하거나 이념과 세대가 일치하는 것은 아니다.

서구 정치를 기준으로 볼 때 한국에서 사회균열의 증대와 교차라는 정치 환경의 변화는 현재 한국이 사용하는 다수결주의보다는 합의민주주의가 필요하다는 것을 의미한다. 이외에도 합의민주주의를 활용하자는 입장은 몇 개의 논거를 가지고 있다.

사회균열의 증대를 포함하여 한국에서 합의민주주의가 필요하다는 입장은 크게 4가지 정도 지적될 수 있다. 첫째, 한국지역주의의 문제. 둘째, 다수결주의와 대결의 정치와 분열의 정치가 구조적 다수와 구조적 소수를 양산하는 문제. 셋째, 한국사회 갈등의 다원성에 대한 비례주의의 필요성. 넷째, 한반도 통일 이후 북한의 구조적 소수화방지가 제시된다.

각각의 입장은 지역주의가 강하고 지역간의 인구편차가 크기 때문에 지역에 권력을 할당하는 것이 필요하다는 점에서 대연정을 구성하자는 입장이다. 또한 이 문제는 한반도가 통일되는 상황을 가정할 때는 더욱이 필요하다는 입장이다. 여기에 더해서 한국의 갈등구조가 복합적 균열로 가기 때문에 복합균열을 포용하기 위해서는 비례주의를 확대하는 것이 필요하고 다양한 정치세력간의 협의가 필요하다는 입장이다. 다수결주의는 특정 계층을 상시적인 승자로 만들 수 있을 뿐 아니라 정치를 대결의 정치로 만든다. 따라서 다수결주의가 가지는 대결적인 정치보다는 합의를 가능하게 하는 정치가 필요하다는 점에서 합의주의가 제시될 수 있다.

반면에 사회균열의 증대에도 불구하고 합의민주주의를 사용하기 어렵다는 입장도 있다. 합의민주주의가 적용되기 어렵다는 주장의 근거는 4가지 정도가 있다. 첫째, 지역갈등과 균열을 고착시킴. 둘째, 정당정치의 대표성부족과 사회적 합의가능성의 낮음. 셋째, 비효율적 정치운영가능성. 넷째. 사회갈등이 먼저가 아니라 정치적 동원이 먼저라는 것이다.

이들 논리를 각각 살펴보자. 합의민주주의에 대한 논의에 있어서 초기에는 합의민주주의를 한국의 지역주의에 도입해보자고 주장하는 견해가 있었다. 즉 소수파의 배려 측면에서 남한 내 분열구조에서는 지역구조에 대입해볼 수 있고 남북한의 통일 이후 분열구조에서는 남북 간의 분열구조에 적용할 수 있다는 것이다. 소수파인 북한에 대해서 비례의 원칙과 비토권, 문화적 자율성 등을 인정하자는 것이다. 하지만 이 주장은 자칫 한국의 지역구조나 통일 이후의 정치구조를 상존시키거나 구조화시킨다는 점(즉 통일이 되어도 남과 북을 지역문제로 분리해서 분권화시킨다는 점)에서 비판적으로 보아야 한다. 또한 한국은 정당정치가 발전하지 못한 상태에서 정치지도자를 중심으로 타협을 추구하는 합의주의가 작동하기 어렵다. 이런 상황은 정국운영을 비효율적으로 작동하게 할 것이다. 게다가 한국의 지역주의는 유럽과 달리 정당이 만든 것이기 때문에 역사적이고 사회적인 구조적 산물이 아니다. 그런 점에서 합의주의를 받아들이기 어렵다.

이들 논쟁을 어떻게 정리할 것인지가 핵심이다. 한국의 사회갈등은 종적, 언어, 종교와 같은 유럽식의 구조적이고 일차원적 갈등이 아니다. 그런 점에서 갈등을 구조화 결정화(crystalization) 시키는 것은 바람직하지 않다. 또한 정당 등 정치대표제도의 제도화가 미흡한 상황에서 합의주의는 비례적 차원에서 정치적 이권의 상호약탈로 갈 수 있다. 또한 정치적 갈등을 확대하고 정책비효율성을 가져올 여지도 있다는 점에서 합의주의에 적용에 대해서는 부정적이다.

2. 개헌의 원칙적인 방향

첫째, 신중하고 사회적 합의에 기초한 개헌이 필요하다. 앞서 본 것처럼 87년 체제는 급속한 개헌이었기에 이번 개헌은 사회적 합의와 심의를 필요로 한다. 사회균열을 정치체제에 반영하기 이전에 한국이 지향하는 가치가 무엇인지를 규정하고 가치를 제도 내에 체현할 수 있는 구체적인 논의가 진행되어야 한다.

둘째, 사회적 가치와 제도간의 조응성 유지가 필요하다. 한국이 추구하는 가치로 자유, 효율적인 국정운영과 형평성의 추구가 반영될 수 있는 제도간 조합이 필요하다. 이들 가치를 반영할 수 있는 제도들이 여러 가지가 있을 수 있으며 이들 제도들의 양립성이 높지 않을 수 있기에 제도들 간의 조응성을 위한 체계적인 노력이 필요하다. 예를 들어 대통령제와 다당제는 제도 간의 조응성이 떨어진다.

셋째, 사회적 균열의 증대에도 불구하고 다수결주의 유지가 중요하다. 한국은 앞서 본 것처럼 사회균열이 늘어났지만 다수결주의를 통해서 합의점을 찾을 수 있다. 따라서 큰 틀에서 합의주의제도로의 개편이 없이도 세부적인 차원에서만 비례주의를 늘리고 연방주의에 준하는 중앙−지방과의 관계를 만들 수 있다.

3. 구체적인 제도 개편방안

앞서 본 것처럼 다수결주의를 사용한다는 전제하에 구체적인 제도논의는 정부형태와 정부선출방식과 중앙−지방의 관계로 한정하여 논의한다.

(1) 정부형태: 중임제 원대통령제도

다수결주의를 사용할 경우 정부형태는 대통령 제도를 계속해서 사용하되 원대통령제도로 변경을 하고 중임제도로 변경하여 정책의 효율성과 연속성을 보장하게 할 필요가 있다. 87년 체제의 한국 대통령제도는 역사적 경험 때문에 5년 단임제로 규정하였다. 그러나 민주화 30년의 역사로 볼 때 지난 탄핵은 절차적 차원의 민주주의가 구축되었다는 점을 반증할 뿐 아니라 책임추구가능성이 높다는 것을 의미한다. 이로 인해 중임제도로 바꾼다고 해도 과거와 같은 연임을 위한 비민주주의로의 전환은 일어나기 어렵다.

중임제도는 대통령의 통치가능성을 늘린다. 대통령제도는 견제와 균형이 핵심이며 이를 위해서 안정된 임기보장을 특징으로 한다. 현재의 단임제도에서 대통령은 여당과 야당 모두로부터 비판을 받으면서 조기 레임덕에 걸릴 수 있다. 조기레임덕의 상황에서 대통령의 통치가능성은 떨어지기 마련이다. 안정된 국정운영과 함께 통치가능성을 늘리기 위해서는 임기를 연장하여 집권할 수 있는 가능성을 열어두어야 한다. 또한 이 조치는 대통령에게 책임추궁당할 수 있는 여지를 만들어주기 때문에 민주주의의 책임추궁 가능성의 차원에서도 바람직하다.

(2) 대통령선출방식: 결선투표제도의 도입

CF.

2020년 양당제로의 전환 이후에는 결선투표제 사용 논의는 줄어들었음.

대통령선출방식도 현재의 상대다수제도에서 결선투표제도로 바꿀 필요가 있다. 현재 한국정당체계는 20석의 교섭단체를 기준으로 유효정당을 세웠을 때 3개의 유효정당이 있다. 지난 대선에서의 유력후보까지 따지면 5개의 정당이 경쟁을 하고 있다. 이런 상황이 지속된다면 대통령은 과반수 이상의 지지를 받으면서 당선되기 어렵다. 게다가 다당제 경쟁은 대통령의 통치 가능성을 낮추면서 분점정부 가능성은 높인다.

결선투표제도는 이런 상황에서 두 가지 기능을 수행한다. 첫 번째는 정당성을 증대시킨다. 프랑스의 경우 1차 투표에서 과반수 당선자가 없는 경우 2차 투표에서 2명의 후보를 압축하여 투표를 진행한다. 어느 후보든지 2차 투표에서는, 1차 투표에서 지지를 하지 않았던 유권자를 포함하여, 과반수 이상의 지지를 받을 것이기 때문에 대통령의 집권에 대한 정당성을 높인다.

두 번째, 정당간의 정책지지나 정당연대를 가능하게 한다. 다당제 구조에서 정당들은 결선투표가 되기 전이나 1차 투표 이후 지지선언이나 정책연대를 모색할 수 있다. 프랑스의 경우 1차 투표 후 2주 뒤에 2차 투표를 하기 때문에 이 과정에서 정당간의 연대가 구축된다. 다당제에서 대통령이 가진 권력을 기반으로 정당간의 연합이나 연대를 가능하게 하기 때문에 정부의 통치가능성을 높인다.

물론 결선투표제도의 단점도 있다. 콩도르세 승자가 떨어질 수도 있다는 단점이 있다. 1:1로 승부했을 때 어떤 후보보다 경쟁력이 있는 후보가 1차 투표에서 탈락할 수 있다는 것이다. 또한 결선투표제도가 1차 투표의 결과와 달리 2차 투표에서 선호가 역전되어 나타나는 경우들이 있다는 점도 문제이다. 또한 실제 대표성 대비 과도한 지지를 가져오게 한다는 점도 문제이다. 지난 2017년 6월 11일 프랑스 총선에서는 마크롱 대통령소속정당인 앙마르슈와 민주운동당 연합이 32.32%의 지지를 획득했지만 1주일 뒤 결선투표에서는 전체 의석수에서 70%이상의 의석을 가진 것을 사례로 들 수 있다.

그럼에도 불구하고 현재 한국의 19대 대선에서 문재인 당선자가 받은 지지는 41%선에 불과하다. 향후 다당제가 유지될 것으로 전망되는 상황에서 결선투표제도는 정당성의 향유와 정당 간 연대를 가능하게 할 것이기 때문에 필요하다.

(3) 중앙-지방의 관계: 연방제에 준하는 지방분권화

한국의 중앙과 지방간 관계에서 지방분권화를 더 강하게 규정할 필요가 있다. 문재인 대통령은 지난 2017년 시도지사와의 간담회에서 분권화된 체제로의 개헌을 언급했다. 한국은 1995년 민주화 이후 처음으로 지방자치제도가 부활되었다. 그 이전 지방자체제도는 정치보다는 행정의 영역이었다. 민주화 이후 초기에도 행정의 영역인지 정치의 영역인지에 대한 논의가 있었다. 그러나 기초의회선거에서 정당개입을 가능하게 한 헌법재판소의 판결 이후 지방자치제도는 모든 영역에서 정치가 중심에 서게 되었다.

지방자치제도가 발전하였음에도 불구하고 지방분권화는 약하다. 지방에 권력분화가 약한 것은 지방들마다 중앙에 대한 재정의존도가 낮기 때문이다. 개헌에서는 지방분권화가 현실적으로 가능하게 하기 위한 지방의 균형발전을 가능하게 할 수 있는 사회경제적 조건의 구성과 함께 작동하여야 한다. 지방으로의 권력의 이양을 만들어야 향후 통일 한국의 헌법을 구성하고 이를 운영할 때 역시 지방의 권력공유가 가능하다.

Ⓥ 결 론

87년 체제가 좁은 차원에서 제도개편의 민주화였다면 향후 개헌을 통해서는 대통령제도의 효율성과 정당성을 증대시키는 방안으로 중임제도와 결선투표제를 사용하면서 권력은 중앙에서 지방으로의 이동을 이루어야 한다.

참고   다수결주의와 합의주의의 내용 보완

(1) 다수결주의의 운영원리와 문제점

다수결주의는 자유주의에 기반하고 있다. 합리적인 판단을 하는 개인들을 중심으로 개인들 간의 가치 대등성이 보장되는 것이다. 합리적인 판단에 의해서 선택된 개인들의 가치는 합리성에 의해서 각각의 가치가 중요하고 인정된다. 각 개인은 스스로를 판단하는 외부제약과 구속으로부터 '자유'로울 뿐 아니라 스스로 결정하는 '자율'을 가지고 있다. 합리적인 판단을 내린다면 개인들의 가치판단과 선호는 다른 이에 의해 간섭받거나 강제되지 않는다.

가치가 대등하게 될 경우 가치의 우열은 사회적으로 사전에 결정되지 않는다. 가치의 우열이 사전에 결정된다는 것은 특정한 가치를 강조하며 이것이 더 나은 가치라는 점을 결정하고 사회에 강요할 수 있는 누군가가 있다는 것이다. 그런 점에 비추어 개인들의 가치는 대등하다는 전제에서 우열의 문제로 결정되는 것이 아니라 "어떤 가치가 더 많이 지지 받는가"에 의해서 결정된다.

개인들의 가치가 대등한 경우 대등한 가치들 사이에서 사회적으로 지향할 가치 즉 공공선은 더 많은 이들이 지지하는 가치로 결정된다. 공공선은 개인들의 사적인 가치를 뛰어 넘는 것이 아니라 개인들이 지향하는 가치 중에서 어떤 가치가 더 많이 지지 받는가에 의해서 결정된다.

개인들에게 자유로운 선택을 할 수 있는 절차적 평등이 보장되면 개인들은 평등한 조건에서 자신들의 가치가 사회적 가치가 될 수 있게 경쟁을 한다. 이들은 자신과 유사한 가치를 가진 이들을 집약하고 이것을 표출함으로써 자신들이 지지하는 가치가 사회적 가치가 되도록 노력한다. 이러한 개인들 간의 가치 경쟁 속에서 더 많은 지지를 받는 것이 사회적 가치이자 공공선이 될 수 있다는 합의에 기반을 두고 사회적가치가 결정되는 것이다. (사회적 선택이론)

따라서 다수결주의는 다음과 같은 장점을 가진다. 자기 결정을 극대화하여 정치공동체에서 결정자의 수를 증대한다. 최대한 많은 이들의 가치를 사회적 가치로 결정하는 것이다. 또한 결정성을 높여 공동체의 의사결정의 지연을 방지한다. 다수결주의는 빠른 결정을 담보한다. 다수결주의는 집단적인 합리성을 증대함으로써 결정에 있어서 올바른 결정가능성을 높인다. 한 사람의 합리성이라도 증대시켜 이를 통한 사회적 가치를 결정한다. 또한 다수결은 개인들의 효용성을 최대화 하여 사회적 효용성을 향상시킨다. 공리주의에 따를 때 다수결에 포함된 사람이 한 사람이라도 더 많다면 사회적 효용은 증대한다.

반면에 다수결주의는 몇 가지 문제를 가지고 있다. 첫째, 동질적인 사회를 가정하는데 이질적인 사회에서 적용하기 어렵다. 이런 경우 구조적인 소수가 만들어질 수 있으며 이들은 정치공동체를 유지하고자 하지 않게 된다. 다수결주의는 인종적, 혈연적, 언어적 가치가 동질적인 사회에서 작동할 수 있는데 이러한 정체성의 요인이 다른 국가들에서는 작동하기 어렵다. 이러한 정체성요인은 다수결을 통해서 무엇이 사회적 가치가 되고 무엇이 사회적 가치에서 배제될 수 있는가로 귀결될 수 있는 문제가 아니다.

둘째, 선거제도와 같은 제도가 과연 개인들의 합리적 선택이 사회적 선택이 될 수 있는가의 문제를 남긴다. 선거제도가 어떤 결정방식을 선택하는가에 따라 개인들의 선호결과의 집계가 다르다면 합리적개인의 사회적 선택은 불가능하다. 예를 들어 선호를 단순다수제, 결선투표제, 순차적 결선투표제, 보다방식, 콩도르세 방식 등으로 결정하는 경우 사회적 가치로서 정책이나 대표가 달라질 수 있다.

(2) 합의민주주의의 운영원리와 문제점

합의민주주의는 유럽의 많은 나라에서 사용되어온 정치결정구조이다. 사회적 균열이 복잡하고 1차원적인 동질성을 가지지 못하는 국가들에서 운영원리로 사용되어 왔다. 이들 합의주의의 운영방식은 다음과 같다.

첫째, 대연합정부를 표방한다. 합의민주주의는 권력의 분점을 핵심으로 한다. 따라서 단순다수원칙에 의한 선거의 승자독식구조를 감소시키고 경쟁이 지배하는 영역을 의도적으로 감소하고자 한다. 즉 의도적인 비정치화를 통해 경쟁의 결과에 관계없이 권력 분점이 가능한 제도적 장치를 마련하는 것으로, 대연합 정부는 어떤 한 집단이 다른 집단들을 일방적으로 지배하는 것을 허용하지 않으며 모든 집단으로 하여금 정부를 구성하게 하여 당파적 감정을 억제시키고 합의(consensus)를 강조함으로써 안정을 이루는 방법이다.

둘째, 상호 거부권(veto)을 부여한다. 소수파에게 거부권의 부여는 합의주의가 추구하는 '공동다수'를 형성하는 중요한 수단이다. 소수파는 자신의 핵심적 이익 보호를 위해 거부권을 행사할 수 있으며 소수파의 거부권 남용을 억제하기 위해서 다수파의 거부권 또한 보장되는 상호 거부권제도를 통해서 사회적 소수와 다수간의 절제를 통한 정치적 융합을 달성하고자 한다.

셋째, 비례주의원칙을 가진다. 관직 임명과 회소자원의 배분에 있어서 비례주의를 채택함으로써 소수파를 보호하려는 것으로 권력의 실제 공유의 방식이다.

넷째, 부분의 자율성을 보장한다. 종교와 언어, 인종과 같은 문화의 차이가 심한 이들 나라에서 하위문화공동체와 문화집단은 국가 공동의 문제에 있어서는 비례적인 영향력을 행사하지만 각 문화 집단의 배타적인 영역 내에서는 자율권을 보장받는다. 이를 통해 문화의 공존을 가능하게 해서 공동체의 통합성을 유지하고자 한다.

하지만 합의주의 혹은 합의민주주의에도 문제점이 있다. 첫째, 갈등의 인정과 구조화를 가져온다. 먼저 이 제도는 사회적 갈등이 상존하고 있고 이들 간의 갈등은 쉽게 해결되기 어렵다는 점을 전제로 하고 있기 때문에 갈등을 해결하고자 하는 것이 아니라 갈등의 장기적 공존을 목표로 한다. 따라서 갈등에 대한 숙명론적 인식은 장기적으로 문제를 악화시킬 수 있는 잠재력을 가지고 있다.

둘째, 정책표류가능성과 비용의 문제를 들 수 있다.

합의민주주의는 다양한 균열을 인정하고 공존을 위한 대표성을 중시하는 구조이므로 제도 운영의 효율성이 낮다는 점도 지적될 수 있다. 합의에 도달하기까지의 시간과 비용의 문제 뿐 아니라 중요 사안에서조차도 정책의 표류(policy immobility)를 경험할 수 있다.

셋째, 엘리트중심주의의 문제점을 가진다. 합의민주주의는 협의에 도달하는 문제에 대해서 대표자에게 협상을 위임하는 제도양식이므로 엘리트에 대한 지나친 신뢰도 문제가 될 수 있다. 실제로 대표자들이 단기적인 정치적 목표를 위해 담합할 수 있는 여지를 가지고 있는 것이다.

넷째, 제도우선주의의 문제도 있다. 여기에 더해 제도적 측면의 분석에 초점을 두면서 제도의 형식과 실제 정치권력 사이의 불일치를 간과할 수 있는 제도 우선주의의 문제도 제기된다.

참고 87년 체제 내용 심화

Ⅱ. 87체제의 기존 논의[4]

1. 1987년 체제의 다양한 논의

1987년의 민주화 20년을 지나면서 한국 사회에서 민주화에 대한 평가와 비판적 반성 속에서 민주주의를 개선하기 위한 노력의 일환으로 1987년 체제에 대한 논의가 다양하게 나타나고 있다. 그러나 87년 체제에 대한 다양한 논의만큼이나 '체제' 자체에 대한 논의 역시 다양하게 나타나고 있다. 대체로 '87년'이란 시기 구분에 대해서는 이견이 많지 않은 데 비해서 '체제'에 대해서는 합의점을 이루지 못하고 있다.

구체적으로 87년 체제를 규정하는 다양한 논의를 먼저 살펴보자. 먼저 87년 체제를 헌정주의, 헌법체제, 사회체제를 통칭하여 사용하는 견해[5]가 있는가 하면 87년 체제를 정당체계로 규정하는 견해[6]도 있다. 87년 체제를 헌정주의와 헌법체제 등으로 사용할 경우 87년 체제는 거대한 헌법적 질서를 의미하며 이 헌법적 질서는 헌법의 변화에 의해서만 변화가 가능한 체제이다. 반면에 협의로 규정할 경우 87년 체제는 헌법과 관련된 모든 것이 아니라 정당체계(party system)에서 말하는 정당들의 배열과 정당간의 이념적 특성의 집합

4) 신희섭, "87년 체제와 새로운 체제 접근법: 구성주의적 체제"(미발표 논문)에서 일부 발췌함.
5) 박명림, "87년 헌정체제 개혁과 한국 민주주의: 무엇을, 왜, 어떻게 바꿀것인가", 『창작과 비평』(파주: 창비, 2005) 130호.
6) 박상훈, "한국의 '87년 체제': 민주화 이후의 정당체제를 어떻게 볼 것인가", 『어떤 민주주의인가』(서울: 후마니타스, 2007).

으로 보인다. 이런 경우 87년 체제는 지역이라는 사회균열에 기반을 둔 다당제라는 특성을 가진다. 따라서 지역주의의 종말과 87년 체제의 종말은 공행적이다.

여기에 더해 87년 체제를 민주주의 체제로 규정하면서 민주주의 연합 세력의 문제로 파악하여 사회세력에서의 민주화연합을 유도하는 세력의 문제로 87년 체제를 보는 시각도 있다.7) 이 시각은 87년 체제를 주체의 문제로 규정하고 있는데 민주화 세력이란 시기에 따라 달라질 수 있는 유동적 개념이라는 점에서 문제가 있다. 헌법학계에서는 87년 체제를 최초의 '헌법국가'로서 규정하면서 헌법이 근본규범으로서 실효성을 갖추었다는 점을 강조해 안보법체계가 헌법체계의 상위에 있던 권위주의기의 이중국가적 경향의 '법률국가'와 비교하기도 한다. 이 관점은 헌법이 근본규범이 되었다는 점을 강조하는 데는 유리하다. 하지만 어떤 가치를 헌법 속에 담아낼 것인가라는 민주주의의 문제를 포괄하기에는 약점이 있다.

또한 87년 체제를 정당체계와 개별 정당수준에 모두 영향을 미치는 '3김 정치'로 규정하고 3김 정치의 청산을 제도적으로 풀어가려는 입장8)도 있다. 이런 관점에서 볼 때 3김정치의 청산으로 보이는 대통령후보의 경선제도를 통해서 87년 체제는 해체가 된다.

이런 시각들에 대해 시각을 좀 더 넓혀서 보려는 진보적 입장들도 있다. 87년 체제를 이념적 측면에서 '자유주의의 과잉체제'로 파악하면서 급진주의와 운동의 이념이 배제된 체제로 규정하는 입장도 있다.9) 따라서 이 관점의 논지는 한국의 민주주의의 협소함의 원인인 자유주의만의 체제를 87년 체제로 파악하면서 이념의 확대를 주장하는 것이다. 또한 분단체제와 연관시켜 87년 체제를 파악하는 입장에 따르면 87년 체제는 내부적 민주화를 통해서 그간의 냉전에 근거를 둔 분단체제를 완화할 수 있는 지형을 만들어 주었고 운동의 두 중심노선인 NL과 PD를 수렴할 수 있는 계기가 된 체제로 파악하기도 한다.10) 그러나 이런 관점은 87년

의 일시적인 화해만을 강조하고 한국진보의 두 축의 분열을 제대로 파악하기 어렵게 한다.

87년 체제의 개념 규정의 부재라는 문제를 제기하면서 87년 체제를 '시대정신의 측면과 이념과 사회적 과제의 측면'에서 이해하자는 주장을 강조함과 동시에 '산업화이후' 체제로 경제, 제도적 변화에 초점을 두자는 입장도 있다.11) 경제학적 관점에서 제기된 이런 시각은 시대정신을 강조하지만 산업화이후의 경제와 제도에만 문제를 한정하여 경제문제에 선도적 역할을 해야 하는 정치적 입장을 고려하기 어려운 면이 있다.

반면에 87년 체제를 정치적 측면에서 평가하면서 87년 민주화에서 민주주의의 규정을 넓혀서 평가하면서 민주주의를 정치적 민주주의, 사회경제적 민주주의, 생산자 민주주의, 일상성의 민주주의, 와 대외적 민주주의로 확장해야 한다는 입장도 있다. 이 입장에 따르면 87년 체제는 정치적 민주주의에 정치적 민주화 운동에 초점을 맞춘 좁은 민주주의 체제가 된다.12)

이런 87년 체제의 규정에 대해서 시대정신과 관련시켜서 보면서 향후 시대정신과 가치를 규정해야 한다는 논쟁 역시 주목할 수 있다. 즉 1940, 50년대가 국가 건설이라는 시대정신과 정권의 유형으로서 레짐간의 동일화가 있었다면 1960년대에서 80년대는 산업화와 근대화라는 시대정신과 레짐이 일치하였고 1987년 체제는 민주화라는 시대적 요구가 있었고 그에 따르는 레짐의 구축이 있었다고 보고 이제 민주화 20년을 지나 새로운 시대정신을 추구해야 한다는 사회학적 입장의 견해이다. 민주화라는 시대정신 혹은 가치 이후 새로운 가치가 '선진화'가 되어야 한다는 입장과 87년을 규정하려는 입장과 성장과 분배, 대외개방과 대내복지의 선순환을 통해 낙오자가 없도록 하는 '지속가능한 세계화체제'가 되어야 한다는 입장에서 87년을 규정하려는 주장이 다투기도 한다.13)

이런 논의는 학계만의 논의에 그치는 것은 아니다. 2005년 대연정을 구상하면서 당시 노무현 대통령은

7) 윤상철, "87년체제의 정치지형과 과제", 『창작과 비평』(파주: 창비, 2005) 130호.
8) 김세걸, "포스트 3김 시대의 정치개혁: 쟁점, 전망, 방향", 『동아연구』(2003) 제 44집.
9) 이광일, "87년체제, 신자유주의 지구화 그리고 민주주의의 위기", 『진보평론』(2007) 여름호 32호.
10) 김종엽, "분단체제와 87년 체제", 『창작과 비평』(파주: 창비, 2005) 130호.
11) 유철규, "80년대 후반 이후 경제구조 변화의 의미", 『창작과 비평』(파주: 창비, 2005) 130호.
12) 손호철, "한국 민주화 운동과 민주주의", 『해방60년의 한국정치, 1945~2005』(서울: 이매진, 2006); "한국 민주주의 20년: 성과와 한계, 그리고 위기", 『한국민주주의의 현실과 도전』(파주: 한울아카데미, 2007).
13) 김호기 vs 박형준, "87년 체제, 97년체제, 08년 체제", 『시대정신 대논쟁』(서울: 아르케, 2007).

지역정당과 지역주의가 정치문제의 본질에 있다고 생각하고 이를 해소하는 것으로 한나라당과 대연정을 제안한 바 있다. 노대통령은 자신이 '87년 체제의 막내'라고 생각했다.[14] 따라서 이런 논리를 통해서 노대통령은 87년 체제를 지역주의로 귀결된 민주주의체제로 정의한 것이다. 또한 앞서서 보았듯이 2007년 12월 19일 대통령에 당선된 이명박 당선인은 당선소감에서 1987년 체제 다음의 시대가 온다고 하면서 산업화, 민주화 시대를 이어 선진화의 시대가 온다고 이야기 했다. 이 주장은 1987년을 민주화라는 가치와 지향점의 시기이자 체제로 구분을 하고 이를 뛰어넘어서는 새로운 가치를 제시한 것이다.

2. 87년 체제 규정의 문제

위의 다양한 논의는 크게 보면 주로 시대정신으로 표시되는 '이념과 가치나 지향점'을 지칭하는 포괄적인 정치제제로서 87년 체제'나 '레짐이나 권력구조로서의 87년 체제'와 좀 더 좁게 '정당체계로서의 87년 체제' 논의로 분류할 수 있다. 그러나 분석수준을 조금 더 높여 민주주의를 일국수준의 민주주의로 한정해서 정의하지 않는다면 분단체제가 주장하는 한반도 수준의 민주화체제의 문제이거나 미국과의 관계를 규정해야 하는 대외적 관점에서의 정치제제로 넓어질 수도 있다.

이런 다양한 논의는 체제의 개념을 확장과 축소했을 때 생기는 이론적 장점이 있을 것이고 이로 인해 현실에 주는 함의가 다르다. 협의적인 수준에서 권력구조로서의 87년 체제는 헌정구조와 그와 관계된 정당체계 개별정당의 구성 그리고 선거제도와 관련이 있다. 반면에 정당체계로만 파악하는 견해는 지역정당이 만들어지고 정치가 사당화된 정당 '체제를 중심으로 1987년 체제를 본다. 전자는 권력구조의 변화와 그에 연관된 정당체계나 선거정치 등의 변화를 복합적으로 고려하기 위한 것이고 후자는 정당정치의 변화에 무게를 두는 것이다. 그러나 이보다 이념으로 체제를 확장할 경우 한국 정치제제가 가지는 이념의 규정이나 이념의 부족 현상과 확장되어야 한다는 식의 주장과 문제들을 다룰 수 있는 장점이 있다. 더욱 급진적으로 확장할 경우 민주주의가 분단구조에 그리고 대외적 종속의 문제에 대해 어떤 의미를 가지는가를 보여주기도 한다. 그렇다면 이렇게 개념을 무한히 확장하는 것이

바람직한가?

이런 다양한 시각의 난립은 1987년 체제에 대한 개념 규정의 문제에 기인한다. 특히 '체제'의 규정에 근거한 것으로 보인다. 그렇다면 체제를 어떻게 보아야 하는가? 즉 체제를 보기 어렵게 하는 것은 '체제'의 정의를 각각 '정당체계(party system)'로 보거나 헌정주의와 관련된 '정권(Regime)'으로 보거나 아니면 더욱 큰 틀에서 이념을 포괄하거나 국제문제 속에서의 '정치체제(agent)'로 규정하기 때문이다. 실제 대부분의 연구자들은 자신들의 87년 체제에 대한 엄격한 개념규정을 시도하고 있지 않다. 이런 경향이 87년 체제를 보기 어렵게 만든다.

이런 체제의 개념규정의 문제는 곧바로 1987년 체제의 시기구분의 문제를 가져온다. 1987년 체제를 언제까지 만들어진 것으로 1987년 체제로 보는가 하는 문제(1987년 6월 항쟁이 있고 대타협이 있고나서 대통령선거와 1988년 총선의 기간에 형성된 체제)는 상대적으로 용이하다. 그러나 어디까지를 1987년 체제로 볼 것인가의 문제가 남는 것이다. 즉 1987년 체제를 넓게 정의하는 민주주의 구축과정으로 본다면 1987년 체제는 아직 진행 중이며 1987년을 민주화의 이행으로 파악하면 1997년 김대중 정부의 등장과 IMF에 따른 세계화의 급진전을 새로운 1998년 체제라고 할 수 있기에 1987년 체제는 이 지점에서 막을 내리게 된다. 반면에 3김 정치로 정의할 경우 2002년 대선은 그간 정당의 총재권한과 대권을 장악하고 공천권을 가지고 있던 정치체제가 붕괴됨으로써 2002년에 종결되었다고 볼 수 있다. 그러나 1987년 체제를 지역정당체계로 규정할 경우 1987년 체제는 2016년 총선에서도 나타나고 있기에 아직 진행 중으로 볼 수 있다. 따라서 개념을 넓힐수록 1987년 체제는 지속될 가능성이 높아지고 체제를 협의로 정의할수록 87년 체제는 단절될 가능성이 높다고 할 수 있다.

따라서 1987년 체제의 건설적인 논의를 위해서 개념화가 필요하고 그에 따른 시기 구분의 문제 역시 해명하는 것이 필요하다. 이런 작업을 통해서 1987년 체제의 특징과 그 해체 그리고 해체를 위한 노력과 정책 논쟁을 유도할 수 있다.

---

14) 윤상철, *Idid.*, p.65.

다수결주의의 대안으로서 합의제민주주의

레이파트(Lijphart)는 민주주의를 구분하면서 다수결주의 민주주의(Majoritarian democracy)와 비다수결주의 민주주의(Non-majoritarian Democracy)로 나누었다. 비다수결주의는 협의민주주의(consociational Democaracy) 혹은 합의제민주주의(Consensus Democracy)로 불린다. 그리고 연방주의는 합의민주주의와 동일한 것은 아니지만 공통적으로 다수결주의의 대척점에 있다고 보았다. 비다수결주의는 다양한 사회갈등이 존재하는 사회에서 민주주의를 운용하는 방식으로 다수결주의의 폐단을 극복할 수 있다고 보았다. 다음 질문에 답하시오. (총 50점)

(1) 다수결주의와 비다수결주의의 특징을 행정부의 권력집중도, 의회와 정부간 권력관계, 의회의 운영방식, 정당체계, 중앙과 지방사이의 관계 등을 통해서 비교하시오. (15점)

(2) 합의주의의 원칙을 서술하고 연방주의의 원칙을 비교서술하시오. (15점)

(3) 지역주의, 북한문제, 양극화문제, 다문화주의를 기준으로 한국에서 합의주의와 연방주의가 필요한지 여부를 논하시오. (20점)

Ⅰ. 서   론
Ⅱ. 다수결주의와 비다수결주의
  1. 행정부권력의 분산성
  2. 의회와 행정부관계
  3. 의회의 양원제 여부
  4. 정당체계와 선거제도
  5. 중앙과 지방사이의 관계
  6. 성문헌법과 불문헌법
Ⅲ. 연방주의와 합의주의비교
  1. 연방주의
  2. 합의주의
Ⅳ. 한국의 합의주의와 연방주의의 적용여부
  1. 지역주의문제
  2. 북한문제

  3. 양극화문제
  4. 다문화문제
  5. 종합적 판단

〈대안 목차 1〉
  1. 한국의 정치적 갈등
  2. 합의주의의 도입 필요성
  3. 연방주의의 도입 필요성

〈대안 목차 2〉
  1. 합의주의와 한국
  2. 연방주의와 한국

Ⅴ. 결   론

 문제의 맥락과 포인트

민주주의를 운용하는데 있어서 한국은 다수결주의를 사용하고 있다. 혼합형선거제도에서 부분적으로 비례대표제를 도입하고 있지만 그 비율이 20대 국회기준으로 전체 300석 중에서 47석에 불과하다. 지역과 이념을 축으로 다수결주의는 권력 집중을 가져온다. 한국의 권력집중문제는 최근 새로운 사회갈등 증대로 인해서 더 큰 문제가 되고 있다. 다수결주의가 가져오는 권력집중 문제를 해결하기 위해서 합의제민주주의와 연방주의가 어떤 의미를 가지는지를 다룬 문제이다. 2015년 5급 공채 기출문제로도 출제된 문제로 앞으로도 지속적으로 관심을 기울일 문제이다.

I 서 론

전형적인 동질적 사회인 한국은 많은 사회경제적 변화를 경험하고 있다. 과거 반상제도를 버리고 근대사회에 들어설 때 한국은 인종, 언어, 문화 등에 있어서 동질적인 사회였다. 계층적 분화도 심하지 않았다. 그러나 다문화주의는 인종과 언어문제에 있어서 새로운 사회갈등 구조를 보여주고 있다. 지역문제에 따른 소규모정체성에 기반한 정치 운영이 나타나고 있다는 점과 양극화는 계층적 차이가 선명하게 드러나게 하고 있다. 이런 상황에서 북한과의 통일을 가정할 경우 인구구성도의 문제와 사회적 문화의 차이와 소득격차와 같은 심각한 사회경제적 문제를 가져올 수 있다. 이런 점에서 유럽 국가들에서 사용하고 있는 연방주의와 합의주의는 한국 민주주의 운영에 있어서 하나의 새로운 대안을 제시할 수 있다는 주장이 있다. 새로운 갈등구조를 합의민주주의가 해결할 수 있다는 주장에 대해서 살펴본다.

CF.

1990년 이후 레이파트이론은 합의주의로 정리되었음.

II 다수결주의와 비다수결주의

1. 행정부권력의 분산성

합의주의의 특징은 행정부 권력이 연정을 통해 분산된다는 데 있다. 근소한 과반수 확보를 기반으로 한 개의 정당에 의해 행정부가 독점되는 다수제 민주주의와는 반대로, 협의제 민주주의에서는 주요 정당들 간의 광범위한 연정을 통해 분점된다. 따라서 행정권력의 분산성이 가장 중요한 특징이다. 이것은 행정부에 대한 소수파의 참가를 보장하는 것이다.

2. 의회와 행정부관계

비다수결주의는 의회와 정부간의 권력관계가 공식 혹은 비공식으로 분산되어 있다는 점이다. 이러한 권력분산을 통해 양 기구는 서로의 견제와 균형을 유지한다. 반면에 다수결주의는 행정부가 주도적으로 권력을 행사한다. 다수결주의에서 정부의 통치력을 강조하기 때문에 권력은 행정부에 집중된다.

3. 의회의 양원제 여부

셋째 요소는 균형화된 양원제와 소수대표권이다. 다수결주의는 단원제를 통해서 효과적이고 집중적인 입법을 강조한다. 반면에 비다수결주의는 양원제를 사용한다. 비다수결주의에서 입법부에 상원을 설치하는 근본적 이유는 소수가 대표권을 부여받아 상원에서 대표할 수 있도록 하는데 있다. 이를 위해 상원과 하원은 다른 기반위에 선출될 뿐만 아니라, 그에 부합하는 실질적 권한도 갖는다. 소수파를 보호하기 위해서는 인구수에 기반을 둔 하원 외에도 지역과 인종을 대표하는 상원을 설치하여 최대한 소수를 보호하고자 한다.

4. 정당체계와 선거제도

다수결주의는 일차원적인 정당체계를 통해 사회경제정책을 운용하는데 비해 비다수결주의는 다차원적인 정당체계를 통해 사회경제적 조건과 종교, 인종(ethnicity), 언어문제도 같이 해결해야 한다. 따라서 비다수결주의는 다당제를 사용한다. 유럽 대륙의 국가들은 예외없이 다당제를 운용하고 있는데, 이는 복잡한 사회균열을 고려할 경우, 자연발생적인 것이다. 또한 비다수결주의에서는 정당의 지지기반이 대부분 지역, 종교, 계층 계급에 의해 복합적으로 이루어졌기 때문에, 정치경제적 단일 이슈에 반응하는 다수제와는 달리, 다차원적 정당체제(Multidimensional party system)를 이루고 있다.

선거제도와 관련해서는 다수결주의가 다수제도(plurality system)를 사용하는데 비해 비다수결주의는 비례대표제를 사용한다. 대정당에게는 과대대표를, 소정당에게는 과소대표를 가져오는 다수결주의를 사용하는 다수제 민주주의와는 달리 비다수결주의는 비례대표제를 통해 사회의 대표성을 높이고자 한다. 비다수결주의의 대표적인 민주주의제도인 협의 민주주의는 정당들이 얻은 투표수에 비례해서 국회의석을 배분한다. 이로써 사회적 균열을 왜곡시켜 국민대표를 형성하는 다수제 민주주의의 부작용을 방지하게 된다.

5. 중앙과 지방사이의 관계

다수결주의는 집중화된 중앙정부체계로 운영되는데 비해 비다수결주의는 지방분권화를 강조한다. 비다수결주의는 권력을 분산시켜서 소수집단에 자율성을 부여하고자 한다. 따라서 중앙과 지방의 권력을 분화하여 공유하는 연방주의를 선호한다. 비다수결주의가 강조하는 지방자치 확대는 특정집단의 중앙권력 장악에 따른 권력 독점화를 막는 데 있어 효과적이다.

6. 성문헌법과 불문헌법

마지막으로 다수결주의는 불문헌법을 가지고 운용할 수 있지만 비다수결주의는 소수자를 보호하기 위해 성문헌법을 가지고 있다. 특히 성문헌법을 통해서 권한관계를 명확하게 해야 할 뿐 아니라 소수자 거부권 요소를 가지고 있다. 유럽 대륙의 협의제 민주주의 국가들은 모두 성문헌법을 갖고 있다. 헌법의 개정도 까다로운 국민투표 조건을 둠으로써 소수보호 장치로 기능한다.

참고   Lijphart의 『Democracy in Plural Democracy』

	Majoritarina Democracy	Non-Majoritarina Democracy
Principle	Decision Making by "50 percent Plus one"	Decision Making by "50 percent Less one"
Ideal type of each democ-racy	1. Concentration of executive Power 2. Executive dominance 3. Unicameralism 4. Two-party system 5. One-dimensional Party system (socioeconomic Policy) 6. Plurality system of election 7. Unitary and Centralized government 8. Unwritten constitutional and parliamentary sovereignty 9. Exclusive representative democracy	1. Exucutive power sharing 2.balanced executive-legislative relations 3. Strong bicameralism 4. Multiparty system 5. Multi-dimensional party system (Socioeconomic issue + religion, language, ethnicity) 6. Proportioanl representation 7. Federalism and decentralization 8. Written constitution and Minority Veto

Ⅲ 연방주의와 합의주의 비교

1. 연방주의

연방주의의 핵심은 권력을 중앙과 지방에 분산시키는 것이다. 즉 자치권을 지방에 위임하고 중앙정부는 국가 전체적인 운영과 관련된 사안만을 다루면 된다. 따라서 중앙과 지방사이의 권력을 어떻게 배분하여 누가 더 많은 권력을 가질 것인지와 그 권력관계를 어떻게 나눌 것인지로 구분하면 된다.

연방을 만든 원리가 다양하기 때문에 모든 연방주의가 곧 합의주의는 아니다. 즉 미국식

연방주의는 합의주의는 아니다. 미국은 다수결
주의를 사용하는 연방제도이다. 따라서 '연방주
의=합의주의'는 아니다. 대체로 합의주의를 사
용하는 국가들이 권력의 분산화를 통해서 소수
들에게 권력을 부여하기 때문에 연방주의를 많
이 사용하는 것은 사실이다. 하지만 연방이 소
수자를 헌법적 차원에서 권력보호를 위해서 만
들어진 것은 아니다.

미국식 연방주의의 핵심은 외부의 적에 대항
하기 위해서는 큰 국가가 필요하나 내부적인 적
이 될 수 있는 다수의 무산자들의 지배를 불가
능하게 하기 위해서는 큰 국가의 권력을 나누는
것이 필요해서 만들어진 것이다. 즉 규모의 원
리가 주정부들을 연방안으로 끌어들였다면 각
주에 자율성을 보장함으로써 다수의 전제를 막
을 수 있게 권력을 분산시킨 것이다.

2. 합의주의[15]

합의주의의 첫 번째 특성은 대연정(Grand
Coalition)이다. 계층분화만이 문제가 아니라 언
어, 인종, 종교와 같은 하위 범주의 사회적 정체
성이 다양하게 공존하는 다원사회는 각 분파들
의 협조와 협동을 통한 지배가 이루어져야 한다.
따라서 이러한 다양한 사회적 정체성을 일국이
라고 하는 전체 정체성 속에 통합하기 위해서
합의민주주의는 권력의 분점을 핵심으로 한다.
즉 권력을 나누어 가지는 것이다. 대연정의 가
장 큰 특징은 사회 여러 부분을 대표하는 엘리
트 간의 합의를 통해 의사결정을 한다는 것이며,
정치적 연합을 통한 권력공유는 다수결의 원칙
에서 일반적으로 발생하는 소수가 정치적으로부

터 항구적으로 배제되는 것을 막는 효과가 있다.
일반적으로 내각제(grand coalition cabinet)가 대
통령제(grand coalition of president)보다 연정을
구성하는데 좀 더 용이하다. 요컨대 대연합 정
부는 어떤 한 집단이 다른 집단을 일방적으로
지배하는 것을 허용하지 않으며 모든 집단으로
하여금 정부를 구성하게 하여 당파적 감정을 억
제시키고 합의(consensus)를 강조함으로써 안정
을 이루는 방법이다.

두 번째 요소는 상호거부권(Mutual Veto)이
다. 소수파에게 비토권의 부여는 합의주의가 추
구하는 '공동다수'를 형성하는 중요한 수단이다.
사회의 각 부문은 거부권을 행사함으로써 생존
의 이익(vital interest)을 다수로부터 보호받는다.
소수가 부당한 정치적 패배를 강요받지 않는다
는 점에서 소수의 거부권은 합의주의가 지향하
는 상생의 필수적 수단이다. 그러나 소수의 거
부권 남용은 소수 독재를 초래하며 제휴를 불안
정하게 만든다.[16] 따라서 소수의 거부권 남용을
막는 다수의 거부권 행사도 포함하는 상호거부
권이 인정되어야 한다. 상호 비토 제도를 통해
서 사회적 소수와 다수간의 절제를 통한 정치적
융합을 달성하고자 한다.

세 번째는 비례주의(Proportionality)이다. 합
의주의는 정치의 모든 영역에서 비례성 원칙이
적용될 것을 요구한다. 비례성은 재원을 형성하
거나 분배하는데 사회의 각 부분들이 기여할 수
있다는 점에서 의의가 있다. 소수집단들은 비례
성원칙이 준수됨으로써 각 정부수준(중앙, 광역,
비례)의 의사결정에서 그들의 규모에 상응한 권
력·발언권을 행사하게 된다. 비례의 원칙은 두

---

15) 합의주의에 대해서는 2008년도 임혁백교수님의 '비교민주주의정치론'수업의 "협의제 민주주의와 연방주의의 내용과 사례,
그리고 한국에의 적용"이라는 보고서를 토대로 구성했다.

16) 그러나 레이파트는 소수의 독재(Minority Tyranny)는 별로 위험하지 않다고 말한다. 첫 번째 이유는 잦은 비토는 자신들
의 이익에도 좋지 않으므로(mutual negative) 현 상태를 유지하기 위해 거부권의 행사를 자제하기 때문이며, 두 번째는 교
착상태(deadlock)와 현상유지정책(immobilism)의 위험을 인지하여 자제하기 때문이다.

가지 방식으로 구현된다. 한 가지는 비례대표를 통해 각 부분이 의회에서 대표성을 보장받고, 정당들이 득표수에 비례해 의석을 얻는 것이다. 다른 하나의 방식은 공직의 임용과 공적 자금의 배정을 포함한 자원 할당에 비례성의 원칙을 적용하는 것이다.

네 번째는 부분적 자율성과 연방주의(Segmental autonomy and Federalism)이다. 합의주의는 연방주의 정신에 입각해 각 부문의 집단에게 자치권을 부여한다. 레이파트(Lijphart)는 공동이익과 관련된 쟁점과 일차적으로 관련된 쟁점들로 구분하고, 전자의 쟁점들에 대해서는 의사결정이 부문들의 합의로 이뤄져야 하지만, 후자의 쟁점에 대해서는 의사결정이 부문들에 이양되어야 한다고 보았다. 이런 공동체 자치의 근간을 이루는 논리는 "소수의 배타적 관심영역에서는 소수가 스스로 다스려야 한다"는 것이다. 그리고 각 부문의 집단정체성은 사전에 규정되거나 결정되지 않고 각 부문이 비례대표제를 통해 자신을 스스로 정의해야 한다고 했다. 예컨대, 종교와 언어, 인종과 같은 문화의 차이가 심한 나라에서 하위문화 공동체와 문화집단은 국가의 전체의 문제에서는 비례적인 영향력을 행사하지만 각 문화 집단의 배타적인 영역에서는 자율권을 보장해준다. 이를 통해 문화의 공존을 가능하게 해서 공동체의 통합성을 유지하고자 한다.

참고 합의주의의 문제점과 함의[17]

합의민주주의가 많은 장점이 있음에도 불구하고 이 이론에 대한 반론이 존재하고 있는 것 또한 사실이다. 합의민주주의에 대한 이론적 비판은 대체로 다섯 가지로 요약된다.

첫째, 집행권력의 분점(executive power-sharing)은 비민주적인 측면이 있다는 주장이다. 즉 집행 권력의 분점이 모든 주요 정당이 참여하는 연립내각의 형태를 취했을 때 강한 야당의 존재가 민주주의의 전제조건이 된다는 원칙과 배치된다는 것이다. 또한 이러한 연정을 통한 권력분점은 선거를 통한 권력의 평화적 이행을 저해하기 때문에 민주주의 발전에 저해 요인이 된다는 것이다. 레이파트는 이러한 비판을 민주주의와 다수결주의를 동일시한 결과로 간주한다.

또한 각 부문의 집단에 자치권과 지분을 인정해 줌으로써 정치체제에서 집단의 경계를 고착시키고, 갈등해결을 위한 엘리트들의 주도적 역할을 강조하여 엘리트주의와 엘리트들의 담합을 조장하며, 엘리트들과 구성원들 간에 괴리가 생길 경우에 엘리트들에 의한 갈등해결이 효과적이지 못하고, 사회변혁에도 둔감하고 소극적이라는 비판이 제기된다.

둘째, 권력분점이 비효율적이라는 것이다. 권력이 분점되었을 때 신속한 의사결정을 내리기 어렵기 때문에 결국 민주주의의 파국에 이르게 된다는 것이다. 합의에 도달하기까지 시간과 비용의 문제뿐 아니라 중요 사안에서조차도 정책 표류(policy immobility)를 경험할 수 있다. 또한 위에 지적된 바와 같이 협의에 도달하는 문제에 대해서 대표자에게 협상을 위임하는 제도양식으로 엘리트에 대한 지나친 신뢰가 문제될 수 있다.

세 번째 비판은 권력분점이 타협을 어렵게 하기 때문에 실패할 수밖에 없다는 것이다. 즉 민족적 균열로 인한 다당제 상태에서 구성된 연정이 곧 타협의 결과로 보기 어렵다는 것이다. 편의상 연정에 도달하더라도 타협유인이 적을 경우 연정은 쉽게 해체될 수밖에 없다는 것이 이 비판의 요지이다. 이와 같은 비판에 대해 레이파트는 다음과 같은 반론을 제기한다. 일반적으로 정당은 권력의 쟁취를 목적으로 하기 때문에 다당제 상태에서 연정에 참여하여 권력을 분점하고자 한다는 것이 정치학의 정설로 되어 있다. 아주 특별한 조건에서 예외가 있을 수 있음을 인정하지만,[18] 보통의 경우 연정에 참여하기 위해서는 연정파트너와의 타협이 불가피하기 때문에 정치권력이라는 강력한 타협유

---

17) 이 문제에서는 연방주의와의 비교가 핵심이라는 점과 배점이 15점에 불과하다는 점에서 합의주의의 문제점과 함의를 서술하기는 어렵다. 하지만 문제점은 정리해 두었다가 한국에 적용할 때 적용하면서 한국에 대한 비판적인 도입을 이야기할 때 사용할 수 있다.

18) 즉 연정에 참여하지 않는 것이 차기 선거전략상 유리하다거나 혹은 집권당이 의회 내에서 소수당일 경우 야당으로 남아

인이 존재한다는 것이다.

또한 사회적 갈등이 상존하고 있고 이들 간의 갈등은 쉽게 해결되기 어렵다는 점을 전제로 하고 있기 때문에 갈등을 해결하고자 하는 것이 아니라 갈등의 장기적 공존을 목표로 한다. 따라서 갈등에 대한 숙명론적 인식은 장기적으로 문제를 악화시킬 수 있는 잠재력을 가지고 있다.

네 번째 비판은 자치에 관한 것이다. 즉 집단이 지역적으로 집중화 되어 있고 자치가 연방 혹은 분권화 체제의 형태를 띨 때 집단들이 느끼는 현 상태에 대한 불만족이 분리이탈로 나타나는 경향이 있다는 것이다. 즉 균열된 사회에서 연방제의 실시는 국가의 해체를 초래할 가능성이 있다는 것이다. 이러한 주장에 대해 레이파트(Lijphart)는 다음과 같은 반론을 제기한다. 즉 분리주의를 촉진하는 요인이 강할 경우 중앙집권적 민주체제가 분리주의를 예방할 수 있을 것이라 상상하기 어렵다는 것이다. 경험적 역사적 증거는 자치가 지역분쟁을 관리하는데 효과적인 수단이라는 것을 뒷받침한다는 것이다.

다섯째, 집단이 지역에 기초하고 있지 않은 경우에도 민족집단에 부여된 자치권이 그 집단의 정당성을 인정하고 강화함으로써 민족갈등을 증폭시킬 수 있다는 것이다. 이에 대한 반론은 다음과 같다. 즉 자치적 민족집단의 존재가 반드시 갈등으로 전이되지는 않으며 오히려 자치권이 강화된 민족집단이 갈등해결에 긍정적 역할을 한다는 것이다.

합의주의가 문제점이 있지만 그럼에도 불구하고 합의주의는 제도로서 사용할 때 가지는 장점 역시 크다. 합의민주주의는 공동체적 집단에게 공적 지위를 부여하여 대화와 타협에 의한 집단적 협조와 공공선을 창출해 내는 것을 의미한다. 이는 배타적 패권주의를 추구하지 않으며 특정 문화집단에 대한 정부당국의 철저한 중립성과 공평성을 전제로 한다. 또한 비례대표제를 통해 권력을 공유함으로써 소수집단에게 심리적 위안을 제공하고 참여를 유도한다.

레이파트(Lijphart)는 균열이 심한 사회에서 민주주의를 유지하기 위해서는 합의주의를 채택하는 길밖에 없다고 주장한다. 그는 "비서구세계의 대다수 다원사회에서의 현실적 선택은 영국식 다수결민주주의와 합의민주주의 중 하나를 선택하는 것이 아니라, 합의민주주의와 비민주주의 중 하나를 선택하는 것"(Lijphart, 1977)이라고 말한 바 있다. 보그다노(Bogdanor) 역시 균열된 사회에서 내부적 갈등을 성공적으로 극복하는 유일한 방안은 권력공유를 제도화하는 길뿐이라고 강조한다. 그는 균열된 사회에서 민주주의란 다수결 규칙이 아니라 권력공유와 동일한 것으로 간주되어야 한다고 주장하고 있다. 그런 점에서 합의주의는 사회적 갈등이 다양하게 나타날 경우 사회통합을 유지하는 민주주의 원리로서 큰 의미를 가진다.

Ⅳ 한국의 합의주의와 연방주의의 적용여부

1. 지역주의문제

지역문제는 합의주의를 필요로 하지 않는다. 그리고 연방주의를 사용할 경우 오히려 지역문제를 극단적으로 강조함으로써 지역분할을 공고히 한다. 합의주의는 숙명론적인 갈등의 공존을 기반으로 한다. 그런 점에서 합의주의를 지역주의 때문에 이용하려고 할 경우 지역주의를 고착화할 수 있다. 한국에서 1980년대 이후 지역주의가 정치적 갈등의 중요한 요인이 된 것은 지역주의가 서구 정당의 계급정당의 역할을 대체해왔기 때문이다. 그런 점에서 지역주의는 최근 이념정치에 의해서 약화되고 있다. 또한 지역불균형의 문제를 해결하면서 약화시킬 수 있는 문제이다.

2. 북한문제

북한과 통일을 이룰 경우 합의주의는 고려될 수 있다. 인구에서 두 배 이상 차이가 나는 북한은 구조적 소수가 될 것이기 때문에 북한과 권력을 공유할 수 있게 하는 것이 중요하다. 하지

있는 것이 정치적 이익에 부합할 때 연정에 참여하지 않는다.

만 무조건적인 소수자 거부를 부여하는 것은 정책 표류를 만들 수 있다. 그런 점에서 연방주의를 통해서 권력을 나누고 자율적인 정치 운영을 먼저 강조하면서 중앙에서 지역균형발전과 안배정책을 사용해야 한다.

3. 양극화문제

경제적 양극화 문제는 사회경제적인 문제이다. 이로 인한 갈등은 앞으로도 상존하겠지만 이는 분배와 성장정책을 통해서 완화가능한 문제이다. 가장 중요한 것은 성장정책을 통한 일자리의 확충과 소득의 증대이다. 그리고 사회적 안전망 구비를 통해 직업안정성을 대체하는 실업 불안을 감소시키는 것이 필요하다. 복지 정책은 그런 점에서 무상복지에 의존할 것이 아니라 생산적인 복지와 취약계층의 보호를 위한 복지로 갈 필요가 있다. 즉 일할 수 있는 사람과 일하기 어려운 사람을 구분하여 복지 정책을 달리 사용해야 한다.

4. 다문화문제

다문화주의를 어떻게 정치적으로 해결할 것인가를 정하는데 있어서 아직 합의주의를 필요로 하지는 않으나, 다문화가정이 늘어남에 따라 사회경제적 문제가 되고 있다. 사회적 배타성과 경제적인 어려움이 겹쳐지면서 다문화문제에 대한 한국 정부의 정책이 타당한지에 대한 의구심이 늘고 있다. 다문화문제는 한국 정부가 적극적으로 동화수용시키는 정책을 사용할 것인지 방관적인 정책을 사용할 것인지를 정해야 한다. 한국에서 다문화주의는 최근의 일이며 아직 구조적인 소수의 문제이다. 유럽과 같이 사회적 이질성을 가진 종족들이 하나의 공통체가 된 것이 아니라 한국은 자발적인 혼인과 노동시장 참여로 인해 유입된 것이다. 따라서 이들은 정치

적으로 한국의 공동체일원이 되겠다는 선택을 한 것이다. 따라서 이들의 자발적 선택이 사회적·경제적으로 불리한 위치에 놓이지 않게 하는 분배정책과 교육정책이 중요한 것이지 정치적으로 권력을 나누어서 독자적인 인종과 문화를 가지게 하면서 하위 정체성을 강화시켜서는 안 된다. 그런 점에서 다문화주의를 이유로 합의주의를 사용할 것은 아니다.

5. 종합적 판단

한국의 현재 정치적 갈등구조를 볼 때 합의주의를 받아들일 것은 아니다. 한국은 복합균열사회로 가고 있다. 그런 점에서 다양한 갈등이 존재하는 다원화된 갈등구조를 가지고 있고 앞으로도 이 갈등구조는 강화될 것으로 보인다. 하지만 이런 요소들은 숙명적인 갈등구조는 아니다. 이 요소들은 정치적으로 해결될 수 있다. 하지만 북한 문제는 합의주의를 고려할 수 있고 특히 연방제도를 사용할 수 있다. 다른 문제들에서는 합의주의까지는 아니고 비례성을 높이는 방안을 도입할 수 있다. 예를 들어 다문화가정을 대표하는 비례대표 의원의 수를 늘리는 것으로 대표성을 확보하고 제도권 내에서 좀 더 현실적인 정책 마련을 시도할 수 있다.

Ⅴ 결 론

비다수결주의의 장점이 있다. 하지만 현재 한국에서 합의주의와 같은 비다수결주의를 사용하는 것은 어렵다. 제도적 장점보다 국정의 표류나 갈등의 숙명론적인 인식과 정당정치의 저발전에 따른 소수 집단 엘리트간의 담합이나 갈등의 격화와 같은 단점이 더욱 클 것으로 예상되기 때문이다. 하지만 북한을 남한이 끌어안고 통일을 할 경우에 대해서는 대비가 필요하다.

기출문제와 연결

제 7 문 2015년 5급 3번(합의제 민주주의에서 제도간 친화성)

제008문 주인-대리인 관점에서 한국 대의민주주의

'의회'와 '대통령'은 인민의 대표로서 대의민주주의의 제도이다. 대의민주주의는 '주인-대리인' 문제가 발생할 수 있다. 그런데 현대 민주주의의 근간인 대의민주주의가 '주인-대리인'의 관점에서 '신뢰' 부족과 '책임성' 추궁장치 부족으로 위기를 맞고 있다. 다음 질문에 답하시오. (총 40점)

(1) '주인-대리인'의 관점에서 대의민주주의의 작동(위임)원리와 문제점을 설명하시오. (10점)

(2) '주인-대리인'의 관점에서 한국 대의제도들을 사례로 하여 구체적인 문제점을 설명하시오. (10점)

(3) '주인-대리인'의 문제를 해결하기 위한 문화적 방안과 제도적 방안들의 효과에 대해 논하시오. (20점)

Ⅰ. 서 론
Ⅱ. 주인-대리인의 관점에서 대의민주주의원리와
　문제점
　1. 대의민주주의 원리: 대표의 선출과 재량권의
　　부여
　2. 대의민주주의의 문제점: 주인-대리인의 통제
　　곤란
Ⅲ. 한국 대의민주주의 현실적 문제들: 대리인의 낮
　은 대표성

　1. 의 회
　2. 대통령
Ⅳ. 대의민주주의의 보완방안
　1. 신뢰구축을 통한 해결방안
　2. 책임성 추궁을 통한 해결방안
　　(1) 수직적 책임성 추궁방안
　　(2) 수평적 책임 추궁방안
Ⅴ. 결 론

 문제의 맥락과 포인트

　대의민주주의를 해석하는 한 가지 이론으로 주인-대리인 이론이 있다. 대의민주주의에서 사후적인 문제로 주인-대리인 문제가 발생할 수 있는데 이것을 구체적으로 어떤 사례로 입증하는지가 중요하다. 그리고 해결책으로서 제도적인 방안과 함께 문화적인 방안이 어떻게 보완될 수 있는지를 설명한다. 제도와 문화 부분은 이 문제에서는 사용하는 틀이지만 문화론 설명을 모든 제도정치 주제에서 사용해서는 안된다. 제도론자들에게는 제도 자체적인 해결방안이 가장 중요하다. 문화는 추상적이라 측정하여 일반화하기 어렵기 때문이기도 하다.

Ⅰ 서 론

　2017년 탄핵은 대의민주주의에서 주인-대리인 문제를 가장 극명하게 보여준다. 또한 기관 신뢰도가 최하위인 의회와 의원들에 대한 평가는 주인들의 대리인에 대한 불신의 또 다른 면이다. 대의민주주의를 포기할 수 없다고 할 때 관건은 주인-대리인 문제를 해결하는 방안을 찾는 것이다. 해결방안을 위해 문화적 차원과 제도적 차원의 해법을 모색해본다.

Ⅱ 주인-대리인의 관점에서 대의민주주의원리와 문제점

대의민주주의는 인민(주인)에 의한 대표(대리인)의 선출을 기반으로 하는 민주주의로 '주인-대리인'의 논리를 통해서 위임의 원리와 가능한 문제점을 체계화한다.

1. 대의민주주의 원리: 대표의 선출과 재량권의 부여

대의민주주의는 간접적 민주주의이다. 주권자인 유권자가 자신을 대표하는 대리인을 선발하여 운영하는 민주주의이다. 대의민주주의는 시간적인 이유와 공간적인 이유로 인해 직접민주주의가 불가능한 상황에서 현실적으로 선택된 민주주의이다. 유권자들이 직접 공동체의 의사를 결정하는 것이 아니라 유권자들을 대표하는 대리인을 선발하는 방식으로 민주주의가 운영되는 것이다.

자유주의이론에 근거한 대의민주주의는 대표를 선출하여 대표로 하여금 정치업무를 수행하도록 하는 정치 분업원리에 기반하여 작동하는 민주주의이다. 존 스튜어트 밀의 대의정부론이 반영되어 만들어진 모델이다. 따라서 대표를 통해 간접적인 방식으로 시민들의 의사가 표출되는 민주주의이다.

대의민주주의에서는 대표를 선출하기 때문에 대표의 권한 범위가 중요하다. 즉 주인인 국민이자 유권자가 대표에게 어느 정도까지 권한을 위임할 것인지가 중요하다. 위임의 정도는 몇 가지로 나뉜다. 유권자와 대표간의 '신탁모델'은 유권자가 자신들보다 더 나은 사람을 선출하는 모델이다. 의회민주주의 이론을 토대로 한 이 모델에 따르면 더 나은 사람이 대표가 되는 것이다. 그래서 선출된 대표들이 현명하고 성숙

한 판단을 통해 지역구민의 의견만이 아니라 국가 전체의 이익을 위해 정치적 결정을 하는 것이다. 따라서 이 모델에 따르면 대표는 선출된 이후에는 충분한 재량권을 가질 수 있다. 반면에 유권자가 대표에게 맡은 바 일을 수행할 것을 위임하는 '대리모델'의 경우는 대표는 유권자들의 의사를 따라야 한다. 유권자의 대리인으로서 대표에게 자율성은 주어지지 않는다. 반면에 '위임'모델은 유권자는 정당에 대표에 대한 통제를 위임한다는 모델이다. 정당에 권한을 위임한다는 모델로 대중정당과 정당민주주의 모델에 기초한다.

대표의 권한범위가 중요한 것은 대표가 생각하는 권한과 유권자가 생각하는 권한이 불일치할 수 있기 때문이다. 만약 양자 간의 권한위임에 관한 합의가 불일치할 경우에 배분되고 사용된 권한에 대한 충돌이 생길 수 밖에 없다.

2. 대의민주주의의 문제점: 주인-대리인의 통제 곤란

대의민주주의에서 사전적인 문제인 역선택과 달리 사후적으로 선택한 대리인을 주인이 통제하지 못함으로써 인해 생기는 문제이다. 주인-대리인 문제란 유권자의 의사와 대표의 의사가 불일치하여 대리인인 대표가 주인인 유권자의 의견을 따르지 않은 경우를 의미한다. 약속의 위반과 통제의 불가능성을 핵심으로 한다.

주인-대리인의 문제는 크게 두 가지로 인해서 생긴다. 첫 번째는 주인과 대리인의 의사와 이익불일치이다. 두 번째는 통제장치부족으로 인해 대리인의 약속위반이다.

첫 번째 의사와 이익불일치 문제를 살펴본다. 주인과 대리인의 문제는 대의민주주의에서 권한위임을 어떻게 볼 것인가와 부여한 권한이 나오게 된 이익의 해석과 관련된다. 주인은 대

표에게 표를 줄 때 자신의 원하는 이익을 정치체제가 반영하기를 원해서 표를 준다. 반면에 대표는 지역이 아닌 국가를 위한 정책이나 자신의 재선을 위한 정책에 더 관심을 가질 수 있다. 이런 경우 유권자가 부여한 권한과 기대하는 약속과 대표가 수행하고자 하는 정책 사이에는 괴리가 생긴다. 특히 신탁모델의 경우에는 문제가 없지만 대리 모델이나 위임모델의 경우 대표가 유권자의 의사를 거스르거나 정당의 견해와 불일치하는 정책을 수행하거나 법안을 만들 때 문제가 된다. 이런 경우에도 국민소환제도를 사용하거나 국민발안제도나 국민투표제도를 두어 대의민주주의를 보완하지만 이런 경우는 이례적이기에 대표를 통제하거나 처벌하기 어렵다.

이런 상황은 민주주의의 대표성과 응답성간의 차이로 나타나게 된다. 선거이전과 선거이후의 행동이 달라지는 것이다. 공약의 이행여부를 통해서 주인–대리인 문제가 있음을 판단할 수 있다.

두 번째 문제는 통제장치가 부족해서 생기는 문제이다. 주인과 대리인의 문제는 선발된 이후의 약속을 불이행하는 것이다. 그런데 약속불이행은 사후적인 처벌의 두려움이 없기 때문에 생긴다. 따라서 주인과 대리인 사이의 제도적인 처벌 장치가 없거나 있다고 해도 이것의 신뢰성이 낮을 때 문제가 발생한다. 예를 들어 정치적 완전경쟁시장이 없어 대안이 없는 경우에는 다른 선택의 여지가 없기 때문에 처벌이 어렵게 된다. 첫 번째 경우는 주인과 대리인간 해석의 문제이지만 두 번째 경우는 대표의 의도적인 위반행위이기 때문에 더 문제가 된다.

부차적으로 생각해 볼 수 있는 문제는 대의민주주의가 가진 분업의 원리와 주인의 소극적인 역할이다. 공화주의나 자유주의에 따르면 대의민주주의를 만들 때 인민들의 열정이나 욕망

이 공동체를 파괴하는 것을 두려워했기 때문에 대표를 두어 절제하는 공동체를 만들고자 했다. 그러다보니 대의민주주의는 절차적 차원에 민주주의를 국한하고 주인의 역할을 단지 처벌하는 장치 즉 선거에만 두었다. 따라서 주인은 수동적으로 4년이나 5년에 한 번 대표를 선출하는 것으로 주인의 역할을 다하게 되는 문제가 있다. 소극적인 시민상을 수정하자는 공화주의나 참여민주주의의 대안이 제기되는 이유이다. 하지만 이 문제에서는 제도적인 책임추궁가능성에 초점을 두고 문제를 분석하기 위해 이 부분으로 확장하지는 않겠다.

Ⅲ 한국 대의민주주의 현실적 문제들: 대리인의 낮은 대표성

대의민주주의에서 대표는 의회, 대통령, 지방자치단체를 들 수 있다. 이 중에서 전국 단위의 의회와 대통령을 중심으로 논의한다.

1. 의 회

실질적인 국민의 대표인 의회 역시 주인–대리인의 문제를 가지고 있다. 실제 유권자들의 대표인 의회에게서 가장 큰 문제는 대표성이 부족하다는 점이다. 의회정당정치에 대한 낮은 기대감은 18대 총선에서 46%라는 최저 투표율로 나타났다. 또한 2016년의 촛불집회 역시 제도정치가 아닌 거리의 정치로 나선 것은 의회의 대통령에 대한 견제기능이 실패했기 때문이다.

의회의 법안제출이 대부분 입법기능보다는 입법 수정에 있고 선심성 정책집행에 관심이 높다는 점은 의회를 중심으로 한 입법활동에 대한 인민의 기대를 낮게 만든다. 게다가 전문성이 부족하고 재선될 확률이 낮으며 재선이 되어도 상임위원회를 옮겨 다니는 의원들이 행정부를

감시하고 통제할 것이라고 기대하기 어렵다. 게다가 동물국회로 비유되었듯이 몸싸움이 난무한 국회에 대한 유권자들의 인식은 타협과 심의의 장이기 보다는 투쟁의 장이다. 이런 요인들은 의회를 국민의 대표기구로서 제도적인 문제 해결주체로 보기 어렵게 한다.

2. 대통령

한국의 대통령은 다른 제도들에 의해 견제를 받지 않을 뿐 아니라 단임제도로 책임추궁을 할 방법이 없다. 따라서 제왕적 대통령제와 분점정부에서 무기력한 대통령제가 반복해서 나타난다. 이런 대통령제도는 결국 민주화 30년만에 탄핵을 만들게 되었다.

대통령제도는 주인−대리인 문제에 있어서 몇 가지 더 문제가 있다. 첫째, 상대다수제로 인한 정당성의 부족이다. 즉 대표로서 정당하지 못한 것이다. 2017년 대선과 같은 다자 경쟁 구조에서 낮은 득표율은 대표에 대한 지지부족을 의미한다. 과거 13대 대선에서 노태우후보가 36.6%의 득표율로 당선되기도 하였다. 2017년 문재인대통령도 40%의 지지로 당선되었다. 이런 지지의 부족은 지지하지 않는 더 많은 국민을 대표한다는 문제를 만든다.

둘째. 사회적 합의 도출 실패와 권위적이고 일방적인 정책추진도 문제가 된다. 대통령이 사회적 합의가 부족한 문제들을 일방적으로 정책결정을 함으로써 국민으로부터의 지지율이 급전직하하는 사태가 발생하기도 한다. 대표적인 문제가 이명박 정부의 운하사업의 4대강사업으로의 전환이다. 이것 역시 견제 받지 않은 대통령이 주인의 의사와 달리 대표로서 과도한 재량을 사용한 문제이다. 2008년 촛불집회나 2016년 촛불집회는 이러한 합의도출 실패에 대한 반발이었다.

참고 대의기구의 보조기관: 정당

한국정당의 문제점: 정당의 독자화와 낮은 대표성

정당은 인민의 대표는 아니다. 인민의 대표 중에는 정당에 소속되지 않고 당선되는 경우도 있다. 대의민주주의가 만들어질 때 정당은 중요하지 않았거나 서구에서 명망가들 위주로 활동을 했다. 그러나 현대 대중민주주의 시대에 들어오면서 정당은 대의민주주의를 보조하는 중심제도이다. 그런 점에서 대의민주주의의 대표는 아니지만 중심기제로서의 의미는 가질 수 있다.

주인−대리인의 관점에서 한국 정당이 주인을 대표하지 못한다는 점이 문제이다. 특히 정당이 '정치사회화' 되었다는 것이 문제의 핵심이다. 즉 정당이 시민사회와 유리되어 따로 작동하는 것이 문제이다. 정당은 대의민주주의 중 가장 중요한 영역이다. 그것은 현재 대의민주주의가 정당민주주의이기 때문이다. 유권자들의 의사와 이익을 반영하는 제도적 장치로서 정당의 첫 번째 기능은 대표성을 확보하여 시민사회의 요구와 국가의 정책결정을 연결하는 것이다. 즉 정당을 중심으로 사회의 요구를 반영하여 정부와 국가에 전달하는 전동벨트 역할이 중요하다.

그러나 한국 정당은 사회요구를 관철하여 국가에 전달하는 데 있어서 부족한 점이 많다. 먼저 사회요구를 표출하고 집약시키는 기능이 부족하다는 비판은 수차례의 정치개혁으로도 실패하였고 16대 17대 총선에서 낙천 낙선운동으로 나타났다. 시민사회에 의한 정당의 대체현상이 나타나면서 정당을 중심으로 한 대의민주주의는 부정된 것이다. 2016년과 2017년 대통령 탄핵에서 독자적인 역할을 수행하지 못하고 시민사회로부터 버려진 것이 대표적인 사례이다.

다른 한편 정당에 대한 유권자의 불신과 지지정당 부족 역시 정당 중심의 민주주의가 얼마나 문제인지를 보여준다. 20만 명이 채 안되는 진성당원을 가진 자유한국당이나 민주당은 실질적인 지지층 결집이 어렵다. 여론조사에 따라 무당파층이 25~37%까지 나타나고 있다. 또한 정당은 여론조사의 신뢰도에서 만년 최하위를 기록하고 있다.

정당에 대한 낮은 신뢰의 기반은 정당이 자신들의 이익만을 추구한다는 데 있다. 정당이 파당처럼 기능하면서 사회의 현실적인 문제를 풀어내는 것 보다 권력 장악에만 관심이 있다고 보기 때문이다. 정당 내부의 복잡성도 떨어지고 응집성도 떨어진다는 점이 방증이 되겠다.

정당이 낮은 지지를 받게 된 이유에는 가산주의(patrimonialism)가 있다. 정당의 파벌주의와 지역에 기초한 지역정당을 버리지 못하는 것은 가산주의 때문이다. 2018년 5월 방탄국회로 비난을 받으면서도 홍문종, 염동열 의원에 대한 체포동의안이 부결된 것은 국회를 중심으로 정당을 가릴 것 없이 의원들이 서로를 보호한다는 점을 명확히 보여준다.

정당체계 수준에서도 정당들의 현저성(salience)이 떨어진다. 엑스타인이 제기한 대로 정당이 유권자들의 문제를 해결해줄 것이라는 기대감이 현실화될 때 현저성이 생긴다. 그러나 한국 유권자들은 정당간의 정책이나 이념과 정체성 차이가 크다고 느끼지 않는다. 이것은 정당의 현저성이 부족하다는 것이다. 최근 정당간 이념경쟁으로 정책 차이는 조금씩 늘고 있지만 진보와 보수라는 이념틀이 약한 한국 정당들의 이념적 선명성은 아직 약한 편이다.

Ⅳ 대의민주주의의 보완방안

주인-대리인 문제는 두 가지 방안으로 해법을 구할 수 있다. 첫째, 신뢰의 문화를 통해서 주인-대리인간의 관계를 변화시키는 것이다. 둘째, 문화 방안 외에 통제장치를 만들어서 책임을 추궁할 수 있는 방안이다.

1. 신뢰구축을 통한 해결방안

주인-대리인 문제의 핵심은 주인이 공동체의 운영과 관련하여 대리인인 대표에게 권력을 위임하였으나 대리인이 권력을 위임 받은 이후 사후적으로 다른 행동을 하는 것이다. 만약 이러한 행동이 발생하는 경우 주인은 대리인을 다시 선출할 때까지 기다려야 한다. 그리고 책임을 추궁하고 나서 다른 대리인을 선택했는데도 동일한 문제가 발생할 수 있다. 이런 상황이 빈번하게 발생할 경우 주인은 대리인에 대한 불신이 깊어지고 이로 인해 대리인 선발을 꺼릴 수

도 있다. 저항투표에서 이탈 현상이 여기에 해당한다.

주인-대리인은 사후 통제의 문제나 이를 사전적인 신뢰의 문제로 전환하면 사후 통제로 인한 비용 부담을 축소할 수 있다. 또한 사전적인 신뢰를 구축할 수 있다면 저항투표에서 이탈을 방지할 수 있다. 이것은 대의민주주의에서 민주적 정당성을 확보하는데도 도움이 된다.

민주주의의 공고화가 불확실성의 제도화이지만 이것은 어떤 가치가 사전적으로 더 우월하거나 제도적으로 우선권을 배분받지 않는다는 의미이다. 주인-대리인의 문제에서 신뢰구축은 주인과 대리인 사이의 관계를 더 오랫동안 유지할 수 있게 한다. 그런 점에서 대표에 대한 제도화에 기여한다.

문화는 그런 점에서 제도가 사용될 때 제도의 비용을 줄여주는 기능을 한다. 대표적으로 '사회적 자본'이론을 들 수 있다. 사회적 자본에서도 신뢰(trust)가 구축되는 것이 중요하다. 신뢰는 행위자들 간의 믿음과 행위자와 제도에 대한 신뢰를 구축하게 한다. 이것으로 민주주의 전체에 대한 신뢰가 증대한다.

그러나 문화는 제도적인 장치는 아니다. 문화는 관념적으로 작동하기 때문에 중요할 수 있지만 예측가능성이 높지는 않다. 게다가 '결속형(bonding)' 사회 자본에서 구성원간의 사회자본의 증대는 사회전체로는 불신을 강화할 수도 있다. 따라서 제도적인 방안의 주인-대리인을 통제하는 방안이 필요하다.

2. 책임성 추궁을 통한 해결방안

(1) 수직적 책임성 추궁방안

우선 책임추궁성은 주인-대리인 사이에서 확보해야 한다. 수직적인 책임이 중요하다. 주인이 되는 시민이 대리인인 대표를 통제할 수 있

어야 한다. 이 방안은 크게 두 가지를 사용할 수 있다. 대의민주주의를 보완하는 차원에서 투표의 책임추궁가능성을 높여야 한다. 이를 위해서는 회고적 투표가 가능해야 한다. 정당과 의회에 대해서는 대안이 있어야 한다. 현재 카르텔 정당구조에서 대안을 만들 수 있는 방안은 비례대표제를 확대하여 새로운 정당이 진입할 수 있는 통로를 늘리는 것이다.

대통령에 대해서는 연임제도로 변경해야 한다. 대통령에 대해 책임을 묻지 못하기 때문에 제왕적 대통령으로 있을 수 있는 것이다. 따라서 재선을 통해서 유인과 처벌 장치를 제공하는 것이 필요하다. 또한 대통령에 대한 평가를 정당을 통해서 할 수 있도록 정당과 대통령의 당적 분리를 막아야 한다. 정당에 대한 처벌로 정당 내에서 대통령을 압박할 수 있게 해야 한다.

두 번째 방안은 시민사회가 좀 더 적극적으로 대의민주주의를 수정하는 방안이다. 적극적인 시민사회가 만들어져 있기 때문에 이들의 의견이 표출될 수 있는 공론의 장을 만들어서 대표들에 대한 상시적인 견제와 통제장치를 만들 필요가 있다. 또한 시민사회는 영속적이지 않기 때문에 시민단체들이 적극적인 활동을 할 수 있도록 하는 것이 필요하다. 시민사회의 의견을 표출하고 결집하는 기능을 정당이 하지 못하기 때문에 이 부분을 시민운동 단체가 자발적으로 할 수 있다. 시민사회를 제도화된 시민단체가 정당과 연결하거나 정부와 연결해주는 기능을 수행하는 것으로 시민사회이 역동성과 요구를 반영할 수 있다.

(2) 수평적 책임 추궁방안

두 번째는 수평적 책임추궁방안이다. 이것은 정당과 의회와 대통령을 나누어서 할 수 있다. 먼저 정당이 제도화될 필요가 있다. 정당은 의회와 대통령을 연결하는 고리이기도 하다. 이 과정에서 정당의 자율성 확보가 중요하다. 정당이 대통령의 거수기가 되면 정당은 의회와 대통령 사이에서 통제장치로 기능할 수 없다. 정당의 자율성은 공천과정의 투명성과 자금의 투명화에 의해서 이룰 수 있다. 공천심사위원회를 제도화하여 대통령이나 파벌의 개입을 막을 수 있다면 의원은 대통령이나 정당으로부터 자유로울 수 있다. 정책보조금제도를 이용하여 정부로부터 정책 보조금을 받게 하여 의원을 정당의 중앙당과 파벌로부터 자유롭게 만들 수 있다. 이런 제도장치를 이용해서 정당이 소신을 가지고 독자적인 제도가 되면 통제장치로서 기능할 수 있다.

수평적인 책임추궁장치는 의회와 대통령사이에도 만들 수 있다. 의회의 대통령에 대한 견제기능을 강화할 필요가 있다. 이를 위해서는 국회의 상임위원회를 활성화할 필요가 있다. 행정부처에 대한 소관상임 위원회가 전문화되어야 견제 기능이 강화된다. 또한 소위원회를 체계화하여 행정부에 대해 견제할 수 있는 능력을 만들어야 한다. 이를 위해서는 의회 입법지원기구의 강화와 의원보좌관에 대한 인력 공유제도등을 고려해 볼 수 있다. 부족한 인원들을 개별적인 의원보좌관으로 보다는 상임위원회중심으로 보좌관들의 임무를 체계화하여 정책전문기구로 만들어볼 수 있다. 또한 입법지원기구로서 입법조사처를 강화할 수 있다.

정부입장에서도 국회와의 협치구조를 만들어서 상호통제를 강화할 수 있다. 당정협의회와 같은 조직을 확대하여 정당-의회-청와대-정부간의 소통창구로 만들어서 상호의견을 조율하고 법안구성에서 협조를 꾀할 수 있다. 이런 장치는 통제장치로서뿐 아니라 심의장치로서도 중요하다.

마지막으로 제왕적 대통령제와 견제 부족의 문제로 인해 주인－대리인문제가 심각하기 때문에 제왕적 대통령을 약화하기 위한 방안으로 지방분권화를 통한 권력의 공유방안도 모색될 수 있다.

Ⓥ 결 론

주인－대리인의 문제에도 불구하고 대의민주주의는 포기될 것이 아니라 수정 보완되어야 한다. 특히 유권자인 주인을 정치에 복귀시키는 것이 가장 중요하다. 이를 위해서는 문화적으로 신뢰를 구축하고 책임성의 추궁장치로서 수직적 책임 장치와 수평적 책임 장치를 보완할 필요가 있다.

한국 민주주의는 4차례의 정권교체로 절차적 수준에서 민주주의 공고화는 달성되었다. 그러나 민주화 이후 선거들에서 나타나는 것처럼 대의민주주의에 대한 참여와 지지는 줄어들고 있다. 최근 SNS로 대표되는 정보화 사회와 시민사회의 활성화는 대의민주주의방식 이외의 대안 (alternative)들을 제공하고 있다. 다음 질문에 답하시오. (총 50점)

(1) 근대 국민국가에서 대의민주주의의가 선택된 배경을 이론적 관점과 현실적 관점에서 설명하시오. (15점)

(2) 대의민주주의의 작동조건들로서 시민의 '기본적 권리의 보장'과 '대표에 대한 신탁과 자율성'과 '대표에 대한 책임성의 추궁'에 대해 설명하고 현대 대의민주주의에서 이 조건들이 어떻게 나타나고 있는지 논하시오. (15점)

(3) 시민의 직접적인 참여를 강조하는 참여민주주의에 대해 설명하고 사례를 들어서 대의민주주의와의 참여민주주의의 관계에 대해 논하시오. (20점)

Ⅰ. 서 론
Ⅱ. 근대 국민국가와 대의민주주의
  1. 이론적 측면: 자유주의
  2. 현실적 측면: 공간적 제약과 인식적 제약

〈대안 목차〉
  1. 공간적 측면: 규모의 확대와 정치적 결정
  2. 영역적 측면: 공사영역의 구분
  3. 인식적 측면: 대표로서 명망가들의 정치적 결정

Ⅲ. 대의민주주의 작동조건
  1. 대의민주주의 작동조건들
    (1) 기본적 권리의 보장
    (2) 대표에 대한 신탁과 자율성
    (3) 대표에 대한 책임성의 추궁
  2. 작동조건들의 현실적 평가
    (1) 기본적권리의 보장
    (2) 대표에 대한 신탁과 자율성
    (3) 대표에 대한 책임성의 추구

〈대안 목차 1〉
  1. 정치적 기본권리의 보장: 이론과 현실

  2. 대표에 대한 신탁과 자율성: 이론과 현실
  3. 대표에 대한 책임성 추구: 이론과 현실

〈대안 목차 2〉
  1. 정치적기본권리의 보장
  2. 대표성
  3. 접근성
  4. 응답성
  5. 책임성

Ⅳ. 참여민주주의와 대의민주주의와의 관계
  1. 참여민주주의의 의미
  2. 참여민주주의와 대의민주주의의 관계: 보완설

〈대안 목차〉
Ⅳ. 참여민주주의와 대의민주주의와의 관계
  1. 참여민주주의의 역할
  2. 대의민주주의 장점
  3. 참여민주주의와 대의민주주의의 관계

Ⅴ. 결 론

 문제의 맥락과 포인트

이 문제는 대의민주주의를 좀 더 구체적으로 묻고 있는 문제이다. 보완적 민주주의의 문제의 기본 논리는 대의민주주의의 문제점을 서술하고 대의민주주의가 취약한 부분을 보완적인 민주주의로 보충할 수 있는 방안을 설명하는 것이다. 그런 점에서 대의민주주의에 대해서는 구체적으로 준비를 해두어야 한다. 이 문제는 대의민주주의가 어떻게 만들어졌는지에 대한 원리와 현대적으로 어떤 부분이 변했는지를 설명하고 이런 환경 변화에서 참여민주주의가 실제 보완이 가능한 민주주의인지를 묻고 있다. 세부 문제 4가지가 모두 이론적인 부분이라서 이 부분들을 구체화하는 사례가 있으면 좀 더 좋은 답안이 될 것이다.

Ⅰ 서 론

19대 총선에서 인터넷과 SNS의 발전은 대의민주주의의 중심축인 선거를 독려하는데 이용되었다. 하지만 인터넷을 이용한 온라인 경선방식 등은 정당지지자를 가장한 유권자들의 불법선거와 탈법선거를 야기시켰고 정당정치와 정당민주주의에 대한 실망을 증대시켰다. 이런 점에서 볼 때 정보화사회의 발전은 대표를 통한 민주주의인 대의민주주의와 인민의 지배를 직접적으로 관철하고자 하는 참여민주주의에 모두 영향을 미치고 있다. 그렇다면 두 가지 민주주의 사이의 관계는 한국에서 어떻게 설정되어야 할 것인가?

Ⅱ 근대 국민국가와 대의민주주의

1. 이론적 측면: 자유주의

자유주의는 정치분업의 원리에 기반하여 대표를 통한 정치를 중심으로 한다. 정치공동체와 개인의 사적공간이 분리될 수 있다고 본 자유주의는 개인들의 자유를 강조한다. 사적 자유를 위해서 공적공간의 확대는 제한되어야 한다. 공적공간의 개입을 제약하기 위해서는 공적공간이 개입할 수 있는 방안에 대해 개인들은 통제할 수 있어야 한다. 개인들이 공적공간을 통제하기 위해서는 자신들을 대표하는 대표자를 통해서 정치를 운영해야 한다. 개인들이 자신의 자유를 확보하기 위해서 국가의 개입에 대해 자신이 통제하는 방안으로서 자신의 대표를 통해서 정치체제를 작동시켜야 한다.

자유주의에서 사회적 선택이론을 통해서 민주주의를 설명한다. 사회적 선택이론은 개인의 선택을 통해서 사회적 선택을 만들 수 있다고 본다. 자유주의에서 사회적 선택을 결정할 때 공정한 기회제공이 중요하다. 사회적 선택은 대표선출이나 정책선택을 하는 선거를 통해서 이루어진다. 이때 대표선정이나 정책선택에서는 공정한 기회를 제공하는 것이 중요하다.

자유주의에서 개인들의 선호는 무엇이 더 우월한지를 결정할 수 없다. 개인들의 선호에 우선성이 없다면 개인들의 선호를 모아서 사회적 선호를 정해야 한다. 따라서 개인들은 절차적 공정성을 보장받은 상태에서 자신들의 선호를 표출함으로써 사회적 선호를 정해야 한다. 이 논리는 정치적 결정에 있어서 '다수의 지배'로 귀결된다. 개인들의 선호에 가중치를 부여하지 않는다면 더 많은 이들의 선호가 사회적 선호로 선택되는 것이 필요하며 가치의 다원성으로 인해 다양한 가치가 경쟁한다면 다수결주의는 논리적 필연이 된다.

2. 현실적 측면: 공간적 제약과 인식적 제약

대의민주주의는 정치공동체가 국민국가체제가 된 상태에서 공간적 시간적 제약에서 출발했다. 정치공동체가 도시국가단위를 넘어섰을 때 이들 국가의 시민들이 모두 참여하여 직접적인 방식으로 정치적 결정을 내릴 수 없었다. 따라서 대규모로 확장된 정치적 공간에서 인민의 의사는 직접적으로 확인되기 보다는 대표를 통한 방식으로 간접적으로 확인되었다. 그리스의 광장의 정치는 근대 국가에서 대표들의 토론의 정치로 전환된 것이다.

다른 한편 근대 국가로 들어왔을 때 대의민주주의가 선택된 이유는 인식적 제약도 들 수 있다. 인민들은 정치공동체의 업무에 대해서 알기가 어렵다. 인민들의 낮은 교육수준과 복잡해진 국가업무는 인민들이 합리적으로 공적영역을 판단하기 어렵게 만들었다. 따라서 인민들의 정치공동체의 업무가 되는 공익판단을 직접민주주의 방식으로 수행하는 것은 불가능하다. 인민들은 자신들의 대표를 선출하여 이들이 공공업무를 수행할 수 있게 하는 것이 필요하다.

● 대안 목차

1. 공간적 측면: 규모의 확대와 정치적 결정

대의민주주의는 도시국가의 규모가 아닌 근대 국민국가라고 하는 정치단위의 확장 즉 영토와 인민 구성원의 확대에 의해서 선택되었다. 공동체의 다수가 어떤 가치를 지향하면서 이들이 추구하는 공공선이 무엇인가를 결정하기 위해서는 거대한 공동체의 구성원 모두에 의한 직접민주주의는 불가능 하였다. 따라서 공동체구성원들의 이익과 의사를 반영할 수 있는 대표들에 의해서 간접적인 방식으로 민주주의가 작동하는 것이 필요하게 되었다.

2. 영역적 측면: 공사영역의 구분

대의민주주의는 자유주의적 이론에 영향을 받았다. 미국의 공화주의도 대의민주주의를 지향하지만 유럽의 자유주의 역시 대의민주주의를 지향한다. 자유주의에 따르면 과거 그리스와 로마시대와는 달리 공동체는 공적 영역과 사적영역이 구분된다. 개인의

자유가 중요하게 여겨지는 자유주의에서 사적영역은 공적영역과는 다르게 보호되어야 한다. 그런 점에서 사적영역은 자신들의 대표에 의해서 결정된 법에 의해서만 제한을 받게 된다. 따라서 사적영역의 자율성을 확장하기 위해 공적영역에 대한 대표를 선출하게 된다.

3. 인식적 측면: 대표로서 명망가들의 정치적 결정

대의민주주의는 시민들을 대표하는 대표들에 의한 정치적 결정을 중요하게 생각한다. 대표들은 유권자들인 시민들에 의해 선출되지만 이들은 정치에 대한 식견을 가지고 공동체의 공공선을 결정할 수 있는 사람들이다. 대표를 선발해야 한다면 다른 사람들보다 우월한 사람이 필요했고 정치공동체는 정치적으로 더 나은 사람에게 정치적 결정을 맡기게 된다. 그럼으로써 거대한 근대국가의 규모 속에서 사적공간과 공적공간은 구분되어진다.

Ⅲ 대의민주주의 작동조건

대의민주주의가 작동하기 위해서는 시민의 기본적권리로서 '자유보장'이 되고 시민과 대표 사이에 '대표성', '접근성', '응답성', '책임성'이 충족되어야 한다.

1. 대의민주주의 작동조건들

(1) 기본적 권리의 보장

대의민주주의가 작동하기 위해서는 시민과 대표의 관계 속에서 유권자에게 자신이 원하는 대표를 선택할 수 있는 기본적 권리가 보장되어야 한다. 경제적 자유가 아닌 정치적 자유가 보장될 때 시민은 자신이 지지하는 대표를 선출할 수 있다. 그런 점에서 언론, 출판, 집회, 결사의 자유와 참정권이라는 정치적 권리는 보장되어야 한다. 정치적 반대가 가능할 때 시민은 자유롭게 대표를 선출할 수 있는 것이다.

(2) 대표에 대한 신탁과 자율성

대의민주주의가 작동하기 위해서는 유권자가 대표를 선출하면 대표는 유권자의 지지를 통해서 자율성을 확보할 수 있어야 한다. 대표는 두 가지 면에서 자율성이 필요하다. 첫 번째는 다른 정치세력에 대한 자율성이 필요하다. 대표로 선출되었다는 것은 시민들이 정치적 권리를 위임한 것으로 이것을 통해서 대표는 재량을 가지고 정치적 결정을 하고 정책을 만들어야 한다. 두 번째는 대표는 자신에게 지지를 보낸 시민들에 대해서도 자율성이 필요하다. 즉 유권자와 대표간에 대표선출은 위임과 신탁 중에서 어떤 관계인가라는 점에서 볼 때 대표는 유권자로부터 신탁을 받은 것이고 이에 따라 재량을 가지고 결정을 할 수 있어야 한다. 즉 지역구민에 의해 선출되었다고 해도 일정한 범위내에서 대표는 공동체전체를 대표할 수 있어야 한다.

(3) 대표에 대한 책임성의 추궁

대표를 선출하였을 때 시민들은 대표를 자신의 이익에 따라 그리고 가치에 따라 선출한 것이다. 그런데 대표가 만약 선출이후에 시민들에 대한 약속을 어긴다면 시민들은 자신들이 선출한 대표에 대해 책임을 추궁할 수 있어야 한다. 책임추궁이 되지 않는다면 대의민주주의가 가지는 주인－대리인 문제가 발생하게 된다. 즉 주인과 대리인 사이의 정보불일치로 인해서 역선택이 발생하거나 도덕적 해이가 발생하게 된다. 이것은 정치적으로 볼 때 책임성추궁의 부재로 인한 대표의 응답성이 약화로 이어지는 것이다.

2. 작동조건들의 현실적 평가

(1) 기본적권리의 보장

대의민주주의가 작동하려면 시민의 기본적 권리가 보장되어야 하지만 현실에서 기본적 권리의 보장은 문제가 있다. 먼저 정치적공간에서 인민의 의사가 완전하게 반영되기 위해서는 인민의 선호가 표출되어야 한다. 그러나 정치적 자유로서 언론, 출판, 집회, 결사의 자유는 제약을 받기 때문에 인민의 의사가 정치공동체에서 완전히 보장되기 어렵다. 인터넷 실명제의 경우가 대표적인 사례로 인터넷을 통해 자신들의 의사를 표현하는 것이 제한되는 것을 보여준다.

두 번째로 정치공동체에서 선거권이라는 정치적 권리가 포괄적이어야 하지만 이것 역시 제약을 받는다. 정치공동체에서 공적공간이 정당화되기 위해서는 사회구성원들의 공적결정에의 참여가 필수적이다. 그러나 다문화 현상에서 볼 수 있듯이 사회구성원의 확대에도 불구하고 이들에게 정치적 결정권을 주는 것에는 현실적인 한계가 있다. 또한 2012년 대선에서의 투표시간 연장논의처럼 선거라는 정치적 결정에 참여하지 못하는 계층이 있다는 점도 포괄성(inclusiveness)의 문제를 보여준다.

(2) 대표에 대한 신탁과 자율성

현대 대의민주주의가 가지는 가장 큰 문제는 대표성이 낮다는 것이다. 대의민주주의가 만들어질 때 대표들은 정치적 엘리트였고 이들의 결정에 자율성을 부여하기 위해 대의민주주의는 유권자의 신탁에 기반해서 민주주의를 작동시켰다. 하지만 현대에 들어와서 복잡해진 사회적 선호를 대표들이 반영하기 어려울 뿐 아니라 대표들이 선거를 통해 인민의 의사를 정확히 걸러서 정치에 대표하지 않는 문제가 생겼다. 이로 인해 시민과 유리된 독자적인 사회인 '정치사회'를 구성하고 있다. 한국에서 낮은 투표율과 낮은 정당지지율은 대표성부족을 극명하게 보여준다.

낮은 대표성은 낮은 응답성으로 나타난다. 대표들은 인민들의 의사를 반영하지 않기 때문에 사회적 갈등을 해결하고 사회적 선호를 정책으로 만들어내지 못한다. 대표들에 의해 정치공동체의 의사가 수렴되고 타협되는 국회가 파행을 거치는 것과 사회적 갈등이 해소되고 사회적 가치가 정부정책으로 만들어지지 않는 것은 낮은 응답성에 기인한다. 2002년 이후 촛불시위가 확대된 것은 낮은 응답성을 방증한다.

(3) 대표에 대한 책임성의 추구

대의민주주의가 작동하지 않을 때 대표들에 대한 책임추궁이 가능해야 한다. 하지만 현대민주주의에서 책임추궁은 제한된다. 현대민주주의가 정당에 기반한 민주주의로 전환되었고 정당이라는 제도를 통해 대표를 걸러낸다. 제도화가 진전된 정당을 통한 대표선발에 있어서 대표에 대해 책임 추궁을 할 수 있는 방법은 사후적으로 지지를 철회하는 방식밖에 없다. 그러나 복수의 다양한 대안이 존재하지 않은 상황에서 사후적 지지철회는 대표에 대한 책임을 추궁하기 어렵게 만든다. 정치적 공급의 과두제화로 인해 책임추궁을 할 수 있는 대안이 부족한 것이다. 또한 김대중 노무현 정부에서의 당정분리는 단임제 대통령제에서 행정부의 정치적 책임을 추궁할 수 있는 방식에 제한을 만든다.

● **대안 목차 1**

 1. 정치적 기본권리의 보장: 이론과 현실

 2. 대표에 대한 신탁과 자율성: 이론과 현실

 3. 대표에 대한 책임성 추구: 이론과 현실

● **대안 목차 2**

 1. 정치적기본권리의 보장

 2. 대표성

 3. 접근성

 4. 응답성

 5. 책임성

Ⅳ 참여민주주의와 대의민주주의와의 관계

1. 참여민주주의의 의미

참여민주주의는 인민들의 직접적 참여를 중시하는 민주주의이다. 참여민주주의는 대표보다는 인민들의 정치에 대한 직접적인 결정을 선호하게 한다. 따라서 대의민주주의가 자유주의에 기반한 보수적 민주주의이고 절차적 민주주의라면 참여민주주의는 급진주의에도 영향을 받은 민주주의로 실질적 민주주의를 지향한다. 이러한 참여민주주의는 시민들의 직접적인 참여를 강조하고 시민들이나 이익집단에 의해 대의민주주의가 대체되는 것을 상정하기도 한다. 또한 시민들의 공공문제에 대한 심의를 통한 결정을 지향하기도 한다.

2. 참여민주주의와 대의민주주의의 관계: 보완설

참여민주주의와 대의민주주의는 보완적인 관계가 설정되어야 한다. 참여민주주의는 자결이라고 하는 민주주의의 원칙에 충실한 민주주의이다. 그러나 참여민주주의는 실질적으로 집단화가 가능하고 정치적 영향력이 있는 시민들과 이익집단들의 참여를 강조한다. 따라서 참여민주주의는 대의민주주의에서 실질적으로 정치적 대표를 찾지 못하는 '배제된 집단' 혹은 조직화되지 못한 집단들의 의사를 반영하지 못하는 측면이 크다. 그리고 참여민주주의는 인민의 의사에 의한 정치적 결정이라는 민주주의 원리에 기반하나 한편으로 직접통치의 부담을 키울 수 있으며 대표에 대해서는 대중영합정치인 포퓰리즘에 빠지게 할 수 있다.

참여민주주의의 확대 사례를 살펴보면 대의민주주의의 대안으로 작동하는 면을 볼 수 있다. 먼저 인터넷과 SNS에 기반한 시민들의 정치참여는 정보화이전에 대표되기 어렵던 주제들을 정치공간에 의제로 만든다. 2008년 미국산 소고기관련 촛불시위는 위생문제를 정치공간에 이슈로 만들었다. 또한 이명박 정부에서 2010년 지방선거는 복지문제를 이슈로 만들었다. 4대강은 환경문제를 이슈로 만들어서 그동안 정치사회가 반영하지 못한 이슈를 정치공론화하였다.

반면에 대의민주주의는 여러 문제점에도 불구하고 여전히 장점을 가지고 있다. 먼저 대의민주주의는 사회의 과도한 갈등을 완충하는 완충장치가 될 수 있다. 사회의 갈등이 강력하게 대립할 경우 대표들은 정치적 재량권을 통해서 타협의 정치를 이룰 수 있다. 둘째, 대의민주주의는 정치적 부담을 완화하면서도 독재에 의한 결정이라는 외부위험의 비용을 줄여준다. 따라서 결정과정에서 드는 비용을 최소화하면서도 자기결정권의 배제를 막을 수 있다.

2004년 탄핵이슈로 진보와 보수 시민사회가 시청과 광화문에서 각각 시위를 한 사례에서처럼 참여민주주의에서 시민의 의사는 분열될 수 있다. 시민의 의사가 진보와 보수로 각기 다른 경우 참여민주주의를 통한 사회적 갈등해결은 오히려 더욱 커질 수 있다.

참여민주주의의 장점은 민주주의의 '자기결정'에 따른 '자기 지배'로 이해할 때 '자기결정'에 충실하다는 것이다. 반면에 지나친 정치적 극단화를 만들 수도 있고 또 한 편으로 포퓰리즘의 위험도 있다. 게다가 대표되지 못하는 정치적 소외층을 지속적으로 소외시키는 문제가 있다. 반면에 대의민주주의는 절충점을 찾아줄 수 있고 포퓰리즘을 막으면서도 정치적 소외세력을 고려할 수 있는 여지도 있다. 이런 점에서 참여민주주의와 대의민주주의는 보완적으로 작동할 수 있다.

최근 SNS로 대표되는 민주주의는 인민의 참여를 활성화한다는 점에서 긍정적인 모습을 보여주지만 숙고의 부족이라는 문제점을 보여주기도 한다. 게다가 디지털문맹화의 문제처럼 세대 간 이용격차로 인해 공정하게 세대의 의사를 반영하기 어려운 측면도 있다. 그리고 인적네트워크가 가져오는 정서의 정치가 강해지면 공동체의 유대감을 강화하지만 한편으로는 합리적 예측을 어렵게 하는 문제가 있다.

이러한 요소들을 종합적으로 고려할 때 참여민주주의는 보완적 민주주의로 기능하는 것이 바람직하다. 제도화되지 못한 갈등을 표출하여 사회적 의사의 대표성을 확대하고 SNS의 정치가 응답성을 높이는 것처럼 정치의 응답성을 높일 수 있다. 하지만 대의민주주의제도가 완충역할을 함으로써 사회적 갈등의 숫자를 줄이면서 사회적 고민을 축소하고 해결가능성을 높이는 것이 필요하다. 또한 제도장치는 의제를 지속화함으로써 사회적 갈등을 지속적으로 고려하고 해결할 수 있는 방안모색을 상시화하며 확장할 수 있다.

⸺⸺⸺⸺⸺⸺⸺⸺⸺⸺⸺⸺⸺⸺

● **대안 목차**

Ⅳ **참여민주주의와 대의민주주의와의 관계**

1. **참여민주주의의 역할**

첫째, 긍정적 역할
둘째, 부정적 역할

2. **대의민주주의 장점**

3. 참여민주주의와 대의민주주의의 관계

Ⓥ 결 론

서론에서 제기된 것처럼 한국에서 대의민주주와 참여민주주의는 '대체'와 '대안'이 아닌 '보완'적 관계에 있어야 한다. 대표를 통한 대의민주주의의 문제점들이 있지만 이 문제점들을 개선하여 정치대표의 기능을 강화하면서 대표되지 못하는 부분들을 시민들의 요구와 시민들의 심의를 통해서 보충하는 것이 필요하다. 그런 점에서 정당과 시민사회사의 관계를 좀 더 제도화할 필요가 있다.

 기출문제와 연결

제9문 2015년 입시 2번(현대 국가들의 문제점) / 2009년 입시 1번(대의민주주의의 문제점과 참여민주주의) / 2006년 입시 1번(대의민주주의의 대표성, 반응성, 책임성 : 대의민주주의 보완책측면에서) / 2004년 5급 1번(전자민주주의의 가능성) / 2005년 5급 3번(시민사회의 정당정치대안가능성 : 시민운동의 참여민주주의차원에서)

제010문 **한국에서 유권자의 대표선택기준**

현대 민주주의는 대의민주주의를 기초로 한다. 대의민주주의에서 유권자는 대표를 선출하여 의회를 중심으로 민주주의를 운영한다. 그런데 유권자가 대표를 선출하는 기준은 다양하다. 맨스브릿지(Jane Mansbridge)는 유권자의 대표선출을 '약속에 입각한 대의(Promissory Representation)'과 '예측에 입각한 대의(Anticipatory Representation)'과 '자이로스코프적 대의(Gyroscopic Representation)'로 구분하였다. 이 분류는 각각 유권자가 정책(policy), 회고(retrospection), 정체성(identity)을 기준으로 대표를 선출한다는 것이다. 다음 질문에 답하시오. (총 40점)

(1) 민주주의에서 대의제도가 선택된 이유를 설명하시오. (10점)

(2) 대의제도에서 유권자가 대표를 선택하는 기준을 위의 3가지 유형으로 설명하시오. (15점)

(3) 위의 유형화 중에서 한국에서 나타나는 대표선택의 기준이 무엇인지 설명하고 사례를 들어 논증하시오. (15점)

* 맨스브릿지(Jane Mansbridge)의 분류:
  '약속에 입각한 대의(Promissory Representation)': 대표선발기준은 대표의 약속이행
  '예측에 입각한 대의(Anticipatory Representation)': 기준은 대표에 대한 사후적평가
  '자이로스코프적 대의(Gyroscopic Representation)': 기준은 비슷한 성향과 정체성보유

Ⅰ. 서 론
Ⅱ. 대의제도의 선택이유
  1. 직접민주주의의 어려움
  2. 간접민주주의: 대표선택의 필요성
Ⅲ. 대의선택기준: 맨스브릿지(Jane Mansbridge)의
    분류를 중심으로
  1. '약속에 입각한 대의(Promissory Represen-
    tation)': 대표선발기준은 대표의 약속이행

  2. '예측에 입각한 대의(Anticipatory Represen-
    tation)': 기준은 대표에 대한 사후적평가
  3. '자이로스코프적 대의(Gyroscopic Represen-
    tation)': 기준은 비슷한 성향과 정체성보유
Ⅳ. 한국에서 대의 유형과 논증
  1. 한국에서 대의유형
  2. 논 증
Ⅴ. 결 론

 문제의 맥락과 포인트

이 문제는 마이클 시워드의 책 『DEMOCRACY』에 수록된 논문 중 맨스브릿지의 이론을 소개하고자 만든 문제이다. 이 책은 전 세계에서 가장 저명한 민주주의 이론가들의 이론을 간략히 소개한 책이다. 민주주의 문제가 학문적으로 출제된다고 할 때 이런 논문들은 참고해 두면 유용하기 때문에 소개한 문제이다.

Ⅰ 서 론

2019년 4월 패스트트랙을 두고 '바른미래당'이 분열하고 있다. 한국정치에서 진보-보수와 지역갈등에도 불구하고 제3당의 가능성을 보여주겠다고 출범한 '바른미래당'은 2016년 총선, 2017년 대선, 2018년 지방선거에도 불구하고 지지율의 큰 변화가 없다. 이것을 유권자들의 정체

성에 기초한 투표, 대표선발을 통해서 설명한다.

Ⅱ 대의제도의 선택이유

대의민주주의가 선택된 것은 근대 들어와서이다. 근대국가가 만들어진 이후 그리스식의 직접민주주의가 선택될 수 없었던 이유를 먼저 설명하고 대안으로서 대의민주주의를 논리를 제시한다. 이를 유권자를 중심으로 설명한다.

1. 직접민주주의의 어려움

세 가지 이유로 직접민주주의가 어렵다. 첫째, 시간적 제약이 크다. 민주주의가 인민의 지배일 때 인민의 의사를 물어야 한다. 그런데 근대 국가는 국가의 영토와 인민의 규모로 인해 직접민주주의처럼 인민의 의사를 모두 묻고 토의를 할 수 없다. 둘째, 공간적 제약이 크다. 20만 정보의 아테네에서는 민주주의의 의회공간이 있었지만 근대국가에서 이런 공간을 확보할 수 없다. 셋째, 전문성의 필요성증대다. 근대 국가는 전쟁과 복지문제 해결을 위해 행정체계 등이 전문화되면서 전문성이 늘었다. 체계성과 특정 분야의 전문가가 필요한데 직접민주주의는 아마추어리즘에 기초하고 있다는 문제가 있다.

2. 간접민주주의: 대표선택의 필요성

시간-공간적 제약과 전문성의 제약에서 직접민주주의를 수행할 수 없자 선택된 대안은 간접민주주의이다. 이때 민주주의는 대표를 통해서 간접적으로 수행된다. 인민은 자신이 선택한 대표를 통해서 '인민의 지배'를 실현한다. 대표가 인민의 의사를 반영하고 이를 정책으로 만든다면 직접민주주의와 같은 민주주의의 효과를

낼 수 있다. 게다가 대표를 통해서 의회가 작동하고 전문성은 관료에게 위임함으로써 대표성－효율성의 조합을 만들 수 있다. 그리고 대표를 통해서 민주주의를 운영할 수 있으니 비민주주의의 약점을 피할 수 있다.

대의민주주의는 효용과 비용면에서도 유용하다. 직접민주주의와 만장일치제도보다 결정성을 높이면서도 비민주주의의 정책결정에서 배제되는 비용을 제거할 수 있다.

Ⅲ 대의선택기준: 맨스브릿지(Jane Mansbridge)의 분류를 중심으로[19]

대의민주주의에서 유권자가 대표를 선출한다. 선출이유를 설명한 맨스브릿지의 기준에는 '대리대표에 의거한 기준'도 있어 총 4개의 모델이지만 '대리대표에 의거한 기준'은 유권자가 대표통제가 어렵고 양자간 관계 설정이 어렵기 때문에 빼도록 한다.

1. '약속에 입각한 대의(Promissory Re-presentation)': 대표선발기준은 대표의 약속이행

약속에 입각한 대의는 대표가 선거 시기 약속한 공약을 이행하는 것을 기준으로 선출하는 것이다. 대표는 선거시기 발표한 공약을 지켜서 다음에 다시 당선되기를 원한다. 유권자는 이러한 대표의 약속이행을 보고 대표를 선택하는 것이다. 이때 중요한 기준은 정책과 그 정책수행에 대한 책임성이다.

---

19) Jane Mansbridge "Rethinking representation", M. Saward, 『Democracy Ⅲ』(London and New York: Routledge, 2007), pp.361-390.

2. '예측에 입각한 대의(Anticipatory Representation)': 기준은 대표에 대한 사후적평가

예측에 입각한 대의는 유권자가 대표를 회고적투표를 통해서 선발한다는 것이다. 회고적 투표를 통한 선발은 사전 약속을 중요하게 하는 여기는 것이 아니라 대표가 대표로서 최종 결과가 어떠했는지가 중요하다. 이를 위해서는 유권자와의 의사소통이 중요하다. 그리고 의사소통을 통해 얼마나 숙의를 해갔는지가 중요하다.

3. '자이로스코프적 대의(Gyroscopic Representation)': 기준은 비슷한 성향과 정체성보유

자이로스코적인 대의는 내이게이션의 자이로스코프처럼 항상 일정하게 움직인다는 의미에서 유권자는 일정하게 대표의 정체성공유를 통해서 대표를 선출하는 것이다. 지역, 이념 등의 정체성 공유가 대표선출의 기준이라는 것이다. 정책과 실행도 아니고 숙의과정에서의 호흡도 아니고 나와 도덕성, 젠더, 지역적 정서가 유사한지가 중요한 것이다.

Ⅳ 한국에서 대의 유형과 논증[20]

위의 3가지 유형 중에서 한국 유형을 선택하고 다른 유형들이 안 나타나는 이유를 통해 논증한다.

1. 한국에서 대의 유형

한국에서는 자이로스코프형 대의가 선택의 기준이다. 정체성에 기초한 유권자들의 대표 선택이 주를 이룬다. 정체성일체감은 두 가지에 의해서 나타난다. 첫째는 지역주의이다. 실제 1987년 민주화 이후 지역주의 선거패턴이 나타나 여전히 유지되고 있다. 많이 완화되고 있다고 하지만 여전히 호남과 영남을 중심으로 한 원적지 지역주의가 강하게 나타난다.

둘째 이념을 통한 정체성확인도 중요하다. 과거 급진－보수 프레임은 진보－보수 프레임으로 바뀌어 현재도 투표행태에 결정적인 영향을 미치고 있다. 2000년 총선과 2002년 대선에서 시작된 이념 중심 선거 정치가 한국에 자리를 잡았고 현재도 나타나고 있다. 이 두 가지는 정체성이 대표선택의 핵심기준이라는 점에서 자이로스코프형 대의가 선택되고 있다고 볼 수 있다.

2. 논 증

'약속에 입각한 대의(Promissory Representation)'은 책임성을 강조한다. 그러나 선거에서 유권자들이 대표에게 책임성을 묻지 않는다. 대표적으로 메니페스토운동을 들 수 있다. 매니페스토 운동이 시작되었다는 것이 책임추궁이 안 된다는 것의 반증이다. 한편 메니페스토 운동이후 정치권에 대한 책임추궁이 중요한 선택기준으로 자리 잡지 못한 것은 한국 유권자의 선택에서 책임추궁은 중요한 것이 아니라는 방증이다.

'예측에 입각한 대의(Anticipatory Representation)'은 회고적 투표를 강조한다. 그러나 재보궐선거에서는 대통령에 대한 회고적 선거가 나오지만 다른 선거 특히 전국선거에서 확인되지 않는다. 재보궐선거에는 한국에서 중간선거의 의미를 가진다. 중간선거는 향후 대표에 대한 성과를 기준으로 한 선택을 보여주는 지표이다. 그러나 총선이나 지방선거 그리고 대선이 회고

---

20) 최준영, "갈등과 교착의 한국 대의민주주의: 누구의 책임이며 어떻게 할 것인가?", 『한국정당학회보』 제17권 제2호.

적 투표로서 전국적 단위로 유의미하게 나타나지 않는다.

　대선은 연임이 안 되기 때문에 현직 대통령에 대한 회고적 평가가 어렵다. 총선과 지방선거도 당시 정부정책에 대한 회고적 기능을 해야 하지만 특징 지역과 이념에 의한 선거결과는 회고성과 관계 없이 작동한다.

　그런 점에서 '자이로스코프적 대의(Gyroscopic Representation)'가 주로 나타난다. 지역주의, 이념이 대표적이다. 노무현대통령의 사례는 지역과 이념이 작동하는 한국정치를 잘 드러낸다. 노무현대통령시기 전임정부의 대북송금특검법안의 사례는 지역주의가 강한 경우 지역에 기초한 지지자들이 어떻게 빨리 지지를 철회하는지를 보여준다. 한편 이라크파병결정에서는 이념적 지지를 보낸 이들의 빠른 지지철회를 보여주었다.

Ⓥ 결 론

　한국에서 유권자는 지역주의-이념이라는 정체성에 근거하여 투표한다. 따라서 바른미래당과 같은 제 3의 정당이 만들어지고 일정한 의석을 보유하면서 유지되기 쉽지 않다.

다른 수단에 의한 정치

현대 민주주의는 대의민주주의를 근간으로 하고 있다. 하지만 낮은 투표율과 정당정치에 대한 불신은 대표를 통한 대의민주주의에 대한 회의론을 낳고 있다. 또한 대의민주주의를 통한 정치가 아닌 '다른 수단에 의한 정치'가 나타나면서 대의민주주의 위기론으로 연결되기도 한다. 다음 질문에 답하시오. (총 40점)

(1) '대표를 통한 정치'와 '선호집약적 정치'로서 대의민주주의의 작동원리와 그 문제점을 설명하고 한국의 대의기구들에 적용하여 대의민주주의가 위기인지 평가하시오. (20점)

(2) '다른 수단에 의한 정치'와 대의민주주의의 관계를 설명하고 한국에서 나타나는 다른 수단에 의한 정치의 해법을 논하시오. (20점)

 문제의 맥락과 포인트

이 문제는 미국에서 논의가 시작된 '다른 수단에 의한 정치'를 다루고 있다. 한국에서도 미디어와 사법부의 정치적 결정의 강화라는 측면에서 2004년부터 이슈가 된 주제이다. 정치학적 관점에서 이것의 문제점의 핵심을 설명하는 것이 가장 중요한 포인트이다.

 ## Ⅰ 서 론

최근 여론조사 결과 국민의 입법부 신뢰도(11.8%)와 정당 신뢰도(7.4%)는 유권자들의 대의민주주의에 대한 기대를 보여준다. 미디어법이나 행정수도이전에 관한 헌법재판소의 판결에서 보는 것처럼 대의민주주의의 핵심 축인 정당에 대한 불신은 '다른 수단에 의한 정치'로서 사법부의 정치적 결정을 이끌어내고 있다. 그렇다면 신뢰와 대표성의 위기를 보이고 있는 대의민주주의를 어떤 방식으로 수정 보완할 수 있는가는 한국정치에서 현실적으로 중요한 문제이다.

Ⅱ 대의민주주의의 원리와 한국평가

1. 대의민주주의의 작동원리와 문제점

대의민주주의를 '대표를 통한 정치'와 '선호집약적인 정치'의 두 가지기준을 통해서 작동한다. 첫째, 대표를 통한 정치를 살펴보자. 대의민주주의는 대표를 통한 간접적인 정치를 수행한다. 자유주의에 기반해서 대의민주주의는 시민들의 직접적인 참여보다는 대표를 통해서 정치를 운영함으로써 시간과 공간의 제약을 해결하고 유권자들의 정보 부족이라는 인지적 조건의 문제를 탈피하고자 했다.

둘째, 선호집약적인 정치를 살펴보자. 대의민주주의는 자유주의가 상정하는 개인들 가치의 대등성을 기준으로 가치의 우열을 결정하지 않고 어떤 가치가 더 지지받는 가를 결정한다. 이러한 사회적 선택은 선거를 통한 대표선출을 매개로 한다. 유권자가 가지는 가치와 이익을 중심으로 한 선호집약은 대표에 대한 투표를 통해 나타난다. 이것은 힘의 정치 혹은 다수결 주의에 따른 수의 정치를 의미하는 것이다.

하지만 이 두 가지 원리들은 이론적으로 문제점을 가지고 있다. 첫째, 대표를 통한 정치는 대표와 시민사이의 거리의 문제를 가지고 있다. 대의민주주의가 대표를 통한 간적적인 민주주의이기 때문에 실제 유권자를 얼마나 대표할 수 있는가가 중요하다. 선거장치를 통해 유권자의 분포도와 유권자의 의사가 그대로 대의기구를 통해 정치에 반영될 수 있는가의 문제가 중요하다. 또한 선거에서 유권자들의 위임이 대표가 당선된 뒤에 나타나지 않을 수 있는 주인-대리인문제가 발생할 수 있다. 그리고 시민과 대표사이의 정치적 분업원리는 시민들의 정치적무관심을 야기 할 수 있다.

둘째, 선호집약적 민주주의에도 문제가 있을 수 있다. 대의민주주의가 시민들의 선호집약을 통해 움직이게 되면 사회는 시민들이 가진 각각의 이익과 의사에 의해 분할되며 통합보다는 분열로 갈 수 있다. 이것은 정치의 사회통합적 기능보다는 '수의 정치'라는 권력적인 차원의 사회 분열기능을 조장한다. 특히 개인들의 사적이익을 강조하면 공동체의 대표선정과 정치적 결정은 공익보다는 거대한 사익의 결정에 그칠 가능성이 높다.

2. 한국 대의민주주의 장치들의 현실적 문제들과 대의민주주의 위기

(1) 대의민주주의 위기론 논쟁

한국의 대의민주주의는 위기라고 볼 수 있다. 대의민주주의의 위기는 낮은 투표율로 나타나는 낮은 대표성과 정책표류와 시민들의 요구에 불응하는 낮은 응답성과 불완전 완전경쟁시장에 기반한 낮은 책임성에 기반한다. 불통으로 대표되는 한국정치에 대한 불만과 정당과 정치인에 대한 신뢰도는 대의민주주의의 위기를 보여준다. 세월호 사건으로 드러난 정치-관료-기업의 연계 구조는 정치에 대한 실망을 더욱 부추긴다.

반면에 이러한 위기론에 대해 과도한 해석이라는 비판도 있다. 정당정치는 과거정치형태로 과거와는 다른 현대 세계에서 정당정치는 다른 방식으로 운영되는 것이기 때문에 최근의 낮은 참여와 대표성의 문제는 위기까지는 아니고 대의민주주의의 회의론에 불과하다는 것이다.

대의민주주의의 회의론이나 위기론 모두 대의민주주의의 문제점이 있다는 입장이다. 단지 그 정도가 어떠한가에 차이가 있다. 대의민주주의가 아닌 다른 방안들을 고민하는 것은 대의민주주의의 위기를 가장 잘 보여주는 것이라고 볼 수 있다. 그런 점에서 정당과 의회/ 대통령의 정치운영현실을 통해서 대의민주주의의 위기론에 대해 살펴본다.

(2) 정당 평가: 정당의 자기이익추구와 분열의 정치

한국정당을 평가해보면 한국 대의민주주의 위기를 반영한다고 볼 수 있다. 한국정당은 위의 두 가지 기준으로 볼 때 대표를 통한 정치에서 주인－대리인의 문제를 충족하지 못하고 있으며 선호집약적 민주주의로 인해 정치통합보다는 정치갈등을 조장한다. 먼저 한국정당들은 진성당원의 수가 전체 유권자대비 0.7%대에 불과하며 30%이상의 무당파층을 보인다는 점에서 대표성이 높지 않다. 이러한 상황에서 정당과 정치인들은 선거에서의 공약을 지키지 못 하는 경우가 많다. 그리고 2013년 통합진보당 비례대표의원선거에서 나타난 문제로 이석기 김재연의원에 대한 국회의원 자격심사요구 지연사례에서처럼 의원자신들을 보호하는 것에는 한목소리를 낸다.

두 번째 문제는 한국정당이 이념을 중심으로 하여 선거에서 승리를 위해서 선호집약적인 정치를 수의 정치와 권력정치로 이용한다. 정당이 선거에 승리하기 위한 조직임에는 틀림없지만 복지나 북한문제와 같은 협력을 위한 사안에서도 여야는 실질적인 내용의 차이가 적음에도 불구하고 보수－진보 혹은 진보－보수로 이슈를 재단하여 시민들의 선호와 가치를 양립적으로 구분하게 만든다.

(3) 의회와 대통령 평가

의회와 대통령이라는 대의기구를 통한 평가에서도 대의민주주의의 위기를 읽을 수 있다. 의회와 대통령 역시 대표를 통한 정치라는 차원과 선호집약적 정치라는 두 가지 차원에서 평가받을 수 있다. 먼저 의회와 대통령이라는 대표

기구들도 낮은 투표율과 낮은 지지율에 따른 대표성의 부족이라는 문제를 가진다. 이보다 더 문제가 되는 부분은 주인－대리인의 문제이다. 단임제 대통령제도가 가진 책임추궁가능성의 부족은 대리인을 처벌하는 회고적 평가기능이 작동하지 않게 함으로써 주인－대리인의 문제를 심화시킨다. 정부들의 공약사업이 지켜지지 않거나 실제로 지킬 수 없는 경우들이 대표적이다. 영남권 신공항사업이나 대운하를 우회한 4대강 사업이 대표적이다.

두 번째 문제인 선호집약적 정치 역시 마찬가지이다. 의회가 토의를 위한 공간임에도 불구하고 한국의회는 정부의 정책 노선에 따라 토론보다는 정책강행을 위한 거수기 역할을 수행하는 경우가 많다. 민생법안에서 국회공전을 가져오는 경우들이 대표적이다. 또한 대통령의 정책결정과 추진 역시 통합적으로 나가지 못하고 자신을 지지한 유권자들을 중심으로 운영되는 경향이 강하다. 대통령도 특정 정당과 특정 가치의 지지를 받는다는 점에서 정치적 이념을 지향하는 것은 당연하다. 하지만 대통령은 한편으로 국가대표라는 또 다른 기능을 수행한다. 그런 점에서 지난 정부와 이번 정부 역시 대통령이 반대편의 주장에 귀를 기울이지 않고 정책을 밀어붙이는 사례들은 한국 대의민주주의를 선호집약적 정치에 의한 갈등으로 이끌어가는 측면이 있다.

Ⅲ 다른 수단에 의한 정치와 대의민주주의의 관계

1. 다른 수단에 의한 정치의 의미

다른 수단에 의한 정치는 대의민주주의의 원수단인 정당과 정당의 경쟁구조를 통해서 사회적 갈등을 해결하지 않고 다른 수단이 되는 미

디어와 사법부를 이용하는 것을 의미한다. 세프터와 긴스버그(M. Shefter & B. Ginsberg)가 미국 정치를 분석하면서 미국의 민주주의에서 정당들이 경쟁을 통한 사회갈등을 해결하고 이익을 표출하면서 표를 극대화하여 정책을 만드는 것이 아닌 다른 방식에 의해서 정치가 운영되는 것을 비판하였다.

이들은 미국의 민주주의가 정당 간 경쟁을 통한 대표들 간의 경쟁이 아니라 미디어와 사법부를 이용하여 다른 방식으로 정치에서 권력을 차지하려고 한다고 비판하였다. 구체적으로 보면 미국 정치에서 정당을 달리하는 대통령과 의회가 사법기구와 언론매체를 활용해 상대방의 윤리적 결점이나 법률위반 혐의를 '폭로'(Revelation)하고 '조사'(Investigation)하고 '기소'(Prosecution)하는 'RIP' 방식의 정치경쟁을 중심으로 전개되어왔다는 것이다. 그런 점에서 '다른 수단에 의한 정치'는 대의민주주의가 있어야 할 경쟁과 관련된 사회갈등의 해결을 위한 자리에 미디어와 사법부가 있는 것을 의미한다.

한국에서도 미디어가 이슈를 만들고 이를 언론 재판으로 이끌어 가면서 대의민주주의의 중심 기제인 정당과 의회가 문제를 해결하기보다 사법부가 문제를 해결하라는 여론의 압력이 있고 실제 문제를 사법부가 해결하는 경우가 빈번하게 등장하고 있다. 대표적으로 대통령탄핵에 관한 헌법재판소의 결정이나 입법부와 대통령이 결정한 행정수도이전을 사법부를 통해서 무효화하는 것이나 사회적 갈등해결에 사법부가 적극적으로 관여하는 현상을 들 수 있다.

2. 대의민주주의 위기와의 관계

다른 수단에 의한 정치는 앞서 본 대의민주주의 위기와 연결되어 있다. 이것은 다시 세 가지로 나누어 볼 수 있다. 먼저 시민의 측면에서 대의민주주의에 대한 낮은 기대와 실질적 문제해결에 대해 다른 제도를 선호하게 되는 문제가 있다. 시민들의 입장에서는 대의민주주의 대표성과 응답성이 낮기 때문에 대의민주주의에 대한 기대가 낮은 것이다. 대의민주주의가 문제를 해결할 것이라는 기대가 사회적으로 낮기 때문에 대의민주주의에 대한 해결보다는 다른 해결을 선호하는 것이다.

다른 한편은 정당과 대의기구가 스스로 다른 수단을 이용하는 측면이다. 낮은 지지와 낮은 기대로 인해 정책효과를 보기 어렵다고 생각하고 경쟁에서의 승리가 확실하지 않은 상황에서 법적인 문제를 불러옴으로써 상대방의 권위를 약화시키고 자신의 승리를 가져올 수 있다는 정당과 정치인들의 합리적인 선택이 다른 수단에 의존하게 만드는 것이다. 그러나 이러한 현상은 악순환을 불러일으켜 대의민주주의에 대한 더 낮은 기대를 만들게 된다.

마지막으로 다른 수단들 자체의 권력에 대한 접근을 들 수 있다. 현대 미디어는 자신이 하나의 권력 기관이라고 생각하고 행동에 나선다. 사법부 역시 정치적 결정에 개입함으로써 자신의 권력을 확대한다. 대의민주주의에 대한 불만이 높은 상황에서 사회적 문제를 해결하기에 자신들이 적합할 뿐 아니라 자신의 입장을 잘 반영할 수 있다는 전략적 선택에 의해서 다른 수단이 될 수 있는 제도들은 자신의 개입을 늘리는 것이다.

3. 한국에서 다른 수단에 의한 정치에 대한 해법

다른 수단에 의한 정치를 해결하는 것은 원 수단에 대한 기대와 의존도를 높이는 것이다. 따라서 사법부의 정치적 개입을 문제 삼기 이전에 정당정치를 활성화하고 의회와 대통령이라는 대의기구의 작동을 통해서 민주주의제도 장치를 통한 문제해결에 대한 기대를 높이는 것이 중요하다. 그런 점에서 '대표를 통한 정치'기능차원과 '선호집약적 정치'기능차원에서 해법을 모색할 수 있다.

첫 번째로 대표를 통한 정치라는 차원에서 정당과 의회/ 대통령의 대표성을 높여야 한다. 이중에서 핵심은 정당의 대표성을 높이는 것이다. 정당에 대한 지지와 신뢰를 증대하는 것이 중요하다. 이를 위해서는 정당에 대한 책임성추궁이 가장 중요하다. 선거를 통해서 정당이 자신들이 내세운 약속을 이행했는지에 대한 평가가 중요하다. 이러한 평가는 정당뿐 아니라 개별 정치인에도 포함된다. 매니페스토운동이나 의원과 정당에 대한 정책이행평가 등을 통해서 정당에 대한 책임 추궁을 가능하게 해야 한다. 한편으로 지방정당창당과 같은 신생정당의 진입장벽을 낮추어서 정당간의 경쟁가능성을 높이는 것이 중요하다.

두 번째로는 선호집약적 민주주의에 대해 선호구성적 민주적인 제도장치들을 보완하는 방안이 필요하다. 소수자들의 실질적인 생활과 관련된 문제들로 다문화정책등과 관련해서 역차별 논의가 나오는 것은 정책결정과정에서 심의가 부족하기 때문이다. 이런 점에서 포럼과 협의회와 같은 심의기구들을 많이 만들고 이러한 심의기구들에 대한 교육과 홍보를 강화해야 한다. 또한 심의에 필요한 정보전달과 함께 전문가들의 정책에 대한 시민들의 이해를 단순화하는 방안들이 필요하다.

● 대안 목차

Ⅲ 대의민주주의의 보완방안

다른 수단에 의한 정치를 해결하는 것은 원수단에 대한 기대와 의존도를 높이는 것이다. 그런 점에서 대의민주주의를 보완하는 이념적방안과 같은 큰 주제에서부터 정당이라는 제도까지 방안들을 모색해본다.

1. 사회환경적 조건수준과 공화주의이념

세계화와 시장주의의 강화에 따른 문제를 해결해야 한다. 시장이 강화되고 신자유주의의 이념이 강화되면서 생긴 가장 큰 문제는 정치가 부정된다는 것이다. 정치를 배제하고 이 영역을 시장이 대체하면서 민주주의에 대한 거부가 늘어나고 있다. 이런 연장선상에서 대의민주주의와 대의민주주의 장치들에 대한 거부도 늘고 있는 것이다. 경제적 논리의 확대와 시장과 자본의 강화가 민주주의의 토대인 사회적 공존가능성을 만들어내는 사회적 연대의식을 약화시키고 있기 때문에 경제적 양극화뿐 아니라 사회적－심리적 양극화가 동시에 강화되고 있다.

정치적 가치가 얼마나 중요한지에 대한 의식적인 노력과 교육이 우선적으로 중요하다. 공동체 유지를 위해서는 사적인 이익만이 아니라 '공적인 것'에 대한 관심이 늘고 공적인 참여가 확대되어야 한다. 신자유주의에 대항 하는 이념으로서 공화주의에 관심을 가지는 이유는 사적인 것으로 치환된 정치를 공적인 것으로 인식전환을 가져와야 하기 때문이다.

2. 민주주의 수준

민주주의 수준에서는 다양한 보완적 민주주의들의 실험을 통해서 대의민주주의를 보완해야 한다. 먼저 대의민주주의가 가지는 다수결주의의 폐해를 수정하기 위한 합의주의적 접근을 생각해 볼 수 있다. 권력을 분권화 하여 구조적 소수를 만들지 않으려고 한다는 점에서 고려할 수 있다. 비례대표를 증대함으로써 사회의 대표성을 확대할 수 있지만 스위스 방식의 전형적인 합의주의를 운영하기는 어렵다. 다른 한편 참여민주주의를 통해 시민사회 영역으로 대의민주의를 순화하고 견제할 수 있다. 심의민주주의를 통한 심의성 확대 역시 사회적 가치를 확인하는데 있어서 중요하다. 또한 정보화의 효과를 이용하는 전자민주주의를 통해서 온라인상의 요구를 통한 지속적인 의사소통과 견제와 함께 저비용 정치를 만들 수 있다.

3. 제도수준

대의민주주의에서 가장 중요한 기제인 정당개혁이 필요하다. 그동안 정당개혁의 방향은 미국식 정당을 모델로 하였다. 이것은 정당을 약화하여 정치를 대통령과 의회의원의 자율성을 높이는 방식이었다. 그러나 한국의 정당은 보스중심 정당에서 탈피하면서 지역만이 정당의 강력한 규율이 되어 있는 상태이다. 정당 제도화가 부족한 상황에서 정당의 약화는 대의민주주의를 운영하는 제도장치의 부재로 나타날 수 있다. 시민사회나 온라인상의 이해집단이 유권자의 대표성을 확인하면서 정치적 결정을 하기 어렵다는 관점에서 정당을 사회에 대해 변화하고 적응할 수 있게 해주어야지 정당을 무력화시키면 안된다.

정당정치의 신뢰회복이 중요하다. 정당이 유권자들의 의사를 반영할 수 있는 정책안 제시가 중요하다. 하지만 이것은 정당에 대한 신뢰가 있을 때 가능하다. 따라서 정당에 대한 신뢰를 회복하는 것이 중요한데 이러한 시작은 정치를 도덕화하는 것이다. 즉 정치인과 정당이 투명성을 높이고 책임성을 높이는 것으로 시민감시에 노출되게 하는 것이 중요하다.

대의민주주의의 선거기능이 가지는 문제가 있기 때문에 이에 대한 수정안도 제시되고 있다. 버나드 마넹은 선거의 비민주성을 제기한다. 선거는 더 나은 사람을 뽑기 위한 것이기 때문에 엘리트적 속성이 강하다. 따라서 유권자의 일부만을 반영할 수 있다. 이것을 개선하기 위해서는 추첨제도를 이용해 볼 수 있다. 하지만 과거 그리스에서 사용했던 것처럼 능력이 중요시 되지 않은 영역에서 일부 이용할 수 있지 책임이 크고 전문적인 영역에서는 사용하기 어렵다.

● **대안 목차 2**

Ⅲ **다른 수단에 의한 정치를 보완하기 위한 대의민주주의 개선방안**

1. 정당차원의 노력

2. 의회와 행정부의 관계

Ⅳ **결 론**

다른 수단의 정치라고 하는 사법의 정치화에 대한 우려는 원정치의 복귀에 의해서 치유하는 것이 중요하다. 정당정치의 책임성을 추궁하는 정책방안을 구축함으로써 정당에 대한 신뢰를 구축하는 것이 첫 번째 선결과제이다.

제012문 한국 대의민주주의의 제도적 평가

현대 민주주의는 대의민주주의를 근간으로 하고 있다. 하지만 대의민주주의는 많은 나라들에서 문제점이 노출되면서 대의민주주의 위기론이 나오고 있다. 대의민주주의를 운영하는 실제 기제들인 의회와 정당이 시민들의 의사를 대의하지 않는다는 문제가 나타나고 있는 것이다. 다음 질문에 답하시오. (총 40점)

(1) 대의민주주의의 작동원리와 작동원리가 가지는 문제점을 이론적 측면에서 설명하시오. (10점)

(2) 한국에서 대의민주주의의 현실적인 기제들을 통해 한국 대의민주주의가 위기라고 주장할 수 있는 현실적인 근거를 제시하시오. (15점)

(3) 한국에서 대의민주주의의 현실적인 문제를 해결할 수 있는 다양한 방안들에 대해 논하시오. (15점)

Ⅰ. 서   론
Ⅱ. 대의민주주의의 작동원리와 문제점
  1. 대의민주주의의 작동원리
  2. 대의민주주의의 문제점
Ⅲ. 한국 대의민주주의 현실적 문제들
  1. 정당: 정당의 자기 이익추구
2. 의회와 대통령
Ⅳ. 대의민주주의의 보완방안
  1. 사회환경적 조건수준과 공화주의이념
  2. 민주주의 수준
  3. 제도수준
Ⅴ. 결   론

 문제의 맥락과 포인트

이 문제는 대의민주주의의 이론적 원리와 그 문제점을 지적한 뒤 이론이 아닌 현실에서 어떤 문제를 가지고 있는지를 묻고 있다. 대의민주주의를 버리기 어려운 상황에서 현실적인 해결책을 모색하는 문제이다. 따라서 답안에는 구체적인 사례를 통해 입증하는 것이 중요하다.

Ⅰ 서   론

최근 여론조사 결과는 정당에 대한 신뢰가 여전히 권력기관 중 최하위를 기록하고 있다는 점을 보여준다. 대의민주주의의 핵심 축인 정당에 대한 불신은 그만큼 대의민주주의에 대한 불신으로 나타나는 것이다. 그렇다면 위기의 징후를 보이는 한국 대의민주주의를 어떤 방식으로 수정 보완할 수 있는가는 현실적으로 중요한 문제이다.

Ⅱ 대의민주주의의 작동원리와 문제점

1. 대의민주주의의 작동원리

첫째, 대표를 통한 정치를 들 수 있다. 대의민주주의에서는 대표를 통해 간접적으로 정치를 수행한다. 자유주의는 시민들의 직접적인 참여보다는 대표를 통해서 정치를 운영함으로써 시간과 공간의 제약을 해결하고 인지적 조건의 문제를 탈피하고자 했다.

둘째, 선호집약적인 정치가 특징이다. 대의

민주주의는 대표 선출을 매개로 하여 정책을 선택한다. 유권자가 가지는 이익을 중심으로 한 선호집약은 대표에 대한 투표를 통해 나타난다. 이것은 힘의 정치 혹은 다수결주의에 따른 수의 정치를 의미하한다.

2. 대의민주주의의 문제점

첫째, 대표와 시민 사이의 거리 문제가 제기된다. 대의민주주의가 대표를 통한 간접적인 민주주의이기 때문에 실제 유권자를 얼마나 대표할 수 있는지, 유권자의 분포도와 유권자의 의사가 그대로 대의기구를 통해 정치에 반영될 수 있는지가 중요하다. 특히 선거에서 유권자들의 위임이 대표가 당선된 뒤에 나타나지 않을 수 있는 주인−대리인문제가 발생할 수 있다.

둘째, 선호집약적 민주주의 문제가 제기된다. 대의민주주의가 유권자들의 선호집약을 통해 움직이면 사회는 이익과 의사에 의해 분할되며 경쟁성이 높아지게 된다. 이것은 사회통합적 기능보다는 유권자 수를 통한 권력적인 차원의 사회분열을 조장한다. 특히 개인들의 사적 이익을 강조하면 공동체의 대표 선정과 정치적 결정은 공익보다는 거대한 사익의 결정에 그칠 가능성이 높다.

Ⅲ 한국 대의민주주의 현실적 문제들

1. 정당: 정당의 자기이익추구

정당이 '정치사회화' 되었다는 것이 문제의 핵심이다. 정당은 대의민주주의 중 가장 중요한 영역이다. 그것은 현재 대의민주주의가 정당민주주의이기 때문이다. 유권자들의 의사와 이익을 반영하는 제도적 장치로서 정당의 첫 번째 기능은 대표성을 확보하여 시민사회의 요구와 국가의 정책결정을 연결하는 것이다. 즉 정당을 중심으로 사회의 요구를 반영하여 정부와 국가에 전달하는 전동벨트 역할이 중요하다.

그러나 한국 정당은 사회요구를 관철하여 국가에 전달하는데 있어서 부족한 점이 많다. 먼저 사회요구를 표출하고 집약시키는 기능이 부족하다는 비판은 수 차례의 정치개혁 실패와 16, 17대에 걸친 낙천 낙선운동으로 나타났다. 시민사회에 의한 정당의 대체현상이 나타나면서 정당을 중심으로 한 대의민주주의는 부정된 것이다.

다른 한편 정당에 대한 유권자의 불신과 지지정당 부족 역시 정당 중심의 민주주의가 얼마나 문제인지를 보여준다. 20만 명이 채 안되는 진성당원을 가진 새누리당이나 민주당은 실질적인 지지층 결집이 어렵다. 여전히 20대에서 60대에 걸친 전 계층에서 지지정당이 없는 무당파가 60% 대에서 40% 대까지 나타나고 있다. 또한 정당은 여론조사의 신뢰도에서 최하위를 기록하고 있다. 이것은 중국과 일본에서 수행한 여론조사와 대비해 볼 때 상당히 낮은 수치이다.

정당에 대한 낮은 신뢰의 기반은 정당이 자신들의 이익만을 추구한다는 데 있다. 정당이 파당처럼 기능하면서 사회의 현실적인 문제를 풀어내는 것보다 권력 장악에만 관심이 있다고 보기 때문이다. 이러한 낮은 신뢰는 낮은 투표율로 연결되고 있다. 무당파층이 많아지고 정당 간 정책경쟁이 모호하게 나타나면서 유권자들은 투표에 등을 돌리고 있다.

정당이 낮은 지지를 받게 된 이유에는 정당의 파벌주의뿐 아니라 지역주의에 안주하는 구태정치를 반복하기 때문이다. 지역을 동원하고 이념을 극단화하는 것으로 비쳐지는 정당정치는 유권자들을 끌어들이는 데 실패하고 있다. 그러면서도 의원감싸기에서는 동일한 의견을 보여주는 것은 정당에 대한 실망을 강화한다.

정당체계 수준에서도 정당들의 현저성 (salience)이 떨어진다. 자신의 지지정당이 눈에 띄지 않기 때문에 유권자들은 더욱 정당에 관심을 가지지 않게 되는 것이다. 이런 현저성 부족은 정당의 이념간 차이뿐 아니라 정책과 정체성 차이가 명확하지 않기 때문이다.

2. 의회와 대통령

실질적인 국민의 대표인 의회와 대통령 역시 대의제도로서 문제를 가지고 있다. 특히 대표성이 부족한 문제가 있다. 의회정당정치에 대한 낮은 기대감은 대통령선거의 60%대 투표율과 총선에서 46%라는 최저 투표율로 나타났다. 다자 경쟁 구조에서 낮은 투표율은 대표에 대한 지지부족을 의미한다. 13대 대선에서 노태우후보가 36.6%의 득표율로 당선되기도 하였다. 이런 지지의 부족은 지지하지 않는 더 많은 국민을 대표한다는 문제가 있다.

대표기관이 대표성 부족 문제와 함께 사회적 합의 도출 실패도 문제가 된다. 대통령이 사회적 합의가 부족한 문제들을 일방적으로 정책결정을 함으로써 국민으로부터의 지지율이 급전낙하하는 사태가 발생하기도 한다. 대표적인 문제가 이명박 정부의 4대강사업이다.

국회 역시 이 문제에 대한 해법을 제시하지 못하면서 시민들이 제도 정치보다는 촛불로 대표되는 비제도적인 정치로 선회하기도 하였다. 한미 FTA에서 미국산 소고기 수입문제나 4대강 사업 추진이나 제주 해군기지 건설문제는 정치적 결정의 일방성에 대한 저항의 모습을 담고 있다. 이런 일련의 사태는 국민과 대표 간의 의사소통 부족과 이로 인한 이해 및 설득 부족에 기인한다.

Ⅳ 대의민주주의의 보완방안

1. 사회환경적 조건 수준과 공화주의 이념

세계화와 시장주의 강화에 따른 문제를 해결해야 한다. 시장이 강화되고 신자유주의 이념이 강화되면서 생긴 가장 큰 문제는 정치가 부정된다는 것이다. 정치를 배제하고 이 영역을 시장이 대체하면서 민주주의에 대한 거부가 늘어나고 있다. 이런 연장선 상에서 대의민주주의와 대의민주주의 장치들에 대한 거부도 늘고 있는 것이다. 경제 논리 확대와 시장・자본의 강화로 민주주의의 토대인 사회적 공존가능성을 만들어내는 사회적 연대의식이 약화되면서 경제적 양극화뿐 아니라 사회적－심리적 양극화가 동시에 강화되고 있다.

정치적 가치가 얼마나 중요한지에 대한 의식적인 노력과 교육이 우선적으로 중요하다. 공동체 유지를 위해서는 사적인 이익만이 아니라 '공적인 것'에 대한 관심이 늘고 공적인 참여가 확대되어야 한다. 신자유주의에 대항하는 이념으로서 공화주의에 관심을 가지는 이유는 사적인 것으로 치환된 정치를 공적인 것으로 인식전환을 가져와야 하기 때문이다.

2. 민주주의 수준

민주주의 수준에서는 다양한 보완적 민주주의들의 실험을 통해서 대의민주주의를 보완해야 한다. 먼저 대의민주주의가 가지는 다수결주의의 폐해를 수정하기 위한 합의주의적 접근을 생각해 볼 수 있다. 권력을 분권화하여 구조적 소수를 만들지 않으려고 한다는 점에서 고려할 수 있다. 비례대표를 증대함으로써 사회의 대표성을 확대할 수 있지만 스위스 방식의 전형적인 합의주의를 운영하기는 어렵다. 다른 한편 참여

민주주의를 통해 시민사회 영역으로 대의민주주의를 순화하고 견제할 수 있다. 심의민주주의를 통한 심의성 확대 역시 사회적 가치를 확인하는 데 있어서 중요하다. 또한 정보화 효과를 이용하는 전자민주주의를 통해서 온라인 상의 요구를 통한 지속적인 의사소통 및 견제와 함께 저비용 정치를 만들 수 있다.

3. 제도 수준

대의민주주의에서 가장 중요한 기제인 정당개혁이 필요하다. 그동안 정당개혁 방향은 미국식 정당을 모델로 하였다. 이것은 정당을 약화하여 정치를 대통령과 의회의원의 자율성을 높이는 방식이었다. 그러나 한국 정당은 보스중심 정당에서 탈피하면서 지역만이 정당의 강력한 규율이 되어 있는 상태이다. 정당 제도화가 부족한 상황에서 정당 약화는 대의민주주의를 운영하는 제도장치의 부재로 나타날 수 있다. 시민사회나 온라인 상의 이해집단이 유권자의 대표성을 확인하면서 정치적 결정을 하기 어렵다는 관점에서 정당을 사회에 대해 변화하고 적응할 수 있게 해주어야지 정당을 무력화시키면 안된다.

정당정치의 신뢰 회복이 중요하다. 정당이 유권자들의 의사를 반영하여 정책안을 제시하는 것이 중요하다. 하지만 이것은 정당에 대한 신뢰가 있을 때 가능하다. 따라서 정당에 대한 신뢰를 회복하는 것이 중요한데 이러한 시작은 정치를 도덕화하는 것이다. 즉 정치인과 정당이 투명성을 높이고 책임성을 높이는 것으로 시민 감시에 노출되게 하는 것이 중요하다.

대의민주주의의 선거기능이 가지는 문제가 있기 때문에 이에 대한 수정안도 제시되고 있다. 버나드 마넹은 선거의 비민주성을 제기한다. 선거는 더 나은 사람을 뽑기 위한 것이기 때문에 엘리트적 속성이 강하다. 따라서 유권자의 일부만을 반영할 수 있다. 이것을 개선하기 위해서는 추첨제도를 이용해 볼 수 있다. 하지만 과거 그리스에서 사용했던 것처럼 능력이 중요시 되지 않은 영역에서 일부 이용할 수 있지 책임이 크고 전문적인 영역에서는 사용하기 어렵다.

Ⅴ 결 론

대의민주주의는 포기될 것이 아니라 수정 보완되어야 한다. 최근 대의민주주의 위기론이 지나치게 과도하게 대의민주주의를 공격한다는 비판이 있다. 특히 한국은 1987년 민주화 이후 25년의 시간이 지났을 뿐이다. 따라서 유럽식 대의민주주의에 대한 비판과 맥락이 같을 수 없다. 그런 점에서 대의민주주의를 수정하는 다양한 방식들을 통해 대의민주주의 운영을 재구성하는 것이 중요하다.

제12문 2015년 입시 2번(현대 국가들의 문제점)

로버트 달은 민주주의를 민주주의라는 용어 대신에 다두정(poliarchy)으로 묘사하였다. 다두정은 '참여(participation)'와 '경쟁(contestattion)'을 특징으로 하는 정부형태로 그려진다. 다음 질문에 답하시오. (총 50점)

(1) 다두정(혹은 민주주의)이 비민주주의보다 우월한 근거를 개인적 차원과 사회적 차원으로 나누어 설명하시오. (10점)

(2) 로버트 달이 민주주의를 다두정으로 묘사한 이유를 설명하고 이러한 민주주의에 대한 제도적 접근이 가지는 장단점을 설명하시오. (15점)

(3) 로버트 달이 민주주의를 작동하기 위해 제시한 기준으로써 '참여의 포괄성'과 '정치경쟁의 자유화'의 의미를 설명하고 이러한 기준을 충족하기 위한 실제 제도들을 제시하시오. (10점)

(4) '참여의 포괄성'과 '정치경쟁의 자유화'를 기준으로 현재 한국 민주주의를 평가하시오. (15점)

2014년 민주주의의 가장 거목인 로버트 달이 영면하였다. 민주주의를 이해하는 데 남긴 그의 이론적 족적은 경이롭다. 로보트 달은 단순하지만 측정되는 민주주의를 사람들의 손에 들려주고자 했다. 참여와 경쟁이라는 두 가지 요인을 가지고 한국을 평가해보는 것은 의미있는 일이다. 구체화된 글이 되려면 구체적인 한국현실에 대한 이해가 필요하다.

Ⅰ　서　론

투표율의 하락과 카르텔정당화는 한국의 정치가 '참여의 증대'와 '정치적 경쟁의 자유'라는 기준에 비추어 과연 절차적 수준의 민주주의에 도달한 것인지에 대해 관심을 가지게 한다. 로버트 달이 민주주의 대신에 다두정(Polyarchy)라는 용어를 사용해서 민주주의를 측정가능하고 제도적 변화가 가능한 것으로 만들었는데 이러한 기준에 한국 민주주의가 과연 부합하는지를 살펴보는 것은 최근 한국정치의 민주주의 위기론 관점에서 중요한 문제이다.

Ⅱ　다두정의 이점

1. 개인적 차원: 자유, 참여, 이익의 확보를 통한 인간발전

다두정은 사회성원들에게 자유를 보장하고 참여를 촉진하여 개인들의 이익을 보장함으로써 개인적인 차원에서 인간완성을 도모한다. 먼저 다두정은 자유를 보장함으로써 참여할 수 있는 조건을 형성한다. 참여를 위해서는 기본적 권리가 보장되어야 한다. 민주주의는 기본권을 보장하여 독재라는 자의적 통치로부터 자유롭게 만든다. 이러한 권리는 더 많은 이들이 참여할 수 있는 기회를 제공함으로써 정치체제에서 참여할 수 있는 가능성을 늘린다. 기본권이 보장된 경우에 참여는 효과적인 참여가 될 수 있다.

민주주의는 다른 정치체제보다 개인들에게 정부를 민주적으로 만들기 위한 권리, 자유, 기회를 보장해준다. 민주주의는 표현의 자유를 보장함으로써 개인들이 도덕적인 판단, 도덕적인 자율을 보장해준다. 이러한 자유의 보장은 개인적 이익을 보장해준다. 이러한 자유보장과 참여확보는 인간이 자신이 가진 잠재력을 충족할 수 있게 하며 이를 통해 인간의 발전을 도모한다.

2. 사회적 차원: 평등과 번영의 확보와 평화의 달성

다두정은 사회적인 차원에서 성원들에게 평등을 보장해준다. 정치적 평등은 더 많은 이들을 포함하고 이들이 경쟁을 할 수 있는 조건을 형성한다. 따라서 다원적인 집단들이 자신들의 선호를 위해 경쟁할 수 있게 한다.

다두정은 다른 정치체제보다 더 번영을 보장해준다. 대의제 민주정부와 시장경제간에는 친화성이 있다. 다주정(민주주의)이 기회를 보장함으로써 시장이 번성할 수 있는 자유를 보장하기 때문이다. 다주정은 경쟁을 보장함으로써 개인들의 창의성을 자극하고 경쟁을 통해 더 우월한 시장을 만들 수 있기 때문이다. 따라서 다두정인 민주주의는 사회적 차원에서 번영을 만들 수 있다.

민주주의를 지향하는 다두정은 사회적 차원

에서 국가간의 차원으로 확장할 경우 전쟁을 방지하여 평화를 보장하는 경향이 있다. 다두정이라는 제도를 갖추고 다두정을 운영하는 절차와 규범은 민주주의라는 다두정을 평화롭게 만든다. 특히 같은 민주주의끼리는 전쟁을 하지 않는 경향이 있고 이것은 경험적으로 입증되었다. 민주평화이론은 1815년 이후 민주주의끼리는 전쟁을 하지 않았다는 점을 입증했다.

● 대안 목차

Ⅱ **다두정(민주주의)의 이점**

다두정(민주주의)의 이점을 전제정치의 방지, 일반적 자유와 본질적 권리의 보호, 자기 지배와 자기 결정, 평화와 번영과 인간개발이라는 5가지 차원으로 좁혀서 생각해본다.

1. 전제정치의 방지

민주주의를 운영한다는 것은 지도자 혹은 지배자의 자의적인 결정에 공동체를 맡기지 않는 다는 것이다. 지도자가 사익을 추구하거나 공익을 추구하거나와 관계없이 민주주의는 독재체제의 지도자의 결정에 따라 행동하지 않게 해준다. 자의적 결정이 가져올 보호자라고 하는 독재자의 권력욕구와 이를 확보하기 위한 강권통치로부터 민주주의는 국민을 보호해준다.

2. 일반적 자유와 본질적 권리의 보호

민주주의는 개인의 자유를 보장해 준다. 민주주의에서 자기 결정을 위해 보장되는 정치적 자유는 시민적 자유 보장을 전제로 한다. 따라서 시민으로서 국가로부터의 자유 확보는 개인의 자유를 확보하게 할 뿐 아니라 다른 본질적인 권리들을 보장받을 수 있는 기회를 제공한다. 정치적 결정의 자유는 경제적 사회적 권리의 보장을 결정할 수 있게 해줌으로써 다른 정치체제보다 더 포괄적으로 기본적 권리를 확보할 수 있게 해준다.

3. 자기 지배와 자기 결정

민주주의는 '인민의 자기지배'를 가능하게 해준다. 인민이 스스로의 결정에 의해 공동체를 운영할 수 있다면 자신이 자신의 운명에 주인이 될 수 있다. 자기 운명에 주인이 되는 것은 다른 보호자(guardian)에게 자신의 운명을 맡기지 않는 것이다. 자신의 운명을 결정함으로써 인간은 자율성을 보장받게 될 뿐 아니라 자신에게 필요한 이익을 보호할 수 있게도 된다.

4. 평화와 번영

민주주의는 다른 민주주의 국가와의 평화를 보장해준다. 민주평화이론에 따르면 민주주의간에는 싸우지 않는다. 따라서 평화의 보장은 민주주의 체제에서 사는 인민들의 생존에 대한 외부위협부재를 말한다.

여기에 더해 민주주의는 다른 정치체제보다 더 번영하는 경향이 있다. 민주주의에서 보장하는 기본적 권리들은 인간의 자기 이익을 추구하는 동기를 자극하고 이를 보장한다. 따라서 경제적 발전을 이룸으로써 민주주의가 운영될 수 있는 토대를 형성한다.

5. 인간개발

마지막으로 민주주의의 앞선 효과들은 인민이 자신의 운명을 결정함으로써 자신이 자신에게 주인되는 삶을 살 수 있게 해준다. 이렇게 자신이 지배하는 삶이라는 도덕적 삶을 가능하게 함으로써 민주주의는 궁극적으로 인간을 개발하고 인간을 발전시킬 수 있다.

Ⅲ **다두정접근의 이유와 제도적 접근의 장단점**

1. 다두정접근의 이유

로버트 달은 다두정을 사용함으로써 민주주의를 첫째, 제도적으로 이해하고 둘째, 다른 정치체제와 비교할 수 있게 만들었다. 로버트 달은 민주주의라는 것이 이념으로 이해됨으로써 오해의 여지를 가지거나 이상적으로 묘사된다고 보았다. 민주주의는 측정가능한 것이어야 작동가능한 것이 된다. 민주주의를 이념적으로 이해하는 것보다는 제도적으로 이해 할 때 현실적으로 민주주의여부를 측정하고 평가할 수 있으며 민주주의를 개선할 수 있다.

따라서 민주주의라는 용어보다는 '참여의 포괄성'과 '정치경쟁의 자유화'라는 두 가지 측정 가능한 요건으로 정치체제를 구분할 수 있다. 이렇게 구분하게 되면 정치경쟁의 자유화가 높은 상태에서 참여의 포괄성이 낮은 경쟁적 과두제와 참여의 포괄성이 높은 대중민주주 즉 다두정이 설정될 수 있다. 또한 정치경쟁이 자유화가 낮은 상태에서는 참여의 포괄성이 낮은 폐쇄적인 패권체제와 참여의 포괄성이 높은 포괄적 패권체제로 구분할 수 있게 된다. 이러한 정치체제의 분류는 정치체제간 비교를 가능하게 한다.

2. 제도적 접근으로써 다두정 접근의 장단점

다두정식은 절차적 민주주의로 규정된다. 절차적 민주주의 접근은 현실적인 적실성을 가진다는 점과 인민주권의 원리를 보장한다는 장점이 있다. 절차로써 민주주의를 이해할 경우 민주주의는 제도의 문제가 되며 이것은 현실적으로 어떤 제도가 민주주의와 부합하게 되는지를 설명하게 한다. 또한 민주주의가 인민의 자기지배라는 원리를 가질 때 이러한 원리가 현실에서 작동할 수 있는 현실적인 방안을 제시한다. 특히 귀족정이나 왕정보다 정치적 불평등을 덜 가진다는 점에서 민주적이다. 민주주의가 일정한 정도 불평등성을 가지지만 다른 정체체제보다는 민주주의의 제도장치들을 통해 가신들의 의견을 제시할 수 있는 현실적인 기제를 만들 수 있는 것이다.

하지만 절차적 민주주의는 절차이전에 인민에게 불평등성이 내재해 있다는 점을 인정하고

절차적 게임을 통해서 사회적 합의를 이끌어낸다는 점에서 문제가 있다. 민주주의에 참여하는 참여자에게 실질적으로 평등이 보장되지 못한 상황은 민주주의가 형애화되게 한다. 또한 절차적 민주주의는 민주주의내에서 공공선에 대해 이야기 하지 않는다. 다원주의는 공공선을 다수의 결정에 의한 것으로 남겨두는 대기론적인 입장을 가진다. 따라서 공공선이 아니라 공공선을 가장한 개별적인 이익들이 사회적 합의가 되는 문제가 있다. 세 번째 다원주의의 절차적 민주주의는 의사의 고정성을 가지기 때문에 심의가능성에 대해 침묵한다는 문제가 있다. 심의민주주의의 비판처럼 다원주의는 절차적인 차원에서 개인들의 선호를 고정시킴으로써 정치적 결정을 다수의 문제이자 힘의 문제로 전환시키는 문제가 있다.

Ⅳ 로버트 달 민주주의의 기준과 현실 제도들

1. 로버트 달의 기준

로버트 달은 다두정이라는 민주주의가 되기 위해서는 '참여의 포괄성'과 '정치경쟁의 자유화'가 필요하다고 주장했다. '참여의 포괄성'은 선거권이 어느 정도 포괄적으로 부여되는가의 문제이다. '정치경쟁의 자유화'는 정당결성과 조직적 반대의 자유가 어느 정도 허용되는가의 문제이다. 민주주의가 되기 위해서 그리고 민주주의가 측정되기 위해서는 인민이 조직을 통해서 참여할 수 있어야 한다. 민주주의는 실제로 다수의 지배라기 보다는 소수로 구성된 집단들에 의한 통치이다. 이때 중요한 것은 인민이 정치적으로 얼마나 참여가 보장되는가이다. 또한 참여만이 허용된다고 민주주의가 되는 것은 아니다.

민주주의가 작동하기 위해서는 대안이 제시되어 필요한 경우에 특정 집단에 의한 지배를 거부할 수 있어야 한다. 이를 위해서는 경쟁이 제도화되어야 한다.

민주주의가 발전하였다는 이정표는 3가지를 통해서 알 수 있다. 첫 번째는 시민대중의 정치사회로의 통합이다. 보통평등선거권이 실현되어야 한다. 두 번째는 대표(represantation)이다. 민주주의는 집단을 통해서 이루어지는 것으로 정당이 인민의 의사를 대표해야 한다. 세 번째는 조직된 반대의 권리가 존재해야 한다. 반대를 할 수 있을 때 정치적으로 다른 주장이 가능한 것이며 이때 경쟁이 가능해지는 것이다.

2. 현실적인 제도장치들

달의 민주주의가 절차수준에서 참여와 경쟁을 보장하기 위해서는 구체적인 제도장치들이 요구된다. 달은 민주주의를 운영하는 기준으로 다섯 가지를 제시하였다. 효과적인 참여, 투표의 평등, 계몽적 이해, 의제의 통제, 성인들의 수용이라는 다섯 가지 기준을 제시했다. 이러한 기준을 충족할 때 민주주의가 작동한다고 볼 수 있다. 이것은 앞서 본 두 가지 기준을 확장한 것이다.

민주주의가 실제로 작동하기 위해서는 6가지의 구체적인 제도장치가 필요하다. 첫째, 선출된 공무원이 필요하다. 거대한 규모의 정치공동체에서 민주주의는 대표를 통해서 운영되기 때문에 선출된 공직자를 중심으로 한 대의제도가 작동해야 한다. 이들을 통해서 인민은 정치체제에 간접적으로 참여하고 경쟁을 한다. 둘째, 자유롭고 공정하며 빈번한 선거가 존재해야 한다. 선거는 참여와 경쟁의 핵심을 이룬다. 셋째, 표현의 자유가 보장되어야 한다. 표현의 자유는 경쟁을 가능하게 하여 효과적으로 인민의 참여

를 보장하며 인민이 스스로 의제를 통제하게 한다. 또한 인민의 참여와 의제통제를 위해 정치에 대한 이해와 계몽을 증대시킨다. 넷째, 선택할 수 있는 복수의 정보가 제시되어야 한다. 이것은 경쟁을 위해서 그리고 효과적인 참여를 위해서 필수적이다. 다섯째 정치적 경쟁과 참여를 위해서는 결사의 자유가 보장되어야 한다. 반대할 수 있는 권리가 보장될 필요가 있는 것이다. 마지막으로 광범위한 정치체제에서 민주주의가 작동하기 위해서는 참여의 대상을 넓히는 '융합적 시민권'이 필요하다.

....

○ **대안 목차 1**

   1. 참여의 포괄성: 원리와 제도들

   2. 경쟁의 자유화: 원리와 제도들

○ **대안 목차 2**

   1. 참여의 포괄성

   2. 경쟁의 자유화

   3. 두 가지 기준을 충족하기 위한 제도들

....

Ⅴ 로버트 달의 관점에서 한국민주주의 평가

1. 참여의 포괄성

참여의 포괄성이라는 기준에서 한국민주주의는 긍정적으로 발전하고 있다. 한국은 1948년 국가설립에서부터 보편선거권을 부여받았다. 따라서 이 시기부터 참여는 포괄적으로 이어졌다. 하지만 이러한 포괄적 참여는 사회주의와의 대립에 의해 국가의 정당성을 부여하기 위한 것이었다. 보통선거권은 법적으로 주어졌고 이후 정

치체제의 운영과정에서 민주주의는 권위주의에 도전을 받았으며 실질적으로 보통선거권이 부정되기도 하였다. 3.15부정선거와 유신헌법은 보통선거권의 참여의 의미를 부정하였다. 민주화는 이러한 참여의 위기를 해소하기 위해 1960년, 1980년, 1987년에 주장되었다. 이런 과정을 거쳐 보통선거권에 기반한 정치적 참여가 실질화되게 된다.

민주주의의 전환이후 최근 민주주의의 논의는 민주주의에 대한 참여 이전에 얼마나 많은 사회적 기본권과 경제적 권리가 보장되는가에 대한 것이다. 실질적으로 참여를 보장하기 위해 사회경제적 조건을 확장해야 한다는 실질적 민주주의의 입장은 최저임금제나 투표시간 연장과 같은 장치들을 통해서 사회적 권리가 보장될 때 실질적인 참여가 보장된다는 것이다. 이런 점에서 다문화주의와 여성과 성적 소수자등이 실질적으로 이슈를 통제하고 조직화하여 참여하는 것이 필요하다고 주장한다.

민주주의를 넓혀서 이해하는 것의 장점이 있음에도 불구하고 민주주의를 지나치게 이념적으로 파악할 경우 민주주의는 작동범위를 넘어서게 된다. 그런 점에서 참여의 포괄성은 제도적 측면에서 한국 민주주의의 역사속에서 진화해왔다. 참여할 수 있는 제도적 장치들을 구체화하는 것과 함께 장기적으로 참여의 가능성을 높여주는 사회경제적 조건의 개선방향으로 나가는 것이 필요하다.

2. 정치경쟁의 자유화

정치경쟁의 자유화 부분에서 한국 민주주의는 아직 부족한 부분이 많다. 경쟁이 자유화될 때 민주주의는 전환가능성을 가진다. 전환가능성은 민주주의가 개선될 수 있다는 기대를 심어줌으로써 체제 구성원들에게서 정당성을 확보한

다. 반대로 전환가능성이 낮고 정치적 경쟁이 부족하여 패권체제를 이룰 경우 체제의 기득권을 가진 이들과 기득권을 가지지 못한 이들로 사회는 구분되게 될 것이다. 이러한 정치적 구획은 체제이탈을 불러오거나 체제저항을 가져온다.

정치경쟁의 자유화라는 점에서 한국의 주류인 자유주의는 민주주의확장에 대해 부정적이며 이러한 태도는 경쟁구조를 자유화하는 것에 소극적이다. 노동문제를 사적인 문제로 보고 노동이슈를 정치적 경쟁구조안으로 집어 넣지 않으려는 태도나 정치적 경쟁규칙을 통해서 신생정당을 만드는 것을 어렵게 하는 것은 정치경쟁의 자유가 덜 인정된다는 것을 의미한다. 사회적 갈등을 통한 다원적 조직의 형성가능성보다는 사회적 갈등이 사회분열로 이어진다는 생각의 전파와 담론화 역시 정치적 경쟁을 거부하는 것이다. 신자유주의의 시장질서 우위의 질서로 무장한 자유주의가 시장을 강조하면서 공기업의 민영화와 규제완화만을 주장하면서 효용만능주의로 사회를 이끌면서 정치적 경쟁을 시장주의 내로 한정하는 것 역시 정치적 경쟁을 약화시킨다. 또한 정치적 경쟁에서 중립적이어야 할 국가의 선거개입은 정치적 경쟁의 틀을 위반하는 것이다.

실질적인 민주주의에서도 정치적 경쟁에서 실질적인 조건이 보장될 필요를 주장한다. 금권선거가 보장된 상태에서 자본가와 노동자계급은 실질적으로 경쟁이 안되는 상황에서 정치적 결정을 한다. 이러한 부존자원의 차이가 정치적으로 고착화되는 것을 피할 필요가 있다고 주장된다.

민주주의를 실질적으로 확장하기 전에도 절차적수준에서도 경쟁은 보장될 필요가 있다. 정당설립의 요건을 완화하고 정당보조금제도를 기성정당에 유리한 방식에서 변화를 꾀할 수 있다. 이 뿐 아니라 비례대표제를 강화하여 실질적으

로 전체의석수의 40%대까지 의석수를 늘리거나 독일방식으로 정당을 중심으로 한 의석배분구조로 변화시키면 소수의 의견과 이들을 반영할 수 있는 정당이 대표성을 좀 더 향유할 수 있다.

정당이 목소리를 높이기 위한 정당법의 개정을 생각해볼 수 있다.

◉ cf. 대안 목차

Ⅴ   로버트 달의 관점에서 한국민주주의 평가

로버트 달의 민주주의를 한국에 적용하기 위해 현실적인 6개의 제도적 장치를 통해서 평가한다.

1. 선출된 대표자: 대표선출에 있어서 얼마나 대안이 존재하는가 / 무당파의 문제

2. 자유롭고 공정하고 빈번한 선거: 선거의 국가중립성문제

3. 표현의 자유: 미디어법통과와 인터넷표현의 자유문제

4. 선택의 여지가 있는 정보: 인터넷표현의 자유, 미디어매체들의 정치화

5. 결사의 자율성: 조직형성의 자유의 문제, 노동조합 결성문제

6. 융합적 시민권: 다문화주의의 문제

Ⅵ   결   론

달의 다두정은 민주주의를 좁혀서 이해함에도 불구하고 한국적 평가를 볼 때 간단히 보이는 '참여의 포괄성'과 '정치경쟁의 자유화'라는 기준에서 만족스럽지 못하다는 것을 보았다. 민주주의를 넓혀서 이념적으로 다루기 이전에 민주주의의 제도적 확충이라는 관점에서 민주주의가 "손에 잡히는" 민주주의가 되기 위해서는 경쟁성을 확보하는 제도적 개혁이 우선되어야 한다는 점을 배울 수 있다. 특히 소수정당이나 지역

심의민주주의 논의

2017년 탄핵과 정당에 대한 낮은 지지는 한국 대의민주주의의 문제점을 드러내는 대표적인 사례들이다. 이런 대의민주주의는 사회적 선택이론에 토대를 두고 '합리성'과 '선호집약성'을 특징으로 한다. 최근 대의민주주의의 대안으로 심의민주주의가 제시되고 있다. 하지만 '제주 국제녹지병원 숙의형 공론화조사위원회'와 '신고리원전 공론화위원회' 사례는 심의민주주의의 장점과 함께 단점도 보여주었다. 심의민주주의가 대의민주주의의 보완책이 될 수 있는지에 대한 '논쟁'의 한 축을 제시하는 것이다. 다음 질문에 답하시오. (총 40점)

(1) 사회적선택이론의 차원에서 대의민주주의의 전제조건인 '합리성'과 '선호집약성'을 설명하시오. (10점)

(2) 심의민주주의의 정치적 '공론의 장'과 '소통의 조건'을 설명하고, 심의민주주의가 대의민주주의에 대한 보완방식을 설명하시오. (15점)

(3) 심의민주주의이론이 가지는 이론적 문제점들을 논하시오. (15점)

Ⅰ. 서 론
Ⅱ. 대의민주주의의 전제조건: 합리성과 선호집약성을 중심으로
  1. 사회적 선택이론
  2. 사회적 선택이론의 전제조건: 도구적 합리성과 선호집약성
    (1) 개인의 인식: 도구적 합리성
    (2) 사회적 선택: 선호집약성

Ⅲ. 심의민주주의의 '공론의 장'과 '소통조건': 하버마스를 중심으로
  1. 공론의 장과 소통의 조건
  2. 심의민주주의의 주장: 대의민주주의 보완가능성
Ⅳ. 심의민주주의 이론의 문제점
  1. 정당성의 문제
  2. 은유에 대한 의존
  3. 배타적 민주주의
Ⅴ. 결 론

문제의 맥락과 포인트

보완적 민주주의 중 가장 관심이 많은 이론이 심의민주주의이다. 심의민주주의를 구체화하여 제도로 연결하는 것과 함께 한국에서 가장 많은 이야기가 나오는 불통문제로 현실적인 해법을 제시하는 것이 중요한 문제이다. 이론에서 점수 차이가 나기 어렵기 때문에 사례를 얼마나 구체화하는지가 고득점의 포인트이다.

Ⅰ 서 론

한국정당에 대한 낮은 신뢰도, 탄핵을 가져온 정치인의 게이트는 대의민주주의의 문제점을 보여준다. 반면에 대의민주주의의 보완책인 심의민주주의의 장치들도 결과를 뒤집거나 대표들의 책임을 유권자에게 넘긴다는 점에서 문제를 가지고 있다. 심의민주주의가 대의민주주의의 보완책으로서 의미가 있는지를 살펴본다.

Ⅱ 대의민주주의의 전제조건: 합리성과 선호집약성을 중심으로

1. 사회적 선택이론

사회적 선택이론은 개인의 합리적 판단을 통해서 사회적 선택을 이룬다는 이론이다. 정치는 사회를 가정한다. 다원성이 가정된 사회에서 개인들은 각기 상이한 이해관계를 가진다. 그러나 개인적 선호와 다른 정치공동체의 선호와 가치를 선택해야 한다. 사회에서 개인들의 선호가 정해져 있을 때 이들의 선호가 모두 사회적 선호가 될 수 없기에 사회적 선호를 결정해야 한다. 이것을 결정하는 방식에는 다수결주의가 사용되지만 합의주의를 사용할 수도 있다. 그러나 결정의 편이성으로 다수결주의를 많이 사용하게 된다.

대의민주주의는 사회적 가치를 대표선출과정에서 걸러낸다. 대의민주주의에서 개인들은 자신들의 의견을 대표할 대표를 선택하면서 대표뿐 아니라 대표가 지지하는 선호와 가치를 골라낸다. 이런 과정은 크게 '합리성'의 전제조건과 '선호집약성'의 전제조건에 의해서 작동하게 된다.

2. 사회적 선택이론의 전제조건: 도구적 합리성과 선호집약성

(1) 개인의 인식: 도구적 합리성

대의민주주의는 자유주의를 기반으로 한다. 자유주의 사상의 핵심은 개인의 '합리성'과 '개체의 우월성'이다. 특히 합리성은 개인의 존재를 보장한다는 면에서 자유주의의 가장 중심에 있는 주제이다. 개인들의 합리성은 개인의 판단력의 근거가 되며 개인의 판단은 개인이 특정 가치를 선호할 수 있는 근거가 된다.

자유주의가 상정하는 합리성은 도구적인 합리성이다. 도구적인 합리성에 따라 자유주의는 개인의 최적의 선호를 결정할 수 있다. 또한 이러한 합리성은 보편적이기 때문에 문화의 특수성에 의해 제한되지 않는다. 이로 인해 개인들의 합리성은 개인의 선호를 다른 사회적 제약과 관계없이 정당하게 한다.

(2) 사회적 선택: 선호집약성

개인들이 합리성을 보유할 경우 개인들의 선호간에는 우열이 없다. 개인선호에 우열이 없다는 것은 개인들의 선호가 다른 이의 선호에 우선하지도 않지만 열등하지도 않다는 것이다. 이에 따라 모든 개인의 선호는 평등하게 된다. 모든 개인들의 선호가 가치상 평등하다면 개인들의 선호를 사회적 선호로 만들 때 선호를 취합할 수 있는 제도를 공정하게 만든다면 개인들의 선호에서 가장 많은 선호가 사회적 선호가 된다. 즉 개인 선호의 우열에 의해서가 아니라 어느 개인들의 선호가 더 많이 있는지에 의해서 사회적 선호가 결정된다.

이렇게 결정된 사회적 선호는 임시적 타협에 불과하다. 선호에서 사회적 선호로 선택되지 않은 이들은 자신들의 선호를 바꾸는 것이 아니라 다음 사회적 선호를 선택할 때까지 기다리면 된다. 따라서 개인들 선호간의 타협보다는 선호의 일시적 보류가 형성되는 것이다. 이는 사회적 선택은 있지만 본질적으로 사회적 타협이 이루어진 것은 아니게 된 것이다. 따라서 사회는 여전히 선호와 가치를 두고 갈등할 수 있는 갈등의 내재화가 있는 것이다.

Ⅲ 심의민주주의의 '공론의 장'과 '소통조건': 하버마스를 중심으로

사회적 선택이론을 거부하는 이론으로 하버

마스의 심의민주주의를 통해서 대의민주주의를 교정하거나 수정할 수 있다.

1. 공론의 장과 소통의 조건

하버마스의 이론을 다루기 위해서는 먼저 공론의 장에 대해서 다루어야 한다. 하버마스는 의사소통을 두 가지로 나누었다. 생존을 위한 의사소통과 공론을 위한 의사소통을 구분하였다. 그리고 공적영역을 유지하기 위해서는 공론을 위한 의사소통이 중요하다고 보았다.

공동체의 가치를 논의할 수 있는 공간으로서 공론장은 부르주아 사회의 발전 속에서 만들어졌다. 부르주아가 '사적영역'을 통해서 경제적 정보를 얻으면서 공론의 장이 구성되기 시작한다. 경제적 이익을 얻기 위해서 정보를 교환하는 장에서 부르주아는 교양적 공론장으로 발전한다. 왕과 귀족의 '과시적 공론장'과 달리 부르주아는 자신들의 문화적 교양을 상호 교환하는 공간으로서 영국의 커피하우스, 프랑스의 살롱, 독일의 다과회에서 문화적 토론을 공적으로 즐겼다. 이들은 문화인으로서 자신들의 교양을 과시하면서 즐겼다.

사적공간에서 경제적 이익에서 출발하여 문화적 공간을 확보한 공론의 장은 공적인 문제를 논의하는 장으로 확대되었다. 개인적 자유와 인권과 소유권을 확보한 부르주아는 자신들의 공동체에 관련된 문제를 논의하는 공간으로 공론의 장을 확대했다. 이제 공론장은 가족이나 시장의 사적공간도 아니며 국가의 공적공간도 아닌 제 3의 영역에서 공적인 논의를 할 수 있는 공간이 되었다.

공적공간의 공간 속에서 소통은 의사소통을 통해서 이루어진다. 의사소통은 생활을 위해 필요한 언어가 아닌 공적인 문제를 논의하기 위한 논의로서 담론에 의해서 구축된다. 담론 속에서

사실이 무엇인지를 검증하는 것이 중요하다. 개인들의 선험적 가치로 공적인 문제를 다루지 않고 심의를 통해서 공동체의 공적인 문제에 대한 합의를 만들어 간다.

다음으로는 소통의 조건을 다룬다. 공론의 장에서 심의가 이루어지면서 소통이 되어야 한다. 소통이 되기 위해서는 다시 세 가지요건이 필요하다. 세 가지는 첫째, '공중성', 둘째, '공개성', 셋째, '자유와 평등의 원칙'이다.

첫째, '공중성'은 공공의 문제를 다룬다는 것이다. 소통의 장에서 공적인, 공개적인 문제를 논의, 토론, 소통을 다룬다. 사적인 문제를 토의하지 않고 나라의 일, 공적인 일, 공권력문제등을 토의하는 것이다.

둘째, '공개성'은 공공의 문제를 논의할 때 공개적으로 한다는 것이다. 소통을 위해서는 광장에서 공개적으로 주장을 한다. 공적인 문제를 밀실에서 처리하지 않고 공개함으로써 공공성을 사적인 영역으로부터 지키면서 논의를 할 수 있다.

셋째, '자유와 평등의 원칙'은 정치적 논의를 할 수 있는 정치적 자유로서 언론, 출판, 집회, 결사의 자유가 보장되어야 한다. 그리고 정치적 자유의 보장을 위한 전제로서 인신구속으로부터의 자유를 포함한 시민적 자유가 확보되어야 한다. 또한 공적 논의를 할 수 있는 참여의 조건으로서 경제적, 사회적 평등도 보장되어야 한다. 국가는 자본으로부터 노동자가 공적인 토론을 참여할 수 있는 기회를 부여하기 위해서 사회복지제공을 하는 적극적 국가가 요구되기도 한다.

2. 심의민주주의의 주장: 대의민주주의 보완가능성

하버마스의 공론의 장과 소통을 위한 조건을 통해서 대의민주주의의 특징인 '합리성'과 '선호집약성'을 보완할 수 있다. 먼저 대의민주주의의

합리성을 수정할 수 있다. 하버마스 이론에서 '성찰성(reflexivity)'은 도구적 합리성을 수정한다. 심사숙고함으로써 합리적 판단을 수정할 수 있다고 보는 성찰성은 개인의 선호변경을 가능하게 한다. 심의이전에 고정된 선호를 주장하지 않음으로써 자유주의의 무오류적인 입장을 수정한다. 이것은 개인들이 유연하게 개인의 선호를 변경할 수 있게 함으로써 사회적 타협을 가능하게 한다.

심의민주주의는 또한 선호집약성을 수정할 수 있다. 개인들의 선호집약성보다 선호의 구성가능성을 제시함으로써 사회적 타협가능성을 제시한다. 심의는 개인들의 선호를 재구성할 수 있는 기회를 만들 수 있다. 새로운 대안을 도출하거나 기존의 개인적인 선호를 확인하는 과정을 거침으로서 단지 선호의 임시방편적인 타협이 아닌 사회적 타협과 합의를 가능하게 한다.

소통을 위한 조건

1. 자유로운 개인

정치적 소통이 되기 위한 첫 번째 조건은 자유이다. 개인에게 자유가 주어질 때 개인은 공적공간에 참여할 수 있다. 국가와 사회로부터 간섭받지 않을 자유와 함께 자기 결정권을 가질 자유를 가짐으로서 '자유의사'에 기반한 소통이 가능해진다. 자유로운 시민이 자유롭게 개인들의 의견을 표출 할 때 정치공동체는 공공성이 무엇인지를 논의할 수 있다.

2. 평등한 개인

정치소통을 위한 두 번째 조건은 평등이다. 개인이 자유롭게 공적인 문제를 논의하기 위해 참여한다고 해도 자신의 의견이 다른 사람의 의견과 대등하게 반영되지 않을 경우 '자유의사'에 기반한 의견은 사회적 의견으로 전환되기 어렵다. 정치적 논의를 위한 경제적 조건, 사회적 차별이 줄어들 때 실

질적으로 평등한 조건에서 사회적 합의를 만들 수 있다.

3. 관용의 사회

정치적 소통이 되려면 대화의 전제조건으로서 관용이 필요하다. 관용의 세 가지 원칙이 있다. 첫째, 나 또는 우리가 틀릴 수 있다는 것을 받아들이는 것이다. 이것은 오류가능성을 전제해야 한다. 나의 가치관이 사실로 검증되는 과정에서 나의 가치관과 나의 의견이 틀릴 수 있다는 점을 전제해야 한다. 만약 나의 가치관이 틀리지 않고 절대지(absolute truth)가 된다면 이것은 토론과 소통의 대상이 아니다.

둘째, 누구도 최종적 진리나 정당성을 독점할 수 없다. 내가 틀릴 수 있다는 점에 더해 정치공동체에서 최종적 진리는 정해진 것이 아니라 대화를 통해서 발견하는 것이다. 정치공동체가 민주적 방식으로 운영되기 위해서는 절차적 차원에서 대화통로가 마련될 뿐 아니라 실질적인 차원에서도 어느 가치가 선험적으로 우월해서는 안 된다. 따라서 누군가가 먼저 최종적인 진리와 정당성을 독점한다면 이것은 민주적 결정이 아니라 소통을 가정한 전제적 결정과 전제적 통치가 된다.

셋째, 관용의 역설이 필요하다. 관용의 역설이란 관용의 원칙자체를 무시하고 파괴하려는 자에 대해서는 관용을 적용하지 않는다는 것이다. 즉 민주주의를 합의의 구조로 이해하고 합의를 위한 소통을 강조하는 기본적인 규칙을 깨고 민주적 결정구조의 다원성과 존중을 거부하는 사람에게 관용을 베풀지 않는 것이다. 이것은 자유주의가 가정하고 있는 '한정중립성'의 원리를 전제로 하는 것이다. '한정중립성'이란 자유주의를 거부하는 것까지 자유주의가 인정하지는 않는다는 것이다.

Ⅳ 심의민주주의 이론의 문제점[21]

심의민주주의에 대한 비판은 마이클 시워드 (Michael Saward)의 3가지 논거를 통해서 제시한

---

21) Michael Saward, "Less than meets the eye", 『Democracy Ⅲ』(London and New York: Routledge, 2007), pp.280−292. 요약.

다. 3가지는 민주주의의 정당성이 심의에서 나온다는 가정, 롤즈의 원초적 입장이라는 은유(metaphor)에 의존하고 있다는 가정, 민주주의가 지나치게 배타적이라는 점이다.

1. 정당성의 문제

심의민주주의의 가장 큰 문제는 심의'과정'에서 민주주의의 정당성을 부여한다는 것이다. 이는 심의민주주의가 투표보다는 합의(concensus)를 강조하게 만든다. 그러나 개인들의 선호라는 것이 쉽게 변화하지 않으며, 합의 과정에서 선호를 변화시키기 어렵다고 본다면 정당성을 위한 과정에 대한 강조는 자칫 민주주의의 현실가능성에 문제를 가져온다.

그런데 심의라는 과정을 강조하는 심의민주주의는 지나치게 가정이 비현실적이다. 근대 사회의 자원의 불평등성을 고려하지 않는다. 자원 자체가 참여 여부를 규정하는데 이를 고려하지 않는다.

또한 심의(deliberation)과 자신의 주장을 펴는 토론(discussion)이 구분되지 않는다는 문제도 있다. 과연 심의과정을 거쳐 선호를 수정하고 변경할 수 있는지 문제이다.

심의민주주의가 정당성을 강조하는데 이것은 정당성에 대한 부분적인 오해나 특정기준만을 강조하기 때문이다. 비담(D. Beetham)은 권력 사용의 정당성 3가지 기준을 제시하였다. 첫째, legally valid rules. 둘째, 이 규칙들은 shared beliefs에 근거. 셋째, 표현된 동의의 산물(being the product of express consent).

그런데 심의민주주의자들은 이 중 앞의 두 가지만 중요시한다. 동의를 암묵적으로 보는 것이다. 그래서 심의민주주의는 사회적 선택이론가들이 강조하는 투표제도에 대해 말하지 않는다. 정당성은 규칙을 따르고 공공선을 위한다는

신념이 필요하지만 합의점이 필요한 경우 궁극적으로는 투표를 하게 된다. 그런 점에서 과정만을 강조하는 태도는 민주주의의 결정성, 정책의 구성이라는 기준에서는 부족하다.

게다가 심의민주주의이론은 결과에 대한 차등성을 설명하지 못한다. 심의민주주의에서 심의는 최대한의 조정가능한 결과를 도출한다고 주장한다. 이는 심의민주주의가 거울(mirror)처럼 사회를 그대로 투영한다는 전제를 가지고 있다. 하지만 모델들이 가진 약점들처럼 정확하게 사회적 합의가 안 만들어질 수도 있다. 이런 부분을 심의민주주의는 설명하기 어렵다.

게다가 참여자들의 선호강도를 유사하다고 보기 때문에 이 가정에서도 문제가 생긴다. 선호의 강도가 다르지만 심의민주주의는 구성원의 대등성과 평등을 강조한다.

마지막으로 과정을 강조하다 보니 심의가 발생하는 장소에 대해서도 입장들이 서로 상이하다.

심의 포럼의 유형		
심의포럼	공식	비공식
대의기구	의회(선출된 위원회): 심의여론조사	시민배심원제: 심의여론조사
비대의기구	대법원, 내각(cabinets: 대통령제 국가의 내각)	이익집단들

위의 마이클 시워드의 표처럼 심의장소를 어디로 선정하는지도 이론가들 마다 다르다. 게다가 이들의 심의 조사가 과연 국가정책결정에 어느 정도 영향을 미치는지도 다른데 이런 부분이 고려되지 않는다.

결국 심의민주주의가 공식, 비공식, 그리고 대의, 비대의기구, 게다가 전국단위와 지방조직 사이에서 가지는 영향력의 크기가 고려되지 않는 문제가 있다.

2. 은유에 대한 의존

심의민주주의는 실제 심의 이전에 비심의적인 기초에 근거하여 이론을 만들었다. 심의민주주의는 롤즈의 '원초적 입장'이라고 하는 은유적 표현에서 이론을 도출했다. 사회적 계약을 새롭게 하기 위한 가정으로서 원초적입장이 중요하다는 그의 가정은 이론적 가정에 불과하다. 더 문제는 이론이 비유적 표현에 지나치게 의존하고 있다는 것이다.

그런데 원초적인 가정은 사회구성원들의 심의를 거쳐서 만들어진 것이 아니다. 원초적인 가정을 받아들이라고 하면서 이론은 비심의적인 가정 이후 심의를 강조한다. 이 점은 이이론의 딜레마이다.

3. 배타적 민주주의

민주주의가 배타적이다. 심의적인 결과를 받아들이지 못하는 사람. 공공선을 위해 헌신하겠다는 의지가 약한 사람. 개인적인 이익을 강조하는 사람들은 심의를 위한 조건을 받아들이지 못한다고 간주된다. 이런 이들은 공공선 도출을 위한 심의의 자격이 없기 때문에 이들의 의견은 사회적 의사결정구조에서 무시당한다. 이들의 의견이 무시당한다는 것은 이들이 민주주의의 구성원으로서 배제된다는 것이다. 이는 민주주의가 가져야 하는 포괄성을 약화시킨다.

이런 가정은 민주주의의 최소적 정의를 규정한 슘페터의 민주주의관을 답습하는 것이다. 이 점에서 심의민주주의는 지나치게 엘리트적이며 순응적임을 강조한다.

Ⓥ 결 론

위의 문제점들에도 불구하고 심의민주주의는 대의 민주주의 보완책으로 유용하다. 심의를 사용하는 장소와 범위를 명확하게 하면 대의민주주의를 보완할 수 있다. 지역, 지방, 특정이슈에서 대의민주주의를 보완해서 사용해 볼 수 있다. 심의가 배타적인 정치적 결정이 아니라 투표를 하기 전 단계에서 정보를 제공하는 차원에서는 사용할 수 있다. 그리고 새로운 의견을 제출해보려는 노력으로 기존 대의민주주의가 가진 기득권중심 구조를 변화시켜 보려는 시도로서 의미를 가진다.

참고 한국 민주주의의 소통부족의 원인과 해법

1. 한국정치에서 소통부족의 원인분석

(1) 역사적 요인: 분단체제와 반공주의와 가산주의

분단체제와 반공주의와 가산주의의 역사는 합리성 이전에 사회적 선택의 폭을 좁힌다. 사회적 선택이론에서 사회적 선택이 되기 위해서는 다양한 가치가 반영되어야 한다. 사회의 다원성이 확보되어야 다양한 가치 속에서 사회적 선택이 가능하게 된다. 그러나 분단체제와 반공주의는 한국에서 특정가치를 단순히 좌와 우의 기분으로 설정하게 한다. 가산주의(partrimonialism) 역시 지도자를 '국가지도자=가부장'으로 인식하게 하면서 자유주의의 합리성을 거부하게 한다. 대표적인 사례가 이번 탄핵정국에서 나타난 태극기 집회이다.

남북의 38선 분단과 한국전쟁을 거치면서 분단체제가 구축된다. 분단체제에서는 반공주의가 국시가 된다. 반공체제는 이데올로기의 우파가 아닌 나머지의 공존을 인정하지 못하게 된다. 따라서 우파적인 헤게모니가 구축된 상태에서 사실의 문제에 대한 토의 이전에 가치가 선제적으로 논의의 장을 구속한다. 따라서 소통의 정치가 작동할 수 없게 된다. 최근까지 이어지는 진보−보수의 대립이 사실관계를 둔 판단이라기 보다는 가치관에 기반한 판단으로 나타나는 것이 대표적이다. 천성산 도롱뇽 문제의 경우가 대표적으로 사실 판단이전에 가치 판단에 의해 정책적 대립이 생긴 경우이다.

cf. 2005년 맥아더 동상철거문제는 분단에 따른 이념적인 요인이 사실관계 논의를 하기 어렵게 하는 대표적인 사례이다.

한편으로 한국정치는 분단체제에서 이어지는 군부 독재의 경험이 전통적인 유교와 연결되어 가산주의를 구축한다. 가산주의란 가족주의에 기초하여 폐쇄적인 연대를 중심으로 정치를 수행하는 것이다. 보스와 추종자들로 이루어진 가산주의는 지역주의, 가신주의, 인치주의, 권력의 사유화를 가져온다. 이렇게 가족주의의 외연확장은 공공성을 위한 논의를 질식하게 만든다. 2002년 이전의 3김정치나 최근 파벌정치가 대표적인 사례이다. 친박연대와 태극기 집회의 경우도 가산주의의 요인으로 합리적 사회적 선택을 방해한다.

(2) 제도적 요인: 대의민주주의가 가지는 승자독식 구조, 정당정치의 비제도화

대의민주주의는 다수결을 주로 한다. 다수결주의는 선호집약성에 기초하고 있다. 문제는 다수결에 의하면 승자와 패자는 확연히 구분된다는 것이다. 따라서 대의민주주의가 수에 의한 지배를 고집하면 승자가 이익을 독식하게 된다. 따라서 소통보다는 이익의 확보를 위한 수에 기반한 결정이 중요하게 된다. 이런 경우 소통을 통한 장기적인 타협을 모색하기보다는 빠른 결정 속에서 이권을 챙기는 것이 중요해진다. 18대 대선에서 문재인 후보는 1,460만 표 이상을 받았지만 경쟁에서 패배했고 정치적 지분은 아무것도 얻지 못했다.

정당정치가 제도화가 부족하여 정당을 통해서 사회적 의견을 거르는 소통의 기능이 잘 작동하지 않는 것이다. 사회적 갈등이 정당을 통해 걸러져야 하는데 정당은 오히려 정치적 갈등을 강화하기 때문에 소통에 도움이 되지 않는다. 2008년 소고기 촛불시위에서 민주당의원들이 시민들의 제지를 받았던 사례가 있다.

(3) 문화적 요인: 사실과 합리성 요건의 무시와 폐쇄적 네트워크

소통이 보장되기 위해서는 사실을 중시하고 합리성을 강조하는 문화가 필요하다. 가치판단이전에 사실판단이 선행해야 한다. 또한 사실을 받아들일 수 있는 합리성이 전제되어야 한다. 그러나 문화적으로는 한국에서 다원성에 기반을 두어서 사실관계를 확인하려는 문화가 부족하다. 한국정치에서 이념의 강화는 사실관계의 영역이전에 가치의 논의가 중요하게 작동하게 하였다. 또한 소규모의 친목적 집단을 강조함으로써 소통을 위한 개방적 네트워크가 작동하지 못하게 할 수 있다. 노무현 정부와 이명박 정부의 코드인사가 대표적이었다.

2. 소통부족의 해결방안

(1) 역사적 요인: 분단체제와 반공주의와 가산주의의 극복

역사적 요인 자체를 없앨 수는 없다. 하지만 역사에 대해 객관적으로 설명하면 분단체제, 반공주의와 가산주의를 비판적으로 이해할 수 있다. 이런 역사적인 요소가 제거되어야 자유로운 의견들과 가치들 간의 소통이 가능해진다.

핵심에는 다원성 보장이 있다. 사회적 가치의 다원성이 보장될 때 사회적 선택의 가능성이 높아질 뿐 아니라 사회적 대화와 합의가능성이 증대한다. 이는 공론의 장이 확대될 때 가능하다. 또한 담론의 정치를 가능하게 하려면 다원성이 전제되어야 한다.

(2) 제도적 요인: 대의민주주의가 가지는 승자독식 구조의 개선과 정당정치의 비제도화

대의민주주의가 다수결주의에 기반하여 중간파를 만들지 않는 것이 중요하다. 합의제적인 방식으로 대의민주주의 결정을 만들 수 있다. 다른 한편 제도적으로 승자독식구조를 변화시킬 수 있다. 이런 권력향유 조건의 변화가 정치적 타협과 타협을 위한 소통을 가능하게 한다. 또한 정당정치가 제도화되어 유권자들의 의견이 토의를 통해서 반영될 수 있게 해야 한다.

제도장치에서 심의 제도와 합의를 가능하게 하는 제도들이 필요하다. 포럼과 심의 투표를 활용하면서 사회적 가치와 선호에 대한 다양한 논의를 이끌 필요가 있다.

(3) 문화적 요인: 사실과 합리성의 강조와 개방적 네트워크

한국의 문화 중에서 가치를 우선시 하면서 사실관계를 뒷전으로 미루는 문화적 요소가 있다. 사실판단 이전에 이미 가치판단이 선행된다. 미국산 소고기 문제에 관한 토의에서 사실관계이전에 가치판단이 서고 이것으로 좌우로 확연하게 구분되었다. 또한 가산주의에 기반한 좁은 인적네트워크의 구성은 폐쇄적이 되면 이런 폐쇄성은 소통을 방해한다.

다원성을 받아들이는 가치다원성에 대한 문화형성이 중요하다. 이를 위해서는 네트워크를 개방화하려는 노력과 함께 다양한 가치와 선호에 대한 토의의 공간 마련이 중요하다. 또한 다원성을 확대하는 교육정책이 필요하다.

한국전통에서 소통의 사례: 조선의 유교정치를 중심으로

한국에서 소통의 전통은 삼국시대부터 있어왔지만 가장 가까운 조선에서의 전통에 집중하여 유교적구조 속에서도 소통의 정치가 구현될 수 있었다는 점을 제시한다.

1. 합의제적 정부의 구성

정부가 정책을 결정하는데 있어서 3정승의 합의에 의한 정치를 수행했다. 영의정과 우의정과 좌의정의 3정승은 공적인 문제인 국사에 관해 심의를 통해서 합의적으로 결정하였다. 최고 정책결정과정에서 심의를 통해 결정하였다는 것은 조선의 정치가 소통을 강조했다는 것을 보여준다.

2. 경연제도와 유교적 심의 정치

경연제도는 국왕에 대해 학자와 관료가 묻고 대답하는 소통의 공간을 이루고 있었다. 국왕은 매일 경연에 나가서 강론을 들었다. 경연에서 국왕은 정책에 관한 공론을 묻고 민심의 동향을 파악했다. 이렇게 국왕과 재상과 언관은 토의와 심의를 통해서 국가의 공론을 합의제적으로 결정하였다.

3. 언관제도

학자관료의 언로를 열어주는 언관제도 역시 소통의 장치로 작동했다. 언관 3사는 사헌부, 사간원, 홍문관으로 이들이 대간을 이루었다. 대간은 대관과 간관으로 나누어져 있었다. 대관은 풍속교정과 정치의 옳고 그름을 논하는 역할을 수행했다. 또한 인사문제를 담당하는 서경권한을 가지고 있었다. 간관은 관리의 언행을 보고하고 국가적 중대사의 시비를 논박하였다.

4. 외의(外議) 정치의 포함

조선의 후기에 가서 관료제의 외부에서 나오는 의견을 공론의 정치로 다루었다. 사림공론, 성균관 유생의 의견, 유향소의 향론 등이 공론정치에 포함되었다. 국가의 외부에 있는 재야유학자 집단들의 공론의 정치는 하버마스가 말한 '공론의 장'과 같은 기능을 수행했다. 재야 유학자들의 자발적인 공적 토론은 지역공동체 운영과 국가공동체 운영에 영향을 미쳤다. 이렇게 재야 유학생들인 하부구조까지의 의견을 반영하면서 정책을 결정했다는 것은 다른 면에서 볼 때 그람시가 이야기한 '헤게모니(hegemony)'가 작동하고 있다는 것을 보여준다. 마치 시민사회의 의식구조가 사회운영을 결정하듯이 유교공동체의 운영원리가 사회의 하부단위까지 작동하고 있다는 것이다.

제015문 **대의민주주의와 보완적 민주주의들**

현대 민주주의이론들은 '전세계적민주주의(cosmopolitan democracy)', '심의민주주의(deliberative democracy)', '차이의 정치(politics of difference 혹은 politics of presence)', '생태모델(ecological model)', '결사체민주주의(associative democracy)', '직접민주주의(direct democracy)'와 같은 혁신적인 안들이 제시되고 있다. 이는 현재 사용되는 민주주의에 대한 개선과 혁신으로 볼 수 있다. (총 30점)

(1) 이중에서 심의민주주의(deliberative democracy), 차이의 정치(politics of difference 혹은 politics of presence), 결사체민주주의(associative democracy), 직접민주주의(direct democracy)의 4가지 민주주의와 관련하여 이들 이론은 현재 작동하는 민주주의의 어떤 부분을 개선하기 위한 것인지를 설명하고 (15점)

(2) 이들과 대의민주주의와의 관계는 어떻게 설정할 수 있는지 논하시오. (15점)

 문제의 맥락과 포인트

대의민주주의는 전세계적으로 위기이다. 유럽의 대의민주주의를 간접적으로 대표하는 정당들과 투표유동성을 보면 대의민주주의에서 대표에 대한 불만을 알 수 있다. 이 문제는 대의민주주의의 위기론 혹은 보완적 민주주의론에서 중요한 민주주의 이론들을 몇 가지 대비함으로써 대의민주주의와 이에 대한 보완가능성을 찾아보고자 하는 문제이다.

Ⅰ 서 론

대의민주주의는 세계도처에서 회의론과 위기론의 주역이 되었다. 대의민주주의가 가진 민주주의의 범위, 행위자들, 작동방식 등에서 새로운 대안들이 제시되고 있다. 이런 관점에서 새로운 유형의 4가지 민주주의가 대의민주주의와의 관계에서 대의민주주의를 보완할 수 있는지

에 대해 살펴본다.

Ⅱ 4가지 민주주의의 혁신이론들

1. 심의민주주의(deliberative democracy)

심의민주주의는 대의민주주의가 가지는 다수결주의의 문제점을 제기한다. 다수결주의는 선호의 고정성과 단순한 선호결집으로 사회적

가치를 알아내는 데 불과하다. 따라서 사회적 대립만을 양산할 수 있으며 유권자들이 단지 자신의 공정된 선호에 따라 공적인 선을 결정한다. 심의민주주의는 이런 문제에 대해 선호를 재구성할 수 있는 성찰성을 강조하고, 조건으로 자유와 평등을 강조하며 구성원의 대등성에 대한 인정과 존중을 기반으로 하여 민주주의 내의 공공선에 대한 합의를 강조한다.

2. 차이의 정치(politics of difference 혹은 politics of presence)

차이의 정치 혹은 '존재의 정치'는 대의민주주의가 가정하고 있는 사회적 동질성에 대한 문제를 제기한다. 과거 민주주의는 대체로 인종적으로 대등하고 단일한 문화를 갖추었고 유권자 구성에 대해 단순한 자유를 부여하였다. 그러나 사회세력 내에는 사회적 차별과 편견으로 자신들의 목소리를 반영하지 못하는 세력이 있다. 차이의 정치는 대의민주주의 내 유권자 구성에 있어서 이질성과 다원성에 문제를 제기한다. 따라서 여성과 다문화인 사회적 소수자들이 대표가 될 수 있고 이들의 이해관계가 정책결정에 좀 더 반영되는 것이 필요하다고 주장하는 이론이다.

3. 결사체민주주의(associative democracy)

결사체민주주의는 국가중심의 복지운영체계에 문제가 있기 때문에 국가의 복지 혜택과 이익분배에 있어서 지역이나 종교단체 혹은 결사체를 이용하는 것을 강조하는 이론이다. 결사체는 대의민주주의의 대표들을 통한 결정과 국가중심적인 정책결정과 집행에 있어서 국가의 부담을 결사체에 일부 양도하고 결사체를 중심으로 이익을 배분하고자 하는 이론이다. 대의민주주의의 양식보다는 종교나 다문화그룹이나 이익집단이나 노동조합 등이 복지혜택을 제공하는 주된 기제가 되는 것이다. 이것은 공급자 중심의 복지에서 수요자중심의 복지와 이익배분으로의 개선을 의미한다.

4. 직접민주주의(direct democracy)

직접민주주의는 대의민주주의의 운영원리 자체를 거부하는 것이다. 대의민주주의가 시간과 공간적 제약으로 직접 시민들이 정치적 결정을 내리기 어렵기 때문에 만들어진 것이라면 직접민주주의는 민주주의의 주인인 시민들이 직접적으로 민주적 결정을 내리는 것이다. 직접민주주의는 국민투표, 국민발안, 국민소환제도로 구성되는 것이 일반적이다. 그러나 벗지(I. Budge)는 직접민주주의를 좀 더 현실화하는 데 있어서 주된 법안이나 입법안이 의회를 거쳐서 오면 국민투표(national referendum)에 부쳐지게 하는 방안을 제시한다. 주된 법안이 국민투표를 거침으로써 정당성을 얻을 수 있는 것이다.

Ⅲ 4가지 민주주의와 대의민주주의와의 관계

1. 심의민주주의와 대의민주주의관계

심의민주주의는 대의민주주의와 상호호응적일 수 있다. 대의민주주의의 중심에 의회가 있다. 의회는 원 취지가 국민의 대표로서 논의를 하는 곳이다. 그러므로 심의민주주의는 의회에서의 심의성을 높이면서도 시민사회에서의 심의를 활용하게 하여 정치적 결정에 도움을 줄 수 있다.

2. 차이의 정치와 대의민주주의관계

한국에서도 차이의 정치를 인정함으로써 대

의민주주의의 대표성을 확대할 수 있다. 차이의 정치에 있어서 주된 행위자는 여성과 다문화인들이다. 여성의 대표성을 높이기 위한 그간의 노력과 함께 다문화인들의 정치적 견해를 반영하는 방법과 다문화인의 비례대표의원에 대한 배정등을 통해 사회적 소수자인 이들을 대의민주주의의 결정구조안으로 포섭할 수 있다.

3. 결사체민주주의와 대의민주주의관계

결사체민주주의는 대의민주주의를 다소 보완할 수 있다. 기본적으로 행위자가 차이가 있기 때문에 결사체민주주의 자체가 대의민주주의에 대해 보완적 성격을 가지는 것은 아니다. 하지만 이익집단, 종교집단 등이 사회운동을 수행하고 사회적 약자를 돌보는 기능을 수행하며 이를 정부와 의회에서 법안을 통해 세금 감면이나 보조금 제공 등을 통해서 기능적인 역할 분할을 할 수 있다. 이런 방식을 통해 위로부터의 top-down 방식의 복지나 이익배분구조를 수요 중심의 bottom-up 방식으로 바꿀 수 있다.

4. 직접민주주의와 대의민주주의의 관계

직접민주주의도 원칙적으로 대의민주주의에 대해 대체물이지만 보완적으로 사용할 수 있다. 직접민주주의를 모든 대의민주주의 작동 방식에 대한 대체물로 사용하는 것이 아니라 부분적으로 보완하는 것으로 사용한다면 직접민주주의는 부분적으로 대의민주주의를 보완하게 된다.

Ⅳ 결 론

대의민주주의의 위기론이나 대의민주주의 회의론은 대의민주주의를 중심으로 하지만 보완할 수 있는 다양한 실험을 모색하게 한다. 그런 점에서 민주주의의 혁신적인 시도들은 대의민주주의 틀을 유지하면서도 민주주의가 작동하는 방식을 확장하게 할 수 있다.

제016문 사회적 선택이론과 그 비판의 정치적 의미

사회적 선택이론(Social choice theory)은 민주주의의 공동체 운영을 개인들의 합리적선택에 기반을 두고 설명하는 이론이다. 그러나 정치현상에는 개인의 합리적 선택이 사회적인 합리적 선택으로 귀결되지 않는 현상들이 빈번하다. 개인의 합리적선택과 사회의 합리적선택이 불일치한다면 다수결주의와 같은 민주주의 운영방식에는 갈등이 있을 수 있다. 다음 질문에 답하시오. (총 40점)

(1) 사회적 선택이론의 내용을 소개하고 사회적 선택의 구체적 작동방식을 설명하시오. (20점)

(2) 콩도르세의 역설, 애로우의 불가능성정리, 라이커의 민주주의 비판을 설명하고 이들 비판의 정치적 의미를 논하시오. (20점)

 문제의 맥락과 포인트

사회적 선택이론은 대의제 민주주의를 통해 민주주의의 실현이 가능하다는 점을 합리적 선택기법을 빌어 설명하는 이론이다. 대의민주주의에 대한 규범적 접근이 아닌 분석적 접근으로 어떻게 사회적인 합의지점을 찾을 수 있는지에 대한 의문을 제시하고 만약 선택이 어렵다면 이에 대한 대안은 무엇인지를 찾아내는 것은 대의민주주의의 보완 혹은 대체를 설명하는 가장 기본적인 유형이다. 관건은 사회적 선택이론을 얼마나 정교하게 설명하는가 이다.

I 서 론

2016년 한국의 20대 총선은 국민의 당이 호남지역주의를 다시 불러내고 민주당과 새누리당이 이념을 기반으로 선거를 하였다. 그러나 이 선거는 샤츠슈나이더가 지적한 사회내 갈등의 '평향된 동원'을 그대로 보여준다. 정당들의 지역과 모호한 이념의 동원에 의해 정규직과 비정규직이나 자영업자 문제와 같은 계급문제나 여

성문제뿐 아니라 이후 탄핵으로 귀결된 통치자의 권위주의적 통치운영 등 좀 더 현실적인 문제들이 사회적 선택의 장으로 표출되지 못했다. 이것은 민주주의를 개인의 합리적인 선택들에 의한 사회적 선택의 귀결로 보는 입장에 문제가 있음을 보여주는 것이다. 투표를 통한 개인 의사의 사회적 선택으로의 전달이 가지는 정치적 의미를 살펴본다.

Ⅱ 사회적 선택이론의 내용과 중위수 투표모델

1. 사회적 선택이론 가정

첫 번째 가정은 주체로서 개인과 합리성에 대한 가정이다. 사회적 선택이론은 자유주의의 기본 전제를 가지고 만들어진 이론이다. 자유주의에 따라 개인은 합리적 행위자이다. 즉 독립적이고 합리적인 개인은 사적인 효용을 극대화하려는 합리적 주체이다. 이렇게 합리성을 전제로 할 때 유권자로서 개인과 정치인으로서 개인은 자신의 이익 즉 효용을 극대화하기 위해 행동한다. 사회적 선택이론은 이러한 합리적 개인간의 정치행위를 설명한다.

두 번째 가정은 개인의 합리성에는 선호의 완결성과 전이성을 가지고 있다고 가정된다. 선호의 완결성을 가졌다는 것은 개인이 선호에 있어서 무엇을 더 선호하는지를 명확하게 할 수 있다는 것이다. 또한 전이성을 가졌다는 것은 A라는 가치가 B라는 가치에 보다 지지를 받고 B라는 가치가 C라는 가치보다 지지를 받을 경우 A>C보다 지지를 받는 것을 의미한다. 이러한 이론적 가정이 성립할 때 개인의 합리성과 합리성에 기초한 판단은 가능해진다.

2. 합리적 선택이론 내용

(1) 다운스의 공간경쟁모델

합리적 선택이론으로 개인의 합리적 선택과 사회적 선택을 연결한 이론은 다운스(A. Downs)의 공간경쟁모델을 들 수 있다. 유권자와 정치인 개인의 합리적 선택에 의한 정치적 결과를 설명한 이 모델은 정치경제학의 근본적인 도구와 가정을 수립해주었다. 다운스의 공간경쟁 모형의 주된 내용은 두 가지이다. 첫 번째는 인민

과 정치인간의 시장에서의 교환이다. 두 번째는 이러한 시장의 교환은 이념을 기반으로 한 정치적 공간안에서 펼쳐진다는 것이다.

먼저 시장을 통한 교환은 다음과 같은 논리로 구성되어 있다. 정치의 공급자로서 정치가는 권력 극대화 욕구를 가진다. 이것은 구체적으로 표의 극대화를 통해서 달성된다. 정치인은 표를 극대화하기 위해서는 인민들의 지지를 극대화해야 한다. 반면에 인민들은 자신의 이익 극대화를 원한다. 인민의 이익 즉 효용극대화는 인민 자신에게 가장 효용을 주는 정치인과 그의 정책을 지지함으로써 달성된다. 이로서 정치인과 유권자는 각자의 효용을 투표라는 매개체를 이용하여 달성한다. 이러한 경제적 논리에 의한 설명은 슘페터의 최소 정의적 민주주의에 의해서도 지지되었다. 그는 "민주적 방법은 개인들이 인민의 표를 얻기 위한 경쟁적 투쟁에 의해 권력을 획득하게 되는 정치적 결정에 도달하기 위한 제도적 장치"로 정의내렸다. 즉 민주주의는 경쟁하는 엘리트 사이에서 유권자의 선택으로 정의될 수 있는 것이다.

두 번째는 이념적 공간이 존재한다는 것이다. 그리고 이 공간에서 정치인과 유권자는 각자 효용을 극대화할 수 있는 곳에서 표를 교환한다. 이 논리에 따르면 정치인은 표를 극대화하기 위해 유권자들의 이념적 선호가 가장 많이 몰린 곳으로 이동하게 된다. 이것은 유권자의 선호라는 수요가 존재할 때 정치인의 공급이 따라간다는 것이다. 즉 수요가 공급을 결정하는 것이다. 실제로 앤서니 다운스는 민주주의 이론에서 인민의 대표가 되려는 사람은 자기 자신의 선호를 정치과정에 개입시켜야 할 아무런 근거도 발견되지 않는다고 주장하였다. 그는 "정당은 선거에서 승리하기 위해 정책을 형성하는 것이지, 정책을 형성하기 위해 선거에서 승리하지

않는다"고 하였다. 이것은 정치인의 입장에서 이념의 좌표와 이념의 좌표에 의한 정책이 중요한 것이 아니고 유권자의 표를 극대화하는 것이 중요하다는 것을 의미한다. 공간경쟁모형에서는 정치인은 자신의 선호를 인민에게 강요할 필요가 없고 인민의 의사를 최대한 반영하기만 하면 된다. 이를 통해서 개인들 간의 합리적선택에 의해 사회적선택이 만들어진다.

다운스는 개인들의 합리적 선택을 기대효용을 통해서 설명했다. 다운스가 수리를 가지고 계산한 방식은 R(reward)=P(probalility)×B(benefit)−C(cost)로 설명하였다. 이에 따르면 개인의 선택은 R이 0보다 클 때 참여라는 행동으로 이어진다. 이것은 얻게 될 이익이 비용보다 클 때이다.

(2) 라이커와 오데슉의 합리적 선택에 따른 수리 모형

다운스에 의한 합리적 선택이론을 체계화한 라이커와 오데슉(Riker and Ordeshook)은 개인들의 투표와 정치참여의 선택을 수리모델로 제시하였다. 그들은 투표를 하는 행위의 개인들의 효용을 통해서 합리적 선택으로서 사회적 선택을 설명하였다. 그들의 모델은 R=P×B−C+D를 통해서 설명하였다. 앞의 다운스의 모델은 이론적으로 P의 값이 지나치게 낮기 때문에 P×B가 0에 수렴된다. 이로 인해 행위자는 투표라는 정치참여에 나서지 않게 된다. 이들은 다운스의 모델을 수정하였다. 수정된 이들의 모형이 R=P×B−C+D이다.

라이커와 오데슉 모형의 명칭

R=PB−C+D

where R=the citizen's net reward from voting
P=the citizen's subjective probability of casting a decisive ballot
B=the citizen's candidate differential benefit (the difference in expected utility provided by the citizen's preferred candidate versus the citizen's less preferred candidate)
C=the citizen's costs of voting, and
D=the citizen's psychological benefit from voting (Riker & Ordeshook, 1968, 28). If voting is rational, the citizen only votes if R > 0[22]

이 모델은 다운스의 수리모형을 보완해서 D를 강조하고 있다. 시민적 의무감 혹은 효능감(efficacy)는 주관적인 만족감이다. 이러한 주관적 만족감이라는 심리를 도입함으로써 합리적 선택이론이 정확히 효용이라는 객관적 기준에 의해서만 시민들이 투표를 하는 것은 아니라는 점을 밝혔다.

(3) 이질적 시민의 집단적 선택: 중위수 투표 모델

합리적 선택이론을 통해서 개인들의 선호를 사회적선호로 만들 수 있다는 입장에는 중위수 투표모델도 있다. 이 모델에 따르면 동일한 소득과 선호의 동질적인 시민들로 구성된 이상적 민주주의 국가에서는 시민들의 한계비용과 한계이득이 일치하는 선에서 정부 활동의 수준을 결정하면 된다. 그런데 다원화된 사회에서 시민들은 개인의 부존자원, 소득, 선호가 다르다. 이런 경우에도 개인들의 합리적 선택에 의해서 사회적 합리적선택이 될 수 있는지가 중요하다. 중위수 투표모델은 다원적인 선호하에서도 사회적 선택이 만족스럽게 결정될 수 있다고 주장한다.

중위수 투표자 정리는 단일한 사안 예를 들어 X에 대해 모든 투표자가 단일봉두 선호(가장

---

22) David Darmofal, "Reexamining the Calculus of Voting", Political Psychology(Vol. 31, No. 2, 2010).

선호하는 대안이 하나일 경우)를 갖고 있을 때를 가정한다. 이때 중위수 투표자의 선호가 다수결 하에서 어떤 다른 대안에 의해서도 패배될 수 없는 선호, 즉 다수결 균형점이 된다. 이와 같이 이질적인 시민들로 구성되어 있는 사회에서도 대표인 정치인이 다수결 균형점을 찾아서 그것을 정책으로 시행하면 대표는 인민의 완벽한 대리인이라는 민주주의가 실현될 수 있다.

중위수 투표는 다음과 같은 상황으로 설명할 수 있다. 미국의 어떤 주에서 음주허용 연령에 대한 투표가 있다고 가정할 때 11명으로 구성된 시민들의 선호의 분포는 다음과 같다. 11명의 음주허용 연령은 (16세, 16세, 17세, 18세, 18세, 20세, 21세, 21세, 21세, 21세, 21세)로 나타났다. 이때 안건을 쌍으로 묶어서 상정할 경우 중위수 투표자의 선택은 20세이다. 왜냐하면 어떤 선호도 20세의 선호를 패배시킬 수 없기 때문이다. 먼저 16세로 결정할 것인지를 투표해보면 16세: 17세=2:9로 되어 16세는 부결된다. 17세의 경우에는 16세를 지지하는 두 사람도 17세를 지지할 것이기 때문에 17세는 3명이 된다. 따라서 17세:18세=3:8으로 17세도 부결된다. 18세의 경우에는 18세:20세=5:6로 20세 이상의 방안에 패배한다. 반면에 20세의 경우는 20세:21세=6:5로, 따라서 20세라는 음주허용 연령이 다수결 균형점이 되며 정책으로 채택되는 것이다. 결과적으로 특정한 선호가 있을 때 중간지점을 찾을 수 있으며 이것은 민주주의의 만족할만한 결과를 가져올 수 있다는 것이다.

Ⅲ 사회적 선택이론 내의 민주주의 비판

개인들의 합리적 선택에 의한 사회적 선호구성으로 민주주의를 설명하는 것은 이론적으로 몇 가지 비판을 받는다. 각 이론들이 제시하는 비판의 핵심을 살펴보고 정치적 의미를 파악한다.

1. 콩도르세의 역설(Condorcet Paradox): 투표의 패러독스 이론

콩도르세에 따르면 개인들의 합리적인 선택이 사회적으로 합리적인 결정으로 이어지지 못하는 순환적 다수의 문제가 생길 수 있다. 순환적 다수는 선호의 전이성가정에 문제를 제기하는 것이다. 비전이성 즉 비일관성이 문제가 될 수 있다.

만약 어떤 개인이 대안 x, y, z 중에서 x>y, y>z, z>x 이라는 선호를 가지고 있다면 그의 선호도는 일관성이 없으며 그의 선호는 비합리적이다. 이때 앞서 본 합리성의 일관성, 즉 전이성이 없는 것이다. x>z가 되어야 전이성이 있는데 그렇지 못한 것이다. 집단적 선택에서 개인적 선호의 합이 위와 같은 전이성을 보여주지 못하면 합리적인 민주적 선택은 불가능해진다. 예를 들어 투표자 갑, 을, 병이 후보 x, y, z,에 대해 아래 표와 같은 선호도를 갖고 있다면 이 경우 x는 y를 2:1로 패배시키고, y는 z를 2:1로 패배시키지만, z가 x를 2:1로 패배시킴으로써 어떤 후보도 유일무이한 승자가 될 수 없다. 이 경우 투표의 순환 또는 순환적 다수가 형성되어 독특한 다수결 균형점을 만족시키는 합리적 선택은 불가능해지는 것이다.

위의 예는 투표자의 선호도가 순환적 사회선호를 가진 경우 의사결정 방식에 따라 사회적 선호가 좌우될 수 있다는 점을 보여준다. 투표 이후 당선자 결정방식이 어떻게 결정되는지에 따라 사회적 선택이 결정될 수 있는 것이다. 이와 같은 결과는 다수결주의가 민주주의에서 최선의 선택이 아니라는 점을 보여주는 것이다.

2. 애로우의 불가능성 정리(Arrow's Impossibility Theorem)

애로우(Kenneth Joseph Arrow)는 한 걸음 더 나아가 민주적 선택의 일반적인 가능성의 문제를 제기하였다. 그는 개인의 선호를 취합하는 '사회적 후생함수'가 필요로 하는 4가지 요건이 모두 달성될 수 없다는 점을 증명하였다. 개인들의 합리적 선택에 의해서 민주적 선택이 가능하려면 전이성과 함께 다음 4가지 요건이 충족되어야 하지만 위의 4가지 요건을 충족하는 것은 불가능하다.

첫째, 범위무제한(U) 혹은 정의영역 배제불가능성. 사회적 선택은 모든 논리적으로 가능한 각 개인의 선호도를 만족시켜야 한다. 즉, 민주주의 하에서 시민들은 개인적인 선호가 무엇이든지간에 고려의 대상이 되어야 한다. 만약 허용되지 않는 개인적 선호가 있다면 민주주의라고 볼 수 없다.

둘째, 파레토 최적 또는 만장일치(P). 모든 사람이 y보다 x를 선호한다면 x는 사회적 선호가 된다. 이 조건은 모든 사람이 원하는 것이 바로 민주적 선택이라는 것이다.

셋째, 무관한 대안으로부터의 독립성(I). 두 대안 간의 사회적 선택은 오직 이 두 대안에 대한 개인들의 선호도에 의존해야 하며, 비교 대상이 아닌 다른 대안들에 대한 그들의 선호도에 좌우되어서는 안 된다. 이 조건은 사회적 선택 과정에서 개인 간의 효용비교를 허용하지 않음으로써 어떤 대안에 대해서도 가중치 또는 특권적 지위를 부여하지 않는다는 민주주의 원칙을 지키려 하고 있다.

넷째, 비독재성(D). 어느 누구의 선호도 다른 사람들의 선호에 관계없이 사회적 선택이 되어서는 안 된다. 즉, 어느 누구의 선호도 지배적이어서는 안 된다는 민주주의 원리를 지적하고 있다.

애로우에 의하면 위의 요건들을 모두 만족시켜야만 민주적인 사회적 선택이라고 할 수 있는데, 위의 요건을 모두 만족시키는 사회복지함수(social welfare function)는 존재하지 않는다는 것이다. 왜냐하면 전이성을 만족시키기 위해서는 단봉형 선호를 요구하나 이는 범위무제한의 요건에 위배된다. 사회복지를 극대화할 수 있는 독특한 대안을 발견하기 위해서는 어떤 한 대안이 결정적일 것을 요구하나 이는 비독재성의 요건을 위배하게 된다. 애로우의 일반가능성정리(또는 불가능성정리)는 비록 개인적으로 합리적인 선택이 가능하다 하더라도 집단적으로 합리적인 선택이 불가능하다는 증명함으로써 민주적 선택이론에 치명타를 가했다.

애로우의 불가능성 정리는 개인들은 합리적인 선택이 가능하지만 이것을 사회적인 여러 조건을 만족시키는 사회적 선택은 어렵다는 것을 입증한 것이다. 자유민주주의에서 다원성이 보장될 때 다양한 선호들이 모두 반영되면서도 결정성을 가지는 사회적 선택이 어렵다는 것이다. 이것은 자유민주주의의 사회적 선택이 만족스럽지 않을 수 있는 것이다.

3. 라이커(W. Riker)의 민주주의 비판

라이커의 사회적 선택이론에 대한 비판은 "투표결정자체가 사회적 선택을 만들기 때문에 실제 민주주의는 자의적인 결과를 가져온다"에 집중하고 있다. 개인들의 합리적선택이 사회적으로 결정되는 모든 민주적 절차는 투표로 이루어진다. 그런데 모든 투표절차는 투표자의 선호와는 관계없이 자의적인 결과를 가져온다. 비록 투표절차가 민주적 선택의 절차적 공정성을 만족 시키더라도 모든 투표제도는 투표자의 선호와는 관계없는 자의적인 또는 의미 없는 사회적 선택을 가져온다.

투표의 선호도를 나타내는데 있어서 단순다수결, 보오다 방식(선호에 서수적 순위로 점수를 매기고 이 점수의 합을 계산해서 가장 많은 점수를 받은 후보가 선출되는 방식)이나 콩도르세 방식(어떤 후보가 일대일 경쟁에서 다른 모든 후보를 물리칠 경우 승자가 되는 방식)을 선택할 경우 결과가 달라질 수 있다. 그런 점에서 라이커에 따르면 어떤 투표방식도 공동선, 인민의 의사, 사회적 이득을 보장하지 못한다. 따라서 인민의 의사 또는 일반의사를 실현하려는 인민민주주의는 불가능하게 되고 단지 자유민주주의만이 가능하게 된다. 그렇게 볼 때 자유주의자들에게 민주주의는 인민의 의사를 적극적으로 표시하는 것이 아니라 나쁜 지배자를 몰아내는 정도의 의미를 부여하게 된다.

보완

1. 슘페터와 피쯔르노의 논리: 제조된 의사

슘페터나 피쯔르노는 민주적 결정과정 자체가 합리적이 아닐 수 있다고 주장한다. 슘페터는 민주주의에서 인민의 의사는 왜곡될 수 있다고 보았다. 그는 합리적인 인민의 의사는 잘못된 것이라고 보았다. 인민들의 의사는 누군가에 의해서 만들어진 의사로서 제조된 의사일 뿐이다. 이것은 엘리트주의 입장에서 인민 혹은 민중에 대한 합리성을 거부하는 논리이다.

슘페터에게 인민은 독자적인 판단이 어려운 이들이기 때문에 민주적 과정이란 합리적인 인민들의 선호를 결집시키는 과정이 아니라 제조된 의사를 표출하는 과정이다. 이때 민주주의지도자는 인민의 의사 반영자가 아니라 유권자의 의사와 선호를 창출할 수 있는 사람이다. 선거는 정치적 경쟁 속에서 정책 형성에 있어서 능력 있는 대표를 선출하는 것이 아니다. 다만 유권자를 설득하는 능력이 있는 자를 선택하는 것이다.

이러한 접근은 민주주의의 근본적인 가치이자 자유주의의 근본적인 가치인 인민의 합리성을 부정했다는 점에서 이론적 문제가 있다. 인간마다 지적인 능력에는 차이가 있지만 자신의 선호를 알아볼 수 없을 정도로 인민의 판단능력을 문제삼는 것은 바람직하지 않다.

반면에 피쯔르노(Alessandro Pizzorno)는 유권자가 합리적 선택자체에 문제를 제기한다. 유권자의 정치적선택은 개인의 합리적 선택보다는 사회적 소속이 중요하다고 보았다. 투표와 같은 정치적 결정에 있어서 개인들의 결정요인은 개인적 효용과 이익이 문제가 아니라 개인이 속한 사회집단에서 연대와 충성이 투표의 기초가 된다. 따라서 투표는 사회적 시장에서의 가치 교환이 아니라 연대와 의식으로 특징지어지는 '정치적 극장'에서 사회적 일체감을 유지시키는 상징적인 재화일 뿐이다. 이것은 합리성보다는 정체성을 기초하여 정치적 결정을 한다는 점에서 민주주의에 대한 합리적 선택이론을 거부하는 것이다.

Ⅳ 결 론

민주주의를 자유주의에 기초하여 합리성으로 설명하는 이론과 그에 대한 비판은 다원적 사회에서 다수결주의를 통한 선택이 최선의 선택이 아닐 수도 있다는 점을 제시한다. 인민들의 의사를 최적으로 결합하는 사회적 선택에 기초한 민주주의는 다양한 선로를 골라내는 장치가 되지 못할 수도 있다. 그런 점에서 사회적 갈등을 골라내는 장치로서 다른 보완적 장치들의 모색은 여전히 중요한 문제이다.

정보화의 효과는 정치 영역과 경제 영역과 사회문화의 전 영역에 걸쳐 나타나고 있다. 특히 정치와 관련해서 정보화는 대의민주주의에 대한 새로운 희망으로 등장하고 있다. 대의민주주의에 대한 대안으로서의 전자민주주의에 대한 희망뿐 아니라 대의민주주의에 대한 보완적 의미로 사용가능성에 대해 주목하는 견해도 있다. 그러나 전자 민주주의에 대한 희망이 과도하다고 보는 입장에서는 전자민주주의의 부정적 측면에 주목해야 한다고 주장한다. 이론적 논의를 넘어 최근 한국사회에서 보이고 있는 촛불문화제는 온라인과 오프라인의 연결이라는 특별한 모습을 보여주고 있다. 이와 관련하여 다음의 질문에 답하시오. (총 50점)

(1) 정보화의 의미와 정보화의 특징을 설명하시오. (10점)

(2) 정보화로 인한 전자 민주주의의 역할을 대의민주주의와의 관계를 중심으로 한 다양한 입장에 대해서 논하시오. (20점)

(3) 전자 민주주의의 현실적인 기능과 작동을 대의과정에서의 관점과 일반시민들 수준에서의 관점으로 대별하여 논하시오. (20점)

 문제의 맥락과 포인트

정보화로 인한 민주주의에 대한 기여 여부를 묻고 있는 문제로 전자민주주의를 구체화한 것이다. 이 문제는 전자민주주의가 대의민주주의에 대해서 어떠한 관계에 설 수 있는지에 대한 다양한 입장을 소개하고 그 중에서 자신이 생각하기에 가장 가능한 관계를 찾아내는 것이 중요하다. 또한 전자민주주의는 우리 일상에 영향을 직접 끼치고 가시적으로 볼 수 있는 민주주의로 어떤 수준에서 작동하는지를 분석의 눈높이를 대의민주주의와 일반 시민들 사이로 확대해서 구체적으로 분석하는 것이 필요하다. 이런 현안과 관련된 주제일수록 현재 사안에 대한 구체적인 사례제시가 필요하다.

Ⅰ **서 론**

인터넷의 아고라를 중심으로 한 촛불시위가 새로운 유형의 정치 참여와 정치 운동으로 발전하고 있다. 이런 유형의 정치 참여에 대한 민중주의로의 전환 우려나 직접민주주의의 구현이라는 찬사에도 불구하고 정보화는 우리 사회의 민주주의에 영향을 미친 것만은 확실하다.

그렇다면 정보화의 어떤 특성이 새로운 양식으로서의 정치적 특성을 만들어 내게 하였는가? 전자민주주의와 대의민주주의는 어떤 관계인가? 전자 민주주의는 대의정치 과정에 영향을 어떤 방식으로 행사하며 시민사회영역에서는 어떤 방식으로 행사하는가? 시민사회와 정치사회를 정보화의 전자민주주의는 어떻게 연계시켜주는가?

Ⅱ   정보화의 의미와 특징

1. 정보와 정보화의 의미

정치학에서 의미 있는 개념으로 정보란 '의사결정을 하는데 사용되는 의미 있고 유용한 형태로 처리된 데이터'로 정의된다. 정보화란 이러한 의미 있는 형태의 정보를 정보통신기술의 발달에 따라 실제 생활에서 응용하고 사용하는 과정과 현상을 지칭한다. 즉, 통신망과 인터넷의 보급으로 인해 정보의 접근 비용이 떨어져 의미 있는 정보에 대한 접근이 일상화되는 것이다. 여기서 한 걸음 더 나가 정보통신혁명이란 전자공학, 컴퓨터공학, 정보통신과 기술적인 혁신의 수렴 및 융합을 가리킨다. 농업혁명과 산업혁명 이후 제3의 혁명으로 인간 삶의 양태를 변화시킨다고 하여 그 의미를 강조하는 개념이다.

2. 정보화의 특징

이러한 정보화는 '동시성'과 '상호연결성'이라는 두 가지의 특성을 보유한다. 동시성은 시간과 공간의 제약 없이 정보에의 접근과 향유가 가능함을 의미한다. 상호 연결성은 기존의 정보나 매체가 단선적 방향에 의해 지시적, 전달적 입장이었던 데 반해서 전달자와 피전달자 모두가 상호소통을 통해 전달과 피전달의 동시 역할 가능함 의미한다. 여기서는 쌍방성이 핵심이다.

이런 특성을 통해서 정보획득의 비용이 줄어들고 정보의 교류가 기하급수적으로 확대되면서 일상생활의 전반적 영역에 정보를 이용한 부가가치가 증대한다. 이로써 기존의 생활방식과의 차이를 야기한다. 가장 대표적인 것이 인식의 시공간적 응축현상이다.

Ⅲ   전자민주주의의 가능성

1. 대안민주주의의 실현 수단 1: 직접민주주의

전자 민주주의에 대한 최초의 논의는 직접민주주의의 실현이라는 장밋빛 기대에서 출발했다. 달버그(Dahlberg)에 따르면 정보통신혁명이 직접민주주의를 실현시킬 수 있는 수단을 제공할 것이라는 믿음은 1970년대 미국의 케이블 TV의 발전과 함께 시작되었다고 한다. 당시 미국 오하이오 중 콜럼버스, 소재 쌍방향 상업케이블 방송이었던 Qube는 공적인 문제를 다루던 케이블 방송프로그램들을 통해서 시청자들의 의견을 구했고 이때 시청자들은 TV에 부착된 소형 블랙박스의 버튼을 통해서 자신의 의견을 표명할 수 있었다. 이것은 직접민주주의의 가능성을 예견케 했는데 이때 미래학자 앨빈 토플러는 비록 원시적인 형태이지만 향후 보다 발전된 정보통신기술을 통해 직접민주주의를 실현시킬 수 있는 역사적 출발점이 될 것으로 예견했다.

베커는 흔히 원격민주주의(teledemocracy)라고 불리는 이런 논의는 미국 뉴잉글랜드의 타운쉽에서 연유한 '전자 마을 회의(electronic town meeting)'이라는 모델을 통해서 더욱 구체화 되었다고 한다. 이것은 Qube 방식보다 진일보한 것으로 과학적으로 무작위 추출한 표본 대상들에게 정보를 제공한 후 원격투표를 하도록 하였

다. 투표자들이 적절한 정보를 가지고 결정을
할 수 있도록 필요한 시간과 정보를 제공한 것
이다.

이런 모형들이 주로 라디오나 TV나 신문 등
에 의존했다면 인터넷의 발전은 컴퓨터를 전자
민주주의의 핵심적 위치에 세우게 되었다. 인터
넷을 기반으로 한 원격회의나 개표결과를 집계
하는 소프트웨어가 직접민주주의 실험에 성공적
으로 활용되기도 했다. 이런 입장에 정점에 있는
것이 '국민투표적 민주주의(plebiscitary democra-
cy)'이다. 정보통신의 발달로 일상적인 투표가
관련사안과 적용범위와 관계없이 가능한 것이
다. 이렇듯이 전자민주주의를 직접민주주의의
실현수단으로 사용하고자 한 입장은 피치자를
통치자로 바꾸게 될 것이고 그만큼 '인민에 의한
통치'라는 민주주의의 이상에 가깝게 할 것이다.

2. 대안민주주의의 실현 수단 2: 심의민주
주의

심의민주주의와 대의민주주의를 결합시키려
는 시도 역시 중요하다. 심의 민주주의의 주장
의 핵심은 민주적 정당성이란 단순히 자유로운
선택(투표)과 이 선택을 집계하는 것(정책 결정)
에 있는 것이 아니라 자유롭고 평등한 조건 속
에서 합리적인 토론을 통해 공적인 결론에 도달
하는 과정 즉 '심의(deliberation)'에 있다는 것이
다. 여기서 심의란 "단순한 토론(debate)이나 의
견교환(discussion)과 달리, 개인적인 이해관계와
의견들이 더 높은 차원의 것으로 합의되고 통합
에 이르는 것을 지향하는 의사소통이다. 즉 대
화, 토론, 설득을 통하여 개인들이 자신의 의견
과 선호를 계속 변화시켜가면서 합의된 집합적
의견을 만들어 가는 과정"이라고 할 수 있다. 이
런 관점에 따르면 의견의 기계적 집계의 방식만
다른 대의민주주의나 직접민주주의 모두 비판의

대상이 된다.

그렇다면 어떤 조건에서 심의민주주의는 정
당화되는가? 하버마스가 심의민주주의에 대한
철학적 기반을 제공했는데 그는 '이상적인 담론
상황(ideal speech situation)'으로 다음과 같은 조
건을 제시한다. 첫째, 모든 사람은 토의를 시작
하고, 질문을 제기하고, 답변을 요구하고, 논쟁
을 시작할 기회를 평등하게 지녀야 한다. 둘째,
모든 사람은 지정된 토의주제에 의문을 제기할
권리를 가진다. 셋째, 모든 사람은 토의가 진행
되는 방식과 절차에 대해 이의를 제기할 수 있
는 권리를 지녀야 한다.

심의민주주의자들은 심의 가능성을 전자민
주주의의 인터넷공간에서 찾고 있다. 이곳에서
공론의 장을 형성함으로써 심의민주주의를 실현
하고자 한다. 이들은 인터넷이 심의와 토론에
장애가 되는 시간, 거리, 장소의 문제를 해결해
준다는 점과 심의에 참여하는 이들이 느끼는 심
리적, 사회적 장벽을 익명성으로 제거함으로써
다양한 인종과 문화의 차이에도 불구하고 자유
로운 심의를 가능하게 해준다. 따라서 이들은
유즈넷 그룹, 이메일리스트, 웹 포럼 등 비공식
적으로 심의가 이루어지는 공간과 온라인 공론
조사나 사이버 배심원제도 등의 공식적인 제도
를 중요하게 본다. 이 분야에서 최초의 시도는
미네소타 지역정치의 현안을 중심으로 지역주
민, 정치조직, 언론매체, 기타 사적부문을 포괄
하는 '상호작용적 온라인 공론장'으로 이는 다
른 나라들의 실험을 자극하고 있다.

3. 대의민주주의의 보완수단: 전자민주화

앞선 논의들은 현실대의민주주의의 새로운
구축에 한계가 있다. 이들은 아직 대의민주주의
가 가지고 있는 핵심적인 제도들인 대표자인 국
회의원과 대의기구, 행정부, 정당을 대체할 만큼

종합적이고 효율적인 기회와는 거리가 있다. 이들은 기껏해야 대의민주주의의 작동하지 않는 틈새를 메우는 정도이거나 협소한 지리적 공간과 사안에 국한되어 있을 뿐이다. 그러므로 대의민주주의에 대한 대체보다는 보완이 훨씬 현실적이라고 보여진다.

전자 민주화(electronic democratization)라고 불리는 논의는 전자적 수단에 의해 대의민주주의를 보완하고자 한다. 이 입장은 정치과정에서 제대로 역할을 못하는 사람들의 정치권력을 증대시킴으로서 이미 현실정치에서 주도적인 지위를 차지하고 있는 대의민주주의를 한층 고양시키려는 것이다. 이들은 대의민주주의의 문제가 대의민주주의의 구조적인 특성이라기보다는 운용상의 문제로 파악하고 특히나 정치 참여에 필수적인 정보나 지식의 결핍과 시민과 정부 간의 커뮤니케이션의 부족에 기인한다고 본다. 따라서 전자민주화론자들은 시민과 대표자들 사이에 새롭고 대안적인 정보통신 채널을 구축하고 확대하는 것을 목표로 한다. 전자 마을 회의나 전자 정부프로젝트 모두 오프라인의 대의정부의 공적 업무를 보완해주는 것으로서의 의미를 가질 뿐이라고 본다.

이런 관점에서 정보화가 대의민주주의의 기술격차나 정보 격차를 줄여서 참여를 촉진한다고 보는 입장이 '평등화가설'이다. 이 입장은 정보화로 디지털 격차가 줄고 정보 접근이 용이해지면서 정치에 대한 관심을 증대시켜서 정치 참여를 활성화시키고 정치 참여 층을 늘릴 것으로 본다.

4. 회의론

전자민주주의에 대한 회의적 관점의 견해는 크게 3가지로 나뉜다. 첫 번째 입장은 정보 통신기술이 전자전제정치로 이어질 것으로 보는 입장이다. 앞선 긍정론자들은 회의론자들이 정보화의 효과를 너무 일면적으로 본다고 비판하면서 고도로 발전된 정보통신기술은 통치자들의 감시능력과 지배영역을 확장하기도 한다고 주장한다. 이 논의는 벤담(Jeremy Bentham)의 원형감옥(Panopticon)논쟁을 토대로 하여 이를 현대적으로 해석한 푸코(Foucault)에 의해 구체화된다. 푸코는 도처에 권력이 편재하고 사회적 통제를 위한 원형감옥이 현대에 와서도 통제방식으로 원용된다고 한다. 이런 판옵티콘은 공장과 작업장 뿐 아니라 일상생활의 도처에 작동할 수 있다는 것이다.

이 입장의 근거로는 정보통신기술자체가 감시능력을 급속히 확장했다는 점과 현대 국가가 국가자체의 존속을 위해 데이터를 지속적으로 수집하는 등 각종 통계기관을 통해서 정보수집에 상당한 노력을 경주해 왔다는 점과 감시의 새로운 대상으로 소비, 일상영역이 형성 팽창되어 왔다는 점을 들 수 있다. 이런 요소들로 인해 감시와 통제가 강화된 결과는 민주주의에 악몽이 될 수 있다는 것이 이 입장이다.

두 번째 입장은 인터넷 공간이 민주주의에 필요한 시민적 덕성(civis virtue)을 배양하기 보다는 감소, 해체시킨다는 것이다. 인터넷에서의 익명성은 상호신뢰, 합리적인 토론을 위한 규범, 공공성에 대한 존중보다는 개인을 원자화하여 개인으로 하여금 무책임한 상호비방과 정치공세를 남발하게 할 것이다. 게다가 인터넷에서 이루어지는 토의 역시 가벼운 잡담 수준을 벗어나지 못할 것이므로 결국 심의는 차단될 것이라는 점을 들어 전자민주주의에 대한 부정적 입장에 선다.

세 번째 입장은 전자민주주의는 민주주의의 핵심적 가치인 평등을 심각하게 훼손한다는 입장이다. 이 비판의 핵심은 디지털 격차(digital divide)이다. 인종, 소득, 종족, 교육, 젠더 등으로 정보기술의 불평등을 가져오는 디지털 격차는 정보통신기술이 발전할수록 더욱 확대된다고 본다. 실제 문제가 되는 것은 디지털 격차가 정치, 경제적 권력으로 확대 재생산된다는 점이다. 즉 기존의 권력관계인 엘리트와 대중간의 관계, 대중과 대중간의 관계에서 디지털 격차는 이들 사이의 권력 불평등을 해소하기 보다는 오히려 강화한다는 입장이다. 따라서 시민들은 다시 수동적인 존재로 격하되기 마련인 것이다.

이 입장에 선 비판이 전자민주주의에 대한 가장 강력한 비판이다. 마골리스와 레스닉(Margolis와 Resnick)은 과거 가상공간이 현실공간과 다른 특성을 보였으나 최근에는 현실공간을 반영하는 형태로 재구성되는 과정을 특징화해서 '가상공간의 정상화(normalization of cyberspace)'로 개념화하였다. 이런 특징은 전자민주주의가 대의민주주의를 보완하려고 하는 정도의 소박한 시도조차도 쉽지 않다는 점을 지적하는 것이다. 권력관계는 현실공간의 모습에서 크게 벗어나기 보다는 오히려 현실권력을 가상공간에 구현함으로써 현실공간의 권력을 극대화하는 것으로 시민은 여전히 수동적인 시민의 위치에서 벗어날 수 없는 것이다.

5. 평 가

전자민주주의는 다른 보완민주주의와 마찬가지로 대의민주주의에 긍정적일 수도 있고 부정적일 수도 있다. 전자민주주의는 전자통신 발전이라는 기술적인 도움을 활용하기 때문에 이것을 이용하는 시민과 대표가 어떤 방식으로 이용하는지에 따라 긍정적 역할과 부정적 역할이 달라지게 된다. 그런 점에서 전자민주주의를 단방향으로만 바라볼 것은 아니고 전자민주주의의 여러 기능들을 고루 살피는 것이 중요하다.

Ⅳ 전자민주주의의 현실

1. 대의 과정에서의 전자민주주의

대의과정에서 눈여겨 볼만한 것으로 개별 정치인의 홈페이지와 정당의 홈페이지, 그리고 정보를 지닌 유권자들의 공동체 또는 홈페이지를 들 수 있다. 총선연대의 온라인 활동이 대표적이다. 이 두 가지 영역은 정보통신기술을 통한 대의민주주의의 보완을 논하는 사람들에게 핵심적인 분석의 대상이 되고 있다. 이런 전자 공간이 시민들에게 정보를 제공하고, 참여를 확대시키며, 정치적 대표들의 시민에 대한 반응성을 증대시켰다는 많은 증거들이 있다. 하지만 이에 대한 최종적인 평가는 유보적이다. 왜냐하면 두 가지 문제가 있는데 하나는 정치적 대표가 주도하는 공간(국회의원과 정당의 홈페이지)과 시민이 주도하는 공간(시민단체 또는 유권자단체의 홈페이지)이 서로 다른 방향성을 지닌 채 일방적인 의사전달을 하는 수준에 머무르고 있다는 것이다. 즉 전자는 정치적 대표가 시민들에게 정치적 홍보와 동원을 매개하는 수단으로, 후자는 시민이 정치적 대표들에게 항의하는 수단으로 간주될 뿐 이 두 개의 수단이 매개되는 장소는 없다.

이보다 더 문제가 되는 것은 전자민주주의가 정당정치를 후퇴시킨다는데 있다. 즉 정치 대표들의 홈페이지가 활성화되는 것은 크게 볼 때 정당정치를 개인 정치차원으로 환원시키는 효과를 가지고 있는 것이다. 이런 조건에서 정당은 사회적 균열을 대표하거나 통합하는 기능을 수행하기 보다는 유력 정치인 개인의 정치적 배경을 형성하는 기능을 수행하는 것에 불과하게 될 것이다.

2. 일반 시민들 수준에서의 전자민주주의

일반시민수준에서 전자민주주의의 핵심적 공간은 흔히 '사이버 공동체'라고 불린다. 전자민주주의를 옹호하는 사람들은 사이버 공동체가 현실사회에서 결핍되어 있는 의사소통을 복원해 주고 그 결과 시민들이 민주적 정치과정에 적극적으로 결합할 수 있도록 힘을 부여할 것으로 기대한다. 하지만 이에 대한 반론도 적지 않은데 사이버 공동체가 조직에 대한 일체감이나 책임감을 만들어 내기보다는 개인의 고립화와 파편화를 가져올 것이라는 비판론이 그것이다.

한국의 사례 역시 양적인 측면에서 그 성장이 뚜렷해서 전자민주주의의 성장은 민주주의 실현에 기여할 듯이 보인다. 노사모, 국민의 힘, 박사모 등과 같은 정치 참여형 사이버 공동체들이 다양한 유형의 공동체들이 가상공간에 구축되어 있다. 하지만 이와 같은 사이버 공동체가 민주주의의 안정적 기반을 창출할 것이라는 기대는 아직 확증되지 않았다. 긍정적인 입장의 대표적인 이론은 사회자본론으로 사이버 공동체는 규범, 신뢰, 협력과 같은 사회자본을 구축한다는 입장이다. 반면에 사이버 공동체가 개인의 파편화 등을 가져올 것이라는 부정적 견해 역시 존재한다. 이러한 부정적 견해들은 사이버 공동체 역시 토론과 공공성에 입각한 담론을 구축하기도 하지만 다른 한편으로는 맹목적인 신뢰와 국수주의적 담론에 의해 쉽게 좌우될 수 있다는 사실을 그 근거로 삼는다.

Ⅴ 결 론

최근 촛불시위에서 보이는 전자민주주의의 특성은 대의정치에 대한 불만이나 대의 정치가 다루지 못하는 환경정치나 소비의 정치와 교육의 문제와 같은 일상적인 정치의 문제들을 인터넷공간을 통한 이해와 정보의 결집을 통해서 온라인이 아닌 오프라인으로 이동시켰다. 그런 면에서는 시민적 공간의 전자민주주의적 특징과 온라인과 오프라인의 연계라는 특징을 보이고 있다. 이러한 시민사회의 요구가 관철되고 정책으로 나타나기 위해서 대의제도로서 정당과 의회가 시민사회의 요구를 반영할 것이 기대된다.

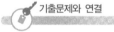

기출문제와 연결

제17문 2006년 입시 1번(대의민주주의의 대표성, 반응성, 책임성 : 대의민주주의 보완책측면에서) / 2004년 5급 1번(전자민주주의의 가능성)

제018문 비제도적 정치와 제도적 정치의 관계

민주주의는 하나의 개념이 아니며 여러 가지 의미로 사용된다. 민주주의의 조건을 이해하고 민주주의에 대한 인민의 지배를 의미하는 것 역시 다양한 의미로 해석된다. 인민의 지배로서 민주주의를 구현하기 위해서 다양한 노력들이 실시되고 있다. 또한 민주주의를 발전시키기 위해서는 비제도적인 측면에서 민중과 인민의 요구를 반영해야 한다. 다음 질문에 대해 답하시오. (총 30점)

(1) 민주주의를 구현하기 위한 제도적 방안으로서 대의민주주의를 선택한 이유를 설명하시오. (10점)

(2) 민주주의의 동력으로서 비제도적 정치 혹은 운동의 정치의 내용을 설명하시오. (10점)

(3) 민주주의의 구현을 위한 제도정치와 비제도 정치의 관계에 대해 논하시오. (10점)

 문제의 맥락과 포인트

2016-2017년 촛불시위는 대통령탄핵을 이루었다. 또한 2008년 촛불시위는 민주주의에 대한 일반국민의 관심과 표출방식의 새로움을 제시하였다. 민주주의의 이론적 관점에서 제도를 통한 요구의 분출이 아닌 비제도적인 요구의 표출은 상당히 흥미로운 주제이다. 주류이론을 제도 내부적인 방법으로 요구의 표출 과정을 설명하고 싶어 하지만 촛불시위에서 보여준 시민들의 의지는 제도가 아닌 자신들의 의사가 그대로 표출되는 방식을 선택하는 듯 했다. 우리의 민주주의가 운동과 비제도적인 참여에 의한 것이라는 차원에서 이해하면서 비제도적 민주주의의 뿌리를 어디로 확대하고 어떻게 의미해석을 할 것인가는 의미 있는 일이다. 단 비제도적인 운동의 정치는 진보진영에서 중요하게 여기는 주제라는 점은 시험과 관련한 수험생들에게는 답안구성에서 주의를 필요로 한다.

I 서 론

한국 민주주의의 발전과 퇴행에 대한 다양한 주장들이 난립해 있다. 한국정치의 동일한 현상을 보는데 있어서 다양한 해석들은 민주주의를 어떻게 보는가의 시각 차이를 반영한다. 민주주의를 인민의 지배로 볼 경우 어디까지를 인민의 지배로 받아들여야 하는가는 중요한 문제임이다. 또한 인민의 지배를 구현하기 위해서는 제도적 측면과 비제도적 측면을 동시에 고려해야 한다. 현재 민주주의에 제도적 측면과 비제도적 측면을 어떻게 조율할 것인지는 한국 민주주의의 질적 성숙과 결부된다는 점에서 대단히 중요한 문제라고 하겠다.

Ⅱ 민주주의의 현실적 구현으로서 대의민주주의제도

1. 민주주의의 현실적인 구현

민주주의가 다른 정치체제보다 바람직하다는 점이 민주주의를 정당화시켜주는 것은 아니다. 인민의 지배로서 민주주의가 구현되기 위해서는 제도로서 민주주의를 정치체제에 구현시켜야 한다. 그러나 제도로서 민주주의를 구현시키는 데 있어서 근대 국민국가는 두 가지 제약에 직면한다. 첫 번째 제약은 국민국가의 크기와 인민의 의견결집가능성의 문제이다. 국민국가의 구성원이 크기 때문에 이들 국민들의 의견을 모두 듣고 이들이 모든 것을 결정하기에는 민주주의를 구현할 수 있는 공간에 한계가 있다. 또한 구성원들 모두에게 민주적 결정을 위한 의견전달을 할 수 있는 시간을 주는 것 역시 불가능하다. 따라서 근대 국민국가구조에서 민주주의를 달성하기 위해서는 공간적 규모와 시간적 제약으로 인해 대표를 뽑아서 결정을 하는 것이 현실적이다. 따라서 근대국민국가는 대의제 민주주의를 선택하게 되었다.

2. 대의민주주의의 장점

대의민주주의의 첫 번째 장점은 대의민주주의는 민주주의의 비용을 하락시켜준다는 점이다. 의사결정에서 드는 비용은 두 가지인데 우선 결정에 도달하는데 드는 비용과 결정기구(국왕, 국가 등)와 결정대상이 되는 집단이 다를 경우 후자가 감내해야 외부위험의 비용이다. 만일 국왕 1인이 결정한다면, 결정비용은 줄지만 참

여의 배제로 인해 후자의 비용은 극대화될 것이다. 반면에 만장일치 방법을 사용한다면 결정비용은 극대화될 것이지만, 외부적 위험부담은 줄 것이다. 따라서 대의민주주의는 의사결정비용을 증가시키지 않고도 외부적 위험부담을 급격히 감소시키는 장점이 있다. 따라서 다수결 주의는 제한되어야지 제거되어야 하는 것은 아니다.

두 번째 장점은 소수의 지배가능성을 보장하면서 다수의 지배를 관철시킬 수 있는 변환가능성이다. 대의민주주의에서의 투표가 공정하고 경쟁적이기 이해서는 사전에 그 결과가 확정적이 되지 않아야 한다. 즉 변환성 혹은 변환가능성(소수가 다수가 될 수 있는 가능성)을 통해서 간접적이기는 하지만 소수파 인민이 배제되지 않는 상태에서 제한된 다수의 지배가 가능해진다. 이것은 우리의 정치적 문제를 무력이 아닌 민주주의라는 제도를 통해서 안정적으로 풀 수 있게 해주는 장점이 있다.

Ⅲ 비제도적정치의 의미와 역할

1. 비제도적 정치의 의미

비제도적 정치란 제도권 정치에 포함되지 않는 정치를 말한다. 대의민주주의를 구현시키는 제도로는 대표를 선출하고 대표에게 책임을 지울 수 있는 선거관련 제도들과 대표를 모으고 그 대표들을 통해서 정치적 가치를 구현하고자 하는 정당제도와 대표기능을 수행할 수 있게 권력을 보장하고 권력의 분배를 통해서 자유를 실현하고자 하는 대통령제도와 의회제도가 있다. 비제도적 정치는 민주주의의 정치체제 내에 존재하지 않거나 정권 내에 존재하지 않거나 정당과 같은 제도수준에 존재하지 않는 정치적 주장과 행동을 포괄한다. 이런 비제도적 정치에서

가장 현저한 것은 운동의 정치이다.

2. 운동정치의 역할과 특징

운동의 정치는 민주화 이전에는 민주화를 지향하면서 정부와 정권과 정당을 대체하고자 했다. 특히 권위주의가 강력한 국가와 권위주의 정권에 대항하면서 정당정치가 반영할 수 없는 요구를 반영하는데 있어서 운동의 역할이 중요했다. 비제도적 운동정치는 '국가적 수준'과 '정권적 수준'과 '정당정치적 수준'과 '시민사회적 수준'으로 구분해서 볼 수 있다. 민주화이전 운동정치는 이 4가지 유형의 수준에서 나타났다. 민주화 이전 시기 운동정치의 특징은 국가적 수준에 대한 체제부정적인 급진적 운동 뿐 아니라 정권에 반대하는 반독재 운동과 정당정치를 대체하려는 시민사회중심의 아래로부터의 분출이라는 특징을 가진다는 점이다. 이 과정에서 중요하게 부각된 것이 연합체 운동과 비합법적 급진 운동이었다.

그러나 이런 운동은 민주화의 수용으로 인해 제도권 정치의 정당성에 대한 관심이 증대하면서 운동의 정치의 입지가 좁아지면서 그 영향력이 약해지게 된다. 민주화이후의 운동정치는 시민사회의 강화에 따른 시민운동과 노동운동을 위시한 민중운동의 확대로 나타나게 된다. 특히 시민사회가 활성화되면서 '네트워크형 연대운동'이 주목받게 되었다. 네트워크 연대운동은 특정의 정치적 사안에 대한 개혁운동을 전개하게 된다. 또한 민주화이후 운동정치에서는 진보정당운동의 활동 역시 눈여겨볼 만하다. 1987년 민중후보를 대통령선거에 내보는 것으로 시작하여 1988년 '민중의 당' 활동, 1992년 '민중당' 활동, 1997년 대선에서 '국민승리 21' 활동과 2000년 창당되어 2004년 제도권에 진입한 민주노동당의 활동이 그 예이다.

3. 운동정치의 한계

운동의 정치는 민주화 이전에는 정권의 부정을 위한 결집에는 성공했지만 그 이후 새로운 대안 창출에는 한계를 가질 수밖에 없었다. 새로운 체제와 그 체제를 구성하는 현실적인 정치원리와 제도 구축에 대한 대안 제시에 실패함으로써 이들은 민주화의 이행에서 주도권을 제도정치로 넘겨주게 되는 것으로 역사적 사명을 가지게 된다. 또한 민주화 이후의 운동정치, 특히 개혁운동은 부분적인 이슈에 집중함으로써 역량을 결집하는 경향이 있다. 따라서 포괄적인 이슈를 다루는데에는 한계가 있다. 따라서 다른 이슈나 다른 단체와의 충돌가능성이 있다. 게다가 현실적인 정책이슈로 전환하여 정책을 형성하는 데 있어서 한계를 가질 수 있다.

Ⅳ 민주주의 발전을 위한 제도적 정치와 비제도적 정치의 관계

1. 운동정치의 제도화 여부

운동의 정치의 미래와 관련해서 먼저 고려할 것은 비제도적 운동의 정치를 제도권으로 편입할 것인가 하는 점이다. 제도권으로의 운동의 진입은 운동의 동력을 상실할 가능성이 높다. 운동진영에 있는 이들의 새로운 요구나 새로운 방식으로의 의사 전달을 제도화할 경우 이들의 새로운 요구는 매너리즘에 빠질 가능성이 높다. 이런 경우 운동이라는 비제도적 영역에 있는 이들 중 정치에 관여하고자 하는 이들이 제도정치 진입의 이득을 볼 수 있다.

운동의 특수성은 제도 정치에 대한 최후적 교정수단으로서의 기능이다. 따라서 이런 기능은 상시적으로 발현되기 어렵다. 다양한 의사의 표현의 자유를 보장함으로써 시민의 요구를 다양화하고 이를 제도를 통해 반영하는 것이 필요하다.

2. 운동정치와 제도정치의 관계

최근 촛불 시위에서 보이는 운동의 역량은 제도적 기제에 의해 흡수될 필요가 있다. 물론 그것으로 운동이 사라져야 하는 것은 아니다. 운동은 끊임없는 감시와 견제와 생산적 토론과 공론의 장으로 남고, 제도와 동시적 토의를 통해 구체적인 정책 사안이 제도를 통해 구현되도록 하는 것이 필요하다.

운동은 거부와 부정에는 그 능력이 탁월하지만 새로운 대안을 창출하고 이것을 타협을 통해 조율하는 데는 한계가 있다. 매번 새로운 이슈마다 사회가 운동을 통해서 문제를 풀어간다면 사회의 에너지를 과다하게 낭비하게 될 것이고 이슈들 간의 조정 역시 어려워질 수 있다. 그 과정은 끊임없는 직접민주주의와 대의민주주의의 힘의 대립이 될 가능성이 높다. 게다가 시민사회의 분출은 또 다른 시민사회의 분출을 가져와서 사회를 양분화하는 결과를 가져올 수 있다. 따라서 제도와 시민사회의 동시적 토의의 진행과 역할의 분배가 중요하다.

Ⅴ 결 론

민주주의는 제도와 비제도의 두 가지 정치의 상호보완과 함께 두 가지 동력이 평행선을 이루어야 한다. 민주주의에서는 제도를 통한 구체화와 현실화가 중요하다. 하지만 대표되지 않는 요구를 포함하지 않고 제도권내의 이해만을 반영하면 민주주의는 보수화될 것이다. 민주주의의 보수화는 민주주의의 동력상실을 의미한다. 새로운 세대와 새로운 환경변화에도 불구하고 민주주의가 이런 변화를 포섭하지 못할 경우 정치체제에 대한 불만은 증대할 것이다. 따라서 민주주의는 새로운 요구와 동력을 담는 것이 중요하다. 하지만 비제도적 동력을 모두 제도 속에 포괄하는 것은 불가능하다. 따라서 운동의 정치의 독자성을 살리면서 제도정치가 비제도적 요구에 귀를 기울이는 태도가 필요하다.

참고 한국 운동정치의 역사

Ⅰ. 한국에서 운동정치의 중요성

한국의 민주주의는 비제도적 운동을 통해서 달성되었다. 따라서 서구 민주주의를 설명하는 배링턴 무어의 "부르주아 없이 민주주의 없다."는 우리의 경우 "운동 없이 민주주의 없다."라고 할 정도로 운동이라고 하는 비제도적 정치 영역이 중요하다. 관건은 민주화 이후에도 중요하게 자리 잡고 있는 비제도적 정치로서 운동과 제도적 정치와의 관계설정의 문제이다.

Ⅱ. 민주화까지의 운동정치

1. 권위주의기 운동정치의 역사와 역할

권위주의기 강력한 국가와 권위주의 정권에 대항하면서 정당정치가 반영할 수 없는 요구를 반영하는데 있어서 운동의 역할이 중요했다. 비제도적 운동정치는 '국가적 수준'과 '정권적 수준'과 '정당정치적 수준'과 '시민사회적 수준'으로 구분해서 볼 수 있다. 1950년대의 조봉암의 진보당은 진보정당을 건설하는 정당 수준의 운동으로 나타났으나 조봉암이 간첩죄로 사형되면서 이승만정권의 탄압으로 해체되었다.

1960년의 4.19혁명은 학생들을 중심으로 일어났고 반독재민주화 성격을 갖춘 '정권적 수준'의 운동이었다. 이 운동은 이후 1960년대 한일회담 반대투쟁과 3선 개헌 반대투쟁을 통해 전개해나갔다. 이후 유신에 대한 저항을 지속해갔다. 이 과정에서 반독재민주화 운동은 '연합체'운동의 특징을 띠게 되었다. 즉 개별적인 인사들과 단체들이 민주화의 공동목표아래 결집하게 되면서 반독재 민주화운동의 연합체가 등장하게 된다. 예를 들어 1974년 민주회복 국민회의를 들 수 있다.

1980년 광주 민주화 항쟁은 그 이전에 있었던 소규모의 체제변혁세력을 큰 흐름으로 결합하였다. 반미와 민중주의 성격을 띠는 급진주의가 나타나게 되었고 이것은 반공과 자본주의를 부정한다는 점에서 '국가적 수준'에 대한 저항으로 볼 수 있다. 마지막으로 1987년 민주화 과정에서 운동은 민주화를 추동하는데 성공했지만 제도권 정치를 대체하거나 새로운 제도로 제도화하는데 실패했다.

2. 이 시기 운동정치의 특징

이 시기는 국가적 수준에 대한 체제부정적인 급진적 운동 뿐 아니라 정권에 반대하는 반독재 운동과 정당정치를 대체하려는 시민사회중심의 아래로부터의 분출이라는 특징을 가진다. 이 과정에서 중요하게 부각된 것이 연합체 운동과 비합법적 급진운동이었다. 그러나 이런 운동은 민주화의 수용으로 인해 제도권 정치의 정당성에 대한 관심이 증대하면서 운동의 정치적 입지가 좁아지면서 그 영향력이 약해지게 된다.

3. 이 시기 운동정치의 한계

운동의 정치는 정권의 부정을 위한 결집에는 성공했지만 그 이후 새로운 대안 창출에는 한계를 가질 수밖에 없었다. 새로운 체제와 그 체제를 구성하는 현실적인 정치 원리와 제도 구축에 대한 대안 제시에 실패함으로써 이들은 민주화의 이행과정에서 주도권을 김영삼, 김대중이라는 민주화온건파의 절차적 민주주의와 제도정치에 넘겨주게 되는 것으로 역사적 사명을 다하였다.

Ⅲ. 민주화 이후의 운동정치

1. 민주화 이후 운동정치의 역할

민주화 이후에 운동의 정치는 시민사회의 강화에 따른 시민운동과 노동운동을 위시한 민중운동의 확대로 나타나게 된다. 특히 시민사회가 활성화되면서 '네트워크형 연대운동'이 주목받게 되었다. 네트워크 연대운동은 특정의 정치적 사안에 대한 개혁운동을 전개하게 된다. 그 대표적인 사례로는 2000년과 2004년 총선시민연대의 낙천 낙선운동을 들 수 있다.

이와 더불어 진보정당운동의 활동 역시 눈여겨볼 만하다. 1987년 민중후보를 대통령선거에 내보는 것으로 시작하여 1988년 '민중의 당'활동, 1992년 '민중당'활동, 1997년 대선에서 '국민승리 21'활동과 2000년 창당되어 2004년 제도권에 진입한 민주노동당의 활동이 그 예이다. 2008년 선거에는 민주노동당과 진보신당이 분리했고 2012년에는 이 두 정당과 국민참여당이 정당연합을 통해서 통합진보당을 만들었다. 이에 비해 연합체운동(1987년 6월 항쟁에서의 민주헌법 쟁취국민운동본부와 같이 민주화를 주장하는 이들의 최대연합체의 구성)이나 비합법적 급진운동은 퇴보하게 된다.

2. 이 시기 운동정치의 특징

민주화 이후의 특징은 운동의 영역이 다방면으로 늘어나 다양한 영역의 시민사회활동을 분출시켰다는 점이다. 그 과정에서 네트워크에 기반을 둔 연대운동이나 진보정당의 건설 등이 성공하게 되었다는 것은 시민들의 정치적 운동이 민주주의와 자유주의를 받아들인 국가자체의 변혁이 아닌 민주주의의 부분적 개선을 위한 노력으로 한정되게 되었다는 것이다. 따라서 체제변혁적 운동은 그 입지를 잃어버리게 된다.

과거 권위주의기 운동은 "(권위주의)국가 vs. 시민사회"의 대립구조에서 민주화 이후 "진보적 시민사회 vs. 보수적 시민사회"의 또 다른 대립구조를 보이고 있다는 지적이 있다. 여기에 더해 인터넷공간을 통한 새로운 유형의 유목형 운동조직(빠르게 형성되고 빠르게 와해되며 빠른 지지전환을 특징으로 한다는 점에서 유목형 운동조직이라고 한다)의 등장 역시 눈여겨볼 수 있는 특징으로 보인다.

3. 운동 정치의 한계

운동정치를 통한 개혁운동은 부분적인 이슈에 집중함으로써 역량을 결집하는 경향이 있다. 따라서 포괄적인 이슈를 다루는데 한계가 있다. 따라서 다른 이슈를 가진 단체와의 충돌 가능성이 있다. 또한 현실적인 정책이슈로 전환하여 정책을 형성하는 데 있어서 한계를 가질 수 있다. 그럼 점에서 박원순 서울 시장으로 대표되는 시민운동출신가의 정책형성이나 정책조율능력에 대한 평가는 상징적인 의미를 가진다.

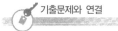
기출문제와 연결

제 18 문 2005년 5급 3번(시민사회의 정당정치대안가능성 : 운동의 정치차원에서)

2014년 12월 통합진보당의 해산과 관련해서 한국의 자유민주주의는 '방어적 민주주의' 혹은 '전투적 민주주의(militant democracy)'의 입장을 취했다. 자유민주주의를 지키기 위해 자유민주주의를 거부하는 이들에 대해서는 공격적인 입장을 취할 수 있다는 '방어적 민주주의' 혹은 '전투적 민주주의'는 민주주의를 유지한다는 점과 반대로 민주주의의 공간을 축소한다는 비판을 동시에 받는다. 다음 질문에 답하시오. (총 40점)

(1) 자유민주주의의 구성원리인 자유주의와 민주주의의 기본적 원리를 설명하시오. (20점)

(2) 방어적 민주주의가 가져올 수 있는 장점과 단점을 설명하고 방어적 민주주의에 대한 본인의 입장을 제시하시오. (20점)

 문제의 맥락과 포인트

2014년 헌법재판소가 통합진보당을 해산결정하였다. 한국은 독일과 터키 다음으로 세 번째 정당해산을 한 국가가 되었다. 논란이 많은 주제이지만 이론적으로 방어적 민주주의가 독일에서 발전하여 논리적 반박을 가능하게 한다. 판단과 평가가 중요한 문제이기 때문에 정확한 주장을 하는 것이 중요한 문제이다.

Ⅰ 서 론

2014년 12월 19일 헌법재판소는 통합진보당을 해산하였다. 통합진보당의 해산은 1956년의 독일 공산당해산이 인용했던 '방어적 민주주의'라는 관점에서 비교될 수 있다. 자유민주주의가 자신을 방어하기 위해 민주적 판단을 헌법재판소에 위임하는 것은 민주주의 수호라는 측면과 민주주의 축소라는 측면을 공유한다. 그렇다고

할 때 방어적 민주주의는 어떤 관점으로 현재 해석될 수 있는가?

Ⅱ 자유민주주의의 원리

자유민주주의를 방어하기 위한 방어적 민주주의를 파악할 때 자유주의와 민주주의의 두 가지측면의 원리를 규명하는 것은 무엇을 방어할 것이고 왜 그것이 중요한지를 설명할 수 있게

한다.

1. 민주주의의 기본 원리

(1) 인민의 자기지배

민주주의는 자기 지배 즉 정책 결정에 대한 인민의 참여를 의미한다. 이것은 인민주권으로 표현된다. 인민주권은 인민의 삶에 대한 인민의 결정 즉 자기 결정을 의미한다. 따라서 자율적인 자기 지배(self-rule)가 중요한 것이다. 원칙적인 인민의 자기지배방식은 다양하다. 대의민주주의가 아닌 직접 민주주의는 가장 이념적으로 자기 지배에 가깝다.

(2) 평등성

인민의 지배는 인민의 평등을 전제로 함. 인민은 자신의 endowment(부여된 자산이나 운) 나 talent(자신에게 부여된 능력)와 관계 없이 인간으로서 동등한 정치적결정권을 부여 받는다. 민주주의의 자기지배원리에 따라 자신의 지배를 확립하고 자기 결정권을 가지기 위해서는 동등한 인간의 상정이 중요하다.

(3) 공익의 중요성

민주주의는 공익 확보를 목표로 함. 정치체제를 어떻게 구성하고 어떻게 자신의 지배를 확립하는가의 문제에서 있어서 다양한 사회구성원의 이익을 확보하는 것이 무엇보다 중요함. 사회구성원으로서 개인에서 출발한 민주주의가 정당화되기 위해서는 개인들의 이해 추구가 공적인 이해추구로 귀결되어야 함.

2. 자유주의의 기본 원리

(1) 보편적이성과 개체성의 중요

인간의 보편적 이성(universal reason)에 대한 신념과 개체성(individuality)이 자유주의의 핵심이다. 인간이 이성을 가짐으로서 자신의 독자적인 삶의 방식을 선택할 수 있고 이로 인해서 존재론적으로 사회보다 개인이 중요할 수 있음을 제시함. 데카르트의 합리성명제는 인간의 이성과 존재론적 우위를 확보하게 한다.

(2) 개인의 자유와 인권의 강조

근대 자유주의를 구성하는 핵심은 자유와 인권을 보유한다는 것이다. 자연권논리와 천부인권논리는 자유와 인권을 정당화한다. 홉스에서 시작한 사회계약론의 가장 중요한 핵심은 인간이 국가를 만든다는 것이고 이것의 토대는 인간이 보유한 자연권에 있다. 특히 자유를 이론화한 로크에 와서 소유권의 개념이 중요하게 되었다. 사적재산확보의 근거를 얻게 되면서 공적영역으로서의 국가와 사적영역으로서의 사회가 구분된다.

(3) 공사영역의 구분과 국가와 사회의 분리와 권력 분립

자유주의는 공적인 영역과 사적인 영역을 구분한다. 공적영역을 최소화하고 사적영역을 최대화하고자 한다. 따라서 공적공간인 국가의 사적공간이 사회와 가정에 대한 개입을 최소화하고자 한다. 국가의 개입최소화를 위해서는 명확한 개입의 원칙이 필요하다. 이것이 법치주의를 만들게 되었다. 즉 법에 의해서 통치되지 않는다면 국가의 간섭에 대해 정당성을 부여하지 않겠다는 것이다. 그리고 법치가 작동하기 위해서는 권력은 분화되고 각 권력에 의해 타 권력은 견제되어야 한다. 몽테스키외의 권력분립논리는 자유확보의 중요성에서 탄생하게 된다.

(4) 대의제도

자유주의에서 공사의 구분은 공적 공간에 대한 사적공간의 개입을 배제하는 것도 필요하게 된다. 하지만 공적공간에서 국가를 운영하는 이들을 사적공간에 있는 인민이 통제하지 못할 경우 인민은 전제적 권력앞에서 자유를 확보하지 못할 것이다. 따라서 인민은 자신을 대표할 사람을 공적공간에 보냄으로서 자신의 이익을 보장받고 자신의 자유를 확보하고자 한다. 이렇게 해서 대의제도라는 대표를 통한 정치적 결정으로 귀결된다. 그리고 다시 공적공간과 사적공간은 역할을 분담하게 된다.

(5) 가치상대성과 국가의 중립성

자유라는 가치를 강조하는 자유주의는 가치상대주의를 표방한다. 어떤 가치에도 특별한 우선권을 부여하지 않는 것이다. 따라서 가치 상대주의는 개인들이 가지는 가치는 어느 것이 더 우월함이 전제되지 않고 동등하다는 점을 받아들이는 것이다. 이런 입장에서 볼 때 국가 역시 특정한 가치에 편향되어서는 안된다. 국가는 사적 공간의 가치를 반영하는 것이지 국가가 독자적으로 사적 공간의 가치를 형성하면 안된다. 따라서 국가는 불완전주의입장에서 중립성을 지녀야 한다.

Ⅲ 방어적 민주주의의 장단점

1. 방어적 민주주의의 유용성

자유주의의 가치 다양성에도 불구하고 자유주의가 구축한 자유민주주의라는 정치체제를 유지하기 위해서는 자유민주주의를 거부하는 민주주의에 대해서는 방어적입장에서 거부하는 것이 필요하다. 자유민주주의에서 자유주의를 강조하면 가치 다양성이 반영될 수 있다. 가치다양성은 자유주의의 딜레마를 가져온다. 자유주의를 거부하는 것도 용인되어야 하기 때문에 자유주의가 자유자체를 부정하는 결과를 가져온다. 이

런 점에서 비추어볼 때 자유주의는 '한정중립성'을 통해서 자유주의를 거부하는 논리에 대해서는 받아들이지 못한다.

자유주의의 관용의 논리를 통해서 볼 때 관용을 거부하고 인간의 기본적 권리를 부정하는 이들에 대해서도 관용을 보일 수는 없다. 관용은 다른 가치관의 공존가능성을 제시한다. 반면에 관용을 거부하는 이들에 대해서 관용을 보이는 것은 관용을 가지려는 이들을 보호하지 못하게 한다.

민주주의관점에서 자유방임적 민주주의를 거부하는 것도 방어적 민주주의를 만들어내는 논리 중의 하나이다. 나치의 등장과 같이 민주주의 자체를 거부하는 세력에 대해서도 관대한 자유민주주의는 스스로 정치체제로서 자유민주주의를 지키지 못하게 하였다. 그런 점에서 자유방임적 민주주의를 거부하고 전투적 민주주의 혹은 자신을 방어하는 민주주의가 필요하다.

민주주의가 인민의 자기 지배를 강조하지만 동일성민주주의를 이론적기반으로 하여 '인민을 위한 지배'만을 강조하는 형태로 민주주의를 이해하는 이들에 대해서는 인민의 자기결정권의 배제라는 측면에서 비판할 수 있다. 독재자들이 사용하는 공공선의 결정과 인민을 위한 정치는 실제 인민이 사라질 수 있다는 문제가 있다. 그런 점에서 민주주의에서 인민들의 인권과 자유의사가 반영될 필요가 있다. 그런 점에서 민주주의를 위해서 표면적인 민주주의를 거부해야 하며 전체주의의 위험성을 줄여야 한다.

2. 방어적 민주주의의 단점

방어적 민주주의는 몇 가지 문제점을 가지고 있다. 첫 번째는 민주주의를 축소한다는 점이다. 방어적 민주주의는 민주주의를 방어하기 위해 민주주의가 아닌 사법부를 이용하여 민주주의를

보호한다. 이것은 인민들의 판단 즉 민주주의의 판단에 맡길 수 있는 부분을 사법부에 의한 판단에 의해서 민주주의를 운용한다는 문제가 있다.

민주주의 축소는 다른 수단에 의한 정치를 더욱 강화함으로써 원 수단인 민주주의와 다른 수단인 법치주의와의 관계를 더욱 극화한다. 민주주의의 약화와 법치주의의 대체가능성 강화가 상호적으로 연계됨으로서 인민들의 민주주의에 대한 기대를 더욱 약화시킨다.

세 번째, 민주주의를 우회하거나 악용할 여지가 있다. 정치적 대립을 우회하기 위해서 법치주의를 이용하여 민주주의 공간을 파괴할 수 있는 여지가 있다. 독일의 공산당 해산에 대해서도 비판이 제기된 것처럼 민주주의에 대해 사회주의적 민주주의로 이해하고자 하는 입장에서는 자신들의 정치적 입장을 헌법재판소를 통해서 정치적으로 악용된다고 비판할 수 있는 여지가 있다.

3. 평가: 방어적 민주주의의 필요

민주주의를 자유주의적 민주주의로 이해한다면 자유민주주의를 거부하는 이들에 대해 자유민주주의를 보호하는 것이 필요하다. 다원성을 받아들이는 것을 강조하는 자유주의의 입장에도 불구하고 자유민주주의를 거부하는 세력에까지 자유주의의 관용을 적용하기 어렵다. 최근 한국의 통진당해산은 자유민주주의보다 북한식 사회주의를 지지하는 이들을 민주주의 공간에서 배제한 점에서 방어적 민주주의로 볼 수 있다.

이러한 방어적 민주주의를 사용하는 것이 필요하다면 남용의 여지를 줄이기 위해서 최소한의 요건을 명확히 할 필요가 있다. 특히 정치적 자유의 침해여지가 있기 때문에 정치적 자유를 최대한 보장하지만 특별한 경우에 한해 최후의 수단으로 고려하는 것으로 사용가능성을 축소하는 것이 필요하다.

Ⅳ 결 론

헌법재판소의 통진당해산은 방어적 민주주의 관점에서 필요한 것으로 볼 수 있다. 자유주의관점에서 민주주의를 이해하는 것으로 볼 때 자신을 방어하는 민주주의는 필요하다. 그러나 이번 판결은 너무 신속하고 급하게 결정했다는 점에서 방어적 민주주의에 대한 비판의 여지를 가졌다는 문제를 남겼다. 민주주의에 대한 부작용차원에서 좀 더 신중한 판단이 필요했다고 보인다.

2017년은 대한민국의 민주화 30주년이 되는 해이다. 그 동안 한국은 1987년 민주화 이후 3번의 정권교체를 거쳐 왔고 1997년 동아시아 외환위기를 이겨냈다. 또한 낙천낙선운동을 통해 시민사회는 정당정치에 변화를 만들어 냈고 대통령탄핵을 거치면서 대표의 책임을 묻기도 하였다. 그러나 경제적 양극화의 심화와 경제민주화의 필요성이 증대하기도 하였다. 이와 관련하여 부분체계 접근법을 이용하여 한국 민주주의의 발전정도를 평가하시오. (30점)

문제의 맥락과 포인트

민주화 30년이 지난 시점에서 한국의 민주주의는 어떻게 평가를 할 것인지를 다루는 문제이다. 이 문제는 부분체계접근을 사용해서 민주주의를 체계적으로 평가할 수 있는지를 확인하는 문제이다.

Ⅰ 서 론

민주화 30년 동안 한국정치는 많은 부분이 변화해왔다. '다이나믹 코리아'라는 용어가 타당할 정도로 한국정치는 정권교체, 촛불집회, 탄핵의 과정을 거쳐왔다. 권위주의에서 민주주의로의 이전 이후 한국 민주주의는 어느 정도 발전했는지 평가해본다.

Ⅱ 이론적 분석틀: 민주주의의 발전평가

1. 민주주의의 이행과 공고화의 개념

민주주의는 이행과 공고화로 개념을 구분할 수 있다. 이행은 권위주의에서 민주주의로의 전환을 의미한다. 이것은 정치체제의 변화를 말한다. 정치체제가 바뀌어 과거 비민주주의 방식으로 정치공동체의 결정에 인민의 의사가 중요하

지 않던 체제에서 인민의 지배로 바뀌는 것이다.

그런데 과거 역사에서 민주주의로의 체제전환의 경우에서 많은 국가들은 민주주의가 지속적으로 생존하지 못하고 다시 권위주의나 파시즘 등으로 전환되었다. 이것은 민주주의의 생존 가능성이 절대적이지 않다는 것이다. 따라서 제3의 물결이라는 민주주의로의 변화과정에서 민주주의의 안착이 중요하게 된다.

민주주의 공고화는 민주주의의 체제가 전복되지 않고 유지되는 것을 의미한다. 많은 신생 민주주의국가들이 민주주의로 이행이후 전복되거나 혹은 민주주의를 유지 못한 경우들이 있었다. 따라서 민주주의가 공고화되었다는 것을 평가하는 기준이 중요하다.

민주주의의 공고화 기준은 민주주의의 이해와 동일하게 절차적 차원의 접근과 실질적 차원의 접근으로 나눌 수 있다. 절차 차원에서는 민

주주의라는 제도 양식이 얼마나 오래 살아남는
지가 중요하다. 헌팅턴이 말하는 2번의 정권교
체나 12년간의 민주주의 유지와 같은 기준은
측정가능성이 높은 절차적 차원의 민주주의기준
이라고 할 수 있다. 반면에 민주주의를 오로지
선거제도와 국한해서 이해해서는 안 된다는 입
장의 실질적 민주주의자들은 민주주의가 경제적
평등과 사회적 차별의 배제가 없는 상황으로 받
아들여질 때 민주주의가 공고화되었다고 주장한
다. 민주주의의 영역이 넓어야 할 뿐 아니라 문
화와 태도차원에서도 측정이 가능해야 한다는
것이다.

그런데 민주주의의 절차적 이해는 측정가능
성이 높다는 장점이 있지만 민주주의 토대가 되
는 경제, 사회적 조건을 설명하기 어렵다는 단
점이 있다. 반면에 실질적 이해는 민주주의의
토대를 설명하여 민주주의를 확장하여 이해하게
하지만 구체적인 측정기준을 제시하기 어렵고
가치 판단이라는 주관적 영역이 개입한다는 단
점이 있다. 그런 점에서 한국의 경우 3번의 정권
교체를 거쳤고 1997년 극단적인 위기 상황에서
도 민주주의를 유지한 것으로 보아 절차적 차원
에서는 민주주의의 공고화를 완성했다고 할 수
있다. 다만 실질적인 의미에서 민주주의 공고화
는 측정할 기준을 제시하기 어렵기 때문에 민주
주의의 '발전'이라는 가치척도를 이용하여 어느
정도 발전하고 있는지를 다룰 필요가 있다.

그런데 이런 발전을 평가하기 위해서는 발전
정도를 비교할 수 있는 준거가 있어야 한다. 이
러한 준거로서 부분체계접근을 사용할 수 있다.
부분체계 접근은 국가, 정치사회, 시민사회, 시
장으로 각 영역을 구분하여 각 영역의 민주주의
의 발전정도를 평가하는 방식을 의미한다.

2. 민주주의 발전평가를 위한 부분체계 접근

민주주의를 평가하기 위해서 부분체계 접근
을 할 수 있다. 린즈와 스테판은 민주주의공고
화의 다양한 평가기준에도 불구하고 민주주의의
일의적인 평가를 피할 수 있도록 부분체계 접근
을 제시하였다. 이들의 기준에 따르면 민주주의
는 법의 지배가 관철될 것이라는 믿음과 함께
국가, 정치사회, 시민사회, 경제사회로서의 시장
으로 구분하여 평가될 수 있다. 이 중 한국 민주
주의의 발전을 평가하기 위해서 법의지배를 제
외한 4가지 기준을 활용하도록 한다.

Ⅲ 한국 민주주의의 발전평가

1. 국 가

민주주의발전에 있어서 국가는 효과적인 국
가여야 한다. 이점에서 한국의 국가는 자율성을
여전히 높으면서 능력은 높지 않은 상황이라고
할 수 있다. 국가는 사적 공간과 구분되는 공적
공간으로서의 실체를 의미한다. 국가는 실질적
으로 정부를 의미한다고 볼 수 있는데 이때 국
가는 국가를 이루는 정권과 관료제도로 구분할
수 있다. 민주주의에서 정권은 지속적으로 변화
한다. 인간으로 비유할 경우 정권은 지도자를
중심으로 실제 권력을 가진 두뇌와 같다. 반면
에 국가에서 관료제도로 구축된 관료는 인간의
손발과 같다.

한국의 국가는 과거 국가건설기를 거치고 한
국전쟁에서 정치체제를 유지하는데 있어서 국가
의 행정관료체계가 중요하게 자리하였다. 산업
화를 거치면서 발전국가모델을 통해 정권과 행
정관료는 높은 자율성에 기초하였다. 이 과정에
서 산업화에도 성공하였다. 1987년 민주화 이후
권위주의 정권이 무너지고 민주주의 정권이 자

리를 잡았고 정권교체를 3차례 이루었다. 민주주의에서 정권교체에도 불구하고 한국은 여전히 국가의 자율성이 높은 편이다. 이것은 행정관료체계가 법적인 보호를 받기 때문이며 그동안의 경로의존성이 높기 때문이기도 하다.

한국의 국가능력은 어느 정도 높다. 탄핵의 과정에도 불구하고 정부가 수행해야 할 기능을 수행했다. 2004년 탄핵과정에서도 정부기능은 유지되었다. 다만 정부의 변화와 정부의 정책구성과 실행은 인민의 의사에 따른 것이기에 정책변환이 잦은 것으로 국가의 기능을 평가하기 어렵다.

2. 정치사회

정치사회는 시민과 시장의 요구를 국가에 전달하는 기능을 수행해야 한다. 한국의 정치사회 발전정도 역시 이러한 차원에서 평가될 수 있다. 한국의 정치사회는 발전장도가 다른 영역보다 낮다고 볼 수 있다. 이는 제도화를 통해서 평가할 수 있다.

정치사회의 제도화는 체계차원의 제도화와 개별정당 차원의 제도화로 평가할 수 있다. 체계차원의 제도화는 엑스타인에 따를 때 '정당의 수', '정당의 통합성', '정당의 현저성'을 가지고 평가할 수 있다. 한국의 경우 사회균열이 늘어난 상황에서 다당제가 되어있고 정당간 이념의 거리가 늘어있다는 점에서는 체계수준의 제도화가 어느 정도 되어 있다. 반면에 정당의 현저성에서 볼 때 지지정당의 기준으로 볼 때 높지 않게 나타난다. 또한 그동안 보스 중심의 정치나 파벌위주의의 정당정치 운영을 볼 때 정당의 독립적인 협상능력 역시 높지 않다.

개별정당의 제도화는 헌팅턴의 이론을 볼 때 복잡성, 자율성, 적응성, 응집성으로 판단할 수 있다. 다양한 이슈를 풀어내는 복잡성은 거대정당들의 다양한 위원회등으로 볼 때 과거 보다 늘어났다고 볼 수 있다. 그러나 국가와 대통령으로부터 얼마나 자유로운지에서는 자율성은 낮다. 오래 살아남는지의 적응성 역시 정권교체와 정당의 와해와 정당의 잦은 당명 교체등으로 볼 때 낮다고 볼 수 있다. 국민의 당이나 바른 정당과 같이 정당들이 분화된 것으로 볼 때 정당의 응집성 역시 낮다.

정치사회의 제도화가 낮은 것은 정당에 대한 낮은 신뢰도를 볼 수 있다. 신뢰도 조사등에서 수치는 다소 차이가 있지만 5점 만점에서 2점 이하의 점수를 받는 것을 볼 때 정치사회가 사회적 문제를 해결할 것이라는 기대는 낮다.

3. 시민사회

시민사회는 시민사회의 공간을 유지하면서 공적기능을 수행하는 능력으로 발전정도를 평가할 수 있다. 그런 점에서 한국의 시민사회는 민주화이전에도 강했고 민주화 이후에도 강력하다고 볼 수 있다.

한국의 시민사회는 공간으로서의 시민사회라는 기준과 행위자로서 시민사회라는 기준의 두 가지를 가지고 평가할 수 있다. 공간으로서 시민사회는 2000년 낙천낙선운동, 2004년 탄핵반대, 2008년 미국산 소고기수입 반대, 2016년의 촛불집회과정에서 보이듯이 시민사회라는 공간이 공공선이라는 차원을 확보하는 데 중요하게 기능했다는 점에서 제도화되어 있다. 행위자차원에서도 다양한 시민사회 단체와 시민운동가들이 있다는 점에서 발전되어 있다고 볼 수 있다.

그러나 시민사회단체 차원에서는 많은 조직과 단체들에도 불구하고 실제 조직이 체계화된 단체들이 적다는 점은 문제이다. 또한 시민사회 단체들이 엘리트 중심적이라는 점도 문제로 남아있다.

4. 시 장

사적 공간인 시장이 공적기능을 어느 정도 수행하는지도 발전을 평가할 수 있다. 시장은 사적공간이지만 많은 이들의 실제적인 삶을 결정하게 만든다는 점에서 전적으로 시적공간이라고 볼 수는 없다. 한국의 시장은 1997년 동아시아 외환위기 이후 '양극화'가 심화되었다. 이것은 대기업과 중소기업, 정규직과 비정규직으로 심화되었다고 볼 수 있다. 경제민주화는 대기업과 중소기업의 상생과 정규직과 비정규직과 자영업자간의 상생을 목표로 하고 있다. 이것은 민주주의의 실질적 토대가 약화되어 있다는 것이다. 자본주의 5.0시대는 공유경제를 특징으로 한다는 점에서 한국의 시장 역시 넓은 의미에서 민주화 좁은 의미에서 공유경제의 운영이 필요하다.

Ⅳ 결 론

한국 민주주의는 지난 30년 동안 많은 부분이 발전해왔다. 하지만 그 발전의 정도는 다르다. 절차적 차원의 민주주의 공고화에도 불구하고 민주주의의 발전을 위해서 가장 중요한 것은 시민사회와 시장의 요구를 전달하는 정치사회 즉 정당정치의 발전이라고 하겠다. 정당정치의 제도화가 구축되어야 민주주의의 질적 개선을 지속시킬 수 있다.

P·A·R·T

IV

정치제도와 과정

PART Ⅳ. 정치제도와 과정

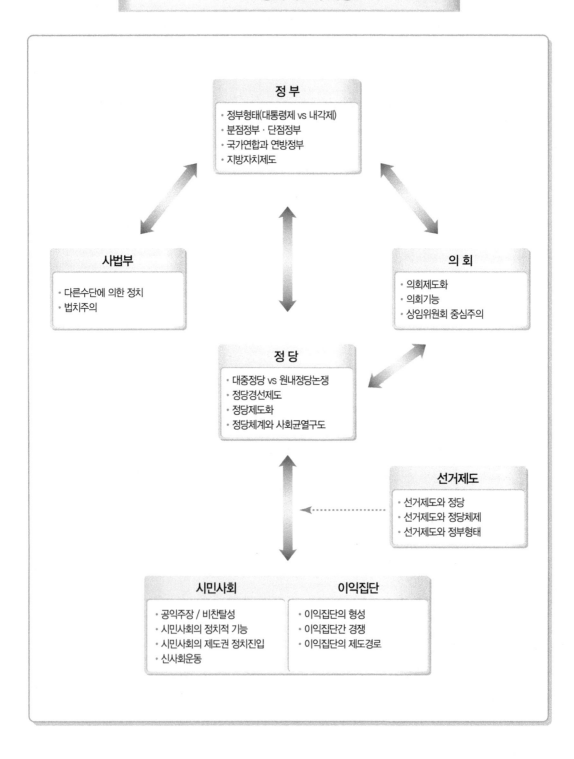

정부
- 정부형태(대통령제 vs 내각제)
- 분점정부 · 단점정부
- 국가연합과 연방정부
- 지방자치제도

사법부
- 다른수단에 의한 정치
- 법치주의

의회
- 의회제도화
- 의회기능
- 상임위원회 중심주의

정당
- 대중정당 vs 원내정당논쟁
- 정당경선제도
- 정당제도화
- 정당체계와 사회균열구도

선거제도
- 선거제도와 정당
- 선거제도와 정당체제
- 선거제도와 정부형태

시민사회
- 공익주장 / 비찬탈성
- 시민사회의 정치적 기능
- 시민사회의 제도권 정치진입
- 신사회운동

이익집단
- 이익집단의 형성
- 이익집단간 경쟁
- 이익집단의 제도경로

제001문 전통적 제도주의, 행태주의, 신제도주의 비교

현대 정치학은 제도에 대한 연구에 초점을 두고 있다. 그러나 제도를 바라보는 관점은 계속 변화해 왔다. 전통적 제도주의에서 행태주의로의 변화 그리고 1980년대의 신제도주의의 재조명 속에서 제도에 대한 시각은 달라져 왔다. 또한 신제도주의는 역사적 제도주의, 합리적 선택제도주의, 사회적 제도주의 등으로 구분된다. 다음 질문에 대해 답하시오. (총 30점)

(1) 전통적 제도주의시각, 행태주의 시각, 신제도주의 시각의 주장을 각각 비교하시오. (10점)

(2) 신제도주의 시각의 대표적인 설명방식의 내용들을 비교하시오. (15점)

(3) 신제도주의의 설명방식들의 수렴화에 대해 설명하시오. (5점)

I. 서 론
II. 전통적 제도주의 vs. 행태주의 vs. 신제도주의
  1. 전통적 제도주의: '제도 → 인간'
  2. 행태주의: '인간 → 제도'
  3. 신제도주의: '제도 ↔ 인간'

III. 신제도주의의 3가지 갈래
  1. 역사적 제도주의
  2. 합리적 제도주의
  3. 사회적 제도주의
IV. 결론: 신제도주의의 수렴

문제의 맥락과 포인트

현대 정치학에서 제도가 차지하는 비중이 크다. 따라서 제도가 무엇이며 어떻게 형성되었고 어떤 기능을 수행하는지를 명확히 하는 것이 필요하다. 그리고 신제도주의라고 하는 제도주의 관점들의 다양한 시각을 정리해서 정치적 의미와 연결시키는 것이 핵심 포인트이다.

I 서 론

동아시아의 민주화나 라틴아메리카의 민주화는 과거와는 다른 제도선택을 보여준다. 그러나 이들 나라의 민주화에도 불구하고 민주주의의 유지나 민주주의의 공고화의 진척 정도가 다르다는 것은 그 나라들이 선택한 제도를 이용하는 행위자들의 선호나 문화가 다르다는 것을 의미하기도 한다. 따라서 제도를 강조하는 입장으로서 신제도주의가 역사적 경로의 차이, 행위자의 선택, 문화적 요소를 각각 어떻게 설명할 수 있으며 제도의 변용이나 사회적 결정의 불균형 등을 어떻게 설명할 수 있는지 알아보는 것은 한국적 제도개혁을 통한 정치발전을 위해서도 필요한 일이다.

II 전통적 제도주의 vs. 행태주의 vs. 신제도주의

1. 전통적 제도주의: '제도 → 인간'

전통적 제도주의는 제도를 강조하면서 제도가 인간의 행동에 영향을 미친다고 본다. 따라서 사회현상을 파악하는데 있어서 우선적인 것은 인간의 행동이 아니고 인간행동에 영향을 미치는 제도이다. 각 국가들의 행동의 차이는 궁극적으로 각 국가의 사람들의 행동차이에 의해

서가 아니라 제도적인 차이에 의해서 가능하다고 본다.

그러나 전통적인 제도는 제도자체를 독립적인 요인으로 보면서 인간에 의한 제도의 변용이나 제도의 창출보다는 제도에 의한 인간행동의 규정을 강조한다는 점에서 비판을 받았다. 또한 제도를 공식적인 것으로 한정하는 문제점도 비판의 대상이 되었다.

2. 행태주의: '인간 → 제도'

행태주의는 제도보다는 인간의 행동과 선택을 정치학의 중심으로 이끌었다. 제도주의와 달리 인간의 행동에 의해서 사회적 결과와 정치적 결과가 만들어진다고 보는 것이다. 이런 접근은 각 국가의 차이는 그 국가의 법과 제도의 차이라기보다는 개별 행위자들의 선택의 차이에 의한 것이라고 본다. 또한 제도는 이런 개별 행위자들의 선택에 의해 만들어진 것이다.

행태주의는 행위자의 주체성을 지나치게 강조한 나머지 제도의 효과 즉 제약적 효과나 구성적 효과를 설명하지 못하는 문제를 가지고 있다. 예를 들어 공공재 산출의 문제나 집단행동의 문제에 있어서 행위자들의 합리적 선택을 제약하는 제도적 요소를 볼 수 없게 되는 것이다. 투표의 문제에 있어서 합리적 설명은 개별 행위자의 참여는 비용보다 이득이 크기 어렵기 때문에 투표불참으로 가야하지만 제도가 작동함으로써 많은 유권자들이 투표를 하게 되는 것이다.

3. 신제도주의: '제도 ↔ 인간'

신제도주의는 정치학에 있어서 제도의 중요성을 다시 부각시키는 접근법이다. 즉 인간의 행동은 제도의 배열과 사회적 과정을 통해서 설명될 수 있다. 이런 점에서 제도는 인간들의 권력관계의 수동적 산물이나 단순한 도구가 아니라 제도자체가 독립성을 가진 주체인 것이다. 즉 제도는 종속변수가 아니라 독립변수 혹은 매개변수가 되는 것이다.

인간보다 제도를 다시 강조했다는 점에서 신제도주의는 행태주의와 다르다. 또한 전통적인 제도주의는 정태적인 측면을 강조한데 비해서 신제도주의는 동태적인 측면을 강조한다는 점에서 양자도 구분된다. 전통적인 제도주의는 규칙이나 법과 같은 형식적인 제도의 작동에 관심이 있었던데 비해서 신제도주의는 규범과 같은 비형식적인 제도의 작동에 초점을 둔다. 또한 전통적인 제도주의가 '제도 → 인간'의 관점에서 제도의 일방적이고 규정적인 측면을 설명했다면 신제도주의는 '제도 ↔ 인간'의 상호적인 관계를 역동적으로 본다는 점에서 차이가 있다. 즉 제도를 주체로 설정했다는 점에서 행태주의를 비판하면서도 인간의 주체성을 살렸다는 점에서 전통적 제도주의를 비판하고 있는 것이다.

Ⅲ 신제도주의의 3가지 갈래

1. 역사적 제도주의

역사적 제도주의는 제도가 인간의 계산과 통제를 뛰어넘는 구조적인 영향을 미치며 행위자의 선택을 제약하는 맥락을 제공한다고 본다. 제도가 인간을 구조적으로 결정하는 것이 아니라 정치 – 경제의 발전정도, 아이디어, 권력배분, 계급구조, 집단 역학과 같은 다른 요소들과 인간행동 사이의 관계를 구조화하는 중요한 매개요소가 되는 것이다.

역사적 제도주의는 제도의 연속성을 강조한다. 한번 만들어진 제도는 경로의존성을 가지게 된다. 이는 제도형성 속에서 특권화된 집단의 형성과 이들의 이해관철노력을 통해서 설명된다.

역사적 제도주의 설명의 장점 중의 하나는 역사적 발전과정의 복잡성과 비효율성을 강조한다는 점이다. 개인의 선호와 의사는 객관적이고 초역사적으로 존재하는 것이 아니라 어떤 특정한 제도의 산물인 것이다. 그리고 다양한 제도적 규칙이 개인의 선호를 다양하게 왜곡시킬 수 있다. 이런 점에서 개인들의 선호의 합산이 반드시 사회적 균형 상태를 가져오는 것이 아닐 수도 있다. 즉 기능주의가 상정하는 것처럼 개인들의 이해가 조율될 것이고 균형 상태에 도달할 것이라는 점은 제도가 가지는 효과를 무시하는 것이다. 제도는 개인들의 이해에 영향을 미쳐서 사회적인 갈등과 균열을 형성할 수 있다. 제도가 사회집단사이의 권력을 불균등하게 배분함으로써 보다 유리한 권력관계에 있는 개인 또는 집단의 선호가 과대 대표되는 대표성의 불균형을 초래할 수 있다.

역사적 제도주의는 동일한 정치적 사건이나 정치적 과정, 사회적 조건이 다른 시간과 공간에서 다른 정치적 결과를 가져오는지를 설명하게 한다. 따라서 국가간 비교나 지역간 비교 혹은 제도형성 이전과 이후의 비교를 가능하게 해준다. 그리고 역사적인 관점에서 장기적 분석을 가능하게 한다.

하지만 역사적 제도주의는 연구결과의 축적과 그에 기반한 체계화, 일반화된 이론의 발달을 기대하기 어렵다. 사례의 독특성과 특수성이 강조되기 때문에 일반화가 어려운 것이다. 또한 제도가 얼마나 그리고 어떻게 행위를 제약하는지와 제도와 행위간의 정확한 인과관계를 포착하기 힘들다는 한계를 가지고 있다. 마지막으로 제도를 선험적으로 주어진 것으로 설명하기 때문에 그 제도가 왜 등장했는지에 대한 기원을 설명하지 못하는 한계가 있다.

2. 합리적 제도주의

합리적 선택이론가들에 의해 발전된 이론으로 개인의 합리적 판단과 선택의 매개 또는 결과로서 제도를 파악한다. 여기서 인간은 개인적 이익의 극대화를 추구하는 합리적인 존재라는 전제를 깔고 있다. 그러나 합리적 선택이론과 다르게 개인들의 단순한 효용극대화 논리에 의해서만 설명되는 것은 아니라고 주장한다. 즉 제도가 인간의 합리적 선택에 있어서 시간적·공간적 제약이 되어 구체적인 선택을 가능하게 하는 것이다. 즉 제도가 존재하고 그 제도를 이용하기 위해서 행위자들은 이익과 비용을 계산한다는 것이다. 이런 관점에서 개인의 합리적 선택에 의해 제도의 창출이나 제도의 변화가 설명되는 것이다.

제도의 변화는 제도가 합리적 행위자의 이익에 부합하는 기능을 수행하지 못할 때 나타나게 된다. 제도가 내부적으로 변화하는 것이 아니라 외부적인 행위자들의 선택에 의해 변화하는 것이다. 동구권의 사회주의 체제에서 민주주의 체제로의 이행은 이런 합리적 제도주의에 의해 잘 설명되어 진다. 즉 행위주체들의 제도창출 즉 제도디자인의 문제를 살펴볼 수 있다는 점에서 기존의 제도를 설명하는 경로 의존적 방식의 역사적 제도주의와는 다르다.

하지만 합리적 제도주의 역시 비판을 받아왔다. 첫번째 비판은 몰역사성에 대한 것이다. 합리적 제도주의는 개인들의 합리적 판단에 의한 정치적 결과를 설명한다. 예를 들어 라틴아메리카에서처럼 경쟁이 이루어지지 않는 정치체제를 경쟁적인 다원주의 국가에서와 같이 정치인 개인들의 권력추구와 경쟁의 과정방식으로 설명하는 것은 각 국가의 내재한 역사와 문화적 유산을 무시하는 것이다. 두번째 비판은 합리적 선택을 강조하다보면 의도한 결과는 잘 설명하지만 의도하지 않은 결과에 대해서는 설명력이 약할 수밖에 없다는 점이다. 세 번째로 비판 받는 것은 집단행동의 딜레마를 해결하는 제도 창출의 경우에 있어 합리적 선택제도주의가 상정하는 개인들의 자기이익극대화 가설에 반하게 되는 문제가 있다. 즉 공공재 창출의 경우 단기적으로 자신의 손해를 감수하면서 개인들이 공공재를 창출하는 제도디자인(대표적으로 개혁법안)에 나서지 않을 가능성이 높다는 것이다. 그럼에도 불구하고 마지막으로 합리적 선택이론이 비판받는 것처럼 지나치게 모델화에 치중하여 국지적인 현상 외에는 설명하기 어렵다는 문제와 이론에 부합하는 이론만을 부각한다는 비판을 받는다.

3. 사회적 제도주의

사회적 제도주의는 기능주의 설명에 대한 반발에서 등장했다. 기능주의는 조직 내의 내적 목표와 기능을 조직자체의 '효용성 극대화'로 본다. 반면에 사회적 제도주의자들은 조직의 형식적이고 합리적인 구조의 발전은 조직의 '정당성 확보'를 주된 목표로 한다고 본다. 또한 효율성 확보의 목표보다 정당성극대화 목표를 가진 조직의 생명력이 길다고 한다. 즉 내부적인 효율성이 극대화되는 것이 문제가 아니라 외부적인 문화 환경에 적합한 것이 중요해지는 것이다. 이는 최근 기업이나 국가조직의 개편논의에서 나타나는 현상이기도 하다.

사회적 제도주의에서 행위자들은 주관적인 인식과 판단, 정보해석 등의 반복적 과정을 통해서 제도적 효과를 재생산시킨다. 제도의 수렴(convergence)과 동형화(isomorphism)를 통해서 제도의 변화가 만들어지며 비슷한 메커니즘을 보유하게 되는 것이다.

사회적 제도주의가 관심을 가지는 것은 공식적인 조직보다는 가치와 문화 사상을 포괄하는 제도들이다. 이들이 강조하는 것이 앞선 이론들이 강조했던 '역사적 요인'이나 '합리적 전략'보다는 문화적인 측면에서 '인식'의 문제에 집중하는 것이다. 즉 제도의 가치와 규범이라는 비형식적인 요소들이 어떻게 행위자에게 작동하는가를 본다는 점에서 차기와 규범이 형식적인 제도에서 어떻게 반영되는가를 보는 역사적 제도주의와도 다르다.

사회적 제도주의는 제도의 공식적 측면과 불일치하는 현상을 설명하는데 유용하다. 제도가 행위자들의 선호와 선택에 영향을 미친다. 특히 사회적인 차원에서 관습화되고 무의식적으로 각인되어 나타나는 제도에 대한 이해가 행위자들의 행동을 결정하는 것이다. 이런 점에서 사회적 제도주의는 개인들의 선호가 어떻게 내면적으로 결정되는지를 잘 보여준다.

하지만 이 이론 역시 제도가 어떻게 만들어졌는지를 설명하지는 못하는 약점을 가지고 있다. 즉 만들어진 것의 효과를 설명하는 부분의 강점은 있지만 어떤 계기로 만들어졌는지를 설명하지는 못한다.

Ⅳ 결론: 신제도주의의 수렴

신제도주의는 각 이론들이 상호수렴되면서 설명력을 극대화하고 있다. 먼저 제도의 규정력에 초점을 두었던 역사적 제도주의와 사회적 제도주의는 1990년대 후반 들어 행위자의 창조성과 능동성을 수용하면서 수렴되고 있다. 이런 수렴화는 제도의 형성이 어떻게 되는지와 그렇게 형성된 제도가 어떻게 유지 변화되는지를 설명할 수 있게 해준다.

두 번째로 선호의 내생성과 외생성에서 선호

의 내생성으로 수렴하고 있다. 즉 합리적 선택 제도주의는 선호를 외생적으로 주어진 것으로 간주하였던데 비해서 역사적 제도주의와 사회적 제도주의를 수용하면서 행위자들의 선호가 사회적으로 구성되는 것으로 받아들이고 있다. 이런 점에서 제도는 선호를 형성하기도 하는 것이다.

세 번째로 권력의 불균형화 현상에 대해서 수렴하고 있다. 초기의 합리적 선택제도주의는 집단 간 권력의 균형을 강조했으나 최근에는 균형의 형성과 집단행동의 딜레마를 해결하는 것이 오히려 우연적인 것으로 간주된다. 권력은 불균형하게 분포되어 있는데 이런 집단들의 권력이 제도디자인 과정에서 우연적으로 전체 집단의 이익을 증대하는 결과를 가져왔다는 것이다. 이는 역사제도주의가 상정하는 것처럼 제도가 특정집단에 권력을 증대한다는 설명을 수용한 결과이다.

네 번째로 합리성 개념이 확장되고 있다. 기존의 합리적 선택제도주의가 합리성을 경제적 맥락에서만 해석했던 것과 달리 규범과 이념이라는 주관적이고 사회적인 범주로 확장하였다. 또한 사회적 제도주의자들은 기존에 이념적 요소만을 강조하고 이익의 측면을 무시한데 비해 이익과 이념이 밀접히 연관되어 있다고 주장한다.

다섯 번째로 경로의존성의 설명이 사회학적 제도주의에서도 받아들여지기 시작했다. 1990년대 동유럽의 민주화는 제도변화와 단절의 문제를 설명하게 하였으며 이 과정에서 불균형한 과정이 주목받게 되었다. 그리고 제도 변경 역시 사회적 제도주의가 상정하는 비형식적인 제도와 형식적 제도의 변화가 복합적으로 나타나는 것으로 보고 있다.

헌팅턴이 명명한 제3의 민주화 물결에 동참한 나라들에게 있어서는 대통령 중심제보다는 내각 책임제가 민주주의 확립에 더 긍정적이라는 주장에 대해 논하시오. (50점)

문제의 맥락과 포인트

어떤 정부형태가 좋은 정부형태인가에 대한 논의는 가장 고전적인 정치학적 질문이다. 과거 정치학은 어떤 정치체제가 좋은 정치체제이고 이런 정치체제가 좋은 인간을 만들어내는가에 초점을 두었다. 플라톤 이래 고대 정치학의 주제는 좋은 정치체제와 좋은 인간 삶과 좋은 인간을 만드는 것이었다. 현대에도 이것은 어떤 정치체제와 어떤 원리가 바람직한가라는 주제는 이데올로기 논쟁에 속해있다. 또한 정부 형태를 어떻게 하는 것이 효과적인 통치를 가능하게 하는가 여부 역시 이런 맥락에 근거하고 있다. 따라서 제도적인 측면에서 어떤 정부를 선택하는가는 효과적인 정부와 이에 따른 좋은 정치를 가능하게 한다. 따라서 이론적으로 각 제도가 가지는 장단점을 서술하는 것이 문제의 중심이 되겠다. 또한 이 주제는 비교정치학의 중심이기 때문에 외국의 사례를 제시하면서 서술하면 좀 더 근거 있는 답안이 될 것이다.

Ⅰ 서 론[1]

민주주의와 정부 형태에 대한 관심은 1945년 2차 대전 이후 신생 독립국가들이 어떤 정부 형태를 선택할 것인가에서부터 비교 정치적 의미에서 관심이 증대하였다. 여기에 더해 1975년 포르투갈로부터 시작한 민주주의의 3번째 물결 이후 민주주의로 전환된 남미, 아시아, 동유럽 국가들에서 어떤 정부 형태가 민주주의를 안정적으로 유지하게 하는지에 대한 관심이 증대하고 있다. 이에 따라 정부 형태에 대한 비교를 통

한 의미 있는 결과를 찾으려는 노력이 진행되면서 비교정치에서 중요한 주제가 되었다. 특히 Linz와 Lijphart에 의해 논의가 활기를 띠게 되었고, 정부 형태와 관련된 논쟁에서는 1994년 레이파트(Arend Lijphart)의 책 『Parliamentary Versus Presidential Government』와 1994년의 린즈와 발렌주엘라(Juan Linz and Arturo Valenzuela)의 책 『The Failure of Presidential Democracy: Comparative Perspective』이라는 두 저작이 중요하다.

그렇다면 어떤 정부 형태가 신생 민주주의

---

1) 이 문제는 신명순 교수님의 『비교정치』를 참조하여 만들었다.

국가의 민주주의를 유지하고 발전시키는데 더 유용한가? 정부 형태의 어떤 특징이 그런 결과를 초래하게 되는가? 민주주의의 안정과 발전이 정부 형태 만에 의해서 결정된다고 할 수 있는가? 이러한 제도 논의가 한국에 주는 함의는 무엇인가?

Ⅱ 대통령 중심제도의 특징

1. 대통령제도의 특성

대통령제의 특징은 다음과 같은 요인들이 지적된다. 첫째, 행정부와 의회의 권력 분립, 둘째, 국민들에 의해 국가 원수인 대통령의 선출과 임기 보장, 셋째, 대통령은 국가원수인 동시에 행정부의 수반, 넷째, 대통령은 장관을 임명하며 장관은 대통령에 복종하며 장관임명은 의회의 승인을 받음, 다섯째, 대통령만이 행정부에서 가장 높으며 여섯째, 장관의 의원직 겸직이 불가하며 일곱째, 대통령은 의회에 책임지는 것이 아니라 헌법에 책임을 지며 헌법에 대한 책임은 탄핵을 통해서 이루어지고, 여덟째, 의회 해산 불가와 의회와 행정부 간의 견제와 균형, 아홉째, 의회와 행정부 사이의 갈등시 사법부의 결정 즉 헌법이 최고의 권력을 가짐, 열 번째, 대통령제도는 권력의 독점이 아닌 권력의 분리를 특징으로 하기 때문에 권력을 독점하는 핵심적 기구가 없다. 이 중 가장 중요한 특징 두 가지는 첫째, 대통령과 의회의 이원적 정통성. 둘째, 대통령과 의회가 임기를 보장받고 선출되는 것이다.

몽테스키외의 '이원적 정통성'처럼 대통령과 의회는 각기 국민에 의해 선출되어 정통성을 나누어 가진다. 그리고 선출자가 국민이기 때문에 대통령과 의회는 상호간에 해임과 해산을 할 수 없다. 따라서 국민이 선출할 때까지 임기를 채우는 것이다.

2. 대통령제도의 장단점

먼저 대통령제도의 장점은 다음과 같다. 첫째, 행정부의 안정이 보장된다. 불안정한 내각제에 비해 임기가 보장되기 때문이다. 하지만 실제 몇 가지 예외를 제외하면 대부분의 내각제 국가들도 안정된 정부를 유지하는 데 성공적이다.

둘째, 인지성(identifiability)과 책임성이다. 인지성은 유권자가 자신이 찍은 후보가 당선된다면 그가 집권할 것이라는 것을 알면서 투표하는 것을 의미한다. 내각제의 경우 정당에 투표를 하거나 최종적으로 연립 구성이 되는 경우가 있기 때문에 자신이 최고 정책결정자를 뽑을 수 있는지에 대한 인지성이 낮다. 대통령제도는 높은 인지성으로 인해 정책에 대한 책임이 정당에 귀속되지 않고 대통령에게 돌아간다. 따라서 책임의 혼동이나 책임의 전가가 일어나기 어렵다. 반면에 내각제는 정당에 책임이 돌아갈 가능성이 높다. 따라서 대통령제도의 국가는 상대적으로 정당이 덜 발전할 수 있다.

대통령제의 장점의 일부는 단점이 될 수 있다. 대통령제가 단임을 규정할 경우 책임을 물을 수 있는 방법이 없다. 게다가 이런 경우에 정당에 대한 심판이 아니라 그 정당이 내세운 차기 후보에 심판이 집중된다는 단점이 있다. 이런 경우 후임자는 전임자의 실정에 대해 자신과 차별성을 강조할 것이다. 한국의 경우 1987년 노태우 후보가 당시 전두환 대통령과 차별화한 것이나 1992년 대선에서 김영삼 후보가 노태우 대통령에 대해 차별화를 꾀한 예가 대표적이다.

재선이 가능한 경우에도 문제가 발생한다. 재선이 목표인 경우 대통령은 문제의 원인을 의회로 돌리기 위해서 선거 직전 의회가 거부할 법안을 발의하여 의회의 거부를 유도한 후 정책 표류 등의 책임을 의회에 떠넘기려 할 수 있다.

이 외에도 대통령제도의 단점은 다음과 같다. 첫째, 대통령의 독점적 정통성의 주장과 낮은 지지율 사이의 문제가 있다. 실제로 2004년 대만 총통선거에서 천수이벤 후보는 차점자를 0.02%의 차이로 누르고 승리했다. 1992년 필리핀 대선에서 피델 라모스 후보는 23.6%의 지지를 통해서 당선되었다. 한국에서는 1987년의 노태우 후보가 36.6%로 당선되었다.

둘째, 이원적 정통성으로 의회와 대립시 해법이 없다. 의회 역시 국민적 정통성을 가진다. 그러나 두 기구가 충돌할 경우 어느 것이 우월한지에 그리고 어느 편이 더 국민을 대표하는지에 대해 결정할 민주주의의 원리가 없다.

셋째, 임기의 고정화에 따른 경직성도 문제이다. 대통령제도상의 경직성으로 인해 변화하는 정치 상황에 대처하기 곤란하다. 내각제가 불신임 투표를 가지는 데 비해서 대통령제도는 탄핵이라는 적용하기 곤란한 대안만을 가진다. 개인에게 의존하는 대통령제도에서 대통령의 사망이나 정책 판단의 오류 등에서 올 수 있는 정치 불안정을 해결할 수 있는 방법이 적다. 특히나 권위주의 정부로부터 민주주의체제로 이행하는 불확실한 상황에서 변화에 대처하는 유연성이 부족하다.

넷째, 대통령 직책이 가지는 양면성도 문제이다. 대통령은 국가 원수이면서 정당의 지도자이다. 따라서 국가원수에 대한 기대와 정당지도자에 대한 기대가 불일치할 수 있다. 내각제의 경우 국가원수를 따로 두고 있고 총리가 정당을 대변하기 때문에 이 문제에 직면하지 않는다.

다섯째, 각료의 소신정치가 곤란하다. 대통령제도에서 각료의 임명과 해임은 대통령에게 전적으로 달려있다. 따라서 대통령의 마음에 들지 않으면 언제든지 해임할 수 있다. 이런 경우 각료는 정치적 생명을 잃기 쉽다. 의원내각제의 경우 의원은 내각을 떠나면 의회로 돌아가 자신의 정치적 견해를 펼칠 수 있기 때문에 내각에서 소신에 기반을 둔 정책 표방이 가능하다.

Ⅲ　내각제도의 특징

1. 내각제(parliamentary system)[2]의 특징

내각제도의 특징은 다음과 같다. 첫째, 의회가 정통성을 지닌 유일한 기구이다. 정부의 핵심인 내각은 의회에 의해 구성되고 지속 역시 의회 신임에 달렸다. 둘째, 행정부의 우두머리가 국가원수인 군주 또는 대통령과 내각의 우두머리인 총리의 두 부분으로 구성된다. 셋째, 국가원수가 총리를 지명하고 총리는 각료를 임명한다. 국가원수에게 총리지명에 대한 재량이 거의 없으나 총리는 각료 임명에 재량권을 가진다. 넷째, 내각은 집단적인 집합체의 성격을 가진다. 권력이 집단으로 내각에 위임되었기 때문에 각료들은 내각의 결정에 집단적인 책임을 진다. 또한 총리는 '동등한 사람들 중에서 제1인자(first among equals)'에 불과하다.

다섯째, 내각의 각료는 대부분 의회의 의원이다. 따라서 각료들은 자신 지역의 요구에도 종속된다. 네덜란드나 노르웨이의 경우엔 의원이 각료에 임명되면 의원직을 사퇴한다. 이는 각료가 군주에게 충성을 하던 전통이 그대로 남아 있기 때문이다. 여섯째, 행정부는 의회에 정치적 책임을 진다. 의회는 공식적인 신임투표나 중요 정부 법안을 부결시킴으로써 정부를 사퇴하게 만들 수 있다. 따라서 내각제는 의회가 최

---

2) 내각제도 Parliamentarism 혹은 Parliamentary system에서 Parliament는 단순한 의회가 아니라 내각제에서의 의회를 지칭한다. 일반적 의미에서 의회는 assembly로 사용한다.

고의 권력을 가진다. 국가마다 의회의 우월성엔 조금씩 차이가 난다. 일곱째, 총리는 국가 원수에게 의회를 해산하도록 요청할 수 있다. 여덟째, 행정부는 의회에 대해 책임을 지기 때문에 유권자들에게는 간접적으로만 책임을 지게 된다.

2. 내각제의 장단점

내각제의 장점으로 들 수 있는 것은 다음과 같다. 첫째, 정치 과정에서 유연성이 있다. 총리가 정치를 잘 못할 경우 총리를 경질할 가능성이 있다. 이때 세 가지 방법이 있다. 집권당 내부에서 결정하는 방법과 연립정부시 연립구성에 참가하는 소수 정당이 내각에 지지를 철회하고 새로운 연립을 구성하는 방법, 야당에 의한 불신임 투표를 하는 방법이 그것이다.

둘째, 비합법적인 방법으로 장기집권이 일어나지 않는다. 내각제에는 재선이나 연임 규정이 없기 때문에 집권당 승리시 총리는 몇 년간이라도 통치가 가능하다. 독일 콜 총리는 1982년부터 1998년까지 16년간 집권했다. 영국의 마가렛 대처 총리도 1979년부터 1990년까지 11년간 집권했다.

장기집권가능성은 대통령제와 비교시 확실한 효과를 알 수 있다. 대통령제도는 단임이나 중임일 경우 집권 기간 내에 정책실현을 노린다. 따라서 시간 제약의 스트레스에 시달린다. 특히 정당정치가 발전하지 못하고 다음 정권이 동일 정당이 된다는 보장이 없을 경우 정책 단절에 대한 우려와 후임자에 대한 불신과 같은 강박관념이 생긴다. 이런 경우 정책을 서두르거나 필요이상 반대 의견을 적대시하거나 국내정치에서 타협보다는 경쟁과 갈등으로 여길 수 있으며 과다한 비용을 지출할 가능성이 높아진다. 이런 경우 신생민주주의 국가 등에서는 장기적인 정권연장을 위한 비합법적인 방법을 동원할 수 있

다. 반면에 내각제에서는 언제고 퇴임할 수 있고 언제까지고 재임할 수 있다. 게다가 퇴임이 후에도 다시 복귀가 가능하다.

셋째, 정치 지도자들이 의회 내의 위원회와 원내 활동이나 예비 내각(shadow cabinet)등을 통해서 다양한 정치 경험을 가질 수 있어 전문적인 정치인을 만들 수 있게 해준다. 대통령제도에서 정당 정치인이 아닌 사람이 대통령이 될 수 있는데 비해서 의원내각제도는 정당이 제도화되어 있기 때문에 정당을 통해서 정치인이 양성된다.

반면에 내각제 역시 단점을 가지고 있다. 첫째, 연립정부구성이 될 수 있고 정치 불안정을 초래할 가능성이 있다. 그러나 유럽의 사례들에서 정당정치가 발전한 경우들에서 연립정부가 불안정하지만은 않다는 점도 보였다. 독일의 경우처럼 기독교 민주당과 사회민주당이라는 두개의 정당이 있고 중간에 자유민주당이라는 제3당이 있어서 정당간의 타협을 통한 연립정부 구성을 촉진하고 그 속에서 대화와 타협을 유도하기도 한다.

둘째, 정치적 불안정과 짧은 내각의 수명으로 인해 정치의 연속성이 붕괴될 수 있다. 실제 2차 대전 이후의 이태리는 1948년부터 1987년까지 46차례에 걸친 내각교체를 경험했다. 내각의 평균 수명이 10개월에 불과했다. 프랑스의 3,4 공화국도 대표적이다. 그러나 이것은 의회중심 내각제에서 나타나는 현상이지 모든 내각제의 특성은 아니다.

Ⅳ 신생민주주의 국가와 정부 형태의 문제

1. 현 황

1980년대 민주화의 진척으로 인해 신생민주주의 국가들의 정치 형태와 민주주의간의 관계에 관심이 증대했다. 실제로 소련의 영향권에서 나온 동유럽과 해체된 소련 연방 내에 있던 국가들 25개 중에서 헝가리, 체코, 슬로바키아만이 내각제를 선택하고 나머지 국가들은 대통령제나 이원정부제를 채택하고 있다. 게다가 남미와 아시아 국가들 역시 대부분 대통령제를 선택했다.

2. 경험적 분석과 그 의미

주로 린즈와 발렌주엘라(Juan Linz and Arturo Valenzuela)의 책 『The Failure of Presidential Democracy: Comparative Perspective』의 주장을 중심으로 설명하겠다. 현상과 달리 경험적 연구는 민주주의의 실현과 민주주의 공고화를 위해서는 대통령제도보다는 내각제가 더 적절한 정부 형태라는 점을 보여준다.

1979년부터 1989년 사이의 기간에 민주정치를 실현한 국가가 43개였는데 이 중 내각제가 34개국, 대통령제가 5개국, 이원정부제가 3개국가 그리고 집단지도체제인 스위스가 있었다. 하지만 이 분석에는 오랜 민주주의의 역사를 가진 서유럽 국가들이 포함된 문제점이 있다. 따라서 서유럽을 제외한 분석이 필요하다.

OECD국가가 아닌 국가들 53개국 분석시 1973년부터 1989년 사이에 최소한 1년간 민주주의를 실천한 국가를 보면 28개 내각제 국가 중에서 61%인 17개국이 최소 1년간 민주주의를 실천했다. 반면에 대통령제 국가 25개국에서는 20%인 5개국만이 최소 1년간 민주주의를 실천

했다.

민주주의 역전에서 군부의 쿠데타가 중요한데 대통령제 국가에서 40%가 군부개입을 통해 정권을 장악한데 비해 내각제의 경우 18%만이 군부가 개입했다. 1945년부터 1979년 사이에 독립한 93개국의 경우 1980년에서 1989년까지의 10년간 민주주의를 계속한 국가는 15개국에 불과하다. 93개중 독립시 내각제를 채택한 국가는 41개국이다. 그중 15개(36%)가 민주주의를 유지했고 반면에 36개국이 대통령제를 채택했다. 하지만 10년간 민주주의를 유지한 국가는 하나도 없었고 군주국이나 이원집정부제도 마찬가지이다.

민주주의를 유지한 15개 국가 중 파푸아뉴기니와 나우루를 제외하면 모두가 과거 영국의 식민지라는 특성이 있다. 따라서 질문을 바꿔서 영국 식민통치의 경험이 민주주의를 유지하게 하는 것이 아닌가로 질문을 해볼 수 있다. 영국 식민지였던 50개 국가 중 43만을 분석해보면 내각제 국가가 34개 국가였다. 이 중 13개(38%)가 민주주의를 유지했다. 반면에 대통령제 국가는 5개국이었으나 민주주의를 실현한 나라가 없다. 이런 연구 결과는 내각제가 대통령 제도보다 민주주의 실현에 유용할 수 있다는 점을 보인다.

3. 평 가

대통령제도가 위험하고 내각제가 유용하다는 주장과 대통령제가 위험하다는 주장이 격돌하고 있다. 파워와 가시오로스키(Power & Gasioroski)는 정부 형태와 민주주의간의 상관관계가 적다고 한다. 실제 양 제도 중 무엇이 우월한지 결론 내릴 수 없다. 결국 정당 제도화의 문제, 정당 체계의 문제, 문화 등과 동시에 고려해야 한다. 한 나라의 정부 형태와 민주주의와의 관계는 정치제도들 간의 관계가 어떻게 구성되

는지에 달렸다고 볼 수 있다.

◉ **대안 목차**

   1. 신생국가에서 대통령제의 단점

   2. 신생국가에서 내각제의 장점

   3. 평가: 정부형태만으로 평가 곤란

Ⅴ 결론: 한국적 함의

   한국의 권력구조에 대한 논의가 있다. 대통령의 개헌안 발의 여부와 관계없이 한국의 정부형태가 1987년에 급속하게 그리고 숙고 없이 결정되었기 때문에 논의해볼 필요 있다. 신생민주주의 국가들이 민주주의의 생존 문제 차원에서 그리고 이후에 공고화차원에서 정부 형태에 대해 논의하고 있다. 한국은 생존문제보다는 공고화라고 하는 민주주의의 질적 향상의 시각에서 논의를 하고 있다.

   정부 형태에 대한 변화 논의에서 보았듯이 정부 형태도 중요한 문제이지만 정부를 운영하는데 있어서 다른 제도들과의 연관을 살피는 것이 중요하다. 한국의 경우 제도의 선호가 불분명하고 제도의 임시방편적 혼용이 문제가 된다. 따라서 새로운 제도로의 변동보다 정당정치의 발전을 가져오는 방안과 한국 정당구조에서 작동할 수 있는 정부의 권력구조를 모색해 보는 것이 필요하다고 보인다.

🎻 **기출문제와 연결**

제2문 2015년 5급 3번(합의제 민주주의에서 제도간 친화성) / 2013년 5급 1번(정부형태와 의회권한) / 2013년 입시 2번(한국의 내각제도 도입 논의) / 2012년 5급 1번(정부형태별 대표성과 책임성과 안정성비교)

제 003 문 제왕적 대통령제의 개선방안

후안 린쯔(Juan Linz)는 민주주의 유지에 있어서 대통령제도가 가진 단점을 지적했다. 한국도 '제왕적 대통령제'라는 정부형태의 구조적 문제가 있어 헌법을 개정하자는 주장이 있다. 반면 한국 정치에서 문제점을 대통령제도의 운영방식에서 찾고 이를 해결하는 제도적(혹은 법률적) 방안을 모색하자는 주장도 있다. 다음 질문에 답하시오. (총 40점)

(1) 한국에서 '제왕적 대통령제'의 의미를 설명하고, 제왕적 대통령제 출현 배경을 제도적 요인과 운영적인 요인에서 설명하고 제왕적 대통령제가 가져오는 정치적 문제점을 설명하시오. (20점)

(3) '제왕적 대통령제' 개선방안으로 중장기적인 차원에서 헌법 개정을 통한 방안의 타당성을 논하고, 헌법 개정없이 수행할 수 있는 제도적 방안(법률적 방안을 포함)들의 타당성 (feasibility)을 논하시오. (20점)

 문제의 맥락과 포인트

개헌을 한다면 가장 중요한 이슈가 권력구조를 개편하는 것이다. 이 문제는 제왕적 대통령제로 평가받는 한국 정부형태를 고친다면 무엇을 대안으로 할 것인지를 이론적으로 구분해 보고, 한국의 현실에 대입했을 때 문제점을 통해서 가장 현실적인 대안을 찾아보는 것이다. 정부형태는 문제스타일은 다르지만 본질적으로 묻고자 하는 것은 동일하다. 한국에 어떤 정부형태가 바람직한지이다. 따라서 다양한 문제 유형들을 보고 이에 대한 정부형태에 대한 이론적 설명과 구체적인 입증사례를 준비해두면 된다.

Ⅰ 서 론

현재 한국 대통령제는 지역주의정당과 보스 정치가 사라진 이후에도 여전히 제왕적이라는 평가를 받고 있다. 과거 유신체제와 같은 비민주주의가 사라진 민주화 이후에도 대통령제가 제왕적이라는 평가를 받는 것은 현재 대통령제가 가진 제도적 측면과 운영적 측면의 문제를

드러낸다. 헌법개정의 어려움을 감안하고 이를 해결하기 위한 방안들의 타당성을 검토한다. (대안 서론)

2017년 대통령탄핵이라는 사건은 한국 대통령제도의 문제점을 그대로 보여준다. 제왕적 대통령제도는 1970년대 닉슨행정부는 공격하기 위해 만든 개념이지만 이 개념은 그대로 한국에 적용될 수 있다는 점을 보여준 사건이 탄핵이다. 만약 다른 기관들에 의해 견제되었다면 대통령은 탄핵이라는 역사적인 평가를 받지 않고 그 이전에 견제되었을 것이다. 이런 현상은 한국의 권력구조에 대한 대안 논의를 가져온다.

Ⅱ 한국 대통령제의 의미와 배경과 문제점

1. 제왕적 대통령제의 의미: 권한남용과 협치부재의 국정운영 (3점)

한국에서 제왕적 대통령제는 대통령이 국정운영을 하는 데 있어서 일방주의를 사용하는 경우에 이를 비판하기 위한 개념이다. 즉 국정에서 협치를 등한시 하고 대통령이 정책을 일방적으로 밀어붙일 때 일방주의적 정책을 설명하기 위한 개념이다. 이는 대통령에게 실질적으로 너무 많은 권한이 부여되었기 때문으로 볼 수 있다. 즉 의회와 정당을 무시하고 독주를 한다고 비판하는 개념이다. 다만 한국에서 대통령에 대한 권한 남용 문제와 임기 후반 조기 레임덕이 걸릴 수 있다는 점에서 한국 대통령제가 무조건 제왕적으로만 보기 어렵다는 주장도 있다.

제왕적 대통령제는 미국의 닉슨 정부 시절 미국 대통령이 권한 확대를 비판하기 위한 등장한 개념이다. 특히 외교권한 남용을 비판하기 위해 등장한 것이다. 하지만 한국에서는 의회보다 대통령 권한이 강한 전통을 가지는 바 권한 남용의 범위가 포괄적이라는 점에서 차이가 있다.

2. 제왕적 대통령제의 원인: 역사적 원인과 제도운영상 원인 (10~12점)

(1) 대통령제도의 구조적 측면: 린즈 이론을 중심으로 (6~7점)

대통령제는 구조적 측면에서 제왕적이다. 이는 의회를 통한 수평적 책임을 추궁하기 어렵기 때문이다. 린쯔의 대통령제의 5가지 비판을 통해서 설명하면 다음과 같다.

첫째, 승자독식이 문제다. 대통령에 당선되면 대부분의 권력을 가진다. 특히 행정부의 권력이 막강해진 행정국가화로 인해 대통령은 의회 보다 권력수단이 막강하다. 그런데 의회는 헌법적으로 권력을 보유하고 있지만 집단적으로 권력을 행사하기 때문에 권력 행사가 어렵다.

둘째, 임기가 고정되어 있다. 임기가 고정된 대통령제의 특성으로 인해 대통령은 임기 중 정치적 책임을 묻기 어렵다. 여기에 더해 단임제인 경우는 재선의 기회도 없다. 따라서 대통령이 법적 책임만 제기되지 않으면 임기 중 책임을 물을 방법이 없다.

셋째, 대통령제는 이원정통성에 기반하기 때문에 의회는 수평적으로 책임을 물을 수 있지만, 대통령의 권력을 강력하게 제한하기 어렵다. 대통령에게 인민이 권력을 부여하기 때문에 의회는 대통령과 내각에 대해 견제는 할 수 있지만 실질적으로 내각제처럼 내각 불신임을 하기 어렵다.

넷째, 대통령은 위임민주주의를 사용할 경우 의회는 이를 견제하기 어렵다. 대통령은 포고령주의를 사용할 수 있다. 이는 의회권력을 우회하는 것이다. 이런 경우 의회는 대통령을 견제하기 어렵다. 특히 대통령이 전국을 단위로 선거하기 때문에 의회의 지역단위 정당성을 무시하기 수월하다.

다섯째, 대통령이 외부인이 당선될 가능성이 높다는 점도 문제다. 대통령이 의회주의자가 아니라 외부인인 경우 의회는 대통령을 견제하기 어렵다. 외부인이 지지를 갑자기 받게 되는 것도 문제지만, 제도적 기반이 없기 때문에 대통령에 대해 책임을 묻기 어려운 것이다. 만약 대통령이 재선을 포기하는 경우 대통령에 대해 책임을 물을 수 있는 방안이 없는 것이다.

(2) 대통령제의 운영상 문제: 한국적 특성 (5~6점)

제왕적 대통령제는 크게 두 가지로 원인을 규정할 수 있다. 첫 번째는 역사구조적 측면이다. 한국은 1948년부터 대통령제를 사용해왔다. 그 이전 식민지 시절 함자 알라비가 개념화한 과대성장 국가를 물려받은 한국에서 대통령제는 행정부의 강력한 권한과 연결되었다. 3공화국 이후 유신체제와 5공화국을 거치면서 대통령은 '국가원수'로 헌법에 기록되었다. 이는 입법, 사법에 앞서 국가를 통치하고 대표하는 가장 주된 역할을 하는 권력기관이 된 것이다. 이렇게 형성된 강력한 대통령의 권력과 위상은 민주화 이후에도 지속되고 있다.

역사구조적 측면에서 대통령제가 가지는 경로의존성과 운영방식이 중요하다. 한국은 1960년 2공화국을 제외하고 지속적으로 대통령제를 유지해왔다. 누구를 보고 선택할 것인지를 의미하는 '인지성'을 강조하는 한국 정치의 인물 중심적 성격이 강하게 작용한 것이다. 이는 대통령이 제왕적일 수 있는 기반을 만들거나 유지하는데 국민적 거부감을 없게 만들었다.

관료제의 확대와 강화, 의회로부터 자유로운 통치의 관행, 법적 규정들이 제왕적 대통령을

강화시켜준다. 헌법의 국가원수 규정이 유지되고 이를 근거로 정부형태가 운영되는 것이 대표적이다. 국민투표규정에서 대통령의 권한이나, 대법원장 임명에서 대통령이 지명하는 권한도 남아있다. 또한 정보기관운영이나 행정입법의 폭이 넓은 것도 대통령의 권력을 강화한다. 이는 포괄적인 차원에서 정치문화측면에서 제왕적 대통령제를 지지하게 만든다.

둘째, 민주화 이후 제도운영상의 문제점이 있다. 세부적인 첫번째로 비서실을 중심으로 통치하면서 제왕적 대통령이 강화된다. 비서실은 대통령의 인사권한에 영향을 미친다. 이는 각 부처의 장관보다 비서실 실세를 중심으로 정치를 운영하게 만든다. 정당보다도 선거 캠프 인사들이 중요해지면서 제도보다는 인적운영을 강조하게 한다. 게다가 5년 단임제로 인해 빠른 성과가 중요해지면서 비서실이 정치에 더 중심에 서게 한다. 이는 대통령이 통치할 때 정부와 정당 그리고 의회와 관계 없이 통치하게 만들면서 제왕적 대통령이 되게 한다.

세부적인 두 번째로 검찰을 이용하는 통치의 사법화를 들 수 있다. 민주화 이후 경찰이나 국정원이 아닌 검찰을 이용해 사정문제들을 다루었다. 검찰출신이 민정비서관이 되면서 다양한 문제에 대한 법적 자문과 관리를 하면서 대통령은 좀 더 제왕적이 되었다.

세부적인 세 번째는 포퓰리즘 전략을 사용하는 것이다. 대통령제의 승자독식은 공공기관을 포함한 인사권에서 드러난다. 청와대는 7천 개가 넘는 대통령 인사권에 개입하는 것이다. 게다가 한국 정치가 양극화되면서 정파성에 기초해 표를 확보하고 이익을 나누는 포퓰리즘 전략이 먹힌다. 이 역시 대통령을 제왕적으로 만들고 있다.

3. 제왕적 대통령제가 가져오는 문제점 (5점)

3가지 문제점을 지적할 수 있다. 첫째, 견제 균형체제의 붕괴이다. 대통령제의 핵심은 이원적 정당성을 통한 견제이다. 문제는 대통령제 권력이 강화되면서 실질적으로 견제균형의 원리가 약화 혹은 붕괴한다는 것이다. 이는 국민들의 자유 침해로 이어진다.

둘째, 의회와의 협치 부족이다. 대통령제는 의회와의 관계가 중요하다. 그런데 제왕적 대통령은 이런 협치를 붕괴시킴으로서 의회의 정당성을 약화시키고, 이는 대의민주주의 전체를 약화시킬 수 있다.

셋째, 정당정치의 제도화 약화와 인적 정치 강화를 들 수 있다. 대통령이 청와대와 비서실을 중심으로 정치를 운영하면 제도정치인 정당은 약화된다. 한국 정당의 낮은 제도화수준을 고려할 때 이는 다시 인적 정치의 강화로 이어질 것이다.

Ⅲ 대안들의 비교: 헌법 개정과 제도 개편 방안

한국 대통령제의 개편의 기준은 '실현가능성'에 있다. 지문의 타당성은 실행가능성을 의미하는바 여기서는 중장기적인 헌법 사안과 단기적인 제도적 사안으로 구분해 다루어본다.

1. 헌법 개정을 통한 방안 (8~10점)

(1) 원대통령제

한국의 대통령제도를 중임제도를 기초로 한 원대통령제도로 바꾸는 방안이다. 대통령제도에 대한 유권자의 높은 선호도와 안보문제와 같은 빠른 대처가 필요한 이슈에서의 순발력을 발휘

하기 좋은 제도가 대통령제도 하는 점과 이런 제도를 임기를 확장해서 운영할 수 있게 한다는 점은 장점이다. 또한 연임을 가능하게 함으로서 재선의 유인을 제공하는 것도 대통령제를 통제하는 하나의 장치이다.

반면에 의원내각제 요소를 제거하여 의회와 정부간의 관계를 재정립하는 것도 필요하다. 이 것은 의원내각제의 특징이 대통령제에 결부되어 제도의 독립적인 운영을 어렵게 한다. 이러한 제도 개편은 한국인들의 빠른 정책결정, 인적인 측면에서 정치의 이해, 책임을 명확히 하고 그에 대한 문제제기를 명확히 할 수 있다는 점에서 한국의 정치문화와도 잘 부합한다.

(2) 의원내각제

의원내각제는 정부를 의회를 중심으로 하고 내각이 그 중심에서 정치를 운영하는 방안이다. 의원내각제도는 의회가 정치의 중심이며 의회가 정부를 구성하게 한다. 이때 내각을 실질적으로 중요한 정책결정기구로 삼을 수 있다.

의원내각제가 작동하려면 정당이 제도화가 되어야 한다. 의회가 토론을 위한 공간이 되어 내각 불신임과 의회 해산에도 불구하고 정치의 중심에는 정당이라는 제도가 있어야 한다. 만약 정당의 제도화조건이 맞지 않으면 의회와 행정부 모두 제도화가 안 되고 정당도 제도화가 안 되어 제도정치를 기대하기 어렵다.

그러나 의원내각제도는 한국에 부합하지 않는다. 우선 한국의 정치문화가 내각제의 결정방식을 인내하기 어렵다. 결정성을 강조하는 한국의 정치문화에 부합하지 않는다. 게다가 누가 지도자가 되는지 알기 어려운 인지성의 부족도 한국의 정치문화에는 부합하지 않는다. 권력을 나누고 연립정부를 만드는 것은 정당의 능력과 신뢰성에 기초하는데 이것이 부합하지 않는 것

도 이유가 되겠다.

(3) 이원집정부제

이원집정부제는 단점일 때 대통령제와 분점일 때 내각제도를 통해 운영된다. 이 제도는 내각제도와 대통령제도의 단점을 피할 수 있지만 두 제도의 단점을 모두 가질 수도 있다. 만약 이 제도가 단점이 되면 대통령에게 너무 많은 권력이 돌아간다. 그러나 분점이 되면 권력은 나뉘게 되는데 이 상황은 대통령이 선거를 한 이유가 없게 된다.

한국에서 이원집정부는 제도적인 측면에서도 적용가능성인 낮다. 또한 대통령제도를 선택하고 인물을 중심으로 정치를 이해하는 정치문화에도 부합하지 않는다. 총선의 결과에 의해 대통령의 권력이 아무 의미가 없게 되기 때문이다.

(4) 평가

헌법 개정이 쉽지 않기 때문에 우선순위를 두기 어렵다. 제도적 개정을 통한 방안이 우선적으로 검토될 수 있다. 헌법 개정에 대한 필요에도 불구하고 헌법 개정을 위한 쟁점 선정등이 국민적 합의에 필요한 시간이 많이 걸린다. 따라서 중장기적으로 고려할 수 있다. 만약 개헌 방안을 잡는다면 정치제도의 작동가능성과 정치문화차원에서 볼 때 한국에서는 원대통령제도가 현재의 제왕적 대통령 제도를 변화시킬 수 있는 방안이다.

2. 제도 개정을 통한 방안

(1) 책임총리제

대통령제하에 총리의 권한을 강화하는 방안으로 대통령의 권력을 제한하는 것이다. 현재 총리를 두고 있기 때문에 총리에게 많은 권한을 이양하고 이를 실현하게 하는 것이다. 이는 이

원집정부제로 개편없이도 가능하다.

하지만 이 방안은 실현 가능성이 높지 않다. 현재 총리는 대통령을 보좌하고, 대통령의 명을 받아 행정각부를 통할한다. 실제 대통령이 총리 임면권을 쥐고 있기 때문에 총리는 언제든지 유명무실해질 수 있다. 다만 노무현정부의 이해찬 총리나 김대중정부의 김종필 총리의 경우는 책임총리에 가까울 정도로 권한이 강했다. 이는 대통령의 의지나 다당제 상황에서 정당 연대라는 특별한 상황에서 만들어진 것이다. 일반화하기 어렵다는 점에서 책임총리제는 현실적으로 제왕적 대통령제를 견제하는 데 큰 역할을 수행하기 어렵다.

(2) 정당 강화와 책임 정당제

제왕적 대통령제를 약화하기 위해서는 대통령과 참모들의 인적인 통치를 제도로 변경해줄 필요가 있다. 제도 중에서 정당을 통해서 문제를 해결할 수 있다. 정당이 영속성을 가지고 이념에 기초해 통치할 경우 안정적인 국정운영이 가능하다. 게다가 정당내 의원들을 중심으로 장관을 인선하면 정당정책이 행정부에서 구현될 수 있다.

이를 위해서는 책임정당론 혹은 대중정당이 필요하다. 책임정당론과 대중정당은 진성당원이나 정당지지 유권자의 수가 많은 상황에서 이들의 수요에 기초해 정책을 만드는 것이다. 이를 통해 대표성과 응답성을 확보할 수 있다.

하지만 이 역시 현실적이지는 않다. 한국 정당은 원내정당화하고 있다. 대중정당이나 책임정당의 기반이 약하다. 지구당 폐지와 정당후원금 폐지등으로 정당과 유권자간의 접촉 통로가 약화되었다. 따라서 정당을 강화해 청와대를 대체하기 어렵다.

(3) 인사권 통제방안

대통령에게 가장 강력한 것이 인사권이다. 특히 한국의 경우 총리를 두고 있고, 감사원장을 임명하고 있다. 또한 차관과 고위공직자도 대통령이 인사권을 쥐고 있다. 이는 민주화이후 대통령에게 강력한 권한을 부여한다. 따라서 인사권을 통제하는 방안으로 제왕적 대통령의 권한을 약화시킬 수 있다.

따라서 인사권을 통제하는 방안으로 다음 방안을 고려해 볼 수 있다.

첫째, 차관급 이상을 인사청문대상으로 확대하고 국회에 인준권한을 부여하는 것이다. 이를 통해 국회와 청와대가 넓어진 인사 풀에 대한 인준과정에서 협력과 견제를 하게 만드는 것이다. 국회도 매번 반대만 할 수 없게 압박을 받을 수 있다.

둘째, 장관들이 소속기관의 고위공무원단등에 대한 인사권을 주는 방안이다. 이는 청와대의 인사권을 장관에게 넘기게 만든다. 이를 통해 책임 장관제를 실시할 수 있다. 이 역시 청와대 보다 행정부가 실제 정책을 만드는 실세가 되게 한다.

셋째, 사정기관이 제왕적 대통령 운영에 중요한 바, 경찰청장, 검찰총장, 국세청장의 임명에 있어 여야합의 국회 추천방안을 사용해 볼 수 있다. 이런 인사권의 이전은 실질적 권력 기관이 개인화되는 것을 막을 수 있다. 또한 정당 간의 협력을 통해 배분하여 대통령의 권한을 제한 할 수 있다.

(4) 평가

3가지 방안 중에서 인사권을 통제하는 방안이 가장 빠르게 개편할 수 있는 방안이다. 제왕적 대통령제의 견제가 필요하다는 국민적 합의가 있으면 추진해볼 수 있다.

Ⅳ 결 론

한국은 제왕적 대통령제도를 변경하기 위해 중장기적으로는 미국식 원대통령제로 개편하는 것이 유용하다. 다만 단기적인 제도적 차원에서는 인사권의 개편이 가능하다.

제004문 한국의 대통령제 변화 방안들 비교

한국의 권력구조는 대통령제이다. 87년 체제가 만들어질 때 제왕적 대통령제로 규정한 이 정부 형태에 대한 변화가 필요하다는 주장들이 있다. 변화가 필요한 이유를 설명하고 변화시킨 다면 어떤 방안이 한국에 적실한지 논하시오. (40점)

문제의 맥락과 포인트

정부형태의 다른 문제이다. 한국 정부형태의 문제점과 대안 가능성을 따져보는 것이다. 이론과 현실적합성이라는 두 가지 기준으로 설명할 수 있는지를 확인하는 문제이다. 이 문제는 강원택 교수님의 논문 내용을 정리하기 위한 문제이다.

Ⅰ 서 론

1987년 민주화 이후 절차적 민주화는 완성되었다. 3차례의 정권교체도 있었다. 그러나 제도적인 차원에서 대통령탄핵사태는 제왕적 대통령제의 본질을 보여준 것이다. 따라서 탄핵은 87년 체제의 핵심인 권력구조 변경 논의를 가져왔다. 변경의 필요성과 변경방안을 논한다.

Ⅱ 변경을 해야 할 이유들[3]

1. 여론의 변화

과거에는 정부형태 개정의 논의가 별로 없었음:

예외 사례 1) 2007년 노무현대통령의 원포인트 개헌논의(5년 단임제의 4년 연임제도로의 변경제안). 이때 여론조사는 찬성 43%, 반대 43.5% 모름이나 무응답이 13.5%로 나옴. 그러나 당장개헌하지 않아도 된다는 입장이 80%가 됨.

예외 사례 2) 2014년 개헌관련 여론 조사. 관심있음 46%, 관심 없음 48%. 무응답 6%.

2016년 탄핵사태와 관련 여론의 입장 변경: 2016년 여론 조사. 76.2%가 개헌 찬성. 진보층 78.1%와 보수층 77.6%, 중도층 75%로 나타남. 연령별로도 고루 높게 나옴. 40대가 80.1%, 50대가 79.3%로 나옴. 거주 지역별로도 차이가 크지 않고 정당별로도 큰 차이 없이 70%이상으로 나옴.

---

3) 강원택, "헌법과 권력구조", 『한국민주주의의 미래와 과제』(서울: 한울, 2017)을 요약하였다.

2. 국민들의 요구 두 가지 요인

첫째, 제왕적 대통령제로부터의 탈피가 필요. 이것은 제도적인 차원보다는 권력 운영과정이 문제임. 세부적인 원인들 ① 대통령의 여당 장악(지역주의적 투표, 공천권, 정치자금을 기반으로 과거부터 통제함), ② 권력기관에 대한 통제력을 가짐(검찰, 국세청, 국정원, 경찰을 통제하고 이들 기관이 자율성이 없음). 박근혜 대통령의 사례로 공천에 개입. 유승민에 대한 배신의 정치가 대표적인 사례. 또한 권력기관을 이용해 집권당을 압박하고 정치적 반대자들 압박함.

둘째, 무기력한 대통령. 대통령제도가 5년 단임제도이고 중간선거들이 있어서 제도적으로 레임덕에 걸리기 쉬움. 단임 제도는 선거 직전에 현직 대통령이 여당과 야당 모두에게 공격받음. 다당제가 되어 여소야대가 되면 국정운영 어려움, 박근혜 대통령도 동일함. 2016년 선거에서 새누리당이 제2당으로 추락함.

3. 지역주의 정치에 대한 불만

지역주의로 반응성과 책임성에 문제가 심각. 정당이 유권자 요구에 반응하지 않음. 또한 지역패권정당으로 정당지배 체제가 장기간 지속되어옴.

유권자들의 정치권일반의 무능과 부패가 현재 정치상황의 근본적인 원인으로 파악.

여론조사에 따르면 76.2%가 한국 공정성에 문제가 있다고 대답.

Ⅲ 개편 방향[4]

1. 제도 대안에 대한 사회적 합의 부족

2. 제왕적 대통령제에서 탈피필요

리더십의 인치보다는 제도를 통한 문제해결이 더 중요

3. 대통령 제도의 승자독식구조

합의보다는 다수 지배의 경향. 권력 독주 가능성이 높음. 책임총리제를 통한 경제 곤란. 권력기관의 자율성이 약함. 검찰, 경찰의 독립성과 중립성 보장이 필요함.

4. 이원 정부적 형태:

(1) 제도 운영방식들

총리의 국회선출과 대통령의 국무총리제청에 따른 국회해산권 보유. 국무총리가 독자적인 내정을 총괄함. 외교, 국방, 통일, 안보 정책 심의 기구를 설치하고 기구의 의장직을 대통령이, 부의장직을 부통령이 보유함. 그러나 이 제도 역시 문제가 있음. 대통령과 총리 사이의 권력 분할이 쉽지 않음. 대통령과 총리의 견해가 상반될 경우 문제가 심각해짐. 동거정부 형태의 정책영역배분이 문제가 될 수 있음.

(2) 프랑스 사례

프랑스가 대표적인 국가인데 이 사례는 대통령이 강력한 권력을 보유함. 다만 동거정부에서 권력이 약화되는 것임. 권력 분할의 경우 선의에 의해서 권력배분이 될 것을 기대하기는 어려움.

---

4) 강원택 교수님의 논문은 구체적인 제도간 비교가 목적이 아니고 원칙을 정해주는 것을 목표로 하고 있다. 따라서 답안지 목차라기보다는 논문의 문제의식을 공유하는 차원에서 보면 좋겠다.

5. 한국 2공화국의 사례

내각제도로 운영. 대통령은 국가 원수로 국가를 대표. 행정권은 국무총리가 이끄는 국무원에 있음. 그러나 윤보선 대통령은 상징적이고 중립적인 국가원수 역할보다 실제 정치적 영향력 행사를 원했음. 이로 인해 대통령과 총리가 경쟁하였고 이것이 2공화국 몰락의 원인이 되었음. 이 사례를 보면 대통령과 총리의 권한을 나눌 때 '정책의 영역'을 중심으로 분권화하는 것은 위험함.

6. 오스트리아의 사례

대통령직선 선출하고 총리와 내각이 정책집행의 권한을 가지는 사례. 대통령에게 포괄적인 권한이 부여됨. 실제로 의회해산권, 연방군 통수권, 긴급 명령권, 연방헌법재판소장 임명권 등이 부여됨.

그러나 권한 행사에서는 소극적이거나 유보적인 행태를 보임. 의회가 총리와 내각 불신임권을 가지고 있어 대통령권한 무력화가 가능함. 의회해산권 역시 총리의 제청이 있어야 가능하고 최고 재판소 판사나 연방공무원의 임명도 관련 기관의 제청이 있어야 함.

그런 점에서 대통령과 총리 간의 역할 분담의 선명성을 높이는 분권형 대통령제로 작동

7. 대 안

대통령에게 국가관련 사안(사면권, 훈장 및 영전 수여권, 조약 비준 외교사절관련 권한)에 대한 결정권을 넘기고 총리에게 행정집행권을 부여하는 방안이 유용함. 이런 방식으로 권한을 축소할 수 있음.

수직적인 권력 분할도 가능. 지방자치 단체에 권한 배분. 그레고리 헨더슨의 한국 정치에 대한 평가가 '소용돌이 정치'라면 권력을 지방으로 배분해줄 수 있음.

책임성을 추궁할 수 있으려면 재선의 기회를 부여해야 함. 그러나 이 부분도 재선 이후에는 동일하게 책임추궁이 어렵기 때문에 본질적인 한계를 가짐.

정리하자면 대통령 1인에게 권력보유한 제도 → 수평적(총리와 내각) + 수직적(지방분권화)

Ⅳ 결 론

분권형 대통령제의 변화방향에도 불구 국회와 정당의 역할도 중요. 이를 위해서는 선거제도의 개편을 통해 유권자의 평가와 반응에 민감하게 되어야 함.

최근 헌법 개정에 대한 정치권과 국민들의 관심이 높다. 1987년 민주화과정에서 정부형태에 대한 대안을 고려하는 것이 부족했고 과거의 대통령제도를 직선제도로 고치면서 주로 의회와 사법부와의 관계만을 수정했기 때문에 대통령제도의 문제점들이 그대로 유지되고 있기 때문이다. 대통령제도의 변화 여부와 유지 시의 세부적인 제도들의 변화에 대한 여러 논의가 진행되고 있다. 다음 질문에 답하시오. (총 50점)

(1) '제도공학(institution engineering)적 접근'이 상정하는 인간과 제도에 대한 가정을 설명하시오. (5점)

(2) 대통령제도의 권력의 수권방식을 설명하고 수권방식이라는 제도적 특징에 따라 대통령제도가 가지는 제도적 장점과 단점을 설명하시오. (10점)

(3) 한국의 현행 대통령제도의 문제점들을 제도적 요소와 운영상요소로 나누어 설명하시오. (10점)

(4) 현행 권력구조인 대통령제도에 대한 개편방안들로 의원내각제도와 이원집정부제들의 특징을 설명하고 한국의 대안가능성 여부를 논하시오. (10점)

(5) 대통령제도를 유지한다고 가정할 때 현행대통령제도의 '단임제도', '국무총리제도와 부통령제도부재', '의원내각제적 요소삭제' 측면에서 제도 개편 방안에 대해 논하시오. (15점)

Ⅰ. 서 론
Ⅱ. 제도공학적 접근
  1. 인간에 대한 가정
  2. 제도에 대한 가정
Ⅲ. 대통령제도의 권력의 수권 방식과 제도적 특징
  1. 권력의 수권 방식: 이중 위임에 따른 권력의 견제와 균형
  2. 제도의 장점과 단점
Ⅳ. 한국 대통령제도의 문제점
  1. 제도적인 측면의 문제점
  2. 제도적 문제 vs. 운영상의 문제

Ⅴ. 대통령제도에 대한 대안
  1. 의원 내각제로의 변화안: 의원내각제의 특징과 적용 가능성
  2. 분권형 대통령제: 분권형 대통령제의 특징과 작동 가능성
Ⅵ. 대통령제도의 부분적 수정 방안들
  1. 단임제도에서 중임제도로의 변경의 예상 효과
  2. 국무총리제도 폐지와 부통령제도 신설의 예상 효과
  3. 의원내각제적 요소의 제거의 예상 효과
Ⅶ. 결 론

 문제의 맥락과 포인트

앞의 문제의 연장선상에 있는 심화문제로 제동공학을 구체적으로 묻고 있다. 제도가 인간 행동패턴에 영향을 미친다는 제도공학의 관점에서 볼 때 대통령제도의 제도적 특징을 구체적으로 설명하는 것이 이 문제의 핵심이다. 그리고 제도를 운영하는 사람의 관점에서 운영상 요소 역시 나누어 묻고 있다. 따라서 제도 자체의 효과와 운영상의 효과를 구분하여 어떤 부분이 한국 대통령제에서 중요한 문제점으로 지적될 수 있는지 찾는 것이 필요하다. 이러한 접근은 하나의 시각이기 때문에 다른 문제에도 적용해 볼 수 있을 것이다.

Ⅰ 서 론

한국의 다당제라는 조건아래 잦은 분점정부의 문제와 단점 시 대통령의 권력전취현상에 따른 정치적 갈등의 강화는 대통령제도의 폐단인가? 아니면 대통령제도의 본질적 장점이 되는가? 변화하는 환경과 새로운 가치를 담기 위해서 정부형태는 어떠한 정부형태가 바람직한가? 그리고 대통령제도 유지를 전제로 하여 현행 대통령제도의 부분적 문제점을 개선하기 위해 제시되는 방안들은 효과적인가?

Ⅱ 제도공학적 접근

1. 인간에 대한 가정

제도공학적 접근은 제도의 개선을 통해서 정치적 결과에 변화를 가져올 수 있다는 입장이다. 따라서 제도의 개선은 정치적 목적 달성에 있어서 가장 중요한 요소라고 본다. 제도공학적 접근에서 인간은 오류를 가진 인간으로 상정된다. 인간은 완전하지 않고 신뢰하기 어려운 요소가 있다. 따라서 인간에 의한 정치인 인치는 정치적 유연성이 있을 수 있지만 지도자나 정치인이라는 인간에 대한 신뢰에 바탕한 정치가 언제든지 붕괴될 수 있다는 위험을 가지고 있다. 따라서 인적인 요소에 의한 가변성을 줄이고 '기대'를 안정화시키는 것이 중요하다.

2. 제도에 대한 가정

제도공학에서 제도는 구조와는 다르고 인적인 요소인 개체와도 다르다. 정치문화나 가치관이나 시장의 힘과 같은 구조적요소를 직접적으로 개편하는 것은 어려운 일이다. 또한 앞에서 본 것처럼 인적 요소는 가변성이 너무 높다. 따라서 제도접근은 인적인 요소의 가변성을 줄이면서 구조적 요소의 경직성을 완화하기 위해 제도 개선을 추진한다.

제도는 기대를 안정화시키는 것으로 구체성의 정도에 따라 다르다. 제도를 얼마나 구체화하는가에 따라 제도의 효과 역시 달라진다. 제도는 정치행위자들의 기대의 변화를 가져옴으로써 제도를 운용하는 방식을 달리하게 한다. 제도의 변화는 이런 기대의 변화에 기인하며 기대의 변화를 통해서 행위자들의 정치적 사고를 달리하여 정치적 결과에 변화를 가져온다.

Ⅲ 대통령제도의 권력의 수권 방식과 제도적 특징

1. 권력의 수권 방식: 이중 위임에 따른 권력의 견제와 균형

국민들의 이중위임에 입각해 제도를 구축한다. 즉 이원적 정통성을 가지는 것으로 대통령제도는 견제와 균형을 위해 대표를 두 번 선출한다. 따라서 의회의 대표를 선출하고 대통령을 선출한다. 이는 몽테스키외의 자유를 위한 '견제와 균형'논리에 기반을 둔 것으로, 이중위임은 국민으로부터의 위임을 의회와 대통령이 수권함으로써 상호간 견제와 균형은 가능하지만 내각에 대한 불신임과 의회를 해산할 수는 없게 한다. 따라서 이로 인한 분점시의 교착이 문제가 된다.

2. 제도의 장점과 단점

먼저 대통령제도의 장점은 행정부의 임기고정에 따른 안정성의 보장과 인지성의 확보와 그에 따른 책임성의 확보가능성을 들 수 있다. 행정부의 수반이 국민에 의해 선출됨으로써 행정부의 구성은 대통령의 임기동안 보장된다. 또한 견제와 균형의 논리상 행정부와 의회는 상호 견제를 위해서 제도적인 간섭을 막고자 의원의 장관직 겸직을 금지시킨다.

또한 누구에게 표를 주고 누구를 국가수반으로 할지를 직접적으로 국민이 선택함으로 인해 인지성이 높아지고 그에 대한 정치적 책임 추궁도 가능하다. 반면에 의원내각제는 의회를 구성하면 다수의 정당에서 총리를 선출하기 때문에 총리에 대해 국민이 직접선거를 하지 않고 그에 따라 정치적 책임성을 묻지도 못한다.

반면에 단점은 린즈의 비판처럼 승자독식구조(Winner-takes-all Game)의 문제와 대통령의 임기보장에 따른 경직성의 문제와 O'Donnell이 지적한 "위임민주주의(delegative democracy)"현상을 들 수 있다. 또한 견제와 균형이 교착을 구조화하는 문제도 있다.

Ⅳ 한국 대통령제도의 문제점[5]

1. 제도적인 측면의 문제점

첫째, 단점시 제왕적 대통령제도의 문제와 분점시 deadlock 상황.

둘째, 한국대통령제의 혼합적 성격으로서 의회제적 요소의 중복에 따른 문제점.

셋째, 원대통령제도 제도적 부족.

넷째, 상대 다수제 선출 방식과 정당성의 문제.

2. 제도적 문제 vs. 운영상의 문제

운영상의 리더십이 부족한 문제.

Ⅴ 대통령제도에 대한 대안

1. 의원 내각제로의 변화안: 의원내각제의 특징과 적용 가능성

2. 분권형 대통령제: 분권형 대통령제의 특징과 작동 가능성

Ⅵ 대통령제도의 부분적 수정 방안들

1. 단임제도에서 중임제도로의 변경의 예상 효과

단임제도는 대통령의 책임성 추궁하는데 문제가 있다. 단임제도로 인한 조기 레임덕의 문제 역시 연임제도로 보완할 수 있다. 조기 레임덕으로 인해서 국가정책의 연속성이 떨어지는 측면이 있다. 또한 단임제도는 과거 장기집권에 대한 역사적 반성에서 비롯된 것으로 현재는 장기집권과 독재의 위험성은 사실상 사라졌고 이보다는 좀 더 장시적인 정책마련을 위해서는 중임제도로의 개편이 필요하다.

이에 대한 반론 역시 거세다. 단임제도가 책임추궁에 맞지 않고 중임을 통해서 대통령에 대한 평가를 할 수 있다는 입장은 중임제도로 변경시 대통령이 재임을 위해 선심성 정책을 남용할 수 있다는 단점이 있다. 연임을 위해 오히려 4년동안 인기에 영합하는 단기적 정책수행을 할 여지도 높다.

조기레임덕의 문제도 그대로 남는다. 대통령의 연임이후 후반에 레임덕의 문제는 해결되지 않기 때문이다. 그리고 실제로 대통령제도를 취하는 국가들 중에서 연임이 결코 일반적인 것이 아니라는 점도 고려해야 한다.

5) 앞의 문제에서 설명한 부분이므로 제목만 달도록 한다.

어떤 민주주의도 권위주의의 위험이 남아있다는 점을 지적하는 입장도 있다. 이에 따르면 단임제폐지의 근거인 민주주의의 공고화와 자연스런 생존 가능성가정은 문제가 있다는 것이다.

이와 관련해서는 관건선거의 문제도 고려되어야 한다. 4년 중임제의 경우 대통령은 임기 시작과 동시에 다음 대선 준비를 착수하게 될 것이고 특히 고위 공직자들은 장차관이 되기 위해서 관건을 휘두르게 될 수 있다.

단임인가 연임인가의 문제는 대통령제도의 문제이지만 이보다는 정책의 연결성과 지속성 측면에서 정당정치의 제도화가 더 중요할 수 있다. 정당이 제도화되면 대통령의 인물이 중심이 아니라 정당정책의 측면에서 정책은 지속될 수 있고 평가는 정당에 집중될 수 있다.

따라서 만약 중임제를 하게 된다면 제도를 통해서 대통령에 대한 평가를 상시적으로 할 수 있게 하는 것이 필요하다. 예를 들어 공무원의 관권선거와 관련해서는 국회의 통제권을 강화하는 것이 필요하다. 그리고 임기를 4년으로 하고 국회의원선거를 중간 선거로 하여 대통령을 견제하는 것이 필요하다. 또한 현재처럼 단임으로 인해 선거결과가 나옴과 동시에 다음 대선주자가 부각되는 것은 대통령에 대한 레임덕을 가져올 수는 있지만 대통령에 대한 통제 요소가 된다.

2. 국무총리제도 폐지와 부통령제도 신설의 예상 효과

국무총리제도가 가지는 의원내각제적 요소를 제거하고 부통령을 두는 것이 국민의 선출에 의한 부통령에 의해서 대통령의 권력공백을 메운다는 점에서 대표성에 부합한다. 또한 지역정당구조에서 부통령제도는 런닝메이트를 선출하여 지역대표성의 한계를 극복할 수 있게 해준다.

반론 역시 만만치 않다. 부통령제도가 대통령제의 필수적 요건은 아니라는 점, 유고가 아닌 정상적인 상황에서는 부통령이 필요하지 않다는 점, 대통령에게 권한을 일임한다는 대통령제도의 원칙과도 어울리지 않으며 권력내부에서도 마찰이 생길 수 있다는 점은 부통령제도가 올바른 대안은 아니라고 한다. 과거 우리나라 1공화국에서 대통령과 부통령의 불협화음이 대표적이다.

또한 지역 간 연대를 가능하게 해준다는 부통령제도의 장점은 극복되어야 할 지역주의를 제도적으로 고착화할 수 있다는 단점을 가진다. 또한 부통령제도는 대통령직 승계에 적합해야 하는 것이 기준이나 당선가능성에 초점을 둔다는 점에서 문제가 있다.

이보다는 제도의 경로의존성을 인정하고 국무총리제도가 가지는 국회와 행정부의 갈등완화 가능성에 주목하는 것이 바람직하다.

3. 의원내각제적 요소의 제거의 예상 효과

의원내각제적 요소로서 법률안제안권과 헌법기관구성권은 삭제될 필요가 있다. 대통령제도에서 견제와 균형의 추를 사법부 쪽에 둘 경우 사법부의 독립을 위해서는 대통령의 임명권을 제한할 필요가 있다. 하지만 이것은 사법부에 대한 견제장치가 부족하다는 점에서도 고려되어야 한다. 하지만 대통령에게 법률안을 제안하는 것은 권력과 권한의 구분과 어울리지 않는 것이자 법률안 거부권과도 충돌한다. 즉 법률안제안권이 없기 때문에 대통령에게 부여한 것이 거부권인 것이다.

또한 국무위원의 국회의원겸직도 제거해야 한다. 이는 국회를 행정부에 예속시킬 수 있기 때문이다. 의원 중 상당수가 입각을 고려하고 있다는 점을 주목할 필요가 있다. 즉 국회의원보다는 장관이나 총리직에 더 큰 가치를 부여하는 경우 의회는 행정부에 예속될 수 있다.

또한 국회의 국무위원해임건의권 역시 분점과 같은 상황에서 정부와 의회의 다툼을 키울 수 있는 여지가 있다. 국회공전으로 정부 정책에 대한 비토를 가능하게 하기 때문이다. 따라서 이런 요소도 제거하는 것이 필요하다.

Ⅶ 결 론

다당제 구조에서 좀 더 복합적인 사회균열과 갈등을 고려할 경우 대통령 제도를 유지하는 것이 바람직할 것임. 제도적인 문제뿐 아니라 제도운영상의 문제도 변경해야 한다는 점에서 대통령제도에서의 의원내각제적 요소는 제거하는 것이 필요할 것이다. 그리고 대통령제 중 연임제도의 문제는 국민들의 정치에 대한 가치에 대한 판단을 물어야 할 것이다. 즉 국민들이 연임으로 책임성과 정책의 연속성을 중시하는지 아니면 여전히 대통령에 대한 통제를 중시하는지 물을 수 있다. 마지막으로 부통령제도의 문제는 지나치게 미국식제도의 원형을 고집할 필요는 없고 한국의 역사와 경험을 고려하는 것이 중요하겠다.

참고 정부 형태와 정당 체계

1. 대통령제와 의원내각제의 통계

레이파트(Lijphart)의 1991년 통계는 14개 국가의 작동을 평가하고는 대통령-다수제가 민주적으로 기능하기에는 한계가 있다고 지적한다. 반면에 동의제 민주주의(consensus democracy)가 다른 제도보다 우월하다고 주장한다. 하지만 그의 통계적 추론은 신뢰성이 부족하다. 사례 선정에 있어서 서구 국가에 국한되어 있다는 점과 사례의 수가 부족하다는 점 등이 비판으로 지적될 수 있다.

그 뒤에 스테판과 스캐취(Stepan과 Skatch)는 대통령제도보다는 의원 내각제에서 민주주의가 더 잘 작동

하고 더 오래 살아남으며 군사 쿠데타가 더 적게 일어난다고 주장했다. 하지만 이 연구 역시 사례 선정에 있어서 성공한 라틴 아메리카의 대통령제 국가를 제외했다는 점과 안정되고 오래된 민주주의 국가를 주로 사례에 선정했다는 단점을 가진다.

메인워링(Mainwaring)은 좀 다른 결론을 내린다. 즉 대통령제도 자체가 문제가 아니라 대통령제도와 다수당제도가 결합된 것이 문제라고 지적한다. 즉 유효정당수(독자적으로 권력을 쥐거나 연합정부를 구성하여 권력을 나누어 가질 능력을 보유한 정당의 수)가 많아지는 파편화된 정당 체계가 대통령제도와 결합되면 문제가 된다고 지적한다. 문제의 핵심은 원심적 다당제와 대통령제의 결합되는 것이다.

반면에 1997년에 파워와 가시오로스키(Power와 Gasiorowski)는 1930년부터 1995년까지 제 3세계 국가들의 56개 사례를 찾아 정체제제와 민주주의의 생존사이의 상관관계를 통계적으로 분석했다. 여기서 그들은 대통령제가 의원내각제보다 망하기 쉬운 것은 아니라고 주장했다. 이들 주장은 첫째, 대통령제의 31.3%와 의원내각제의 25%가 민주화 뒤 두 번째 선거가 일어나기 전에 각각 붕괴되었다. 하지만 이것은 통계적으로 의미 있는 것은 아니다. 둘째, 대통령제의 46.7%와 의원내각제의 45.8%가 각각 정권교체이전에 붕괴했다. 이 또한 큰 차이는 아니다. 셋째, 대통령제의 61.5%와 의원내각제의 63.6%가 민주화 이후 12년 안에 붕괴되었다. 이 역시 큰 차이가 없다는 점을 보이는 것이다.

그 뒤에 번하드와 노드스트롬와 리녹(Bernhard & Nordstrom & Reenock)은 2001년에 쓴 책에서 1919년에서 1995년 사이의 모든 민주주의 국가들에서 나타나는 정치 제도와 민주주의의 생존 또는 안정성의 관계를 통계적으로 분석했다. 그 결과 정치 체제 그 자체는 결코 민주주의의 생존에 영향을 주지 않는다고 밝혔다. 그들은 결국 민주주의 생존의 관건은 대통령제도와 의원내각제가 그 사회의 정당 체계와 어떻게 결합되는가에 달려있다고 주장했다.

2. 정부 형태와 정당 체계

대통령제도는 상대적으로 양당제 구조에서 안정적으로 돌아간다. 이에 반해 이념간 거리가 먼 원심적 다당제하에서 대통령제도의 안정적 작동은 곤란하다. 의원내각제는 양당제나 다당제도와 어울린다. 다당제의

경우 의원내각제도는 정당 간 연합이 중요해진다. 독일 등에서 보이듯이 이념간 거리에도 불구하고 정당간의 연대가 일어나기도 한다.

이런 결과를 바탕으로 개헌에서 의원내각제를 추진하는 것이 바람직한지는 별개의 문제이다. 의원내각제도나 대통령제도 자체의 생존가능성이 유사하다는 점, 한국에서 의원내각제보다 대통령제도에 대한 선호가 좀 더 높다는 점과, 한국의 지역정당구조를 정당간 연합을 통해서 지역균열을 고착화시킬 위험이 높다는 점, 한국 정당의 이합집산이 오히려 의원내각제의 정치를 짧은 정권교체를 통한 불안정으로 몰고 갈 수 있다는 점, 한국의 정당이 가지는 타협부족 등의 이유와 함께 현재 한국 정당이 정당의 숫자측면에서는 다당제를 유지하지만 실제 유효 정당수는 2004년 이후 2.5개 정도로 줄어들었다는 점(따라서 대통령제도와의 공존도 불가능할 듯이 보이지는 않음)등은 의원내각제가 반드시 좋은 선택은 아닐 수 있다고 알려준다.

기출문제와 연결

제5문 2012년 5급 1번(정부형태별 대표성과 책임성과 안정성비교)

제006문 분점정부의 문제와 해결방안

2000년대 이후 한국은 일반적으로 대통령제와 양당제의 결합을 보여준다. 그럼에도 정부운영은 '분점 정부(divided government)'가 빈번하게 나타나고 있다. 분점 정부에 따른 정치적 영향도 '제도적 분립(separation of power)'과 함께 '제도 운영(separation of purpose)상 분립'에 의해 '교착(gridlock)'과 '파국(deadlock)'으로 나뉜다. 이는 분점 정부가 반드시 국정운영의 '효율성'이 떨어지는 것은 아니라는 점을 보여준다. 한국정치와 관련해 다음 질문에 답하시오. (총 50점)

(1) '제도적 분립(separation of power)' 측면에서 대통령제도의 특징, 선거제도, 정당체계와 분점정부 구성과의 관계를 설명하시오. (20점)

(2) '제도운영(separation of purpose)'의 측면에서 한국의회 운영방식, 정당 규율, 대통령 리더십 스타일과 분점 정부 운영방식 상 교착(gridlock) 혹은 파국(deadlock) 가능성을 설명하시오. (10점)

(3) 분점 정부 상황(혹은 운영방식)을 해결할 필요성이 있는지 약술하고, 분점 정부(문제점)를 해결할 수 있는 방안들을 논하시오. (20점)

* 교착(gridlock)은 행정부가 의회를 설득할 수 있는 상황을 의미하고 파국(deadlock)은 행정부와 의회간 관계가 악화되어 해결방안이 없는 것을 의미한다.

 문제의 맥락과 포인트

2016년 이후 다당제가 출현하고 분점정부의 문제가 중요한 이슈가 되었다. 이 문제는 대통령제에도 불구하고 '분점정부'와 '단점정부'가 나타날 수 있다는 점과 분점정부에서도 교착과 파국이 나타날 수 있다는 점을 구분할 수 있는지가 중요하다. 이후 분점정부가 구체적으로 국회능력 약화라는 문제를 가질 수 있는지와 필요하다면 해결방안을 모색하는 것을 묻고 있다. 이 문제에서 가장 중요한 것은 각각의 관계 규정들을 다양하게 나누면서 해결책을 모색하는 것이다.

Ⅰ 서 론

2022년 대통령 선거로 한국은 다시 분점 정부가 되었다. 분점정부의 빈번한 발생은 국회선진화법의 초다수결주의와 강력한 정당 기율과 결합해서 대통령의 리더십 발휘를 어렵게 한다. 분점 정부 구성과 운영상 문제점을 해결할 수 있는 방안을 모색해본다. (대안)

사르토리(G. Sartori)에 따르면 미국에서 대통령제도가 작동하는 이유는 '약한 정당기율', 낮은 '이데올로기' 그리고 '지방분권정치'라고 하였다. 이것은 미국의 대통령제도가 파국(deadlock)이 아닌 교착(gridlock)으로 가는 원인이다. 2016년 총선이후 다당제와 대통령제의 결합에 따른 분점정부가 나타나고 있는 한국에서 분점정부문제를 해결하는 방안을 모색할 필요가 있다.

Ⅱ 분점정부의 원인: 제도차원의 분석

대통령제, 중간선거와 대선과 의회 선거 주기의 불일치, 정당체계 수준의 제도화 부족이라는 제도 수준을 통해서 분점정부가 발생하는 원인을 분석한다. 여기서는 제도가 인간행동에 영향을 미친다는 제도론적 접근의 전제에 기초한다.

1. 대통령제도의 자체적 특성: 이중정통성과 견제와 균형

분점정부는 대통령제도의 제도 구성의 원리에 부합하는 것이다. 대통령제도는 유권자에게 이중정통성을 부여하여 권력을 분립하게 하고 견제와 균형이 작동하게 하기 때문이다. 몽테스키외의 권력분립 이론에 따라 대통령제도는 이중정통성을 가진다. 이중정통성은 대통령에 대한 지지와 의회에 대한 지지를 국민이 따로 구성한다는 것이다. 이것은 대통령을 선출하면서

의회의 다수를 다른 세력으로 선출하여 행정부와 의회가 견제와 균형을 이루게 하는 것이다.

국민이 자유를 선호한다면 유권자는 대통령과 의회를 분리해서 선출할 것이다. 이를 통해 부처간 '견제와 균형(check and balance)'이 작동하게 만들 것이다. 미국식 자유주의의 사고방식은 국민들이 의회와 대통령을 다른 정당에서 뽑을 것이며 이러한 견제를 위한 국민들의 의사를 반영하기 위해서 선거의 기간을 달리함으로써 대통령의 Coat-tail Effect(후광효과)를 줄이고 대통령에 대한 공정한 평가와 견제를 수행하게 할 것으로 여겼다. 따라서 한국에서 쓰고 있는 대통령제도는 '자유'를 선호하는 국민들이 정부와 의회를 달리 구성함으로 상호견제를 만들 수 있는 것이다.

한국에서도 대통령의 권력을 견제하기 위해 민주화 이후 유권자들의 분점정부선택이 빈번했다. 1990년 3당 합당이 후에도 분점정부가 나타났다. 최근에는 20대 총선에서도 분점 정부가 만들어졌다. 2022년 대선에서 다수가 국민의 힘을 지지함으로써 다시 분점정부를 만들었다. 이것은 한국에서 유권자들은 '효율성'의 원리보다는 '견제와 균형'의 원리를 지지한다는 것을 의미한다.

2. 선거제도: 상대다수제, 1인 2표의 분할투표, 선거주기 불일치

한국의 의회 선거제도는 상대다수제로 양당제를 구성하게 만든다. 따라서 의회 선거에서 상대다수제 자체는 분점정부와 직접적 관계가 없다. 하지만 정당이 상대다수제에서 지역주의 선거 전략을 짜서 지역주의에 기반한 다당제를 만들어 분점정부를 구성했다. 즉 듀베르제 법칙대로 상대다수제는 양당제를 만들지만, 한국은 예외적으로 다당제가 출현한 것이다.

이는 선거제도 문제이기 보다는 정당의 선거 전략의 문제로 볼 수 있다. 상대다수제는 1988년 총선에서는 지역주의를 통해 다당제를 만들었다. 이는 상대적으로 대통령 소속정당이 분점이 되기 수월하게 만들었다. 또한 2004년 이후에는 이념 중심으로 운영되면서, 총선이 대통령에 대한 중간평가기능을 수행하게 만들었다. 이로 인해 중간선거는 분점정부 구성을 돕는다.

대통령선거제도 역시 상대다수제를 사용하고 있다. 결선투표제도를 사용하지 않고 있기 때문에 정당간 연합을 유도하지 못하고 있다. 이것은 정당연합을 통해 다당제를 운영하는 제도적인 효과를 가지지 못하는 것이다.

또한 2004년 선거 이후 사용하는 1인 2표제 방식은 다당제를 구성하거나 의회다수당 구성을 쉽게 변화시킨다. 이로 인해 분점 정부가 구성되는 것이다. 1인 2표 제도는 분할투표를 가능하게 한다. 분할투표란 지역선거의 지지정당과 정당지지를 동일하게 하는 일렬투표를 거부하고 각각 따로 선택하는 것이다. 따라서 인물중심의 선거와 함께 정당선거에서 지지정당을 다르게 선택할 수 있다. 20대 총선의 경우처럼 국민의 당이 제 3당이 되게 만들면서 다당제에 기초한 분점정부를 구성할 수 있게 한다.

선거주기가 불일치하는 것도 분점정부 구성의 한 가지 요인이다. 대통령선거는 5년을 주기로 하는데, 총선은 4년을 주기로 한다. 이로 인해 대통령 선거 중간에 중간선거가 치뤄지는 결과가 되어 분점정부를 구성하게 한다.

3. 정당 요인들: 정당체계 수준의 낮은 제도화

한국 정당체계 수준이 제도화가 덜 되어 있다. 정당이 분당과 합당이 빈번하다. 이로 인해 분점정부와 단점정부가 유권자들의 선택이 아니라 정당내부 혹은 정당간의 의사에 의해 만들어진다.

한국은 대통령제도는 미국 제도를 차용하고 있지만 정당은 유럽식 강한 규율의 정당을 운영한다. 2000년대 이후 충청권 지역정당이 약화되면서 양당제가 되었다. 하지만 이후 분당에 의해 다당이 되기도 한다. 이는 한국 정당이 지역과 이념에 기초하기 때문이다. 2000년 선거까지 강력했던 지역주의가 완화되었지만 2016년 선거에서도 이념과 결합되어 나타났다. 20대 총선은 제 3당인 국민의 당이 호남지역을 기반으로 의석을 확보하여 다당체계를 구축하였다. 또한 19대 대선에서는 자유한국당에서 바른정당이 떨어져 나왔다. 이후 대통령제도와 다당제가 유지되면서 분점정부는 계속되고 있다.

Ⅲ 분점정부 운영의 영향: 운영상의 문제점

분점정부 운영은 교착(gridlock)과 파국(deadlock)의 두 가지 양태가 가능하다. 미국의 경우처럼 교착으로 끝날 수도 있지만, 극단적인 경우 파국으로 갈 수도 있다. 이것은 정치제도를 운영하는 방식(separation of purpose)에 의해 규정된다. 운영방식은 의회, 정당, 대통령의 리더십을 통해 변화한다.

1. 의회제도 운영 방식: 합의주의적 운영 방식

한국의 의회제도는 합의제적으로 운영되어 왔다. 한국 의회는 제헌의회부터 다수결주의를 통해 운영하기 보다 여당과 야당이 협치하는 방식으로 운영되어 왔다. 제헌 의회가 상대적으로 정당의 개입과 규율이 낮았기 때문이다. 이런 전통은 한국에서 다수당의 밀어붙이기식 표결

처리가 있는 경우 국회가 공전되면서 운영을 어렵게 만들었다. 그리고 국회선진화법에서 중요 법안의 경우 180석 이상의 찬성을 얻게 만들면서 합의주의를 더 강화하였다.

2. 강한 정당기율의 문제: 교착에서 파국으로

분점정부에서 교착이 파국으로 가는 중요한 이유는 정당 자체의 규율이 강하기 때문이다. 한국은 강한 정당의 기율을 가지고 있는 양당제이다. 과거 다당제로 운영되다 현재 양당제로 운영되는 한국 정당정치는 유럽정치를 모태로 한다. 정당이라는 제도를 통해서 인물중심의 정치가 아닌 제도중심의 정치를 하는 것이다. 이것은 정당이 대중민주주의 시대 이래로 정치의 중심에서 유권자들에게 정보를 제공하고 정체성을 형성해온 역사적 경험에 기반한다. 그리고 다양한 사회균열을 정당의 정체성 속에 투입하여 정치를 운영한다.

특히 한국 정당들은 이념과 지역을 기반으로 하기 때문에 정당규율이 강하다. 20대 총선에서 공천권파동이 대표적이다. 미국과 같이 약한 이념과 약한 정당기율을 가진 것이 아니라 공천권이 당선을 보장할 수 있는 구조이다. 이런 상황은 정당의 장악력을 높이고 이것은 이후 대통령제도와 다당제 혹은 이념간 분극화된 양당제라는 불편한 조합을 만든 것이다.

3. 대통령의 리더십 스타일: 제왕적 대통령제식 운영

한국 대통령제는 제왕적 속성이 강하다. 대통령에게 의회보다 많은 권한이 부여된 측면과 정치문화적으로 대통령에게 더 많은 권력이 있다고 인식하는 측면이 강하다. 따라서 대통령은 의회를 동반자로 보기 보다는 통치수단으로 보

는 경우가 많다. 이는 대통령이 높은 지지율을 보일 때 더욱 강해진다.

제왕적 대통령제의 운영방식은 '대통령 vs. 의회'보다는 '대통령＋여당 vs 야당'의 구조로 의회를 운영하게 한다. 따라서 정당규율이 강한 상황에서 대통령은 야당자체를 설득하기 어려운 측면이 강하다. 대통령제도는 원래 강력한 정당정치가 아닌 인치적 요소가 강한 제도다. 그런데 대통령의 리더십이 제왕적이 되는 경우 제도적 교착과 함께 운영상의 교착이 더해지는 것이다. 실제 2016년 20대 국회는 1여당인 새누리당이 122석만의 의석수를 가지고 정부 정책을 이끌고 가야 했다. 2017년 조기 대선에서는 민주당으로 대권이 넘어갔다. 이후 민주당 역시 분점 정부를 이끌었다. 하지만 2020년 총선에서는 단점정부가 되었으나, 2022년 대선에서 정권이 교체되면서 다시 분점이 되었다. 이 과정에서 야당은 대통령에 대해 제왕적이라고 비판하면서 정치적 보이콧을 한다.

한국 대통령제도에서 이념과 지역으로 구분된 정치지형과 단임대통령제도의 효과로 인해 대통령이 다당제에서 협력적 통치를 하기 어렵다. 전직 대통령들은 이념과 특정지역의 지지를 통해서 대통령에 당선되었다. 그런데 이념정치가 분화가 되고 지역이 분화된 다당제 구조에서 대통령선거에서 한 후보에 대한 지지율은 하락할 수 밖에 없다. 또한 다음 선거에 출마하지 못하기 때문에 여권과 야권 모두로부터 공격을 받는다. 이런 상황은 제도적인 권력분화(Separation of power)가 아니라 운영상의 권력 분화(separation of purpose)가 작동하기 어렵게 한다.

Ⅳ 분점정부의 해결 필요성과 해결방안

1. 분점의 해결필요성

한국의 분점정부를 해결할 것인지에는 두 가지 기준이 필요하다. 첫 번째 효율성이다. 두 번째는 견제와 균형의 원리의 부합성이다.

먼저 효율성을 따져본다. 효율성 차원에서 한국의 대통령제도와 강한 기율의 양당제의 결합은 분점정부를 파국으로 몰 가능성이 높다. 대통령제와 분극화된 양당제 자체가 국정운영의 작동가능성을 낮출 수 있다. 의회가 정부법안을 처리하지 않을 가능성이 높기 때문이다.

그러나 효율성 차원에서 평가는 반대의 견해도 있다. 메이휴는 미국에서 분점과 단점에서 의회의 입법통과율에 큰 차이가 없다고 주장했다. 이는 분점에서도 정책효율성이 나쁘지 않다는 것이다. 한국의 경우에도 실제 2004년 이전까지 분점정부시 의회 법안처리 정도를 보았을 때 분점과 단점이 크게 나타나지 않았다. 이것은 분점이 무조건 파국으로 가는 것은 아니라는 것이다. 여야영수회담과 같은 운영기제를 사용하여 정치적 타협을 이룩하는 경우들이 많았기 때문이다.

하지만 쟁점법안의 경우는 다르다. 쟁점법안의 경우 통과비율이 10%대로 낮다. 이는 정당간 의견 차이가 큰 쟁점법안에서는 분점정부의 입법효율성이 낮다는 것이다.

현재 한국정치에서는 교착보다 파국으로 갈 여지가 높다. 2017년 대선과 2022년 대선은 이념기반의 정치를 보여준다. 이념의 분극화는 강해지고 있다. 이에 따라 유권자 선택에 의해 구성되는 분점 정부는 파국으로 갈 수 있는 여지가 크다.

두 번째는 운영상 교착으로 갈 가능성이 크다. 리더십에 전적으로 의존하기 어렵기 때문에 분점 정부 구성과 운영방식에는 개편이 필요하다. 특히 정당양극화가 강하기 때문에 교착이 될 가능성이 높다.

2. 제도의 변경

대통령제도를 변경하거나 대통령제도를 유지하면서도 대통령제도를 부분적으로 수정하는 방안이 있다. 권력구조와 정당과 선거제도라는 세 가지를 나누어서 설명한다.

(1) 대통령제도의 변경

대통령제도를 바꾸는 방안으로 의원내각제도로 바꾸는 방안과 프랑스식 이원집정부제도로 바꾸는 방안과 부통령제도를 두는 방안이 있다. 의원내각제도는 분점정부가 생길 수 없다. 정당 간 연합을 통해서 연립정부를 구성해야 하기 때문이다. 하지만 분점정부를 해결하기 위해서 의원내각제도를 도입하기에는 제도적인 비용이 너무 크다.

두 번째는 프랑스의 이원집정부제도이다. 이원집정부제도는 대통령과 총리의 동거형태로 양자가 업무를 분담함으로써 대통령제의 승자독식의 원리를 제어할 수 있다. 즉 총리자리를 나눔으로서 정당간 연합을 유도할 수 있다. 한국도 대통령과 총리 권한을 배분하여 대통령이 국가를 대표하는 외적인 사항을 수행하고 총리가 국가내부의 행정사무를 분담케 함으로써 권력의 분점을 이루는 방안이 제시되어 왔다. 하지만 이 방안은 단점일 경우 권력의 독주를 만들거나 분점일 경우 무책임한 정치를 만들 수 있다.

세 번째는 부대통령제도를 사용하는 것이다. 부대통령을 따로 뽑아서 대통령의 유고시 등에 대한 대비를 하고 런닝메이트를 두어 정당연합을 유도할 수 있다. 하지만 실제 부통령의 기능이 약하고 런닝메이트의 유도 효과가 클지 여부가 불분명하다. 하지만 이 방안도 헌법개정을 통해서 시도할 수 있는 방안이다.

하지만 이런 방안들은 개헌을 필요로 한다. 개헌은 쉽지 않고 분점정부 때문에만 시도되기 어렵다. 따라서 현실적인 방안은 아니지만 장기적으로 제도개편논의에 포함해서 논의를 진행할 수 있다.

(2) 선거제도와 정당제도 변화: 지역과 이념 구조완화를 통한 온건한 양당제로 변화

선거제도를 중선거구제도나 대선거구제도로 할 경우 다수당으로 형성될 여지가 있다. 이 경우 지역적 색채를 덜 가질 수 있으며 또한 당의 지역적 연고기반에 기대지 않을 수 있다. 이는 현재의 지역 구도하의 다당제에서 지역주의를 완화함으로서 정당간 연대나 정책연대 가능성을 높인다. 이 경우 대통령은 이슈를 달리 해가며 자신의 법안과 정책에 대한 지지를 획득할 수 있다.

제도변화의 핵심은 강한 규율의 정당에 있다. 정당의 규율이 강하기 때문에 교착과 파국이 만들어 질 수 있다. 따라서 정당의 규율을 약화시킬 필요가 있다. 규율약화를 위해서는 공천과정을 민주화하여 정당지도부의 권한을 약화시켜야 한다. 또한 정치자금운영을 투명화할 필요가 있다. 원내정당화도 이런 입장에서 정당의 규율을 낮추면서 정당의 의원들의 자율성을 높일 수 있다. 이런 자율성의 확보는 대통령제도와 다당제간의 결합에서 대통령이 야당의원들을 설득하여 정책연대를 이룰 수 있게 한다.

3. 운영상의 방안: 대통령의 리더십

대통령제도는 리더십을 강조하는 인치 중심

의 제도이다. 대통령제도에서 본질이 분점일 수 있다. 이 경우 대통령을 설득의 리더십을 발휘해야 한다. 정당지도자들을 만나서 협력을 구하고 국정운영의 동반자라는 인식을 가져야 한다. 대소통자로서 대통령은 국민과 정당과의 소통을 강화하여 더 많이 들어야 한다. 국정운영의 철학이 다르다는 이유로 대화를 피하는 자세를 바꾸어야 한다. 미국의 대통령은 상대 정당의 의원을 설득하기 위해서 백악관으로 초대를 하거나 만년필 선물을 하거나 지역의 이익분할건을 직접 챙기기도 한다. 이처럼 대통령이 직접 설득의 리더십을 갖추어야 한다. 노태우대통령의 13대총선이후가 이와 유사한 구조를 보였는데 이때 노태우대통령은 정당지도자들을 불러서 협조를 구한 사례가 있다.

그러나 설득의 리더십은 미국처럼 이념이 약하고 정당규율이 약할 때 가능하다. 그런데 한국은 이념위주의 정치를 하며 강한 정당규율을 가지고 있다. 이런 조건에서는 대통령의 리더십 발휘가 어렵다. 그런 점에서 리더십이 발휘하기 위해서는 정당규율을 낮추는 것이 필요하다.

만약 리더십 발취가 어렵다면 다른 방안을 모색할 수 있다. 두 번째 방안은 협력적 통치를 할 수 있는 새로운 제도들을 추구하는 것이다. 스웨덴에서는 민감 사안이 불거지면 먼저 '특별위원회'를 꾸린다. 특별위원회는 정당은 물론 학계와 각종 단체 전문가들을 망라하는 범(汎)협의체이다. 여기에 정밀한 '풀뿌리 여론조사'를 보태 시민 의견도 흡수한다. 이렇게 나온 결론이 SOU라는 이름으로 의회에 제출되면 이를 토대로 큰 갈등 없이 법으로 만들어질 때가 많다.[6] 이처럼 대통령과 국회는 국민의 민의를 듣고 조정하는 협의체를 구성하여 갈등을 오로지 정부

---

6) 김준술, "4만 달러 국회의 조건" 중앙일보칼럼.

와 의회에만 돌릴 것이 아니라 민의부터 수렴해
가는 방식을 사용할 수 있다.

Ⓥ 결 론

2022년 분점정부 상황에서 파국(deadlock)을
막을 수 있는 것은 대통령이 설득의 리더십을
발휘하는 것이다. 리더십을 활용하는 것이 가장
단기적이고 가시적으로 할 수 있는 일이다. 이
를 위해서는 정당규율을 낮추는 제도 개편이 병
행될 필요가 있다.

제007문 정부형태와 정당체계의 조응성

제도개혁은 '제도간의 조응성'이 중요하다. 구체적으로 정부형태와 정당체계는 각각 정치목적인 '정치효율성(혹은 '정책집행가능성)'과 '정치적 대표성'을 반영한다. 이때 정부형태와 정당체계가 어떻게 조합되는지에 따라 '정치효율성'의 달성여부는 달라진다. 또 다른 제도인 의회가 초다수결주의(재적 3/5 이상의 동의)를 사용하여 쟁점법안을 통과시킬 수 있는 상황에서 의석수 1/3로의 '연동형비례대표제(구속명부식)'의 도입은 정당체계수준에서 '거부권자(veto player)'의 수를 증대시킬 수 있다고 가정하자. 다음 질문에 답하시오. (총 50점)

(1) 대통령제와 의원내각제라는 두 가지 정부형태와 양당제와 다당제라는 두 가지 정당체계간의 관계를 '정치 효율성(혹은 '정책집행가능성)'과 '정치적 대표성'과 '제도간의 조응성'의 기준으로 설명하시오. (30점)

(2) 한국 의회가 초다수결주의를 사용하고 있는 상황에서 연동형비례제도(구속명부식)의 도입이 가져오는 효과를 '거부권자(veto player)'를 통해서 설명하고 2016년에서 2020년 시기 대통령제−다당체계의 조합에 대해 미치는 효과를 '제도간의 조응성' 차원에서 논하시오. (20점)

cf. 2016년−2020년까지 다당제. 2020년 총선이후 양당제로 전환.

문제의 맥락과 포인트

이 문제는 '정부형태−정당체계−의회의 초다수결제도−선거제도'들의 조응성을 묻는 문제이다. 이것도 어려운 주제인데 거부권자 이론을 도입하여 제도간 조응성을 구체적으로 묻고 있다. 이 문제는 한국정치의 가장 어려운 과제인 대통령제−다당제라는 제도 조합을 해결할 수 있는 방안이 무엇이 있는지를 구체적으로 묻는 문제이다. 이 문제를 이용해서 제도들 간의 연결을 연습하면 다른 제도들의 조합 문제도 해결하기 수월해질 것이다. 다만 2020년 21대 총선 이후 양당제로 전환되었기 때문에 문제의 맥락은 변화했다.

Ⅰ 서 론

현재 교섭단체를 유효정당기준으로 할 때 한국의 유효정당은 3개로 다당제이다. 한국의 정부형태인 대통령제도와 다당체계는 통치가능성이라는 차원에서 제도적 조응성이 떨어진다. 이에 더해 최근 논의되는 연동형비례대표제도의 변경이 현재 한국의 대통령제-다당제 조합에 대해 제도조응성차원에서 어떤 의미를 가지는지 '거부권자'이론을 통해서 살펴본다.

Ⅱ 정부형태와 정당체계의 관계: 정치 목적달성 가능성

구체적인 분석에 앞서 정치목적인 '정치효율성(혹은 '정책집행가능성')'과 '정치적 대표성'의 의미를 정의하는 것이 중요하다. '정치효율성'은 입법부 혹은 행정부가 만든 법안이나 정책이 정책으로 관철될 수 있는 '가능성'을 의미한다. 정치적 대표성은 다양한 사회세력과 가치관이 정책에 반영될 수 있는 '가능성'을 의미한다. 이러한 목적을 분류하기 위해서 정부형태를 중심으로 정당체계와의 조합을 다룬다.

1. 대통령제도와 정당체계의 관계

(1) 대통령제의 제도적 특징

대통령제는 국정운영에 있어서 효율성이 상대적으로 높지만 다양한 의견을 반영하는 것은 부족하다. 그 이유를 제도적인 구성원리에서 설명하면 다음과 같다. 대통령제도는 이원적 정통성하에 독립적인 정부구성을 특징으로 한다. 즉 대통령을 중심으로 하는 행정부와 의회를 중심으로 하는 입법부가 별개로 구성된다. 이는 대통령제도가 견제와 균형에 의해 작동하도록 설계되었기 때문이다. 따라서 행정부는 의회와 별개로 선거에 의해서 정권의 수명이 보장되며 의회 역시 해산되지 않고 수명이 독립적으로 보장된다. 이렇게 별개로 구성되는 정부형태는 유권자들에게 두 번의 기회를 제공함으로써 행정부와 의회가 상호견제를 하게 만든다.

대통령제가 자유를 확보하기 위해 권력을 나누어 구성하는 것은 다양한 사회적 갈등이 있다고 전제하지 않기 때문이다. 레이파트의 논의에 따를 때 대통령제도는 '합의주의(consensus 방식 혹은 협의주의인 consociationalism)'보다는 '다수결주의(majoritarianism)'방식을 선택한다. 다수결주의는 '사회적 균열(social cleavage)'이 다양하지 않고 단원적일 경우에 선택한다. 좀 더 구체적으로 살펴보면 다음과 같다.

대통령제를 선택한 사회는 사회적 갈등과 균열이 단원적인 사회이다. 이 사회에서는 누가 다수인지를 결정하여 대통령에게 권력을 넘기면서도 전제적인 권력을 견제하기 위해 의회에도 견제할 수 있는 힘을 부여한 것이다. 따라서 이런 원리에 입각할 때 대통령제 정부형태는 대통령에게 권력을 위임함으로써 정치효율성을 높이고자 한다. 다만 의회에 견제권을 두어 상시적인 견제가 가능하도록 한다. 반면에 대통령은 국가 전체에서 인민 다수의 지지를 받아서 당선이 되므로 소수자의 의사를 반영할 수 있는 기회는 부족하다. 또한 대통령제 국가에서 의회 역시 다수결주의를 사용한다면 소수자의 이익을 반영하는 것은 어렵다.

(2) 대통령제와 정당체계

정당체계는 다양하게 분류할 수 있지만 여기서는 유효정당수를 통해서 양당제와 다당제로 구분하여 분석한다. 유효정당은 정책결정에 영향을 미칠 수 있는 정도로서 교섭단체를 구성하거나 정당연합을 통해 정책을 거부할 수 있는 정도의 정당으로 규정한다.

대통령제는 양당제와 제도적 조응성이 높다. 대통령제도가 가진 높은 정치효율성과 낮은 정치대표성이라는 특징이 양당제에서도 공유되기 때문이다. 양당제의 제도적 특징을 구체적으로 설명하면 다음과 같다. 일반적으로 양당제는 정치효율성이 상대적으로 높지만 정치적 대표성은 상대적으로 낮은 특징이 있다. 양당제는 사회균열이 단일하거나 동질적인 사회에서 만들어진다. 영국이나 미국처럼 사회균열이 산업혁명의 갈등구조인 계급을 대표할 경우 보수적인 부르주아중심의 정당과 진보적인 프롤레타리아 중심으로 정당이 등장한다. 이때 선거제도는 단순다수결제도를 사용한다. 듀베르제가 언급한 대로 단순다수제는 거대 정당에게 유리하기 때문에 양당제가 만들어진다. 정당에게 유인이 되는 기계적인 효과가 유권자의 사표방지에 영향을 미치는 심리적인 효과가 작동하여 거대 정당은 유권자 지지보다 높은 표를 얻게 되어 양당제로 귀착되는 것이다.

이렇게 구성된 양당제는 다수당이 명확하게 되기 때문에 정책효율성이 높다. 즉 정당이 정책을 관철하기 쉽다. 그러나 다양한 소수세력은 사표방지 심리나 소수 정당의 이점이 없기 때문에 정당진입이 안 된다. 따라서 이들을 대표할 정치세력이 부족하게 된다. 거대한 사회균열만이 정책에 반영되기 때문에 빠른 정책결정은 가능하지만 소수의 다원적 요구는 정치체제가 담당하기 어렵다.

이처럼 양당제는 사회균열이 적은 사회에서 다수결주의에 의해서 만들어질 가능성이 높아 대통령제와 제도적인 조응성이 높다. 대통령제도와 양당제도 모두가 지향하는 가치가 동일하기 때문에 제도간의 충돌이 적다.

반면에 대통령제도는 다당제와 제도적 조응성이 떨어진다. 대통령제도에서 다당제는 분점정부를 만들 가능성을 높인다. 분점정부에서 대통령과 의회간에는 교착 가능성이 높다. 이는 대통령과 의회 모두에서 통치가능성을 낮춘다. 정부발의법안이 국회를 통과하기 어렵고 의회에서 제안된 법률이 대통령에 의해서 거부되어질 수 있기 때문이다.

대통령제도와 다당제의 제도적인 조응성이 떨어지는 이유는 다당제가 반영하고자 하는 제도적 가치가 대통령제도와 다르기 때문이다. 다당제의 제도적인 특징을 구체적으로 설명하면 다음과 같다.

다당제는 정치효율성은 상대적으로 낮을 수 있지만 정치대표성은 높다. 다당제는 사회균열이 복잡한 경우의 사회에서 만들어진다. 종교, 언어, 혈통이 다양하게 존재하는 사회에서 합의주의(consensus model)가 선택된다. 이렇게 합의주의를 사용해서 정치적 의사 결정을 한다면 비례대표선거제도를 차용하게 된다. 이때 소수정당도 진입할 유인이 생기며 소수정당 지지자들도 사표의 두려움이 없어진다. 이로 인해 다양한 사회균열이 반영되는 다당제 정당체계가 만들어진다.

다당제정당체계는 정책을 통과시키기 위해 오랫동안의 논의와 심의과정을 거쳐야 한다. 게다가 극단적인 소수세력에 의해서 정책 거부가 일어날 수도 있다. 이런 상황에서는 정치적 결정은 더디며 정책집행가능성은 떨어지기 때문에 정치효율성은 낮을 수밖에 없다. 그러나 다양한 세력이 논의를 할 수 있는 정치 공간(의회)에 들어오기 때문에 정치대표성은 높다.

이처럼 다당제는 소수의 의견을 보호하고 소수의 의견이 정책결정에 영향을 미칠 수 있는 정당체계이다. 이런 정당체계는 권력의 집중을 통해 정부를 운영하고자 하는 대통령제라는 정부형태와 조응성이 떨어진다.

2. 의원내각제도와 정당체계의 관계

(1) 의원내각제도의 제도적 특징

의원내각제도는 상대적으로 국정운영의 효율성은 떨어질 수 있지만 다양한 사회세력을 반영할 수 있다. 의원내각제도는 의회가 구성되어 의회를 중심으로 정부를 구성한다. 이때 의회선거가 중요하다. 의회선거에서 영국처럼 다수결주의를 사용할 수도 있고 스위스나 오스트리아처럼 합의주의에 기초하여 비례주의를 사용할 수도 있다. 이것은 그 사회의 사회적 균열정도에 달린 것이다. 사회적 균열이 많을수록 그 사회는 합의주의의 비례주의를 사용할 것이다. 비례주의가 늘어날수록 사회적 균열을 소수까지 반영될 가능성이 높다. 따라서 의회선거가 대통령제도와 비교할 때 정치적 대표성을 높게 반영할 수 있다.

의원내각제도는 이렇게 선출된 의회를 기반으로 정부를 구성한다. 이때 정부는 일원적 정당성에 기초한다. 즉 유권자가 한 번의 투표로 의회를 구성하면 그 의회가 정부를 구성하는 것이다. 따라서 다양한 사회세력이 반영된 의회선거결과를 정부형태에 반영할 때 정부는 연립정부가 될 가능성이 높다. 만약 한 사회의 균열이 많아질수록 다당제가 될 확률이 높아진다면 의원내각제 정부형태는 많은 정당을 포괄하는 정부가 되어야 한다. 연립정부의 가능성이 높은 것이다. 극단적으로 사회균열이 높은 경우 정부는 정부의 내각인사를 전사회부문을 반영하는 연립정부로 구성해야 한다.

이때 정책 효율성은 떨어지게 된다. 이렇게 연립정부로 구성된 정부는 각 부문별 협의를 통해서 국정을 운영해가야 한다. 따라서 정당간의 합의는 매우 중요하게 된다. 이때 정책을 구성하고 정책을 집행하는 속도는 떨어지게 되고 다른 정당에 의해서 정책 집행이 봉쇄되어 정책표류가 나타날 수 있다. 그런 점에서 대통령제가 대통령에 의해서 일괄적으로 정책을 만들거나 의회가 정책을 만들어 통과시키는 것과 대비된다.

(2) 의원내각제와 정당체계의 관계

의원내각제도는 양당제와 다당제라는 정당체계 모두와 조응성이 높다. 의원내각제도라는 제도의 특징이 의회를 중심으로 정부를 구성하기 때문이다. 만약 의회가 양당제로 운영이 된다면 정부는 양대 정당 중 다수당에 의해서 구성된다. 이런 경우 정부는 양대 정당 중 거대정당이 반영하고자 하는 사회적 가치를 반영하여 정책을 구성하면 된다. 이때 정치효율성은 높아지고 소수자를 반영하지 않는다는 점에서 정치대표성은 떨어진다. 영국의 양당제적 정부구성이 이에 해당한다. 이런 상황은 안정적인 국정운영을 지속할 수 있다. 총선에서 지속적으로 다수 정당의 자리를 유지한다면 총리는 이러한 제도적인 안정성을 바탕으로 정책운영의 자율성이 높다. 특히 의회에서 거부권이 행사될 수 없기 때문에 효과적인 정책집행이 가능해지는 것이다.

의원내각제도는 다당제와도 조응성이 높다. 의원내각제도는 다당제를 기반으로 한 의회에서 연립정부를 구성하도록 강제된다. 연립정부를 구성하기 위해서는 정당연합이 중요하다. 이때 정당연합은 정당이 합당하는 것이 아니라 정책구성과 정부구성을 위해 정당간의 연대 즉 느슨한 조합에 대한 약속을 의미한다.

다당제에서 연립정부가 구성될 경우 의원내각제도는 정당체계가 지향하는 높은 대표성을 반영할 수 있다. 이것은 의원내각제도가 가진 제도적인 신축성 때문이다. 즉 정당이 지향하는 가치를 정부형태가 편하게 담게 된다. 대통령제의 경우 의회의 다수당 장악가능성이 떨어져 분점이 생기는 것과 구분될 수 있다.

참고 **한국에서 정치목적과 정당형태와 정당체계의 조응성**

한국은 대통령제를 사용하고 있는데 의원내각제요소를 많이 가지고 있는 형태이며 유효정당수가 3개인 다당제로 정치가 운영되고 있다. 이 두 제도가 선택된 원인과 제도적 특성을 통해서 정치목적에 도달할 수 있는지를 살펴본다.

1. 한국의 제도적 결합: 대통령제와 다당제의 선택 원인

한국은 1948년 이후 지속적으로 대통령제를 사용하고 있다. 제2공화국에서 1년 정도의 내각제 기간을 제외하고 한국은 대통령제를 고수하고 있다. 한국이 대통령제를 사용하면서 민주화이후 의원내각제 요소를 많이 반영한 것은 대통령제의 폐해를 제거하기 위한 노력이었다. 그러나 근본적으로 대통령제도를 유지하고 있다.

한국이 대통령제도를 선택하고 유지한 이유는 크게 세 가지로 볼 수 있다. 첫째, 정당의 저발전과 인물중심의 정치 지향성이다. 한국은 임시정부의 독립운동 단계에서나 해방정국에서 지도자를 중심으로 정치가 운용되어 왔다. 이것은 후발 국가들에서 정당이 만들어지기 어려운 이유와도 연결되지만 한국적 특성에도 연결된다. 독립과 해방의 공간은 구심점을 필요로 하기 때문이다. 따라서 임시정부에 이어 한국은 대통령제도라는 인물중심의 제도를 선택했다.

둘째, 미국의 영향이 크다. 한국은 해방정국에서 미군정의 지원을 받았고 남한만의 단독선거에 의해 정부를 구성했다. 이 과정에서 왕정이 아닌 새로운 정치제도를 모방하면서 미국식 대통령제도를 따랐다. 미국에 의해 해방이 되거나 국가건설을 한 국가들 대부분이 미국식 대통령제도를 선택한 것처럼 한국도 미국식 대통령제도를 선택한 것이다.

셋째, 사회균열이 단원적이다. 한국은 유럽과 달리 혈족, 종교, 언어의 이질성이 없다. 따라서 한국의 사회 균열은 단순하다. 반상제도의 붕괴와 함께 한국은 북한이라는 대적을 맞이하여 사회주의라는 진보세력이 자리잡을 수 없는 공간에서 정치를 운영했다. 따라서 계급적 대립이 표출되지 안는 상황에서 한국의 사회균열은 1950년대 여촌야도, 1970년대 민주화와 권위주의, 1987년 이후 지역주의를 가지고 갈등했다. 따라서 한국은 이런 사회갈등에서 의원내각제보다는 대통령제를 통해서 정치적의사결정의 효율성을 꾀하고자 한 것이다.

현재 한국의 다당제는 인위적이다. 분당의 과정을 거쳐서 만들어졌기 때문이다. 한국에서 다당제는 전통적이지 않다. 한국은 양당제적 전통이 강하다. 1952년 선거나 1956년 선거에서 양당이 만들어진 이후 한국은 보수적인 정당과 민주화를 지향하는 정당들 간의 대립으로 이어져왔다. 1987년 이후 지역주의에 기초한 다당제가 출현하여 2000년 총선까지 다당제적으로 운영되었다. 그러나 2004년 열린우리당이 등장하면서 지역주의에 더해 이념이 정당정치의 중심이 되었다.

2004년 이후 유효정당수로 볼 때 양당제적 운영을 하던 한국 정당체계는 2004년 선거에서 진보정당들이 등장하면서 사르토리의 기준으로 볼 때 '이념간 거리'가 멀어졌다. 2016년 선거에서 국민의 당이 등장하여 제3정당이 되었다. 새누리당에서 분당하여 바른정당이 등장하면서 교섭단체를 꾸렸고 이로서 제4당이 만들어졌다. 이후 국민의 당과 바른정당이 합당하여 바른미래당(29석)을 만들었지만 국민의 당의 호남진영이 떨어져나와 민주평화당을 구성하였다. 민주평화당은 14석으로 교섭단체를 이루지는 못하고 있다. 정의당은 5석으로 이 두 정당이 합당을 하여도 교섭단체를 이룰 수는 없다. 따라서 이 두 정당은 교섭단체를 기준으로 유효정당을 평가하자면 유효정당에 들어가지는 못하지만 다음 선거에서 합당 시 유효정당을 구성할 수도 있다.

한국의 다당제는 그런 점에서 사회균열을 대표하여 만들어진 것이 아니라 정당의 지역색(국민의 당이나 이후 민주평화당)이나 이념의 차이(새누리당에서 분당한 바른정당)를 반영하여 분당한 것이다. 따라서 다당제로 운영되지만 사회적 대표성이 높다고 할 수 없다.

2. 제도 간의 조응성: 정치목적달성 가능성 평가

한국의 정부형태와 정당체계의 결합은 정치목적달성에 있어서 정치효율성을 높이지 못하며 정치대표성도 높이지 못한다. 그 이유를 두 가지 정치목적으로 나누어 살펴본다.

(1) 정치효율성

현재 대통령제와 다당제는 정치효율성을 달성하기에 조응성이 높지 않다. 분점정부가 된 상황에서 민주당은 128석에 불과하다. 자유한국당도 113석에 불과하다. 이는 두 개의 거대정당이 대통령이 교체된다고 해도 과반수를 차지하지 못한다는 것이다. 이런 상황에서 바른미래당 29석을 합치면 민주당은 150석을 넘을 수 있지만 국회선진화법이 규정한 의결정족수를 채울 수 없다. 자유한국당도 마찬가지이다. 따라서 소수정당들의 협력이 절대적으로 필요하다. 현재 상황은 두 개의 거대 정당들과 소수 정당들 모두 자신은 무엇을 적극적으로 하지 못하지만 무엇을 거부할 수 있는 상황이다. 이는 대통령과 정부가 운영하려는 정책을 거부할 수 있게 할 뿐 아니라 국회자체가 공전에 들어갈 수 있는 상황이다.

게다가 한국의 대통령제도는 의원내각제 요소가 많다. 총리제도, 국회의원의 내각겸직제도, 정부의 법률안제출권제도, 내각해임건의권 등의 다양한 요소들이 있다. 이는 대통령을 중심으로 정부가 정책을 집행할 때 의회가 견제할 수 있는 수많은 부분이 있다는 것이다. 이 또한 현재 대통령제도와 다당제의 결합에서 정치효율성이 떨어지는 요인이다.

(2) 정치대표성

한국의 대통령제와 다당제는 정치 대표성이 높지 않다. 대통령제는 본질적으로 다수결주의에 기초한다. 한편 한국의 의회선거제도는 비례대표제도를 가지고 있는 혼합형선거제도이다. 그러나 이 혼합형선거제도 역시 비례성은 낮다. 전체 300석에서 47석에 불과할 뿐 아니라 연동형비례대표제도도 아니다. 이는 소수정당의 진입을 유도하거나 소수자들의 표가 사표가 되는 막지 못한다.

그런 점에서 한국의 다당제는 이념적 분할이 강하지 사회적 대표성을 높이지 못한다. 이는 정치적 대표성의 증대 없이 정치효율성을 낮추는 기능을 수행한다. 연동형비례대표제와 함께 정치개혁을 논의하는 이유이기도 하다.

Ⅲ 한국에서 연동형 비례대표제의 도입과 제도간의 조응성

위의 이론적 조합에서 한국은 대통령제와 다당제의 조합이다. 이는 제도적인 조응성이 낮다. 또한 의회가 국회선진화법으로 초다수결주의를 사용하고 있는 상황에서 현재 혼합형 선거제도에서 병립식 비례대표제도를 연동형 비례대표제도로 변동한다고 할 때 나타날 수 있는 효과를 논한다. 예측력을 높이기 위해서 연동형 비례대표제만을 사용하기로 하고 의석수를 지문에서 제시한 바와 같이 1/3로 늘린다고 가정하고 정책효과를 논의한다.

1. 전제조건

연동형 비례대표제도의 효과를 제도조응성 차원에서 살펴보려면 다른 제도들의 작동방식을 먼저 구체화할 필요가 있다. 우선 의회를 보아야 한다.

한국 의회는 국회선진화법을 채택하여 중요 법안인 쟁점법안이 통과되기 위해서는 초다수결주의의 구성요건인 3/5의 지지를 필요로 하고 있다. 쟁점법안은 신속처리를 위해 국회재적의원의 3/5이상의 지지를 필요로 한다. 따라서 180석 이상이 확보되어야 중요법안이 통과될 수 있다. 이는 정부발의 입법이나 국회제출입법 모두 동일하다.

한국에서는 정부가 발의한 입법이 구체적인 이해관계를 담고 있다. 의회에서 의원발의 입법의 경우는 재선여부가 중요하기 때문에 민감한 현안을 다루지 못한다. 따라서 정부가 민생과 관련된 현안입법을 주로 한다. 이는 쟁점 법안이 될 가능성이 높다는 것이다.

정부가 법안을 발의하고 발의된 법안이 국회를 통과해야 한다. 그런데 국회선진화법은 과거 국회의장의 직권상정과 다수당에 의한 날치기 통과 등이 문제가 되어 단순다수결주의 대신에 초다수결주의를 채택하였다. 이는 국회에서 소수가 거부권을 사용하여 정부가 발의하거나 의원이 발의한 법률안을 부결시킬 가능성이 높은 상태이다.

두 번째로 한국 정당을 보아야 한다. 한국은 정당의 규율이 높다. 지역색과 이념을 반영하기 때문에 한국 정당은 내부적으로 강한 규율을 보유하고 있다. 또한 혼합형선거제도에서 47석을 정당이 공천을 한다. 그리고 지역구선거에서 정당의 공천권이 강력하다. 특정 지역의 공천이 곧 당선으로 연결되기 때문이다. 이런 상황은 대통령제-다당제 구조에서 대통령의 정당연대와 의원의 자율적인 교차 투표(cross-voting)을 방해한다. 강한 정당규율은 정당간의 대립으로 이어지고 이는 국회에서 대통령소속정당과 야당의 대립으로 이어진다. 따라서 분점정부상황에서 극단적 대치인 파국(deadlock)으로 이어지기 쉽다.

세 번째로 선거제도를 보아야 한다. 한국의 선거제도는 혼합형선거제도이다. 300석 중에서 47석이 병립식으로 선출된다. 따라서 비례대표제도가 연동형에 비해서 상대적으로 소수자를 보호할 가능성이 약하다. 또한 비례의석수가 적기 때문에 비례의석수가 많은 국가와 대비했을 때 정당의 장악력이 낮다.

2. 거부권행사자 이론

거부권행사자는 정책이 제안되어 법안이 만들어질 때 그 법안을 거부할 수 있는 행위자를 의미한다. 대통령제 국가에서는 독립적으로 구성된 의회가 거부권자가 될 수 있다. 반면에 의원내각제에서는 의회만 유권자에 구성되기 때문에 거부권자로서 대통령이나 의회가 따로 존재하지 않는다.

대통령제의 경우 거부권자는 분점과 단점에서 달라진다. 단점의 경우 대통령만이 거부권자가 된다. 대통령 소속정당이 의회다수당인 경우 대통령은 법안을 발의하고 의회는 대통령 소속정당이 이를 통과시키기 때문에 대통령의 결단과 의지가 중요하다. 대통령은 의회에서 만들어진 법안을 거부할 수도 있다.

반면에 분점의 경우에는 거부권자는 의회가 될 수 있다. 의회는 대통령소속정당이 과반수를 넘기지 못한 상황에서 정부에서 발의한 법안을 통과하기 위해서는 통과할 수 있는 기준까지의 의원을 확보해야 한다. 이런 상황에서 양당제라면 거대 야당이 거부권자가 된다. 반면에 다당제에서는 여러 개의 정당들이 거부권자가 될 수 있다. 예를 들어 300석 의석에서 대통령소속정당이 130석을 차지하고 있고 야당 A, B, C가 있다고 가정해보자. A가 100석, B가 40석, C가 30석이라면 이 상황에서는 과반수를 차지하기 위해 대통령소속정당은 모든 정당과 연합하거나 정책지지를 구해야 한다. 이때 정당 A, B, C 모두는 거부권자가 된다. 만약 300석 의석에서 대통령소속정당이 130석을 차지하고 있고 야당 A, B, C가 중에서 A가 100석, B가 60석, C가 10석이라고 가정해보자. 이때 C정당은 대통령소속정당과 연대를 해도 140석에 불과하기 때문에 정책연합의 유인이 없게 된다. 따라서 C는 거부권자가 되지 못한다.

의원내각제도의 경우 거부권자는 정당들이 된다. 양당제와 단순다수제에서는 의석 1/2 이상을 차지하고 있는 거대 정당을 거부할 수 없기 때문에 거부권자가 없다. 그러나 다당제의 경우는 정당연합이 필요하기 때문에 정당연합의 요건을 갖춘 정당들이 거부권자가 된다.

한국에서는 대통령제를 사용하기 때문에 이

하에서는 대통령제를 전제하고 거부권자 논의를
이어간다.

3. 연동형 비례대표제 도입효과 논의

연동형 비례대표제의 도입과 그에 따른 제도
간의 조응성을 살펴보기 위해서는 먼저 연동형
비례대표제도입 효과를 분석해야 한다. 연동형
비례대표제도를 도입하면 소수정당의 의석수를
증대시킨다. 과거 병립식 비례대표제가 비례의
석수에 대해 정당이 받은 득표율을 곱한 것이라
면 연동형 비례대표제도는 정당득표율을 전체
의석수에서 곱해야 한다. 만약 A정당이 13%의
득표를 했다면 병립식에서는 0.13×47석으로 대
략 5석 정도를 얻을 수 있다. 반면 연동형 비례
대표제에서는 0.13×300석으로 39석을 얻을 수
있다.

연동형 비례대표제도는 병립식보다 소수정
당의 의석수를 증대함으로써 소수 정당의 자체
의 정책결정성을 높일 수 있다. 이는 대표성 증
진에 도움이 된다. 하지만 대통령제에서 다당제
를 더 강화한다. 다당제에서 정당의 수를 늘릴
수 있다. 이는 정치효율성이라는 정책집행가능
성은 낮춘다.

연동형 비례대표제도는 구속식명부를 사용할
경우 정당의 의원장악력을 높인다. 이는 정당규
율을 강화한다. 대통령－다당제에서 정당내부적
규율을 강화함으로써 분점에서 파국(deadlock)을
강화한다.

앞서 전제한 조건들과 연결하면 연동형비례
대표제는 제도조응성을 낮춘다. 초다수결주의를
사용하고 있는 상황은 소수 정당들을 거부권자
로 만든다. 300석 의석에서 대통령 소속정당이
130석을 차지하고 있고 야당 A, B, C가 중에서
A가 70석, B가 40석, C가 30석 D가 30석일 때
180석이상애서 법안이 만들어진다고 가정해보

자. 이 상황에서 대통령소속정당이 B 정당과 연
합해도 180석을 넘길 수 없다. 이런 경우 C와 D
정당 모두 거부권자가 된다.

연동형 비례대표제의 도입은 정당체계 차원
에서 소수정당의 결정권을 높인다. 또한 개별
정당차원에서는 정당의 규율을 강화한다. 이는
대통령제－다당제라는 조합에 정치효율성을 낮
춘다는 점에서 부담이 된다.

Ⅳ 결 론

한국의 정부형태와 정당체계의 결합인 대통
령제와 다당제의 조합에서 연동형비례대표제도
는 대표성을 높일 수는 있지만 정치효율성이라
는 점에서는 제도적 조응성은 낮다.

**20대 국회 정당별 의석수 (2019년 1월 21일
기준)**

- 더불어민주당 128석
- 자유한국당 113석
- 바른미래당 29석
- 민주평화당 14석
- 정의당 5석
- 민중당 1석
- 대한애국당 1석
- 무소속 7석

**22대 국회 정당별 의석수 (2024년 4월 11일
기준)**

- 국민의힘 108석
- 더불어민주당 175석
- 조국혁신당 12석
- 개혁신당 3석
- 새로운 미래 1석
- 진보당 1석

이중 교섭단체는 국민의힘과 더불어민주당 2개
뿐이기 때문에 양당제이다.

제008문 **정부형태와 정치 분극화 분석**

정부형태는 '정부'의 구성원리와 '집행부'의 선출방식과 의사결정방식 두 가지로 구분할 수 있다. 미국 정치와 한국 정치는 최근 분극화(polarization)로 인해 정치적 '안정성' 혹은 '통치가능성'이 낮아지고 있다. 이것은 제도적으로 정부형태의 문제와 함께 선거제도의 원리와 정당체계라는 다른 제도와 함께 사회균열(Social Cleavage)에도 영향을 받는다. 다음 질문에 답하시오. (40점)

(1) 정부형태의 대표적인 두 가지 제도인 대통령제도와 의원내각제를 '정부'의 구성원리와 '집행부'의 선출방식과 의사결정방식으로 비교하시오. (15점)

(2) 미국과 한국의 정치가 분극화(polarization)하는 이유를 정부형태, 선거제도, 정당체계, 사회균열 등 다양한 요인을 이용해서 유사점과 차이점을 비교하시오. (25점)

Ⅰ. 서 론
Ⅱ. 대통령제와 의원내각제 제도 구성 방식 비교
  1. 정부구성(또는 조직)원리
  2. 집행부의 선출 방식
  3. 집행부의 의사결정방식(또는 집행부 수장의 권한)

1. 정부형태: 권력 집중과 단임제도
2. 선거제도: 다수결제도
3. 정당체계와 개별정당: 양당제와 포괄정당과 정당기율
4. 사회균열과 미디어
Ⅳ. 결 론

 문제의 맥락과 포인트

최근 한국 정치에서 중요한 주제가 정당양극화이다. 정당 양극화는 여러 가지 이유로 강화되고 있다. 이 문제에서는 다양한 이유를 살펴보면서도 정부형태의 특성을 강조해서 보고자 한다.

Ⅰ **서론 (2/15점 또는 배점 없음)**

미국에서 트럼프 대통령지지자들이 의회에 난입한 사태는 미국정치의 분극화를 보여준다. 한국도 2016년 탄핵사태 이후 지속되는 촛불집회와 태극기집회는 한국정치의 분극화를 보여준다. 브라질의 의회난입사태와 같은 대통령제를 사용하는 국가들의 정치분극화가 나타나는 것은 정부형태에도 그 원인이 있을 수 있다는 것이다. 정부형태, 정당체계, 선거제도등을 복합적으로 사용해 한국과 미국의 대통령제에서 나타나는 정치분극화의 원인을 분석하고 한국과 미국의 차이점도 검토해본다.

Ⅱ **대통령제와 의원내각제 제도 구성 방식 비교 (13~15/15점)**

정부형태의 비교에 앞서 '정부구성원리'와 '집행부의 선출방식과 의사결정방식'에서 정부는 행정부와 입법부를 포괄적으로 의미하며, 집행부는 의사결정그룹으로서 행정부내 대통령 참모진과 내각을 의미하는 것으로 구분한다. (1~2점 가점)

1. 정부구성(또는 조직)원리 (4점/15점)

정부 구성은 입법부와 행정부의 정부 구성을 달리하는지에 있다. 대통령제도는 정부구성에

있어서 이원성이 핵심이다. 몽테스키외의 아이디어가 미국에서 차용되어 발명된 대통령제도는 유권자가 '자유'를 원할 경우 견제와 균형의 원리에 의해 집행부와 입법부를 따로 구성할 것이라고 보고 만들어진 제도이다. 즉 '거룩한 견제와 균형의 원리'가 작동하여 대통령을 구성하는 것과 의회를 구성하는 것을 따로 하는 '이중위임'이 작동한다.

반면에 의원내각제는 일원성 즉 일원적 위임을 특징으로 한다. 국민은 단지 선거를 통해 의회를 구성하고 의회에 정부를 구성할 수 있는 권한을 부여한다. 따라서 의회의 다수당은 위임된 방식대로 내각을 꾸미게 된다. 국민들에게 단일한 위임을 받은 내각제도는 대통령제가 견제와 균형을 원리로 하는 것과 달리 통합의 원리를 통해서 의회와 행정부가 작동하게 된다. 행정부의 조직은 의회의 과반수를 넘은 정당에게 돌아가며 만약 과반수를 넘기지 못했을 경우 정당간 연합을 통해 연립정부를 구성해야 한다.

2. 집행부의 선출 방식 (4점/15점)

집행부의 선출방식은 집행부 즉 의사결정그룹을 어떻게 뽑는가이다. 대통령제에서 집행부의 선출은 대통령선거를 통해 국민이 선출한다. 즉 국민은 대통령을 선출하면서 대통령에게 집행부선출을 일임한다. 따라서 집행부는 선출된 대통령 개인에 의해서 구성된다. 이는 의회구성과 관계없이 대통령과 참모들로 집행부가 이루어지는 것이다. 이에 따라 견제와 균형이 제도적으로 작동한다.

의원내각제도는 의회에 권력이 위임되어 집행부가 구성된다. 의회가 집행부 선출을 하는 것으로 다수 정당이 내각을 구성한다. 이때 총리 혹은 수상은 의회의 다양한 구성원 중 일인으로 다른 의원들과 함께 집행부를 구성한다.

집행부 구성과 선출이 제도적이고 집합적으로 의회에 위임되어 있다. 의회와 집행부는 상호유기적으로 연계되어 있기에 견제와 균형보다는 권력 융합적으로 운영된다.

3. 집행부의 의사결정방식(또는 집행부 수장의 권한) (4/15점)

집행부의 의사결정 방식은 대통령제의 경우 대통령 개인을 중심으로 하고 내각제도는 집단적인 결정을 한다. 대통령제도는 대통령에게 권력이 위임되어 있기 때문에 대통령이 결정하기 용이하게 하기 위한 참모들이 있다. 하지만 참모들의 구성과 인선은 오로지 대통령의 권한이기 때문에 대통령이 집행부의 의사결정을 주도한다. 따라서 정치적 책임은 대통령에게 귀결된다.

반면에 내각제는 집행부가 권한을 위임받은 의회에 의해서 구성되기 때문에 내각은 집단적인 결정을 하고 집단적인 책임을 지게 된다. 의회의 수상은 의원들 중에서 가장 높은 의원이고 내각은 이들 의원들에게 의해서 정책결정이 이루어진다. 따라서 대통령제도와 내각제도의 차이는 결정권이 개인에게 위임되는지 집단에게 위임되는지에 있다.

- -

◉ 대안 목차

1. 정부구성원리 (5~7점/ 15점)

2. 집행부의 선출과 운영원리(8~10/15점)

(장점)

첫째, 정부구성원리에 집중하고 설명을 풍부하게 해줌. 이원적 정당성, 일원적 정당성에 이론적 설명을 집중. 이 부분이 집행부 선출과 운영에 있어서 개인적 운영인지 제도적 운영인지를 구분하게 해줌.

둘째, 1번 목차의 분량이 늘어날 수 있음.

셋째, 목차 중복 설명을 피하게 해줌.

(단점)

집행부 선출과 운영원리를 구분해서 설명하기가 명확해지지 않을 수 있음.

Ⅲ 한국과 미국 정치의 분극화 원인 비교 (25/25점)

'정치 분극화'는 정치를 운영하는 데 있어서 정치를 운영하는 주체인 정당 간 이념적 거리가 벌어지는 것을 의미한다. 즉 정치가 분극화되는 것은 정부 형태, 선거제도, 정당모델, 사회적 균열등이 원인이된다.

1. 정부형태: 권력 집중과 단임제도 (6~7점)

대통령제는 권력 집중을 특징으로 한다. 가장 많은 권력을 가진 대통령직을 위해 정당 간 경쟁이 가장 치열하다. 대통령제는 내각제와 달리 all-or-nothing이다. 따라서 정당이 사활적 경쟁을 하며, 그 경쟁에서 가장 승리하기 쉬운 방식으로 경쟁한다.

미국과 한국 모두 권력이 행정부에 집중된다. 따라서 의회보다 대통령선거가 중요해진다. 실질적인 권력을 대통령이 가지기 때문에 대통령을 선출하기 위해 권력경쟁이 대통령에 집중된다.

반면에 두 가지 점에서 한국과 미국은 차이가 크다.

첫째, 대통령제의 권력 집중에 더해 한국 대통령제는 단임제다. 5년 단임제는 짧은 시한 설정으로 정치경쟁을 극단화한다. 대선의 결과가 나온 날 바로 차기 대선후보에 대해 논의를 할 정도로 대통령 자리에 대한 집착이 강하다. 이는 경쟁을 더욱 치열하게 만든다. 이런 조건이 정당 간의 거리를 벌리게 한다. 한번 임기가 주

어지기 때문에 대통령은 다음 선거를 고려해서 상대정당이나 진영을 배려할 필요가 없다.

반면에 미국은 중임제를 사용한다. 따라서 대통령이 상대정당을 포용하고 재선을 위해서 상대진영을 아우르는 정치를 해야 한다. 특히 미국의 경우 경합주가 많기 때문에 경합주에서의 표를 확보하기 위해서 정치를 극단적으로 활용하기 어렵다.

둘째, 의회의 권한에 차이가 크다. 한국 의회는 실제 권력이 대통령을 견제하기 쉽지 않다. 반면 미국은 의회의 권한이 강력하다. 따라서 대통령이 법률안제출과 예산제출과 승인에서 견제받기 용이하다. 이는 대통령이 의회를 고려하면서 정치를 할 것인지에 따라 분극화에 영향을 미친다. 즉 한국의 경우가 분극화가 더 심하다.

2. 선거제도: 다수결제도 (6점)

한국과 미국은 모두 다수결제도를 사용한다. 사회적 가치를 결정하는 방식에는 다수결제도와 협의제도가 있다. 다수결제도는 사회적 가치결정에서 더 많은 가치를 지지하는 세력을 중심으로 정치를 운영한다. 반면 협의제도는 협의를 통해서 소수세력이 의견과 가치를 반영해야 한다.

다수결제도는 승자독식구조를 만든다. 게다가 대통령제도는 권력선택을 두 번 한다. 이때 대통령에게 권력을 부여하면서 승자독식이 되는 경우 정치는 분극화하게 된다. 정권교체가 진행되면 다음 선거에서 권력을 가져오거나 빼앗기지 않기 위해 정치적 경쟁은 더욱 치열해진다. 협의제 국가에서는 소수자를 고려해서 권력을 나누는 데 비해 대통령제의 선거제도는 전국적 가치를 중심으로 정치가 분열된다. 즉 다수결제도는 정치를 원심적으로 만든다.

한국과 미국은 선거제도에서 다소 차이가 있다. 한국은 소수의 비례의석을 가지고 있다. 비

례대표제도는 합의제의 산물이다. 즉 소수 정당을 위한 제도이다. 하지만 제도적 차이에도 불구하고 2020년 총선에서 위성정당이 등장한 것처럼 실질적 운영상에서 비례대표제가 선거의 원심적 경쟁을 낮추지는 못하고 있다.

3. 정당체계와 개별정당: 양당제와 포괄정당과 정당기율 (7점)

미국과 한국은 양당제를 가지고 있다. 양당제는 다당제보다 원심적인 경쟁을 한다. 양당제에서 정치는 두 개의 정당 경쟁으로 귀결되기 때문이다. 반면 다당제는 정당간 협력을 필요로 하는 경우가 많다. 이는 정당체계 수준에서 구심적인 정치를 운영하게 하는 유인이 될 수 있다. 한국과 미국의 양당제는 정당간 경쟁을 치열하게 만들고 이는 정치를 극화하여 자신의 지지자를 확고하게 하는 경향이 있다.

개별정당차원에서는 한국과 미국정당은 모두 포괄정당에 가깝다. 미국은 당원이 많지만 정당이 유럽처럼 이념에 기초해서 정치를 운영하기 보다는 다양한 이슈를 중심으로 운영된다. 반면 한국은 대중정당이라기에는 진성당원 혹은 책임당원이 부족하다. 이슈를 중심으로 정당이 운영된다.

하지만 한국과 미국의 정당운영은 차이가 있다. 한국은 이념을 기반으로 하고 있고, 미국은 이념이 한국처럼 강하지는 않다. 한국 정당은 이슈에 있어서 북한 문제를 제외하고 정책 간 차이가 크지 않았다. 이는 지역 정당의 색깔이 강했기 때문이다. 그러나 최근 정당 간 경쟁이 치열해지면서 정당들은 포괄정당에서 마치 대중정당처럼 이념을 강조하고 있다. 복지 정책등에서 차이를 보이고 있다.

한국정당정치에서 정당 간 경쟁이 지역에서 이념으로 변화했기 때문이다. 한국은 1987년 이후 지역주의에 기초한 선거 동원전략을 사용했다. 하지만 2002년 대선에서 노무현 후보의 당선과 2004년 총선에서 열린 우리당이 지역주의보다는 이념을 중심으로 정당정치를 강화하였다. 이후 정당은 이념 위주의 정당 간의 경쟁을 보여준다. 하지만 한국정당이 이념적 극단화는 강하지 않다. 따라서 정당 간 경쟁에서 선명성을 위해서 감정적 분극화가 강화되고 있다.

한국 정당과 미국 정당의 차이는 정당규율에서 나온다. 한국은 정당규율이 강하다. 이념과 지역에 기초하기 때문에 정당이 의원에 미치는 힘이 강력하다. 만약 당의 노선과 반대되면 특정지역에서 다음 선거는 패배한다. 이는 정당의 통제력을 의미하는 정당규율을 강화한다.

반면 미국은 정당기율이 강하지 않다. 이것은 미국에서 이념이 약한 것과 맞물려 미국 정치를 원활히 작동하게 만든다. 사르토리의 주장처럼 미국 정치는 이념, 정당기율, 지방분권정치 혹은 이권정치하는 3가지 요인에 의해서 작동할 수 있는 것이다.

그럼에도 불구하고 한국과 미국은 정당들의 선거전략에서 이념적 분극화보다는 정서적 분극화를 추구하는 점에서 유사하다. 한국과 미국의 정당들은 대통령직을 두고 치열하게 경쟁하고 있고 이 경쟁에서 '분극화'를 선거전략으로 사용한다. 즉 정당은 자신의 선명성을 드러내면서 유권자들의 선택을 돕는다. 실제 포괄정당으로서 특정 이슈를 선점하기 어렵게 되면 '분극화'를 이용하여 선명성 경쟁을 한다. 한국 선거에서 정당 간 정책 차이가 드러나지 않는 경우 '촛불집회'와 '태극기 집회' 같은 담론을 사용하여 지지를 끌어낸다. 미국도 민주당과 공화당의 지지자에게 정서적으로 호소하는 전략을 사용한다.

이런 정당의 선거전략은 '인지적 분극화' 보다는 '감정적 분극화'로 볼 수 있다. 즉 정당 간의 실제 이론적 간격이 넓게 벌어진 것은 아니므로 유권자들의 정체성을 이용하여 지지를 구하는 것이다. 즉 정당의 '인지적 분극화'가 약하기 때문에 '감정적 분극화'를 이용한다. 상대정당과 정당 지지자에 대한 악감정을 가지는 것을 선거전략으로 사용한다.

4. 사회균열과 미디어 (5점)

한국과 미국은 모두 사회균열이 단순한 사회균열에 산업화에 따른 계급적 사회균열을 가지고 있다. 계급정치를 기반으로 하여 진보와 보수가 느슨하게 구분되어 있다. 이러한 사회균열은 극화할수록 유권자의 선택을 돕는다. 따라서 정당은 이를 분극화하여 이용하기 용이하다.

반면 한국은 언어, 인종, 종교에 있어서 단순하다. 즉 이런 정체성으로 다문화등이 만들어지기 쉬운 사회는 아니다. 그러나 미국은 언어, 인종, 종교가 다양하다. 최근 미국 선거에서 언어와 인종등이 문제가 되고 있다. 그런 점에서 한국의 사회균열과 미국의 사회균열은 차이가 있고 이는 분극화 전략에 미치는 영향이 다소 차이가 난다.

마지막으로 미디어 양극화는 한국과 미국에서 모두 경험하고 있다. 미디어들이 정보전달자보다 하나의 정치적 세력이 되고 있다. 또한 뉴미디어의 경우는 사실관계 전달보다는 해석과 정서적 분극화를 조장한다. 한국에서 유튜브가 대표적이다. 이런 뉴미디어에 노출되는 확률이 높아질수록 객관적인 인식보다는 정서적 분극화에 영향을 많이 받는다.

특히 뉴미디어들을 포함해 미디어들은 두 가지 이유로 정당이 추진하는 분극화를 강화한다. 첫째, 자신을 영향력 있는 정치적 행위자로 만들기 위해서이다. 둘째, 자신들의 경제적 이익을 확보하고 의제 선점 능력을 키우기 위해서다.

이런 이유는 미국과 한국의 정치 분극화를 강화할 수 있다.

● **대안 목차**
  1. 유사점
  2. 차이점
  3. 평가

Ⅳ 결 론

한국과 미국은 정부형태, 선거제도, 정당체계와 정당, 사회균열등에서 매우 유사하다. 하지만 미국은 상대적으로 이념이 약하고 정당규율이 약하며 의회의 권력이 강하기 때문에 대통령제가 가진 분극화를 완화할 수 있는 여지가 있다. 반면 한국은 분극화를 줄일 수 있는 여지가 약하다.

한국은 '의회 제도화' 수준이 낮다고 평가받고 있다. 의회의 독자적인 기능강화 '의회 제도화'로 규정할 수 있다면, 의회제도화 수준이 낮은 것은 다른 제도들과 비교할 때 유권자들에게 의회의 독자 기능에 기대가 낮다는 것을 의미한다. 다음 질문에 답하시오. (총 40점)

(1) 정부형태에서 '단임제 대통령제', 정당체계 수준에서 '잦은 분당과 합당', 개별정당차원에서 '정당의 높은 기율', 유권자의 높은 '투표 유동성'이 '의회 제도화'에 미치는 영향을 논하시오. (20점)

(2) 의회제도화의 의미를 약술하고, 한국 의회를 상임위원회 중심의 '전환의회(Transformative legislature)'로 만드는 것이 의회 제도화에 유용한지 여부를 '의회' 차원과 '의원' 개인 차원으로 구분하여 논하시오. (20점)

I . 서   론
II. 한국의 낮은 의회 제도화 원인
  1. 정부형태차원 '단임제 대통령제'
  2. 정당체계차원 '잦은 분당과 합당'
  3. 개별정당차원 '정당의 높은 기율'
  4. 유권자차원 높은 '투표 유동성'
  5. 평   가

III. 상임위원회 중심의 전환의회와 의회제도화 여부
   평가
  1. 의회제도화 정의
  2. 전환의회와 의회제도화 가능성 높다는 주장
  3. 전환의회와 의회제도화 가능성 낮다는 주장
  4. 전환의회와 의회제도화 가능성 평가: 결론을 대신하며

 문제의 맥락과 포인트

의회의 핵심 주제가 제도화이다. 이 문제는 정부형태, 정당, 유권자와 연동해서 의회제도화를 다루고 있다. 특히 한국에서 전환의회가 가능한지와 의회제도화에 유리한지를 다루고 있다. 문제의 핵심은 제도들간의 연관 효과를 고려하는 것이다.

I 서 론

한국 국회는 기관별 신뢰도와 첨령도 조사의 4.0 만점에서 1.7점과 1.6점으로 만년 꼴찌다. 한국 의회의 낮은 신뢰도는 낮은 수준의 제도화의 지표다. 한국 국회의 제도화가 낮은 이유를 제도적 차원에서 살펴보고, 제도론적 차원에서 해결방안으로서 상임위원회 중심의 전환의회가 해답이 될 수 있는지 살펴본다.

II 한국의 낮은 의회 제도화 원인

한국의 국회를 한국 의회로 객관적인 규정을 하고 다른 제도들과의 연관성하에서 제도화수준이 낮은 원인을 규명한다. 이러한 접근은 문화론이나 규범론을 배제하고 제도론 차원에서 접근하여 해결책을 찾게 해준다.

1. 정부형태차원 '단임제 대통령제'

단임제 대통령제도는 대통령에게 권력을 집

중하게 하고, 제도적으로는 대통령 소속정당을 강화함으로서 제도로서 의회에 대한 기대를 낮춘다. 이는 대통령 제도중에서도 단임제가 가지는 특징에 기인한다. 단임제 대통령제의 특징은 다음과 같다.

첫째, 단임제는 대통령 개인에서 정당으로 권력 이전하게 만든다. 단임이기 때문에 대통령 개인에게 책임추궁이 안 되며 정책 연속성이 떨어진다. 제도적 차원에서는 대통령 개인보다는 제도적 연결성이 있는 정당이 더 중요하게 된다. 유권자차원에서도 정당을 책임추궁성의 주체로 파악하게 된다.

둘째, 대통령 개인에 대한 인지성은 중요하다. 그러나 대통령 마다 레임덕이 빠르게 온다. 이런 경우 야당과 여당 모두 현직 대통령에 대한 공격을 통해 차기 대선 후보의 선명성을 드러낸다. 이 경우 정당차원보다 개인차원에서 인지성이 중요해진다.

셋째, 짧은 임기로 인해 차기 대선 경쟁이 빨라진다. 대표적인 사례가 대선이 끝남과 동시에 차기 대선후보 경쟁을 예측한다. 이는 다른 선거 경쟁보다 대통령 선거에 집중하게 만든다. 한국의 권력구조 상 대통령에 권력이 집중된 상황에서 이는 더 대통령선거에 집중하게 만든다.

넷째, 권력이 대통령에게 집중되어 있어 경쟁이 점차 강화된다. 현직 대통령에 대한 실망이 빨리 오면서 레임덕은 빨라지고, 새로운 후보에 대한 유권자들의 열망은 강해진다. 따라서 정당은 새로운 후보나 새로운 지향점을 제시해야 하는 부담을 가진다.

이러한 요인들은 의회를 부차적인 제도로 만들게 한다. 정치에서 주로 대통령의 권력에 집중하게 된다. 대통령 개인과 대통령의 소속 정당을 강화한다. 따라서 의회는 정치에서 주변부에 머물게 된다.

2. 정당체계차원 '잦은 분당과 합당'

정당체계 수준에서 정당의 분당과 합당이라는 낮은 제도화 수준은 의회제도화에 부정적으로 작동한다. 대의민주주의에서 정당과 정당체계가 중요해지면서 의회는 기능적 관점에서 부차적이 되기 때문이다.

우선 정당분석은 정당체계 수준을 분석이 중요하다. 정당체계수준에서는 정당이 분당과 합당 혹은 정당 연합이 빈번하다. 이것은 유권자에게 정당체계 수준에서 제도화 부족을 의미한다. 사르토리의 기준으로 보면 정당체계는 정당의 수와 이념적 거리. 정당이 분당과 합당이 잦다는 것은 정당의 수가 예측가능하지 않다는 것이다. 또한 이념차원에서도 정당체계수준에서 이념적 정체성 확보가 어려운 것이다.

반면 개별 개별수준의 의미는 다소 다르다. 정당의 이합집산은 한편으로는 정당 자체에는 '적응성'을 높이면서 오래 버티게 한다. 여기서 적응성은 헌팅턴의 지표로 제도적 지속력을 의미한다. 또한 헌팅턴의 지표중 '복잡성'을 강화할 수 있다. 정당의 이합집산은 다양한 의제를 선거시기 포괄하게 하는 기능을 함으로써 기능적으로 정당 제도를 강화한다.

두 가지 정당의 기능은 의회 제도화에 다음과 같이 영향을 미친다. 우선 의회 제도화자체에 불리하다. 유권자 수준에서 문제 해결 기제가 의회가 아니라 정당차원으로 집중하게 된다. 분당과 합당과 정당연합의 이합집산은 유권자들의 체계 수준의 기대는 낮추지만, 개별 정당 수준의 기대는 높인다. 특히 선거가 임박하게 되면 40%정도의 무당파는 체계 수준에서는 정당 지지가 없지만, 개별 정당의 이슈나 인물을 보고 정당에 대한 지지를 보내게 된다, 즉 체계수준보다 개별 정당에서 유권자들의 기대는 높아진다. 따라서 의회는 제도적으로 문제해결에 있어서 부차적이 된다. 한국에서 대통령제의 특성인 '의회 vs. 행정부'의 대립이 아닌 '행정부＋여당 vs. 야당'의 대립이 주를 이루는 것이 방증한다.

3. 개별정당차원 '정당의 높은 기율'

개별정당의 기율이 높은 것은 의회제도화에 부정적으로 기능한다. 개별 정당의 높은 기율은 정당의 장악력이 높다는 것을 의미한다. 정당의 장악력이 높다는 것은 원내정당보다는 대중정당식의 운영이 가능하다는 것을 의미하는 것이다.

이것을 가능하게 하는 것은 정당이 이념과 지역위주의 정당이기 때문이다. 한국 정당은 이념과 지역이라는 사회균열을 반영한다. 이는 정당의 공천이 곧 당선을 의미하는 경우가 많기 때문이다.

한국 의회선거에서 특정 지역은 의원의 당선에 있어서 유권자 선택보다 정당이 중요하다. 정당이 당선에서 핵심이 되면 의회 의원은 정당의 눈치를 보게 된다. 이것이 다시 당의 규율을 강화한다.

의회 제도화에 미치는 효과는 다음과 같다. 의회 자체적인 제도화가 덜 중요하게 되고, 정당에 기속된 제도화를 하게 만든다. 특히 정당 지지율이 고정된 상황에서 강경파 당원들이 당을 좌지우지하는 경우 의회는 정당의 부속되게 된다.

4. 유권자차원 높은 '투표 유동성'

유권자의 높은 투표유동성 역시 의회 제도화에 부정적으로 영향을 준다. 여기서 투표 유동성은 투표에서 정당 지지를 변화하는 성향을 의미한다. 선거유동성과 구분되기도 혼용되기도 한다. 선거를 하는지 마는지를 의미하는 것으로 선거유동성을 정의할 경우, 투표율에 미치는 효과가 선거유동성이라면 투표유동성은 어떤 정당을 지지하는지의 문제로 구분할 수도 있다. 하지만 투표유동성을 투표 여부와 투표 방향성으로 규정하면 투표 유동성안에 선거 유동성이 포함된다.

유권자가 투표유동성이 높다는 것은 유권자가 정당지지를 철회하기 쉽다는 것이다. 2021년 재보궐선거에서 서울의 거의 모든 선거구가 '국민의 힘'을 지지했다. 그러나 2018년 지방선거에서는 서울의 거의 모든 선거구가 '더불어민주당'을 지지했다. 2020년 총선에서도 용산구, 강남구, 서초구, 송파구를 제외하고는 모든 구가 민주당을 지지했다. 그러나 지방선거로는 3년만에, 총선과 비교하면 1년만에 유권자 선택이 달라진 것이다.

정치적 의미는 다음과 같다. 투표유동성이 높은 경우 정당 지지층이 두껍지 않다는 점과 중도성향의 유권자가 많다는 것을 의미한다. 이는 선거에서 어떤 이슈인지와 선거전략에 의해서 당선여부가 결정되는 것을 의미한다. 상대적으로 정당이 중요하다는 아이러니가 있다. 정당이 잘못하면 후보자가 떨어진다. 문제는 정당이 잘한다고 지지를 할 것인지는 불분명하다.

의회제도화에 미치는 효과는 다음과 같다. 정당에 대한 무장파 층이 높다는 것은 의회가 정당의 구속을 덜 받을 수 있다는 것을 의미한다. 그러나 의회 의원이 재선할 가능성이 낮을 수 있다는 의미도 되기 때문에 의회제도화에 긍정적인 측면과 부정적인 측면 모두 영향을 미친다.

5. 평 가

위의 요소들을 종합하면 의회제도화의 부족은 제도적인 차원에서 다음과 같은 원인들로 정리된다. 첫째, 대통령에 대한 권력 집중, 둘째, 개별 정당의 강력한 규율과 통제력. 셋째, 유권자들의 빠른 선택변화에 따른 의회와 의원에 대한지지 변화이다.

Ⅲ 상임위원회 중심의 전환의회와 의회제도화 여부 평가

1. 의회제도화 정의

한국 의회의 제도화를 위해서는 우선 의회제도화의 의미가 필요하다. 의회제도화란 의회가 하나의 독자적인 기구로서 의미를 가지는 것을 의미한다. 즉 유권자의 기대를 반영하는 정도가 된다.

의회제도화를 위한 3가지 조건이 중요하다. 첫째, 의원의 전업주의와 전업의식이 필요하다. 의회 자체가 기본적으로 다른 제도에 비해서 조직화가 약하다. 4년에 한번씩 50%이상 인적 구성이 바뀐다는 점에서 장기적인 근속이 가능한 관료조직과 대비할 수 있다. 따라서 의원이 지속적으로 제도를 채워주어야 한다.

둘째, 의회의 기능강화다. 이는 의회가 유권자의 기대치를 반영해야 한다. 이를 위해서는 입법기능의 경우 상임위원회 중심주의가 유용하다. 그리고 정책보좌관의 확충방안도 중요하다.

셋째, 의회 규범 강화가 필요하다. 의회내의 독자성을 높이는데 규범강화는 매우 중요하다. 의회 내의 규범이 강화되기 위해서는 전문성이 증대하고, 고참제도등을 활용할 수 있다.

2. 전환의회와 의회제도화 가능성 높다는 주장

전환의회와 상임위원회 중심주의를 사용하면 의회를 제도화할 가능성이 높다. 이때 전환의회는 의회차원에서는 의회를 입법중심의 의회로 바꾸는 것을 의미한다. 이것은 미국 식 대통령

제를 모델로 삼는 것이다. 입법부 중심의 의회라는 대통령제 원형에 부합한다. 의원 개인차원에서는 의원입법을 강화하는 것을 의미한다.

전환의회를 위해서는 상임위원회를 강화하고 상임위원회를 중심으로 의회가 입법을 해야한다. 이는 상임위원회를 중심으로 한 전문성을 향상시킬 수 있다. 의회 차원에서는 본회의 보다는 상임위원회를 중심으로 정책입안과 토의를 진행할 수 있다. 결정자의 수를 줄이고, 이들간의 토의를 현실화하여 joint decision making을 수월하게 할 수 있기 때문이다. 따라서 상임위원회중심주의는 실질적인 법제정 능력강화를 가능하게 한다.

두 번째로 의원 개인 차원의 목적에도 변화를 가져온다. 의원의 정치적 목적에서 입법이 중요하게 되기 때문이다. 정책을 수립하고 정책을 집행하며 유권자에 대한 대표성과 응답성을 늘리는 것이 중요하게 된다. 이는 대의민주주의의 이상에 부합한다.

이를 가능하게 하기 위해서는 의원 개인에게 상임위원회의 고참제도가 유인이 될 수 있다. 특정 의원이 상임위원회에 오래 있으면서 고참이 되면 좋다. 이는 직접적으로 권력을 부여하기 때문이다.

3. 전환의회와 의회제도화 가능성 낮다는 주장

한국 의회를 전환의회와 상임위원회 중심주의로 전환하기 어렵다는 주장도 있다. 이들은 현실적으로 의회입법보다 행정입법이 더 많다는 점에 주목한다. 특히 정책과 관련해서 이해당사자가 충돌하는 경우는 정부가 주로 입법한다.

피오리나는 숨은 동기이론을 통해서 이를 설명한다. 의원은 재선이 중요하다. 재선에 있어서 실질적인 이해충돌이 있는 입법은 의원에게 불

만자를 늘려 재선기회를 박탈한다. 실제로 의회 입법의 실태를 보면 의회입법은 자구 수정이나 지역이권 정치에 더 비중이 큰 것으로 나온다.

게다가 행정입법 우위의 불가피성도 지적된다. 첫째, 행정조직이 강화와 전문성의 문제가 있다. 의회의원과 보관으로 행정부의 정보를 따라갈 수 없다. 둘째, 정부의 국가 자율성이 높다. 따라서 이권으로부터 좀 더 안전하게 정책 수립이 가능하다. 앞서 본 것처럼 국회는 4년에 한 번 재선되지만 관료는 법이 보장해준다.

이때 의회 의원 개인의 이익이 중요하다. 의원에게는 재선이 중요하고, 이를 위해서는 지역구 관리가 중요하다. 특히 지역 이권사업이 필요하다.

게다한 한국 의회는 상임위원회를 순환한다. 한국에서는 고참제도도 없기 때문에 의원에게 유인이 적다.

한국 정치 현실상 정당의 개입이 강하고 의회자율성이 약하다. 이는 의회 제도화를 어렵게 한다. 의원은 유권자보다 정당이 중요하다. 이념과 정당기율이 강한 정당이 공천을 주로 하기 때문이다.

4. 전환의회와 의회제도화 가능성 평가: 결론을 대신하며

한국에서 전환의회를 통해서 의회 제도화를 추구하고, 상임위원회 중심으로 가는 것은 현실적으로 쉽지 않다. 그러나 상임위원회를 강화하고, 의원전문성을 위해 고참제도들을 통해 의원에게 재선의 유인이 되게 만드는 것은 유용할 수 있다.

다만 정당의 장악력이 약화되어야 의회의 자율성이 강화되면서 제도화가 가능해진다. 이런 차원에서 의회제도화는 의원의 자율성 강화와 함께 원내정당화와 함께 장기적으로 추진할 수

있다.

제010문 국회신뢰를 위한 기능강화

국회에 대한 신뢰가 낮다. 국회의 신뢰를 강화하기 위해 국회는 어떤 기능을 강화해야 하는지에 대해 논하시오. (30점)

Ⅰ. 서   론
Ⅱ. 한국의회의 현실
  1. 의원의 입법활동: 관련 이론과 한국
    (1) 이론: 숨은 동기이론
    (2) 국회의 현실
  2. 국회역할 미비에 따른 현상/ 결과
    (1) 국회 불신

    (2) 갈등의 한국: 한국의 심각한 갈등구조
Ⅲ. 국회 개혁방안 논의
  1. 다양한 의견의 국회반영
  2. 심의 기능강화
  3. 갈등해결을 위한 민의 반영
Ⅳ. 결   론

 문제의 맥락과 포인트

이 문제는 의회와 관련된 문제로 한국 의회의 현실과 개혁방안을 묻고 있는 문제이다. 이 문제는 민주화 30주년 기념 책인 『한국민주주의의 미래와 과제』의 의회제도관련 논문을 요약한 문제이다. 구체적인 현실과 개혁 방안을 준비해두면 한국 의회에 대한 개혁방안을 구체화하는 틀을 만들 수 있을 것이다.

Ⅰ 서 론

국회에 대한 낮은 신뢰를 회복하기 위해서는 국회의 기능을 강화해야 한다. 시민들은 국회에 대해 어떤 기능을 강화하기를 원하는지와 국회는 이를 위해 무엇을 해야 하는지 살펴본다.

Ⅱ 한국의회의 현실[7]

1. 의원의 입법활동: 관련 이론과 한국

(1) 이론: 숨은 동기이론

국회의원이 자질이 모자라서 입법 활동을 안하는 것이 아니다. 합리적 동기에 의해 입법을 위임하는 것이다. 이것을 설명하는 이론이 숨은 동기이론이다.

피오리나(Morris P. Fiorina)는 의원의 활동을 3가지로 나누었다. 첫째 입법활동(law-making). 둘째, 선심성사업유치활동(pork-barrelling), 셋째, 민원활동(casework)이다.

이때 입법활동의 특징이 중요하다. 첫째, 논쟁적이다. 반대로 선심성활동은 비논쟁적이다. 둘째 입법활동은 효과가 비가시적이나 선심성활동은 효과가 가시적이다.

메이휴(David Mayhew)의 주장은 의원의 가장 중요한 목표는 재선이라는 것이다. 이때 재선을 위해서는 선심성활동과 민원활동에 매우 적극적이 된다. 의원은 관료에게 골치 아픈 입법활동을 위임하게 된다. 이것이 행정부의 비대화를 가져왔고 대의민주주의 위기를 가져온 것

---

7) 가상준, "국회개혁: 대표기능, 입법기능, 심의기능강화를 중심으로", 『한국민주주의의 미래와 과제』(서울: 한울, 2017)을 요약하였다.

이다.

이러한 이론을 숨은 동기이론이라고 한다. 의회의원들이 전문성이 떨어져서 입법을 행정부에 위임하는 것이 아니라 재선을 위해서 의도적으로 한다는 것이다. 즉 입법에 따른 갈등의 비용이 크기 때문에 합리적 관점에서 행정부에 권한을 위임하는 것이다. 이렇게 합리적인 결정에 따라 국회는 불신, 비생산적 국회가 되는 것이다. 이는 지역구의원에 대한 평가가 의회에 대한 평가보다 높게 나타나게 되는 이유이다.

(2) 국회의 현실

한국의 의원들도 재선을 목표로 한다. 그러나 다른 국가들과 차이가 있다. 다른 국가의 의원들은 지역구민에게 어필하는데 한국은 공천권을 가진 정당지도부에 대해 어필한다. 이것은 지역주의 정당이기에 가능한 것이다. 이러다 보니 공천권을 가진 정당지도부의 영향력이 커졌고 갈등이 늘었다. 또한 국회에 대한 불신과 정당에 대한 불신을 제거하기 위해 정당지도부는 새로운 인물을 영입하고자 한다. 이것은 초선의 원비율을 높이고 국회를 비제도화하여 더욱 비생산적인 정치기구로 만든다. 이런 상황에서 분당과 창당이 빈번하여 국회운영은 뒤로 밀린다.

노무현 대통령 이후 대통령이 당 총재를 역임하는 관행은 사라졌지만 여당 지도부는 여전히 청와대의 영향을 받고 있다. 차기 대권후보가 있으면 청와대와 여당간 갈등도 고조된다. 이런 상황에서 청와대 위주의 정책결정은 국회의 의사결정능력을 마비시킨다.

2. 국회역할 미비에 따른 현상/결과

갈등을 국회가 걸러주지 못하며 갈등해소와 사회통합 기능이 미비한 것으로 나타난다. 이는 국회의 정통성을 위협하고 국회가 생산한 법률의 적용을 어렵게 한다. 이러한 현상들을 살펴보면 다음과 같다.

(1) 국회 불신

2014년 조사에서 국회를 신뢰한다는 응답자는 26.4%에 불과했다. 다른 기관과 비교할 때 최악으로 나타났다.

2005년 서강대 동아연구소의 조사에 따르면 유권자들은 국회의 가장 중요한 기능으로 국민의사를 대표하는 것을 들고 있지만 실제 유능하게 처리한다고 대답한 응답자는 5.9%에 불과했다.

(2) 갈등의 한국: 한국의 심각한 갈등구조

국민대통합위원회의 2014년 조사에 따르면 한국의 사회갈등이 심해졌다고 대답한 이들이 69.5%에 해당한다. 특히 빈부(계층)갈등이 가장 심각한 갈등으로 인식되고 있다. 그 다음으로 이념갈등과 교육 갈등이 그 뒤를 따른다. 이것은 진보와 보수 간의 갈등이 심각하다는 점을 보여주는 것이다. 이 조사에서 여당과 야당의 갈등에 대해 응답자중 90% 이상의 응답자가 갈등이 심하다고 답했다.

Ⅲ 국회 개혁방안 논의

1. 다양한 의견의 국회반영

이를 위해서는 첫째로 국회 내의 비례성을 확대해야 한다. 비례대표를 확대해야 한다. 대표적으로 여성문제를 들 수 있다. 2015년 기준 국제의회연맹의 190개국 여성의원의 평균비율이 20.2%이고 OECD국가의 평균이 27.8%인데 한국은 2015년 기준으로 16.3%이고 2016년 20대 총선에서 17%이다. 30대 미만 대표는 1명이 있다. 따라서 비례의석수를 100석정도로 증대할 필요가 있다. 그리고 전체 의석수를 350−360석으로 늘릴 필요가 있다.

둘째로 정당법개정을 통한 민의반영 기회를 확대할 필요가 있다. 정당법이 지역주의 카르텔 구조를 존속시키고 있다. 정당법 3조에 있는 "정당은 수도에 소재하는 중앙당과 특별시, 광역시, 도에 각각 소재하는 시, 도당으로 구성한다"고 규정하고 있다. 또한 17조에 "정당은 5 이상의 시, 도당을 가져야 한다"고 규정하고 있다. 그리고 18조 1항에는 "시, 도당은 1000인 이상의 당원을 가져야 한다"고 규정하고 있다. 이는 새로운 정당출현을 막는 것이다. 또한 창당준비위원회의 경우도 중앙당은 200인 이상의, 시, 도당은 100명 이상의 발기인으로 구성한다고 되어 있다. 이러한 규정들로 인해 신생정당들이 만들어지기 어렵다.

셋째, 청원권 확대를 통한 국민의견 반영도 가능하다. 청원은 국회와 행정부 모두에서 가능하나 국회청원은 줄고 있다. 행정부에 대한 청원을 하고 시민은 수동적으로 기다려야만 하는 상황이다. 국회의 청원방식을 수정할 필요가 있다. 국회의원의 소개가 있어야 청원을 할 수 있는 조항을 삭제하고 온라인 청원을 가능하게 해야 한다. 오바마 대통령은 '위 더 피플(We the People)'이라는 청원 사이트를 만들어서 30일 이내에 10만의 지지서명이 있으면 청원에 대해 공식 반응을 내놓았다. 영국과 독일도 오래전부터 온라인 청원제도를 실시하고 있다.

2. 심의기능 강화

심의기능 강화를 위해 첫 번째로 상임위원회 위주의 결정구조로 분권화를 이루어야 한다. 국회에서 원내대표간 협의가 중요한 합의 방식이다. 그런데 국회에서는 대통령과 여당 대 야당이라는 정치적 대결구도가 고착화되어 있다. 그

리고 이것을 해결할 때 '당정협의'라는 제도를 사용한다. 국회는 이 당정협의 대신에 상임위원회를 중심으로 야당이 참여하는 당정협의, 사안을 가장 잘 아는 상임위원회 위원들 간 협의를 통해 정책이 결정되는 방식으로 국회의 의사 결정구조를 개혁해야 한다. 국회상임위원회 위원들과 정부부처 관계자가 논의하는 단일구조로 개편이 필요하다.

두 번째로 소위원회의 기능적 분화가 필요하다. 상임위원회 내의 소위원회를 기능적으로 분화할 수 있다. 각 상임위원회별로 소위원회를 두어 의원의 전문성을 키워야 한다. 현재는 상임위원회가 법안심사 소위원회, 청원심사 소위원회, 예산결산 소위원회만을 두고 있다. 현재 한국에서는 2년 임기를 지낸 후 다른 상임위원회로 교체하려고 한다. 따라서 전문성이 필요한 상설 소위원회를 만드는 것을 부담스러워 한다. 그러다 보니 특별위원회를 만들어서 현안문제를 해결해가려고 한다. 그러나 이보다는 상임위원회의 소위원회를 통해서 전문성과 영속성을 키우는 것이 바람직하다.

3. 갈등해결을 위한 민의 반영

국회는 갈등 해결을 통한 민의 반영이 필요하다. 특히 법안을 만들어서 갈등을 해결하고 사회통합을 달성할 수 있다. 미국이 대공황을 극복하기 위해 '전국 산업부흥법'이나 '전국노동관계법'을 제정한 것처럼 한국도 양극화, 경제민주화 등에서 계층 간의 갈등해결을 위한 입법을 추진할 필요가 있다. 이 과정에서 심의를 위해서는 공청회와 청문회를 충분히 이용할 필요가 있다. 또한 이를 위해 국회를 상설화할 필요가 있다. 미국처럼 본회의와 상임위원회 개최 일정을 미리 지정하는 방식으로 요일별 운영을 통한 자동적인 국회 운영을 정할 수도 있다. 앞서 본

것처럼 다양한 갈등이 늘고 있기 때문에 국회는 조정자 역할을 해야 한다. 밀양 송전탑, 제주해군기지 갈등, 세월호 사건이 국회가 조정했어야 할 대표적인 사안이다. 이를 위해 국회 내의 다양한 갈등 조정위원회가 필요하다. 또한 갈등 조정을 위해 공청회와 청문회를 실시할 필요가 있다.

Ⅳ 결 론

앞서 본 것처럼 다양한 제도들을 통해 국회의 신뢰를 극복할 필요가 있다. 특히 대표성을 높이고 심의기능을 확대하고 갈등해결의 조정자 역할을 수행할 필요가 있다.

전세계적으로 대의민주주의의 중심 기제인 '의회기능 쇠퇴론'이 제기되고 있다. 이는 한국의 의회에 대한 평가도 동일하다. 그러나 대의민주주의의 중심기제로서 의회의 역할은 중요하다. 구체적으로 의회의 능력강화는 '입법기능의 강화'와 '심의기능의 강화'로 나타날 수 있다. 그러나 의회 능력의 강화는 외부적으로는 정부형태, 정당체계, 개별정당의 제도화와 관련되어 있으며 내부적으로는 의회제도화와 관련된다. 다음 질문에 답하시오. (총 40점)

(1) 의회의 능력을 강화하기 위한 조건으로서 정부형태, 정당체계, 개별정당의 제도화와 의회의 관계를 논하시오. (20점)

(2) 입법기능의 강화와 심의기능의 강화를 위한 의회의 제도화를 논하시오. (20점)

문제의 맥락과 포인트

의회라는 제도는 주로 입법고시에서 출제된다. 그러나 입법고시가 아니더라도 비교정치 제도들을 연결하는 차원에서는 정부형태 – 정당체계 – 개별정당 – 의회를 연결해서 논리를 연결해 두면 다양한 문제에 대처하기 수월하다. 이후 의회의 제도화라는 주제를 입법기능과 심의기능으로 구체화해볼 수 있다. 앞의 의회 문제에 대한 좀 더 구체적인 의회제도화 방향을 정리해 볼 수 있는 문제이다.

 Ⅰ 서 론

한국의 의회는 공공담론에서 식물국회, 동물국회와 같은 평을 받고 있지만 실제 입법생산성은 높아지고 있다. 의회의 법안제출과 법안통과를 통한 입법비율의 증가를 의미하는 입법생산성의 증대는 대의민주주의의 중심 기제인 의회의 능력강화를 의미한다. 한국 의회의 능력강화를 위한 외부조건과 내부조건을 논하는 것은 대의민주주의의 중요성차원에서 의미있다.

Ⅱ 의회 능력 강화를 위한 외부적인 조건: 제도간 관계

의회의 능력강화는 입법생산성을 하나의 지표로 설정할 수 있다. 이것은 구체적으로 의회의 입법비율 즉 법안 제출 빈도와 법안 통과 비율을 하나의 변수로 설정할 수 있다. 또한 사회적 심의기능의 강화는 상임위원회와 상임위원회 소회의의 개정빈도수를 통해서 설정할 수 있다.

1. 정부형태와 의회 능력강화

정부형태는 의회의 능력강화와 직접적으로 관련이 있다. 정부형태를 독립변수로 할 때 종속변수에서 의회의 능력강화가 영향을 받는다. 정부형태는 크게 대통령제와 의원내각제도로 구분할 수 있다. 이원집정부제도는 두 가지 정부형태의 파생된 양태로 나타나기 때문에 따로 구분할 필요는 없다.

대통령제도는 두 가지를 고려할 수 있다. 대통령제도는 원칙적으로 입법을 수행하지 않고 집행만 수행한다. 따라서 원대통령제인 미국에서 의회는 생산성이 높아질 수 있다. 그러나 의회 제출법안은 대통령에 의해서 견제되어질 수 있다는 점에서 무조건 생산성과 능력이 높아질 수 있는 것은 아니다. 하지만 대부분의 대통령제 국가에서는 정부가 입법을 하기 때문에 의회의 생산성이 높지 않다.

대통령제도의 두 번째 특성으로는 분점정부를 들 수 있다. 행정부와 의회가 상대적으로 분점이 될 수 있다. 대통령제에서 분점이 될 때 의회의 입법생산성이 떨어질 수 있다. 이런 경우 대통령제도라는 정치체제는 의원내각제도보다 입법생산성을 상징으로 하는 의회 능력 강화가 쉽지 않다.

의원내각제에서는 정부는 의회의 다수당으로 구성된다. 의회는 단일한 주권자의 선택에 의해 구성된다. 따라서 모든 것은 의회를 중심으로 이루어진다. 이런 의회를 중심으로 한 의원 내각제 국가에서 의회는 입법과 집행의 중심이다.

그러나 의원내각제도를 실제 운영하는 데 있어서 중요한 것은 정당이다. 정당간 연합을 이루든지 단일 정당의 정부이거나 정당이 의회의 중심에 있기 때문에 의회의 생산성은 의회 자체의 생산성 이라기보다는 정당의 생산성이 될 가능성이 높다.

2. 정당체계와 의회 능력강화

정당체계도 의회 능력강화와 연관된다. 정당체계는 다당제와 양당제로 구분할 수 있다. 양당제나 다당제 자체가 의회에 미치는 영향이 있지만 한편으로 정당체계의 제도화 자체도 중요하다. 정당체계가 제도화된 경우 게임의 규칙이 생기기 때문에 이로 인해 정당운영이 결정되고 의회에서의 운영도 결정된다.

정당체계의 제도화는 정당의 수가 먼저이다. 양당일 경우 정당이 중심이 되어 법안을 만들고 의회를 통과시킬 가능성이 높다. 반면에 다당제의 경우 단일 정당이 의회 과반수를 넘지 못할 경우 의회의 생산성이 떨어질 수 있다. 그러나 이 경우도 법안통과와 심의는 다르게 나타날 수 있다. 법안통과는 지체가 되어도 심의는 강화될 수 있기 때문이다.

정당제도화에서 정단간 이념적 거리도 중요하다. 정당간 이념간 거리가 멀면 의회에서 법안이 통과되기 어렵다. 또한 정당간 거리가 멀면 심의는 가능하지만 심의의 결과를 도출하기 어렵다.

정당제도화에서 정당간의 현저성(salience)도 중요하다. 정당간 현저성이 높아지면 정당들이 유권자들의 선호를 잘 반영하고 있을 뿐 아니라 정당간 협상능력도 높아진다. 정당간 협상능력이 강화되면 입법통과도 수월해지고 심의기능도 강화된다.

3. 개별정당제도화와 의회 능력강화

개별정당의 제도화 역시 의회 능력을 강화시킬 수 있다. 정당체계는 유권자가 선택할 정당이 있는가와 어느 위치에 있는가의 문제라면 개별 정당은 개별정당이 어떻게 운영되는가의 문제이다. 헌팅턴의 복잡성, 자율성, 응집성, 적응성의 지표를 사용할 수 있다.

　정당의 복잡성이 높아지면 다양한 의견을 결집할 수 있다. 그런 점에서 의회의 법안통과와 심의 기능을 높일 수 있다. 자율성이 높아지면 정부에 대해 자유로울 수 있다. 이런 경우 정당은 의회를 중심으로 법안을 구성하고 심의를 진행할 수 있다. 응집성이 높다는 것은 정당구성원들간의 친밀도가 높다는 것으로 이런 경우 정당은 의회를 통해서 법안발의와 법안 통과를 수월하게 할 수 있다. 적응성은 오래 살아남을 수 있는 능력이다. 적응성이 일관된 정책지향성을 가질 수 있어 법안의 심의, 통과에 영향을 미칠 수 있다.

Ⅲ　의회 능력강화를 위한 내부적인 조건: 의회제도화

1. 의회 제도화의 의미

　의회의 제도화도 큰 틀에서 보면 제도화이다. 제도화란 하나의 제도가 독자적인 기능을 가지기 때문에 독자적인 의미를 가지는 것이다. 이것은 환경과 구분되는 기능을 수행함으로써 제도를 사용하는 이들의 기대에 영향을 미치는 것이다. 그런 점에서 의회의 제도화는 의회가 정치문제를 해결하는 데 있어서 중요하고 독립적인 의미를 가진다는 것을 의미한다. 이것은 의회가 정치 전 과정에서 정부형태와도 구분되며 정당과 달리 기능을 한다는 것이다.

2. 의회제도화를 위한 조건들

　의회가 독립적으로 의미를 가지기 위해서는 3가지가 중요하다. 먼저 의회를 구성하는 의원들이 의회에 전념할 수 있는 전업주의와 전업의식이 있어야 한다. 영국처럼 정당이 발전한 경우 의회에서 의원이 되어야 실질적으로 정치에 의미 있는 정책을 만들 수 있기에 정당에 소속된 전문정치인이 많다. 그러나 한국의 정당은 이합집산이 빈번하고 스타 정치인들이 많다. 직업정치인이 아닌 다른 분야의 전문가들이 많기 때문에 의원으로서 전업의식이 약하다. 전업의식이 약할 경우 의회를 중요하게 여기지 않을 수 있다. 초선의원비율이 높은 한국에서 의원의 전업의식을 키우기가 쉽지 않다. 또한 미국의 고참제도와 같은 인센티브 제공이 전업의식을 강화할 수 있다.

　두 번째는 의회의 기능을 강화하는 방안이다. 이것을 위해서는 의회를 전체회의 중심에서 전문적인 상임위원회를 중심으로 운영하는 것이다. 상임위원회를 중심으로 실질적인 심의와 토의를 하고 법안심의기능을 강화할 수 있다. 또한 상임위원회소위원회를 강화하여 구체적인 법안 발의나 법안심의를 강화할 수 있다.

　여기에 더해 의회의 보좌관을 적극적으로 활용할 수 있는 인재 풀링제도를 구축하는 것도 의회의 기능을 강화할 수 있다. 미국의 경우 의원 1인당 30여명 이상의 보좌관들이 있지만 한국은 9명의 보좌관을 가지고 있다. 이런 조건에서 보좌관들을 상임위원회를 중심으로 정책지원을 할 수 있게 하는 방안도 모색해 볼 수 있다.

　이 부분은 정당으로부터 간접적인 지원을 받을 수 있다. 정당의 인재풀링이나 정책조언 등을 활용하는 방안을 강구할 수 있다.

　마지막으로 의회의 규범강화를 들 수 있다. 의회의 현저성을 강화하기 위해서는 의회가 문제해결을 할 수 있다는 인식을 만들어야 한다. 이를 위해서 의원의 전문성을 강조할 필요가 있다. 과거 의회민주주의에서 현재의 정당민주주의로의 변화는 의원의 전문성을 약화시켰다. 대표자로서 의원의 전문성을 강화함으로써 의회를 실질적으로 국민의 대표로 만들 수 있다. 또한 의원들도 의회에서 정책전문성을 높임으로써 의회를 제도화하는 데 기여해야 한다. 재선을 목적으로 할 때 원내정당에서의 영향력이 강화되는 것이 아니라 의회에서의 기여를 중심으로 규범화가 필요하다. 또한 의원 간의 호혜성을 강조하여 정책간의 협력가능성을 높여야 한다. 의회가 교착되는 것은 원내정당보다 원외세력에 의해 영향을 받기 때문이다. 이것은 간접적으로 원내정당을 강화하여 정당간교차투표를 가능하게 하고 의회에서의 협력을 강화할 수 있다.

Ⅳ 결 론

한국 의회의 능력강화를 위해서는 외부간의 조건인 제도간의 교착 상황이 우선적으로 해결될 필요가 있다. 외부적인 조건이 구축될 때 의회제도화가 의미 있게 된다.

제012문 행정부와 입법부간 협치 가능성

한국에서 행정부와 입법부의 협치가 필요하다. 특히 행정통제와 관련해서 행정부와 입법부의 협치는 중요하다. 양자의 협치가 필요한 원인을 구체적으로 설명하고 협치를 이룰 수 있는 방안에 대해 논하시오. (30점)

 문제의 맥락과 포인트

한국은 대통령제와 다당제가 조합되어 있다. 이는 분점정부가능성의 증대로 이어지고 이에 따라 행정부와 의회의 협력을 어렵게 한다. 따라서 한국에서는 행정부와 의회의 협치가 중요하다. 이 문제는 협치를 위한 구체적인 방안을 제시한 한정훈 교수님의 논문을 중심으로 만든 문제이다. 세부적인 내용을 정리해두면 연관문제를 푸는 데 유용할 것이다.

Ⅰ 서 론[8]

한국은 공공정책에 있어서 행정부의 책임을 강화하고 국회에게 더 많은 권한을 부여할 필요가 있다. 이를 위해 당정협의회의 기능을 정상화하고 확대할 필요가 있다.

Ⅱ 행정부와 입법부의 협치 필요성

1. 1987년 체제의 헌정체제의 문제점 해소필요

1987년 헌법 개정에서 거수기로서 국회기능은 개선되지 못하였다. 또한 행정부 통제 기능 역시 강화되지 못했다. 강한 행정부와 관료주도의 정치를 만들었다.

2. 과거 행정개혁의 지속적인 실패를 개선 필요

관료조직의 개선이 필요하다. 관피아나 모피아로 불리는 부처이기주의와 부처와의 밀착 등으로 인해 국회와의 충돌 등이 문제가 되고 있다.

3. 근본적인 원인: 행정부와 국회의 책임과 권한 불균형

1987년 체제는 권위주의보다는 대통령의 관료통제 권한은 약화되었다. 그러나 레임덕이 있고 대통령은 관료 통제의 어려움이 있다. 또한 국회가 통제할 수 있는 권한 역시 1987년 헌법 개정에서 수정되지 않았다. 이것의 결과는 관료는 대통령과 의회 모두가 통제하기 어렵게 되었다는 점이다.

---

8) 한정훈, "한국의 행정개혁: 행정부와 입법부의 협치강화", 『한국민주주의의 미래와 과제』(서울: 한울, 2017)을 요약하였다.

행정부와 국회의 불균등한 책임과 권한을 보여주는 것은 입법과정이다. 그간의 자료로 볼 때 2000년 이전까지는 민주화이후에도 행정입법이 법률안 발의를 주도했다. 16대 국회에서부터 국회입법이 늘어났다. 그런데 발의된 법률안의 가결율을 보면 정부발의 법률안의 가결률이 압도적으로 높게 나온다. 세 번째로 발의된 법률안의 내용에도 차이가 있다. 행정부가 발의한 법률안은 사회의 갈등이 강한 사안들이다. 반면에 국회 발의 법률안은 기존 법안의 정비나 자구수정 등과 관련되어 있다(부연: 이것은 행정부의 사회에 대한 자율성이 높기 때문에 가능하다). 이런 현상의 저변에는 국회에 대한 불신이 깔려 있다. 국회의원이 비생산적이라고 생각하는 유권자들이 많다. 이것은 국회의 특성임에도 불구하고 국회에 대한 낮은 신뢰와 관계된다.

〈표〉

구분	총 계			의 원 발 의			정 부 제 출		
	제출	가결	가결비율(%)	제출	가결	가결비율(%)	제출	가결	가결비율(%)
11대	489	340	70	202	83	41	287	257	90
12대	379	222	59	211	66	31	168	156	93
13대	938	492	52	570	171	30	368	321	87
14대	902	656	73	321	119	37	581	537	92
15대	1,951	1,120	57	1,144	461	40	807	659	82
16대	2,507	948	38	1,912	517	27	595	431	72
17대	7,489	1,915	26	6,387	1,352	21	1,102	563	51
18대	13,913	2,353	17	12,220	1,663	14	1,693	690	41
19대	17,822	2,893	16	16,729	2,414	14	1,093	479	44

4. 민주주의에 대한 부정적 영향

의회와 행정부의 불균등한 책임과 권한은 한국 민주주의에 장애요인이 될 것이다. 첫째, 정부 정책이 충분한 논의를 거쳐서 만들어지지 못하고 다양한 선호를 반영하지 못하는 경향이 있다. 이것은 사회갈등을 유발한다. 특수한 이익집단이 행정부의 정책결정에 영향을 미칠 수 있는 환경이 문제이다.

둘째, 행정부 발의한 법률안이 국회 내의 심의과정을 거치면서 국회에 대한 신뢰를 감소시키고 그 결과 민주주의의 위기를 가져오는 것이다. 이것은 최순실 사태로 보는 거리의 정치로 유권자들을 몰게 된다.

셋째, 민주화이후 행정개혁이 행정부와 국회의 불균등한 책임과 권한 배분의 문제점이라는 것을 간과하고 행정부처의 축소 및 개편에만 초점을 맞춤으로서 행정개혁의 목표 달성에 실패했다는 것이다. 특히 행정부와 유권자 행정부와 의회간의 관계 즉 행정부의 외부적 조건과의 관계 조절을 다루지 않았다.

Ⅲ 협치의 방안들

1. 협치의 전제로 고려할 사항들

첫째, 대통령제에서 의원내각제로 개편할 것인지 여부. 권력분립과 견제와 균형을 중심으로 할 것인지 여부가 고려되어야 한다.

둘째, 행정부의 권한 축소하고 국회권한 확대가 가능한지 여부. 전문성을 따져보았을 때 국회에만 발의권을 주는 것은 타당하지 않다. 국회의원 자질에 대한 낮은 신뢰도 문제가 될 수 있다.

2. 구체적인 방안

협치를 강화하기 위한 구체적인 행정개혁방안은 3가지가 있다. 첫 번째는 앞서 본 당정협의회를 정상화하고 확대할 필요가 있다. 정기적인 개최규정도 한 가지 방안이다. 또한 청와대의 참여를 필수적으로 하여 대통령과 행정부의 의견 조율을 만들 수 있다. 또한 야당을 끌어들이는 방안도 있다.

두 번째는 국회의원의 입법지원기구를 강화하는 것이다. 비서진과 입법보조기구를 강화할 필요가 있다. 구체적으로는 국회입법조사처의 기능을 강화하거나 정책전문 지원기구를 신설할 필요가 있다.

세 번째는 행정부 발의 법률안이 복수로 경쟁할 수 있는 구도를 마련하는 것이다. 정부가 정책안을 복수로 만들어서 경쟁을 시키는 방안도 고려해 볼 수 있다. 국회와 시민의 동의를 더 구할 수 있다.

특히 당정협조제도를 이용할 수 있다. 정부와 정당이 협의를 통해 국가정책의 효율성과 대국민 책임성을 동시에 제고할 수 있는 제도이다. 영국처럼 법률안을 만들 때 초안을 작성할 때부터 정부는 의회 소관위원회와 논의를 실질적으로 운영할 수 있다. 한국은 이 과정에서 의회의 정부에 대한 개입은 차단되어 있다. 법률안이 시행된 이후에도 미국은 입법과 예산권한을 가지고 의회가 행정부를 통제할 수 있다. 반면에 한국은 일정기간에 이루어지는 국정감사나 특정 사안에 대한 국정조사만을 수행할 수 있을 뿐이다. 그런 점에서 의회의 권한은 미국이나 영국과 비교해서 많이 떨어진다.

당정협의회의는 권위주의 시기 만들어졌다. 국 회내 여당의 권한을 강화하기 위한 것이다. 민주화이후에도 사용되었다. 2000년부터 2016년 까지 총 73회 개최되었다. 평균적으로는 4.6회이다. 분기별 한 번씩이라는 점에서 협치가 일반화된 것은 아니다.

Ⅳ 결 론

협치 구조를 통해서 의회와 행정부간의 행정 통제를 강화하고 의회의 기능을 강화해 볼 수 있다.

국회 협의제 운영을 위한 방안

한국 국회는 13대 국회에서 만들어진 협의제 전통을 가지고 있다. 최근 한국 국회의 협의제적 운영이 약화되었다는 비판이 있다. 다음 글을 읽고 물음에 답하시오. (총 45점)

(1) 한국 국회의 협의제운영의 내용을 설명하고, 13대 국회에서 협의제 전통이 만들어진 역사적 배경을 설명하시오. (10점)

(2) 현재 한국 국회의 협의제 운영이 어렵게 된 원인을 국회외적 요인(역사적 요인, 정부형태요인, 정당요인, 선거제도 요인)과 국회내적인 요인(국회내 정당 양극화, 여당 지도부의 의사재량권 부족, 국회의장 리더십 부족)으로 구분하여 설명하시오. (20점)

(3) 의회 협의제 운영을 위한 방안으로 선거제도의 비례성 확대방안과 대통령 중임제 변경의 동시적 개혁방안의 타당성에 대해 논하시오. (15점)

 문제의 맥락과 포인트

한국 의회는 협의제로 운영된다. 이러한 협의제 운영이 왜 만들어졌는지 그리고 어떤 제도적 방안이 협의제 운영방식을 유지하는지를 다룬 문제다. 다만 다른 제도와의 조응성 차원에서 다룬다는 점이 중요한 포인트이다.

I 서 론

분점정부가 빈번한 한국 정치에서 의회의 협의제적 운영을 통한 협치는 중요하다. 13대 국회에서 만들어진 협의제적 요인이 최근 왜 약화되었는지와 이에 대한 해법으로 선거제도의 비례성을 확대하는 방안과 대통령 중임제도의 개혁방안이 타당한지 살펴본다.

II 한국 국회의 협의제적 요인과 역사적 배경

한국 국회의 협의제적 운영을 분석하기 위해 협의제적 운영이 무엇인지와 어떤 역사적 맥락에서 만들어졌는지를 살펴본다.

1. 협의제 국회의 내용

민주화이후 출범한 13대 국회에서 여야는 정당간 협의를 통해 국회조직과 의사운영의 다양한 영역에서 협력을 추구하는 것으로 합의했다.

과거 비민주주의 시절 국회가 통법부로 전락해 행정부가 제출한 법안을 그저 통과시켜주던 관행에서 벗어나고자 한 것이다.

협의제 국회 운영이란 여당과 야당이 민주적 의사진행을 통해 국회를 운영한다는 것이다. 이는 국회가 효율성 위주의 운영만이 아니라 민주성을 추가하고자 한 것이다. 민주성은 반대당의 의견을 반영해서 의사결정을 하는 것이다.

협의제 국회운영의 구체적인 내용은 다음과 같다. 국회의장은 교섭단체의 원내대표와 협의하여 국회를 운영하는 것이다. 본회의장 의원 의석 배정, 국회사무처 사무총장 임명, 의사일정 등을 결정한다. 이 중 가장 중요한 것은 의원수에 비례해 상임위원회 위원장을 배분하는 것이다. 과거 권위주의 시절에는 여당이 상임위원장을 모두 차지하던 관행에서 벗어나는 것이다.

2. 협의제 국회 운영의 역사적 배경

두 가지 배경이 중요하다. 첫째, 민주화이후 지역주의에 기초한 다당제와 둘째, 3김 정치라는 보스정치다.

첫째, 지역주의에 기초한 다당제가 1987년 대선과 1988년 총선에서 만들어졌다. 이는 여당이 과반수 이상의 의석을 차지하기 어렵게 만들었다. 즉 분점정부가 발생한 것이다. 다당제를 만든 야당은 국회의 민주적 운영을 강조했고 여당은 이를 받아들인 것이다.

둘째, 3김 정치라는 리더십도 작동했다. 즉 여당과 야당의 대결에도 불구하고 3김의 협의를 통해 국회는 운영이 될 수 있었다. 그런 점에서 국회 협의제 운용은 이런 리더십을 제도적으로 보강한 측면이 있다.

Ⅲ 국회 협의제 운영의 퇴조 원인

국회 외적 측면과 국회 내적 측면의 구분은 개선방안을 마련하는데서도 중요한 바 양자를 구분하여 원인을 모색한다.

1. 국회외적 측면

국회외적 측면에는 크게 4가지 요인이 있다. 첫째, 역사적 요인, 둘째, 정부형태, 셋째, 정당 요인, 넷째, 선거제도 요인이다.

첫째, 역사적 요인은 지역주의에 기초한 다당제 구조가 이념에 기초한 양당제로 전환되었다는 점이다. 1990년 3당 합당 이후 진보와 보수로 한국 정치가 구분되기 시작했다. 2002년 대선과 2004년 총선을 거치면서 지역주의 보다는 이념가 한국 사회균열로 중요하게 더 부각되었다. 이후 이념에 기초한 양당제가 되면서 다당제 운영과 유사하게 국회를 운영할 이유가 약화되었다.

둘째, 정부형태에서 대통령가 가진 이중 정당성 문제가 있다. 대통령제는 의회와 별개로 선거를 하며 이로 인해 분점정부가 만들어질 가능성이 높다. 반면 단점정부가 되면 대통령제는 승자독식 구조가 된다. 이는 의회 운영을 협의제적으로 할 이유를 축소시킨다.

한국 대통령제의 내각제 요소와 단임제도도 국회 협의제 운영을 방해한다. 한국 대통령제는 내각제적 요소로 인해 '행정부와 여당 vs. 야당'이라는 대립구조를 가진다. 이는 행정부와 의회의 대립이 아닌 정당간 대립을 강화한다. 양당제에 이념에 기초한 정당정치는 국회운영을 협의제적으로 할 유인을 줄인다.

단임제도 역시 시한이 정해진 대통령의 빠른 결정과 임기 초반 지지율이 높을 때 성과를 내야 한다는 부담을 동시에 준다. 이런 상황에서 대통령이 국정을 주도하면 의회는 협의제적으로 운영되기 어렵다.

셋째, 정당 요인으로 양당제라는 정당체계 요인과 높은 정당 기율이라는 요인이 작동한다. 한국 양당제는 이념적으로 양극화되고 있다. 특히 인지 양극화보다 감정양극화가 심화되고 있다. 이는 정당간 타협가능성을 낮춘다. 또한 국회에서 협의제적인 운영을 어렵게 만든다.

정당 규율이 강하다. 한국 정당은 과거 선거자금은 제도적으로 정부의 국고 보조금을 활용하고 있어 규율강화수단으로서 기능이 약해졌다. 하지만 국회의원 공천권을 여전히 정당이 가지고 있다. 이념과 지역주의가 혼재한 상황에서 정당의 특정지역에 대한 공천은 당선을 의미한다. 이는 정당이 여전히 강한 규율을 가지게 만든다. 이로 인해 정당의 입장에 따라 국회가 운용되기 때문에 협의제적 측면이 약화된다. 특히 정당이 대통령에 대한 자율성이 낮아지면 이런 협의제적 운영은 더욱 어렵게 된다.

넷째, 선거제도 요인이다. 한국의 선거제도는 지역구를 기반으로 하는 소선거구제의 상대다수제이다. 듀베르제에 따르면 이런 선거제도는 양당제를 만든다. 따라서 기계적 효과과 심리적 효과에 의해 거대 양당에 유리한 선거제도는 거대 정당의 의석을 과도하게 만들어준다. 거대 양당제는 앞서 본 정부형태와 조응해 국회가 협의제적으로 협력하기 어렵게 만든다.

2. 국회내적인 요인

3가지 요인이 중요하다. 첫째, 이념적 양극화, 둘째, 여당 지도부의 의사운영 재량권 결핍, 셋째, 국회의장의 리더십 부족이다.

첫째, 이념적 양극화는 정당의 협의적 운영을 어렵게 한다. 정당간 타협을 이념적 간극이 벌어지면서 어려워지는 것이다. 특히 한국은 인지 양극화보다 감정 양극화가 심화되고 있다. 이는 정책간 대결이나 타협보다 감정적인 호오를 통해 국회를 운영하게 만든다. 17대 국회이후 한국 양대 정당간의 이념적 거리를 벌어졌다. 최근 거리는 더 확장되지 않고 진보 진영으로 옮겨가고 있지만, 감정적 양극화는 심화되고 있다. 광화문과 시청에서 주말마다 벌어지는 집회가 이를 방증한다.

둘째, 여당 지도부의 의사운영 재량권 결핍도 문제다. 여당의 지도부가 대통령의 훈령을 따르게 되면서 정당의 자율성인 낮아졌고, 국회의 자율성도 낮아졌다. 한국의 내각제적 성격에 의해 여당이 대통령에 대한 자율성이 떨어지면서 국회는 대통령의 결정을 인가하거나 거부하는 투쟁의 장이 되고 있다. 이는 국회가 미국의 전환의회가 아닌 영국의 무대의회처럼 운영되는 것이다. 즉 정당간 대립이 심화되면서 협의제적인 운영과 협력이 어렵게 되고 있다.

셋째, 국회의장의 리더십 부족도 문제다. 국회의장은 당적 보유를 포기하고 중립적 운영이 필요하다. 하지만 국회의장은 정파적으로 국회 의사운영을 지속해오고 있다. 국회선진화법에 따라 국회의장의 직권상정 요건은 강화되었지만, 여전히 국회의장의 직권 상정은 빈번하다. 이는 국회의장과 교섭단체의 협의를 통한 의사운영을 어렵게 한다.

Ⅳ 국회 협의제 운영 개선 방안 논의

다양한 방안이 있지만, 선거제도의 비례성을 높이는 방안과 대통령 중임제도 동시 개편으로 축소하여 그 효과를 논의한다.

1. 제도 개편의 효과가 있음

선거제도에서 비례대표제 확대는 다당제를

만들 가능성이 높다. 이때 비례대표제 확대는 연동형비례대표제로의 전환이나 비례의석수의 증대를 의미한다. 듀베르제 법칙에 따르면 정당이 득표율이 의석율로 전환해주는 기계효과와 유권자의 사표방지에 영향을 주는 심리효과로 인해 비례대표제는 다당제를 만들 수 있다. 높은 비례성에 기초해 다양한 사회적 균열이 의회에 반영되는 것이다.

다당제에서는 여당이 의회 과반을 차지하기 어렵다. 이는 구심력을 가진 제 3당의 등장을 가져올 수 있다. 즉 여당이 협의제적 운영을 따르게 만든다. 제 3당과의 정당연합이나 정책 연합이 있어야 국정을 운영하기 수월해진다. 이는 제도적으로 여당이 협력을 강제한다.

대통령제 중임제도의 개편도 정당간 협력을 유도할 가능성이 높다. 대통령 중임제도로의 변경은 현직 대통령의 정책 시한을 넓혀준다. 5년에서 8년으로 길어지기 때문에 정책결정과 성과에 조급함이 사라진다. 길어진 임기 중에 정책성과를 보기 위해서는 국회의 협력이 필수적이다. 이는 대통령이 여당을 볼모로 국회에서 대립을 펼치기 보다 야당과의 협력을 강제할 수 있다. 이는 국회의 협의제적 운영을 강화할 수 있다.

2. 제도 개편의 효과가 없음

비례의석수 증대 혹은 연동형비례대표제는 두 가지 면에서 제도 개편의 효과가 떨어진다. 첫째, 대통령제와 조응성인 낮다. 비례대표제도는 소수자를 보호하고자 한다. 비례대표제는 다당제를 만든다. 그러나 대통령제는 소수자 보호가 아니라 다수결제도를 통한 통치가능성을 구현하는 제도이다. 또한 양당제와 제도적 조응성이 높다.

둘째, 정당의 기율을 강화할 가능성이 높다.

정당의 기율이 높아지는 상황은 의회의 협의제 보다는 정당 훈련에 따라 운영될 가능성을 높인다.

대통령제 중임제가 국회의 합의주의와 특별한 관계가 없거나 협의가능성을 낮춘다. 대통령 중임제도는 대통령의 정당 장악력을 높일 수 있다. 실질적으로 8년 통치하는 동안 대통령의 정당 장악력이나 공천 개입 가능성은 오히려 높아진다. 이는 국회의 협치주의적 운영에 장애물이 될 수 있다.

3. 평가: 결론을 대신하며

비례 대표제를 확대하면서 대통령 중임제도로 바꿀 때 다른 제도적 보완이 필요하다. 대통령 결선투표제나 대통령 선거에 부통령제도를 도입하는 것이다. 이 두 가지는 정당간 연대를 가능하게 만든다. 따라서 비례성을 높이는 비례대표제 확대 방안과 대통령의 권력을 강화할 수 있는 대통령 중임제도와 혼용할 수 있게 해준다.

대통령 결선투표제도는 2차 투표에서 정당간 연대를 유도할 수 있다. 이는 제도적으로 정당간의 연대를 가능하게 한다. 그리고 이 또한 국회의 협의제적 운영을 도울 수 있다.

부통령제 역시 정당간 연대를 가능하게 한다. 다른 정당 후보가 부통령으로 런닝메이트로 나오는 경우 정당간 협력 뿐 아니라 국회에서의 합의주의적 운영을 도울 수 있다.

미국의 정당정치와 비교해서 영국의 정당정치는 운영방식이 다르다. 정당정치의 중요성 차원에서 다음 질문에 답하시오. (총 40점)

　(1) 명망가정당, 대중정당, 포괄정당의 특징을 설명하시오. (15점)

　(2) 유럽식정당과 미국식정당의 특징을 비교하시오. (10점)

　(3) 한국정당이 추진하고 있는 정당개혁인 원내정당화의 의미를 설명하고 원내정당화가 정부형태와 조응할 수 있는지를 논하시오. (15점)

　문제의 맥락과 포인트

　이 문제는 정당정치 문제의 핵심을 건드린다. 정당제도에 대한 이론과 함께 미국과 유럽정당의 특징을 가지고 한국이 현재 추진하는 정당개혁방안인 원내정당화를 묻고 있다. 미국식제도개편을 기치로 걸고 있는 한국의 정당개혁이 과연 정부형태와는 잘 어울리는지를 묻고 있다. 제도간 연결고리를 제시하는 것이 이 문제의 핵심이다.

Ⅰ 서　론

　2012년 기준 새누리당의 진성당원은 20만 명으로 전체당원 247만 명을 기준으로 하여 8.2%이고 민주당은 213만 명 중에서 11만 명으로 5.5%에 불과하다. 2014년 한국보건사회연구원조사에 따르면 정당에 가입하여 적극적으로 활동한 사람이 0.3%이고 가끔 활동한다는 사람이 1.1%이며 한번도 소속된 적이 없다고 답한 사람이 94.9%였다. 위의 지표들은 한국정당정치가 운영되는 환경을 보여준다. 이런 환경에서 한국이 유럽식대중정당으로 갈 수 있는지를 살펴본다.

Ⅱ 정당모델별 비교

1. 명망가정당

　명망가정당의 핵심에는 인물중심의 정치가 있다. 19세기 말에서 20세기 초엽 대중민주주의 시대 이전까지 운영된 명망가 정당은 유권자와 다른 명망가들이 중심이 되어 정치를 운영한다. 이들은 적은 수의 시민들 중에서도 특별한 사람들로 시민들에게 신뢰를 얻을 수 있는 명망가들이었고 의회정치를 심의정치가 가능하게 만든 이들이었다. 이들은 유권자들과 신분, 교육수준 등이 달랐으며 이러한 차이는 유권자들이 이들을 대표로 선택하게 하는 정당성의 기반이 되었다.

2. 대중정당

대중정당의 핵심에는 정당중심의 이념정치가 있다. 대중민주주의가 되었을 때 시민이 아닌 대중들은 자신들이 받은 표를 사용하여 자신들을 대변할 수 있는 유사한 인물을 선발하였다. 이때 대표는 인물중심이 아니라 그들의 계급적 이익을 반영할 수 있는 정당을 중심으로 선발하였다. 정당은 정치교육을 통해서 계급적 이익을 명확히 하였고 정치의 중심에서 대중들의 계급투표를 통한 정책선거를 지향하였다. 전형적인 예가 노동조직을 중심으로 구성된 영국의 노동당이다.

3. 포괄정당

포괄정당의 핵심에는 이슈를 중심으로 한 선거중심의 정당이 있다. 1960년대 후반이 되면서 정당정치 특히 유럽정당정치에 변화가 생겼는데 정당간 이념거리가 가까워진 것이다. 정당간 이념거리가 가까워지면서 정당간의 정책적 차이도 줄어들게 되었다. 정당은 서로 겹치는 유권자들을 끌어들이기 위해서 이슈를 중심으로 정당을 운영하게 된다. 정당의 규율은 상대적으로 약해지게 되고 정당이 정치의 중심이 아니라 선거를 승리로 이끌 수 있는 전략가들이 중요하게 된다. 포괄정당과 유사하게 선거전문가 정당은 힘의 중심이 정당에서 선거전문가들로 넘어가면서 정치는 인물의 이미지중심으로 전환하게 된다.

Ⅲ 유럽정당과 미국 정당 비교

1. 유럽의 대중정당 특징: 영국사례를 중심으로

유럽의 대중정당은 정당을 중심으로 민주주의를 운영하고자 한다. 정당민주주의를 기반으로 하여 정당이 대의민주주의의 핵심제도가 된다. 정당민주주의에서 대표는 이념과 정체성에 기반하여 "우리와 유사한 이"를 대표로 보낸다. 이들은 정당에 매어있기 때문에 정당의 위임을 따라야 한다. 대표에 대한 '위임설'이 설명하듯이 대표는 위임된 사안만을 다룰 수 있기 때문에 재량권이 없다.

이런 논리가 실제 제도정치에 반영되는 방식은 다음과 같다. 대중정당에서는 강한 정당기율과 정당의 의원장악과 의회 장악을 특징으로 한다. 대중정당은 이데올로기가 강하고 강한 이데올로기를 중심으로 정당원들을 모은다. 정당원들의 이념적 지지와 동원을 통해서 정당을 운영한다. 이런 운영에서 의원의 인적 특성은 중요하지 않게 된다. 이보다는 정당이 당원들과 같은 정체성을 가진 인물을 대표로 세우는 것이 중요하다.

영국을 대중정당모델의 사례로 들 수 있다. 영국에서는 정당의 규율이 강하고 정당이 정치에 중심에 서고자 한다. 정당이 의회를 구성하는 중식축이고 의회가 영국 정치의 핵심에 있기 때문에 영국은 정당의 권한이 강하다. 이런 점에서는 대중정당의 모습을 유지하고 있다.

물론 현실에서 영국정당이 포괄정당화하는 면이 있다. 영국 역시 진성당원이 80%나 감소했고 정당간의 이념차이에 기반한 양당제에서 제3당이 부상하면서 정당간 이념 차이를 선호하지 않는 현상이 나타나고 있다. 2010년 선거에서 보수당과 노동당이 과반을 못 얻으면서 자유민주당이 연립정부의 파트너가 되었다. 2015년 선거에서 보수당이 정권을 장악했지만 득표율에서는 과반수를 못 얻었다. 이런 점에서 영국 정당정치도 선거제도를 변화시키면 양당제 중심의 정당체계는 붕괴할 것으로 보인다. 이것은 영국의 정당정치가 기존의 계급적 대립구조에서 변화하고 있다는 것을 의미한다.

영국의 대중정당모델이 포괄정당화되는 측면이 있지만 강력한 당의 기율과 정당이 정치에 중심에 선다는 점은 미국의 정당모델과는 차이를 가진다고 볼 수 있다. 여전히 이념이 중심에 있고 인물보다는 정당을 강조한다는 점에서 그렇다.

2. 미국식 합리적 정당의 특징: 미국사례를 중심으로

미국의 합리적 정당모델은 정당을 중심으로 하는 정당민주주의와는 차이가 있다. 유럽식으로 보면 정당민주주의가 자리 잡기 전의 의회민주주의와 비교할 수 있다. 의회민주주의는 명망가 중심의 정치에서 보는 것처럼 대표로서 의원을 중요하게 본다. 의회에 대표로 보내는 이는 나보다 나은 이여야 한다. 나보다 나은 사람을 보내면서 이들에게 재량권을 주는 것이다. 재량권을 부여받는 대표는 '신탁설'에서 설명하듯이 자신의 소신에 의해 정치를 한다. 유권자는 이들이 법을 어기거나 중대한 잘못을 할 때 탄핵 등으로 처벌할 수 밖에 없다.

이런 원리에 따라 미국식 합리적 정당모델은 다음과 같이 작동한다. 정당의 규율이 강하지 않고 정당간 이념간 차이가 크지 않다. 또한 의원의 자율성은 높고 의회의 자율성 역시 높다. 실제 미국의 정당은 정당의 규율이 강하지 않고 이념간 차이도 크지 않다. 미국은 양당제로 운영되고 있고 민주당과 공화당만이 전국선거를 치룰 수 있는 전국적인 정당이다. 따라서 두 개의 정당을 중심으로 운영되는 정당체계화는 구축되어 있지만 정당의 규율이 강하지 않다. 정당이 상시적으로 대표를 통해서 당원을 관리하는 것이 아니기 때문이다. 선거를 기반으로 정

당들이 활동을 하면서 프라이머리제도를 활용하여 정당의 후보자를 선출하기 때문이다.

또한 정당의 역사가 150년 정도 되지만 그 역사과정 속에서 정당들은 진보적인 이념을 표방한 적이 없고 보수 중심의 정치에서 다소 정책간 차이를 가지고 있을 뿐이다. 이념에 기반한 유권자들의 계급투표를 이끌어내는 것이 아니라는 점에서 유럽의 대중정당모델과는 다르다. 선거운동에서 정치인의 역량과 인기를 기반으로 하는 점과 정당의 이념성향이 강하지 않다는 점도 차이가 있다.

Ⅳ 한국원내정당화의 의미와 원내정당과 대통령제

1. 원내정당화의 의미

원내정당화는 정당을 원내세력을 중심으로 운영하겠다는 전략이다. 정당을 원내세력과 원외세력으로 구분한 뒤 원외세력의 입김으로부터 원내세력을 보호하여 원내세력의 정책자율성을 강화한다는 것이다. 정당은 원내세력인 국회의원과 원외세력인 당원들로 나눌 수 있다. 원내세력은 원내대표를 중심으로 정치활동을 하고 원외세력은 당대표를 중심으로 정치활동을 한다. 정당의 원외세력에는 정당운영에 있어 큰 힘을 가진 특정지역의 세력가들과 이익집단들이 있고 이들로부터 원내의 의원들을 보호한다는 것이 원내정당화의 취지이다.

한국이 2002년대 이후 정치개혁에 있어서 중심에 원내정당화를 두고 있다. 앞서 본 정당모델로 비교하면 포괄정당화를 향한 것이고 유럽식과 미국식으로 비교하면 미국식모델로 볼 수 있는 정당정치의 모델이다. 원내정당화는 정당의 영향력을 줄이고 의원들의 자율성을 늘려

주겠다는 것이다. 이는 정당의 규율을 약화시키면서 정당을 정치의 중심에서 배제하는 것이다. 정당민주주의보다 의회민주주의로 가겠다는 것이다.

원내정당화를 위해서 핵심은 정당의 기율을 약화시키는 것이다. 이를 위해서는 정당의 공천권을 약화하고 상향식 공천으로 변경하여 정당이 인사를 장악할 수 없게 만드는 것이 중요하다. 또한 선거와 관련하여 의원이 선거자금을 정당에 의존하지 않게 하는 것 역시 중요하다.

한국정당은 이를 위해서 상향식 공천제와 오픈 프라이머리와 같은 제도를 통해서 정당의 장악력을 낮추고 있다. 또한 원내대표를 강화하고 의회를 생산적이고 심의적인 의회로 만들고 있다. 정당들의 이념간 거리가 멀지 않기 때문에 정당들은 포괄정당으로서 정책이슈와 이미지 중심의 전략으로 유권자에게 다가선다. 당원이 아닌 지지자 중심의 정치는 정당의 장악력을 낮춘다.

2. 대통령제도와의 조응성

대통령제도와 원내정당은 조응성이 높다. 대통령제도를 작동시키는 데 있어 중요한 것이 리더십이 활용될 수 있게 하는 것이다. 대통령제도는 불신의 제도이다. 대통령제도는 견제와 균형이라는 불신의 제도로 만들어졌기 때문에 작동가능성이 높지 않다. 이러한 대통령제도와 강력한 정당정치가 만나면 대통령제도는 작동하기 어려울 수 있다. 대통령소속정당이 의회다수당이 되지 않을 경우인 분점정부의 경우 대통령의 리더십은 발휘되기 어렵다.

그런 점에서 원내정당화는 정당의 규율을 낮추어 대통령제도에서 상대적으로 대통령의 리더십이 발휘되기 원활하게 한다. 원내정당이 되어 정당의 장악력이 약해지면 의회는 심의기관으로 작동할 수 있다. 심의기관으로서 의회는 의원들

이 당의 입장을 두고 타협하거나 갈등만을 하지 않고 심의를 할 수 있다. 정책심의 과정에서 대통령소속 정당이 아닌 의원도 대통령과 정부의 정책방안에 대해 찬성을 하며 교차투표를 할 수 있기 때문에 대통령과 의회의 대립을 피할 수 있는 여지가 높다.

원내정당화를 부정적으로 보는 입장에 따르면 유권자들의 의사 특히 기득권층이 아닌 이들의 의견을 정당이 반영하지 않는 것 자체가 민주주의에 위반된다. 그러나 강력한 노조나 특정 지역에 기반한 이익단체등의 강력한 이익집단에 정당이 포획되어 있고 정당에 대한 유권자들의 지지가 낮은 상황에서 정당을 정치에 중심에 두고 정치를 운영하는 것은 현실적으로 어렵다.

또한 정당을 책임정당으로 하는 방식도 현재 대통령제도에서 단임제도를 두고 있는 상황에서는 한계가 있다. 정당들간의 경쟁성이 적고 정책차이가 적은 상태에서 정당운영이 주로 대통령선거에 몰려있는 현실을 감안할 경우 정당을 책임의 중심에 세우기 어렵다. 최근 2012년 총선이나 2015년 재보궐선거를 보면 당시 정부의 실책에도 불구하고 여당인 한나라당과 새누리당이 승리한 것은 선거가 정당을 통해서 정부에 대한 책임추궁장치로 기능하다고 보기 어렵다.

이런 점에서 볼 때 한국의 원내정당화는 정당정치의 약화라는 현상과 대통령제도라는 제도적 조건에 비추어 볼 때 정당정치가 지향할 방향으로 보인다. 이념정치가 정치의 중심에 서가고 있지만 정당간 이념적 차이가 크지 않다는 점에 비추어 볼 때 정당의 규율을 약화하는 것도 어렵지 않다.

Ⅴ 결 론

한국정당이 정치의 중심에서 책임추궁을 모

색하는 대중정당으로 전환하는 것은 어렵다. 이
보다는 정당의 힘이 약화되더라도 의원의 자율
성을 높이고 대통령제도를 원활히 작동할 수 있
게 하는 방안이 더 현실적으로 보인다. 따라서
원내세력을 강화하는 방향으로의 정치개편이 더
요구된다고 하겠다.

제015문 양당제 정당체계와 조화되는 한국의 정부형태

한국의 정부형태를 고치려는 개헌에 대한 관심이 높다. 정부형태는 정당체계와의 조응성이 중요하다. 또한 정부형태는 정당의 운영방식과도 연관된다. 다음질문에 답하시오. (총 40점)

(1) 대통령제와 의원내각제와 이원집정부제의 특징을 설명하시오. (20점)

(2) 2016~2020년 시기 한국의 정당체계의 정당들의 특징을 기준으로 바람직한 정부형태가 무엇인지를 논하시오. (20점)

 문제의 맥락과 포인트

문재인 정부는 개헌을 강하게 추진할 가능성이 높았다. 이번 정부에서 개헌을 하여 다음 정부들은 변화한 헌법에 따라 정치를 운영할 가능성이 높았다. 그래서 정부형태를 어찌 고칠 것인지가 한국 정치의 핵심적인 화두이다. 이 주제를 어떤 각도에서 볼 것인지가 중요하다. 2016년 총선에서 다당제가 되고 탄핵사태로 한국당이 분할이 되어 바른 정당이 떨어져 나와 4개의 유효정당이 만들어진 상황에서 과연 어떤 정부형태를 사용해야 하는지를 구체화하는 것이 고득점의 포인트이다. 그러나 2019년 현재는 2020년 총선을 앞두고 있고 개헌의 가능성은 높지 않다.

cf. 2020년 총선 이후 한국은 양당제로 바뀌었다. 양단제는 대통령제와 조응성이 높다.

Ⅰ 서 론

20대 총선은 2000년 이후 다시 다당제정당체계를 구성하였다. 그리고 2017년은 민주화 30주년이 된다. 여전히 지역과 이념으로 정당의 규율이 강한 편인 한국의 정당구조에서 개헌논의는 어떤 정부형태가 바람직한지에 대한 구체적인 방안을 모색할 필요성을 제기한다.

Ⅱ 정부형태의 비교

1. 대통령제

대통령제는 권력분립을 특징으로 한다. 의회와 행정부의 권력을 나눔으로서 정부의 효율성보다는 시민들의 자유를 확보하고자 하는 정부형태이다. 이런 원리에 기반하여 대통령제는 대통령의 임기를 보장하고 '인지성(identification)'을 높일 수 있다. 즉 누가 실제 권력을 가지는지를 명확히 할 수 있다. 또한 의회로부터 독립된 행정을 가능하게 하며 대통령은 국민에 책임을 지면된다. 따라서 정확히 권력을 위임받으면서 위임된 권력에 책임을 질 수 있다.

반면에 대통령제도는 정부운영에서의 유연성이 떨어진다. 즉 정치적 교착이 되고 레임덕에 걸린 경우에도 임기를 끝까지 끌고 가야 한다. 게다가 분점정부가 생기고 정당 간의 대립이 격화되면 국정에 마비가 올 수 있다. 게다가 대통령제는 정부의 수장인 대통령이 국가의 원수이면서 한 정당의 대표라는 이중적인 지위를 가지게 된다.

2. 의원내각제

의원내각제는 효율성을 중심으로 하는 정부형태이다. 의회를 선발하는 한 번의 선거로 행정부를 구성한다. 이는 의회에 힘을 줌으로서 의회의 다수당이 실제 행정부를 구성하게 한다. 권력은 분립되기보다 융화된다. 이런 융합된 권력으로 국정을 효율적으로 운영하게 한다. 의회는 내각불신임권을 가지며 내각은 의회를 해산함으로써 정치적 대립에서 국민의 의사를 물을 수 있다. 의원내각제는 장기집권이 가능할 뿐 아니라 정당의 발전을 도모할 수 있다.

반면에 의원내각제는 다당제에서 정권의 불안정을 가져올 수 있고 잦은 정권교체를 만들수 있다. 내각이 빈번하게 교체됨으로서 안정적인 정치운영을 어렵게 할 수 있다. 또한 인지성이 낮고 책임추궁이 어렵다는 단점도 있다. 실제 수상이 누가 될지 알 기 어렵고 연립정부 구성시에는 정당들이 책임을 미룰 수 있다.

3. 이원집정부제

이원집정부제는 대통령제도와 유사하게 운영지만 의회의 다수당이 대통령소속정당이 아닐 때는 총리와 대통령의 기능이 분화되는 정부형태이다. 프랑스의 정부형태로 의회에서 총리

를 결정하기 때문에 대통령은 의회의 다수당이 되지 못할 경우 야당지도자를 총리에 임명하고 총리가 내치를 하고 대통령은 외교문제를 해결하는 것이다. 이런 정부형태는 의회와 대통령의 행정부사이의 관계를 의원내각제와 유사하게 운영하는 방식이다. 따라서 분점정부가 되었을 때 대통령은 의회에 내치의 실권을 넘겨주고 의회의 운영을 따르는 것이다.

그러나 이런 대통령제도는 대통령에게 넘긴 국민들의 위임을 총리에게 다시 넘긴다는 점에서 문제가 있을 수 있다. 대통령에게 실권을 주지 않고 의회를 중심으로 정부를 운영한다면 대통령은 실제 책임을 지지 않게 된다.

Ⅲ 한국의 바람직한 정부형태: 정당체계와 개별정당 수준

1. 한국의 정당체계와 개별정당: 다당제와 낮은 제도화의 정당

한국의 정당체계는 다당제가 되었다. 2016년 총선은 국민의 당이 3당이 되게 만들었다. 지역과 이념이라는 두 가지 기준을 가지고 다당제가 된 것이다. 2020년 이후에는 양당제로 변화했다.

한국의 정당은 규율이 강하고 제도화는 약하다. 한국의 정당은 지역주의가 여전히 강하며 보스는 아니지만 계파중심으로 정당이 운영된다. 헌팅턴의 이론에 대입할 때 적응성이 낮은 편이며 복잡성도 떨어지고 응집성도 낮다. 즉 정당정치가 저발전되어 있다. 이것은 진성당원의 부족과 정당에 대한 낮은 신뢰를 보면 알 수 있다.

2. 바람직한 정부형태

정당체계가 다당제이고 개별정당의 제도화

가 미약한 상황에서 의원내각제도는 바람직하지 않다. 가장 바람직한 정부형태는 대통령제도이고 대통령제도의 부분적 개편이 필요하다.

먼저 다당제는 대통령제보다는 의원내각제와 친화적이다. 다당제는 대통령제의 경우 분점정부를 만들 가능성이 높다. 의원내각제도는 정당체계의 어떤 형태와도 조화될 수 있다. 다당제는 정당연합을 통해서라고 정부와 조응할 수 있다.

그러나 한국의 다당제는 이념간 거리가 넓지 않고 지역주의 역시 약화되고 있는 징후가 있다. 이런 상황은 다당제에서도 대통령의 리더십이 작동하면 정부의 통치가능성은 높아질 수 있다.

정당체계보다 더 중요한 것은 정당의 제도화 정도이다. 정당이 제도화가 낮은 상황에서는 의원내각제가 작동하기 어렵다. 대통령제도는 인물을 중심으로 하는 정부형태이기 때문에 정당이 제도화가 약한 경우에도 작동하기 용이하다. 반면에 의원내각제도는 정당이 발전해야 작동가능하다. 역의 관계가 성립할 수도 있지만 현재 한국정당의 제도화 수준에서 의원내각제는 작동하기 쉽지 않다.

이원집정부제 역시 한국의 다당제와 낮은 제도화수준의 정당정치에서는 작동하기 어렵다. 다당제와 정당제도화가 약한 경우 이원집정부제는 책임을 추궁하기 어렵다. 특히 한국의 경우 대통령선거와 의회선거의 주기가 불일치하기 때문에 이런 경우에는 대통령이 책임정치를 구현하기 어렵다. 게다가 정당도 제도화가 되어 있지 않을 경우 대통령에게도 책임 추궁이 어렵고 정당에도 책임 추궁이 어렵다는 단점이 있다. 이것은 대의민주주의의 주인과 대리인 문제를 심화시킬 수 있다. 게다가 낮은 정당 신뢰에 비추어 볼 때 의회에서 다수당이 내치를 담당하는 것에 대한 국민들의 신뢰를 얻기 어렵다.

개헌의 방향을 정할 때 가장 중요한 것은 효용과 비용을 계산하는 것이다. 그런 점에서 의원내각제도와 이원집정부제에 대한 효용이 크지 않을 때 제도 변경에 따른 비용은 명확하게 커진다. 이런 상황에서는 대통령제도를 변경하지 않고 현재 대통령제도의 부분적인 개선을 시도할 수 있다.

현재 대통령제도는 단임제로 인해 책임 추궁성이 낮다. 또한 선거주기가 불일치하고 잦은 재보궐선거로 대통령에 대한 중간평가가 빈번한 문제가 있다. 따라서 연임제도로 바꾸고 선거주기도 일치시켜서 정치적 효용성을 높이는 방안이 모색될 수 있다. 그리고 의원내각제도의 요소들인 총리제도, 의원겸직, 내각해임 건의원 등의 제도들을 폐기하여 모호한 권력관계를 명확히 하는 것이 필요하다.

Ⅳ　결　론

개헌논의에서 현재 정당체계와 정당의 제도화를 고려할 때 대통령제도의 부분적 개편이 필요하다. 현재는 민주화 30년을 맞이하는 시점이고 이런 정도로 시간을 가지고 있다는 점에서 연임에 대해서 논의해 볼 수 있다.

2017년은 '87년 체제'가 30주년이 되는 해이다. '87년 체제'는 상대다수제에 근거한 5년 단임의 대통령제와 중앙에 집중된 권력구조에 대한 합의에 바탕을 둔 체제이다. 그러나 지난 30년간 민주주의 운영과정에서 한국은 사회균열의 변화와 다양한 정치적 수요의 변화를 경험했다. 이는 민주주의가 사회적 가치를 반영한다는 전제하에서 헌법 개정의 필요성이 늘어난 것이다. 다음 질문에 답하시오. (총 40점)

　　(1) 사회균열(social cleavage)과 관련하여 다수결주의(majoritarian rule)와 합의주의(consensus rule)의 관계를 논하시오. (20점)

　　(2) 위의 논의에 바탕을 두고 개헌에 있어서 바람직한 '정부형태'와 정부구성에 있어서 '선거방식'과 '중앙과 지방사이의 관계'를 논하시오. (20점)

 문제의 맥락과 포인트

　　한국정치에서는 항상 개헌이 화두이다. 이때 세부적인 제도들에 눈을 돌릴 것이 아니라 다수결주의와 합의주의에 대한 이해와 선택이 먼저 선행되어야 한다. 그래야 원칙이 정해지고 세부적인 제도들인 정부형태와 선거제도 지방과의 권한 관계를 규정할 수 있다. 이 문제에서 고득점의 포인트는 다수결주의-합의주의의 선택에서 세부적인 제도들로 연결하는 논리구성에 있다.

　　cf. 레이파트이론은 1990년대 이후 합의주의(consensus rule)로 일원화되었다.

Ⅰ 　서 론

　　2017년 5월 18일 광주민주화항쟁기념사에서 문재인 대통령은 2018년 지방선거에서 국민투표를 통한 개헌을 하겠다고 발표하였다. 87년 체제로 불리는 민주화 30년이 되는 시점에서 한국은 이념과 세대간의 정치라는 새로운 사회균열을 반영하는 제도모색이 필요하게 되었다. 현

시점에서 정부형태와 정부선출방법 그리고 중앙
－지방간의 관계는 어떤 제도가 바람직한지를 다수결주의－합의주의라는 결정방법을 토대로 하여 논의한다.

Ⅱ 개헌을 위한 전제: 다수결주의와 합의주의

1. 이론적 평가

(1) 다수결주의의 운영원리와 문제점

다수결주의는 자유주의에 기반하고 있다. 합리적인 판단을 하는 개인들을 중심으로 개인들 간에 가치의 대등성이 보장되는 것이다. 합리적인 판단에 의해서 선택된 개인들의 가치는 합리성에 의해서 각각의 가치가 중요하고 인정된다. 각 개인은 스스로를 판단하는 외부제약과 구속으로부터 '자유'로울 뿐 아니라 스스로 결정하는 '자율'을 가지고 있다. 합리적인 판단을 내린다면 개인들의 가치판단과 선호는 다른 이에 의해 간섭받거나 강제되지 않는다.

가치가 대등하게 될 경우 가치의 우열은 사회적으로 사전에 결정되지 않는다. 가치의 우열이 사전에 결정된다는 것은 특정한 가치를 강조하며 이것이 더 나은 가치라는 점을 결정하고 사회에 강요할 수 있는 누군가가 있다는 것이다. 그런 점에 비추어 개인들의 가치는 대등하다는 전제에서 우열의 문제로 결정되는 것이 아니라 "어떤 가치가 더 많이 지지받는가"에 의해서 결정된다.

개인들의 가치가 대등한 경우 대등한 가치들 사이에서 사회적으로 지향할 가치 즉 공공선은 더 많은 이들이 지지하는 가치로 결정된다. 공공선은 개인들의 사적인 가치를 뛰어 넘는 것이 아니라 개인들이 지향하는 가치 중에서 어떤 가치가 더 많이 지지 받는가에 의해서 결정된다.

개인들에게 자유로운 선택을 할 수 있는 절차적 평등이 보장되면 개인들은 평등한 조건에서 자신들의 가치가 사회적 가치가 될 수 있게 경쟁을 한다. 이들은 자신과 유사한 가치를 가

진 이들을 집약하고 이것을 표출함으로써 자신들이 지지하는 가치가 사회적 가치가 되도록 노력한다. 이러한 개인들 간의 가치 경쟁 속에서 더 많은 지지를 받는 것이 사회적 가치이자 공공선이 될 수 있다는 합의에 기반을 두고 사회적가치가 결정되는 것이다.

따라서 다수결주의는 다음과 같은 장점을 가진다. 자기 결정을 극대화하여 정치공동체에서 결정자의 수를 증대한다. 최대한 많은 이들의 가치를 사회적 가치로 결정하는 것이다. 또한 결정성을 높여 공동체의 의사결정의 지연을 방지한다. 다수결주의는 빠른 결정을 담보한다. 다수결주의는 집단적인 합리성을 증대함으로써 결정에 있어서 올바른 결정가능성을 높인다. 한 사람의 합리성이라도 증대시켜 이를 통한 사회적 가치를 결정한다. 또한 다수결은 개인들의 효용성을 최대화 하여 사회적 효용성을 향상시킨다. 공리주의에 따를 때 다수결에 포함된 사람이 한 사람이라도 더 많다면 사회적 효용은 증대한다.

반면에 다수결주의는 몇 가지 문제를 가지고 있다. 첫째, 동질적인 사회를 가정하는데 이질적인 사회에서 적용하기 어렵다. 이런 경우 구조적인 소수가 만들어 질 수 있으며 이들은 정치공동체를 유지하고자 하지 않게 된다. 다수결주의는 인종적, 혈연적, 언어적 가치가 동질적인 사회에서 작동할 수 있는데 이러한 정체성의 요인이 다른 국가들에서는 작동하기 어렵다. 이러한 정체성요인은 다수결을 통해서 무엇이 사회적 가치가 되고 무엇이 사회적 가치에서 배제될 수 있는가로 귀결될 수 있는 문제가 아니다.

둘째, 선거제도와 같은 제도가 과연 개인들의 합리적 선택이 사회적 선택이 될 수 있는가의 문제를 남긴다. 선거제도가 어떤 결정방식을 선택하는가에 따라 개인들의 선호결과의 집계가

다르다면 합리적개인의 사회적 선택은 불가능하다. 예를 들어 선호를 단순다수제, 결선투표제, 순차적 결선투표제, 보다방식, 통도르세방식 등으로 결정하는 경우 사회적 가치로서 정책이나 대표가 달라질 수 있다.

(2) 합의민주주의의 운영원리와 문제점

합의민주주의는 유럽의 많은 나라들에서 사용되어온 정치결정구조이다. 사회적 균열이 복잡하고 1차원적인 동질성을 가지지 못하는 국가들에서 운영원리로 사용되어 왔다. 이들 합의주의의 운영방식은 다음과 같다.

첫째, 대연합정부를 표방한다. 합의민주주의는 권력의 분점을 핵심으로 한다. 따라서 단순다수원칙에 의한 선거의 승자독식구조를 감소시키고 경쟁이 지배하는 영역을 의도적으로 감소하고자 한다. 즉 의도적인 비정치화를 통해 경쟁의 결과에 관계없이 권력 분점이 가능한 제도적 장치를 마련하는 것으로, 대연합정부는 어떤 한 집단이 다른 집단들을 일방적으로 지배하는 것을 허용하지 않으며 모든 집단으로 하여금 정부를 구성하게 하여 당파적 감정을 억제시키고 합의(consensus)를 강조함으로써 안정을 이루는 방법이다.

둘째, 상호 거부권(veto)을 부여한다. 소수파에게 거부권의 부여는 합의주의가 추구하는 '공동다수'를 형성하는 중요한 수단이다. 소수파는 자신의 핵심적 이익 보호를 위해 거부권을 행사할 수 있으며 소수파의 거부권 남용을 억제하기 위해서 다수파의 거부권 또한 보장되는 상호 거부권제도를 통해서 사회적 소수와 다수간의 절제를 통한 정치적 융합을 달성하고자 한다.

셋째, 비례주의원칙을 가진다. 관직 임명과 회소자원의 배분에 있어서 비례주의를 채택함으로써 소수파를 보호하려는 것으로 권력의 실제 공유의 방식이다.

넷째, 부분의 자율성을 보장한다. 종교와 언어, 인종과 같은 문화의 차이가 심한 이들 나라에서 하위문화공동체와 문화집단은 국가 공동의 문제에 있어서는 비례적인 영향력을 행사하지만 각 문화 집단의 배타적인 영역 내에서는 자율권을 보장받는다. 이를 통해 문화의 공존을 가능하게 해서 공동체의 통합성을 유지하고자 한다.

하지만 합의주의 혹은 합의민주주의에도 문제점이 있다. 첫째, 갈등의 인정과 구조화를 가져온다. 먼저 이 제도는 사회적 갈등이 상존하고 있고 이들 간의 갈등은 쉽게 해결되기 어렵다는 점을 전제로 하고 있기 때문에 갈등을 해결하고자 하는 것이 아니라 갈등의 장기적 공존을 목표로 한다. 따라서 갈등에 대한 숙명론적 인식은 장기적으로 문제를 악화시킬 수 있는 잠재력을 가지고 있다.

둘째, 정책표류가능성과 비용의 문제를 들 수 있다. 합의민주주의는 다양한 균열을 인정하고 공존을 위한 대표성을 중시하는 구조이므로 제도 운영의 효율성이 낮다는 점도 지적될 수 있다. 합의에 도달하기까지의 시간과 비용의 문제 뿐 아니라 중요 사안에서조차도 정책의 표류(policy immobility)를 경험할 수 있다.

셋째, 엘리트중심주의의 문제점을 가진다. 합의민주주의는 협의에 도달하는 문제에 대해서 대표자에게 협상을 위임하는 제도양식이므로 엘리트에 대한 지나친 신뢰도 문제가 될 수 있다. 실제로 대표자들이 단기적인 정치적 목표를 위해 담합할 수 있는 여지를 가지고 있는 것이다.

넷째, 제도우선주의의 문제도 있다. 여기에 더해 제도적 측면의 분석에 초점을 두면서 제도의 형식과 실제 정치권력 사이의 불일치를 간과할 수 있는 제도우선주의의 문제도 제기된다.

2. 한국에서 필요한 정치적 결정구조

합의주의와 다수결주의를 선택할 때 중요한 기준은 '사회적 균열의 수'와 '중첩성'이다. 이에 따라 한국의 정치환경 변화를 먼저 살펴보고 합의주의로의 변화가 필요한지 논의한다.

(1) 한국의 정치환경 변화: 사회균열의 변화와 가치관의 변화

한국의 정치환경이 변화하고 있다. 정치환경의 변화는 크게 사회균열의 변화와 사회구성원의 문화변화를 들 수 있다. 첫 번째로 사회균열이 늘어나고 있다. 우선 진보와 보수라는 이념기준이 한국정치의 중심에 있다. 19대 대선에서는 5명의 유력후보가 경쟁을 하였고 이들은 최종 결과에서 5%이상의 득표를 하였다. 5명의 후보는 지역주의보다는 이념적 스펙트럼 내에서 혁신에서 수구까지로 늘어선 이념경쟁을 보여주었다. 두 번째로 지역주의가 여전히 남아있다. 19대 대선에서는 홍준표 후보가 대구와 경북지방에서만 문재인 후보에게 승리함으로써 전국적으로 '민주당=호남'이라는 등식의 지역주의가 약화되었다. 하지만 완전히 사라진 것은 아니다. 또한 20대 총선의 결과를 볼 때 한국의 사회균열은 다원화되고 있다. 진보와 보수라는 이념적 기준과 함께 영남과 호남간의 지역균열도 나타난다. 또한 20대 총선에서는 기독교정당인 기독자유당이 13번 기독당과 함께 받은 표가 3.17%로 77만에 가까운 유권자가 표를 주었다. 18대 총선에서는 기독교에 토대를 둔 정당에 44만 명의 유권자가 지지한 것과 볼 때 득표가 높았고 3%를 넘을 수 있는 여지를 가졌다. 이것으로 종교가 한국 사회에서 정치적으로 의미있는 사회균열이라고 보기는 어렵지만 종교정당의 시대를 열 수는 있다.

이에 더해 장기적으로는 다문화가정이 늘어나고 있고 세대 간의 갈등도 나타나고 있다. 다문화인과 다문화가정이 늘어나고 있고 노동시장과 결혼이주자로 인해 지속적으로 늘 것으로 예상할 수 있다. 또한 고령화로 인해 세대간의 갈등가능성 역시 높다. 이번 19대 대선도 청년실업문제와 고령화 문제 등이 이슈가 되었고 대선 이전에 촛불시위와 태극기시위는 세대간 갈등가능성을 보여주었다.

다른 정치적환경의 변화는 정치문화차원에 있다. 한국인의 정치문화에서 다수적가치 체계보다 합의제적가치 체계가 더 선호된다는 연구결과가 있다. 이것은 그간 한국이 다수결주의에 기반을 둔 제도를 사용해왔다는 점과 비교할 때 정치적 가치체계에서는 다수결주의의 대결보다는 합의제적 운영을 선택한다는 것을 보여준다.

(2) 합의민주주의의 효용성논의

위의 정치적환경변화는 다원적 사회균열을 보여주고 있다. 다원적 사회균열은 다수결주의보다는 합의주의 정치제도를 필요로 한다. 또한 몇 연구들에서 한국의 사회균열이 중첩(overlapping)되기보다는 교차(crosscutting)되어 나타난다. 즉 지역과 이념이 반드시 일치하지 않으며 지역과 세대가 일치하거나 이념과 세대가 일치하는 것은 아니다.

서구 정치를 기준으로 볼 때 한국에서 사회균열의 증대와 교차라는 정치환경의 변화는 현재 한국이 사용하는 다수결주의보다는 합의민주주의가 필요하다는 것을 의미한다. 이외에도 합의민주주의를 활용하자는 입장은 몇 개의 논거를 가지고 있다.

사회균열의 증대를 포함하여 한국에서 합의민주주의가 필요하다는 입장은 크게 4가지 정도 지적될 수 있다. 첫째, 한국지역주의의 문제. 둘째, 다수결주의와 대결의 정치와 분열의 정치가 구조적 다수와 구조적 소수를 양산하는 문제. 셋째, 한국 사회 갈등의 다원성에 대한 비례주의의 필요성. 넷째, 한반도 통일이후 북한의 구조적 소수화방지가 제시된다.

각각의 입장은 지역주의가 강하고 지역 간의 인구편차가 크기 때문에 지역에 권력을 할당하는 것이 필요하다는 점에서 대연정(연립정부)을 구성하자는 입장이다. 또한 이 문제는 한반도가 통일되는 상황을 가정할 때는 더욱이 필요하다는 입장이다. 여기에 더해서 한국의 갈등구조가 복합적 균열로 가기 때문에 복합균열을 포용하기 위해서는 비례주의를 확대하는 것이 필요하고 다양한 정치세력간의 협의가 필요하다는 입장이다. 다수결주의는 특정 계층을 상시적인 승자로 만들 수 있을 뿐 아니라 정치를 대결의 정치로 만든다. 따라서 다수결주의가 가지는 대결적인 정치보다는 합의를 가능하게 하는 정치가 필요하다는 점에서 합의주의가 제시될 수 있다.

반면에 사회균열의 증대에도 불구하고 합의민주주의를 사용하기 어렵다는 입장도 있다. 합의민주주의가 적용되기 어렵다는 주장의 근거는 4가지 정도가 있다. 첫째, 지역갈등과 균열을 고착시킴. 둘째, 정당정치의 대표성 부족과 사회적 합의가능성의 낮음. 셋째, 비효율적 정치운영 가능성. 넷째. 사회갈등이 먼저가 아니라 정치적 동원이 먼저임.

이들 논리를 각각 살펴보자. 합의민주주의에 대한 논의에 있어서 초기에는 합의민주주의를 한국의 지역주의에 도입해보자고 주장하는 견해가 있었다. 즉 소수파의 배려 측면에서 남한 내 분열구조에서는 지역구조에 대입해볼 수 있고 남북한의 통일 이후 분열구조에서는 남북 간의 분열구조에 적용할 수 있다는 것이다. 소수파인 북한에 대해서 비례의 원칙과 비토권, 문화적 자율성 등을 인정하자는 것이다. 하지만 이 주장은 자칫 한국의 지역구조나 통일 이후의 정치구조를 상존시키거나 구조화시킨다는 점(즉 통일이 되어도 남과 북을 지역문제로 분리해서 분권화시킨다는 점)에서 비판적으로 보아야 한다. 또한 한국은 정당정치가 발전하지 못한 상태에서 정치지도자를 중심으로 타협을 추구하는 합의주의가 작동하기 어렵다. 이런 상황은 정국운영을 비효율적으로 작동하게 할 것이다. 게다가 한국의 지역주의는 유럽과 달리 정당이 만든 것이기 때문에 역사적이고 사회적인 구조적 산물이 아니다. 그런 점에서 합의주의를 받아들이기 어렵다.

이들 논쟁을 어떻게 정리할 것인지가 핵심이다. 한국의 사회갈등은 종적, 언어, 종교와 같은 유럽식의 구조적이고 일차원적 갈등이 아니다. 그런 점에서 갈등을 구조화 결정화(crystalization)시키는 것은 바람직하지 않다. 또한 정당 등 정치대표제도의 제도화가 미흡한 상황에서 합의주의는 비례적 차원에서 정치적 이권의 상호약탈로 갈 수 있다. 또한 정치적 갈등을 확대하고 정책비효율성을 가져올 여지도 있다는 점에서 합의주의에 적용에 대해서는 부정적이다.

Ⅲ 한국의 개헌논의에서 구체적 제도들

다수결주의를 사용한다는 전제하에 구체적인 제도논의는 정부형태와 정부선출방식과 중앙-지방의 관계로 한정하여 논의한다.

1. 정부형태: 중임제 원대통령제도

다수결주의를 사용할 경우 정부형태는 대통령 제도를 계속해서 사용하되 원대통령제도로 변경을 하고 중임제도로 변경하여 정책의 효율성과 연속성을 보장하게 할 필요가 있다. 87년 체제의 한국 대통령제도는 역사적 경험 때문에 5년 단임제로 규정하였다. 그러나 민주화 30년의 역사로 볼 때 지난 탄핵은 절차적 차원의 민주주의가 구축되었다는 점을 반증할 뿐 아니라 책임추구가능성이 높다는 것을 의미한다. 이로 인해 중임제도로 바꾼다고 해도 과거와 같은 연임을 위한 비민주주의로의 전환은 일어나기 어렵다.

중임제도는 대통령의 통치가능성을 늘린다. 대통령제도는 견제와 균형이 핵심이며 이를 위해서 안정된 임기보장을 특징으로 한다. 그러나 단임제도에서 대통령은 여당과 야당 모두로부터 비판을 받으면서 조기 레임덕에 걸릴 수 있다. 조기레임덕의 상황에서 대통령의 통치가능성은 떨어지기 마련이다. 안정된 국정운영과 함께 통치가능성을 늘리기 위해서는 임기를 연장하여 집권할 수 있는 가능성을 열어두어야 한다. 또한 이 조치는 대통령에게 책임추궁당할 수 있는 여지를 만들어주기 때문에 민주주의의 책임추궁가능성의 차원에서도 바람직하다.

2. 대통령선출방식: 결선투표제도의 도입

대통령선출방식도 현재의 상대다수제도에서 결선투표제도로 바꿀 필요가 있다. 현재 한국정당체계는 20석의 교섭단체를 기준으로 유효정당을 세웠을 때 4개의 유효정당이 있다. 지난 대선에서의 유력후보까지 따지면 5개의 정당이 경쟁을 하고 있다. 이런 상황이 지속된다면 대통령은 과반수이상의 지지를 받으면서 당선되기 어렵다. 게다가 다당제 경쟁은 대통령의 통치가능성을 낮추면서 분점정부가능성은 높인다.

결선투표제도는 이런 상황에서 두 가지 기능을 수행한다. 첫 번째는 정당성을 증대시킨다. 프랑스의 경우 1차 투표에서 당선이 되지 못한 경우 2차 투표에서 2명의 후보로 후보를 압축하여 투표를 진행한다. 1차 투표에서 지지를 하지 않은 사람도 2차 투표에서는 대통령을 과반수

이상 지지할 것이기 때문에 대통령의 집권에 대한 정당성을 높인다.

두 번째 정당간의 지지나 연대를 가능하게 한다. 다당제 구조에서 정당들은 결선투표가 되기 전이나 1차 투표 이후 지지선언이나 정책연대를 모색할 수 있다. 프랑스의 경우 1차 투표 후 2주 뒤에 2차 투표를 하기 때문에 이 과정에서 정당간의 연대가 구축된다. 다당제에서 대통령이 가진 권력을 기반으로 정당간 연합이나 연대를 가능하게 하기 때문에 정부의 통치가능성을 높인다.

물론 결선투표제도의 단점도 있다. 콩도르세 승자가 떨어질 수도 있다는 단점이 있다. 1:1로 승부했을 때 어떤 후보보다 경쟁력이 있는 후보가 1차 투표에서 탈락할 수 있다는 것이다. 또한 결선투표제도가 1차 투표의 결과와 달리 2차 투표에서 선호가 역전되어 나타나는 경우들이 있다는 점도 문제이다. 또한 실제 대표성 대비 과도한 지지를 가져오게 한다는 점도 문제이다. 지난 6월 11일 프랑스 총선에서는 마크롱 대통령소속정당인 앙마르슈와 민주운동당 연합이 32.32%의 지지를 획득했지만 1주일 뒤 결선투표에서는 전체 의석수에서 70%이상의 의석을 가질 것으로 예상된다.

그럼에도 불구하고 현재 한국의 19대 대선에서 문재인 당선자가 받은 지지는 41%선에 불과하다. 향후 다당제가 유지될 것으로 전망되는 상황에서 결선투표제도는 정당성의 향유와 정당간 연대를 가능하게 할 것이기 때문에 필요하다.

CF.

2020년 이후 양당제로 변경되어 결선투표제의 필요성은 줄어들었다.

3. 중앙 – 지방의 관계: 연방제에 준하는 지방분권화

　한국의 중앙과 지방간 관계에서 지방분권화를 더 강하게 규정할 필요가 있다. 문재인 대통령은 지난 시도지사와의 간담회에서 분권화된 체제로의 개헌을 언급했다. 한국의 지방분권화는 1995년 민주화이후 처음으로 지방자치제도가 부활되었다. 그 이전 지방자체제도는 정치보다는 행정의 영역이었다. 민주화 이후 초기에도 행정의 영역인지 정치의 영역인지에 대한 논의가 있었다. 그러나 헌법재판소의 기초의회선거에서 정당개입을 가능하게 한 판결이후 지방자체제도는 모든 영역에서 정치가 중심에 서게 되었다.

　지방자치제도가 발전하였음에도 불구하고 지방분권화는 약하다. 지방에 권력분화가 약한 것은 지방들마다 중앙에 대한 재정의존도가 낮기 때문이다. 개헌에서는 지방분권화가 현실적으로 가능하게 하기 위한 지방의 균형발전을 가능하게 할 수 있는 사회경제적 조건의 구성과 함께 작동하여야 한다. 지방으로의 권력의 이양을 만들어야 향후 통일 한국의 헌법을 구성하고 이를 운영할 때 역시 지방의 권력공유가 가능하다.

Ⅳ 결 론

　'87년 체제'가 좁은 차원에서 제도개편의 민주화였다면 이번 개헌을 통해서는 대통령제도의 효율성과 정당성을 증대시키는 방안으로 중임제도와 결선투표제를 사용하면서 권력의 중앙에서 지방으로의 이동을 이루어야 한다.

키의 이론을 통한 한국 정당정치 분석

한국은 절차적인 차원에서 주기적이고 안정적인 선거와 자유로운 경쟁의 정당을 가지고 있다. 그럼에도 불구하고 '87년 체제'의 정당은 현실정치의 대의를 반영하는 데 있어서 기능적으로 유효하지 않다고 평가받는다. 이에 따라 정당개혁의 방안들이 다양한 각도에서 제시되고 있다. 정치학자 키(V. O. Key)의 정당분류법인 '조직으로서의 정당(party in the organization)', '정부로서의 정당(party in the government)', '유권자들 속의 정당(party in the electorate)'을 기준으로 한국 정당정치의 문제점과 개선방안을 논하시오. (40점)

 문제의 맥락과 포인트

한국 정당 역시 정치의 중심에 있다. 정당이 어떤 문제고 어떤 부분을 수정할 것인지를 파악하기 위해서는 키의 이론틀이 유용하다. 이 문제는 박원호 교수님의 논문을 중심으로 정리한 것이다. 논리와 세부적인 주장들을 정리해두기 위해 만든 문제이다.

Ⅰ 서 론

한국의 87년 체제는 소선거구와 단순다수제가 합쳐져 지역주의 정당과 다당체제를 만들어냈다. 이후 보스중심의 정당은 사라졌지만 카르텔정당체제는 유지되고 있으면서 유권자들의 호응을 얻는 데는 실패하고 있다. 정당개혁을 위해 다차원적인 접근이 필요하다.

Ⅱ 조직으로서의 정당[9]

1. 한국 정당의 문제점

첫째, 레이블(당명이 가지는 브랜드)의 연속성

상실. 명목적으로 정당명이 자주 바뀐다. 이와 동시에 정책적 내용면에서 연속성 상실. 사례로 2017년 대선에서의 정당들은 모두 2013년 이후 개칭되거나 창당된 정당이다. 정당은 정책의 연속성보다는 새로운 이미지를 강조함(부연: 선거전문가정당의 모습을 보인다)

둘째, 상설적인 조직대신 선거만을 위한 정당으로 존재. 정당은 선거캠프와 비상대책위원회 형태로 존재한다. 정당의 인적, 정책적 구성의 부유성(浮遊性)을 야기한다. 한국 정당에 대한 흥미로운 사실은 집권시 정부조직을 구성하고 장악하는 역할이 정당이 아닌 선거캠프에 집중되어 있다는 점. 행정부를 충원하는 과정에서

---

9) 박원호, "정당과 선거", 『한국민주주의의 미래와 과제』(서울: 한울, 2017)을 요약함.

정당보다 후보자의 가정교사들로 이루어진다.

셋째, 정당의 정체성을 상실했다는 점. '87년 체제'에서 정당들은 포괄정당의 모습(이념, 정강, 정책에 집중하지 않는 정당)을 보인다. 이것은 선거 승리를 위해 정당보다는 선거전략에 집중했기 때문에 나타난 현상이다. 그러나 2017년 대선에서 홍준표 후보는 포괄정당으로서의 전략대신에 정당정체성을 강조하면서 보수를 자처하였다는 점에서 예외적인 선거모습을 보였다.

2. 한국정당 개선방안

첫째, 지구당이 폐지된 현행 정당법에서 지구당부활이 필요. 정당법이 개정되면서 2004년 지구당은 고비용, 저효율 정치의 주범이 되면서 폐지. 학계의 원내정당론과 대중정당론의 논쟁과 관계없이 지구당활동이 금지되었다. (부연: 정당의 사회적 의견의 통로 기능이 막혔다. 이것은 정당과 의원들이 오프라인 상에서의 유권자의 의견수렴이 안 되고 SNS와 같은 통로를 이용하게 하였다. 그러나 신유목민적인 유권자들의 유동성이 높은 이익표출을 정당이 일관성 있게 들어줄 수가 없다. 즉 제도화가 안 되는 구조가 된다. 이는 미시적 정치에만 집중하게 하고 일관성 있는 정책 제안 실패로 귀결될 수 있다.)

둘째, 정당의 당원조직을 재정비해야 하며 정당의 공천과정을 제도화해야 한다. 정당들은 각 선거마다의 공천과정의 규칙이 정해져있지 않다. 이는 후보자들이 게임의 규칙을 규정하게 한다. 중앙당과 지역민의의 조화와 함께 당원과 일반유권자(여론조사)를 고려하는 공천규칙을 만들어야 한다.

셋째, 원내외 정당 지도부와 관련해 임기와 권한의 제도화가 시급하다. 정당지도부가 선거에만 매달리지 않고 상시적인 운영을 신경 써야 한다.

Ⅲ 정부로서의 정당

1. 한국정당의 문제점

정당이 선거에서 승리한 후 정부운영의 책임을 지고 다음 선거에서 책임여부를 평가 받아야 한다. 그런 점에서 책임정당제가 필요하나 한국에서는 책임정당제가 잘 작동하지 않는다.

첫째, 한국 정당은 전문 관료와의 경쟁에서 실패했다. 한국의 관료는 개발독재와 과대성장 과정을 거치면서 조직화와 전문성으로 무장했다. 민주화이후 한국의 정당은 관료적 전문성을 통제하고 제어하는 것이 중요했으나 이것에 실패했다. 이는 민주주의에 의해 선출된 정당의 정무적인 고려를 관료조직이 공유하지 않으면서 문제가 된다. 이것이 잘 안되니 청와대 비서실에서 내각을 구성하였고 이는 민주화이후 모든 대통령의 측근들의 비리로 구속되는 사태를 초래했다.

둘째, 정당이 의회와 행정부 사이의 가교역할을 잘 수행하지 못했다. 의회와 행정부사이의 긴장과 갈등을 생산적인 방향으로 해결해 주는 역할이 책임정당제하에서의 정당에 맡겨져 있다.

의회는 수평적 조직과 합의/다수결로 움직이기 때문에 근본적으로 비효율적이다. 반면에 행정부는 효율적이다. 상임위원회는 4년 선거에 의해 교체되고 주기적으로 상임위원회 의원들이 바뀐다. 따라서 의원들은 비전문적일 수 밖에 없다. 행정부는 업무가 세분화되어 있고 최소한의 연속성이 보장되어 있어서 전문적이다. 행정부는 전국적인 차원에서 이슈를 보지만 입법부는 지역구민의 이익에 영향을 받는다. 이 긴장 사이에서 정당이 역할을 조정해주어야 한다. 한국 정당은 지난 30년동안이 이 부분에서 실패했다. 2015년 행정입법 파동이 대표적인 사례이

다.[10]

셋째, 양당제적 대결에서 한국 정당은 정책개발과 경쟁기능이 약화되었다. 해외정당들이 상당한 싱크탱크를 가진데 비해 한국정당은 이런 상황이 못된다. 국내정당법은 국고 보조금의 30%를 정책연구소 운영에 사용하도록 정하고 있지만 현재 한국 정당들이 스스로 정책적 내용을 생산하는데는 한계가 있다.

2. 개선방안

첫째, 의회 상임위원회와 행정부처 간의 입법교류 프로그램을 운영할 수 있다. 한국은 정부입법과 의원입법이 분리되어 있지만 정부부처가 의원에게 청부입법을 할 수도 있고 의원이 행정부의 도움을 받을 수도 있다. 이런 관계에 학계나 시민사회의 참여를 유도하면 '입법 네트워크'를 구상하고 상시화하는 효과가 있을 것이다.

둘째, 정당이 운영하는 정책연구소의 기능을 강화해야 한다. 이를 위해서는 정당지도부로부터 자율성을 확보하고 재정적 자립을 보장해야 한다. 현재 여론조사와 선거전략 개발에 머무르고 있는 정책연구소들의 역할을 정책개발로 확장시킬 필요가 있다.

Ⅳ 유권자 속의 정당

1. 한국 정당의 문제점

정당에 대한 애착심이나 정당일체감을 가지는 것이 중요하다. 그런데 한국정당에는 이런 정체성공유가 약하다.

첫째, 무당파층의 비율이 매우 높다. (2018년 5월 갤럽 조사 23%. 2017년 공론화위원회 조사 37.2%) 이들은 전통적인 정치적 무관심이 아니라 정당에 대한 애착은 적지만 정책적 관심이 높은 새로운 유형의 무당파층이다.

둘째, 지지하는 정당이 있는 유권자들도 어느 정당에게도 안정적이고 구조화된 지지층을 보장해주지는 않는다. 대표적인 예로 2016년 국민의 당이 정당투표에서 2위를 한 것을 들 수 있다. 탄핵과 촛불집회로 전통적인 보수 정당에 대한 지지가 25% 미만이라는 점도 들 수 있다. 87년 체제의 지역주의에 기초한 양당제적 정당 지지가 다당제로 나갈 수 있게 변화하고 있다.

셋째, 한국 정당은 유권자들을 정책이나 비전으로 견인할 대상이라기보다는 단기적 공천과정을 통해 지지를 이끌어야 하는 존재로 생각했다. 정체성을 공유한 지지 유권자를 끌어들이는 서구 정당과는 다른 모습을 보인다.

2. 개선방안

유권자들이 생각하는 정당을 구성하고 업데이트해야 한다.

첫째, 일상적인 스킨십을 강화해야 한다. 지구당부활과도 관련된다.

둘째, 정당들이 전통적인 큰 의제 외에도 인권, 환경, 젠더 등의 개별적인 이슈들도 다루어야 한다. 2017년 대선은 새로운 균열을 많이 드

---

10) 2015년 행정입법 파동은 국회가 국회법 98조에 있는 "행정부의 대통령령이나 총리령이나 부령이 법률안에 부합하지 않는다고 판단될 때 소관 중앙행정기관의 장에게 그 내용을 통보할 수 있다."는 내용을 "그 내용을 통보할 수 있다."에서 "수정, 변경을 요청할 수 있다"로 바꾼 것에서 시작되었다. 의회가 통보만을 하면 정부가 이를 수정하지 않아도 강제할 방안이 없는 것이다. 그래서 실효성을 높이기 위해 수정, 변경으로 바꾼 것이다. 이것은 세월호 시행령이 세월호 특별법의 취지를 위반한 사안이 문제가 되어 변경을 시도한 것이다. 그러나 이 국회법 개정안을 박근혜 대통령이 거부권을 행사하였다. 개정안이 명확하지 않고 행정입법권을 침해할 가능성이 있으며 법원의 사법심사권을 침해하고 정부업무 수행에 차질을 줄 수 있다는 이유에서였다. 의회와 행정부의 다툼에서 정당이 해결책을 제시하지 못했다는 점에서 정당의 역할에 대해 비판이 따랐다.

러낸 선거로 의미가 있다.

셋째, 현행 정당법은 중앙당 중심의 전국적이고 공식화된 과정으로서 정당의 창당과 유지를 규정하고 있기 때문에 세부적인 이슈를 다룰 수 있는 정당출현을 위해 정당법의 개정이 필요하다.

V 결 론

한국 정당의 3가지 차원에서의 복합적인 변화가 필요하다.

정치학자 키(V. O. Key)는 정당을 '조직으로서의 정당(party in the organization)' '정부로서의 정당(party in the government)', '유권자 속의 정당(party in the electorate)'으로 분류하였다. 반면 한국의 정당개혁 모델에 대해서는 크게 대중 정당론에 기초한 '책임정당론'과 미국식 정당에 기초한 '원내정당론'으로 구분된다. 다음 질문에 답하시오. (총 40점)

(1) 키(V. O. Key)의 3가지 차원의 정당에 대해 약술하고, 3가지 정당차원에서 한국 정당정치의 문제점을 설명하시오. (20점)

(2) '원내정당론'과 '책임정당론'의 정당모델이 키의 3가지 정당 차원에서 추구하는 목표(ex, 대표성, 응답성, 책임성, 응집성 등의 개념을 활용)를 각각 비교하고, 어떤 정당 모델이 한국 정부형태와 유권자 차원과 부합하는지 논하시오. (20점)

문제의 맥락과 포인트

바로 앞의 문제를 보완한 문제다. 키의 이론을 가지고 한국 정치를 분석하고, 원내정당론과 책임정당론과 연결한 문제다. 제도들에 대한 평가를 확대한 것에 의미를 둘 수 있는 문제다. 또한 박원호 교수님의 입장 말고 강원택교수님의 입장도 같이 보려고 만든 문제다.

I 서 론

2008년 총선에서 서울시 선거에서는 한나라당이 승리했지만 2012년 총선 결과는 역전이 되었다. 마찬가지로 2020년 서울시 총선 결과와 2021년 서울시 재보궐선거 결과는 유권자들의 표심이 완전히 갈렸다. 이처럼 빈번한 유권자들의 선거유동성을 감안했을 때 한국의 정당 모델은 어떤 방향으로 설정할 것인지가 중요하다.

● 대안 목차

한국의 87년 체제는 소선거구와 단순다수제가 합쳐져 지역주의 정당과 다당체제를 만들어 냈다. 이후 보스중심의 정당은 사라졌지만 카르텔 정당 체제는 유지되고 있으면서 유권자들의 호응을 얻는 데는 실패하고 있다. 정당개혁을 위해 다차원적인 접근이 필요하다.

Ⅱ 키(V. O. Key) 이론을 통한 한국정당의 문제점[11]

1. 키의 정당 이론 (5점)

키는 정당을 3가지로 구분하였다. 첫째, 유권자속 정당이다. 정당은 유권자의 의사를 반영하거나 유권자의 의사를 동원한다. 정당이 대의민주주의의 중심이라면 정치공동체의 구성원들의 의사를 결집하고 이를 정치체제에 반영하는 것이 중요하다. 둘째, 조직으로서 정당이다. 정당이 유권자와 정부를 연결하려면 정당 자체의 제도화가 중요하다. 정당 자체의 운영방식이 어떻게 규정되는지에 따라 대의민주주의 운영이 달라진다. 셋째, 정부와 정당이다. 정당은 정부를 장악하기 때문에 정부와 연관된다. 특히 국고보조금을 받으면서 정당은 정부와 직접적으로 관련된다.

2. 키의 정당이론에 따른 한국 정당의 문제점 (각 5점)

(1) 조직으로서 정당의 문제점: 작은 정당의 교체

첫째, 레이블(당명이 가지는 브랜드)의 연속성 상실. 명목적으로 정당명이 자주 바뀜. 이와 동시에 정책적 내용 면에서 연속성 상실. 사례로 2017년 대선에서의 정당들은 모두 2013년 이후 개칭되거나 창당된 정당임. 정당은 정책의 연속성보다는 새로운 이미지를 강조함(부연: 선거전문가정당의 모습을 보임)

둘째, 상설 조직 대신 선거만을 위한 정당으로 존재. 정당은 선거캠프와 비상대책위원회 형태로 존재함. 정당의 인적, 정책적 구성의 부유

성(浮游性)을 초래함. 한국정당에 대한 흥미로운 사실은 집권 시 정부조직을 구성하고 장악하는 역할이 정당이 아닌 선거캠프에 집중되어 있다는 점. 행정부를 충원하는 과정에서 정당보다 후보자의 가정교사들로 이루어짐.

셋째, 정당의 정체성을 상실했다는 점. '87년 체제'에서 정당들은 포괄정당의 모습(이념, 정강, 정책에 집중하지 않는 정당)을 보임. 이것은 선거 승리를 위해 정당보다는 선거전략에 집중했기 때문에 나타난 현상임. 그러나 2017년 대선에서 홍준표 후보는 포괄정당으로서의 전략 대신에 정당 정체성을 강조하면서 보수를 자처하였다는 점에서 예외적인 선거 모습을 보였다.

(2) 정부로서 정당의 문제점: 책임 정당의 실패

정당이 선거에서 승리한 후 정부 운영의 책임을 지고 다음 선거에서 책임 여부를 평가받아야 한다. 그런 점에서 책임정당제가 필요하나 한국에서는 책임정당제가 잘 작동하지 않는다.

첫째, 한국정당은 전문 관료와의 경쟁에서 실패했다. 한국의 관료는 개발독재와 과대성장 과정을 거치면서 조직화와 전문성으로 무장했다. 민주화 이후 한국의 정당은 관료적 전문성을 통제하고 제어하는 것이 중요했으나 이것에 실패했다. 이는 민주주의에 따라 선출된 정당의 정무적인 고려를 관료조직이 공유하지 않으면서 문제가 된다. 이것이 잘 안되니 청와대 비서실에서 내각을 구성하였고 이는 민주화 이후 모든 대통령 측근들의 비리로 구속되는 사태를 초래했다.

둘째, 정당이 의회와 행정부 사이의 가교역할을 잘 수행하지 못했다. 의회와 행정부 사이의 긴장과 갈등을 생산적인 방향으로 해결해주는 역할이 책임 정당제하에서의 정당에 맡겨져

---

11) 박원호. "정당과 선거" 『한국민주주의의 미래와 과제』 (서울: 한울, 2017)의 내용을 중심으로 정리함.

있다.

의회는 수평적 조직과 합의/다수결로 움직이기 때문에 근본적으로 비효율적이다. 반면에 행정부는 효율적이다. 상임위원회는 4년 선거 때문에 교체되고 주기적으로 상임위원회 의원들이 바뀐다. 따라서 의원들은 비전문적일 수밖에 없다. 행정부는 업무가 세분되어 있고 최소한의 연속성이 보장되어 있어서 전문적이다. 행정부는 전국적인 차원에서 이슈를 보지만 입법부는 지역구민의 이익에 영향을 받는다. 이 긴장 사이에서 정당이 역할을 조정해주어야 한다. 한국정당은 지난 30년 동안이 이 부분에서 실패했다. 2015년 행정입법 파동이 대표적인 사례이다.[12]

셋째, 양당제적 대결에서 한국정당은 정책개발과 경쟁기능이 약화하였다. 해외정당들이 상당한 싱크탱크를 가진 데 비해 한국정당은 이런 상황이 못 된다. 국내 정당법은 국고 보조금의 30%를 정책연구소 운영에 사용하도록 정하고 있지만, 현재 한국정당들이 스스로 정책적 내용을 생산하는 데는 한계가 있다.

강원택 한국 정치론

첫째, 당정분리가 시도됨. 이는 '정부–여당 vs. 야당' 간 관계를 단절하고 행정부–입법부 간 견제 관계로 나가고자 하지만 실제로는 그렇게 안 됨. 책임 추궁만 안 됨.

둘째, 국회 속의 정당도 중요함. 원내정당화를 통해 정당민주주의를 강화하는 방향으로 개혁을 수행함. 그러나 원내정당화에도 불구하고 모든 사안을 국회의원 개개인의 판단에 맡기도록 하는 것은 현실적이지도 않고 바람직하지도 않음. 정당이 특정 이념과 정체성을 가지고 정치적으로 대표하는 기반을 가지는 것이 더 중요함.

(3) 유권자 속 정당의 문제점: 높은 부동층과 선거 유동성

정당에 대한 애착심이나 정당일체감을 가지는 것이 중요하다. 그런데 한국정당에는 이런 정체성공유가 약하다.

첫째, 무당파층의 비율이 매우 높다(2018년 5월 갤럽 조사 23%. 2017년 공론화위원회 조사 37.2%). 이들은 전통적인 정치적 무관심이 아니라 정당에 대한 애착은 적지만 정책적 관심이 높은 새로운 유형의 무당파층이다.

둘째, 지지하는 정당이 있는 유권자들도 어느 정당에도 안정적이고 구조화된 지지층을 보장해주지는 않는다. 대표적인 예로 2016년 국민의당이 정당투표에서 2위를 한 것을 들 수 있다. 탄핵과 촛불집회로 전통적인 보수정당에 대한 지지가 25% 미만이라는 점도 들 수 있다. 87년 체제의 지역주의에 기초한 양당제적 정당 지지가 다당제로 나갈 수 있게 변화하고 있다.

셋째, 한국정당은 유권자들을 정책이나 비전으로 견인할 대상이라기보다는 단기적 공천과정을 통해 지지를 이끌어야 하는 존재로 생각했다. 정체성을 공유한 지지 유권자를 끌어들이는 서구 정당과는 다른 모습을 보인다.

---

12) 2015년 행정입법 파동은 국회가 국회법 98조에 있는 "행정부의 대통령령이나 총리령이나 부령이 법률안에 부합하지 않는다고 판단될 때 소관 중앙행정기관의 장에게 그 내용을 통보할 수 있다."라는 내용을 "그 내용을 통보할 수 있다."에서 "수정, 변경을 요청할 수 있다"로 바꾼 것에서 시작되었다. 의회가 통보만을 하면 정부가 이를 수정하지 않아도 강제할 방안이 없는 것이다. 그래서 실효성을 높이기 위해 수정, 변경으로 바꾼 것이다. 이것은 세월호 시행령이 세월호 특별법의 취지를 위반한 사안이 문제가 되어 변경을 시도한 것이다. 그러나 이 국회법 개정안을 박근혜 대통령이 거부권을 행사하였다. 개정안이 명확하지 않고 행정입법권을 침해할 가능성이 있으며 법원의 사법심사권을 침해하고 정부 업무 수행에 차질을 줄 수 있다는 이유에서였다. 의회와 행정부의 다툼에서 정당이 해결책을 제시하지 못했다는 점에서 정당의 역할에 대해 비판이 따랐다.

강원택 교수 분석

첫째, 후보 공천에서 경선제를 사용하고 있다. 이는 유권자 지지가 낮은 상황에서 현실적인 방안이다. 하지만, 이는 정당의 기율과 결속을 낮춘다. 제도로서 정당을 약화시키는 문제가 있다. 또한, 여론조사를 과도하게 의존하는 것도 문제다. 여론조사가 당원의 지지와 관계없이 승패를 가르는 것도 문제다.

둘째, 지구당이 사라지고, 당원협의회를 두게 하였다. 이는 유권자와 정당 간 통로가 사라지면서 정당정치의 후퇴를 가져왔다.

정연정 교수의 당원협의회 문제점

① 당원협의회의 운영책임을 지역의 선출직 공직자나 이전의 지구당 위원장이 사실상 그대로 맡고 있어서 민주적인 하부조직 구조를 새롭게 정리하는 데 별다른 효과를 끌어내지 못한다.

② 당원협의회장으로 선출되면 1년 동안 공직 후보로 출마할 수 없도록 하고 있지만, 1년의 기간 제한은 너무 짧다.

③ 공식적인 지구당이 폐지되었지만, 지역을 단위로 하는 사설조직 또는 사무소 설치가 완전히 사라지지 않고 있다.

④ 지방 정치의 차원에서 지구당 폐지 이후 정당의 지역 단위 후보자 공천과 지역 정치 신인들의 중앙당으로의 유입과정이 순기능적으로 이루어질 수 있었는가의 측면에서도 중앙당의 독주는 여전히 유지되고 있다.

⑤ 지역주의 정치로 인해 어떤 지역에서 특정 정당의 현역의원이 하나도 존재하지 않는 경우 정당의 정책에 대한 지역주민의 지지와 반대 여론이 중앙당에 제대로 전달되지 못해서, 그 정당과 지역 유권자들 간의 거리감이 좁혀지지 않고 있다.

Ⅲ 원내정당과 책임정당 모델 비교: 키의 3가지 정당 모델 중심

한국 정당정치의 문제점을 해결하기 위해서 제시되고 있는 원내정당모델과 책임정당 모델의 내용을 비교한 뒤 현실적인 모델의 기준을 '정부 형태'와 '유권자' 차원에서 모색한다. 정당의 현실성은 유권자 차원과 다른 제도와의 조응성을 기준으로 평가한다.

1. 원내정당 모델과 책임정당 모델의 지향점 (10점)

(1) 원내정당 모델의 지향점

첫째, '조직으로서의 정당(party in the organization)'에서 우선 원내정당은 '정당 규율'을 약화하고자 한다. 정당 규율을 약화하여 원외세력으로부터 원내세력을 보호하고자 한다. 따라서 정당은 의원선출에 있어서 공천권을 오픈 프라이머리 제도로 운영한다. 또한, 국가보조금을 적극적으로 활용하고, 정책 보조금을 만들어 정당이 아니라 의원에게 정책 보조금을 지급함으로써 정당으로부터 의원을 자유롭게 만든다.

조직으로서의 정당은 '응집성'을 원내세력과 원외세력을 구분한다. 응집성은 제도 내 구성원 간의 친밀도가 높은 것을 의미한다. 원내세력 간의 응집성을 높임으로써 원외세력으로부터 원내세력인 의원의 자율성을 보호한다. 정당 내 파벌이 발생하면 의원의 자율성은 떨어지기 때문에 파벌로부터 의원을 보호할 필요가 있다.

조직으로서의 정당은 '적응성'이 중요하다. 적응성은 정당의 생존력이다. 그러나 원내정당은 당의 명칭 등을 지속하는 것으로서 적응성보다는 유권자의 의사를 반영하는 것으로서의 적응성이 중요하다.

둘째, '정부로서의 정당(party in the government)'에서는 우선 정당의 '자율성'이 중요하다. 정당이 정부 혹은 대통령으로부터 자유로울 필요가 있다. 현재 행정부와 의회는 행정부 vs. 의회보다는 '행정부-여당 vs. 야당'의 구조이다. 따라서 이런 상황에서 특정 이슈에서 협력하기 위해서는 정당이 자율성이 높아야 한다. 즉 여당도 정부로부터 자유로워야 하고, 야당은 교차투표가 가능할 수 있어야 한다.

정부로서의 정당은 '정책경쟁'이 중요하다. 이때 정책은 이념적 차이에 기초하기보다는 특정 이슈인 경우가 많다. 정당 간의 이념적 차이가 크지 않은 상황에서 '포괄적 정당' 간 경쟁이 발생하기 때문이다.

셋째, '유권자들 속의 정당(party in the organization)'에서 원내정당은 '대표성'을 특정 당원 중심의 대표성보다는 유권자들의 대표성을 강조한다. 유권자들의 변화가 있다면 유권자 특히 지지 정당을 가진 유권자들을 대표해야 한다고 본다. 이는 대표에게 자율성을 부여하는 신탁모델을 지지하게 한다.

유권자들 속의 정당은 '응답성'이 중요하다. 응답성은 대표가 유권자들의 요구에 반응하는 것을 의미한다. 만약 특정 사회세력의 대표성과 응답성이 충돌한다면 응답성을 향상하는 것이 중요하다. 선거 유동성과 같이 유권자들의 변화가 있는 상황에서 대표들은 유권자의 요구에 반응해야 한다.

(2) 책임정당 모델의 지향점

첫째, '조직으로서의 정당(party in the organization)'으로서 책임정당은 '정당 규율'의 강화가 중요하다. 책임정당은 대중정당 모델에 기초한 것이다. 이 모델은 정당이 정치에 중심에 있어야 한다고 주장한다. 따라서 정당이 중심이 되기 위해서는 정당은 정당 규율을 강화할 필요가 있다.

책임정당은 '응집성'이 중요하다. 이때 응집성은 당내의 응집성이 중요하다. 책임정당은 유권자가 아니라 정당원들의 의사가 정책에 반영되어야 한다. 따라서 당원과 의원들 간의 응집

성이 중요하다.

책임정당은 '적응성'이 중요하다. 책임정당은 정당이 책임추궁성의 중심에 있어야 한다. 따라서 정당은 오랜 기간 같은 당명으로 존속해야 한다.

둘째, '정부로서의 정당(party in the government)'은 '자율성'이 중요한 요인은 아니다. 정당은 정부를 구성하면 정당 정책을 구현하고 이에 대한 책임을 져야 한다. 따라서 정당은 정부의 정책을 만들고 정책을 통해서 유권자들의 지지를 구해야 한다. 이때 정부와 정당이 분리되는 자율성은 중요하지 않다.

그리고 '정책경쟁'은 대단히 중요하다. 책임정당이 이념을 기반으로 정당정치를 운영한다면 정당들은 선명한 정책 간 대결을 펼치게 된다. 따라서 정당은 각기 자신의 정체성을 드러낼 수 있는 정책을 통해 경쟁하는 것이 중요하다.

셋째, '유권자들 속의 정당(party in the organization)'에서 책임정당은 '대표성'이 중요하다. 책임정당은 정당의 정체성을 공유하는 유권자들의 사회적 균열을 정치에 반영해야 한다. 따라서 정당은 특정 정파의 대표성을 중심으로 운영되어야 한다.

책임정당에서도 '응답성'은 중요하다. 다만 책임정당은 유권자들의 선거 유동성 등의 변화가 크다고 보지 않는다. 따라서 응답성은 발 빠른 변동보다는 대표성에 기초한 응답성으로 볼 수 있다.

2. 현실적인 모델과 방안들 (10점)

현실적으로 정당제도화 모델은 원내정당모델을 선택하는 것이 타당하다. 정치체제는 크게 두 가지 차원으로 구분한다. 첫째, 유권자 차원이다. 먼저 유권자의 인지적 동원능력이 높아졌고, 미디어의 영향력이 강하다. 이런 상황에서

유권자들은 정당에 대한 선호가 강하지 않다. 또한, 탈물질주의 문화가 강화되는 것도 유권자들의 선거유동성을 높이는 데 중요하다.

따라서 유권자들의 선거 유동성과 같은 변화가 강하고, 정당 지지층이 40%에 불과한 상황과 진성당원 혹은 책임당원이나 권리당원이 부족한 상황에서 대중정당모델에 기초한 책임정당모델을 선택하기는 어렵다.

둘째, 다른 제도와의 관계다. 한국은 정부형태에서 대통령제를 유지하기를 원한다. 대통령제에서 대통령과 의회의 관계는 대통령-여당 vs, 야당의 관계이다. 이런 조건에서 정당이 강한 경우 정부의 국정운영을 어렵게 한다.

국회와의 관계도 살펴야 한다. 한국 의회는 국회선진화법에 따라 초 다수결 제도를 두고 있다. 이는 정당 간 협력이 중요하다는 것이다. 또한, 한국 의회는 전통적으로 다수결주의보다는 합의주의 방식으로 타협을 통해서 운영됐다. 이는 한국 의회가 힘의 정치를 통해서 국회를 운영하는 것이 단점 정부나 분점 정부 모두에서 어렵다는 것이다.

마지막으로 정당은 당의 기율이 강하다. 당의 규율이 강한 상황에서 대통령제와 합의제 국회가 결합하면 단점에서나 분점에서 모두 대통령과 의회가 충돌한다.

결국, 다른 제도들과의 관계에서도 원내정당화가 필요하다. 즉 정당의 기율을 낮추어 여당과 야당 의원들을 자유롭게 만들어야 한다. 이는 초다수결제도와 합의주의를 중심으로 한 국회를 좀 더 손쉽게 운영하게 한다. 현재는 양당이지만 다당이 되었을 때도 분점 정부에 의한 교착(deadlock)을 막을 수 있다.

다만 원내정당화는 지나치게 정당 약화를 가져올 수 있다는 문제점이 있다. 이는 조직 자체로서 정당을 붕괴시킬 수 있으므로 최소한의 제도화와 조직화는 유지할 필요가 있다.

만약 원내정당모델에 기초할 때 구체적인 정당제도화 방안은 다음과 같다. 먼저 '조직으로서의 정당'에서 당의 규율을 낮출 필요가 있다. 이를 위해서는 가장 중요한 것이 정당공천제도의 민주화이다. 의원을 자유롭게 하는 것이 중요하다. 다만 적응성에 있어서 한국정당은 지나치게 이합집산이 강하기 때문에 제도화 차원에서는 정당의 적응성을 높이는 것은 중요하다.

'정부로서의 정당'에서는 정부에 대한 자율성을 가지는 것이 필요하다. 또한, 포괄정당식 정책경쟁을 투명하게 하는 것이 중요하다. 한편 원내정당화는 대통령제도가 원활히 작동하게 하는 것을 목표로 한다. 따라서 정부가 원활하게 작동하게 하기 위해서는 당정협의회와 같은 제도를 통해서 정당 특히 원내정당과의 정부의 협의를 강화하는 것이 필요하다, 필요에 따라서는 상임위원회나 소위원회를 중심으로 정부와의 협력을 강화할 수 있다.

'유권자로서의 정당'에서는 응답성을 높이는 것이 중요하다. 정당보다는 정부를 통해서 빠른 정책구성을 통해 유권자들을 만족시키는 것이 중요하다. 다만 제도화 차원에서 유권자들의 요구에만 반영하면 정당이라는 제도 자체의 의미가 사라진다. 따라서 정당은 유권자들에게 필요한 사회적 균열을 동원하는 것도 필요하다.

Ⅳ 결 론

한국 정당의 낮은 제도화 수준, 40~50%에 달하는 무당파 유권자, 대통령제정부에서 정당 간 타협가능성을 고려할 때 한국은 원내정당이 더 타당하다. 정당의 규율을 낮춤으로서 의원의 자율성을 높이고 유권자에 대한 책임성을 높이는 것이 중요하다.

정당정치는 한 사회의 사회균열을 반영한다. 반면에 정당은 자체적으로 사회균열을 만들어 내기도 한다. 한 사회의 갈등을 어떻게 반영하는지는 정당을 통한 대의민주주의 운용을 결정한다. 다음 질문에 답하시오. (총 40점)

   (1) 사회균열과 정당 체계에 대해 설명하시오. (20점)

   (2) 한국의 사회 균열구조를 설명하고 정당정치와의 관계에 대해서 논하시오. (20점)

 문제의 맥락과 포인트

사회균열은 한 사회의 정치적 갈등구조를 의미하는데 한국에는 어떤 갈등구조가 있는지와 이것들이 정당에 반영되는 것인지 아니면 정당이 균열을 동원하는 것인지를 파악하는 것이 첫 번째 과제이다. 두 번째는 한국의 정치적 균열들이 중첩(overlapping)되어 있는지 아니면 교차(cross-cutting)되었는지 여부를 따져야 한다. 마지막으로 동원을 줄일 것인지 아니면 반영을 늘릴 것인지에 대한 평가를 통해서 한국 정당 체계와 정당이 나아가야 할 방향을 제시하는 것이 중요하다.

Ⅰ 서 론

정당은 사회균열 구조를 반영하여 사회의 갈등을 정치화시키는 기능을 수행한다. 따라서 정당정치의 모태는 사회의 균열라인이라고 할 수 있다. 따라서 정당이 사회균열을 반영하지 못하게 되면 정치는 운동과 시위 등 제도권 외부에서의 해결기제에 의해서 운영될 것이다. 따라서 그 사회의 변화하는 균열구조를 이해하는 것은 정당의 대단히 중요한 기능이다. 그렇다면 한국의 정당은 사회의 균열구조를 정확히 이해하고 있고 이를 반영하고 있는가? 변화하는 사회균열 구조는 그 변화의 폭만큼 정당정치를 통해 대표되고 있는가?

이를 알아보기 위해서 일반적인 수준에서 사회균열 구조와 정당정치의 관계를 살펴보고 구체적인 한국 정당정치에서의 사회균열 구조와 정당 간의 관계를 살펴보도록 한다. 이를 통해서 바람직한 정당정치의 방안을 모색해 보도록 한다.

Ⅱ 사회균열 구조와 정당정치

1. 사회균열 구조와 정당체제

먼저 '사회균열(social cleavage)'의 의미를 살펴보아야 한다. 사회 균열이란 '공동체 혹은 하부 공동체의 구성원들을 중요한 정치적 차이를 가진 집단으로 분리하는 기준'을 의미한다. 사회 균열이 문제가 되는 것은 정당의 사회적 역할 때문이다. 정당은 사회의 의사를 반영하고 이를 표출하는 역할을 수행한다. 따라서 정당에 있어서 사회의 의사에 대한 이해는 필수적이다. 이렇게 표출된 사회의 의사와 이익은 정당정치에 안정성을 부여한다. 그런데 사회의 의사나 이해는 동질적이기보다는 이질적이거나 경쟁적인 경우가 많다. 특히 경쟁성은 희소한 가치의 문제에 있어서 더욱 이 경쟁성은 높아질 것이다. 따라서 합리적인 정당은 경쟁적인 의사와 이해들의 각 부문을 대표하게 된다. 즉 사회의 균열을 반영하게 되는 것이다.

사회균열이 정당이 사회의 정치적 갈등선을 반영하는 것이라면 사회균열은 다양한 갈등선을 반영해야 한다는 점에서 정당들 간의 관계와 관련된다. 사회적으로 반영되는 다양한 균열은 정당 간의 차이를 만들 것이다. 즉 기준에 따라 경쟁하고 대립하는 정당을 만들어낼 것이다. 따라서 사회적 균열의 수와 그 균열의 지향점에 따라서 정당의 수와 정당의 이념적 거리가 결정될 것이다. 이로 인해서 정당은 정당 수준이 아닌 정당 체계 수준의 고려를 필요로 하게 된다. 이렇게 반영된 균열구조는 안정적 성향을 가지게 된다.

사회균열과 정당 체계 사이의 관계에서 먼저 논의할 것은 정당 체계가 사회균열을 만들 것인가 아니면 사회균열을 반영할 것인가 하는 점이다. 여기에는 두 가지 입장이 있다. 첫 번째 입장은 정당이 사회균열을 반영한다는 '기능론'이다. 두 번째 입장은 정당이 사회균열을 만들어

낸다는 '동원론'이다.

첫번째 입장인 기능론은 사회균열이 먼저 만들어지고 사회균열에 따른 유권자들의 요구를 정당이 반영한다는 것이다. 정당민주주의이론에 원론적으로 부합하는 이론으로 정당은 사회적 갈등을 반영하고 이를 조직화하여 정책으로 만들어낸다는 입장이다. 이 입장의 대표적인 이론가가 립셋과 로칸이다.

서구 정당지형의 안정적 지속을 설명하는 립셋과 로칸(Lipset & Rokkan)은 사회적 균열이 장기간에 걸쳐서 만들어졌고 정당들은 합리적으로 표를 극대화하기 위해 사회적 균열을 반영하는 것으로 설명했다. 이것을 '결빙명제'라고 부른다. 즉 사회적 균열이 장기간에 걸쳐서 고착되어 마치 얼어버린 것과 같이 되었고 정당이 이런 균열을 안정적으로 반영한다는 것이다. 이 이론에 따르면 서구의 정당 체계는 16세기 국민국가의 형성과 관련된 국가에 의한 혁명과 18세기의 산업혁명을 거치면서 생긴 균열축이 20세기 초엽부터의 서구 정당에 안정적으로 반영되어 왔다. 따라서 1960년대까지 유럽의 정치는 세대 간으로 정당 지지도가 이전되면서 안정적인 득표를 하여왔고 진보와 보수 간에 정권 교체를 이루어 온 것이다.

사회균열과 정당 체계의 관계에 관한 두 번째 입장인 '동원론'은 사츠슈나이더(Elmer Eric Schattschneider)가 대표적인 이론가이다. 그는 정당이 사회적 갈등을 단순히 반영하는 것이 아니라 인위적으로 만들어낼 수 있다고 보았다. 즉 사회적인 갈등 중 정당이 자신에게 유리한 갈등에 집중함으로써 갈등에 대한 사회적으로 '편향된 동원'을 이끌어 낸다는 것이다.[13] 이 입장은

---

13) 사츠슈나이더, 『민주주의의 기초』(페이퍼로드, 2010), "정치체제의 성격을 결정하는 것은 갈등의 불균등성이다. 갈등의 강도가 균등하지 않다면, 더 격렬한 갈등이 덜 격렬한 갈등을 대체할 가능성이 큰 게 논리적인 귀결이다. 갈등의 불균등성으로부터 도출되는 것이 갈등들 사이의 지배와 종속 체제이다. 자신에게 종속되는 대립적 갈등이 없다면 그 갈등 역시 중요

정당의 독자성을 좀 더 강조하는 입장이다.

사회균열과 정당 체계와의 관계에서 더 살펴 보아야 할 것은 사회균열이 중복(overlapping)되 어 있는지 아니면 교차(cross-cutting)되어 나타 나는지와 관련된 것이다. 레이파트(Lijphart)는 유 럽연구를 통해서 사회균열과 정당 체계의 관계 그리고 대표체제에 대해 밝혀 냈다. 사회균열이 복잡한 나라에서는 비례대표제를 통한 합의주의 를 사용하게 되고 영국처럼 단일한 균열의 경우 에는 단순다수제를 통해서 다수결주의를 사용한 다는 점을 밝혔다. 따라서 사회균열이 여러 개 인지와 그것이 중첩되어 나타나는지가 정당정치 에서 중요하다는 것이다. 즉 하나의 사회균열의 축이 다른 하나의 사회균열의 축과 겹쳐서 동일 하게 나타나는 것인지 아니면 다른 축으로 나타 나는 지 여부이다. 가령 지역과 이념이라는 두 개의 사회균열이 있고 이 두 개의 사회균열이 겹쳐져서 어떤 특정지역이 보수를 대표하고 다 른 지역이 진보를 대표하는 경우 균열은 중복된 다. 균열이 중복되어 나타나면 균열을 해결하기 위한 해법모색이 어렵다. 반면에 교차균열이 나 타날 경우 각기 다른 해법을 모색해 볼 수 있다.

2. 균열구조의 변화와 정당 체계의 변화

사회균열은 고정되어 있지 않고 변한다. 이 런 균열구조의 변화는 정당 체계에도 변화를 가 져오게 만든다. 그렇다면 문제는 어떤 방식으로 정당 체계가 변할 것인가 하는 점이다. 정당이 여러 가지 사회균열을 반영하는 거대정당이 되 어 정당의 '복잡성'이 증대하면서 사회갈등의 흡 수력이 좋아지게 될 것인지 아니면 여러 요구를

대변하는 군소정당들의 탄생과 난립을 가져오게 될 것인지가 논의의 핵심이다.

서구의 안정적 정당정치는 1960년대에 들어 오면서 변화를 거치기 시작한다. 즉 과거의 안 정적인 정당선호가 깨어지면서 '선거 유동성'(선 거에서 지지의 변화)과 '정당의 유동성'(정당에 대 한지지 변화)이 생겨난 것이다. 즉 환경변화는 유 권자들의 변화를 유도하고 정당에 대한 충성이 이탈되면서 새로운 정당에 대한 선호가 나타나 고 선거에서 표가 이동해가기 시작한다. 이러한 변화의 대표적인 원인은 크게 '경제적 풍요와 정 치적 평화의 지속' '새로운 세대와 그들의 변화한 가치관' 이에 따른 '이념의 약화'를 들 수 있다.

이러한 요인들에 기인한 정당체제의 변화의 방향에 대해서는 논의가 나뉘어 진다. 첫째로 정당 체계가 소수의 거대정당구조로 갈 것으로 보는 견해가 있다. 대표적으로 키르키하이머(O. Kirchheimer)는 대중통합정당에서 포괄적 지지정 당(catch-all party)으로 변화했다고 주장한다. 반 대로 정당정치가 파편화되면서 다당제로 갈 것 으로 주장하는 견해도 있다. 여기에는 대표적으 로 월리넷(S. Wolinetz)을 들 수 있다. 그는 가치 균열이 더욱 다원화되었기 때문에 이 다양한 지 지를 담아내는 다양한 정당의 등장을 추동하여 다당제로 갔다고 주장한다. 또한 달튼(R. Dalton) 도 잉글하트(Inglehart)의 탈물질주의 가치론을 정당과 연결시켜서 중첩된 균열 축으로 인한 다 당제화 혹은 정당체제의 파편화를 주장했다.

이러한 논의들은 한국의 정당체제가 무엇을 대표하고 있는지를 설명케 해주며 또한 최근에 더 강하게 부각되어 보이는 한국의 사회균열 구

성을 잃는다. 이는 모든 갈등의 본질적인 조건이다. 이렇듯 큰 갈등들은 예외 없이 수없이 많은 작은 갈등들을 압도한다. 갈등의 발전에 가장 큰 장애는 반대편의 정면 공격이 아니다. 같은 편에 속해 있으면서도 좀 더 크고 서로 모순되며 관련 이 없는 경쟁자들이 대중의 관심과 지지를 얻기 위해 단행하는 측면공격이다. 만약에 갈등에 강도가 존재한다면, 좀 더 격 렬한 갈등이 덜 격렬한 갈등을 제압하는 게 보통이다. 그럼 그 결과는? 중요한 갈등으로 부각되는 갈등의 숫자가 줄어든다 는 것이다."

조의 변동과 정당간의 관계에 대한 해석을 가능
케 해준다.

Ⅲ 한국의 사회균열 구조와 정당정치

1. 사회균열과 정당관계

(1) 지역갈등: 동원론

과거 한국 정당은 여촌야도와 민주와 반민주
를 균열축으로 하여 정당체제를 형성해왔다. 그
러나 민주화 이후의 1988년 13대 선거를 중심으
로 지역주의가 강력한 정당간의 균열라인으로
부각되었다. 물론 지역균열라인에는 도시와 농
촌간의 문제도 고려될 수 있다. 하지만 여촌야
도의 현상은 많이 퇴색했고 이 균열은 영호남간
의 지역주의로 전환되었다.

지역주의의 기원을 잡는 것에 대해서는 논의
가 다양하다. 대표적으로는 1971년의 제 7대 대
통령선거(박정희후보 대 김대중후보)를 지역주의
의 출발로 보는 견해와 1988년의 13대 총선을
지역주의의 기원으로 잡는 견해가 대립한다. 양
자의 견해 중 누가 더 우세한가의 논의를 떠나
서 두 견해 모두가 다 지역주의가 사회경제적 불
균형과 그를 이용한 정치적 동원이었다는 점에
서 일치한다. 따라서 지역주의의 문제는 사회경
제적 불균형의 해소와 이에 대한 동원능력이나
동원의 이점을 제거하는 것이 중요하다 하겠다.

이것은 지역주의가 비합리적이고 정서적 균
열을 반영한다는 점에서 정치적으로 역기능을
생산하기 때문이라는 전제를 깔고 있다. 그러나
최근에는 이러한 지역주의가 합리적 선택이라는
견해가 있다. 즉 지역주의가 장기적으로 지속되
고 유권자의 다수에 의해서 결정된다는 점을 들
어서 이것을 비합리성으로 몰고 가는 것이 과연
타당한가에 문제를 제기하는 견해인 것이다. 따

라서 이러한 지역주의의 반영은 다른 이해결집
구조가 없는 한국의 현실에서 유권자들의 합리
적 판단을 대표한다고 주장한다.

지역주의의 합리성여부에 대한 문제에서 지
역주의의 지속과 대규모성은 국민들을 유권자를
합리적인 존재로 상정한다는 점에서 의의를 가
질 수 있다. 또한 서구 정당과 달리 경제적 성장
에 대한 우선성과 남북의 대치상황 등으로 인한
긴장상태의 지속으로 인해서 한국의 정당정치가
대표할 수 있는 이념적 공간이 협소했다는 점과
그에 따른 정책적 대립의 실종이 지역 간의 균
열로 부각되었음도 인정할 수 있다. 하지만 최
근 보이는 세대의 문제와 경제적 불균형에 대한
비판 등은 한국의 사회균열 구조가 변화하고 있
음을 보인다. 따라서 한국의 정치적 균열을 지
역이라는 것에 한정하여 상대에 대한 정책적 대
립이 아닌 반대만을 위한 정책대결로 국한시키
고 정서적 대립으로 이끌어 가는 것을 묵인하거
나 옹호해서는 곤란하다고 하겠다.

최근에는 지역주의에 대한 완화가능성이 보
이는 사례가 늘고 있다. 2001년 대통령선거 경
선이나 17대 총선의 득표율은 나름대로 지역주
의의 완화 경향을 보이는 사례라고 하겠다. 그
러나 2008년 선거 18대 총선에서는 지역주의가
새로운 유형으로 나타나기 시작했다. 과거 지역
주의가 태어난 지역을 중심으로 투표를 하는 원
지역주의였다면 새로운 유형의 지역주의는 거주
지를 중심으로 하는 거주지 지역주의라는 특징
이 있다. 게다가 거주지 지역주의는 소득과 재
산과도 관련이 되면서 정치적 계층과 계층을 대
표하는 이념과도 연결될 수 있게 되었다.

(2) 계층갈등: 기능론

한국은 1970년대와 1980년대를 거치면서 사
회구성원에서 중간계층의 비율이 현저하게 증가

했다. 그럼에도 불구하고 계층균열을 반영한다거나 계층균열자체가 주요균열라인을 형성하지는 않았다. 즉 노동자들과 중간노동자들의 증대에도 불구하고 이들이 자신의 경제적 기반을 배경으로 정치적 요구를 주장하지 않는다는 것과 이를 바탕으로 정당정치를 구성하지 않는다는 것이다. 특히 2004년 민노당의 의회정치 진입 이전까지 노동자를 반영할 수 있는 정당에 대한 지지가 높지 않았다. 2%대의 지지만을 얻을 수 있었다.

과거 이러한 특이성에 대한 해석은 대체로 지역주의의 강력함과 지역주의와 계층균열이 중첩되었기 때문이라는 설명이 있다. 즉 지역주의가 강력하여 계층균열이 압도되었다는 것이다. 이는 투표장에서 자신의 정치적 기반을 계층에 의존하지 않고 자신의 출신에 의존한다는 이야기이다. 지역주의와 계급균열을 주장하는 이들은 영남에는 대자본과 자영업자가 주를 이루고 있고 호남에는 소자본과 농업생산자가 주를 이루어 "계급`=`지역구조"가 되었다고 주장한다. 하지만 이 설명은 과도한 추상성과 경험적 사례와 검증의 부족으로 비판을 받는다.

최근에는 계층이 한국 정치의 균열라인으로 등장하고 있다. IMF사태에서 보인 부의 격차의 문제와 부의 편중문제에 대한 비판과 17대 총선에서 보인 민주노동당의 약진은 한국정치에서 계층이 사회균열 구조로 반영됨을 보이는 사례라 하겠다. 또한 넓은 의미에서 이념의 논쟁은 계급의 균열을 대표하는 사례라고 하겠다.

이념을 기반으로 한 정당정치는 김대중 정부에서부터 중심적으로 나타났다고 보는 입장이 있다. 하지만 김대중 정부의 탄생은 호남과 충청의 연대라는 지역연합성격이 강하다는 점에서 진보-보수의 이념정치의 출발로 보기는 어렵다. 반면에 노무현 정부가 탄생하면서 386의 새로운 세대정치와 참여민주주의를 기치로 하여 진보-보수가 정치의 중심에 서게 되었다. 2004년 대통령탄핵사태는 진보진영의 결집을 가져오게 만들었고 386정치로 대표되는 열린우리당과 진보정치의 탄생을 가져왔다. 2010년 복지논쟁에서 지역선거를 한 것은 진보와 보수라는 이념과 정책차이에 기반한 것으로 볼 수 있다. 이것은 지역선거가 상대적으로 같은 지역에 기반하기 때문에 지역주의를 기반으로 투표를 하면서도 이념이 개입될 수 있다는 점을 보여주었다. 관건은 2012년 대통령선거에서 전국을 단위로 하는 선거정치에서 과연 진보와 보수의 축이 지역주의 축보다 더 강하게 나타날 것인가 하는 점이다.

(3) 탈물질주의와 세대 간 갈등

한국정치의 새로운 갈등으로 탈물질주의가 나타나고 있다. 또한 탈물질주의는 세대정치를 반영하기도 한다. 1980년대 이후 한국 정치에서도 소비자보호운동, 여권운동, 반핵운동 등이 활발하게 벌어지고 있다. 또한 2002년의 장갑차사건과 2004년의 탄핵사건에서 보인 것처럼 새로운 세대의 등장도 눈여겨볼 만하다. 이러한 점에서 새로운 세대와 새로운 가치관이 한국정치에서 사회균열 구조의 하나로서 고려될 필요가 있다. 2012년 19대 총선에서는 녹색당이 창당하여 선거정치에 참여한 것도 이를 반영하는 사례이다.

탈물질주의와 세대 간의 문제에서 핵심적 사항은 이들의 인적 구성 비율이 높다는 점(20,30대의 비율이 50%에 육박)과 이들이 부동층이 많고 기권율이 높다는 점이다. 젊은 세대가 변화 지향적이고 새로운 가치관을 보유한다는 점에서 정치적 변화를 기대할 수 있을 것이나 이들의 선호 표출의 부재와 유동성은 낙관적인 기대만을 가지게는 하지 않는다.

2. 한국 사회갈등의 중첩성 여부

한국의 사회균열 구조는 확실히 증가했다. 또한 사회균열에 대한 정당의 사회적 반영도 증대하고 있다. 그렇다면 위에서 살펴본 3개의 균열구조의 관계는 어떻게 될 것인가라는 문제가 남는다. 즉 이러한 균열축이 중복될 것인가 그렇지 않은가하는 복수 균열층의 비중첩성 문제가 중요하다. 만일 이것이 중첩된다면 지역은 계급과 이념과 세대와 탈물질 모두를 반영하는 균열축이 될 것이고 이는 강력한 효과로 인해서 한국 정당체제를 현재의 지역균열로 결빙시킬 것이다.

연구조사들은 지역과 이념이 중첩적이지 않음을 서베이 조사 등을 통해서 밝혀주었다. 또한 탈물질적 정향 역시 지역과 관련이 없음을 보였다. 이보다는 성별과 연령과 관련해서 탈물질주의가 강한 상관관계를 가짐을 보였다. 따라서 한국이 다원적 균열로 가고 있음을 보인다고 하겠다.

Ⅳ　한국 정당정치의 방향과 방안

기성정당의 제도화 속에서 다원적 의견이 반영될 수 있는 소수정당의 진입가능성을 높여야 한다. 사회균열의 다원화는 다양한 사회균열을 반영하는 정당 체계를 필요로 한다. 유권자 특히 젊은 유권자의 투표불참은 이런 점에서 원하는 정당이 부족하다는 정치적 공급부족을 하나의 원인으로 들 수 있는데 이것은 정당체제의 미대표성, 저대표성을 보이는 사례라 할 수 있다. 따라서 정당체제에 대표성을 증대시키는 방안모색이 필요하다. 대표성 증대를 위해 정당법이나 선거제도의 개편을 통해서 더 많은 대안이

등장하고 경쟁할 수 있게 해주어야 한다. 비례대표제도의 확대와 저지규정 등의 개편이 구체적인 하나의 방안이 될 수 있다. 이러한 정당정치의 다원성 확대가 정당의 확대로 오히려 정당정치의 분열에 따른 불안정으로 이어질 것이라면 포괄정당화의 주장처럼 기존정당의 복잡성과 적응성 증대를 통해 갈등을 흡수하는 것이 중요하다. 비례대표제를 증대해도 소수정당들이 과도하게 원내에 진입하지는 못할 것이기 때문에 거대정당이 정치안정성을 가지고 운영되면서 소수정당이 새로운 목소리를 대변할 수 있게 하는 것이 필요하다.

참고　탈산업사회와 한국 정당정치

1. 탈산업사회의 특징

후기 포디즘(post-fordism)으로 지칭되는 탈산업사회화의 특징은 다음과 같다. 첫째, 생산의 유연화로 지칭되는 규모의 축소. 둘째, 소비와 선호의 다양화. 셋째, 물질적 가치 외에도 탈물질적 가치에 대한 중요성 인식. 넷째, 집단과 권위에 대한 인식의 변화. 다섯째, 공동체에 대한 개인의 중시.

이러한 특성들은 경제 조직을 축소시키고 경제적 이윤과 활동에 대한 인식을 변화시킨다. 기존의 조직에 대한 권위보다 개인이 중요해진다. 이는 또한 국가와 기업에 대한 권위와 정통성 부여에 대비해서 시민 자발적 집단에 대한 정통성 부여로 나타난다. 개인중시에 탈물질적인 욕구들이 가세하여 개인들의 선호와 욕구는 다양해진다. 이는 공익을 구성하고 이를 일률적으로 맞추는 것을 어렵게 한다.

2. 서구 정당 체계에의 영향

립셋과 로칸(Lipset & Rokkan)은 서구 정당 체계가 1920년대 동결된 채 안정적으로 유지해온 것을 동결 명제를 가지고 설명한다. 이는 자본 대 노동, 국가 대 교회, 농촌 대 도시, 중심 대 주변의 구조적 대립을 반영한다. 이에 따라서 정당에 대한 선호는 고정되고 정부구성 역시 안정적일 수 있었다. 이런 안정성을 가져오는 기제는 크게 유동하지 않는 '폐쇄적 사회구조'와 가정과 정당을 통한 정치사회화에 의한 안정된 '정당 일체감'에 기인했다.

그러나 탈산업사회의 특성들은 정당의 안정화기제에 변화를 가져왔다. 즉 산업사회의 진전은 골드트롭(Goldthrop)이 말하는 것처럼 '부유한 노동자'(Affluent Worker)를 형성했다. 이렇게 부유해진 노동자는 다시 노동과 자본이 계급구조에서 층화되어 숙련 노동층을 형성한다. 이들의 전문성은 자신들의 직업안정성을 담보하므로 기존 노동자들과의 연대노력을 필요로 하지 않게 된다. 이렇게 등장하게 되는 노동의 분화와 중산층의 형성은 기존 정당정치의 큰 축인 노동과 자본의 대립구조하의 계급투표를 완화시킨다.

이제 계급간의 블록이 아니라 계층 간의 이동이 좀더 가능해졌고 이에 따른 정당에 대한 충성심도 완화되었다. 여기에 더해서 서구 정당 체계의 분화에 있어서 핵심적인 축인 종교적 대립도 정치의 세속화로 인해서 완화되게 된다. 따라서 계급과 종교에 의한 구획이 완화되는 것이다.

여기에 더해서 유권자들의 인식이 교육의 진전으로 향상되었고 이후 전후세대들의 등장과 이들이 가진 가치정향이 정치에 반영되게 된다. 이는 기존 정당들이 제시할 수 있었던 정책과 이념의 범주를 넘어서는 것이었다.

이러한 변화들은 유권자의 '투표유동성'(정당에 대한 투표를 변화시키는 것)을 증대시켰다. 이러한 선거와 투표의 유동성은 기존 정당들의 안정된 득표와 그에 따른 정국의 구성을 어렵게 한다. 또한 이런 유동성은 제 3당의 입지를 키우거나 새로운 정당을 등장시킨다. 이로 인해서 정당정치는 파편화(fragmentation)된다. 이러한 파편화는 정당 체계에 변화를 가져와 안정된 양당체계를 다당제로 변화시키는 등의 정당 체계의 재편성(realignment)을 가져온다. 체계변동은 정당정치의 운영과 정부구성에 변화를 의미하는 것이다. 또한 이런 변화는 정당정치체계의 해체(dealignment)를 가져와 함께 나타나기도 한다. 이에 따라 정당들은 연립방안을 마련하거나 새로운 득표 전략을 위한 정당변화를 모색하게 된다.

3. 서구 개별정당에의 영향

정당 체계의 변화는 기존 개별정당들의 운영방식과 정당내부의 역학관계 등에 영향을 미친다. 즉 결빙기 형성된 대중정당모형에서는 계급투표가 있고 이에 대해서 정당은 자신의 이념적 기반을 지탱하는 유권자에 대한 차별화된 정책을 제시할 수 있었다. 정당이 정치

의 중요부분을 차지함으로써 정당원들이 정치자금과 정치 사회화에서 중요한 비중을 차지했다.

그러나 1960년대 계급과 이념의 퇴조로 인해서 정당들은 이념상 중도로 수렴되자 정당들은 개별정책과 이슈에 다른 접근을 하는 포괄정당(catch-all party)으로 변모한다. 이제 개별 이슈들과 정책에 따른 접근이 중요해지게 되면서 계급 투표적 성향이 온화된다. 이는 정당에 대한 일체감 하락을 의미하면서 정당원들의 영향력 하락을 의미한다.

이런 변화는 이후 1980년대와 1990년대를 거치면서 정당들이 선거에서의 승부를 예측하기 어려운 상황에서 선거전문가들에게 의존하는 '선거전문가 정당'과 국가와 정당간의 밀착관계로 특징지어지는 '카르텔 정당'의 모습을 띠게 된다. 이러한 변화는 기존 정당의 당원이나 정당 간부의 영향력을 약화시키고 정당지도자나 대선 후보 등의 영향력을 강화시킨다.

4. 탈산업사회의 특성과 한국 정당정치

탈산업화라는 환경 변화 속에서 눈여겨 보아야할 것은 한국의 이념적 특수성이다. 한국은 냉전과 한국전쟁의 영향으로 이념상 진보를 쉽게 용인하지 않았다. 이에 따라서 한국의 정치 지형은 보수일변도의 이념 속에서 운영되어왔다. 그러나 냉전의 해체와 정권교체와 대북한 포용정책 등으로 인해서 한국의 이념지향은 보수와 진보로 재구획되고 있다. 탈산업화로 서구에서는 이념정치가 약화되는데 비해서 한국은 오히려 이념정치가 강화되고 있다는 특징이 있다. 이념정치는 한국에서 2004년 민노당의 원내진입으로 상징화된다. 정치체계의 이념의 폭이 확대된 것이다. 서구 정당 체계의 이념의 폭이 축소되면서 극우와 극좌가 정당정치공간에서 경쟁하는 것과 달리 한국은 이념의 폭이 확대되면서 극우와 극좌를 표방하지 않는 중도진보와 중도보수 간 경쟁을 표방하고 있다. 19대 총선에서는 선진국민당으로 대표되는 충청권지역정당이 약화(5석 획득하고 이 중 2석이 비례의석)되고 통합민주당이 강화된 것(13석이고 비례의석은 6석)은 지역주의가 약화되면서 이념정치가 강화되었다는 것을 보여준다.

정당 체계수준에서 다당제화되고 있지만 실제 의미 있는 의석수를 기준으로 할 때는 양당제에 가깝다. 17대 이후 총선에서 대통령소속정당이 의회 과반수이상을 확보하면서 정당연합을 통해서도 제 3당의 의미 있는 역할을 기대하기 어렵기 때문이다. 또한 개별 정당

차원에서는 '포괄정당'의 양태와 '선거전문가정당'의 양태와 '카르텔정당'의 양태를 모두 보이고 있다. 정당들 간의 이념적 분화가 아주 크지 않은 상태에서 민주당이나 새누리당은 이슈에 따라 다양한 세력들의 지지를 확보하고자 한다. 또한 미디어와 이미지 선거가 중요해지면서 이를 잘 운용할 수 있는 선거전문자들을 채용해서 선거경쟁을 수행하고 있다. 여기에 더해 기존정당들은 신규정당에 대한 진입장벽으로 국고보조금의 책정과 수급문제나 비례대표의석 등의 비율과 미디어 이용 범위 등에 관한 사항에서 기득정당의 이득을 보호하기 위한 장치들을 마련 중이다.

이러한 개별정당들의 특성을 보면 정당원들의 영향력이 줄어들고 예비선거제와 같은 국민경선제도 등의 도입으로 정당지도부간의 분화도 심한상태이다. 이에 따라서 정당의 총재나 대선후보 등에 권력이 집중되는 일이 벌어진다. 이런 경우 정당정치에 있어서 중요한 대표성과 통치능력의 하락을 경험할 수 있다.

🎸 **기출문제와 연결**

제15문   2010년 5급 3번(정치환경변화와 시스템이론 : 정
당이 정치적 변화에 대한 대응차원에서) / 2008년
5급 3번(한국정당정치에 대한 평가)

제020문 정당의 제도화

정당은 현대 대의민주주의의 운영에 핵심적인 제도이다. 정당은 사회의 요구를 정부와 연결하는 미션 벨트로 역할을 한다. 정당의 제도로서 작동가능성에 대해서는 '제도화'를 통해서 판단할 수 있다. 2016년 20대 총선은 정당체계수준에서 양당제에서 다당제로 변화를 만들었다. 20대 총선, 탄핵사태, 19대 대선, 7대 지방선거과정에서 개별 정당들은 분당과 합당과 당명개정을 시도하였다. 다음 질문에 답하시오. (총 40점)

(1) 제도화의 의미와 정치적 중요성을 설명하시오. (10점)

(2) 한국 정당체계의 제도화 여부를 평가하시오. (15점)

(3) 한국 개별정당들의 제도화 여부를 평가하시오. (15점)

 문제의 맥락과 포인트

주류 정치의 시각을 제도주의 정치학이라고 한다. 그렇다면 제도화가 무엇인지를 파악하는 것이 중요할 것이다. 특히 이 문제는 비교정치학에서 다루는 정치제도들의 경우 제도화가 된다는 것이 무엇을 의미하며 그것이 가지는 정치적 의미가 무엇인지를 설명할 것을 요구하는 문제이다. 또한 정당이론을 공부했다면 체계와 정당이 어떻게 구분되는지를 설명할 수 있어야 한다.

Ⅰ 서 론

2017년 19대 대선은 탄핵사태와 관련해서 새누리당에서 바른정당을 분당시켰다. 2018년 7대 지방선거를 앞두고 국민의당과 바른정당이 합당을 하여 바른미래당을 만들었다. 2016년 다당제가 만들어진 이후 한국 정당은 다당제 하에서 개별정당들의 분당과 합당을 하고 있지만 2018년 5월 갤럽조사에 의하면 무당파층은 23%로 정당지지율에 변화가 크지 않다. 2017년 신고리원전을 위한 공론화위원회의 2만 명을 대상으로 한 여론조사에서는 무당파층 37.2%까지 나타났다. 개별정당 지지율이 낮은 상황을 제도화를 통해 살펴본다.

Ⅱ 제도화의 의미와 제도화의 중요성

1. 제도화의 의미

파슨즈(T. Parsons)에 따르면 제도화는 "조직과 절차가 가치와 안정을 획득하는 과정"이다. 제도화란 제도가 문제풀이기제로서 작동가능하다는 기대의 안정화를 의미한다. '제도'가 만들어진 상태라고 하면 제도화는 신생조직이나 절차가 제도로서 인정을 받아가는 과정을 설명한다. 공동체 구성원들 간에 문제를 해결하기 위해서는 문제풀이 방식에 대한 합의가 필요하다. 이러한 합의는 구체적인 절차 등으로 만들어진다. 절차들이 문제를 해결하는 능력이 높다는 인정을 받으면서 점차 문제해결의 규칙, 규범, 법으로 인정받는 것이 제도화가 되는 것이다.

또 다른 정의로 잰다(K. Janda)의 정의를 들 수 있다. 잰다는 한 정당이 한시적인 지도자와 구별되는 사회조직으로서의 가치를 대중으로부터 부여받는 수준으로 정당제도화를 정의하였다. 이 정의는 제도화를 인적인 정치와 구분하였다. 제도란 인물과 상관없이 작동할 수 있는 것을 의미한다. 만약 정당이라는 자발적인 조직이 특정인과 동일시되면 이것은 '정당=인물'이 되는 것이다. 이때 특정 보스인 인물이 은퇴를 하거나 정치무대에서 사라질 경우 정당은 붕괴된다. 이는 정당이 인적정치를 위한 장치에 불과한 것이다. 제도화란 이렇게 인적 정치를 넘어서는 것으로 제도 자체에 대한 작동가능성에 대한 사회의 인식으로 볼 수 있는 것이다.

2. 제도화의 정치적 중요성

제도화의 중요성은 예측가능성에 있다. 정당이 하나의 제도로 자리 잡는 것은 정당을 통해서 문제를 해결할 것이라는 기대와 예측가능성이 높아지는 것이다. 이것은 정치가 사람이 아닌 제도를 통해서 운영되기 때문에 특정 인물이 없이도 정치가 작동할 것이라는 믿음이 생기는 것이다. 이런 과정을 거쳐 정당이 제도정치의 중심에 설 뿐 아니라 민주주의의 운영의 핵심 기제가 되는 것이다. 정당이 사회와 국가를 이어주는 전동벨트로서 인정을 받게 되는 것이다.

제도화는 한국과 같은 신생민주주의 국가에서 매우 중요하다. 신생 민주주의국가는 정치개혁과 과거청산과 경제개혁과 사회개혁 등을 동시에 수행해야 한다. 이런 경우 사회의 요구를 반영하는 정당이 중요한데 이때 정당의 제도화가 핵심이다. 신생민주주의 국가에서는 정치를 운영하기 위해 새로운 절차들을 만들어야 한다. 새로운 절차들은 점차 사회구성원들이 문제풀이를 의존해야 한다. 이렇게 하여 제도가 구성되는 것이다. 신생민주주의의 경우 제도화과정에서 새로운 절차나 규범 혹은 강력한 인물에 의해 제도가 정착되지 못하는 경우들이 생긴다.

헌팅턴(S. Huntington)은 일단 출현한 정당이 그 존재가치와 안정성을 획득하는 과정을 제도화라고 규정했다. 민주주의의 역사가 긴 국가들에서는 정당이 오랫동안 유지되면서 정당을 통한 민주주의운영을 경험했다. 대표적인 것인 영국의 보수당과 노동당의 대중정당이다. 그러나 신생국가에서는 권위주의 등으로 정당이 제도화되지 못하고 지도자의 부수적인 장치로 인정받기도 한다. 잰다의 정의처럼 정당이 제도보다는 인적인 장치로 인식되는 것이다.

Ⅲ 정당체계 제도화의 이론과 한국정당평가: 엑스타인(H. Eckstein)의 이론을 중심

1. 정당체계제도화이론: 엑스타인의 이론 중심

(1) 정당의 수와 대의민주주의 운영관계

정당체계를 고려할 때 단지 정당의 수만으로는 부족하다. 단지 선거정치에 나온 정당이 중요한 것이 아니라 의미있는 정당이 중요하다. 즉 유효정당이 중요하다. 영국도 3개 이상의 정당들이 경쟁을 하고 그 중 제3당인 자유민주당은 20%대의 지지를 받고 있지만 영국을 양당제도로 규정하는 것은 제3당이 의미있는 정당으로 규정되지 않기 때문이다. 따라서 당세의 분포(distribution of strength)를 통해 보완할 수 있다. 즉 당이 보유한 의석수가 얼마나 영향력이 있는지가 중요한 것이다.

정당체계와 정치행태와의 관계가 중요하다. 양당제는 경쟁을 완화시킨다. 양당제는 '분극화(정당의 이념이 극단적으로 벌어져서 극좌와 극우 사이에서 경쟁하는 것)'를 방지한다. 이를 위해서 교차 균열(crosscutting cleavages)이 필수적이다. 즉 균열이 동일한 방향이 아니어야 한다. 반면 다당제의 경우 특히 분극화된 다당제의 경우 갈등이 폭력적으로 해결될 소지가 높다.

(2) 정당체제의 통합성(party system integration)과 대의민주주의 운영관계

정당간 적대감이나 갈등수준에서 정당간의 거리가 중요하다. 적대감이 클수록 비통합된 것으로 파악할 수 있다. 위에서 본 분극화의 문제가 대표적이다. 분극화된 국가일수록 정당체제의 쇠퇴를 가져올 것이고 이는 민주주의의 붕괴를 야기한다. 아르헨티나, 베네주엘라 등은 다당제에서 양당제적으로 변화하면서 정당 간 타협 가능성이 증대하였다. 통합성은 신생 민주주의 국가들에서 정당 수를 통해서 정태적으로 정당정치를 보던 것에서 신생국가의 정치적 변화라는 동태적 분석을 가능하게 해준다. 즉 몇 개의 정당이 있는가가 아니라 어떻게 운영되는가를 보여줌으로써 정당들이 실제 어떻게 운영되는가를 볼 수 있게 해준다.

(3) 정당체제의 현저성(party system salience)과 대의민주주의 운영관계

정당체계의 공고화와 관련해서 정당체계의 현저성(salience)이 중요하다. 현저성이란 제도가 눈에 띄게 되는 것으로 자신들을 대표할 수 있는 정당체계가 있다는 기대감이 있다는 것이다. 현저성에는 호응성이 중요하다. 정당은 시민사회의 지지가 필요하기 때문이다. 정당이 중요해진다는 것은 그 만큼 사회의 요구를 반영한다는 것이며 외부 요구에 민감해진다는 것이다. 사회적 요구의 반영을 위해서는 정당이 국민적 일체감을 형성해야 한다. 또한 시민들의 정치체제에 대한 참여 의식의 증대와 정치 교육과 훈련을 제공해야 한다. 체제의 호응성은 실제 개별 정당들의 문제로 환원되기 때문에 개별 정당의 제도적 특성이 되기도 한다. 따라서 이 개념은 Huntington의 복잡성(complexity)과 적응성(adaptability)과 같은 의미이다.

현저성의 두 번째로 협약 체결과 독립적 협상능력이 중요하다. 정당의 엘리트들이 독자적으로 정책을 만드는 능력도 중요한 것이다. 특히 대중의 극단적 요구나 균열을 그대로 반영하는 것이 민주주의에 역행될 수 있다. 따라서 정당은 대중의 요구로부터 일정하게 자율적일 필요가 있다. 실제 대중의 영향이 일정하게 완화되고 제한되는 것이 민주주의를 공고화되게 하는 경향이 있다. 특히 급진적인 좌파적 성향의 대중운동이 대표적이다. 협약능력은 민주화이행기의 급진성에서 공고화기의 정당의 보수화를 설명하는 데 중요하다. 상대진영과의 협상이 민주주의를 지속시킬 수 있기 때문에 이행기뿐 아니라 공고화 기에도 타협의 방식으로서 협약과 협상이 의미 있다.

| 참고 | **정당체제의 변화: 듀베르제의 환치 유형**
(displacement patterns of party system)

제도화는 정당체제가 변화하는 것과 관련된다. 여기서 체제의 변화를 설명하는 동학(dynamics)은 크게 두 가지이다. 하나는 정당체제의 지속인 계승 유형(success patterns)과 다른 하나는 새로운 정당으로의 변화인 환치의 유형(displacement patterns of party system)이다. 민주주의의 공고화란 초기 이행기에는 정당의 환치유형을 보이다가 민주화이후에는 계승유형을 보이는 것이다. 따라서 민주주의 초기에는 환치 유형이 중요하다.

듀베르제는 변화 유형을 4가지로 설명한다. ① 여당에서 야당으로의 정기적인 정권교체(alternation)유형. 이 유형에서 평화적 정권 교체는 민주주의 공고화의 척도이다. 따라서 평화적 정권교체의 지속은 공고화가 근접했다고 주장할 수 있게 한다.

② 상당기간에 걸친 심각한 변화가 없는 정당세력의 안정적 분포(stable distribution) 유형. 이 유형에서는 민주주의가 공고화 될수록 정당에 대한 지지율이 안정되게 나온다.

③ 좌익정당의 급진성(leftism)유형. 좌익의 급진성이 군부 개입가능성을 불러온다. 따라서 좌익의 급진성이 민주주의 공고화와 역행할 수 있다. 그러므로 중도적 성향의 정당이 중심이 되는 정당 체제가 민주주의공고와에 유리하다.

④ 정당이 일정기간 다수의석을 지배(domination)하는 유형. 한 정당이 자신의 특권을 상실하지 않고 상당기간 다수의석을 점유하는 유형. 이것은 한 정당의 영향력 때문에 가능하다. 또한 실질적인 평화적 정권 교체가 가능한 때에 국민의 지지를 얻는 것이다. 그러므로 이 유형은 민주주의가 공고화된 국가에서 가능한 것이다. 민주주의가 공고화 될수록 한 정당의 안정적

지배 가능성이 늘어날 수 있다.

2. 한국 정당 체제의 제도화평가

한국정당체계의 제도화를 살펴보기 위해서는 정당의 수와 당세, 통합성, 현저성이라는 3가지 요인을 통해서 분석해야 한다. 유권자들이 20대 총선 이전 정치적 공급측이 제시한 정당정치에 실망을 하여 새로운 정치를 요구한 것이라면 다당제는 정당체계의 제도화를 반영하는 것이다.

먼저 정당의 수와 당세는 2016년 총선 이후 변화했다. 양당제중심 정당체계에 다당제로의 변화가 일어난 것이다. 국민의 당이 38석으로 제3당이 되었다. 게다가 국회선진화법으로 인해 어느 정당도 독자적인 법안통과가 어렵기 때문에 제 3당인 국민의 당의 세도 강해졌다. 국민의 당이 캐스팅 보트를 쥐었기 때문이다. 2004년 이후 양당제에 준해서 운영되었던 정당체계에 변화가 있다. 제 3당이었던 충청권중심의 정당의 당세(18대총선에서 18석에서 19대 총선에서 5석으로 축소)가 무너지면서 진보정당이 제 3당의 자리를 차지했지만 진보정당의 의석수(18대 5석에서 19대 13석)도 당세에 큰 영향을 주기는 어려웠다.

그러나 20대 총선에서 국민의 당이 가진 의미는 다르다. 20석을 넘어서면서 제3당으로서의 기반을 만들었기 때문이다. 그리고 2017년 19대 대선에서는 바른정당이 자유한국당에서 분당해 나왔다. 또한 2018년 6월 지방선거를 위해 국민의 당과 바른정당이 바른미래당으로 합당하였다. 이것은 **정당통합**이다. 이 과정에서 국민의 당 통합을 반대하는 의원들을 중심으로 민주평화당이 국민의 당에서 분당하여 나왔다. 14석의 민주평화당은 6석의 정의당과 공동교섭단체를 구성하였다. 이것은 각기 당명을 가지고 정당이

연합하는 **정당연합**이다.

유효정당수를 수식으로 계산하는 방식이 아니라 교섭단체를 구성하는 의석수20석을 가지고 구분하자면 2018년 6월 현재 4개의 교섭단체가 있다. 이것은 다당제가 유지되고 있다는 점을 방증한다.

참고 유효정당수[14]

다당제인지를 구분하는 기준으로 유효정당의 수가 있다. 이것은 허쉰달과 하쉬만의 집중계수(CI: concentration index)에서 나온 것이다. 이것을 좀 더 정확히 설명한 것은 Rae에 의해 제시된 파편계수(FI: Fractionalization Index)이다. 이를 통해 락소와 타케파라가 구한 공식은 다음과 같다.

$$FI = 1 - CI$$

이때 CI는 각 정당이 얻은 의석수의 백분비율의 제곱의 합이다.

즉 100석 중 A정당 35석을 얻고 B정당이 25석을 얻고 C정당이 16석을 얻었다면 다음과 같은 방식으로 계산할 수 있다.

$$1 - \langle (35/100)^2 + (25/100)^2 + (16/100)^2 + ... \rangle$$

이렇게 해서 만약 유효정당수가 4.2가 나온다면 실제 의미있는 정당은 4개로 4당체계라고 할 수 있다.

유효정당수는 정당을 직관에 의해서 결정하게 하지 않고 객관화할 수 있게 해주었다는 점에서 의미가 크다. 그러나 이 계산법에는 잔차항을 빼버렸다. 유효하다고 생각되지 않는 군소정당이나 무소속을 배제하고 계산을 하는 것이다. 그런데 군소정당도 정당연합을 하게 될 경우 정당체계내의 유의미한 변화를 가져올 수 있다.

다음의 사항을 보면 군소정당의 영향력을 볼 수 있다.

좌파	a	b	c	d	e	우파
	8	20	25	13	34	

위의 표상에서 100석짜리에서 유효정당수를 계산하면 4.10이 나온다. 그러나 a정당의 8석짜리 정당은 c당과 정당연합을 이룰 경우 33석으로 가장 의석수가 많은 e 정당을 위협하게 된다. 이런 상황에서 a정당은 잊혀진 존재가 될 수 없다. 따라서 유효정당의 계산 방식은 이러한 군소정당을 무시하는 문제를 가질 수 있다.

두 번째 요소인 통합성이라는 측면에서 정당의 이념적 분극화는 확대되었다고 평가할 수 있다. 4개의 정당을 보았을 때 민주당은 중도 진보이고 바른미래당 역시 중도 보수를 지향한다. 반면에 평화당과 정의당은 중도와 진보의 연합이다. 반면에 자유한국당은 보수와 수구를 대표한다. 그런 점에서 볼 때 이념적 공간은 중도노선을 기반으로 하고 보수와 진보로 외연이 넓어져 있다. 이것은 이념대결을 하면 정당간의 타협점을 찾기 어렵게 만든다. 2017년 선거에서 새누리당에서 바른정당이 분리(2017년 1월 비박계가 중심이 되어 창당하였다. 2월에 새누리당이 자유한국당으로 당명을 개정하였다) 되어 나왔다는 점이나 평화당이 정의당과 교섭단체 구성을 위해 연대하고 있다는 점은 이념 스펙트럼을 넓게 늘린 것이다.

2010년 무상급식이라는 복지이슈의 등장 이후 정당들간의 이념 차이는 더욱 좁아졌다. 하지만 2017년 탄핵을 기점으로 자유한국당은 보수를 더 강하게 지지하면서 더욱 오른쪽으로 나갔다. 태극기 집회의 지지층을 끌어안으면서 이념공세를 강화하는 것이다.

세 번째 체계 차원의 현저성(salience)이 높아 보이지 않는다. 2016년 총선에서는 분할투표(정당투표에서 높은 지지를 얻음)로 국민의 당에 대한 지지가 높아지기는 했지만 이것이 국민의 당이 지닌 이념과 정책에 대한 공감인지 기존 정당에 대한 저항인지를 파악하기 어렵다. 이후 대선에

---

14) 진영재, "유효정당수 계산법의 문제점", 『한국정치학회보』 33(4), 2000.

서의 지지율도 정당에 대한 호응성을 보기는 어렵다. 2018년 5월 정당 지지율을 보아도 마찬가지이다. 5월 11일 갤럽 조사에 따르면 민주당 53%, 한국당 11%, 바른미래당 8%, 정의당 5%, 민주평화당 1%로 나타났다. 무당파층이 23%인 것은 정당에 대한 호응성이 낮다는 것을 보여준다. 문재인대통령에 대한 지지율이 78%인데 민주당 지지율이 53%라는 것도 정당에 대한 기대는 낮고 대통령에 대한 기대가 높다는 것을 보여준다.

현저성에서 정당들의 호응성이 그렇게 높지는 않다. 진성당원의 부족하고 지지정당이 없는 유권자수가 많다는 점에서 볼 때 정당의 호응성은 낮아 보인다.

그리고 정당의 독립적인 협상능력이 높지 않은 것도 문제이다. 2016년 선거에서 2018년 지방선거까지를 볼 때 정당간 분당과 합당이 빈번한 것은 정당의 제도적 차원의 협상능력이 높지 않은 것의 반증이다.

종합적으로 볼 때 한국의 정당체계는 제도화가 여전히 낮은 상태라고 볼 수 있다. 국민들이 자신이 원하는 정당을 찾아내고 지지를 통해서 정책을 호소할 수 있는 호응성이 낮다는 것이 가장 큰 문제이다. 정치에 대한 불신이 정당정치에 대한 불신에서 나온 것이라는 점에서 볼 때 정당체제의 통합성은 낮다. 소수 정당차원에서 정치적 분극화도 나타나고 있다. 사회당, 녹생당의 등장은 한국정치의 수요가 분극화될 수 있음을 보여준다.

Ⅳ 개별 정당의 제도화이론과 한국정당평가: 헌팅턴의 제도화이론

제도화를 4가지 수준으로 분화한 Huntington (1965년 이론)의 4가지 지표(복잡성, 자율성, 적응성, 응집성)를 사용해서 분석할 경우 제도화정도를 측정하는 데는 도움이 될 수 있다.

1. 헌팅턴의 제도화이론

정당의 복잡성은 정당이 다양한 의견을 수렴할 수 있는 능력을 의미한다. 정당조직의 분화를 통해서 정당이 사회의 다원적인 집단들의 요구를 수용할 수 있게 하는 것이 중요하다. 정당이 사회균열의 반영을 통해서 정체성 유지가 중요하다고 할 때 복잡성은 사회의 대표성 증대로 이어진다.

정당의 자율성은 정당이 정부와 사회에 대해서 가지는 자율성을 의미한다. 정당이 독자적인 기능을 가져야 정당 자체의 의미를 가질 수 있다. 그런 점에서 정부와 사회에 대해서 정당자체가 정책을 만들어 낼 수 있는 것이 중요하다.

정당의 응집성은 정당내부의 결속력을 의미한다. 정당이 문제를 해결하기 위해서는 정당내부에서 조정과 조합능력이 요구된다. 정당이 어떤 정체성을 가지고 어떻게 운영되는지에 대해 신호를 보내는 것이 중요하다.

정당의 적응성은 사회적 변화에 대응해가면서 정당이 살아남는 능력을 의미한다. 정당이 제도화된다는 것은 작동에 대한 기대 가능성이 있다는 것이고 오래 살아남아야 작동에 대한 기대가 있는 것이다. 적응성의 경우 자신의 정체성을 공유할 수 있는 정당이 유지할 수 있게 한다는 점에서 의미가 있다.

참고 파네비앙코(Angelo Panebianco)의 개별 정당제도화 이론

파네 비앙코는 정당의 제도화를 정당 조직의 차원에서 설명한다. 특히 생성방식과 지도자의 카리스마라는 요인을 통해서 분석할 수 있게 한다.

1. 정당 생성 방식: 중앙 vs. 지방
초기에 강력한 중앙세력이 먼저 조직되고 이들이

조직을 전국적으로 침투(penetration) 시킨 방식과 지방의 여러 세력이 연합해서 궁극적으로 전국적 리더십을 확립한 경우의 확산(diffusion) 시킨 방식으로 나뉜다. 이중 전자가 강력한 제도화를 달성한다. 중앙정당이 지방으로 침투하면서 정당의 제도화가 진행된 것으로 정당의 탄생과 제도화가 연관된다.

2. 정당 생성 방식: 외부적 세력 vs. 내부적 세력

외부세력에 기대어 조직을 정당화한 유형(external legitimation)과 스스로의 힘으로 조직을 정당화한 방식(internal legitimation)으로 구분한다. 후자가 제도화가 더 강하다. 예를 들어 영국의 노동당은 노조에 의해서 만들어졌다. 따라서 정당이 노조에 영향을 많이 받게 되기 때문에 노동자가 아닌 다른 당원들의 의사가 무시될 수 있고 제도화가 약화될 수 있다.

3. 카리스마적 지도자의 존재 여부

카리스마적 지도자의 존재 여부도 제도화의 지표이다. 카리스마적 지배를 받는 카리스마적 정당은 강력한 중앙집권력을 과시하지만 정당조직은 대단히 불안하고 또 제도화수준 역시 낮다. 이런 정당은 지도자와 정치 생명을 같이 한다. 따라서 정치가 인물위주가 되면서 제도화는 낮을 수 밖에 없다.

4. 파네비앙코 분석의 의미

이런 Angelo Panebianco의 분석(1988년 작품)은 정당을 만드는 초기의 모습이 향후 제도화를 규정한다는 부분에서 함의를 준다. 태생적 특성과 제도화를 연관시켜서 볼 수 있다는 장점이 있지만 그러나 현시점에서 제도화를 측정을 하고 구체적으로 어떤 부분에 문제가 있는지를 찾아내기는 어려운 단점이 있다.

2. 개별정당 차원의 제도화

헌팅턴의 제도화 지표를 가지고 살펴봐도 한국정당은 제도화가 부족하다. 복잡성은 다양한 사회의 이익을 반영해야 하는 데 이 부분 역시 취약하다. 20대 총선에서 기성정당인 새누리당이나 더민주당이 지지를 못 받게 된 것은 공천과정에서 계파정치가 작동했기 때문이다. 사회와 유리된 정치를 정당내부에서 수행한 것에 대한 처벌로서 지지가 떨어진 것이다. 2017년 탄핵은 정당이 아닌 시민사회를 중심으로 진행되었다는 점에서 한국정당에 대한 다양한 이슈를 해결해줄 수 있다는 기대는 낮은 것이다.

자율성측면에서 정당이 사회의 원외세력에 대해서도 자율성이 낮다. 정당의 정책이 대통령의 결정에 의해 좌우되거나 정치적 교착상태를 여야영수회담을 통해서 푸는 것 등은 정당자율성이 낮음을 보여주는 것이다. 20대 총선에서 유승민 의원에 대한 청와대의 공천개입과 김무성 대표의 옥새파동은 대통령의 정당장악력을 보여주는 것이다. 2017년 탄핵은 청와대의 권력독주를 정당자체에서 막을 수 없었다는 점을 그대로 보여준 사건이다.

적응성도 낮다. 정당들은 이름을 바꾸면서 정당을 유지해가고는 있지만 원 정당의 책임문제를 회피하고 새로운 정체성을 찾으면서 정당에 대한 제도화수준은 낮다. 통합민주당에서 국민의 당이 분리되었고 더불어민주당으로 당명을 바꾼 것은 정당들의 적응성이 낮은 것을 보여준다. 특히 국민의 당이 기존 평민당계열의 호남 정치인의 영입과 지역주의를 활용해서 의석을 얻었다는 점에서 잦은 정당명과 해산을 보여준다. 이후 바른정당이 분당을 하고 국민의 당과 바른미래당으로 합당을 한 사례나 새누리당이 자유한국당으로 당명을 개정한 것도 또 다른 사례이다.

응집성은 분당이전 새누리당의 계파정치나 분당이전 민주당의 계파정치를 볼 때 낮다. 친박계열이 진박논쟁을 보여 주었고 탄핵 사태에서 바른정당이 분당을 한 것이나 친노계열에 대한 불만으로 국민의 당이 떨어져 나온 것은 정당내 응집성의 부족을 보여준다. 2018년 국민의 당에서 박지원 의원을 중심으로 한 동교동계가 다시 분당을 하여 민주평화당을 만든 것도 낮은 응집성을 보여준다.

종합적으로 개별정당의 제도화수준이 낮다. 2016년 총선에서 기성 정당에 대한 불만은 저항투표와 회고적 투표로 나타났다. 2016년 총선에서 국민의 당은 정당투표를 통해서 13석의 의석을 얻었고 호남의 지역정치에서 23석을 얻었다.

체계수준의 정당제도화는 다당제를 유지하는 것으로 나타나고 있지만 개별 정당의 제도화수준은 낮다. 이런 형태의 다당제는 대통령선거의 지지율은 문재인 후보 41.1%, 홍준표 후보 24.0%, 안철수 후보 21.4%, 유승민 후보 6.8%, 심상정 후보 6.2%로 나타난 것을 볼 때 다당제에 대한 지지가 유지되고 있다. 게다가 앞서 본 지방선거이전 정당지지율은 정당에 대한 낮은 신뢰를 보여준다. 이러한 요인들을 볼 때 정당은 제도화수준은 낮다.

Ⅴ 결 론

20대 총선에서 나타난 정당체계는 다당체계로 재정열(alignment)된 것으로 볼 수 있다. 그러나 체계수준에서 정당이 문제를 해결해 줄 것이라는 기대나 개별정당 수준의 기대는 낮은 것으로 보인다.

제021문 **원내정당론과 책임정당론**

대의민주주의는 간접민주주의로 주인-대리인 문제가 발생할 수 있다. 주인-대리인 문제를 방지 위해서 대의민주주의에서는 대표성, 반응성(혹은 응답성), 책임성이 중요하다. 다음 질문에 답하시오. (총 30점)

(1) 대의민주주의의 특징을 통해 대표성, 반응성, 책임성이 중요한 이유를 설명하시오. (10점)

(2) 대표성, 반응성, 책임성 관점에서 원내정당론과 대중정당론(혹은 책임정당론)을 비교해보시오. (20점)

 문제의 맥락과 포인트

한국 정당은 지난 20년간 원내정당론과 책임정당론 혹은 대중 정당론간의 대립을 보여왔다. 이론적으로는 책임정당이 필요하지만, 한국은 대통령제를 유지하기 위해 미국 식 정당인 원내정당론을 현실정치에서 차용해왔다. 이 두 모델이 각각 어떻게 다른지를 설명하는 것이 중요한 문제이다.

 Ⅰ **서 론**

2024년 총선을 앞두고 한국유권자들은 정당을 중심으로 지지를 보낼지 정치인을 중심으로 지지를 보낼지 고민이 많다. 정당정치의 발전과 정당과 정치인 사이의 관계 정립이 명확하지 않기 때문이다. 한국 대의민주주의에서 정당은 어떤 모습이어야 하는지 살펴본다.

Ⅱ **대의민주주의의 특징과 대표성, 응답성, 책임성**

대의민주주의는 3가지 특징을 가진다. 첫째, 간접민주주의이고, 둘 때, '주인-대리인'이라는 자유주의의 분업의 원리에 기초하고, 셋째, 선호집약적 민주주의이다. 이를 토대로 왜 대표성, 반응성, 책임성이 필요한지 논의한다.

1. 간접민주주의

대의민주주의는 인민의 지배를 간접적인 방식으로 구현한다. 즉 유권자인 인민이 직접 통치하는 것이 아니라 대표를 중심으로 간접적으로 통치한다.

그리스의 아테네 식 민주주의가 아닌 현대민주주의는 두 가지 이유 때문에 간접민주주의를 선택했다. 첫째, 시간과 공간의 문제이다. 시간과 공간적 제약으로 모은 시민이 참여하는 민주주의를 운영할 수 없다. 따라서 인민의 의사를 대표하는 대표가 필요하다. 즉 인민의 통치를 인민의 의사를 대표하는 이들을 통해서 구현한다. 따라서 대표성이 중요하다.

둘째, 현대 민주주의는 전문성을 필요로 하는 바, 이를 선거라는 제도를 이용해 전문가를 선출하는 방식으로 운영한다. 인민의 정책의 방향성과 가치를 지지하면 된다. 즉 어떤 가치를 더 선호하는 지를 이익집약과 표출을 통해서 제시할 수 있다. 이런 경우에도 대표성이 중요하다. 다원적 사회에서 각기 다른 선호중에서 어떤 선호가 더 지지를 받는지를 명확히 해주면 된다. 또한 전문가에게 더 나은 정책을 만들라고 권한을 위임한 만큼 이 요구에 대한 응답성도 중요하다.

2. 주인 – 대리인 문제

대의민주주의에서는 주인 – 대리인 문제가 중요하다. 주인 – 대리인은 분업에 기초한다. 여기서 대표성, 응답성, 책임이 모두 중요해진다. 유권자인 주인이 대리인에게 권한을 위임하고 자신의 사적 분야에서 활동하면 대리인인 대표는 위임받은 권한을 이용해 정책을 만든다. 이 과정은 유권자의 이익에 부합해야 하고, 만약 이익에 부합하지 못할 경우 책임 추궁을 당해야 한다.

주인 – 대리인문제에서 첫 번째는 누가 주인이고 다수를 형성하는지에 있다. 이때 중요한 것은 다원적 사회에서 대표성이다. 즉 다양한 이익과 사회균열이 충돌한다. 이런 상황에서 다수결주의나 합의주의를 이용해 대표를 선출한다. 대표 선출은 특정 가치, 특정 이념, 특정 사회균열, 특정 인물에 대한 선호일 수 있다. 이렇게 선출된 대표는 자신을 선출해준 유권자를 대표해서 정책을 만든다.

이때 정책은 유권자에게 응답성으로 돌아와야 한다. 대표는 유권자가 원하는 가치나 이념을 반영해 정책으로 만들어야 한다. 즉 유권자의 요구에 대해 응답함으로서 대의민주주의가

실질적으로 민주주의가 될 수 있어야 한다.

만약 유권자와 대표 사이의 응답성이 제대로 이루어지지 못한 경우가 발생하면, 이에 대한 처벌이 따라야 한다. 책임성은 선거제도를 통해 사후적으로 통제하는 장치이다. 사후적 통제장치가 없다면 도덕적 해이 문제가 발생한다. 즉 주인의 의사와 관계 없이 대표들이 자신의 이익을 추구하게 될 것이다. 따라서 책임을 추궁하는 장치는 대의 민주주의에서 핵심이다.

3. 선호집약적 민주주의

대의민주주의는 선호를 집약해서 인민의 지배를 구체화한다. 이는 대표성과 응답성을 중심으로 작동하는 것이다. 선호집약성은 다원적 사회의 이익이 구체적으로 무엇인지를 확인하는 작업이다.

이때 대표성을 확인할 수 있다. 한 사회의 다양한 이익중에서 구체적으로 사회가 집중할 이익을 선별한다. 또한 이를 기반으로 국가공동체를 이끄는 정부는 어떤 정책으로 응답할 것인지를 결정할 수 있다.

Ⅲ 정당모델 비교

한국에서 추구되는 원내정당모델과 대중정당모델이 위의 3가지 가치를 어떻게 추구하는지 살펴본다.

1. 원내정당모델

원내정당모델은 정당운영을 국회의원인 원내세력을 중심으로 하자는 모델이다. 이 모델은 정당을 원내세력과 원외세력으로 구분한다. 원외세력은 국회의원이 아닌 당원을 의미한다. 즉 정당에서 의회운영을 위해 국회의원과 국회의원이 아닌 세력을 구분하고자 한다.

이 모델은 정당에 대한 몇 가지 가정이 깔려 있다. 첫째, 정당은 보스나 파벌에 의해 정악될 가능성이 높다. 또한 원외세력중에서 특정이익 집단이나 파벌이 문제다. 이는 정당이 특정인들에 의해 운영된다고 전제한다. 따라서 국회의원의 자율성을 높이기 위해서는 원외세력의 입지를 줄여주어야 한다.

둘째, 정부형태가 대통령제인 경우 의회와 대통령의 협치가 중요하다. 그런데 의회와 대통령의 협치가 작동하지 못하는 것은 정당이 기율이 강해서 '의회 vs. 대통령'의 관계가 아니라 '대통령과 정부＋여당 vs. 야당'식 구조가 되었기 때문이다. 이는 대통령제의 운영보다는 내각제식 운영방식이다. 따라서 한국이 대통령제를 사용하려면 대통령제 운영방식인 미국식 운영방식으로 수정해야 한다.

셋째, 미국식 정당이 바람직하다. 미국식 정당은 기율이 약하다. 이는 대통령과 의회의원이 자유롭게 거래하게 만든다. 따라서 한국도 미국식 정당으로 바꿀 필요가 있다. 이를 위해서는 정당기율이 약해야 한다. 두 가지 방안이 중요한데 첫째, 정당의 공천권이다. 공천을 개방식으

로 유권자에게 확대한다. 둘째, 정당의 자금원을 통제한다. 이를 개방화하여 정당이 의원을 장악하지 못하게 한다.

넷째, 정보통신혁명 시대이고 유권자들의 정당지지가 약하다. 정보통신혁명은 두 가지 큰 변화를 만든다. 첫째, 유권자를 인지적 동원이 강하게 만든다. 즉 스스로 판단하고 정치적 선택을 하게 만든다. 둘째, 빠른 사회적 변화를 만들어 낸다. 정당이 발빠르게 대응하게 만든다. 이로 인해 유권자의 정당지지가 약한 상황을 더욱 강화한다.

원내정당은 대표성, 응답성, 책임성을 다음과 같이 본다. 대표성은 정당원을 대표하기 보다 유권자 전체를 대표한다. 진성당원이 부족한 상황에서 정당은 지지하는 유권자를 반영해야 한다. 따라서 대표하고자 하는 층이 다르다.

응답성이 중요하다. 응답성은 지지를 보낸 유권자를 대상으로 한다. 빠른 변화를 요구하는 합리적 유권자를 대상으로 빠른 응답성이 요구된다. 특히 정보통신혁명으로 유권자들의 수요가 발 빠르게 변화하고 있어 이에 대한 응답성이 중요하다.

책임성은 이들 유권자에게 책임을 지는 것이다. 진성당원이 20만명에 불과한 상황에서 정당은 이들에게 책임을 지는 것 보다 소극적 정당지지자나 특정 정책지지 유권자를 대상으로 책임을 지는 것이다. 한국에서 강한 정당지지는 2~3%에 불과하다. 실질적으로 정당 지지층인 30%의 보수와 진보는 약한 지지를 보낸다. 게다가 40%이상의 중도 유권자는 실질적으로 무당파 층이다. 이들에게 책임을 지는 정치가 더 필요하다.

특히 대통령제에서 대통령이 국정운영을 하면서 정부는 중심으로 응답성을 확보하는 것이 중요하다. 또한 정부에 대한 책임 추궁이 가장

중요하기 때문에 책임성 역시 유권자를 대상으로 할 필요가 있다.

2. 대중정당모델

대중정당모델은 유럽의 대중정당에 기초하고 있다. 강한 당원의 지지를 바탕으로 강력한 정당기율을 강조한다. 정당이 제도라면 정당을 지지하는 이들의 이념에 기초해 국정운영이 되어야 한다. 이때 정당은 유사대리모델로서 유권자의 실질적 지지를 받는 대상이다. 국회의원은 이들 정당의 이념을 구현하는 대행자에 불과하다. 따라서 정당이 중요하지 정치인의 자율성은 중요하지 않다.

대중정당모델이 추구하는 대표성, 응답성, 책임성은 다음과 같다. 대중정당이 추구하는 대표성은 당원에 대한 대표성이다. 대중정당은 정당을 지지하는 유권자들의 의사를 반영해야 한다. 각 정당은 200만명이 넘는 당원을 가지고 있다. 강한 지지나 약한 지조 모두 정당에 대한 지지를 반영한다. 따라서 이들 당원을 대표하는 정책을 만드는 것이 중요하다.

응답성은 당원에 대한 응답성이다. 정당을 지지하는 당원이 요구하는 바를 반영해야 한다. 대의민주주의는 정당을 기반으로 수요와 공급을 일치시켜야 한다. 그런 점에서 폭넓은 지지보다는 정확한 선호에 기초한 지지와 응답이 중요하다.

책임성은 당원에 대한 책임성이다. 정당에게 요구한 것을 확보하지 못했을 때 정당은 처벌받는다. 이를 통해 정당이 정치에 중심에 서야 하는 것이다.

3. 평가: 한국에서 필요한 정당

한국에서 어떤 모델이 타당한지는 한국 정치 현실에 달렸다. 세가지 조건을 살펴 볼 수 있다. 첫째, 정부형태다. 대통령제에서 정당은 기율이

약해야 의회와 협치가 가능하다. 그런 점에서 원내정당이 더 타당한 모델이 될 수 있다.

둘째, 유권자의 지지와 정당원의 지지다. 한국은 당원이 부족하고, 지지 유권자가 훨씬 많다. 그런 점에서 원내정당이 더 타당하다.

셋째, 정당자체의 제도화 수준이다. 한국의 정당은 제도화수준이 약하다. 헌팅턴의 4가지 지표로 볼 때 한국 정당의 제도화는 부족하다. 이런 상황에서 정당의 기율만 강한 것이 정당운영에 도움이 되지 않는다.

그런 점에서 원내정당이 타당해보인다. 그러면 유권자의 대표성과 유권자에 대한 응답성과 책임성이 중요하다고 볼 수 있다.

Ⅳ 결 론

한국에서 진성정당의 수나 유권자지지 분포를 보고, 정부형태로서 대통령제를 운영한다는 점을 볼 때 정당은 원내정다이 타당해 보인다. 이는 당원보다는 유권자에 대한 대표성, 응답성, 책임성이 중요한 것으로 볼 수 있다.

정치개혁에 있어서 핵심은 정당정치의 개혁이다. 정당 정치의 개혁을 위해서 정당의 민주화에 대한 논의가 많다. (총 50점)

(1) 정당민주화의 필요성을 정당 체계 차원과 개별정당 차원에서 설명하시오. (10점)

(2) 2002년부터 실시된 정당민주화의 구체적 방안들에 대해 논하시오. (20점)

(3) 정당민주화로 인한 정치적 변화와 그 효과에 대해서 논하시오. (20점)

 문제의 맥락과 포인트

정당을 정치의 핵심으로 보는 이들은 대의민주주의에서 가장 중요한 것이 바로 정당이라고 한다. 따라서 정당이 제대로 작동하지 않을 경우 정당정치의 활성화는 중요한 과제가 될 것이다. 이런 경우 정당의 외부적 조건이 문제인지 정당의 내부가 문제인지를 파악하는 것이 중요하다. 이 문제는 정당 내부의 문제가 정당정치의 활성화를 방지한다고 본다. 따라서 어떤 제도 개편을 통해서 정당을 민주화할 것인가를 서술하는 것이 핵심이다. 정당민주화에 대한 방향을 모색하는 것은 노무현 정부에 들어와서부터 시작되었다. 경선제도의 개편은 실제 1997년 한나라당에서 실시되었고 2002년 노무현 후보를 선출하던 경선에서 가장 극명하게 눈에 띄게 되었다. 그리고 이 논의 과정에서 정당의 목표를 어떻게 설정할 것인지를 두고 '원내정당 vs. 대중정당 혹은 책임정당'에 대한 논쟁이 생겨났다. 이 시기부터 한국정당개혁의 방향에 대해 미국식 정당모델(정당세력의 약화와 원내세력의 입지를 강화하는 원내정당화)과 유럽식 정당모델(대중적인 지지를 동원하는 대중정당 혹은 책임정당화)에 대한 논쟁이 열띠게 진행되고 있다.

2012년 6월 9일에 끝난 민주당의 당대표 경선과정에서는 김한길 후보가 이해찬 후보를 2,000표 이상의 차이로 앞섰으나 모바일투표를 합산한 결과 0.5%차이로 이해찬 후보에게 밀렸다. 정당원이 아닌 외부유권자에게 경선과정에 표를 준 것은 정당원의 입지를 약화시키면서 정당원이 아닌 지지자에게 결정권을 부여하는 것이다. 이를 계기로 새누리당에서는 완전국민경선제를 하자는 입장과 완전국민경선제가 가진 걱정거리들(표의 조작, 이익집단의 강화, 정당원들의 영향력축소)이 많기 때문에 도입을 하지 말자는 입장이 나뉘어서 다투게 되었다. 이것은 정당민주화라는 것이 결국 누가 정당운영의 결정권을 가질 것인가라는 권력문제임을 보여줄 뿐 아니라 민주화를 어떤 각도에서 보는가에 따라 정당민주화에 대한 평가가 달라질 수 있다는 점을 알려준다.

Ⅰ 서 론

대의민주주의의 위기론은 정치개혁의 필요성을 제기한다. 그렇다면 정치개혁에 있어서 가장 우선시되는 부분은 정당정치의 개혁이 될 것이다. 이때 정당민주화는 무엇을 의미하며 무엇을 통해서 정당민주화가 가능한지는 보는 입장에 따라 다르다. 한편 정당민주화를 이루는 방식에 대해서 합의를 한다고 해도 정당민주화가 가져오는 정당정치 운영에 관한 효과에 대해서는 의견이 갈릴 수 있다. 즉 정당민주화가 정당정치운영의 효과를 보장하지 못할 수 있는 것이다. 그런 관점에서 정당민주화는 정당을 운영하는 방식에 변화를 불러일으켜서 정당과 정부사이의 관계와 의회사이의 관계 그리고 정당원들과 일반지지자 사이의 관계에 변화를 가져오게 된다. 따라서 정당민주화는 그 방안과 방안들의 효과를 동시에 고려하는 것이 중요하다.

Ⅱ 정당민주화의 필요성

정당민주화는 기존 정당정치의 문제점에 근거한 주장이다. 따라서 기존 정당정치의 문제점을 살펴보는 것이 중요하다. 그런데 여기서 주의할 것은 정당의 민주화가 정당자체에 의해서만은 달성이 곤란하다는 점이다. 즉 정당 문제의 많은 부분이 개별정당차원이 아닌 정당 체계 차원에 의해서 문제가 되기 때문이다. 따라서 체계차원과 개별 정당차원으로 문제를 살펴보고 이에 대한 해법을 개별 정당 수준에 한정시킴으로써 개별 정당들의 변화에 따른 체계의 변화를 모색하도록 한다.

1. 정당 체계 차원

정당 체계 차원에서 가장 큰 문제는 두 가지가 지적된다. 첫째, 이념의 협소함과 보수독점의 정당 체계와 둘째, 카르텔 정당 체계이다.

하지만 첫째와 둘째 문제는 17대 총선에서 보인 진보적 정당의 등장으로 조금은 완화되었다. 즉 과거 진보적 입장을 반영하는 정당이 부족하여 과다하게 보수 편향적으로 정치적 지지가 동원되던 것에 비해서 2002년 대통령선거와 2004년 총선에서 진보와 보수라는 정치적 균열구도가 형성되었다는 점과 민노당이라는 이념정당이 제도권정치에 진입한 것은 정당의 이념적 획일화와 보수적 편향구조가 깨진 것이라고 볼 수 있다. 하지만 두번째 문제인 카르텔 정당 체계구조는 여전히 강하게 남아있다. 정당들은 정당법을 통해 신규정당 진입을 어렵게 하고 있다. 정당설립요건에서 중앙당 발기인을 20명으로 하고 5개 시도 당에서 5000명으로 규정한 점이나 비례대표저지규정이 3%에 5석이라는 점과 정당보조금을 신생정당이 받을 수 없다는 점은 여전히 경쟁구조에서 기성정당에게 선취점을 부여하는 것이다. 이것은 새로운 정당의 진입을 저지함으로써 정당자체의 완전 경쟁시장화를 억제하는 것이다.

CF.

2024년 선거 이후 한국정치의 문제점 중 하나는 정당의 이념양극화이다.

2. 개별정당 차원

첫째, 계파중심정당의 운영과 사당화. 정당의 지도자인 보스에 의해 공천이 결정되고 정당의 자금이 운영되던 과거 운영방식은 탈피했지만 정당들이 유력 대선후보를 중심으로 하여 계파별로 묶이게 되면서 공당보다는 사당처럼 운영되는 문제가 있다. 대표적인 경우가 한나라당의 18대 총선에서 친이계(이명박대통령 지지계파)

가 공천되자 친박계(박근혜의원 지지계파)가 탈당하여 친박연대와 무소속으로 의회에 진입한 경우와 역으로 19대 총선에서는 박근혜의원이 새누리당 비상대책위원회 위원장이 되자 친박계가 공천이 되면서 친이계가 떨어져나가 독자적으로 출마한 예를 들 수 있다. 이런 방식의 정당운영은 정당의 기율을 사적으로 강화시켜서 당원의 의사에 따른 정당운영과 결정으로부터 유리시킨다.

둘째, 정당의 제도화 문제. 정당의 후보자 선출과 정당의 운영이 당의 지도부에 맡겨져 있음으로 인해서 정당 자체가 제도화되지 못하고 임기응변식으로 변화하거나 연고주의 파벌주의 등으로 응집성이 떨어진다. 또한 정당내부의 기능적 분화가 이루어지지 않아서 복합성이 떨어지고 정당의 자율성 역시 부족하다. 대표적으로 18대 총선에서 민주당과 한나라당의 공천심사위원회는 당의 지도부가 선임한 전문가들에 의해 주도되면서 정당원들의 입장이 반영되지 못했다.

셋째, 정당 규율의 강화와 국회의 비실질화. 정당이 제도화는 되어 있지 않지만 여전히 남은 지역정당요소와 계파정치에서 유력후보자의 영향력으로 인해 정당의 규율은 강하다. 이로 인해서 원외 세력이 국회운영에 대해 실질적으로 영향력을 행사하면서 국회를 주도하고 국회운영의 파행을 가져왔다. 이는 국회의 위상을 약화시키고 국회운영이 국민들의 의견보다 정당 지도부의 의견에 따르게 만든다.

넷째, 분점 정부의 구성시 국정의 교착. 정당은 또한 실제 정부구성에 있어 가장 중요한 역할을 수행한다. 그러나 규율이 강하고 사당화된 정당간의 정치는 여당인 행정부와 의회다수당이 다른 경우인 분점 정부시 교착과 대립을 만들어낸다. 이 경우 정부와 의회 모두 운영이 중단되고 정책의 표류를 맞게 된다. 반면에 단점인 경우에도 정당들은 의회운영거부와 폭력사태 등의 물리적 힘겨루기를 통해서 국정운영을 표류하게 만든다.

다섯째, 새로운 사회적 요구의 미반영과 시민사회와의 괴리. 정당의 기능 중 이익을 결집하고 대표하는 기능이 중요하다. 그러나 현재의 정당은 새로운 시대의 요구와 기존 민주주의에 대한 요구 등을 반영하지 못하며 새로운 요구를 결집하거나 이를 형성하지 못한다. 이는 시민사회와 이익단체들의 요구에 대응하지 못함으로써 새로운 요구와의 괴리를 가져오고 있다.

Ⅲ 정당민주화의 방안

1. 후보자 선출 문제

(1) 대통령 경선

정당에서 가장 민감한 사항이 선거이다. 특히 대통령 선거는 그 당의 대표를 선출하는 가장 중요한 선거이다. 과거 정당들은 보스가 당대표가 되고 자연히 보스가 대선 후보가 되었다. 이에 대해서 대의원들의 사후 인준과 같은 조치들을 취함으로써 형식적 정당성을 갖추었다. 그러나 대통령선거는 그 당의 지도자뿐 아니라 국가의 지도자를 선출하는 중요한 선거이다. 또한 선거이후 당의 운영을 결정하는 것이기도 하다. 따라서 정당의 통치력과 규율 그리고 정당의 응집성을 가져오는데 있어서 중대한 의미를 가진다 하겠다.

이러한 대통령제도의 경선은 기존의 보스 정당에서의 정당의 개인화와 사당화를 막고 일반 당원들 혹은 더 나아가 (당원이 아닌)유권자의 의사에 따라 후보를 선택한다는 점에서 의미가 깊다고 하겠다. 특히 경선에 대한 참여층을 어디에 설정할 것인가하는 문제가 중요하다. 즉 일반유권자의 참여가능성을 늘리는 것과 참여 비율을 정하는 것은 후보 선출에 대해 정당원의 결정권에 영향을 미치면서 유권자에게 정당에 대한 관심을 호소하는 측면을 고려하여 결정된다.

이러한 경선제도는 1997년 한나라당의 대통령 후보 선출에서 처음 시행되었다. 당시 한나라당의 경선은 대의원수를 12,430명까지 증대하고 여성의 대의원비율을 20% 이상 선출하도록 한 획기적 조치였다. 그러나 이러한 대의원의 수적 증대는 지구당 대의원 다수가 지구당 위원장의 영향력하에 있다는 점을 고려하면 그 의미가 반감된다. 즉 대의원의 참여가 곧 정당 엘리트의 영향력 축소나 일반 당원의 영향력 확대를 의미한다고 보기 어렵기 때문이다.

한나라당은 2003년 6월의 당 대표를 위한 선거에서도 경선을 수행했다. 이에는 23만 명의 대규모 당원이 참가했다. 그러나 진성 당원이 없는 한국 정당의 사정과 당시 참여한 세대 비율을 보면 이러한 수치가 동원에 의한 것임을 잘 보여준다(20대 0.05%, 30대 5.19%, 40대 17.6%, 50대 33.2%, 60대 이상 43.9%).

이에 비해 열린우리당에서 2002년에 수행한 경선은 일반 유권자의 참여도나 참여 대의원의 지역 비중과 연령대 비중에서 큰 의미를 가지는 획기적 변화라고 하겠다. 일반 유권자에서 선발한 공모대의원을 3만 5천명 선출하였고 여기에 184만 명이 지원하여 폭발적인 반응을 보였다. 여기에 더해서 실제 투표율(58.5%)도 호주에서 사용하는 방식(지역을 순회하면서 투표를 해가는 방식)인 선호투표제로 인한 전략적 투표로 인해 후기에 가면 이미 경선의 결과가 굳어질 수 있어서 투표율이 낮아지는 것을 고려한다면 대단히 높다고 할 수 있다. 이를 볼 때 대통령 경선제도의 개방화가 늘어날 여지를 보이고 있고, 이는 개방화에 따른 정당엘리트와 대선 후보 간의 관계와 유권자와의 관계에 변동을 줄 것으로 예측할 수 있다. 2012년 한나라당에서 완전국민경선제를 도입하자는 주장이 대표적이다. 미국식 오픈프라이머리를 사용해서 정당내의 강력한 차기 대선후보인 박근혜의원을 공략하겠다는 정치적 계산이 깔려있기 때문에 박근혜의원지지자들과 충동하는 것이다.

참고 **미국식 오픈 프라이머리제도**

오픈 프라이머리는 미국의 공직선거 후보자 선출제도 중에 하나이다. 미국의 공직선거 후보자 선출 제도는 코커스(caucus)와 프라이머리(primary)로 대별(大別)된다. 코커스는 당원들이 선정한 대의원들이 공직선거 후보자를 선출하는 제도이며, 프라이머리는 당원 모두가 직접 참여하여 공직선거 후보자를 선출하는 제도로서 예비선거라고도 한다.

프라이머리는 참여대상에 따라 다시 오픈 프라이머리(open primary)와 클로우즈 프라이머리(close primary)로 구분되는데, 클로우즈 프라이머리는 등록된 자당 당원들만 참여할 수 있으나 오픈 프라이머리는 자당 당원 여부에 관계없이 누구나 참여할 수 있다. 미국 모든 주에서 모두 오픈 프라이머리를 하는 것은 아니고 다양한 선출방식을 이용한다.

정리하자면 개방형 예비선거, 완전국민경선제라고도 부르는 오픈 프라이머리제도는 정당이 선거후보를 정하는 예비선거에 참가할 수 있는 자격을 당원으로 제한하지 않고 누구에게나 개방하는 선거방식으로, 투표자들은 정당의 성향을 밝히지 않고 특정 정당의 예비선거에 투표할 수 있는 것이다. 이것은 과거 미국의 정당운영이 막강한 정치인들에 의해서 좌우되던 폐해를 줄이기 위한 제도로 고안된 것이다. 따라서 외부세력에 의해서 정당의 운영을 결정하는 것으로 정당내부의 과두적인 지배세력을 약화시키기 위한 것이다. 따라서 정당외부에서 지지도가 높은 사람은 오픈 프라이머리를 선호하고 정당 내부에 지지자를 많이 가진 사람은 클로우즈 프라이머리나 코커스방식을 선호한다.

그러나 오픈 프라이머리는 유권자에게 정당 운영에 대한 선택의 기회를 주기 때문에 흥행을 일으킬 것이라는 계산이 잘 안 맞아 떨어질 수 있다는 점과 상대 정당이 세력을 동원해서 자신들에게 유리한 영향력이 약한 후보를 당선시키는 역선택의 문제가 있다. 그리고 진성당원들에게 부여된 결정권을 약화시킨다는 점에서도 문제가 제기된다. 가장 큰 문제는 정당외부세력의 힘을 빌려서 정당의 운영을 결정하면서 실제로 강력한 선호를 가진 정당원들의 의사를 무시할 수 있다는 점과 이것이 잘못되면 포퓰리즘으로 흐를 수 있다는 점이다.

(2) 국회의원 경선 및 시도지사 경선

국회의원도 경선을 통해서 선출하도록 하고 있지만 18대 총선과 19대 총선은 공천심사위원회를 이용해서 공천을 하였다. 각 당의 당헌 당규에 따라 다르지만 대체로 정당들은 국회의원과 시도지사 등의 선거를 경선을 통해서 뽑도록 하고 있다. 후보 선출을 위한 위원회가 구성되면 여기에 후보들은 공천이나 경선에 대한 신청을 하게 되고 이는 정당의 대의원과 일반 유권자의 비율을 선거마다 조금씩 달리해가면서 경선을 통해서 선출한다고 되어 있다.

참고   1. 새누리당 공천심사위원회의 실제 운영

한나라당(새누리당으로 당명변경 이전)은 공천심사위원회를 구성하고 위원장에는 정홍원 변호사가, 부위원장에는 정종섭 서울법대 학장이 임명했다. 이와 함께 외부인사 8명, 내부인사 3명 등 총 11명으로 공천심사위원회를 구성했다. 다음은 공천심사위원회 명단이다.
   ◇ 위원장: 정홍원 변호사
   ◇ 부위원장: 정종섭 서울법대 학장
   ◇ 위원
   한영실 숙명여대 총장(학계·여성계)
   박승오 한국과학기술원 교수(과학기술계)
   홍사종 미래상상연구소 대표(문화계)
   진영아 패트롤맘중앙회 회장(교육계)
   박명성 신시뮤지컬컴퍼니 대표(예술계)
   서병문 중소기업중앙회 수석부회장(중소기업계)
   권영세 사무총장
   현기환 의원
   이애주 의원

참고   2. 민주당의 공천심사위원회 실제 운영

민주통합당은 오는 4·11 총선 공천심사 맡게 될 15명의 공천심사위원회를 구성했다. 외부 인사로는 도종환 한국 작가회 부이사장과 김호기 연세대 사회학과 교수, 이남주 성공회대 교수 등이 참여했다. 여성 인사로는 조선희 전 시네21 편집장과 최영애 전 국가인권위원회 상임위원, 조은 동국대 사회학과 교수, 문미란 변호사 등 4명이 포함됐다. 또한 민주당 내 공심위원으로는 노영민·박기춘·백원우·우윤근·전병헌·조정식·최영희 의원이 공심위원을 맡게 됐다.

공심위구성에서 특이한 점은 시민통합당 측(문성근 씨가 대표) 인사들이 한 사람도 포함되지 못했다는 점과 특히 7명의 내부 위원 중 호남 지역구를 둔 사람이 우윤근 의원 1명에 불과한 반면 수도권 의원이 4명에 달하여 호남물갈이를 했다는 점이다. 이것은 민주당의 전국정당화이미지를 제고하기 위한 방안이다. 한편 공심위는 2012년 2월 6일 당 최고위원회와 당무위원회에서 공직선거후보자 추천 당규가 확정되면 공천심사 세부 기준을 마련하는 작업에 들어간다. 공심위는 9~11일 후보자 공모에 이어 13일부터 후보자 심사에 착수할 예정이어서 6일부터 일주일간 논의가 '개혁공천'의 구체안을 마련하는 중요한 포인트가 된다. 비리 전력자 원천배제 여부나 현역의원 물갈이 비율이 이때 결정된다.

공심위의 후보 압축 과정에서 인위적인 물갈이가 이뤄지고 나면 20일부터 지역구별로 3명 안팎의 후보를 대상으로 경선을 실시한다. 경선은 해당 지역 유권자가 선거인단에 등록해 휴대전화 투표를 신청하는 방식의 모바일 경선을 원칙으로 하고 있다. 하지만 모바일 투표 법제화를 둘러싸고 한나라당과의 협상이 마무리되지 않은 것이 변수다. 당 지도부가 전체 선거구의 30% 범위 내에서 결정할 수 있는 전략공천 카드를 어떻게 활용할 지도 변수다.

참고   3. 통합진보당의 후보자 경선 과정

통합진보당은 공천심사위원회 등 별도의 추천 절차 없이 지난 3월 18일 당원 총투표를 통해 비례대표 후보를 선출했다. 이 과정에서 무효투표가 20% 나왔다. 또한 총선이 끝난 뒤에 내부적으로 경선 과정에 대한 문제제기가 있고 나서 경선 과정에서 당원명부문제와 당원들의 몰표 등 투표조작문제가 제기되면서 비례대표 1번 후보인 윤금순 전 전국여성농민총연합회장이 사퇴를 하였다.

2. 원내정당화

정당개혁과 정당민주화를 위한 또 다른 주제로는 원내정당화가 있다. 원내정당화란 당의 기율이 높은 상태에서 의원이 당의 보스 중심으로 움직이고 여기에 더해 정당 원외세력의 입김이 작용하여 의원의 자율성을 빼앗는 정당정치의 폐해를 극복하고자 하는 것이다. 이러한 폐해를 줄이기 위해서 원외 정당세력의 입김을 배제하고 국회를 정당정치의 중심무대로 복귀시키는 것을 의미한다. 이에 따라서 국회를 중심으로 각 정당의 의원들 간의 정책 토론과 합의가 달성되고 국회를 중심으로 정당 간 정책적 대결을 하게 된다.

이를 위해서는 정당의 조직도 원내를 중심으로 재조직될 필요가 있다. 따라서 현재처럼 원내 대표가 중심이 돼서 원내 정당을 관리하고 의원총회를 각 당의 최고 의사 결정기관으로 전환할 필요가 있다. 여기에 더해서 의원 개인의 자율성을 확보할 필요가 있고 이를 위해 개인적인 전문가 조직을 형성할 수 있다. 여기에 더해서 상향식 공천의 폐지가 중요하다.

이런 원내 정당화는 대중 정당보다는 포괄정당과 선거 전문가 정당의 참여 민주주의를 목표로 한다. 즉 전문가와 이익집단을 직접 의원과 연결시킴으로써 과거 정당원들의 압력을 배제하는 것이다. 이는 현재의 정치가 탈산업화의 요구와 세계화로 인한 가치와 이해의 다양성 그리고 새로운 이슈에 기인한다 하겠다. 이러한 상황의 변화는 기존 정당들이 새로운 이해를 반영하기도 어렵다는 점과 정당의 유동성과 선거 유동성에서 나타나는 정당 정치의 안정성조건도 깨어졌다는 데 있다. 따라서 새로운 요구들을 포괄하고 새로운 이해를 반영하기 위해서 정당들은 시민사회 등에 더 반영할 필요가 있다는 것이다.

그러나 원내정당화는 원내다수당의 독식이나 독주의 위험성을 가지고 있고, 둘째 현역의 원들의 정치적 입지를 보장할 수 있으며, 셋째 제 1당과 제 2당 정당에게 과도하게 유리하게 작용하고 정당의 카르텔화를 구축할 수 있고, 넷째 일시적인 정당 지지에 따라 움직임으로써 정당 정치를 더욱 불안정하게 만들 수 있으며 정당의 지역주의 색채의 고착화를 가져올 수 있다는 비판을 받는다.

여기에 더해서 참여 민주주의 등의 선거 전문가 정당화는 정치의 이익대표기능의 가장 중요한 행위자인 정당의 중요성 자체를 의문시하게 하여 탈정당화를 가져올 위험이 있다는 비판도 있다.

하지만 정당화가 정당민주화에 대해 역행한다는 주장도 있다. 정당이 민주화하는데 있어서 민주화를 자기결정권의 확대과정으로 받아들이면 당원의 입지가 커지는 것이 가장 좋은 방법이 될 것이다. 따라서 진성당원이 많아지고 이들의 목소리가 좀 더 반영되는 것이 민주화에 부합할 것이다. 그러나 한국 정당은 진성당원이 부족하고 이로 인해 몇몇 지역의 유력인사들이 조직적으로 정당세력을 구축해서 정당운영을 결정하는 것을 막겠다고 제시된 방안 모색이 원내정당화이다. 따라서 정의당의 진성당원 구축은 이런 원내정당화와 반대방향이고 이것이 정당원에 의한 정당운영이라는 원칙에서 볼 때 정당을 민주적으로 운영하는 방식이 될 수 있다.

3. 정치자금의 문제

정당정치에서 현실적으로 가장 중요한 것은 정치자금이다. 정당법과 선거법에 규정된 정치자금을 실질화하는 것이 중요하다. 현재 정치자금법은 현실성이 떨어지기 때문에 현실적으로 선거운동을 하면 대부분은 범법자가 될 수 있다. 따라서 정치자금을 현실화하고 이후에 자금법을 위반하는 것에 대해서 통제를 엄격히 가하는 방식이 필요하다. 현금 영수증이나 후원금을 명확화하는 등의 방안이 있다. 또한 정당과 의원 후보자의 거래내역을 투명하게 할 필요가 있다.

여기에 더해서 정부보조금을 정당보조금에서 정책보조금으로 전환시키자는 주장도 있다. 정당보조금은 신생정당에 불리할 뿐 아니라 정당을 국가기관화 하면서도 이에 대한 통제가 부족하다는 문제를 가지고 있다. 정책보조금을 의원 개인이나 상임위중심의 의원그룹을 중심으로 하여 이들이 정책을 형성할때 지원함으로써 의원을 정당으로부터 좀 더 자유롭게 하고 자금으로부터 자유롭게 할 필요가 있다. 여기에 더해서 정책의 개발을 돕는 효과도 있다.

2002년 정치개혁에서는 정치자금통제가 중요한 이슈였다. 2025년 시점에는 정치자금의 국고보조금운영이 기성정당에 유리하다는 지적이 제기되고 있다.

Ⅳ 정당민주화의 효과

1. 정당의 응집력과 규율 문제

정당민주화는 정당엘리트와 정당원 간의 응집성을 떨어뜨릴 수 있다. 국민인 일반 유권자의 경선에의 참여 증대는 진성 당원이 없는 한국 정당에서 정당원들의 참여 유인을 줄임으로써 정당의 약화를 가져올 것이다. 또한 선출권의 민주화로 인해서 정당 지도부는 정치적 자원을 상실하면서 정당의 기율을 약화시킨다. 또한 원내정당화로 인해서 정당외부 조직의 영향력 하락도 전체 당의 기율을 떨어뜨린다. 이는 정당으로부터 의원의 자율성을 증진시킨다는 장점을 가지는 반면 정당이 자신의 정책을 지속적으로 추진하는 것을 어렵게 한다. 이러한 정당의 응집력 하락은 유럽의 대중 정당 체계와 같은 정책 정당화를 어렵게 할 것이다.

2. 국회와의 관계

정당의 규율 하락은 국회에 대한 정당의 영향력을 하락시킨다. 반면에 자유로워진 의원들을 중심으로 국회를 운영할 수 있게 한다. 기존 정당이 이익 결집이나 대표문제에 있어서 한계를 가진다는 점을 고려 할 때 정당의 정책이 직접 국회로 투사되어야 할 필요가 없게 된다. 특히 지역 기반의 정당을 고려할 때 국회를 지역이나 당 지도부의 이해관계와 독립적으로 운영할 필요가 있다. 이는 의회를 중심으로 한 정치를 복원한다.

3. 시민사회와의 관계

정당의 민주화 특히 국민참여 경선제도로 인해서 국민들에게도 경선에서 정치지도자를 선출할 수 있는 권리가 열리게 되고 원내 정당화를 통해서 유권자와 의원과의 대면기회와 영향력 행사기회가 증가하게 됨으로써 정당과 시민사회와의 관계가 중요해졌다. 최근 시민사회의 부상은 정당정치에 대해 양면적 작용을 한다. 시민사회는 기존 정당이 제시하지 못한 이해를 결집하는 역할을 수행한다는 점에서 정당민주주의를 보완하는 면도 있으나 정당의 중요성이 낮아지고 정당이 경량화되면서 시민사회가 이익의 결집의 기존 정당역할의 많은 부분을 대행함으로써 정당을 약화시키는 면도 강하다. 특히 정당의 규율이 약화되고 시민사회의 영향력이 증대됨으로써 오히려 시민사회를 통한 지대추구적 정치가 형성될 여지도 늘어나고 있다. 즉 공익을 창출하는 시민사회로서 '촉진적 이익 집단'이 아닌 사적이익을 추구하는 '범주적 이익 집단'의 번성은 이미 구축된 이익 집단과 영향력 있는 이익집단에 유리한 쪽으로 정치를 이끌고 갈 수 있다.

Ⅴ 결 론

정치자금과 경선제도를 이용해서 정당 민주화가 많은 부분 달성되었다.

기출문제와 연결

제 17 문   2012년 입시 2번(정당의 여론조사를 통한 공직후보선출) / 2008년 입시 2번(공직후보선출과 정당 민주화)

제023문 경선제도와 정당민주화

공직 후보 지명과정의 개방화를 중심으로 최근 수년 간 한국 정당정치의 민주화가 빠르게 진행되어 왔다. 정당민주화는 정당에 영향을 미칠 뿐 아니라 정당 체계에도 영향을 끼치고 이는 정부의 형태와도 관계된다. 특히 대통령 후보와 관련된 개방화는 정당내부의 운영과 정당 간의 관계 그리고 의회와 대통령 사이의 관계에 변화를 가져왔다. 이와 관련해서 다음의 문제에 답하시오. (총 40점)

(1) 대통령에 대한 공직 후보 경선제도의 배경과 지금까지 진행된 경선제도의 실제 방안에 대해서 설명하시오. (10점)

(2) 경선제도를 통한 정당민주화가 개별 정당 수준과 정당 체계에 미친 영향을 논하시오. (10점)

(3) 경선제도를 통한 민주화의 효과와 대통령제도라고 하는 정부 형태의 관계에 대해서 논하시오. (10점)

(4) 2016년에서 2020년 시기 다당제와 대통령제도의 결합을 위한 제도개혁의 방안들을 논하시오. (10점)

– 출제의원 의뢰문제

cf. 출제의뢰 당시 다당제(2016–2020년)였고 2020년_21대 총선 이후는 양당제로 전환되었다.

Ⅰ. 서 론
Ⅱ. 정당민주화 조치의 배경과 실제 방안
  1. 공직 후보 경선제의 배경
  2. 공직 후보자 경선의 실제
Ⅲ. 정당민주화와 개별정당과 정당 체계에 대한 영향
  1. 개별정당의 문제
    (1) 정당조직 차원
    (2) 정당운영 차원
  2. 정당 체계 수준
Ⅳ. 정당민주화와 정부
  1. 당권과 대권의 분리와 당과 정부의 분리
  2. 당정 분리와 정당의 약화로 인한 의회의 강화 문제
Ⅴ. 다당제와 대통령제도의 조화 방안
  1. 결선 투표 방식의 도입 검토
  2. 비례대표제의 확대
  3. 원내정당화
Ⅵ. 결 론

 문제의 맥락과 포인트

이 문제는 앞의 17번 문제를 구체화한 문제이다. 경선제도를 사용한 것이 구체적으로 정당내부에 어떤 변화를 가져왔는지를 묻고 있다. 민주화가 된다면 대통령은 정당을 중심으로 정치를 할 수 있는지 그리고 다당제구조에서 이와 같은 경선제도를 통한 정당민주화가 가져오는 것이 무엇인지를 정당 체계와 정당내부와 선거제도라는 제도간의 연관성의 차원에서 묻고 있는 문제이다. 이런 문제는 실제 선거와 관련된 이슈가 있을 경우 현실적으로 출제될 가능성이 높아진다.

cf. 20대 국회시기 만들어진 문제다.

Ⅰ 서 론

정당민주화 특히 공직 후보 선출과 관련된 경선제도와 정당의 운영방식의 변화는 3김 시대의 청산과 함께 새로운 정당 정치의 가능성을 제시했다. 후보자를 선발하는데 있어서 국민경선제도의 도입은 정당내부의 권력관계에 대한 변화와 이로 인해 정당과 대통령사이의 관계에도 새로운 변화를 가져오고 있다. 이는 민주화 이후 다당제 구조를 유지하고 있는 한국정당정치에 다당제와 대통령제도의 유지라고 하는 조합의 운영에도 심대한 변화를 줄 수 있다. 따라서 정당민주화 중 대통령후보의 지명과정 개방화가 가져오는 영향을 살펴보는 것은 대단히 의미 있는 일이다.

Ⅱ 정당민주화 조치의 배경과 실제 방안

1. 공직 후보 경선제의 배경

지명과정 민주화 과정의 배경으로는 몇 가지가 지적된다. 첫째, 양김 시대 정치의 종식을 들 수 있다. 보스정치가 사라지면서 공천권리가 정당원과 시민들의 손으로 넘어온 것이다. 둘째, 전반적인 정당정치에 대한 불신의 고조에 따른 정당정치의 위기에도 기인한다. 정당에 대한 불신으로 대의민주주의의 투표율이 하락한 점과 유권자 중에서 지지정당과 정치인이 없는 층이 40% 이상이 되는 문제가 있다. 셋째, 정당 내에 신진 개혁파의 권력이 강화되면서 이들이 게임의 룰을 바꾼 것이다. 넷째, 정치전문가 집단의 미국형 제도에 대한 높은 합의가 존재하였다. 정당의 모델을 유럽형의 대중정당과 정책정당이 아닌 미국식의 원내정당으로 방향을 잡았다.

특히 사당정치의 청산의 측면이 중요하다.

경선제도는 3김 정치의 청산을 의미한다. 2002년 민주당의 경선제도는 김대중 정부에 대한 민심의 이반과 보궐선거에서의 참패로 당시 김대중 대통령의 민주당 총재직 사퇴를 가져왔고 이와 함께 정당민주화의 중요한 기회를 가지게 된 것이다. 이 과정에서 민주당은 위기돌파를 위해 국민경선제도를 치르게 된 것이다. 민주당은 경선에 일반유권자인 국민들을 집어넣어서 경선 자체를 하나의 정치적 동기 부여 장치이자 흥행 수단으로 만든 것이다.

2. 공직 후보자 경선의 실제

공직후보 지명과정을 민주화했다. 2002년 민주당 이후 도입된 경선제가 효시고 이후 각 정당들이 앞 다투어 이를 받아들였다. 경선제의 기본 모델은 미국의 primary system을 받아들인 것이다. 실제 국민경선제도는 미국 방식인 당원대회(caucus)와 예비선거(primary)방식을 혼용한 것이다. 2007년 열린우리당이 사용했던 방식은 일반 국민투표를 여론조사에 의존한다는 점에서 미국식의 개방형 예비선거(open primary)방식에 가까운 것이고 한나라당은 일반국민투표의 60%는 공모를 통해 선별하는 절차를 거친다는 점에서 폐쇄형 예비선거에 가까운 방식이다.

2007년의 16대 대선에서 열린우리당은 유권자의 0.1% 이상을 선거인단으로 구성하고 50%를 일반국민으로 선거인단에 포함시키는 방법을 사용했다. 한나라당도 0.1% 이상의 선거인단으로 구성하고 일반유권자가 전체선거인단 총수의 3/8을 차지하도록 하고 선거인단 투표에 80% 의존하고 여론조사에 20% 의존하는 방법을 사용했다.

Ⅲ 정당민주화와 개별정당과 정당 체계에 대한 영향

1. 개별정당의 문제

(1) 정당조직 차원

경선제도를 사용한 것은 당권과 대권을 분리 시행하는 것을 의미한다. 대통령의 정당에 대한 장악력의 급격한 쇠퇴를 가져온 것이다. 또한 원내정당화는 원내대표의 중요성을 부각시키고 원내대표도 민주적으로 선출하게 하였다. 이에 따라 카리스마적이고 보스적인 지도자의 후퇴를 가져왔다. 또한 후보지명 과정의 민주화에 따라서 정당엘리트의 권력이 쇠퇴하였다. 아울러 당원과 일반유권자의 권력이 확대되었다. 하지만 완전국민경선제로 전환되면 당원의 영향력은 축소되고 일반유권자의 영향력은 강화된다. 이에 따라서 일반당원, 유권자와 대선후보의 결합에 따른 "후보자 중심의 선거구조"가 등장하였다.

(2) 정당운영 차원

경선제도는 정당 내의 분권화를 지속적으로 촉진한다. 정당엘리트(의원)와 대통령의 관계가 수평적으로 전환되었다. 정당의 분권화는 되었으나 이들을 유기적으로 엮어주는 이념과 그 밖의 기반이 취약함에 따라서 정당조직의 안정성은 크게 낮아지게 되었다.

2. 정당 체계 수준

후보자 경선 구조는 개별 정당의 문제이다. 따라서 후보 정당 체계에 변화를 가져오지는 못하지만 상대 정당에 대한 변화의 압력으로는 작용한다. 그리고 정당의 응집력이 떨어지고 정당이 지지자 중심으로 가면서 후보를 중심으로 선거정치가 운용되기 때문에 정당들내의 분화나 분열의 가능성이 높다는 점에서 정당 체계에도

영향을 미칠 수 있다. 특히 경선불복종의 문제와 분당의 문제에 대한 제도적 접근이 필요하다. 2012년 민주당에서 경선에 탈락한 후보들이 정통민주당을 창당하거나 새누리당에서 나와서 국민생각에 참여한 것은 경선의 룰을 위반하는 것이고 이는 국민들의 정치인에 대한 불신을 다시 증대시켰다.

Ⅳ 정당민주화와 정부

1. 당권과 대권의 분리와 당과 정부의 분리

경선에서 후보자를 선출하는 대표성 확보 과정에서 정통성의 일부를 일반유권자들이 가짐으로서 역으로 대통령은 이를 명분으로 당의 기율이나 당의 강령으로부터 이탈할 수 있다. 또한 대통령이 초당적 지지를 받는다는 점을 강조하고 정치적 경쟁을 피하고자 하여 당적에서 이탈할 경우 당과 정부는 분리되고 독자적이 될 수 있다.

이런 경우 후보자는 대통령후보를 밀어준 정당에 대한 약속을 위반하는 것과 동시에 한국의 단임 구조로 인한 책임추궁 방안이 사라진다는 점도 문제가 된다. 즉 대통령이 당과 분리될 경우 정당을 보고 선택한 이들이 책임을 추궁할 수 있는 방법은 대통령에게도 없고 정당에도 없는 사태가 발생하는 것이다.

정당(여당)에 대한 대통령의 형식적, 비공식적 영향력이 대폭 제거됨으로써 정당의 자율성이 확대될 기반이 마련된다. 그러나 대통령은 본인의 권력자원이 부족해지는 시기 이후에 자신이 속한 정당인 여당과의 협조를 통한 정책입안과 법안통과에도 어려움을 갖게 된다. 단임 대통령제에서 대통령선거 이후 차기 대선후보의 영향력이 강화되고 차기 대선후보를 중심으로

세력이 규합되기 때문이다. 따라서 대통령은 야당뿐 아니라 여당도 설득해야 하는 문제에 부딪친다. 대통령이 기존의 방식이 아닌 '설득의 정치'를 통한 정부운영을 대통령 권력과 활동의 핵심수단으로 사용한 것이다. 노무현 정부에서 노무현대통령의 임기 말 의회와 정당설득이 어려웠던 점과 이명박 정부에서 이명박대통령이 정당과 의회설득이 곤란한 점이 대표적인 예가 되겠다.

2. 당정 분리와 정당의 약화로 인한 의회의 강화 문제

정당의 응집력이 약해지면 정당을 모태로 하는 의회의 작동 역시 제대로 이루어지기 힘들다. 분산된 개별정당과 다당제구조 속에서 의회는 합의점을 찾아가기 어렵게 될 수 있다. 이 경우 대통령의 정책이 의회를 통과하기 어렵게 될 수 있고 의회자체의 의회중심정치가 약화될 수 있다.

CF.

하지만 원내정당화로 정당약화에 따라 의회의 자율성을 강화할 수 있다.

Ⓥ 다당제와 대통령제도의 조화 방안

정당의 응집력을 높이면서 다당제와 대통령제도의 동시 작동을 고려해야 한다.

1. 결선 투표 방식의 도입 검토

결선 투표 제도는 과반수 이하의 후보들이 난립할 가능성이 높아지게 한다. 이에 따라 탈락한 후보와 정당들이 정책 연합이나 연대를 할 가능성을 높일 수 있다. 또한 2차 투표를 통해 지지자의 지지뿐 아니라 더 나쁜 후보를 떨어뜨리기 위한 선거참여로 지지율의 증대를 가져오게 할 수 있다. 결선 투표를 통해서 정당간의 연합 가능성을 증대하여 정당에 대한 입지를 강화할 수 있다

2. 비례대표제의 확대

비례대표제는 소수 선호를 가진 이들까지를 포함하여 정당지지율의 증대를 가져올 수 있다. 또한 지지율의 증대를 통해서 대표성 강화와 정당의 강화를 꾀할 수도 있다.

3. 원내정당화

원내정당화는 정당을 약화시키는 대신 의회를 강화시키는 방안으로 의회와 대통령 사이의 관계를 덜 경직적이게 하며 자유로운 의원을 형성하여 의회 자체의 생산성을 높이자는 주장이다. 하지만 원내정당화는 정당의 결집력을 더욱 하락하게 만드는 문제가 있다.

Ⓥ 결 론

경선제도는 한국정당의 유형의 전환을 만들어냈다. 3김 시대의 지역주의, 카리스마 리더십, 강력한 정당규율에 기반한 '강한 지역주의정당'의 시대가 저물고 '약한 정책정당'의 시대가 오게 만든 것이다. 최근 지역주의의 약화는 상징적인 지도자를 중심으로 한 정체성의 정치가 약화된 결과이다. 약한 정책정당의 특성은 정당민주화에 따른 약한 정당조직의 규율과 약한 이념의 규율을 가져온다. 약한 이념의 규율은 정책이 역할을 하기는 하지만 서구와 같은 강한 이념적 기반을 갖추지 않은 채 다양한 이념성향이 한 정당 안에 혼재하게 한다. 19대 총선에서 보여준 민주당의 여러 계파나 통합진보당의 구성과 민주당과 통합진보당의 연대는 이러한 다양한 이념의 혼합가능성을 보여준 것이다. 마지막

으로 정당민주화는 정당리더십의 쇠퇴와 함께
행정부와의 연계도 약화되게 하였다.

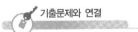
기출문제와 연결

제18문 2012년 입시 2번(정당의 여론조사를 통한 공직후
보선출) / 2008년 입시 2번(공직후보선출과 정당
민주화)

제024문 정당 연합의 문제

한국은 대통령제도와 양당제에 가까운 다당제라는 정당체계가 결합되어 있다. 그간 정당들은 분점정부 상황을 탈피하고자 하는 '정책적 목표'와 대통령당선과 정부구성이라는 '의석수확보 목표'로 정당간 연합이 빈번히 발생해 왔다. 최근 새정치민주연합 역시 정당연합으로 볼 수 있다. 다음 질문에 답하시오. (총 40점)

(1) 정당이 연합을 하는 원인을 이론적으로 설명하시오. (10점)

(2) 위의 정당연합의 이론들을 통해 한국의 정당연합 사례들을 설명하고 그 의미를 설명하시오. (15점)

(3) 한국의 정당연합을 긍정적으로 보는 입장과 부정적으로 보는 입장을 설명하고 본인의 입장을 밝히시오. (15점)

 문제의 맥락과 포인트

한국의 대통령제와 다당제는 독자적인 대통령이 되는 것이 어렵다면 정당 간 연합을 강요한다. 따라서 정당들이 어떤 이유와 이해로 연합을 하는지 이론적으로 규명하고 현실에서 그러한 설명이 타당한지를 검증해 보아야 한다. 이 문제는 2007년 대통령선거를 앞두고 과연 진보진영은 어떤 방식으로 대통령선거에 나설 것인지에 대한 주제를 다루기 위해 만든 문제이다. 하지만 다당제 구조가 유지되고 있고 거대 여당에 대한 불만이 증대한다면 정당 간 협력과 연합은 여전히 중요한 주제로 남게 될 것이다. 2012년 민주당은 반 MB 전선을 구축하기 위해 야권연대라는 정당연대를 추진하였다. 한국정치가 2007년 대선과 2008년 총선 이후 보수성이 강화되었다는 점과 2010년 지방선거에서 민주당이 복지를 통해서 지지를 상승시킬 수 있다는 점을 배웠기 때문에 2012년 선거에서 국무총리실 불법사찰, 내곡동땅투기, 저축은행문제, 대통령친인척비리문제 등을 무기로 하여 반정부 반이명박을 선거전략으로 구축하였다. 결과적으로 이 전략은 19대 총선에서 수도권에서만 성과를 냈고 지역에서는 여전히 강력한 지역세를 보이면서 실패하게 되었다. 한국의 다양한 이념적 분화는 향후 진보 간 연대뿐 아니라 보수 간의 연대도 가능하게 할 것이라는 점에서 지속적으로 고려해야 하는 주제가 되었다.

Ⅰ 서 론

2014년 지방선거를 앞두고 민주당과 새정치연합은 정당연합을 통해 새정치민주연합을 구성하였다. 2012년 민주당이 추진한 야권연대사례나 2002년 선거에서 노무현－정몽준연대나 1997년 대선에서 DJP연대의 연장선상에서 볼 때 선거승리를 위한 정당연합은 두 가지 질문을 던진다. 정당연합의 목적을 달성할 수 있는가와 연합의 파급효과는 무엇이 될 것인가? 두 가지 질문에 답하기 위해 정당연합의 사례를 검토하여 정당연합의 영향이 무엇인지를 파악한다.

Ⅱ 정당 연합 이론

1. 선거 승리와 정부 구성 목적: 정당의 크기가 관건

정당 연합은 서로 다른 정당끼리 공동의 적에 대항하여 힘을 합하는 것을 의미한다. 이렇게 연합을 형성하는 목적은 선거에서 승리하고 안정적인 정부를 구성하기 위한 것이다. 마틸라와 라우니오(Mattila & Raunio)의 주장처럼 과반수 등의 최소한의 다수 의석을 점하는 방식으로 정당 연합이 구성되는 것이다. 이런 경우 최근 의석이 줄어든 정당이 정치적으로 중요하게 여겨진다. 이 정당은 줄어든 의석을 정당연대를 통해서 보충하려고 할 것이기 때문이다. 또한 라이커(Riker)의 '최소승자연합'이론의 주장대로 정당연대는 의석수만이 문제가 아니라 정부의 요직이라는 분배 문제에 고민을 하면서 정당은 수가 많은 거대 정당과의 연대보다는 적은 수로 과반수를 구성할 수 있고 정부요직을 적게 나누어줄 수 있는 군소 정당에 관심을 둘 수 있다.

2. 정책 공동 추진 목적: 정당의 이데올로기가 관건

정당의 목표가 의석수의 확보가 아니라 정책을 공동으로 추진하는 것이 될 수 있다. 중요 정책을 공동으로 추구하기 위해서는 정당간의 이데올로기의 유사성과 정책적 인접성이 중요해진다. 물론 정책의 추진을 위해서는 일정 의석을 보유해야 한다. 따라서 정당의 의석도 고려하겠지만 정당의 수만이 아니라 이념도 고려된다는 특성이 있다.

3. 평 가

정당이 의석수만으로 정부 구성을 위해 연합을 할지 아니면 이데올로기도 고려하면서 정책연대를 할지는 각국의 국내 상황과 맥락에 따라 결정된다.

Ⅲ 한국 정당 연합의 실제

1. 1992년 대통령 선거와 3당 합당: 선거 승리와 의석획득

3당 합당은 1992년 선거에서 대통령직이라는 공직 획득의 관점에서 이해할 수 있다. 그러나 이 경우 민정당(125석)과 통일 민주당(59석)과 신민주 공화당(35석)이라는 3당의 합당은 대통령 당선과 그 후의 공직 배분의 관점에서 보면 라이커(Riker)의 최소승자연합의 논리와 다르다. 이것은 3당 합당이 대통령직의 확보만이 문제가 아니라 합당을 통해 전체 의석 중 73.2%을 얻었다는 점에서 보이듯이 의원내각제에 대한 개헌이라는 정책 집행을 위한 것이기도 하였다.

문제는 정책 연대를 위한 이념간의 인접성이다. 노태우의 민정당은 이념상 김종필의 공화당이 가장 가깝다. 하지만 이런 연합은 53.5%의 크기로 개헌은 커녕 대통령승리도 보장하기 어려웠다. 이에 따라 김영삼의 민주당과도 연합한 것이다. 3당합당은 이후 김영삼 정부의 정책 추진의 제약 조건이 되기도 하였다. 보수세력의 저항을 물리치는 개혁이 곤란했기 때문이다. 김영삼 정부가 금융실명제와 같은 개혁법안을 추진하자 3당 합당에서 김영삼대통령에게 지지를 보낸 보수세력이 등을 돌린 것이다.

2. 1997년 대선과 DJP 연합: 선거승리와 정책연대

DJP 연합은 공직 획득과 공동 정책의 추진이라는 두 가지 목표에서 형성되었다. 김대중이라는 지도자와 김종필이라는 지도자가 대통령과 총리직을 교환하기로 하고 의원내각제로의 개헌도 약속한 것이다. 이 연합의 특징은 제2당과 제3당의 연합이라는 점이다. 당시 국민회의 79석(26.4%)과 자유민주연합 50석(16.7%). 신한국당은 139석으로 46.5%를 차지한 상황이었다. 이 연합 역시 이념적 인접성은 약하다. 단지 신한국당이라는 공동의 적을 상정하여 연대한 것이다. 이후 DJP 연대는 2000년 16대 총선에서 의석수 과반수를 넘기지 못하고 소수파 연합의 한계를 드러냈다.

3. 2002년 대선과 노무현 – 정몽준 연대: 선거승리연합

노무현과 정몽준의 연대는 선거 승리를 위한 연합이다. 특히 구체적인 프로그램 없는 선언용 정당 연합으로 연합한 8개의 사항 자체가 원론적인 선에서의 합의를 도출한 것에 불과하다. 노무현의 민주당과 정몽준의 통합 21은 DJP연합과 같은 유사한 소수 연합에 불과했다. 게다가 정치적 이념상의 인접성 역시 발견하기 곤란하다.

노무현 – 정몽준 연대와 별개로 2002년 대선에서는 호남 유권자와 충청 유권자간의 연대가 작동했다. 행정 수도 이전과 같은 공약으로 충청권의 지지율을 상승시킨 것이 당선에 영향을 미친 것이다.

4. 2012년 민주당의 야권연대: 선거승리 연합

2012년 총선에서 민주당은 통합진보당과 연대를 이루어서 공동으로 지역의원을 선출하였다. 야권연대는 의석수를 확보하기 위한 방안으로 이들 간의 정책연대는 아니다. 반 MB를 기치로 하여 연합하였고 정권심판론을 들고 나왔다. 그러나 통합진보당은 야권연대를 통해서 지역의석수를 확보하는데 성공했지만 민주당의 경우는 이념적인 차원에서 중도노선을 벗어났고 색깔공세를 받을 수 있는 여지를 높였다. 게다가 이정희의원으로 대표되는 통합진보당의 경선과정의 원칙위반은 이후에도 지속적으로 구설수에 오르게 만들었다. 선거 이후 통합진보당의 경선비리 사태와 당권파라고 불리는 NL 계열의 이석기후보와 김재연후보의 이념문제는 민주당에게 까지 확대되어 이해찬 당대표출마자에 사상 검증을 요구하기까지 했다. 그런 점에서 볼 때 민주당의 전략은 성공적이지 못했다.

5. 2014년 새정치민주연합사례: 선거승리 연합

2014년 3월 민주당과 안철수의원의 새정치연합이 합당을 통해 새정치민주연합을 창당했는데 이 정당연합 역시 선거승리를 위한 연합이다. 이 정당연합이 특수한 것은 지방선거를 두고 정당연합을 했다는 점이다. 지방선거에서의 승리와 함께 정당연합을 이어서 향후 대권까지 정당지지를 이어가는 것을 목표로 한 정당간 연합으로 볼 수 있다.

6. 정당연합 사례들에 대한 평가

한국의 정당연합 사례들은 주로 의석수를 확보하기 위한 차원에서의 정당연합이 주를 이룬다. 실질적으로는 양당제이지만 지역주의에 기반했던 다당제나 이념적인 다당제로 운영되어온 한국정당체계에서 중도파를 끌어들여 지지층을 늘리기 위한 정당연합이 주를 이룬다. 특히 1997년 이후에는 우세한 보수파에 대한 선거승리를 위한 진보진영의 정당연합이 빈번하게 이루어졌다. 이러한 현상은 보수의 지지가 높은 현재 상황으로 볼 때 향후에도 진보진영에서 정당연합이 빈번할 수 있을 것을 예측하게 한다.

Ⅳ 정당 연합에 대한 평가

1. 정당 연합에 대한 긍정적 입장

정치를 있는 그대로의 정치로 파악하고자 하는 정치현실주의입장이나 제도공학에 차원의 제도주의자의 입장에서 정당연합은 있는 그대로의 현상이자 자연스러운 현상이다. 정당은 사회의 각 부분에서 자신들의 의견을 결집하고자 하는 제도이며 선거승리와 정치엘리트 배출을 목표로 한다. 또한 정당은 정치적 가치와 이념을 구현하기 위한 결사체이다. 그런 점에서 정치적으로 불리한 수를 보충하기 위해서는 정당연합을 통해서라도 정치권력을 장악해야 한다. 정치권력을 장악할 때 정당이 지향하는 정책을 만들어 자신들의 지지자들에게 정치적 이익을 분배할 수 있다.

따라서 정치는 수의 정치이자 힘의 정치가 된다. 그리고 어떤 연합과 전략을 구축하는가를 통해서 선거라는 제도에서 승리할 수 있다. 앞서 본 사례들은 부족한 지지자를 가진 경우에 있어서 정당연합을 하거나 3당 합당과 같이 개헌에 필요한 일정한 의석수를 넘기 위해 정당연합을 할 수 있다는 점을 보여준다. 이러한 결정은 정당지도부의 합리적 선택이며 유권자들의 합리적 판단의 결과물인 것이다.

2. 정당 연합에 대해 부정적 입장

정치적 이상주의의 관점에서는 정치는 결과가 아닌 과정이고 이런 입장에서 정당연합은 부정적 효과를 가지고 있다. 정당은 자신의 이념을 통해서 정책을 만들고 이것으로 정당간의 경쟁을 통해 더 나은 정책을 만들어야 한다. 또한 정당은 유권자들의 의견을 대표하여야 한다. 그런데 정당연합은 유권자들의 선호를 왜곡할 뿐 아니라 유권자와 정당사이의 정체성을 왜곡시킨다. 정당일체감은 떨어지게 될 것이고 정당은 민주주의에서 국가와 사회를 이어주는 중간매개 역할을 하지 못하게 될 것이다.

정당연합이 부정적인 것은 정당을 통해 새로운 정치와 변화된 정치를 이끌고자 하는 유권자들의 요구가 반영되지 못하면서 정치를 정체화하고 보수화한다는 점이다. 유권자의 기준과 정당이 추구하는 기준이 불일치하게 된다. 유권자가 원하는 것이 낡은 정치에 대한 실망으로 인해 새로운 정치를 추구하는 것이라면 정당연합은 이러한 요구를 무시하고 의석수의 확보에만 매달리게 할 수 있다.

정당연합의 또 다른 문제는 대표성이 왜곡될 수 있다는 점이다. 유권자들을 대의기구가 그대로 재현한다면 유권자의 분포와 대표의 분포는 동형성(isomorphism)을 가질 것이다. 그러나 정당연합은 정당지도부의 판단에 따라 사회의 정치균열을 왜곡하게 된다. 소수파가 정권을 잡거나 분점정부탈피를 위해 정당이 연합할 경우 정

치적인 인위적 개편을 실제 사회적 갈등을 왜곡
해서 정치가 작동하게 한다.

3. 평 가

위의 대립하는 논리에도 불구하고 정당연합
은 이념적 구호가 아닌 현실이다. 정당은 권력
을 장악하여 정책을 만들어내는 것을 목표로 한
결사체이다. 정당이 집권하기 위해서 전략적인
판단을 하는 것은 이념적 정치보다는 현실적인
정치에서 필요하다. 그런 점에서 유권자를 끌어
들이는 선거전략차원에서도 정당은 정당연합을
시도할 수 있다. 2002년 민주당의 경선이 후반
기에 가서 유권자들의 관심이 약해지자 당시 월
드컵 4강으로 이미지가 좋아진 정몽준후보의 통
합 21과의 연합을 시도했다. 선거전략에서 자신
들의 전략이 효과적이기 위해 2012년 민주당은
정권심판을 이슈화하여 진보진영의 연합을 이룩
했다. 그 전략이 성공적이거나 실패한 것과 관
계 없이 정당은 정당연합을 통해서 선거전에서
의 흥행을 노릴 수 있다.

또한 한국에서 정당연합은 궁극적으로 권력
이 가장 큰 대통령선거와 관계된다. 현행 대통
령제도가 5년 단임제이기 때문에 대선이후 다음
후보에 대해 관심을 가지게 만든다. 정당연합의
최종적 목적이 정부구성에 있다면 정당연합은
대선을 최종 종착지로 한다. 이러한 경우 정당
연합은 정당연합내부 세력에서 유력한 정치인이
대통령에 도전을 하기 위한 하나의 절차에 불과
할 수 있다. 정권획득가능성과 이질적인 정당들
간의 갈등사이에서 무엇이 더 중요한지에 따라
정당연합은 성공할 수도 있고 실패할 수도 있다.
또한 정당연합 내부에 유력한 대선후보가 2인
이상일 경우 최종적으로 누가 당선될 것인지와
당선결정방식에 의해서도 정당이 갈라설 수도
있다. 대표적으로 노무현-정몽준연대를 들 수

있다. 이후 정당연합은 대통령제의 결선투표제
도 도입이나 대통령제도의 개편과 함께 부통령
제도 도입이나 의원내각제 개헌이라는 제도변화
에도 영향을 받게 될 것이다.

Ⓥ 결 론

최근 정당연합의 목적은 선거승리와 정부구
성에 있고 결과는 성공한 경우도 실패한 경우도
있다. 최근 들어 진보진영의 정당연합이 빈번하
다는 점은 진보세력이 상대적으로 소수이기 때
문이다. 소수파가 정부를 교체하고자하는 목적
이 정당연합의 구심점이다. 그런 점에서 정부교
체를 위한 선거전략으로서 네거티브 전략과 포
지티브 전략사이에서 어떤 전략이 더 성공적인
지라는 기준과 정당들의 이념과 정책지향성간의
유연성이라는 기준에 의해서 정당연합의 성공여
부가 결정될 것이다.

〈제시문〉

　한국 정당 지지자에 대해 이념적 평가를 하자면 새누리당(현 국민의 힘) 지지자들의 평균이념점수는 2012년 5.9이고, 2014년 6.0인 반면 민주당 지지자들의 평균 이념점수는 2012년 4.2, 2014년 4.3이다.(0에서 11점 척도) 이는 두 정당의 이념 척도에서 정당 지지자들의 이념 거리가 1.7로 양대 정당 지지자들의 이념적 성향 차이가 크지 않음을 보여준다. 하지만 감정 온도는 새누리당 지지자들의 민주당 지지자들에 대한 수치가 2012년 41.5에서 2014년 35도로 떨어지고 있다. 이는 상대정당에 대한 부정적인 태도가 만들어졌다는 것이다.

　한 여론조사에 따르면 정의당은 17대 국회-0.93에서 19대 국회는 -0.80, 20대 국회에서는 -0.86으로 바뀌면서 진보 성향이 축소되어왔다. 반면 민주당은 17대 0.08이었다가 20대에는 -0.52가 되면서 정의당에 가깝게 다가갔다. 현재 국민의 힘인 새누리당 계열은 17대 0.63에서 20대 0.37로 중도 성향으로 전환되었다. 이 여론조사의 결론은 민주당과 새누리당 계열의 이념간 거리는 줄지 않았고 다만 전체적으로 좌측으로 이동하였다는 것이다. (-1.0이 극단적 진보, 0은 중도, +1.0은 극단적 보수를 의미)

　한국 정당은 '양극화 혹은 분극화(이념간 거리 확대)'를 하고 있다. 미디어들도 이념적 '양극화'를 강화되고 있다. 한국 무당파 층이 많은 유권자 수준에서는 '이념적' 양극화보다 '감정적' 양극화가 진행되고 있다. 현재 대통령제와 양당제하에서 정당 양극화는 '정치체제(political system)'에 부담을 줄 수 있다는 주장이 있다. 〈제시문〉을 참고하여 다음 질문에 답하시오. (총 40점)

　(1) 한국에서 정당이 양극화된 원인을 '정치제도' 요인과 '미디어' 요인으로 설명하시오. (16점)

　(2) 정당과 미디어의 '양극화'에도 불구하고 유권자의 양극화가 동일한 수준으로 진행되지는 않는다. 그 이유를 설명하시오. (8점)

　(3) '정당 양극화' 현상의 지속은 한국의 '정치체제(political system)'에 영향을 줄 것이다. 이때 정치체제의 의미를 약술하고, 정치체제에 주는 영향을 서술하시오. (16점)

한국 정치의 핵심은 정당양극화라고 할 수 있다. 이 문제에서는 정당양극화의 원인을 다룰 뿐 아니라 정치체제라는 추상적인 제도에 대한 영향도 다루려고 한다. 정치체제라는 개념정의 또한 중요한 문제다.

Ⅰ 서 론

한국정당의 양극화는 제시문의 주장처럼 이원적이다. 양극화되는 측면과 양극화가 더 이상 진행되지 않는 측면이 관측되는 것이다. 이런 현상은 유권자의 양극화가 심각하지 않은 것과 맞물려 향후 영향력에 대한 논쟁을 만들고 있다. 양극화에 따른 정치체제의 의미를 설명해본다.

Ⅱ 한국에서 정당 양극화의 원인

'정당 양극화'는 정당 간 이념적 거리가 벌어지는 것을 의미한다. 이 원인으로는 정치제도적으로는 정부 형태, 정당모델, 선거전략으로 구분하고 미더어 요인을 따로 떼어 분석할 수 있다.

1. 정부형태: 단임제 대통령제와 권력 집중 (4점)

대통령제는 권력 집중을 특징으로 한다. 가장 많은 권력을 가진 대통령직을 위해 정당 간 경쟁이 가장 치열하다. 대통령제는 내각제와 달리 all-or-nothing이다. 따라서 정당이 사활적 경쟁을 하며, 그 경쟁에서 가장 승리하기 쉬운 방식으로 경쟁한다.

대통령제의 권력 집중에 더해 한국 대통령제는 단임제다. 5년 단임제는 짧은 시한 설정으로 정치경쟁을 극단화한다. 대선의 결과가 나온 날 바로 차기 대선후보에 대해 논의를 할 정도로

대통령 자리에 대한 집착이 강하다. 이는 경쟁을 더욱 치열하게 만든다. 이런 조건이 정당 간의 거리를 벌리게 한다.

(내용보완)

대통령제는 권력 집중을 특징으로 한다. 후안 린즈는 대통령제의 특징이자 단점을 5가지로 규정했다. 첫째, '승자독식구조'로 승자가 모든 권력을 가진다. 둘째, 대통령의 '임기 고정'으로 정치적 위기가 지속된다. 셋째, 이원적 정통성으로 인해 분점이 상시화된다. 넷째, '위임민주의'로 대통령이 직접민주주의를 통해 정치를 운영하고자 한다. 다섯째, '아웃사이더'의 등장가능성으로 훈련된 정치인이 아닌 벼락스타가 대통령이 될 수 있다.

이 중에서 정당 양극화에는 첫째, 넷째, 다섯째 요인이 영향을 미칠 수 있다. 첫째, 승자독식구조는 정당 양극화를 가져올 수 있다. 가장 많은 권력을 가진 대통령직을 위해 정당 간 경쟁이 가장 치열하다. 대통령제는 내각제와 달리 all-or-nothing이다. 따라서 정당이 사활적 경쟁을 하며, 그 경쟁에서 가장 승리하기 쉬운 방식으로 경쟁한다. 한국 대통령제도 역시 권력 집중이 중요하다. 권력을 대통령이 가장 많이 가지기 때문에 권력 경쟁이 치열하다. 그리고 이 과정에서 표를 극대화하기 위해서는 감정적 동원을 많이 하게 된다. 권력이 집중되다 보니 양극화도 쉽게 이루어진다.

대통령에 권력이 집중되어 대통령 관심법안을 두고 갈등이 심화된다. 대통령과 여당은 이를 관철하기 위해 노력하고 야당은 이를 막기 위해 노력한다. 이 과정은 정당간 양극화를 극명하게 보여준다. 하지만 실제 정책노선의 차이는 아니고, 감정적 분

극화인 경우가 대부분이다. 테러방지법의 경우 필리버스터까지 동원했지만, 이후 어느 정당도 관심을 가지기 않고 있다.

둘째, 대통령이 위임민주주의를 활용하는 부분도 정당 양극화를 가져올 수 있다. 대통령은 당선이후 직접민주주의를 통해 통치하기를 원하면서, 의회의 입법이 아니라 대통령 위임령에 따라 통치하고자 한다. 직접민주주의는 대통령과 국민이 직접 거래하게 만든다. 이는 제도정치인 정당이나 의회를 우회하는 방법이다. 따라서 정당은 인지적 차원에서 양극화되는 것이 아니라 대통령이 자신의 지지를 구하기 위한 도구로서 감정적 차원에서 양극화되는 것이다.

대통령제의 문제점은 직접민주주의 혹은 위임민주주의화에 있다. 제도가 약하고 인적인 통치에 의존하다 보니 한국 대통령도 민중주의적인 정치를 선호한다. 직접민주주의의 국민적 지지를 동원하여 의회와 정당을 우회하는 것이다. 이것은 정당을 더욱 비제도화하고 그에 따른 부작용으로 정당간 차이를 감정적으로 동원하게 만든다. 촛불집회나 태극기 집회를 정부의 지지 기반으로 하는 것이 대표적이다.

문제는 집단행동이론이 지적하는 것처럼 극단적인 지지자들의 의견이 크게 표출되는 것이다. 대다수의 중도 유권자들은 선호가 잘 드러나지 않는데 비해 극간적 지지자들은 직접민주주의 방식을 통해 자신들의 의견을 표출한다. 이 과정에서 정당은 극단주의자들에 의해 주도되는 것을 비춰지는 것이다.

셋째, 정치적 아웃사이더의 등장이다. 대통령제에서는 정치적 아웃사이더가 등장해서 대통령이 될 수 있다. 즉 의회주의자가 아니라 벼락스타가 대통령이 될 수 있다. 미국의 트럼프 대통령이나 현재 윤석열 대통령이 대표적이다. 인물 위주의 경쟁이 되는 대통령제의 특성상 인지적 동원보다는 감정적 동원에 취약할 수 밖에 없다.

린즈의 비판외에 한국 대통령제의 특징도 감정적 양극화에 기여한다. 5년 단임제는 짧은 시한 설정으로 정치경쟁을 극단화한다. 대선의 결과가 나온 날 바로 차기 대선후보에 대해 논의를 할 정도로 대통령 자리에 대한 집착이 강하다. 제도화가 안 된 정당간 경쟁은 5년짜리 선거를 두고 더욱 치열하게 된다. 단명할 수 있는 집권가능성은 정당 간의 거리를 더욱 양극화하게 만든다.

2. 정당모델: 포괄정당에서 대중정당적 성향 (4점)

현대 한국정당은 포괄정당에 가깝다. 대중정당이라기에는 진성당원 혹은 책임당원이 부족하다. 이슈에 있어서 북한 문제를 제외하고 정책간 차이가 크지 않았다. 이는 지역 정당의 색깔이 강했기 때문이다. 정당 간 경쟁이 치열해지면서 정당들은 포괄정당에서 마치 대중정당처럼 이념을 강조하고 있다.

이것은 정당 간 경쟁이 지역에서 이념으로 변화했기 때문이다. 한국은 1987년 이후 지역주의에 기초한 선거 동원전략을 사용했다. 하지만 2002년 대선에서 노무현 후보의 당선과 2004년 총선에서 열린 우리당이 지역주의 보다는 이념을 중심으로 정당정치를 강화하였다. 이후 정당은 이념 위주의 정당 간의 경쟁을 보여준다. 하지만 한국정당이 이념적 극단화는 강하지 않다. 따라서 정당 간 경쟁에서 선명성을 위해서 감정적 분극화가 강화되고 있다.

(내용 보완)

한편 정당의 이념을 위주로 한 선거전략에서 이념은 반이념적이다. 이념이 무엇을 구성하겠다가 아니라 무엇을 거부한다는 네거티브 전략을 사용하고 있다. 즉 이념은 인지적 차원에서 동원되기 보다는 감정적 차원에서 동원되는 것이다. 보수아 진보의 가치보다는 상대 진영을 거부하는 데 동원되는 논리다. 사르토리의 이론을 빌리면 '쌍무적 반대파(bilateral opposition)'인 것이다. 실제 정책, 이념, 쟁점의 차이보다 상대의 존재를 거부하는 '양립

불가능한 대항적 반대파'인 것이다.

한국유권자의 중도적 성향이 강하다. 40에서 50%의 유권자는 중도적 성향을 가진다. 따라서 이들에게서 지지를 확보하기 위해서는 쟁점 보다는 진영논리를 동원하는 것이다. 이는 대통령선거를 가장 중시하는 한국 선거정치에서 정당들의 득표 전략이 된 것이다. 게다가 미디어등을 중심으로 한 감정적 양극화도 이에 한 목을 했다. 최근 선거에서 정당 간 정책 차이가 드러나지 않는 경우 '촛불집회'와 '태극기 집회' 같은 담론을 사용하여 지지를 끌어낸다.

3. 정당의 선거전략: 인지적 양극화에서 감정적 양극화 (3~4점)

정당들은 대통령직을 두고 치열하게 경쟁하고 있고 이 경쟁에서 '양극화'를 선거전략으로 사용한다. 즉 정당은 자신의 선명성을 드러내면서 유권자들의 선택을 돕는다. 실제 포괄정당으로서 특정 이슈를 선점하기 어렵게 되면 '양극화'를 이용하여 선명성 경쟁을 한다. 최근 선거에서 정당 간 정책 차이가 드러나지 않는 경우 '촛불집회'와 '태극기 집회' 같은 담론을 사용하여 지지를 끌어낸다.

이런 정당의 선거전략은 '인지적 양극화' 보다는 '감정적 양극화'로 볼 수 있다. 여기서 '인지적 양극화(cognitive polarization)'와 '감정적 양극화(affective polarization)'를 구분할 필요가 있다. 인지적 양극화는 합리성에 근거해 정당간 거리를 구분하는 것을 의미한다. 즉 쟁점입장에 기초한 분극화를 의미한다. 반면 감정적 양극화는 상대 정당에 대한 부정적인 감정에 기초한다.

정당 간의 실제 이론적 간격이 넓게 벌어진 것은 아니므로 유권자들의 정체성을 이용하여 지지를 구하는 것이다. 즉 정당의 '인지적 분극화'가 약하기 때문에 '감정적 분극화'를 이용한다. 상대정당과 정당 지지자에 대한 악감정을

가지는 것을 선거전략으로 사용한다.

4. 미디어들의 양극화: 인지적 양극화에서 감정적 양극화 (4~5점)

뉴미디어는 자신들의 영향력을 확보하기 위해 양극화전략을 사용한다. 미디어는 유권자들의 신념을 강화하여 이들이 자신들의 미디어에 대한 충성심을 높이고, 미디어 지배력을 강화하고자 한다. 정상화가설에 따라 유권자는 자신의 생각을 새로운 미디어를 통해 변화시키기 보다는 기존 사고방식을 재강화한다.

뉴미디어의 선택적 노출은 미디어를 통한 가스라이팅에 가까운 영향력을 가진다. 유튜브등에서 극단적인 이념 성향의 유튜버등의 영향력이 높아지는 것이 대표적이다. 이들은 특정 정당을 지지하면서 자신들의 미디어 영향력과 정치적 영향력을 확대한다.

(내용 보완)

'정당 양극화'는 정당 간 이념적 거리가 벌어지는 것을 의미한다. 정당사이에 정치적 양극화(political polarization)가 만들어지는 것이다. 여기서 정당간 거리가 벌어지는 것은 정당간의 이념적 거리가 멀어지는 것을 의미한다. 최근 미국의 양당제 정당체계에서 정당간 이념적 거리가 멀어지는 것을 분석하기 위한 개념이 양극화 혹은 분극화이다.

이는 정당의 '분획화'와 다르다. 정당 분획화는 정당의 이념간 차별성이 명확해지는 것이다. 정당분획화가 되면 유권자가 정당의 이념을 정확히 인식하고 자신이 지지하는 이념에 기초한 정당을 지지하는 것이다. 반면 양극화는 유권자와 정당이 유리되고 정당간 감정적 양극화가 만들어지는 것이다.

정당 양극화는 정당체계 수준의 문제다. 정당체계 수준에서 정당과 정당의 거리가 벌어지는 것은 정당체계의 운영가능성과 효율성을 극단적으로 축소할 수 있다. 그런데 문제는 양당제에서 양극화이다. 다당제에서는 정당간 선명성 경쟁이 중요하게

되면서 분극화를 시도할 수 있다. 미국이나 한국이나 정당이 양극화 혹은 분극화되는 것은 사르토리의 표현을 빌리자면 정치적 자살행위나 마찬가지다.

정당양극화를 설명하기 위해서는 '인지적 양극화(cognitive polarization)'와 '감정적 양극화(affective polarization)'를 구분할 필요가 있다. 인지적 양극화는 합리성에 근거해 정당간 거리를 구분하는 것을 의미한다. 즉 쟁점입장에 기초한 분극화를 의미한다. 반면 감정적 양극화는 상대 정당에 대한 부정적인 감정에 기초한다.

한국 정당은 이념적으로 양극화되고 있다. 이에 대해서는 새누리당과 민주당 국회의원을 중심으로 한 정당분극화 여론 조사를 통해서 확인할 수 있다. 2016년까지 여론조사에 따르면 0부터 7까지에서 0이 가장 진보적이고 7이 가장 보수적일 때 민주당은 2000년에는 3.7에서 2016년에는 2.4로 바뀐다. 반면 새누리당의 경우 2000년 5.4에서 2008년 6.2로 상승하고 2012년 5.9가 나왔다가 2016년 5.4가 나온다. 즉 이념간 거리가 2000년에는 5.4에서 3.7로 1.7에 불과했는데 2016년에는 5.4와 2.4로 3.0으로 늘어난 것이다.

하지만 제시문의 주장처럼 민주당과 새누리당 현재 국민의 힘 사이의 거리는 일정 부분 벌어진 상황에서 더 크게 벌어지지 않는다는 반론도 있다. 즉 양극화는 이루어졌지만 더 진행이 되지는 않는 것이다. 다만 민주당이 좌로 이동하고 새누리당이 중도로 이동한 것은 나타나고 있다. 또한 유권자들도 감정적인 차원에서 정당의 차별성을 인지할 뿐이다.

제시문에 의할 때 한국정치에서 정당양극화 담론이 나오고 있는 것은 인지적 양극화보다는 감정적 양극화가 커지기 때문이다. 특히 쟁점 법안을 중심으로 여와 야가 대리하기 때문에 유권자 차원에서는 양극화가 크지 않음에도 불구하고 정당간에는 분극화가 진행되고 있다고 생각할 수 있다.

Ⅲ 정당－미디어 양극화에도 불구하고 유권자 영향에는 제한적인 이유 (8점)

정당들의 분극화에 비해 한국 유권자는 중도 성향이 강하다. 이를 구분하기 위해 합리적 선택을 하는 유권자인 무당파 유권자(40~50%), 소극적 지지층의 유권자(전체 유권자에서 50%), 적극적 지지층인 유권자(각 정당에서 2~5%정도)로 구분한다. 그리고 감정적 양극화는 주로 적극적 지지층에 영향을 미친다. (1~2점 가점 가능)

1. 정당－미디어 양극화에 저항하는 합리적 유권자 (4점)

유권자들이 정당의 양극화에 저항하는 것은 유권자들의 합리적 선택의 결과이다. 유권자는 합리적 선택을 통해서 정당과 후보를 선택한다. 따라서 정당이 감정적 양극화를 주도해도 이들은 이러한 감정적 양극화에 따르지 않는다.

합리적 선택이론에서 합리성이 중요하다. 이들 합리성에 기초한 유권자는 잘알고 있는 유권자(informed Voter)이다. 이들은 합리성에 기초해 판단하고자 한다. 이는 정체성에 기초해 투표하는 것을 거부하는 것이다.

2. 온건한 정당 지지자들도 이념에 대한 감정적 양극화를 거부 (4점)

정당을 지지하는 유권자들의 경우에도 이념적 성향의 차이가 크지 않다. 즉 이들은 감정적 양극화에 따라 투표하는 극단적인 경우보다는 부족한 정보를 채워서 투표하려는 이들로 볼 수 있다. 이는 uninformed voter일 가능성이 크다. 따라서 이들은 심리적 성향에 따르는 misimfored voter는 아니다. 그렇게 보면 약한 정당 지지자나 온건한 정당 지지자들은 이념에 따른 선택보다는 인지적 동원에 기초한 전략에 반응할 가능성이 크다.

하지만 한국의 유권자 지형에서 대부분의 유권자는 중도성향에서 진보와 보수적인 성향이 부분적으로 갈린다. 이들에게 정당은 포괄정당에 가깝다. 즉 정당간 이념의 차이가 크지 않다. 다만 어떤 쟁점으로 선거하는지에서만 차이가 있다. 따라서 유권자를 정당과 미디어가 양극화해도 이들은 크게 양극화되지 않는다.

(내용 보완)

1. 정당-미디어 양극화의 유권자에 대한 부정적 영향

정당들이 유권자를 분극화하게 하는 요인은 두 가지이다. 첫째, 선거경쟁에서 이념이 가장 잘 먹히는 쟁점이 되었다는 점이다. 둘째, 감정적인 동원을 하는 것이다.

또한, 미디어 특히 뉴미디어들도 두 가지 이유로 정당이 추진하는 분극화를 강화한다. 첫째, 자신을 영향력 있는 정치적 행위자로 만들기 위해서이다. 둘째, 자신들의 경제적 이익을 확보하고 의제 선점 능력을 키우기 위해서다.

정당-미디어의 분극화는 유권자들을 합리적이기보다 감정적으로 만든다. 이들에게 감정적 분극화를 하고 있고, 그 효과는 유권자들을 대중동원과 감정적 동원에 취약하게 만든다.

정치갈등의 해결을 방조하거나 저해한다. 혹은 유권자들의 갈등을 부추긴다. 이는 과거 지역주의처럼 동원에 의한 과도한 갈등을 만들 수 있다.

다른 중요한 사회적 갈등을 도외시하게 한다. 현실에서 중요한 문제들인 위생과 보건문제나 불평등 문제보다 상대 정당에 대한 반감에 집중하게 할 수 있다.

2. 정당-미디어 분극화의 유권자에 대한 긍정적 영향과 평가

정당과 미디어 분극화의 부정적 영향에도 불구하고 부수적인 긍정적인 영향이 있다. 첫째, 유권자의 선택을 단순하게 해준다. 선거에서 쟁점이 단순

화된다. 둘째, 부정적인 선거전략으로 인해 부분적으로는 투표율을 높일 수 있다. 실제 상대 정당이 당선되지 않기 위해 자신이 지지하는 정당을 선택하기 위해 투표에 더 열심히 참여할 수 있다. 셋째, 정당과의 공동체감을 가질 수 있다. 정서적인 교류를 하여 공동체감을 가질 수 있다.

그런데도 정당과 미디어에 의한 분극화는 유권자까지 감정적 분극화로 이끌 수 있다. 이것은 정치체제에 부담을 줄 수 있는바 이를 다음 장에서 논해본다.

Ⅳ '정당-미디어-유권자 분극화'의 정치체제에 대한 영향

1. 정치 체제 개념정의 (2~4점)

분석을 위해서 '정치체제'를 개념화할 필요가 있다. 정치체제는 유권자와 정치 제도 간의 관계를 아우르는 개념이다. 체제는 구조기능주의에서 주로 사용했던 개념으로 유기성을 강조하는 개념이다. 즉 투입과 산출과 처리과정을 중심으로 정치를 파악하려는 입장이다.

분석을 위해서 정치체제는 제도 분석에 초점을 둔다. 앞서 유권자 측을 이미 분석하였기 때문에 정치 제도들을 구분한다. 첫째, '정부형태', 둘째, '정부와 의회 간 관계', 셋째, '정당 체계'로 규정한다. 다만 분석상 정당체계의 영향이 우선이기 때문에 정당체계부터 분석한다.

2. 정치체제 분석

(1) 정당체계 수준: 경쟁의 극단화 (4~5점)

정당 간 양극화가 강화되는 것은 정당 체계에서 경쟁성을 강화한다. 이는 한국 정당 체계 수준인 양당제에서 양당의 경쟁이 극단화된다. 이념 간 경쟁이 강화되면 정당간 타협가능성이 떨어진다. 문제는 양당제가 고착된 상황에서 양

극화가 될 경우 유권자들은 우선은 양당을 정치적 대안으로 선택할 것이다. 즉 새로운 정당 진입을 막을 것이다.

그러나 장기적으로는 극화가 심각하게 되면 유권자들은 제 3지대의 정당이 지지하게 될 수 있다. 이런 상황은 2016년 '국민의 당'이라는 제3당의 등장과 같은 상황을 만들 수 있다. 정당 간 분극화는 그런 점에서 이념이 인지적으로 분극화되거나 정당분획화가 되지 않은 한국정당들에 각자 이념에 대한 이론적 선명성을 요구하지만 감정적 대응만으로 유권자들과 정당체계를 유리시킨다.

정당 간 양극화가 양당 위주로 진행되면서 양 진영의 이념 간 거리를 멀게 하면 정당 체계 수준에서 정치 안정성은 떨어진다. 정치 안정성이 정책이 효율적으로 작동하게 하는 것이라면 양극화는 통치가능성과 정치안정성을 악화시킨다.

한편으로 국회선진화법에 따라 초 다수결주의를 사용해야 한다. 감정적 양극화에 따라 정당양극화가 되면 정당 간의 협력 강화가 필요한 상황에서 극단적인 대립으로 이어질 수 있다. 쟁점법안의 경우 정쟁이 심화될 가능성이 크다.

정당체계 차원의 현저성을 강화하는 장점이 만들어질 수 있다. 현저성은 정당체계 수준에서 유권자에게 정당들이 선명하게 드러나는 것을 의미한다. 이런 긍정적인 측면에도 불구하고 대체로 정당양극화는 부정적으로 작용할 것이다.

첫째, 정당 간 타협 가능성을 대폭 낮춘다. 정당이 중심인 대의민주주의가 타협을 통해서 운영된다면, 정당 양극화는 이런 타협의 여지를 없앤다. 둘째, 감정적 분극화로 인해 상대정당과 후보에 대한 적개심이 늘어나 정치적 사실관계 파악을 어렵게 한다. 셋째, 대의민주주의와 정당정치 전체에 대한 유권자들의 실망이 늘어난다. 분극화에 저항하거나 거부하는 이들이 늘어나면 서 부동층이 오히려 더 늘어날 수 있다.

(2) 정부형태 차원: 대통령 경쟁 격화와 정치 안정성 약화 (4~5점)

대통령제는 양당제와 친화적이지만 분극적 양당제와는 친화적이지 못할 가능성이 크다. 만약 양대 정당 사이에서 다수당이 오간다면 대통령 소속정당이 의회 다수당이 되지 못할 가능성이 크다. 이는 분점 정부의 가능성을 높인다. 초 다수결주의까지 가세할 경우 여당은 의회를 중심으로 행정부를 지원할 수 없게 된다. 이것은 대통령제의 정치 안정성을 약화할 것이다.

정당양극화는 단임제 대통령제에서의 경쟁성은 더욱 강화될 것이다. 대통령과 여당의 쟁점 법안이나 정책에 대해서 야당의 견제가 더욱 강화될 것이다. 이는 인지적 측면이 아니라 감정적 측면에서 발생할 것이기 때문에 더욱 타협책을 찾기 어렵게 할 것이다.

부분적으로 정당양극화는 정부의 책임추궁성이 높아지고, 견제와 균형을 강화한다고 볼 수도 있다. 하지만 대통령제에서 정치 안정성 즉 통치가능성에는 부정적인 영향을 미칠 가능성이 크다. 결론적으로 정당양극화와 대통령제의 경쟁성과 전취구조는 원인과 결과로 상호를 강화할 것이다.

(3) 정부와 의회 차원: 정당을 기반으로 한 경쟁 강화 (4~5점)

정당양극화는 정부와 의회의 관계도 악화시킬 가능성이 크다. 현재 행정부와 의회의 관계는 대통령제에서 '행정부 vs. 의회'의 대립구조는 아니다. 이보다는 내각제 형태의 '정부─여당 vs. 야당'의 관계가 강화된다. 즉 정당의 규율이 강하고 의회를 여당과 야당이 지배하면서 의회는 하나의 주체로서 정부를 견제하는 것이 아니라 여당은 정부에 협력하고 야당은 여당과 다투면서 한편으로는 정부를 견제한다.

따라서 이런 관계에서 정당 양극화는 '정부-여당' vs. '야당'의 대립을 강화한다. 이는 의회의 제도화를 방해한다. 즉 의회가 대정부 견제기능을 수행하는 것은 정당별로 분리하게 만든다. 또 정당 대립은 의회의 분열로 이어져 행정부에 대한 견제를 불가능하게 만든다. 즉 정부와 의회의 경쟁이 정당 간 경쟁으로 치환된다.

물론 이 부분을 정당민주주의가 중심이 되어 책임을 추궁한다는 측면으로 긍정적으로 볼 수 있지만, 현실적으로 의회가 무력화된다는 단점이 더 크다. 즉 의회의 신뢰성이 낮은 상황에서 이를 더욱 악화시킬 수 있다.

Ⓥ 결 론

정당과 미디어가 유권자의 분극화를 추동하면서 한국 정치는 구심적이기보다는 원심적인 정치로 나가고 있다. 대의민주주의에서 중요한 것이 '타협의 가능성'이란 차원에서 현재 정당-미디어를 통한 분극화 현상은 정치체제 전반에 부담을 준다.

제026문 '합리적 선택이론'으로서 전략적 투표

투표(voting)에서 유권자의 선택 원인은 크게 '사회적요인'과 '합리적 선택 요인'으로 구분된다. 유권자들이 투표를 통해 특정후보와 정당을 지지한다고 할 때 두 설명은 존재론과 인식론의 방법론을 달리한다. 이 중 합리적 선택이론은 유권자의 '선호(preference)'인식과 지지 후보자의 '당선가능성'인식을 가정한다. 다음 질문에 답하시오. (총 40점)

(1) '투표(voting)'에 대한 '사회적요인'과 '합리적 선택 요인'의 방법론적 차이를 비교하시오. (10점)

(2) 합리적 선택이론에 따를 때 유권자의 '전략적 투표(strategic voting)'행태를 '후보자의 수(number)' '당선자 결정방식' '여론조사의 신뢰성(당선가능성 예측의 신뢰성)'이란 요인들을 통해서 설명하시오. (15점)

(3) 2016~2020년 시기 한국의 '다당제'와 '단순다수제의 선거제도'상황에서 유권자들의 '전략적 투표(strategic voting)'를 '진실한 투표(sincere voting)'로 바꿀 수 있는 제도적인 방안을 논하시오. (15점)

cf. 이 문제는 2016-2020년 사이 다당제 시기 만들어진 문제이다. 2020년 이후 양당제로 전환되었다.

문제의 맥락과 포인트

선거와 투표는 다르다. 이 문제는 개인들의 행위인 투표를 다루는 문제이다. 투표를 할 때 합리적인 유권자는 몇 가지 요인들에 의해 전략적 투표를 한다. 그러나 이것은 대의민주주의에서 대표성을 높여야 한다는 명제와 상반된다. '전략적 투표' 대신 '진실한 투표'라는 유권자 개인의 행태를 바꾸기 위해서는 문화와 교육이 아닌 제도가 중요하다. 이 문제는 '제도'를 통해서 어떻게 개인 '행동'인 투표 양태를 바꾸는지를 다룬다.

Ⅰ 서 론

18대 대선에서 문재인 후보는 48% 득표율에 14,692,632표를 받았지만 낙선했다. 그러나 19대 대선에서 문재인 후보는 41.1% 득표율에 13,423,800표를 받았으나 당선되었다. 양자경쟁이 아닌 다자경쟁에서 더 낮은 득표율과 득표수로 인해 유권자에게 전략적 투표를 강요한다. 현재 한국 정당체계가 다당제로 운영되는 상황에서 유권자들은 대선과 총선에서 '전략적 투표(strategic voting)'를 할 개연성이 높다. 그 이유를 살펴보고 해결책을 모색해본다.

Ⅱ 투표행태 비교: 방법론 차원에서

위의 지문에 제시된 대로 존재론과 인식론의 두 가지 방법론을 사용하여 비교한다.

1. '사회적 요인'에 의한 투표

존재론적으로 보면 사회적 요인은 개인의 투표행위라는 선택을 개인의 합리성이라는 '개인적' 차원이 아니라 '사회적' 차원에서 설명한다. 즉 개체와 비교했을 때 구조를 통해서 설명하는 것이다. 정치사회학에서 주로 사용하는 방법론으로 사회가 개체를 구성하고 개체의 판단의 근거를 제시한다는 것이다. 이때 사회적 요인은 거주 지역, 출생 지역, 사회의 문화, 교육수준 등이 있다. 이러한 요인들이 개인적 선택 특히 정치학에서는 투표선택을 결정하는 것이다. 지역주의투표 행태를 설명할 때 원적지나 거주지의 정서와 애착감으로 설명하는 것이 대표적이다.

인식론적 차원에서 볼 때 사회적 요인의 설명은 인간의 정서를 강조함으로써 인간의 독자적인 선호 파악 능력을 인정하지 않는다. 자유주의가 이야기하는 개체의 '합리성' 가정을 거부하고 개체의 '정서성'을 강조한다. 개인의 독자적인 정치적 판단능력 보다는 주변 사회로부터의 학습과 교육에 의해서 판단이 이루어진다고 보는 것이다. 정치사회학에서 강조하는 정치사회화이론이 여기에 해당한다.

2. '합리적 선택'에 의한 투표

존재론적으로 합리적 선택이론은 개체론에 근거하고 있다. 앞의 사회적 요인이 정치사회학적인 방법론에 기초하고 있다면 합리적 선택이론은 정치경제학에 기초하고 있다. 사회학이 사회적 요인에 의한 인간의 행동결정을 강조하는 것과 달리 합리적선택은 합리성이라는 개인 자신이 사회와 독립적으로 선호를 구성할 수 있다고 본다. 즉 도구적 이성을 가정으로 하여 자신의 선호를 알아낼 수 있다는 가정 특히 일관된 선호가 있다는 가정을 가지고 있는 것이다. 이를 위해서 합리성은 외부적인 간섭과 관계 없이 개인 스스로 판단해낼 수 있는 능력이고 이를 가능하다고 여기는 가정이다.

인식론 관점에서는 합리적 선택이론은 합리성을 받아들인다. 합리성이라는 것은 자신에게 무엇이 좋은지를 판단해내는 능력이다. 합리성은 선호의 일관성 즉 A에 대한 선호가 B에 대한 선호보다 우선시되고 B에 대한 선호가 C에 대한 선호보다 우선시 될 경우 A에 대한 선호는 B에 대한 선호보다 우선시되는 조건을 충족하고 이러한 선호가 장기간에 걸쳐 유지되면 성립한다. 여기에 더해 합리성은 기대효용의 선호를 비교할 수 있을 때 가능하다. 이를 위해서는 완전정보라는 가정이 있지만 이 가정은 다소 낮추어도 합리적 선택을 하는 데 큰 문제는 없다.

Ⅲ 합리적 선택차원에서 전략적 투표 결정요인

투표를 하는 데 있어서 유권자들이 합리적으로 투표를 하는 경우 자신이 선호하는 정당이나 후보자가 당선될 확률이 높지 않은 경우 유권자들은 자신의 선호대로 투표하는 '진실한 투표(sincere voting)' 대신 '전략적 투표(strategic voting)'를 수행한다. 전략적 투표는 당선이 될 정당과 후보자에게 몰려가는 '편승효과(bandwagon effect)'에 기초한다. 이 원인을 제시문의 3가지 요인을 통해서 분석한다.

1. 후보자의 수

후보자의 수는 '전략적 투표(strategic voting)'에 직접적으로 영향을 준다. 후보자의 수가 늘어나면 유권자들은 전략적 투표를 할 확률이 늘어난다. 후보자가 다자경쟁을 할 때 소수 후보자를 지지하는 유권자들은 자신의 후보가 당선될 확률이 더 낮아진다. 후보가 2명일 때 당선될 확률보다 3명이고 이 중 소수지지를 받는다면 당선확률은 더 떨어진다. 따라서 소수 후보를 지지하는 유권자들은 자신이 선호하는 정당이나 후보자 대신에 당선확률이 높은 후보나 후보자를 지지한다. 이것은 혼합선거제도에서 잘 나타난다. 20대 총선에서 '국민의 당'의 경우는 정당득표는 2위지만 호남을 제외한 지역에서는 3석밖에 당선되지 못한 것이 대표적 사례다.

이 논리에 기초할 때 후보자의 수로만 정리하면 양자 경쟁이 가장 진실한 투표를 하게 만들 수 있다. 양자 경쟁에서는 자신이 좋아하는 후보가 둘 중 하나가 된다. 또한 자신이 싫어하는 후보도 하나로 축소된다. 따라서 유권자가 선호를 혼동하기 쉽지 않다. 다자 경쟁에서는 후보자가 많아지면서 당선될 후보와 자신이 선호하는 후보가 일치할 확률이 줄어든다. 이것은 아래의 제도요인과 여론조사의 신빙성에도 영향을 받는다.

반론의 답안 쓰기 여부

이에 대한 반론도 있다. 대통령선거에서 소수 후

보자들에 대한 지지를 철회하지 않는 경우들이 있다. 이것은 다음 선거에서 당선확률을 높이기 위해 인지도를 높이는 후보와 유권자들의 전략적 판단이다. 한편으로는 합리적선택을 하지 않고 유권자들이 지역주의, 이념과 같은 특정 이슈에서 정체성을 확인하는 경우에도 전략적 투표가 나타나지 않는다.

그러나 이런 반론은 이 답안에서는 글로 쓸 필요는 없다. 첫째, 이 문제는 후보자 수가 과연 영향을 미치는가를 세부적으로 '논쟁'하는 문제가 아니다. 이 문제에서는 후보자 수가 영향을 미치는 과정을 '설명'하는 것이 중요하다. 그리고 이 전제가 받아들여져야 뒤에서 해결책 모색을 논의하는 가정이 성립한다. 둘째, 이 문제에서는 합리적 선택이론에서 전략적 투표가 어떤 요인에 의해서 영향을 받는지에 관심이 있다. 전략적투표가 되는지의 논쟁은 여기서 문제의 핵심이 아니다. 셋째, 분량도 불가능하다. 논쟁을 만들어서 다른 주제의 분량도 채우지 못하고 공연히 일을 키울 수도 있다.

2. 당선자 결정방식

당선자 결정방식은 '전략적 투표(strategic voting)'에 영향을 미친다. 듀베르제 법칙은 선거에서 당선자 결정방식이 어떻게 정당과 유권자에게 영향을 미쳐 정당체계를 구성하는지를 설명하면서 '전략적투표' 이론의 토대를 최초로 만들어주었다. 듀베르제에 따르면 선거제도는 정당의 진입을 결정하는 '기계적 효과'와 유권자의 사표방지 심리를 결정하는 '심리적 효과'에 의해서 정당체계를 결정한다. 이때 심리적 효과가 전략적투표를 결정한다.

이 논리를 구체적으로 설명한다. 먼저 기계적 효과가 작동한다. 선거제도에서 단순다수제를 선택하면 정당은 소수 지지를 받는 경우 자신이 받은 표로는 당선될 확률이 떨어지기 때문에 정당은 진입을 포기한다. 만약 선거에서 15% 정도의 득표를 하는 정당이라면 비례대표제에서는 이 득표비율로 의석이 전환되지만 단순다수제에서는 다른 정당이 1표라도 더 받으면 당선되고 이런 경우 사표가 될 확률이 높다. 따라서 정당은 선거제도를 통한 경쟁에 뛰어들지 않는다.

심리적 효과는 유권자에게 작동하는 것으로 전략투표는 이 요인과 관련된다. 단순다수제를 사용하는 경우 정당이 진입을 안 할 것으로 예상하는 유권자는 한편으로 정당이 진입을 한다고 해도 자신이 선호하는 정당에 지지표를 보내지 않을 확률이 높다. 사표 방지 차원에서 유권자는 자신의 표가 버려지는 것 보다는 자신의 지지정당이나 후보자에 유사한 이익을 반영하면서 당선가능성이 높은 정당과 후보를 지지하게 된다. 따라서 유권자들은 당선가능성이 높은 정당과 후보로 몰려가게 된다. 일명 편승효과가 생기는 것이다.

유권자의 이러한 심리는 기대효용모델을 통해서 설명할 수 있다. 기대효용모델에 따르면 기대효용값은 다음의 공식으로 결정된다. EU(A 정당/ 후보자) − EU(B 정당/ 후보자) < 0. 즉 자신이 가장 좋아하는 정당이나 후보자 A가 당선될 확률(Expectation)과 당선시 얻게 되는 효용 값(Utility)이 자신의 차순위 정당이나 후보자가 당선될 확률(Expectation)과 당선시 얻게 되는 효용값(Utility)보다 작은 경우 유권자는 차순위 정당이나 후보를 지지하는 것이다. 이때 기댓값이 자신의 지지 정당이나 후보자가 당선될 확률이 적을수록 자신의 표가 당선에 기여하는 확률(Expectation) 즉 (자신의 표/전체 유권자)은 0에 가깝다. 따라서 당선시 효용이 높다고 해도 실제 당선가능성이 너무 떨어지는 것이다. 이런 경우 당선시 효용은 약해도 당선될 확률이 높은 정당이나 후보자를 지지하게 되는 것이다.

3. 여론조사의 신뢰성

선거 직전 여론조사의 신뢰성도 '전략적 투표(strategic voting)'에 영향을 미친다. 선거 결과 전에 여론조사에서 자신이 지지하는 정당과 후보자의 당선 가능성은 자신의 표가 사표가 될 확률을 결정한다. 다만 이것은 단순다수제에서 사표가 되는 경우이다. 비례대표제에서는 여론조사의 결과대로 선거결과가 나와도 사표가 없기 때문에 사표방지 심리는 없다.

그러나 단순(상대)다수제의 경우에 여론조사 결과는 확률(Expectation) 즉 (자신의 표/전체 유권자)를 구체화해주는 것이다. 앞에서 본 것처럼 합리적 선택이 가능하기 위해서는 자신의 '선호도'를 아는 것과 함께 지지 정당과 후보자의 '당선가능성'을 알아야 한다. 이때 여론조사 결과가 정확할수록 사전 예측과 사후 결과가 동일해질 가능성이 높다. 이것은 합리적인 유권자의 사전 결정에 영향을 준다. 즉 자신의 후보자가 당선될 확률이 15%로 구체적으로 나오면 떨어질 확률의 정확성도 그만큼 높아진다. 사표방지심리를 강화할 수 있다.

Ⅳ 한국의 전략적 투표를 진실한 투표로 전환하는 방식

한국 유권자들이 '다당제'를 선택했다는 점을 전제로 할 때 민주주의 대표성증대를 위해 '전략적 투표'를 '진실한 투표'로 바꿀 수 있는 제도적인 방안은 선거제도를 개편하는 방안이 있다. 특히 앞의 전략투표를 결정하는 3가지 요인인 '후보자의 수'나 '여론조사의 신뢰성'을 인위적으로 변경할 수 없기 때문에 선거제도를 통한 방안 모색이 핵심이다. 이 중에서 중 '당선자 결정방식'을 개편하는 방안과 '기표방식'을 개편하는 방식이 있다.

● 대안 목차(서술)

Ⅳ 한국의 전략적 투표를 진실한 투표로 전환하는 방식

한국 유권자들이 다당제를 선택한 상황에서 전략적 투표가 빈번하다는 점은 상대적으로 당선가능성이 낮은 군소정당들의 대표성이 낮다는 것을 의미한다. 군소정당들의 의회진입기능성을 높이는 차원에서 유권자들의 선택을 '전략적 투표'에서 '진실한 투표'로 바꾸는 선거제도방안을 모색한다.

1. 당선자 결정방식의 변화

선거제도를 통한 개편안 중에서 먼저 수정할 것은 현재 선거제도의 당선자결정방안인 단순다수제를 바꾸는 것이다. 단순다수제는 상대적으로 거대 정당에 유리하고 군소정당에 불리하다. 단순다수제도는 영국과 미국처럼 계급 균열이 뚜렷하거나 양당제 운영이 명확한 경우에 선택된다. 이들 국가들에서는 군소정당들이 반영할

'사회 균열(social cleavage)'의 수가 적다. 따라서 민주주의에서 사회적 의사 결정구조를 단순다수제를 택함으로써 거대 정당에게 표를 몰아주어 양당제를 강제하는 것이다. 하지만 레이파트의 분석처럼 대다수의 유럽 국가들은 종교, 언어, 인종에 있어서 다양한 '사회균열' 구조를 가지고 있다. 이런 다양한 사회균열과 사회균열의 중첩과 교차가 있는 국가에서 단순다수제는 상대적으로 사회 분포도가 적은 사회균열의 저대표현상을 가져온다.

한국에서도 지역을 통한 균열과 이념을 통한 사회균열이 교차해서 나타나고 있다. 또한 세대 간 갈등과 함께 젠더갈등과 다문화주의의 갈등과 생태계 문제 등이 사회균열이 나타나고 있다. 이런 상황에서 한국은 대통령선거와 의회선거 모두 단순다수제를 선택하고 있다. 따라서 소수의 가치를 대표하기 위해서는 단순다수제를 수정할 필요가 있다.

먼저 의회 선거의 경우는 비례대표제확대방안을 모색할 수 있다. 한국에서는 혼합형선거제도를 사용하고 있다. 지역구선거와 비례선거를 병행하는 데 비례의석이 전체 의석 300석 중 47석에 불과하여 비율로 17%이다. 군소정당의 지지율을 제도적으로 반영하기 위해서는 의회선거에서 비례대표제 부분을 바꾸는 방안이 있다.

비례대표제를 수정할 때 먼저 연동형 비례대표제를 모색할 수 있다. 최근 논의되고 있는 연동형 비례대표제는 독일식 비례 대표제이다. 의회선거에서 정당이 받은 지지율로 먼저 정당의 의회 내 전체 의석을 산정한다. 그리고 지역구선거에서 얻은 의석수를 제외한 의석을 비례의석에서 배분하는 것이다. 이것은 지역구에서 전략투표로 인해 의석을 못 받는 정당들에게 정당투표라는 진실한 투표를 하는 비례 대표제에서 받은 의석에 비례해서 전체 의석을 배분하는 것

이다. 정당투표에서 유권자들의 정당지지율이 정확한 정당에 대한 선호이고 이 선호에 기초하여 전체의석을 배분하는 원리이다. 이 제도는 독일에서 상요하고 있다. 실제 정당의 득표율과 의석수 사이가 일치한다. 이는 제도변경을 통해 확실하게 군소정당들의 지지율에 비례적으로 전체 의석을 확보할 수 있게 한다.

다른 방안으로는 전체 의석수 증대방안이 있다. 혼합선거제도에서 비례의석수를 증대하면 상대적으로 정당의 대표성 즉 의석전환을 통한 사회적 균열의 반영이 가능해진다. 현재 선거제도에서 47석에 불과한 비례의석수를 증대하여 군소정당들의 의회내 진입가능성을 높이는 것이다. 가장 바람직한 수는 전체 의석을 360석정도로 하고 이 중 지역구를 240석으로 조정하고 비례의석수를 120석 정도로 하는 방안이다. 이 방안은 비례의석수를 전체 의석수의 1/3까지 증대함으로써 대표성과 비례성을 높일 수 있다.

이 방안은 독일식 연동형 비례제도와 병행할 수도 있고 현재 한국이 사용하고 있는 비연동형 비례대표제와 병행할 수도 있다. 현재 한국이 사용하는 제도는 정당이 얻은 득표율을 비례의석수에 곱하여 의석을 산출하는 방안이다. 이 방아에서도 비례의석수를 증대하면 대표성을 높이는 결과를 가져올 수 있다.

다음으로 대통령제의 경우에도 단순다수제를 바꿀 수 있다. 대통령제도에서는 대통령이라는 한 자리를 선발한다. 정당의 지지율을 통해 의석을 나눌 수 없다. 이때 단순다수제를 수정하는 방안으로는 결선투표제를 활용하는 방안이 있다.

결선투표제도는 특정 기준을 충족한 후보를 당선시키는 것이다. 현재 한국의 다당제 경쟁은 대통령선거에서도 다자간 경쟁을 만든다. 실제로 19대 대선의 경우 사전 지지율 5%의 후보가 총 5명이 되었다. 이런 상황에서 당선자는 1/2 이상의 득표를 하지 못할 가능성이 높다. 이는 통치의 정당성에도 문제를 가져올 수 있다. 또한 다당제구조에서 분점정부가 상시화된다고 가정할 때 당선이후 통치의 효율성에도 문제를 가져올 수 있다. 따라서 결선투표제를 사용함으로써 1차 투표에서 1/2이상 득표를 하지 못한 경우 2명의 후보로 압축하여 2차 투표를 진행한다. 양자 간 경쟁의 압축은 진실한 선호를 드러내게 할 수 있다. 또한 자신의 원하는 후보 뿐아니라 자신이 최악이라고 생각하는 후보를 떨어뜨리는 선거로도 작동한다. 이렇게 2차 투표는 당선자에게 1/2 이상의 지지를 인위적으로 만들어줄 수 있다.

결선투표제의 사용은 다당제에서 정당연대나 연합을 유도할 수 있다. 1차 선거에서 당선자가 나오지 않을 가능성이 높을수록 유권자들은 '진실한 투표'를 할 가능성이 높다. 2차 투표에서 정당연합이나 정당연대를 구성할 때 자신의 발언권을 높이기 위한 것이다. 의원내각제도와 같이 연립정부를 의도적으로 강제할 수는 없지만 대통령제도에서 정당간의 지지의사를 확인할 수 있는 방안이다. 이러한 제도운영방식은 정당들 간의 연대를 통해 '다당제＋대통령제' 조합에서 분점정부의 운영문제를 해결할 수 있는 제도적인 방안을 제시할 수 있다.

2. 기표 제도의 변화

두 번째는 선거제도 중 기표방식을 바꾸는 것이다. 현재의 단기 비이양식에서 단기 이양식으로 바꾸는 것이다. 기표방식에는 단기 비이양식과 단시 이양식이 잇다. 단기 비이양식은 유권자가 자신의 선호 중 가장 좋아하는 후보나 정당 하나를 투표용지에 기표하는 방식이다. 단기 이양식은 유권자가 자신의 선호순서대로 모든 후보자에게 기표를 하는 방식이다. 이런 방식이 선호투표방식이다.

선호투표 방식의 변화는 현재의 단기 비이양식을 단기 이양식으로 수정하는 것이다. 선호투표방식 즉 자신의 선호를 기록하여 그 선호를 종합하여 정당과 후보자 중에서 당선자를 선택하는 방식으로 바꾸는 것이다. 이때 유권자는 자신의 정확한 선호를 순위대로 기록할 수 있다. 따라서 '전략적 투표'의 여지가 없어진다.

물론 이 제도의 단점도 있다. 첫째, 투표에 따르는 비용이 많이 든다. 둘째, 자신의 지지후보만 1순위로 하고 후순위에 대해서 관심이 없어서 장난으로 후보를 지지할 수도 있다. 셋째, 종합적으로 2위를 한 후보가 전체 득표에서 당선되는 수도 있다. 그래서 정확한 사회적 선호가 반영되지 못할 수도 있다. 그럼에도 불구하고 유권자들은 자신의 선호를 기록함으로써 전략적 투표를 할 확률을 줄인다. 또한 투표비용은 최근 기술발전으로 줄일 수 있다. 그리고 선호투표제도를 활용하다보면 선호제도의 부작용을 줄일 수 있어서 제도변경이 불가능하지 않다.

대표제의 '의석수 확대'와 '연동형 비례대표제로의 변경'과 대통령제도에서 '결선투표제'의 도입이 고려될 수 있다. 또한 기표방식을 단기이양식으로 바꾸는 방안도 고려될 수 있다.

● 대안 목차 1

1. 제도변경의 목적: 군소정당에 대한 저대표성의 극복

2. 제도방안: 당선자 결정방식과 기표방식의 변화

Ⅴ 결 론

한국에서 단순다수제 선거와 사회균열의 다양화는 유권자들이 '전략적 투표'할 유인을 높인다. 이를 해결하기 위해서는 의회제도에서 비례

투표방향성과 제도론 관점의 투표율

제도적 정치참여에서 가장 중요한 것은 유권자의 '투표(voting)' 행위다. 유권자의 투표율을 결정하는 요인으로는 합리적 선택에 따른 설명(합리성투표)과 정체성에 따른 설명(정체성투표)로 나눌 수 있다. 정체성 투표는 정치사회화를 강조한다. 다음 질문에 답하시오. (총 40점)

(1) 라이커와 오데슉의 모델인 R=P×B−C+D는 다운스의 모델을 수정한 이유와 수정한 내용을 설명하시오. (10점)

(2) 라이커와 오데슉의 모델인 R=P×B −C + D에서 '투표율'을 높일 수 있는 요인들을 설명하고, 정체성투표에서 투표율을 높일 수 있는 요인들을 설명하시오. (20점)

(3) '제도론' 관점에서 사전투표제도의 도입이 합리성 투표와 정체성 투표의 '투표율 증가'에 미치는 효과를 비교하시오. (10점)

 문제의 맥락과 포인트

투표의 기본 모델이 합리적 선택모델이다. 이 모델은 다운스의 모델이다. 투표율을 높이기 위해서 다운스의 모델의 수정 모델인 라이커와 오데슉의 모델을 이용해서 정책을 만들 수 있다. 또한 합리적 선택이론의 반대편에 정체성 투표 모델이 있다. 이 모델과의 비교도 정당양극화에서 중요하다.

Ⅰ 서 론

2024년 총선 사전투표율은 31.28%로 21대 총선의 26.69%와 20대 총선의 12.19%보다 높아졌다. 이는 총선투표율로도 이어져 22대 총선은 67%를 기록했고, 이는 21대 66.2% 20대 총선 58%보다 높고, 사전투표제가 없던 19대 총선 54.2%보다 13%가량 높다. 제도가 투표율에 영향을 미친다면 적극적 지지층의 정체성투표와 무당파층의 합리적투표에 각각 어떻게 영향을 미치는지 살펴본다.

대안 목차

2022년 20대 대통령선거의 사전투표율은 36.9%로 이는 19대 대선의 사전투표율 26.06%보다 10%이상 높다. 반면에 20대 대선 투표율은 77.1%로 19대 대선의 77.2%보다 0.1% 낮다. 이런 결과는 정당일체감을 가진 유권자나 정당일체감을 가지지 않은 유권자 모두 사전 투표를 활용했지만, 실제 최종적 투표 결과로 볼 때 무당파의 투표율을 극적으로 끌어올렸다고 보기는 힘들다. 이런 상황을 고려해 투표이론에서 유권자들의 투표 방향성과 제도 도입에 따른 투표율 변화를 살펴본다.

Ⅱ 라이커와 오데슉의 다운스 모델 수정

1. 수정한 이유: 투표의 역설 발생 (3~5점)

라이커와 오데슉의 이론은 다운스(A. Downs) 모델이 가진 문제점인 투표의 역설 문제를 해결하기 위해 만들어졌다. 다운즈의 모델은 개인의 합리적 선택을 설명하는 모델의 대표적인 이론이다. 다운즈 모델은 'R=P×B−C'라는 공식으로 구성된다. 여기서 R(Reward)은 개별 유권자가 얻는 보상을 의미하며 P(Probability)는 유권자의 한 표가 선거 결과에 결정적 영향을 줄 수 있는 확률을 의미한다. B(Benefit)는 자신이 지지하는 후보가 당선되었을 때 얻는 이득을 의미하고 C(Cost)는 투표에 소요되는 비용을 의미한다. 이 공식에서 R > 0 일 경우에는 투표에 참여한다. 이것은 보상으로 얻는 이익이 비용보다 크다는 것을 의미한다.

그런데 현실적으로 이 모델은 문제가 있다. 개인이 선거에 영향을 줄 수 있는 확률인 P가 거의 0에 가깝다. 따라서 이득이 실제로 크다고 해도 P×B는 0에 가깝게 된다. 그런 경우 비용 C는 항상 P×B보다 클 수 밖에 없기 때문에 R < 0 즉 보상이 마이너스가 되는 상황이 발생한다. 이것은 실제 투표를 하지 않는 것이 합리적인 '투표의 역설'이 발생한다. 하지만 비용이 크다는 모델의 설명에도 불구하고 대부분의 사람들은 정치에 참여 하고 있다.

2. 해결방법: 선택적 유인의 추가(5~7점)

라이커와 오데슉은 선택적 유인을 추가하여 '투표의 역설'을 해결하고자 했다. 다운스 모델에서 투표의 역설이를 해결하기 위해서 두 가지 방안이 제시되었다. 첫째, '집단적 이해(collective interest)'와 둘째, '선택적 유인'(selective incentives)이다. 여기서 '선택적인 유인'이란 참여 과정 그 자체에서 얻어지는 효용이라는 측면에서 과정적인 유인으로, 선거 결과를 기다리는 데서 오는 흥미나 정당활동을 통해서 배우는 정치에 대한 흥미 같은 것이다. 이는 직접적인 정치 참여를 통해서만 얻어지는 것이다. '집단적인 이해'란 개인의 정치 참여가 공공재를 가져다 줄 수 있는 확률을 이성적으로 생각할 수 있는 것 보다 훨씬 높이 평가하는 것을 말한다.

선그들의 모델은 R=P×B−C+D를 통해서 설명하면서 선택적 유인인 D를 통해 다운스를 보완했다. 다운스가 창안한 합리적 선택이론을 라이커와 오데슉(Riker and Ordeshook)은 개인들의 투표와 정치참여의 선택을 수리모델로 제시하면서 체계화 했다. 그들은 투표를 하는 행위의 개인들의 효용을 통해서 합리적 선택으로서 사회적 선택을 설명하였다. 즉 선택적 유인을 강조했다.

이 모델은 다운스의 수리모형을 보완해서 D를 강조하고 있다. 시민적 의무감 혹은 효능감(efficacy)는 주관적인 만족감이다. 이러한 주관적 만족감이라는 심리를 도입함으로서 합리적 선택이론이 정확히 효용이라는 객관적 기준에 의해서만 시민들이 투표를 하는 것은 아니라는 점을 밝혔다. 이 부분에서 합리적 선택이론의 설명 자체가 거부된다는 약점이 있다. 하지만 '시민적 의무감'과 '시민적 효능감'은 참여를 설명하는 유용한 도구이다. 투표를 할 것인지 말 것인지는 누구를 선택하는가와 다른 문제이다. 다운스는 투표를 하는 것이 민주주의의 유지라는 차원에서 혜택이 있다고 하였다. 한편 투표 자체를 통해 자신을 드러내는 '표현적' 혜택을 볼 수 있다는 점에서 다소 합리적 선택으로 설명할 수 있다.

참고 라이커와 오데슉 모형의 명칭

R=PB−C+D

where R=the citizen's net reward from voting

P=the citizen's subjective probability of casting a decisive ballot

B=the citizen's candidate differential benefit (the difference in expected utility provided by the citizen's preferred candidate versus the citizen's less preferred candidate)

C=the citizen's costs of voting, and

D=the citizen's psychological benefit from voting (Riker & Ordeshook, 1968, 28). If voting is rational, the citizen only votes if R > 0[15]

Ⅲ 유권자의 투표율 설명: 합리적선택이론과 정체성투표이론

합리적 선택이론에서 투표율에 영향을 미칠 수 있는 요인을 설명하고, 정체성투표이론에서 투표율에 영향을 미칠 수 있는 요인을 설명한다. 이 요인들이 다음에 사전투표제도변화와 어떤 관계가 있는지 살펴본다.

1. 합리적 선택이론의 투표율 결정 원인 (10~12점)

주어진 합리적 선택이론의 모형은 R=P×B−C+D이다. 이것은 다운스의 'R=P×B−C'을 라이커와 오데슉이 보완한 것이다. 여기서 R(Reward)은 개별 유권자가 얻는 보상, P(Probability)는 유권자의 한 표가 선거 결과에 결정적 영향을 줄 수 있는 확률, B(Benefit)는 자신이 지지하는 후보가 당선되었을 때 얻는 이득, C(Cost)는 투표

에 소요되는 비용, D는 시민적 의무감이나 권리의식의 구현 혹은 효능감(efficacy)과 같은 주관적인 만족감이다.

이 요인들을 통해서 투표를 하는 이유를 설명한다. 즉 R(보상 값)=P(확률)×B(이익)−C(비용)+D(효능감)의 식을 4가지 세부적인 요인들로 구분하여 투표율과의 관계를 설명한다.

첫째, 'P 확률의 증대'로 여론조사가 정확해지면 투표율이 높아진다. 내 표가 정치적 이익을 가져올 수 있다는 확률이 높을 때 유권자는 투표한다. 만약 유권자가 자신이 한 표를 행사했을 때 자신이 원하는 정치적 결과를 만들 확률이 낮다고 생각한다면 투표를 포기할 것이다. 그러나 방법론상 개인주의를 택하면 개인의 투표를 통한 정치적 결과를 가져올 확률은 (1/유권자총수)가 된다. 이는 선거구의 크기가 커질수록 확률상 0에 수렴된다.

하지만 합리적 선택이론에서 확률은 다른 방식으로 계산될 수 있다. 우선 여론조사를 통해서 확률을 수정할 수 있다. 내가 지지하는 후보나 정당의 당선확률은 높게 올라갈 수 있는 것이다. 좀 더 극단적인 논리도 가능하다. 페레존(John A. Ferejohn)과 피오리나(Morris Fiorina)는 '최소최대후회의 결정'을 제시했는데 "만약 내가 투표를 하지 않아서 내가 지지하는 후보자가 진다면"이라는 가정을 가지면 자신이 가장 후회할 일이 벌어질 가능성을 최소화하는 방식으로 투표를 한다는 것이다. 이것은 선거의 경쟁이 치열하게 되면 투표율이 높아지는 것과 같다. 또한 핑켈(Finkel)과 뮐러(Müller)는 정치체제에 대한 높은 불만과 집단행동을 통해 이것을 개선할 수 있다는 믿음이 있을 때 투표율은 높아질 수 있다고 보았다.

---

15) David Darmofal,"Reexamining the Calculus of Voting" Political Psychology, (Vol. 31, No. 2, 2010)

둘째, 'B 효용의 증대'로 이는 정당제도화와 정책경쟁의 명확화가 투표율을 증대시킨다. 효용이 높다고 생각할 때 투표율은 높아진다. 자신이 지지하는 정당이나 후보의 정책에 관심이 높을수록 그 정책의 효과를 높게 평가한다. 이것은 정당이나 후보가 명확한 정책방안을 제시하고 후보자와 정당간 경쟁이 치열해질수록 지지 정책의 달성이나 실패가 가져오는 효용의 값이 커진다. 따라서 정당체계와 개별 정당의 제도화와 후보간 정책경쟁이 명확하게 되고 유권자는 이익을 주는 정당과 이익을 주기 때문에 지지하게 되는 후보가 있는 경우에 투표율이 높아진다.

셋째, 'C 비용의 감소'로 이는 제도적으로 사전선거제도와 정보비대칭성 문제해결제도를 확대하여 높일 수 있다. 같은 확률과 효용이 있을 경우 비용이 낮아지면 상대적으로 효용값이 커지고 이는 투표율상승으로 이어질 것이다. 그런 점에서 비용을 감소시키는 것은 투표율에 증대를 가져온다.

투표에 대한 비용 감소는 제도적인 차원에서 이루어질 수 있다. 유권자 자동등록제도와 선거공휴일제도는 유권자가 선거에 사용하는 비용을 줄여준다. 또한 사전 투표제도 역시 투표에 드는 시간과 이동거리를 줄여주기 때문에 투표율에 영향을 미칠 수 있다. 또한 시민사회의 매니페스토운동은 정당과 후보등의 공약이행정도를 시민들에게 제공한다. 이것은 정보비대칭문제를 해결해줄 수 있다. 정보비대칭성문제는 탈정치적 태도를 가지는 유권자를 줄여줄 수 있어 투표율 증대로 이어질 수 있다.

정당이 제도화 수준이 높아 정당이 후보자를 걸러주는 경우도 비용감소로 이어질 수 있다. 유권자 개인이 얻을 수 있는 정보량보다 정당이라는 제도가 걸러주면 유권자는 정당을 보고 후보를 선택할 수도 있다. 미디어의 다원화와 다양한 교차 검증제도도 유권자의 정보 신뢰도를 높일 수 있고 이것은 투표에 따른 비용감소로 이어질 수 있다.

넷째, 'D 효능감'의 증대로 투표율이 높아질 수 있다. 효능감은 시민적 권리의식과 정치문화를 변화시킬 수 있다. 합리적 선택이론이 가진 문제를 보완하기 위해 정치효능감 요인이 도입되었다. 방법론상으로 이 보완책은 합리적 선택이론의 이론적 설명력을 약화시킨다. 합리적 선택이론은 연역 논리에 의해서 합리적 판단에 의해 투표가 이루어져야 한다. 하지만 정치효능감은 심리적인 요인이다. 따라서 객관성을 가진 합리성을 거부하고 주관적인 심리를 통해서 유권자의 선택을 설명하는 것으로 합리적 선택이론의 방법론 가정을 약화시키는 것이다.

그럼에도 불구하고 현실 설명력은 높다. 두 가지가 구체적으로 투표율에 영향을 미친다. 세부적으로 첫 번째, 시민적 권리의식이 증대하면 투표율이 높아진다. 방법론적으로 원자적 개인주의가 아니라 사회적 개인으로서 시민의식의 공유는 정치참여를 통해서 시민공동체를 변화시킬 수 있다고 생각하게 만든다. 그리고 이런 인식은 투표를 하는 행위자체에서 만족감을 높일 수 있다.

세부적으로 두 번째, 문화의 변화가 유권자의 심리에 영향을 미친다. 참여가 권장하는 문화, 신뢰(trust)를 강화하는 문화나 사회적 자본 중에서 교량형 자본을 증대시키는 문화 현상, 탈물질적 가치관을 강조하는 문화 역시 투표율을 견인한다. 참여민주주의가 강조하는 것처럼 참여의 문화는 참여를 증대시키고 만족감을 높여 다음 참여로 이어진다. 참여의 선순환구조가 만들어지는 것이다. 신뢰와 교량형사회자본은 사회구성원들간의 정치참여를 증진시킨다. 유권자와 대표간의 신뢰를 구축하고 유권자간의 신뢰구축이 다시 대표를 통제하면 주인—대리인 문제를 해결할 수 있다. 이는 투표율의 증대로 이어진다. 마지막으로 탈물질적가치를 가지는 유권자는 선호의 강도가 높다. 또한 좀 더 의식적으로 참여를 통해서 자신들의 가치를 반영하고자 한다. 따라서 탈물질가치의 강화라는 문화 역시 투표율을 높인다.

참고 다운스 모델의 수정 방안들

이에 더해 페레존 (John A. Ferejohn)과 피오리나 (Morris Fiorina)는 '최소최대 후회의 결정'을 통해서 다운스를 보완했다. 만약 "내가 투표를 하지 않아서 내가 지지하는 후보자가 진다면"이라는 생각에서 자신이 가장 후회할 일이 벌어질 가능성을 최소화하는 것이다.[16]

집단적 이해를 통한 이론의 보강설명은 핑켈(Finkel)과 뮐러(Müller)에 의해 더욱 발전하였다. 이들에 따르면 다음 조건들이 참여를 증대시킨다고 보았다. (1) 정부나 정치체제에 의해 제공되는 현재의 공공재 공급에 높은 수준으로 불만을 가지고 있고, (2) 요구되는 공공재를 공급받기 위한 공동의 노력이 성공할 수 있을 것이라고 믿으며, (3) 그들 개인의 참여가 집단적 노력이 성공할 수 있는 확률을 증대시킨다고 믿으면 개개인들이 저항행위에 참여할 가능성이 높다는 것이다. 특히 이 가운데 (1) 과 (3)이 결합되면 집단행위가 성공할 가능성이 높다. 한국 현실에서 볼 때 합리적 설명은 수정된 모델에 의해서 설명될 수 있다. '선별적인 이해'의 설명처럼 투표를 통한 참여에서 느끼는 만족감이 크며 SNS와 미디어의 여론조사들의 도움을 받아 개인들의 참여가 성공할 확률이 높다고 생각하는 것이다. 또한 현재 정치운영과 정부의 정책에 불만이 높으며 이것이 SNS들의 도움을 통해 집단적인 이해를 높이는 것이다. 하지만 이런 설명은 합리적인 계산에 의한 이익(interest) 즉 이득(benefit)에 대비해서 비용(cost)를 계산하는 것만이 아니라 효능감(efficacy)이 높아진다는 문화적 요인에 의한 설명을 해야 한다.

이에 더해 합리적 개인이 "만약 모두가 투표하지 않는다면 나의 한표가 승부를 결정지을 확률은 100%가 된다."는 역설적인 사고에서 투표를 결정할 수도 있다. 이렇게 되면 확률부분을 수정하여 투표를 할 가능성을 높인다.[17]

2. 정체성투표 이론의 투표율 증대 원인 (8~10점)

정체성투표 이론에서도 투표율은 증대할 수 있다. 사회적투표이론에서도 사회구조적인 측면과 정체성측면에서 투표율은 증가할 수 있다.

첫째, 정체성투표이론에서 사회구조적인 측면에서 투표를 중요하게 여기는 문화나 집단화 현상이 벌어지면 투표율은 증가하게 된다. 사전투표를 이용하는 정치문화나 주변 동료 그룹을 투표장으로 이끄는 문화가 생기면 투표율은 높아지게 된다. 정치사회화가 주로 동료그룹에 의해서 발생한다고 가정했을 때 이러한 문화나 집단화(horde)현상이 벌어지는 경우 투표율은 높아진다. 최근 세대별로 투표를 높이기 위한 노력이 이를 방증한다.

둘째, 정체성측면에서 투표율은 증가할 수 있다. 자신이 지지하는 정당과의 이념적 공유가 높아지는 경우 유권자는 적극적으로 투표할 수 있다. 이러한 유권자들이 증가하는 것이 투표율을 증대시킨다. 최근 한국정치에서는 진성당원의 수는 크게 감소했지만, 선거에서 정당을 지지하는 적극적인 지지층으로서 유권자들의 감소폭은 크지 않다. 한국의 경우 2005년 유권자대비 당원 비율이 2.9%에서 2009년에는 0.9%로 하락했다. 반면 한국의 정당지지자는 2004년 34.1%에서 2008년 37.8%로 나타나고 있다. 이는 제시문에서 나온 수치보다는 낮지만 이념적

---

16) 조성대, "투표 참여와 기권", 『투표행태의 이해』(서울: 한울 아카데미, 2017), pp.232-233.
17) 조성대, ibid. p.233.

인 차원에서 적극적인 지지자가 아닌 느슨한 지지자까지를 감안하면 정당지지는 이보다 높게 나올 수 있다.

정체성이 강화될 경우 투표율은 두 가지 면에서 높아질 수 있다. 첫째, 정체성확인작업에서의 만족감을 준다. 제인 맨스브릿지의 이론에 따르면 유권자는 대표를 선택할 때 '자이로스코적인 대의'를 선택할 수 있다고 했다. 유권자가 합리성에 기초하여 실적을 평가하는 것 보다 자신의 정체성과 유사한 정체성을 가진 정당이나 후보를 선택하는 것이다. 이것은 투표를 통한 만족감을 높인다.

둘째, 정체성에 기초한 투표는 투표를 단순화한다. 또한, 투표가 단순해질 경우 유권자의 투표에 드는 부담이 적어질 수 있다. 이런 점에서 정체성투표는 투표의 부담을 줄여서 투표율을 상승시킬 수 있다.

Ⅳ 사전투표제도의 투표율에 대한 영향: 합리성투표이론 vs. 정체성투표이론

투표이론에서 제도론은 제도가 변화할 경우 유권자의 투표 방향과 투표율에 영향을 미친다고 전제한다. 이때 투표 방향은 개인적인 선택이지만 투표율은 집합적 결과로서 유권자 전체의 투표 비율을 의미한다. 사전투표제도는 선거일 이전에 투표 시간과 장소를 제공함으로써 유권자들의 선거에서 비용을 줄여주는 제도적 장치다.

1. 사전투표제도와 합리성 투표에 대한 영향: 투표율증대 (5점)

사전투표 제도는 합리적 선택이론의 모형에

직접적으로 영향을 미쳐 투표율을 증대시킨다. 이때 투표율은 $R=P\times B-C+D$에서 투표를 통해 개인이 느끼는 R이 올라가면 상승한다. 개인적인 선택들이 모여서 사회적 선택을 만들기 때문이다. 먼저 사전 투표제도는 P라는 확률에 영향을 미친다. 사전투표율이 높게 나오면 유권자들의 관심이 높기 때문에 자신이 지지하는 후보가 당선 혹은 낙선될 확률이 높게 된다. 따라서 유권자를 투표장으로 이끌 가능성이 높다. 또한 사전투표제도는 C를 낮춘다. 시간과 이동의 비용을 줄이기 때문에 투표에 드는 비용이 낮아져 R을 높인다. 그리고 사전 투표를 이용해야만 투표를 할 수 있는 유권자들의 D를 높여준다. 그런 점에서 사전투표제도는 투표율을 집합적으로 높여줄 수 있다.

2. 사전투표제도와 정체성 투표: 투표율 증대 효과 미비 (5점)

사전투표제도는 사회적 요인에 의한 투표를 하는 유권자들의 집합적인 투표율을 높이는 측면은 약하다. 정체성 투표이론은 정당 정체성과 유권자가 속한 계층의 사회균열을 중요한 투표 기준으로 본다. 따라서 이러한 투표 성향을 가지는 이들은 특정 정당이나 후보자에 대한 지지와 애착이 강하다. 제도를 어떤 제도를 활용하는지에 따라서 정체성을 확인하는 투표여부가 영향을 적게 받는다.

정체성을 이미 가지고 있는 경우 이들은 사전투표나 본투표에서 자신의 정체성을 확인하고자 할 것이다. 이러한 정체성을 확인하는 자이로스코픽 선거에서 사전투표는 유권자들의 편의를 제공할 수 있다. 또한 사전투표를 좀 더 많이 함으로써 지지를 확실히 하는 문화를 만들 수 있지만, 이것이 진성당원이나 적극적인 정당 지지자가 아닌 이들은 투표 직전에 당원이나 지지자로 만들기는 어렵다. 그런 점에서 사전투표제도는 이들 정체성 투표를 하는 유권자를 집합적으로 투표장으로 이끄는 효과는 적다고 할 수 있다.

Ⅴ 결 론

사전 투표제도는 무당파층인 합리적 투표자들과 정당지지자들인 정체성 투표자의 투표율을 높일 수 있다. 제도 도입의 효과가 있다.

● 대안 목차 1

Ⅱ 투표이론을 통한 유권자의 투표 방향성 비교: 합리성 vs. 정체성

투표의 '방향성'은 유권자가 어떤 정당과 어떤 후보를 선택하는지에 대한 개인적 선택을 의미한다. 유권자가 선거에서 자신의 대표를 선택하는 기준으로 합리적 선택이론의 '합리성 투표'와 사회적 투표이론의 '정체성 투표'을 비교한다. 이론적 가정, 선택의 기준, 유권자 분류의 세 가지를 기준으로 비교한다.

1. 합리적 선택이론의 합리성 투표: 합리성과 무당파층의 선택

합리적 선택이론의 주장은 유권자가 합리성에 기초하여 정당과 후보를 선택하는 것이다. 이는 크게 개인의 합리성이 작동하기 때문에 사회적 요인이 작동하지 않는다는 가정과 선택의 기준은 정책이나 이슈에서 자신에게 이익을 가져다주는 내용과 주로 무당파층 유권자가 사용하는 3가지로 구성된다. 이를 구체화한다.

첫째, 합리성 투표는 개인의 합리성을 가정한다. 이는 방법론의 전제로 '존재론상의 개인주의' 방법론과 인식론상 합리성에 기초하고 있다. 인식론적 합리성은 '도구적 합리성'으로 선호의 '외생적 규정'을 강조한다. 존재론적으로 개인이 사회보다 중요하다. 또한 인식론상 자신의 선로를 비교할 수 있다는 경제적 합리성을 전제로 한다. 마지막으로 보편적 합리성에 따른 선택을 한다.

둘째, 합리적 선택이론의 합리성 투표의 주장은 다음과 같다. R＝P×B－C 이다. 이것은 다운스의 모델이다. 여기서 R(Reward)은 개별 유권자가 얻는 보상, P(Probability)는 유권자의 한 표가 선거 결과에 결정적 영향을 줄 수 있는 확률, B(Benefit)는 자신이 지지하는 후보가 당선되었을 때 얻는 이득, C(Cost)는 투표에 소요되는 비용이다.

이를 투표에 대입할 경우 유권자는 정당 A 혹은 정당 후보자 A를 선택할 것인지 정당 B 혹은 정당 후보자 B를 선택할 것인지를 비교할 수 있다. 즉 A를 선택해서 얻을 수 있는 R(A)와 B를 선택해서 얻을 수 있는 R(B)사이를 비교해서 효용값이 더 큰 정당이나 후보를 선택하는 것이다. 이때 실제 비교에서 효용이 더 높은 정당이나 후보를 선택하는 것이다.

셋째, 어떤 유권자가 이 모델에 기초해서 정당이나 후보를 선택하는지에서 합리적 선택이론은 무당파 유권자의 선택을 설명한다. 앞선 가정처럼 사회적 요인에 의해서 정당이나 후보선택이 영향을 받지 않아야 하기 때문이다. 즉 정당일체감이나 이념 혹은 지역 정서에 의한 선택이 아니라 오직 정당 혹은 후보가 줄 수 있는 효용의 크기를 통해서 객관적으로 선택하기 때문이다.

방법론 보완: 밀턴 프리드만의 합리적선택이론의 4가지 전제

1. 합리적 유권자: 합리성은 투입자원을 최소화하여 자신의 목표를 획득하고자 하는 행위
2. 도구적 합리성: 유권자는 자신의 정치적 선호도를 결정하고, 이 선호도를 실현할 수 있도록 행동
3. 자신의 정치적 이익에 기반하여 행동: 다른 외부 요인이 아니라 자신의 이익에 의해 선택
4. 불완전한 정보: 필요한 정도까지만 정보를 확보하고자 함. '합리적인 무지'를 전제함.

2. 정체성투표 이론: 사회적 정체성과 정당지지층의 선택

정체성투표를 설명하는 투표이론 정당일체감으로

설명하는 사회심리학적 모델(미시간 모델)과 이념이나 지역주의와 같은 사회균열이나 정체성에 따라 설명하는 정치사회적 모델(컬럼비아 모델)이 대표적이다.

첫째, 방법론상 이들 모델은 존재론상 사회구조를 강조하고 인식론상 '사회적 합리성'을 강조하며 선호는 내생적 구성이 된다고 본다. 이들 모델은 사회적 요인을 통해서 설명한다는 점에서 사회학적 접근이라고 할 수 있다. 개인의 선택이 사회적 요인 즉 구조에 영향을 받는다고 본다. 따라서 사회가 만들어 둔 합리성에 의해서 사회화가 되는 것이다. 그리고 사회 내의 지식과 담론에 의해 선호가 구성된다.

이론 보완

사회학적 접근법의 내용: 정치사회화를 중심으로

개인의 투표 여부와 투표 방향을 설명할 때 사회학적 접근법은 개인 보다는 개인을 둘러싼 조건으로서 사회적 요소에 관심을 가진다. 즉 직업, 소득, 학력, 종교, 인종과 같은 사회적 그룹을 보는 것이다. 이러한 접근은 개인의 선호가 주로 그 개인이 속한 집단의 사회적 특성에 의해서 만들어진다고 보는 것이다.

이 접근법은 투표행태를 근대적 관점에서 분석한 효시로 평가받는다. 컬럼비아대학을 중심으로 발전하였다고 하여 컬럼비아 학파라고 불린다. 이 관점은 파시즘이 등장하고 자리잡는 상황에서 파시즘이 대중을 동원하는 것을 보고 이러한 단기적인 동원과 선동에 취약해지지 않기 위한 방법을 고안하는 중에 만들어진 이론이다. 따라서 개인들의 투표가 단기적인 선거운동이나 특정이슈를 통한 동원에 의해 결정되는 것이 아니라 개인이 속한 집단의 속성에 의해 강제적으로 만들어졌다고 보는 것이다.

따라서 사회학적 접근은 다음과 같이 요약될 수 있다. 첫째, 사회계층적 특성이 유권자의 투표 결정에 영향을 준다. 따라서 사회계층적 특성을 살펴보면 투표 행동의 기초가 된다. 둘째, 투표선호도는 매우 안정적이고, 이런 현상은 사회적 환경에 의해 강화된다는 사회학적 관점의 발견이 사회심리학적 연구의 기본 전제가 되었다. 셋째, 사회적 연구는 정

치적 요인으로 좁혀지면서 사회균열과 정당체계를 연구하는 '정치사회학적 관점'으로 발전하게 되었다. 즉 이 이론이 토대가 되어 사회심리학연구와 정치사회학적 연구로 발전할 수 있는 토대를 만들었다.

이 이론에서는 '정치사회화'가 중요하다. 정치사회화는 유권자의 신념과 가치체계와 태도를 규정하게 한다. 특히 이러한 과정이 유년기부터 만들어진다. 가장 단순하게는 부모로부터 학습을 통해 정치적 관념을 학습하게 되는 것이다. 이후 학교, 직장, 동료집단, 이익집단과의 사회적 접촉을 통해서 정치적 견해를 만들어가는 것이다.

정치사회화를 설명하는 세부적인 논리로는 세대를 통한 설명을 보여주는 '연령효과(age effect)' 이론, '세대효과(generation effect 또는 cohort effect)' 이론이 있다. 나이가 들어가면서 생물학적인 특성으로 정치적 성향이 만들어지는 것이 연령효과이다. 반면에 같은 세대의 경험을 공유하는 것을 세대효과 이론이다. 이 두 가지 이론 모두 사회적 집단인 세대의 특성을 보여주는 것이다.

● 대안 목차 2

1. 방법론 가정 비교

합리적 선택이론－개인이라는 개체, 경제적 합리성, 외생적 이익규정

사회학적 접근－사회라는 구조, 사회적 합리성, 내생적 이익규정

2. 주요 내용

합리적 선택이론. $R = P \times B - C$. 이때 B가 중요.

혹은 기대효용 모델로도 가능. EU(A 정당 혹은 후보)－EU(B정당 혹은 후보) > 0인지 여부.

사회학적 접근. 사회균열(이념, 지역주의), 정당 일체감.

3. 유권자 비교

합리적 선택이론－무당파층

사회학적 모델－정당 지지층.

제028문 투표행태와 다당제

민주주의에서 선거는 인민의 참여를 보장하는 핵심적인 제도이다. 선거는 대표선출과 책임추궁장치로 작동한다. 2016년 20대 총선에서는 다당제가 재등장하였다. 그리고 2017년 대선에서도 다당제적 경쟁이 있었다. 이런 결과는 선거에서 책임추궁기능이 작동했기 때문이다. 유권자들은 투표에서 '전략적 투표와 진실한 투표', '분할투표', '전망적 투표와 회고적 투표', '저항투표'와 같은 다양한 투표전략을 사용했다. 다음 질문에 답하시오. (총 40점)

(1) 2016년 선거 이전까지 한국에서 선거가 책임추궁장치로서 부족했던 이유를 회고적 투표개념을 중심으로 논하시오. (15점)

(2) 2016년에서 2020년 기간동안 한국 다당제의 재등장 원인을 투표전략에 입각한 유권자 투표행태를 가지고 설명하시오. (25점)

I. 서 론
II. 과거 한국선거의 책임추궁가능성 한계: 회고적 투표가능성
  1. 선거와 책임추궁가능성의 이론적 관계: 피오리나 이론을 중심으로
  2. 과거 한국에서 회고적 투표의 한계

III. 투표행태와 다당제출현
  1. 회고적 투표와 전망적 투표의 작동
  2. 분할투표와 전략적 투표와 진실한 투표
  3. 저항투표
IV. 결 론

 문제의 맥락과 포인트

이 문제는 투표와 관련된 문제이다. 특히 회고적 투표를 다룬다. 회고적 투표가 되어야 민주주의에서 책임추궁이 가능하다. 유권자들의 투표 행태중 회고적 투표, 전망적 투표, 분할투표, 저항투표, 전략적 투표등의 투표 행태를 통해서 어떻게 유권자들이 다당제를 만들어 냈는지를 체계적으로 설명하는 것이 중요한 문제이다. 이 문제에서는 각 투표행위를 현실사례로 입증하는 것이 가장 어렵고 중요하다.

I 서 론

2018년 현재 다당제는 20대 총선에서 제3의 정당의 등장과 탄핵사태 이후 저항투표에 의해 만들어졌다. 한국 정당들이 표방하는 이념정치에도 불구하고 중도로의 수렴 대신에 정당들이 분화되는 원인을 투표행태를 통해서 분석한다.

II 과거 한국선거의 책임추궁가능성 한계: 회고적 투표가능성

1. 선거와 책임추궁가능성의 이론적 관계: 피오리나 이론을 중심으로

선거는 두 가지 기능을 한다. 대표에게 권력을 넘겨주면서 다른 한편으로 기존 대표에게서 권력을 반환하게 만드는 것이다. 대의민주주의가 간접적인 방식으로 민주주의가 작동하게 하

려면 유권자인 주인의 명령에 대리인인 대표를 복종하게 만들어야 한다. 이것을 가능하게 하는 장치는 선거제도이다.

대의민주주의에서 주인-대리인의 문제가 발생한다면 주인인 유권자들은 대리인인 대표들의 약속위반에 대해 책임을 추궁해야 한다. 대표를 처벌하는 가장 핵심적 장치가 선거제도이다. 선거제도를 통해서 유권자들은 대표에게 다시 권력을 위임하거나 권력을 회수한다. 이것이 주인인 유권자가 대표를 통제할 수 있는 가장 중요한 방법이다.

피오리나는 '전망적 투표'와 '회고적 투표'를 가지고 책임추궁가능성을 설명했다. 전망적 투표는 미래에 대한 기대를 반영하는 것이다. 즉 선거에서 후보자가 제시하는 미래 전망을 보고 후보자에게 권력을 부여하는 것이다. 반면에 회고적 투표는 기존 정당이나 정권이 어떤 정치적 결과를 만들었는지를 이 결과를 평가하는 것이다. 회고적 평가를 통해 다시 권력을 부여하거나 권력을 회수한다. 전망적 투표와 회고적 투표는 유권자가 후보자에 미래 기대에 따른 선택과 과거 업적에 따른 보상과 처벌을 하는 장치로서 기능하는 것이다.

특히 회고적 투표의 경우 성과에 대한 보상과 처벌의 기능을 수행하기 때문에 대의민주주의에서 더 중요하다. 회고적 투표가 안 된다면 대의민주주의에서 대표를 통제할 방법이 없는 것이다.

2. 과거 한국에서 회고적 투표의 한계

선거가 책임성을 추구하려면 전망적 투표와 회고적 투표 중에서 회고적 투표가 작동해야 한다. 회고적 투표가 작동하기 위해서는 3가지 조건이 필요하다. 첫째, 판단을 위한 정보, 둘째 유권자의 합리적 판단과 셋째, 새로운 대표로서

대안의 존재가 그것이다.

첫째, 유권자들이 정치적 결과에 대해 정확한 정보에 기초하여 판단을 내려야 한다. 둘째, 유권자는 합리성에 기반해 자신의 이익을 극대화하기 위해서 선거를 이용할 수 있어야 한다. 유권자가 정체성에 기초하여 성과보다는 정서나 심리적인 판단을 한다면 회고적 투표는 작동하지 않는다. 마지막으로 공급 측에 대안세력이나 대표가 있어야 한다. 회고적 투표를 통해서 처벌을 하기 위해서는 새로운 대안세력이 있어야 한다.

하지만 정보가 부족하여 정부의 성과를 정확히 인지하기 어려운 경우나 유권자들이 정체성의 정치 즉 자신과 유사한 이념에 기반한다고 믿는 경우나 일차적인 유대감이 되는 지역 등에 기반하여 정치적 판단을 할 경우 합리적 결과가 보장되지 않을 수도 있다. 또한 대안세력이 부족한 경우 선거는 투표율 하락으로 이어지거나 저항투표에서 불만족스러운 정치적 선택으로 이어진다. 따라서 선거가 책임 추궁장치로서 작동하기 위해서는 정보, 합리적 판단, 대안의 존재 등이 중요한 기준이 된다.

한국의 경우에 있어서 그동안은 회고적 투표가 작동하지 않는 측면이 자주 나타났다. 정권에 대한 실망과 지지율 하락에도 불구하고 정권의 교체나 지지정당의 변화가 일어나지 않았던 것이다. 두 가지 이유를 들 수 있다. 첫 번째는 지역에 기반을 둔 투표 행태이다. 투표가 정체성확인 작업이 되면 이익추구장치로서 기능을 하지 못하는 것이다.

두 번째는 정당이 지역주의를 기초로 한 양당제적 카르텔 구조를 이루고 있고 대안세력이 없었다는 점이다. 지역주의 정당에 기초한 양당제는 다른 대안정당의 진입을 어렵게 했다. 따라서 대안이 없기 때문에 회고적 투표가 작동하

기 어려웠던 것이다. 하지만 한국정치에서 새로운 정치에 대한 요구는 꾸준히 있었다. 2000년 낙천낙선운동이나, 2011년 박원순 후보가 서울시장 보궐선거에서 승리한 사례나 2012년 대선에서 안철수 현상이 대표적인 사례이다.

이러한 새로운 정치에 대한 요구에도 불구하고 현실정치에서 대안세력화는 잘 이루어지지 않고 있는데 이것은 여당과 정부에 대한 지지철회가 야당이나 대안 세력에 대한 지지확보로 이어지지 않는다는 점을 볼 때 알 수 있다. 회고적 투표는 정치적 변화를 실현시킬 수 있는지 즉 변화가능성에 영향을 받는다. 그런데 유권자들이 정치적 변화가능성이 낮다고 생각할 때 정부와 여당에 대한 지지철회는 다른 정당에 대한 지지가 아니라 투표율의 하락으로 연결되어 나타난다.

Ⅲ   투표행태와 다당제출현

한국에서 다당제는 책임추궁을 위한 장치로 투표가 기능하였다는 것이다. 20대 총선과 19대 대선을 '전략적 투표'와 '회고적 투표'와 '분할 투표'와 '저항투표'등의 개념을 통해서 분석해본다.

1. 회고적 투표와 전망적 투표의 작동

20대 총선은 회고적 투표와 전망투표를 모두 보여준다. 그리고 이러한 결과는 제 3의 정당의 등장에 따른 다당제의 재편성을 가져온 것이다. 회고적 투표는 대통령소속정당인 새누리당에 대한 지지 철회로 대표된다. 전망적 투표는 대안정당인 국민의 당에 대한 지지로 나타난 것이다. 이로서 다당제를 구축하였다. 20대 총선에서 새누리당에 대한 처벌은 대통령소속정당을 원내제2당으로 만들었다. 또한 국민의 당은 정당투표에서 2위 정당이 되었다. 20대 총선은 집권여당에 대해서는 처벌 장치로 기능하였다.

20대 총선의 회고적 투표행태는 몇 가지 사건들에 기인했다. 2014년의 세월호참사와 2015년 메르스 사태 그리고 공천파동에 실망한 유권자들은 새누리당에 대한 지지를 철회한 것이다. 20대 총선에서 새누리당은 122석을 얻어 더불어민주당의 123석보다 1석 의석이 부족한 2위 정당이 되었다. 지역선거에서 105석으로 새누리당은 민주당의 110석보다 5석이 모자라게 되었다. 새누리당은 20대 총선에서 영남의 지지로 가까스로 100석 이상을 얻었다. 19대 총선에서 새누리당은 영남 67개 의석 중에서 63개를 얻었었다. 20대 총선에서는 48개만 얻었다. 영남에서의 회고적 투표를 보여주는 것은 더민주당 9석, 정의당 1석, 무소속 7석의 수치이다. 또한 수도권 전체 122석 중에서 새누리당이 35석을 얻은 반면에 민주당은 82석을 획득한 것도 집권당에 대한 회고적 투표이다.

19대 대선에서도 회고적 투표와 전망적 투표가 작동했다. 19대 대통령선거는 2017년 탄핵이라는 초유의 사건으로 인해 조기선거로 치러졌다. 집권당 후보인 홍준표 후보는 정당명을 바꿨지만 24%의 지지를 받았다. 이것은 역대 집권당 후보의 지지율 중 가장 낮은 지지율이다. 반면에 민주당 후보에 대해서는 전망투표를 한 것이다. 문재인 후보는 41.1%의 지지(1,342만여 표)를 획득했다. 2012년 치러진 18대 대선에서 문재인 후보는 48%대의 지지(1,469만 표)를 획득했던 것과 비교가 된다. 이것은 과거보다 지지가 높지 않았다는 것이다. 민주당은 집권당이 아니었지만 과거 열린우리당 시절의 정치적 평가와 야당으로서의 기능평가가 있기 때문에 완전히 전망적 투표라고만 할 수 없다. 한편 낮은 지지율은 다당경쟁구조에도 영향을 받은 것으로 볼 수 있다. 안철수 후보 21.4%, 유승민 후보

6.8%, 심상정 후보 6.2%로 다당제적 경쟁이 있었고 제3의 후보 지지율이 높게 나타난 것도 특징이다. 제3의 후보인 안철수 후보에 대한지지 역시 전망적인 투표로 볼 수 있다.

2. 분할투표와 전략적 투표와 진실한 투표

분할투표 역시 제3의 정당을 등장시켰고 다당제를 만들게 하였다. 다만 분할투표는 총선에서 만들어지는 투표양태이기에 20대 총선에 한정하여 설명할 수 있다. 또한 대통령선거는 총선에서 지역선거와 달리 전국적으로 표를 모으기 때문에 전략적 투표와 진실한 투표를 나눌 필요가 없다. 따라서 분할투표와 전략적 투표 그리고 진실한 투표는 20대 총선에 한정해서 분석한다.

분할투표란 지역선거에서 후보자에게 보내는 지지와 비례선거에서 정당에게 보내는 투표가 다른 것을 의미한다. 지역구에서는 전략적 투표를 통해서 사표를 방지하고자 하는데 비해 전국투표인 정당투표에서는 진실한 투표를 하는 것이다. 분할투표는 2개의 표를 가지고 지역구 선거에서의 지지와 비례대표제의 정당지지를 달리 하는 것으로 교차투표라고도 한다. 반대로 지역구선거와 정당선거를 동일하게 하는 것은 '일렬투표'라고 한다. 2004년 17대 총선에서 1인 2표제도로의 제도 개편이 되면서 분할투표가 가능하게 되었다. 즉 지역구 선거에서 인물중심의 전략적 투표를 하고 한 표가 더 있는 정당선거에서는 정당에 대한 진실한 투표를 하는 것이다.

20대 총선에서는 분할투표로 인해 국민의 당이 정당지지를 받고 다당제가 만들어졌다. 20대 총선에서는 지역구선거와 정당선거가 갈리면서 국민의 당이 제 3당이 될 수 있었다. 지역선거에서의 정당별 지지율과 비례대표득표율간 편차를 보면 분할투표경향을 알 수 있다. 새누리당의

경우 253석 중 105석을 얻었다. 의석비율에서 40%를 넘는 지지에 비해 정당지지율은 33%에 불과했다. 반면 더불어민주당의 경우 110석으로 42%정도에 해당하는데 정당지지율은 25.54%에 불과했다. 이것은 더불어민주당의 후보인 인물은 그나마 선택할 수 있지만 더불어민주당이라는 정당은 지지하지 않겠다는 것이다. 이런 분할 투표로 국민의 당은 지역에서는 의석수가 적었지만 정당투표에서는 2위를 한 것이다.

300석 중 253석이나 되는 소선거구제의 단순다수제의 한국선거제도에서는 지역선거에서 사표가 발생할 가능성이 높다. 유권자는 자신의 선택이 사표가 되는 것을 방지하기 위해 전략적 투표를 할 가능성이 높다. 2004년 이전 1인 1표 제도였던 상황에서는 전략적 투표가 주종을 이루었다. 진보진영의 국민승리 21의 권영길 후보의 경우 1998년 대통령선거에서 1.2%의 지지를 받았다. 2000년 16대 총선에서도 민주노동당은 한 석도 얻지 못했다. 그러나 2004년 17대 총선에서 1인 2표제가 도입되자 민주노동당의 지지율은 13%까지 높게 나타났다.

20대 총선에서도 분리투표경향이 높았다. 대표적으로 지역에서는 새누리당이나 더민주당을 지지했지만 정당투표에서는 국민의 당을 지지한 유권자가 늘었다. 정당지지를 보여주는 비례대표선거에서 국민의 당이 26.74%로 득표율에서 새누리당(33.50%) 다음이고 더불어민주당(25.54%)보다 앞선다. 지역선거에서는 새누리당이 105석을 얻은 데 비해 더불어민주당이 110석이고 국민의 당은 25석을 얻었다. 국민의 당은 지역에서는 호남의 지지를 얻어 전체 호남의석 31개 중 23석을 확보했다. 전통적인 호남 지역 패권정당인 더불어민주당은 6석만을 가져가고 새누리당이 2석을 확보했다. 이 결과는 지역구 선거에서는 국민의 당은 호남지역을 기반으로

표를 얻었지만 다른 지역에서는 인물을 내세우지 못했다는 것이다. 따라서 국민의 당은 지역선거에서는 지지를 받지 못했지만 기존 정당에 대한 불만과 대안세력에 대한 기대로 정당지지는 높았던 것이다.

3. 저항투표

저항투표는 기성정당에 대한 지지 철회와 새로운 대안에 대한 지지전환으로 이어져서 다당제를 만들었다. 저항투표는 유권자들이 지지한 정당에 대한 불만이 높아 지지를 철회하는 투표를 의미한다. 이때 유권자는 두 가지 선택을 할 수 있다. 기존 정당에 대한 대안정당이 있는 경우 대안정당을 선택함으로써 기존 정당을 처벌한다. 이것은 허쉬만의 모델로 말하면 충성(royalty)대신 항의(voice)를 하는 것이다. 만약 기존 정당을 대체할 대안이 없는 경우에는 투표를 포기한다. 이것은 허쉬만의 개념으로는 퇴장(exit)을 의미한다. 유권자들은 기존 정당에 대한 지지철회를 통해서 기존 정당을 심판하고 기존 정당에게 정치변화를 촉구하게 된다.

좀 더 구체적으로 살펴보면 저항투표가 일어날 가능성은 '정치에 대한 불만족(Dissatisfaction)'과 '대안의 수용 가능성(Alternative)'과 '항의를 동반한 퇴장(Exit-with-Voice)'의 관계에 의해 정해진다. 대안을 수용할 가능성이 있을 경우 유권자는 기존 지지정당의 지지를 철회하게 하고 대안 정당으로 지지를 옮기게 한다. 이때는 항의를 하는 것이다. 반면에 대안의 수용가능성이 낮으면 즉 대안이 없다고 생각되면 투표자체에서 이탈한다. 즉 투표를 기권하는 것이다.

20대 총선에서는 저항투표가 나타났고 이것은 다당제를 구축하게 하였다. 집권당인 새누리당과 이전 집권당인 더민주당에 대한 저항투표는 대안이 될 수 있는 국민의 당지지로 연결되었다. 국민의 당에 대한 26.74%의 지지는 국민의 당이 38석으로 제 3당으로 만들었다. 교섭단체를 구성할 수 있는 다당제가 된 것이다.

20대 총선이전에 보여준 공천과정에서 유권자들의 실망이 컸다. 친이계의 숙청과 진박-친박논쟁은 정당민주주의가 사라졌음을 보여준 것이다. 더민주당의 공천과정에서의 독단적 결정 유권자들의 실망을 가져왔다. 더민주당에서 친노와 호남이 갈리면서 호남의원들이 대거 탈당하는 사태가 벌어졌다.

20대 총선에서 저항투표를 가장 극명하게 보여준 사례는 각 정당들이 지지기반인 지역에서 의석을 상실했다는 점이다. 19대 총선에서 새누리당은 영남 67개 의석 중에서 63개를 얻었었다. 그런데 20대 총선에서는 48개만 얻었다. 9개의 의석을 더불어민주당에 내주었고 정의당이 1석 그리고 무소석이 7석에게 내주었다. 새누리당은 묻지마 투표를 보였던 강남 3구에서 3석(강남을, 송파을, 송파병)의 자리를 내주었다.

더불어민주당은 호남지역에서 지지를 받지 못했다. 19대에서는 더불어민주당의 전신인 민주통합당이 호남 전체 30석 중에서 25석을 차지했다. 그런데 20대에서는 전체 31개 의석 중 국민의당이 23석을 가져갔고 새누리가 2석을 가져가서 더불어민주당은 6석만을 확보했다. 이 수치는 호남유권자들의 더불어민주당에 대한 저항을 보여주는 것이다.

투표율이 떨어진 것은 아니기에 저항투표 중에서 항의(voice)가 탈퇴(exit)보다 많다는 것을 의미한다고 해석할 수 있다. 이것은 20대 총선에서 국민의 당이라는 대안이 있었기 때문이다.

19대 대선 역시 저항투표가 작동했다. 그리고 이것은 다당제 유지로 기능하였다. 앞서 본 것처럼 자유한국당의 지지율이 떨어졌고 제3의 후보에게 지지가 몰렸다. 안철수 후보의 21.4%

는 18대 대선에서는 제3의 후보가 없었다는 점과 17대 대선에서 무소속의 이회창 후보가 15.1%의 지지를 받은 것과 비교하면 굉장히 높은 수치이다. 게다가 분당한 바른정당의 유승민 후보의 지지도 높게 나왔다. 그리고 정의당 심상정후보도 높은 지지도는 저항투표의 한 가지 사례이다. 18대 대선에서는 정의당의 전신인 통합진보당의 이정희 후보가 사퇴했고 17대 대선에서는 전신인 민주노동당의 권영길후보가 3.0%의 지지를 받았던 것과 비교가 된다.

마지막으로 19대 대통령선거의 투표율이 다소 오른 점에서 볼 때 저항이 이탈보다 많았다고 해석할 수 있다.

Ⅳ 결 론

20대 총선과 19대 대선은 유권자들의 정부에 대한 책임추궁장치로 투표가 사용되었고 이것이 다당제를 만든 것이다. 과거와 달리 유권자들의 합리적 선택에 기반을 둔 투표전략들이 여당에 대한 지지율을 낮추고 정권교체를 만들었다. 기성정당들에게는 공고한 지지가 약화될 수 있으며 얼마든지 유권자들이 떠날 수 있다는 점을 보여준 것이다. 또한 20대 총선과 19대 대선은 선거가 책임추궁장치로 사용될 수 있다는 점을 보여주었다.

투표행태에서 '회고적 투표(retrospective voting)'는 유권자가 대표에게 '응답성'을 추구하고 그에 따른 '책임성'을 추궁할 수 있는 방안이다. (총 25점)

    (1) 회고적 투표의 의미를 설명하고 회고적 투표가 대의민주주의에서 응답성과 책임성추궁에 있어 중요한 의미를 설명하시오. (15점)

    (2) 한국의 대통령선거나 총선에서 유권자들의 회고적 투표행태가 잘 나타나지 않은 이유를 분점정부라는 요인과 유권자의 정체성 요인으로 설명하시오. (10점)

I. 서 론
II. 회고적 투표의 의미와 회고적 투표의 기능
  1. 회고적 투표의 의미
  2. 회고적 투표의 기능: 응답성과 책임성 추궁

III. 한국에서 회고적 투표가 나타나지 않는 이유
  1. 제도적인 차원
  2. 유권자의 선택 차원
IV. 결 론

 문제의 맥락과 포인트

회고적 투표는 책임추궁가능성에서 가장 핵심이다. 한국에서는 회고적 투표가 잘 이루어지지 않는다. 이것은 대의민주주의에서 치명적일 수 있다. 왜 회고적 투표가 안되는지를 분점정부라는 제도배열과 자이로스코프형 대의제도를 가지고 설명할 수 있다. 즉 제도와 정체성으로 설명해 볼 수 있다. 이 문제의 정보는 다른 문제를 풀 때도 사용할 수 있으니 잘 정리해두면 한국 정치 분석에 유용한 기준이 될 것이다.

Ⅰ 서 론

2007년 대통령선거에서는 회고적 투표형태가 나타났지만 이후 2012년 대선이나 2016년 총선 등에서는 회고적 투표가 잘 나타나지는 않는다. 2017년 조기 대선의 경우는 탄핵이라는 특별한 상황으로 인해 회고적 투표가 나타났지만 일반적인 상황으로 보기는 어렵다. 한국에서 회고적 투표가 잘 나타나지 않는 현상을 제도와 유권자차원에서 살펴본다.

Ⅱ 회고적 투표의 의미와 회고적 투표의 기능

1. 회고적 투표의 의미

회고적 투표는 피오리나에 의해서 체계화되었다. 그가 정리한 회고적 투표는 크게 두 가지 의미를 가진다. 첫 번째는 전임정당이나 전임후보자에 대한 평가로서의 투표이다. 전임정당이나 전임 후보가 행한 정책에 대한 평가를 통해서 잘했을 경우 다음선거에서 같은 정당이나 같은 정당 내 후보자를 선출하는 것이다. 반면에 결과가 나쁠 경우 정당과 정당소속 후보를 처벌하는 것이다. 이때 회고적 투표는 신임투표

(referendum)의 기능을 가진다. 특히 현 정부가 소속된 정당이나 후보자를 지지하거나 처벌하는 것이다. 이때 중요한 기준이 경제적 성과이다. 경제적 성과 중에서 개인경제를 중심으로 평가할 수 있고 국가경제를 중심으로 평가할 수 있다. 이러한 회고적 선거는 유권자들이 정확하게 정책을 알기는 어렵고 대략적인 성과를 기준으로 평가한다고 전제한다. 따라서 대략적인 경제 성과를 기준으로 전임정부와 정당을 평가한다는 것이다.

두 번째는 전망적 투표로서의 기능이다. 회고적 투표는 선거기간에 기회비용차원에서 다른 정당이나 후보와 대비했을 때 다시 지지를 보낼 것인지와 관련된다. 이런 의미에서 회고적 투표는 그동안의 성과를 기준으로 하여 다른 정당과 비교할 때 기성정부와 정당이 다른 정당이 정부를 구성하는 것 보다 더 유용할 것인지를 평가하는 것이다. 이때 중요한 것은 공약에 따른 구체적인 책임이 아니라 대략적인 성과가 더 나을 것이라는 점이다.

2. 회고적 투표의 기능: 응답성과 책임성 추궁

회고적 투표가 작동할 때 대표는 책임성을 추궁당할 수 있으며 이에 따라 민주주의의 응답성에 영향을 미친다. 이를 논리적으로 설명하면 다음과 같다.

먼저 회고적 투표가 작동한다는 것은 대표에 대한 성과에 대한 처벌이 가능해진다는 것이다. 성과에 대해 처벌이 가능해지는 경우에도 대표는 구체적인 공약을 지키는 것이 중요한 것이 아니라 유권자의 성과에 대한 평가기준을 충족하면 된다. 이런 기준을 충족하지 못할 때 회고적 투표를 통해 대표는 처벌받을 수 있다. 처벌이 가능하다는 것은 권력을 유지하고자 하는 합

리적인 대표로 하여금 자신의 대표로서 지위를 상실할 가능성이 있다는 의미이다. 따라서 대표는 처벌받을 가능성으로 인해 유권자들의 기준을 충족하게 강제할 수 있다.

책임추궁가능성은 대표들로 하여금 유권자들에 대해 응답성을 높이게 한다. 유권자들은 구체적인 공약보다도 대략적인 성과에 대해 평가를 한다. 따라서 대표들은 유권자들이 원하는 대략적인 기준을 맞추기 위해서 계속해서 응답을 해야 한다. 그런 점에서 책임추구성은 응답성을 강요한다. 이로서 회고적 투표는 민주주의의 응답성을 높이고 책임성을 높임으로써 대의민주주의가 더 효과적으로 작동하게 만든다.

Ⅲ 한국에서 회고적 투표가 나타나지 않는 이유

한국에서 이해관계가 상대적으로 적은 지방선거나 재보궐 선거에서 현 정부에 대한 회고적 투표가 나타나지만 총선과 대선에서는 회고적 선거가 잘 나타나지는 않는다. 이것을 제도와 유권자 차원에서 구분하여 분석한다.

1. 제도적인 차원

회고적 선거가 나타나지 않는 것은 회고의 평가대상이 모호해질 때이다. 예를 들어 대통령제도에서 분점정부나 의원내각제에서 연립정부의 경우나 이원집정부에서 동거정부의 경우이다. 이들 제도들에서는 평가받는 대상이 두 개나 그 이상으로 나뉜다. 이는 회고적 투표에서 평가할 대상이 정확하지 않게도 될 뿐 아니라 상대방이 자신의 책임을 면하게 하기 위해 다른 상대를 비방하는 경우가 많다. 이러한 복잡한 정보는 인민의 판단에 있어서 회고적 투표를 어렵게 한다.

한국의 경우는 분점정부가 대표적이다. 분점이 될 경우 대통령은 의회에서 정부입법안이 거부되는 경우들이 많다. 한편 정부도 의회를 거부할 수 있다. 거부권자가 늘어나게 되는 분점정부에서는 정부의 성과가 행정부와 의회 어느 당사자에 의해서 제대로 작동하지 못했는지를 평가하기가 어렵다.

한국의 경우도 1987년 민주화 이후부터 2004년 선거전까지 분점이었고 2016년 선거에서부터 다시 분점정부가 되었다. 그러나 현재 분점정부는 국회선진화법의 초다수결주의에 의해서 더 교착이 강화되었다는 차이가 있다. 이것은 현 정부의 국정운영의 결과가 전적으로 행정부에 대한 책임으로만 귀결되는 것은 아니라는 점을 의미한다. 이런 상황으로 인해 국회, 대통령선거에서 회고적 투표를 하기 어려울 수 있다. 2017년 대선은 탄핵에 대한 처벌 성격이 강했기 때문에 회고적 투표가 강하게 나타났지만 정상적인 국정운영이 끝나고 나는 2022년 선거에서도 동일한 결과가 나온다는 보장이 없다. 이는 초다수결주의의 국회와 대통령제의 결합으로 인해 누구에게 책임을 물어야 할지 알기 어렵기 때문이다.

2. 유권자의 선택 차원

유권자의 선택도 회고적 투표를 하기 어렵게 만다. 유권자들이 회고적 투표를 하려면 합리성이 전제가 되어야 한다. 즉 선호의 고정성이 없고 결과에 대한 평가만으로 투표를 해야 한다.

그러나 유권자들이 정체성에 기초하여 투표를 할 경우 유권자는 회고적 투표를 하지 않을 수 있다. 소위 '묻지마 투표'와 같은 정체성에 기초한 투표는 전임정부와 정당의 성과는 중요하지 않다. 중요한 것은 내가 어떤 정당을 지지하는 지 여부이다.

한국의 경우 최근 투표행태가 지역주의와 이념에 기초한 것으로 나타난다. 맨스브릿지의 이론에 따를 때 자이로스코프형 유권자들의 선택이다. 한국 유권자들은 정체성의 확인이 중요한 것이다. 이런 정체성이 작동하면 자신의 지지정당이나 후보에 대한 맹목적인 투표성향이 나타난다. 한국의 유권자들의 최근 투표행태는 그런 점에서 회고적 투표를 거부한다.

Ⅳ 결 론

한국에서 회고적 투표가 나타나지 않는 것은 분점정부라는 제도적인 측면과 정체성에 기초한 유권자들의 투표행태에 기초한다. 한국에서도 회고적 투표가 민주주의의 응답성과 책임성을 높인다고 할 때 회고적 투표를 가능하게 하는 조건들을 구축하는 것이 중요하다.

제030문 듀베르제 법칙과 연동형 비례대표제 논쟁

현행 한국선거제도는 소선거구제 단순다수제의 지역구선거와 병립식 비례대표제의 혼합형제도를 사용하고 있다. 현행 선거제도에 대해 거대정당에게 유리하고 군소정당에 불리할 뿐 아니라 비례대표제의 비례성이 낮다는 지적이 있다. 이에 따라 '연동형'비례대표제도로 '병립식'비례대표제도를 변경하자는 논의가 진행 중이다. 구체적으로 300석의 의석을 유지한 채 혼합선거제에서 연동형 비례대표제도를 사용하되 의석의 1/2만을 연동형으로 하고 나머지 1/2은 '권역별 비례대표제도'로 선발하며 지역구선거에서 탈락한 후보자에 대해 '석패율제도'를 도입하자는 안도 제시되고 있다. 반면에 이런 제도 개혁이 목표한 '정치목적'달성에 유용하지 않다는 반론도 있다. 다음 질문에 답하시오. (총 40점)

(1) 비례대표제가 비례성을 높인다는 주장을 듀베르제의 법칙을 통해서 설명하시오. (15점)

(2) 연동형 비례대표제(1/2 권역별 비례대표제와 석패율제도 포함)의 효과에 대해 다양한 정치적 기준을 통해서 논하시오. (25점)

 문제의 맥락과 포인트

2020년 선거를 앞두고 각 정당들은 선거제도를 변경하고자 한다. 2019년 제안된 연동형 비례대표제는 의회에서 다시 논의를 거치고 있는 중이다. 최종 결과는 12월 국회가 끝나기 전이나 되어야 알 수 있다. 하지만 모든 제도는 그 자체의 선거에 미치는 영향 즉 결과를 가지고 있다. 따라서 다소 변경이 있겠지만 2019년 3월에 제안된 선거제도를 가지고 그 결과를 예측해 볼 수 있어 이 문제를 통해서 제도들의 예상결과를 도출해보고자 하는 문제이다.

Ⅰ 서 론

대통령제 국가인 한국에서 의회는 역사적으로 비례대표제도를 개편하여 '대표성'을 확대해왔다. 최근 연동형 비례대표제도는 이러한 '대표성' 확대를 위한 시도이다. 그러나 과연 300석으로 고정된 의석수에서 현재 제안된 70석의 비례의석수로의 전환과 1/2 권역별 비례대표제 사용과 석패율제도가 '대표성'의 확대라는 기준을 충족할 수 있는지와 대통령제도라는 권력구조와 조응성이 높은 방안인지 논의가 필요하다.

Ⅱ 비례대표제의 효과: 듀베르제법칙을 중심으로

듀베르제는 선거제도의 선택이 정당체계에

영향을 미치며 그 과정은 선거제도가 정당에 영향을 미치는 경로인 '기계적 효과'와 선거제도가 유권자에게 영향을 미치는 '심리적 효과'로 구분된다. 따라서 제도의 효과가 작동하는 방식을 정당측과 유권자측으로 구분하여 분석한다.

1. 기계적 효과: 정당에 미치는 효과

비례대표제도는 정당을 중심으로 하며 정당 득표율에 따라 의석을 배분하는 제도이다. 이때 소수를 대표하는 정당은 자신이 얻은 표가 사표가 될 확률이 없기 때문에 선거경쟁에 뛰어 들게 된다. 이에 대한 듀베르제법칙의 논리를 살펴보자.

듀베르제는 이러한 비례대표 제도가 다당제를 만든다고 주장하였다. 다당제를 구축할 때 그 논리는 대표성의 확보에 있다. 다른 말로 사회갈등을 비례적으로 의회에 반영한다는 것이다. 만약 정당이 사회의 갈등선을 반영해야 한다면 비례대표제도는 그 사회갈등선을 그대로 반영하여 의회에 전달한다는 것이다. 사회의 갈등선 즉 사회적 균열(social cleavage)이 의회에 반영됨으로써 사회의 모습을 의회가 그대로 대표한다는 것이다. 이것이 대표성을 높여서 비례대표제도가 다당제를 유도할 수 있는 논리이다.

듀베르제 법칙의 핵심은 비례대표제도가 정당의 선거결과에 대한 기대에 영향을 미친다는 것이다. 즉 사회 균열이 다양하게 존재하는 다원적 갈등이 있는 사회(복합균열의 사회)에서 각 갈등을 대표하는 유권자의 수는 다르게 나타날 것이다. 이때 비례대표제도는 정당이 얻게 되는 득표율에 비례하여 의석전환이 이루어진다. 다수제가 상대적으로 더 많이 표를 받은 대표(후보자 혹은 정당)만을 선출하고 다른 후보자의 표는 대표선정이 되지 못하여 사표가 되는 데 비해서 비례대표제도는 정당이 받은 표의 비율대로 의석이 구성되기 때문에 사표가 되지 않는다.

이런 식의 표의 의석전환가능성으로 인해 정당은 자신이 받은 표대로 의석을 얻을 수 있다. 따라서 사회갈등과 가치에서 소수를 대표하는 정당도 사표로 처리되어 의석수 확보에 실패하게 되는 다수결제도의 경우와 달리 비례대표제도에서는 선거경쟁에 뛰어들 수 있다.

2. 심리적 효과: 유권자에 미치는 효과

선거제도는 유권자의 심리에도 영향을 미친다. 유권자들은 자신이 지지한 정당과 후보자에 대한 표가 사표가 되는 것을 우려한다. 이로 인해 비례대표제도는 사표방지심리가 작동하지 않기 때문에 다당제를 유도하면서 소수정당과 소수의 이익을 의회정치로 구현하게 한다.

다수제선거에서 유권자는 만약 자신이 다수를 구성할 수 있는 후보자나 정당을 지지하지 않는다면 자신의 표는 사표가 될 것이라고 생각한다. 이에 따라 유권자는 자신의 표가 사표가 되는 것을 방지하기 위해서 '전략적 투표'를 수행한다. 즉 자신의 지지 후보나 정당이 아니라 선거에서 승리할 수 있는 후보나 정당을 선택하는 것이다. 그러나 비례대표제도는 자신이 지지한 정당이 얻은 득표가 전체 의석으로 전환된다. 따라서 유권자의 표가 사표가 될 확률이 없다. 유권자는 자신이 선호하는 정당에게 표를 던지는 '진실한 투표'를 하게 되는 것이다.

앞서 본 정당에 미치는 효과고 정당들은 자신이 득표한 대로 의석으로 전환된다는 기대와 유권자들의 사표우려가 없는 기대가 작동하여 소수를 대표하는 정당은 선거경쟁에 뛰어들어 득표를 하게 된다. 그리고 그 득표율만큼 의회의 의석을 얻게 된다. 이로서 복합갈등의 사회는 각 사회균열이 비례적으로 반영되는 의회를 가지게 된다. 이로 인해 다당제가 만들어지며 사회의 의회에 대한 대표성은 높아진다.

Ⅲ 연동형 비례대표제의 효과

현재 연동형 비례대표제(2019년 3월)는 현행 병립식혼합선거제도(지역선거와 정당득표율×비례의석수)를 수정하는 것이다. 현재 논의되는 제도 개편방안은 크게 3가지이다. 첫째, 연동형 비례대표제 도입. 둘째, 권역별 비례대표제 도입. 셋째, 석패율제도 도입이다. 각 제도들의 효과를 살피기 위해 '대표성(소수지의 의회진입가능성)'과 대통령제 정부형태와의 '조응성(제도간 친화성으로 정책수행가능성)'이란 두 가지 기준을 도입한다.

참고

이 문제를 만들 때 연동형 비례대표제가 의회에서 제안된 내용을 중심으로 설명하였다. 2020년 총선에서 실제 연동형 비례대표제가 채택될 것인지와 채택된다면 이 제안된 안으로 채택될 것인지는 2019년 12월 현재는 알기 어렵다. 실제 2020년 총선 전에 국회에서 합의된 안으로 보완해야 한다.

1. 연동형 비례대표제의 효과

연동형 비례대표제란 정당이 받은 득표율을 기준으로 전체의석수를 산정한다는 방식이다. 현행 병립식 비례대표제도는 지역선거와 별개와 비례대표선거 결과를 계산한다. 즉 전국이라는 대선거구를 기준으로 정당이 얻은 득표율은 오직 비례대표 47석으로 합산하여 계산을 하는 것이다. 지역선거제도가 상대다수제를 사용하여 당선자를 결정하는 것에 비해 비례대표제도는 정당득표를 기준으로 비례적으로 의석을 배분한다. 그런데 연동형 비례대표제도는 정당이 득표한 득표비율을 통해 전체 의석수를 정한다는 것이다. 그리고 이렇게 정해진 의석 수 중에서 지역에서 당선된 의석수를 제외한 나머지 의석수

를 비례의석에서 배분하는 것이다. 이것은 독일에서 사용하는 방식이라 독일식 비례대표제라고도 한다.

연동형 비례대표제를 실시할 경우 장점은 정당이 얻은 지지를 그대로 의석으로 전환한다는 것이다. 즉 정당을 중심으로 의회의 대표성을 높인다는 것이다. 이로 인해 소수정당들의 의석 차지 가능성을 높이면서 다당제를 강화할 수 있다. 현재 선거제도에서 거대정당들은 상대다수제를 이용하여 특정 지역에서 의석을 독점한다. 따라서 유권자들은 자신의 지역에서 자신이 지지하는 후보나 정당을 선택하기 어렵다. 상대다수제로 인해 사표가 될 확률이 높은데다 지역패권 정당들이 있어 이런 지역패권정당을 지지하지 않는 특정 지역의 소수 가치를 선호하는 유권자들의 의사는 의회로 대표되기 어렵다.

그런데 현재 병립식 비례대표제도는 비례성을 높이지만 두 가지 문제를 가지고 있다. 첫째, 의석수가 전체 의석에서 47석에 불과하다. 이 적은 수의 의석으로 소수의 의견을 의회로 반영하여 의석으로 전환할 수가 없다. 둘째, 병립식 제도로 인해 정당이 얻은 득표가 의석으로 정확히 비례적으로 반영되지 못한다. 예를 들어 2004년 처음 의회정치에 진입한 민주노동당은 13%의 지지를 받았지만 비례의석은 8석을 얻었다. 또한 2016년 20대 총선에서 국민의 당은 정당득표율에서 26.74%를 얻었다. 정의당은 정당득표율에서 7.23%를 얻었다. 하지만 국민의 당은 비례의석에서 13석을 확보했고 전체 38석을 차지했다. 정의당은 비례의석에서 4석과 전체 의석에서 6석을 얻었다. 이 선거에서 더불어민주당은 정당득표율에서 25.54%를 획득했고 새누리당은 33.5%를 획득했다. 그런데 더불어민주당은 지역구에서 110석을 차지하여 전체의석에서 123석을 확보했고 새누리당은 105석을 확보

하고 전체 122석을 차지했다. 만약 정당에 대한 지지를 비례대표제에 대한 정당지지율이 정확히 반영한다면 국민의 당은 전체의석에서 민주당보다 높은 의석을 가져야 대표성이 정확히 반영된다. 그러나 적은 의석수와 병립식 계산방식으로 인해 국민의 당은 전체 의석의 26%인 78석에서 현저히 모자란 38석만을 차지한 것이다. 정의당 역시 전체의석의 7%인 21석이 아니라 전체 의석은 6석만을 차지한 것이다. 이는 다른 거대정당들이 정당이 받은 득표율보다 과다하게 의석을 확보하였다는 것이다. 즉 대표성이 깨졌다.

연동형 비례대표제도는 이러한 문제점을 시정하자는 것이다. 소수의석을 가진 정당들이 실제 지지율에 부합하는 정도로 비례대표제도를 수정하자는 것이다. 만약 독일식의 완전한 '연동형 비례대표제'를 선택한다면 모든 정당은 유권자가 지지한 정당에 대한 지지율에 비례하여 의석을 확보하게 된다. 이는 소수정당들이 그동안 과소대표된 문제와 거대정당의 과다대표문제를 시정하게 한다.

연동형 비례대표제도 도입에 따른 장점은 명확하다. 소수정당의 과소대표문제를 해결하여 의회의 대표성을 높인다. 의회가 사회적 갈등을 그대로 대표할 수 있게 할 가능성을 높이는 것이다. 이는 앞서 듀베르제 법칙에서 본 것처럼 소수정당과 소수정당을 지지하는 유권자들의 사표방지가능성을 제거하여 선거경쟁에 뛰어들게 할 뿐 아니라 선거에서 득표를 실제 의석수로 전환해준다. 이는 소수정당의 의석수를 높여서 대표성이 높은 다당제를 유도할 수 있다.

다른 장점들도 있다. 우선 사표방지가 가능하여 투표율을 높일 수 있다. 비례의석이 늘고 정당 비례에 맞추어 의석을 배분하기 때문에 정당이 얻게 된 사표가 줄어들기 때문에 투표율을 높인다. 또한 정당들이 다양한 의견을 사회에 반

영할 수 있게 하여 정당간의 협의(consociational)민주주의 혹은 합의(consensus)민주주의를 유도할 수 있다. 다당제에서 다양한 사회적 갈등이 해결되기 위해서는 합의를 통한 의회정치가 필요하고 이를 강요할 수 있다.

반면에 단점도 몇 가지 있다. 우선 정부형태와의 정당간 조응성이 떨어진다. 비례대표를 통해 소수 정당의 과소대표된 의석을 정상화하게 되면 유효정당수를 증대하여 다당제를 만들 수 있다. 앞서 본 2016년 총선에서 정의당은 독일식 연동형 비례대표제도를 사용하면 21석을 얻게 된다. 이로서 교섭단체 20석을 넘게 되며 정당간 연합의 중요성을 확보한 유효정당이 될 수 있다. 이렇게 정당수를 늘릴 경우 대통령제의 안정적인 국정운영 혹은 정책효율성은 떨어진다. 대통령의 정책집행가능성은 의회정치에 의해 거부당할 가능성이 높아지기 때문이다. 한국은 정부형태에 있어서 대통령제도에 대한 선호가 높은 상황이다. 이때 다당제를 강화하는 연동형 비례대표제도는 제도간 조응성을 낮춘다.

둘째, 초과의석수가 문제가 될 수 있다. 정당 득표율에 비추어 낮은 지지를 받은 정당이 지역선거에서 선전하여 많은 의석을 가지게 되면 이 정당들은 정당득표보다 많은 의석을 가지게 된다. 다른 정당들이 정당이 득표한 득표율에 비례하여 의석을 가질 경우 지역에서 더 많은 의석을 가진 경우 초과의석이 된다. 이들 초과의원은 지역 유권자들에게 득표하여 의석을 차지하였기 때문에 이를 무효로 할 수가 없다. 독일의 경우에도 10석이상의 초과의석이 나온다.

한국에서 연동형 비례대표제가 가지게 될 문제는 47석의 낮은 비례의원비율로 인해 연동형 제도의 도입시 너무나 많은 초과의석이 생기게 된다는 것이다. 앞서 본 2016년 사례에서 만약 이 시기 연동형 비례대표제를 사용했다고 가정

해 보자. 이 선거에서 민주당은 25% 정당 득표 하였으니 전체 의석은 대략 75석이 되어야 한 다. 그런데 지역에서 110석을 얻었기 때문에 비 례에서는 한 석도 배분받지 못하겠지만 75석을 제외한 35석의 초과의석이 생긴다. 새누리당은 33%의 경우 전체 의석에서 99석을 차지해야 하 니 비례의석에서는 1석도 못 얻지만 105석으로 6석의 초과의석이 생기게 된다. 이렇게 유추해 볼 때 소수정당들은 비례의석으로 지역선거에서 획득 못 한 의석을 확보하겠지만 전체적으로 민 주당의 35석과 새누리당의 6석이 남아서 총 41 석의 초과의석이 생긴다. 이는 300석 의회를 341석 의회로 전환하게 된다. 따라서 현재 253 석의 지역구와 47석의 비례의석수를 230석과 70 석으로 수정해도 마찬가지 결과가 나올 것이다.

셋째, 정당의 비례의석수 증대는 한국 정치 의 고질적인 문제인 정당의 공천권투쟁을 가져 올 것이다. 한국 정당들의 공천심사위원회는 제 도화가 부족하여 항상 문제를 가져왔다. 계파정 치의 온상이 되기도 하고 정당보스의 권력독점 수단이 되기도 하였다. 이는 한국 정당이 제도 화가 부족하다는 것이다. 이런 상황에서 대표성 을 증대한다는 원칙에 기초하여 정당의 권력을 강화하는 것은 타당하지 않다는 것이다. 한국정 당들이 그 동안 비례의석을 사용한 것에서 직능 별, 특정사회가치를 반영하는 방안들이 부족했 다. 따라서 정당들에게 더 많은 비례의석수를 부여함으로써 실질적으로 한국 사회의 가치를 대변하기보다 정당의 영향력만을 강화하는 것에 대한 우려가 있다.

이것은 지역구에서 선거를 통해 걸러진 후보 보다 수준이 낮은 후보들을 정당이 선택할 수 있게 한다는 문제가 있다. 정당제도화가 약하고 정당에 대한 신뢰가 약한 상황에서 정당들에게 더 큰 권력을 부여하는 연동형 비례대표제도는

그간 정치개혁의 기본 틀이었던 '원내정당'의 취 지에도 부합하지 못한다.

특히 지역을 기반으로 하고 이념이 정치균열 이 된 현 상황의 한국정당정치에서 정당의 강화 는 협의정치나 합의정치로 가지 못할 것이다. 정책표류가 더 강해질 수 있어 정책 효율성이나 정책집행가능성을 강화하게 될 것이다. 이는 정 당체계차원의 제도화수준에서도 문제를 만들 것 이고 제도수준의 제도화에서도 정당의 규율과 권한을 강화하는 방향으로 가게 될 것이다.

종합적으로 볼 때 연동형 비례대표제 도입에 따른 장점과 함께 단점들도 많이 있다. 특히 의 석수가 300석으로 고정된 상태에서 지역의석수 를 230석으로 줄이는 것에 대한 기술적 어려움 과 함께 지역의석수 축소에 따른 선거구 크기 조정문제와 지역간 조정에 따른 갈등도 우려된 다. 게다가 70석으로 비례대표수가 적은 상황에 서 연동형 비례대표제를 수행하게 될 때 생기는 초과의석문제는 의도적이지 않게 국회의석수를 증대하게 될 수 있다.

2. 권역별 비례대표제 도입의 효과

권역별 비례대표제도는 한국의 비례대표제 가 의석수를 확대할 수 없는 상황에서 초과의석 을 방지하고 지역주의를 완화하기 위한 방안으 로 제안된 것이다. 초과의석을 방지하기 위해 의석의 1/2만을 분리하여 계산하고 나머지 1/2 은 6개 정도의 권역을 만들어 권력별로 다시 의 석산출을 하겠다는 것이다. 만약 70석 중 36석 정도를 권역으로 구분하면 권역별 6개 정도의 의석에서 정당별 득표율에 따라 의석을 배분하 는 것이다.

이 제도의 취지는 지역주의가 강한 지역에서 지역을 반영하는 정당이 아닌 정당의 의석을 유 도하는 것이다. 상징적으로 권역에서 패권정당

을 약화하는 조치가 될 수 있다.

그러나 이러한 소수의 의석으로 과연 지역주의의 상징적인 완화가 가능한지에 대한 의문이 제기된다. 한 석 정도를 반영하는 의원이 있다는 것 말고 의회에서 의안제출이나 의원통과에 있어서 큰 효과를 가지기 어렵다. 게다가 연동형 비례대표제도의 원 취지도 약화될 수 있다. 유권자의 정당지지를 전국으로 한 번 구분하고 지역으로 다시 구분하기 때문이다. 그렇게 구분하여 얻게 되는 의석의 인위적인 배분의 효과가 그렇게 크지 않다. 따라서 권역별 비례대표제도는 원래대로 연동형 비례대표제도를 사용하는 것보다 제도의 유용성이 높다고 보이지 않는다.

3. 석패율제도 도입의 효과

마지막으로 석패율제도를 도입하자는 논의가 있다. 석패율제도는 아쉽게 지역구에서 패배한 후보를 비례의석에서 구제해주는 제도이다. 이것은 소수정당들의 후보 중에서 아쉬운 후보들이나 경쟁력 있는 후보를 의회의 대표로 만들겠다는 것이다.

하지만 이런 제도가 전체 선거정치에 미치는 효과가 그리 크지 않다는 점이다 한 번 지역구 선거에서 유권자에게 승리하지 못한 후보를 구원하는 것이 타당한지에 대한 비판이 있다. 따라서 연동형 비례대표제도의 본질로 보이지는 않는다.

4. 평 가

연동형 비례대표제를 통한 제도도입의 효과인 비례성확보에 비해 제도간 조응성이 낮아질 가능성이 높다. 비례성이 늘어날 확률은 높다. 특히 소수정당들의 의석수에 있어서 조정이 일어날 것이다. 국민의 당, 평화민주당, 정의당의

의석은 늘어날 것이다. 그러나 이들 정당이 사회의 각 균열을 정확히 대표하는지는 다른 기준이다. 환경, 세대, 다문화와 같은 가치는 반영되지 않고 이념, 지역이란 가치만 강화될 수 있다. 이는 제도 변경의 효능이 정확하지 않다는 것이다. 그러나 제도 도입에 따른 우려는 확실하다. 정당의 강화, 초과의석 등의 문제가 제기된다. 권역별 비례대표제나 석패율 제도는 소수정당의 의석을 조금 더 늘릴 가능성이 있지만 이것이 연동형 비례패표제도의 핵심적 사안은 아니다.

Ⅳ 결 론

현행 한국정치에서 의석수를 고정시킨 상황에서 연동형 비례대표제도의 장점은 그리 커 보이지 않는다. 소수정당의 대표성을 높이는 장점 대비 초과의석에 의한 국회의석수 증대 정부형태와의 조응성 약화 그리고 제도화가 부족한 정당의 권력 강화라는 부분의 비판이 설득력 있다. 장기적인 관점에서 의석수 증대와 함께 정당제도화가 병행되어야 연동형 비례대표제도의 효과가 커질 것으로 보인다.

선거제도는 단순다수제와 비례대표제로 나뉜다. 이 두 가지를 혼용하는 혼합형 선거제도가 있고, 여기에는 병립형, 준연동형, 연동형이 있다. 다음 표를 참고하여 답하시오. (총 40점)

〈표 1〉 갑국 전체의석수 300석/ 지역구 250석과 전국구 비례의석 50석. 초과의석 배제

	군소정당 C	(300석 모두 지역구 가정) 군소정당 C
지역구 당선자수	10명	12명
정당득표율	10%	0명

(1) '듀베르제 법칙'에 근거하여 소수정당의 의석확보 가능성 차원에서 비례대표제가 정치적 대표성을, 단순다수제(혹은 상대다수제)가 '정치적 안정성'을 달성하는 방안을 각각 설명하시오. (10점)

(2) 위의 〈표 1〉의 수치를 근거로 혼합형 선거제도 중에서 병립형(혹은 독립형. 일본식 병립형), 준연동형, 완전연동형(혹은 독일식 연동형)의 의석전환(의석배분)방식을 통해 군소정당 C가 확보할 수 있는 의석수를 산출하시오. 300석 모두 단순다수제(혹은 상대다수제)의 지역구로 의원을 선출했을 때와 각 혼합형선거제도의 의원선출 결과를 비례성 차원에서 비교하시오. (20점)

(3) 한국에서 비례성을 늘리는 방안으로 완전연동형으로 변경하고 대통령제를 그대로 유지한다고 가정한다. 대통령제를 유지하면서도 완전연동형에 따라 다당제가 될 경우 대통령제와 다당제가 조응할 수 있는 다양한 제도적 방안을 제시하시오. (10점)

I. 서   론
II. 듀베르제 법칙과 선거제도의 효과 설명
  1. 비례대표제: 소수정당의 의석 확보와 높은 정치적 대표성
  2. 단순다수제: 소수정당의 의석 확보곤란과 높은 정치적 안정성
III. 선거제도별 의석 수 비교 (각 제도별 5점과 비교 5점)
  1. 병립형선거제도: 소수 정당 불리(정치적 대표성 낮음)
  2. 준연동형 선거제도: 소수정당이 유리(정치적 대표성 높음)
  3. 완전 연동형선거제도: 소수 정당에 가장 유리 (정치적 대표성 최고 높음)
  4. 비례성 비교
IV. 완전연동형의 다당제와 대통령제 조응성을 위한 제도 방안
  1. 대통령선거제도의 부통령제 도입
  2. 대통령선거제도의 결선투표제
  3. 당정협의회 활용
  4. 의회의 상임위원회 강화방안
  5. 정당의 원내 정당화
V. 결   론

문제의 맥락과 포인트

한국의 2020년, 2024년 선거는 준연동형비례대표제를 사용했다. 이 선거 제도 개혁은 비례성 확보에 실패했다. 이를 개선하기 위한 완전연동형 선거제도 개편은 다당제를 만들 것이다. 다당제와 대통령제가 공존하기 위한 방안을 제도적으로 살펴보면서 제도에 대한 이해를 묻는 문제이다.

Ⅰ 서 론

2020년에 이어 2024년 총선에서도 준연동형 비례선거제도를 사용했다. 2016년까지 병립형선거제도를 사용하다 준연동형으로 변경한 이유는 소수정당의 의석수를 늘리기 위한 것이다. 만약 비례성을 높이기 위해 완전연동형으로 선거제도를 변경하는 경우 대통령제와 조응성을 높이기 위한 제도적 방안을 고려해 본다.

Ⅱ 듀베르제 법칙과 선거제도의 효과 설명 (10점)

듀베르제 법칙은 선거제도에서 의석배분방식에 따라 정당체계가 결정된다는 이론이다. 이때 소수 정당의 의석을 확보하는 비례성을 높이는 것이 '정치적 대표성'을 확보하는 것으로 규정하고, 거대 정당에 의석이 늘어나는 것을 '정치적 안정성'으로 규정한다. 이에 따라 소수정당의 의석확보가능성을 통해 비례대표제와 상대다수제

1. 비례대표제: 소수정당의 의석 확보와 높은 정치적 대표성 (5점)

비례대표제는 소수정당의 의석율이 높아지고 이에 따라 정치적 비례성인 대표성이 높아진다. 비례대표제는 정당이 받은 비율대로 의석이 배분되는 제도이다. 비례대표제는 소수정당의 의석을 확보하는데 유리하기 때문에 비례성 즉 정치적 대표성이 높다. 비례대표제가 소수정당에 유리한 것은 두 가지 이유에 근거한다.

첫째, 정당에 영향을 미치는 '기계적 효과'이다. 기계적 효과는 정당이 받은 득표가 의석으로 전환될 수 있는지에 달려있다. 비례대표제는 유권자가 정당에 투표를 하고 이 득표율에 근거

하여 의석을 배분한다. 따라서 정당은 소수의 지지를 받아도 그 소수 지지만큼을 의석으로 전환할 수 있다. 이는 정당이 선거경쟁에 뛰어들 유인이 된다. 즉 정당이 선거에 참여함으로서 정치적 대표성이 높아질 수 있는 조건을 만든다.

둘째, 유권자에게는 '심리적 효과'가 영향을 미친다. 심리적 효과는 유권자가 자신이 지지하는 정당에 표를 던진 것이 사표가 될 것을 걱정하게 하는지와 관련된다. 소수정당을 지지하는 유권자는 비례대표제에서 자신의 표가 정당에 전달되어 의석으로 전환되기 때문에 심리적 효과상 사표방지 효과가 나타나지 않는다. 이는 소수 정당을 지지하는 유권자가 사표를 우려해 '전략적인 투표'를 하기 보다는 진실한 투표를 하게 만든다. 즉 유권자도 소수정당에 표를 주고 이 전달된 표는 그대로 의석수로 전환된다.

2. 단순다수제: 소수정당의 의석 확보곤란과 높은 정치적 안정성 (5점)

단순다수제는 거대 정당에 유리하기 때문에 소수정당에 불리하고, 이는 양당제를 만들어 정치적 안정성을 높인다. 단순다수제는 표를 한표라도 더 많이 받은 정당과 후보가 당선이 되는 제도다. 따라서 거대 정당과 거대 정당 추천 후보에게 유리하다. 이로 인해 양당제를 만들기 때문에 정치적 안정성은 높고 반대로 비례성은 떨어진다. 단순다수제가 양당제가 되면서 정치적 안정성을 높이는 이유 역시 두 가지로 설명할 수 있다.

첫째, 기계적 효과다. 소수 지지를 받는 정당은 자신이 받은 표가 의석으로 전환된 확률이 낮아진다. 따라서 정당은 득표율과 의석전환가능성이 불일치하기 때문에 선거경쟁에 뛰어들 유인이 낮아진다.

둘째, 심리적효과다. 소수를 지지하는 유권

자입장에서는 자신이 소수정당이나 소수 정당의 후보에게 표를 던질 경우 이 표가 사표가 될 확률이 높다. 이때 유권자는 사표 방지 심리가 작동한다. 이는 유권자로 하여금 자신이 지지하는 정당이나 후보에게 표를 던지는 '진실한 투표' 즉 선호투표를 하게 하지 않는다. 이보다는 유권자는 전략적 투표를 한다. 즉 자신이 지지하는 정당과 후보와 이념적으로 가까운 거리에 있는 당선가능성이 높은 후보에게 표를 던진다. 따라서 소수 정당은 실제 유권자의 지지율보다 낮은 의석율을 가지게 된다. 이는 거대 정당에 표가 몰리게 만들면서 양당제를 만들게 한다.

Ⅲ 선거제도별 의석 수 비교 (각 제도별 5점과 비교 5점)

위의 표를 가정으로 300석을 모두 단순다수제를 사용했을 때와 달리 군소정당 C는 병립형 선거제도, 연동형 선거제도, 준연동형선거제도에서 얻을 수 있는 의석수는 차이난다. 각 당선자결정방식에 따라 차이나는 의석수를 통해 비례성의 차이를 비교해본다.

1. 병립형선거제도: 소수 정당 불리(정치적 대표성 낮음)

병립형 선거제도는 혼합형 선거제도 중에서도 거대 정당에 유리하고 소수 정당에 불리한 선거제도이다. 병립형 선거제도는 지역구 선거와 비례대표 선거를 분리하고 정당이 득표한 비율에 따라 배정된 비례의석수만을 계산한다. 이로 인해 독립형 선거제도로도 부른다. 즉 지역구의석은 단순다수제를 통해서 의석을 배분한다. 따라서 거대 정당에 유리하다. 반면 비례선거제도는 비례의석수에 정당 득표율로 계산하는 것이다. 전체의석수에 정당득표율을 계산하는

완전 연동제가 아니라, 단지 비례의석수에만 정당득표율로 계산하기 때문에 소수 정당이 확보할 수 있는 비례의석수가 자체가 적어진다. 따라서 미국이나 영국처럼 단순다수제를 사용하는 나라보다는 소수정당에 유리하지만 독일처럼 완전 연동제를 사용하는 경우보다는 확보할 의석수가 줄어든다. 일본이 사용하고 있고, 2016년 선거까지 한국에서 사용했던 제도이다.

표를 통해서 계산하면 결과는 다음과 같다. C정당은 지역구에서 10석과 10%의 지지를 받았다. 비례의석수가 50석이기 때문에 50석의 10%를 계산하면 비례에서 5석을 얻는다. 따라서 전체 의석수는 15석이 된다.

2. 준연동형 선거제도: 소수정당이 유리 (정치적 대표성 높음)

준연동형 선거제도에서는 소수정당이 병립형보다는 대표성이 높지만 연동형보다는 대표성이 떨어진다. 준연동형 선거제도는 2020년 한국 선거에서 도입된 제도이다. 이는 연동형을 따르되 의석수를 전체 의석수의 50%로 만드는 것이다. 즉 전체의석수에 정당이 받은 득표율로 계산하되 나온 의석수의 1/2로 비례의석을 계산하는 방법이다. 다만 운영상에서 연동형처럼 전체 득표율로 의석수를 계산한 뒤에 지역구 의석수를 빼고 남은 의석수에 1/2을 한다.

C정당의 경우 중연동형을 사용하면 의석 수는 다음과 같다. 정당이 받은 10%를 전체 의석 300석에 계산하면 30석이 된다. 여기서 지역구에서 확보한 10석의 의석수를 뺀다. 그러면 남은 20석에 대해 준연동형으로 1/2을 계산한다. 이렇게 해서 C정당은 10석의 비례의석을 얻고 전체 의석수는 20석이 된다. 초과의석 계산을 배제하면 정당 C가 확보할 수 있는 의석은 그대로 20석이다.

3. 완전 연동형선거제도: 소수 정당에 가장 유리(정치적 대표성 최고 높음)

완전연동형 선거제도는 정당의 득표율을 전체 의석에 연동시키는 방식으로 독일에서 사용하는 방식이다. 이는 정당이 유권자에게 받은 득표율이 실제 정당에 대한 국민들의 지지율로 생각하고 이 비율만큼을 의회 의석으로 만들기 위한 제도다. 따라서 비례성 즉 정치적 대표성은 혼합형 선거제도에서 중에서는 가장 높다. 물론 뉴질랜드처럼 완전 비례대표제만 사용하면 정당 투표만을 통해 정당지지율 대로 의석을 만들 수 있지만 독일식 제도는 지역에서는 유권자들이 인물을 보고 선거를 하게 하고, 대신 독일의 경우 권역별로 정당이 받은 지지율대로 비례의석을 배분하는 것이다. 하지만 이 문제에서는 권역별이 아닌 전국구를 중심으로 정당별 의석을 선출한다.

이 제도를 사용할 경우 C정당은 10%의 지지를 전체 의석 300석에 계산한다. 그럼 30석을 확보한다. 그러나 지역구에서 이미 10석을 확보했기 때문에 비례의석에서는 20석을 받게 된다. 따라서 정당 C가 받게 될 의석은 30석이다. 독일의 경우 초과의석이 발생하면 이것을 다른 정당의 몫으로 다시 계산해서 전체 의석이 늘어나지만 이 문제에서는 초과의석이 없기 때문에 의석 조정이 없어 최종의석은 30석이 된다.

4. 비례성 비교

C 정당이 얻을 의석의 결과를 비교해보면 다음과 같다. 단순다수제만 사용했을 때 12석이다. 병립형 선거제도에서는 15석을 얻을 수 있다. 준연동형 선거제도에서는 20석을 확보한다. 연동형 선거제도에서는 30석을 확보한다.

이는 비례성에서 차이를 보인다. 정당지지가 정확한 유권자의 선호를 반영한다면 유권자의 10%가 정당 C를 지지한다면 의석 수가 전체 300석에서 10%인 30석이 가장 대표성에 부합한다. microcosm에 따르면 가장 이상적 형태의 대표라고 할 수 있다. 그런 점에서 비례성은 혼합형 선거제도가 단순다수제보다 높다. 혼한협 선거제도 중에서는 연동형이 가장 비례성이 높고, 준연동형이 그 다음이고 병립형이 가장 낮다. 따라서 혼합형 선거제도를 사용해도 대표성을 높이기 위해서는 완전연동형을 사용하고, 안정성을 높이기 위해서는 병립형이 유용하다.

Ⅳ 완전연동형의 다당제와 대통령제 조응성을 위한 제도 방안

한국에서 대통령제를 변동하지 않을 것이라고 전제하면서 국회의 대표성을 높이는 방안을 모색한다면 몇 가지 제도적 조응성을 높이는 방안이 있다. 다만 방안 중에서 '제도'적 차원만을 고려하고 리더십과 문화라는 운영방식은 배제한다.

1. 대통령선거제도의 부통령제도 도입 (2~3점)

대통령선거에서 부통령제도 역시 다당제에서 정당 연합의 유인이 될 수 있다. 대통령 선거에서 부통령을 러닝 메이크로 두는 경우 소수 정당 대통령후보를 부통령 후보로 영입할 수 있다. 대통령제에서 총리를 두고 정당연합을 하는 것처럼 제도적으로 부통령제는 국민의 선택을 받기 때문에 정당연합을 유지할 가능성이 더 높다. 따라서 대통령제도에 부통령 국민 선출을 도입하면 다당제에서 강력한 정당연합 유인이 된다.

2. 대통령선거제도의 결선투표제 (2~3점)

대통령선거에서 결선투표제를 사용하면 다당제에서 정당 연합을 유도할 수 있다. 다당제에서 대통령 선거는 복수의 후보간 경쟁이 된다. 이 경우 한 후보가 압도적인 지지를 받아 당선될 확률이 낮아진다. 따라서 결선투표를 하면 2차 투표에서는 양자간 경쟁으로 귀결된다. 1차 투표가 부결될 확률이 높을수록 2차 투표에서 정당간 연합이 중요하다. 이는 대통령제를 사용하면서 다당제인 라틴 아메리카 국가들에서 많이 사용된다. 즉 정당연합을 유도하여 대통령제와 다당제가 조응하게 만든다.

3. 당정협의회 활용 (2~3점)

당정협의회에 야당과 함께 운영하는 방안도 고려될 수 있다. 당정협의회는 당과 정부가 협의를 거쳐 정치를 운영하기 위한 제도다. 이 제도는 박정희정부에서 정당정부를 유기적으로 작동하게 하기 위해 구성된 것이다. 당정협의회는 여당과 정부가 정책조율을 하는 것인데 여기에 야당을 동참하게 하는 것은 정당간 정책 연합이나 정책 조율을 강화하는 방안이다.

4. 의회의 상임위원회 강화방안 (2~3점)

의회의 상임위원회를 강화하면 정당간 협력 가능성이 높아진다. 정당을 중심으로 정치를 운영하는 것이 아니라 소관 상임위원회를 중심으로 정치를 운영하면 의회의원의 자율성을 높이면서 의원간 협력의 여지가 생긴다. 이는 의회의 전환의회화와 상임위원회 중심주의를 접목해서 가능해진다. 현재 '대통령＋여당 vs. 야당'의 구조를 '대통령과 의회'의 구조로 변화시키고 의회내에 전문성을 강화하면서도 의원의 교차투표 가능성을 높이는 것이다.

5. 정당의 원내 정당화 (2~3점)

대통령과 다당제가 조응하기 위해서는 정당의 규율을 약화시켜야 한다. 이를 위해 정당의 원내정당화가 필요하다. 원내정당화를 위해서는 정당의 공천권을 정당지도부에서 유권자로 전환할 필요가 있다. 경선제도를 활용하면서 미국의 오픈 프라이머리 제도를 활용하는 국민 경선제를 통해 유권자와 정당간의 관계를 강화하는 방안이 모색될 수 있다.

Ⅴ 결 론

대통령제를 유지하는 데도 의회의 대표성을 높이고자 하면 제도적 차원에서 정부형태에서는 부통령제와 선거제도에서는 결선투표제 그리고 정당차원에서는 원내정당화와 의회의 전환의회에 따른 상임위원회 중심주의 그리고 당정협의회를 활용하는 방안이 있다.

제032문 한국 선거제도의 개편과 민주주의 질적 발전과의 관계

국회의원 선거제도는 양당제 또는 다당제의 정당체계 유형에 영향을 미친다. 선거제도에 따른 정당체계 변화는 정부형태와 함께 한 나라의 '민주주의 질적 발전'을 결정한다. 다음 질문에 답하시오. (30점)

(1) 선거제도가 정당과 유권자에게 미치는 효과를 약술하시오. (5점)

(2) 현행 한국 선거제도에서 '국회의원 정수 확대방안', '지역구—비례대표 비중 확대방안', '연동형 비례대표제로 전환 방안'의 3가지 방안이 정당체계에 미칠 효과를 설명하고, (15점) 이런 변화가 한국의 민주주의 질적 발전에 기여할 지 논하시오. (10점)

— 2023년 입법고시 변형

 문제의 맥락과 포인트

선거제도는 제도 개편을 위한 가장 구체적인 방안이다. 그런 점에서 입법고시에서도 몇 가지 방안들이 실제 어떤 효과를 가져오는지를 묻고 있다. 제도 작동원리를 통해 구체적인 결과를 논리적으로 도출하는 것이 중요한 문제다.

Ⅰ 서 론

21대 총선의 준연동형 비례대표제에서 사표가 된 비율은 11%에 가깝다. 준연동형 비례대표제를 사용하지 않았던 20대 총선의 7%보다 4%가 높다. 이는 비례성을 높여 소수의 대표성을 높이겠다는 취지를 반영하지 못한 것이다. 대통령제도를 사용하는 입장에서 이처럼 선거제도 개편은 인위적으로 정당체계에 변화를 가져오려하는 바 그 효과를 살펴본다.

● 대안 서론

2017년 4월 24일 프랑스 대선의 1차 투표는 극우정당 마리 르 펜을 2위로 당선시켰다. 그러나 2002년 그녀의 아버지 장마리 르 펜 역시 1차 투표에서 승리했지만 2차 투표에서 자크 시라크에게 82.21% 대 17.79%로 대패하였다. 결선투표제도는 이처럼 극우정치인을 떨어뜨리겠다는 심리가 작동하면서도 정당간 연대를 모색할 수 있게 한다. 대통령제를 선택한 한국에 주는 의미가 크다.

Ⅱ 듀베르제 법칙: 선거제도의 정당체계에 미치는 효과

듀베르제 법칙에 따르면 선거제도의 변화가 정당 체계의 변화를 만들어낸다. 이때 정당 측에 미치는 효과를 '기계적 효과'라고 하고 유권자 측에 미치는 효과를 '심리적 효과'라고 한다.

1. 기계적 효과: 정당의 선거 진입 유인 측면 (2.5점)

기계적 효과는 선거제도가 정당에게 선거에 뛰어들 것인지를 결정하게 만드는 요인이다. 정당은 자신이 선거에서 받게 될 득표율과 이것이 의석으로 전환될 의석률을 비교하게 된다. 득표율이 의석률로 전환이 수월한 경우 정당은 선거제도에 진입한다. 비례대표제가 여기에 해당한다. 결선투표제처럼 정당연대에도 도움이 될 수 있다. 한편 다른 선거제도의 변화도 정당이 의석확보나 정당간 연대에 도움이 될 경우 선거제도에 뛰어들 가능성이 크다.

2. 심리적 효과: 유권자의 사표 방지 심리 측면 (2.5점)

심리적 효과는 제도가 유권자에게 미치는 사표방지 심리이다. 유권자는 자신이 지지한 후보 혹은 정당이 탈락할 경우 자신의 표가 사표가 된다. 유권자 입장에서 이런 사표를 만들지 않기 위해서는 진실한 투표 대신에 전략적 투표를 할 가능성이 크다. 상대다수제의 경우가 대표적이다. 마찬가지로 다른 선거제도의 도입도 유권자에게 진실한 투표를 할 것인지 전략적 투표를 할 것인지를 결정하게 한다.

Ⅲ 선거제도의 개편과 민주주의 질적 발전과의 관계

선거제도 개편과 관련된 3가지 방안의 기대효과와 정당체계의 변화로 인한 정부형태와의 조응성을 중심으로 민주주의 질적 발전 차원을 다루어본다.

1. 선거제도 개편의 효과 (각 5점씩)

첫째, 국회의원 정수 확대방안은 이론상으로는 다당제를 만들 수 있지만 실질적 효과가 클 것으로 보이지는 않는다. 국회의원의 정수가 늘어나는 경우 정당은 자신이 확보할 수 있는 의석수가 증대할 것으로 예상할 수 있다. 지역구를 세분화해서 지역구를 늘리는 경우로 상정하면 소수 정당이나 신생정당은 지역구 선거구에 보낼 수 있는 후보 중에서 상대적으로 당선자가 나올 확률이 높아진다. 전통적으로 특정 강세인 지역구에서 내보내지 않고 새로운 지역에 입후보할 수 있다. 이는 정당진입의 유인이 된다. 유권자 측면에서도 소수정당이나 신생정당 후보를 선택할 가능성이 커진다.

하지만 반론도 있다. 상대다수제의 확대에 불과하기 때문에 실질적으로 소수 정당이나 신생정당에 유리하지 않은 것이다. 실제로 지역구 의석수가 증대할 경우 소수정당에게는 특별히 유리할 것이 없다.

둘째, 지역구-비례대표 비중 확대방안은 소수 정당과 신생정당의 진입에 유리해 다당제를 만들 가능성이 있다. 비례대표 47석의 비중은 120석 정도로 늘릴 경우 소수정당이 확보할 의석수는 증대한다. 이는 기계적 효과를 통해 정당의 진입 유인을 제공한다. 한편 소수정당 지지 유권자들의 심리적 측면에서도 진실한 투표 가능성을 늘린다. 이는 혼합형선거제도에서 비례대표제의 확대를 의미하기 때문에 정당을 다당제로 만들 가능성이 높다.

하지만 반론도 있다. 이렇게 제도변경이 가져올 수 있는 효과가 크지 않다는 것이다. 쏘수정당이 3~5%정도 지지를 받는다고 해도 의석수는 5석 내외다. 이는 교섭단체 구성에 하남 못미치는 의석수이다. 따라서 양당제에 군소정당이 몇 개 등장하는 정도에 그칠 가능성이 크다.

셋째, 연동형 비례대표제로 전환 방안은 소수정당에 유리하여 다당제를 가져올 가능성이 크다. 연동형 비례대표제는 정당이 받은 득표율은 전체 의석수에 곱한다. 10%를 받은 경우 독립식에서는 4.7석이지만 연동식에서는 30석이 보장된다. 따라서 소수 정당은 의석수가 독립식에 비해 높아지기 때문에 기계적 효과로 인해 선거에 뛰어들 것이다. 유권자도 자신의 표가 더 많은 의석을 만들기 때문에 심리적 효과 상 진실한 투표를 할 가능성이 크다.

반면 연동형 비례대표제에 대한 반론도 있다. 연동형비례대표제를 사용할 경우 소수의견을 대표하는 정당들이 선거경쟁에 많이 뛰어들 것이다. 이는 결국 득표율을 낮추게 해서 실질적으로 의석수 확보를 어렵게 할 수 있다. 한편 2020년 선거처럼 위성정당을 만들어 제도 도입의 취지를 무색하게 할 수 있다.

2. 민주주의 질적 발전 논쟁 (주장 별 4점+ 정리 2점)

선거제도의 변경은 정당체계의 변화를 가져온다. 이는 대통령제도를 사용하는 한국에서 민주주의 질적발전에 대한 상이한 두 가지 기준에 대한 논의가 가능하다. 첫째, 대표성과 비례성 확보다. 둘째, 통치가능성과 제도적 조응성이다. 양자는 상호 모순적인 측면이 있기에 이 두 가지 개념을 중심으로 논의한다.

먼저 선거제도의 개편이 다당제를 만든다면 대표성과 비례성은 높아질 것이다. 더 많은 사회적 균열이 반영될 수 있다. 이것은 대의민주주의에서 대표성을 높이면서 민주주의의 포괄성을 높인다. 이는 인민의 지배(of the people)을 구현하면서 현실적으로 인민에 의한 지배(by the people)도 보장한다.

하지만 비례성의 증대는 통치가능성의 약화와 충돌한다. 대통령제에서 다당제는 조응하지 않는다. 메인웨어링의 연구에서처럼 대통령제와 다당제 조합은 행정부와 입법부를 교착시킬 가능성이 크다. 또한 이념적인 극화를 가능하게 만들 수 있다. 게다가 당과 당의 연립구성을 어렵게 한다.

이런 조건은 대통령제도의 제도적 권력 분립(separation of power)뿐 아니라 운영상의 분립(separation of purpose)를 어렵게 한다. 즉 다당제가 분점정부 가능성을 높이고, 이념적 극화는 대통령이 상대당과 의원을 설득하기 어렵게 만든다.

결론적으로 대통령제에서 다당제는 행정부의 통치가능성을 낮춘다. 이로 인해 민주주의의 질적 발전을 위한 정치적 기능에 대한 유권자들의 불만을 가져올 가능성이 높다. 그럼에도 불구하고 선거제도 개혁을 통해 다당제의 유도와 비례성확보를 원한다면 다른 선거제도의 병행 보완이 필요하다. 대통령 결선투표제도를 통한 정당연합 유인이다. 부통령 선거제도를 통한 정당연합 유인이 있을 수 있다.

Ⅳ 결 론

국회선거제도 개편은 듀베르제 법칙에서 정당과 유권자에게 영향을 미쳐 정당체계변화로 이어질 것이고 이는 정부형태와의 조응성에도 영향을 미친다. 선거제도 개편은 그런 점에서 정부형태등과 고려해서 논의될 필요가 있다.

선거제도의 변화와 정당체계와 의회와 행정부

듀베르제에 따르면 선거제도의 유형에 따라 정당체계에 변화를 가져오며 개별 정당의 운영방식도 달라진다. 한국의 선거제도는 의회는 혼합형제도를 사용하고 있고 의회와 대통령선출에 있어서 단순다수제가 결합되어 있다. 혼합형선거제도에서 비례대표의석의 비율이 낮다는 점이 문제로 제기 되고 있다. 한편 2016~2020년 시기 다당제 경쟁에서 단순다수제를 통한 대통령선출에도 문제가 제기되고 있다. 이와 관련하여 다음 질문에 답하시오. (총 40점)

(1) 듀베르제(Duverger)의 법칙이 유권자와 정당에 미치는 효과를 가지고 '단순다수제(plurality system)'와 '비례대표제(proportional representation system)'와 '결선투표제'라는 선거제도가 정당체계에 미치는 영향을 설명하시오. (15점)

(2) 한국 의회선거에서 비례대표제를 전체의석에서 30%로 증대하는 방안이 가져오는 효과와 대통령선거에서 결선투표제도를 혼용할 경우에 나타나는 효과를 '정당체계'차원과 '정당과 시민사회'간의 차원과 '의회와 행정부'간의 차원으로 논하시오. (25점)

 문제의 맥락과 포인트

한국정치 변화는 제도를 통해서 이룰 수 있다. 이 중에서 가장 관심을 많이 받는 제도는 의회 비례대표제의 확대와 대통령 결선투표제이다. 이 두가지 선거제도의 변화가 가져올 수 있는 효과를 다른 제도들간의 연계 속에서 살펴볼 수 있는지 즉 종합적인 사고가 가능한지를 알아보려는 문제이다.

I 서 론

2016년 총선에서 다당제가 나타난 이후 한국의 정당정치는 다당제 경쟁을 보여주고 있다. 그러나 의회의 47석에 불과한 비례의석수는 사회의 다양한 요구를 반영하기 어렵다. 또한 단순다수제의 대통령제도 역시 다당제 경쟁에서는 낮은 정당성을 보여준다. 두 가지 선거제도의 변화가 가져올 정치적 영향을 살펴본다.

II 듀베르제의 법칙: 선거제도와 정당체계 간의 관계

1. 듀베르제 법칙의 정당체계에의 영향

듀베르제 법칙은 선거제도가 정당체계를 결정한다고 한다. 선거제도는 '심리적 효과'과 '기계적 효과'를 통해서 정당체계를 결정한다. 두 가지 경로가 어떻게 정당체계를 결정하는지는 후술하고 듀베르제 법칙에 따른 선거별 정당체계에의 영향은 다음과 같다. 첫째, 단순다수제는 양당제를 만든다. 둘째, 결선투표제도는 다당제를 가져온다. 셋째, 비례대표제도는 다당제를 만든다. 즉 선거제도가 독립변수이고 정당체계 즉 정당의 숫자를 종속변수로 결정하는 것이다. 이 것은 선거제도를 전략적으로 선택한다면 정당체계에 변화를 가져올 수 있다는 것이다. 그리고 정당체계의 변화는 정당간의 경쟁, 시민사회와 정당의 호응성, 정당을 매개로 하여 의회와 행정부간의 관계에 영향을 미친다.

2. 듀베르제 법칙의 두 가지 경로: 유권자 요인과 정당요인

선거제도의 변화가 정당체계에 변화를 가져오는 것은 두 가지 경로를 통해서 설명이 가능하다. 첫 번째는 정당에 영향을 미치는 '기계적 효과'이다. 이것은 정당이 선거정치에 진입할 것인지를 결정하게 하는 것이다.

기계적 효과란 제도적으로 선거정치에 진입할 때 표를 얻을 수 있는 효과로서 비례대표제는 정당이 얻은 표와 의석수를 일치하게 함으로써 정당들의 진입을 유도한다. 비례대표제도는 유권자의 선호를 투표를 통해 득표에 그대로 반영한다. 따라서 소수 정당들 역시 득표를 할 수 있기에 선거정치에 진입한다.

단순다수제(혹은 상대다수제)에서 기계적 효과는 소수정당에게 불리하다. 단순다수제는 거대 정당에 유리하게 득표를 유도한다. 상대적으로 표를 많이 받는 후보자와 정당이 당선되고 나머지 표는 사표가 되기 때문에 소수정당이나 소수파 후보자는 탈락할 가능성이 높다. 이것은 소수정당의 경우 정당이 얻은 표와 의석수간 표차이(bias)를 높게 만든다. 이로 인해 소수정당은 선거경쟁에 뛰어들 유인이 적어진다.

결선투표제도는 기계적 효과가 소수정당에게 두 번째 투표에서 정당간 연합의 유인을 만들어준다. 결선투표제는 1차 투표에서 투표결과가 결정되지 않고 부결될 가능성이 높을수록 유권자들은 1차 투표에서 진실한 투표를 한다. 이렇게 해서 남겨진 결선 후보자간의 2차 투표에서는 당선을 위한 특정 기준(예를 들어 50% 득표)을 넘어서기 위해 정당간의 연합을 할 유인이 강하다. 정당간의 연대가능성이 높아지려면 1차 투표에서 정확한 정당지지를 드러내야 하기 때문에 정당들은 선명한 이념적 성향을 드러내면서 정치경쟁에 진출하게 한다.

두 번째는 '심리적 효과'이다. 심리적 효과는 유권자에게 작동하는 것이다. 유권자는 자신의 표가 의석으로 전환되는지를 계산하게 만들며 이런 사표 방지 계산이 투표결과에 영향을 미치는 것이다.

단순다수제는 유권자에게 '전략적 투표'를 유도한다. 단순다수제는 다수표를 얻은 특정 후보만이 당선되기 때문에 다른 후보를 지지하는 유권자들은 자신의 표가 사표가 될 것으로 생각하게 된다. 사표 방지 심리가 작동하여 유권자는 자신이 선호하는 정당이나 후보자에 대한 진실한 선호에 기반을 둔 '진실한 투표'가 아닌 '전략적 투표'를 하게 만든다.

비례대표제는 유권자의 표가 모두 의석으로 전환되기 때문에 진실한 투표를 하게 한다. 유권자들은 자신이 선호하는 정당과 후보자를 선택하며 다른 후보에게 전략적 투표를 하지 않는다.

결선투표제도 역시 유권자들은 1차 투표에서 진실한 투표를 하게 만든다. 1차 투표에서 부결될 가능성이 높을수록 유권자는 자신의 선호를 정확히 드러낸 뒤 1차 투표가 부결되면 2차 투표에서 전략적 투표를 한다. 따라서 1차 투표에서 유권자들은 정당들에 대한 '진실한 투표'를 하기에 정당에 대한 지지가 정확히 반영될 수 있다.

Ⅲ 한국선거제도 개편과 정당 − 의회 − 행정부 간 관계에의 영향

듀베르제 법칙에 따를 때 비례대표제의 확대는 유권자 요인인 수요 측의 대표성을 높게 반영하며 대통령선거의 결선투표제 활용은 정당간의 타협에 미치는 효과가 크다는 점을 토대로 두 개의 제도가 가져오는 효과를 나누어서 분석한다.

1. 의회의 비례대표제 의석수 증대와 영향

비례대표의석을 높일 경우 정당의 대표성을 높인다. 비례의석수가 많아질수록 정당의 대표성은 높아진다. 특히 소수의 요구를 관철할 수 있을 가능성이 높아진다. 환경, 소수자문제들을 다룰 수 있는 의원들이 늘어나는 것이다. 특히 비례대표제에서 정당명부식 선출제도는 정당에 대한 지지를 대표선출로 연결하기 때문에 비례대표 의원은 사회의 다수 요구로부터 자유롭게 된다.

비례대표제가 가지고 오는 정당과 시민사회 간의 관계를 먼저 살펴본다. 한국에서도 비례의석수 증대는 대표성을 높인다. 대표성을 높인다는 것은 다양한 사회요구를 정당정치에 반영하는 것이다. 2016년 탄핵이슈 이후 촛불집회로 표출된 다양한 이해관계가 정당정치안에서 반영될 수 있다.

실제 한국은 비례의석수가 너무 적기 때문에 사회적 가치의 반영정도인 비례성이 낮다. 또한 사회적 소수자와 소수 가치도 반영되지 못한다. 대표적으로 한국의 농민과 어민을 반영하는 의원이 19대 국회와 20대 국회에서 한명도 없다. 30대를 대표하는 의원은 20대 국회에서 단 1명

에 불과하다. 39살 미만의 의원은 지역구 2명, 비례의원은 1명이었다. 여성의원 비율은 17%였다. 비례성을 높이려는 측면에서 의회의석수 중 비례의석수를 늘릴 필요가 있다.

이렇게 하면 시민사회의 참여민주주의에 대한 요구를 비례대표를 통해 대의민주주의와 연결할 수 있다. 여성문제와 갑질문제와 같은 새로운 정치이슈를 정당과 의회라는 제도정치를 통해서 논의하고 해결책을 모색할 수 있게 한다.

참고 비례의석수 증대의 필요성과 방안

의회의 대표성을 증대하는 방안과 관련해서는 두 가지 방안이 있다. 첫째, 비례대표의석수만을 증대하는 방안과 둘째, 전체의원의 정수를 늘리는 방안이 그것이다.

2014년 헌법재판소의 판결의 주요내용이 선거구 간 인구비율을 기존의 1:3(10만 3,469명:31만 406명)에서 1:2(13만 8,984명:27만 7,966명)로 조정하면서 비례대표제도를 고칠 것을 권고하였다. 그러나 실제 선거법은 비례성의 측면에서 개악이 되었다. 19대 의회 300석에서 246석의 지역의석과 54석의 비례의석으로 구성되어 있던 구성이 20대 총선에서는 253석의 지역구와 47석의 비례의석으로 바꾸었기 때문이다.

헌법재판소의 권고에 따라 비례의석수를 고칠 수 있었으나 오히려 지역구가 늘면서 비례의석수는 축소되었다. 현재 한국의 낮은 비례대표의석수는 비례대표제의 취지에 부합하지 않는다. 정당의 지지율에 부합하게 의회의석수를 만들어 소수정당을 보호하면서 의회의 대표성을 높이는 것이 비례대표제도의 취지이다. 한국의 국회의원이 대표하는 유권자수는 세계 4위이다. 비례대표제도의 의원수를 증대하면서 전체 의원수를 늘릴 수 있다. 이 정책은 유권자들의 의견에 더 귀 기울일 수 있는 장점이 있다. 또한 직능대표제도를 좀 더 현실할 수 있고 소수정당의 진입과 의석수를 보장해 줄 수 있다. 다만 이런 경우에 지역구를 현행대로 253석으로 잡을 경우 비례의석은 107석에서 108석 정도가 된다. 이런 제도개혁은 의회의석을 전체적으로 360석에서 362석까지 늘게 된다.

두 번째로 비례대표제도가 정당체계에 미치는 영향을 살펴본다. 비례대표제도의 30%정도의 확대는 다당제를 강화할 개연성이 높다. 앞의 듀베르제 법칙에서 본 것처럼 비례대표제확대를 통한 다당제는 유권자들의 정당지지를 통해서 만들어진 것이다. 비례대표제의 증대는 대표성의 확대와 정당들의 선명성을 강화한다. 이는 정당의 이념 간 차이를 확실하게 한다. 따라서 유권자들의 진실한 선택을 강화하기 위해 정당 간 대립을 강화할 수 있다.

세 번째로 대통령과 의회의 관계를 살펴본다. 대통령과 의회에 대한 관계는 정당이 매개장치가 된다. 비례대표제의 확대는 대통령과 다당제에 기초한 의회의 관계를 대립적으로 만들 수 있다. 이 과정은 정당의 선명성과 그에 따른 경쟁에 의해서 가능하게 된다.

비례대표제의 증대는 유효정당이 3개에서 4개를 오가는 한국의 다당제에서 대통령제도의 통치가능성을 낮출 수 있다. 즉 의회에서 선명성을 높이려는 정당들은 대통령에 대해 협력적 통치를 거부할 수 있다. 두 가지가 이 과정을 만든다. 첫째는 한국 정치가 이념에 기초하여 작동한다는 것이다. 비례대표제도는 이념간 경쟁을 강화한다. 둘째는 국회선진화법이라는 제도 때문이다. 국회선진화법은 법안통과를 위해서는 재적 2/3의 협력이 필요한 상황으로 제도적인 강제가 작동한다. 따라서 다당제에 기초한 국회에서 대통령에 대한 견제가 더욱 용이해진다.

참고 의석수의 확대논리와 비례대표제 증대 거부논리

1. 의석수 증대논리
즉 현행 300명인 의원 정수를 늘리는 방안은 한국의 의회 의원수가 전세계적으로 볼 때 부족하다는 점에 기초하고 있다. 현재 한국의 의회 의원들은 세비와 판공비부분에서 세계적으로 가장 높은 세비(연 세비는

1억 3,796만 + 경비 9,010만원 정도)를 받는 데 비해서 인구당 의원 수는 적은 편임. 대체로 다른 국가들의 의회 의원 수는 600에서 700명 선이다. 한국은 의원1인이 대표하는 유권자가 17만 1천명으로 세계 4위이다. 미국의 경우 69만 명으로 세계 1위이다. 2위 멕시코는 19만1000명, 3위 일본은 17만6000명이고 한국이 4위이다. 꼴찌는 아이슬란드로 5,064명이다. 대체로 가장 많은 의원1인당 유권자 수는 2만 명 정도이다. 그런 점에서 한국의 의원 수는 적은 편이다. 국회의원이 가장 많은 나라는 영국으로 1429명이다. 영국은 양원제이고 임명직인 상원의원이 779명이고 하원의원 650명이다. 가장 적은 의원을 가진 나라는 단원제를 운영 중인 룩셈부르크로 의원이 60명이다. 미국은 535명이고 일본은 722명이고 독일은 667명이다. 의회의 의석수를 결정하는 것은 그 국가의 국민들의 가치판단의 문제이다.

2. 비례대표제의석수 증대반대논리와 재반박
반면에 비례대표제의석수를 증대하는 것에 대한 반박도 있다. 첫째, 비례의석수의 증대는 정치운영의 비용을 증대시킨다. 한국유권자들의 정치인식에 비추어 의석수의 증대는 정치 고비용구조를 만들 수 있다는 단점이 있다. 둘째, 한국의 사회적 갈등 선이 이념과 지역으로 구분되어 있기 때문에 이러한 갈등이외의 가치를 반영하는 목적으로 비례의석수를 늘리는 것은 유용하지 않다. 환경의 중요성을 표방한 녹색당이 19대 총선에서 1%대에도 미치지 못하는 지지를 받은 점은 비례의석을 늘린다고 해서 사회적 가치가 의회정치에 진입하는 것은 아님을 보여준다. 기성 정당이 복잡성을 늘리는 것으로 새로운 가치를 반영하는 것이 더 현실적이다.

이에 대한 재반박의 논리도 있다. 위의 비판에도 불구하고 비례의석수를 늘리는 것이 필요하다. 첫 번째 이유는 한국의회의 비례성이 너무 낮다는 점이다. 자영업자, 농민, 어민과 같은 계층적인 이해를 의회의 제도정치에 끌어들이기 위해서는 비례의석을 늘리고 직능대표와 같은 방식으로 의석배분을 고려하는 것이 필요하다. 두 번째 이유는 거대정당의 과다한 대표성으로 대표되는 지지와 의석수간의 불일치이다. 거대정당의 과다 대표는 소수정당의 과소 대표를 가져오며 이는 한국정치가 특정 계층과 지역의 과도한 이익대표문제를 가져온다. 세 번째 정당경쟁의 필요성으로 비례

대표를 증대할 필요가 있다. 정당경쟁의 부족은 한국 정당정치에 대한 가장 큰 불만이다. 그런 점에서 비례 의석수를 증대하여 신규정당의 진입을 유도하는 것이 필요하다.

2. 대통령 결선투표제의 선택과 영향

대통령선거에서 결선 투표제를 사용할 경우에도 다당제는 강화될 것이다. 앞서 본 것 결선 투표제에서 다당제는 정당간 연합에 의해서 이루어진다. 1차 투표에서 어느 후보나 어느 정당도 유권자 지지의 1/2이상을 확보할 수 없는 경우 1차 투표는 부결될 가능성이 높다. 유권자들은 투표 부결가능성이 높을수록 1차 투표에서 진실한 투표를 하게 된다. 그리고 정당은 이렇게 받은 지지율을 가지고 정당간 연합을 모색할 수 있다.

그러나 한국에서 지역주의에 기초한 선거로 인해 총선에서 결선투표제의 효과가 크지 않다. 또한 총선에서 정당간 연합을 지역마다 하는 것의 정치적 효과도 크지 않다. 그러나 대통령선거의 경우는 다르다. 대통령직책은 많은 권력을 가지고 있기에 정당연합을 모색하게 할 수 있는 유인책이 된다.

대통령선거에서 결선투표제도의 효과를 세 가지로 나누어 본다. 첫 번째 결선투표제도는 간접적인 방식으로 유권자의 의견을 대통령에게 전달한다. 1차 투표에서 결정이 부결된 경우 결선투표제도는 2차 투표를 실시한다. 이때 어떤 지지층이 모이는지가 중요하다. 따라서 정당연합이나 정책연합등을 통해서 대통령은 간접적으로 다양한 사회세력의 지지를 모을 수 있다. 인위적으로 정당성을 높이면서 유권자와 대통령간의 관계를 좁힐 수 있다.

두 번째로 결선투표제도는 다당제를 유도한다. 이때 1차 투표에서 부결될 가능성이 높을수록 정당에 대한 지지는 강해지며 정당의 정책 지향성도 명확해진다. 그리고 이후 정당간 연대를 유도한다.

세 번째로 결선투표제도는 정당간 연대를 통해 의회와 행정부의 관계에서 협치를 가능하게 한다. 결선투표제도를 통한 다당제는 비례대표 제도의 대표성 증대의 논리와 달리 정당간 연대를 유도한다. 다당제는 통치가능성을 떨어뜨리지만 정당연합을 통해 대통령소속정당과 다른 정당들이 연합을 하여 분점상황을 극복할 수 있다.

3. 두 가지 제도의 혼합효과

결선투표제는 대통령에게 2차 투표에서 지지한 이들이 대통령에게 정당성을 부여함으로써 대통령의 통치가능성도 늘어난다. 의회에서 비례대표제도가 비례성을 늘리면서 다당제를 만든다면 대통령의 결선투표제도는 정당연합가능성을 높여 행정부의 통치가능성을 높이게 한다.

Ⅳ 결 론

다원적인 요구가 분출하고 있는 현재 한국 정치에서 의회 비례의석수 확대와 대통령결선투표제의 운용은 대표성증대와 통치가능성 증대를 가져올 수 있는 선거개혁방안이다. 앞으로 개헌 논의와 선거법개정에서 개편이 요구된다.

결선투표제도의 제도적 의미

2017년 4월 24일 프랑스 대통령선거의 1차 투표에서는 있었다. 5월 7일의 2차 투표에는 중도 노선의 신생정당인 '앙 마르슈(전진)'의 에마뉘엘 마크롱 후보와 극우정당 국민전선의 마리 르펜 후보가 경쟁을 한다. 기성정당들이 몰락한 가운데 치러지는 프랑스의 결선투표제도는 정당간의 연합가능성과 함께 콩도르세 패자를 당선시키지 않은 장점이 있다. 반면에 콩도르세 승자가 떨어지는 단점도 있다. 다음 질문에 답하시오. (총 45점)

(1) 듀베르제(Duverger)의 법칙에 근거하여 결선투표제가 정당체계와 개별정당 정치에 미치는 영향을 설명하시오. (15점)

(2) 콩도르세 승자의 개념을 포함하여 결선투표제도가 가지는 장점과 단점을 비교하시오. (15점)

(3) 현재 한국 정치 상황에서 결선투표를 사용하는 것이 바람직한지에 대해 논하시오. (15점)

 문제의 맥락과 포인트

한국에서 2017년 대선은 다자경쟁구도가 되었다. 이런 상황은 대통령에게 정당성을 부여하기 위해 결선투표제도를 사용해야 하는 것이 아닌지에 논쟁을 만들었다. 결선투표제도를 사용해 본 적이 없는 한국의 경우 이론적인 논리와 함께 프랑스라는 선행사례가 있기 때문에 이 두 가지를 구체적으로 설명하는 것이 고득점의 포인트이다.

Ⅰ 서 론

2017년 4월 24일 프랑스 대선의 1차 투표는 극우정당 마리 르 펜을 2위로 당선시켰다. 그러나 2002년 그녀의 아버지 장마리 르 펜 역시 1차 투표에서 승리했지만 2차 투표에서 자크 시라크에게 82.21% 대 17.79%로 대패하였다. 결선투표는 이처럼 극우정치인을 떨어뜨리겠다는 심리가 작동하면서도 정당간의 연대를 모색할

수 있게 한다. 현재 다당제 하에서 대통령선거를 치루는 한국에서도 향후 결선투표제를 사용해야 할지에 대해 살펴본다.

Ⅱ 결선투표제와 듀베르제 법칙

1. 듀베르제 법칙의 내용과 정당체계에의 영향

듀베르제 법칙은 선거제도가 정당체계를 결

정한다고 한다. '심리적 효과'과 '기계적 효과'를 통해서 정당체계를 결정한다. 듀베르제에 따르면 결선투표제도는 다당제를 유도한다. 이것은 선거제도가 정당체계를 구성한다는 것으로 정당체계 변화를 위해서는 선거제도변화를 모색하라는 의미를 가진다.

선거제도의 변화가 정당체계에 변화를 가져오는 이유는 두 가지를 통해서 설명이 가능하다. 첫 번째는 기계적 효과이다. 이것은 정당이 선거정치에 진입할 것인지를 결정하게 하는 것이다. 제도적으로 선거정치에 진입할 때 표를 얻을 수 있는 효과로서 결선투표제도는 정당들이 1차 투표에서 자신들의 지지를 받을 것으로 예상하게 함으로써 정치경쟁에 뛰어들게 한다. 1차 투표에서 정당들은 2차 투표가능성이 높을수록 유권자들의 진실한 투표가능성으로 인해 지지를 받을 확률이 높다. 이런 지지를 통해 정당 간의 연대를 구성할 수 있기 때문에 정당은 정당정치에 진입한다. 이에 따라 다양한 정당이 정당정치에 진입하게 되어 다당제를 만든다. 두 번째는 심리적 효과이다. 심리적 효과는 유권자에게 작동하는 것으로 유권자가 자신의 표가 의석으로 전환되는지를 계산하게 만드는 것이다. 결선투표제는 두 번의 투표기회를 부여한다. 유권자는 1차 투표가 부결될 가능성이 높을수록 1차 투표에서는 진실한 투표를 할 가능성이 높다. 2차 투표에서는 1차 투표의 지지율을 통한 정당 간의 지지선언과 정당연대가 중요하기 때문이다. 따라서 사표가 될 확률이 낮아짐으로 인해 유권자들 역시 다당제를 구성한다.

2. 결선투표제의 정당개별 정당에 대한 영향

정당체계에 영향은 개별 정당에도 영향을 미친다. 선거제도는 어떤 선택을 하는가에 따라 정당의 지지자들과 정당자체가 선거에 뛰어들지를 결정한다. 그런 점에서 선거제도의 선택은 유권자의 투표율과 정당정치에 대한 진입하는 정당의 숫자에도 영향을 미친다. 사회적 소수자와 소수 가치를 정당정치에 진입할지 여부도 선거제도 선택에 영향을 받는다. 즉 정당의 선거 전략에 영향을 미치게 한다. 결선투표제도는 정당들로 하여금 대표성을 높일 수 있는 다양한 이슈를 제기하게 한다.

Ⅲ 결선투표제도의 장점과 단점

1. 결선투표제의 장점

첫째, 결선투표제는 정당체계의 대표성을 확대할 수 있다. 앞서 본 것처럼 결선투표제도는 사회의 대표성을 늘려 다당제를 유도한다. 다양한 사회적 가치가 반영될 수 있는 여지를 높인다. 프랑스의 경우 다당제를 사례로 들 수 있다. 하원선거도 결선투표제를 시행하기 때문에 다양한 정당이 진입할 수 있다.

둘째, 결선투표제도는 정당간 연합이나 연대를 모색하게 한다. 다당제의 원심적인 정치에도 불구하고 결선투표제도는 2차 투표에서 지지를 확보하기 위한 정당간의 타협과 지지선언을 강조한다. 프랑스에서 동거정부가 만들어질 때 정당간 연합이 반드시 필요한 것은 정부형태와 함께 결선투표가 가지는 의미가 크다.

셋째, 지도자에게 권력획득의 정당성을 부여한다. 결선투표제도는 2차 투표에서 특정후보를 걸러낸 뒤에 이들 후보만으로 경쟁을 하게 한다. 이때 2차 투표를 통해서 당선된 후보는 일정 수 이상의 지지를 넘을 것이기 때문에 권력획득의 정당성을 부여한다. 프랑스의 경우 1차 투표에서 1위와 2위를 선출한다. 2차 투표에서는 2명의 후보 중 한 후보가 1/2이상의 지지를 받게 된다.

넷째, 콩도르세 패자를 떨어뜨리면서 극단적 후보를 탈락시킨다. 콩도르세 패자란 후보자간 다른 후보와 1대 1로 경쟁을 했을 때 절대적으로 떨어지는 후보를 말한다. 결선투표제에서는 2차 투표에서 극단적인 후보나 경쟁력이 떨어지는 후보를 떨어뜨린다. 이것은 선거의 좋은 후보를 선택하는 논리 외에 나쁜 후보를 떨어뜨리는 기능이 작동하기 때문이다. 1987년 한국의 대선 상황에서 결선투표를 하였다면 콩도르세 패자가 될 노태우 후보는 김영삼 후보나 김대중 후보와 경쟁을 했을 때 떨어졌을 가능성이 높다.

다섯째, 사표발생률 하락을 가져온다. 결선투표제도는 선거를 이벤트화할 수 있다. 또한 1차 투표에서 지지율을 보면서 어느 쪽에 더 투표를 할 것인지나 누구를 떨어뜨릴 것인지를 정할 수 있다. 이로서 2차 투표율을 증대시킬 수 있다. 2002년 장 마리 르펜을 떨어뜨린 사례를 들 수 있다.

2. 결선투표제의 단점

첫째, 이론적으로 결선투표제가 공정하지 않은 제도가 될 수 있다. 즉 단조성의 조건이 충족되지 않을 수 있다. 단조성 즉 후보자가 더 많은 지지를 받을수록 당선가능성이 높아져야 한다. 그런데 더 높은 지지자를 가진 후보가 더 높은 지지를 얻게 되는 상황에서 중간 후보가 떨어지고 3순위 후보가 당선되는데 이런 경우에 2순위 후보를 지지한 사람들이 3순위 후보를 더 선호하여 1순위 후보자가 떨어지는 경우가 생길 수 있다.

둘째, 콩도르세 승자가 당선되지 않을 수 있다. 이론상 3자가 경쟁을 할 때 3순위 순위를 가진 후보가 다른 후보들과 경쟁할 경우 어떤 경우에도 승리할 수 있지만 만약 결선투표제를 사용

하여 1차 투표에서 떨어진다면 2차 투표에서 승리가능성이 높음에도 불구하고 떨어질 수 있다.

셋째, 1차 투표에서 1위 득표자와 2차 투표에서 1위 득표자가 역전될 수 있는 문제가 있다. 1차 투표에서 1위를 했지만 2차 투표에서 지지가 바뀌어 1위 후보가 탈락할 수 있다. 라틴 아메리카에서 결선투표제를 사용한 결과 1차 투표에서 1위가 2차 투표에서 떨어지는 경우들이 빈번하였다. 이것은 1차 투표가 진실한 투표를 반영한다는 점에서 투표에 모순이 있는 것이다.

넷째, 2차 투표에 따른 비용이 부담이 될 수 있다. 투표를 한 번 더 치루어야 하는 것에 따르는 비용부담이 크다.

다섯째, 정당연합이나 정당연대로 인해 대표성에 문제가 생길 수 있다. 예를 들어 좌파지지자들이 더 많은 경우에도 우파후보가 2사람으로 경쟁이 압축되어 버릴 경우 좌파지지자들은 더 지지하지 않는 우파 후보를 떨어뜨리는 것 외에는 방법이 없다. 2002년 프랑스 선거는 우파 시라크 후보와 극우파 르펜 후보 간의 경쟁이 되었다.

여섯째, 정당발전이 안 된 경우 정당 야합을 가져올 수 있다. 정당들이 분산된 형태의 다당제를 이루고 있는 경우 대선은 정당간의 경쟁에서 정당간의 연합을 유도할 것이다. 그러나 다당제의 후보단일화와 같은 경우 정당들의 편의에 따른 연대를 만들 수 있다,

3. 제도에 대한 평가

결선투표제가 더 아는 제도인지 여부는 이 제도를 사용하는 국가들의 정당체계, 정부형태, 정치문화 등과 연결되어 있다. 따라서 제도의 장점과 단점만으로 가지고 사용할 것인지를 평가하기 보다는 다른 제도들과의 관계 속에서 살펴보아야 한다. 그런 점에서 한국적 의미는 한국의 정치맥락을 고려하여 판단해야 한다.

Ⅳ 한국에서 결선투표제도의 필요성 논의

1. 결선투표제 도입주장

첫째, 정당체계의 대표성을 높일 수 있다. 한국의 단순다수제는 소수 이익과 선호를 반영하지 못한다. 그런 점에서 정당체계의 대표성을 높일 수 있다.

둘째, 다당제의 정당간의 연합을 유도한다. 현재 한국은 다당제이지만 근본적으로 이념을 중심으로 양당제적 특성을 가진다. 정당들이 분화가 될 경우 대통령 제도를 효과적으로 운영하기 위해서는 다당제에서 정당간의 연대가 필요하다.

셋째, 지도자에게 권력획득의 정당성을 부여한다. 2차 투표를 통해 지도자에게 과반수 이상의 지지를 통해 당선을 가능하게 만든다.

넷째, 극단적 후보를 탈락시킬 수 있다. 결선투표제도는 다당제에서 신생정치인과 극단적 정치인이 등장할 때 이들을 검증할 수 있는 한 번의 기회를 더 부여한다.

다섯째, 투표율을 증대할 수 있다. 결선투표제는 투표 기회를 한 번 더 부여함으로써 투표율을 증대할 수 있다.

2. 결선투표제 도입반대

첫째, 결선투표제의 공정성에 문제가 있을 수 있다. 앞선 이론적 분석에서 지적된 것처럼 더 높은 지지를 확보한 후보를 떨어뜨릴 수 있다. 단조성이 무시될 수 있거나 콩도르세 승자가 떨어질 수도 있다. 한국정치의 경우 정치의 예측가능성이 떨어지기 때문에 실제 결선투표의 결과가 1차 투표의 결과와 달라질 수 있는 여지가 높다.

둘째, 정당간의 빈번한 연합으로 인해 정당정치의 발전을 저해할 수 있다. 한국정치에서 정당들은 제도화가 부족하다. 이런 부족한 제도화 속에서 빈번한 정당연합이나 정당연대는 정당정치의 저발전을 발전시킨다.

셋째, 정당보다 인물중심의 정치를 강화할 수 있다. 2017년 프랑스 대선에서 르펜 후보는 투표에서 당선되자마자 국민전선의 대표직을 사퇴하였다. 이것은 자신의 표를 확장하기 위해 정당보다는 인물중심으로 정치를 운영하는 것이다. 인물중심의 한국 정치에서 오히려 인물을 더 강조하게 만들 수 있다.

넷째, 대통령선거에서 결선투표의 필요성이 높지 않다. 총선에서는 정당지지가 지역별로 나타나는 경우가 많기 때문에 결선투표의 효과가 크지 않다. 최근 17대 대선과 18대 대선에서 지지율은 50%대 육박하거나 50%를 넘어섰다.

3. 평 가

결선투표제도는 단점을 가진 제도임에도 불구하고 한국 상대다수제도가 지성정치세력과 정당에 과도하게 유리하다는 점에서 볼 때 도입이 필요하다. 결선투표는 소수 정당이나 소수 세력이나 새로운 정당세력의 등장가능성을 높이면서도 정당간의 연합을 강제함으로써 타협의 정치를 가능하게 할 수 있다.

Ⅴ 결 론

2016~2020년 다당제에서 결선투표제 사용이 논의되었지만 2020년 21대 국회부터 양당제가 되어 논의의 실익이 줄어들었다.

한국 '87년 체제'의 선거제도에는 문제가 있다. 낮은 대표성과 정당성의 문제를 해결하기 위해 대통령 결선투표제, 국회 소선거구제, 비례대표제도를 어떤 방식으로 활용할 수 있는지 논하시오. (25점)

 문제의 맥락과 포인트

선거제도에 관한 문제로 한국의 현재 민주주의 체제인 '87년 체제'를 평가하고 대안을 제시하는 문제이다. 이 문제는 '대표성'과 '정당성'의 기준을 활용하는 능력을 보고 제시된 3개의 각 제도들이 어떤 조합을 이루는지를 논리적으로 설명해야 한다. 핵심은 제도적인 충돌이 있을 경우 그 효과가 어떻게 나타나는지에 있다.

Ⅰ 서 론

선거제도는 정당체계와 개별 정당 그리고 후보자와 유권자간의 관계에 영향을 미친다. 따라서 선거제도 개편을 통해서 구체적인 정당체계의 변화를 꾀할 수 있다. 한국에서 필요한 선거제도들을 살펴본다.

Ⅱ 제도 개편방안들 논의[18]

1. 대통령결선투표방안

유럽과 남미에서 많이 사용되는 방안으로 대통령이 유권자의 과반수의 지지를 얻고 당선되기 때문에 정당성이 높다. 상대다수제는 전략적 투표를 강조하지만 결선투표제는 첫 번째 선거에서는 진실한 투표를 하게 한다. 따라서 다당제적인 선거와 분절적인 선거가 가능해진다. 그

러나 2차 투표에서는 탈락후보의 지지를 모으기 위한 정당 연합이 가능하다. 이렇게 하여 1차 투표는 분절적인 정당구조를 2차 투표는 연합적인 정당구조를 유도한다.

한국에서 대통령선거제도는 최고득표자가 2인 이상일 때 국회에서 선출하도록 하고 단독출마인 경우에는 1/3의 득표를 할 때 당선되게 한다는 점에서 단순 다수제를 사용하고 있다. 그러나 해당 조항들이 결선투표제도를 못하게 막고 있는 것은 아니다. 향후 개헌에서 논의할 주제이다.

그러나 결선투표제도도 단점이 있다. 하위권 후보가 연합하여 1차 투표에서 1위 후보를 이기는 경우가 생길 수 있다. 1차 투표가 진실한 투표를 한다고 할 때 1차 투표에의 후보를 역전하는 것은 정당성이 약화되는 것이다. 실제 라틴 아메리카에서 빈번하게 발생하는 일이다. 두 번

---

18) 박원호, "정당과 선거", 『한국민주주의의 미래와 과제』(서울: 한울, 2017)을 요약하였다.

째는 비용이 많이 든다는 단점이 있다.

2. 국회의원 소선거구제

소선거구제는 유권자의 새로운 수요나 열망을 충족시키는 데 둔감한 체제이다. 또한 소선거구제는 유권자의 선호와 의석 전환사이의 불비례성을 들 수 있다. 특히 한 정당이 전국적으로 고른 지지도를 보이지만 특정지역마다 다른 정당후보들이 더 높은 지지를 받을 때 이 정당이 의석을 확보하기 어렵다. 듀베르제에 따르면 기계적 효과와 심리적 효과가 동시에 작동하는 것이다. 즉 심리적효과로 사표방지 심리가 작동하는 것이다.

소선거구제가 지역패권정당의 카르텔을 만든 요새이다. 이것은 비례의석비율을 늘리지 않는 이유이기도 하다. 그렇다고 중대선구제도로 바꾸는 것도 쉽지는 않다. 과거 유신시기와 5공화국에서 중선거구제는 여당을 반드시 당선시키는 결과를 가져왔기 때문에 기억이 좋지 않다. 따라서 선거구 재구성은 합의를 보기 어렵고 그렇기 때문에 비례대표제를 확충하는 방안들이 논의되고 있다.

3. 비례대표제

비례대표제도는 군소정당이나 후보에게 유리한 제도이다. 한국 정치사에서도 전국구로 불리던 비례대표제의 굴곡이 있었다. 지역구 제1정당이 전국구의 1/2 이상을 가지게 하였던 1963년 선거가 있었다. 유신시기에는 '유정회'라는 이름으로 국회의원 1/3을 대통령이 직접 임명하는 제도를 가지고 있었다. 제 5공화국에서는 전국구 의원 2/3를 제1당이 독식하기도 했다. 한국에서 비례대표제가 제대로 작동한 것은 2001년 헌법재판소의 판결과 2004년 선거에서 1인 2표제를 구현한 때부터이다. 그러나 2016년

선거에서는 비례의석은 오히려 47석으로 의석은 줄었다.

비례대표제의 도입논리는 크게 두 가지이다. 첫 번째는 전문성의 논리이다. 비례대표제를 통해서 지역구에서 당선되기 힘든 전문가들을 영입할 수 있다. 전문화되고 있는 현대에 필요한 제도라고 할 수 있다. 두 번째는 비례성이다. 민주주의에서 의회는 유권자를 닮아서 소우주를 이루는 것을 모범으로 한다. 그런 점에서 비례대표제도는 민주주의의 원리에 부합한다.

한국에서 비례대표제도는 확대할 필요가 있다. 또한 독일식 연동제도 고려해 볼 수 있다. 비례득표율에 비례해서 전체의석 중에서 배분하는 것이다. 그러나 한국 정당의 제도화가 약한 상황에서 이러한 도입이 과연 쉬울 것인지에 대한 반론도 있다.

비례대표제의 정당공천에서 고려할 수 있는 요인들이 있다. 첫 번째는 여성 할당을 무조건 강제할 것이 아니라 성별, 연령, 지역, 직업 등의 다양성을 고려할 수 있어야 한다. 즉 사회의 다양한 대표성을 증대하는 것이 필요하다.

두 번째는 비례대표 공천과 선거 과정에서 추천 후보들이 앞으로 어떤 상임위원회에 배분될 것인지를 적시할 필요가 있다. 비례대표제도가 행정부에 대응하는 최소한의 전문성을 위해 수립된 제도라면 그 후보자들의 선정과정, 공천과정을 공개적으로 진행하는 것이 유권자의 지지를 모으는 데 효율적일 뿐 아니라 원칙적으로 타당하기 때문이다. 하지만 이것은 국회운영에 암묵적으로 관철되는 상임위원회 배분 규칙과 충돌한다.

세 번째는 정당명부가 상당히 복잡한 공천과정의 결과이고 매우 많은 정보를 포함한다면 유권자에게 여러 정당중 하나의 정당에게만 투표하게 하는 것은 너무 단순한 투표일 수 있다. 유

권자에게 선호투표를 하게 하는 '이양식 선호투표'(한국은 단기 비이양식 선호투표)나 두 개 이상의 정당을 기록하게 하는 '연기식 투표'를 시도해 볼 수도 있다.

Ⅲ 결 론

한국의 정당들이 생활이슈를 중심으로 한 이슈정당모델로 가는 것도 유용한데 이를 위해서는 선거제도 역시 바꿀 필요가 있다.

선거제도는 대의민주주의를 운영하는 핵심적인 제도이다. 선거는 대표를 선출함으로써 보상과 처벌의 기제로 작동한다. 다음 질문에 답하시오. (총 30점)

(1) 대의민주주의에서 선거가 가지는 대표성과 책임성의 중요성을 설명하시오. (15점)

(2) 선거가 책임추궁에 대해 작동하는 기능과 한계에 대해 논하시오. (15점)

문제의 맥락과 포인트

이 문제는 선거의 가장 기본적인 기능에 대해서 질문하고 있다. 대표성과 책임성확보에 있어서 선거가 어떤 기능을 수행할 수 있는지를 구체적으로 제시하여야 한다. 선거는 제도론에서도 가장 구체적인 부분이다. 따라서 현상이 잘 드러날 수 있게 제도의 작동방식과 예상효과를 구체적으로 설명하는 것이 중요하다.

 I 서 론

최근 한국의 선거는 정부와 정당에 대한 평가 기능을 수행하는데 있어서 문제가 있음을 보여준다. 책임추궁에 있어서 '회고적인 평가'기능이 제대로 작동하지 않는 것으로 보이기 때문이다. 선거가 대의민주주의에서 차지하는 위치에 비추어 현실적으로 어떤 문제가 있는지 살펴본다.

II 대의민주주의와 선거제도의 기능

1. 대의민주주의의 대표성 확보 기능

선거는 대의민주주의에서 대표를 선발함으로써 간접적으로 사회의 공공선과 가치를 결정한다. 대표선발은 명망가로서 인물을 선택하기도 하지만 대표가 추구하는 가치를 확인하고 개인적가치가 사회적 가치로 전환할 수 있는 사회적 선택의 기능으로 작동한다. 대의민주주의가 대표를 통한 민주주의라는 점에서 개인들간의 관계에서 무엇이 사회적가치가 되는지를 결정한다.

대표 선발과 함께 사회적 가치를 선택함으로써 한 사회가 갈등하고 있는 가치를 정치체제에 반영하게 한다. 사회의 축소판으로서 대표를 선발하는 것을 이상으로 하지만 실제 대표들은 더 나은 사람의 선발이 되기 때문에 사회적 축소판으로 기능하지는 못하고 한 사회의 엘리트층을 대표한다. 하지만 사회적 출신의 차이에도 불구하고 사회의 갈등과 균열을 반영함으로써 표를 극대화하려는 대표의 전략적 선택은 사회적 가치가 정치체제에 반영되게 한다.

2. 대의민주주의의 책임성 확보 기능

선거는 대표성을 확보하고 대표들의 응답성을 확보하는 데 있어서 책임추궁성을 통해서 이를 확보한다. 만약 대표로서 기능을 제대로 하지 않는 주인-대리인의 문제가 발생한다면 유권자들은 대표들의 약속위반에 대해 책임을 추궁하는 방식으로 대표를 처벌한다. 이를 처벌하는 가장 핵심적 장치가 선거제도이다. 선거제도를 통해서 유권자들은 대표에게 다시 권력을 위임하거나 권력을 회수한다. 대의민주주의에서 민주적 결정에 의해서만 대표가 될 수 있다면 선거는 유일하게 대표가 될 수 있는 방법이며 이것은 대표가 되려는 이들에게 유일한 기회가 된다는 점을 각인시킨다. 따라서 선거는 당선여부나 권력부여를 통해서 책임을 추궁함으로써 대표들을 통제한다.

Ⅲ 책임추궁가능성 논의

1. 선거의 전망적 기능과 회고적 기능

피오리나는 선거가 두 가지 기능을 한다고 주장했다. 첫 번째는 전망적 투표이고 두 번째는 회고적 투표이다. 전망적 투표는 미래에 대한 기대를 반영하는 것으로 미래 전망을 보고 대표에게 권력을 부여하는 것이다. 반면에 회고적 투표는 기존 정당이나 정권이 어떤 결과를 가져왔는지를 보고 이것을 평가함으로써 다시 권력을 부여하거나 권력을 회수하는 것이다. 이것은 과거 성과에 대한 평가기능으로 작동한다. 전망적 투표와 회고적 투표는 유권자가 대표에 대해 보상과 처벌을 하는 장치로서 기능하는 것이다. 특히 회고적 투표의 경우 보상과 처벌의 기능을 수행하게 된다.

2. 전망적 투표와 회고적 투표의 가능성

선거가 책임성을 추구하려면 전망적 투표와 회고적 투표 중에서 회고적 투표가 작동해야 한다. 회고적 투표가 작동하기 위해서는 유권자들이 정치적 결과에 대해 정확한 정보와 판단이 있어야 한다. 또한 합리성에 기반해 자신의 이익을 극대화하기 위해서 선거를 이용할 수 있어야 한다. 마지막으로 대안세력이나 대표가 존재해야 한다. 회고적 투표를 통해서 처벌을 하기 위해서는 새로운 대안세력이 있어야 한다. 하지만 정보가 부족하여 정부의 성과를 정확히 인지하기 어려운 경우나 유권자들이 정체성의 정치 즉 자신과 유사한 이념에 기반한다고 믿는 경우나 일차적인 유대감이 되는 지역등에 기반하여 정치적 판단을 할 경우 합리적 결과가 보장되지 않을 수도 있다. 또한 대안세력이 부족한 경우 선거는 투표율 하락으로 이어지거나 저항투표에서 불만족스러운 정치적 선택으로 이어진다. 따라서 선거가 책임 추궁장치로서 작동하기 위해서는 정보, 합리적 판단, 대안의 존재 등이 중요한 기준이 된다.

3. 한국의 사례

한국의 경우에 있어서 회고적 투표가 작동하지 않는 측면이 자주 나타난다. 정권에 대한 실망과 지지율 하락에도 불구하고 정권의 교체나 지지정당의 변화가 일어나지 않는 것이다. 이러한 이유는 두 가지가 중요하게 작동한다. 첫 번째는 이념에만 기반을 둔 것이 아닌 지역에도 기반하고 있는 투표행태가 합리적 판단에 의한 것 보다는 정체성에 기반을 둔 측면이 강한 것으로 볼 수 있는 여지가 있다. 정치적 이익의 계산에서 지역이 차지하는 비중이 크기 때문에 합리적 정치판단에 의존하지 않는 경향이 있다.

두 번째는 대안세력이 존재하지 않는다는 점이다. 한국정치에서 새로운 정치에 대한 요구가 있다는 점은 박원순 후보가 서울시장보궐선거에서 승리한 것이나 2012년 대선에서 안철수 현상으로 표현된 것에서 잘 나타난다. 이러한 새로운 정치에 대한 요구에도 불구하고 현실정치에서 대안세력화는 잘 이루어지지 않고 있는데 이것은 여당과 정부에 대한 지지철회가 야당이나 대안 세력에 대한 지지확보로 이어지지 않는다는 점을 볼 때 알 수 있다. 회고적 투표는 정치적 변화가능성에 영향을 받는데 변화가능성이 낮다고 생각할 때 정부와 여당에 대한 지지철회는 투표율의 하락으로 연결되어 나타난다.

Ⅳ 결 론

최근 선거에서 보여지는 결과는 한국에서 선거가 과연 유권자의 의사를 확인장치로서 기능에 의문을 가져온다. 선거의 책임추궁성을 높이기 위해서는 대안정책이나 대안세력이 존재해야 한다. 이를 위해서 가장 우선시 되어야 할 것은 한국이 고민해야 할 문제와 추구해야 할 가치가 무엇인지에 대한 사회적 논의를 활성화하는 것이다.

기출문제와 연결

제28문 2015년 입시 1번(한국의 비례대표제도 분석)

제037문 매스미디어의 기능과 SNS의 발전

현대 정치에 있어서 매스미디어의 역할은 무엇보다도 중요하다. 매스미디어는 제4의 권부라고 불릴 만큼 정치에 있어서 강력한 영향력을 가지게 되었고 이에 따른 사회적 책임 문제 역시 중요하게 지적되고 있다. 매스미디어의 역할은 선거 등에서 '권력 창출 수단 혹은 매개체로서의 기능'과 시민들에 대한 '참여 도구 기능'과 미디어 자체적인 '정치행위자로서의 기능'으로 나눌 수 있다. 다음 질문에 답하시오. (총 35점)

(1) 위에 제시된 매스미디어의 각 기능에 관해서 현실 사례를 들어서 설명하시오. (10점)

(2) 미디어에 의한 '다른 수단에 의한 정치'가 논의되는 배경을 설명하고 향후 민주주의 발전을 위해 요구되는 매스미디어의 바람직한 기능에 대해서 설명하시오. (10점)

(3) 인터넷 미디어 발전과 SNS 발전이 민주주의에 대해서 미치는 영향을 논하시오. (15점)

정치과정에 있어서 미디어는 여론을 만들고 반영하는 데 중요한 요소이다. 김영삼 대통령이 집권한 문민정부 이후 미디어와 정부의 관계가 항상 편안하지만은 않았다. 따라서 이론적인 측면뿐 아니라 현상적인 측면에서도 미디어는 중요한 주제이다. 김대중 정부에서 조선일보와의 힘겨루기나 노무현 정부에 와서 4대개혁법안에서 미디어를 통제하려는 것은 보수미디어와 개혁정부와의 다툼을 보여준다. 이명박 정부에 와서는 미디어법이 통과되었고 미디어의 영향력은 더욱 강화되었다. 사법부만이 아니라 미디어도 '다른 수단에 의한 정치'의 핵심이다. 따라서 미디어 역시 다른 수단에 의한 정치 차원에서 다룰 수 있다. 미디어와 관련해서는 인터넷미디어의 확대와 SNS의 영향력 증대 역시 미디어와 관련해서 다루어야 한다.

Ⅰ 서 론

민주화 이후 언론의 중요성이 더욱 부각되었다. 민주화 이전 전두환 정부 시절 언론은 포섭과 배제의 대상이었다. 전두환 정부 시기 민주주의를 요구하는 미디어는 민영주체에서 국영화되었으며 기자들은 해직되는 등 배제 대상이었으나 권위주의에 동조적인 입장은 포섭 대상이 되었다. 이후 민주화가 되고 나서 미디어 역할은 더욱 증대하였고 미디어 자체가 하나의 권력 행위자가 되었다. 따라서 진보와 보수 정부가 구성되면서 미디어 역시 진보와 보수적인 이데올로기에 기반하여 정치적 대립의 한 축을 형성하고 있다.

여기서 쟁점은 미디어의 정치적 행위자로서의 기능 수행 자체에 문제가 있다고 볼 것인가 아니면 다른 기능을 수행하지 않는 데 문제가 있다고 볼 것인가 하는 점 즉, 미디어에 있어서 중립적 입장의 정보 전달이 핵심인가 아니면 정치적 의제를 형성하고 담론을 주도하는 적극적 역할이 핵심인가 하는 점이다. 그리고 이런 미디어 정치가 민주주의에 있어서 어떤 의미를 가지는가 하는 점이다.

Ⅱ 매스미디어의 기능

1. 권력 창출과 권력 유지의 도구

권력자에게 이미지는 대단히 중요하다. 권력자는 정치적 이미지를 구축하여 권력을 획득하고 유지할 뿐 아니라 권력의 정당화도 가능하다. 특히 현대정치에 들어와서 정당이나 정치인들간의 차이를 구분하기 어려운 상황에서 정치이미지는 선거에서 승리하기 위해 무엇보다도 중요한 도구가 된다. 또한 현대정치가 이익 중심의 합리주의적 정치에서 감성 중심의 정치로 전환되어 가고 있다는 점 역시 이미지 창출의 중요성을 부각시킨다.

미디어는 정치인의 이미지를 창출하고 이를 통해 표를 극대화하고 정치적 지지를 획득하게 하는데 대단히 중요하다. 특히 최근 들어와서 정치적인 광고(비용을 들여서 하는 것)와 정치적 홍보(사적으로 비용을 들이지 않는 것)는 국회의원

선거뿐 아니라 대통령선거에서도 대단히 중요해졌다. 16대 대선에서 노무현 후보와 17대 대선에서 이명박 후보의 광고 전략이 대표적이다. 또한 텔레비전의 중요성이 증대하면서 토론의 중요성이 부각되어 토론을 잘하는 후보라는 새로운 정치인에 대한 기준이 생기기도 하였다.

이런 현상은 파네비앙코(Panebianco)가 말한 대로 정당이 선거전문가정당으로 전환된 현상과도 관련이 깊다. 즉 선거전문가들의 이미지 마케팅뿐 아니라 주요 쟁점에 대한 토론준비 작업 등이 정당과 후보자들 사이에 핵심적 기능이 된 것이다. 이런 점에서 권력을 확보한 정권은 미디어를 자신들의 이미지를 강화하기 위한 수단으로 활용하고자 한다. 이명박 정부에 들어와서 문제가 된 언론사들의 낙하산인사는 대표적인 이미지 강화전략이다.

2. 시민참여에 관한 도구

시민참여에 관한 도구로서 미디어 관련 쟁점은 과연 미디어로 인해 시민의 정치 참여가 증대할 것인가 하는 점이다. 여기에는 크게 두 가지 다른 시각이 경쟁한다. 첫째는 부정적 입장이다. 매스미디어 확대는 시민의 비판적 정신을 줄이고 소비문화와 같은 1차원적인 욕구를 강화할 것이라는 입장으로 프랑크푸르트학파 식의 주장이다. 또한 매스미디어가 자본주의 사회 문화를 중요하게 강조함으로써 미디어 자체가 하나의 헤게모니를 구축하는 상부구조로써 기능한다는 그람시적 입장이 있다.

둘째는 이와 반대로 미디어에 대해 긍정적인 입장이다. 하버마스가 이야기하듯이 카페로 대표되는 공론의 장이 확대될 수 있다. 카페와 신문이 자본주의와 자유주의 사상을 강조하면서 민주주의를 확대할 수 있게 해준 것처럼 시민들의 담론 공간을 확대함으로써 시민 참여를 증대할 수 있

다. 또한 토플러가 제시하듯이 정보 접근 가능성이 증대하여 민주주의 확대 가능성이 늘어난다.

이런 논쟁은 정보화사회 도래와 전자민주주의 확대를 둘러싼 논쟁에서도 정보격차를 줄여 참여를 증대할 것인가를 두고 동일하게 나타난다. 논쟁은 '정상화 가설' vs. '동질화 가설'로 대표된다. 2008년 촛불시위를 두고 방송사와 신문들의 다른 보도 경향성이 사례이다. 진보매체는 촛불을 통해 참여 증대를 주장한 데 비해서 보수매체는 국가운영 혼란을 주장하며 자제를 촉구했다.

3. 자체적인 정치적 행위자

과거 미디어는 여론의 매개고리로 생각되었으나 최근 매스미디어는 자체적인 정치적 목소리를 가진 독립적인 행위자가 되었다. 일반 대중들이 정치에 있어 수동적인 측면이 있고 정보 전달에 의해 심리적으로 영향을 받기 때문에 미디어는 자신의 입장을 일반 대중들에게 쉽게 전달하고 이를 통해 자신의 정치적 입장을 관철하고자 한다. 따라서 언론 자체가 하나의 독립적인 권력기관이 된다. 자체적인 행위자로서의 기능과 목적으로 미디어가 민주정치에 중요한 수단이 되는 '다른 수단에 의한 정치'를 만들어냈다. 미디어의 정보독점력과 정보가공력은 민주적 판단을 하는 데 있어서 잘못된 정보를 전달함으로써 민주주의를 왜곡한다.

Ⅲ 다른 수단에 의한 정치와 민주주의를 위한 미디어의 방향

1. 다른 수단에 의한 정치의 등장 배경과 그 문제점

언론이 중립적인 의사전달기관이 아닌 스스로 정치 행위자가 되려는 목표가 언론으로 하여금 정치에서 독자적인 중요 행위자가 되게 한다. 특히 언론은 정치권의 무능력과 비효율이라는 시민적 비판으로 인해 가장 중요한 '다른 수단에 의한 정치'(Ginsberg & Shefter)가 되었다. 대의민주주의 장치의 무능력에 따라 사법부와 언론은 다른 수단에 의한 정치의 중심부에 자리를 잡았다. 사법부는 사법적 판단을 통해서 민주주의와 충돌할 가능성을 가지고 있고 언론은 언론 자체의 사법적 심사를 표방하면서 다른 민주주의 제도와 충돌할 수 있게 되었다.

그러나 무엇보다 문제인 것은 사법부는 견제와 균형의 대상이 되지만 언론은 견제와 균형의 대상이 되지 않은 채 어떠한 민주적인 통제로부터도 자유롭다는 점이다. 특히 이 점은 언론이 도덕주의를 표방하면서 자신의 정치적 입장을 내세울 경우 문제가 된다.

최근 언론이 대중의 의견을 조작하거나 편향되게 만든다고 하는 점에 대해서는 2가지 이론이 있다. 첫째는 침묵의 나선이론이 있다. 언론이 특정한 견해를 반복적으로 주장할 경우 사람들은 그 견해를 따르게 되는데 이 입장에 반대하는 이들은 점차로 자신의 입장을 표명하지 않게 된다. 따라서 침묵하는 이들이 나선형으로 늘어서게 되면 동조하는 이들의 견해만이 나선형으로 증가한다.

둘째는 의제설정 이론이다. 의제 설정에 있어서 이를 긍정적인 틀로 설정할지 아니면 부정적인 틀로 짤 것인지에 따라 사람들의 견해가 달라진다는 것으로 액자효과(Framing Effect)를 중시한다. 예를 들어 2010년 6.2지방선거에서 여론조사의 신뢰성 문제 역시 미디어의 공정성과 정치적 기능에 대해 생각하게 만들었다. 한명숙 후보와 오세훈 후보의 서울시장선거 경쟁에 대한 여론조사 오차가 너무 큰 탓에 유권자들의 선택에 영향을 미친 것이다. 특히 여론조사의 표본집단 선출방식이나 가정용 전화를 통한 조사방식(가정용전화를 사용하는 사람들이 주로 낮 시간에 집에 있는 노인 분들이 많다는 점으로 표본 추출 문제)에서 문제점이 드러났고 이것은 미디어들이 자신의 정치적 견해에 맞추어 여론조사를 수행하였음을 의미한다.

2. 민주주의 발전을 위한 바람직한 기능

첫째, 민주주의 작동 조건에 대한 이해의 확대가 필요하다. 일반적으로 여론과 미디어의 기능은 주로 대의민주주의에 집중된다. 대의민주주의에서 대표를 선출하고 대중의 여론을 선동하거나 형성하고 정책의 투입과 산출과 환류작용에 초점을 둔다. 하지만 이런 민주주의 관점은 지나치게 협소하다. 여론과 미디어의 기능과 역할 역시 변화하는 환경에 걸맞은 방안으로 논의가 확대될 필요가 있다. 즉 대의민주주의에서 여론의 기능에만 한정적으로 기능을 부여할 것이 아니라 현재 정치체제가 바뀌고 있는 세계화시대와 정보화시대도 적용해 볼 필요가 있다.

둘째. 세계화시대와 정보화시대의 미디어 기능도 확대하여 고려해야 한다. 세계화시대 미디어의 가장 중요한 기능은 다양한 정보에 대한 접근성 증대이다. 즉 정보 개방화를 통해 확보된 정보 역시 다른 관점에서 비교 검토할 수 있는 기회를 확보하는 것이 중요하다. 정보화시대 미디어의 가장 중요한 기능은 좋은 정보와 나쁜 정보에 대한 선별 작용과 함께 정보의 원천을 제공하여 정보가 재가공될 수 있는 기반을 제공하는 것이다. 즉 너무 많은 정보 들 속에서 의미 있는 정보를 구분하고 이를 다시 다른 정보와 연결함으로써 더 좋은 정보와 부가가치를 창출할 수 있는 기반이 되는 것이다.

Ⅳ 인터넷 미디어와 SNS 발전의 민주주의에 대한 영향 논의

1. 인터넷 미디어와 SNS 발전의 민주주의에 대한 긍정적인 영향

인터넷 미디어가 확대되고 사회네트워크 서비스가 확대되는 것이 민주주의에 대해 긍정적으로 기능할 것으로 보는 근거는 4가지를 제시할 수 있다.

첫째, 소수자와 피권력자의 의견과 의사를 확인할 수 있다. 기존 미디어가 반영하는 입장이 아니라 소외되고 사회적 관심을 받지 못하는 이들의 의견이 반영될 수 있는 여지를 가짐으로써 민주주의의 소수파를 보호한다.

둘째, 사회적 다원성 확보와 함께 미디어 다원성 확보를 통한 사회경쟁성을 확충할 수 있다. 미디어 자체적인 면에서도 미디어 간 경쟁을 통해 권력의 집중을 막을 수 있다. 권력 집중은 거대한 미디어사들이 자신의 의견만을 반영하고 선전함으로써 사회적 갈등의 상당부분은 편향적으로 동원하고 다른 갈등을 무시할 수 있게 한다. 이는 공동체의 공공선을 결정하는 사회적 결정 구조를 왜곡시킨다.

셋째, 감성의 중요성과 공감대의 중요성이 부각되면서 참여와 공감대 의식을 확대할 수 있다. 민주주의는 참여로 만들어지며 사회적 성원이라는 의식이 중요하다. 그런 점에서 최근 개인미디어나 SNS를 통한 연결은 공감대를 형성하여 이성의 정치와 함께 감성의 정치가 살아날 수 있도록 한다.

넷째, 상호연결성을 통한 지식의 사회화와 지식 재생산을 통한 지식의 확대가 가능해진다. 민주주의가 작동하기 위해서는 다양한 정보가 필요하며 특히 변화되고 있는 환경을 읽어내기 위해서는 새로운 지식들이 많이 필요하다. 그런 점에서 새로운 미디어들은 새로운 형태의 지식 창조를 가능하게 한다. 패러디와 같은 형태의 정보 가공은 관심의 증대뿐 아니라 정보 해석 방식에도 변화를 가져오고 있는 것이다.

2. 인터넷 미디어와 SNS 발전의 민주주의 에 대한 부정적인 영향

인터넷 미디어의 발전이나 SNS의 발전이 민주주의 발전을 저해하기도 한다. 이 부분에서도 4가지 정도의 문제를 제기해 볼 수 있다. 첫째, 선정성 문제와 민주주의의 질적 저하. 작은 미디어들은 관심을 끌기 위해서 선정적이거나 선동적인 방식으로 문제를 제기한다. 그리고 이런 접근은 민주주의에 대한 이해를 음모론적 관점에서 이루어지게 한다.

둘째, 심의 부족과 사회적 공론화를 저해하는 문제. 대체로 인적인 교류를 강조하는 이들 새로운 미디어들은 토의보다는 순응을 강조하거나 토의를 하여도 짧은 글로 이루어진 토의를 만들어내므로 복잡한 사회현상에 대한 체계적 이해보다는 간략한 이해에 그치게 할 수 있다. 또한 사회적 공론화 과정을 거치기보다는 팔로워들의 일방적인 추종을 가져올 수 있다. 그리고 이것은 최근 이념적 극화를 통해 여과장치 없이 정치적 갈등으로 강화되어 나타난다.

셋째, 의도적인 정치적 공작으로 이어져 특정 집단의 미화와 특정 집단에 대한 낙인효과를 부여할 수 있다. 최근 몇몇 조직들이 인터넷을 이용하여 북한을 홍보하고 남한을 비하하기도 하였다. 이처럼 인터넷 공간을 이용하여 점조직적인 사회주의 홍보조직을 만들고 일대일 접근으로 자신들의 지지자를 모으기도 한다. 마찬가지로 극우적 민족주의자들이 다문화주의에 대한 범죄를 과장함으로써 다문화주의의 동화를 막고 우리 민족끼리를 강조하기도 한다.

넷째, 책임성 부족 문제. 마지막으로 이러한 미디어들의 사회적인 영향력이 강함에도 불구하고 이들에 대해 책임을 묻기 어렵다. 괴소문을 퍼뜨리고 나중에는 다른 곳에서 들었다는 식으로 얼버무리는 태도는 사회적 공론을 만들었고 이것으로 인해 사회적인 영향을 많이 끼쳤다는 점에서 책임감이 없는 것이다.

3. 논쟁에 대한 평가

부정적인 영향이 많이 있지만 그럼에도 불구하고 다양한 의견이 반영되어야 민주주의가 작동할 수 있다는 점에서 이러한 새로운 미디어는 제도적 관점에서 자유를 보장받는 것이 좋다. 단 사회적 책임이 클수록 그에 따른 책임을 물을 수 있는 다양한 사회적인 방식들이 모색될 필요가 있다.

Ⅴ 결 론

미디어 자체의 정치적 영향력은 증대하고 있다. 따라서 미디어의 정치적 행위자로서의 중요성은 인정해야 한다. 하지만 미디어 자체의 정치 과정 상 가장 중요한 기능은 우선적으로 올바른 정보 전달이다. 따라서 정보를 전달하는 정보원을 다원화하고 다변화하면 정보선별 기능과 함께 이를 기반으로 한 정치적인 판단과 입장 정리가 가능할 것이다. 미디어의 민주적인 통제는 미디어 관련 법을 통해 견제하는 방법 이전에 미디어의 다원화를 통한 자체적인 견제와 균형을 택하는 것이 중요하다.

2010년 지방선거에서부터 SNS의 정치적 역할이 눈에 띄게 증대했다. SNS는 개인들간 연계를 통해서 정치의 이슈에 변화를 가져올 뿐 아니라 시민참여방식의 변화와 함께 선거정치에도 변화를 가져오고 있다. SNS의 발전에 따른 변화는 정당정치에도 변화를 요구하고 있다. 정당정치의 변화는 한국의 대의민주주의의 미래를 결정한다는 점에서도 중요하다. 다음 질문에 답하시오. (총 40점)

(1) SNS가 시민에게 가져다주는 변화를 '비제도적정치참여'와 '정치이슈의 변화'와 '선거정치변화'라는 차원에서 설명하시오. (15점)

(2) SNS가 정당에 가져다주는 변화를 정당체계와 개별정당으로 나누어 설명하시오. (15점)

(3) 위의 논의들을 통해서 SNS가 대의민주주의미래에 기여할지 여부를 논하시오. (10점)

문제의 맥락과 포인트

SNS를 정당체계와 개별정당으로 연결한 문제이다. 막연한 대의민주주의만이 문제가 아니라 정당이라는 구체적인 제도에 도입해서 설명한 문제이기 때문에 구체적이 사실관계가 중요하다.

Ⅰ 서 론

2013년 4월 24일 재보궐 선거에서 안철수후보는 노원병 지역에서 60.5%를 획득해 32.8%를 얻은 새누리당 허준영 후보를 누르고 당선되었다. 이후 안철수의원의 신당창당이 이루어지지도 않았지만 "신당이 창당된다면"을 가정하여 진행된 여론조사에서 높은지지를 보이고 있다. 한국사회여론연구소가 28일 실시한 여론조사에서 안철수 신당의 등장을 가정한 정당 지지율 조사를 했는데 여기서는 안철수 신당이 30.9%로 가장 높았고, 새누리당과 민주통합당은 각각 30.7%, 15.4%를 기록했다. 다른 여론 조사기관인 한길리서치가 26~27일 실시한 여론조사에서는 새누리당 33.8%, 안철수 신당 27.7%, 민주통합당 9.6% 순으로 조사됐다. 이러한 결과는 인테넷의 발전과 SNS의 강화가 가져온 정당정치에 대한 새로운 변화를 반영한다. 과연 트위터와 카카오톡으로 상징화되는 SNS는 대의민주주의를 발전적으로 이끌게 될 것인가라는 현실적인 문제를 다루어본다.

⊙ 대안 목차

그런데 주목해야 할 부분은 바로 중간고리로서 SNS에 관한 부분이다. 대의민주주의에서 이 중간 고리의 역할은 정당이 차지하고 있었다. 정당은 수요 측의 시민들의 요구를 공급 측의 국가와 정부에 연결해주는 트랜스미션벨트 역할을 해왔다. 영국의 정치학자 바커(Ernest Barker)는 정당을 "사회와 국가를 연결해주는 교량이며, 사회에 존재하는 다양한 사고와 이를 바탕으로 벌어지는 토론이 정치기구라는 물레방아로 흘러들어 작동할 수 있게 해주는 수로이자, 수문"이라고 했는데 정당에 대한 이러한 규정은 정당의 기능이 무엇인가를 잘 보여준다.

Ⅱ SNS와 시민의 변화

1. 비제도적 정치참여의 증가

SNS는 제도적정치참여외에 비제도적인 정치참여를 증대시키고 있다. 2002년 시작된 촛불집회는 2008년으로 이어졌고 희망버스운동으로 이어졌다. 이런 비제도적 정치참여에서 다루는 주제는 정치적 의제에만 국한되지 않고 경제, 사회, 문화주제들을 아우른다. 비정규직 문제와 4대강사업문제등 경제적이슈와 환경이슈를 다룬 것이 대표적이다.

비제도적 정치참여가 증대한 것은 제도정치에 대안 불만이 표출된 결과이다. 가장 쉽게 볼 수 있는 사례는 2011년 서울시장재보궐선거에서 시민운동측의 박원순후보가 당선된 것을 들 수 있다. 이것은 정당정치에 대한 높은 불만에 기인한다. 여론 조사를 보면 정당에 대한 기대가 얼마나 낮은지를 볼 수 있다. 2011년 12월에 실시한 동아일본의 여론 조사에 따르면 '국회를 신뢰한다'는 응답자가 7%이고 '정당을 신뢰한다'

는 응답자는 9%이며 '양쪽을 모두 신뢰한다'는 응답자가 4%에 불과한 것으로 나타났다.[19] 2011년 서울 시장 재선거를 앞두고 실시된 아산정책연구원의 조사에서도 무당파의 비율이 33.1%로 나타났고 이것은 제 1 야당인 민주당의 지지율(21.4%)보다 높게 나왔다.[20]

SNS를 통한 투표인증샷과 투표독려가 중요한 이슈가 되면서 정치문화에도 영향을 끼치게 된 것이 새로운 기능이다. 이것은 시민이 정당에 압력을 행사하는 것과는 다른 것이다. 수평적으로 시민이 다른 시민에게 영향을 주면서 참여를 독려하는 것이다. 정치참여부재가 정치적 의견의 배표성이 부족하다는 점과 자신들과 동떨어진 정치를 변화시키겠다는 의지가 작동하면서 투표독려운동으로 나타난 것이다.

2. 거대담론정치에서 생활이슈정치로

SNS를 활용한 최근 정치는 개인중심으로 거대이슈보다는 생활이슈를 다룬다. 과거 정치가 이념이나 계급과 안보와 같은 거대주제를 중심으로 했다면 SNS를 기반으로 한 정치는 일자리창출, 비정규직문제, 양극화해소와 재벌개혁과 서민경제활성화, 교육개혁문제와 같은 이슈를 정치의 중심에 두고 있다. 재벌빵집논란이나 통큰 치킨으로 이슈화 된 재벌의 중소기업분야에 대한 개입을 이슈화한 것은 SNS를 통한 이슈화에 성공한 것을 보여준다.

과거 정치가 민주화를 이룩한 민주화세대가 대표했다면 디지털세대는 거대담론보다는 생활이슈를 중심으로 한다. 생활이슈에서 자기 실현을 중시하는 디지털세대의 정치는 SNS를 통한 반값등록금시위등에서 잘 드러난다. 시민들의

---

19) 조화순, "SNS와 정당정치의 변화", 한국언론학회편, 『정치적소통과 SNS』(파주, 나남, 2012), pp.135−136. 재인용.
20) 조화순, *Ibid*., p.136.

요구가 거대한 이슈 중심에서 세부적인 이슈로 변화하는 것은 정당에 다양성을 제시하기도 하지만 다양한 이슈를 조정하면서 여론에 반영해야 하는 부담을 준다.

3. 선거와 정치적 결정방식에의 변화

정당중심의 정치와 달리 SNS정치는 당원과 하부조직이 아닌 정당의 SNS이용과 시민사회의 SNS를 통한지지 증대로 나타나고 있다. 정당은 거대조직대신에 SNS를 이용해서 자신의 이미지를 강조하면서 지지를 얻는다. 소수정당이나 정치신인들은 조직과 자금 부족의 문제를 SNS를 통해서 해결하려는 '동원효과(mobilization effect)'를 가진다. 동원효과란 조직을 통해서가 아니라 SNS를 통해 지지를 동원한다는 것이다.

SNS가 정치동원에 영향을 미친 것을 보여주는 대표적인 사례는 2008년 미국대선에서 오바마후보가 'Mybo'를 개설하고 다양한 온라인 선거운동을 전개한 것을 들 수 있다. 선거에서 지지자 중심으로 자발적인 선거운동을 한 것과 아이폰 애플리케이션인 '콜 프렌즈(call friends)'를 통해서 지지자의 전화번호부 속의 친구들을 포함하는 선거대상 명부를 만들어주었던 것이 대표적이다.

시민의 의사를 결정하는 방식인 선거에서는 전자투표 혹은 전자투표를 위한 온라인 시스템의 이용은 정치적 의사확인을 좀 더 편하게 했다. 유권자가 자신의 선호에 부합하는 후보를 선택할 수 있는 온라인 시스템도 만들어졌다. 대표적으로 스위스의 '스마트보트(smartvote)'는 설문조사를 통해서 지지자의 프로파일과 유사한 후보자의 프로파일을 비교하게 하여 자신의 성향과 가장 부합하는 후보자를 자동으로 추천해준다.

Ⅲ   SNS와 정당정치의 변화

1. 정당체계차원의 변화

정당의 경쟁이 계급구조와 같은 거대담론을 중심으로 한 이념중시가 아닌 세부적인 이슈들을 두고 경쟁하면서 이슈중심의 포괄정당화를 만든다. 정당이 생활이슈등에서 어느 이슈를 선점하는가에 따라서 지지를 확보하게 된다. 이것은 정당체계에서 정당간 이념거리는 좁힌다. 반면에 디지털세대와 같은 세대차이를 새로운 사회갈등으로 만든다.

다양한 이슈의 등장과 새로운 세대의 요구는 정당들을 분화시킬 수도 있는가 하면 거대정당 중심의 포괄정당화를 지향하게 할 수 있다. 극단적인 다당제로 갈 수 있다는 주장에 대해 기성정당의 적응력에 주안점을 두면서 거대정당이 이슈를 선점하거나 이슈를 흡수하여 정책화하기 때문에 다당제로 가기 어렵다는 주장이 있다. 최근 한국선거는 거대정당들이 복지와 같은 새로운 이슈를 흡수하면서 정책화를 통해서 포괄정당화되는 것을 보여준다.

2. 개별정당의 변화

개별정당 차원에서는 정당의 정체성약화, 이슈중심 정당, 당원조직의 약화이라는 세가지 부분에 변화를 가져오고 있다. 첫 번째로 거대담론을 통한 계급결집이라는 기존 정당의 정체성이 약화되고 있다. 비정규직과 자영업자의 증대는 노동계급을 하나로 묶기 어렵게 한다. 정당에 대한 정체성이 약화됨에 따라 정당은 유권자를 중심으로 운영되는 것이 아니라 지지자 중심으로 운영되는 방식으로 변화하고 있다.

두 번째로 정당정치가 유권자의 선호에 민감하게 되면서 여론을 반영하는 정치로 변화하고 있다. 여론의 선호도와 강도에 따라 정당이 빠르게 적응해야 한다. 이 과정에서 정당의 역할이 약화되고 시민사회가 스스로의 조직화로 이 자리를 차지하고 있다. 대표적인 경우가 2006년 스웨덴의 해적당이다. 스웨덴의 시민들은 지적 재산권의 개혁이라는 단일 쟁점을 통해서 네트워크에 기반해서 스스로 정당화를 이룩하기도 하였다.

세 번째는 당원의 정체성이 약화되면서 집단적인 정체성이 아닌 개인의 다양성이 중요하게 되었다. 당비를 내는 진성당원이 중요한 것이 아니라 지지자 중심으로 정당정치가 운영된다. 한국선거에서 나타나는 미국식 경선방식의 도입은 지지자에게 정당의 후보선출의 결정권을 부여하였다. 이것은 당비납부 당원이 전체 정당등록 당원 400만 중에서 8.0%에 불과하다. 이것은 인구수 대비하면 0.7%에 불과하다. 이런 상황에서 지지자를 중심으로 한 예비선거는 지지자 중심으로 선거흥행을 노리게 되면서 정당원의 정체성을 더욱 낮추는 결과를 가져오고 있다.

Ⅳ SNS와 대의제민주주의의 미래

1. 대의제민주주의 강화

SNS가 대의민주주의를 강화할 것이라는 주장은 참여, 대표성, 책임성, 응답성이라는 4가지 요인에 근거하고 있다. 먼저 정치에 대한 관심의 증대는 대의민주주의의 핵심인 참여의 증대를 가져온다. 투표독려운동에서와 같이 SNS는 새로운 참여의 문화를 만들어가고 있다. 두 번째로 과거 반영되지 않던 이슈들을 정치의제화함으로써 시민들은 대의민주주의에 대한 대표성을 스스로 증대하는 방법을 찾고 있다. 생활이슈를 정치권에 도입하게 하여 대표중심의 대의

민주주의가 수행하지 못하는 대표성증대를 꾀하고 있다. 또한 SNS를 통한 대표에 대한 견제와 책임추궁은 대의민주주의의 책임성에 기여한다. SNS를 통한 대표들의 비리를 폭로하는 것등이 대표적인 사례이다. 마지막으로 SNS는 빠른 응답성을 요구한다. 빠르게 조성된 여론은 응답성이 없는 대의기구에 압박을 가한다.

2. 대의제민주주의 약화

SNS는 참여, 대표성, 책임성, 응답성에서 부정적으로 영향을 미치는 부분이 있다. 먼저 참여의 왜곡은 네트워크를 이용하는 젊은 세대들과 나이든 세대를 구분하게 한다. 게다가 SNS는 진보편향성이 강하기 때문에 실질적으로 전 세대에 걸친 보편적 참여를 증대시키는 것은 아니다. 또한 이것인 대표성의 왜곡을 가져온다. 이미지 중심의 정치가 되면서 정치가 이미지에 갖혀서 사회균열을 제대로 반영하지 못하는 것도 문제이다. 다른 한편 응답성은 SNS가 '빠른 정치'와 '숙고없는 정치'를 통해서 민주주의보다는 포퓰리즘에 기반한 정치로 운영될 수 있게 한다는 점에서 문제가 될 수 있다. 그리고 신상털기와 같은 방법을 이용해서 인터넷 마녀사냥을 통해서 책임성 추궁에 문제를 가져올 수 있다.

3. 대의민주주의 미래 평가

위의 두 입장을 비교해 볼 때 SNS가 대의민주주의에 대해 긍정적으로 기여할 부분이 적지 않다. 투표독려와 같이 정치문화를 변화시킬 수 있으며 최근 안철수신당 이슈처럼 기성정당에 압력을 행사할 수 있다. 정당의 낮은 대표성을 해결할 수 있는 방법이 될 수 있다. 문제가 될 수 있는 '숙의성의 부족'이나 짧은 여론몰이는 대의민주주의에 부정적으로 작용할 수 있기 때문에 이 부분에 대한 제도적 보완책이 필요하다.

Ⅴ 결 론

SNS를 통해서 정당정치에 변화를 가져올 수 있으며 이러한 변화는 대의민주주의에 긍정적으로 기여할 수 있다. 부정적인 부분을 완화할 수 있는 제도적 정비도 필요하다. 하지만 정치문화적 차원에서 시민들의 자발적인 수정가능성에 기대를 하는 것이 필요하다. 새로운 문화현상이기 때문에 새로운 운영방식수립까지 시간이 필요하다.

 기출문제와 연결

제30문 2010년 5급 3번(정치환경 변화와 시스템이론 접근)

제039문 '87년 체제'와 시민사회의 역할

2017년 대통령탄핵 사태는 그간 한국에서 운영되던 민주주의에 문제가 있다는 점을 보여주었다. 1987년 헌법개정 이후 한국의 민주주의를 운영하던 다양한 제도들의 통치가능성이 떨어졌다는 것도 명확해졌다. 이에 '87년 체제'를 보완하거나 대체하기 위해 새로운 '시민'의 탄생에 주목하기도 한다. 다른 한편으로는 시민의 요구를 반영하는 통로로서 정치제도 개편을 주장하기도 한다. 다음 질문에 답하시오. (총 50점)

(1) '87년 체제'의 다양한 의미를 설명하시오. (15점)

(2) 시민사회를 설명하는 여러 이론들을 통해서 시민사회의 '87년 체제'에 대한 기능을 논하시오. (20점)

(3) 위의 '87년 체제' 변화를 위한 시민의 노력은 정치제도와 어떤 관계를 맺어야 하는지 논하시오. (15점)

Ⅰ. 서 론
Ⅱ. 1987년 체제의 의미와 문제점
  1. 87년 체제와 절차적 민주주의
  2. 87년 체제와 경제운영원리
  3. 87년 체제와 권력구조
  4. 87년 체제와 정당
Ⅲ. 시민사회에 대한 이론별 입장과 시민사회의 역할의 범위
  1. 필립 슈미터식 자유주의: 비국가적 자율공간
  2. 그람시류의 헤게모니접근: 시민사회의 헤게모니

  3. 하버마스의 공공영역접근: 제 3의 영역확보
  4. 신아리스토텔시안류의 강한공화주의접근: 목적론적 접근
  5. 신로마공화주의의 시민사회: 비지배적 자유확보
Ⅳ. 시민사회의 제도정치의 연결필요성 논의
  1. 시민사회와 제도정치의 연결필요성
  2. 제도정치와의 연결에 대한 소극성
  3. 논의의 평가
Ⅴ. 결 론

 문제의 맥락과 포인트

시민사회는 비교정치학에서 가장 제도화가 부족한 이슈이다. 정부, 정당, 의회는 각자 제도들이 구체적으로 작동한다. 그러나 시민은 개인이고 시민사회는 정의감이 있는 시민들의 조직이다. 시민단체가 되어야 제도화가 된다. 그런 점에서 시민사회는 정당을 대체하여 민주주의의 중심이 되기는 어렵다. 하지만 한국에서 시민사회의 영향력은 크다. 1987년 민주화와 2017년 탄핵이 그 증거이다. 이 문제는 그런 점에서 중요한 시민사회에 제도적인 힘을 부여하려면 어떻게 제도정치와 연결되는지가 중요하다. 시민사회가 저항은 잘하지만 새로운 것을 구성하기에는 역량이 부족하다. 이는 시민사회의 역할을 제한하고 결국 정치의 중심에 정당과 의회라는 제도를 두게 한다. 이 부분이 논리적으로 제시되는 것이 핵심이다.

Ⅰ 서 론

2017년 대통령탄핵은 87년 체제가 더 이상 대의민주주의를 운영하는 거버넌스 구조에는 문제가 있다는 점을 보여주었다. 대표를 통한 거버넌스에 대한 문제제기가 '시민'들의 폭발로 나타난 것이 2016년과 2017년의 촛불집회이다. 시민들의 요구를 지속적으로 관철하기 위해서는 정치제도적인 역할이 중요한 바 양자간 관계를 논의한다.

Ⅱ '87년 체제'의 의미와 문제점

1. '87년 체제'와 절차적 민주주의

87년 체제는 민주주의에서 절차적 민주주의로 대표된다. 1987년 헌법개정은 급속한 민주주의 규칙제정을 특징으로 한다. 급속한 민주주의의 규칙제정은 민주주의를 협애화하였다. 민주주의의 절차적이며 제도적인 차원에서 한정되었다. 이것은 1987년 헌법에서 경제조항과 사회조항들을 수정하지 못하고 전적으로 정치권력구조에만 매달린 결과가 되었다.

87년 체제의 좁은 민주주의는 자유주의를 기반으로 한 민주주의로 좁게 이해되었다. 이후 30년간의 정치적 변화와 경제적 변화와 사회적 변화는 이러한 민주주의에 의해서 해결되기 어렵게 되었다. 환경운동의 등장, 양극화, 다문화사회의 출현 등은 제도적인 민주주의로 담기 어렵게 되었다.

2. '87년 체제'와 경제운영원리

87년 체제는 경제운영원리를 대기업을 중심으로 한 성장위주의 전략으로 설정하였다. 1987년 헌법을 개정하는 시기는 한국이 경제발전의 성과를 보기 시작한 때였다. 1987년 민주화는 노동세력을 제도화할 수 있게 하였다. 이 정도에서 경제적 차원의 민주주의는 만들어졌다. 실제 경제운영은 대기업에게 유리한 구조로 경제성장전략위주로 짜여졌다. 이것은 발전주의모델의 연장선상에 있었다. 국가는 자원을 활용해서 대기업의 성장과 발전을 도왔다. 대기업은 국가에 대해 비자금을 만들어주는 것으로 보답하는 구조를 이루었다.

경제적 운영절차가 시장과 국가의 약탈적인 유착을 가져오거나 유지되는데 도움이 되었다. 1997년 차떼기사건과 대기업 이동통신사업 선정이나 면세점 사업 인허가와 관련된 것들은 시장과 국가의 정경유착을 보여주었다. 이러한 공생관계는 박근혜 정부에 와서 미르재단이나 K 재단을 만드는 국가의 기업에 대한 약탈과 기업의 이익확보를 위한 자금지원으로 이어졌다. 이러한 대기업중심의 성장전략은 1997년 동아시아 외환위기 상황에서 비정규직의 탄생과 이후 고용없는 성장에 따른 자영업자의 증대라는 상황으로 이어졌다. 양극화의 심화는 이런 결과물로 볼 수 있다.

3. '87년 체제'와 권력구조

1987년 헌법은 8인 회의를 통해서 대통령권력을 규정하는 것으로 빠르게 합의했다. 급하게 만들어진 정치적 민주주의 공간에서 헌법은 대통령 직선제와 단임 규정으로 합의되었다. 국회와의 협치에 대한 고려는 부족했다. 게다가 한국의 사회균열의 수가 적은 상황이었지만 다수결주의에 기초할 것인지 합의주의에 기초할 것인지에 대한 논의는 없었다. 이러한 사회공론화 과정의 부족은 제도 간의 조화와 통치가능성에 대한 고려는 부족했다. 지방분권화, 행정부와 입법부와의 관계, 사법부의 정치 개입가능성은 고려가 부족한 상황에서 헌법 개정이 이루어졌다. 특히 장기독재의 경험은 단임제도의 문제점에 대한 고려보다는 정권교체가능성을 높이는 방향으로 개헌이 이루어졌다.

4. '87년 체제'와 정당

87년 체제는 지역주의를 기반으로 한 다당체제를 이루었고 보스를 중심으로 한 정당을 이루었다. 1987년 대통령선거와 1988년 의회선거에서 정당들은 지역주의를 동원하였고 다당제를 이루었다. 이 과정에서 정당들은 각 정당의 보스들에 의해서 운영되었다. 이러한 정당체제와 정당은 2002년 대선에서 노무현 후보의 경선과정에서 보스주의 정치는 종결되었다. 2000년 선거에서 이념정치가 등장하면서 실질적으로 양당제에 기초하여 느슨한 형태로 지역주의가 연결된 정당체계로 운영되었다. 그러나 2016년 선거에서 국민의 당이 지역주의를 활용함으로써 여전히 지역주의는 정당체계를 다당제로 만들 수 있는 여지를 가지고 있다.

Ⅲ 시민사회에 대한 이론별 입장과 시민사회의 역할의 범위

1. 필립 슈미터식 자유주의: 비국가적 자율공간

필립 슈미터식 자유주의 시민사회는 87년 체제에 대해 중립적이면서 공공성의 문제를 제기하는 기능을 수행한다. 이 이론에 따른 자유주의 시민사회는 부정의한 국가 권력 행사에 대해서는 문제를 제기하지만 국가 권력 자체가 되려고 하지는 않는다. 이러한 모습은 2000년 총선에서의 낙천낙선운동에서 잘 드러나기도 했다. 이후 공천운동에 대한 시민사회의 거부는 자유

주의 시민사회론의 지향점을 보여준다.

필립 슈미터의 시민사회론은 자유주의에 토대를 두고 있다. 자유주의는 시민사회를 국가로부터 자유로운 존재로 상정한다. 국가로부터 자유로울 뿐 아니라 시민사회는 사적영역으로부터도 자유롭다. 즉 국가와 사적 영역으로부터 이중적인 자율성을 확보하는 것이다. 토크빌식의 시민사회를 현대적으로 계승한 필립 슈미터는 이중적 자율성을 통해 시민사회의 특징을 3가지로 정리하였다. 첫째, '집단행동의 능력'을 보유할 것. 둘째, '비찬탈성'을 가질 것. 셋째, '시민성'을 가질 것이 각각 3가지 특징이다. 이러한 특징은 시민사회가 사적 영역으로부터도 자유로워서 사익추구적 존재가 되지 않는다는 점과 국가의 권력을 장악하기 위한 권력추구적이 되지 않는 다는 점에 그 특징이 있다.

시민사회의 역할과 관련하여 슈미터식의 시민사회 접근의 핵심은 '시민성'과 '비찬탈성'을 유지하는 것이다. 즉 공익을 주장하되 권력접근을 하지 않는 중립성에 있다. 따라서 자유주의적 시민사회의 접근은 대의민주주의의 대표들에 대해서 감시와 견제를 할 수는 있지만 직접적으로 제도 정치에 참여하는 것은 거부한다. 시민성의 핵심은 공익을 추구하는 것에 있지 권력을 추구하는 것에 있지 않기 때문이다.

2016년~2017년의 촛불시위는 시민사회의 87년 체제에 대한 기능을 그대로 보여준다. 촛불시위는 대의민주주의의 위임되지 않은 권력 사용과 비공재적인 권력 남용에 대해 처벌을 내린 것에서 멈추었다. 시민들이 권력을 직접 차지하고 정부를 구성하기보다 탄핵소추에서 탄핵 결정까지 제도적 장치에 따른 처벌에 맡기고 개인들의 사적 공간으로 돌아간 것이다. 그런 점에서 자유주의에서 촛불집회는 시민의 불복종과 잘못 수행된 권력행사에 대한 처벌력을 보여주

었다.

2. 그람시류의 헤게모니 접근: 시민사회의 헤게모니

헤게모니이론은 87년 체제에 대한 시민사회의 기능을 양면적으로 보여준다. 먼저 시민사회의 헤게모니는 실질적으로 대기업과 주류 언론을 중심으로 하며 지식인들의 연합으로 이루어져있다. 한국의 보수가 가진 헤게모니는 정치권력－경제권력－지식권력－언론권력의 연합을 보여준다. 이는 한국의 민주주의를 좁게 정의하고 민주주의 확장을 거부하게 만드는 강력한 권력구조이다. 그러나 탄핵으로 이어지는 과정에서 정치권력과 경제권력은 언론권력에 의해서 공격을 받았다. JTBC와 조선일보의 공격은 박극혜 정부를 탄핵으로 이어지게 하였다. 이후 시민사회의 폭발을 지지하는 언론과 지식인들의 합세로 기성헤게모니에 대항하는 대항헤게모니가 만들어졌다. 이것은 전통적인 헤게모니의 약화를 의미하는 것이다.

그람시의 시민사회이론은 시민사회가 헤게모니를 통해서 자본주의 유지에 있어서 독자적인 역할을 수행한다는 것이다. 마르크스의 입장처럼 시민사회를 오로지 자본주의에서 사적인 이익을 추구하는 부루주아의 사회로 규정하지 않고, 그람시는 자본주의의 토대의 이면인 상부영역에서 자본주의의 이념을 강화하는 역할을 수행한다고 보았다. 따라서 하부영역에서 자본주의가 가진 생산관계를 변화시킨다고 해서 자본주의체제를 사회주의 체제로 변화시킬 수 있는 것이 아니라 노동자들의 정신영역을 장악하고 있는 이념의 헤게모니구조를 변화시켜야 하는 것이다.

그람시는 하부구조를 변화시키기 위한 기동전 전략과 상부구조의 헤게모니를 탈환하기 위한 진지전 전략을 나누어서 사용해야 한다고 보았다. 그가 제기한 진지전과 기동전 전략의 가장 중요한 함의는 시민사회의 이념 영역의 장악이 없이는 자본주의체제 개혁은 없다는 것이다. 따라서 변혁주의자들이 시민사회를 장악하고 시민사회의 이념화를 통해서 사회주의적이고 변혁주의적인 이념의 구축 즉 헤게모니를 구축해야 하는 것이다.

87년 체제에 대한 그람시의 시민사회가 가지는 헤게모니 접근은 시민사회의 역할에 대해 적극적인 정치적 개입을 주장한다. 시민사회 영역이 이념의 영역이므로 이들이 체계적으로 이념을 강화하고 의식교육을 해야 하는 것이 중요하다. 한편으로 이들이 현실정치에서 의식을 구체화하고 정책화하는 것 역시 중요하다. 따라서 제도정치와 비제도정치를 아우르는 헤게모니의 구축이 중요한 것이다. 그런 점에서 한국 시민사회와 시민운동가들의 제도권정치로의 참여 뿐 아니라 더 적극적인 이론구축작업을 수행해야 한다. 점진적인 교육이 중요하기 때문에 촛불시위에 참여한 젊은 세대들의 사회화과정에 이론적인 영향을 미치는 것이 중요하다. 87년 체제를 규정한 정치권력－경제권력－언론권력의 유착관계를 변화시켜서 이들 보수적 동맹에 따른 민주주의의 확장저지를 막기 위해서는 대항 헤게모니 구축이 필요하다. 지식권력과 뉴미디어권력으로 연결되는 대항헤게모니는 시민사회를 분출시키고 지속적인 정치적 관심을 유지하게 하는데 있어서 필수적이다.

3. 하버마스의 공공영역접근: 제3의 영역 확보

87년 체제에 대한 하버마스의 시민사회는 심의의 공간을 확보함으로써 민주주의와 공화주의 논의공간을 만들었다는 의미를 가진다. 87년 체제는 좁게 정의된 민주주의 공간이면서 심의가 부족하게 만들어진 정치운영원리이다. 이후 30년 이상 이 체제의 문제점들이 드러났지만 부분적인 수정들을 하면서 유지해왔다. 예를 들어 노동법 개혁, 미디어법 개편, 지방자치제도의 실시 등은 구체적인 논의가 없이 합의된 헌법질서를 실질적으로 운영하기 위한 부분적인 방안들이었다. 그러나 촛불집회는 이러한 심의 부족의 공간으로 넓혔다는 점에서 의미를 가진다.

하버마스가 상정하는 시민사회는 행위자가 아닌 영역이다. 하버마스가 볼 때 시민사회라는 것은 공적영역과 사적영역과 구분되는 또 다른 영역이다. 이 영역은 행정 권력과 시장 권력의 침입으로부터 시민적 담론화가 가능하게 만들어지는 제3의 영역인 것이다. 시민사회는 공적영역(public sphere)라고 하는 공간을 규정함으로써 경제활동과 통치활동과 구분되는 사회성원들의 의사소통이 표출되는 곳으로 규정하였다. 이 공적 영역에서 시민들의 의사가 모두 직접적으로 전달되기 어렵기 때문에 언론매체를 매개로 하여 의사소통을 한다.

하버마스의 영역접근은 시민사회라는 행위자에 집중하기보다 시민사회가 사회적 의제를 설정하고 토의를 거쳐서 민주주의를 운영할 수 있는 공간을 설명하는데 초점을 두고 있다. 그런 점에서 토의민주주의가 작동할 수 있는 공간 확보라는 토의민주주의 이론의 기반을 제공한다. 또한 시민사회의 주체적인 활동측면보다는 공간의 확보라는 조건을 강조하고 있다.

하버마스의 제3의 영역에서 시민사회의 정치적 기능은 심의에 중심이 놓여진다. 공적 영역을 확보하는 것이 중요하며 공적 영역의 심의는 대의영역의 심의를 보완하는 기능을 수행한다. 따라서 시민사회가 심의를 통해서 무엇이 공적인 것이며 무엇이 바람직한가를 논의하고

이것을 정책화하는 것이 중요하다. 그런 점에서 이번 촛불시위과정에서 국가가 무엇이고 정부의 역할은 무엇이어야 하며 정당한 권력이 무엇인지를 논의하는 것은 시민사회의 영역을 확장하는 것이다.

그러나 하버마스는 심의의 최종적 권한은 의회와 같은 제도적 공간에 있다고 보았다는 점에서 시민사회는 탄핵과정과 탄핵결정을 주도하는 것이 아니라 의회와 사법부가 주도하는 것을 보면서 논의만을 이어갔다는 점에서 촛불시위에서 보여준 시민사회의 역할은 정당하다고 볼 수 있다. 특히 많은 시민들의 저항정신을 보여주었고 이것을 통해 새로운 시대정신이 무엇인지를 논의하였다는 점에 시민참여의 의미가 있다. 87년 체제를 수정하기 위한 개헌 논의에서도 하버마스 이론이 의미있는 것은 토의의 공간을 의회와 시민사회로 확장했다는 점에 있다.

4. 신아리스토텔시안류의 강한 공화주의접근: 목적론적 접근

공동체주의의 87년 체제의 기능은 양면적이다. 공동체와 공화국이 무엇인지에 관심을 늘렸다는 점은 87년 체제를 수정하는 원동력이 될 수 있다. 반면에 맹목적인 애국심과 국가주의는 개입 없는 공동체와 자유 없는 보수주의를 강화하는 부작용을 가지고 왔다. 탄핵의 문제점을 지적하면서 연일 계속되는 태극기집회는 애국심이라는 이름으로 지도자와 국가를 동일시하기도 한다. 선험적 가치규정이 실제 현실정치에서 문제가 수 있는 것이다.

강한 공화주의 입장에서 아리스토텔레스를 계승하고자 하는 이들은 아리스토텔레스의 목적론을 부활시키고자 한다. 아리스토텔레스가 강조한 '목적(telos)'은 사물이 가지고 있는 본질적 목적이 무엇인가를 의미한다. 그런 점에서 시민

사회는 인간의 '목적'에 부합하는 것에서 출발한다. 즉 인간의 목적이 행복을 추구하는 것에 있고 행복은 시민적 삶을 살 때 확보할 수 있는 것이다. 그런 점에서 '인간의 정치적 동물'명제는 인간이 시민으로서 다른 이들에게 추앙을 받으면서 동료로 인정받을 때 행복을 느낄 수 있다는 점을 강조한 것이다. 즉 인간은 정치라는 공동체 생활 속에서 비로써 인간의 목적을 구현할 수 있다. 따라서 정치는 인간의 자연적이고 필연적인 현상이고 이 속에서 공적 덕성을 추구하는 것은 시민으로서 뿐 아니라 인간으로서의 기본적인 조건이다.

아리스토텔레시안의 입장에서 시민이란 공동체를 위한 공익창출에 앞장섬으로서 공동체의 구성원으로 활동하는 것을 자연스러운 현상이자 본질적인 현상이라고 본다. 만약 공동체가 지향하는 가치가 있다면 이 가치를 따르는 것 역시 중요한 문제가 될 것이다.

신아리스토레시안 학파의 강한 공화주의접근에서 볼 때 시민사회의 적극적인 역할 참여는 당연한 것이며 자연스러운 것이다. 인간의 목적이 공동체의 참여라는 점에서 시민사회가 적극적으로 정치에 참여하는 것은 당연한 것이다. 시민이 대표를 견제하는 것을 넘어 스스로 대표가 되어 공동체의 결정을 수행하는 것은 시민의 의무이기도 하다. 따라서 이 입장에 따르면 시민사회가 대의민주주의의 정당과 대표를 대체하는 것도 가능한 것이다. 향후 시민들은 저항과 거부만의 논리가 아니라 새로운 공동체 구성의 논리로 적극적인 시민참여 장치를 만들어야 한다. 그러나 한편으로 87년 체제를 대체하는 것이 아니라 과거 87년 체제를 애국심으로 옹호하는 논리로 사용될 수도 있다.

5. 신로마공화주의의 시민사회: 비지배적 자유확보

신로마공화주의에서의 시민사회는 87년 체제의 대체를 가능하게 한다. 공화주의의 시민사회는 자유로움 속에서 공공선을 만들 수 있다. 공화주의의 시민사회는 비지배라는 자유를 추구한다. 이것은 정치적인 평등과 경제적 평등 그리고 사회적인 평등을 강조한다. 시민과 시민의 예속이 부정하는 공화주의는 시민들 간의 대등성을 전제로 하여 법 앞에서의 시민적 평등을 강조한다. 그리고 법을 통해서 공화국의 공공선을 만들 수 있다. 이것은 87년 체제를 새롭게 헌법을 통해서 수정할 수 있게 한다.

신로마공화주의에서 시민사회는 덕성을 갖춘 시민들이다. 이들은 자의적인 통제를 벗어나는 것을 중요하게 여긴다. 계급적인 대립에도 불구하고 시민들은 공공선을 이룩할 수 있으며 이것은 법을 통해서 가능하다. 법치주의를 구성적 관점에서 이해한다는 점에서 공화주의 시민들은 법의 개정과 이를 통한 가회적 개혁에 적극적이다.

Ⅳ 시민사회의 제도정치의 연결필요성 논의

위의 시민사회이론들의 각기 주장은 시민사회가 중요하다는 점을 공유하지만 어느 정도 까지 시민사회가 정치에 영향을 미칠 것인지에 대해서는 견해차이가 있다. 이에 시민사회의 개입의 적극성을 기준으로 제도정치를 필요로 하지 않으면서 직접 정치를 수정하려는 입장과 제도정치와의 연결하는 입장으로 구분하여 논의를 한다.

1. 시민사회와 제도정치의 연결필요성

시민사회는 임시적이다. 시민운동과 달리 시민사회는 영속성을 가진 조직이 아니다. 이때 시민사회의 요구는 영속적이며 제도적인 장치에 의해서 구현되어야 한다. 그리고 이것이 법을 통해서 실질화되어야 한다. 자유주의 시민사회이론이나 하버마스의 시민사회이론은 시민사회의 입장이 제도정치와 연결되어야 한다는 입장이다.

제도정치에서 정당은 그런 점에서 중요하다. 정당은 시민뿐 아니라 인민들의 의견을 결집하고 표출하여야 한다. 그리고 이것을 사회적 합의과정으로 끌어들여야 한다. 정당과 대표를 통해서 정치적 공간이 운영되고 사적공간의 자율성이 보장되어야 하는 것이다. 다만 공적공간의 문제가 생길 때 심의와 저항 혹은 불복종을 통해서 이를 해결할 수 있다.

2. 제도정치와의 연결에 대한 소극성

반면에 공화주의나 공동체주의에서는 제도정치와 연결이전에 시민의 참여가 중요하다. 특히 공동체주의에서 시민참여는 중요하다. 사적공간과 공적공간의 구분이 명확하지 않은 상황에서 시민들은 주체로서 공동체운영에 대한 참여가 중요하다. 시민들이 주도하는 입법과 법의 시행이 강조된다.

대표를 통한 정치는 근본적으로 간접적인 형태의 정치체제이다. 따라서 시민은 국가와 권력운영에 있어서 직접적인 운영이 중요하다.

헤게모니 접근 역시 정치체제도의 중요성보다는 시민사회의 대항담론 구성을 중요시 한다. 권력은 관념을 통제하는 것이기 때문에 권력의 근거에 있는 헤게모니를 구축하는 것이 무엇보다 중요하다. 이것은 제도정치를 통해서 보다는 주류담론에 대한 대항논리의 구축과 대항논리의 확산을 통해서 이루어야 한다.

3. 논의의 평가

위의 논의에서 시민사회의 공공선에 대한 요구 분출과 정의감은 중요하지만 이것이 실제 정치로 반영되기 위해서는 제도정치가 중요하다. 특히 정당이 시민과 국가의 중간자로서 통로 역할을 잘해야 한다. 정당은 시민사회가 가진 수요를 국가로 전달시켜 정책으로 만들어야 한다. 그 과정에서 시민적 열정과 열망을 현실적인 정책으로 전환시켜주는 것이 중요하다.

시민사회의 직접적인 정치 참여는 민주주의에서 바람직하다. 그러나 맹목적인 애국심이 보여주는 시민 참여는 진보—보수의 대립을 극단화시킬 수 있다. 이것은 공동체운영에 대해 논의과정을 생략함으로써 부정적으로 기여한다.

또한 시민이 입법자가 되는 것도 민주주의 이상향에 부합한다. 그러나 행정영역이 커지고 전문화된 현대 사회에서 이는 시민에게 과도한 부담을 줄 수 있다. 강력한 이익단체에 의해 시민사회가 압도되거나 동원될 수 있는 여지를 가질 수도 있다. 강력한 도덕성에 대한 요구가 강력한 지도자에 대한 요구나 열망으로 이어질 수도 있다. 이러한 부담을 덜기 위해서도 제도 정치의 개입이 필요하다.

제도와 연결이 된다면 정당은 시민사회 요구에 대한 대표성을 높이면서 응답성을 높이는 방식으로 변화해야 한다. 87년 체제가 지역주의 동원의 정당체계와 보스중심의 정당이었다면 이후 정당은 기능론적 관점과 동원론적 관점이 균형을 이루는 정당체계이면서 정당민주화를 이룩하는 정당이 되어야 한다.

Ⓥ 결 론

87년 체제 개혁이 필요한 시점에서 시민사회의 요구는 정당을 통해서 해결되는 것이 바람직하다. 정당은 이를 위해 내부적인 민주화와 함께 시민사회의 요구에 응답성을 높이는 좀 더 유동적인 조직이 될 필요가 있다.

제040문 시민사회와 제도정치의 연결

'정보통신혁명'과 '탈물질주의'와 '대의민주주의에 대한 불만'은 한국의 시민을 정치의 중심에 세웠다. 촛불집회를 중심으로 부상한 시민사회가 대의민주주의를 보완하거나 대체하는 것에 대한 기대가 높다. 최근 시민사회의 변화한 특성을 중심으로 시민사회와 대의민주주의 정치제도와의 관계를 어떻게 설정하고 어떻게 제도화할 것인지 논하시오. (총 25점)

문제의 맥락과 포인트

이 문제는 제도정치의 일환으로 물어본 문제이다. 앞의 문제와 논리는 동일한 데 다만 앞의 문제와 달리 시민사회 이론보다는 시민사회의 특징을 통해서 시민사회의 약한 제도화를 도출한다는 차이가 있다.

Ⅰ 서 론

2017년 촛불집회와 대통령탄핵에서 한국은 다시 한 번 시민의 폭발을 목격하였다. 1987년 민주화를 이룩한 시민사회는 30년간의 제도정치에 대한 불만을 시민의 폭발로 보여주었다. 한국의 시민사회의 강력함에도 불구하고 과연 이 열망을 어떻게 제도적 차원과 연결할 것인지가 중요하다.

Ⅱ 시민사회의 변화와 특징

1. 시민사회의 변화요인

시민사회의 변화를 자져온 첫 번째 요인은 대의민주주의에 대한 불만이다. 대의민주주의에서 대표에 대한 불만은 직접민주주의와 참여민

주주의를 통한 시민의 주체성강조로 나타났다. 두 번째 요인은 정보통신혁명의 강화와 그로 인한 정치적 연결망의 확장과 권력구조의 변화를 들 수 있다. 정보통신혁명은 중심과 주변이 아닌 노드(node)의 분절적인 망으로 사회를 변화시켰다. 그리고 권력구조에서 저력 혹은 기층권력을 강화하였다. long-tail effect가 대표적인 현상이다. 아랍에서 SNS를 이용한 기층민들(꼬리)이 기득권(머리)를 흔들어버린 것이다. 세 번째 요인은 탈물질주의 가치관의 확대이다. 이것은 환경과 여성 그리고 인정의 문제에 대해 관심을 가지게 함으로써 산업화시대의 가치관을 흔들었다. 돈이 다가 아니라는 인식에서 일상성 민주주의, 참여민주주의가 확대될 수 있는 공간을 만든 것이다.

2. 시민사회의 특징

앞의 요인들로 시민사회는 많은 변화가 있었다. 그 변화의 특징을 정리하면 다음과 같다. 먼저 탈물질주의 가치관으로 무장한 시민들이 증대했다. 위생문제, 교육문제와 같은 물질주의적 이슈가 아닌 이슈들이 광장에서 논의되었다.

두 번째로 온라인과 오프라인으로 연결된 시민들이 늘었다. 2008년과 2016년의 촛불집회를 보면 온라인과 오프라인이 연결되었다. 광장과 온라인이 연결되고 다시 미디어가 결부되는 형식의 연결과 참여를 보여준다. 촛불집회의 특징은 온라인-오프라인의 연결이다. 이것은 디지털 시민과 광장 시민이 하나로 연결되어 있다는 것이다. 게다가 연결고리들이 포털, SNS, 스마트폰등으로 다양하게 연결되어 있고 이것을 오프라인 공간에서 다시 체험하게 된다.

세 번째로 공적 사적공간의 자유주의적 2분법적 시민사회 대신에 공사가 연결되는 시민사회이다. 최근 정치적 사안들에서 시민들은 개인적 참여가 강화되면서 공적 문제와 사적문제의 구분이 약화된다. 특히 SNS를 통한 개인적 연결고리는 공적인 문제의 사적인 의제화와 이슈화를 가능하게 한다. 이것은 정치의 유희적 속성과 유희적 속성의 정치에 대한 관심 증대와 연결된다.

네 번째는 기성권위와 헤게모니에 대한 거부와 저항의식을 가진 시민사회이다. 기성문화가 꼴통보수와 같이 권위를 부정당한 상황에서 산업화 그리고 제도적 권력이 중요성을 잃어버린다. 이것은 새로운 권위를 필요로 하면서도 권위 부재로 인한 사회조직의 응집력 약화로 연결될 여지가 있다.

다섯 번째는 '유목형(노마드형)시민'들이 증대했다는 것이다. 자크 아탈리가 개념화한 '정주형

인간'에서 '유목형 인간'으로의 변화가 있다. 과거와 달리 농경사회적 가치가 아닌 과학기술에 따른 가치를 추종하면서 집단적인 문화와 조직에 대한 선호보다 개인적인 문화와 조직에 대한 선호가 높아진다. 대신 개인과 개인들이 모래처럼 원자적이 되는 것만은 아니고 이들이 레고블럭처럼 다양한 정체성아래서 여러 집단으로 조직화하여 사회문제를 해결해간다. 자율형 인간들의 조합에 기초한 시민사회가 만들어지고 작동하는 것이다. 과거 동원형의 조합을 거부한다는 특징을 가지고 있다.

Ⅲ 시민사회와 제도정치의 연결필요성 논의

시민사회의 변화원인은 대의민주주의의 실망이다. 그러나 대의민주주의는 아직까지 대표성을 확보하면서 책임성과 응답성을 확보할 수 있는 가장 현실적인 방안이다. 그런 점에서 대의민주주의를 보완하는 방안으로 시민사회가 작동하면서 대의민주주의에 대한 통제를 강화해갈 수 있다. 반면에 참여민주주의 자체를 대의민주주의에 대한 대안으로 보는 입장도 있기에 각 입장을 비교 평가해본다.

1. 시민사회와 제도정치의 연결필요성

시민사회는 임시적이다. 시민운동과 달리 시민사회는 영속성을 가진 조직이 아니다. 이때 시민사회의 요구는 영속적이며 제도적인 장치에 의해서 구현되어야 한다. 그리고 이것이 법을 통해서 실질화되어야 한다. 대표적으로 하버마스의 시민사회이론은 시민사회의 입장(심의장치)이 의회의 심의정치와 연결되어야 한다는 입장이다.

앞에서 본 것처럼 시민사회는 공사영역을 구

분하지 않으면서 전통적인 권위를 거부한다. 이런 특징은 부정적인 정치를 거부하고 새로운 정치를 구현하자는 동원에는 좋지만 구체적인 방안 창출에는 어려움을 겪는다. 따라서 시민의 동력은 제도와 연결하여 구성할 때 좀 더 현실화할 수 있다. 의회의원이나 행정부의 전문가들의 정보제공과 균형 감각이 필요한 것이다.

제도정치에서 정당은 그런 점에서 중요하다. 정당은 시민뿐 아니라 인민들의 의견을 결집하고 표출하여야 한다. 그리고 이것을 사회적 합의과정으로 끌어들여야 한다. 정당과 대표를 통해서 정치적 공간이 운영되고 사적공간의 자율성이 보장되어야 하는 것이다. 다만 공적공간에서 문제가 생길 때 시민들은 심의와 저항 혹은 불복종을 통해서 이를 해결할 수 있다.

2. 제도정치와의 연결 불필요

공화주의나 공동체주의에서는 제도정치와 연결이전에 시민의 참여가 자체가 중요하다. 특히 공동체주의에서 시민참여는 중요하다. 사적공간과 공적공간의 구분이 명확하지 않은 상황에서 시민들은 주체로서 공동체운영에 대한 참여가 중요하다. 이때 시민들이 주도하는 입법과 법의 시행이 강조된다.

대표를 통한 정치는 근본적으로 간접적인 형태의 정치체제이다. 따라서 시민은 국가와 권력운영에 있어서 직접적인 운영이 중요하다. 앞서 본 것처럼 시민사회는 자율성과 공공성에 기초하고 있으며 '유목형시민'으로 변화하고 있다. 이들에게 기성제도는 기성권위의 강화에 불과하다. 따라서 각성된 시민들의 의식 있는 참여를 통해서 정부가 이를 반영하는 정치, 시민이 직접 참여하는 정치가 중요한 것이다.

그람시의 헤게모니 접근과 같은 입방에서도 의식적인 시민들의 대항담론 구성이 중요하다.

따라서 인터넷공간과 오프라인 공간을 연결하면서 시민적 담론을 구축하는 것으로 제도 정치를 개혁해야 한다.

3. 논의의 평가

2008년 촛불집회와 2016~2017년 촛불집회에서 보여준 시민사회의 공공선에 대한 요구 분출과 정의감은 중요하지만 이것이 실제 정치로 반영되기 위해서는 제도정치가 중요하다. 특히 정당이 시민과 국가의 중간자로서 통로 역할을 잘해야 한다. 정당은 시민사회가 가진 수요를 국가기구로서 의회와 행정부로 전달시켜 정책으로 만들어야 한다. 그 과정에서 시민적 열정과 열망을 정당과 대표들은 현실적인 정책으로 전환시켜주는 것이 중요하다.

시민사회의 직접적인 정치 참여는 민주주의에서 바람직하다. 그러나 맹목적인 애국심이 보여주는 시민 참여는 진보-보수의 대립을 극단화시킬 수 있다. 이것은 공동체운영에 대해 논의과정을 생략함으로써 부정적으로 기여한다.

또한 시민이 입법자가 되는 것도 민주주의 이상향에 부합한다. 그러나 행정영역이 커지고 전문화된 현대 사회에서 이는 시민에게 과도한 부담을 줄 수 있다. 강력한 이익단체에 의해 시민사회가 압도되거나 동원될 수 있는 여지를 가질 수도 있다. 강력한 도덕성에 대한 요구가 강력한 지도자 혹은 권위주의적 지도자에 대한 요구나 열망으로 이어질 수도 있다. 이러한 부담을 덜기 위해서도 제도 정치의 개입이 필요하다.

시민사회가 제도와 연결이 된다면 정당은 시민사회 요구에 대한 대표성을 높이면서도 응답성을 높이는 방식으로 변화해야 한다. 87년 체제가 지역주의 동원의 정당체계와 보스중심의 정당이었다면 이후 정당은 기능론적 관점과 동원론적 관점이 균형을 이루는 정당체계이면서 정당민주화를 이룩하는 정당이 되어야 한다.

Ⅳ 결 론

제도개혁이 필요한 시점에서 시민사회의 요구는 정당을 통해서 해결되는 것이 바람직하다. 정당은 이를 위해 내부적인 민주화와 함께 시민사회의 요구에 응답성을 높이는 좀 더 유동적인 조직이 될 필요가 있다.

제041문 정치적 부패 해결을 위한 사회적 자본

2008년 미국산 소고기수입, 2010년 천안함 폭침사건, 2011년 부산 저축은행사건, 2014년 세월호 참가는 정부의 정책에 대한 시민들의 불신을 보여준 사례들이다. 정부에 대한 불신은 정치적 부패에 기인한 면이 있다. 또한 정부부패는 경제의 부패연계에도 연관된다. 정부에 대한 불신과 정치적 부패와 경제적 부패의 연계는 사회적인 신뢰하락으로 이어진다. 다음 질문에 답하시오. (총 40점)

(1) 정부에 대한 불신을 경제적 성과, 사회적 요인, 정치적 요인, 미디어요인을 통해서 설명해보시오. (15점)

(2) 정치적 부패(corruption)의 영향을 분석영역별로 나누어 설명하시오. (10점)

(3) 부패문제를 해결하기 위한 방법으로 '사회적 자본'인 '신뢰'의 역할에 대해서 설명하시오. (15점)

table of contents section

Ⅰ. 서   론
Ⅱ. 정부에 대한 불신의 원인
　1. 경제적 측면: 경제정책의 실패
　2. 사회적 측면: 몰가치적 태도
　3. 정치적 측면: 다원주의적 갈등과 경쟁
　4. 미디어측면: 중립성의 상실
Ⅲ. 정치적 부패의 영향 분석: 분석영역별 분류

　1. 정치영역: 시민들의 무관심과 책임추궁의 실패
　2. 경제영역: 지대추구적인 경제구축
　3. 사회문화 영역: 사회적신뢰의 하락
Ⅳ. 사회적 자본과 신뢰의 의미와 역할
　1. 사회적 자본과 신뢰의 의미
　2. 사회적 자본으로서 신뢰의 역할
Ⅴ. 결   론

 문제의 맥락과 포인트

한국정치의 고질적인 문제는 정권 말, 대통령 임기 말이 되면 통치력뿐 아니라 관리력이 떨어지면서 부패문제가 생긴다는 것이다. 특히 대통령 친인척이나 측근과 관련된 인사들의 비리는 대통령의 인적인 정당성을 극단적으로 하락하게 만든다. 한국처럼 대통령제도를 사용하는 나라는 정치를 인물중심으로 보는 경향이 강하기 때문에 임기 말 정권의 권력형 비리나 친인척 비리는 대통령에 대한 실망뿐 아니라 정치 자체에 대한 실망도 같이 증대한다. 이런 부패 문제를 해결하기 위해 정치문화 차원에서 어떤 접근이 가능한지를 살펴보는 것이 이 문제의 핵심이다. 그리고 사회적 자본이나 신뢰는 최근 정치문화론에서 부상하고 있는 주제로 논의가 된지 얼마 되지 않았기 때문에 이론적인 설명을 충실하게 하는 것이 필요하다. 이 문제의 예시답안은 통목차로 구성하였다. 실제 30점 정도의 짧은 문제에서는 세부 목차를 구성하지 않고 만들 수 있기 때문에 세부 목차 없이 실제 어떻게 구성할 수 있는지를 보여주고 있다.

Ⅰ 서   론

2012년 국가부패 지수가 한국은 6.30으로 싱

가포르 1.20과 일본 2.10에 비해 대단히 높은 수치를 보인다. 중국이 6.29인것과 비교해도 한국이 더 높게 나왔다. 또한 2011년 5.44보다도 부패가 심화된 것으로 나타났다는 점에서 한국의 정부에 대한 신뢰는 심각하다. 최근 세월호 참사로 보여지는 부패의 고리문제를 해결하기 위해서는 정부 불신의 원인을 척결하는 것이 필요하다. '신뢰(trust)'를 구축하기 위해 어떤 방안이 있는지 살펴본다.

Ⅱ 정부에 대한 불신의 원인

1. 경제적 측면: 경제정책의 실패

정부에 대한 불신은 여러 가지 원인이 제시되어 왔다. 먼저 '경제적 측면'에서 정부의 경제정책실패를 들 수 있다. 정부가 제시한 경제정책이 실패할 경우 국민들은 정부를 신뢰하지 않는다. 하지만 실제 여론 조사의 결과는 정부정책에 의해 이득을 본 사람이나 손해를 본 사람 모두에서 정부에 대한 불신이 높다는 것을 보여준다. 이것은 정부정책의 일관성에 기인할 수 있다. 정부가 정책을 투명하게 운영하지 않고 일관성을 상실할 경우 정부에 대한 신뢰는 하락하게 된다.

2. 사회적 측면: 몰가치적 태도

두 번째로 '사회적 측면'의 설명은 현대사회의 몰가치적 태도와 개인주의적 성향에서 그 원인을 찾는다. 개인주의의 강화는 정부의 권위주의적인 태도에 대해 거부감을 가지게 한다. 특히 탈근대적 가치로 무장한 개인들은 정부 행동에 대해 비판적인 입장을 취한다.

3. 정치적 측면: 다원주의적 갈등과 경쟁

세 번째로 '정치적 측면'에서 다원주의는 정부에 대한 신뢰와 불신이 공존할 수 있게 한다. 다양성에 기초한 정치는 다당제적 요소를 통해 정치적 가치의 다원성을 강조하며 이런 경우 유권자들은 정치적 견해를 쉽게 변화시킬 수 있다. 이런 경우 정부에 대해 불신은 증대할 수 있다. 또한 정치제도와 다르게 개인정치인에 의한 과오도 정치적 불신을 증대한다. 미국의 워터게이트 사건의 예처럼 한국에서도 대통령 친인척비리나 이권개입등은 정부정책에 대한 불신을 증대시킨다.

4. 미디어측면: 중립성의 상실

마지막으로 정치과정으로서 '미디어측면'에서도 정부에 대한 신뢰는 하락할 수 있다. 언론의 선정부의와 무책임성은 정부정책에 대한 국민들의 불신, 냉소주의를 강화한다. 미디어는 제4의 권부라고 불리면서 자신의 정치적 권력을 강화한다. 이런 점에서 자신의 이념과 지지세력을 강화하기 위해서 미디어가 가져야 할 중립성을 버렸고 정부와 연대하거나 정부와 정치적으로 반대편에 선다.

Ⅲ 정치적 부패의 영향 분석: 분석영역별 분류

1. 정치영역: 시민들의 무관심과 책임추궁의 실패

정치적 부패가 가져오는 문제점의 첫 번째는 '정치영역'을 살펴볼 수 있다. 부패는 대중의 무기력과 회의적 태도를 통해 정치무관심으로 이어진다. 정치적 무관심은 정치적 대표성과 책임성의 하락을 가져온다. 또한 정치적 부패는 권력을 이용한 경제문제에 대한 개입을 통해 경제영역과의 부패 연계를 이룬다. 또한 정부와 시장에 대한 감시적 기제인 시민사회영역에 대한 적극적 포섭을 하게 한다. 정치는 국가의 행정기제를 부패동반자구조로 유도하여 부패의 카르텔 형성을 노리기도 한다. 이를 통해 부패정치는 위험을 분산시키면서 책임소재를 모호하게 만든다. 최근 박영준게이트나 파이시티 인허가 과정은 부패정치가 어떻게 광범위하게 연계되는지를 보여준다.

2. 경제영역: 지대추구적인 경제구축

두 번째 영역은 '경제영역'이다. 정치적 부패는 경제영역에 대해 지대를 추구하게 만든다. 지대의 추구는 경제적인 '급행비'로서 로비와 정치비자금과 연결되어 기업의 효율성과 생산성의 하락으로 이어진다. 이렇게 효율성과 생산성이 하락하면서 경제는 자중손실을 초래한다. 기업은 이러한 손실을 소비자에의 전가하게 되고 경쟁력이 떨어지게 되면 부패정치가 개입될 수 있는 정부에 대해 더 적극적으로 지대를 추구하게 만든다. 이런 상황에서 외부자본의 유치는 어려워지고 투자는 위축되게 된다. 부산저축은행사건이 대표적이다.

3. 사회문화 영역: 사회적신뢰의 하락

세 번째 영역은 '사회 문화 영역'이다. 정치적 부패와 경제적 부패의 연계는 사회적 신뢰 하락을 통해서 사회적 자본의 하락을 가져온다. 신뢰의 문화보다는 불신의 사회문화를 만들게 된다. 또한 불신의 문화 속에서 감시적 기제인 시민사회 역시 재정과 영향력 확보를 위해 지대 추구할 수 있는 유인을 가진다.

Ⅳ 사회적 자본과 신뢰의 의미와 역할

1. 사회적 자본과 신뢰의 의미

신뢰를 통한 부패문제해결을 위해서는 먼저 사회적 자본의 의와 신뢰의 의미를 파악하고 이것이 어떻게 기능하는지를 다루어야 한다. 따라서 사회적자본의 의미에 대해 먼저 살펴본다. 사회적 자본이란 협력행위를 촉진시킬 수 있는 사회적 관계속에 내재한 자본을 의미한다. 그리고 이러한 사회적 자본의 핵심에 신뢰가 있다.

사회적 '사회적 자본'은 어떻게 합리적 인간이 이해가 상충함에도 불구하고 서로 협동하고 손실을 감수하는지를 밝히고자 하는 경제학적 의도에서 연구가 시작되었다. 초기의 사회적 자본의 정의는 학교와 도로 같은 사회적 공공자본을 의미했다. 사회적 자본의 개념은 부르디외와 콜먼을 거치면서 신뢰와 연대를 의미하는 개념으로 재정의 되었다. 부르디외(Pierre Bourdieu)는 사회 자본을 "제도화 되었건 제도화 되지 않았건 간에 상호 면식이 있어 알고 지내는 사이에 지속적으로 존재하는 관계의 연결망을 통해서 얻을 수 있는 실제적이고 잠재적인 자원의 총합"으로 정의했다. 콜먼(William Coleman)은 "협력적 행위를 촉진 시켜 사회적 효율성을 향상시킬 수 있는 사회조직(신뢰, 규범, 그리고 네트워크 등)의 속성"을 지칭한다고 정의하였다. 사회적 자본의 핵심은 신뢰에 있다.

2. 사회적 자본으로서 신뢰의 역할

'사회적 자본'으로서 '신뢰'는 부패의 요소를 치유하고 민주주의에 활성화를 부여한다. 사회적 자본에서 가장 중요한 구성요소를 의미하는 것은 상호이해의 조정과 협력을 추진하는 사회 네트워크와 규범이다. 여기서 신뢰는 "상대방이 자신에게 중요한 행동을 할 것이라고 예견되는 상황에서 그를 감독 또는 통제할 수 있느냐의 여부와 관계없이 상대방의 행동에 대한 자신의 취약성을 기꺼이 수용하는 것"으로 정의된다. 신뢰의 효과는 다음과 같다. 첫째, 신뢰의 문화는 창조적이고 혁신적인 활동을 방해받지 않고 분출하게 해준다. 둘째, 신뢰의 문화는 결사체의 생활을 자려하고 풍성하게 해준다. 셋째, 신뢰의 문화는 관용을 베풀고, 이방인을 수용하게 하며, 문화적·정치적 차이를 인정하게 한다. 넷째, 신뢰의 문화는 거래비용을 줄여준다.

신뢰는 민주주의에 있어서 중요하다. 민주주의는 '신뢰구축을 위한 불신의 제도화'(제도적 교정 장치)이기 때문이다. 제도화 진입이전에는 시민은 엘리트를 불신한다. 따라서 민주주의는 한시적 기구나 선거통한 평가를 수행한다. 그러나 제도화진입이후 신뢰의 문제는 별개이다. 이 때는 시민이 엘리트에 대한 신뢰가 필요하다. 따라서 사전적인 '불확실성의 제도화'가 미리 결과에 대한 예측이 가능하고 변화되지 않는 경우와 사후적인 '제도의 신뢰성'이 불확실해지면 신뢰가 깨진다.

신뢰는 행위자 수준과 행위자와 구조 수준에서 고려할 수 있다. 행위자 수준에서는 각 영역의 엘리트-엘리트간, 시민-엘리트간, 시민-시민 간에 확보되어야 한다. 행위자간 신뢰를 구축하는 방법은 두 가지가 있다. 먼저 아래로부터 신뢰구축방법으로는 시민결사체, 시민참여 네트워크형성하는 방법이 있다. 위로부터의 신뢰구축은 국가자체가 시민사회를 경계해야 한다. 다음으로 행위자와 구조간의 수준에서는 행위자들의 구조변경노력이 필요하다. 또한 제도적, 법적 정비와 정치 문화구조변화를 위한 노력의 필요하다.

Ⅴ 결 론

신뢰를 확보하기 위한 노력으로 정치개혁과 함께 감시감독 규제를 위한 시민단체와 미디어 간 연계를 구축하는 것이 필요하다. 또한 정부의 신뢰를 강화하기 위해서도 관료제도 개혁뿐 아니라 정당간 경쟁강화를 통해 새로운 정치인들에 의한 정부통치도 중요하다.

참고 1. 사회적 자본의 특성

1. 사회적 자본은 행위자들이 개별적으로 보유하고 있는 자본이 아니라 행위자들 사이의 관계 속에 내재하는 자본이라는 특성이 있다. 즉 개인 수준의 자원이 아닌 사회수준의 자원이라는 점이 중요하다.
2. 경제 자본과 인적 자본 혹은 문화 자본이 자본의 소유자에게 이익이 배타적으로 돌아가는데 비해서 사회 자본은 이익이 공유된다는 특징이 있다.
3. 경제자본 등은 소유자가 보유하기 위해서 노력을 하지 않아도 되지만 사회 자본은 보유하기 위한 끊임없는 노력이 필요하다. 사회 자본은 구성원 간에 지속적인 교환과정을 거쳐야 유지된다.
4. 사회적 자본을 매개로 한 사회적 교환관계는 다른 경제적 거래처럼 동등한 가치를 지닌 등가물의 교환이 아니다. 사회 자본은 모든 행위자가 사용할수록 더욱 축적되고 증가하는 정합(positive-sum)관계이다.
5. 경제자본의 교환은 시간적으로 동시성을 요구하지만 사회자본의 교환은 이런 동시성을 요구하지 않는다. 예를 들어 사회자본의 교환은 언젠가 보상받을 것이라는 믿음에 근거하기 때문에 이후에도 반복적으로 나타날 수 있다.

참고 2. 한국의 정치문화의 구성요소와 변화

1. 한국의 정치문화의 구성요소

한국에는 권위주의적 정치문화가 유지되고 있다. 이는 유교적 요소와 근대화의 과정에서 드러난 권위주의 정치의 영향에 기인한다. 또한 냉전의 유습으로 인해서 반공정치문화의 형성으로 이념적 협애성이 존재한다.

민주화 이후에 한국의 정치문화는 변화를 맞이하고 있다. 새로운 정치문화를 구축하려는 움직임과 함께 촛불 시위와 소액주주운동과 총선시민연대 등의 사례에서 보이듯이 대중 수준에서 민주적인 참여의 요구가 증대하는 것을 보인다. 이는 민주주의에 대한 지향성과 정부에 대한 요구수준의 상승이라는 대중 수준의 민주적 정치문화가 정치엘리트의 정치문화수준보다 앞서고 있다는 점을 보인다.

2. 한국 정치문화의 변화

한국의 정치문화는 민주화이후 많은 변화를 보였다. 1984년과 1994년의 한국 정치문화에 대한 설문조사에 기반을 둔 연구에 따르면 정치적 태도를 보이는 7개의 요인들에 변화가 일어나고 있음을 보였다. 즉 묵종성(정부정책과 사회적 행태에 대해 묵인하는 태도), 의인주의(정치와 사회를 인적측면에서 이해하는 것), 형식주의, 신뢰성, 평등주의, 관용성, 개인의 권리라는 7개의 요소에서 1994년의 연구에서는 '묵종성'이라는 권위주의요소는 사라졌고 '관용성'과 '신뢰성'과 '평등성'이라는 민주적 정치문화는 크게 증대했다고 나타났다. 그러나 아직 의인주의나 형식주의 그리고 개인의 권리를 보호하는 법의 형평성에 대한 인식에서는 큰 변화가 일어나지 않고 있음을 보인다. 이는 권위주의와 민주주의적 요소들이 영역을 달리해서 나타나고 있으며 그 속에서 전환기를 맞고 있다는 점을 보인다.

그러나 1994년과 1995년과 1997년에 걸친 연구와 이후의 연구들에 따르면 한국의 민주주의에 대한 지지도 등에 관한 정향은 좋아지지 않고 있다. 특히 정부와 공공제도에 대한 불신과 실망감은 줄어들지 않고 있다. 한국이 높은 교육수준이나 경제적 성취를 감안했음에도 불구하고 한국의 정치에 대한 국민들이 의식은 혼란과 신뢰의 위기를 맞고 있다. 이것은 1997년의 IMF와 그 뒤 민주주의에 대한 피로에 기인한다고 하겠다.

여기에 더해서 삶의 질 문제로 가면 소득과 복지 등에서는 삶의 질이 향상되었다고 믿는 경향이 증대했으나 교통문제, 공해, 환경 등의 문제에서는 악화되고 있다는 평가가 지배적이다. 이러한 삶의 질 문제에 대한 불만족도는 민주적 시민문화 창출에 부정적으로 기여할 것이다.

또한 정치문화를 재구성하고 습득화하고, 체득하는 것이 중요하다. 정치문화는 사회 환경에 반응하면서 변화하기 때문에 악화된 환경에도 불구하고 민주주의를 지속시키려는 습관과 가치를 보유해야 한다. 그러나 한국의 정치문화는 정부의 성과에 따라서 반응하는 정도가 강하다. 이는 추상적 수준에서 민주주의를 지지한다고 하더라도 실제 현실에서는 경제적 관념인 도구적 이익(정부의 성과에 따른 경제적 성과)을 통해서 민주주의를 살피려는 성향이 있다. 동아시아외환위기와 IMF 사태 이후 권위주의 정권에 대한 향수가 그 사례이다. 이러한 성향은 민주주의가 개혁의 과정에서 거치게 되는 경제적 후퇴를 인내하지 못하고 민주주의를 정착하는데 걸림돌이 될 수 있다.

다음 제시문을 참고하여 답하시오. (총 40점)

〈제시문〉

지역(region)은 사회라는 말과 어울려서 지리적인 경계내에서의 정체성을 의미하는 비정치적 개념이라면, 지방은 중앙과 대비되어 한 국가의 일원적 행정 체계내에서 법적·제도적으로 구획된 공간의 단위를 의미한다. 즉 지방은 중앙과의 '힘의 불균형적 관계' 속에서 중앙에 의존하거나 종속되어 있는 정치경제적 구분에 따른 개념이라고 할 수 있다. (주인식, "민주주의와 지방정치" 재인용)

지방자치제도의 내실화를 위해서 '정당공천제'를 유지하는 것에 대해서는 찬성과 반대 의견이 나뉜다. 지방정치에 대한 유권자의 낮은 관심과 유권자의 정보부족으로 인해 후보 선택의 곤란은 정당공천제의 필요성을 최소한으로 인정하게 한다. 다만 정당공천제를 사용해도 정당간 경쟁을 가능하게 해야 한다.

하지만 현행 정당법상 정당등록을 위해서는 서울에 중앙당을 두어야 하며(제3조), 전국에 5개 이상의 시·도에서 시·도당을 설립해야 하고(17조), 각각의 시·도당은 1,000명 이상의 당원을 보유하지 않으면 안된다(18조). 이로 인해 한국에서 지방(local)정당을 창당하기 위해서는 정당법 개정이 필요하다는 주장이 강하게 제기되고 있다.

한국은 강한 정당 기율과 대통령제의 권력 집중으로 지방정치가 중앙정치에 예속되어 지방정치만의 특징을 보이지 못한다는 비판이 있다. 반면에 정당정치가 중앙과 지방의 효율적인 연계를 가능하게 한다는 반론도 있다. 이런 상황에서 한국 지방정치에 대해서는 대중정당 이론에 기초한 '정당정치 모델', 신자유주의에 기초한 '비당파적 개인주의 모델', 참여민주주의에 기초한 '동원모델'이 제시되고 있다. 다음 질문에 답하시오. (총 40점)

(1) 지방정치와 관련해 '정당정치모델', '비당파적 개인주의 모델', '동원모델'을 지향하는 민주주의 유형, 지방정치의 행정과 정치간 관계, 시민에 대한 입장 차원에서 비교하시오. (18점)

(2) 지방정치 발전과 관련해 정당공천제가 유용한지 논하고, 정당공천제를 사용해야 한다는 전제에서 지방정치 발전을 위한 정당 간 경쟁 강화 방안으로 지방(local)정당 설립방안, 비례대표제 확대, 4인 선거구제 사용(혹은 확대)방안이 타당한지를 논하시오. (22점)

문제의 맥락과 포인트

지방자치제도는 지방선거가 있는 해에 주로 출제되어왔다. 지방자치제도와 관련해서 이 문제는 정당과 관련성 뿐 아니라 구체적인 제도방안들을 물을 수 있다. 2022년 선거를 중심으로 제도적인 논의를 구체화한 문제이다. 빈번하게 출제되지는 않지만 지방선거가 있는 해에는 신경써서 정리할 문제다.

I 서 론

기초의회, 광역의회의 공천권은 각 지역구 지역위원장이 행사하며, 국회의원이 이를 겸하게 되어있다. 이는 지방의회를 실질적으로 지역구 의원이 장악하게 만든다. 이는 지방자치라는 풀뿌리 민주주의를 가능하게 하는지를 논의하게 만든다.

II 지방정치 모델 비교

지방정치 모델은 지방정치를 정치로 볼 것인지와 그 핵심 주체를 무엇으로 볼 것인지 이에 따라 시민의 위상은 어떻게 규정되는지에 달렸다. 이를 설명하기 위해 우선 민주주의 인식, 정치와 행정, 시민과 주체의 문제를 다룬다.

1. 정당정치 모델: 대중정당에 기반한 지방정치

정당정치 모델은 첫째, 민주주의 차원에서는 대의민주주의를 기반으로 한다. 대의민주주의는 대표를 중심으로 하며 현대에서는 정당이 그 중심에 있다. 자유주의나 공화주의에서 대표는 시민의 정치적 부담을 덜면서도 책임추궁 가능성, 대표성을 확보하여 효율적인 민주주의가 가능하게 만든다. 지방정치도 대표를 통해서 운영해야 한다고 본다.

둘째, 정치와 행정에 대해서는 정당정치는 정치를 강조한다. 지방도 지방의 특성을 살리는 정

치가 필요하다. 한편으로 중앙과의 연계가 중요하기 때문에 이를 위해서는 정당이 중앙과 지방을 연결하여 정치적 결정을 내리는 것이 필수적이다.

셋째, 시민에 대해서는 동원된 다수의 시민으로 규정한다. 이는 정당을 정치에 핵심에 두기 때문이다. 정당이 중심이 되어 중앙과 지방을 연결하며, 책임을 지는 정치를 하는 것이다. 이때 대표는 정당 충성도가 유권자보다 중요하다. 중앙 지방의 밀접한 관계를 위해 중간존재로서 정당을 강조하기 때문이다.

이러한 모형의 대표는 영국이다. 의회와 대의민주주의의 원형인 영국의 지방정치 모델이다. 이에 따라 '웨스트민스터 모델'이라고 한다. 핵심은 정당이 중심이 되면서 정당 간 경쟁과 책임성을 강조하는 것이다.

2. 비당파적 개인주의 모델: 신자유주의의 행정모델

비당파적 개인주의 모델은 첫째, 민주주의 차원에서는 신자유주의적 민주주의를 지지한다. 즉 개인의 자유를 강조하면서 국가의 개입 최소화를 지향한다. 지방정치의 경우는 중앙정부가 정치적으로 결정한 것을 수행하는 행정의 영역이기 때문에 이를 두고 인민 간 대립은 불필요하다. 지방의 인민들을 동원하거나 정치적 경쟁을 하기보다는 이들에게 행정서비스를 제공하는 것이 중요하다.

둘째, 정치와 행정에 대해서는 지방정치는

행정 영역이라고 보는 측면이 강하다. 이 모델은 지방자치를 강조하면서 중앙으로부터 지방의 자율성을 강조한다. 중앙이 결정한 것의 효율적인 행정이 중요하다. 따라서 국가의 역할은 경찰과 소방활동으로 충분하다.

셋째, 시민에 대해서는 개인 중심의 시민을 강조한다. 특히 서비스를 소비하는 소비자로서 시민을 강조한다. 이 모델에서는 시장을 기업가형이나 행정형 리더십을 강조한다. 즉 시장의 탈정당화, 탈정치화, 당정분리가 중요하다고 본다. 이는 특정 정치이념에 따라 행정서비스가 주어지는 것이 아니라 보편적으로 행정서비스가 제공되어야 한다고 보는 것이다.

이러한 대표적인 사례를 미국의 도시개혁으로 들 수 있다. 중앙정치의 폐해를 거부하고 도시 자체의 자율성을 강조한 것이다.

3. 동원 모델: 참여민주주의에 기반한 지방정치

동원 모델은 첫째, 민주주의 차원에서 참여민주주의를 강조한다. 참여민주주의를 강조하면서 직접민주주의와 네오 마르크스주의 모델에 뿌리를 두고 있다. 따라서 이 모델은 소외된 약자를 기반으로 한 민주주의를 지향한다. 소외된 약자에게 권력을 주기 위해서는 소외된 약자로서 시민이 중요하다. 이는 시민이 입법, 결정, 집행의 전 영역에서 자발적인 참여를 통해 자신들의 적극적 자유를 향유하고, 실질적 평등을 누려야 한다. 여기서 핵심은 정당이 아니라 시민이 중심에 있어야 한다는 것이다.

둘째, 정치와 행정에서 동원모델은 행정이 아닌 정치를 강조한다. 소외된 시민들은 행정 영역에서도 서비스를 적게 받을 가능성이 크다. 그

런 점에서 이들의 목소리를 정치 전 영역에 반영할 필요가 있는 것이다. 이는 생활 민주주의로 구현되며, 풀뿌리 민주주의의 근간을 이룬다.

셋째, 시민의 자율적인 조직을 강조한다. 동원모델은 시민들의 참여와 동원을 기반으로 한다. 이는 실제 지방정치에서 시민들이 가진 정보를 강조하기 때문이다. 또한, 시민의 상향식 참여가 중요하다. 이것이 가능해야 적극적 자유와 실질적 평등을 누릴 수 있기 때문이다.

반면에 사회운동관점이 아니라 독자 정당론의 입장도 동원론에 있다. 이들은 현실적으로 시민사회가 가진 역량의 한계가 있으므로 지방정당이라는 독자적인 조직을 통해서 시민과 인민들의 요구를 반영하자는 입장이다.

이 모델은 브라질 포르투 알레그레 참여예산제를 본보기로 하고 있다. 시민이 직접 예산 결정의 20% 정도를 담당함으로써 민주주의 자기지배 가능성을 높이는 것이다. 이를 통해 소외된 인민들이 정치의 중심에 서게 한다.

Ⅲ 지방정치의 정당경쟁성 강화방안의 타당성

한국에서는 대통령과 중앙정치로 권력이 집중되어 있고, 정당의 규율이 강하다. 또한 정당은 이념과 지역을 기반으로 운영되는 상황에서 중앙정치의 지방정치 예속문제가 제기되기에 이에 대한 해결책으로 정당간 경쟁 강화방안을 살펴본다.

1. 논의의 전제: 정당공천제의 유용성 논의[21]

정당공천제에 대해서는 2006년 기초의회선

---

21) 아래 답안은 황아란 "지방선거", 『지방정치의 이해』 (2016, 강원택 편, 박영사). pp.190-191.에서 그대로 인용함.

거에서 정당공천이 허용되면서 지금까지 논쟁이 많다. 정당의 개입으로 지방정치의 중앙정치 예속화와 책임정치 구현을 두고 논쟁 중이다. 2012년 대선에서는 주요 후보들이 기초단체선거의 정당공천폐지를 공약으로 제기할 만큼 그 폐해가 크다.

정당공천제의 찬성론자들은 대의민주주의 기본원칙, 책임정치의 기반, 정당정치의 제도화, 중앙정치와의 연계, 후보인지의 정보제공 효과 등을 논거로 삼아 정당공천의 점진적인 개선안을 주장하고 있다. 반대론자들은 지방자치의 비정치성을 강조하며, 현실에서 나타나는 중앙정치의 예속과 지역주의 확산, 정당공천의 부패 등을 논거로 삼아 정당공천의 폐지 또는 잠정적인 배제안을 주장해 왔다.

하지만 정당공천제의 찬성론자와 반대론자는 그 혜해와 유용성에 대하여 어느 한 쪽을 강조하는 것이기는 하여도 다른 한 쪽을 전면 부인 하는 것은 아니라는 점에서 정당공천제의 문제는 균형감을 요한다. 정당공천의 폐해는 비단 기초단체 선거에만 국한된 것이 아니며, 기초단체의 규모가 세계적으로 가장 크다는 점을 고려할 때 기초단체라는 이유로 정당공천의 배제를 주장하는 데는 무리가 따를 수 있다. 물론 정당공천제는 지역주의와 정부여당에 대한 중간평가와 맞물려 지방선거의 통제기능이 지방수준에서 제대로 작동되지 못하고 중앙정치에 좌우되며, 일당 독점의 기관구성이 견제와 균형을 저해하는 문제가 심각한 수준인 것은 사실이다. 하지만 이러한 문제들은 광약단체 선거에서 더 강하는 점과 다른 한편으로 정당공천제가 선거의 경쟁성을 높이고 여성의 대표성을 증진시킬 수 있으며 유권자의 낮은 선거관심과 정보부족으로

후보 선택에 곤란을 겪는 지방의원선거에서 정당이 그나마 투표 선택의 유용한 기준을 제공한다는 점도 인정해야 할 것이다.

(답안구성 참고: 위의 목차와 coherence를 높이려면 정당모델과 동원론의 정당동원모델이 정당공천제 유지 쪽으로 연결할 수 있고, 비당파적개인주의 모델과 동원론의 시민사회모델은 정당공천제 폐지 쪽으로 연결해서 쓸 수 있다. 위의 황아란 교수님의 글은 특정 모델보다는 포괄적으로 정당개입 여부를 논의한 것이니, 모델과 연결이 중요한 답안에서는 일부 내용을 가지고 모델과 연결해서 답안구성하는 것이 유효하다. 다만 이 문제에서는 여러 논문의 내용을 소개하는 것을 목표로 구성하였다.)

2. 지방정당 설립방안: 정당간 경쟁 강화

지방정당을 설립하면 정당간 경쟁을 강화할 수 있다. 현재 한국 정당은 이념과 지역에 기초하기 때문에 지방정치가 특정 지역에서 패권적 정당구조가 되어 있다. 이런 상황은 기초-광역-국회의원이 한 정당이 되면서 지역내에서 경쟁이 사라지는 문제를 가져올 수 있다. 따라서 지방정치의 활성화나 견제와 균형을 위해서는 지방정당을 설립하는 방안이 필요하다.

<제시문>처럼 한국 정당 설립이 까다롭다. 이러한 조건을 해결하면 지방정당을 만들 수 있고, 이는 특정 지역에서 패권정당구조에 부분적인 변화를 가져올 수 있다.

선진국에서는 어떤 형태의 정당이든 설립이 자유롭게 되어 있다. 또한 독일, 영국, 미국, 일본에서는 특정 지역 뿌리는 두고 있는 다양한 로컬파티들이 존재한다. 이들 로컬 파티는 주민들의 생생한 목소리를 지역의 의사결정에 반영시킴으로써 풀뿌리 민주주의 실현에 중요한 역할을 하고 있다.[22]

22) 하서현, "지방정당", 『지방정치의 이해』(2016, 강원택 편, 박영사), p.178.에서 그대로 인용함.

하지만 지방정당이 만들어진다고 지역 패권 정당을 견제한다는 보장은 없다. 지방정당이 중앙정치와 연결되지 않아 현실적으로 정책을 만들기 어렵다고 비판받을 수 있다. 따라서 지방정당이 지방정치에서 당선되고 경쟁성을 가질 수 있는 선거제도 개편이 필요하다.

3. 비례대표제 확대: 정당간 경쟁 강화

비례대표제를 확대하면 정당간 경쟁을 강화할 수 있다. 비례대표제는 듀베르제에 따르면 유권자와 정당에 영향을 미쳐 다당제를 유도한다. 정당에는 '기계적 효과'를 통해 득표율이 의석률로 전환되기 용이하게 만들어 선거에 뛰어들게 한다. 유권자에는 '심리적 효과'로 자신의 표가 사표가 되지 않게 만들어 진실한 투표를 통해 다당제를 만들 수 있다. 그런 점에서 한국 지역주의에서도 소수정당이나 지방정당이 선거와 지방의회에 진입하기 유리하게 한다.

한국에서 지방선거에서 비례대표 비율은 전체 선출 정원의 10%에 불과하다. 이는 소수정당이나 지방정당이 창당될 경우 이들 정당에 불리하다. 양당제에 기초한 두 개의 거대 정당이 선거법과 정당법을 제정하기 때문이다. 따라서 비례대표제를 확대하면 소수정당이나 지방정당이 의회에 진입하기 쉽다. 이를 통해 정당간 경쟁을 강화할 수 있다.

4. 4인 선거구 사용 혹은 확대 방안: 정당간 경쟁 강화

중대선거구제도 소수정당과 지방정당의 의회정치 진입을 쉽게 한다. 한국의 공직선거법에서는 3~4인 이상 중대선거구를 두고 있다. 실제 3인 선거구제로 선거하는 경우가 있고, 4인 선거구제가 여야간 합의에 따라 2인 선거구제로 바꾼 경우가 있다. 2018년 지방선거에서 선거구

획정위원회가 제출한 안에는 4인 선거구가 69곳이었으나 시·도의회에서 획정한 4인 선거구는 총 27곳에 불과했다. 따라서 공직선거법에 단서로 달고 있는 4인 선거구를 여야 합의를 통해 2인 선거구로 분할 할 수 있다는 단서를 제거하면, 4인 선거구 혹은 그 이상의 중대선거구를 만들 수 있다.

선거구가 커지면 소선거구에서 특정 정당이 의석을 독식하는 경우는 완화할 수 있다. 4인 선거구의 경우 한 정당이 후보를 4명 낼 수 있지만, 선거구가 커질 경우 다른 정당을 지지하는 유권자들의 의사가 반영되어 지역패권정당이 독식할 가능성이 낮아진다. 이럴 개연성이 높아지면 한 정당이 4인 이상 선거구에서 4인 후보를 내지 않을 수 있다. 이는 소수정당이나 지방정당이 의석을 가질 가능성을 높여준다.

역대 지방선거에서 부산 기초의원 지역구 소수정당 당선자는 기초의원 정당공천제가 시행된 첫해 2006년 0명, 2010년 17명, 2014년 1명, 2018년 0명이었다. 기초의원 비례대표는 지금까지 한 명도 없었다. 이는 4인 선거구가 보장되면 상대적으로 소수정당이 진입할 가능성이 높다는 것을 보여준다. 2022년 선거에서 부산의 경우 소수정당에서는 4인 선거구에 한 명도 후보를 내지 않았다. 이는 소수정당의 인물난도 문제지만, 선거구 획정이 늦어진 측면도 크다.

> **참고** 대안 목차
>
> **Ⅲ. 한국 정당정치에서 정당의 위상과 역할 논쟁**
>
> 설문에 전제한 대로 한국의 조건은 권력의 중앙 집중화가 강하고, 대통령에게 권력이 집중되어 있고, 양당제에서 정당의 규율이 강하다. 이는 중앙이 지방을 장악할 수 있는 구조다. 이에 더해 중앙-지방간 권력 분권이 잘 안 되어있고, 사회경제적 분산도 이루어지지 않은 상황이다. 이 조건에서 정당이 중심이 되어 지방정치를 수행하는 것이 타당한지 살펴본다.

1. 정당정치 모델: 정당의 역할 강화

한국은 중앙–지방간 연계가 중요하기에 정당의 역할이 중요하다. 이를 위해서는 정당공천제, 비례대표제 확대, 중대선거구제 확대가 필요하다. 한국은 중앙의 권력이 강하기 때문에 중앙정치에서 지방정치를 분리할 수 없다. 이는 정당의 연결 고리 역할이 중요하다는 것이다.

정당에 문제가 있지만, 문제는 이를 대체할 매개체가 없다. 이미 지방정치가 정치화되었기에 과거 민주화 이전처럼 행정으로 회귀하기 어렵다. 게다가 시민사회를 통한 지방정치 구현은 어렵다. 올슨 논리대로 지역 정치에 필요한 이들은 조직화하지 않고, 특수한 이익을 구현하고자 하는 이들만이 조직화하여 지방정치를 이끌 수 있다. 그런 점에서 정당은 이들을 걸러내주고, 중앙과 연결하는 장치로서 의미가 있다.

2. 비당파적 개인주의 모델: 행정으로의 전환

한국 정당정치의 문제점은 중앙정치의 문제를 지방정치로 이전시키기 때문에 정당을 지방정치에서 배제해야 한다. 지방정치는 중앙정치와 다른 논리가 필요하다. 그런데 중앙 정치가 정당을 매개로 지방정치를 장악한다. 이는 지역민을 분열시킨다. 또한, 지방에서 헌신적인 활동가보다는 정당에 충성하거나 지역민이 아닌 이를 대표로 만든다. 이는 지방정치를 제대로 반영하지 못한다.

따라서 정당의 개입을 축소해야 한다. 정당공천제도나 비례대표제는 정당의 지방정치 장악력을 높인다. 중대선거구 제도는 불필요한 다당제를 만든다. 따라서 정당의 개입을 최대한 배제할 필요가 있다. 특히 기초나 광역의회의 경우 책임성보다는 응답성이나 대표성이 필요하다.

3. 동원 모델: 풀뿌리 민주주의로의 전환

동원모델에서 사회운동을 강조하는 입장에서는 정당을 배제하고 시민사회를 중심으로 한 참여민주주의 제도를 강화하는 것이 필요하다. 정당은 기득권의 이익을 반영하기 때문에 사회적 약자를 더욱 배제한다. 이를 개선하는 방안은 사회적 약자가 스스로 권력을 가지는 것이다.

동원모델에서 지방 정당의 창당을 강조하는 입장에서는 정당법 개정을 통해서 지방 정당 간의 경쟁을 활성화할 필요가 있다. 현재 문제는 정당 자체라기보다 정당 간 경쟁 부재로 인한 것이다. 이를 해결하기 위해서는 정당 간의 경쟁을 강화할 수 있게 정당법의 개정이 요구된다. 시도 5개의 설립요건을 완화하여 지방정치만을 위한 지방 정당을 수립하면, 지방정치의 특징을 반영하는 정책 수립이 가능하다.

4. 평가: 정당모델의 개선방안 필요

현실적으로 정당 모델이 선택되어야 한다. 다만 정당의 견제와 균형이 필요하다. 이를 위해서는 다음과 같은 방안들이 있다. 첫째, 지방 정당의 허용방안이다. 이를 통해 대표성과 책임성 제고가 가능하다. 둘째, 중선거구제 도입 및 비례 대표 비율확대다. 실제 3인 선거구제 도입이 되고 있다. 과거에는 4인 선거구제가 2인 선거구제로 변화한 부정적인 사례도 있다. 셋째, 지구당의 기능 부활이다. 지구당은 풀뿌리 민주주의의 근간이며 하의상달의 통로이며 정치참여의 기본 단위다. 만약 이것이 어려우면 당원협의회나 지역위원회를 활성화할 수 있다. 넷째, 정당공천제를 통해 정당성을 확보하는 것이다. 현재는 '상향식 분권형 공천'이 잘 안된다. 당원, 대의원, 일반 국민, 선거인단의 직접투표나 여론 조사 병행 방식 실지 지역에 490개 중 102개에 불과했다.

현실적으로 정당이 개입하면서 정당정치의 약점을 극복하기 위해서는 불투명한 공천심사, 여론 조사 방식의 낮은 신뢰도, 공천 심사회의 비공개와 같은 문제를 해결해야 한다. 그리고 투명성과 공정성을 위해, 선거인단 수 확대, 선거인단 명부 사전 공고, 후보자의 신상 정보 공개 및 선거운동 기간 확보할 필요가 있다. 이와 더불어 당의 정체성 강화도 필요하다. 이는 정당의 응집성을 강화하게 한다.

....

● 대안 목차 1

1. 한국의 정치적 조건

첫째, 중앙정치 차원
둘째, 지방정치 차원

2. 모델에 적용

첫째, 정당정치 모델
둘째, 비당파적 개인주의 모델
셋째, 동원모델
평가. 정당정치 모델

● **대안 목차 2**

1. 비당파적 개인주의 모델: 행정모델의 제외

2. 동원모델: 시민사회의 비현실성

3. 정당정치 모델: 현실적이지만 개선 필요

● **대안 목차 3**

1. 선택의 기준: 대표성과 책임성

2. 모델에 적용

첫째, 정당정치 모델
둘째, 비당파적 개인주의 모델
셋째, 동원모델
평가. 정당정치 모델

● **대안 목차 4**

1. 발전 방향: 중앙집중화에서 분권과 분산으로

2. 현실적인 모델과 바람직한 모델

첫째, 정당정치 모델－현실적인 모델
둘째, 비당파적 개인주의 모델
셋째, 동원모델－바람직한 모델
평가. 정당정치 모델＋동원모델(지방 정당 창당
주장)

Ⅳ 결 론

지역정당구조가 아직도 강한 한국상황에서 지방정치의 발전을 위해서 정당공천제를 받아들인다고 할 때 지방정당 창당, 비례대표의석수 증대, 4인 중대선거구제 확대는 정당간 경쟁을 강화할 수 있다. 이들 제도는 정당정치 모델에 기초해 정당을 통해 지방과 중앙을 연결하면서 한 편으로는 지역 패권정당을 완화할 수 있다.

제043문 지방정치의 모델들과 지방정치의 제도화

한국의 지방정치는 1991년부터 지방선거가 재개되었지만 지방정치의 발전은 지지부진하며 지방정치 개혁에 대한 목소리가 높다. 지방정치의 개선을 위해서 여러 가지 방안들이 제안되고 있다. 이러한 논의 중에서 정당정치를 통해서 지방정치를 운영하자는 '정당정치 모델'과 정당을 부정하고 지방자치의 중요성을 주장하는 '비당파적 개인주의 모델'과 제도화된 정당정치를 강조하는 '동원모델'이 제시되기도 한다. 다음 질문에 답하시오. (총 35점)

(1) 민주주의의 측면에서 지방정치를 운영하고자 하는 '정당정치 모형'과 '비당파적 개인주의 모형'과 '동원모델'의 내용을 설명하시오. (10점)

(2) 한국지방정치를 위해서는 어느 모델이 바람직한지 그 방향을 논하시오. (10점)

(3) 지방수준에서 정당과 관련한 지방정치의 제도화를 위한 방안을 논하시오. (15점)

 문제의 맥락과 포인트

이 문제는 지방정치를 바라보는 모델들을 통해서 한국지방정치를 바라보기 위한 문제이다. 지방정치는 원론적으로 풀뿌리 민주주의의 근간으로서 정당성을 가지지만 현실운영상에서 볼 때 과도한 지방정당의 강화로 인한 견제와 균형의 상실이나 불필요한 정책에 대한 예산낭비 등의 문제가 있다. 지방정치를 제도화하기 위한 방안으로 우리가 수립해야 할 원칙을 알아보는 것이 중요하기 때문에 이 문제에서는 모델들을 정리하고 각 모델 간 차이를 구분하여 한국의 지방정치에서 정당이 어떤 역할을 수행해야 하는지를 정해야 한다.

Ⅰ 서 론

스위스의 사례는 풀뿌리 민주주의가 어떻게 민주주의 발전의 토대가 되는지를 보여준다. 한국정치의 발전을 위해서도 지방정치와 풀뿌리 민주주의의 발전이 전제되어야 한다. 따라서 한국의 지방정치를 발전시키기 위해 어떤 정당과 지방자치제도의 제도 모색이 있어야 하는지 살펴보는 것은 중요하다.

Ⅱ 지방정치 설명 모형들

1. 정당정치 모델

이 모델은 대의민주주의이론을 사상적 기반으로 한다. 즉 대표를 중시하며 대표를 선출하는 정당의 기능을 즉 정당의 중심성을 인정하자는 입장이다. 정치와 행정에서 정치우위를 주장한다. 대중정당 민주주의이론도 한 가지 이론적 기반이다. 여기서는 정치엘리트 간의 경쟁을 강조한다. 정당들의 엘리트 간의 경쟁이 시민사회의 참여를 촉진한다고 본다. 정당을 강조하는 이 모델은 중앙정치와 지방정치를 애써 구분하지는 않는다. 또한 지방선거에서 정당공천제에 있어서 정당의 적극적인 관여가 바람직하다고 본다. 실제 사례로는 영국이 있다. 영국은 의회의 주권성, 강한 내각정부, 선거를 통한 책임성, 행정부에 대한 다수당의 통제를 보여준다.

2. 비당파적 개인주의 모델

이 모델은 크렌슨과 긴즈버그의 '개인적 민주주의'를 기반으로 한다. 이에 따르면 시민은 서비스를 받아야 할 고객과 소비자로 간주된다. 이 모델에서는 정당의 필요성이 부정되고 지방자치의 자율성을 우선시된다. 또한 지방자치는 정치적이기 보다는 행정적이라고 생각된다. 시장의 탈정당화와 탈정치화, 당정분리를 강조하는 입장으로 지방정치에서는 정치적 리더십보다는 시장적 CEO 리더십을 강조한다. 실제사례로는 미국의 도시개혁이 있다. 민주주의의 소비자로서 주민을 강조하고 행정의 효율성을 강조한다.

3. 동원모델

이 모델은 직접민주주의와 참여민주주의를 이론적 모태로 한다. 지방의 소외계층이나 사회적 약자의 집합행동이 사회변화의 추동력이 되어야 한다고 생각한다. 이들의 자기 지배를 강조하며 지방정부로 하여금 이들에게 서비스와 권한을 분배하는 것을 목표로 삼는다. 행정에 대한 정치의 우월을 강조한다. 특히 자율적이고 분권적인 거버넌스를 강조하면서 아래로부터의 상향식참여를 강조한다.

이 모델은 정당을 강조하는 입장과 주민자치를 강조하는 사회운동의 입장으로 구분된다. 이런 구분에도 불구하고 이 모델은 정치적 주체로서 인민을 강조하는 점에서 동일하다. 가장 대표적인 사례로는 브라질의 포르투 알레그레시의 주민참여예산제도를 들 수 있다.

Ⅲ 한국의 적실한 정당과 지역정치모형

1. 정당정치 모델

기초의원까지 확대한 정당의 공천제도, 중선거구제도, 기초의원의 감축과 의원유급제도등은 정당을 중심으로 한 정당정치모델을 적용한 사례이다. 정당배제론을 비판하면서 정당을 강조하고 지방자치제도를 행정보다는 정치로 파악한다. 이 모델은 강하게 정당공천제도를 옹호하는 데 그 이유는 4가지가 제시된다. 첫째, 지방정치의 발전과 정당민주화에 기여할 수 있다는 점과 둘째, 지방정부의 자율성과 대표성을 증진한다는 점과 셋째, 정당관여 자체가 헌법의 취지에 부합한다는 점과 넷째, 정당관여가 지역사회와 주민의 복리증진에 기여한다는 점을 들 수 있다.

2. 비당파적 개인주의 모델

이 입장은 한국의 지방자치제도에서 정당을 배제하자는 입장이다. 이들은 지방자치제도는 탈정파적이고 가치중립적이라는 점에서 행정에 가깝다는 인식을 가지고 있으며 정당이 관여할 때는 정당의 중앙집권적, 지역주의적 정당체제의 속성이 문제가 된다는 현실적 입장을 피력한다. 정당이 정당공천을 할 경우 신진인사와 소수파의 정치진입을 막아 정치의 독과점적이고 제한적인 경쟁체제를 구축할 것이다. 그리고 이런 현상은 정치발전에 역행한다는 입장이다.

3. 동원모델

이 모델에서는 입장이 두 가지이다. 먼저 사회운동을 강조하는 입장에서는 정당보다는 주민자치를 강조한다. 다른 입장에서는 정당의 관여를 강조하는 독자정당을 중시한다. 낙천낙선운동을 넘어 직접참여를 통해 소수 이익집단과 보수 세력 독점의 지역권력 장악을 해소하고 민주적 시민참여를 이루어내야 한다는 주장이 지속적으로 제기되어 왔다.

4. 한국의 바람직한 지방자치제도와 정당: 정당정치 모델의 민주적 제도화

한국모형으로는 지방정치와 정당정치가 수평적으로 작동하는 민주적 정당정치모형이 바람직하다. 이 모델에서는 지방정치에서도 정당을 중심으로 하고 정당이 시민사회와의 연계를 둘러싸고 경합하는 경쟁과 견제를 강조한다. 한국의 지방자치에서 생긴 문제들은 대체로 정당공천 탓이 아니라 경쟁과 견제의 민주주의 원리가 작동하고 있지 못한 탓이다.

Ⅳ 한국의 지방정치 제도화

1. 제도화의 목표: 상이한 이념과 정책을 지닌 정당 간의 경쟁

정당의 패권체제를 약화할 필요가 있다. 이

로 인해서 견제와 균형이 사라진 것이 문제이지 정당정치가 개입하는 것이 문제는 아니다. 특히 현재처럼 지방색이 강한 지역정당이 지방자치의 의회와 자치단체장을 장악한 것은 문제이다.

2. 구체적인 방안

첫째, 지방정당의 허용을 검토해야 한다. 선거제도의 확대에 못지않게 지방정당의 창당을 돕도록 정당 창당절차를 완화하는 것이 필요하다. 이를 통해서 지방정치의 활성화와 지역주의 폐단을 극복하고 상향식으로 정당을 수립해야 한다. 이것이 지방분권화정치의 대의에 부합할 뿐 아니라 정당을 활성화해서 지방정치의 엘리트의 폐쇄성을 완화할 수 있을 것이다. 또한 지방의 생활정치를 반영할 수도 있다.

둘째, 선거제도를 변화시키는 것을 검토해야 한다. 광역의회에서도 중선거구제도를 도입하거나 비례대표의 비율을 높여서(최소 20%정도까지) 최소한의 견제와 대안세력 등장을 용이하게 해야 한다.

셋째, 분권적이고 다원적인 방향으로 지구당제도의 기능과 역할을 부활하는 것을 검토해야 한다. 과거처럼 비용이 많이 드는 지구당보다는 당원협의회나 지역위원회제도를 활성화할 수 있다.

Ⅴ 결론

사르토리는 미국의 국민들의 의지가 대통령제도라는 형용모순적인 제도를 작동하게 만든다고 주장했다. 이는 한국의 지방자치제도의 경우도 동일하다. 지방자치제도를 본 취지에 부합하게 운영하겠다는 의지가 중요하다. 정당을 중심으로 할 경우 정당은 민주적 경선을 통한 정당공천제 등의 정당성을 확보할 필요가 있고 당원

교육 등을 통해서 정당의 정체성을 강화할 필요
가 있다.

기출문제와 연결

제35문 2010년 입시 1번(지방정치에서 정당의 기능)

제044문 기초의회 정당공천제도의 장단점 논쟁

기초의회의 선출에 있어서 정당공천제도는 논쟁의 중심에 있다. 기초의회에 대한 정당공천제도 장단점을 통해 정당공천제도를 유지해야 하는지 논하시오. (25점)

Ⅰ. 서   론
Ⅱ. 정당 공천제도의 장점과 단점
 1. 장   점

2. 단   점
Ⅲ. 결론을 대신하며: 정당공천제도의 유지

지방자치제도는 지방의회선거가 있는 해에 중요한 주제이다. 이 문제는 2018년 지방선거가 있던 해에 만든 문제이다. 지방자치제도에서 가장 문제가 되는 것은 지방에 패권정당이 있다는 것이다. 이 것은 정당이 지방의회와 단체장을 모두 선발하는 데 주된 영향력을 가지기 때문이다. 중앙정치가 지방 정치를 장악하는 현상을 해결하기 위한 방안으로 기초의회에 대한 정당공천제를 계속 유지할 것인지 에 대한 논의가 아직도 있다.

Ⅰ 서 론

헌법재판소의 판결 이후 2006년 선거부터 기초의회의 선거에도 정당공천제도를 사용하고 있다. 그러나 이에 대한 부작용이 크다. 이후 계속 논란이 되고 있는 정당공천제도의 문제를 살펴보고 정당공천제도를 유지해야 하는지를 논한다.

Ⅱ 정당 공천제도의 장점과 단점

1. 장 점

정당공천제는 3가지 장점을 가진다. 첫째, 유권자의 투표참여를 높인다. 정당이라는 제도를 개입시켜서 유권자들의 선택을 단순화한다. 이로서 누구인지를 알기 어려워서 투표를 하지 않거나 아무에게나 투표를 하는 유권자들에게 정당이라는 제도를 통해 걸러낼 수 있게 함으로써 참여를 높일 수 있다. 또한 제도가 개입하여

공천을 줌으로써 유권자와 기초의회의원간에 정당이라는 책임 추궁장치를 도입한 것이다.

둘째, 정당을 통한 신진인사 발굴을 가능하게 한다. 정당이 개입할 경우 새로운 인사를 충원할 수 있다는 장점이 있다. 정당이라는 제도를 통해서 인사검증을 하고 전문가를 영입할 수 있다. 여성의원이나 신진정치인을 배출할 수 있는 장점도 있다.

셋째, 대표성을 높이고 책임성을 증대시킨다. 정당은 유권자와 정부를 연결하는 통로이다. 그런 점에서 정당을 기초의회에도 개입하게 만들어 대표성과 책임성을 증대시킬 수 있다. 여성의원이나 20대와 30대 의원배출을 통해 지역 내 문제에 대한 공감대를 높일 수 있다. 또한 이들에 대한 검증뿐 아니라 책임추궁도 가능하게 할 수 있다.

2. 단 점

정당공천제도는 위의 3가지 장점들이 정확히 나타나지 않을 뿐 아니라 세 가지 부정적인 효과를 가지고 있다. 첫 번째는 지역구 의원에게 충성을 하게 한다. 지역구 의원이 공천권을 쥐고 있기 때문에 기초의회의원은 지역구민이 아니라 지역구의원의 눈치를 보게 만든다. 따라서 신진인사를 통한 대표성증대가 어렵다.

두 번째는 지역패권정당구조를 지역 내에 심화시킨다. 현재 지역패권정당구조에서 특정 정당의 지역구 의원의 공천은 지역에서의 당선을 의미한다. 따라서 지역은 패권적 정당으로 국회, 광역단체, 광역의회, 기초단체, 기초의회 모두가 한 정당에 의해 장악되는 상황이 된다. 이런 상황에서 지역 언론까지 연대하면 견제와 균형이 어려워진다.

세 번째는 중앙정치가 지방정치에 개입하게 한다. 정당이 개입하면서 지역의 이슈가 사라지고 중앙정치의 개입이 강해진다. 2014년 지방선거에서도 세월호가 중심이슈가 된 것이나 2018년 지방선거에도 남북관계가 중요해진 것을 사례로 들 수 있다. 풀뿌리 민주주의의 원리가 훼손되고 국가적 이슈가 지방을 장악하는 문제가 생긴다.

Ⅲ 결론을 대신하며: 정당공천제도의 유지

기초의회의 정당공천제의 핵심은 공천권에 있다. 이것이 투명하지 않고 지역 의원에 일임되어 있기 때문이다. 따라서 공천권을 투명하게 하는 것에서 해법을 찾을 수 있다. 제도화가 부족한 한국정치에서 정당을 무조건 배제하는 것은 바람직하지 않다. 정당 내부에서 투명한 공천제도를 만들어서 원래 취지대로 다양한 신진인사를 배출하도록 하는 방안을 모색하는 것이 필요하다.

이를 위해 공천심사위원회를 만들고 여기에 지역주민을 참여하게 하는 방안을 모색해볼 수 있다. 미국식 오픈 프라이머리 제도를 만들어서 지역주민들의 관심과 호응도를 높이고 스킨십을 강화할 수 있다. 이에 더해 정당 지도부의 영향력을 약화하고 좀 더 다양한 의견을 도입할 수 있다. 다만 지역 특성상 지나친 동원의 우려는 있을 수 있다.

여기에 더해 패권적인 지역정당 문제를 해결할 수 있는 해법도 모색해야 한다. 지방정당을 설립하게 함으로써 특정지역에서 '공천=당선'의 공식을 깨게 되면 기초의회 의원이 지역구민의 의견을 더 살피게 될 것이다.

제045문 관료제도의 정치적 통제

현대 정치에서는 정치적 결정과 행정집행에 있어서 관료제도의 역할이 크다. 하지만 관료제도는 행정적 안정성이라는 장점에도 불구하고 관료들의 공동체 실질적 문제에 대한 정책결정의 확대와 함께 관료적 무책임성과 조직적 경직성 등이 문제가 되고 있다. 이로 인해 정치대표인 대통령이나 수상이 관료를 통제하는 '정치적 통제'가 중요하게 된다. 다음 질문에 답하시오. (총 30점)

  (1) 관료제도의 의미와 특징을 설명하고 관료제도가 대의민주주의와 가지는 관계를 설명하시오. (15점)

  (2) 민주주의국가에서 관료에 대한 정치적 통제의 필요성을 설명하고 '정치적 통제'를 가할 수 있는 방안을 논하시오. (15점)

I. 서 론
II. 관료제도의 의미와 특징과 민주주의와의 관계
 1. 관료제도의 의미와 특징
 2. 대의민주주의와 관료제도의 관계
  (1) 민주주의 운영의 안정성확보
  (2) 민주주의의 응답성과 효율성

  (3) 민주주의와 책임성의 확보
III. 관료제도의 정치적통제 필요성과 통제방안
 1. 정치적 통제의 필요성
 2. 정치적 통제방안들
IV. 결 론

문제의 맥락과 포인트

이 문제는 관료제도를 통제할 수 있는지를 묻고 있다. 관료제도는 1980년대의 기출문제로 나오고 현재는 출제되지 않고 있다. 선거나 정당 그리고 정부형태에 밀려있기 때문이다. 2014년 세월호사건과 이후 '관피아'로 대표되는 문제들은 관료적 통제가 얼마나 중요한지를 보여주었다. 상대적으로 관심이 적은 주제인 만큼 출제될 경우 답안구성이 쉽지 않은 문제이다.

I 서 론

최근 방만해진 관료제도는 '관피아'라는 용어로 대표되는 무능력과 자체적인 이익집단화와 권력집단화의 모습을 보여준다. 민주적 결정으로 선발되지 않은 관료조직을 민주적 선발제도를 통해서 운영하는 정치적 대표들이 어떻게 통제할 수 있는지를 보여주는 대표적인 사례이다. 이런 점에서 관료제도를 정치적으로 통제하는 방안을 찾아보는 것은 현실적으로 의미있는 일이다.

II 관료제도의 의미와 특징과 민주주의와의 관계

1. 관료제도의 의미와 특징

관료제도(bureaucracy)란 관료에 의한 운영 혹은 통치를 의미한다. 뷰로라는 단어는 불어 뷰렐(burel)에서 유래했는데 이것은 책상을 덮는 천을 의미했다. 접미사인 cracy는 그리스어인 kratos에서 나온 것이다. 오늘날의 관료제도는 행정부에서 세부적인 업무를 수행하고 정책결정에 조언을 하고 집행을 하는 유급공무원에 의한 운용방식을 의미한다.

관료 제도를 근대의 합리적 제도로 파악하고 근대적 특성을 정리한 이론가는 막스베버이다. 베버는 근대의 특성으로서 합리성을 도입하였고 국가의 관료 조직이 합리성을 구현할 수 있다고 보았다. 베버는 프러시아의 군대를 모델로 하여 관료제도의 장점을 이론화하였다. 관료제도의 특징을 정리하면 권한 분담의 원칙, 계급의 원칙, 전문의 원칙, 공평무사의 원칙이 강조되었다. 계통적인 위계구조에 기반하여 역할이 분담되고 합리성을 통해서 제도적 운영의 비인격성을 보장하는 것이 핵심이라는 것이다. 이를 통해서 관료제도는 전문성이 작동하면서 세습과 정실에서 벗어날 수 있는 것이다. 베버이론을 통해서 볼 때 관료제도의 핵심은 능력주의, 비인격주의, 유급제도와 승진제도를 통한 인센티브가 될 수 있다.

정치와 행정을 구분하는 입장에 따르면 관료제도에 기대하는 특성은 2가지이다. 정치적으로 중립성을 지킨다는 비당파성 원칙과 관료는 정치적 책임으로부터 면제되고 각 부처의 임무수행과 정치적 책임은 정치적으로 임명된 관료 즉 정치적 대표가 진다는 익명성의 원칙이다. 정치와 행정이 분리되기 때문에 관료제도는 행정의 영역으로서 정치적으로 개입하지 않음으로써 중립성을 지키면서 정치적 공격으로부터 보호받는 것이다.

관료제도의 또 다른 특성은 역사성이다. 관료제도가 역사를 통해서 발전 변화하였다는 점이다. 관료제도는 중앙집권적인 절대군주제도에서 형성되었다. 국가가 전쟁을 상시화 되어가면서 교회로부터 상비군과 관료제도가 만들어졌다. 근대로 들어오면서 국가의 기능이 커졌고 양차대전과 대공황은 국가의 기능을 대대적으로 확대하면서 관료의 역할을 증대하였다. 1980년

대 들어와서 신공공관리라는 명목으로 신자유주의의 시장원리가 도입되면서 관료제도의 수정이 가해지기도 했다. 이런 점에서 볼 때 관료제도의 기능은 역사적으로 변화 가능한 것이다.

2. 대의민주주의와 관료제도의 관계

관료제도와 대의민주주의의 관계를 다룰 때는 민주주의의 특성중에서 응답성, 책임성, 안정성이라는 측면과 관련되어 고려할 수 있다. 하지만 관료제도는 민주적 선거를 거쳐서 선발하는 것이 아니라 민주적 선출을 통한 대표를 보좌하고 대표에 의해 간접적으로 책임을 지기 때문에 민주주의가 추가하는 가치에 있어서 직접적이기 보다는 간접적으로 관련되어 있다.

(1) 민주주의 운영의 안정성확보

관료제도는 정치적 운영에 있어서 안정성을 확보하게 한다. 민주적 결정이 있다고 해도 이런 결정이 일관되고 예측가능하게 집행되어야 한다. 현대 국가라는 방대한 조직과 기능들을 감안할 때 공동체가 나갈 대략적인 방향의 민주적 결정이 있고 나서 이러한 방향을 구체적으로 방안과 정책으로 구축하는 것은 현실적인 정책 운영과 시행을 가능하게 한다. 이런 점에서 관료제도는 민주주의의 결정과 민주주의의 집행의 연결성을 높여준다.

하지만 민주주의의 작동에 있어서 안정성이 경직성으로 전환될 수 있는 약점이 있다. 민주주의에서 관료들은 관료적 운영방식과 기술적인 전문성을 가지고 실질적인 지배를 수행할 수 있다. 현실적인 정보를 지속적으로 확보함으로써 민주주의의 결정자들의 변화에도 불구하고 관료 장치를 유지함으로써 실질적으로 정치적 대표를 장악할 수도 있다. 이렇게 관료적 통치가 작동하게 되는 경우 관료적 안정성은 정치적 대표들

의 통제불가능성과 함께 관료적 경직성이 작동할 수 있게 한다. 따라서 아래로부터의 결정이라는 민주적 결정과는 배치되는 관료에 의한 위로부터의 결정과 통치로 귀결될 수 있다.

(2) 민주주의의 응답성과 효율성

관료제도의 두 가지 핵심은 첫 번째는 효율성이고 두 번째는 책임성이다. 관료제도를 구축할 때 가장 많은 부분이 고려된 것은 어떻게 안정적인 정부를 만들며 비인격적인 지배와 합리적 지배를 보장할 것인가에 있었다. 따라서 관료제도는 정치적 대표의 변화에도 불구하고 일관되게 국가라는 공동체를 운영하는 방법을 유지하는 것에 주안점을 두고 만들어진 조직이다. 문서주의, 조직적 과정의 체계화를 통해서 특정 인물이 아니더라도 행정조직의 운영이 원활하게 작동하게 하는 방법으로 고안된 것이다.

관료제도 자체는 민주주의와 직접 연결되어 있지 않다. 엽관주의를 사용하지 않은 나라들에서 관료조직은 대체로 민주주의적 결정이라는 선거를 통해서 선출되거나 연관되지 않는다. 따라서 관료제도가 민주적 요구에 직접적으로 응답하지는 않는다. 하지만 관료제도는 행정부의 결정을 위임받은 대표들에 의해서 민주주의의 응답성을 간접적으로 수행한다. 대통령으로 대표되는 행정부의 대표는 민주주의의 인민의 요구에 대해 응답해야 한다. 대표와 대표를 돕는 정치가들과 정당은 행정관료를 통해서 실제 정책을 입안하거나 집행함으로써 민주주의의 응답성을 추구한다.

이때 행정관료에게 요구되는 것은 얼마나 대표의 요구를 따를 것인가에 있다. 정치대표들이 결정한 사안을 어떻게 구체적인 정책으로 만들고 이를 시행하는지가 관료에게 중요하다. 이때 문제가 될 수 있는 부분은 관료제가 가진 효율

성의 문제이다. 관료제도는 다양한 관료들간의 경쟁이라는 시장원리가 작동하지 않는다. 국가와 공적부분에 관련된 특화되고 배타적인 분야를 다루기 때문에 관료제도는 경쟁의 원리가 도입되지 않는다. 이런 상황에서 경쟁이 없이 과연 관료제도가 효율적으로 운영될 수 있는가 하는 것이 문제가 된다. 관료주의에서 말하는 레드테이프나 제도적 중복과 비대화와 무사안일주의는 관료제도가 법적인 보호하에서 자신의 몸집을 키우면서 기능적인 나태와 무능을 낳게 만든다. 이런 상황은 민주주의의 요구에 국가가 답하기 어렵게 만들어 민주주의의 응답성을 낮추게 한다.

(3) 민주주의와 책임성의 확보

책임성은 관료가 섬기거나 조언을 하는 정치인에 대해서 어떻게 책임을 질 것인가 하는 문제이다. 민주주의국가에서 관료는 선거를 통해서 선출하는 대표가 아니라 관료적 선발기준을 통해서 선출한다. 이는 민주주의의 인민의 지배와 정치적 결정에서 한 발 벗어나 간접적으로 관료제도가 운영되도록 고안된 것이다. 따라서 민주주의가 작동하는 제도 내에서 대표와 정치인을 선출하고 선출된 이들 대표가 선출하지 않은 관료조직을 통제하는 것으로 민주주의적 결정과 통제를 확보하는 것이다. 따라서 정치적 대표에 대해 관료조직이 책임을 짐으로서 민주주의의 기대와 관료제도의 운영을 연결할 수 있다.

근대국가로 들어올 때 입법부가 결정을 하고 결정된 법안을 집행하는 것을 집행부에 위임했다. 따라서 왕권으로부터 독립한 관료조직은 기능적인 측면이 강하기 때문에 대표성을 가진 조직보다는 효율성을 강조하는 방향으로 발전하였다. 그러나 현대로 들어오면서 국가의 기능은 행정입법과 행정사법으로 확장되었다. 국가의

기능이 발전하면서 관료의 기능 역시 확대되었다. 특히 행정입법과 같이 관료가 정책시행과 집행을 넘어서 정책결정을 수행하는 경우가 늘고 있다.

이런 경우에 관료는 민주적 대표가 아님에도 불구하고 인민의 삶의 방향을 결정하게 된다. 민주적 결정을 통해서 선발되지 않았음에도 민주주의의 공적 결정을 할 수 있기 때문에 이들 관료에 대한 민주주의 운용에 대한 통제와 책임 추궁이 가능해야 한다.

민주주의에서 관료에 대해 책임을 추궁하는 것은 정치적 대표를 통해서 가능해진다. 행정권력의 경우 실제 결정을 최종적으로 책임지는 정치권력층과 이런 권력층의 결정을 세부적으로 집행하는 장치(apparatus)로 나눌 수 있는데 관료제도는 여기서 장치에 해당한다. 따라서 장치를 운영하는 정치적 대표에게 책임을 물음으로써 간접적인 방식으로 책임을 추궁할 수 있다.

Ⅲ 관료제도의 정치적통제 필요성과 통제방안[23]

1. 정치적 통제의 필요성

관료조직의 정치적 통제 필요성은 두 가지 관점에서 제시된다. 첫 번째는 관료가 특히 고위관료가 현대사회에 들어와서 단순한 정책결정을 집행하는 집행자가 아니라 스스로 정책결정에 주체적으로 참여한다는 점이다. 정치가들이 이해관계와 가치를 기반으로 정책결정에 참여한다면 관료는 사실(fact)과 전문지식(knowledge)을 가지고 정책결정에 참여한다. 이렇게 참여하는

관료들은 자기부처의 이해관계자들과 가치를 주로 반영하는 협소한 정책결정에 나서기 때문에 사회로부터 폭넓은 정치적 이해관계를 반영해야 하는 정치인의 입장에서는 관료의 정책결정과정에 대한 개입부분을 통제할 필요가 있는 것이다.

두 번째는 주인-대리인의 관점에서 해석할 수 있다. 즉 대리인인 관료가 주인인 집권세력의 국정운영방향대로 재화와 서비스를 제공하지 않을 가능성이 크게 되면서 주인과 대리인의 의견과 이해 불일치의 문제가 생긴다. 정치대표가 정권교체를 통해서 변화할 경우에도 관료들은 기존 제도와 법규칙을 따르면서 향후 정권교체기까지 정책지연등을 통해서 정치적 대표에 저항할 수 있다. 이는 민주적 대표성을 가진 대표가 실질적으로 국가를 운영하기 어렵게 만들기 때문에 민주적 방식의 선출과정을 거치지 않은 관료조직에 대한 민주적 정당성을 가진 대표가 통제를 할 필요성이 있다.

2. 정치적 통제방안들

정치적 대표를 통해서 관료를 통제할 수 있는 방안은 크게 5가지가 제시될 수 있다.[24] 첫 번째는 대통령과 행정수반을 돕는 전문 인력을 보강하여 관료적 정보에 대한 의존도를 낮추는 방안이다. 미국처럼 비서실을 강화하거나 독일처럼 수상실을 강화하는 방안이다. 하지만 이것은 인적 풀이 얼마나 있는지와 이 조직 자체가 관료들에 영향을 받을 수 있다는 단점이 있다.

두 번째는 행정수반이 관료조직을 재조직화하는 방안이다. 조직 개혁을 통해 조직지식과 고객집단과의 관계를 단절시키는 것이다. 또한

23) 양재진, "관료제와 관료제의 정치적 통제에 관한 연구: 국민의 정부를 중심으로", 『한국행정학보』 제37권 제2호(2003년 여름)., pp.267-270. 하지만 위의 목차를 사용하지 않고 앞의 전통적 권력의 특징과 대비해서 특징을 다시 정리해 볼 수 있다. 만약 새로운 방식으로 정리해서 앞의 전통적 권력과 대비한다면 소프트 파워는 아래의 목차로 해석될 수 있다.
24) Ibid., pp.268-270.

조직개혁을 통해서 집권자가 운영하기 유리한 방향으로 관료제도를 바꾸는 것이다. 미국의 경우 관리예산처를 대통령직속으로 신설하여 대통령에게 예산권을 장악하게 하여 각 부처의 정보를 대통령에게 집중하게 하는 방안이다. 반면에 이 방안은 정권교체에 따른 잦은 조직화로 인해 행정적 안정성을 약화할 수 있다는 단점도 있다.

세 번째는 기존관료들의 기만의 가능성을 낮추기 위해 충성도가 높은 관료를 주요정책결정과정에 참여시키는 방법이다. 정치적 대표가 자신과 뜻이 같은 사람들을 관료조직에 임명함으로써 정책결정을 신속하고 일관되게 하는 방법이다. 미국의 엽관제도를 이용한 고위직 임명이나 스웨덴이나 프랑스처럼 공무원의 정당활용을 허용하여 당적이 관료 임명에 기능하도록 하는 방안이 사례가 될 수 있다. 반면에 이 방안은 관료의 정치적 중립성을 침해하고 관료를 지나치게 정치화한다는 점이 문제로 지적될 수 있다.

네 번째는 정당을 강화하여 행정부와 정당 특히 집권당의 정책협의를 강화하는 방안이다. 정당을 책임정당화하여 정당이 강화되고 이를 통해 정부의 정책결정을 보완하는 방안이다. 일본의 경우는 행정부가 만든 법안이 집권당에 전달되면 정당의 정책기구가 하부조직에서부터 상부조직까지 주도적으로 심의를 함으로써 의회기능을 대행한다. 이렇게 정당을 강화함으로써 관료의 결정가능성을 낮추고 통제하는 방안이 있다. 하지만 이 방안은 과연 정당이 이런 능력을 갖출 수 있는가라는 비판을 받을 수 있다.

마지막으로 관리주의를 강화하는 방안이다. 신공공관리론에 입각해서 성과주의를 도입하여 관료제도에 압력을 가함으로써 관료에게 유린과 제재를 가하는 방안이다. 정년제의 약화나 외부의 시장 기준을 도입함으로써 효율성을 강조하면서 한편으로 관료를 통제하는 방안이 있다.

이 방안은 과연 공공부문이 시장적 기제로 작동해야 하는가와 신자유주의가 가져오는 공공부분의 폐해에 대한 우려가 있다.

위의 다섯 가지 방안은 각기 장점과 단점이 있지만 현재 관료적 통제가 좀 더 시급하다는 점과 부작용보다는 장점이 더 클 것이라는 점에서 현실적으로 관료통제를 하는 방안이 사용되어야 한다. 특히 관료의 지식과 통제력에 대한 대안으로 비서실을 강화하거나 정당을 강화하는 방안을 구체화할 필요가 있다.

Ⅳ 결 론

최근 세월호로 촉발된 한국의 이익집단과 관료조직의 연계는 민주주의의 작동에 방해가 되는 부분이 있다는 점을 보여주었다. 이러한 부분을 바로잡기 위해서는 관료에 대한 통제가 중요하다. 그런 점에서 정치적 대표의 능력을 향상시켜 관료에 대한 의존을 낮추는 것이 한국에서는 무엇보다 중요하겠다.

제**046**문 **뉴미디어와 여론조사의 문제점**

민주주의 체제 하에서 시민단체는 다양한 대중매체들을 활용하여 여론 형성에 영향을 주고 있다. 인터넷, SNS, 스마트폰 등 다양한 뉴미디어 매체들의 순기능역기능을 약술하시오. (15점) 이와 더불어 한국에서 이루어지는 여론조사의 문제점을 약술하시오. (10점)

– 출제위원 의뢰 문제

 문제의 맥락과 포인트

비교 정치의 마지막 문제는 유권자들의 수요를 집계하고 여론을 전달하여 정부와 정당의 정책을 소개하고 해석하는 기능을 수행하는 미디어이다. 최근 미디어에서 인터넷과 같은 뉴미디어가 뜨고 있다. 뉴미디어인 유튜브가 전통미디어인 TV 뉴스를 대체하고 있는 것이다. 이런 정치환경 변화는 정치에 전반적으로 영향을 미친다. 이 중 미디어의 여론조사는 대표선발에 있어서 중요하다. 그런데 미디어의 변화가 대표선발에도 영향을 미치니 이 부분의 변화를 보려는 문제이다. 정치환경에서 차지하는 뉴미디어의 기능을 일반화하고 정치부분에서는 좀 더 구체적으로 서술하기를 원하는 문제이다.

Ⅰ 서　론

2016년 촛불집회는 정보통신혁명이라는 정치 환경의 변화를 가장 극명하게 보여주었다. 한편으로 시민들을 결집하는 데 있어서 중요했던 뉴미디어 매체들은 편향된 정보의 제공이나 가짜뉴스의 파급과 같은 부정적인 기능을 수행하기도 한다. 뉴미디어를 중심으로 민주주의에 대한 기여 여부를 판단하고 여론 조사의 문제점에 대해서 고려한다.

Ⅱ 뉴미디어의 기능

1. 인터넷

뉴미디어의 첫 번째 기제는 인터넷이다. 인터넷은 정보의 접근비용을 낮춰주었고 시간과 공간의 제역이라는 민주주의의 장애물을 극복하는데 도움을 주었다. 많은 이들이 인터넷을 이용하여 정보에 접근한다. 인터넷은 이전 미디어들과 달리 정보의 쌍방향성을 기초로 하여 시민들에게 의견만을 전달하는 것이 아니라 시민의 의견을 들을 수 있게 하였다. 또한 인터넷을 이용한 공론의 장 형성은 심의민주주의의 공간 확대에도 기여하였다.

그러나 인터넷의 포털들은 자신들의 입장에

따라 뉴스를 가공하거나 삭제하는 방식으로 정보를 처리함으로써 특정 입장을 관철하는 단점이 있다. 실제 많은 이들이 포털을 하나의 저널리즘으로 생각하는 것은 포털의 영향력을 보여준다. 게다가 종이신문이나 방송의 경우도 포털을 활용하기 때문에 포털의 정보처리방식은 중요하다. 최근 드루킹의 댓글조작사건이 대표적이다. 또한 익명성에 기초하여 인터넷공간을 심의의 공간이 아니라 비방과 감정 배출의 공간으로 사용함으로써 시민적 덕성을 악화시키기도 한다.

2. SNS

SNS는 개인과 개인간의 연계를 기반으로 한 매체이다. 인터넷이 다양성을 기초로 하여 열린 공간이라면 SNS는 개인과 개인의 사적인 연결을 기초로 한다. 따라서 SNS는 인적인 유대감을 이용한 정보의 제공과 정보처리를 특징으로 한다. 인터넷에서 떠도는 정보보다는 아는 사람으로부터 받는 정보라는 친밀감을 강화한다. 이것은 아는 입장에서 정보가 한번은 걸러서 전달된다는 장점을 가진다. 인터넷이 많은 정보들의 홍수라면 SNS는 이들 정보 중에서 같이 나눌 수 있는 것을 전달함으로써 정보 접근을 수월하게 만들어준다.

그러나 SNS는 친밀성의 영역으로 인해 자칫하면 교차비교 등으로 걸러낼 수 있는 정보를 여과 없이 전달할 수 있는 단점이 있다. 즉 집단의 성격에 따라 폐쇄적인 정보의 전달 장치로 기능할 수 있다. '끼리끼리 문화'를 통해 가짜 뉴스나 이념을 빙자한 왜곡된 정보전달이 가능하다. 게다가 SNS는 정보를 짧은 글로 전달하기 때문에 중요한 이슈의 특정 부분만이 전달될 수 있다. 심사숙고를 하기 어렵고 일방적으로 정보가 전달될 수 있다. 게다가 SNS 부분의 유력자들의 영향력을 강화함으로써 권력관계에 변화를 가져올 수 있지만 이들 유력자들이 가짜 뉴스의 진원지가 될 수도 있게 한다.

3. 스마트폰

스마트폰은 새로운 플랫폼들을 강조한다. 스마트폰을 이용하여 정보를 쉽게 접근하고 그 자리에서 정보를 처리할 수 있게 한다. 스마트 폰은 1인 미디어시대를 만들어주고 있다. 그만큼 개인의 역할을 강조할 수 있게 하며 유동성과 신속성을 높일 수 있다. 게다가 SNS 등과 빠르게 연결함으로써 정보전달의 속도를 비약적으로 증가시킨다. 그리고 포털과의 연결 역시 수월하게 함으로써 연결성을 높인다. 실시간으로 사진과 정보를 올림으로서 개인과 개인의 연결뿐 아니라 오프라인과 온라인을 손쉽게 연결해준다. 촛불집회와 태극기 집회의 경우를 대표적인 사례로 들 수 있다.

그러나 스마트폰은 정보 접근과 정보 창출의 근원으로서 시간을 줄일 수 있지만 어떤 정보를 가공하여 받게 될 것인지 어떤 정보를 만들 것인 지에서 선택성을 높인다. 정보 출처와 접근에 있어서 개방성이 낮아지고 특정 분야와 정보에 집중적으로 노출 시키는 단점이 있다. 이는 다른 정보에 대한 접근과 정보의 비교 검토를 어렵게 한다. 또한 1인 미디어 시대에 자칫하면 저널리즘의 기초가 없이 전달되는 잘못된 정보들로 인한 피해가 커질 수 있다. 유튜브가 정보의 대세가 되면서 다양한 유튜버가 있지만 기존 미디어처럼 검증되지 않는 경우가 많다.

4. 평 가

뉴미디어들은 개인들의 정보 접근을 수월하게 하지만 한편으로 특정 개인들 간의 정보만을 강조함으로써 다원적 정보 속의 판단을 어렵게 하기도 한다. 가짜 뉴스나 저널리즘이 갖추어야 하는 객관적인 정보전달이 안 되는 경우도 있다. 사회를 개인화하여 연결시키는 특징에 기초한다고 볼 수 있다.

Ⅲ 여론 조사의 문제점

뉴미디어의 발전은 여론 조사에 있어서 빠른 여론 조사가능성이라는 장점에도 불구하고 어떤 방식으로 여론 조사를 하는지에 따라 정보 왜곡을 심화시킬 수 있다. 몇 가지를 들어 여론 조사의 문제점을 살펴본다.

1. 문항의 선정

여론 조사에 있어서 문항의 선정은 대단히 중요하다. '프레임효과'에 따르면 프레임을 어떤 각도에서 짜는지에 따라 여론조사의 결과가 달라지기 때문이다. 예를 들어 2016년 박근혜―최순실 국정농단사태에 대해 부정적인 프레임으로 문항을 만들게 되면 여론 조사의 결과는 이 이슈에 대한 지도자의 지지율 감소와 비도덕성에 집중하게 된다. 반면에 호의적이고 감성적인 차원에서 문항을 만들면 개인적으로는 불쌍하다는 식의 여론 조사가 만들어지게 된다.

앞서 본 것처럼 뉴미디어가 주로 개인과 개인 간의 사적인 연결로 만들어지기 때문에 여론 조사의 방식에 따라 여론을 조작하여 정치적 공격의 도구로 삼을 수 있다. 왜곡된 형태의 여론 조사는 SNS라는 짧은 글 속에서 정보여과를 거치지 않고 전달될 수 있다. 최근 가짜뉴스의 전달이나 드루킹 사건을 통한 댓글의 조작을 통한 여론 형성이 대표적이다. 이런 점에서 여론조작은 민주주의를 위협할 수 있다.

2. 조사 대상자의 선정

두 번째 문제는 조사대상자와 관련되어 있다. 여론 조사를 실시할 때 조사기관이 특정한 결과를 유도하기 위해 조사 대상자를 특정 지역으로 국한할 수 있으며 특정 연령대에 집중하여 조사를 수행할 수 있다. 또한 남녀 비율의 균형과 조사대상자의 규모에서 편향성을 가지고 여론 조사를 수행할 수 있다.

특히 스마트폰의 발달로 유선 전화 사용이 줄어들었다. 이는 유선전화를 이용한 여론 조사와 스마트폰을 이용한 여론 조사의 결과가 달라질 수 있게 한다. 상대적으로 유선전화는 나이든 세대의 의견을 적극적으로 반영하게 한다. 또한 지역을 선정하여 여론 조사를 하게 만든다. 그리고 특정 시간대에 집중할 경우 모집단을 축소할 수 있다. 반면에 핸드폰의 경우는 모집단을 랜덤하게 만들 수 있다. 전화상으로 여론 조사를 할 수도 있지만 스마트폰을 이용해서 여론 조사를 할 수도 있다. 이런 경우에 응답의 신뢰성은 떨어질 수 있다는 단점이 있다.

스마트폰의 보급으로 정보의 접근가능성이 높고 즉흥적 반응성이 높아졌다는 점에서 심층 여론조사와 같은 방식과의 정보 신뢰도의 차이가 있을 수 있다. 이것은 여론 조사의 결과에 대한 신뢰성을 떨어뜨리는 원인이 된다.

Ⅳ 결 론

뉴미디어의 폐해가 있지만 뉴미디어를 거부할 수 있는 환경이 아니다. 뉴미디어의 정치적 영향력을 감안할 때 폐해를 축소하는 방향으로 운영방식을 수정해갈 필요가 있다.

편저자 약력

■ 신희섭
 · 국제정치학 박사
 · 고려대학교 대학원 졸업
 · 고려대학교 평화연구소 선임연구원 역임
 · 단국대학교 초빙교수
 · (전)한국지정학연구원 원장
 · 베리타스법학원 강사
 · 한국국제정치학회 회원
 · 한국정치학회 회원
 · 한화증권 기업강의 외 다수강의

  저서 :『정치학 강의 1: 이론편』,『정치학 강의 2: 주제별 기출문제편』,
      『정치학 강의 3: 쟁점과 한국정치』,『정치학 강의 4: 연습문제편』,
      『객관식 국제정치학 I』외 10여 권

All-NEW **정치학 강의 4 - 연습문제편 -**[제5판]

2012년 9월 25일 초판 발행
2015년 9월 25일 제2판 발행
2017년 9월 20일 제3판 발행
2019년 12월 30일 제4판 발행
2025년 3월 15일 제5판 1쇄 발행

          편 저 자   신   희   섭

          발 행 인   배   효   선

  발행처   도서
          출판   法   文   社

  주 소   10881 경기도 파주시 회동길 37-29
  등 록   1957년 12월 12일 / 제2-76호 (윤)
  전 화   (031)955-6500~6 FAX (031)955-6525
  E-mail   (영업) bms@bobmunsa.co.kr
          (편집) edit66@bobmunsa.co.kr
  홈페이지 http://www.bobmunsa.co.kr
  조 판   법 문 사 전 산 실

정가 43,000원   ISBN 978-89-18-91583-8